O Governo
das Organizações

O Governo das Organizações

A vocação universal do *Corporate Governance*

Paulo Câmara • Gabriela Figueiredo Dias • Rui de Oliveira Neves
Diogo Costa Gonçalves • José Ferreira Gomes • André Figueiredo
Orlando Vogler Guiné • João Sousa Gião • Sofia Leite Borges
Hugo Moredo Santos • Ana Rita Almeida Campos • Paulo Bandeira
Ana Filipa Morais Antunes • Francisco Mendes Correia
Domingos Soares Farinho • Pedro Lomba • Duarte Schmidt Lino
António Fernandes de Oliveira

2011

O GOVERNO DAS ORGANIZAÇÕES
A VOCAÇÃO UNIVERSAL DO *CORPORATE GOVERNANCE*
EDITOR
EDIÇÕES ALMEDINA, S.A.
Rua Fernandes Tomás, n.ᵒˢ 76, 78 e 80
3000-167 Coimbra
Tel.: 239 851 904 · Fax: 239 851 901
www.almedina.net · editora@almedina.net
DESIGN DE CAPA
FBA.
PRÉ-IMPRESSÃO
Jorge Sêco
IMPRESSÃO E ACABAMENTO
Pentaedro, Lda.
Setembro, 2011
DEPÓSITO LEGAL
333490/11

Apesar do cuidado e rigor colocados na elaboração da presente obra, devem os diplomas legais dela constantes ser sempre objecto de confirmação com as publicações oficiais.

Toda a legislação contida na presente obra encontra-se actualizada de acordo com os diplomas publicados em Diário da República, independentemente de terem já iniciado a sua vigência ou não.

Toda a reprodução desta obra, por fotocópia ou outro qualquer processo, sem prévia autorização escrita do Editor, é ilícita e passível de procedimento judicial contra o infractor.

 GRUPOALMEDINA

BIBLIOTECA NACIONAL DE PORTUGAL – CATALOGAÇÃO NA PUBLICAÇÃO

O Governo das Organizações:
A Vocação Universal do *Corporate Governance*
Paulo Câmara... [*et al.*]
ISBN 978-972-40-4597-9

I – CÂMARA, Paulo

CDU 347

ABREVIATURAS

AG	Die Aktiengesellschaft
BBTC	Banca, Borsa e Titoli di Credito
BMJ	Boletim do Ministério da Justiça
BP	Banco de Portugal
Cad.MVM	Cadernos do Mercado de Valores Mobiliários
CBSB	Comité de Basileia de Supervisão Bancária
CC	Código Civil português, aprovado pelo DL n.º 47.344, de 25 de Novembro de 1966
CdVM	Código dos Valores Mobiliários
CEBC	Conselho Europeu de Bancos Centrais
CEBS	Comité das Autoridades Europeias de Supervisão Bancária
CEIOPS	Comité Europeu das Autoridades de Supervisão de Seguros e Pensões Complementares de Reforma
Circular ISP 5/2009	Circular n.º 5/2009, de 19 de Fevereiro, contém "Recomendações de Governo Societário" relativas aos órgãos de administração e fiscalização das empresas de seguros ou resseguros
Circular ISP 6/2010	Circular n.º 6/2010, de 1 de Abril, sobre a Política de Remuneração das Empresas de Seguros ou Resseguros e Sociedades Gestoras de Fundos de Pensões
Circular ISP 7/2009	Circular n.º 7/2009, de 23 de Abril, que contém a Orientação Técnica relativa ao Desenvolvimento dos Sistemas de Gestão de Riscos e de Controlo Interno das Empresas de Seguros
CMVM	Comissão do Mercado de Valores Mobiliários
CNSF	Conselho Nacional de Supervisores Financeiros
Cód.MVM	Código do Mercado dos Valores Mobiliários, aprovado pelo DI. n.º 142-A/91, de 10 de Abril
Código de Governo das Sociedades	Código de Governo das Sociedades da CMVM 2010 (Recomendações)
CSC	Código das Sociedades Comerciais, aprovado pelo DL n.º 262/86, de 2 de Setembro

CVM	Código dos Valores Mobiliários, aprovado pelo DL n.º 486/99, de 13 de Novembro
Directiva 2005/68/CE	Directiva n.º 2005/68/CE, do Parlamento Europeu e do Conselho, de 16 de Novembro de 2005, relativa ao resseguro
Directiva 2007/44/CE	Directiva n.º 2007/44/CE, do Parlamento Europeu e do Conselho, de 5 de Setembro de 2007, relativa a normas processuais e critérios para a avaliação prudencial das aquisições e dos aumentos de participações em entidades do sector financeiro
Directiva da Auditoria	Directiva 2006/43/CE, do Parlamento Europeu e do Conselho, de 17 de Maio, relativa à revisão legal das contas anuais e consolidadas
Directiva da Transparência	Directiva 2004/109/CE do Parlamento Europeu e do Conselho, de 15 de Dezembro de 2004, relativa à harmonização dos requisitos de transparência no que se refere às informações respeitantes aos emitentes cujos valores mobiliários estão admitidos à negociação num mercado regulamentado e que altera a Directiva 2001/34/CE
Directiva Solvência II	Directiva 2009/138/CE do Parlamento Europeu e do Conselho, de 25 de Novembro de 2009, relativa ao acesso à actividade de seguros e resseguros e ao seu exercício (Solvência II)
Directiva UCITS	Directiva 85/611/CEE do Conselho, de 20 de Dezembro de 1985, que coordena as disposições legislativas, regulamentares e administrativas respeitantes a alguns organismos de investimento colectivo em valores mobiliários (OICVM)
DL 2/2009	Decreto-Lei n.º 2/2009, de 5 de Janeiro, que transpõe para a ordem jurídica nacional a Directiva n.º 2005/68/CE, do Parlamento Europeu e do Conselho, de 16 de Novembro de 2005, relativa ao resseguro
DL 255/2008	Decreto-Lei n.º 255/2008, de 20 de Novembro, que transpõe para a ordem jurídica nacional a Directiva n.º 2006/43/CE, do Parlamento Europeu e do Conselho, de 17 de Maio, relativa à revisão legal de contas anuais e consolidadas
DL 52/2010	Decreto-Lei n.º 52/2010, de 26 de Maio, que transpõe para a ordem jurídica nacional a Directiva 2007/44/CE
ECGI	European Corporate Governance Institute
ESMA	European Securities Markets Authority
fei	fundo especial de investimento
FSB	Financial Stability Board
FSF	Financial Stability Forum
IAIS	International Association of Insurance Supervisors
ISP	Instituto de Seguros de Portugal
JOCE	Jornal Oficial das Comunidades Europeias
Lei 28/2009	Lei n.º 28/2009, de 19 de Junho, sobre o regime de aprovação e de divulgação da política de remuneração dos membros dos órgãos de administração e fiscalização das entidades de interesse público
Ley 35/2003	Ley 35/2003, de 4 de Novembro, de Instituciones de Inversión Colectiva

Norma ISP 10/2009	Norma Regulamentar do Instituto de Seguros de Portugal n.º 10/2009-R, de 25 de Junho, sobre Conduta de Mercado
Norma ISP 14/2005	Norma Regulamentar do Instituto de Seguros de Portugal n.º 14/2005-R, de 29 de Novembro, sobre os Princípios aplicáveis ao desenvolvimento dos Sistemas de Gestão de Riscos e de Controlo Interno das Empresas de Seguros
Norma ISP 5/2010	Norma Regulamentar do Instituto de Seguros de Portugal n.º 5/2010-R, de 1 de Abril, sobre a Divulgação de Informação Relativa à Política de Remuneração das Empresas de Seguros ou de Resseguros e Sociedades Gestoras de Fundos de Pensões
OCDE	Organização para a Cooperação e Desenvolvimento Económico
oic	organismos de investimento colectivo
oicvm	organismos de investimento colectivo em valores mobiliários
RB	Revista da Banca
RDS	Revista de Direito das Sociedades
Regime Jurídico das Seguradoras	Decreto-Lei n.º 94-B/98, de 17 de Abril
RGIC	Regime Geral das Instituições de Crédito
RGICSF	Regime Geral das Instituições de Crédito e Sociedades Financeiras, aprovado pelo Decreto-Lei n.º 298/92, de 31 de Dezembro
RJFIM	Regime Jurídico dos Fundos de Investimento Mobiliários, aprovado pelo Decreto-lei n.º 276/94, de 2 de Novembro
RJOIC	Regime Jurídico dos Organismos de Investimento Colectivo, aprovado pelo Decreto-lei n.º 252/2003, de 17 de Outubro
UE	União Europeia

APRESENTAÇÃO

Nos últimos anos, o governo das organizações tem conhecido um alargamento nítido das suas áreas de aplicação, registando desenvolvimentos normativos e recomendatórios, nomeadamente através de códigos de governo, em relação a diversas fórmulas organizativas. Simultaneamente, *et pour cause*, tem crescido de forma exponencial a atenção científica dedicada a estes temas, designadamente numa perspectiva jurídica.

O governo de cada organização, naturalmente, reclama as suas especificidades – devendo à partida ser recusada a ideia de uma transposição automática, global e acrítica dos avanços denotados nomeadamente em relação ao governo das sociedades anónimas. Porém, no seu todo, o fenómeno justifica uma análise unitária e integrada, de modo a poder discernir proximidades e diferenças nas previsões normativas e recomendatórias e a possibilitar, com maior nitidez, uma apreciação crítica quanto às soluções identificadas.

Tais dados serviram de catalisador da presente obra colectiva, que reúne dezoito contributos sobre o governo de organizações com relevo no tráfego jurídico.

O volume inicia-se com uma visão transversal do tema da vocação e influência universal do *corporate governance*. Nesse capítulo introdutório, Paulo Câmara procura avaliar os factores determinantes da expansão do governo das organizações – apesar do truísmo revelado por tal expressão – e detectar as suas principais vertentes.

Uma das áreas que tem merecido um tratamento legislativo mais desenvolvido, também porque constitui o lugar da génese do tema, é a do governo das sociedades anónimas. Paulo Câmara e Gabriela Figueiredo Dias dividem o tema, concentrando-se na administração e fiscalização destas sociedades.

Menos tratado entre nós, por seu turno, é o governo das sociedades por quotas, a que se dedica o contributo de Diogo Costa Gonçalves, que centra a sua atenção na celebração de negócios entre os gerentes e a sociedade.

Ao governo dos grupos societários é consagrado o capítulo da autoria de José Ferreira Gomes. A dinâmica plurissocietária é analisada sobretudo sob o prisma das implicações que os grupos colocam aos deveres de vigilância dos administradores de complexas estruturas empresariais.

Os desenvolvimentos comunitários determinaram o desenvolvimento legislativo de duas figuras organizativas novas – as sociedades anónimas europeias e, ainda em projecto, as sociedades privadas europeias – cujo governo é analisado por André Figueiredo e Orlando Vogler Guiné, respectivamente.

O Capítulo VI foi reservado para a exposição dos problemas jurídicos principais relacionados com o governo das sociedades anónimas desportivas, de que se encarrega João Sousa Gião.

Da maior importância, sobretudo após a crise financeira internacional que eclodiu em 2007, tem sido o tratamento do governo das instituições financeiras e de outras instituições equiparadas. Neste plano, são seis os capítulos desta obra que partem de encontro à análise desta vertente de marcada actualidade. De um lado, merece natural prioridade, pelo acervo de intervenções recomendatórias e legislativas que lhe são dedicadas, o tema do governo dos bancos, aqui tratado por Sofia Leite Borges. O governo dos fundos de pensões e o governo dos fundos de investimento são territórios temáticos próximos, que se abordam em capítulos distintos, da autoria de Gabriela Figueiredo Dias e Hugo Moredo Santos. Ao governo das seguradoras é consagrada a análise de Ana Rita Almeida Campos.

Por sua vez, o governo dos auditores, como instituições auxiliares decisivas para o regular funcionamento do sistema financeiro, é ilustrado através do ensaio de Paulo Bandeira.

Francisco Mendes Correia cuida do governo das sociedades civis no capítulo que se encontra a seu cargo.

No âmbito do governo das entidades sem finalidade lucrativa (*non-profit*) são destacados dois contributos, sobre associações e fundações. Do governo das associações civis se encarrega o capítulo da autoria de Ana Filipa Morais Antunes, no âmbito do qual são analisadas as disposições do Código Civil e é preconizada uma intervenção legislativa para suprir as deficiências actualmente encontradas. O governo das fundações é, por seu turno, tratado por Domingos Soares Farinho, que se ocupa quer das fundações privadas, quer das fundações públicas.

O governo das sociedades prestadoras de serviços de interesse económico geral tem ainda merecido uma autonomização crescente, sendo aqui retratada por Rui de Oliveira Neves.

São ainda muito interessantes os desenvolvimentos ocorridos no âmbito do governo das empresas públicas, temática que é percorrida sob a lente crítica de Pedro Lomba e de Duarte Schmidt Lino.

O livro encerra com o capítulo XVIII, que procura introduzir o tema do governo dos órgãos de soberania, aqui tratado por António Fernandes de Oliveira.

APRESENTAÇÃO

*
*   *

Esta obra é organizada pelo Governance Lab e surge na continuidade de duas anteriores publicações, também editadas pela Livraria Almedina: *O Código das Sociedades Comerciais e o Governo das Sociedades*, (2008) e *Conflito de Interesses no Direito Societário e Financeiro. Um balanço a partir da crise financeira*, (2010).

O Governance Lab constitui uma associação – até ao momento informal – de juristas que, no compromisso entre a sua actividade profissional e académica, se dedicam à investigação jurídica e à reflexão crítica sobre temas relacionados com o governo das organizações, sejam estas privadas ou públicas, procurando, desta forma, contribuir activamente para o progresso das práticas, das recomendações e das regras jurídicas aqui envolvidas.

Este projecto visa a promoção do debate e não a consensualização de posições entre os seus membros sobre os temas discutidos. Assim, cada contributo para o presente livro é individual, e – embora tenha pressuposto, ao longo da sua preparação, diálogo e troca colectiva de ideias – não vincula os demais co-autores, nem as instituições a que uns e outros pertençam.

Afirma-se o Governance Lab como um projecto independente e sem finalidade lucrativa, revertendo as receitas das suas iniciativas para instituições de solidariedade social. À semelhança do que sucedeu nas anteriores publicações, foi seleccionada uma instituição de solidariedade social que será destinatária das receitas obtidas com a venda deste volume. Desta vez, a escolha recaiu sobre a Casa de Protecção e Amparo de Santo António, instituição com sede na Calçada das Necessidades, n.º 2, em Lisboa, que abriga e se dedica a dar formação e apoio a grávidas e mães adolescentes e suas crianças.

O lançamento de cada iniciativa editorial do Governance Lab pretende constituir uma alavanca para novas e sucessivas publicações científicas ligadas ao governo das organizações, num movimento que pretendemos que se mantenha contínuo. As iniciativas e as reflexões dos autores deste projecto são divulgadas e sujeitam-se a comentários através do sítio da Internet disponível em www.governancelab.org.

Julho de 2011

CAPÍTULO I

VOCAÇÃO E INFLUÊNCIA UNIVERSAL DO *CORPORATE GOVERNANCE*: UMA VISÃO TRANSVERSAL SOBRE O TEMA

Paulo Câmara

ABSTRACT: *This introductory chapter aims at providing an overview at the expansion of governance prescriptions in various organizational forms. This expansion is due to functional and normative factors, both of which are examined herein. Special attention is paid to recent regulatory interventions occurred in Portugal. This expansionist process is clearly a gradual and adaptive one. Each organization has its own governance particularities – as shown in the remaining chapters of this book. A criticism is pointed out at the fact that in Portugal most of influential governance initiatives are still led by the public sector.*

SUMÁRIO: *§ 1.º Introdução. § 2.º Factores determinantes da expansão. § 3.º Deveres de lealdade e de cuidado. § 4.º Prestação de informação. § 5.º Fiscalização e avaliação. § 6.º Remuneração. § 7.º Síntese final: a unidade na diversidade.*

§ 1.º INTRODUÇÃO

1. Apresentação do tema

I – Cada organização – independentemente da sua natureza ou dimensão – postula o seu sistema de governo. Por isso, falar em expansão do governo das organizações é, de certa forma, um truísmo.

Convirá para o efeito esclarecer de antemão que por governo (ou governação) das organizações se entende aqui, de modo amplo, o sistema de normas jurídicas, de práticas e de comportamentos relacionados com a estrutura de poderes decisórios – incluindo a administração, a direcção e demais órgãos directivos – e a fiscalização das organizações, compreendendo nomeadamente a determinação do perfil funcional dos actores organizativos e titulares de órgãos e corpos organizativos e as relações entre estes, os titulares de capital, os associados ou os fundadores e os outros sujeitos relevantes para a sustentabilidade da organização (*stakeholders*)[1].

O tratamento científico dos problemas sobre governação organizativa não evoluiu, do ponto de vista histórico, em termos uniformes. Conheceu uma autonomia e um desenvolvimento inicialmente mais centrado numa categoria demarcada de sociedades que, mercê da fragmentação do seu capital social, suscitavam problemas específicos[2]. A dissociação entre propriedade accionista e o *management*, o absentismo no exercício de direitos sociais, as dificuldades de articulação colectiva – todos estes temas ganharam proeminência enquanto objecto de estudos científicos (mormente jurídicos e económico-financeiros) e de intervenções recomendatórias e normativas[3].

Esta delimitação era de tal modo vincada que o documento fundador do moderno *corporate governance* – o *Report of the Committee on the Financial Aspects of Corporate Governance* (1992), popularizado como Relatório Cadbury – dirigia-se a sociedades cotadas em bolsa[4]. Este constituiu, com efeito, a principal influência para dezenas de códigos de boa governação em todo o mundo, sobretudo na década de 1990: nessa medida, serviu de ignição para uma discussão e aplicação do tema, à escala planetária[5].

---

[1] Sobre a delimitação conceptual do governo das organizações, reenvia-se nomeadamente para o *Report of the Committee on the Financial Aspects of Corporate Governance*, London, (1992) [Relatório Cadbury] – que, na esfera societária, o define sinteticamente como o "sistema através do qual as sociedades são dirigidas e controladas"; J. E. PARKINSON, *Corporate Power and Responsability*, Oxford, (1993, reimp. 1996), 159; ANDREI SCHLEIFER/ROBERT VISHNY, *A Survey of Corporate Governance*, in *Journal of Finance*, Vol. LII, n.º2 June, (1997), 737. Na literatura nacional: PAULO CÂMARA, *O Governo das Sociedades em Portugal: Uma Introdução, Cadernos do Mercado de Valores Mobiliários*, n.º 12 (Dezembro 2001), 45-55 ≈ *El Gobierno de Sociedades en Portugal: una introduccíon*, in *Revista del Instituto Iberoamericano de Mercado de Valores*, n.º 2 (2001), 42-50.

[2] Seminal, neste âmbito: ADOLPH BERLE/GARDINER MEANS, *The Modern Corporation and Private Property*, New Jersey (1932, reimp. 1991).

[3] DANIEL FISHEL, *The Corporate Governance Movement*, 35 Vanderbilt LR (1982) 1259-1292; RANDALL MORCK, *A History of Corporate Governance around the World*, Chicago/London (2005), 1-65.

[4] Mais amplo, todavia, foi o âmbito dos *Principles of Corporate Governance* preparados sob a égide do *American Law Institute* (1994) e dos antecedentes *Model Business Corporation Act* (1954).

[5] WEIL, GOTSHAL & MANGES, *Comparative Study of Corporate Codes Relevant to the European Union and Its Member States*, (2002); NEIL HARVEY, *Corporate Governance: The British Experience*, in RDAI n.º 8 (1995), 947-ss; HELEN SHORT, *Corporate Governance: Cadbury, Greenbury and Hampel – A Review, Journal of Financial*

Assim, o debate moderno, em termos autónomos e sistematizados, sobre governação das organizações tem por referência institucional originária as sociedades emitentes de acções – ou, mais abreviadamente, as sociedades cotadas.

II – A primazia histórica da governação de sociedades cotadas também se verificou, embora com adaptações, em Portugal. Em finais da década de noventa, a CMVM iniciou a preparação de recomendações, sucessivamente revistas, e dirigidas a sociedades cotadas em mercados regulamentados. Inicialmente encarada com cepticismo, a iniciativa no início do milénio passou a ser acolhida muito seriamente pelas sociedades cotadas, que viam a sua aproximação às boas práticas internacionais aumentar de modo rápido.

À medida a que foi aumentando o nível de adesão às recomendações nacionais sobre governo das sociedades, foi também diminuindo paralelamente o número de sociedades cotadas, em resultado de um ciclo de concentração do capital e de reestruturação dos sectores industriais e financeiros nacionais – sem que houvesse, porém, uma correlação causal entre um fenómeno e o outro[6]. O número de recomendações preparado pela CMVM, por seu turno, veio a ser sucessivamente ampliado em cada revisão: em 1999, as indicações recomendatórias limitavam-se a treze; o número de recomendações em 2010 ascendia a 62.

III – Volvida mais de uma década sobre as primeiras iniciativas em matéria de corporate governance em Portugal, registam-se mudanças significativas no debate sobre estas matérias.

Verifica-se, a um tempo, um certo endurecimento normativo no tratamento dos tópicos de governance, em progressiva (embora não total) erosão do espaço deixado à *soft law* e à autonomia privativa de cada organização. No Direito comunitário, a constelação de Recomendações em matéria de governação societária, começou a dar origem a um conjunto de Directivas com directas implicações na área do governance. É a esta luz que merecem ser tidas em conta, nomeadamente, as novas regras comunitárias relativas à auditoria[7] e, bem assim, as soluções preventivas de conflito de interesses reveladas no Regulamento sobre Sociedades

---

Regulation and Compliance, Vol. 7 n.º 1 (1999), 57-58; Paulo Câmara, *Códigos de Governo das Sociedades, Cadernos do Mercado de Valores Mobiliários* n.º 15 (Dezembro de 2002), 65-90; também publicado nos *Cadernos de Auditoria Interna*, ed. Banco de Portugal, Ano 6 n.º 1 (Outubro 2003), 6-51. O tema é retomado, actualizado e desenvolvido na minha introdução ao *Código do Governo das Sociedades Anotado* (2011), no prelo.

[6] Paulo Câmara, *As Operações de Saída de Mercado*, Direito dos Valores Mobiliários, Vol V (2004), 127--128; OECD/Corporate Governance Committee, *Peer Review. Board practices: Incentives and governing risks*, (2011), 61.

[7] Cfr., por exemplo, Gabriela Figueiredo Dias, neste volume; e José João Ferreira Gomes, *A fiscalização externa das sociedades comerciais e a independência dos auditores*, Cad.MVM, n.º 24, 189.

de Notação de Risco (CE) n.º 1060/2009[8], e as indicações sobre política remuneratória de instituições financeiras constantes da Directiva n.º 2010/76/UE do Parlamento Europeu e do Conselho, de 24 de Novembro de 2010, que promoveu uma recente alteração à Directiva de Fundos Próprios[9] – e foi transposta para o Direito português através do Decreto-Lei n.º 88/2011, de 20 de Julho.

Em paralelo com este movimento, e mais importante para o que ora nos ocupa, a característica mais significativa da recente evolução nesta área liga-se a uma franca expansão do âmbito da análise e das intervenções normativas e recomendatórias sobre governação.

Por expansão do âmbito do *governance* entende-se aqui *o processo gradual, universal, transversal e diferenciado de alargamento dos temas e das organizações afectadas pelas indicações sobre governação* – muito para além do círculo das sociedades com cotação bolsista[10].

IV – Como indícios deste fenómeno expansivo, cabe referir nomeadamente os seguintes textos normativos e recomendatórios:

- quanto ao governo das sociedades comerciais em geral: as alterações de alcance geral ao Código das Sociedades Comerciais efectuadas através do DL n.º 76-A/2006, aplicáveis a todos os tipos societários (v.g. arts. 64.º e 72.º CSC)[11] e as modificações introduzidas pelo DL n.º 49/2010 (em transposição da Directiva dos Direitos dos Accionistas) e a alteração ao art. 70.º CSC promovida pelo DL n.º 185/2009[12];
- quanto ao governo de entidades de interesse público: o DL n.º 225/2008, de 20 de Novembro e a Lei n.º 28/2009, de 19 de Junho.
- quanto ao governo das instituições de crédito e sociedades financeiras: a Recomendação n.º 2009/384/CE, da Comissão Europeia, de 30 de Abril de 2009, a Directiva 2010/76/UE do Parlamento Europeu e do Conselho, de

---

[8] Hugo Moredo Santos, *A Notação de Risco e os Conflitos de Interesses*, em *Conflito de Interesses no Direito Societário e Financeiro*, (2010) 471-563

[9] Cfr. *infra*, § 6.º.

[10] Em geral, merece destacar: Joseph Mccahery/Erik Vermeulen, *Corporate Governance of Non-Listed Companies*, Oxford, (2008); OECD, *Corporate Governance of Non-Listed Companies in Emerging Markets*, Paris, (2005); e o recente relatório European Confederation Of Directors' Associations (EcoDa), *Corporate Governance Guidance and Principles for Unlisted Companies in Europe*, Brussels (2010). Na literatura, o conceito de *unlisted company* é frequentemente utilizado em sentido amplo e não técnico. A título de exemplo, o relatório da EcoDa admite directamente que as suas recomendações abranjam, não apenas sociedades comerciais de estrutura fechada, mas também associações e empresas públicas (ob. cit., 7).

[11] Paulo Câmara, *O Governo das Sociedades e a Reforma do Código das Sociedades Comerciais*, em *Código das Sociedades Comerciais e Governo das Sociedades*, (2008) 9-141.

[12] Cfr. *infra*, § 2.º.

VOCAÇÃO E INFLUÊNCIA UNIVERSAL DO *CORPORATE GOVERNANCE*

24 de Novembro de 2010, sobre políticas de remuneração pelas autoridades de supervisão, o Aviso do Banco de Portugal n.º 1/2010 e a Carta-Circular n.º n.º 2/2010/DSB, os Princípios do Comité de Basileia sobre Corporate Governance[13] e o Decreto-Lei n.º 88/2011, de 20 de Julho;
- quanto ao governo das empresas de seguros e de resseguros: arts. 122.-A a 122.º-E e 122.º-O do Decreto-Lei n.º 94-B/98, de 17 de Abril[14];
- quanto ao governo das empresas públicas: regime do sector empresarial do Estado, do Estatuto do Gestor Público, a Resolução do Conselho de Ministros n.º 49/2007[15]; e no domínio regional, os Decretos Legislativos Regionais n.ºs 12/2008/A e 7/2008-A (Região Autónoma dos Açores) e os Decretos Legislativos Regionais n.ºs 12/2010/M e 13/2010/M (Região Autónoma da Madeira)[16].

Importa deixar claro que este processo expansionista das organizações afectadas por reflexões, recomendações ou deveres jurídicos sobre governação encontra-se ainda em curso. A curva evolutiva do fenómeno ainda não cessou de se pronunciar.

§ 2.º FACTORES DETERMINANTES DA EXPANSÃO

2. Factores funcionais e factores normativos

I – Os fundamentos gerais que explicam a vocação expansiva do *governance* analisam-se em dois planos, sucessivamente tratados: o prisma funcional e o prisma normativo.

Os fundamentos funcionais da expansão dos critérios de bom governo ligam-se à idoneidade que este tema apresenta para fomentar boas práticas tendentes a uma optimização do desempenho, o reforço da capacidade competitiva, a maximização da capacidade de financiamento externo, a salvaguarda da reputação organizacional e a garantia de continuidade das organizações.

---

[13] BASLE COMMITTEE ON BANKING SUPERVISION, *Principles for enhancing corporate governance*, (2010), disponível em http://www.bis.org/publ/bcbs176.htm. Cfr. também *infra* 2.*c*) e SOFIA LEITE BORGES, *O governo dos bancos*, neste volume, 261-315.

[14] Sobretudo nas alterações promovidas pelo DL n.º 2/2009, de 5 de Janeiro.

[15] Cfr. *infra*, § 2.º e, desenvolvidamente, PEDRO LOMBA/DUARTE SCHMIDT LINO, *Democratizar o governo das empresas públicas: o problema do duplo grau de agência*, neste volume, p. 681-717.

[16] PAULO CÂMARA, *Corporate Governance e o Sector Público Empresarial dos Açores*, em *Jornadas sobre Direito Regional Açoriano*, (2011), 195-210; MARISA MARTINS FONSECA/FRANCISCA MENDES DA COSTA, *Novas Regras para o Sector Empresarial e o Estatuto do Gestor Público da Região Autónoma da Madeira*, *Momentum* (2010), disponível em www.servulo.com.

O GOVERNO DAS ORGANIZAÇÕES

Embora a governação seja desenvolvida através de múltiplas ferramentas – estatutos, códigos de conduta, normas jurídicas em sentido próprio – e receba o seu teste decisivo na prática diária das organizações, cabe averiguar em particular a fisionomia das intervenções legislativas e regulamentares, enquanto importante motor da expansão aqui analisada, o que se fará de seguida.

II – A irradiação do âmbito de soluções legislativas em matéria da governação das organizações representa um fenómeno complexo e multifacetado, resultante da convergência de diversos factores.

São cinco os principais vectores que ilustram as determinantes causais desta expansão:

- o desenvolvimento expansivo das prescrições societárias;
- as influências comunitárias;
- a especificidade das soluções aplicáveis ao sector financeiro;
- a autonomização do tratamento das entidades de interesse público;
- as maiores exigências de escrutínio quanto ao desempenho de empresas públicas.

Estes serão abaixo desenvolvidos, pela ordem indicada.

a. O desenvolvimento expansivo das prescrições societárias. Desde as suas raízes que o Direito societário dedica central atenção aos aspectos ligados à organização das sociedades. Há, por isso, um avanço histórico-normativo e científico deste ramo do Direito, que o converte em inevitável elemento de comparação e em frequente factor de influência em relação a outros modelos organizativos.

Com efeito, desde a sua fundação, a história das sociedades anónimas é povoada por episódios célebres ligados ao seu governo. Basta para o efeito recordar que a Companhia Holandesa das Índias Orientais (a *Verenigde Oost-Indische Compagnie (VOC)*) já conheceu, em inícios do século XVII, casos de compensação excessiva e de activismo accionista na defesa de modelos mais aprimorados de governação[17].

Além disso, avançando para o último quartel do século XX, com a crescente internacionalização dos mercados financeiros, a exposição aos investidores institucionais, sobretudo estrangeiros, determinou em muitas empresas, nomeadamente de grande dimensão, a necessidade de aperfeiçoar os mecanismos de governo.

---

[17] ELLA GEPKEN-JAGER, *Verenigde Oost-Indische Compagnie (VOC): The Dutch East India Company*, em Gepken-Jager/van Solinge/Timmerman (eds.), *VOC 1602 – 2002: 400 Years of Company Law; Law of Business and Finance*, 6, Deventer (2005), 41-81; MATS ISAKSSON/ROLF SKOG, *The Future of Corporate Governance*, Stockholm, (2004), 36-38.

Em Portugal, tal não constitui excepção. Correspondendo embora a uma disciplina plurissecular, o regime societário sofreu um importante complemento com as regras dedicadas às sociedades abertas, adicionadas sobretudo com o Código dos Valores Mobiliários[18]. Merece notar neste âmbito, como evolução recente, os avanços verificados quanto ao regime do direito de voto introduzidos pelo DL n.º 49/2010[19].

Além disso, ao regime comum societário foram efectuadas alterações relevantes na área da governação com a reforma do Código das Sociedades, em 2006, que deu causa a plúrimas prescrições com alcance dirigido a todas as sociedades comerciais, com destaque para a densificação dos deveres fiduciários dos administradores, conferindo maior vocação e visibilidade pública ao tema[20].

Mais recentemente, o DL n.º 185/2009 viria, por seu turno, a acentuar esta tendência, ao exigir um relatório anual sobre governação a todas as sociedades comerciais, independentemente do seu tipo[21].

b. As influências europeias. Outro importante motor de alargamento do âmbito de pessoas colectivas afectadas por prescrições sobre governação é a harmonização europeia.

A contextualizar esta afirmação, importa deixar claro que durante décadas o Direito europeu se manteve arredado do centro do debate internacional sobre *corporate governance* – sendo claro o ressentimento por processos legislativos nesta área não concluídos (Proposta de Quinta Directiva) ou de gestação excessivamente prolongada (Directiva 2004/25/CE, sobre OPAS[22] e regime da Sociedade Anónima Europeia[23])[24]. Os escândalos do início de milénio determinaram, todavia, uma clara viragem de orientação.

De um lado, foram aprovadas diversas Recomendações da Comissão Europeia[25]. Designadamente, a Comissão Europeia aprovou múltiplas Recomendações sobre a matéria remuneratória – Recomendações n.ºs 2004/913/CE, 2009/384/CE

---

[18] Paulo Câmara, *Manual do Direito dos Valores Mobiliários*, Coimbra, (2009), 521-572.

[19] Quanto aos antecedentes desta transposição, cfr. Menezes Cordeiro, *A Directriz 2007/36, de 12 de Julho (Accionistas de Sociedades Cotadas): Comentários à Proposta de Transposição*, ROA (2008), 503-553.

[20] Paulo Câmara, em *O Código das Sociedades Comerciais e o Governo das Sociedades*, Coimbra, (2008).

[21] Cfr. a propósito, José João Ferreira Gomes, *Os deveres de informação sobre negócios com partes relacionadas e os recentes decretos-lei n.ºs 158/2009 e 185/2009, RDS n.º 3 e CadMVM*. Cfr. também *infra*, § 4.º.

[22] Paulo Câmara, *Manual do Direito dos Valores Mobiliários*, cit., 600-604.

[23] André Figueiredo, *O governo de uma sociedade anónima europeia com sede em Portugal: Algumas notas*, neste volume, 167-199.

[24] Referindo-se sobretudo a este período, Simon Johnston (parafraseando Roberta Romano, no seu *The Genius of Corporate Law*, de 1993) trata do *génio* da regulação europeia sobre governo das sociedades, reflectido na flexibilidade e margem de escolha concedida às sociedades: *EC Regulation of Corporate Governance*, Cambridge (2009), 359-364.

[25] Simon Johnston, *EC Regulation of Corporate Governance*, cit., 245-364.

e 2009/385/CE e, especificamente sobre o sector financeiro, a Recomendação n.º 2009/384/CE, de 30 de Abril de 2009 – e sobre a função dos administradores não-executivos (Recomendação n.º 2005/162/CE).

Este acervo foi complementado com actos comunitários de natureza normativa – entre os quais cabe referir as Directivas sobre Auditoria[26], as Directivas com implicações no Controlo Interno e Gestão de Riscos[27], a Directiva sobre Direitos dos Accionistas[28], a Directiva sobre OPAS e o Regulamento das Sociedades de Notação de Risco.

Entre os diplomas comunitários mais recentes, mencione-se ainda a alteração à Directiva sobre Fundos Próprios que introduz regras sobre política de remunerações de instituições de crédito e empresas de investimento[29]. Esta modificação tomou corpo na Directiva 2010/76/UE do Parlamento Europeu e do Conselho, de 24 de Novembro de 2010 – conhecida na gíria como CRD III, para se distinguir de outros projectos modificativos identicamente em curso em matéraia prudencial[30] – e foi complementada através de um denso conjunto de indicações emanadas preparadas pelo CEBS[31] (actual EBA). Importa ainda referir, no âmbito dos documentos comunitários mais recentes, a Directiva 2011/611/UE do Parlamento Europeu e do Conselho, de 8 de Junho de 2011, sobre Gestão de Fundos Alternativos, com diversas – e controversas – prescrições sobre o governo de *hedge funds* e de sociedades de capital de risco.

c. A crise financeira internacional e a especificidade de soluções aplicáveis ao sector financeiro. Tem vindo a ser progressivamente reconhecida a especificidade do governo das sociedades do sector financeiro. Esta progressiva autonomização funda-se, de um lado, no particular círculo de sujeitos afectados (*stakeholders*) pelas actividades das instituições financeiras – mormente depositantes –, do que decorre a sua natureza de entidades reguladas por normativos de direito bancário, em termos prudenciais e comportamentais. De outro lado, a singularidade do governo de sociedades bancárias liga-se ao típico perfil de risco destas instituições, que podem exibir um nível elevado de alavancagem financeira, detendo activos cuja valori-

---

[26] Refira-se, quanto à auditoria, as Directivas 84/253/CE, 2003/51/CE, 2006/43/CE, 2003/46/CE e 2008/30/CE.

[27] Directivas 2006/43/CE e 2006/46/CE.

[28] Directiva 2007/36/CE.

[29] O texto em referência encontra-se disponível em http://ec.europa.eu/internal_market/bank/docs/regcapital/com2009/Leg_Proposal_Adopted_1307.pdf.

[30] Uma lista completa das iniciativas visando alterações à *Capital Requirements Directive* encontra-se disponível em http://ec.europa.eu/internal_market/bank/regcapital/index_en.htm.

[31] CEBS, *Guidelines on Remuneration Policies and Practices*, (2010), disponível em http://www.eba.europa.eu/cebs/media/Publications/Standards%20and%20Guidelines/2010/Remuneration/Guidelines.pdf.

VOCAÇÃO E INFLUÊNCIA UNIVERSAL DO *CORPORATE GOVERNANCE*

zação denuncia volatilidade[32]. Por último, mostra-se relevante atender ao risco sistémico que pode ser determinado por desequilíbrios verificados nestas instituições – a explicar, por si, um acentuado relevo dos sistemas de gestão de riscos[33].

O contributo causal das deficiências do governo de algumas instituições financeiras para a crise financeira iniciada em 2007 tem levado, mais recentemente, a que as intervenções regulatórias neste domínio se tornem inevitáveis[34]. Merece referir, neste âmbito, que o Comité de Basileia acaba de aprovar um conjunto de Recomendações intitulado *"Principles for Enhancing Corporate Governance"*[35]. A Comissão Europeia, por seu turno, apresentou em 2010 um Livro Verde sobre Governo de Instituições Financeiras[36], a preceder uma possível reforma legislativa relevante.

Em outras intervenções legislativas, de âmbito sectorial, tem-se sentido igualmente uma atenção polarizada no governo das empresas seguradoras e gestoras de fundos de pensões[37].

d. As maiores exigências de escrutínio quanto ao desempenho de empresas públicas.
Não é recente a procura, para as empresas públicas, de fórmulas organizativas robustas e eficientes, e aptas, como tal, a assegurar a profissionalização da gestão, a maximizar o desempenho societário e a fazer cumprir o interesse público na realização do seu objecto social[38]. Os processos de privatização, a internacionalização da actividade de algumas empresas públicas, e as maiores restrições orçamentais em matéria de défice público a vigorar na União Europeia, determinaram

---

[32] Peter Mülbert, *Corporate Governance of Banks after the Crisis: Theory, Evidence, Reforms*, ECGI (2010), 10-15.

[33] Renée Adams/Hamid Mehran, *Is Corporate Governance Different for Bank Holding Companies?*, FRBNY Economic Policy Review (April 2003); Basel Committee on Banking Supervision, *Enhancing corporate governance for banking organizations*, (2006); Ross Levine, *The Corporate Governance of Banks: A concise discussion of concepts & evidence*, Global Corporate Governance Forum, (2003); Jonathan Macey/Maureen O'hara, *The Corporate Governance of Banks*, FRBNY Economic Policy Review (April 2003); Peter Mülbert, *Corporate Governance of Banks*, ECGI WP n.º 130/09 (2009); Id., *Corporate Governance of Banks after the Crisis: Theory, Evidence, Reforms*, ECGI (2010); Andy Mullineux, *The Corporate Governance of Banks, Journal of Financial Regulation and Compliance* Vol. 14 n.º 4 (2006) 375-382.

[34] Referiu directamente a OCDE: *the financial crisis can be to an important extent attributed to failures and weaknesses in corporate governance arrangements*. Em estudo mais analítico, realizado sobre o período da crise no que respeita às empresas do índice S&P 500, Brian Cheffins revelou existirem maiores deficiências de governação nas empresas financeiras do que nas não-financeiras. Cfr. Brian Cheffins, *Did Corporate Governance "Fail" During the 2008 Stock Market Meltdown? The Case of the S&P 500*, (2008) 4 ss.

[35] O documento de consulta, com data de Março de 2010, encontra-se disponível em http://www.bis.org/publ/bcbs168.htm.

[36] Cfr. European Commission, *Green Paper on Governance of Financial Institutions* (2010).

[37] Ana Rita Almeida Campos, *O Governo das Seguradoras*, neste volume, 413-452; Gabriela Figueiredo Dias, *O Governo dos Fundos de Pensões*, ibid., 317-368.

[38] Em geral: Sofia Tomé d'Alte, *A Nova Configuração do Sector Empresarial do Estado e a Empresarialização dos Serviços Públicos*, (2007).

O GOVERNO DAS ORGANIZAÇÕES

gradualmente uma preocupação maior ligada ao governo das empresas públicas. Colhem-se, no plano normativo, diversos indícios nesse sentido. Na preparação da reforma societária de 2006, os documentos preparatórios reflectiram uma filosofia ambiciosa quanto à posição do Estado enquanto accionista, tendo deposto a favor de uma diminuição das especialidades de regime das sociedades anónimas de titularidade pública em relação à comum disciplina societária[39], designadamente por tais desvios de regime *implicarem perdas de eficiência para as empresas*[40].

Neste contexto, o enquadramento normativo dedicado ao governo das entidades do sector empresarial do Estado apresenta natureza fragmentária, sendo transversalmente atravessado pelo *princípio da aproximação aos padrões de governação do sector privado*, designadamente aos decorrentes das novidades consagradas em 2006 na lei geral societária.

Tenha-se presente, neste contexto, o novo enquadramento do sector empresarial do Estado, aprovado pelo DL n.º 300/2007, de 23 de Agosto. Trata-se de um diploma muito sensível às questões sobre governação, tendo aditado uma nova secção (Secção IV do Capítulo I) inteiramente dedicada às estruturas de governação[41] (arts. 18.º-A e seguintes). Nesse âmbito, o legislador considera legítima a utilização de um conjunto de figuras já conhecidas do Direito societário. São explicitamente admitidos os administradores não-executivos e a paralela existência de comissão executiva, que pode adequar-se a qualquer modelo de governação. O diploma não toma partido sobre o melhor modelo de governação aplicável ao sector empresarial do Estado, mas deixa clara a admissibilidade da escolha de qualquer dos modelos de entre os tipicamente reconhecidos, uma vez que ressalva a aplicabilidade do Código das Sociedades Comerciais[42] e admite o conselho geral e de supervisão[43], próprio do modelo dualista, e a comissão de auditoria[44], típica do modelo anglo-saxónico. Impõe-se também a aprovação de um regimento de funcionamento do conselho de administração e do órgão de fiscalização[45].

Importa ainda lembrar que o Estatuto do Gestor Público acarreta sensíveis alterações ao regime dos titulares do órgão de administração, nomeadamente quanto à designação, renovação de mandato e cessação de funções[46]. O Estatuto

---

[39] CMVM, *Governo das Sociedades Anónimas – Propostas de Alteração ao Código das Sociedades Comerciais* (2006), disponível em http://www.cmvm.pt/NR/rdonlyres/9A6DF665-B529-426E-B266-75E08A225352/5654/proposta_alter_csc.pdf, 23-26.

[40] ID., ibid., 24.

[41] Impropriamente designadas no diploma "estruturas de gestão".

[42] Art. 18.º-A do DL n.º 300/2007, de 23 de Agosto.

[43] Art. 18.º-B. n.º 3, do DL n.º 300/2007, de 23 de Agosto.

[44] Art. 18.º-E do DL n.º 300/2007, de 23 de Agosto.

[45] Art. 18.º-G do DL n.º 300/2007, de 23 de Agosto.

[46] Confronte-se, em particular, os arts. 13.º, 15.º, n.º 2 e 24.º e seguintes do Estatuto do Gestor Público, aprovado pelo DL n.º 71/2007, de 27 de Março.

VOCAÇÃO E INFLUÊNCIA UNIVERSAL DO *CORPORATE GOVERNANCE*

do Gestor Público apresenta ainda implicações quanto à independência dos administradores não-executivos (art. 21.º, n.º 2) e quanto à obrigatória celebração de contratos de gestão (art. 18.º) que devem identicamente ser retidas.

No elenco de fontes respeitantes à governação de empresas públicas, merece também referir a Resolução do Conselho de Ministros n.º 49/2007, de 28 de Março, que fixa um conjunto de princípios elementares sobre o bom governo do sector empresarial do Estado. Segundo este diploma, o sistema de governação *deve ser ajustado à dimensão e à complexidade de cada empresa, em ordem a assegurar a eficácia do processo de tomada de decisões e a garantir uma efectiva capacidade de supervisão* (art. 15.º). O mesmo diploma estabelece exigências em matéria de composição quantitativa dos órgãos sociais (devendo ser adequada, não excedendo as práticas em empresas privadas comparáveis: art. 15.º), segregação entre funções de administração executiva e de supervisão (art. 16.º). Acrescenta-se que *as empresas de maior dimensão e complexidade devem especializar a função de supervisão através da criação de comissões especializadas, entre as quais se deve incluir uma comissão de auditoria ou comissão para as matérias financeiras, consoante o modelo adoptado*. Consagram-se ainda directrizes quanto à independência de auditoria (art. 18.º), rotação e limitação dos mandatos (art. 20.º) e prestação de informação anual sobre o bom governo (art. 29.º).

Cabe ainda ter em conta os Princípios da OCDE sobre Empresas de Titularidade Pública (*OECD Guidelines on Corporate Governance of State-Owned Assets*), datados de 2005. Estes princípios têm-se revelado de grande influência na conformação das linhas políticas mais recentes sobre a matéria, sendo utilizado como critério de avaliação nos exercícios do FMI/Banco Mundial e na avaliação dos pedidos de adesão de novos Estados-membros. No âmbito da governação, estes *OECD Guidelines on Corporate Governance of State-Owned Assets* procedem à adaptação para o sector público empresarial dos Princípios da OCDE sobre Corporate Governance, revistos em 2004[47]. São divididos em seis capítulos, que curam sucessivamente do ambiente regulatório, da função accionista do Estado, do tratamento equitativo dos accionistas, das relações com os stakeholders, da transparência e das responsabilidades da administração. Entre múltiplas indicações importantes, estas orientações da OCDE sobre *State-Owned Assets* preconizam claramente uma colagem aos modelos organizativos do Direito privado sentenciando que: *governments should base themselves as much as possible on corporate law and avoid creating a specific legal form when this is not absolutely necessary for the objectives of the company*[48].

---

[47] Algumas indicações sobre a preparação dos Princípios da OCDE sobre Corporate Governance podem colher-se em JOANNA R. SHELTON (que presidiu aos trabalhos), *Introduction*, in OCDE, *Corporate Governance in Asia – A Comparative Perspective*, Paris (2001), 11-15; ULRICH SEIBERT, *OECD Principles of Corporate Governance – Grundsätze der Unternehmensführung und –kontrolle für die Welt*, AG 8/99 (1999), 337-339. Uma versão dos Princípios em português encontra-se nos *Cadernos do Mercado de Valores Mobiliários* n.º 5, 285-316.
[48] OECD, *Guidelines on Corporate Governance of State-Owned Assets*, (2005), I. B., 20.

O GOVERNO DAS ORGANIZAÇÕES

É certo que a alteração dos modelos de governação no sentido de uma aproximação aos *benchmarks* privados já tem vindo a ser realizada em algumas entidades do sector empresarial do Estado[49]. Trata-se de um ciclo a que se impõe dar continuação. E, neste contexto, a eliminação dos direitos especiais do Estado em empresas a reprivatizar, operada pelo Decreto-Lei n.º 90/2011, de 25 de Julho, constitui uma indicação positiva. Porém, entre nós, a área do governo das empresas públicas é ainda largamente carecida de progresso – seja no tocante aos mecanismos de designação dos titulares de cargos directivos em empresas públicas[50], seja quanto à necessidade de elevar ao estatuto normativo as indicações – hoje, na sua maioria, de cunho meramente recomendatório – constantes da Resolução de Conselho de Ministros n.º 49/2007. Não surpreende, assim, que o *Memorandum of Understanding on Specific Economic Condicionality*, celebrado em Maio de 2011, preveja diversas medidas relacionadas com o reforço do sistema de governação das empresas públicas.

e. A autonomização do tratamento das entidades de interesse público. O alargamento do âmbito de algumas prescrições obrigatórias no âmbito do governo das sociedades teve como categoria institucional de referência, na Directiva comunitária n.º 2006/43/CE, o conceito de entidades de interesse público. Nesta categoria, a Directiva incluía as sociedades emitentes de valores mobiliários admitidos à negociação em mercado regulamentado, as instituições de crédito e as empresas de seguros[51].

---

[49] Vale referir, em particular, a alteração ao modelo de governação da REFER, E.P.E., consagrada através do DL n.º 141/2008, de 22 de Julho, que passou nomeadamente a colocar o revisor oficial de contas fora do órgão de fiscalização, a redefinir as regras de designação e renovação de mandato dos administradores e a regular extensivamente a competência do órgão de fiscalização (Art. 4.º, n.º 2 dos Estatutos da REFER, E.P.E.). A acrescer, também a Caixa Geral de Depósitos, S.A. veio recentemente modificar os seus estatutos em função das novas orientações em matéria de governação. Estas alterações, aprovadas através do DL n.º 106/2007, de 3 de Abril, implicaram igualmente, à semelhança do sucedido com a REFER, uma segregação entre o conselho fiscal e o revisor oficial de contas, que deixou de fazer parte daquele órgão(Art. 23.º dos Estatutos da Caixa Geral de Depósitos, S.A). Houve ainda o cuidado de proceder a uma remissão para as competências do órgão de fiscalização estabelecidas por lei (Art. 24.º dos Estatutos da Caixa Geral de Depósitos, S.A). Por fim, foi fixado um limite de mandatos sucessivos dos membros dos órgãos sociais, incluindo o do presidente da mesa da assembleia (quatro mandatos) (Art. 9.º, n.º 2 dos Estatutos da Caixa Geral de Depósitos, S.A.). Uma vez que, segundo a disciplina actual, a alteração dos estatutos de empresas públicas sob forma societária pode ser efectuada nos termos da lei comercial, ou seja, sem ser por acto legislativo, admite-se que existam outros exemplos de alterações estatutárias alinhadas por semelhantes intuitos.

[50] PEDRO LOMBA/DUARTE SCHMIDT LINO, *Democratizar o governo das empresas públicas: o problema do duplo grau de agência*, neste volume, p. 681-717. Sobre o problema semelhante dos mecanismos de designação de titulares de órgãos directivos em autoridades reguladoras, renvia-se para PAULO CÂMARA/GRETCHEN LOWERY, *The Internal Governance Structure of Financial Regulatory Authorities: Main Models and Current Trends*, em MARTA TAVARES DE ALMEIDA/LUZIUS MADER (ed.), *Proceedings of the 9th International Association of Legislation Congress. Quality of Legislation – Principles and Instruments*, (2011).

[51] Art. 2.º, n.º 13 da Directiva n.º 2006/43/CE do Parlamento Europeu e do Conselho, de 17 de Maio de 2006.

O DL n.º 255/2008 procedeu a uma transposição maximalista do texto comunitário para o Direito interno português, sobretudo quanto à ampla demarcação do conceito de entidades de interesse público. Esta tendência acentuar-se-ia com a Lei n.º 28/2009, de 19 de Junho, a propósito da política de remuneração dos órgãos sociais, que viria a equiparar o tratamento dado às entidades de interesse público às sociedades financeiras e às sociedades gestoras de fundos de capital de risco e de fundos de pensões, como veremos adiante.

III – Procede-se, de seguida, à análise do conteúdo dos temas centrais nesta concretização da ampliação do âmbito da discussão do governance para quadrantes que extravasam o seu núcleo originário.

§ 3.º DEVERES DE LEALDADE E DE CUIDADO

I – A importância dos deveres de cuidado e de lealdade no governo das organizações[52] pode ser comprovada através de uma dupla via.

A um tempo, tal decorre da desejabilidade de clarificação funcional de cada actor na organização. O conteúdo dos deveres fiduciários preenche o perfil funcional e, deste ponto de vista, auxilia um escrutínio mais rigoroso dos titulares de órgãos sociais.

Além disso, os deveres fiduciários servem como categoria operativa para graduar os interesses a que estejam vinculadas as organizações e as pessoas que nestas actuem. Assim se permite, paralelamente, uma adequada prevenção e gestão de conflito de interesses[53].

II – Os deveres fiduciários podem ser estabelecidos de modo explícito ou resultar implicitamente, a partir dos dados do sistema jurídico. A título de exemplo, em Portugal os deveres de lealdade dos administradores de sociedades comerciais merecem consagração directa na lei (art. 64.º CSC) – ao passo que os deveres de lealdade dos accionistas se deduzem indutivamente a partir do regime

---

[52] Sobre estes, no panorama nacional, reenvia-se nomeadamente para MENEZES CORDEIRO, *Os deveres fundamentais dos administradores (Artigo 64.º/1 do CSC)*, ROA (2006), 443-488; Id., *A lealdade no Direito das sociedades*, ROA 66 (2006), 1033-1065; Id., *Código das Sociedades Comerciais Anotado*, cit., 242-245; COUTINHO DE ABREU, *Deveres de cuidado e lealdade dos administradores e interesse social, Reformas do Código das Sociedades*, (2007), 15-47; PAULO CÂMARA, *O Governo das Sociedades e os Deveres Fiduciários dos Administradores*, in MARIA DE FÁTIMA RIBEIRO (org.), *Jornadas sobre Sociedades Abertas, Valores Mobiliários e Intermediação Financeira*, Coimbra, (2007), 163-179; PEDRO PAIS DE VASCONCELOS, *Responsabilidade civil dos gestores de sociedades comerciais, Direito das Sociedades em Revista* Vol. 1 (2009), 11-32.

[53] PAULO CÂMARA, *Conflito de Interesses no Direito Societário e Financeiro: Um Retrato Anatómico*, (2010), 9-74.

O GOVERNO DAS ORGANIZAÇÕES

societário[54]. O mesmo se deve sustentar a propósito dos deveres de cuidado e lealdade dos membros da mesa da assembleia geral e dos membros da comissão de vencimentos, que se impõem por via analógica, em termos adaptados ao estabelecido para os demais membros de órgãos sociais, pese embora a inexistência de expressa estatuição nesse sentido.

III – Os deveres fiduciários apresentam, ainda, uma densidade variável em função da posição ocupada pelo titular do membro de órgão social e em função da organização em que se insere, sua dimensão, complexidade e demais características específicas.

Em termos gerais, no direito positivo, constata-se uma maior densidade dos deveres de lealdade e de cuidado nas regras estabelecidas para as sociedades comerciais. Tal deve-se ao relevo do art. 64.º CSC, nomeadamente após a revisão empreendida pelo DL n.º 76-A/2006.

Porém, esta constatação não apaga o relevo dos deveres fiduciários em outras estruturas organizativas. De particular relevo mostra-se, a título de ilustração, o caso dos deveres fiduciários em entidades sem fim lucrativo, que têm, em tempos recentes, trilhado um percurso tendencial no sentido de uma gestão mais eficiente e profissionalizada. A dogmática dos deveres fiduciários tem, aliás, conhecido aqui uma extensão interessante, na medida em que, ao lado dos deveres de lealdade e de cuidado, se têm autonomizado os deveres de obediência à vontade do fundador ou doador, aplicáveis às liberalidades efectuadas a entidades sem finalidade lucrativa[55].

Deve, aliás, a propósito, afirmar-se a vocação geral, ainda que nem sempre explícita por forma legislativa, dos deveres fiduciários. A vinculação a deveres fiduciários constitui, com efeito, um corolário da finalidade de cada tipo organizativo. Este representa um ponto cardeal que deve nortear futuros desenvolvimentos práticos e legislativos no domínio do governo das organizações.

§ 4.º PRESTAÇÃO DE INFORMAÇÃO

I – A prestação de informação tem revelado crescentemente uma aptidão enquanto ferramenta de governação de diversas formas organizativas. Tal assim

---

[54] Não cabe aqui, naturalmente, o tratamento desenvolvido do tema. Reenvia-se para CARNEIRO DA FRADA, *A business judgement rule no quadro dos deveres gerais dos administradores, A Reforma do Código das Sociedades Comerciais. Jornadas em Homenagem ao Professor Doutor Raúl Ventura*, (2007), 70; PAULO CÂMARA, *Parassocialidade e Transmissão de Valores Mobiliários*, (1996).

[55] KLAUS HOPT/THOMAS VON HIPPEL (org.), *Comparative Corporate Governance of Non-Profit Organizations*, Cambridge, (2010), 149-160, 186-192, 210-214, 554-557, 564-618.

sucede quer a informação seja fornecida em cumprimento de regras jurídicas, quer o seja em acolhimento de recomendações ou por pura iniciativa das organizações.

As funções que a informação pode desempenhar, neste contexto, reconduzem-se às seguintes:

– função instrumental ao escrutínio;
– função de substituição de soluções injuntivas;
– função de prevenção de irregularidades.

É por esta ordem que abaixo se desenvolve a análise do perfil funcional da informação no âmbito do governo das orgnizações.

II – Em primeiro lugar, a informação constitui um elemento de apoio à avaliação do desempenho de cada organização.

Desdobra-se esta característica funcional em duas vertentes interligadas, mas distintas. Logicamente prioritária é a informação que faculte uma determinação clara dos objectivos das organizações, dos processos decisórios e dos poderes e responsabilidades dos seus dirigentes.

Esta vertente é complementada com a prestação de ampla informação sobre o desempenho de cada actor organizativo – sobretudo, mas não exclusivamente, os titulares do órgão de administração. Esta informação é a um tempo financeira, mas também comporta um largo acervo de dados não-financeiros.

A informação deve ser confiável (verdadeira, objectiva, clara, lícita, na terminologia mobiliária: art. 7.º CVM) o que explica o relevo dos auditores (*"you manage what you measure"*).

Assim se atingem dois objectivos importantes do governo das organizações: a sindicabilidade da actividade e do desempenho das organizações e a transparência da sua actuação. E se possibilita a cognição indispensável ao desiderato do constante aprimoramento da eficiência organizativa.

III – A prestação de informação sobre governo constitui a chave do sistema de *comply or explain*.

Os deveres de informação sobre o grau de acolhimento de códigos de governo são, com efeito, essenciais, para induzir a uma percentagem satisfatória de adesão às recomendações naqueles contidas. Não merece, por isso, qualquer dúvida que as recomendações subjacentes não reflectem injuntividade – sendo lícita a opção, da banda das instituições destinatárias, de não acolhimento das recomendações.

A natureza recomendatória e a utilização do modelo de *comply or explain* condiz, de resto, com a abordagem comunitária revelada na Directiva 2006/46/CE, que obriga as sociedades cotadas a informar se, nos termos da legislação nacional,

O GOVERNO DAS ORGANIZAÇÕES

divergir do código de governo respectivo, quais as partes do código de governação de que diverge e as razões da divergência[56]. O mesmo sucede na matéria da política de remuneração, na Recomendação, que directamente dispôs, no seu art. 11.º, que: *Os Estados-Membros devem assegurar que as instituições financeiras estejam em condições de comunicar às autoridades competentes a respectiva política de remuneração abrangida pela presente recomendação, incluindo uma indicação da conformidade com os princípios estabelecidos neste diploma, sob a forma de uma declaração sobre a política de remuneração, devidamente actualizada.*

Essa é, aliás, a técnica empregue pela CMVM desde 2001, na combinação feita entre deveres de informação sobre o grau de acolhimento, e segundo a qual os emitentes devem divulgar anualmente uma *declaração sobre o acolhimento do código de governo das sociedades ao qual o emitente se encontre sujeito por força de disposição legal ou regulamentar, especificando as eventuais partes desse código de que diverge e as razões da divergência*[57].

IV – O dever de prestação de informação sobre aspectos relacionados com a governação pode também reconduzir-se ao círculo de situações jurídicas teleologicamente motivadas com a prevenção de ilícitos e de excessos.

Mencione-se, em particular, os deveres de informação sobre transacções entre partes relacionadas, os deveres de informação sobre transacção de dirigentes e os deveres de informação sobre situações que envolvam conflito de interesses.

Crê-se que, no essencial, o mesmo vale para os deveres de informação sobre a prestação remuneratória de membros de órgãos sociais, consagrados recentemente através da Lei n.º 28/2009.

V – Entre plúrimas modificações ao Código das Sociedades Comerciais, o DL n.º 185/2009 procedeu à introdução da alínea b) do n.º 2 do art. 70.º, passando este a estatuir que as sociedades devem disponibilizar gratuitamente a todos os interessados um relatório sobre a estrutura e as práticas de governo societário. Este relatório deve, de acordo com a nova redacção do preceito, ser disponibilizado na sede da sociedade e, quando exista, no respectivo sítio da internet.

O preceito recentemente introduzido assume particular importância por abranger no seu âmbito de aplicação sociedades que tradicionalmente não são

---

[56] Art. 46.º-A da Directiva 78/660/CEE, na redacção dada pela Directiva n.º 2006/46/CE do Parlamento Europeu e do Conselho, de 14 de Junho de 2006.

[57] Art. 245.º-A, n.º 1 n) CVM. Em geral, sobre *comply or explain*, remete-se para o recente relatório comparativo RISKMETRICS, *Study on Monitoring and Enforcement Practices in Corporate Governance in the Member States*, (2009). Cfr. sobre a aplicação desta técnica em Portugal: PAULO CÂMARA, *Códigos de Governo das Sociedades, Cadernos do Mercado de Valores Mobiliários* n.º 15 (Dezembro de 2002), 65-90; também publicado nos *Cadernos de Auditoria Interna*, edição Banco de Portugal, Ano 6 n.º 1 (Outubro 2003), 6-51. O ponto é igualmente retomado na introdução ao *Código de Governo das Sociedades Anotado*, cit.

sujeitas a específicas exigências informativas relacionadas com a governação societária. A inserção sistemática do novo art. 70.º, n.º 2, alínea b) – localizado no Título I (parte geral) do CSC – torna evidente a sua aplicação a todos os tipos de sociedades comerciais existentes no ordenamento jurídico português: sociedades anónimas, sociedades por quotas, inclusive sociedades unipessoais por quotas, sociedades em nome colectivo e sociedades em comandita (simples ou por acções). Transcende-se, assim, muito amplamente, o âmbito de aplicação do art. 245.º-A CVM o qual já impunha às *sociedades emitentes de acções admitidas à negociação em mercado regulamentado* a divulgação, em anexo ao relatório anual de gestão, de "informação detalhada sobre a estrutura e práticas de governo societário".

Porém, ao invés do preceito do Código dos Valores Mobiliários, o qual densifica exaustivamente a informação cuja inclusão no relatório anual é exigida, o novo preceito do CSC determina laconicamente a existência do dever, não curando da densificação do seu conteúdo e extensão. Este défice de densificação legislativa quanto ao alcance do dever de disponibilização de informação sobre as estruturas e as práticas de governo da sociedade obriga a um esforço interpretativo no sentido da delimitação da informação cuja divulgação é obrigatória daquela relativamente à qual as sociedades retêm plena liberdade quanto à sua inclusão no relatório, não obstante essa inclusão poder, eventualmente, ser vantajosa do ponto de vista do incremento da transparência societária. Para esse efeito, há que atender às finalidades prosseguidas pela disposição em questão, bem como às directrizes interpretativas que resultam da sua inserção sistemática. O facto de o preceito em questão ser aplicável à globalidade das sociedades comerciais fornece uma primeira directriz interpretativa relevante: as exigências colocadas são idênticas para todas as sociedades. Ou seja, a ponderação da prossecução da finalidade visada, designadamente o incremento da transparência quanto à governação da sociedade, com outros interesses – em particular, o interesse das sociedades à *privacy* empresarial – deve ser feita de forma a que a cominação do dever não se torne desequilibrada para qualquer das sociedades abrangidas. O princípio de proporcionalidade serve de útil barómetro interpretativo nesta sede.

Outro ponto de referência interpretativo deve ser buscado no art. 245.º-A CVM: aí não só as necessidades de divulgação de informação são mais prementes, dada a qualificação das sociedades destinatárias do dever como sociedades abertas, como é a própria letra da lei que qualifica – ao contrário do art. 70.º, n.º 2, alínea *b)* CSC – a informação exigida como *"detalhada"*. Desta constatação retira-se uma conclusão relevante: o alcance das exigências colocadas pelo preceito do CSC será sempre menor do que o representado nas alíneas do art., 245.º-A, n.º 1 CVM.

Deve, assim, entender-se que o novo preceito do CSC apenas exige a inclusão no relatório em questão de informações mínimas sobre o governo da sociedade, o qual pode não referir mais do que aquilo que seja considerado como o núcleo duro da estrutura e das práticas do governo societário: v.g. o modelo de governo da sociedade, os titulares dos órgãos sociais e a sua estrutura societária.

§ 5.º FISCALIZAÇÃO E AVALIAÇÃO

I – Em sentido restrito, a fiscalização reconduz-se à verificação permanente da regularidade dos actos societários através dos órgãos competentes.

Tem sido muito advogada a dissociação entre fiscalização e revisão de contas, esta reflectindo-se num exercício de âmbito mais reduzido de acompanhamento do processo de relato financeiro.

Mas nem todas as organizações acolhem esta distinção – excepção feitas às sociedades cotadas, sociedades de grande dimensão e entidades de interesse público.

Nas sociedades anónimas, existe uma possibilidade de escolha do modelo de fiscalização. Tal contrasta, porém, com a maioria das formas de organização. Trata-se de um ponto em que o Direito legislado nacional deveria evoluir claramente, em benefício de uma maior autonomia governativa das organizações.

II – Os membros independentes desempenham neste âmbito uma função relevante, que se adapta a qualquer organização[58].

Estes servem, no fundo, para aumentar o desafio crítico do órgão executivo e acompanhar eventuais conflitos de interesses.

Tal impõe, porém, uma adaptação ao conceito muito exigente de membro independente fixado no art. 414.º, n.º 5 CSC. Nas demais fórmulas organizativas, afigura-se na maioria das situações bastante existir independência em relação à gestão da organização.

III – Além da fiscalização, o governo das organizações também pressupõe igualmente avaliação. Desde logo auto-avaliação, efectuada pelos próprios membros dos órgãos típicos. Mas também a avaliação feita pelos órgãos a quem caiba o escrutínio de actuação de outros actores societários. Merece citar, a propósito, a função dos sistemas de cumprimento, de auditoria interna e de gestão de riscos no processo de fixação da remuneração[59]. O espaço de auto-regulação, neste sentido, é muito largo.

---

[58] Quanto às empresas familiares, v. por exemplo MARIA JESUS PEÑAS MOYANO, *Órganos de gobierno de las empresas familiares, Rivista di Diritto Societario*, 2 (2010), 521-522.

[59] Cfr. EUROPEAN COMMISSION, *Corporate governance in financial institutions and remuneration policies* (2010).

§ 6.º REMUNERAÇÃO

I – A moldura de incentivos à prestação dos titulares de órgãos sociais – *maxime*, dos administradores ou de titulares de funções equivalentes – é consabidamente decisiva no sistema de governo organizacional[60].

Com efeito, a remuneração (entendida aqui em sentido amplo, envolvendo qualquer contraprestação auferida pelo desempenho enquanto membro do cargo) conforma comportamentos dos dirigentes, em múltiplos sentidos: constitui factor de atracção de gestores mais competentes e de factor de disciplina no exercício de funções dirigentes; é apta a servir para premiar (e deste modo estimular *ex ante*) os sucessos empresariais; e pode influir, de modo determinante, no alinhamento da actuação da gestão em objectivos de curto, médio ou longo prazo[61].

Neste âmbito, até 2009, apenas no direito societário se reconheciam no direito legislado visíveis preocupações com aspectos remuneratórios. Todavia, os dados legislativos conheceram modificação recente.

Previna-se que, ressalvando indicações recomendatórias sobre correspondência entre remuneração e desempenho, não se conhecem intervenções no âmbito da quantificação da remuneração, cuja fixação se mantém dependente das escolhas das organizações, através dos órgãos próprios. O enfoque das actuais tendências normativas situa-se antes no processo decisório referente à política remuneratória e à fixação da prestações remuneratórias, na sua estrutura e na prestação de informação relacionada com a remuneração, como abaixo se explicita.

II – A ampliação do tratamento legislativo sobre o tema remuneratório ocorreu através de um produto legislativo em resposta à crise financeira iniciada em 2007: a Lei n.º 28/2009, de 19 de Junho[62]. Este diploma conheceu posteriores extensões por via regulatória dirigidas às sociedades cotadas (Regulamento da CMVM n.º 1/2010), às instituições de crédito e sociedades financeiras (Aviso do Banco de Portugal n.º 1/2010), às seguradoras e às sociedades gestoras de fundos de pensões (Norma Regulamentar do ISP n.º 2/2010).

O âmbito de aplicação deste regime do dever de apresentação de declaração sobre política remuneratória é bastante amplo. Aplica-se, desde já, a todas as entidades de interesse público. Esta é uma categoria delimitada pelo DL n.º 225/2008, de 20 de Novembro, em que se incluem as seguintes entidades:

---

[60] OECD, *Principles of Corporate Governance*, (2004), 11.

[61] JEFFREY GORDON, *"Say on Pay": Cautionary Notes on the UK Experience and the Case for Shareholder Opt-In*, ECGI Law WP n.º 117/2008 (2008).

[62] Para o devido enquadramento: PAULO CÂMARA, *Medidas Regulatórias Adoptadas em Resposta à Crise Financeira: Um Exame Crítico, Direito dos Valores Mobiliários*, Vol. IX (2009), 71-113; Id., *Crise financeira e Regulação*, ROA, 2009, 697-728; Id., *A Comissão de Remunerações, RDS* n.º 1 (2011), 9-52.

O GOVERNO DAS ORGANIZAÇÕES

- Os emitentes de valores mobiliários admitidos à negociação num mercado regulamentado;
- As instituições de crédito que estejam obrigadas à revisão legal das contas;
- Os fundos de investimento mobiliário e imobiliário;
- As sociedades de capital de risco e os fundos de capital de risco;
- As sociedades de titularização de créditos e os fundos de titularização de créditos;
- As empresas de seguros e de resseguros;
- As sociedades gestoras de participações sociais, quando as participações detidas, directa ou indirectamente, lhes confiram a maioria dos direitos de voto nas instituições de crédito obrigadas à revisão legal de contas;
- As sociedades gestoras de participações sociais no sector dos seguros e as sociedades gestoras de participações mistas de seguros;
- Os fundos de pensões;
- As empresas públicas que, durante dois anos consecutivos, apresentem um volume de negócios superior a € 50 000 000, ou um activo líquido total superior a € 300 000 000.

Além disso, estão ainda cobertas pelo *say on pay* português as sociedades financeiras e as sociedades gestoras de fundos de capital de risco e de fundos de pensões (art. 2.º, n.º 2 da Lei n.º 28/2009, de 19 de Junho).

III – Na sua expressão mais ampla, as justificações oficiais para o *say on pay* assentam em que a promoção de maior controlo pelos accionistas do processo de fixação de remunerações possa atingir três desideratos principais[63]:

- a. Promoção de troca de informação;
- b. Legitimação de escolhas quanto à remuneração;
- c. Indução às melhores práticas.

A finalidade informativa é simultaneamente a menos ambiciosa e a mais comum de ser atingida através da submissão da política remuneratória a uma discussão no colégio de accionistas. A concreta qualidade e quantidade de informação prestada depende do conteúdo da política de remuneração e de alguns elementos adjacentes, como a presença dos membros da comissão de remunerações na assembleia – o que é frequentemente recomendado – e da vigência de deveres de publicação das remunerações fixadas, a título global e individual[64].

---

[63] Paulo Câmara, *El Say on Pay Portugués*, RVM n.º 6 (2010).

[64] É certamente válida, do ponto de vista da ampliação do material informativo disponível, a proposta de um depoimento da comissão de remunerações (*Compensation Discussion and Analysis Statement* (CD&A)),

Em segundo lugar, o efeito legitimador pode explicar-se pelo escrutínio que é facultado aos titulares das participações sociais quanto a um aspecto que assume crescente relevo estratégico, seja na sua vertente positiva – ligada à maximização do desempenho da sociedade, através da captação e da fidelização dos gestores mais capazes e da sua justa retribuição –, seja na sua vertente negativa – associada à profilaxia dos "problemas de agência" [65] e aos riscos que podem emergir das técnicas de estruturação de incentivos[66]. Estas vertentes devem ser tidas em conta conjuntamente e em proporções próximas, pecando por unilateralista qualquer análise que privilegie uma sobre a outra. É sabido que o Direito societário depõe em geral pela atribuição de competências aos accionistas ligadas à emissão de acções e alienação de acções próprias; deste prisma, o *say on pay* exponencia essa influência a qualquer forma de prestação remuneratória.

Por último, quanto à terceira vertente assinalada, a aprovação da política remuneratória pode ser apta a favorecer melhores práticas no âmbito da remuneração. Os objectivos a visar são, aqui, os seguintes: procurar uma maior adequação entre remuneração e o desempenho (*pay for performance*), de modo a captar e a fidelizar os gestores talentosos; evitar remunerações que provoquem uma excessiva erosão do património societário, desproporcionada em relação aos fundos próprios disponíveis; procurar um alinhamento de interesses entre os administradores e os interesses de longo prazo da sociedade, através de uma estrutura de incentivos equilibrada. Não é, naturalmente, garantido que o *say on pay* salvaguarde o cumprimento de todos estes objectivos, ou sequer a maioria deles, mas em todo o caso é lícito supor que um voto informado neste matéria possa servir de filtro impeditivo de algumas anomalias mais evidentes.

Deve ser, todavia, relembrada a exposição antecedente quanto à diversidade de modelos de governo em torno das decisões ligadas à remuneração, para a partir

---

apresentada por JEFFREY GORDON, em *Executive Compensation: If There's a Problem, What's the Remedy? The Case for "Compensation Discussion and Analysis"*, Journal of Corporation Law, (Summer 2006), http://ssrn.com/abstract=686464.

[65] LUCIAN BEBCHUK/JESSE FRIED, *Pay Without Performance*, Cambridge/London (2004); Id., *Executive Compensation as an Agency Problem, Journal of Economic Perspectives* (Summer 2003); LUCIAN BEBCHUK/JESSE FRIED/DAVID WALKER, *Managerial Power and Rent Extraction in the Design of Executive Compensation*, Harvard Law School (2002), 11-12 e *passim*; JENNIFER HILL/CHARLES YABLON, *Corporate Governance and Executive Remuneration: Rediscovering Managerial Positional Conflict, Vanderbilt University Law School* (2002); REINIER KRAAKMAN/PAUL DAVIES/HENRY HANSMANN/GÉRARD HERTIG/KLAUS HOPT/HIDEKI KANDA/EDWARD ROCK, *The Anatomy of Corporate Law. A Comparative and Functional Approach*, Oxford (2004), 51-52, 67-68, 107.

[66] As recentes regras norte-americanas, impostas pela SEC, de prestação de informação, colocam precisamente o enfoque na informação sobre riscos que podem advir para as empresas em decorrência de práticas remuneratórias. Cfr. Release da SEC n. 33-9089, a vigorar a partir de Fevereiro de 2010, disponível em http://www.sec.gov/rules/final/2009/33-9089.pdf.

daí inferir que a intensidade de finalidades do *say on pay* não é idêntica em todas as fórmulas organizativas nas quais se aplica.

IV – Como ponto de partida para desenvolvimentos recomendatórios e regulamentares, a Lei n.º 28/2009, de 19 de Junho, revela-se pouco auspiciosa. Embora conheça concretizações em algumas jurisdições, com contornos diversos entre si[67], convirá logo de início advertir que o estabelecimento de um dever de aprovação da política de remunerações pelo colégio de accionistas repousa sobre uma base, em certa medida, equívoca[68] – por três fundamentais motivos, que de seguida se adiantam.

A um tempo, porque os estudos empíricos disponíveis ainda denotam algum desencontro quanto à magnitude do relevo das remunerações como contributo causal da crise[69].

A outro tempo, tem sido questionada a aptidão do escrutínio accionista sobre política remuneratória como terapia legislativa para os problemas detectados no âmbito da crise financeira. A documentá-lo, basta recordar que no sistema jurídico que inaugurou o voto accionista sobre política de remuneração – o inglês[70] –, o *say on pay* não logrou impedir o aumento dos níveis remuneratórios, sendo raras – e predominantemente concentradas em empresas de pequeno porte – as oposições accionistas às arquitecturas remuneratórias submetidas a escrutínio[71].

---

[67] Guido Ferrarini/Niamh Moloney/Maria-Cristina Ungureanu, *Understanding Directors' Pay in Europe: A Comparative and Empirical Analysis* (2009), ECGI Law WP n.º 126/2009 (2009), http://ssrn.com/abstract=1418463; Paulo Câmara, *El* Say On Pay *Português, Revista de Derecho de Mercado de Valores*, n.º 6 (2010).

[68] Nos Estados Unidos, a discussão doutrinária sobre a utilidade de uma intervenção legitimadora da assembleia geral no processo de fixação de remuneração concita alguma divisão. Para opiniões contrastantes, consulte-se, de um lado, Lucian Bebchuk/Jesse Fried, *Pay Without Performance. The Unfulfilled Promise of Executive Compensation*, Cambridge/London (2004), 212-213, propondo uma ampliação dos poderes da assembleia geral, de modo a poder interferir nas estruturas remuneratórias; de outro lado, em defesa da primazia dos administradores, Stephen Bainbridge, *The New Corporate Governance in Theory and Practice*, Oxford (2009), 225-235 e *passim*.

[69] Diferentes avaliações encontram-se, de um lado, em Lucian A. Bebchuk/Alma Cohen/Holger Spamann, *The Wages of Failure: Executive Compensation at Bear Stearns and Lehman 2000-2008* (2009), disponível em http://ssrn.com/abstract=1513522; e em Rüdiger Fahlenbrach/René Stulz, *Bank CEO Incentives and the Credit Crisis* (2009), ECGI – Finance Working Paper n.º 256/2009, disponível em http://ssrn.com/abstract=1439859.

[70] Secções 420-422 do *Companies Act* de 2006.

[71] Jeffrey Gordon, *"Say on Pay": Cautionary Notes on the UK Experience and the Case for Shareholder Opt-In*, *Harvard Journal on Legislation* Vol. 46 (2009), 323-367 (340-354). Guido Ferrarini/Niamh Moloney/Maria-Cristina Ungureanu qualificam directamente o expediente de *say on pay* como "controverso": *Understanding Directors' Pay in Europe: A Comparative and Empirical Analysis* (2009), ECGI Law WP n.º 126/2009 (2009), http://ssrn.com/abstract=1418463, 11.

Por fim, tenha-se presente que a teleologia originária do *say on pay* visa sobretudo facultar uma legitimação, através do voto, a servir de contrapeso à excessiva influência do *management*, ante a competência que lhe é atribuída, no sistema jurídico inglês, na fixação da sua própria remuneração.

Este dado contrasta com o facto de em Portugal a competência para a fixação das remunerações nas sociedades anónimas competir, nos modelos de governo principais, à assembleia geral ou a comissão por esta designada (art. 399.º CSC) – ou, no modelo dualista, ao conselho geral e de supervisão. Nesta conformidade, no sistema jurídico português, a função legitimadora da submissão à aprovação da política remuneratória ficará em muitas situações por preencher.

III – As Recomendações bancárias e seguradoras sobre política de remunerações preconizam um envolvimento de pessoas integradas nas funções de controlo na correspondente definição. Este é porém um dos pontos em que os normativos das autoridades de supervisão financeiras mais interferem com o regime *jus--societário* vigente entre nós.

Desde logo, releva a circunstância decisiva de, à luz do sistema societário português, não existir qualquer competência societária assinalada às funções de controlo. São meros serviços auxiliares do cumprimento das tarefas de gestão, coordenadas pelo órgão de administração (art. 406.º CSC), embora também vigiados pelo órgão de fiscalização (420.º, n.º 1 i), 423.º-F, n.º 1 i) e 441.º, n.º 1 i) CSC)[72].

Identicamente, as regras financeiras determinam que as funções de controlo servem de apoio, não podendo assumir natureza decisória. Estatui claramente o art. 305.º-D CVM *que sem prejuízo das funções do órgão de fiscalização, os titulares do órgão de administração do intermediário financeiro são responsáveis por garantir o cumprimento dos deveres previstos no Código*[73].

Ou seja, não só se está a atribuir responsabilidades num assunto de importância estratégica da instituição de crédito a uma estrutura interna que não é directamente *accountable* perante os accionistas, como, em consequência, se diluem as competências que, por lei, são a respeito desta matéria reconhecidas aos sócios.

Não se esqueça, ainda, que o alargamento do âmbito subjectivo de aplicação da política remuneratória às funções de controlo leva a que estas passem a ficar limitadas na sua apreciação no tema da remuneração – ou, no limite, impedidas, havendo conflito de interesses[74].

---

[72] PAULO CÂMARA, *Auditoria Interna e Governo das Sociedades, Cadernos de Auditoria Interna*, Banco de Portugal, (2008).

[73] Cfr. igualmente os arts. 305.º-A a 305.º-C CVM.

[74] Em geral: PAULO CÂMARA (coord.), *Conflito de Interesses no Direito Societário e Financeiro*, Almedina, Coimbra (2010).

O GOVERNO DAS ORGANIZAÇÕES

Por fim, não pode permitir-se que uma recomendação dilua as competências da comissão de remunerações, que entre nós goza de legitimidade societária reforçada, ao ser directamente designada pela assembleia geral (art. 399.º CSC)[75].

Além de uma hipertrofia das funções de controlo interno, contrariar os dados do sistema societário, que ligam a matéria remuneratória ao exercício dos direitos accionistas (art. 399.º CSC), a assimilação entre o tema das recomendações sobre política de remunerações e do controlo interno mostra-se inteiramente desajustado. Recuperando uma conclusão atrás adiantada, em causa está um tema estratégico ligado à política de desenvolvimento da sociedade, e não uma questão de *compliance*, pelo que não se vislumbra qual a racionalidade do envolvimento das estruturas de controlo interno na definição da política remuneratória de uma instituição de crédito. Já assim não será, naturalmente, no reconhecimento a estas estruturas de atribuições relacionadas com a monitorização do cumprimento das políticas remuneratórias previamente definidas pelos órgãos legalmente competentes.

IV – Questão igualmente decisiva é a de saber como provocar um alinhamento de interesses entre os dirigentes e os interesses de longo prazo da organização. No plano da remuneração dos administradores e dos colaboradores abrangidos, o texto das autoridades de supervisão financeiras recomenda que uma parte substancial da componente variável da remuneração seja paga em instrumentos financeiros, sujeitos estes a uma política de retenção adequada ao alinhamento de interesses a longo prazo da instituição e ser, *quanto não cotados em bolsa, avaliados, para o efeito, pelo seu justo valor*.

Em análise atenta, infere-se que o possível âmbito de aplicação desta indicação é bastante estreito. É-nos vedado considerar, por contrária à Constituição (art. 61.º CRP), a interpretação segundo a qual a intenção deste diploma seja a de obrigar alienações de capital do lado de outras instituições financeiras que não sejam emitentes de valores mobiliários admitidos à negociação em mercado. Como tal, esta recomendação apenas se dirige a instituições de crédito emitentes de valores mobiliários admitidos à negociação em mercado regulamentado.

Se deixarmos de lado as obrigações, que se revelam instrumentos financeiros insusceptíveis de provocar idêntico alinhamento de interesses entre a sociedade e o colaborador beneficiário – dado o seu limitado *upside*[76] –, circunscrevemo-nos

---

[75] Relevante, sobre este tópico: João Gião, *Conflito de Interesses entre Administradores e Accionistas*, em *Conflito de Interesses no Direito Societário e Financeiro*, cit., 268-291, que certeiramente constata que no tema remuneratório *as responsabilidades de muitos diluem as responsabilidades de todos* (286).

[76] Sanjai Baghat/Roberta Romano, *Reforming Executive Compensation: Focusing and Committing in the Long-Term*, Yale Journal on Regulation 26 (2009), 359-ss; Frederick Tung, *Pay for Banker Performance: Structuring Executive Compensation for Risk Regulation* (2010).

na prática apenas às sociedades emitentes de acções cotadas na Euronext Lisbon. Assim sendo, há que reconhecer que esta recomendação se dirige, de facto, a quatro instituições de crédito – já cobertas pelas Recomendações da CMVM –, num universo de várias centenas de instituições financeiras e seguradoras afectadas pelo âmbito do Aviso n.º 1/2010 e da Norma Regulamentar do ISP n.º 2/2010.

Mas o risco desta indicação não é apenas o de tomar a parte pelo todo. Para as instituições financeiras não cotadas, obrigar a um cálculo do justo valor de acções entregues a colaboradores é potenciador de dificuldades, imprecisões e iniquidades.

Além disso, na realidade do mercado de capitais português, e ante a estrutura de propriedade accionista típica, mesmo a extensão a acções emitidas por bancos cotados é permeável a críticas, dado que o seu valor é frequentemente afectado pela sua reduzida liquidez, o que pode nada ter com critérios de desempenho, mas pode ligar-se mais ao baixo *free float* médio das acções representativas do capital social de bancos cotadas na Euronext Lisbon.

Quanto aos administradores, é sabido que os bancos cotados já se sujeitam às recomendações da CMVM – que, por si, obrigam a um alinhamento dos interesses dos administradores com os interesses de longo prazo da Sociedade e são igualmente exigentes quanto à política de retenção de instrumentos financeiros[77].

Assim, e em suma, a recomendação vertente apenas faria sentido num mercado de capitais com maior dimensão, maior liquidez e maior fragmentação do capital social accionista.

V – No âmbito do regime remuneratório, é merecedor de atenção particular a tendência actual de restrição à variabilidade remuneratória de dirigentes de empresas públicas. Reveladores desta tendência são, de um lado, o artigo 172.º da Lei de Orçamento de Estado para 2010 (Lei n.º 3-B/2010, de 28 de Abril) e o artigo 29.º da Lei de Orçamento para 2011 (Lei n.º 55-A/2010, de 31 de Dezembro) que – em alinhamento com os objectivos do Pacto de Estabilidade e de Crescimento – estabeleceram a proibição de as entidades públicas estaduais de retribuírem os seus gestores com prémios individuais de desempenho. A acrescer, deve ainda mencionar-se o Despacho n.º 5696-A/2010 do Ministro das Finanças (DR, II série, 29 de Março de 2010), que determinou, embora a título excepcional, que fosse adoptada, por todo o sector empresarial do Estado, uma política assente

---

[77] Ao prever no Ponto II.1.5. do Código do Governo das Sociedades que: (v) *Até ao termo do seu mandato, devem os administradores executivos manter as acções da sociedade a que tenham acedido por força de esquemas de remuneração variável, até ao limite de duas vezes o valor da remuneração total anual, com excepção daquelas que necessitem ser alienadas com vista ao pagamento de impostos resultantes do benefício dessas mesmas acções;* e que (vi) *Quando a remuneração variável compreender a atribuição de opções, o início do período de exercício deve ser diferido por um prazo não inferior a três anos.*

O GOVERNO DAS ORGANIZAÇÕES

na contenção acrescida de custos no que toca à remuneração dos membros dos respectivos órgãos de administração, designadamente não havendo lugar, nos anos de 2010 e 2011, à atribuição de qualquer componente variável da remuneração.

Uma vez que as normas referidas interditam a variabilidade remuneratória, é necessário antes enquadrar a atribuição de remuneração variável aos dirigentes no sistema jurídico nacional. Convém fixar, a título preliminar, para o efeito, que o estabelecimento de remuneração variável aos membros executivos dos órgãos de administração em função de indicadores do desempenho societário é permitida em geral, recebendo confirmações por lei nomeadamente para as sociedades anónimas (art. 399.º n.ᵒˢ 2 e 3 CSC) e para as empresas públicas (art. 13.º-B, n.º 1 g) do DL n.º 558/99, de 17 de Dezembro e art. 28.º do Estatuto do Gestor Público). Para os demais dirigentes vinculados por contrato de trabalho, a admissibilidade de remuneração variável decorre do art. 261.º do Código do Trabalho.

Além de ser permitido, o estabelecimento de uma remuneração variável para administradores com funções executivas é igualmente *recomendado* pela generalidade de Códigos de bom governo societário.

No tocante às sociedades emitentes de valores mobiliários admitidos à negociação em mercado regulamentado preconizam os Princípios de Corporate Governance da OCDE que as sociedades devem alinhar os interesses dos dirigentes com os interesses de longo prazo das sociedades. Mais directamente, as Recomendações da CMVM dispõem que a remuneração dos administradores executivos deve integrar uma componente variável (II.1.5.1.i).

As Orientações da OCDE sobre Empresas Públicas sentenciam, por seu turno, que o Estado deve assegurar mecanismos remuneratórios que promovam o interesse de longo prazo da empresa e que atraiam profissionais qualificados (II.5).

Mesmo as mais recentes Orientações da ECODA, com vocação aplicativa a plúrimas entidades empresariais, privadas e públicas, dispõem que uma proporção significativa da remuneração deve ser estruturada de modo a relacionar-se com o desempenho individual e societário[78].

O fundamento desta série de recomendações prende-se com a aptidão que a remuneração variável revela enquanto instrumento de um são governo societário e, nessa medida, enquanto meio de atingir uma maior eficiência na gestão de empresas, sejam estas privadas ou públicas.

Com efeito, a variabilidade da remuneração serve de trave mestra à estrutura de incentivos societários ao lograr, a título principal, atingir os seguintes objec-

---

[78] EUROPEAN CONFEDERATION OF DIRECTORS' ASSOCIATIONS, *Corporate Governance Guidance and Principles for Unlisted Companies in Europe*, Brussels (2010). Neste documento, o conceito de *unlisted company* é utilizado em sentido amplo e não técnico, admitindo-se que o texto abranja, não apenas sociedades comerciais de estrutura fechada, mas também associações e empresas públicas (ob. cit., 7).

tivos: propicia uma maior adequação entre remuneração e o desempenho (*pay for performance*), de modo a captar e a fidelizar os gestores mais competentes e talentosos; e favorece um alinhamento de interesses entre os administradores e os interesses de longo prazo da sociedade, o que se assegura quando os *key performance indicators* são avaliados num horizonte temporal mais dilatado.

A remuneração variável exibe, além do mais, uma extrema *plasticidade*, o que justifica o seu ajustamento mesmo em caso de ciclos financeiros ou económicos de maior contenção (v.g. com maior diferimento da prestação variável e articulação com fixação de limite máximo (*cap*) à prestação retributiva), sobretudo em atenção ao não pagamento da componente variável em caso de incumprimento dos objectivos fixados.

Este esclarecimento mostra-se relevante para entender que, do ponto de vista estrutural, a interdição de remuneração variável encerra em si uma contradição entre a sua teleologia e a sua estatuição – o que apresenta consequências do ponto de vista da delimitação do seu âmbito aplicativo.

Com efeito, como admite o próprio enunciado legal, ao ser movido por um objectivo de superação das *circunstâncias financeiras excepcionais que o País atravessa*, a proibição do estabelecimento de remuneração variável pode produzir o efeito exactamente contrário ao pretendido. De um lado, enfraquece o incentivo à maximização do desempenho dos dirigentes, abrindo a porta a *performances* sub-óptimas nas empresas abrangidas[79]. De outro lado, esta medida pode agravar as dificuldades no recrutamento de gestores públicos de primeira linha, com consequências indesejáveis na *performance* do tecido empresarial público. Ou, alternativamente, pode desembocar num aumento da parcela fixa da prestação remuneratória. Se a isto somarmos o princípio laboral de irredutibilidade da prestação remuneratória, percebe-se que a curto ou a médio prazo tal solução pode fazer aumentar os encargos remuneratórios, com maior rigidez e permanência do que sucede presentemente.

De outro modo dito, o contexto de dificuldade orçamental deve propiciar um aperfeiçoamento dos incentivos societários no sector empresarial do Estado, em vista de um aprimoramento do desempenho e da redução de ineficiências e de custos. A interdição de remuneração variável conduz ao resultado exactamente oposto.

---

[79] No tocante às empresas públicas, e atento o calendário de privatizações anunciado no Plano de Estabilidade e Crescimento 2010-2013 e no *Memorandum of Understanding on Specific Economic Policy Condicionality* (17-Mai-2011), não é igualmente de negligenciar a possibilidade de uma afectação negativa do desempenho vir a penalizar o encaixe financeiro do Estado em caso de ulterior alienação de participações públicas.

O GOVERNO DAS ORGANIZAÇÕES

§ 7.º SÍNTESE FINAL: A UNIDADE NA DIVERSIDADE

I – A extensão do âmbito do debate e da aplicação do *governance* obedece a um processo gradual e diferenciado. Como tal, não pode operar através da transposição automática e acrítica dos dados originariamente recolhidos a propósito das sociedades com cotação bolsista.

Além disso, mesmo em estruturas organizativas da mesma natureza, há que ter em atenção aspectos como a dimensão, a maturidade organizativa, a complexidade da sua actividade e dos riscos inerentes.

Vale recordar a máxima dominante no âmbito do governo de sociedades: *one size does not fit all*. A generalização de padrões de conduta não pode desatender às especificidades das instituições destinatárias, quanto à sua natureza, dimensão e complexidade, sobretudo em territórios temáticos onde os *standard-setters* e a literatura científica não têm, uns e os outros, posições totalmente convergentes.

Estas observações servem nomeadamente para advertir que o princípios constitucionais de proporcionalidade e de iniciativa económica privada projectam uma influência determinante na concretização aplicativa dos deveres jurídicos relacionados com o governo das organizações[80]. Tem-se em vista, também, em termos aplicativos, a interpretação conforme a Constituição, quando os enunciados normativos apresentem diversos sentidos interpretativos possíveis[81], como meio de prevenir ou mitigar soluções normativas que comportem custos inusitados, em comparação com os benefícios deles advenientes, ou de intervenções com um grau excessivo de intrusividade.

II – Permanece ainda por responder uma questão essencial: a de saber até que ponto a irradiação de prescrições legislativas e recomendatórias, em áreas longínquas do círculo das sociedades cotadas, provoca um efectivo progresso na actuação dos dirigentes.

Os estudos de referência nesta área haviam já alertado para o fenómeno da *fausse convergence*[82]: a ocorrer quando a *praxis* das organizações não acompanha a proximidade de soluções normativas entre diversos Estados em matéria de governação. Com efeito, nem sempre a aproximação de prescrições com os ordenamentos com práticas mais avançadas significa proximidade de práticas de governação.

---

[80] Em geral: EVARISTO FERREIRA MENDES, *Anotação ao art. 61.º*, em JORGE MIRANDA/RUI MEDEIROS, *Constituição Portuguesa Anotada*², t. I (2010), 1179-1238.

[81] Recorde-se REINHOLD ZIPPELIUS, *Verfassungskonforme Auslegung von Gesetzen*, in *BverfG und GG*, II, Tübingen (1976), 108-124; ULRICH HÄFFELIN, *Die verfassungskonforme Auslegung und ihre Grenzen, FS Hans Huber zum 80. Geburstag*, Bern, (1981), 241-259.

[82] *The Anatomy of Corporate Law*², (2009), 313.

VOCAÇÃO E INFLUÊNCIA UNIVERSAL DO *CORPORATE GOVERNANCE*

III – A dilatação do âmbito da reflexão sobre governação acarreta ainda, como consequência inexorável, uma multiplicação de *standard-setters* nesta área.

Há apenas uma década esta temática, do lado da preparação de indicações sobre governação, era possível contar unicamente com a OCDE na elaboração de textos com fôlego e influência internacional – mormente os Princípios sobre Corporate Governance, aprovados em 1998 e revistos em 2004[83]; e no âmbito doméstico, a CMVM conduzia, isolada[84], o debate interno sobre a matéria com as suas Recomendações inauguradas em 1999 (sob o título *Recomendações da CMVM sobre o Governo das Sociedades Cotadas*) e sucessivamente actualizadas, agora designadas *Código de Governo das Sociedades*. Actualmente, a par destas entidades, há que contar também, entre muitos, com a Comissão Europeia, o *Financial Stability Board* e as autoridades financeiras europeias, e, no prisma nacional, o Banco de Portugal e o Instituto de Seguros de Portugal[85].

Esta constatação não deve causar surpresa. O alargamento do âmbito das intervenções sobre governo convoca uma necessária especialização, e com esta uma inevitável multiplicação de *standard-setters*, no âmbito interno e internacional.

Diga-se de passagem que, também por este motivo, se mostra preferível não duplicar Códigos de governo na mesma área sectorial. A solução de coexistência de códigos de governação, tal como admitida actualmente para as sociedades cotadas[86], apenas se pode entender como saída transitória. De modo contrário, o risco de arbitragem regulatória, *cherry picking*, confusão ou fadiga regulatória emerge como efectivo.

IV – Em derradeira nota, é de lamentar que os *standard-setters* nacionais na área das recomendações de governance sejam, à data, praticamente em exclusivo, autoridades públicas.

À margem dos textos da CMVM, Banco de Portugal e Instituto de Seguros de Portugal, bem como da Resolução do Conselho de Ministros n.º 49/2007, dirigida às empresas do Sector Empresarial do Estado, os ensaios recomendatórios privados no âmbito da governação organizacional (Livro Branco sobre o Governo das Sociedades, Forum de Administradores de Empresas, ACEGE) não adquiriram ainda significativa notoriedade ou suficiente reconhecimento[87].

---

[83] JOANNA R. SHELTON, *Introduction*, in OCDE, *Corporate Governance in Asia – A Comparative Perspective*, Paris (2001), 11-15; ULRICH SEIBERT, *OECD Principles of Corporate Governance – Grundsätze der Unternehmensführung und –kontrolle für die Welt*, AG 8/99 (1999), 337-339. Uma versão dos Princípios em português encontra-se no sítio da OCDE em www.oecd.org .

[84] PAULO CÂMARA, *Códigos de Governo das Sociedades*, cit.. À CMVM juntou-se, desde 2006, o Instituto Português de Corporate Governance.

[85] Actualmente designadas *European Banking Authority* e *European Securities and Markets Authority*.

[86] Toma-se como referência o Regulamento n.º 1/2010 da CMVM.

[87] Ou não chegaram sequer a ser concluídos, como sucede com o Projecto do Instituto Português de Corporate Governance, à data ainda em elaboração.

O GOVERNO DAS ORGANIZAÇÕES

Não nos ocupam as causas deste cenário, que são certamente múltiplas – e o tradicional sobrepeso das prescrições legais como condicionamento da auto--regulação não será certamente a menor delas.

Num ponto essencial o diagnóstico, porém, não merece dúvidas: em Portugal, volvida a primeira década sobre o século XXI, à comprovada expansão do âmbito da governação não corresponde ainda um envolvimento suficientemente mobilizador da sociedade civil na preparação dos modelos de boas práticas de que ela mesma é indisputavelmente a primeira beneficiária.

CAPÍTULO II

O GOVERNO DAS SOCIEDADES ANÓNIMAS

Paulo Câmara e Gabriela Figueiredo Dias

ABSTRACT: *The governance debate has been much centered in companies (sociedades anónimas). This article analyses the most relevant features of the board and of the monitoring body, in each of the governance models allowed under Portuguese law.*

SUMÁRIO: *§ 1.º Introdução. § 2.º Conselho de Administração. § 3.º Fiscalização.*

§ 1.º INTRODUÇÃO

1. Enquadramento geral e sequência

I – As sociedades anónimas constituem a fórmula organizativa de direito privado que conhece um regime legislativo mais desenvolvido quanto ao respectivo governo[1].

---

[1] Trata-se identicamente, da área que tem merecido a maior atenção da literatura em Portugal. Veja-se nomeadamente Coutinho De Abreu, *Governação das Sociedades Comerciais*, Coimbra (2006); António Pereira De Almeida, *Os administradores independentes*, em *A Reforma do Código das Sociedades Comerciais. Jornadas em Homenagem ao Professor Doutor Raúl Ventura*, Coimbra, (2007), 160-ss; Paulo Câmara, *O Governo das Sociedades em Portugal: Uma Introdução, Cadernos do Mercado de Valores Mobiliários*, n.º 12 (Dezembro 2001), 45-55; Id., *Códigos de Governo das Sociedades, Cadernos do Mercado de Valores Mobiliários* n.º 15 (Dezembro de 2002), 65-90; também publicado nos Cadernos de Auditoria Interna, edição Banco de Portugal, Ano 6 n.º 1 (Outubro 2003), 6-51; Id., *A Actividade de Auditoria e a Fiscalização de Sociedades Cotadas – Definição de um Modelo de Supervisão*, Cadernos MVM n.º 16 (Abril 2003), 93-98; Id., *Modelos de*

Tal deve-se, em primeira linha, ao facto de a sociedade anónima ser uma organização que estrutura actos duradouros de investimento, cujas participações sociais estão tipicamente sujeitas a uma livre transmissibilidade e, enquanto valores mobiliários, são aptas a serem negociadas em mercado – contexto que determina ser essencial a preservação de um ambiente robusto de confiança[2]. Os temas de governo das sociedades anónimas são, assim, conhecidos desde a génese destas organizações empresariais[3].

Além disso, há riscos privativos das sociedades anónimas que explicam este avanço histórico das sociedades emitentes de acções. Saliente-se, em termos prioritários: o risco de actuação ineficiente dos administradores; o risco de desvio do interesse da sociedade na actuação dos administradores e outros titulares

---

Governo das Sociedades Anónimas, em *Jornadas em Homenagem ao Professor Doutor Raul Ventura. A Reforma do Código das Sociedades Comerciais*, (2007), 197-258 = *Reformas do Código das Sociedades*, ed. IDET, Almedina (2007), 179-242; Id., *O Governo das Sociedades e os Deveres Fiduciários dos Administradores*, in MARIA DE FÁTIMA RIBEIRO (org.), *Jornadas sobre Sociedades Abertas, Valores Mobiliários e Intermediação Financeira*, Coimbra, (2007), 163-179; Id., *Auditoria Interna e Governo das Sociedades, Cadernos de Auditoria Interna*, Banco de Portugal, (2008) = em *Estudos em Homenagem ao Professor Paulo Pitta e Cunha*, (2009); Id., *El say on pay português, Revista de Derecho de Mercado de Valores* n.º 6 (2010); Id., *Say On Pay: O dever de apreciação da política remuneratória pela assembleia geral, Revista de Concorrência e Regulação*, n.º 2 (2010), 321-344; PAULO CÂMARA (coord.), *O Código das Sociedades Comerciais e o Governo das Sociedades*, Coimbra, (2008); CMVM, *Governo das Sociedades Anónimas – Propostas de Alteração ao Código das Sociedades Comerciais* (2006), disponível em http://www.cmvm.pt/NR/rdonlyres/9A6DF665-B529-426E-B266-75E08A225352/5654/proposta_alter_csc.pdf; EDUARDO DE MELO LUCAS COELHO, *Reflexões epigramáticas sobre a nova governação de sociedades*, ROA (2008); MENEZES CORDEIRO, *Introdução ao Direito da Prestação de Contas*, Coimbra (2008); Id., *A Directriz 2007/36, de 12 de Julho (Accionistas de Sociedades Cotadas): Comentários à Proposta de Transposição*, ROA (2008), 503-553; Id., *Governo das Sociedades: A flexibilização da dogmática continental*, em *Homenagem da Faculdade de Direito de Lisboa ao Professor Doutor Inocêncio Galvão Telles, 90 Anos* (2007), 91-103; PAULO OLAVO CUNHA, *Corporate & Public Governance nas sociedades anónimas: primeira reflexão*, DSR vol. 4 (2010), 159-179; GABRIELA FIGUEIREDO DIAS, *Fiscalização de Sociedades e Responsabilidade Civil*, Coimbra (2006); Id., *Estruturas de fiscalização de sociedades e responsabilidade civil*, em *Nos 20 Anos do Código das Sociedades Comerciais*, Coimbra (2007); Id., *A fiscalização societária redesenhada: independência, exclusão de responsabilidade e caução obrigatória dos fiscalizadores*, em *Reformas do Código das Sociedades*, (2007), 277-334; INSTITUTO PORTUGUÊS DE CORPORATE GOVERNANCE, *Corporate Governance. Reflexões I. Comissão Jurídica do Instituto de Corporate Governance*, (2007); CALVÃO DA SILVA, *Corporate Governance – Responsabilidade civil de administradores não executivos, da comissão de auditoria e do conselho geral e de supervisão*, em *A Reforma do Código das Sociedades Comerciais. Jornadas em Homenagem ao Professor Doutor Raúl Ventura*, Coimbra, (2007), 103-151.

[2] REINIER KRAAKMAN/JOHN ARMOUR/PAUL DAVIES/LUCA ENRIQUES/HENRY HANSMANN/GERARD HERTIG/KLAUS HOPT/HIDEKI KANDA/EDWARD ROCK, *The Anatomy of Corporate Law. A Comparative and Functional Approach*[2], Oxford, (2009), 1-16, 55-88; GUSTAVO VIZENTINI, *La società per azioni nella prospettive della corporate governance*, Roma, (1997), 5-62 e passim.

[3] Entre muitos: ELI F. HECKSCHER, *The Mercantilism*, New York/London, (tradução inglesa editada em 1983 do original de 1935), Vol. I, 326-455; ELLA GEPKEN-JAGER, *Verenigde Oost-Indische Compagnie (VOC): The Dutch East India Company*, em *VOC 1602-2002. 400 Years of Company Law*, (2005), 41-81; GUIDO FERRARINI, *Origins of limited liability companies and company law modernisation in Italy: a historical outline*, no vol. ult. cit., 187-215.

O GOVERNO DAS SOCIEDADES ANÓNIMAS

dos órgãos sociais, em virtude da actuação em proveito próprio (v.g. negociação em proveito dos administradores ou compensação excessiva)[4]; o risco de sindicabilidade (*accountability*) imperfeita da sua actuação; e o risco de informação assimétrica (problemas de desigualdade de tratamento informativo).

Não existe um tratamento uniforme das questões relacionadas com o governo das sociedades anónimas, cabendo realizar distinções em função da dimensão da sociedade (*one size does not fit all*), da sua ligação (ou não) ao mercado de valores mobiliários e ao grau de dispersão da estrutura accionista. A contraposição mais relevante separa as sociedades anónimas com accionistas de referência (modelo *block-holder*) das sociedades anónimas com grande dispersão do capital social (modelo *Berle-Means*, mais presente nos Estados Unidos e no Reino Unido)[5]. Nestas últimas, sobrelevam os problemas de governo das sociedades fundados na clivagem entre *management* e accionistas; ao passo que nas primeiras assume maior importância a clivagem entre grupo de controlo e accionistas minoritários. Os fenómenos de maior absentismo no exercício dos direitos sociais e as dificuldades de actuação colectiva são também mais identificados nas sociedades com estrutura accionista mais fragmentada.

II – Em termos legislativos, o desenvolvimento do governo das sociedades anónimas tem permitido distinguir, de modo crescente, o regime geral deste tipo societário, do regime especial das sociedades emitentes de acções admitidas à negociação em mercado regulamentado (*in short*, sociedades cotadas).

No tocante ao panorama das fontes, importa referir que o Código dos Valores Mobiliários consagra diversos preceitos ao tema das sociedades abertas. Por outro lado, no Código das Sociedades Comerciais são diversas as prescrições que, na sequência da reforma de 2006 – mas também, embora em menor grau, antes desta –, estabelecem soluções especiais para sociedades emitentes de acções admitidas à negociação em mercado regulamentado. Estas regras não estão formalmente unificadas na lei societária – repartindo-se pelos artigos 77.º, n.º 1, 294.º, n.º 2, 349.º, n.º 4 a), 365.º, n.º 2, 368.º, n.º 5, 372.º-A, n.º 2, 374.º, n.º 1, 396.º, n.os 1 e 3, 413, n.º 2 a), 414.º, n.º 6, 423.º-B, n.os 4 e 5, 444.º, n.os 2 e 6 e 446.º-A, n.º 1 do Código das Sociedades Comerciais.

Além da coexistência de dois Códigos, há ainda categorias societárias recortadas nas previsões de ambos os diplomas que não são inteiramente coincidentes. O Código dos Valores Mobiliários concentra dezenas de dispositivos sobre o

---

[4] LUCA ENRIQUES, *Il conflitto d'interessi nella gestione delle società per azioni: spunti teorici e profili comparatistici in vista della riforma del diritto societario*, Riv. Società (2000), 509-561; PAULO CÂMARA *et alia*, *Conflito de Interesses no Direito Societário e Financeiro: Um balanço a partir da crise financeira*, Coimbra, (2010), 9-17, 37-314.

[5] LUCA ENRIQUES/PAOLO VOLPIN, *Corporate Governance Reforms in Continental Europe*, Journal of Economic Perspectives Vol 21 n. 1 (2007), 118-123.

estatuto da *sociedade aberta* – que é definida, através de diversos critérios típicos, como a sociedade com dispersão de capital, actual ou pretérita (artigo 13.º CVM). Mas o mesmo diploma também inclui normas dirigidas a sociedades emitentes de valores mobiliários admitidos à negociação em mercado regulamentado, particularmente no campo dos deveres de prestação de informação (artigos 236.º e seguintes CVM). A utilização de ambas estas categorias é igualmente promovida pelo Código das Sociedades Comerciais, apesar de o tratamento das sociedades abertas *per se* não ter tido qualquer eco na intervenção societária de 2006.

Nestes termos, o direito português conhece regras sobre sociedades abertas tratadas de modo unitário no Código dos Valores Mobiliários e em termos fragmentários no Código das Sociedades Comerciais. Paralelamente, sobram dispositivos sobre sociedades cotadas, em termos fundamentalmente dispersos, quer no Código das Sociedades Comerciais quer no Código dos Valores Mobiliários.

No plano recomendatório, as sociedades cotadas devem elaborar anualmente um relatório anual de governação que tenha por referência um código de governo societário (art. 245.º-A CVM). Actualmente, o único código de bom governo existente entre nós é o Código de Governo das Sociedades aprovado pela CMVM[6] e complementado pelo Regulamento da CMVM n.º 1/2010. Encontra-se, todavia, em preparação um código de governo privado, de iniciativa do Instituto Português de Corporate Governance.

III – Cabe salientar que o regime português sobre governo das sociedades anónimas deu um decisivo salto qualitativo com a alteração ao Código das Sociedades Comerciais, aprovada pelo DL n.º 76-A/2006, de 29 de Março. Entre as modificações relevantes, conta-se a reformulação dos modelos de governo – incluindo a ampliação dos modelos possíveis, passando a lei agora a admitir um modelo clássico, um modelo dualista e um modelo anglo-saxónico. O modelo clássico, por seu turno, passou a entrever uma submodalidade, com carácter mais robusto, na qual o revisor oficial de contas é autonomizado do conselho fiscal. Mais abaixo se dará conta, em detalhe sobre as diferenças entre cada um destes modelos[7]. Além disso, esta intervenção legislativa foi pautada por uma significativa densificação dos deveres dos órgãos sociais – que aproveita a todos os tipos societários – e um reforço da eficácia da fiscalização[8].

---

[6] PAULO CÂMARA, *Códigos de Governo das Sociedades*, Cadernos do Mercado de Valores Mobiliários n.º 15 (Dezembro de 2002), 65-90; também publicado nos *Cadernos de Auditoria Interna*, edição Banco de Portugal, Ano 6 n.º 1 (Outubro 2003), 6-51.

[7] Cfr. *infra*, § 3.º.

[8] Entre as monografias dedicadas especificamente ao assunto, cabe referir: PAULO CÂMARA, *Modelos de Governo das Sociedades Anónimas*, em *Reformas do Código das Sociedades*, Almedina (2007); Id., *O Governo das Sociedades e os Deveres Fiduciários dos Administradores*, em *Jornadas sobre Sociedades*

O GOVERNO DAS SOCIEDADES ANÓNIMAS

A reforma societária de 2006 não implica influências circunscritas às sociedades cotadas ou de grande dimensão. Mesmo as sociedades fechadas, de pequeno porte e sem ligação ao mercado de capitais são afectadas nomeadamente quanto aos deveres fiduciários dos titulares dos órgãos sociais (art. 64.º), quanto à permissão de escolha de modelos de governo (art. 278.º-ss) e à possibilidade de utilização de meios electrónicos e, por fim, à permissão de designação de membros independentes dos órgão sociais. Este constitui um legado importante, dado que 99% das sociedades anónimas nacionais não têm qualquer ligação ao mercado de valores mobiliários.

§ 2.º CONSELHO DE ADMINISTRAÇÃO

2. Estrutura do órgão e modelos de governo; remissão

I – Não pode dissociar-se a estrutura do órgão de administração dos modelos de governo das sociedades anónimas. Com efeito, pode suceder que aos membros não executivos do conselho de administração sejam atribuídas funções de fiscalização (modelo anglo-saxónico) ou que tais funções compitam a um órgão inteiramente separado da administração (conselho fiscal ou fiscal único, no modelo clássico; conselho geral e de supervisão no modelo dualista).

Na estrutura deste trabalho, porém, o tema dos modelos do governo é à frente tratado, para onde se remete[9].

II – Cumpre observar, ainda, que em caso de sociedades cujo capital social não exceda 200.000 euros, o modelo clássico permite que o órgão de administração se constitua como um administrador único (art. 390.º, n.º 2), o que é vedado no modelo anglo-saxónico (art. 423.º-B, n.º 2) – mas admitido no modelo dualista (art. 424.º, n.º 2).

Como regra geral, acima da mencionada fasquia de capital social é permitido que a composição do órgão de administração inclua, como mínimo, dois titulares (art. 390.º, n.º 2 *a contrario sensu*). Quando o órgão for composto pelo número

---

Abertas, Valores Mobiliários e Intermediação Financeira, ed. UCP – Porto, (2007), 163-179; Id., *O Código das Sociedades Comerciais e o Governo das Sociedades*, (co-autoria), Coimbra, (2008); MENEZES CORDEIRO, *A grande reforma das sociedades comerciais*, O Direito, (2006), III; GABRIELA FIGUEIREDO DIAS, *Fiscalização de Sociedades e Responsabilidade Civil*, Coimbra (2006); Id., *Estruturas de fiscalização de sociedades e responsabilidade civil*, em *Nos 20 Anos do Código das Sociedades Comerciais*, Coimbra (2007), 803-836; PINTO FURTADO, *Competências e funcionamento dos órgãos de fiscalização das sociedades comerciais*, no ult. vol. cit., 593-619.

[9] Cfr. *infra*, § 3.º.

O GOVERNO DAS ORGANIZAÇÕES

mínimo, e sempre que o número de titulares do órgão for par, o presidente do conselho de administração tem voto de qualidade (art. 395.º, n.º 3 a)), para evitar bloqueios decisórios. Não se vislumbram motivos para discordar desta solução: o alargamento da liberdade de escolha na composição quantitativa do órgão de administração – incluindo órgãos com dois administradores, em que um detenha influência preponderante por virtude do voto de qualidade – surge como contrapeso geral e natural do robustecimento da eficácia da fiscalização promovido pela reforma de 2006.

III – Ainda a propósito de aspectos estruturais relacionados com a organização do órgão de administração, merece ainda cuidar da separação de funções entre o presidente do conselho de administração e o presidente da comissão executiva, que pode vigorar nos modelo clássico e modelo dualista de governo societário. Trata-se de uma opção organizativa muito popular no Reino Unido[10]. Embora esta separação de funções se alargue de modo crescente, há razões específicas dos ordenamentos jurídicos anglo-saxónicos que de mais de perto a justificam: a pulverização do capital social da estrutura societária típica nesses países; o protagonismo do CEO – especialmente na tradição norte-americana e a concentração no conselho de administração de funções de fiscalização (*monitoring*)[11]. Neste contexto, a separação entre *chairman* e *chief executive officer (CEO)* é frequentemente recomendada com o objectivo de repartir centros de decisão e de controlo (*checks and balances*), dada a conveniência de uma separação entre a liderança da gestão corrente (*management*) e a administração estratégica (*monitoring*).

Uma apreciação, ainda que sumária, à luz do sistema jurídico português obriga a identificar diferenças de base que não podem ser olvidadas. A um tempo, o Código das Sociedades não separa, de um lado, poderes de gestão de, de outro lado, administração estratégica da sociedade – englobando ambas as vertentes na vocação funcional da administração (arts. 405.º e 406.º CSC)[12]. A outro tempo, no sistema nacional, a assembleia geral desempenha funções que nos quadros

---

[10] No Reino Unido, a segregação entre CEO e Presidente do órgão de administração foi recomendada pelo Relatório Cadbury (1992); doze anos mais tarde, 90% das empresas do FTS 100 acolhiam esta recomendação. Cfr. a propósito MATS ISAKSSON/ROLF SKOG, *The Future of Corporate Governance*, Stockholm, (2004), 43-44. Nos Estados Unidos, é mais comum a acumulação entre ambos os postos: em 2002, 80% das sociedades cotadas norte-americanas acumulavam as funções dirigentes (ADRIAN CADBURY, *Corporate Governance and Chairmanship. A Personal View*, Oxford, (2002), 113).

[11] MELVIN ARON EISENBERG, *The Legal Role of Shareholders and Management in Modern Corporate Decisionmaking*, *California LR* 57 (1969) 1-181; Id., *Legal models of management structure in the modern corporation: officers, directors, and accountants*, *California LR* 63 (1975) 375-439.

[12] Para uma apreciação da singularidade da opção nacional, reenvia-se nomeadamente para RENÉE B. ADAMS/BENJAMIN E. HERMALIN/MICHAEL S. WEISBACH, *The Role of Boards of Directors in Corporate Governance: A Conceptual Framework & Survey*, *Journal Of Economic Literature*, 48:1, 2010, 6-25.

O GOVERNO DAS SOCIEDADES ANÓNIMAS

anglo-saxónicos são confiadas ao órgão de administração (designação e destituição de administradores, aprovação de distribuição de dividendos, aprovação da remuneração dos administradores).

A acrescer, não pode cair-se na tentação de se apresentar este modelo de separação entre *Chairman* e CEO sob a aura da infalibilidade[13]. É revelador que o recente *Wall Street Reform and Consumer Protection Act* norte-americano de 2010 (na gíria cunhado abreviadamente como Dodd-Frank Act) – sem proibir nem recomendar qualquer modelo – obriga a revelar se há coincidência entre *chairman* e CEO e impõe a divulgação das razões por que tal opção é ou não é perfilhada[14]. Igualmente sintomática é a cirunstância de, nas suas Recomendações, a CMVM não ter preconizado este modelo como preferível. Em termos moderados, a Comissão indica que caso o presidente do conselho de administração exerça funções executivas (resultado que as recomendações admitem como legítimo), *o conselho de administração deve encontrar mecanismos eficientes de coordenação dos trabalhos dos membros não executivos, que designadamente assegurem que estes podem decidir de forma independente e informada* (II.2.3.).

Um ponto que nesta sede não pode ser negligenciado é o de que a separação entre funções dirigentes, pese embora seja recomendável, pode revelar-se claramente desadequada em sociedades de pequena dimensão[15], por ser susceptível de implicar um número de administradores desproporcionadamente elevado. Mostra-se também importante uma separação nítida entre as funções de cada dirigente societário, desenhada nos estatutos, para evitar conflitos positivos ou negativos de competência. Com efeito, subsistem riscos conhecidos de desagregação de liderança, caso haja uma divisão pouco nítida entre o espaço decisório de cada um destes protagonistas societários. Por fim, deve igualmente prevenir-se as versões pervertidas do modelo, como o são as concepções de uma presidência societária sub-utilizada ou majestática.

Em ultima análise, o que releva é verificar se há equivalentes funcionais àquele modelo, que assegurem uma fiscalização das práticas da gestão e que evitem excessiva concentração de poder numa mesma pessoa. Deste ponto de vista, a estrutura dualista de administração pode dar resposta aos mesmos problemas

---

[13] Os estudos empíricos disponíveis mostram uma divisão quanto às vantagens da segregação: para um levantamento, cfr. RENÉE B. ADAMS/BENJAMIN E. HERMALIN/MICHAEL S. WEISBACH, *The Role of Boards of Directors in Corporate Governance: A Conceptual Framework & Survey*, cit., 27.

[14] Section 972 do *Wall Street Reform and Consumer Protection Act* de 2010. Cfr. a propósito STEPHEN BAINBRIDGE, *Dodd-Frank: Quack Federal Corporate Governance Round II*, UCLA School of Law, Research Paper n.º 10-12 (2010), disponível em http://ssrn.com/abstract=1673575; Id., *The Corporate Governance Provisions of Dodd-Frank*, UCLA School of Law, Research Paper n. 10-14 (2010), disponível em http://ssrn.com/abstract=1698898, 11-12.

[15] Em sentido concordante: ADRIAN CADBURY, *Corporate Governance and Chairmanship. A Personal View*, Oxford, (2002), 105.

de fundo de governação. Tal constitui razão para recordar que, em matéria de governo societário, a função prevalece sempre sobre a forma.

3. Composição quantitativa

I – Um dos vectores de fundo do sistema societário português prende-se com a dilatada autonomia estatutária para a conformação quantitativa do órgão de administração.

De facto, segundo o art. 390.º, n.º 1 CSC o conselho de administração é *composto pelo número de administradores fixado no contrato de sociedade*. Trata-se de uma regra generosa e da maior importância na distribuição de competências entre órgãos sociais, que se assume como um sub-princípio do princípio de liberdade na conformação estatutária[16].

Importa recordar, neste passo, que, como ramo do direito privado, o direito das sociedades é dominado pela autonomia privada. O alcance deste enunciado reduz-se, é certo, com a crescente interferência de normas de direito público na vida das sociedades comerciais, em particular no domínio das sociedades abertas, e a sua sujeição a uma autoridade de supervisão nesse domínio[17]. O direito dos valores mobiliários, porém, destaca-se claramente do direito societário: aquele tem em vista também entes não organizados sob forma societária, nomeadamente pessoas jurídicas de direito público, procurando em primeira linha salvaguardar a tutela do investidor e a defesa do mercado. No direito das sociedades comerciais, ao invés, a composição de interesses é diversa, visando uma articulação harmoniosa entre interesse individual do sócio e interesse da sociedade, sem lesão dos interesses dos credores desta – acrescendo que nem todas as sociedades comerciais são emitentes de valores mobiliários[18].

Pode, pois, entender-se que a aplicação de normas de direito mobiliário, sendo-lhe exterior, não desvirtua a essência jusprivatista do direito societário, assim se explicando o fundamental papel que aí continua a desempenhar, como princípio geral, a autonomia privada[19].

---

[16] Recorde-se MARCUS LUTTER/HERBERT WIEDEMANN, *Gestaltungsfreiheit im Gesellschaftsrecht*, (1998), *passim*.

[17] Em geral, sobre as interferências juspublicistas no direito das sociedades, recorde-se o clássico TULLIO ASCARELLI, *Sulla protezione delle minoranze delle società per azioni*, in *Riv.DC* (1930), I, 741-ss.

[18] Sobre a sobreposição entre Direito das Sociedades e Direito dos Valores Mobiliários, cfr. por exemplo ALONSO ESPINOSA, *Mercado Primario de Valores Negociables*, Barcelona, (1994), 41-44; CACHÓN BLANCO, *Derecho del Mercado de Valores*, II, Madrid, (1993), 50-59; PAULO CÂMARA, *Manual de Direito dos Valores Mobiliários*, cit., 26-27 e 522-572.

[19] LUCIEN BEBCHUK, *The Debate on Contractual Freedom on Corporate Law*, in *ColumbiaLR* (1989), 1396- -ss; Id., *Limiting Contractual Freedom on Corporate Law: The Desirable Constraints on Charter Amendments*, in *HarvardLR* (1989), 1820-1860.

As áreas de incidência da autonomia privada no direito das sociedades são múltiplas, desde a sua constituição à sua dissolução, cabendo destacar aqui, como princípio geral, o princípio de conformação do contrato de sociedade – como *contrato normativo*[20] – e, de entre este, o princípio na fixação do número de membros da administração.

II – As únicas limitações impostas na fixação do número de membros do órgão de administração podem decorrer:

– das limitações à adopção de administrador único;
– da adopção do modelo de governo anglo-saxónico[21].

Quanto às primeiras, o n.º 2 do art. 390.º apenas consente que a sociedade tenha um só administrador se o respectivo capital social não exceder 200.000 €.

Além disso, nas sociedades abertas, os estatutos devem prever mecanismos de designação de administradores por minorias. Daqui resulta, também por este motivo, limitada a unipessoalidade, segundo os pressupostos do art. 392.º CSC[22]. Mas não proibida: se a previsão estatutária não for seguida de proposta de administrador ou na falta de verificação dos demais pressupôs, se acaso o capital social não exceder 200.000 € (o que parece pouco plausível, mas não interditado por lei), não pode considerar-se proibida, *tout court*, a existência de administrador único.

Importa marginalmente referir que no tocante às sociedades que adoptem o modelo anglo-saxónico vigoram adicionais limitações ao número de administradores. Com efeito, aí o Código fixa o número mínimo de membros da comissão de auditoria em três (art. 423.º-B, n.º 2) – do que resulta proibida a existência de administrador único (art. 278.º, n.º 5). Porém, não se estabelece número mínimo para os membros executivos. Uma vez que não se admite que a sociedade possa funcionar sem qualquer membro executivo, resulta que o número mínimo de administradores neste modelo de governação é de quatro – seja qual for o montante do capital social da sociedade. O ponto de vista contrário, o qual pretenderia exigir um mínimo de cinco administradores em sociedades cujo capital social exceda 200.000 euros, implicaria uma interpretação extensiva do n.º 5 do

---

[20] Simonart, *La Contractualisation des Sociétés, ou les Aménagements Contractuels des Mécanismes Sociétaires*, RPS n.º 2 (1995), 87. Em geral, cfr. I. Galvão Telles, *Manual dos Contratos em Geral³*, Lisboa, (1995, reimp. da ediçao de 1965), 415-418.

[21] Sobre as diferenças entre os vários modelos de governo das sociedades: Paulo Câmara, *Modelos de Governo das Sociedades Anónimas*, em *Jornadas em Homenagem ao Professor Doutor Raul Ventura. A Reforma do Código das Sociedades Comerciais*, (2007), 197-258 = *Reformas do Código das Sociedades*, ed. IDET, Coimbra (2007), 179-242. Cfr. ainda *infra*, § 3.º.

[22] Menezes Cordeiro, *Código das Sociedades Comerciais Anotado*, cit., 966-968.

art. 278.º para chegar a uma pretensa proibição de administrador único *executivo*. Mas não se vislumbram fundamentos para tal leitura. Esta assenta implicitamente numa menoridade do estatuto de administrador não executivo, o que é contrário à finalidade subjacente ao DL n.º 76-A/2006, não podendo aceitar-se[23].

Por este motivo, nas sociedades de maior dimensão e sociedades cotadas, com o modelo anglo-saxónico atinge-se o sistema de governação com um número menor de membros dos órgãos sociais[24]. Com efeito, o número mínimo de membros no modelo dualista é de *oito* membros – o que envolve dois administradores executivos, cinco membros do conselho geral e de supervisão[25] e um revisor oficial de contas. Por seu turno, o modelo clássico envolve um número mínimo de *seis* membros dos órgãos sociais, tendo em conta dois administradores, três membros do conselho fiscal[26] e um revisor oficial de contas[27]. O modelo anglo--saxónico implica, por si, um número mínimo de *cinco* membros de órgãos sociais, aqui computando-se um administrador executivo, três membros da comissão de auditoria e um revisor oficial de contas

III – Cumpre registar que até 2006 vigorava no Código das Sociedades Comerciais uma adicional limitação à composição quantitativa do órgão de administração, ao obrigar-se que o órgão de administração fosse composto por um número ímpar de membros[28]. Porém, com a entrada em vigor do DL n.º 76-A/2006, de 29 de Março, tal constrangimento foi removido, passando a admitir-se a composição par ou ímpar do órgão de administração[29]. Basta que, havendo composição par, o presidente do órgão de administração assuma voto de qualidade (art. 395.º, n.º 3 a)). Merece ainda anotar que, com a entrada em vigor do DL n.º 76-A/2006, de 29 de Março, mercê da alteração ao art. 424.º, deixou de ser estabelecido um número máximo de membros do órgão de administração no modelo dualista de governação (agora designado conselho de administração executivo)[30].

---

[23] Paulo Câmara, *Código das Sociedades Comerciais e Governo das Sociedades*, (2008), 105.

[24] Desconta-se, é claro, os órgãos unipessoais, reservados para sociedades de pequena dimensão.

[25] A lei não refere directamente qual a composição quantitativa da comissão para as matérias financeiras, mas a designação empregue (art. 444.º, n.º 2 CSC) aponta para um órgão pluripessoal, razão por que se entende no mínimo composto por dois titulares.

[26] Art. 413.º, n.º 4 CSC.

[27] Sobre os motivos pelos quais não se considera a hipótese de acumulação entre o órgão de fiscalização e de revisão de contas, cfr. *supra*, § 2.º 2. IV e § 4.º.

[28] Art. 390.º, n.º 1 CSC, na versão resultante do DL n.º 262/86, de 2 de Setembro.

[29] António Pereira De Almeida, *Sociedades Comerciais e Valores Mobiliários*, (2009), 419; Armando Triunfante, *Código das Sociedades Comerciais Anotado*, cit., 375-376.

[30] *Tudo está nas mãos dos sócios que têm inteira liberdade*, como refere Armando Triunfante, *Código das Sociedades Comerciais Anotado*, cit., 454-455.

O GOVERNO DAS SOCIEDADES ANÓNIMAS

Por aqui se intui, desde já, o intuito flexibilizador subjacente à reforma societária de 2006 no tocante à dimensão do órgão de administração. Regressa-se adiante a este ponto[31].

IV – No restrito âmbito das sociedades abertas, importa deixar claro que o princípio de liberdade na fixação estatutária do número de administradores não sofre erosão alguma por via das recomendações nacionais relacionadas com o governo das sociedades[32].

No plano recomendatório, não existem indicações dispensadas pela CMVM ao número de administradores, salvo quanto ao numero de administradores não executivos e ao número de administradores independentes. São as seguintes as indicações relevantes:

II.1.2.1 O conselho de administração deve incluir um número de membros não executivos que garanta efectiva capacidade de supervisão, fiscalização e avaliação da actividade dos membros executivos.

II.1.2.2 De entre os administradores não executivos deve contar-se um número adequado de administradores independentes, tendo em conta a dimensão da sociedade e a sua estrutura accionista, que não pode em caso algum ser inferior a um quarto do número total de administradores.

Idêntica abordagem é, no que ora interessa, a adoptada pelo fracassado primeiro Ante-Projecto do *Instituto Português de Corporate Governance*[33]. O panorama comparatístico não se mostra, aliás, divergente: nenhum sistema jurídico de referência, com excepção do francês (Art. L 225-16 do *Code de Commerce*), limita o número de administradores[34].

V – Um dos pontos centrais no âmbito da autonomia estatutária de determinação da composição quantitativa do órgão de administração reside na possibilidade de fixação de um limite máximo e mínimo do número de administradores através dos estatutos.

---

[31] Cfr. *infra*, § 3.º, 6.

[32] Sobre as recomendações em matéria de governance vigentes em mercados próximos, cfr. *infra*, § 4.º, 7.

[33] Para uma apreciação deste documento, cfr. PAULO CÂMARA, *Comentários Ao Ante-Projecto De Código De Bom Governo Apresentado Pelo Instituto Português De Corporate Governance*, disponível em http://www.cgov. pt/index.php?option=com_content&task=view&id=513&Itemid=1.

[34] REINIER KRAAKMAN/JOHN ARMOUR/PAUL DAVIES/LUCA ENRIQUES/HENRY HANSMANN/GÉRARD HERTIG/KLAUS HOPT/HIDEKI KANDA/EDWARD ROCK, *The Anatomy of Corporate Law: A Comparative and Functional Approach*[2], (2009), 69-70.

O GOVERNO DAS ORGANIZAÇÕES

Apesar de no ponto subsistir alguma divisão doutrinária[35], a conclusão que tem sido seguida pela Direcção Geral dos Registos e Notariado – de relevante influência na prática notarial e registral – lapidarmente sentencia que para cumprimento do art. 393.º bastaria que *o contrato social fixe um número mínimo e máximo dos membros do conselho de administração*[36].

Esta conclusão interpretativa deve ser, sem reservas, apoiada, com base em fundamentos abaixo arrolados. Estes podem ser agrupados em argumentos de natureza:

– sistemática;
– prático-funcional;
– valorativa;
– comparatística.

Em primeiro lugar, a lei confia aos estatutos a indicação do número de administradores, não distinguindo se deve ser um número fixo ou variável. Na dúvida, ambas as hipóteses devem ter-se por admissíveis. Ampara-se esta asserção, desde já, em considerações de ordem sistemática. O Direito das sociedades é direito privado, havendo sempre que presumir a maior margem de liberdade que as previsões legislativas albergem.

Não pode esquecer-se, além disso, que o regime das menções estatutárias assenta em prescrições mínimas (cfr. arts. 9.º, 272.º CSC). O elenco de elementos a constar necessariamente do texto estatutário é, reconhecidamente, *pouco expressivo* para transmitir uma imagem sobre a estrutura organizativa das sociedades comerciais: dessa missão apenas se incumbe a indicação do regime transmissivo vigente e do modelo de governo[37]. O reparo, aliás, pode estender-se a todos os ordenamentos jurídicos continentais próximos – facto a que não é alheia a harmo-

---

[35] Em sentido concordante: ALBINO MATOS, *Constituição de Sociedades*[5], (2001), 251; ILÍDIO DUARTE RODRIGUES, *A Administração das Sociedades por Quotas e Anónimas – Organização e Estatuto dos Administradores*, (1990), 85. Em sentido contrário, com excessivo apego a uma leitura semântica do dispositivo, PEDRO MAIA, *Função e funcionamento do conselho de administração das sociedades anónimas*, (2002), 169-177. MENEZES CORDEIRO alega prejuízos das minorias e de terceiros decorrentes da leitura interpretativa sufragada no texto: *Código das Sociedades Comerciais Anotado*, (2009), 962.

[36] Cfr. Parecer P.50/96.R.P.4 do Conselho Técnico da DGRN, disponível em http://www.irn.mj.pt/IRN/sections/irn/legislacao/publicacao-de-brn/docs-brn/pdf/1998-parte-2/downloadFile/attachedFile_3_f0/par_4_1998.pdf?nocache=1216387968.15, ao qual se chega através de http://www.irn.mj.pt/IRN/sections/irn/legislacao/publicacao-de-brn/docs-brn/1998/abril/abril-de-1998/e escolhendo o Caderno 2. O Parecer referia-se também a um número ímpar de membros, dada a anterior redacção do art. 393.º, n.º 1, modificada através do DL n.º 76-A/2006, de 29 de Março.

[37] PETER ULMER, *Verletzung schuldrechtlicher Nebenabreden als Anfechtungsgrund im GmbH-Recht?, NJW*, ano 40.º, n.º 31 (1987), 851; PAULO CÂMARA, *Parassocialidade e Transmissão de Participações Sociais*, (1996), 6-12.

O GOVERNO DAS SOCIEDADES ANÓNIMAS

nização comunitária pouco ambiciosa que se promoveu em relação a este ponto[38]. Não vale, pois, exigir do regime das disposições estatutárias mínimas algo que o sistema, na sua abordagem minimalista, não lhes impõe.

Conforta, ainda, a solução aqui perfilhada o facto de a reforma societária de 2006 ter acentuado o vector da flexibilidade na conformação estatutária da estrutura de governação societária, aspecto em que a dimensão quantitativa do órgão de administração, como adiante se referirá com maior desenvolvimento[39].

Outra linha argumentativa a abonar a mesma interpretação prende-se com a necessidade de contrariar frequentes alterações estatutárias e de, por essa via, evitar "o acréscimo de burocracia e do formalismo exigido" em caso de variação do número de administradores[40].

Nas sociedades anónimas, particularmente nas sociedades abertas, são frequentes as alterações ao quadro accionista, o que pode ter impacto no número de titulares do órgão de administração. Em maior ou menor grau, estão estas sociedades submetidas ao mercado de controlo accionista, sendo prováveis frequentes modificações à estrutura accionista[41]. O intervalo numérico na composição quantitativa do órgão de administração pode, sob este prisma, amparar eventuais alterações ao quadro accionista, sem que resulte necessário que sejam recorrentemente modificados os estatutos[42].

O entendimento contrário, de resto, poderia atrasar ou deprimir injustificadamente as *chances* de financiamento societário. De facto, em muitos casos, o financiamento às sociedades é obtido com a contrapartida de o novo financiador ganhar acesso ao órgão de administração[43].

Além disso, o Direito português acolhe sistemas de representação de minorias, que podem ou não ser, em concreto, objecto de utilização – consoante estejam ou não reunidos os pressupostos fixados no art. 392.º CSC. A mera probabilidade de, em cada eleição, a designação poder ocorrer, ou não, aconselha a que o número de administradores possa ser variável. O ponto é particularmente premente no

---

[38] Referimo-nos à Segunda Directiva do Conselho sobre Sociedades Comerciais (Directiva n.º 77/91, de 13 de Dezembro de 1976, relativa à coordenação de garantias relativas à constituição da sociedade anónima e à conservação e modificação do seu capital social), que fixa um catálogo mínimo de prescrições estatutárias. Acresce que a Proposta de Quinta Directiva, que mais directamente se liga a questões de governação, mas não chegou nunca a ser aprovada, não continha qualquer indicação injuntiva quanto ao número total de administradores.

[39] Cfr. *infra*, § 4.º, 7.

[40] São expressões retiradas do Parecer da DGRN, acima citado.

[41] John C. Coffee jr, *Regulating the Market for Corporate Control; A Critical Assessment of the Tender Offer's Role in Corporate Governance*, in Columbia LR, 84 (1984), 1145-1296; Michael Jensen/Ruback, *The market for corporate control: the scientific evidence*, in *Journal of Financial Economics*, Vol. 11 (1983), 127-168.

[42] Wiesner, no *Münchener Handbuch des Gesellschaftsrechts*, Vol. 4 (1988), 127.

[43] Ferrarra, *apud* Paolo Secchi, *Gli Amministratori si Società di Capitali*, Milano, (1999), 68.

O GOVERNO DAS ORGANIZAÇÕES

caso das sociedades abertas – como é caso da Consulente – para as quais é obrigatória a designação estatutária de um mecanismo (eleição separada ou eleição pelos vencidos) de designação por minorias (art. 392.º, n.º 8).

Por fim, a fixação estatutária de um intervalo quanto ao número de administradores constitui prática corrente nas sociedades anónimas portuguesas. Na prática estatutária nacional, aliás, é mais comum o estabelecimento de um intervalo do que a fixação de um número exacto de administradores[44]. E não há notícia de algum acórdão jurisprudencial que coloque esta prática em questão.

No plano valorativo e dos interesses em presença, é importante referir que os accionistas não ficam prejudicados com a solução aqui preconizada, dado que tanto, de um lado, a inclusão, alteração e eliminação de disposições estatutárias quanto, de outro lado, a designação originária de administradores são confiadas aos accionistas, através de deliberação adoptada em assembleia geral.

Os terceiros não resultam, tão-pouco, lesados com a fixação de um intervalo para a composição quantitativa. Basta recordar, a propósito, que os membros do conselho de administração são inscritos no registo comercial (art. 3º, m), e 15º do Código de Registo Comercial), o que facilita o conhecimento do corpo de administradores, por qualquer interessado.

V – No plano do Direito comparado, pode acrescentar-se que os principais sistemas jurídicos de que é tributário o Código das Sociedades português admitem pacificamente a fixação estatutária de um número variável de administradores.

Na Alemanha, rege o § 23 (3) III AktG, que obriga a que conste dos estatutos o número dos administradores ou a regra conducente à sua determinação. Com base neste preceito, é pacifica e irrestritamente admitida a fixação de um limiar mínimo e máximo dos administradores através do contrato de sociedade[45]. Trata-se, de resto, da hipótese mais comum na prática societária[46].

No Direito italiano, por seu turno, o art. 2380-*bis* do *Codice Civile* esclarece directamente que, na eventualidade de os estatutos indicarem apenas um limiar mínimo e máximo do número dos administradores, a sua concretização é feita na assembleia geral[47].

---

[44] Os dados mais recentes constam de PEDRO MAIA, *Função e funcionamento do conselho de administração das sociedades anónimas*, cit., 170.

[45] KLAUS HOPT/HERBERT WIEDEMANN, *AktG Grosskommentar*[4], Vol. 2 (1992), Rdn. 158; GÜNTER HENN, *Handbuch des Aktienrechts*[2], Heidelberg (2002), 273; ALFONS KRAFT, *sub* § 23 em *Kölner Kommentar zum Aktiengesetz*[2], Köln at al., 305; HEFERMEHL, *sub* § 23 em *Aktiengesetz Kommentar*, München, II, 29.

[46] WIESNER, no *Münchener Handbuch des Gesellschaftsrechts*, Vol. 4 (1988), 127.

[47] Em ilustração deste ponto, reenvia-se nomeadamente para FRANCO BONELLI, *Gli Amministratori di Società per Azioni*, Milano, (1985), 21-22; PAOLO SECCHI, *Gli Amministratori si Società di Capitali*, cit., 68-70.

O GOVERNO DAS SOCIEDADES ANÓNIMAS

A par dos sistemas jurídicos com directa consagração permissiva na lei, contam-se outros sistemas jurídicos que nada referem a propósito e, não obstante, se extrai a partir daí, haver possibilidade de estabelecimento de um limite mínimo e máximo de administradores. Trata-se, em primeiro lugar, do caso de França[48]. No mesmo grupo se insere o Direito inglês, ante o silêncio do *Companies Act* de 2006. A literatura dá conta de ser frequente a estipulação de um número variável através dos estatutos (*"the articles usually fix what is to be the maximum and, subject to the Act, the minimum number of the directors"*)[49].

V – Conclui-se, assim, em suma, que o princípio de liberdade estatutária na fixação da dimensão da administração apresenta dois corolários principais: os estatutos podem escolher o número de membros do órgão de administração; os estatutos podem escolher um intervalo numérico, máximo e mínimo, dentro do qual se procede à designação.

4. Composição qualitativa

I – As boas práticas em matéria de governo das sociedades promovem, igualmente, mecanismos e estruturas que permitam a independência na tomada de decisões, nomeadamente através da presença de administradores não-executivos e, de entre estes, de administradores independentes no conselho de administração[50]. Segundo um relatório recente produzido pela OCDE, esta constitui uma das maiores fragilidades do sistema nacional de governo societário[51].

A designação de administradores não-executivos visa propiciar um directo acompanhamento da gestão por administradores que não exerçam o *management* diário da sociedade com uma função avaliadora e desafiadora e um contributo,

---

[48] Artigo L225-17 do *Code de Commerce*. Já ante anteriores dados legislativos: PEDRO MAIA, *Função e Funcionamento do Conselho de Administração da Sociedade Anónima*, (2002), 170, n. 231.

[49] PALMER, *Company Law*, London, (1997), 8011-8012.

[50] JEFFREY N. GORDON, *Independent Directors and Stock Market Prices: The New Corporate Governance Paradigm*, Columbia Law School, ECGI Working Paper nº 74/2006, (2006); RUI DE OLIVEIRA NEVES, *O administrador independente*, em *O Código das Sociedades Comerciais e o Governo das Sociedades*, cit., 143-194; JOÃO GOMES DA SILVA/LUÍSA ANTAS/MARGARIDA SÁ DA COSTA/RUI SILVEIRA, *Os Administradores Independentes das Sociedades Cotadas Portuguesas, Corporate Governance. Reflexões I. Comissão Jurídica do Instituto de Corporate Governance*, (2007), 22-ss; ANTÓNIO PEREIRA DE ALMEIDA, *Os administradores independentes*, em *A Reforma do Código das Sociedades Comerciais. Jornadas em Homenagem ao Professor Doutor Raúl Ventura*, Coimbra, (2007), 160-ss.

[51] Tal relatório constata que a proporção de administradores independentes não é genericamente elevada e em média não cumpre as recomendações da CMVM: OECD/CORPORATE GOVERNANCE COMMITTEE, *Peer Review. Board practices: Incentives and governing risks*, (2011), 74.

O GOVERNO DAS ORGANIZAÇÕES

muitas vezes essencial, para a definição da estratégia da sociedade e para o processo de tomada de decisão nas matérias não delegadas. Neste quadro, os administradores não-executivos são aptos a agilizar a gestão societária, libertando os administradores executivos para o *management* diário; trazer *know-how* em temas mais complexos que reclamam a intervenção de especialistas; e resolver mais facilmente assuntos que apresentem risco de ocorrência de conflitos de interesses.

Assim se evita a excessiva concentração de poderes decisórios num número restrito de pessoas, robustecendo ao mesmo tempo as funções do órgão de fiscalização, de modo a que seja efectivamente aportador de valor para a empresa. Os Princípios da OCDE qualificam a presença de administradores não-executivos capazes de juízos independentes como de importância *"central"* para assegurar a objectividade da administração[52].

Embora tenha um âmbito aplicativo diverso do que aqui directamente releva, recorde-se, na mesma linha, o teor da Recomendação da Comissão Europeia de 15 de Fevereiro de 2005[53], atrás mencionada: *Os órgãos de administração, de direcção e de supervisão devem respeitar globalmente um equilíbrio apropriado entre administradores executivos/membros da comissão executiva e administradores não executivos/membros do conselho de supervisão, de tal forma que nenhuma pessoa ou pequeno grupo de pessoas possa dominar a tomada de decisões nestes órgãos* (3.1).

Em termos gerais, como mencionado, a opção pela existência de membros não executivos pode acrescentar valor – mas, ao pressupor por antonímia a constituição de uma comissão executiva, obriga a uma cuidadosa delimitação dos actos delegáveis nos executivos.

5. Avaliação e remuneração

O governo das sociedades opera como um sistema[54]. Como tal, postula complementariedade e, em certos casos, equivalência funcional entre mecanismos de bom governo.

Tal é especialmente patente nos mecanismos de avaliação do desempenho do órgão de administração. Existe uma constelação de institutos jurídicos que concorrem para uma apreciação do comportamento da administração e que facultam

---

[52] OECD, *Guidelines on Corporate Governance of State-Owned Assets*, cit., VI. C. O documento chega a sugerir a contratação de administradores não-executivos no sector privado para tornar a administração mais *"business-oriented"*, especialmente em sectores competitivos.

[53] JO L 52, de 25 de Fevereiro de 2005.

[54] Klaus Hopt, *Comparative Corporate Governance: The State of the Art and International Regulation*, American *Journal of Comparative Law*, Vol. 59, p. 1, (Jan. 2011), 5-6.

O GOVERNO DAS SOCIEDADES ANÓNIMAS

mecanismos de reacção em caso de desempenho sub-óptimo ou de adopção de comportamentos irregulares ou ilícitos. Cabe referir, em particular: as regras sobre direitos de informação e deveres de prestação de contas, a fiscalização do acompanhamento da regularidade dos actos societários, as regras sobre impugnação de deliberações, responsabilidade civil e destituição e, *last but not least*, em matéria remuneratória.

No que concerne à competência societária relacionada com a fixação de remuneração de administradores, deve considerar-se o regime decorrente do art. 399.º do Código das Sociedades Comerciais, segundo o qual compete à assembleia geral de accionistas ou a uma comissão por aquela nomeada fixar as remunerações de cada um dos administradores, tendo em conta as funções desempenhadas e a situação económica da sociedade (n.º 1). Esta solução vale directamente para os modelos de governo clássico e anglo-saxónico[55]. Em relação ao modelo de governo dualista[56], segundo o art. 429.º CSC, quanto à remuneração dos administradores é competente o conselho geral e de supervisão ou comissão por este nomeada ou, nos casos em que o contrato de sociedade assim o determine, à assembleia geral ou a comissão por esta nomeada[57].

6. Cessação do vínculo: substituição dos administradores e dimensão óptima do órgão de administração

I – São diversos os factores que podem determinar a extinção do vínculo de administrador: a renúncia, a morte, a superveniência de incapacidade ou incompatibilidade, a destituição, a extinção da sociedade (por exemplo em algumas modalidades de fusão ou cisão), a revogação e a caducidade[58].

---

[55] MENEZES CORDEIRO, Anotação ao artigo 399.º, em MENEZES CORDEIRO (org.), *Código das Sociedades Comerciais Anotado*, Coimbra (2009), 978-979.

[56] Em geral, sobre o regime do modelo dualista com a configuração dada pelo DL n.º 76-A/2006: PAULO CÂMARA, *Modelos de Governo das Sociedades Anónimas*, em *Jornadas em Homenagem ao Professor Doutor Raul Ventura. A Reforma do Código das Sociedades Comerciais*, (2007), 197-258 (237-245); MENEZES CORDEIRO, *Código das Sociedades Comerciais Anotado*, (2009), 1030-1052; ARMANDO TRIUNFANTE, *Código das Sociedades Comerciais Anotado*, (2007) 454-473.

[57] Quanto às críticas formuladas à Lei n.º 28/2009, quanto à perturbação causada por este diploma no sistema de competências em matéria de fixação de remuneração, reenvia-se para PAULO CÂMARA, *El Say on Pay Portugués*, Revista de Derecho de Mercado de Valores n.º 6 (2010), 83-96; Id, *Conflito de Interesses no Direito Societário e Financeiro*, (2010); Id., *Say on Pay: O dever de apreciação da política remuneratória pela assembleia geral*, Revista de Concorrência e Regulação n.º 2 (2010), 321-344; Id., *Crise Financeira e Regulação*, Revista da Ordem dos Advogados (2009), 720-721.

[58] JOÃO LABAREDA, *Direito Societário Português – Algumas Questões*, Lisboa (1998), 65-166; COUTINHO DE ABREU, *Governação das Sociedades Comerciais*, (2006), 143-171.

O GOVERNO DAS ORGANIZAÇÕES

De entre estas causas de cessação da relação de administração, algumas assentam na vontade do administrador ou da sociedade (renúncia, revogação, fusão ou cisão) – outras independem desta. Decisivo é salientar que a cessação da relação de administração é usualmente um facto imprevisto na vida societária.

A este dado soma-se que não existe entre nós uma prática arreigada de designação de *comissões de nomeações* que, no seio do órgão de administração, tenham a incumbência de elaborar uma base de futuros administradores e assegure processos racionais de planeamento de sucessão. O contraste com a experiência dos países anglo-saxónicos é neste ponto acentuado, devendo-se não apenas a razões de ordem cultural mas também de natureza jurídica, dada a competência accionista para a designação de administradores[59]. Não se mostra, tão-pouco, habitual a inclusão de membros suplentes do órgão de administração.

O Código de Governo das Sociedades da CMVM estabelece um par de recomendações relevantes a este propósito, ao preconizar, a um tempo, que a sociedade deve criar comissões especializadas designadamente para *identificar atempadamente potenciais candidatos com o elevado perfil necessário ao desempenho de funções de administrador* (II.5.1.*iii*). A outro tempo, o mesmo texto acrescenta que *o processo de selecção de candidatos a administradores não executivos deve ser concebido de forma a impedir a interferência dos administradores executivos* (II.1.3.2.). É certo que a nomeação de administradores constitui, no direito português, uma competência da assembleia geral (art. 391.º CSC), a qual não pode ser delegada numa comissão de nomeações. Mas aceita-se o pressuposto, ínsito às formulações recomendatórias internas, que a nomeação de administradores pode ser valorizada através da intervenção de actores societários estranhos à gestão executiva, de modo a tornar o processo mais profissional e estruturado. Tal intervenção da comissão de nomeações poderia, assim, revestir natureza preparatória da deliberação electiva em assembleia geral, beneficiando o grau de informação ao dispor dos accionistas votantes.

II – Neste quadro, a substituição de administradores pode causar um impacto significativo na organização da equipa de gestão e no equilíbrio dos grupos de interesses. Aliás, as conclusões extraídas anteriormente serão subsequentemente retomadas no tocante à fixação do sentido juridicamente decisivo do regime de substituição de administradores.

Impõe-se, recordar, em particular, que a admissibilidade de fixação de limites máximo e mínimo quanto ao número de administradores, implica como corolário

---

[59] Sobre este ponto, em comentário à originária proposta do IPCG de inclusão de comissão de nomeações em sociedades de interesse público: *Comentários Ao Ante-Projecto De Código De Bom Governo Apresentado Pelo Instituto Português De Corporate Governance*, cit., 10.

necessário o da variabilidade do número de administradores, ainda que dentro do mesmo mandato[60]. Importa, neste contexto, saber se, havendo cessação do vínculo de administrador a meio do mandato, existe um dever jurídico de proceder à sua substituição.

A reconstituição da interpretação do dispositivo far-se-á por recurso a três elementos da hermenêutica jurídica: elemento histórico; elemento teleológico; e elemento funcional. É por esta ordem que se prossegue.

III – O regime vigente em matéria de substituição dos administradores resulta das alterações promovidas ao Código das Sociedades Comerciais através do DL n.º 76-A/2006, de 29 de Março[61].

Estas, por seu turno, foram impulsionadas por um conjunto de ante-propostas legislativas que, sob iniciativa da CMVM, foram sujeitas a um processo muito participado de consulta pública, que decorreu entre os dias 30 de Janeiro e 17 de Fevereiro de 2006. Nessa medida, a análise do processo de consulta pública, como trabalhos preparatórios, revela-se útil para recolher o sentido histórico das soluções a final crismadas na lei.

No específico âmbito da substituição de administradores, era a seguinte a proposta inicial da CMVM:

Artigo 393º
(...)
1. ....
a) (...)
b) (...)
c) Não tendo havido cooptação dentro de 60 dias a contar da falta, o [conselho de fiscalização] pode designar o substituto;
d) (...)
2. A cooptação e a designação pelo [conselho de fiscalização] devem ser submetidas a ratificação, na primeira assembleia geral seguinte.
3. (...)
4. (...)
5. (...)

---

[60] Ilídio Duarte Rodrigues, *A Administração das Sociedades por Quotas e Anónimas – Organização e Estatuto dos Administradores*, cit., 85.
[61] Cfr. em particular Menezes Cordeiro, (org.), *Código das Sociedades Comerciais Anotado*, cit.; Armando Triunfante, *Código das Sociedades Comerciais Anotado*, cit.; Paulo Câmara et al., *O Código das Sociedades Comerciais e o Governo das Sociedades*, cit..

O enunciado normativo submetido ao escrutínio público visava, assim, apenas acomodar o regime a uma alteração terminológica na designação do órgão de fiscalização – que, aliás, no final, não chegou sequer a consumar-se, no tocante ao conselho fiscal.

Entre as diversas respostas recebidas ao texto apresentado pela CMVM, releva destacar sobretudo um comentário do grupo Sonae, subscrito por diversas sociedades do grupo. Aí se sugeriu, a propósito do art. 393.º, que fosse *considerada falta definitiva de administrador implicando perda de mandato, a falta de comparência, sem representação e sem justificação fundamentada e aceite pelo órgão de administração a mais do que um determinado número de reuniões seguidas do órgão ou a um determinado número de reuniões interpoladas, devendo o número de reuniões ser fixado em regulamento de funcionamento do órgão ou nos estatutos*. Mais se recomendou que a *perda fosse declarada pelo órgão de fiscalização*.

Terminado o processo de consulta, volvido escassos meses a reforma societária proposta foi acolhida pelos responsáveis políticos, logrando-se em 29 de Março ver publicado em Diário da República o DL n.º 76-A/2006. Com este diploma, passou o art. 393.º CSC a ter a seguinte redacção:

Artigo 393.º
Substituição de administradores
1 – Os estatutos da sociedade devem fixar o número de faltas a reuniões, seguidas ou interpoladas, sem justificação aceite pelo órgão de administração, que conduz a uma falta definitiva do administrador.

2 – A falta definitiva de administrador deve ser declarada pelo órgão de administração.

3 – Faltando definitivamente um administrador, deve proceder-se à sua substituição, nos termos seguintes:

a) Pela chamada de suplentes efectuada pelo presidente, conforme a ordem por que figurem na lista submetida à assembleia geral dos accionistas;

b) Não havendo suplentes, por cooptação, salvo se os administradores em exercício não forem em número suficiente para o conselho poder funcionar;

c) Não tendo havido cooptação dentro de 60 dias a contar da falta, o conselho fiscal ou a comissão de auditoria designa o substituto;

d) Por eleição de novo administrador.

4 – A cooptação e a designação pelo conselho fiscal ou pela comissão de auditoria devem ser submetidas a ratificação na primeira assembleia geral seguinte.

5 – As substituições efectuadas nos termos do n.º 1 duram até ao fim do período para o qual os administradores foram eleitos.

6 – Só haverá substituições temporárias no caso de suspensão de administradores, aplicando-se então o disposto no n.º 1.

7 – Faltando administrador eleito ao abrigo das regras especiais estabelecidas no artigo 392.º, chama-se o respectivo suplente e, não o havendo, procede-se a nova eleição, à qual se aplicam, com as necessárias adaptações, aquelas regras especiais.

Este preceito traduz quatro alterações em relação ao regime precedente: clarifica o regime de substituição por faltas; altera a fórmula verbal empregue no n.º 3; renumera os n.ºˢ 3, 4 e 5, passando a n.ºˢ 5,6 e 7, respectivamente; e actualiza as designações terminológicas dos órgãos sociais, ante as alterações legislativas e a introdução de um novo modelo de governo (o anglo-saxónico).

A primeira modificação surge notoriamente em acolhimento da proposta apresentada no processo de consulta pública, atrás descrita. Quanto às restantes, as modificações elencadas não têm um alcance profundo[62]. Em particular, adiante-se que a alteração da fórmula verbal utilizada no n.º 3 é mínima: antes referia-se *procede-se à sua substituição*; agora o texto refere *deve proceder-se à sua substituição*. Dada a proximidade de ambas as fórmulas, trata-se de uma simples explicitação e não traduz, em si, uma alteração material. Adiante perceber-se-á a intenção que lhe subjaz.

Em relação a este dispositivo, merece acrescentar que em 2008 foi submetido a discussão pública um novo conjunto de ante-propostas de alteração do Código das Sociedades Comerciais, motivadas principal mas não exclusivamente pela necessidade de proceder à transposição da Directiva dos Direitos dos Accionistas (Directiva 2007/36/CE, de 11 de Julho de 2007). Neste recente processo de consulta pública, veio a CMVM propor uma alteração cirúrgica ao art. 393.º, de modo a corrigir as remissões erradas que resultaram nos n.ºˢ 5 e 6 (deveriam referir-se ao n.º 3, e não ao n.º 1)[63]. Este processo legislativo sofreu entretanto uma suspensão, esperando-se que na próxima legislatura estas propostas venham a ser retomadas. Resulta, assim, do DL n.º 76-A/2006 a redacção do preceito que permanece hoje em vigor.

Um dos objectivos de fundo desta reforma societária foi o da ampliação da autonomia societária no que respeita ao governo das sociedades comerciais.

Como medidas directamente dirigidas a promover uma dilatação da autonomia estatutária, importa referir que o DL n.º 76-A/2006 se encontram as seguintes: flexibilidade na fixação da dimensão dos órgãos sociais (arts. 395.º, n.º 3, 413.º, 414.º-B, n.º 2, 424.º), adiante retomada; flexibilização aguda do modelo dualista

---

[62] MENEZES CORDEIRO, *Código das Sociedades Comerciais Anotado*, cit., 969; PAULO CÂMARA, *O Governo das Sociedades e a Reforma do Código das Sociedades Comerciais*, cit., 24.

[63] CMVM, *Transposição Da Directiva Dos Direitos Dos Accionistas E Alterações Ao Código Das Sociedades Comerciais*, (2008), disponível em http://www.cmvm.pt/NR/exeres/339C4AA6-6A99-4BE9-B048-874740035859.htm.

(arts. 424.º-446.º); abertura do leque de opções quanto a soluções de governação, incluindo um novo modelo de governação (arts. 423.º-B a 423.º-H); consagração da possibilidade de utilização de novas tecnologias na dependência das escolhas das sociedades (arts. 288.º, n.º 4, 289.º, n.º 4, 410.º, n.º 8); e não imposição, por via da lei, de uma separação entre *chairman* e *chief executive officer*[64].

É neste quadro que deve ser aferida a intenção legislativa subjacente à alteração promovida ao regime da substituição de administradores cessantes a meio do mandato. Os novos n.ºˢ 1 e 2 do art. 393.º CSC têm uma nítida finalidade de clarificar a situação em que é definitiva a cessação de funções por faltas de um membro. Pôs-se, assim, cobro a uma situação de incerteza, sentida no quadro do regime originário do Código das Sociedades Comerciais. Além disso, estes preceitos traduzem o acolhimento de uma sugestão apresentada no âmbito do processo de consulta, conforme referido.

A alteração ao n.º 3 do art. 393.º é a que mais directamente nos interessa, importando descortinar se, por detrás da fórmula *deve proceder à substituição*, subjaz, em termos técnicos, um dever jurídico e, caso afirmativo, qual o correspondente âmbito. A resposta a obter deve basear-se nos métodos de interpretação jurídica, segundo os quais o elemento literal da lei não se mostra decisivo (art. 9.º, n.º 1 CC).

Esta modificação ao n.º 3 do art. 393.º CSC surge, como notado, no contexto de um genérico aumento da flexibilidade na composição quantitativa dos órgãos sociais, seja no que se refere à abolição de um número máximo de membros do conselho de administração executivo (art. 424.º), seja na inexistência de número máximo de membros da comissão de auditoria, seja na supressão do número máximo de membros dos órgãos de fiscalização (art. 413.º), seja – *last but not least* – no que concerne à admissibilidade de um número par de membros de órgãos sociais (arts. 395.º, n.º 3 e 414.º-B, n.º 2).

A propósito desta última alteração, tivemos oportunidade de afirmar que esta regra *confere maior margem electiva na composição do número de titulares do órgão social que se revele ajustado a cada sociedade, evitando a escolha de titulares apenas para preenchimento de lugares sobrantes, tendo em vista o arredondamento ao número ímpar mais próximo*[65]. Seria por isso de estranhar que tal orientação fosse acompanhada de uma regra que, ao crismar hipoteticamente um dever de substituição de membros, tivesse precisamente o alcance simétrico.

---

[64] CMVM, *Governo Das Sociedades Anónimas. Propostas De Alteração Ao Código Das Sociedades Comerciais*, (2006), 8, disponível em http://www.cmvm.pt/NR/exeres/9A6DF665-B529-426E-B266--75E08A225352.htm; PAULO CÂMARA, *O Governo das Sociedades e a Reforma do Código das Sociedades Comerciais*, cit., 21-24.

[65] PAULO CÂMARA, *O Governo das Sociedades e a Reforma do Código das Sociedades Comerciais*, cit., 22.

Não pode olvidar-se, além disso, que este regime da substituição se encontra condicionado pela ampla permissão de fixação de um número variável de administradores nos estatutos, como vimos[66].

Segundo se crê e fazendo fé nos elementos objectivos disponíveis, a intenção por detrás da explicitação da fórmula *deve substituir* explica-se como um contrapeso da admissão de número par de administradores e da atribuição de voto de qualidade ao presidente do conselho de administração. Parece tratar-se de uma resposta, em particular, à admissão de dois administradores quando resulte proibido administrador único. A finalidade da mensagem legislativa é, nestes termos, confinada aos casos em que a cessação de funções do administrador determina a recondução do órgão de administração da sociedade a um órgão unipessoal, com um único administrador.

Não se vislumbram, em qualquer caso, indícios objectivos suficientes para afirmar uma intenção legislativa de dotar a substituição de carácter obrigatório para todos os casos de cessação do vínculo de administrador a meio do mandato.

IV – O processo interpretativo iniciado deve ser agora complementado através da análise funcional das conclusões preliminarmente obtidas. Deve-se tal ao facto de lidarmos com um tema atinente à organização e à direcção societária – i.e., ao seu governo – no âmbito do qual um exame do grau de eficiência organizativa propiciada pelo modelo de decisão encontrado se revela útil, como complemento à consideração do elemento teleológico da interpretação das normas legais em jogo.

O tema da substituição dos administradores liga-se de perto à questão da estrutura óptima da administração, quanto à sua composição quantitativa.

Tem-se demonstrado que em algumas sociedades a excessiva dimensão do órgão de administração é contraproducente para a sua eficácia[67]. A literatura aponta como desvantagens associadas a uma dimensão excessiva do órgão de administração as seguintes:

– Conduz a um subaproveitamento de alguns titulares da administração;
– Revela-se indutor de disfuncionalidades (ex: maiores dificuldades na circulação de informação e na condução de reuniões do órgão de administração);
– Propicia uma balcanização do órgão social, em detrimento da sua coesão.

---

[66] Cfr. *supra*, § 2.º, 3.

[67] Cfr. DAVID YERMACK, *Higher Market Valuation of Companies with Smaller Board of Directors*, Journal of Financial Economics 40 (1996), 185-ss; KLAUS HOPT, *Comparative Corporate Governance: The State of the Art and International Regulation*, cit., 74. Como referiu recentemente LUKE JOHNSON: *Very large boards tend to be dysfunctional. Generally, everyone feels they have to contribute to justify turning up. Understandably, with such a large cast, many members feel disengaged. On overcrowded boards, the actual business ends up getting done at small committees, leading to an apartheid system* (How to optimize your board, FT, (15-Set.-2009)).

Os estudos empíricos mais recentes têm aprofundado o tema, detectando que a dimensão quantitativa da administração reflecte um *trade-off* entre custos e benefícios[68], e convergindo no sentido de ser difícil estabelecer padrões uniformes, havendo que ponderar varáveis ligadas ao sector de actividade e ao grau de maturidade empresarial das empresas em questão[69]. Advoga-se, por isso, que a determinação da estrutura óptima da administração deve implicar uma avaliação do próprio órgão social.

Há autores que, por seu turno, levam até mais longe esta indagação, no sentido de procurar determinantes da uma estrutura óptima do órgão de administração, quanto à combinação de administradores independentes e os que o não são[70].

Numa síntese, os estudos empíricos compulsados documentam uma relação de *trade-off* entre os custos e benefícios decorrentes da dimensão do órgão de administração – favorecendo, por isso, uma certa contenção na composição quantitativa do órgão de administração.

Esta conclusão, de resto, é confirmada por plúrimas recomendações no plano do governo das sociedades. Assim: o *BRT Report* (EUA) admite que conselhos de administração mais pequenos são normalmente mais coesos e funcionam mais eficazmente do que órgãos de maior dimensão[71]; o *Viénot Report* (França) sustenta que o número de membros não deve ser aumentado a ponto de dificultar a discussão entre membros[72]; o *Bosch Report* (Austrália) considera que uma das funções do conselho de administração é o da determinação da sua adequada dimensão[73]; e o *Dey Report* (Canadá) obriga cada órgão de administração a avaliar a sua dimensão e a adoptar o programa adequado para reduzir a sua dimensão[74].

No seu todo, estes dados são concludentes para inferir, no plano das recomendações sobre *corporate governance*, que a inexistência de um dever de substituição

---

[68] JAMES S. LINCK/JEFFRY M. NETTER/TINA YANG, *The Determinants of Board Structure* (2007), disponível em SSRN: http://ssrn.com/abstract=729935.

[69] MILTON HARRIS/ARTUR RAVIV, *A Theory of Board Control and Size*, The Review of Financial Studies, Vol. 21, Issue 4 (2008), pp. 1797-1832; AUDRA L BOONE/LAURA CASARES FIELD/JONATHAN M. KARPOFF/CHARU G. RAHEJA, *The Determinants of Corporate Board Size and Composition: An Empirical Analysis* (March 2006), disponível em SSRN: http://ssrn.com/abstract=605762.

[70] Cfr. nomeadamente CHARU G. RAHEJA, *Determinants of Board Size and Composition: A Theory of Corporate Boards. Journal of Financial and Quantitative Analysis*, Vol. 40, No. 2 (June 2005), pp. 283-306.

[71] Com diversos dados comparativos sobre este ponto, merece consultar HOLLY GREGORY/ELIZABETH FORMINARD, *International Comparison of Board "Best Practices"*, (1998), 21.

[72] *Le Conseil D'administration Des Sociétés Cotées*, 10, disponível em http://www.ecgi.org/codes/code.php?code_id=42.

[73] *Bosch Report. Corporate Practices and Conduct* (1995).Guideline 2.

[74] Guidelines for Improved Corporate Governance (1994), Guideline 7, § 5.43, disponível em http://www.ecgi.org/codes/code.php?code_id=22 .

de administradores cessantes oferece uma oportunidade de redução da dimensão do órgão dirigente, em direcção à sua estrutura óptima.

V – Sob a epígrafe "substituição de administradores" encontra-se, no art. 393.º CSC, um regime que se aplica a situações de índole diversa. De outro modo dito, nem todos os dispositivos contidos neste preceito exibem um alcance geral, havendo alguns normativos aplicáveis apenas a algumas modalidades de cessação de funções na administração.

Tal é claro no n.º 1 do preceito que obriga os estatutos das sociedades anónimas a *fixar o número de faltas a reuniões, seguidas ou interpoladas, sem justificação aceite pelo órgão de administração, que conduz a uma falta definitiva do administrador*. É apodíctico que se trata de uma previsão apenas dirigida à cessação de funções por acumulação de faltas de um titular do órgão de administração.

Idêntico raciocínio analítico deve ser empreendido na interpretação do n.º 3 do art. 393.º CSC, como veremos.

Para já, interessa reter que o dever de declaração da falta definitiva pela administração apenas vale para a cessação de funções por faltas acumuladas.

Trata-se de uma declaração constitutiva de efeitos jurídicos, tendo por base um número de faltas que faz presumir, *iuris et de jure*, um incumprimento reiterado dos deveres de disponibilidade – ou, mais grave ainda, o abandono de funções.

Em síntese, conclui-se não vigorar um dever de declaração da falta definitiva do administrador quando tal cessação de funções se deva a outro fundamento que não a acumulação de faltas.

Não que seja menos definitiva a cessação de funções por morte, por renúncia, por destituição ou extinção da sociedade. Mas nestes casos, não se torna exigível que o órgão de administração declare a falta do administrador, nem se desprende qualquer efeito jurídico de tal possível declaração, se for emitida voluntariamente pelo órgão de administração.

VI – Do mesmo modo que os n.ºs 1 e 2 do art. 393.º não têm uma vocação genérica para todos os casos de cessação de funções de administrador – valendo apenas para a cessação por acumulação de faltas – também a injuntividade do n.º 3 varia em função do modo de cessação de funções a que se aplique.

Essa leitura diferenciada do n.º 3 do art. 393.º é imposta pela natureza das coisas, pela estrutura do preceito e pela análise efectuada à sua mais recente modificação.

O que a história e a teleologia do preceito revelam é que uma injuntividade na substituição de membros da administração apenas colhe quando resulte preterido um limite legal ou estatutário relacionado com a composição quantitativa do órgão de gestão.

Dito de outro modo, um dever jurídico de proceder à substituição de administrador apenas se constitui em três limitadas situações:

– nos casos em que há número fixo de membros do órgão de administração, estabelecido nos estatutos;
– quando, por virtude da cessação de funções, resulta ultrapassado o intervalo mínimo quanto ao número de membros da administração, relativamente ao intervalo fixado estatutariamente; ou, por fim
– nos casos em que sem o membro em funções resulte violado o número mínimo de administradores imposto por lei.

Se assim não fosse resultaria pervertida a intenção legislativa, que deve em todo o caso prevalecer sobre a letra do preceito (art. 9.º, n.º 1 CC).

VII – As conclusões expostas não comportam qualquer perturbação, dado que a cessação de funções de administrador desencadeia o dever de inscrever, no registo comercial, esse facto, ao abrigo do art. 3.º, n.º 1 m) Código de Registo Comercial.

Trata-se de um passo fundamental para efeitos da protecção de terceiros e para efeitos do apuramento dos quóruns constitutivos e deliberativos de funcionamento do órgão de administração.

A acrescer, afigura-se claro que, fora dos casos de substituição imposta, a imperatividade do art. 393.º resulta no modo de proceder à substituição, quando esta tenha de ocorrer.

O âmbito injuntivo pleno do n.º 3 do art. 393.º CSC, de facto, concretiza-se apenas no processo a ser seguido em caso de substituição forçosa ou voluntária. As sucessivas etapas indicadas por lei (chamada de suplente; cooptação; designação por conselho fiscal ou comissão de auditoria; eleição[75]) devem ser cumpridas, pela ordem prescrita, até que seja encontrado um substituto.

Reputam-se igualmente como injuntivas as consequências da substituição enunciadas nos n.ºs 4 a 7 do art. 393.º CSC, a saber: a sujeição a ratificação (n.º 4); a extensão até final do mandato dos restantes membros (n.º 5), salvo em caso de suspensão (n.º 6); a inaplicabilidade de cooptação ou de designação pelo órgão de fiscalização em caso de designação por minorias (n.º 7). Trata-se de regras aplicáveis, quer à substituição voluntária, quer à substituição necessária, seja esta imposta por virtude de regras legais ou estatutárias.

---

[75] Mantém neste aspecto actualidade RAÚL VENTURA, *Novos Estudos sobre Sociedades Anónimas e Sociedades em Nome Colectivo*, (1994) 159-169.

O GOVERNO DAS SOCIEDADES ANÓNIMAS

§ 3.º ÓRGÃOS DE FISCALIZAÇÃO

7. Impacto da Reforma Societária de 2006 nas estruturas de fiscalização das sociedades anónimas

I – Conforme já mencionado[76], a reforma societária de 2006 teve como objectivo e resultado um apuramento significativo do regime português do governo das sociedades, com particular impacto nas estruturas de fiscalização, que se vinham revelando ineficientes e desadequadas às necessidades do tecido societário português. As alterações introduzidas ao Código das Sociedades Comerciais pelo D.L. 76-A/2006, de 29 de Março, visaram assumidamente, entre outros, um objectivo autónomo de reforço e revitalização da função de fiscalização das sociedades anónimas[77], reflectindo uma tomada de consciência do desgaste e da ineficiência dos sistemas de fiscalização societária vigentes, bem como o reconhecimento da importância capital de dotar as sociedades de mecanismos de fiscalização eficazes e independentes. A erosão dos sistemas de fiscalização foi, para além de o resultado de um conjunto de factores económicos e sociais sobre os quais o legislador não pode actuar directamente, também consequência de modelos jurídicos de fiscalização pouco apetrechados para promover uma fiscalização eficiente, efectiva e independente, tal como o exigem actualmente os princípios de *corporate governance* sedimentados no horizonte societário global, bem como o próprio mercado.

A reforma de 2006 veio assim procurar dar resposta a alguns dos principais factores de erosão e ineficiência dos mecanismos de fiscalização[78], a saber:

– Desconsideração, pelos modelos de fiscalização, da dimensão e natureza específicas das sociedade (*one size fits all*), nomeadamente pela admissibilidade de fiscal único nas grandes sociedades anónimas e nas sociedades cotadas;

---

[76] Cfr. *supra*, § 1.

[77] CMVM, *Governo Das Sociedades Anónimas. Propostas De Alteração Ao Código Das Sociedades Comerciais*, (2006), 19, disponível em http://www.cmvm.pt/NR/exeres/9A6DF665-B529-426E-B266-75E08A225352.htm.

[78] A intervenção do legislador focou essencialmente a vertente *interna* da fiscalização societária. É hoje, todavia, claro que um bom governo das sociedades depende de uma interacção equilibrada entre a fiscalização interna e a fiscalização externa das sociedades. Os sistemas de controlo interno assentam fundamentalmente em mecanismos institucionalizados de controlo, enquanto os sistemas de controlo externo se baseiam essencialmente no poder externo de controlo do mercado. A auditoria externa é vista como situando-se algures a meio caminho entre os dois sistemas de controlo: KLAUS HOPT/PATRICK LEYENS, "Board Models in Europe. Recent Developments of Internal Corporate Governance Structures in Germany, the UK, France and Italy", ECGI, Law Working Paper n.º 18/2004, Jan. 2004, p. 3.

- Possibilidade de coincidência da pessoa do fiscal único com o auditor externo, nas sociedades abertas obrigadas a relatório de auditoria (externa), assente numa abordagem do órgão de fiscalização como um mero órgão de revisão de contas;
- A passividade tolerada aos membros do conselho fiscal;
- A captura do conselho fiscal pelos accionistas de referência e pela administração da sociedade;
- A ineficácia dos mecanismos de supervisão do auditor externo;
- O regime impreciso de responsabilidade dos membros dos órgãos de fiscalização.

A reforma de 2006 interveio no direito positivo de forma a criar mecanismos jurídicos que permitissem ultrapassar alguns dos impasses mencionados e estimular a função de fiscalização societária, através de medidas dirigidas (i) aos modelos e estrutura da fiscalização societária, (ii) ao reforço do conteúdo e poderes da função de fiscalização, (iii) à redefinição dos deveres fiduciários dos membros dos órgãos de fiscalização e (iv) ao aperfeiçoamento do regime jurídico de responsabilidade.

III – Na base da reforma estrutural dos modelos de fiscalização esteve ainda a necessidade de reconfigurar esses modelos no sentido da redefinição e do reforço das funções de fiscalização das sociedades indicados pela Directiva n.º 2006/43/CE, a qual veio impor para todas as *entidades de interesse público* (definidas nos termos do n.º 13 do art. 2.º da Directiva), a autonomização de um órgão societário com funções de fiscalização dos documentos financeiros e da independência dos ROC (comité de auditoria), que poderá funcionar no seio do próprio conselho de administração[79] – devendo neste caso ser composta por membros daquele órgão –, ou ser composto por membros dos órgãos de fiscalização da entidade examinada ou por membros designados pela assembleia geral da sociedade (art. 41.º, n.º 1).

O diploma comunitário admite, pois, uma ampla liberdade de configuração do órgão em questão, desde que o resultado respeite funcionalmente os objectivos de este se constituir como um eficaz mecanismo independente de controlo interno que ajude a minimizar os riscos financeiros, operacionais e de não conformidade, reforçando a qualidade da informação financeira.

---

[79] Tal como se acha presentemente previsto no modelo anglo-saxónico de governo das sociedades, onde se inclui uma comissão de auditoria, a constituir no seio do conselho de administração, composta por membros não executivos daquele órgão: cf. os arts. 278.º, n.º 1, al. b), e 423.º-B a 423.º-H do CSC.

A obrigação de constituição de um comité de auditoria aplica-se, nos termos do art. 41.º, n.º 1, da Directiva, apenas às entidades de interesse público. Todavia, atenta a ampla definição fornecida pelo art. 2.º, n.º 13, da Directiva, a qual abrange, além de outras, as sociedades abertas, as instituições de crédito e as seguradoras[80], ficam assim cobertas pela obrigatoriedade de constituição de um comité de auditoria todas aquelas entidades que, ao mesmo tempo que definem a espessura e estabilidade do tecido empresarial e societário, envolvem riscos sistémicos relevantes.

Este comando da Directiva n.º 2006/43/CE viria mais tarde a ser transposto pelo DL 225/2008, de 20 de Novembro, o qual veio estender a obrigatoriedade de adopção de estruturas de governo que compreendam um comité de auditoria às entidades de interesse público, tendo qualificado como tal um conjunto significativo de instituições para além daquelas mencionadas na Directiva[81].

No que respeita às sociedades anónimas, todavia, procedeu-se ao imediato acolhimento daquela orientação, estabelecendo-se um conjunto de modelos de governo que compreendem, todos eles, um órgão de fiscalização autónomo e independente da administração e dos accionistas.

IV. – No que respeita à intervenção legislativa relativa aos modelos de governo das sociedades anónimas, e para além do que atrás já foi dito relativamente ao impacto destas medidas nos modelos de administração, as alterações ao CSC de 2006 foram particularmente significativas no que respeita aos modelos e estruturas de fiscalização.

As alterações estruturais ali introduzidas resultaram essencialmente na introdução de modelos de duplo grau de fiscalização das sociedades, no reforço das funções de fiscalização e na criação de mecanismos destinados a estabelecer garantias de idoneidade e independência dos membros dos órgãos de fiscalização.

Em consequência da renovação das estruturas de governo societário então produzida, dispomos hoje de um triplo figurino de modelos de governo societário sujeitos a um princípio de *numerus* clausus e com proibição de *cherry picking*, isto é, insusceptíveis de escolha de diferentes combinações dos respectivos elementos entre si (art. 278.º, n.º 1, CSC): (i) modelo latino ou clássico (Conselho de Administração + Conselho Fiscal); (ii) modelo anglo-saxónico (Conselho de Administração + Comissão de auditoria + ROC); (iii) modelo germânico ou dualista (Conselho de Administração Executivo + Conselho Geral e de Supervisão + ROC).

---

[80] Ficando ao critério de cada Estado-Membro o recorte, porventura mais amplo, das entidades sujeitas àquela imposição, designadamente em função de um critério relacionado com a dimensão da entidade.
[81] Cfr. art. 2.º da Directiva n.º 2006/43/CE.

O GOVERNO DAS ORGANIZAÇÕES

Ao mesmo tempo que foram preservados os modelos até então conhecidos, procedendo-se embora a uma reestruturação dos mesmos, passou a estar
disponível um terceiro modelo alternativo de governo societário – o modelo
anglo-saxónico, correspondente à estrutura societária típica no Reino Unido e
nos EUA.

A disponibilização de uma tripla escolha de modelos, à semelhança do que hoje
sucede também em França[82] e em Itália[83], após as recentes reformas do direito
societário ali operadas, veio integrar uma lacuna sentida por algumas sociedades
anónimas, permitindo-lhes uma maior convergência entre as características
específicas da sociedade e a estrutura por ela adoptada, bem como um leque de
escolha mais amplo de modelos de governo.

A consagração legal deste terceiro modelo justificou-se, contudo, também (ou
sobretudo) pela necessidade de eliminar algumas dificuldades registadas pelas
sociedades anónimas portuguesas cotadas em mercados de países anglo-saxónicos
(com destaque para os EUA), cujas regras de admissão e *compliance* se encontram
essencialmente projectadas para modelos de governo *one tier* com comissão de
auditoria (modelo anglo-saxónico), o que colocava as sociedades portuguesas com
outros modelos de governo em dificuldades, no que diz respeito ao cumprimento
dos deveres decorrentes da admissão a mercado regulamentado naqueles países
e ao reporte e avaliação do cumprimento a que têm de se submeter.

Acha-se, por outro lado, hoje viabilizada a implantação em Portugal de
sociedades estrangeiras com modelos de governo anglo-saxónicos (nomeadamente, sociedades dominadas de sociedades-mãe com aquela configuração),
evitando os custos e as ineficiências decorrentes da duplicação de estruturas
societárias e tornando o mercado mais apetecível para potenciais investidores
estrangeiros.

Em todo o caso, a escolha do modelo anglo-saxónico pelas sociedades anónimas
nacionais corresponde ainda a um número restrito de casos, quer, julga-se, por
razões culturais, quer porque o modelo em causa apresenta-se ainda carecido de
alguns aperfeiçoamentos no que respeita ao seu funcionamento, responsabilidade
dos membros dos órgãos de fiscalização, etc., tendo sido deparadas algumas
perplexidades e dificuldades na implementação do modelo.

---

[82] O modelo " triplo" foi introduzido pela *Loi Nouvelles Réguations Économiques* (NRE), n.º 2001-420 de
15.05.2001;para mais desenvolvimentos, KLAUS HOPT/PATRICK LEYENS, 15 ss e JEAN PHILIPPE COLSON,
"Le Gouvernement d' Entreprises et les Nouvelles Régulations Economiques", *PetitsAffiches*, 21.08.2001,
n.º 166, p. 4-11.

[83] Onde, após a chamada *Vietti-Riforma* (introduzida pela "legge 3.10.2001 n. 366"), que acolheu as recomendações anteriormente formuladas pela *ComissioneMirone*, as sociedades passaram também a poder
optar entre dois modelos de base monista e um modelo dualista.

O GOVERNO DAS SOCIEDADES ANÓNIMAS

8. Os modelos de fiscalização das sociedades anónimas[84]

Os modelos de fiscalização hoje disponibilizados às sociedades anónimas correspondema um rearranjo dos modelos já existentes (clássico e germânico), em conformidade com a Directiva n.º 2006/43/CE, de 17 de Maio, em acolhimento das melhores práticas sugeridas pelos princípios de governo das sociedades internacionalmente aceites e no sentido de permitir a segregação funcional da fiscalização *política* em relação à fiscalização *financeira* da sociedade.

I – **O modelo latino. Conselho fiscal ou fiscal único.** O modelo latino simples corresponde, em grande parte, ao anterior modelo monista de Conselho de Administração + fiscal único ou Conselho Fiscal (que deve necessariamente integrar um revisor oficial de contas) e constitui o modelo mais frequentemente adoptado pelas sociedades anónimas portuguesas.

Este é o único modelo de governo societário onde não se prevê a segregação entre as funções de fiscalização política da sociedade e de fiscalização das contas, sendo ambas as funções de fiscalização cumulativamente exercidas pelo fiscal único ou pelo Conselho Fiscal.

A escolha deste modelo encontra-se, contudo, indisponível para as sociedades emitentes de valores mobiliários admitidos à negociação em mercado regulamentado e ainda para as chamadas "grandes sociedades anónimas"[85] – aquelas que, não

---

[84] Sobre os modelos de fiscalização e, mais amplamente, de governo das sociedades anónimas em Portugal cfr. PAULO CÂMARA, "O governo das sociedades e os deveres fiduciários dos administradores", *Jornadas «Sociedades abertas, valores mobiliários e intermediação financeira»*, cit., 163-179; *Modelos de Governo das Sociedades Anónimas*, (2007), cit; "O governo das sociedades e a reforma do Código das Sociedades Comerciais", *Código das Sociedades Comerciais e Governo das Sociedades*, Coimbra, Almedina, 2008, 9-148; PAULO OLAVO CUNHA, *Direito das Sociedades Comerciais*, Coimbra, Almedina, 4ª Ed., 2010, 578-582 e 741-747; RUI OLIVEIRA NEVES, "O conflito de interesses no exercício de funções de fiscalização nas sociedades anónimas", em Conflito de Interesses no Direito Societário e Financeiro, AAvv; Coimbra, Almedina 2001, 293-313; GABRIELA FIGUEIREDO DIAS, *Fiscalização de Sociedades e Responsabilidade Civil*, cit., Id., "A Fiscalização Societária Redesenhada: independência, exclusão de responsabilidade e caução obrigatória dos administradores", em *Reformas do Código das* Sociedades, IDET, Coimbra, Almedina, 2007, 279-334; Id, "Estruturas de fiscalização de sociedades e responsabilidade civil", em *Nos 20 Anos do Código das Sociedades Comerciais*, cit; MIGUEL PUPO CORREIA/GABRIELA FIGUEIREDO DIAS/LUÍS FILIPE CALDAS/ANA BEBIANO, Corporate Governance, Administração/Fiscalização de Sociedades e Responsabilidade Civil", Instituto Português de Corporate Governance, *Corporate Governance. Reflexões I. Comissão Jurídica do Instituto de Corporate Governance*, (2007), p. 33-72; CALVÃO DA SILVA, *Corporate Governance – Responsabilidade civil de administradores não executivos, da comissão de auditoria e do conselho geral e de supervisão*, cit., 103-151; PINTO FURTADO, *Competências e funcionamento dos órgãos de fiscalização das sociedades comerciais*, cit., 593-619; TIAGO JOÃO ESTEVÃO MARQUES, *Responsabilidade Civil dos Membros dos órgãos de Fiscalização das Sociedades Anónimas*, Coimbra, Almedina, 2009.

[85] O conceito de "grande sociedade anónima" é proposto por PAULO OLAVO CUNHA, *Direito das Sociedades Comerciais*, cit., p. 513, para designar as sociedades com as características assinaladas na 2ª parte da alínea a)

sendo totalmente dominadas por outra sociedade que adopte este modelo, durante dois anos consecutivos, ultrapassem dois dos seguintes limites: i) total do balanço € 100,000,000; ii) total das vendas líquidas e outros proveitos € 150,000,000.00; iii) número de trabalhadores empregados em média durante o exercício – 150.

A adopção do modelo latino reforçado, isto é, onde não é admitido o fiscal único e onde o ROC se encontra obrigatoriamente autonomizado do conselho fiscal, em termos orgânicos e funcionais, é facultativa para as sociedades anónimas que não preenchamos referidos requisitos. O legislador considerou prudente manter a possibilidade de opção pelo modelo latino simples, por entender que estendê--lo, sem mais, a todas as sociedades anónimas importaria custos que poderiam ser excessivos e não compensar os benefícios em relação às pequenas sociedades.

O regime de equilíbrio assim estabelecido revela, por um lado, o respeito do legislador por uma certa tradição nas sociedades anónimas portuguesas e pelos custos que a imposição de um modelo em que o ROC apareça obrigatoriamente fora do Conselho Fiscal poderia importar para um número muito significativo de sociedades anónimas, sobretudo de pequena dimensão, admitindo que o modelo clássico simples possa continuar a ser mantido pelas sociedades anónimas que o possuam e até escolhido por aquelas que se constituam de novo.

Contudo, ao vedar a possibilidade de escolha por este modelo às sociedades emitentes de valores mobiliários admitidos à negociação e, em geral, às grandes sociedades anónimas, mostrou claramente que só o modelo clássico reforçado, que conta com dois órgãos de fiscalização – o conselho fiscal e o ROC –, com funções específicas e separadas e com um poder de controlo mútuo, é considerado satisfatório quanto à eficácia e independência da função de fiscalização. O modelo clássico simples, em que o ROC integra o conselho fiscal, para além de não permitir a segregação de funções e duplo grau de fiscalização (da sociedade e dos fiscalizadores), não dá cumprimento às orientações da Directiva 2006/43/CE, reduzindo a qualidade, a profundidade e independência da actividade de fiscalização.

A prazo, uma vez decorrido o tempo suficiente para permitir alguma familiaridade dos agentes económicos com os diferentes modelos de fiscalização, é expectável que o modelo clássico possa vir a ser disponibilizado apenas na sua versão reforçada para todas as sociedades anónimas, tanto mais que os custos acrescidos que este envolve não são significativos, visto que no modelo clássico simples é igualmente obrigatória a presença de um ROC.

---

do n.º 2 do art. 413.º CSC e que são efectivamente objecto de um conjunto de especificidades de regime face às restantes sociedades anónimas sem o capital admitido à negociação em mercado regulamentado que as aproxima, em alguns aspectos, do regime societário das sociedades cotadas. Ali podem ainda ser conferidos os prazos e pressupostos de qualificação da sociedade como *grande sociedade anónima* para os efeitos legais pertinentes. Para um elenco das especificidades de regime das *grandes sociedades anónimas* cfr. GABRIELA FIGUEIREDO DIAS, "A Fiscalização Societária Redesenhada...", cit., 286 (nota 13).

II – Modelo anglo-saxónico. Comissão de auditoria. Este modelo, que comete a *fiscalização política* a uma *comissão de auditoria* a constituir no seio do Conselho de Administração, composta por membros do Conselho de Administração não executivos, e a *revisão de contas* ao *ROC*, institui, tal como o modelo latino reforçado, a segregação entre aquelas duas funções.

Neste modelo, a fiscalização política consiste num exercício de autocontrolo da própria administração, uma vez que a comissão de auditoria existe no próprio Conselho de Administração. As competências e deveres da comissão de auditoria correspondem, em grande parte, às do Conselho Fiscal no modelo latino reforçado.

O modelo anglo-saxónico introduziu uma verdadeira novidade em matéria de fiscalização. A comissão de auditoria, a constituir no seio do conselho de administração, configura-se como um modelo de *auto-controlo societário*, já que as funções de fiscalização passam a ser exercidas por membros de pleno direito do órgão de administração da sociedade, aos quais, todavia, não cabem funções executivas.

A comissão de auditoria é uma criação do sistema norte-americano, recomendada em 1972 pela *Securities Exchange Commission* (SEC) e imposta às sociedades cotadas pelo Sarbannes-Oxley Act 2002 (SOX). Enquanto órgão de monitorização de topo de toda a informação financeira da sociedade, produzida pela administração, o auditor interno e o auditor externo, a comissão de auditoria deve ser considerado "o primeiro entre iguais" no processo de relato financeiro.

A grande vantagem e pressuposto de concepção do modelo anglo-saxónico reside no facto de, aqui, a fiscalização ser exercida por quem simultaneamente toma parte das decisões de gestão (art. 423.º-G, n.º 1, al. b)), sendo, por conseguinte, temporalmente mais próxima dos actos fiscalizados e mais esclarecida quanto aos termos dessas decisões, já que os membros da comissão de auditoria têm garantidamente e de pleno direito acesso a toda a informação relevante.

Existem, contudo, riscos adicionais de excessiva familiaridade do fiscalizador em relação à administração, da qual o membro da comissão de auditoria faz parte, não obstante encontrar-se sujeito aos mesmos mecanismos de isenção e distanciamento em relação aos demais membros do órgão de administração aplicáveis aos órgãos de fiscalização (independência, incompatibilidades, etc.)

Para além da amplitude e da importância das funções de fiscalização atribuídas à comissão de auditoria (cfr art. 423.º-F), a comissão de auditoria funciona ainda como uma espécie de departamento de *compliance* [86], ao qual é cometida a responsabilidade de vigiar a observância material dos preceitos legais aplicáveis e a conformidade das vicissitudes externas da sociedade com as exigências da

---

[86] Sobre as diferentes funções materiais de fiscalização da administração e fiscalização da legalidade, TIAGO JOÃO ESTÊVÃO MARQUES, *Responsabilidade Civil dos Membros dos órgãos de Fiscalização das Sociedades Anónimas*, cit., 89 ss.

O GOVERNO DAS ORGANIZAÇÕES

lei, (informação, relações com o mercado, comunicações obrigatórias, prospectos, etc.) bem como o respeito pelo contrato de sociedade[87].

Todavia, a comissão de auditoria e o ROC – cuja autonomização orgânica em relação àquela persegue um objectivo de segregação das funções política e financeira de fiscalização – partilham algumas funções, provavelmente como medida de reforço da fiscalização, como resulta da leitura dos arts. 423.º, c) a f) e 420.º, n.º 1, als. c) a f), este último aplicável ao ROC nos quadros do modelo anglo-saxónico por remissão do art. 446.º, n.º 3 e que atribui ao ROC funções rigorosamente simétricas às da comissão de auditoria.

Trata-se, pois, de um modelo de fiscalização da sociedade em que, mais do que uma repartição ou segregação de funções entre dois órgãos de fiscalização, se criam as condições para um *duplo grau de fiscalização*, sendo algumas das funções partilhadas entre aqueles órgãos[88].

Ainda com o objectivo de tornar o exercício de fiscalização efectivo, o legislador impõe aos membros da comissão de auditoria o dever de participação nas reuniões do Conselho de Administração, e também da comissão executiva onde se apreciem as contas do exercício e determina que a comissão de auditoria deve reunir-se, pelo menos, com uma periodicidade bimensal e elaborar um relatório anual sobre a sua acção fiscalizadora.

Não obstante ser uma espécie de bandeira de modernidade do sistema e de cumprimento rigoroso das mais reconhecidas recomendações de *corporate governance*, a comissão de auditoria, é também, por paradoxo, o mais problemático dos modelos de fiscalização societários. Entre as várias perplexidades que a respectiva configuração e o seu regime suscitam, destaca-se a *bicefalia* dos membros da comissão de auditoria, simultaneamente administradores e fiscalizadores da

---

[87] Sobre a comissão de auditoria, Paulo Câmara, "O governo das sociedades e os deveres fiduciários dos administradores", cit., 163-179; Id.; "O governo das sociedades e a reforma do Código das Sociedades Comerciais", cit, 9-148; Paulo Olavo Cunha (822-825), onde este órgão é assumidamente qualificado como órgão de fiscalização. Veja-se também em Menezes Cordeiro, *Manual de Direito das Sociedades, II – Das Sociedades em Especial*, Coimbra, Almedina, 2006, p. 779 ss uma breve alusão descritiva à comissão de auditoria, sem qualquer compromisso, todavia, quanto à sua qualificação; Pereira De Almeida (454 ss), para uma descrição dos poderes e deveres da comissão de auditoria; Gabriela Figueiredo Dias, *Fiscalização de Sociedades e Responsabilidade Civil*, cit., 25-27; Id., "Estruturas de fiscalização de sociedades e responsabilidade civil", cit; Miguel Pupo Correia/Gabriela Figueiredo Dias/Luís Filipe Caldas/ Ana Bebiano, "Corporate Governance, Administração/Fiscalização de Sociedades e Responsabilidade Civil", IPCG, cit., 33-72; Calvão da Silva, *Corporate Governance – Responsabilidade civil de administradores não executivos, da comissão de auditoria e do conselho geral e de supervisão*, cit., 103-151; Pinto Furtado, *Competências e funcionamento dos órgãos de fiscalização das sociedades comerciais*, cit., 593-619; Tiago João Estevão Marques, *Responsabilidade Civil dos Membros...*, cit.

[88] Assume-se aqui a qualificação do ROC como órgão da sociedade, qualquer que seja o modelo de fiscalização em causa; sobre a qualificação do ROC como órgão, com algumas hesitações mas com uma posição favorável, Tiago João Estêvão Marques, *Responsabilidade Civil dos Membros...*, cit., 47-48.

sociedade, que introduz problemas altamente complexos, designadamente em sede de definição dos deveres profissionais e fiduciários que os seus membros estão vinculados e de responsabilidade civil pelo seu incumprimento.

III – **Modelo germânico. Conselho geral e de supervisão.** A reforma introduziu não só uma redenominação dos órgãos de fiscalização do modelo germânico ou dualista[89], passando a direcção e o conselho geral a denominar--se, respectivamente, conselho de administração executivo (e os seus membros, administradores) e conselho geral e de supervisão, como um apuramento das respectivas competências, que, assemelhando-se às da comissão de auditoria e do conselho fiscal nos outros modelos de governo societário, são complementadas com algumas funções próximas das de administração, num elenco de funções muito amplo que confere a este órgão de fiscalização um papel diferente do papel desempenhado pelos órgãos de fiscalização nos restantes modelos de governo.

Também aqui se impõe a segregação da fiscalização política da sociedade (atribuída ao conselho geral e de supervisão) e da fiscalização financeira (atribuída ao ROC).

É acentuada, neste modelo, a orientação para a criação de comissões de controlo internas, ao prever-se a faculdade de nomeação pelo conselho geral e de supervisão, de entre os seus membros, de comissões para o exercício da função de fiscalização do conselho de administração executivo. Para as sociedades emitentes de valores mobiliários admitidos à negociação em mercado regulamentado e para as sociedades de grande dimensão, a constituição de uma comissão para matérias financeiras que se dedique especificamente às matérias de fiscalização financeira e contabilística é, aliás, obrigatória, devendo ser maioritariamente composta por membros independentes quando se trate de sociedades emitentes de acções negociadas em mercado regulamentado.

Neste modelo, ao conselho geral e de supervisão a que se refere a al. c) do n.º 1 do art. 278.º são atribuídas funções de fiscalização (em relação à administração e ao ROC) igualmente amplas (art. 441.º), sendo-lhe aplicáveis as regras de composição do conselho fiscal (art. 414.º, n.º1, por remissão do art. 434.º, n.º 4).

A aplicação remissiva irrestrita do art. 414.º à composição do conselho geral e de supervisão, por força do art. 434.º, n.º 4, suscita, contudo, algumas preocupações.

---

[89] Este modelo adapta-se provavelmente melhor a um sistema de governo societário que apresenta alguns traços distintivos em relação aos sistemas anglo-saxónicos típicos: concentração do capital, estrutura de administração dualista e representação significativa dos trabalhadores na administração (*board-co--determination*); cf. Sigur Vitols, "German Corporate Governance in Transition: Implications of Bank Exit from Monitoring and Control", *International Journal of Disclosure and Governance*, Dez. 2005, 358 ss.

Desde logo, é duvidosa a aplicabilidade ao conselho geral e de supervisão do n.º 1 do art. 414.º, onde se impõe que os membros do órgão em causa possuam a qualidade de ROC ou de Sociedade de Revisores Oficiais de Contas (SROC) e que não sejam accionistas[90]; tanto mais que o próprio modelo de governo em causa pressupõe que o ROC (ou a SROC) constitua um órgão autónomo e separado do conselho geral e de supervisão. Impõe-se, assim, uma interpretação restritiva da norma remissiva do art. 434.º, n.º 4, quanto a este aspecto.

O n.º 3 do art. 414.º oferece igualmente algumas dúvidas interpretativas, já que parece querer restringir a titularidade de cargos no conselho fiscal às sociedades de advogados, sociedades de revisores oficiais de contas e accionistas. Não pode, porém, ser este o sentido da norma, a qual deve ser interpretada com um sentido *autorizativo* – ou seja, de expressamente admitir a integração do conselho fiscal (e do conselho geral e de supervisão, no modelo germânico) pelos sujeitos jurídicos ali referidos – e não com um sentido restritivo[91].

Também em relação ao conselho geral e de supervisão se assiste, tal como na comissão de auditoria mas embora em grau menor, a uma certa sobreposição das funções deste órgão com as funções do ROC [arts. 441.º, als. f) e g), e art. 420.º, n.º 1, als. c) e d)].

9. As funções do ROC nos diversos modelos de fiscalização

Em todos os modelos é obrigatória apresença de um ROC na estrutura da sociedade anónima, ou ainda fora do órgão de fiscalização (modelo latino reforçado, modelo anglo-saxónico e modelo germânico).

Nas sociedades que adoptem os modelos latino reforçado, anglo-saxónico ou germânico, sob proposta da comissão de auditoria, do conselho geral e de supervisão, da comissão para as matérias financeiras ou do conselho fiscal, a assembleia geral deve designar um revisor oficial de contas ou uma sociedade de revisores oficiais de contas para proceder ao exame das contas da sociedade.

---

[90] Em relação a este último aspecto – não poderem ser accionistas –, é evidente a inaplicabilidade da norma: não só carece de lógica e fundamento um tal impedimento como seria impensável que o legislador tivesse evoluído de um regime em que apenas os accionistas podiam fazer parte do conselho superior (cf. o revogado art. 434, n.º 2, do CSC, onde se exigia que este órgão fosse integrado apenas por accionistas com direito de voto) para um regime em que se proibiria, caso se aceitasse a remissão irrestrita do art. 434.º, n.º 4, a participação de alguns accionistas naquele órgão. Tudo visto, é absolutamente ilógica a remissão para o n.º 1 do art. 414.º, que não faz qualquer sentido no contexto do conselho geral e de supervisão, pelo que a mesma deve ser ignorada.

[91] Recusando a interpretação da norma no sentido restritivo, Paulo Olavo Cunha, 817, nota 1079.

O GOVERNO DAS SOCIEDADES ANÓNIMAS

Ponto é saber se, para além do conselho fiscal, da comissão de auditoria ou do conselho geral e de supervisão, os accionistas, em assembleia geral, podem igualmente propor o ROC, ou se, pelo contrário, esta constitui uma competência exclusiva do órgão plural de fiscalização.

Efectivamente, a lei não resolve de forma integral esta questão. Parece, todavia, poder interpretar-se essa competência do órgão de fiscalização como um *poder-dever* ou um *poder funcional*, estabelecido essencialmente para, por um lado, assegurar que não deixa de ser proposto um nome aos accionistas e, por outro, que o órgão de fiscalização de alguma forma se responsabiliza pela idoneidade e capacidade do auditor proposto. Não é evidente que com esta atribuição o legislador tenha querido excluir a possibilidade de os próprios accionistas submeterem uma proposta de auditor à assembleia geral, sobretudo quando discordem da proposta do órgão de fiscalização mas haja necessidade de assegurar a sua designação na mesma assembleia geral em que essa proposta é recusada. Se assim não se entender, poderá dar-se a situação insólita de os accionistas não ratificarem a proposta do órgão de fiscalização, terem uma proposta alternativa mas ainda assim, ser necessário convocar uma nova assembleia geral e aguardar por nova proposta do órgão de fiscalização, situação que pode repetir-se *ad eternum*, com evidentes prejuízos para a sociedade e os seus accionistas.

Em qualquer um dos modelos de fiscalização o ROC exerce funções idênticas (verificação da regularidade dos livros, registos contabilísticos e documentos que lhe servem de suporte, da exactidão dos documentos de prestação de contas; da conformidade da avaliação do património e resultados com as políticas contabilísticas e os critérios valorimétricos adoptados pela sociedade, etc.)

Note-se, contudo, que no modelo anglo-saxónico as supra referidas funções são atribuídas, igualmente, à comissão de auditoria e no modelo latino reforçado, ao conselho fiscal. Trata-se, contudo, de um mecanismo destinado a garantir uma monitorização recíproca da actividade de fiscalização financeira e contabilística desenvolvida em dois níveis diferentes, que desta forma sairá reforçada.

Para além das funções que lhe possam competir enquanto fiscal único ou membro do conselho fiscal (no modelo latino), compete ao ROC, em todos os modelos, o dever de vigiar a actividade de administração, cabendo-lhe, ao abrigo do dever de vigilância, especiais deveres de comunicação ao presidente do órgão de administração ou do conselho de administração executivo (conforme o modelo em causa) de quaisquer irregularidades detectadas e de dificuldades na prossecução do objecto da sociedade, cabendo-lhe ainda requerer a convocação do conselho de administração ou da assembleia geral sempre que esta convocação não seja feita de acordo com os mecanismos normais ou em que haja recusa por parte do presidente da mesa de o fazer.

O GOVERNO DAS ORGANIZAÇÕES

10. O fiscal único. Evolução do regime e alguns problemas remanescentes

A ampla possibilidade de escolha de um modelo de fiscal único, independentemente da dimensão da sociedade ou de estar ou não em causa uma sociedade cotada[92], evidenciava, no período que antecedeu a reforma societária de 2006[93], as baixas expectativas do legislador em relação à eficácia do conselho fiscal enquanto órgão colegial de fiscalização, assumindo como um dado de facto a reduzida contribuição dos membros do conselho fiscal que não fossem ROC's no controlo societário e o esvaziamento de facto das funções e da importância do conselho fiscal.

A opção, amplamente difundida e enraizada na prática societária, por um modelo de fiscalização de *fiscal único* concentrou as preocupações relacionadas com a ineficiência da fiscalização societária, sobretudo nas grandes sociedades anónimas[94]. O modelo do fiscal único, sobretudo nas grandes sociedades anónimas e nas cotadas, centralizando numa e na mesma pessoa todas as funções de fiscalização, sem que sobre ela se façam actuar quaisquer mecanismos de controlo mínimo, é em si mesmo indesejável, pela impossibilidade de cobertura de todos os aspectos da fiscalização que lhe são cometidos por um só sujeito[95], pela fragilização da posição do fiscal único em relação à administração, pela limitação inevitável da actividade de fiscalização aos aspectos contabilísticos, com prejuízo evidente pelas restantes vertentes da fiscalização, pela maior ameaça da independência do fiscalizador e pelos consequentes riscos de ineficiência da fiscalização a que conduz.

Embora seja inevitável que o fiscal único tenha obrigatoriamente de ser um ROC, a fim de assegurar a competência técnica para exercer a fiscalização contabilística e financeira da sociedade, o ROC apresenta naturalmente uma ausência

---

[92] Seguindo o aforismo *one size fits all*: sobre o tema, GERHARD HERTIG, *On-Going Board Reforms: One-Size-Fits-All and Regulatory Capture*, ECGI, Law Working Paper 25/2005.

[93] Sobre a amplitude e os motivos deste fenómeno na fase pré-reforma, PAULO OLAVO CUNHA, *Direito das Sociedades Comerciais.*, cit., 2010, 556-557 e nota 764.

[94] Ao ponto de ter sido já equacionada, em momento anterior à reforma, a extinção do conselho fiscal, enquanto órgão colegial de fiscalização, e a sua substituição pura e simples pelo fiscal único; assim, COUTINHO DE ABREU, *Governação de Sociedades Comerciais*, Coimbra, Almedina, 2006, 182, que entendia, face às estruturas de fiscalização anteriormente vigentes, que o legislador evidenciava uma clara preferência pelo fiscal único, o qual constituiria a regra e não a excepção, e uma enorme preponderância do ROC face aos restantes membros do conselho fiscal, nos casos em que este (ainda) existisse. Ao conselho fiscal o Autor assinala ainda uma "pobreza do seu *curriculum* secular", "ameaças de extinção" e "subalternização" (face ao ROC, subentende-se). Perante isto, o Autor equaciona duas possibilidades: a extinção do conselho fiscal ou a sua reorganização e revitalização, considerando que a importância e a diversidade das funções de fiscalização "parecem ser demais para um ROC" (183).

[95] Demasiado extensos para serem convenientemente exercidos por uma só pessoa e demasiado diversificados para merecerem uma igual diligência e percepção por quem se encontra naturalmente vocacionado para um aspecto particular da fiscalização – a revisão legal de contas.

O GOVERNO DAS SOCIEDADES ANÓNIMAS

de vocação para o exercício da fiscalização estratégica e política da sociedade[96], o que contribui para a fragilidade da fiscalização (sobretudo, das grandes sociedades anónimas e das sociedades abertas) no sistema de fiscal único.

O sistema de fiscal único, em si mesmo indesejável e particularmente perigoso no âmbito das grandes sociedades anónimas e das sociedades cotadas, atingia o seu expoente máximo de imperfeição, enquanto mecanismo de fiscalização societária, precisamente no contexto das sociedades abertas, vinculadas à prestação de informação auditada nos termos do art. 8.º do Código dos Valores Mobiliários (CodVM). Tal informação consiste num relatório ou parecer elaborado por auditor (ROC ou SROC: art. 9.º, n.º 1, CodVM) registado como tal na CMVM. Todavia, de acordo com a Directriz Técnica n.º 701 e com a Circular da CMVM de 20 de Janeiro de 2006 sobre "Envio e publicação dos documentos de prestação de contas anuais relativos ao exercício de 2005" (Ponto 2.2.),

> *"Nada obsta que a Certificação Legal das Contas e o Relatório de Auditoria elaborado por auditor registado na CMVM sejam apresentados num documento único, se cumulativamente:*
>
> *i) o documento for intitulado "Certificação Legal das Contas e Relatório de Auditoria elaborado por auditor registado na CMVM";*
>
> *ii) o documento satisfizer os requisitos mais exigentes para o relatório de auditoria previsto no CodVM, bem como no Regulamento da CMVM n.º 6/2000, e na Directriz da Revisão/Auditoria (DRA) 701 da Ordem dos Revisores Oficiais de Contas, aplicando-se os prazos mais restritos de envio à CMVM da Certificação Legal das Contas;*
>
> *iii) tiver todas as menções referidas no anexo à referida DRA 701 previstas para o documento unificado, nomeadamente a menção da responsabilidade do auditor".*

Ou seja: o revisor oficial de contas da sociedade (eventualmente, no domínio do anterior regime, o fiscal único da sociedade) e o auditor externo cuja intervenção é exigida, nos termos e para os efeitos do art. 8.º do CodVM, poderiam coincidir, isto é, ser uma e a mesma pessoa, aceitando-se inclusivamente a elaboração de um único relatório que em simultâneo daria cumprimento às exigências legais de fiscalização interna e externa.

Este problema acha-se hoje parcialmente ultrapassado, já que, após a reforma, deixa de ser aceite o fiscal único nas sociedades abertas[97] – precisamente aquelas

---

[96] Sobre a fiscalização política e a falta de vocação dos ROC para o exercício da mesma, PAULO OLAVO CUNHA, 444-445; COUTINHO DE ABREU (*Governação...*, 182-184) exprime idênticas preocupações face ao regime de fiscalização anteriormente vigente, acentuando, a propósito do sistema de fiscal único, que o ROC se encontra "especialmente vocacionado para a revisão legal das contas" (183).

[97] As quais cairão serão sempre na previsão do art. 413.º, n.º 2, al. a), atento o facto de se tratar de sociedades emitentes de valores mobiliários admitidos à negociação em mercado regulamentado, estando agora

O GOVERNO DAS ORGANIZAÇÕES

sujeitas a relatório de auditoria, por força do art. 8.º CodVM[98]. Mas o problema mantém-se em relação ao ROC, qualquer que seja o modelo de governação escolhido (clássico reforçado, anglo-saxónico ou germânico): a sociedade deverá incluir nos seus órgãos um ROC, orgânica e funcionalmente autonomizado relativamente ao órgão colegial de fiscalização. E em relação a este, verifica-se exactamente a mesma possibilidade de cumulação das funções de fiscalização interna e de auditoria externa nos termos e para os efeitos do art. 8.º do CodVM: de acordo com o entendimento vertido na Directriz Técnica de Auditoria n.º 701.º e a Circular da CMVM de 20 de Janeiro de 2006, o relatório de auditoria exigido pelo art. 8.º CodVM poderá ser elaborado pelo ROC da sociedade[99].

Julga-se que esta é uma situação a merecer uma reflexão cuidadosa, a fim de verificar a adequação do sistema assim instituído e as consequências possíveis desta fusão de competências num só sujeito. Verifica-se aqui um fenómeno de auto-revisão dificilmente conciliável com os princípios de governo das sociedades – *maxime*, de independência e isenção dos órgãos de fiscalização.

De facto, a exigência de que a informação financeira das sociedades abertas constitua objecto de relatório ou parecer de auditor registado – e realce-se aqui o cuidado posto pelo regulador nos requisitos e exigências a observar estritamente pelo ROC candidato a auditor registado, evidenciando a importância das funções que passam a poder exercer e a necessidade de garantir, entre essa classe, a maior qualidade e independência possíveis[100] – tem como objectivo garantir que aquela informação financeira será alvo de um escrutínio isento, imparcial e externo por parte de um auditor independente qualificado, acrescentando rigor e certeza à revisão necessariamente feita pelo ROC da sociedade. Trata-se, por conseguinte, e em paralelo com outros objectivos, de garantir uma dupla fiscalização das contas – interna, pelo ROC que se posiciona como órgão da sociedade, supostamente envolvido no quotidiano societário e cuja prestação de serviços à sociedade é reiterada e tendencialmente estável; e externa, pelo auditor que elabora o relatório ou parecer referido no n.º 1 do art. 8.º, e que só a título ocasional contacta com a sociedade e ao qual se pede um olhar (ainda) mais objectivo e independente do que aquele exigido ao ROC da sociedade.

excluída, de acordo com a mesma norma, a possibilidade de organizarem a sua estrutura de fiscalização em torno de um fiscal único; cf. os critérios de qualificação da sociedade anónima como "sociedade aberta" vertidos no art. 13.º CódVM.

[98] A informação financeira contida em documentos que devam ser submetidos à CMVM ou publicados no âmbito de pedido de admissão à negociação em mercado regulamentado respeita em princípio a sociedades abertas, já que são estas que se acham sob a supervisão da CMVM e que a dispersão em mercado regulamentado de valores mobiliários por elas emitidos conduz, só por si, à respectiva qualificação como sociedade aberta.

[99] A possibilidade de cumulação das funções de ROC "interno" e auditor externo para os efeitos do art. 8.º do CodVM é também mencionada por Coutinho de Abreu, *Governação...*, 173, nota 430.

[100] Cf. o Regulamento n.º 6/2000 CMVM (Auditores).

O GOVERNO DAS SOCIEDADES ANÓNIMAS

Admitindo-se que o mesmo revisor oficial de contas, se registado junto da CMVM, proceda a *ambas as revisões,* inclusivamente aceitando-se que seja elaborado um *único relatório,* a teleologia da norma do art. 8.º, n.º 1, CodVM perde algum sentido e eficácia, esgotando a sua utilidade na garantia que continua a oferecer de que o ROC que actua como revisor oficial de contas funcionalmente integrado na estrutura de governo da sociedade alvo de revisão e simultaneamente como auditor externo, é um ROC habilitado para exercer a auditoria externa pelo registo a que procedeu junto da CMVM.

11. Os deveres dos membros dos órgãos de fiscalização: o art. 64.º, n.º 2 do CSC [101]

As alterações introduzidas pela reforma de 2006 manifestaram-se ainda numa reformulação dos deveres dos membros dos órgãos de fiscalização com vista a garantir o aprofundamento da fiscalização, bem como, ainda que reflexamente, o apuramento dos mecanismos de responsabilidade civil e profissional em caso de incumprimento dos aludidos deveres. A função dos membros dos órgãos de fiscalização apresenta hoje, em consequência, uma maior espessura e exigência no que respeita aos deveres a observar no exercício da respectiva função.

Com a introdução, no n.º 2 do art. 64.º, de uma norma específica de responsabilidade dirigida aos titulares de órgãos sociais com funções de fiscalização, foi acolhida uma tendência de raiz marcadamente anglo-saxónica, especialmente acentuada na era pós-Enron, no sentido do alargamento explícito do *dever de cuidado* aos órgãos de fiscalização[102]. Prescreve-se, assim, igualmente para os fiscalizadores um dever e um regime de responsabilidade (aparentemente) simétrico

---

[101] Sobre os deveres de cuidado, diligência e lealdade dos membros dos órgãos de fiscalização após a reforma de 2006, cfr. GABRIELA FIGUEIREDO DIAS, *Fiscalização de Sociedades e Responsabilidade Civil,* cit., 41-53; RICARDO COSTA/GABRIELA FIGUEIREDO DIAS, Anotação ao art. 64.º, em *Código das Sociedades Comerciais em Comentário,* AAVV, Coimbra, Almedina, 2010, 721-758; PEDRO PAIS DE VASCONCELOS, "Business judgment rule, deveres de cuidado e de lealdade, ilicitude e culpa e o artigo 64.ºdo Código das Sociedades Comerciais", em *Direito das Sociedades em Revista,* Coimbra, Almedina, Ano 1.º (Out. 2009), Vol. 2, [.]; PAULO CÂMARA, "O Governo das Sociedades e a Reforma do Código das Sociedades Comerciais", cit., 43; PAULO OLAVO CUNHA, *Direito das Sociedades Comerciais,* cit., 41-42, 119-121, 515-516 e 570-573, onde se equaciona a projecção dos novos deveres dos membros dos órgãos de administração e de fiscalização na construção de um novo conceito de "interesse social"; TIAGO JOÃO ESTEVÃO MARQUES, *Responsabilidade Civil dos Membros...,* cit., 69-138.

[102] Sobre as vantagens e desvantagens deste alargamento, e espelhando algumas hesitações do legislador britânico, cf. o documento do governo britânico "Director and auditor liability. A consultative document", Department of Trade and Industry, 2003, p. 12 ss, disponível em www.dti.gov.uk/cdl/condocs.htm. Aqui se discute, fundamentalmente, a oportunidade – afinal recusada – de admitir a existência de um dever de cuidado a cargo dos fiscalizadores em relação a terceiros (investidores, accionistas, trabalhadores, credores, etc.).

O GOVERNO DAS ORGANIZAÇÕES

do dever e do regime de responsabilidade estabelecido para os administradores. São consagrados *"deveres de cuidado"* a cargo dos titulares de órgãos sociais com funções de fiscalização, a serem cumpridos "empregando elevados padrões de diligência profissional e deveres de lealdade (...)". Encontram-se assim expressamente consagrados deveres gerais[103] de cuidado, diligência e lealdade a cargo dos fiscalizadores (art. 64.º, n.º 2), como já antes sucedia com os administradores[104], num desígnio claro de densificação da respectiva responsabilidade. Ao mesmo tempo procedeu-se ao alargamento substancial dos deveres especiais e dos poderes cometidos aos órgãos de fiscalização, que agora, de acordo com os dispositivos que definem as respectivas competências e deveres[105], se mostram substancialmente ampliados e alargados a âmbitos não cobertos pelo seu raio de acção nos modelos anteriores à reforma.

Para além de, através da reformulação dos deveres fiduciários e do seu alargamento aos membros dos órgãos de fiscalização, se ter provavelmente iniciado um processo de reconstrução do conceito de *interesse social* subjacente à norma[106] (sobretudo pelo alargamento do âmbito de protecção da norma a sujeitos cujos interesses devem ser objecto de protecção na actuação dos administradores), a consagração, para os membros dos órgãos de fiscalização, de uma norma explícita sobre os respectivos deveres fundamentais (ou gerais), à semelhança do que já antes sucedia em relação aos administradores, conduziu a uma densificação dos deveres dos membros dos órgãos de fiscalização[107], permitindo igualmente uma maior concretização da natureza ilícita de determinados comportamentos no contexto da sua actividade.

---

[103] COUTINHO DE ABREU, "Deveres de cuidado e lealdade e interesse social", em *Reformas do Código das Sociedades*, IDET, Coimbra, Almedina (2007), 17, qualifica como *gerais* os deveres dos administradores estabelecidos no art. 64.º, n.º 1, aplicando-se todavia essa qualificação, por identidade de critério e razão, aos deveres dos fiscalizadores, por oposição aos deveres específicos que lhes são atribuídos no âmbito das específicas funções e poderes de fiscalização que se encontram obrigados a observar.

[104] Sobre a actual redacção do art. 64.º e os novos deveres dos administradores e dos fiscalizadores, para além da bibliografia citada *supra* na nota [99] pode ver-se também CALVÃO DA SILVA, "Corporate Governance: Responsabilidade civil dos administradores não executivos, da comissão de auditoria e do conselho geral e de supervisão", *RLJ*, n.º 3940, p. 51 ss; COUTINHO DE ABREU, "Deveres..."; cit., 17-47; MENEZES CORDEIRO, "Os Deveres Fundamentais dos Administradores das Sociedades", *ROA*, Ano 66, Set. 2006, p. 443-488; PEREIRA DE ALMEIDA, *Sociedades Comerciais*, cit., 221-228.

[105] Respectivamente, os arts. 420.º, 420.º-A e 422.º para o fiscal único e os membros do conselho fiscal, 423.º-F e 423.º-G para a comissão de auditoria, 441.º para o conselho geral e de supervisão e 420.º, n.º 1, als. c), d), e) e f) – por remissão do art. 446.º, n.º 3 – para o conselho fiscal.

[106] Cf. PAULO OLAVO CUNHA, cit., 41-42 e 119-121, onde se defende a abrangência do interesse social na norma do art. 64.º/2.

[107] JOÃO DE SOUSA GIÃO, "Conflitos de interesses entre administradores e os accionistas na sociedade anónima: os negócios com a sociedade e a remuneração dos administradores", em *Conflito de interesses no direito societário e financeiro. Um balanço a partir da crise financeira*, Almedina, Coimbra, 2010, 215-291.

A autonomia da norma sobre os deveres fundamentais dos titulares de cargos com funções de fiscalização, além de formal, isto é, conseguida por via da elaboração de uma norma separada e específica em relação à norma sobre os deveres fundamentais dos administradores, manifesta-se ainda através de uma diferente formulação no que respeita aos referidos deveres.

Aparentemente, a diversidade de formulação do n.º 1 do art. 64.º, onde os *deveres de cuidado* e os *deveres de lealdade* [108] dos administradores aparecem claramente autonomizados entre si e consagrados com igual importância e dignidade, e do n.º 2 do art. 64.º, dirigido aos membros dos órgãos de fiscalização, constitui um adicional elemento a reforçar esta autonomia.

Não obstante o texto da norma do art. 64.º, n.º 2 (sobretudo se confrontada com a redacção do n.º 1) apontar para uma subalternização do *dever de lealdade*, se interpretada em conjunto com o disposto no n.º 1 e à luz do seu espírito, o *dever de lealdade* não deverá ser entendido como um dever de segunda categoria em relação a um dever predominante de cuidado, nem como um dever meramente funcional, que permite (apenas) operacionalizar o dever de cuidado[109]. Salvo o elemento literal, não existe nenhum elemento normativo que permita operar uma tal hierarquização entre os dois deveres mencionados na norma. O sentido da norma aponta, efectivamente, para que ambos os deveres – de cuidado e de lealdade – sejam equacionados em condições paritárias.

12. Exigências de independência e de idoneidade dos membros dos órgãos de fiscalização[110]

No seguimento dos colapsos financeiros registados no início do século e da publicação do Sarbannes-Oxley Act, a questão da independência dos membros dos órgãos de fiscalização passou a estar no centro do debate e das atenções, constituindo-se porventura no mais relevante aspecto do governo das sociedades nos anos que se seguiram imediatamente àqueles colapsos. Em acolhimento dessas orientações, a nova redacção da lei das sociedades comerciais estabeleceu,

---

[108] O dever fiduciário constitui uma resposta para a separação da propriedade e do poder nas sociedades comerciais, a qual determina problemas de agência que necessitam de ser minimizados para permitir um aumento da sua eficiência; KATARINA ZAJC, "Fiduciary Duties of Corporate Directors and/or Managers: an Overview of the US Legal System", Pravnog Fakulteta u Zagrebu, Zagreb, v. 54, n. 1 (2004), 105-126.

[109] Esta interpretação chegou a ser equacionada por PAULO OLAVO CUNHA, na 1ª Edição de *Direito das Sociedades Comerciais*, 2007, tendo depois revisto essa interpretação no sentido agora avançado no texto.

[110] Sobre os requisitos de independência dos membros (não executivos) dos órgãos de administração e dos membros dos órgãos de fiscalização e as incompatibilidades destes últimos, de forma muito detalhada, PAULO OLAVO CUNHA, 40-41 e mais detalhadamente, 584-601 onde se estabelece com clareza a distinção entre requisitos de independência e incompatibilidades; CALVÃO DA SILVA, "Corporate Governance", 40-41.

para todos os membros dos órgãos de fiscalização, requisitos de idoneidade e independência significativamente mais exigentes do que aqueles conhecidos no direito societário português anterior à reforma.

Assim, resumidamente, os membros dos órgãos de fiscalização passaram a estar sujeitos às exigências do art. 414.º, n.ºs 1 a 4 (requisitos de aptidão profissional específica, independência e literacia financeira), erigidas em verdadeiros requisitos de elegibilidade, e do art. 414.º-A do CSC (incompatibilidades).

I – Requisitos de elegibilidade: *independência.* De acordo com as regras de composição dos órgãos de fiscalização societária, algum ou alguns dos membros desses órgãos serão obrigatoriamente independentes, de acordo com as definições e critérios propostos no art. 414.º, n.º 5.

Assim, nas grandes sociedades anónimas [art. 413.º, n.º 2, al. a)] a lei obriga a que seja independente pelo menos *um* dos membros do órgão de fiscalização, independentemente do modelo de governo adoptado, ou *a maioria* dos membros do órgão de fiscalização ou da comissão para as matérias financeiras (no modelo dualista) nas sociedades emitentes de acções admitidas à negociação em mercado regulamentado [arts. 414.º, n.º 6, 423.º-B, n.º 5 e 444.º, n.º 5)].

O art. 414.º, n.º 5, sem estabelecer um elenco fechado ou exaustivo de causas de perda da independência[111], procura fornecer alguns elementos para o preenchimento deste critério. Assim, a qualificação de um membro do órgão de fiscalização como *independente*[112] dependerá, *entre outras*, das seguintes circunstâncias:

(i) não estar associado a nenhum grupo de interesses específico na sociedade

(ii) não se encontrar em nenhuma circunstância susceptível de afectar a sua isenção de análise ou de decisão, nomeadamente

– ser titular ou actuar em nome e por conta de titulares de participação qualificada igual ou superior a 2% do capital social da sociedade;
– ter sido reeleito por mais de dois mandatos, seguidos ou interpolados.

---

[111] Como suficientemente o revelam não só a natureza de cláusula geral do critério estabelecido no corpo do n.º 5 do art. 414.º, como ainda a inclusão do termo "nomeadamente" antes da enumeração de algumas circunstâncias que concretizam aquela cláusula.

[112] Dada a profunda reformulação de que foi objecto com a reforma societária, o conceito de "membro independente dos órgãos sociais" é qualificado como um conceito inovador do Direito Societário (português) por PAULO OLAVO CUNHA, em "Independência e inexistência de incompatibilidades para o desempenho de cargos sociais", *I Congresso Direito das Sociedades em Revista*, Coimbra, Almedina, 2011, p. 259-295.

A introdução, no regime das sociedades comerciais, de requisitos de independência para alguns membros dos órgãos de administração e fiscalização das grandes sociedades anónimas e das sociedades emitentes de valores mobiliários admitidos à negociação em mercados regulamentados[113], não veio ao encontro de uma tradição na prática das estruturas societárias portuguesas, fortemente marcadas por estruturas e relações de domínio com um pendor familiar muito acentuado[114].

Contudo, desde 1999 que a CMVM, sobretudo na sequência da publicação dos Princípios de Governo das Sociedades da OCDE de 1999, onde a questão da independência dos órgãos de fiscalização foi colocada em destaque, veio a preparar gradualmente a sociedade e os agentes económicos para a consagração de exigências de independência, através das suas Recomendações de Governo das Sociedades, cuja primeira versão, de 1999, incluía já orientações nesse sentido. Nas sucessivas versões destas Recomendações anteriores à Reforma Societária (2001, 2003, 2005) as recomendações sobre independência foram retomadas e tornadas gradualmente mais exigentes. Houve, por esta via, um processo de aculturação progressiva dos agentes económicos e das sociedades comerciais cotadas em relação às exigências, internacionalmente reconhecidas, de uma dimensão de independência nos órgãos societários, que assegurem aos diversos *stakeholders* algumas garantias de autonomia do processo de decisão em relação aos interesses dos accionistas maioritários.

As exigências de independência entretanto vertidas pelo D.L. n.º 72-A/2006 no CSC encontram-se, pois, alicerçadas num processo gradual de adaptação da cultura e das estruturas societárias a esse tipo de exigências, com uma evolução das meras recomendações (*soft law*) para um sistema mais assertivo de imposições regulamentares (*hard law*). É, por outro lado, incontestável o alinhamento destas soluções com as tendências globais em matéria de *corporate governance*. A exigência de independência de (alguns dos) administradores das sociedades, *maxime* cotadas, com a sua génese no direito e na prática norte-americanos, constitui hoje património da generalidade dos sistemas ocidentais, em conformidade com as recomendações nesse sentido emitidas pela OCDE[115] e pela Comissão Europeia[116]: a ideia de que os órgãos das sociedades devem integrar membros com um distanciamento em relação à administração executiva da sociedade (nas sociedades com o capital muito fragmentado) e aos accionistas de referência (quando se verifique

---

[113] Cf. os já mencionados arts. 414.º, n.ºs 4 e 6, 423.º-B, n.ºs 4 e 5 e 444.º, n.ºs 5 e 6.

[114] Para uma breve evolução história do requisito da independência no direito português, PAULO OLAVO CUNHA, "Aspectos críticos do regime da independência...", cit., [.].

[115] *OECD Principles of Corporate Governance*, 1999, Rec. E, 1, revistos em 2004 com acentuação das recomendações sobre independência (disponíveis em http://www.oecd.org/dataoecd/1/42/33931148.pdf).

[116] Recomendação da Comissão Europeia n.º 2005/162/CE, sobre o Papel dos Administradores Não Executivos.

a existência de accionistas de controlo)[117] que lhes permita uma avaliação objectiva dos actos de gestão e uma defesa efectiva de outros interesses para além dos interesses da maioria accionista constitui já um dado adquirido na dogmática do direito das sociedades norte-americano e europeu.

Essa independência é, pois, entendida como uma forma de protecção dos interesses dos diversos *stakeholders* da sociedade[118], para além dos accionistas, contra os *conflitos de interesses* e *custos de agência* que inevitavelmente gravam a posição do administrador. Na verdade, e ainda que nenhum estudo ou dados empíricos a confirmem[119], existe uma convicção generalizada de que a existência de membros independentes nos órgãos de administração e fiscalização constitui

[117] Cf. *Livro Branco sobre Corporate Governance em Portugal*, IPCG, 2006, 144, nota (221); COUTINHO DE ABREU, *Governação*, 79.

[118] Que indicia, no entender alguns, uma mutação do conceito de interesse social, tradicionalmente ancorado na sua simetria com os interesses dos accionistas, de acordo com a perspectiva anglo-saxónica [recentemente confirmada pelo Companies Act 2006, § 172 (1), de acordo com o qual os administradores devem prosseguir primordialmente o interesse – sobretudo de longo prazo – dos sócios [§172 (1)], embora devam, ao fazê-lo, ponderar outros interesses: §172 [1, b-f)], para uma abordagem do interesse social de nítida influência germânica, com a consideração simultânea dos diversos interesses que confluem na sociedade (dos sócios, mas também dos trabalhadores, credores, fornecedores, etc.); sobre o dever de a administração levar em consideração os interesses dos credores, desenvolvidamente e da maior actualidade,. ANDREW KEAY, *Company Director's Responsibilities to Creditors*, Oxon/New York, Routledge-Cavendish, 2007, especialmente p. 153-198; veja-se, todavia, entendimento diverso em PAULO CÂMARA, "O Governo das Sociedades e os Deveres Fiduciários dos Administradores", cit.,onde se defende que a mensagem legislativa do art. 64.º, n.º 1, al. b,) em matéria de "interesse social", é a de que os administradores devem *atender* aos interesses de longo prazo dos accionistas e *ponderar* os interesses dos outros sujeitos relevantes para a sustentabilidade da sociedade, mas que, em rigor, só os primeiros correspondem ao *interesse social*, de acordo com a percepção de que a primazia dos interesses dos titulares das participações sociais favorece mais directamente a prosperidade da sociedade, repercutindo-se em benefícios para os restantes *stakeholders e* para a economia em geral – ou seja, defendendo claramente que o art. 64.º consagrou o "interesse social" de acordo com a concepção anglo-saxónica; a mensagem é idêntica em AAvv, *Livro Branco sobre Corporate Governance em Portugal*, cit., IPCG, 2006, 141-142; sobre o conteúdo do "interesse social" na abordagem anglo-saxónica e germânica pode ver-se com mais detalhes GABRIELA FIGUEIREDO DIAS, *Fiscalização de Sociedades e Responsabilidade Civil*, cit., 46-49. Sobre as mutações recentes e em curso do conceito de interesse social no direito societário português (embora não assumidas pelo legislador de forma inequívoca), PAULO OLAVO CUNHA, cit, 119-121, considera que, perante o novo art. 64.º, os deveres dos administradores se acham funcionalizados ao *interesse da sociedade* (que compreende os interesses dos sócios e dos trabalhadores), mas com ponderação dos interesses de terceiros (clientes e credores), os quais, gravitando na órbita da sociedade, devem ser agora igualmente considerados como elementos do interesse social, embora num plano não necessariamente alinhado com os interesses dos sócios e dos trabalhadores; para uma compreensão histórica do "interesse social", MENEZES CORDEIRO, "Os Deveres Fundamentais...", cit., 444-469.

[119] Sobre a inexistência de dados que confirmem a maior eficácia e sucesso na gestão de sociedades que integrem um número elevado de independentes nos respectivos órgãos sobre as restantes, EDWARD WAITZER/ALFREDO ENRIONE, "Paradigm Flow in the Boardroom: Governance vs. Management", *International Journal of Disclosure and Governance*, Dez. 2005; BAGHAT/BLACK, "The Non-Correlation Between Board Independence & Long-Time Firm Performance", *Journal of Corporation Law*, n. 27, 2002, p. 231 ss.

um mecanismo altamente eficiente de evicção de fraudes, eventualmente substitutivo, com maior êxito, da fiscalização externa e, sobretudo, um instrumento de apuramento da eficácia societária. Mas já se imputam, hoje, outros benefícios à integração dos órgãos societários por membros independentes, como a função de auxiliar das instâncias de supervisão na monitorização dos aspectos da vida societária relacionados com os valores mobiliários, como o cumprimento de obrigações de informação e relato financeiro[120], ou a protecção da integridade das acções representativas do capital da sociedade, numa perspectiva que privilegia claramente o interesse dos accionistas na criação de valor para as suas acções em detrimento de outros interesses[121].

No que respeita às novidades legislativas introduzidas pela reforma societária de 2006 nesta matéria, destaca-se atenção que, pela primeira vez, foi dedicada pelo legislador societário aos órgãos de fiscalização, colocando em destaque a especial necessidade de integração dos mesmos por membros independentes.

Todavia, as opções legislativas resultantes da reforma do CSC em matéria de *independência* dos membros sugerem, em relação a alguns aspectos, uma apreciação crítica[122], sobre alguns dos aspectos do regime, como a opção legislativa de

---

[120] HILLARY SALE, "Independent Directors as Securities Monitors", *The Business Lawyer*, Chicago, American Bar Association, Agosto 2006, Vol. 61, n.º 4, p. 1375-1412

[121] Cf. o estudo de JEFFREY N. GORDON, "Independent Directors and Stock Market Prices: The New Corporate Governance Paradigm", Columbia Law School, ECGI Working Paper n.º 74/2006, Agosto 2006, onde o Autor, confrontado com a preponderância crescente dos administradores independentes face aos não independentes nos órgãos de administração, para a qual não há nenhuma evidência empírica disponível, procura justificar esta evolução na intersecção de duas tendências claras evidenciadas pela dinâmica societária norte-americana: a viragem para uma concepção do valor accionista como o principal objectivo prosseguido pela sociedade e o valor informativo (*informativeness*) do preço das acções no mercado. Segundo o Autor, estas tendências determinam a empresa a procurar estratégias de maximização de valor para os accionistas, cujo sucesso será medido em função do preço das acções no mercado, constituindo os administradores independentes uma peça fundamental desta dinâmica, na medida em que se acham menos constrangidos pela perspectiva da administração, apresentam um olhar mais objectivo sobre os sinais exteriores de desempenho da sociedade e sofrem um menor efeito de captura pela perspectiva interna, sendo também mais facilmente mobilizáveis pelos padrões legais de informação e *compliance*.

[122] Veja-se, para uma análise crítica do conceito e dos critérios de independência, que considera revelar, de certo modo, "*um contra-senso do sistema*", uma vez que "... os titulares dos órgãos sociais são designados consensualmente (senão por unanimidade, pelo menos por maioria) pelos sócios, sendo normalmente pessoas com as quais estes têm afinidades e se identificam, em quem confiam e com quem, pelo menos os maioritários, se relacionam estreitamente.", PAULO OLAVO CUNHA, "Independência e inexistência...", cit., p. 261-262. O Autor refere-se ainda ao conjunto de exigências relacionadas com a independência dos membros dos órgãos de administração e fiscalização como um "desvirtuamento da sua composição natural" "Independência e inexistência...", cit., p. 261 e 295, mas que acaba por reconhecer como um mecanismo de protecção de "diversos interesses, que estão para além da mera satisfação das necessidades dos seus promotores (e investidores)" e que "assegura um efectivo e rigoroso controlo da actividade desenvolvida pela administração da sociedade.", concluindo embora que a independência não decorre da lei e "não é, pois, uma questão de dever ser, mas simplesmente de *ser*, não supõe, ou admite, sequer graduação".

criação de uma cláusula geral de independência como a que resulta da conjugação dos n.ºˢ 4 e 5 do art. 414.º ou a possibilidade de a independência obrigatória de um ou da maioria dos membros dos órgãos de fiscalização, consoante se trate de uma grande sociedade anónima ou de uma sociedade aberta, conjugada com os critérios estritos de independência ali consagrados, com a exigência suplementar de formação superior e conhecimentos financeiros e com a extensa lista de incompatibilidades vertida no art. 414.º-A, pode funcionar *de modo adverso* em relação aos objectivos prosseguidos pelo legislador com aquela exigência, já que a cumulação de exigências pode conduzir a alguma dificuldade em encontrar sujeitos que reúnam todos estes requisitos em simultâneo para integrar os órgãos de fiscalização. Essa mesma dificuldade poderá inclusivamente originar um efeito perverso de captura da sociedade pelos membros independentes dos órgãos de fiscalização, os quais acabam por se transformar em *profissionais da independência*. Perante este exigente leque de restrições, a sociedade poder-se-á ver obrigada a recorrer aos *serviços* de "independentes" que, em outras circunstâncias, jamais integraria nos seus órgãos, por absoluto alheamento dos mesmos (em relação a si), correndo-se todos os riscos inerentes a um excessivo distanciamento dos membros dos órgãos de administração e fiscalização relativamente ao desempenho e resultados da sociedade[123].

Nota-se igualmente alguma opacidade dos critérios de aferição da independência: a título de exemplo, a simples "*associação a grupos de interesses específicos na sociedade*" (art., 414.º, n.º 5, corpo) é causa de desqualificação; todavia, o legislador não fornece nenhum elemento de interpretação do conceito de *grupos de interesses específicos*, nem esclarece que tipo de *associação* a esses grupos é relevante para efeitos de desqualificação, o que permite, em teoria, interpretações que tenham como efeito a submissão à norma de situações desajustadas e vice-versa[124]. Pode igualmente questionar-se, a propósito do critério estabelecido na alínea (ii) do art. 414º, nº 5, se, para o cômputo dos 2%, deve apenas ser considerada a titularidade de 1ª linha, ou se deve igualmente ser levada em consideração a participação accionista em outras empresas do mesmo grupo. Trata-se de uma questão com relevância prática e não resolvida pelo legislador. Crê-se que o legislador terá querido abranger as participações directas e indirectas. Contudo, esta é uma interpretação questionável.

---

[123] Tão bem descritos e equacionados por EDWARD WAITZER/ALFREDO ENRIONE, "Paradigm Flow in the Boardroom: Governance vs. Management", cit.

[124] Especificamente sobre o critério da "*associação a grupos de interesses específicos na sociedade*" enquanto critério de aferição da independência, PAULO OLAVO CUNHA, cit., 586-588, e "Independência e inexistência de incompatibilidades para o desempenho de cargos sociais", *I Congresso Direito das Sociedades em Revista*, Coimbra, Almedina, 2011, p. 259-295, onde se insiste na necessidade de estabelecimento de um critério, avançando-se o limiar dos 10% do total dos serviços da mesma empresa como um critério possível..

Acresce a ausência de um regime sancionatório específico ou sequer claro para o incumprimento dos requisitos de independência. Na prática, tem cabido à CMVM, enquanto autoridade de supervisão das sociedades cotadas e, para este efeito, das entidades de interesse público, proceder a essa monitorização e agir em conformidade.

II – A independência do ROC. Diferentemente das exigências estabelecidas para os membros dos órgãos colegiais de fiscalização das grandes sociedades anónimas e das sociedades cotadas, o legislador da reforma absteve-se de impor requisitos de independência específicos para o ROC enquanto fiscalizador da sociedade.

Não obstante, o ROC é[125] objecto de exigências muito estritas de independência e fortemente limitado no exercício da sua função por incompatibilidades várias, de acordo com o respectivo regime profissional, fixado pelo D.L. n.º 487/99, de 16.11, que aprovou o Estatuto da Ordem dos Revisores Oficiais de Contas (concretamente pelos arts. 49.º, 60.º, n.º 5, e 78.º, n.º 1, al. c) do EOROC). Essas incompatibilidades podem ser *gerais* (art. 75.º EOROC), *específicas de exercício* (art. 76.º), *absolutas* (art. 77.º, n.º 1) ou *relativas* (art. 78.º), havendo ainda a destacar os *impedimentos* previstos no art.79.º.

III – Requisitos de elegibilidade (cont.): *formação superior e literacia financeira.* O mesmo membro dos órgãos de fiscalização das grandes sociedades anónimas que, de acordo com as normas anteriormente citadas, deverá ser independente, na acepção do art. 414.º, n.º 5, terá simultaneamente, de harmonia com o disposto no art. 414.º, n.º 4, de apresentar formação (curso superior) adequada ao exercício do cargo, bem como conhecimentos de auditoria ou de contabilidade. As grandes sociedades terão assim de incluir nos órgãos de fiscalização pelo menos um membro que reúna simultaneamente os requisitos de formação académica, literacia financeira e independência estabelecidos no n.º 4 do art.414.º e ainda, que não se ache impedido do exercício da função de fiscalização pela verificação de alguma das (muitas) incompatibilidades descritas no art. 414.º-A. No caso das sociedades emitentes de valores mobiliários admitidos à negociação em mercado regulamentado, *a maioria* dos membros do órgão terá de ser independente, para além de respeitar as incompatibilidades.

Caso se trate de um accionista, esse membro deverá ainda, no caso do conselho fiscal e da comissão de auditoria, ser uma pessoa singular com capacidade jurí-

---

[125] E já era, antes dos restantes membros dos órgãos de fiscalização o serem, dada a precedência da legislação que fixa as exigências de independência e as circunstâncias que geram incompatibilidades para o exercício da função de revisor oficial de contas (D.L. n.º 487/99, de 16.11) em relação ao D.L. n.º 72.º-A/2006, de 29.03.

dica plena e com qualificações e experiência adequadas ao exercício das funções (art. 414.º, n.º 3, aplicável à comissão de auditoria por remissão do art. 423.º-B, n.º 6).

A este propósito, de notar que as mais recentes evoluções internacionais em matéria de *governance* apontam claramente para um protagonismo acrescido das exigências de *fit and proper*, sobretudo nas instituições financeiras e nas sociedades cotadas, mas com um potencial de extensão à generalidade das sociedades anónimas.

No rescaldo da crise financeira foi possível perceber que alguns dos colapsos verificados tiveram na sua base não só a excessiva exposição ao risco de algumas instituições, mas também ou sobretudo a incapacidade de os seus próprios órgãos de fiscalização compreenderem o funcionamento de alguns instrumentos financeiros, dos negócios com eles relacionados e do grau de risco através deles assumidos.

Mesmo em Portugal, é possível identificar algumas situações, reveladas pela crise e pelo impacto que mesma produziu em algumas sociedades, que demonstram o baixo domínio do funcionamento e dos riscos associados a certos produtos e operações por parte dos respectivos fiscalizadores, com repercussões pelo menos tão profundas quanto a eventual falta de independência de alguns desses sujeitos.

É possível e desejável, pois, que nos próximos anos os requisitos de idoneidade e preparação e experiência profissional dos membros dos órgãos de administração e fiscalização venham a ser trazidos para o centro do debate e das exigências de governo societário, ocupando também um lugar de protagonismo até agora reservado aos requisitos de independência.

IV – **Incompatibilidades.** Para além dos requisitos de independência, a que apenas uma parte dos membros dos órgãos de fiscalização se acham sujeitos, *nenhum dos* membros destes órgãos pode estar abrangido por alguma das incompatibilidades mencionadas no art. 414.º-A[126], que constituem verdadeiros impedimentos à elegibilidade e quem, no caso do ROC, são acrescidas de outras incompatibilidades decorrentes do seu estatuto profissional

13. Remuneração dos membros dos órgãos de fiscalização

A mais recente evolução em matéria de *governance* dos órgãos de fiscalização em Portugal diz respeito às alterações produzidas no quadro regulatório das

---

[126] Detalhadamente sobre o regime, as consequências e a tipologia de incompatibilidades, bem como para um confronto entre o regime das incompatibilidades e da independência, PAULO OLAVO CUNHA, "Independência e inexistência de incompatibilidades para o desempenho de cargos sociais", 259-297.

O GOVERNO DAS SOCIEDADES ANÓNIMAS

remunerações[127], em consequência das lições retiradas da crise financeira[128] e das Recomendações emitidas pela Comissão Europeia[129] em resposta às debilidades detectadas por diversos estudos e organismos internacionais no que respeita ao "governo das remunerações"[130] ou como forma de acolhimento de algumas orientações regulatórias internacionais[131].

Na sequência de todas estas evoluções, e de forma algo surpreendente, a Lei n.º 28/2009, de 19 de Junho, já aqui mencionada a propósito da remuneração dos membros dos órgãos de adminiatração[132], veio introduzir regras vinculativas sobre a política de remunerações dos membros dos órgãos de administração *e fiscalização* das entidades de interesse público[133], tornando obrigatória a submissão à assembleia geral de uma declaração sobre a política de remuneração daqueles sujeitos. Com esta norma, que veio acrescer à imposição de aprovação pela assembleia geral ou por comissão por ela constituída da remuneração dos membros dos órgãos sociais já estabelecida no art. 399.º, n.º 1 do CSC para todas as sociedades

---

[127] Sobre a evolução das medidas de intervenção regulatória em matéria de remunerações, no plano internacional e nacional, e com grande pontualidade e detalhe de análise das soluções actualmente em vigor, cfr. João de Sousa Gião, "Conflitos de interesses...", cit., 268-291 e Paulo Câmara, *El Say on Pay Português*, cit.

[128] Brilhantemente elaboradas e analisadas no estudo da OCDE "The Corporate Governance Lessons from the Financial Crisis" (Fev 2009; disponível em Corporate governance lessons from the financial crisis), a partir de cujas conclusões foram sistematizadas no estudo Corporate governance and the financial crisis: Key findings and main messages (Jun 2009) e que culminou num conjunto de recomendações relacionadas com as fragilidades detectadas no estudo inicial (Conclusions and emerging good practices to enhance implementation of the Principles, February 2010).

[129] Recomendação da Comissão de 30 de Abril de 2009 relativa às políticas de remuneração no sector dos serviços financeiros (C(2009) 3159) e Recomendação da Comissão de 30 de Abril de 2009 que complementa as Recomendações 2004/913/CE e 2005/162/CE no que respeita ao regime de remuneração dos administradores de sociedades cotadas (C(2009) 3177).

[130] Para além dos estudos referidos na nota (112), o relatório Larosière (http://ec.europa.eu/internal_market/finances/docs/de_larosiere_report_en.pdf) sobre as causas da crise e a reforma da supervisão na Europa constitui um marco incontornável da análise das causas da crise e das propostas regulatórias que se lhe seguiram.

[131] Princípios sobre remunerações de dirigentes do Financial Stability Board [FSB Principles for Sound Compensation Practices (Implementation Standards]), Set 2009, http://www.financialstabilityboard. org/publications/r_090925c.pdf?frames=0;*Pillar 3 disclosure requirements for remuneration – Basel Committee Consultation Pape, http://www.bis.org/publ/bcbs191.pdf; Livro Verde sobre Governo das Instituições Financeiras, http://eur-lex.europa.eu/LexUriServ/LexUriServ.do?uri=COM:2010:0284:FIN:PT:PDF;* CEBS Guidelines on Remunerations, http://www.eba.europa.eu/documents/Publications/Consultation-papers/2010/CP42/CP42.aspx

[132] Ponto IV, *supra.*

[133] Onde se inclui uma parte significativa das sociedades anónimas de que aqui se cura: as emitentes de valores mobiliários admitidos à negociação, as instituições financeiras, as seguradoras, as sociedades gestoras de fundos de investimento, etc.

anónimas, prosseguiu-se na implementação do *say on pay* no sistema português[134], cujo conteúdo mínimo é igualmente estipulado de forma detalhada[135], a divulgação anual da remuneração auferida de forma agregada e individual e, no caso das sociedades cotadas, o dever de divulgação das remunerações nos documentos anuais de prestação de contas.

A este conjunto de medidas vieram somar-se as medidas adoptadas pela CMVM, sob forma recomendatória, nas suas Recomendações de Governo Societário de 2010 que, em adição à recomendação de desagregação da divulgação das remunerações, que vinha sendo feita desde [2003][136], veio estabelecer um número elevado de recomendações sobre o tema das remunerações, com um grau de detalhe muito relevante, sobre a política de remunerações, a divulgação dos componentes da remuneração e sua desagregação e ainda sobre a forma de execução e controlo da política de remunerações[137].

Estas regras adicionam-se à regra sobre a natureza necessariamente fixa das remunerações atribuídas aos membros dos órgãos de fiscalização (cfr. art. 422.º-A, n.º 1 e art. 423.º-D), evitando-se, desse modo, qualquer dependência entre os resultados da actividade societária e as remunerações destes sujeitos, com isto se visando garantir a sua independência.

---

[134] Reconhecido de forma muito positiva no Relatório de Avaliação do Governo das Sociedades da OCDE (*Peer Review Report, OECD Corporate Governance Committee*, 2011), onde o regime jurídico actualmente em vigor em Portugal em matéria de remunerações é visto como eficaz e conforme com as Recomendações da OCDE formuladas na sequência da crise ((Conclusions and emerging good practices to enhance implementation of the Principles, February 2010). Sobre o *say on pay* em Portugal, cfr. PAULO CÂMARA, *El Say on Pay Português*, cit. (nota 57).

[135] Sobre o conteúdo detalhado do art. 3.º, n.º 2 da Lei n.º 28/2009, para além do texto da norma, cfr JOÃO DE SOUSA GIÃO, cit., 291.

[136] Diga-se, com um elevado grau de incumprimento até 2009; cf o Relatório Anual da CMVM sobre o Governo das Sociedades Cotadas em Portugal (2008), p. 73, onde se dá conta de um grau de cumprimento de apenas 12,8%. Este baixo grau de cumprimento da recomendação em causa terá sido um dos factores que terá levado o legislador a intervir por via normativa.

[137] Cfr a Recomendação II.1.5 do Código de Governo das Sociedades da CMVM de 2010, disponível em http://www.cmvm.pt/CMVM/Recomendacao/Recomendacoes/Documents/CodigodeGovernodas SociedadesCMVM2010.pdf.

CAPÍTULO III

O GOVERNO DE SOCIEDADES POR QUOTAS
BREVES REFLEXÕES SOBRE A CELEBRAÇÃO DE NEGÓCIOS ENTRE O GERENTE E A SOCIEDADE

Diogo Costa Gonçalves*

ABSTRACT: *Although the vast majority of Portuguese companies are incorporated as* sociedade por quotas *– as of 2006, there were a total of 413,000 companies in Portugal, of which 382,833 were* sociedades por quotas *– there are very few studies on the governance of such companies. In this article we aim at filling this gap, by addressing one of the most recurring issues in this kind of companies: self-dealing transactions between the company and its general managers (*gerentes*), providing solutions* de iure condito *and* de iure condendo.

SUMÁRIO: *§ 1.º Introdução: 1.* Corporate Governance *e SPQ: um tema improvável? 2. O governo das* close corporations *e a redimensionação dos temas de* corporate governance. *3. Delimitação do objecto. § 2.º A celebração de negócios entre os gerentes e a sociedade: enquadramento geral. 1. A superação do monopólio orgânico nas SPQ. 2. O silêncio do CSC. § 3.º As teses em confronto. 1. Base exemplificativa. 2. A tese tradicional: a aplicação do art. 261.º do CC. 3. A aplicação analógica do art. 397.º do CSC. § 4.º Apreciação crítica. 1. Razão de ordem. 2. As insuficiências da tese tradicional. 3. Críticas à aplicação do art. 397.º do CSC: a ausênciu de colegtalidade. 4. Cont.: a ausência de órgão de fiscalização. § 5.º Posição adoptada. 1. Sinopse das teses propostas. 2. Criação de uma solução normativa* ad hoc. *3. Excurso: a contratação do administrador único com a sociedade. § 6.º Conclusões.*

---

* Mestre em Direito. Assistente da Faculdade de Direito de Lisboa.

O GOVERNO DAS ORGANIZAÇÕES

§ 1.º INTRODUÇÃO

1. *Corporate Governance* e SPQ: um tema improvável?

I – Sociedades por quotas (SPQ) e *corporate governance* parece ser, *prima facie*, um tema contraditório. As temáticas fundamentais do governo das sociedades correspondem a núcleos problemáticos típicos das sociedades anónimas (SA) e, em especial, das sociedades de grande dimensão e emitentes de valores mobiliários negociados em mercado regulamentado[1]... estamos longe do arquétipo jusempresarial a que normalmente corresponde uma SPQ.

A confirmar este dado está o facto de o desenvolvimento doutrinal e legislativo do governo das sociedades estar invariavelmente associado a mediáticos escândalos financeiros, bem conhecidos dos mercados contentinentais e norte--americanos, que pouco ou nada têm que ver com a estrutura societária e de financiamento de uma SPQ[2].

II – Por outro lado, a *dissociação económica e jurídica entre a propriedade e a gestão das sociedades* não se encontra presente com tanta intensidade nas SPQ. Recorde--se que tal dissociação corresponde ao denominador comum dos problemas de agência, independentemente dos matizes anglo-saxónicos ou continentais que possam revestir, em razão das características dos mercados em causa[3]. A segre-

[1] Veja-se, por exemplo, o âmbito normativo fundamental da *Reforma de 2006*. Cfr., com desenvolvimento, PAULO CÂMARA – "O Governo das Sociedades e a reforma do Código das Sociedades Comerciais" – *Código das Sociedades Comerciais e o Governo das Sociedades*, Coimbra: Almedina, 2008, p. 20 e ss. Também na Alemanha, por exemplo, o *Deutscher Corporate Governance Kodex* tem por objecto o governo das sociedades cotadas em bolsa – *börsennotierter Gesellschaften* – (Cfr. *1. Präambel*, disponível *in www. bmj.de*). O mesmo se diga quanto a outras experiências normativas. Em França, em 2003, surgiu o *Le gouvernement d'entreprise des sociétés cotées*, que recolheu o trabalho dos dois *Rapports Viénot*, de 1995 e 1999, e do *Rapport Boutont*, de 2002. Em Itália, no ano 2006, veio a lume o *Codice di Autodisciplina di Borsa Italiana*.

[2] Com desenvolvimento e referência, cfr. nesta obra JOSÉ FERREIRA GOMES, *O Governo do Grupo de Sociedades*, 125 e ss.

[3] No mercado de matriz *anglo-saxónica* encontram-se, em regra, sociedades de grande dimensão, com uma considerável fragmentação da titularidade do capital social. Neste contexto, verifica-se uma radical distinção entre a propriedade e a gestão da sociedade. O mercado bolsista goza de um papel fundamental: ele corresponde não só ao principal palco da propriedade das empresas, como representa a mais relevante forma de financiamento da actividade empresarial. O principal desafio, nesta estrutura de mercado, passa pela definição de instrumentos de controlo e fiscalização das sociedades que garantam a protecção dos investidores face à discricionariedade dos gestores profissionais. Tais instrumentos, no modelo de governação *anglo-saxónico*, passam, sobretudo, pela criação de uma normatividade externa à estrutura societária – *outsider system* –, nomeadamente pela regulação do próprio mercado bolsista.

Nos mercados europeus a situação é inversa. A concentração de capitais em estruturas familiares ou em outras sociedades e grupos financeiros é grande. O accionista europeu tem, na sua larga maioria, um rosto, uma história de investimento – uma *genealogia económica* – e detém participações sociais com grande

gação entre quem detém e quem administra a sociedade, entre os interesses dos *shareholders* e dos administradores, etc. revela-se a ambiência natural ao aparecimento e desenvolvimento dos temas de governo das sociedades e, de todo o modo, um elemento importante da sua capacidade de análise.

Ora, à primeira vista, nada disto acontece nas SPQ. À parte de outras formas mais primárias de sociedades de pessoas – como as sociedades em nome colectiva (SNC), e as sociedade em comandita simples (SCS) – a experiência mostra que a esmagadora maioria das SPQ não conhece uma dissociação entre a propriedade e a gestão. Pelo contrário: os problemas típicos das SPQ parecem estar associados, justamente, à confusão no plano institucional e jurídico da administração e da titularidade, do património social e do património dos sócios, etc.

Este cariz marcadamente pessoal que (normalmente) está associado a este tipo de sociedades[4] parece colidir frontalmente com o espaço vital de *corporate governance*.

III – Acrescente-se ainda o facto de as SPQ serem um tipo social de responsabilidade limitada nascido a partir da experiência das *GmbH*[5] e introduzido em Portugal poucos anos após a sua criação na Alemanha. O seu berço é, portanto, claramente germânico e a sua adopção pelo direito nacional marcou o início de uma viragem da influência *franco-italiana*[6] no direito das sociedades, para o eixo

expressão no capital social das sociedades em que investe. Em consequência, os custos de agência associados à separação entre a propriedade e a gestão são menos sentidos já que, não obstante uma admninistração profissionalizada, a estrutura accionista consegue, em muitos casos, obter um controlo efectivo sobre a administração.Também o mercado bolsista desempenha um papel menos determinante, o que é fruto, por um lado, da concentração de capitais e, por outro, do facto de o financiamento societário ser feito, em larga medida, mediante o recurso a capitais de débito ou a capitais de risco. Daí a importância marcada da banca como investidora directa e indirecta no mercado.
Neste contexto, o controlo externo, próprio do modelo anglo-saxónico, não obtém tanto sucesso. Na Europa continental, o modelo de governação das sociedades passa antes por um controlo interno das administrações – *insider system* –, através dos accionistas com mais interesses na empresa, os quais, por sua vez, se controlam mutuamente e são igualmente controlados por outros grupos, tais como os bancos e os trabalhadores, com interesses e relações privilegiadas com a sociedade.

[4] Sobre as denominadas sociedades de pessoas, cfr., com desenvolvimento, Cfr. Karsten Schmidt – *Gesellschaftsrecht*, 4 ed., Köln, Berlin, Bonn, München, 2002, 46 e ss. A doutrina germânica sobre as sociedades de pessoas deve ser apreciada tendo em conta as limitações à atribuição de personalidade jurídica.

[5] Criadas por Lei de 20 de Abril 1892, a nova forma jussocietária de responsabilidade limitada alemã esteve na origem da Lei de 11 de Abril 1901, que regeu as SPQ portuguesas até o advento do CSC, em 1986. Sobre a origem das *GmbH*, com referências, cfr. M. Nogueira Serens – O (verdadeiro) leitmotiv da criação pelo legislador alemão das Sociedades com Responsabilidade Limitada (Gesellschaften mit beschränkter Haftung), *Direito das Sociedades em Revista*, 2, 2009, 137-174.

[6] Sentida na primeira codificação, *maxime* no Código Comercial de 1888, largamente influenciado pelo Código Comercial italiano de 1822.

de influência alemã que viria a marcar o direito civil e comercial português no século XX[7].

Sendo certo que as temáticas de *corporate governance* nascem no contexto de uma *experiência anglosaxónica*[8], largamente influenciada pela análise económica do direito[9], cumpre perguntar se e em que medida é possível (e até desejável) uma penetração do governo das sociedades no contexto das SPQ.

Tudo ponderado, SPQ e *corporate governance* parece um *tema improvável...*

IV – Tal, contudo, não corresponde à verdade. Com efeito, é possível encontrar uma grande proximidade problemática e normativa no que diz respeito a questões de governo de SA e SPQ. Vejamos alguns exemplos subajamente conhecidos:

- Nos termos do art. 252.º/1, e ao contrário do que sucede nas SNC onde para tal ser possível se exige a unanimidade dos sócios (art. 191.º/2), os gerentes das SPQ podem ser pessoas estranhas à sociedade. Admite-se, assim, sem especial dificuldade, uma dissociação entre a administração e a propriedade, com os consequentes problemas de agência bem conhecidos[10].
- A existência de um *gerência plural*, convoca para as SPQ as ponderações próprias da administração pluripessoal, típicas das SA. Mais: a possibilidade prevista no art. 261.º/2 de a gerência plural se constituir em comissões especializadas pode aproximar, no plano fáctico, o governo de uma SPQ de algumas formas de governo do *modelo latino*, previsto no art. 278.º/1a). Por

---

[7] Sobre a recepção da doutrina alemã no panorama juscientífico nacional, cfr., com referências, ANTÓNIO MENEZES CORDEIRO – *Tratado de Direito Civil Português*, Vol. 1 (Parte Geral), Tomo 1, 3 ed., Coimbra, 2009, 126 e ss.

[8] Sobre a origem de "corporate governance" e a sua cominação ao espaço continental e à experiência portuguesa, cfr., com referências, RUI PINTO DUARTE – *Escritos sobre Direito das Sociedades*, Coimbra, 2008, 71 e ss.

[9] Para uma panorâmica geral e introdutória, cfr. AVERY WIENER KATZ – *Foundations of the Economic Approach to Law*, New York, Oxford, 1998; RICHARD A. POSNER – *Economic analysis of law*, 3 ed., Boston, Toronto, 1986; RICHARD A. POSNER – The Law and Economics Movement, *American Economic Review, 77 (2)*, 1987, 1-13; CHARLES K. ROWLEY – Social Sciences and Law: The Relevance of Economic Theories *Oxford Journal of Legal Studies, I (3)*, 1981; PAUL H. RUBIN – Why is the Common Law Efficient?, *Journal of Legal Studies, VI (1)*, 1977. Cfr. ainda a colectânea de textos, com especial interesse para uma aproximação histórico-dogmática à analise económica do direito, recolhida por WARREN J. SAMUELS (ORG.) – *Law and Economics*, London, 1998. Entre nós, merece especial atenção FERNANDO ARAÚJO – *Teoria Económica do Contrato*, Coimbra, 2007 e MARIA PAULA R. VAZ FREIRE – *Eficiência económica e restrições verticais – Os argumentos de eficiência e as normas de defesa da concorrência*, Lisboa, 2008.

[10] Sobre a prespectiva anglo-saxónica de *agency* e a sua utilização no discurso jurídico nacional, cfr., com interesse introdutório e referências, PEDRO PAIS VASCONCELOS – Responsabilidade Civil dos Gestores das Sociedades Comerciais, *Direito das Sociedades em Revista*, 1, 2009, 11-32.

exemplo: nada impede que SQ tenha uma comissão executiva, à semelhança do previsto no art. 407.º/5 e ss. e, bem assim, conhecer a distinção entre gerentes executivos e gerentes não executivos.

- Não sendo típica a dispersão do capital social, são frequentes os conflitos entre sócios minoritários e sócios maioritários, abusos de maioria, minorias de bloqueio e outras formas de conflitos de interesses entre sócios que são paradigmáticos das SA.
- Do mesmo modo, e nos termos previsto no art. 262.º, as SPQ podem ter órgãos de fiscalização pelo que podem ser convocadas aqui, *mutatis mutandis*, as reflexões acerca da fiscalização das SA.
- Por fim, e não sem surpresa, o art. 70.º, na redacção que lhe foi dada pelo Decreto-Lei n.º 185/2009, de 12 de Agosto[11], manda incluir no relatório de gestão (ou em relatório *ad hoc*) a descrição da estrutura e práticas de governo societário adoptadas na sociedade, num preceito claramente pensado para as SA mas transposto para a Parte Geral do código.

V – Do mesmo modo, existe uma proximidade da estrutura sócio-empresarial de algumas SA ao paradigma das SPQ. Quantos grupos societários não são, afinal, detidos por uma família ou por um grupo restrito de sujeitos? Quantas SA não são, afinal, *Familien-AG*[12]? Quantas SA portuguesas, em bom rigor, há anos que deveriam ter sido administrativamente dissolvidas, não fosse a irrelevância concedida ao disposto no art. 464.º/3? Em quantas SA não existe qualquer distinção real entre a sua titularidade e a administração?

A resposta a estas questões evidencia que a fronteira entre uma SPQ e uma SA é em muitos casos bastante ténue[13]. Do ponto de vista jurídico, a distinção

---

[11] Sobre a relevância do Decreto-Lei n.º 185/2009, de 12 de Agosto em sede de corporate governance, em especial no que diz respeito aos deveres de informação e ao governo de sociedades, cfr. JOSÉ FERREIRA GOMES – Os deveres de informação sobre negócios com partes relacionadas e os recentes Decretos-Leis n.ºs 158/2009 e 185/2009, *RDS I (2009)*, 3, 587-633, *passim*.

[12] Tipo (ou subtipo doutrinal) de SA bem documentado na doutrina germânica e que evidencia a aproximação das SA – paradigma normativo das sociedades de capitais – às sociedades de pessoas. Cfr., com referências, SCHMIDT – *Gesellschaftsrecht*, 772-773.

[13] E, acrescente-se, criticável. Em causa estão as conhecidas insuficiências apontadas à rigidez da tipologia societária e a sua relação com o princípio da autonomia privada. Cf., sobre este aspecto, Ibidem, 8 e ss. e 49 e ss.

À positivação do *tipo* de sociedades comerciais está inevitavelmente associado um arquétipo sócio--económico e não a realidade ("... *die idealtypischen Merkmale der gesellschaftsrechtlichen Rechtsformen nicht voll mit den realitäten des Rechtsleben decken.*" – SCHMIDT – *Gesellschaftsrecht*, pp. 49-50). O problema coloca--se quando os agentes económicos elegem, por razões várias, um determinado tipo que irá dar forma a uma realidade económica que não corresponde exactamente ao arquétipo para o qual o tipo foi criado. Verificam-se então as denominadas variações tipológicas (*Typusvariationen*) que correspondem às concretas modelações societárias dentro do mesmo tipo que as diversas realidade económica podem conhecer. Como

O GOVERNO DAS ORGANIZAÇÕES

é clara; porém, sob uma prespectiva empresarial, a distinção dilui-se frequente-mente. Em seu lugar, surge uma classificação transversal que tem por critério a dimensão da sociedade e a sua posição no mercado, independentemente do tipo societário causa.

2. O governo das *close corporations* e a redimensionação dos temas de *corporate governance*

I – Se o governo de sociedades surgiu associado às SA, têm sido crescente o interesse dedicado ao governo das *close corporations*. Com efeito, nos últimos anos, os EUA têm conhecido uma forte e rápida expansão de formas de organização empresarial de menor dimensão como as *Limited Libiality Company* (LLC) e as *Limited Libiality Partnership* (LLP). Para além das vantagens fiscais que não cumpre aqui apreciar, a este tipo de organização sócio-empresarial é normalmente reconhecia uma maior flexibilidade na estrutua de governo, o que justamente se assinalada como sendo a sua especial *"vantagem competitiva"*[14].

II – Também no espaço continental têm merecido atenção novas estruturas de sociedades de responsabilidade limitada que facilitem uma estutura de governo social simples e flexível. Um exemplo paradigmático foi a criação, em França, da *société par action simplifiée*, prevista nos artigos L227-1 a L227-20 e L244-1 a L244-4 do *Code de Commerce*[15].

O próprio Direito Europeu das Sociedades não é alheio a esta tendência. No presente, encontra-se em preparação um Regulamento do Conselho destinado à

---

exemplo paradigmático de tais variações, Karsten Schmidt aponta a hipótese de uma *GmbH* se estruturar a modo pessoal ou capitalista (cfr. *idem*, p. 50), aproximando-se ou afastando-se do seu arquétipo ideal. Teríamos assim SPQ de pessoas e SPQ de capitais, sendo que para estas últimas seriam chamadas à colação muitas das ponderações subjacentes às SA.

A mesma variação de tipo pode ser registada nas SA, em especial no sentido da sua personalização. Tenha-se presente, por exemplo, a discussão acerca da aplicação do instituto da exclusão dos sócios às SA. O instituto está claramente talhado para as ditas sociedades de pessoas mas a sua possível aplicação em SA não pode deixar de ser ponderada, sobretudo em SA fortemente personalizadas. Cfr. Juliano Ferreira – *O Direito de Exclusão de Sócio na Sociedade Anónima*, Coimbra, 2009, *passim*. Cfr., ainda, já não sobre a aplicação do instituto da exclusão de sócios às SA, *passim*, Philip Martinius – Venture-Capital-Verträge und das Verbot der Hinauskündigung, *Betriebs-Berater*, 61 Jg., 37 (2006), 1977- 1984.

[14] Cfr. Joseph A. McCahery, Theo Raaijmakers e Erik P. M. Vermeulen – *The Governance of Close Corporations and Partnerships US and European Perspectives*, Oxford, 2004, *passim*.

[15] Sobre a criação e vantagens de uma *société par action simplifiée* cfr., com referências, Paul le Cannu e Bruno Dondero – *Droit des sociétés*, 3 ed., Paris, 2009, 637 e ss.

O GOVERNO DE SOCIEDADES POR QUOTAS

criação da *Societas Privata Europaea* (SPE)[16] que se afigura vir a ser a forma jurídica comunitária de uma sociedade de responsabilidade limitada, cujo capital não se destina à comercialização em bolsa[17]. Como refere o próprio texto da Proposta de Regulamento (ponto 2.), a SPE, quando criada, será a forma jurídica privilegiada das PME's.

III – A multiplicação de tipos de organização jussocietária que primam por alijeirar a estrutura de governo, dotando-a de uma considerável flexibilidade que a permita adaptar-se a diversas realidades empresariais abre portas a um redimensionamento das questão de *corporate governance*. Os temos centrais colocam-se agora por referência a uma realidade empresarial diversa e multifaceta, por um lado; por outro, sobem ao palco problemas de eficiência e de governo especificamente associados a esta tipologia jusorganizacional.

Em concreto, reconhece-se a necessidade de limitar formas de «oportunismos internos» (*intra-firm opportunism*) que sempre levariam a conhecidas ineficiências, bem como a necessidade de estabelecer correctos modelos de incentivos aos intervenientes no palco da vida empresarial, atendendo à natureza e estrutura da propriedade e gestão[18].

IV – Tendo isto em conta, parece que SPQ e *corporate governance* está afinal condenado não só a ser um *tema provável* como, entre nós, um tema paradigmático do governo das sociedades de menor dimensão. Assim como as SA parecem ser o tipo social paradigmático de uma estrutura societária alargada e de maior envergadura, também as SPQ parecem ser o paradigma-tipo das sociedades de dimensão mediana. O estudo do seu governo está, portanto, associado ao *corporate governace* desta dimensão societária.

3. Delimitação do objecto

I – Em tão limitado trabalho, impõe-se uma cuidada selecção dos temas de governo de SPQ que iremos abordar. Qualquer construção de uma *perspectiva geral* do governo das SPQ deve ser abandonada. Tal empresa – para se revelar uma verdadeira construção dogmática e não apenas uma especulação descritiva

---

[16] Com a referência COM/2008/0396. Pode ser consultado no reportório da legislação comunitária em preparação *in eur-lex.europa.eu*.

[17] Em apreciação à Proposta de Regulamento, cfr. RUI PINTO DUARTE – A *Societas Privata Europaea*: Uma revolução viável, *DSR I (2009), 1*, 49-75. Cfr. ainda, nesta obra, ORLANDO GUINÉ, Sociedade privada europeia: Sobre a sua governação societária e matérias conexas, 201 e ss.

[18] Cfr. McCAHERY, RAAIJMAKERS e VERMEULEN – *The Governance of Close Corporations...*, 2.

mais ou menos conseguida – não poderá ser feita sem que se afrontem problemas centrais do Direito societário, como sejam o sentido e o fundamento da tipicidade social, os arcaísmos na formulação técnica da limitação de responsabilidade, as tentativas de um tratamento unitário dos conflitos de interesses, etc; tudo temáticas de que aqui, naturalmente, não poderemos cuidar. Resta-nos portanto, o esforço por analisar um concreto problema de governo nas SPQ, cientes que a construção de uma almejada *perspectiva geral* não poderá ser feita sem o desenvolvimento atomista de *quaestiones* particulares. Neste horizonte se joga (ou não: o leitor dirá!) o nosso contributo.

De entre os temas possíveis, propomos para reflexão a problemática inerente à *celebração de negócios entre os gerentes e a sociedade*. Trata-se de um tema de inegável interesse para a *praxis* jurídica, a fazer fé na abundante jurisprudência que já foi chamada a pronunciar-se sobre esta matéria. Não é o menos para *corporate governance*.

II – Com efeito, os conflitos de interesses entre os administradores e a sociedade e entre a sociedade e os sócios são temas clássicos do governo das sociedades[19]. No que ao primeiro diz respeito, uma das principais expressões normativas da sua problemática encontra-se associada ao regime dos negócios celebrados entre a sociedade e a sua administração.

A possibilidade de a administração da sociedade – nos negócios com esta celebrados – granjear benefícios privados em oposição ao interesse da sociedade e dos sócios, é uma realidade conhecida. Dir-se-á mais intensa e problemática nos mercados com grande dispersão de capital e inversa capacidade de controlo da administração pelos sócios. Porém, não é de afastar a sua presença numa estrutura societária concentrada.

No caso das SPQ, a concentração de capital é o paradigma sócio-económico. Porém, a conhecida possibilidade de os gerentes (sócios ou não) granjearem vantagens especiais para si, contra a sociedade e contra as minorias, é um dado que supomos certo e que no âmbito deste trabalho (conhecidas as suas limitações) não procuraremos demonstrar. Este problema de (bom) governo social é, no entanto, agudizado pela regular ausência de uma função orgânica de fiscalização, o que não acontece nas SA.

---

[19] Cfr., com referências, José Ferreira Gomes – "Conflito de interesses entre accionistas nos negócios celebrados entre a sociedade anónima e o seu accionista controlador" – *Paulo Câmara et alia – Conflito de Interesses no Direito Societário e Financeiro: Um balanço a partir da Crise*, Coimbra, 2010 e João Sousa Gião – "Conflitos de Interesses entre Administradores e os Accionistas na Sociedade Anónima: os Negócios com a Sociedade e a Remuneração dos Administradores" – *Paulo Câmara et alia – Conflito de Interesses no Direito Societário e Financeiro: Um balanço a partir da Crise*, Coimbra, 2010.

O GOVERNO DE SOCIEDADES POR QUOTAS

III – Contudo, se em sede de SA, a problemática inerente à celebração de negócios entre a administração e a sociedade conhece previsão normativa no art. 397.º/2 e ss.[20]; em sede de SPQ, o CSC prima pelo silêncio.

Duas teses fundamentais têm sido discutidas: a aplicação do art. 261.º do CC ou o alargamento da disciplina prevista no art. 397.º/2 às SPQ.

Neste trabalho, procederemos a uma breve reflexão sobre as teses proposta e, se oportuno, deixaremos algumas sugestões de *jure condendo*.

§ 2.º A CELEBRAÇÃO DE NEGÓCIOS ENTRE OS GERENTES E A SOCIEDADE: ENQUADRAMENTO GERAL

1. A superação do *monopólio orgânico* nas SPQ

I – Nos termos do art. 191.º/1, e salvo estipulação contratual em contrário, são gerentes de uma SNC todos e cada um dos seus sócios, mesmo os que tenham adquirido essa qualidade depois da constituição da sociedade. Estamos perante aquilo a que MANUEL CARNEIRO DA FRADA chama *monopólio orgânico* dos sócios: a coincidência subjectiva entre a gerência da sociedade e a assembleia geral[21].

Numa situação de *monopólio orgânico* não existe separação entre propriedade e gestão da sociedade. Todos os titulares da sociedade são, simultaneamente, os que conduzem os destinos da empresa social. Esta situação é especialmente adquada às *(i)* sociedades de base pessoal e, sobretudo, de *(ii)* responsabilidade ilimitada[22].

---

[20] Cfr., com referências, GOMES – "Conflito de interesses...", 100 e ss.

[21] Cfr., do autor, *CSC Anotado*, (2009), 191.º, 3. Com efeito, nas sociedades em nome colectivo (SNC), a regra supletiva quanto à gestão da sociedade atribui a gerência à todos os sócios, quer tenham constituído a sociedade, quer hajam adquirido essa qualidade posteriormente (art. 191.º/1). Dá-se, portanto, um *monopólio orgânico* dos sócios. Igual disposição pode ser encontrada em sede de sociedades civis (art. 985.º/1 e do CC) embora, nestes casos, talvez não se deva falar com inteiro acerto em nonopólio *orgânico* já que este conceito alude à presença de um fenómeno de representação orgânica que pressupõe a personificação das sociedades civis, o que permace uma discussão em aberto na doutrina portuguesa. Cfr., com referências, ANTÓNIO MENEZES CORDEIRO – *Manual de Direito das Sociedades*, Vol. 1, 2 ed., Coimbra: Almedina, 2007, pp. 93 e ss. O autor sustenta personalidade colectiva das sociedades civis puras.

[22] Com efeito, nas sociedades onde exista uma maior dependência da individualidade dos sócios (SCHMIDT – *Gesellschaftsrecht*, p 46: "(.) als Charaktcristikum der Personengesellschaften gilt die Abhängigkeit von der Individualität ihrer Gesellschafter"), e onde estes respondam subsidiária e solidariamente pelas obrigações sociais (art. 175.º/1), é natural que a gestão da sociedade fique nas mãos dos seus proprietários. A dissociação entre a propriedade e a gestão acarreta – no que à responsabilidade ilimitada diz respeito – um elevado risco. Em última instância, os sócios irão responder por uma conduta da sociedade que não puderam determinar. Por esta razão se justifica que a designação de terceiros como gerentes de uma SNC esteja sujeita à unanimidade (art. 191.º/2).

II – Porém, num tipo social de responsabilidade limitada, como as SPQ, ainda que exista ou possa existir, em concreto, uma acentuada dependência da individualidade dos sócios, as razões justificativas do monopólio orgânico dos sócios começam a ceder passo ante outras considerações.

Com efeito, numa sociedade na qual os sócios apenas respondem pelo valor das suas entradas há uma clara limitação do risco face à sorte da empresa social o que potencia a possibilidade de os sócios admitirem – uma vez limitado o risco – renunciar ao controlo de gestão da sociedade. Mais: essa renúncia ao controlo da gestão pode trazer consideráveis vantagens económicas. Permite uma profissionalização da gestão e a criação de mecanismo de controlo ou supervisão sobre a administração da sociedade com a potencial optimização económica conhecida: está assim aberto o caminho à separação da administração e a propriedade.

III – No regime do CSC, o tipo SPQ está marcado pela superação do *monopólio orgânico* das sociedades pessoais. Quando comparamos o disposto no art. 191.º com o previsto no art. 252.º, as diferenças são assinaláveis:

(i) a regra geral não é a de que são gerentes todos os sócios, mas sim que são gerentes aqueles que o contrato de sociedade designar ou a assembleia geral determinar;

(ii) os gerentes podem ser estranhos à sociedade, sem que tal exija a unanimidade dos sócios; e, ao contrário do que sucede no art. 191.º/1;

(iii) a gerência atribuída a todos os sócios no contrato de sociedade não se entende atribuída àqueles que adquiram tal qualidade posteriormente (art. 252.º/3).

Não é impossível que nas SPQ existam situações de monopólio orgânico: basta que todos os sócios sejam gerentes. Porém, ao passo que nas SNC tal é o paradigma do governo social, nas SPQ o modelo de governo supletivo passa pela distinção entre a propriedade e a administração quanto a todos ou, pelo menos, quanto a alguns dos sócios.

IV – A superação do *monopólio orgânico* nas SPQ permite-nos identificar cenários em que *apenas alguns sócios são gerentes* (criando-se assim a distinção entre *sócios gerentes* e *sócios não-gerentes*) e em que *nenhum sócio é gerente*, estando a administração da sociedade absolutamente confiada a terceiros. Em ambos os cenários é possível encontrar diversos problemas de bom governo, similares em maior ou menor medida aos que se verificam no governos das SA.

Tendo em conta, porém, a realidade e estrutura das SPQ, a distinção entre sócios-gerentes e não-gerentes parece especialmente apta a levar à formação de casos de *intra-firm opportunism*. Os sócios-gerentes jogam clara e directamente – sem mediação de estruturas de controlo – a *"duas mãos"*, na medida em que a sua relação com a sociedade conhece dois títulos: a gerência e a propriedade. É mani-

O GOVERNO DE SOCIEDADES POR QUOTAS

festo o perigo de um sócio procurar – actuando enquanto gerente – vantagens pessoais que não poderia obter enquanto sócio ou, de todo o modo, potenciar vantagens enquanto sócio que colidam com o interesse social.

V – A superação do monopólio orgânico, enquanto marca distintiva da *media via* entre uma sociedade de pessoas e de capitais, é o pano de fundo sobre o qual se tece o nosso estudo. Só tal dissociação entre a propriedade e o controlo coloca o problema da celebração de negócios entre os gerentes e a sociedade sob a égide de *corporate governance*.

2. O silêncio do CSC

I – Como já assinalámos, o regime das SPQ não contém qualquer disposição referente à celebração de negócios entre os gerentes e a sociedade. Tal não acontecia no regime anterior.

Com efeito, o Código Comercial, no seu art. 173.º, § 3.º, proibia expressamente aos directores das sociedades anónimas a celebração de negócios consigo mesmo, directa ou indirectamente. Dispunha assim aquele preceito:

"É expressamente proibido aos directores destas sociedades negociar por conta própria, directa ou indirectamente, com a sociedade, cuja gerência lhes estiver confiada."[23].

Esta disposição, antes da entrada em vigor do Código Civil de 1966, carecia de articulação com o previsto no art. 1562.º do Código de Seabra, onde a figura do negócio consigo mesmo surgia consagrada a propósito da compra e venda[24].

A doutrina foi densificando, progressivamente, o conteúdo normativo do art. 173.º, § 3.º do CCm. Assim, entendiam-se serem proibidos:

a) os negócios celebrados *pessoalmente* entre os directores e a sociedade;

b) os negócios celebrados entre os directores e a sociedade por *interposta pessoa*[25].

---

[23] Sobre o sentido e alcance do preceito, cfr. Luiz da Cunha Gonçalves – *Comentário ao Código Comercial Português*, Vol. 1, Lisboa, 1914, 427 e ss (433-434).

[24] Cfr. Inocêncio Galvão Telles – O contrato consigo mesmo, *O Direito*, 79, 1947, 5-7. Rezava assim o preceito:

"Não podem ser compradores, nem directamente, nem por interposta pessoa:

1.º os mandatários ou procuradores, e os estabelecimentos, quanto aos bens cuja venda ou administração se acham encarregados;

2.º Os tutores ou protutores, quanto aos bens dos seus tutelados ou protutelados, durante a tutela ou protutela;

3.º Os testamenteiros, quanto aos bens da herança enquanto durar a testamentaria;

4.º Os funcionários públicos, quanto aos bens em cuja venda intervem, como taes, quer esses bens sejam nacionaes, municipaes ou parochiaes, quer de menores, interdictos ou de quaesquer outras pessoas.".

[25] Cfr. Gonçalves – *Comentário...*, 1, 433.

O GOVERNO DAS ORGANIZAÇÕES

Isto, desde que os negócios em causa fossem considerados *"transações privadas"*[26]. E ainda:

c) os negócios celebrados entre os directores de uma sociedade e outra sociedade de que fossem, igualmente, directores (*dupla representação*)[27].

II – A aplicação deste quadro normativo às SPQ estava garantida pelo disposto no art. 31.º da Lei de 11 de Abril de 1901, que rezava assim:

> *"A responsabilidade e, em geral, os direitos e obrigações dos gerentes regulam-se, na parte aplicável, pelas disposições da lei comercial quanto aos directores das sociedades anónimas.*
>
> *§ único. Os gerentes poderão ser dispensados de caução pela escritura social."*

Temos, portanto, que ao tempo da elaboração do CSC, existia no direito societário português uma disposição legal que proibia a celebração de negócios entre os membros da administração e a sociedade, disposição essa que se aplicava com igual amplitude normativa quer às SA quer às SPQ[28].

III – Com a aprovação do CSC, o art. 173.º do CCm foi revogado. Em substituição do § 3.º, surgiu o regime previsto no art. 397.º/2, 3 e 5 que recolhe, no essencial, a evolução normativa já assinalada. Do articulado referente às SPQ desapareceu, porém, uma remissão para o regime das SA, semelhante ao art. 31.º da Lei de 11 de Abril de 1901. Tão pouco foi criado qualquer sucedâneo normativo.

Qual a razão desta omissão, é o que procuraremos agora determinar.

IV – Na *primeira redacção* do *Anteprojecto* referente à denominada sociedade por quotas de responsabilidade limitada, elaborado por RAÚL VENTURA, os arts. 52.º a 56.º ocupam-se da gerência da sociedade. Não se encontra, no entanto, qualquer referência no articulado aos negócios celebrados entre a sociedade e os seus gerentes[29].

Esta omissão deve, contudo, ser devidamente enquadrada. RAÚL VENTURA escreve num momento em que ainda não se encontra elaborado um anteprojecto

---

[26] Cfr. Ibidem, 433. Anunciava-se assim a actual limitação constante do art. 397.º/5.

[27] Cfr. ADRIANO VAZ SERRA – Contrato consigo mesmo e negociação de directores ou gerentes de sociedades anónimas ou por quotas com as respectivas sociedades, *Revista de Legislação e Jurisprudência*, 100, 1967, 130.

[28] Neste sentido, cfr. A. AZEVEDO SOUTO – *Lei das Sociedades Por Quotas Anotada*, 2 ed., Coimbra, 1922, 98.

[29] Cfr. RAÚL VENTURA – Sociedades por Quotas de Responsabilidade Limitada. Anteprojecto – Primeira redacção, *BMJ*, 160, 1966, 106-108.

O GOVERNO DE SOCIEDADES POR QUOTAS

de Parte Geral do código. Por esta razão, o autor apressa-se em avisar o leitor de que não irá abordar no anteprojecto temas que pudessem ou devessem ser tratados na Parte Geral[30].

Seria, para RAÚL VENTURA, esse o caso dos negócios celebrados entre os gerentes (ou os membros do órgãos de administração) e a sociedade? Estamos em crer que sim, dado a *segunda redacção* do *Anteprojecto*, elaborada em 1969[31].

Com efeito, na segunda redacção, RAÚL VENTURA propõe a existência de um art. 62.º, com epígrafe «*Créditos a gerentes*»:

> *"1 – A sociedade só pode fazer empréstimos a gerentes ou prestar qualquer garantia a débitos destes desde que o contrato de sociedade permita que os sócios deliberem autorizar cada empréstimo ou garantia e esta autorização tenha sido dada.*
>
> *2 – Os empréstimos feitos ou as garantias prestadas em contravenção do disposto no número anterior são absolutamente nulos e os gerentes que tenham intervindo nos referidos actos em representação da sociedade, são responsáveis solidariamente, entre si e com o beneficiário do empréstimo ou garantia, pelos prejuízos causados.*
>
> *3 – O disposto neste artigo é extensivo ao cônjuge, ascendentes e descendentes de gerente."* [32]

O articulado em causa apenas comtempla a celebração de empréstimos entre o gerente e a sociedade e a prestação de garantias a favor daquele, inspirando-se no *Denkschrift* da lei referente à *Deutsche Gesellschaft für Betriebswirtschaft*[33]. RAÚL VENTURA, porém, propõe este conteúdo normativo em sede de SPQ apenas se *"na nova lei não houver preceito geral a este respeito ou regra editada para as sociedades anónimas que possa ser aproveitada"*[34].

Cremos, portanto, que para o autor do Anteprojecto, a matéria referente à regulamentação dos negócios celebrados entre os gerentes e a sociedade seria matéria da Parte Geral do novo código ou, a não ser essa a opção do legislador, dever-se-ia manter a sistemática anterior: a existência de um preceito em sede de SA, aplicável ao regime das SPQ, por remissão normativa.

V – Sucede, porém, que no *Anteprojecto* de FERRER CORREIA referente à Parte Geral nada vinha previsto quanto à celebração de negócios entre os membros

---

[30] Cfr. *Ibidem*, 75, nota 1.

[31] Cfr. RAÚL VENTURA – Apontamentos para a Reforma das Sociedades por Quotas de Responsabilidade Limitada, *BMJ*, 182, 1969, 25 e ss.

[32] Cfr. *Ibidem*, 154-155 e 235.

[33] Cfr. *Ibidem*, 153.

[34] Cfr. *Ibidem*, 154.

O GOVERNO DAS ORGANIZAÇÕES

da administração e a sociedade[35]. Também no *Projecto* de 1983, os arts. 91.º e ss. referentes à responsabilidade civil dos administradores nada dispunham quanto a este matéria[36]. Recorde-se que a *responsabilidade civil dos administradores* poderia ter sido um *lugar natural* de previsão normativa, já que o art. 173.º do CCm, onde surgia a proibição de celebração de negócios consigo mesmo, regulava justamente esta disciplina.

Temos, assim, que a hipótese da celebração de negócios entre os gerentes e a sociedade ser subsumível a um regime geral foi afastada no Projecto do Código. Restava a hipótese da sua previsão no regime especial das SPQ ou a criação de um regime em sede de SA, aplicável às SPQ. Ora, no articulado do Projecto referente à gerência (arts. 180.º a 191.º) nada se previa quanto a esta disciplina. Em sede de SA, o art. 403.º do Projecto regulava a matéria que hoje se encontra no actual 397.º, mas nenhuma disposição normativa remetia para a sua aplicação em sede de SPQ.

A esperança que alimentou os anteprojectos de RAÚL VENTURA referentes à SPQ tinha sido assim defraudada. Tanto quanto é possível ajuizar, a matéria referente à celebração de negócios entre os gerentes e a sociedade foi, simplesmente, esquecida... De *Pilatos para Herodes*, a matéria em causa acabou sem uma previsão escorreita no regime do CSC. Situação que se mantém até hoje.

§ 3.º AS TESES EM CONFRONTO

1. Base exemplificativa

I – Antes de avançarmos, tomemos uma base exemplificativa de exposição, que nos possa servir de referencial concreto de pensamento. É uma base exemplificativa muito simples, mas onde se encontra presente a tipologia problemática fundamental do nosso tema:

A detém 25% do capital social da sociedade *B, Lda.* que tem por objecto a compra e venda de imóveis. A sociedade tem mais 4 sócios com a mesma percentagem de participação no capital social, mas *A* é o único gerente. Por sua vez, a sociedade *B, Lda.* detém 90% da sociedade *C, Lda.* cuja gerência está confiada a *E.*

Exemplo 1: A celebrou com *D* um mandato ao abrigo do qual este se obrigava a adquirir a favor de *A* um imóvel da sociedade *B, Lda.* O negócio foi acordado

---

[35] Cfr. ANTÓNIO FERRER CORREIA – Lei das Sociedades Comerciais (Anteprojecto). Idem, 185 e 191, pp. 25 e ss e 5 e ss, respectivamente.

[36] Cfr. BMJ, 327, 1983, pp. 106 e ss.

O GOVERNO DE SOCIEDADES POR QUOTAS

entre *A* e *D* e o contrato outorgado entre por *D*, na qualidade de comprador, e *A*, na qualidade de gerente da sociedade vendedora. Posteriormente *D* transmitiu a propriedade do imóvel a *A*.

Exemplo 2: *A* celebrou com a sociedade *C, Lda.* um contrato de prestação de serviços.

Exemplo 3: Por modificação estatutária, todos os sócios de *B, Lda.* são agora gerentes. A sociedade, representada pelo sócio gerente *F*, vendeu um imóvel a *A*.

II – No cenário hipotético *supra* apresentado, são manifestas as hipóteses de o sócio gerente *A* poder granjear, directa ou indirectamente, vantagens especiais dos negócios em causa. Ante o silêncio do regime das SPQ quanto à validade ou eficácia de tais negócios a doutrina e a jurisprudência foram alinhando soluções normativas que iremos agora apreciar.

2. A *tese tradicional*: a aplicação do art. 261.º do CC

I – O silêncio do CSC deixou o intérprete-aplicador diante de três hipóteses metodologicamente admissíveis: *(i)* ou aplicação do direito comum, logo: do art. 261.º do CC; *(ii)* ou a aplicação, por *analogia legis*, do disposto no art. 397.º às SPQ; *(iii)* ou ainda a criação, nos termos do art. 10.º/3 do CC, de um regime *ad hoc*.

A aplicação do direito comum foi defendida desde logo por RAÚL VENTURA[37]. A jurisprudência tem-lhe feito eco[38], sendo quase doutrina oficial na nossa tradição comercialista.

II – As razões invocadas para a aplicação do art. 261.º do CC aos negócios celebrados entre os gerentes e a sociedade são fundamentalmente as seguintes:

(i) o art. 261.º do CC consagra um *princípio geral da representação* que, enquanto tal, tem aplicação transversal no ordenamento jurídico português[39];

(ii) o regime previsto no art. 397.º/2 do CSC não pode ser aplicado às SPQ onde não existe, logo à partida, um órgão colegial de administração[40].

---

[37] Cfr. RAÚL VENTURA – *Sociedades por Quotas (Comentário ao Código das Sociedades Comerciais)*, Vol. 3, Coimbra, 1991, 176-177.

[38] Cfr., por exemplo, RPt 13-Abr.-1999 (Afonso Correia), Proc. n.º 9920391: *"Quando o gerente, em nome da sociedade, queira celebrar consigo qualquer contrato, o consentimento da sociedade há-de ser dado por deliberação dos sócios na qual o interessado, se for sócio, não poderá votar (...)"*; RPt 13-Dez.-2005 (Alziro Cardoso), Proc. n.º 0521121: *"A consequência da celebração pelo gerente de uma sociedade por quotas de contrato entre a sociedade e o próprio gerente, directamente ou por interposta pessoa, decorre, com as necessárias adaptações, do princípio geral estabelecido no art.º 261.º do C. Civil."*. No mesmo sentido, cfr. ainda REv. 19-Jun.-2008 (Fernando Bento), Proc. n.º 521/08-2.

[39] Cfr. VENTURA – *Sociedades por Quotas, Vol. 3*, 177

[40] Cfr. Ibidem, 176.

O GOVERNO DAS ORGANIZAÇÕES

Daqui se retira a conveniência de aplicar aos casos *sub judice* o art. 261.º em toda a sua extensão normativa, quer nos casos de *autocontratação*, quer, embora com reservas[41], nos casos de *dupla representação*[42]. A única particularidade residirá no facto de ser a assembleia geral e não a gerência a prestar o consentimento do representado, neste caso da SPQ[43].

III – Antes de ajuizar acerca da tese proposta, vejamos as soluções a que conduz a sua aplicação aos casos da base exemplificativa adoptada.

No *exemplo 1* não se trata, em rigor, de uma hipótese de *autocontratação*, entendida como aquela em que *"o representante actua nessa qualidade e, ao mesmo tempo, em nome próprio"*[44]. Entre *A* e *D* existe um mandato sem representação, pelo que o imóvel, sendo certo que se destina à propriedade de *A*, é real e verdadeiramente adquirido por *D*, em nome próprio (por conta de *A*, naturalmente). *Apertis verbis*, a hipótese em causa não tem previsão no art. 261.º do CC.

Para ferir o negócio em causa de alguma ineficácia – que proteja o interesse da sociedade e dos restantes sócios – será necessário sustentar que nos casos de autocontratação previstos no art. 261.º/1 do CC se devem incluir ainda as situações em que o representante actua através de interposta pessoa, utilizando uma *"esfera jurídica veículo"* para contornar a invalidade estatuída naquele artigo[45]. De outra sorte, a menos que *in concreto* se possa lançar mão de outros dados do sistema, a eficácia do negócio em causa não é afectada pela aplicação do art. 261.º do CC.

Olhemos agora para o *exemplo 2*. *A* representa a sociedade *B, Lda.* sendo que a sociedade *C, Lda.* é representada por *E*. À luz do art. 261.º/1 o negócio em causa não configura um caso de autocontratação nem de dupla representação.

---

[41] Cfr., em exemplo das reservas quanto à aplicação do art. 261.º/1 do CC aos casos de dupla representação, RLx 10-Out.-2006, (Isabel Salgado) Proc. n.º 4916/2006-7: *"Não constitui negócio consigo mesmo aquele em que uma sociedade vende a outra um determinado bem, no caso um veículo, apesar de representadas pelo sócio-gerente que é comum a ambas não se demonstrando que o sócio-gerente, assim actuando. visou prosseguir o seu interesse próprio, individual e pessoal (artigo 261.º do Código Civil)."*. Cfr., igualmente, RCb 04-Out.-2005 (Monteiro Casimiro), Proc. n.º 2158/05: *"Não se verifica a existência da figura do negócio consigo mesmo, pelo facto de um contrato ter sido outorgado por um administrador comum às sociedades autora e ré, se, tendo em consideração que estas têm personalidade própria, distinta da do aludido administrador, este teve intervenção apenas na qualidade de representante da autora, tendo a ré sido representada no contrato por outra pessoa, que não esse administrador."*.

[42] Cfr., com abundantes referências, Pedro de Albuquerque – *A representação voluntária em direito civil: ensaio de reconstrução dogmática*, Coimbra, 2006, 935 e ss. Cfr. ainda Jorge Duarte Pinheiro – "O negócio consigo mesmo" – *Estudos em Homenagem ao Prof. Doutor Inocêncio Galvão Telles*, 4, Lisboa, 2003, 141 e ss.

[43] Cfr. Ventura – *Sociedades por Quotas*, Vol. 3, 177

[44] Cfr. Albuquerque – *A representação*, 936.

[45] Sobre este concreto mecanismo de contratação, cfr. a obra ainda hoje de referência entre nós, Fernando Pessoa Jorge – *O mandato sem representação*, Lisboa, 1961, 171 e ss.

À partida, da aplicação do art. 261.º do CC não resulta para estes casos a invalidade do negócio. A sociedade *C, Lda.* encontra-se, no entanto, em relação de domínio com a sociedade de quem *A* é gerente.

O mesmo vale para o *exemplo 3*. Neste caso, em que a gerência é plural, a sociedade encontra-se representada por *F* que contrata com *A* (em nome próprio). Não há margem para aplicação do art. 261.º do CC, pois não se verifica qualquer situação de autocontratação[46].

3. A aplicação analógica do art. 397.º do CSC

I – Paralelamente à tese tradicional, é possível identificar na doutrina nacional quem sustente a aplicação analógica do art. 397.º às SPQ. É o caso de Coutinho de Abreu[47]. O disposto no art. 397.º deveria assim ser aplicado a outros tipos sociais, ganhando uma generalidade sistemática que a sua consagração em sede de SA, *prima facie*, não faria supor.

Tecnicamente estamos perante uma aplicação analógica. A inexistência de uma disposição normativa quer na Parte Geral e quer na Parte Especial do código importaria reconhecer a existência de uma lacuna. O art. 2.º aconselharia a sua integração mediante a aplicação, por *analogia legis*, do disposto no art. 397.º, enquanto preceito normativo que consagra um caso análogo ao caso omisso.

II – As razões que Coutinho de Abreu aduz em defesa desta tese reduzem-se, fundamentalmente, à seguinte consideração: casos há (como a nossa base exemplificativa demonstra) em que os negócios celebrados entre o gerente e a sociedade não são negócios consigo mesmo. Basta, para o efeito, que um terceiro ou outro gerente que não o interessado surjam em representação da sociedade[48].

Desta observação retira o autor a necessidade de aplicar analogicamente, *mutatis mutandis*, o art. 397.º a todos os tipos sociais. Não explica, contudo, quais as adaptações que devem ser feitas na sua aplicação analógica, nem se preocupa em rebater as críticas que naturalmente se desenham no horizonte ante a proposta de tal aplicação.

III – Vejamos, uma vez mais, a que resultados conduziria a aplicação da solução proposta à base exemplificativa adoptada.

---

[46] Neste sentido, cfr. Jorge M. Coutinho de Abreu – *Responsabilidade Civil dos Administradores de Sociedades*, IDET, Coimbra, 2007, 28, nota 45.

[47] Cfr. *Ibidem*, p. 28.

[48] Cfr. *Ibidem*, nota 45.

No *exemplo 1* a dificuldade de construção de uma solução escorreita à luz do direito comum é subsituida pela clareza e segurança na aplicação do art. 397.º/2. A aplicar-se este preceito, o negócio em causa seria nulo, pois não restaria qualquer dúvida quanto ao facto de a actuação de **D** configurar um caso de celebração de negócios indirectamente, por *"interposta pessoa"*, para os efeitos previstos no artigo.

Temos portanto que, quer segundo a tese tradicional, quer mediante a aplicação analógica do art. 397.º/2, é possível, neste exemplo, obter a ineficácia do negócio. Contudo, as soluções concretas revelam disparidade normativa de difícil sustentação. Com efeito, com a aplicação do disposto no art. 261.º/1 o negócio em causa seria *anulável*, seguindo o regime dos arts. 287.º, 288.º e 289.º do CC. Porém, a admitir a aplicação do art. 397.º/2, o negócio seria *nulo*, seguindo o regime dos arts. 286.º e 289.º do CC.

Olhemos agora para o *exemplo 2*. À luz da tese tradicional, o negócio em causa é eficaz. Porém, a aplicar o art. 397.º, o negócio será nulo por força do disposto no n.º 3 que fere igualmente de nulidade os negócios celebrados entre os administradores e as sociedades em relação de domínio ou de grupo com a sociedade cuja administração lhes está confiada.

O mesmo se diga quanto ao *exemplo 3*. À luz da tese tradicional não se trataria de um negócio consigo mesmo, de onde a compra e venda em causa seria vália. Porém, o mesmo negócio seria nulo, à luz do art. 397.º/2.

§ 4.º APRECIAÇÃO CRÍTICA

1. Razão de ordem

I – A apresentação sumária das teses em confronto e o ensaio da sua aplicação à base exemplificativa adoptada permitem sublinhar alguns aspectos que entendemos relevantes:

(i) Há uma proximidade problemática entre as possíveis ineficiências associadas à celebração de negócios entre uma SA e os seus administradores e a celebração de negócios entre uma SPQ e os seus gerentes.

(ii) Tal proximidade reclama soluções normativas que sejam teleológica e valorativamente idênticas, sob pena de se comprometer a própria unidade do sistema interno[49].

---

[49] Aludimos aqui à distinção entre *sistema interno* e *externo* que tem origem em HECK (*Begriffsbildung und Interessenjusrisprudenz*, 1932). O sistema *externo* corresponde à ordenação das fontes; ao modo como uma disciplina jurídica surge estruturada e organizada a partir do seu quadro normativo. Tal sistematização é,

(iii) Contudo, o regime jussocietário revela-se, quanto a este aspecto, pouco harmonioso: o recurso ao art. 261.º do CC *versus* 397.º do CSC conduz a soluções normativas totalmente diversas. O desvalor jurídico associado à *anulabilidade* (art. 261.º do CC) e à *nulidade* (art. 397.º) das sanções demonstram, por si, uma dasarticulação valorativa de difícil sustentação.

II – O que fica dito basta para que, de *jure condendo*, se recomende vivamente uma harmonização normativa[50] que, aliás, existia antes da entrada em vigor do CSC e que, se bem julgamos, sempre esteve presente no espírito da codificação societária. Tal harmonização poderá não ser exactamente idêntica quanto ao regime concreto (por exemplo, quanto à intervenção orgânica requerida para eficácia do negócio), mas deverá comungar dos mesmos vectores teleológicos e poder conhecer uma mesma recondução dogmática.

Para tal harmonização torna-se útil apreciar as virtudes e insuficiências das teses propostas.

2. As insuficiências da tese tradicional

I – A tese tradicional contém evidentes limitações de ordem prática e dogmática. Em primeiro lugar, o recurso ao disposto no art. 261.º do CC importa uma acentuada *aproximação da representação orgânica ao instituto geral da representação*[51].

Com efeito, a denominada *representação orgânica*, surgiu historicamente associada ao instituto da representação e à supressão das incapacidades. Era esta a tese central da doutrina da ficção enquanto recondução dogmática da personalidade colectiva[52].

---

contudo, de destrinçar da *"unidade de sentido interno do Direito"*. Esta última corresponde a uma ordenação axiológica e teleológica da ordem jurídica que, naturalmente, embora se apresente possibilitada pelas fontes, transcende em muito o sistema externo. O conceito de *sitema interno* traduz, justamente, tal unidade interna da ordem jurídica que cabe à ciência do Direito descobrir e explicitar. Cfr., com desenvolvimento, CLAUS-WILHELM CANARIS – *Pensamento Sistemático e Conceito de Sistema na Ciência do Direito*, Lisboa, 2002, 26 e ss. e 66 e ss. *Vide*, igualmente, em especial, KARL LARENZ – *Metodologia da Ciência do Direito*, 4.ª ed., Lisboa, 2005, 674 e ss. Sobre a relação e dependência mútua de ambos os sistemas, com referências, FRANZ BYDLINSKI – "Zum Verhältnis von äußerem und innerem System im Privatrecht" – *Festschrift für Claus-Wilhelm Canaris zum 70. Geburtstag*, 2007, 1017-1040.

[50] Recomendação esta que é solicitada por outros autores e a propósito de objectos de investigação paralelos ao presente. Cfr., por exemplo, GOMES – "Conflito de interesses...", 108 e ss. e *passim*.

[51] Recorde-se, a este propósito, a primeira razão aduzida por RAÚL VENTURA para sustentar a aplicação do art. 261.º: ser este um princípio geral da representação de fácil aplicação ao caso em apreço. Cfr. VENTURA – *Sociedades por Quotas, Vol. 3*, 177.

[52] A doutrina da ficção, especialmente desenvolvida por SAVIGNY, reconduzia a *juristische Person* a uma ficção jurídica (cfr. FRIEDERICH KARL VON SAVIGNY – *System des heutigen römischen Rechts* Vol. 2, Berlin,1840, 236).

Porém, com a difusão e aceitação da *Organentheorie* de VON GIERKE[53], o termo representação, quando aplicada aos órgãos das corporações, sofreu uma derivação linguística: deixou de estar associado ao sentido técnico jurídico tradicional para passar a designar o modo colectivo de actuação da própria pessoa colectiva[54]. Neste sentido, *representação orgânica* exige um outro enquadramento dogmático, distinto da figura geral da representação.

A evolução dogmática da personalidade colectiva levou à progressiva superação do realismo orgânico de VON GIERKE, mas o recurso à *Organtheorie* manteve-se na doutrina, ainda que despida da sua inicial dimensão significativa-ideológica. O recurso à noção de *representação orgânica* é doutrina comum, como comum e pacífico é também afastar a representação orgânica da figura geral da representação[55].

II – Ora, a aplicação de um princípio geral da representação à relação entre a sociedade e os titulares dos seus órgãos conduz a solução de casos concretos a um fraco e incorrecto enquadramento dogmático. A aplicação do art. 261.º do CC surge como um corpo estranho na construção da representação orgânica. Suporta-se a sua presença, à míngua de melhor solução, ao mesmo tempo que se deixa de manifesto a clara insuficiência do CSC e a necessidade de uma profunda revisão da matéria.

Mais: tal solução não parece conter a necessária capacidade heurística, associada a qualquer recondução dogmática[56]. Não parece que seja possível retirar da aproximação da representação orgânica ao instituto geral da representação outras e novas soluções normativas para além da ineficácia dos negócios celebrados consigo mesmo.

À ficção da existência de uma pessoa colectiva seguia-se *eine zweite Fiktion*, relativa à imputação de uma vontade e acção juridicamente relevantes à pessoa ficcionada. Tal imputação estava associada a um mecanismo de supressão das incapacidades (cfr. OTTO VON GIERKE – *Die Genossenschaftstheorie un die Deutsche Rechtsprechung*, Berlin, 1887, 603 e ss.).

[53] Expressa em obras como VON GIERKE – *Die Genossenschaftstheorie...*, 614 e ss.; OTTO VON GIERKE – *Das Wesen der menschlichen Verbände*, Darmstadt, 1902, *passim*; e ainda, *passim*, em OTTO VON GIERKE – *Deutsches Privatrecht*, Vol. 1 (Allgemeiner Teil und Personenrecht), Leipzig, 1895.

[54] Cfr., com desenvolvimento, HANS J. WOLLF – *Organschaft und juristische Person*, Vol. 2 (Theorie der Vertretung), Berlin, 1934, *passim* (16 e ss.).

[55] Neste sentido, embora com um enquadramento histórico-dogmático bastante diferente, cfr. MANUEL DE ANDRADE – *Teoria Geral da Relação Jurídica*, Vol. 1, Reimp. (2003) ed., Coimbra, 1944, 118 e ss. Cfr. ainda, a mero título exemplificativo, JOSÉ DE OLIVEIRA ASCENSÃO – *Teoria Geral do Direito Civil*, Vol. 1, Lisboa, 1998, 254; PEDRO PAIS DE VASCONCELOS – *Teoria Geral do Direito Civil*, 5 ed., Coimbra, 2008, 328 e ss.; LUÍS BRITO CORREIA – *Os Administradores de Sociedades Anónimas*, Coimbra, 1993, 191 e ss.; CORDEIRO – *Manual, vol. 1*, 789 e ss.; LUÍS A. CARVALHO FERNANDES – *Teoria Geral do Direito Civil*, Vol. 1, 5 ed., Lisboa, 2009, 430 e ss.; CARLOS A. DA MOTA PINTO – *Teoria Geral do Direito Civil*, 2 ed., Coimbra, 1983, pp. 311 e ss.; HEINRICH EWALD HÖSTER – *A Parte Geral do Código Civil Português – Teoria Geral do Direito Civil*, Coimbra, 1992, 391 e ss.

[56] Sobre a dimensão heurística da dogmática jurídica, cfr. CLAUS-WILHELM CANARIS – *Función, estructura e falsación de las teorias juridicas*, Madrid, 1995, *passim*.

III – Para a *praxis* jurídica e atendendo ao bom governo das sociedades, o recurso ao disposto no art. 261.º do CC manifesta ainda algumas insuficiências que ficam patentes nos *exemplo 2 e 3*. A incapacidade do art. 261.º responder ao caso em que o conflito de interesses existe não porque se trate de autocontratação ou dupla representação, mas devido à influência que *A* pode exercer sobre a sociedade em relação domínio ou de grupo com aquela de que é gerente, deixa clara a insuficiência normativa da aplicação do art. 261.º do CC à tipologia de casos em apreço. Do mesmo modo, o facto de o art. 261.º deixar sem resposta os casos em que há um negócio entre o gerente e a sociedade mas simplesmente, no acto da sua conclusão, a sociedade encontra-se acidental ou propositadamente representada por terceiro, manifesta a incapacidade do art. 261.º dar resposta a estes casos.

Para além deste apontamento, a discrepância normativa entre os arts. 261.º do CC e 397.º, bem como a possibilidade, que não deve ser afastada, de poder existir concorrência de regimes enreda uma aplicação escorreita do Direito que a todos os níveis deve ser afastada.

3. Críticas à aplicação do art. 397.º do CSC: a ausência de colegialidade

I – Tendo em conta as críticas que se podem aduzir à tese tradicional, a aplicação do art. 397.º à celebração de negócios entre os gerentes e a sociedade parece solucionar muitos problemas.

Contudo, também esta tese é merecedora de duas objecções que devem ser cuidadosamente ponderadas:

(i) a *ausência de colegialidade no órgão de administração*; e
(ii) a a *ausência de órgão de fiscalização* nas SPQ.
Vejamos a primeira.

II – A conveniência de os negócios celebrados entre os administradores e a sociedade serem previamente autorizados pelo conselho de administração tem especiais vantagens para o bom governo da sociedade. Em concreto, é um meio expedito e célere que não paralisa a vida social e não parece desincentivar negócios eficientes[57]. De tal modo o mecanismo previsto no art. 397.º é relevante para o bom governo das sociedades que ainda recentemente José Ferreira Gomes veio propor uma interpretação extensiva do preceito no sentido da sua aproximação, tanto quanto possível, à solução italina prevista no art. 2391 do *Codice Civile*, que reputa preferível face ao nosso sistema[58].

---

[57] Cfr. Gomes – "Conflito de interesses...", 101.
[58] Com desenvolvimento e abundantes referências, cfr. *Ibidem*, 107 e ss.

O GOVERNO DAS ORGANIZAÇÕES

Independentemente do correcto alcance normativo do art. 397.º, importante é reter o princípio geral subjacente ao controlo dos negócios celebrados entre os membros da administração e a sociedade: a necessidade de intervenção de um órgão colegial que garanta, como refere José Ferreira Gomes, *"a adequada discussão dos conflitos de interesses eventualmente existentes e assegure a prossecução do interesse da sociedade"*[59].

Ora, é justamente a inexistência de tal órgão a primeira objecção que se apresenta à aplicação do art. 397.º/2 às SPQ.

III – A apreciação desta objecção exige que se distinga a *pluripessoalidade* da *colegialidade* de um órgão social. A pluripessoalidade diz respeito ao número de membros de determinado órgão, a colegialidade seu ao ao *modus operandi*. O que o art. 397.º/2 exige, secundando José Ferreira Gomes, é a colegialidade do órgão; não a pluripessoalidade. Claro está, naturalmente, que apenas um órgão pluripessoal pode decidir colegialmente; mas isto não significa que todos os órgãos pluripessoais estejam necessariamente sujeitos à colegialidade.

Ora, *o facto de a administração das SPQ poder ser unipessoal não é argumento que permita afastar a aplicação do art. 397.º/2 a este tipo social*. Para o efeito, seria necessário que se verificasse que em caso algum a administração de uma SA pode ser unipessoal. Tal, contudo, não é verdade. Basta pensar numa SA que tendo adoptado a estrutura de governo prevista no art. 278.º/1 a), tenha um *administrador único*, nos termos do art. 278.º/2, e não um conselho de administração. Neste caso, o órgão de administração em causa é unipessoal.

Sem dúvida que a ausência de pluripessoalidade no órgão da administração é um obstáculo à aplicação do art. 397.º/2. *Infra* teremos oportunidade de apresentar a nossa proposta para estes casos. Porém, é um obstáculo que tanto pode ocorrer numa SA como numa SPQ. *Quer nas SA quer nas SPQ, a concreta estrutura de governo social pode permitir ou não a aplicação do art. 397.º/2, consoante exista ou não pluripessoalidade do órgão de administração.*

Sendo, assim, um problema comum aos tipos sociais em causa, a (potencial) inexistência de pluripessoalidade não pode ser argumento para afastar a aplicação analógica do art. 397.º/2 às SPQ.

IV – Outra coisa será dizer que a impossibilidade de aplicação analógica do art. 397.º/2 reside no facto de a gerência das SPQ, mesmo quando plural, ser *conjunta* e não colegial. Com efeito, o funcionamento colegial do conselho

---

[59] Cfr. Ibidem, 119.

O GOVERNO DE SOCIEDADES POR QUOTAS

de administração é um dado seguro no nosso sistema[60]. O mesmo vale para o conselho de administração executivo, *ex vi* art. 433.º. Já no que diz respeito ao funcionamento de uma gerência plural, o art. 261.º/1, consagra a *conjunção por maioria*[61]: não a colegialidade[62]. Daqui se poderia retirar que se a administração de uma SPQ, quando pluripessoal, não está sujeita à colegialidade, ao contrário do que ocorre nas SA, então não é possível a aplicação analógica do art. 397.º/2 àquele tipo societário.

O argumento é forte, mas tem fragilidades. De facto, entre a colegialidade do conselho de administração e o funcionamento conjunto por maioria da gerência plural há uma diferença específica que cumpre assinalar: a *supletividade do regime*. Com efeito, ao passo que a colegialidade parece ser imperativa quanto ao funcionamento do conselho de administração[63], a conjunção surge com regra supletiva quanto ao funcionamento da gerência plural. Nos estatutos, os sócios poderão moldar o funcionamento da gerência como entenderem, adoptando a disjunção, a conjunção por unanimidade ou a colegialidade[64].

Isto significa que, de acordo com o previsto no contrato de sociedade, *é possível encontrar um forma de governo nas SPQ que passe pela existência, na administração da sociedade, de um órgão pluripessoal, sujeito à colegialidade.*

Bastará este dado para afastar definitivamente a objecção em causa? Será a diferença entre conjunção por maioria e a colegialidade tão marcada que justifique afastar a aplicação analógica do art. 397.º/2?. São questões sobre as quais *infra* tomaremos partido.

4. Cont.: a ausência de órgão de fiscalização

I – A segunda objecção apontada prende-se com o facto de o órgão de fiscalização ser, nas SPQ, um *órgão eventual*, ao passo que não existe qualquer estrutura de governo de uma SA que não tenha uma instância de fiscalização. E assim é, com efeito, se atendermos ao disposto nos arts. 278.º/1 e 262.º.

Daqui se retiraria que a intervenção do órgão de fiscalização prevista no art. 397.º/2 seria sempre possível nas SA mas nem sempre (ou quase nunca!) nas SPQ, de onde a aplicação analógica do preceito em causa deveria ser afastada.

---

[60] Menos seguras serão as exactas consequências dessa colegialidade... Cfr., por todos e com abundantes referências, PEDRO MAIA – *Função e funcionamento do conselho de administração da sociedade anónima*, Coimbra, 2002, 213 e ss.

[61] Cfr. VENTURA – *Sociedades por Quotas, Vol. 3*, 188 e ss.

[62] Sobre a diferença entre a colegialidade e a conjunção por maioria, cfr. MAIA – *Função...*, 208-211.

[63] Secundando PEDRO MAIA, Ibidem, 213 e ss.

[64] Quanto à liberdade de conformação dos esatutos, cfr. VENTURA – *Sociedades por Quotas, Vol. 3*, 197 e ss.

O GOVERNO DAS ORGANIZAÇÕES

II – A apreciação desta objecção exige que se pondere com cuidado a aplicação do art. 397.º/2 em estruturas de governo que adoptem o modelo germânico previsto no art. 278.º/1 c).

Com efeito, o parecer favorável previsto no art. 397.º/2 é exigido ao conselho fiscal (ou fiscal único, *ex vi* art. 423.º-A) e à comissão de auditoria (*ex vi* art. 423.º-H); não o é ao ROC da sociedade[65]. Isto significa que:

- Nas SA, cujo governo de encontre estruturado nos termos do art. 278.º/1 *a)*, a validade dos negócios celebrados entre a sociedade e os seus administradores fica sujeita *(i)* à autorização prévia do conselho de administração e *(ii)* ao parecer favorável do conselho fiscal (ou fiscal único);
- Nas SA, cujo governo de encontre estruturado nos termos do art. 278.º/1 *b)*, a validade dos negócios celebrados entre a sociedade e os seus administradores fica sujeita *(i)* à autorização prévia do conselho de administração e *(ii)* ao parecer favorável da comissão de auditoria;
- Mas nas SA, cujo governo de encontre estruturado nos termos do art. 278.º/1 *c)*, a validade dos negócios celebrados entre a sociedade e os seus administradores fica *apenas* sujeita à autorização prévia do conselho geral e de supervisão, *ex vi* art. 428.º. O ROC não é chamado a pronunciar-se.

Daqui se retira que a aplicação do art. 397.º/2 no contexto das SA nem sempre exige o parecer favorável do órgão de fiscalização. Esta constatação pode servir-nos para reeditar o argumento *supra* utilizado quanto à pluripessoalidade do órgão de administração: se casos há em que, no contexto das SA, o art. 397.º/2 não exige o parecer do órgão de fiscalização, então, o facto de o conselho fiscal ser um órgão eventual das SPQ, não impede a aplicação analógica do preceito.

III – A validade deste argumento exige, contudo, que se aprecie com melhor cuidado a intervenção da comissão de auditoria e do conselho geral e de supervisão.

Se o art. 423.º-H não mandasse aplicar o art. 397.º, ainda assim o intérprete-aplicador rapidamente chegaria à conclusão de que o parecer favorável previsto no art. 397.º/2, ao não existir conselho fiscal, deveria ser elaborado pela comissão de auditoria. Bastava, para o efeito, comparar os art. 420.º e 423.º-F e verificar que as competências de fiscalização do conselho fiscal são na sua esmagadora maioria assumidas pela comissão de auditoria, no modelo de governo previsto no art. 278.º/1 b).

---

[65] Cfr. ANTÓNIO MENEZES CORDEIRO – *CSC Anotado*, 2009, 397.º, 8 (nota 6). Sobre a possibilidade do ROC ser chamado a prestar parecer favorável nas relações entre os membros do conselho geral e de supervisão, cfr. GIÃO – "Conflito...", pp. 262-263.

O GOVERNO DE SOCIEDADES POR QUOTAS

Ora, tal similitude de competências entre o conselho fiscal e a comissão de auditoria, no que à fiscalização da sociedade diz respeito, existe também entre esta e o conselho geral e de supervisão (arts. 423.º-F *versus* 441.º). Todavia, o conselho geral e de supervisão reúne um outro conjunto de competências que estão muito para além de uma função fiscalizadora. Veja-se a possibilidade de nomear e distituir administradores (art. 441.º/1 a)), a possibilidade de lhe serem assacados poderes de gestão (art. 442.º) e, em especial, o poder de representar a sociedade (arts. 44.º/1 c) e 443.º).

Para efeitos de aplicação do aplicação do art. 397.º/2, faz todo o sentido que o conselho geral e de supervisão seja chamado a intervir, por força dos seus poderes de fiscalização (em tudo idênticos à comissão de auditoria e ao conselho fiscal). Mas dado o universo das suas competências e a sua especial posição na estrutura de governo social em causa, faz ainda sentido que mais do que apreciar o negócio, o possa autorizar[66]. Foi essa a solução consagrada no art. 428.º.

IV – Temos, portanto, que é falsa a afirmação segundo a qual a aplicação do art. 397.º/2, no contexto das SA, nem sempre exige a intervenção do órgão com poderes de fiscalização. O que nem sempre se exige é a elaboração de um parecer favorável, mas a intervenção de um órgão com poderes de fiscalização (seme-lhantes aos poderes do conselho fiscal e da comissão de auditoria) existe sempre, mesmo quando está em causa a autorização do conselho geral e de supervisão.

§ 5.º POSIÇÃO ADOPTADA

1. Sinopse das teses propostas

I – As insuficiências da tese tradicional são conhecidas. Não parece que existam argumentos atendíveis para a sua superação. A jurisprudência também não tem ajudado a alargar o espartilho normativo da autocontratação prevista no art. 261.º à franja de casos que, como vimos, ficam sem solução.

II – As críticas aduzidas à tese da aplicação analógica do art. 397.º às SPQ (e aos outros tipos sociais) parecem impedir o sufrágio desta tese. A mera *existência eventual* de um órgão de fiscalização nas SPQ em oposição à intervenção obriga-tória de um órgão com poderes de fiscalização requerida no art. 397.º/2, seja qual for o modelo de governo da SA, impede que se advogue a aplicação analógica deste preceito às SPQ.

---

[66] Para a importância destes argumentos, agradecemos a chamada de atenção de José Ferreira Gomes.

O GOVERNO DAS ORGANIZAÇÕES

Do mesmo modo, o facto de o funcionamento colegial da gerência plural ser, também ele, uma eventualidade sempre dependente do previsto no contrato de sociedade, contra a supletividade de conjunção por maioria como forma de funcionamente de uma administração pluripessoal, colide com o escopo fundamental do art. 397.º/2: a apreciação dos negócios em causa por um órgão colegial.

III – Tudo ponderado, *não cremos que se possa defender a aplicação analógica do art. 397.º às SPQ*. Resta-nos, portanto, a adesão à tese tradicional, *a pesar dos pesares...* ou a apresentação de uma nova proposta.

2. Proposta: a criação de uma solução normativa *ad hoc*

I – A adesão à tese tradicional, sem que sejam suprimidas as insuficiências apontadas parece-nos de rejeitar. Admitimos, contudo, que um melhor e mais profundo estudo do negócio consigo mesmo, previsto no art. 261.º do CC, possa conduzir a uma concretização normativa que dê cobro à franja de casos que a jurisprudência rejeita e que – tanto quanto podemos ajuizar – a doutrina teima em ignorar. Este, porém, não é o local para um ensaio dessa natureza.

Mesmo que uma tal concretização normativa venha a ser possível, seria ainda necessário verificar se a sua aplicação às SPQ (e as sociedades comerciais em geral) não mantinha a excessiva aproximação dogmática da representação orgânica ao instituto geral da representação, que reputámos de pouco desejável.

II – Não sendo possível superar as insuficiências da tese tradicional, e afastado que foi o recurso à aplicação analógica do art. 397.º, não nos resta outra solução senão procurar que esta manifesta lacuna do regime das SPQ seja integrada nos termos do art. 10.º/3 do CC, mediante a formulação de uma norma *da hoc*.

Tal construção deve, em nossa opinião, nortear-se pelos seguintes objectivos:

a) o regime a criar deve ser normativamente idêntico ao previsto no art. 397.º/2, criando assim a harmonização normativa que o sistema interno reclama, que o regime anterior conhecia e que, segundo cremos, no processo de codificação societária não se desejou abandonar;

b) a solução preconizada deve dar cobro aos tradicionais casos de autocontratação mas ainda àqueles em que a celebração de negócios entre os gerentes e a sociedade é indirecta ou realizada não com a sociedade mas com outras que com aquela se encontram em relação de domínio ou de grupo;

c) a intervenção orgânica em razão da qual o negócio é válido deve ficar a cargo da assembleia geral, seja a gerência uni ou pluripessoal;

O GOVERNO DE SOCIEDADES POR QUOTAS

d) a excepção ao regime deve coincidir com a exclusão da possibilidade de conflito de interesses, prevista no art. 261.º/1, de que o art. 397.º/5 é concretização.

III – Em síntese, eis o que propomos: *são nulos, salvo autorização prévia da assembleia geral, os negócios celebrados, directa ou indirectamente, entre os gerentes e a sociedade ou entre estes e as sociedades que com aquela se encontrem em relação de domínio ou de grupo, salvo se o negócio em causa, pela sua natureza ou circunstâncias, exclua a possibilidade de conflito de interesses.*

3. Excurso: a contratação do *administrador único* com a SA

I – Uma última nota – *a latere* – sobre o regime a aplicar à celebração de negócios entre o administrador único e a SA, já que esta problemática foi abordada nestas linhas. Dois pontos nos parecem indiscutíveis: a estes casos *(i)* não é possível aplicar directamente o art. 397.º/2; porém, *(ii)* não há razões para que a solução destes casos divirja substancialmente do regime previsto em caso de administração pluripessoal.

Com estas balizas, dois caminhos se nos afiguram possíveis: *ou* defender a aplicação residual, para estes casos, do art. 261.º do CC; *ou* criar – novamente – uma solução *ad hoc*, nos termos do art. 10.º/3 do CC.

II – Os negócios celebrados entre o administrador único e a sociedade são, em princípio, negócios consigo mesmo. O art. 261.º do CC tem aqui campo possível de aplicação. No entanto, ao aplicar o art. 261.º do CC, estamos a estatuir para estes negócios um desvalor jurídico e um regime totalmente diversos do que resulta da aplicação do art. 397.º. Não cremos que o facto de o órgão de administração da SA em causa ser unipessoal justifique tal discrepância de regime.

Mais: situações haverá em que a celebração de negócios entre o administrador único e a sociedade pode fugir ao estrito espartilho com que o art. 261.º do CC vem sendo interpretado. Basta, por exemplo, que o administrador em causa tenho tenha confiado a terceiro os necessários poderes para naquele negócio obrigar a sociedade, não aprecendo ele em sua representação.

A aplicação, ainda que residual, do art. 261.º do CC não parece aqui recomendável.

III – Em nossa opinião, a melhor solução a dar a estes casos passa por reconhecer a nulidade dos negócios em causa nos termos e pressupostos do art. 397.º/2, sendo a autorização prévia prestada pela assembleia geral.

O GOVERNO DAS ORGANIZAÇÕES

A intervenção da assembleia geral – à qual sempre se chegaria pela aplicação do art. 261.º do CC[67] – garante a discussão do possível conflito de interesses subjacente aos negócios em causa por um órgão colegial no qual se crê existir uma especial ponderação do interesse social[68]. Por outro lado, obtém-se uma unidade normativa quanto ao desvalor do acto jurídico em causa e quanto regime subjacente.

Tecnicamente, trata-se da criação de uma norma *ad hoc*, nos termos do art. 10.º/3 do CC[69].

§ 6.º CONCLUSÕES

I – O governo das SPQ insere-se no contexto mais lato do governo das *close corporations*. A tipologia problemática bem como o seu enquadramento dogmático deve, portanto, ser procurada nesta sede.

Tendo em conta o arquétipo ideal das SPQ, o estudo da governação social neste tipo societário conduz à estruturação de um modelo de *corporate governance* de sociedades de estrutura mediada, a meio caminho entre as puras sociedades de pessoas e o paradigma das sociedades de capitais (presente nas SA).

Neste sentido, o estudo do governo das SPQ pode ser especialmente relevante na compreensão e resolução de questões jurídicas emergentes das *variações tipológicas*, quer no sentido da *capitalização* das sociedades de pessoas, quer no sentido da *personalização* das sociedades de capitais.

II – Antes da entrada em vigor do CSC, aos negócios celebrados entre os gerentes e uma SPQ aplicava-se o mesmo regime da celebração de negócios entre os directores e uma SA (arts. 31.º da Lei de 11 de Abril de 1901 e art. 173.º do CCm).

III – Dos trabalhos preparatórios bem como dos imediatos precedentes normativos e doutrinais resulta que o legislador do CSC desejava submeter a celebração de negócios entre os gerentes e a SPQ ao mesmo regime da celebração de negócios entre os administradores e a SA. Na *mens legislatoris* estava, portanto, a manutenção essencial da solução normativa então em vigor e *supra* referida.

Por razões que têm que ver com as exitações quanto à localização sistemática do regime e com o conturbado processo de formação do diploma, tal intenção do legislador não conheceu expressão no CSC.

---

[67] Já que a intervenção do representado, nestes casos, não poderia naturalmente ser prestada pelo órgão da administração mas tão só pela Assembleia Geral.

[68] Neste sentido, cfr. GOMES – "Conflito de interesses...", 119

[69] Algo de semelhante fez, por exemplo, o Acórdão do STJ, de 19 de Fevereiro de 2004, a propósito da responsabilidade por dívidas em sede de cisão de sociedades. Cfr, em comentário, DIOGO COSTA GONÇALVES – O regime de responsabilidade por dívidas em casos de cisão simples múltipla: anotação ao Acórdão do Supremo Tribunal de Justiça de 19 de Fevereiro de 2004, *Revista da Ordem dos Advogados*, 68 I/II (2008), 1015-1049.

O GOVERNO DE SOCIEDADES POR QUOTAS

IV – É grande a proximidade problemática entre as possíveis ineficiências associadas à celebração de negócios entre uma SA e os seus administradores e a celebração de negócios entre uma SPQ e os seus gerentes.

Não obstante a ausência de uma disposição no CSC referente às SPQ, o intérprete-aplicador, no processo de realização do Direito, deve ter em conta que tal proximidade reclama soluções normativas que sejam teleológica e valorativamente idênticas.

V – O silêncio do CSC conduziu ao aparecimento de duas teses: *(i)* a aplicação aos negócios celebrados entre os gerentes e a sociedade do regime referente ao *negócio consigo mesmo* (art. 261.º do CC); e *(ii)* a aplicação analógica do art. 397.º do CSC às SPQ.

VI – A primeira tese – denominada *tese tradicional* – deve ser afastada não só porque importa uma inadequada aproximação dogmática da representação orgânica à figura geral da representação, como porque deixa sem solução normativa diversos casos que reclamam uma resposta jussocietária.

Mais se acrescente que a aplicação do regime *negócio consigo mesmo* às relações entre os gerentes e a SPQ conduziria as soluções normativas substancialmente distintas da aplicação do art. 397.º aos negócios celebrados entre os administradores e a SA, soluções essas que ferem a unidade valorativa desejada.

VII – A aplicação analógica do art. 397.º às SPQ também não pode ser sustentada. Impede-o a mera *eventualidade* da existência de colegialidade na gerência da sociedade (mesmo quando plural) e a igual *eventualidade* da existência de um órgão de fiscalização nas SPQ em oposição à necessária apreciação dos negócios por um órgão colegial e à intervenção obrigatória de um órgão com poderes de fiscalização, requeridas no art. 397.º/2, seja qual for o modelo de governo da SA.

VIII – A nossa proposta consiste na formulação de uma solução normativa *ad hoc*, nos termos do art. 10.º/3 do CC, de acordo com a qual *serão nulos, salvo autorização prévia da assembleia geral, os negócios celebrados, directa ou indirectamente, entre os gerentes e a sociedade ou entre estes e as sociedades que com aquela se encontrem em relação de domínio ou de grupo, salvo se o negócio em causa, pela sua natureza ou circunstâncias, exclua a possibilidade de conflito de interesses.*

IX – A problemática inerente à celebração de negócios entre os gerentes e a SPQ – enquanto tema de *corporate governance* – merece ser ponderada à luz dos conflitos de interesses no Direito Societário e sob a égide da dissociação entre a propriedade e a gestão da SPQ, própria da superação do *monopólio orgânico* neste tipo social.

CAPÍTULO IV

O GOVERNO DOS GRUPOS DE SOCIEDADES*

José Ferreira Gomes

ABSTRACT: *The importance of the governance of corporate groups is today undisputed, not only due to the weight of such groups in the global economy, but also due to the specific problems they pose. This article is focused on the effects that groups have on the effectiveness of management control mechanisms. In particular, it explores the content of the legal duty of the directors of the mother-company to supervise the whole group (obtaining adequate information), considering the differences between the cases of groups de iure, groups de facto and companies obliged to prepare and disclose consolidated accounts. It also includes an analysis of three famous cases – Enron (US), Parmalat (Italy) and BPN (Portugal) – to illustrate the importance of the issues discussed and the impact of the solutions advocated.*

SUMÁRIO: *§ 1.º Introdução e delimitação do objecto do estudo. § 2.º Três casos para reflexão. 1. Propósito. 2. O caso Enron. 3. O caso Parmalat. 4. O caso BPN. § 3.º O governo dos grupos na perspectiva da sociedade-mãe. 1. A redução da eficácia dos mecanismos de*

---

* O presente estudo beneficiou da discussão mantida com o Mestre Diogo Costa Gonçalves nos corredores e na biblioteca da Faculdade de Direito de Lisboa, a quem expressamos o nosso agradecimento. Naturalmente, quaisquer falhas existentes são da exclusiva responsabilidade do autor.

CITAÇÕES – Nas referência a autores no corpo do texto ou nas notas de rodapé optámos por usar os nomes pelos quais os mesmos são habitualmente conhecidos ou referidos. Nas citações das obras propriamente ditas, usamos referências completas na primeira citação de cada obra, e referências abreviadas nas restantes citações.

ABREVIATURAS – Foram reduzidas ao mínimo. As poucas que foram mantidas são de uso corrente, incluindo: CSC (código das sociedades comerciais), CC (Código Civil) e outras devidamente identificadas ao longo do texto.

fiscalização e a obrigação de vigilância dos seus administradores. 2. Os poderes-deveres de informação e inspecção dos administradores da sociedade-mãe. 2.1. Os poderes-deveres de informação e inspecção nos grupos de iure emergentes de contratos de subordinação e de domínio total. 2.2. Os poderes-deveres de informação e inspecção dos administradores da sociedade-mãe noutros grupos (de iure e de facto). 2.3. Os poderes-deveres de informação e inspecção dos administradores da sociedade-mãe sujeita a consolidação de contas. § 6.º Conclusão.

§ 1.º INTRODUÇÃO E DELIMITAÇÃO DO OBJECTO DO ESTUDO

I – Os grupos de sociedades desenvolveram-se ao longo do século XX como um importante instrumento de organização da actividade económica, acabando por assumir uma relevância no panorama jurídico-económico só ultrapassada pelo advento da sociedade comercial no final do século XVII e princípio do século XVIII[1]. Só este "maravilhoso instrumento do capitalismo moderno"[2] permitiu dar resposta às novas exigências de natureza financeira, organizativa e jurídica da produção industrial[3]. Contudo, sem prejuízo do papel central da sociedade comercial (individualmente considerada) na estruturação da actividade económica dos nossos dias, o desenvolvimento e a globalização da economia acabaram por determinar formas cada vez mais complexas de organização dos meios de produção. Se numa primeira fase a solução foi procurada na expansão interna da

---

[1] Nas palavras de ENGRÁCIA ANTUNES, o grupo de sociedades «permitiu a transição do sistema económico *concorrencial e atomístico*, baseado na empresa individual, a cargo do comerciante singular, típico de uma economia artesanal e mercantil, para o sistema *concentracionista*, baseado na empresa colectiva, que se impunha na sequência da primeira e da segunda revolução industrial». JOSÉ A. ENGRÁCIA ANTUNES – *Os Grupos de Sociedades: Estrutura e Organização Jurídica da Empresa Plurissocietária*, 2.ª ed., Coimbra: Almedina, 2002, p. 31-34.

[2] GEORGES RIPERT – *Aspects juridiques du capitalisme moderne*, 2.ª ed., Paris: LGDJ, 1951, p. 51.

[3] O desenvolvimento dos grandes empreendimentos industriais exigia avultados capitais e uma organização dos diversos factores produtivos de que o comerciante individual não podia só por si alcançar. Exigia também a limitação da responsabilidade dos empreendedores face ao risco da exploração empresarial, a estabilidade da organização para além da morte e outras vicissitudes desses mesmos empreendedores, e facilitação da transmissão da organização empresarial. Impunha-se por isso uma réplica do modelo das grandes companhias coloniais, despido do seu carácter excepcional e das prerrogativas monopolistas necessárias à expansão colonial. Cfr. ENGRÁCIA ANTUNES – *Os grupos de sociedades...* p. 33-34. O advento da sociedade comercial foi de tal forma importante que NICHOLAS MURRAY BUTLER, então *president* da Columbia University em Nova Iorque, viria a afirmar em 1912: «*I weigh my words when I say that in my judgement the limited liability corporation is the greatest single discovery of modern times, whether you judge it by its social, by its ethical, by its industrial or, in the long run – after we understand it and know how to use it – by its political, effects. Even steam and electricity are far less important than the limited liability corporation and would have been reduced to comparative impotence without it*». NICHOLAS MURRAY BUTLER – *Why should we change our form of government?: Studies in pratical politics*, New York: Charles Scribner's Sons, 1912, p. 82.

O GOVERNO DOS GRUPOS DE SOCIEDADES

sociedade comercial, rapidamente se concluiu que a expansão da mesma para além de determinado patamar comportava mais custos do que benefícios, atentos os seus limites financeiros[4], organizativos[5] e legais[6].

A solução encontrada e progressivamente mais adoptada pelas empresas passava pela expansão externa da sociedade comercial, através da aquisição do controlo de outros operadores económicos[7]. Assim surgiram os grupos de sociedades, entendidos no seu sentido amplo[8]. Esta expansão externa foi de tal modo significativa que o grupo de sociedades constitui hoje a mais característica forma de organização das médias e grandes empresas[9] que se assumem já não como as tradicionais e monolíticas *empresas societárias*, mas sim como *empresas plurisocietárias*[10].

---

[4] A sociedade individualmente considerada pode não permitir assegurar os meios financeiros necessários à continuidade do seu próprio crescimento para além de determinado nível.

[5] A complexidade da organização intra-societária pode não permitir uma gestão eficiente. Efectivamente, COASE explicou em 1937 que, «à medida que uma sociedade se expande, pode verificar-se um decréscimo no rendimento da função empresarial, ou seja, os custos de organizar negócios adicionais dentro da sociedade podem subir. Naturalmente, chega-se a um ponto em que os custos de organizar um negócio extra dentro da sociedade são iguais aos custos envolvidos no desenvolvimento desse negócio no mercado aberto, ou aos custos de organização por outro empresário». Desenvolvendo este ponto, acrescentou que «uma sociedade tenderá a expandir-se até que os custos de organizar um negócio extra dentro da sociedade sejam iguais aos custos de desenvolvimento desse negócio através de uma relação de troca no mercado aberto ou aos custos de desenvolvimento noutra sociedade». Cfr. RONALD H. COASE – "The Nature of the Firm (1937)", in WILLIAMSON e WINTER (eds.) – *The Nature of the Firm: Origins, Evolution and Development*, New York, Oxford: Oxford University Press, 1993, p. 23-24. Cfr. também OLIVER E. WILLIAMSON – "The Logic of Economic Organization ", in WILLIAMSON e WINTER (eds.) – *The Nature of the Firm: Origins, Evolution and Development*, New York, Oxford: Oxford University Press, 1993, p. 90-91.

[6] Decorrentes em especial do direito da concorrência e do direito fiscal. ENGRÁCIA ANTUNES – *Os grupos de sociedades*... p. 34-35, 38-41.

[7] Ibidem, p. 41-42.

[8] Neste sentido, aproxima-se da noção de "sociedades coligadas" usada pelo nosso legislador no Título VI do CSC, não se restringindo à restrita noção de grupo que resulta das disposições do Capítulo III daquele título do nosso CSC.

[9] FRANCESCO GALGANO, *Trattato di Diritto Commerciale e di Diritto Pubblico dell'Economia*, Vol. XXIX. Il nuovo diritto societario, Padova: CEDAM, 2003, p. 163. Sobre a importância prática dos grupos de sociedades nos principais mercados e, em especial, no mercado português, *vide* ANTUNES – *Os grupos de sociedades*... p. 58-63.

[10] Nos termos expostos por ENGRÁCIA ANTUNES – *Os grupos de sociedades*... p. 42. *Vide* também MARIA AUGUSTA FRANÇA – *A estrutura das sociedades anónimas em relação de grupo*, Lisboa: AAFDL, 1990, p. 29. Em 1984, TOM HADDEN escrevia, em termos que ainda hoje merecem total concordância, que «*company lawyers still write and talk as if the single independent company, with its shareholders, directors and employees, was the norm. In reality, the individual company ceased to be the most significant form of organization in the 1920s and 1930s. The commercial world is now dominated both nationally and internationally by complex groups of companies*». TOM HADDEN – Inside Corporate Groups, *International Journal of the Sociology of Law*, 12, 1984. Também citado por ENGRÁCIA ANTUNES – *Os grupos de sociedades*... p. 44.

O GOVERNO DAS ORGANIZAÇÕES

II – Não obstante, ainda hoje o Direito das sociedades comerciais assenta no paradigma da "sociedade autónoma", ou seja, da sociedade individual e economicamente independente que dessa forma desenvolve a sua actividade empresarial, segundo a sua própria vontade, na prossecução do seu interesse social, tal como definido pelos seus órgãos sociais[11]. Por isso se diz que o advento dos grupos de sociedades «veio abrir uma crise sem precedentes nos quadros jurídico-societários tradicionais, dado que o postulado de referência em que estes assentam – a pressuposta autonomia do ente societário e o seu estatuto "ideal" ("Gesetztypus") de sociedade isolada e independente – está em total oposição com aquele que constitui afinal o traço distintivo do fenómeno dos grupos de sociedades – o fenómeno do controlo intersocietário e o seu estatuto "real" ("Lebentypus") de sociedade coligada e dependente» (ENGRÁCIA ANTUNES)[12].

Paralelamente a este problema relacionado com a autonomia das sociedades-filhas, coloca-se um outro ao nível da própria sociedade-mãe: o enquadramento legal da sua administração e fiscalização é tributário de um desenvolvimento directo da actividade social, sendo a descentralização dessa actividade (através da criação ou aquisição de participações de outras sociedades ou entidades) uma fonte de potenciais distorções no equilíbrio de poderes subjacente a cada modelo de governo societário.

Tal como o Direito das sociedades comerciais, também os estudos de *corporate governance* são frequentemente limitados à sociedade comercial individualmente considerada[13]. São por isso centrados na distribuição de poderes entre os sócios e a administração dessa sociedade (sem prejuízo das competências próprias dos demais órgãos sociais) no contexto do desenvolvimento directo da sua actividade social.

Ora, como vimos e como bem adverte COUTINHO DE ABREU, «o estudo do direito das sociedades comerciais não pode mais bastar-se, portanto, com o estudo das singulares e autónomas sociedades»[14]. Da mesma forma, também o estudo do governo das sociedades não pode deixar de considerar as implicações da integração da sociedade num contexto de grupo, reflectindo em particular sobre os especiais riscos que tal acarreta e sobre os desafios organizacionais que tal coloca, com vista à boa e responsável administração e fiscalização empresarial[15]. Efectivamente, a aplicação das regras de *corporate governance* aos grupos de sociedades

[11] ENGRÁCIA ANTUNES – *Os grupos de sociedades...* p. 45, 103-104, 106; RAÚL VENTURA – Grupos de sociedades: Uma introdução comparativa a propósito de um Projecto Preliminar da Directiva da C.E.E., *Revista da Ordem dos Advogados*, 41, 1981, p. 34.

[12] ENGRÁCIA ANTUNES – *Os grupos de sociedades...* p. 45, 103-104. *Vide* também FRANÇA – *A estrutura...* p. 29.

[13] Neste sentido, cfr., *v.g.*, JANET DINE – *The Governance of Corporate Groups*, Cambridge: Cambridge University Press, 2000, p. 37.

[14] JORGE M. COUTINHO DE ABREU – *Da Empresarialidade*, Coimbra: Almedina, 1999, p. 19.

[15] DETLEF KLEINDIEK – "Konzernstrukturen und Corporate Governance: Leitung und Überwachung im dezentral organisiert Unternehmensverbund", in HOMMELHOFF, et al. (eds.) – *Handbuch Corporate*

O GOVERNO DOS GRUPOS DE SOCIEDADES

determina extensões e modificações específicas dos deveres e padrões gerais de administração e fiscalização, tanto da sociedade-mãe, como das sociedades-filhas[16].

III – Neste artigo procuramos alertar o intérprete aplicador para as limitações dos modelos de decisão baseados no paradigma da sociedade autónoma e independente, oferecendo um plano de análise adaptado à complexa realidade económica subjacente aos grupos de sociedades. Para tanto partimos de uma noção ampla de "grupos de sociedades" que não corresponde à estrita delimitação das "relações de grupo" no nosso CSC (Capítulo III do Título VI[17], artigos 488.º a 508.º). A própria noção de relações de grupo recorda-nos o facto de este fenómeno ser tratado na nossa lei no contexto mais amplo das relações entre sociedades, a par das relações de simples participação (artigos 483.º e 484.º), de participação recíproca (artigo 485.º) e de domínio (artigos 486.º e 487.º), no título relativo às sociedades coligadas[18].

Nos termos do CSC, as "relações de grupo" distinguem-se em função da sua fonte (*i.e.*, dos instrumentos legal e taxativamente previstos para o efeito): a participação totalitária inicial (artigo 488.º), a participação total superveniente (artigo 489.º), o contrato de grupo paritário (artigo 492.º) e o contrato de subordinação (artigo 493.º). Ora, esta técnica de regulamentação casuística não esgota o universo dos grupos de sociedades entendidos em sentido amplo[19], ou seja, como «*conjunto mais ou menos vasto de sociedades comerciais que, conservando embora as respectivas personalidades jurídicas próprias e distintas, se encontram subordinadas a uma direcção económica unitária e comum*»[20].

IV – Como resulta desta definição de grupo de sociedades em sentido amplo, o elemento caracterizador fundamental é a sujeição do conjunto mais ou menos

---

Governance: Leitung und Überwachung börsennotierter Unternehmen in der Rechts- und Wirtschaftspraxis, 2.ª ed., Stuttgart, Köln: Schäffer-Poeschel, Schmidt, 2009, p. 788.

[16] Ibidem.

[17] O Título VI do CSC refere-se genericamente a "Sociedades Coligadas", conceito reconduzível às situações de coligação entre sociedades comerciais taxativamente previstas naquele título. Traduz por isso uma técnica de regulamentação casuística, assente num conceito de conteúdo determinado e preciso, cuja *facti-species* indica taxativa e exaustivamente os casos concretos abrangidos pelo mesmo. JOSÉ A. ENGRÁCIA ANTUNES – *Os direitos dos sócios da sociedade-mãe na formação e direcção dos grupos societários*, Porto: Universidade Católica Portuguesa Editora, 1994, p. 70.

[18] Sobre este enquadramento, cfr. FRANÇA – *A estrutura...*, p. 21.

[19] Note-se que não existe consenso na doutrina sequer sobre o que deva entender-se por grupos de sociedades em sentido próprio. ANA PERESTRELO DE OLIVEIRA, por exemplo, qualifica como tais as sociedades em relação de grupo nos termos do CSC. Cfr. ANA PERESTRELO DE OLIVEIRA – *A Responsabilidade Civil dos Administradores nas Sociedades em Relação de Grupo*, Coimbra: Almedina, 2007, p. 14-15.

[20] ENGRÁCIA ANTUNES – *Os grupos de sociedades...* p. 52; JOSÉ ENGRÁCIA ANTUNES – *A Supervisão Consolidada dos Grupos Financeiros*, Porto: Publicações Universidade Católica, 2000, p. 15.

O GOVERNO DAS ORGANIZAÇÕES

vasto de sociedades – que conservam as respectivas personalidades jurídicas próprias e distintas – a uma "direcção económica unitária e comum"[21] (*einheitlich Leitung*). Este conceito, porém, não é de fácil definição[22], desde logo porque não existe um modelo único de "direcção unitária"[23]. A experiência revela uma grande variedade de situações, desde a total subordinação da administração da sociedade controlada aos desígnios da administração da sociedade controladora, até à tendencial rebeldia de algumas administrações supostamente controladas. Na maioria dos casos, porém e segundo GALGANO, o relacionamento entre os dois órgãos de administração é um relacionamento dialéctico de recíproca persuasão e de rectificação dos pontos de vista originais. Este relacionamento dialéctico dá depois origem a uma "direcção por consenso" do grupo que se manifesta não só nos contactos directos entre *managers* da sociedade controladora e da sociedade controlada, mas também na prática – comum nos grandes grupos – de reuniões de um órgão de grupo informal. Neste âmbito, as directrizes da sociedade-mãe acabam por perder o carácter de imposição superior, revelando-se fruto das contribuições de todos na sua definição, incluindo daqueles que terão de as executar[24].

---

[21] ENGRÁCIA ANTUNES – *Os grupos de sociedades...* p. 52. Nas palavras de RAÚL VENTURA o grupo de sociedades opera uma "concentração na pluralidade" (por oposição à fusão que opera uma "concentração na unidade"). RAÚL VENTURA – Grupos de sociedades... p. 24.
Fica assim de lado a caracterização do grupo de sociedades pelo simples "controlo", o qual não é necessariamente acompanhado de uma direcção económica unitária. Note-se contudo que o controlo (ou domínio ou influência dominante) é usado para delimitar a aplicação, *v.g.*, dos artigos 486.º e 487.º do CSC, relativos às sociedades em relação de domínio. Este conceito é ainda fundamental para compreender toda a problemática da extracção de benefícios privados pelo accionista controlador, bem como as soluções legais que permitem a sua limitação ou exclusão. Sobre esta temática, *vide* o nosso "Conflitos de interesses entre accionistas nos negócios celebrados entre a sociedade anónima e o seu accionista controlador", in CÂMARA (ed.) – *Conflito de Interesses no Direito Societário e Financeiro*, Coimbra: Almedina, 2010.
[22] Sobre as dificuldades de definição do conceito de "direcção unitária", *vide* ENGRÁCIA ANTUNES – *Os grupos de sociedades...* p. 113-122. Sobre este conceito *vide* ainda, *e.g.*, RAÚL VENTURA – *Grupos de sociedades...* p. 52-56.
[23] ANTONIO PAVONE LA ROSA – Nuovi profili della disciplina dei gruppi societari, *Rivista delle Società*, 48:4, 2003, p. 774.
[24] GALGANO – *Il nuovo diritto societario...* p. 176-177. A este propósito, RAÚL VENTURA alertava que «[a o estabelecer os quadros jurídicos, [o jurista] não pode ignorar (...) que a direcção pela empresa dominante nuns casos consiste em meras verificações *a posteriori*, enquanto noutros casos chega à imposição de "manuais" de conduta rotineira; que por vezes a direcção emana duma entidade central – que pode ser um indivíduo – enquanto outras vezes são institucionalizados conselhos com larga participação das administrações dependentes». RAÚL VENTURA – Grupos de sociedades... p. 32. Noutro ponto, acrescenta o Autor a propósito da noção de direcção unitária": «trata-se do exercício do poder de decisão de que dispõe a sociedade dominante, qualquer que seja a natureza deste poder (financeiro, humano, etc.); este exercício não exclui uma larga descentralização e não implica obrigatoriamente a existência duma célula única de tomada de decisões». Ibidem, p. 53. Nos grupos igualitários, pode estar em causa a criação de um órgão comum de administração, a coincidência pessoal dos membros dos órgãos directivos; contratos pelos quais as diferentes sociedades se vinculam quanto à harmonização da sua gestão. Nos grupos de subordinação podem referir-se encontros, discussões, meros conselhos dos órgãos da sociedade contro-

O GOVERNO DOS GRUPOS DE SOCIEDADES

Quanto a nós, temos dúvidas de que o conceito de direcção unitária seja absolutamente relevante para delimitar os problemas próprios deste fenómeno económico-jurídico e para definir adequadas soluções. Com efeito, parece-nos que o problema se centra no controlo societário por um ou mais accionistas, permitindo a extracção de benefícios privados de controlo em prejuízo da sociedade (o chamado *controlling shareholder agency problem*). Neste contexto, parece ser irrelevante se os accionistas controladores exercem ou não uma direcção económica unitária. Esta pode determinar uma específica intensidade do problema mais geral, sem no entanto justificar a sua autonomização analítica.

V – Salvo nos casos de domínio total ou de contrato de subordinação – em que a administração da sociedade dominante ou directora têm o direito de dar instruções à sociedade dominada ou subordinada, nos termos do artigo 503.º CSC (aplicável directamente ou por remissão do artigo 491.º CSC) – a prossecução de um "interesse do grupo" ou de um "interesse de sociedades do grupo", em prejuízo do interesse da sociedade individualmente considerada, não é defensável no Direito português[25].

Assim sendo, a "direcção unitária" do grupo reflecte-se normalmente no exercício de direitos de voto na assembleia geral e, naquelas matérias que excedem a competência deste órgão, é corporizada em directrizes transmitidas pelo accionista controlador directamente aos administradores da sociedade controlada, sem que para tanto haja o respaldo de uma qualquer vinculação jurídica destes ao seu cumprimento, mas apenas uma relação fiduciária que, *de facto* e não *de iure*, as sustenta. Nessa medida, a prossecução da actividade societária de acordo com as directrizes do accionista controlador em colisão com o interesse da sociedade é uma realidade de difícil justificação à luz do nosso Direito societário, mas de manifesta evidência fáctica.

A evidência da direcção unitária na *praxis* societária impõe reflexões sobre o esvaziamento de sentido e substância das competências da assembleia geral da sociedade-filha – virtualmente absorvidas pelas estruturas organizativas que, a nível do grupo, determinam a política ou estratégia económica comum e os concretos passos para a sua concretização por cada sociedade do mesmo[26] – e, paralelamente, sobre a limitação da autonomia dos seus órgãos de administração. Tal restrição é, naturalmente, mais severa no contexto da sociedade anónima, na medida em que implica uma alteração do paradigma da autonomia do conselho de administração para conduzir a actividade social, livre de interferências externas,

---

ladora aos órgãos das sociedades controladas, coincidência de administradores e, em última análise, a ordem pura e simples. Ibidem, p. 55.

[25] Sobre o direito de dar instruções etc., por todos, ANA PERESTRELO OLIVEIRA – "Anotação ao artigo 503.º CSC", in CORDEIRO, ANTÓNIO MENEZES (ed.) – Código das Sociedades Comerciais Anotado, Coimbra: Almedina, 2.ª ed., 2011, p. 1302-1307.

[26] ENGRÁCIA ANTUNES – *Os grupos de sociedades...* p. 129-131.

O GOVERNO DAS ORGANIZAÇÕES

maxime de interferência dos accionistas, salvo nos casos expressamente previstos na lei ou nos estatutos[27]. Neste contexto, como explica ENGRÁCIA ANTUNES, «o poder de direcção e governo de uma sociedade, passando a depender de um centro de decisão externo, não reside mais na sua própria estrutura organizativa»[28].

De iure, os administradores da sociedade controlada são independentes dos accionistas em geral e do accionista controlador em especial. Por outras palavras, não são mandatários da assembleia, vinculados às instruções do mandante; gozam, pelo contrário, de um própria e exclusiva competência para administrar a sociedade e estão adstritos a uma responsabilidade própria não só face à sociedade, mas também face aos sócios individualmente considerados e aos credores sociais que sejam directamente lesados. A esta acresce ainda a responsabilidade penal[29]. A assembleia não pode impor a prática de actos de gestão, podendo apenas aprovar deliberações abrangidas pela sua competência. Em nenhum caso, os administradores podem exonerar-se da sua responsabilidade face aos credores sociais ou face aos sócios individualmente considerados com base numa ordem ou directriz da assembleia[30].

VI – Perante este enquadramento normativo, importa compreender a realidade fáctica da subordinação da administração de diferentes sociedades a uma "direcção unitária", dado que, como afirma ENGRÁCIA ANTUNES, «[e]sta discrepância entre direito e realidade arrisca-se a criar uma importante lacuna jurídica para um sector cada vez mais importante da vida económico-societária hodierna, arrastando consigo perigosas consequências de desregulação para todos os destinatários jurídico-societários (sócios, credores sociais, administradores, trabalhadores, Estado)»[31].

---

[27] Cfr. entre nós, o disposto no artigo 405.º CSC. Neste ponto, parece-nos que a afirmação de ENGRÁCIA ANTUNES de que, paralelamente ao esvaziamento das competências legais da assembleia geral, «assiste-se a um aumento dos poderes reais dos *órgãos de administração*», deve ser limitada ao universo da sociedade--mãe, porquanto, como refere o Autor noutro ponto, nas sociedades-filhas, a soberania do órgão de administração será sempre limitada, já que directamente dependente das directrizes emanadas dos escalões hierárquicos superiores do grupo. Como afirma o Autor, a competência do órgão de administração desta sociedade é assim sempre, por definição, competência de segundo grau, situando-se a "competência das competências" (*Kompetenzkompetenz*) fora do próprio ente social. Ibidem, p. 131-132. Se tomarmos por referência a sociedade anónima, na qual o órgão de administração é soberano na condução da actividade social, podemos facilmente concluir que a sua integração num grupo não determina um qualquer aumento do "poder real" do conselho de administração – compensando o "esvaziamento de competências reais" da assembleia geral – mas sim, necessariamente, uma maior ou menor redução de tal poder real.

[28] Ibidem, p. 132.

[29] Sobre a responsabilidade penal dos administradores por violação do dever de lealdade, cfr. GOMES – "Conflitos de interesses...", p. 170-174.

[30] GALGANO – *Il nuovo diritto societario...* p. 173.

[31] ENGRÁCIA ANTUNES – *Os grupos de sociedades...*, p. 45.

O GOVERNO DOS GRUPOS DE SOCIEDADES

Paralelamente à relação formal entre a assembleia e os administradores, que é uma relação entre órgãos investidos de distintas competências, existe uma relação fiduciária entre o "capital de comando" e os administradores, na medida em que o primeiro, através do seu voto, determina a composição dos órgãos sociais, *maxime* do órgão de administração, implicando uma sujeição fáctica destes à sua influência dominante. Como refere GALGANO, esta relação fiduciária manifesta-se em directrizes "confidenciais" do capital de comando, às quais os administradores se conformam espontaneamente[32].

Esta relação fiduciária pode assumir um relevo jurídico externo, na medida em que a sociedade controladora pode ser responsabilizada pelos prejuízos causados pelas suas directrizes à sociedade controlada, aos seus sócios e aos seus credores. A influência dominante é no entanto uma situação *de facto*: desta pode nascer uma responsabilidade para quem emitiu as directrizes[33], mas nunca uma vinculação jurídica dos administradores a que são destinadas. Estas directrizes não são imperativas para os administradores: estes, se actuam em conformidade com as mesmas, fazem-no sob sua responsabilidade, assumindo como próprias as decisões tomadas nesse sentido. A não actuação do administradores em conformidade com tais directrizes reflecte-se "apenas" na relação fiduciária entre os administradores da sociedade controladora e os da sociedade controlada[34]. Por outras palavras, provavelmente determina, para aqueles que não acatam tais directrizes, a perda do lugar e de outros benefícios.

VII – Na perspectiva da sociedade-mãe, o exercício da direcção económica unitária consubstancia uma forma de exercício indirecto da sua actividade social através da qual a empresa *unisocietéria* dá lugar à empresa *plurisocietária*. Esta, como referimos antes, constitui uma fonte de potenciais distorções no equilíbrio de poderes subjacente a cada modelo de governo societário, caracterizadas pela expansão das competências da administração e correspectiva restrição dos poderes de intervenção dos sócios, os quais deixam de exercer os seus direitos sociais face a *toda a empresa*, passando a exercê-los apenas sobre aquela *parte da empresa* desenvolvida *directamente* pela sociedade-mãe[35]. Esta perspectiva, centrada

---

[32] GALGANO – *Il nuovo diritto societario...* p. 174. Sobre o conceito de "domínio" nas sociedades abertas e a relevância jurídica do poder *de facto* de determinação da conduta da administração da sociedade visada, para efeitos da imputação de voto nos termos dos artigos 20.º e 187.º CVM, *vide*, entre nós, as posições antagónicas de CARLOS OSÓRIO DE CASTRO – A Imputação de Direitos de Voto no Código dos Valores Mobiliários, *Cadernos do Mercado dos Valores Mobiliários*, 7, 2000; PAULA COSTA E SILVA – Sociedade Aberta, Domínio e Influência Dominante, *Revista da Faculdade de Direito da Universidade de Lisboa*, 48:1 e 2, 2007.

[33] Cfr., em particular, o artigo 83.º, n.º 4, CSC.

[34] GALGANO – *Il nuovo diritto societario...*, p. 174-175.

[35] Cfr., *v.g.*, ENGRÁCIA ANTUNES – *Os direitos dos sócios...* p. 16-19.

O GOVERNO DAS ORGANIZAÇÕES

na sociedade-mãe, tem as suas origens nos estudos da "escola de LUTTER"[36], na Europa, e de EISENBERG[37], nos Estados Unidos, na década de 70, os quais contrariaram a tendência inicial de concentração do estudo sobre grupos de sociedades na resposta do sistema jurídico ao crescente fosso entre o Direito e a realidade ao nível das sociedades-filhas[38].

VIII – Dado que a problemática do controlo societário ao nível das sociedades-filhas foi por nós já analisado noutro estudo[39], centramos agora a nossa atenção no governo dos grupos de sociedades na perspectiva da sociedade-mãe, até porque os órgãos de administração e fiscalização desta constituem o pilar central da boa e globalmente responsável administração e fiscalização do grupo[40]. De entre os vários problemas que se colocam a este nível, concentramos a nossa atenção na diminuição da eficácia dos mecanismos de fiscalização societária. Analisamos em particular os poderes-deveres dos administradores da sociedade-mãe no contexto da sua obrigação de vigilância, de forma a ilustrar os desafios que se colocam (e oferecer modelos de decisão) ao intérprete-aplicador a propósito dos grupos de sociedades.

Face à importância e actualidade do tema – demonstrada por casos emblemáticos que para sempre farão parte da história do Direito das sociedades comerciais e dos valores mobiliários (e, numa perspectiva mais ampla, da história do governo das sociedades) aquém e além Atlântico – a delimitação do objecto de estudo dispensa qualquer outra justificação.

Além Atlântico merece destaque o caso Enron, não só por ter sido o primeiro dos grandes escândalos financeiros que abalaram a economia norte-americana e mundial no início deste século, mas em especial pelas fragilidades que permitiu identificar no sistema de governo das sociedades então vigente nos Estados Unidos que, entre outros aspectos, demonstrou ser vulnerável ao uso de *special purpose entities* para a prossecução de actividades *off-balance-sheet*.

Aquém Atlântico vale a pena analisar e aprender com o caso Parmalat, não só pela dimensão e repercussão que teve sobre os mercados financeiros europeus, mas sobretudo pelas fragilidades demonstradas, numa primeira fase, nos sistemas de fiscalização societária (tanto a nível interno como a nível da supervisão dos mercados financeiros) e, numa segunda fase, no sistema judicial italiano (a partir do qual se podem estabelecer paralelos para os demais sistemas do Sul da Europa)

---

[36] Cfr. as extensas indicações bibliográficas em ibidem, p. 16, nota 4.

[37] MELVIN ARON EISENBERG – *The Structure of the Corporation: A Legal Analysis*, Washington DC: Beard Books, 1976 (reprint 2006). Cfr. outras indicações bibliográficas em ENGRÁCIA ANTUNES – *Os direitos dos sócios...* p. 16, nota 5.

[38] ENGRÁCIA ANTUNES – *Os direitos dos sócios...* p. 11-15.

[39] FERREIRA GOMES – *Conflitos de interesses...*

[40] KLEINDIEK – *Konzernstrukturen...*, p. 788.

134

O GOVERNO DOS GRUPOS DE SOCIEDADES

que, pelas forças do mercado, se viu substituído na resolução de muitos dos litígios pelos tribunais norte-americanos.

Se, apesar destes casos emblemáticos, discutíveis fossem a importância e actualidade deste tema, as mesmas foram evidenciadas pela acusação deduzida pelo Ministério Público contra determinados administradores do Banco Português de Negócios (BPN) e pelos trabalhos desenvolvidos pela correspondente comissão de inquérito da Assembleia da República. Neste, como noutros casos, o nosso sistema de governo societário – em especial ao nível das instituições financeiras e dos grupos de sociedades – foi posto em causa de uma forma tão pungente quanto assustadora.

Tendo em vista o aprofundamento da dimensão prática do presente estudo, incluímos uma apresentação destes casos patológicos no § 2.

IX – Atenta a panóplia de opções quanto aos modelos de administração e fiscalização das sociedades no nosso sistema, com a inerente multiplicação de órgãos societários, seria impossível analisar todos os modelos no contexto dos grupos de sociedades. Optámos, portanto, por restringir o objecto do nosso estudo às sociedades anónimas estruturadas de acordo com o tradicional modelo latino (cfr. artigo 278.º, n.º 1, al. a) do CSC), a partir do qual o leitor poderá estabelecer os paralelos necessários para os demais modelos legais de governo societário.

X – Não nos limitamos neste estudo às "relações de grupo" previstas no CSC. Antes tomamos por referência a já referida noção de grupo em sentido amplo, incluindo quer os "grupos de direito", criados através de um instrumento jurídico expressamente previsto na lei, quer os "grupos de facto", cuja direcção económica unitária tem a sua fonte noutros instrumentos[41]. Da mesma forma, referimo-nos genericamente à sociedade que exerce o poder de direcção (*de facto* ou *de iure*) como sociedade-mãe, e às sociedades sujeitas a tal poder como sociedades-filhas. Sem prejuízo disso, na definição de modelos de decisão tomaremos em consideração as soluções oferecidas pelo nosso Direito em função das classificações legais, atendendo em especial ao facto de só aos "grupos de direito" se aplicar a disciplina do Capítulo III do Título VI do CSC – incluindo a legitimação legal do poder de direcção da sociedade-mãe sobre as sociedades-filhas – ficando os "grupos de facto", pelo contrário, sujeitos apenas aos cânones gerais do direito das sociedades comerciais e a esparsas disposições específicas sobre sociedades coligadas[42].

---

[41] ENGRÁCIA ANTUNES – *Os direitos dos sócios...* p. 68-71.

[42] Cfr. artigos 483.º e 484.º relativos às relações de simples participação, artigo 485.º relativo às relações de participação recíproca e artigos 486.º e 487.º relativos às relações de domínio, no título relativo às sociedades coligadas.

XI – Tudo quanto foi exposto justifica um aprofundamento da temática do governo do grupo de sociedades, numa dimensão tanto explicativa quanto heurística. Tudo isto, porém, sem prejuízo das limitações que reconhecemos às nossas soluções substantivas face às condições para a sua aplicação na prática. Ontem, como hoje, defendemos que as considerações de *law on the books* não podem ser dissociadas daquelas de *law in action* e que muitas das soluções que tão acertadas parecem no papel, acabam por ser inúteis face à ineficiência dos nossos Tribunais[43].

§ 2.º TRÊS CASOS PARA REFLEXÃO

1. Propósito

Apresentado o tema e delimitado o objecto do nosso estudo, apresentamos em seguida três casos emblemáticos para reflexão: Enron, Parmalat e BPN. Esperamos que as linhas que seguem, não obstante o seu carácter (meramente) descritivo, contribuam para a compreensão da dimensão prática do presente estudo. Para elas remetemos adiante, a propósito da discussão de vários problemas, permitindo a contraposição da *theoria* com a *praxis*.

2. O caso Enron

I – O caso Enron foi particularmente perturbador nos Estados Unidos pela forma como colocou a descoberto as deficiências de muitas instituições do capitalismo accionista norte-americano dos anos 1990. Tal como em muitas catástrofes, vários e distintos sistemas falharam: contabilidade, auditoria, remuneração dos executivos, controlo interno pelo conselho de administração e controlo externo pelos diferentes *gatekeepers*[44] (ou "guardiões do sistema

---

[43] Para um desenvolvimento desta problemática no âmbito do governo societário, remetemos para o nosso estudo *Conflitos de interesses...*

[44] Este conceito é comummente usado no âmbito do mercado de valores mobiliários norte-americano (e cada vez mais a nível europeu) onde se denominam normalmente por *gatekeepers* os «intermediários reputacionais que servem os investidores através da preparação, verificação ou certificação da informação que recebem». Os exemplos típicos de *gatekeepers* são os auditores, responsáveis pela revisão legal de contas, os bancos de investimento, responsáveis pela estruturação e implementação de transacções financeiras, os analistas financeiros, responsáveis pela análise da informação relativa a emitentes e valores mobiliários, as sociedades de notação de risco, responsáveis pela análise do risco de crédito e, questionavelmente, os advogados, responsáveis pela emissão de pareceres jurídicos essenciais para determinadas transacções

O GOVERNO DOS GRUPOS DE SOCIEDADES

mobiliário"[45]). Merece especial reflexão o papel dos advogados que definiram a estrutura de governo da sociedade, dado que, pelo menos no papel, a Enron cumpria muitas das "melhores práticas" de governo societário. Em particular, o seu conselho de administração era composto em grande medida por administradores de aparente independência e competência. A comissão de auditoria, que desenvolvia a sua actividade de acordo com um regulamento interno "*state of the art*", era presidida por um Professor de contabilidade da prestigiada Stanford Business School[46].

De acordo com JEFFREY N. GORDON, os principais culpados pelo escândalo Enron foram os executivos responsáveis pela integridade dos negócios da sociedade e pela informação divulgada e que engendraram operações enganadoras e por vezes fraudulentas. No entanto, um adequado sistema de governo societário deveria permitir detectar tais comportamentos antes de se tornarem patológicos e implicarem consequências para os accionistas e demais *stakeholders*. Os efeitos

financeiras. Como resulta do exposto, em algumas profissões, os serviços de *gatekeeping* constituem o núcleo essencial dos serviços prestados, enquanto noutras este tipo de serviços é prestado acessória e ocasionalmente.

A estabilidade do mercado assenta no papel desempenhado por estes profissionais, cujos incentivos privados para fiscalizarem a informação recebida dos seus clientes serve de garantia à fiabilidade dessa mesma informação. Aos seus incentivos privados acrescem incentivos legais, nomeadamente os decorrentes da responsabilidade civil, disciplinar, administrativa e penal. Os seus incentivos privados decorrem do penhor da sua reputação (o seu activo mais precioso e condição de acesso ao mercado) na prestação dos seus serviços. Na medida em que arrisquem esse activo por um cliente, arriscam-se a perder os demais clientes. Os incentivos legais baseiam-se na ideia teorizada por REINIER H. KRAAKMAN no seu artigo histórico The Anatomy of a Third-Party Enforcement Strategy, *Journal of Law, Economics and Organization*, II:1 (1986) 53-104, que pode ser sintetizada nos seguintes termos: os *gatekeepers*, enquanto profissionais independentes, têm um benefício muito reduzido nas práticas fraudulentas dos seus clientes, mas assumem um risco muito elevado (risco de perder a sua reputação). Assim, são necessários menos incentivos legais para garantir o cumprimento da legalidade através dos *gatekeepers* do que para garanti-lo através dos seus clientes. Neste sentido, entende-se que a intervenção de *gatekeepers* diminui substancialmente a prática de irregularidades financeiras. *Vide* JOHN C. COFFEE, JR. – The Attorney as Gatekeeper: An Agenda for the SEC, *Columbia Law Review*, 103, 2003; JOHN C. COFFEE, JR. – Gatekeeper failure and reform: the challenge of fashioning relevant reforms, *Boston University Law Review*, 84, 2004; JOHN C. COFFEE, JR. – *Gatekeepers: The Profession and Corporate Governance*, Oxford, New York: Oxford University Press, 2006; JOHN C. COFFEE, JR. – Understanding Enron: "It's about the gatekeepers, stupid", *Business Lawyer*, 57, 2002; JOHN C. COFFEE, JR. – What Caused Enron?: A Capsule Social and Economic History of the 1990's, *Cornell Law Review*, 89, 2004.

[45] De acordo com a tradução de PAULO CÂMARA – O governo das sociedades em Portugal: Uma introdução, *Cadernos do MVM*, 12, 2001. Noutro artigo – PAULO CÂMARA – A Actividade de Auditoria e a Fiscalização de Sociedades Cotadas: Definição de um Modelo de Supervisão, *Cadernos do Mercado de Valores Mobiliários*, 16, 2003 – o Autor refere-se aos auditores como "guardiões da legalidade contabilística e do rigor da informação financeira".

[46] JEFFREY N. GORDON – Governance Failures of the Enron Board and the New Information Order of Sarbanes-Oxley, *Connecticut Law Review*, 35, 2003, p. 1127.

O GOVERNO DAS ORGANIZAÇÕES

post-mortem são particularmente importantes pelo facto de o colapso da sociedade ter sido totalmente inesperado[47].

II – Para efeitos deste estudo, importa realçar que os resultados financeiros da Enron eram extraordinariamente opacos para o mercado. Uma significativa parte do seu negócio era desenvolvido através de *off-balance Special Purpose Entities* ("SPEs"), ou seja, entidades cujos resultados não eram reflectidos nas demonstrações financeiras da sociedade, criadas especificamente com o propósito de desenvolver parte da sua actividade social. No exercício do ano 2000, o número de SPEs da Enron ascendia a 4.000, listadas ao longo de 45 páginas do relatório da sociedade (Form 10-K) depositado pela sociedade junto da SEC[48]. Grande parte dos proveitos da Enron advinham de negócios celebrados com estas entidades[49], entre as quais se destacava a (hoje) famosa Chewco[50].

[47] Ibidem.

[48] Cfr. ENRON CORP, 2000 ANN. REP. Ex. 21 (2001), disponível em http://www.sec.gov/Archives/edgar/data/1024401/000102440101500010/0001024401-01-500010.txt, visitado em 17 de Dezembro de 2009. *Vide* também sobre este ponto ibidem, p. 1132.

[49] Ibidem, p. 1127.

[50] De acordo com o *Report of Investigation by the Special Investigative Committee of the Board of Directors of Enron Corp.*, merece especial atenção a participação na Chewco Investments L.P. ("Chewco"), uma *limited partnership* constituída em 1997, que consubstanciou um prólogo dos negócios que viriam a ser celebrados com as LJM *partnerships*. Foi através desta entidade que pela primeira vez a Enron, sob a direcção do seu CFO, Andrew Fastow, usou uma SPE para manter uma significativa parceria de investimento fora das contas consolidadas da sociedade.

A criação da Chewco enquadrava-se numa estratégia de curto prazo destinada a compensar a saída de um investidor *outsider*, enquanto se procurava outro destinado a tomar o seu lugar. No entanto, na impossibilidade de encontrar um outro investidor *outsider* para o efeito, o esquema acabou por ser mantido ao longo de anos, com significativas vantagens financeiras para um *top executive* da Enron, sem que tal fosse aprovado pelo conselho de administração da sociedade. Cfr. WILLIAM C. POWERS – Report of Investigation by the Special Investigative Committee of the Board of Directors of Enron Corp., datado de 1 de Fevereiro de 2002, disponível em http://news.findlaw.com/hdocs/docs/enron/sicreport/index.html, p. 41, consultado em 17 de Dezembro de 2009.

Quando em 2002 a Enron foi forçada a consolidar os resultados da Chewco, por incumprimento dos critérios que permitiam a não consolidação, foi igualmente forçada a alterar em conformidade as suas contas anuais relativas aos exercícios de 1997 a 2001. De acordo com estas alterações, os resultados anuais da Enron decresceram assustadoramente:

Exercício	Resultado anterior (milhões de USD)	Ajustamento (milhões de USD)	Percentagem
1997	105	28	27%
1998	703	133	19%
1999	893	153	17%
2000	979	91	9%

Cfr. Ibidem, p. 42., consultado em 17 de Dezembro de 2009, GORDON – *Governance Failures...* p. 1132.

O GOVERNO DOS GRUPOS DE SOCIEDADES

III – Mas havia mais. Vejam-se por exemplo os negócios celebrados com outras SPEs, as chamadas "Raptors", constituídas para cobrir o risco (*hedging*) de perdas inerente aos seus investimentos de banca comercial. De acordo com a Enron, entre 2000 e 2001, a sociedade teria ganho 1,1 mil milhões de USD em transacções com tais SPEs, ou seja, 73% dos resultados antes de impostos da sociedade. Como afirma JEFFREY N. GORDON, à margem de quaisquer questões de fraude, manipulação ou indevida aplicação de normas contabilísticas sobre consolidação de contas, um analista ou um investidor que se baseasse na informação divulgada pela Enron não poderia compreender verdadeiramente o negócio da sociedade. A limitada informação disponível simplesmente manietava a capacidade do mercado para controlar o desempenho da administração da sociedade[51]. Mesmo admitindo que a interpretação das normas contabilísticas defendida na altura pelos gestores da Enron tinha cabimento, é evidente que havia uma opção de fundo da administração quanto à forma como queriam divulgar o negócio da sociedade. De facto, independentemente da extensão dos deveres de informação em vigor, perante a complexidade da sua actuação, a sociedade poderia ter optado por uma política de divulgação voluntária de mais e melhor informação. No entanto, a opção parece ter sido sempre pela opacidade, e não pela claridade da informação.

Como defende GORDON, ainda que tal política tivesse uma adequada fundamentação do ponto de vista da gestão do negócio, o facto é que a mesma determinava a ineficácia dos tradicionais mecanismos de fiscalização societária, exponenciando as tentações de fraude. Perante este cenário, cabia ao conselho de administração, caso pretendesse evitar a "obscuridade", implementar adequados mecanismos de fiscalização que compensassem a ineficácia dos demais[52].

IV – Em conclusão, o principal problema neste caso residia no facto de a estrutura implementada para o desenvolvimento de grande parte da actividade social inibir o controlo do mercado sobre a validade da estratégia empresarial, tanto na sua concepção como na sua execução. Os negócios com partes relacionadas retiravam ao conselho de administração o apoio normalmente conferido pelos mecanismos de controlo do mercado. Em sua substituição foi criado um mecanismo de controlo interno, subvertido não só pela negligência e pelo dolo dos seus responsáveis, mas também pela incapacidade do conselho de administração em compreender a importância dos seus deveres de vigilância. Perante a actuação deste, que se limitou a analisar superficialmente os negócios celebrados com as SPEs, afirmou o *Special Investigative Committee*: «*The Board cannot be faulted for failing*

---

[51] GORDON – *Governance Failures...* p. 1133.
[52] Ibidem, p. 1134.

O GOVERNO DAS ORGANIZAÇÕES

to act on information that was withheld but it can be faulted for the limited scrutiny it gave to the transactions between Enron and the LJM partnerships»[53].

V – De acordo com a exposição que precede, poderíamos ser levados a concluir que as únicas razões pelas quais o caso Enron abalou não só a economia, como também os fundamentos do governo societário em vários Continentes, se prendem com o facto de a opacidade da sociedade ter determinado uma ineficácia dos tradicionais mecanismos de fiscalização e do controlo pelo mercado e com a passividade do conselho de administração perante a situação. Não ignoramos, porém, a validade de outras justificações, entre as quais se destaca a desenvolvida por JOHN C. COFFEE, JR. em diferentes estudos sobre a matéria[54]. De acordo com este Autor, falharam os *"gatekeepers"*, essencialmente porque os seus conflitos de interesses prejudicavam a sua capacidade para cumprir o papel que o mercado deles esperava.

3. O caso Parmalat

I – O escândalo Parmalat, descrito pela *Securities and Exchange Commission* como «uma das maiores e mais descaradas fraudes societárias e financeiras na história»[55], constitui o exemplo paradigmático das fraudes europeias, tal como a *Enron* e a *Worldcom* constituem os exemplos típicos das fraudes norte-americanas. Constitui por isso uma boa oportunidade para comparar falhas nos sistemas de governo societário aquém e além Atlântico[56].

Este caso tornou-se especialmente famoso pelo historial de extracção de benefícios privados pela família Tanzi, em prejuízo da sociedade, dos seus accionistas minoritários, dos seus trabalhadores e dos seus credores. Aparentemente, cerca de 2,3 mil milhões de Euros foram indevidamente desviados da empresa, através de negócios celebrados com terceiros, em benefício do accionista controlador. O escândalo tornou-se do conhecimento público quando se comprovou que uma conta de 3,95 mil milhões de Euros no Bank of America era fictícia[57].

---

[53] Cfr. POWERS - Report of Investigation by the Special Investigative Committee of the Board of Directors of Enron Corp., datado de 1 de Fevereiro de 2002, disponível 162.

[54] *Vide* em especial COFFEE – *Gatekeeper failure and reform.*; COFFEE – *Gatekeepers: The Profession and Corporate Governance*; COFFEE – *Understanding Enron...*; COFFEE – *What Caused Enron?...*

[55] *Securities and Exchange Commission v. Parmalat Finanziaria S.p.A.*, Case No. 03 CV 10266 (PKC)(S.D.N.Y.), Accounting and Auditing Enforcement Release No. 1936 / December 30, 2003.

[56] GUIDO FERRARINI e PAOLO GIUDICI – "Financial Scandals and the Role of Private Enforcement: The Parmalat Case", in ARMOUR e McCAHERY (eds.) – *After Enron*, 2006, p. 1.

[57] Para uma descrição detalhada do caso Parmalat, *vide* LUCA ENRIQUES e PAOLO VOLPIN – Corporate Governance Reforms in Continental Europe, *Journal of Economic Perspectives*, 21:1, 2007, p. 123-125;

O GOVERNO DOS GRUPOS DE SOCIEDADES

II – Aparentemente, na base deste escândalo estiveram, como em tantos outros nos países do Sul da Europa, não insuficiências da lei substantiva, mas sim insuficiências na sua aplicação. Tratou-se, portanto, de um problema de *"enforcement"*[58]. FERRARINI e GIUDICI apontam falhas tanto nos mecanismos de fiscalização privada (apontando o dedo especialmente aos *gatekeepers* que não só não cumpriram os seus deveres de vigilância, como auxiliaram o seu cliente na orquestração das fraudes perpetradas) como na supervisão pública (aparentemente a Consob só actuou neste caso em 2002, princípios de 2003, depois de receber indicações do mercado de que algo não estava bem na Parmalat). Criticam em especial as insuficiências do sistema judicial e do direito processual civil italiano que foram postas em evidência na sequência deste escândalo: «o público italiano tomou conhecimento pelos meios de comunicação social, imediatamente após o colapso da Parmalat, que estavam a ser intentadas acções cíveis, a uma velocidade impensável em Itália, por advogados especializados em acções populares nos Estados Unidos, e que essas acções envolviam confiantes investidores italianos»[59]. O descrédito do sistema judicial italiano face ao sistema norte-americano foi tal que mesmo o *amministratore delegato* e *commissario straordinario* da Parmalat, Enrico Bondi, que actuou em representação da sociedade e dos seus credores, optou por intentar as correspondentes acções cíveis nos Estados Unidos, fugindo à jurisdição dos tribunais italianos[60].

Tal como em Portugal, as ineficiências verificadas ao nível da aplicação da lei pelos Tribunais constitui um desincentivo ao cumprimento de deveres fundamentais, tanto pelos administradores como pelos membros dos diferentes órgãos de fiscalização[61].

III – Para efeitos deste estudo importa apenas conhecer de que forma a estrutura de governo do grupo Parmalat contribuiu ou facilitou as fraudes perpetradas pelo fundador da Parmalat, Calisto Tanzi, e sua família.

Já no final dos anos 1980, a Parmalat constituía um grande e complexo grupo internacional. Através da Coloniale s.r.l., a família Tanzi controlava uma sociedade cotada, Finanziaria Centro Nord (que viria a denominar-se Parmalat Finanziaria) a qual, por sua vez, controlava um grupo constituído por 58 sociedades, das quais 33 tinham sede fora de Itália, com um volume de negócios de cerca de 560

ALESSANDRA GALLONI e DAVID REILLY – How Parmalat spent and spent, *Wall Street Journal*; ANDREA MELIS – Corporate Governance Failures. To What Extent is Parmalat a Particularly Italian Case?, 2004, disponível em http://ssrn.com/abstract=563223, p. .

[58] FERRARINI e GIUDICI – *Financial Scandals...*, p. 1, 3-4.

[59] Ibidem, p. 3, 15-16.

[60] Ibidem, p. 3-4.

[61] Ibidem, p. 3-5.

milhões de euros. A mais significativa das sociedades do grupo era a Parmalat S.p.A., a principal sociedade operacional. No final de 2002, a Parmalat Finanziaria S.p.A. era uma sociedade cotada que encabeçava um grupo multinacional da área alimentar, líder nos mercados do leite e lacticínios. Operava 139 fábricas com mais de 36.000 trabalhadores, com um volume de negócios consolidado de 7,6 mil milhões de euros. Esta sociedade ainda era controlada pela Coloniale S.p.A., instrumento da família Tanzi, através de uma participação de 51% no seu capital social[62]. O último relatório trimestral da sociedade em 2002 incluía uma rubrica de 3,35 mil milhões de euros em disponibilidades de caixa (numerário ou equivalente). O activo do grupo ascendia a 10 mil milhões de euros e o seu passivo a 7,17 mil milhões de euros. Entre este passivo incluíam-se dívidas obrigacionistas no valor de 1,5 mil milhões de euros, correspondentes a 31 diferentes emissões de obrigações. No início de 2003, a Parmalat voltou ao Mib30, o índice das 30 maiores sociedades italianas em termos de capitalização bolsista.

IV – As contas da Parmalat eram especialmente caracterizadas pela concorrência de um elevado nível de disponibilidades de caixa e de dívida. A sua política de divulgação de informação era caracterizada por uma atitude arrogante e opaca da administração para com os analistas e investidores, tal como na Enron.

Duas novas emissões de obrigações em Outubro e Novembro de 2002, no valor de 150 e 200 milhões de euros, respectivamente, alertaram o mercado ao ponto de diferentes analistas (Unicredit Banca Mobiliare e Merrill Lynch, por exemplo) escreverem nos seus relatórios que era incompreensível a razão pela qual a administração do grupo continuava a recorrer a complexas emissões de obrigações em vez de usar as suas crescentes disponibilidades de caixa. Segundo tais analistas, o cenário era tanto mais incompreensível quanto a administração se mostrava indisponível para explicar esta estratégia ao mercado, sendo de esperar que houvesse problemas escondidos por detrás das opacas informações

---

[62] Importa conhecer alguns factos ocorridos nos anos 1990: O grupo lançou uma campanha internacional de aquisições, especialmente intensa na América Latina. O volume de negócios do grupo ascendia a 2,4 mil milhões de Euros em 1995 e 2,8 mil milhões de euros em 1996. Cerca de 45% deste volume de negócios tinha origem na América Latina. O grupo tornou-se num cliente lucrativo para os bancos de investimento e manifestou-se especialmente activo no mercado de capitais, emitindo diversas séries de obrigações no Euromarket. No final dos anos 1990 o grupo continuava a expandir-se, tendo adquirido cerca de 25 sociedades entre 1998 e 2000, tendência que se manteve no novo milénio. O grupo financiava-se sobretudo através da emissão maciça de obrigações. Em Novembro de 2000, a Standard and Poors classificou a Parmalat com BBB−, a mais baixa notação de investimento. Os problemas verificados em 2001 nas economias latino-americanas (com especial destaque para o incumprimento da Argentina face às suas obrigações de dívida soberana) e o incumprimento da sua concorrente Cirio em Novembro de 2002, determinaram um aumento do custo de capital para a Parmalat. Não obstante, o grupo manteve a sua estratégia de financiamento através da emissão de obrigações. Cfr. Ibidem, p. 5-8.

O GOVERNO DOS GRUPOS DE SOCIEDADES

divulgadas. Outros analistas, porém, defendiam a validade teórica da estratégia seguida pela Parmalat, embora não tivessem como comprovar as suas afirmações dada a atitude da administração relativamente à divulgação de informação[63].

O cenário agravou-se no início de 2003: as desconfianças do mercado reflecti-ram-se numa queda de 45% na cotação das acções da Parmalat, entre Novembro de 2002 e Março de 2003. Os episódios sucederam-se até que, a 8 de Dezembro de 2003, a Parmalat anunciou a sua incapacidade para pagar as obrigações que se venciam nessa data. A Standard & Poors classificou as obrigações da sociedade como *"junk bonds"*. No dia seguinte, numa desesperada tentativa para vender a empresa a investidores americanos, Calisto Tanzi reconheceu em privado que as contas publicadas eram falsas. No dia 11 de Dezembro, o preço das acções colapsou e a Consob pediu à Grant Thornton – auditor da sociedade Bonlat, com sede nas Ilhas Caimão, que supostamente era titular da conta no Bank of America onde estavam depositados 3,95 mil milhões de euros de que o grupo alegadamente dispunha – para confirmar a veracidade da informação publicada a propósito de tal conta. O Bank of America respondeu então que o documento que certificava o depósito bancário era falso[64]. No dia 27 de Dezembro a Parmalat S.p.A. foi declarada insolvente, começaram as investigações e o Senhor Tanzi foi detido. A 8 de Janeiro de 2004 foi a vez da Parmalat Finaziaria.

Não obstante o cenário descrito, entre o dia 5 de Dezembro de 2002 e o dia 17 de Novembro de 2003, entre todos os analistas que cobriam o mercado italiano, só um – a Merrill Lynch – emitiu recomendações de venda das acções da Parmlat.

V – O caso Parmalat – como muitos outros[65] – revela o problema que analisa-remos adiante: uma complexa estrutura de grupo torna a informação financeira opaca e os mecanismos de fiscalização ineficazes. Para esconder as suas perdas, a Parmalat usou várias entidades totalmente dominadas, entre as quais se desta-cou a Bonlat (que funcionou como o caixote do lixo da Parmalat nos cinco anos que precederam o seu colapso e como titular da falsa conta bancária no Bank of América). O grupo transferia os créditos incobráveis das sociedades operacionais para estas entidades, onde o seu valor real era ocultado, e estruturava operações comerciais e financeiras com estas entidades para compensar prejuízos das sociedades operacionais. O grupo recorria ainda frequentemente à titulação de falsos créditos e à duplicação de facturas para se financiar. Usava ainda diferentes esquemas para registar as suas dívidas por valores inferiores ao real. Entretanto,

---

[63] Ibidem, p. 9-10.
[64] Ibidem, p. 10-12.
[65] A este propósito *vide* GEOFFREY P. MILLER – Catastrophic Financial Failures: Enron and More, *Cornell Law Review*, 89, 2004, em especial, p. 450-451.

O GOVERNO DAS ORGANIZAÇÕES

diversos fundos foram desviados para membros da família Tanzi ou para sociedades por si detidas[66].

Os mecanismos de fiscalização não funcionaram, não só pela complexidade
das estruturas implementadas, mas sobretudo porque tanto os administradores
como os *gatekeepers* da sociedade acederam a colaborar nas fraudes perpetradas.
Logo após o colapso, foi questionado o papel dos auditores e dos advogados da
sociedade, tendo estes sido imediatamente detidos[67]. Quanto ao conselho de
administração, a sua composição, bem como a composição das suas comissões
(com destaque para a comissão de auditoria), denotava uma clara subordinação
aos desígnios do fundador da empresa, Calisto Tanzi, tornando ineficaz qualquer
veleidade de efectiva fiscalização[68].

4. O caso BPN

I – O BPN, sendo um caso nacional, logo mais próximo, permite uma mais
fácil compreensão dos problemas que se podem verificar ao nível de um grupo
de sociedades e das dificuldades acrescidas quanto à sua fiscalização.

II – De acordo com o relatório da comissão de inquérito da Assembleia da
República (datado de 7 de Julho 2009), o BPN integrava um complexo grupo de
sociedades, caracterizado pela opacidade da sua estrutura e dos negócios intra-
-grupo, por uma elevada exposição do banco a Grandes Riscos[69] (em especial os
inerentes às participações do grupo e aos empréstimos do banco a sociedades no
sector imobiliário[70]), bem como pela estruturação de inúmeras operações através
de sociedades que oficialmente não eram do grupo[71] e de veículos *off-shores* (sem

---

[66] FERRARINI e GIUDICI – *Financial Scandals...*, p. 13.

[67] Ibidem, p. 14-15, 20-41.

[68] Ibidem, p. 18-19.

[69] Para uma definição actualizada dos Grandes Riscos, *vide* versão consolidada do Aviso do Banco de
Portugal n.º 6/2007, segundo o qual se considera grande risco a situação em que o conjunto dos riscos
incorridos por uma instituição perante um cliente ou um grupo de clientes ligados entre si represente
10% ou mais dos fundos próprios dessa instituição.

[70] De acordo com o Relatório de inspecção do Banco de Portugal (n.º 1249/05), 19% do crédito estava
concentrado em 18 clientes, cujo risco era 2,4 vezes superior aos capitais próprios reportados; 52% das
operações estavam directa ou indirectamente relacionadas com a actividade imobiliária. Cfr. ASSEMBLEIA
DA REPÚBLICA – "Relatório da comissão de inquérito sobre a situação que levou à nacionalização do BPN
e sobre a supervisão bancária inerente", Lisboa: Assembleia da República, 2009, p. 124.

[71] Neste sentido, as declarações de Miguel Cadilhe à comissão de inquérito da Assembleia da República,
com referências à Operação César que consistia em identificar todas as empresas do grupo. Cfr. Ibidem,
p. 135.

O GOVERNO DOS GRUPOS DE SOCIEDADES

que se pudessem identificar os respectivos accionistas e representantes[72]) e pelas relações estabelecidas, de forma directa e indirecta, com accionistas da SLN[73]. Tudo isto sem que existisse um adequado sistema de controlo interno, o qual foi «considerado insuficiente, quer no que se refere aos normativos existentes quer nas práticas adoptadas»[74].

De entre os múltiplos problemas descritos neste relatório parlamentar, destacam-se os relativos à participação do grupo na SLN Imobiliária e no Banco Insular. No primeiro caso, estava em causa a exposição do grupo a Grandes Riscos para além dos limites impostos pelo Banco de Portugal. No segundo, estava em causa a violação da proibição do Banco de Portugal à aquisição do Banco Insular, fundamentada nas incertezas sobre o teor das suas operações[75].

III – Assim, de acordo com as notícias publicadas pelo jornal Público no dia 27 de Novembro de 2009[76], baseadas na acusação do Ministério Público contra José Oliveira Costa e outros, o Banco de Portugal terá contactado a Sociedade Lusa de Negócios, SGPS (SLN) afirmando que, dado o seu controlo sobre o Banco Português de Negócios (BPN), a mesma estava sujeita à sua supervisão numa base consolidada. Afirmou ainda que aquela sociedade apresentava uma excessiva exposição ao risco de crédito (85,2 milhões de euros), tendo alertado para a necessidade da sua correcção face ao limite de 20% dos fundos próprios consolidados (o que na altura representaria um limite de 23,5 milhões de euros). Na sequência desta exigência, os arguidos terão alegadamente concebido «uma estratégia que passava por criar a aparência de um procedimento de cisão, abrangendo as sociedades incluídas na sub-holding imobiliária SLN Imobiliária, de modo a que esta e "as suas participadas deixassem de aparecer como integrantes do grupo SLN", pelo que deixariam de consolidar contas e aplicações e, por isso, não estariam sujeitas à supervisão do banco central. Algo que apenas aconteceu formalmente»[77]. Os arguidos terão então criado uma *off-shore* nas Ilhas Virgens Britânicas – a Camden – detida por cinco accionistas (António Cavaco, Manuel Cavaco, Fernando Cordeiro, Rui Fonseca e Manuel Sousa), sem que – de acordo

---

[72] Cfr. Ibidem, p. 124.

[73] De acordo com o Relatório de inspecção do Banco de Portugal (n.º 1249/05), o crédito concedido, directa ou indirectamente, aos 25 maiores accionistas da SLN SGPS representava 9% dos riscos de crédito, peso que aumentava para 19% ao considerar o total do crédito concedido a accionistas e entidades relacionadas, 2,5 vezes o valor dos fundos próprios reportados. Cfr. Ibidem.

[74] Cfr. Ibidem, *passim*, em especial, p. 114-119, 123.

[75] Cfr. Ibidem, *passim*, em especial, p. 135.

[76] Edição online: CRISTINA FERREIRA – *Sinal de alarme na SLN soou em 2000 no Banco de Portugal*, 2009, disponível em http://economia.publico.clix.pt/noticia.aspx?id=1411648, p., consultado em 21 de Dezembro de 2009. Em arquivo do autor.

[77] Ibidem.

O GOVERNO DAS ORGANIZAÇÕES

com a referida acusação do Ministério Público – a SLN tenha aberto mão do seu domínio. Numa inspecção finalizada a 30 de Setembro de 2004, o Banco de Portugal terá tomado conhecimento da regularização da situação sem praticar qualquer diligência destinada a confirmar a veracidade dos factos alegados pela SLN[78].

Por outro lado, ainda de acordo com a mesma notícia, a acusação do Ministério Público descreve pormenorizadamente a forma como a SLN alegadamente construiu uma teia de ligações ilícitas que, através do Banco Insular, permitiu que tivessem sido desviados para fora do balanço consolidado cerca de 9,7 mil milhões de euros, entre Dezembro de 2001 e o início de 2009, quando foi fechado o dito banco[79].

IV – Particularmente interessante para efeitos deste estudo é a afirmação do Vice-Governador do Banco de Portugal à comissão de inquérito da Assembleia da República: «O que aconteceu com este Grupo é que, pelo facto de eu ter constatado que muitas das situações ficavam (não percebo como, mas ficavam) no Dr. Oliveira e Costa e não em todos os membros do Conselho, (...) disse ao Dr. Oliveira Costa que queria ter uma reunião com todos os membros do Conselho de Administração do BPN, com os auditores e com o ROC e nesta reunião, que se realizou em 2006, expus todas as debilidades, todas as faltas de correspondência às perguntas do Banco, todas as restrições que o Banco de Portugal tinha posto ao Grupo e as causas dessas mesmas restrições»[80]. Neste contexto, deve questionar-se o facto de existirem suspeitas de que o Banco de Portugal sabia mais sobre o que se passava no BPN do que o seu próprio conselho de administração, bem como o facto de este não ter reagido, nem sequer depois deste (e outros) aviso do Banco de Portugal[81].

§ 3.º O GOVERNO DOS GRUPOS NA PERSPECTIVA DA SOCIEDADE-MÃE

1. A redução da eficácia dos mecanismos de fiscalização e a obrigação de vigilância dos administradores

I – Da exposição introdutória e dos casos apresentados pode facilmente concluir-se que o governo dos grupos de sociedades é uma matéria tão vasta

---

[78] Ibidem.

[79] Ibidem.

[80] Cfr. ASSEMBLEIA DA REPÚBLICA – *Relatório...*, p. 131.

[81] A este propósito um dos depoentes na comissão de inquérito, Prof. Dr. João Carvalho das Neves, quando inquirido sobre se os administradores teria havido ocultação deliberada de informação, afirmou peremptoriamente: «É evidente que houve, porque havia administradores a fazerem precisamente a gestão disto e a colocarem os activos em offshores, a mandarem dar ordens para transacções fora do balanço, etc.». Cfr. Ibidem, p. 142.

O GOVERNO DOS GRUPOS DE SOCIEDADES

quanto essencial ao adequado manejo dos institutos jus-societários face à realidade económico-empresarial dos nossos dias[82]. De facto, nos grupos de sociedades colocam-se antes de mais *problemas de governo das sociedades-filhas*, espartilhadas entre o seu estatuto ideal (*de iure*) de sociedade autónoma e independente e o seu estatuto real (*de facto*) de sociedade sujeita a uma direcção económica unitária. Mas colocam-se também, como vimos, *problemas de governo da própria sociedade-mãe*.

Para efeitos deste estudo, destacamos um problema cuja importância é manifestamente revelada pelos casos apresentados (Enron, Parmalat e BPN): a diminuição da eficácia dos mecanismos de fiscalização societária na perspectiva da sociedade-mãe.

II – A administração e fiscalização empresarial é, em geral, regulada no CSC e noutros instrumentos legislativos de acordo com o referido paradigma da sociedade independente e autónoma. Assim, com excepção das disposições previstas a propósito das relações de grupo no capítulo III do CSC – que, como vimos, se aplicam apenas aos grupos *de iure* – as competências dos órgãos de cada sociedade do grupo, e o conteúdo das situações jurídicas que daí advêm, são aparentemente delimitadas pelas fronteiras do ente social e funcionalmente orientadas à prossecução do interesse deste, de acordo com o primado do "interesse social" que veda a prossecução de um qualquer "interesse de grupo" (salvo nos casos abrangidos pelo disposto no artigo 504.º)[83].

Da mesma forma, o *status socii* refere-se à sociedade individualmente considerada e já não a quaisquer outras sociedades com esta relacionadas. Assim, por exemplo, nas sociedades por quotas, nos termos dos artigos 214.º e 215.º do CSC, os sócios têm direito a obter informação verdadeira, completa e elucidativa sobre a gestão da sociedade, e a consultar na sede social a respectiva escrituração, livros e documentos[84]. Nas sociedades anónimas, tanto o direito mínimo à informação (artigo 288.º do CSC), como o direito "colectivo" à informação (artigo 291.º

---

[82] Como bem refere EISENBERG, «The legal issues posed by the governance of corporate groups are so varied that unless a common nomenclature is established, it is very easy for commentators to talk past each other and, even worse, to confuse the real issues». MELVIN A. EISENBERG – "The governance of corporate groups", in BALZARINI, et al. (eds.) – *I Gruppi di Società: Atti del Convegno Internazionale di Studi*, Vol. 2, Milano: Giuffrè, 1996, p. 1187.

[83] *Vide* § 3, capítulo 2.1 *infra*.

[84] O exercício efectivo deste direito não pode ser impedido pelo contrato social, nem o seu âmbito injustificadamente limitado. Acresce que o exercício deste direito não tem de ser justificado ou fundamentado, só podendo ser recusado quando for de recear que o sócio utilize a informação para fins estranhos à sociedade, e com prejuízo desta, ou quando a prestação da mesma implique violação de segredo imposto por lei no interesse de terceiros. Sobre o direito à informação no CSC, *cfr.*, *v.g.*, ANTÓNIO PEREIRA DE ALMEIDA – *Sociedades comerciais*, 4.ª ed., Coimbra: Coimbra editora, 2006, p. 117-126; RAÚL VENTURA – *Novos Estudos sobre sociedades anónimas e sociedades em nome colectivo*, Coimbra: Almedina, 2003 (Reimp.), p. 131-154.

O GOVERNO DAS ORGANIZAÇÕES

do CSC[85]), o direito à informação preparatória das assembleias gerais (artigo 289.º, n.º 1 do CSC); e o direito à informação nas assembleias gerais (artigo 290.º do CSC)[86] correspondem a um dever de informação da administração da sociedade em causa.

III – No entanto, vimos já que o interesse de uma sociedade pode ser prosseguido tanto de forma directa como indirecta, descentralizando toda ou parte da actividade social numa ou mais sociedades-filhas que, por sua vez, podem dar origem a novas ramificações. A estruturação da empresa plurisocietária coloca então em causa as fronteiras primeiramente definidas para as competências dos órgãos da sociedade-mãe.

Na medida em que a sociedade-mãe seja titular de um *poder* de direcção (*de facto* ou *de iure*) sobre outras sociedades, deve entender-se que a competência do seu conselho de administração abrange não apenas a gestão da actividade social desenvolvida directamente pela sociedade, mas também a actividade desenvolvida pelas suas sociedades-filhas, sob a modalidade da direcção e controlo global do grupo. Vale o princípio jus-societário de que ao poder de direcção corresponde necessariamente o dever de direcção (SEMLER). O *poder* de direcção da sociedade-mãe determina então a existência de um verdadeiro *poder-dever* do seu conselho de administração e, reflexamente, dos seus administradores, em directa concretização da sua obrigação de administrar a sociedade-mãe com cuidado, nos termos artigo 64.º do CSC (ou, quando aplicável, da sua obrigação de administrar o grupo nos termos do artigo 504.º do CSC). As participações sociais são parte do activo da sociedade-mãe, devendo ser geridas eficientemente na prossecução dos seus interesses (ou dos interesses do grupo, nos casos abrangidos pelo artigo 504.º do CSC). A gestão dessas participações depende contudo das possibilidades (*de iure* ou *de facto*) de influência sobre as sociedades-filhas[87].

---

[85] Recordamos que o uso do adjectivo "colectivo" na epígrafe desta norma é equívoco porquanto o direito é conferido não apenas a um colectivo de accionistas, mas também a qualquer accionista que individualmente detenha 10% do capital social.

[86] O regime do direito à informação preparatória das assembleias gerais e do direito à informação nas assembleias gerais é também aplicável às sociedades por quotas, *ex vi* artigos 214.º, n.º 7 e 248.º, n.º 1 do CSC.

[87] KLEINDIEK – "Konzernstrukturen und Corporate Governance: Leitung und Überwachung im dezentral organisiert Unternehmensverbund", p. 796; JOHANNES SEMLER – *Leitung und Überwachung der Aktiengesellschaft*, Bonn, München: Heymanns, 1996, p. 162-163. O mesmo não pode ser afirmado, porém, quando o objecto da sociedade, tal determinado no contrato de sociedade, excluir o dever de direcção. SEMLER aponta o caso paradigmático das participações dos bancos em sociedades de actividade industrial, por motivos puramente financeiros. Na medida em que tais participações se não destinam a ampliar a actividade desenvolvida pela sociedade mãe, não se pode admitir um dever de direcção face à sociedade filha. Tais participações não servem o propósito de criação de vínculo duradouro com as sociedades participadas, nos termos do § 271, n.º 1, al. 1 HGB. Ibidem.

O GOVERNO DOS GRUPOS DE SOCIEDADES

Como veremos melhor adiante, nos casos em que seja aplicável o artigo 504.º do CSC, relativo à obrigação dos administradores da sociedade-mãe de administrar o grupo com cuidado (ou seja, nos grupos *de iure* emergentes de contratos de subordinação e de domínio total) são credoras todas as sociedades do grupo[88]. Nos demais casos, sendo aplicável o artigo 64.º do CSC, só a sociedade-mãe é credora da diligente actuação daqueles administradores na direcção do grupo[89].

IV – O dever de direcção das sociedades-filhas, correspondendo a uma concretização do dever primário de administrar a sociedade (artigo 64.º do CSC) ou o grupo (artigo 504.º do CSC) com cuidado, é delimitado pela *business judgment rule*, pelo que os administradores da sociedade-mãe não serão responsáveis se provarem que actuaram em termos informados, livres de qualquer interesse pessoal e segundo critérios de racionalidade empresarial (artigo 72.º, n.º 2 CSC)[90]. Assim, salvo disposição contratual em contrário, cabe à administração da sociedade-mãe decidir se e em que medida deve intervir na administração das sociedades-filhas (fazendo uso das possibilidades de influência que no caso se lhe apresentem), tendo em vista o interesse da sociedade (quando seja aplicável o artigo 64.º do CSC) ou do grupo (nos casos em que se aplique o artigo 504.º do CSC)[91].

---

[88] No mesmo sentido, ANTUNES – *Os direitos dos sócios...* p. 148-149, nota 184.

[89] No mesmo sentido, *v.g.*, SEMLER – *Leitung und Überwachung...* p. 163.

[90] De acordo com esta regra, introduzida no artigo 72.º, n.º 2 do CSC, na reforma de 2006: «A responsabilidade é excluída se alguma das pessoas referidas no número anterior provar que actuou em termos informados, livre de qualquer interesse pessoal e segundo critérios de racionalidade empresarial». Esta regra surgiu nos Estados Unidos como uma solução jurisprudencial (*standard of judicial review*, por oposição aos *standards of conduct*, como o *duty of care*. Sobre esta distinção, *vide* MELVIN ARON EISENBERG – The divergence of standards of conduct and standards of review in corporate law, *Fordham Law Review*, 62, 1993) para a dificuldade sentida pelos juízes em julgar *ex post* o mérito de decisões empresariais, tomadas pelos órgãos societários competentes para o efeito, de acordo com "critérios de racionalidade empresarial", com base em informação adequada. Além Atlântico, a *business judgment rule* funciona tanto como uma regra processual sobre a prova como uma regra substantiva, de acordo com a qual se o autor não elidir a presunção de que os administradores actuaram de boa fé, nos melhores interesses da sociedade e devidamente informados, os réus (administradores) e as suas decisões serão protegidas. Cfr. COMMITTEE ON CORPORATE LAWS OF THE AMERICAN BAR ASSOCIATION – Changes in the Model Business Corporation Act: Amendments pertaining to electronic filings/standards of conduct and standards of liability for directors, *Business Lawyer*, 53, 1997, p. 177-178; THE AMERICAN LAW INSTITUTE – *Principles of Corporate Governance: Analysis and Recommendations*, St. Paul, Minn.: American Law Institute Publishers, 1994, § 4.01(c). Para um maior desenvolvimento sobre este tema cfr. GOMES – "Conflitos de interesses...", com indicações bibliográficas.

[91] Como realçámos noutro estudo, não obstante a existência de outras cláusulas gerais de conduta no nosso direito civil (boa fé, bons costumes) e mesmo no direito societário (lealdade), foi intenção expressa do nosso legislador positivar uma cláusula geral para a determinação da conduta dos administradores que visa, por si só, garantir uma qualidade mínima na administração da sociedade. Cfr. FERREIRA GOMES – "Conflitos de interesses..."; HENRY HANSMANN e REINIER KRAAKMAN – "The Basic Governance Structure"

O GOVERNO DAS ORGANIZAÇÕES

V – Neste âmbito, devem ser considerados os desafios da vigilância no contexto dos grupos de sociedades.

No sistema português, como na generalidade dos sistemas jus-societários[92], deve reconhecer-se a existência de uma função de fiscalização ou vigilância do próprio conselho de administração, independentemente de este encarregar (ou não) um ou mais administradores de certas matérias de administração (*delegação imprópria*, cfr. artigo 407.º, n.º 1 do CSC) ou de delegar (ou não) a gestão corrente da sociedade num ou mais administradores (ditos delegados) ou numa comissão executiva (*delegação própria*, cfr. artigo 407.º, n.ºs 3, 4 e 8 do CSC)[93].

– *The Anatomy of Corporate Law: A Comparative and Functional Approach*, 1.ª ed., Oxford, New York: Oxford University Press, 2006, p. 52.

Podemos assim distinguir três deveres no âmbito da obrigação de administração da sociedade com cuidado, a saber: (i) o dever de controlo ou vigilância organizativo-funcional; (ii) o dever de actuação procedimentalmente correcta (para a tomada de decisões) e (iii) o dever de tomar decisões (substancialmente) razoáveis. JAMES D. COX e THOMAS L. HAZEN – *Cox & Hazen on Corporations: including unincorporated forms of doing business*, 2.ª ed., New York: Aspen Publishers, 2003, p. 492-493, tal como adaptado por JORGE M. COUTINHO DE ABREU – *Governação das Sociedades Comerciais*, Coimbra: Almedina, 2006, p. 18-24.

[92] Cfr. *e.g.*, sobre o sistema alemão: CHRISTOPH H. SEIBT – "Anotação ao § 76 AktG", in SCHMIDT e LUTTER (eds.) – *Aktiengesetz Kommentar*, Vol. 1, Köln: Verlag Dr. Otto Schmidt, 2008, p. 892-893; JOHANNES SEMLER e MARTIN PELTZER – *Arbeitshandbuch für Vorstandsmitglieder*, München: C. H. Beck, 2005, p. 72-77; sobre o sistema francês: já em 1910, EDMOND THALLER – *Traité élémentaire de droit commercial e l'exclusion du droit maritime*, 4.ª ed., Paris: Librairie Nouvelle de Droit et de Jurisprudence, 1910, p. 354-355 e 367, nota 1; sobre o sistema italiano: já em 1908, GIUSEPPE NOTO-SARDEGNA – *Le società anonime*, Palermo: Orazio Fiorenza, 1908, p. 288-289. Além Reno, o controlo da empresa é comumente apontado como uma das quarto funções basilares decorrentes do dever de direcção (*Leitungspflicht*) do *Vorstand* estabelecido pelo § 76, n.º 1 do AktG, designadas por funções de direcção originárias (*originären Führungsfunktionen*), a saber: planeamento empresarial, controlo empresarial, coordenação empresarial e nomeação de cargos de direcção). SEMLER – *Leitung und Überwachung...*, em especial, 13-17, UWE HÜFFNER – *Aktiengesetz*, 7.ª ed., München: C.H. Beck, 2002, p. 365-366; HANS-JOACHIM MERTENS e ANDREAS CAHN – *Kölner Kommentar zum Aktiengesetz*, Vol. 2:1 §§ 76-94 AktG, 3.ª ed., 2010, p. 22; SEMLER e PELTZER – *Arbeitshandbuch für Vorstandsmitglieder*, p. 73-74.

[93] Entre nós, PEDRO MAIA chegou a idêntica conclusão, fazendo corresponder a necessária pluripessoalidade do conselho de administração (quando o capital social exceda os 200.000 euros, de acordo com o artigo 390.º, n.º 2 do CSC) a exigências de *controlo* e *vigilância geral* da administração da sociedade. Como bem realça este Autor, o Direito português exige uma composição plural do conselho de administração, mas não impõe a gestão plural, porquanto admite a delegação de poderes de gestão do conselho de administração num administrador único (artigo 407.º do CSC). PEDRO MAIA – *Função e funcionamento do conselho de administração da sociedade anónima*, Stvdia Ivridica, 62, Coimbra: Coimbra Editora, 2002, p. 18-19. Nem outra poderia ser a conclusão perante a reconhecida impossibilidade de um órgão colegial gerir, pelo menos quotidianamente, a empresa social (ibidem, p. 92, nota 152). De facto, em termos de *gestão*, um órgão colegial não pode mais do que traçar as grandes linhas de desenvolvimento da actividade (ibidem, p. 92, nota 153) social e deliberar sobre assuntos de especial relevância. Caso contrário, teria forçosamente de impor-se a reunião permanente do órgão colegial para a tudo atender.

Acresce que, caso a *ratio* da composição plural do conselho fosse a gestão eficiente da sociedade, não se compreenderia a intervenção do legislador em substituição da livre composição pelos accionistas. Tal intervenção é no entanto concebível no plano da *vigilância* da actividade social, porquanto esta obedece não apenas a considerações de interesse privado dos accionistas, mas também a considerações de interesse

O GOVERNO DOS GRUPOS DE SOCIEDADES

Esta função do conselho de administração projecta-se na esfera jurídica dos seus membros, contribuindo para a concreta determinação do elenco e conteúdo dos seus poderes e deveres. Se a competência do conselho de administração para administrar a sociedade se reflecte numa obrigação dos seus membros relativamente à administração da sociedade, o reconhecimento de uma função de vigilância como parte da administração reflecte-se no necessário reconhecimento de uma obrigação de vigilância na esfera jurídica dos administradores[94].

Esta obrigação de vigilância dos administradores deve portanto ser reconduzida e enquadrada na obrigação fundamental de administrar a sociedade com cuidado (deveres de cuidado, nos termos do artigo 64.º do CSC), tal como recortada pela *business judgment rule* (artigo 72.º, n.º 2 CSC)[95]. Faz parte do conteúdo mínimo deste "dever fundamental" dos administradores que não pode ser posto em causa pela delegação de poderes, qualquer que seja a sua forma[96]. Sendo a

público. Não queremos com isto afirmar que o exercício de funções de vigilância pelos administradores se submeta a uma lógica de interesse público – com é, aliás, manifesto no caso dos ROC e discutível no caso do conselho fiscal – mas apenas que a estabilidade da sociedade derivada do cumprimento dos deveres dos administradores aproveita também ao interesse público. Afirmamos por isso que os deveres dos administradores – nos termos delineados, antes de mais, pelo artigo 64.º do CSC – são para com a sociedade.

[94] Como ensina MENEZES CORDEIRO, a pessoa colectiva é um centro de imputação de normas jurídicas (que não corresponde a um ser humano), sendo tais normas acatadas por pessoas singulares capazes, em modo colectivo: «as regras (...) vão seguir canais múltiplos e específicos, até atingirem o ser pensante, necessariamente humano, que as irá executar ou violar». ANTÓNIO MENEZES CORDEIRO – *Da responsabilidade civil dos administradores das sociedades comerciais*, Lisboa: Lex, 1997, p. 318-319.

Assim, nas sociedades anónimas, as normas imputadas directamente aos seus órgãos são executadas ou violadas pelos seus titulares, em cuja esfera jurídica surgem específicas situações jurídicas, destinadas a actuar as situações jurídicas imputadas ao órgão que integram, actuando este por sua vez as situações jurídicas imputadas à pessoa colectiva.

[95] De acordo com esta regra, introduzida no artigo 72.º, n.º 2 do CSC, na reforma de 2006: «A responsabilidade é excluída se alguma das pessoas referidas no número anterior provar que actuou em termos informados, livre de qualquer interesse pessoal e segundo critérios de racionalidade empresarial». Esta regra surgiu nos Estados Unidos como uma solução jurisprudencial (*standard of judicial review*, por oposição aos *standards of conduct*, como o *duty of care*. Sobre esta distinção, *vide* EISENBERG – *The divergence of standards of conduct...*) para a dificuldade sentida pelos juízes em julgar *ex post* o mérito de decisões empresariais, tomadas pelos órgãos societários competentes para o efeito, de acordo com "critérios de racionalidade empresarial", com base em informação adequada. Além Atlântico, a *business judgment rule* funciona tanto como uma regra processual sobre a prova como uma regra substantiva, de acordo com a qual se o autor não elidir a presunção de que os administradores actuaram de boa fé, nos melhores interesses da sociedade e devidamente informados, os réus (administradores) e as suas decisões serão protegidas. Cfr. COMMITTEE ON CORPORATE LAWS OF THE AMERICAN BAR ASSOCIATION – *Changes in the Model Business Corporation Act: Amendments pertaining to electronic filings/standards of conduct and standards of liability for directors*, p. 177-178; THE AMERICAN LAW INSTITUTE – *Principles...*, § 4.01(c). Para um maior desenvolvimento sobre este tema cfr. o nosso *Conflitos de interesses...*, com indicações bibliográficas.

[96] Como explicava MENEZES CORDEIRO, a propósito da anterior redacção do artigo 64.º do CSC, «[este] preceito é fundamental, sendo certo que dele decorre, no essencial, todo o resto». CORDEIRO – *Da responsabilidade civil...* p. 40.

O GOVERNO DAS ORGANIZAÇÕES

obrigação fundamental dos administradores administrar a sociedade com cuidado, em termos informados, livre de qualquer interesse pessoal e segundo critérios de racionalidade empresarial, cada administrador deve promover o interesse social não só nos actos por si directamente praticados em nome da sociedade, mas ainda zelar por esse mesmo interesse na actuação dos demais administradores e da estrutura administrativa dependente do conselho de administração. O facto de um acto ser praticado isoladamente por um dos administradores não isenta os demais do cumprimento dos seus deveres para com a sociedade. Nesse sentido, a lei prevê expressamente que, mesmo nos casos em exista delegação da gestão corrente da sociedade, os demais administradores devem vigiar a actuação dos administradores delegados, salvaguardando o interesse social[97].

VI – Quanto ao conteúdo da obrigação de vigilância dos administradores, poderia dizer-se que, em circunstâncias normais, a vigilância dos administradores tem um carácter mais genérico, baseada na informação disponibilizada pelos administradores delegados, pelo sistema de informação implementado e pelos demais órgãos sociais, com destaque para o ROC. No entanto, verificados determinados sinais de risco para a sociedade (comummente referidos na prática empresarial como *red flags*), intensificam-se os poderes e os deveres dos adminis-

---

[97] Cfr. artigo 407.º, n.º 8 CSC. No mesmo sentido, face ao texto do CSC anterior à reforma de 2006, MARIA ELISABETE GOMES RAMOS – *Responsabilidade civil dos administradores e directores das sociedades anónimas perante os credores sociais*, Studia Iuridica, n.º 67, Coimbra: Coimbra Editora, 2002, p. 116.
Tanto quanto pudemos apurar, não existe entre nós um tratamento compreensivo da obrigação de vigilância dos administradores. Apesar de diferentes autores se referirem brevemente à existência de um *dever* de vigilância de todos os administradores, com fundamento dogmático na colegialidade do conselho de administração (artigos 406.º e 431.º, n.º 3 CSC) e no regime de responsabilidade civil solidária dos administradores (cfr. artigo 73.º CSC)(*), tal *dever* só tem sido criticamente analisado a propósito da delegação própria de poderes (cfr. artigo 407.º, n.º 8 CSC). Nos termos desta norma, os administradores não-delegados são responsáveis pela vigilância geral da actuação do administrador ou administradores-delegados ou da comissão executiva e, bem assim, pelos actos ou omissões destes, quando, tendo conhecimento de tais actos ou omissões ou do propósito de os praticar, não provoquem a intervenção do conselho para tomar as medidas adequadas.
(*) Cfr., *v.g.*, ANTÓNIO MENEZES CORDEIRO – "Anotação ao artigo 73.º CSC", in MENEZES CORDEIRO (ed.) – *Código das Sociedades Comerciais Anotado*, Coimbra: Almedina, 2009, p. 269. Já na vigência do CCom, CUNHA GONÇALVES afirmava que a responsabilidade dos administradores é solidária pela necessidade de os administradores se fiscalizarem reciprocamente. Cfr. LUIZ DA CUNHA GONÇALVES – *Comentário ao Código Comercial Português*, Vol. 1, Lisboa: Empreza Editora J.B., 1914, p. 429. Na vigência do CSC, pronunciaram-se pela existência de um dever de cada administrador de vigiar a actuação dos demais, mesmo na ausência de delegação de poderes nos termos do artigo 407.º, *v.g.*, MAIA – *Função...* p. 273 (nota 327), 274-277; ALEXANDRE SOVERAL MARTINS – A responsabilidade dos membros do conselho de administração por actos ou omissões dos administradores delegados o dos membros da comissão executiva, *Boletim da Faculdade de Direito (Universidade de Coimbra)*, 78, 2002, p. 375-376; ELISABETE RAMOS – *Responsabilidade civil...* p. 116-117.

tradores em matéria de vigilância. Devem questionar-se as habituais fontes de informação, realizando as inspecções que se mostrem necessárias para o efeito (com meios internos ou externos) e obtendo informação de fontes independentes; deve avaliar-se a informação com um acrescido sentido crítico; e, finalmente, devem tomar-se as medidas que se justifiquem no caso concreto.

Os casos apresentados para reflexão – Enron, Parmalat e BPN – demonstram que em nenhuma situação, nem mesmo perante uma "delegação própria" de poderes, se pode admitir uma restrição da obrigação de vigilância dos administradores a uma mera vigilância "geral", senão vejamos:

No caso Enron, segundo JEFFREY N. GORDON, havia duas situações de risco que deveriam ter determinado uma fiscalização acrescida por parte do conselho de administração. Em primeiro lugar, a conjugação da estrutura de remuneração da equipa de gestão, baseada em planos de opções sobre acções extraordinariamente ambiciosos, a inerente tentação de manipulação dos resultados financeiros que afectam o preço das acções, e uma política de divulgação de informação financeira que tornava o desempenho financeiro da sociedade substancialmente opaco para os mercados de capitais, criaram um risco fora do comum que deveria ter determinado uma igualmente fora do comum e intensa fiscalização pelo conselho. Em segundo lugar, apesar de alguns dos objectivos de cobertura de risco (*risk-hedging*) poderem ser defendidos em termos de racionalidade empresarial, a opção pela criação de SPEs pejadas de conflitos de interesses em substituição de veículos abertos ao mercado deveria ter alertado o conselho para a viabilidade económica de tal cobertura de risco. Tanto num caso como noutro o conselho não tomou as medidas necessárias para intensificar a sua vigilância, perante a evidência de que os habituais mecanismos de controlo pelo mercado não funcionariam no caso da Enron[98].

No caso Parmalat, assumindo que os administradores desconheciam as práticas ilícitas do fundador da empresa, Calisto Tanzi, pode afirmar-se que os mesmos deveriam ter tomado as medidas necessárias ao completo esclarecimento da situação do grupo perante a concentração das suas disponibilidades de caixa (3,35 mil milhões de euros) numa subsidiária com sede nas Ilhas Caimão (a Bonlat), associada à necessidade de financiamento do grupo através de complexas emissões de obrigações e à complexa estruturação do grupo que tornava a informação financeira opaca e os mecanismos de fiscalização ineficazes.

---

[98] GORDON – *Governance Failures...* p. 1128.

O GOVERNO DAS ORGANIZAÇÕES

No caso BPN, não se compreende como é que, perante a complexa teia de ligações do grupo[99], o conselho de administração não tomou medidas de forma a tornar compreensível o risco associado à actividade desenvolvida pela mão (isolada e sem controlo) do presidente do seu conselho de administração[100]. De facto, perante o alerta do Banco de Portugal, em 2002, sobre a excessiva exposição a Grandes Riscos, perante as reservas do revisor oficial de contas na certificação das contas anuais de 1999, 2000, 2001, 2002 e 2003[101], perante as notícias da imprensa sobre a gestão irregular do Grupo BPN[102], não se compreende como é que só em de Fevereiro de 2008 o conselho de administração da SLN tomou medidas para conhecer a verdadeira situação financeira e contabilística do grupo e afastar o Dr. José Oliveira Costa da sua administração. Cada uma das referidas situações eram suficientes, só por si, para justificar uma vigilância acrescida do conselho de administração sobre a actividade desenvolvida pelo seu presidente.

Em casos como estes não é defensável que os administradores se escudem na redacção do n.º 8 do artigo 407.º do CSC para se limitarem a uma vigilância "geral" da sociedade e do grupo, afirmando que não reagiram por desconhecimento dos ilícitos praticados. Perante as referidas *red flags*, os administradores tinham o dever de tomar conhecimento do que se passava para, em seguida, poderem avaliar a situação e reagir em conformidade[103].

VII – Da afirmação que precede decorre a configuração dogmática da obrigação de vigilância dos administradores como uma situação jurídica compreensiva, na qual se identificam as diferentes situações jurídicas analíticas fundamentais[104], a saber: os poderes-deveres de informação e inspecção; o dever de avaliação da informação obtida; e o poder-dever de reacção a problemas detectados.

Não podemos desenvolver neste estudo toda a problemática da obrigação de vigilância dos administradores (à qual voltaremos noutra sede), pelo que nos

---

[99] Neste sentido, o depoimento de António Franco na Comissão de inquérito da Assembleia da República sobre o caso BPN e a notícia do jornal Expresso de 9 de Fevereiro de 2008, citados em ASSEMBLEIA DA REPÚBLICA – *Relatório...*, p. 63 e 67.

[100] Cfr. Ibidem, p. 67.

[101] Cfr. Ibidem, p. 108-110.

[102] Cfr., *e.g.*, a reportagem publicada na revista Exame de Março de 2001.

[103] Perante as referidas *red flags*, deveriam ter sido desde logo requeridas as auditorias externas extraordinárias que só vieram a ser requeridas pelo Dr. Miguel Cadilhe no Verão de 2008. Cfr. ASSEMBLEIA DA REPÚBLICA – "Relatório...", p. 73.

[104] Sobre a classificação entre situações jurídicas complexas e simples e entre situações jurídicas analíticas e compreensivas, *vide*, por todos, ANTÓNIO MENEZES CORDEIRO – *Tratado de Direito Civil Português*, Vol. 1 (Parte Geral), Tomo 1, 3.ª ed., Coimbra: Almedina, 2007, p. 304-305, 308-309.

O GOVERNO DOS GRUPOS DE SOCIEDADES

limitamos aos poderes-deveres de informação e inspecção para ilustrar os desafios que se colocam (e oferecer modelos de decisão) ao intérprete-aplicador a propósito dos grupos de sociedades.

VIII – Na medida em que a actividade social deixe de ser desenvolvida directamente pela sociedade-mãe, passando a ser indirectamente desenvolvida através de sociedades-filhas – caso em que existirá um poder de direcção *de facto* ou *de iure* –, é essencial identificar e quantificar os riscos no contexto da empresa plurisocietária. Para além das garantias que tenham sido voluntariamente prestadas pela sociedade-mãe em benefício das sociedades-filhas ou do regime legal de responsabilidade civil pelas dívidas das sociedades-filhas (nas relações de grupo decorrentes de contrato de subordinação ou de domínio total), deve ser especialmente avaliado o risco inerente aos créditos resultantes de empréstimos accionistas e aos investimentos associados à participação noutras sociedades. Como bem referem SEMLER e PELTZER, no âmbito da sua obrigação de vigilância, os administradores devem controlar e avaliar as participações noutras sociedades com especial diligência (*mit besonderer Sorgfalt*), independentemente da forma como são integradas na actividade social, dado o seu potencial impacto na situação financeira da sociedade, considerando os riscos de perdas associadas e o risco de desvalorização das mesmas[105]. Este risco ficou patente na mais recente crise (2008-2009), em que as participações detidas por algumas das maiores sociedades portuguesas se desvalorizaram de forma abismal, ao ponto de colocar tais sociedades numa situação de extrema fragilidade financeira.

IX – Importa por isso determinar se e em que medida os poderes-deveres de informação e inspecção dos administradores da sociedade-mãe se estendem para além das suas fronteiras, sendo certo que – como ficou claro nos três casos apresentados para reflexão: Enron, Parmalat e BPN – o exercício indirecto da actividade social, usando sociedades-veículo para o efeito, é uma forma comum de diminuir a eficácia dos mecanismos de fiscalização societária. Quanto mais complexa for a estrutura de sociedades implementada para o desenvolvimento da actividade social e mais limitados forem os mecanismos destinados a assegurar um adequado fluxo de informação intra-grupo, mais opaca ou obscura será essa informação e menor será a capacidade de acompanhamento e compreensão da mesma pelos accionistas e demais interessados[106].

---

[105] SEMLER e PELTZER – *Arbeitshandbuch für Vorstandsmitglieder*, p. 67-68.

[106] Sobre os deveres de informação sobre negócios com partes relacionadas, *vide* os nossos *Conflitos de interesses...* e Os deveres de informação sobre negócios com partes relacionadas e os recentes Decretos-Lei n.º 158/2009 e 185/2009, *Revista de Direito das Sociedades*, 1:3, 2009.

O GOVERNO DAS ORGANIZAÇÕES

A resposta a esta questão exige uma distinção entre diferentes situações, razão pela qual nos propomos analisar separadamente:

(i) Os poderes-deveres de informação e inspecção dos administradores da sociedade-mãe em grupos *de iure* emergentes de contratos de subordinação e de domínio total;

(ii) Os poderes-deveres de informação e inspecção dos administradores da sociedade-mãe noutros grupos (*de iure* e *de facto*); e

(iii) Os poderes-deveres de informação e inspecção dos administradores da sociedade-mãe sujeita a consolidação de contas.

2. Os poderes-deveres de informação e inspecção dos administradores da sociedade-mãe

2.1. Os poderes-deveres de informação e inspecção nos grupos *de iure* emergentes de contratos de subordinação e de domínio total

I – Nas relações de grupo emergentes de um contrato de subordinação ou de domínio total, a sociedade-mãe é titular de um poder de direcção *de iure* (cfr. artigos 503.º e 491.º do CSC), ao qual corresponde um especial regime de responsabilidade por dívidas (cfr. artigos 501.º, 502.º e 491.º do CSC)[107]. Este poder de direcção deve ser entendido em sentido amplo, abrangendo não só o poder de dar instruções, mas também o poder de as controlar.

II – O poder de direcção deve ser exercido pelo conselho de administração da sociedade-mãe, nos termos do artigo 405.º do CSC, podendo no entanto ser objecto de delegação nos termos do artigo 407.º do CSC. Coloca-se então a questão: podem os administradores, a título individual, obter informações e realizar inspecções nas sociedades-filhas, de forma a controlar a actividade desenvolvida pelos demais administradores (em caso de mera distribuição de pelouros), pelo administrador delegado ou pela comissão executiva (em caso de

---

[107] Nos termos do artigo 503.º, n.º 1, «a sociedade directora tem o direito de dar à administração da socie-dade subordinada instruções vinculantes». Esta norma consagra um direito da sociedade mãe que, por sua vez, fundamenta um poder-dever dos seus administradores. Estes devem empregar todos os recursos disponíveis na realização dos fins da sociedade mãe, no cumprimento do seu dever de diligência (agora denominados deveres de cuidado). Acresce que, na medida em que a sociedade-mãe responde pelas dívidas da sociedade-filha, os administradores da primeira não podem deixar de exercer o seu poder de direcção, controlando o risco da actividade empresarial. No mesmo sentido, França – *A estrutura...* p. 66-68, ainda que distinguindo, na fundamentação da sua posição, o dever de empregar todos os recursos disponíveis na realização dos fins da sociedade e o dever de diligência. Parece-nos pouco acertada esta distinção que coloca tais deveres lado a lado, porquanto o primeiro consubstancia uma concretização do segundo.

delegação própria) e, bem assim, por aqueles que implementem as instruções por estes emitidas?

III – Em sentido negativo poderiam aduzir-se dois argumentos. Por um lado, os poderes-deveres dos administradores da sociedade-mãe decorrem da sua obrigação de administrar a sociedade com cuidado, tal como prescrita pelo artigo 64.º do CSC, estando por isso limitados à sociedade-mãe. Por outro lado, se o poder de controlo sobre as sociedades-filhas se funda no poder de direcção e o exercício deste cabe apenas ao conselho de administração (ou ao administrador delegado ou à comissão executiva), não se reconhecem aos administradores, a título individual, quaisquer poderes de informação e de inspecção sobre as sociedades-filhas.

IV – Não nos parece, porém, que este seja o caminho correcto, senão vejamos: de acordo com o artigo 504.º do CSC, os administradores da sociedade-mãe estão adstritos a um dever de diligência face ao grupo. No entanto, dado que o grupo não tem personalidade jurídica, devemos identificar quem são os titulares da correspondente situação jurídica activa:

(i) Em primeiro lugar, os administradores da sociedade-mãe estão vinculados face às sociedades cuja administração está obrigada ao cumprimento das suas instruções naquelas modalidades de "grupos de direito", a saber: (a) sociedades subordinadas ao abrigo de um contrato de subordinação e (b) sociedades totalmente dominadas. Ficam assim de fora deste panorama as sociedades que não se incluam em tais relações de grupo. Assim estabelece o n.º 2 do artigo 504.º (aplicável directamente aos grupos constituídos por contrato de subordinação e, *ex vi* artigo 491.º, também aos grupos constituídos por domínio total): «Os membros do órgão de administração da sociedade directora são responsáveis também para com a sociedade subordinada, nos termos dos artigos 72.º a 77.º desta lei, com as necessárias adaptações; a acção de responsabilidade pode ser proposta por qualquer sócio ou accionista livre da sociedade subordinada, em nome desta»[108].

(ii) Em segundo lugar, aquelas disposições determinam ainda a vinculação dos administradores face à própria sociedade-mãe. Numa primeira leitura

---

[108] ANA PERESTRELO OLIVEIRA parece defender posição contrária ao afirmar que «[e]m rigor, os administradores da sociedade directora encontram-se ao serviço da sociedade que administram (rectius, dos seus sócios), devendo, todavia, agir em modo grupo». Contudo, logo em seguida esclarece a existência de deveres legais específicos «"relativamente ao grupo" e, nessa medida, também relativamente [à sociedade subordinada]». ANA PERESTRELO OLIVEIRA – "Anotação ao artigo 504.º CSC", in CORDEIRO, ANTÓNIO MENEZES (ed.) – Código das Sociedades Comerciais Anotado, Coimbra: Almedina, 2.ª ed., 2011, p. 1310--1311. Para maiores desenvolvimentos sobre a posição desta Autora, cfr. também A Responsabilidade Civil...

O GOVERNO DAS ORGANIZAÇÕES

poderíamos ser tentados a excluir esta sociedade, porquanto os deveres dos seus administradores para com a mesma têm enquadramento directo no artigo 64.º do CSC, sendo aliás este o padrão para o qual remete o artigo 504.º, n.º 1 do CSC. Não nos parece no entanto ser esse o caminho mais acertado. O n.º 2 do artigo 504.º dispõe que os membros do órgão de administração da sociedade directora são responsáveis *também* para com a sociedade subordinada. Do uso do advérbio *também* resulta que a responsabilidade face às sociedades-filhas se soma à responsabilidade para com a sociedade-mãe. Neste caso, o artigo 504.º, n.º 1 constitui norma especial que derroga a norma geral prescrita no artigo 64.º CSC – quando estejam em causa questões relativas ao grupo –, impondo aos administradores que subordinem a administração da sociedade ao interesse do grupo[109] como um todo e não ao interesse da sociedade-mãe individualmente considerada[110].

A determinação do conteúdo do "dever de diligência" prescrito pelo artigo 504.º exige uma análise histórico-dogmática que aqui não podemos desenvolver. Limitamo-nos a recordar que esta norma estabelece um "dever de diligência" paralelo ao que era prescrito pelo artigo 64.º do CSC, na sua versão originária, para com a sociedade-mãe. Ora, com a reforma do CSC de 2006, o legislador veio densificar os deveres fundamentais dos administradores para com a sociedade que decorriam já do genérico dever de diligência prescrito no artigo 64.º do CSC. Foram assim expressamente reconhecidos os "deveres de cuidado" e os "deveres de lealdade" dos gerentes e administradores (n.º 1) e dos titulares de órgãos sociais com funções de fiscalização (n.º 2). Apesar de o artigo 504.º do CSC não ter sido alterado em conformidade – mantendo o paralelo com a redacção do artigo 64.º – não podemos deixar de reconhecer que a densificação do "dever de diligência" operada pelo legislador em 2006 se reflecte necessariamente na interpretação daquela disposição. Assim, o artigo 504.º deve ser interpretado como fixando deveres de cuidado e deveres de lealdade face ao grupo (empresa plurisocietária), ou seja, face à sociedade-mãe e às sociedades subordinadas incluídas nos referidos grupos de direito.

---

[109] Parafraseando MARIA AUGUSTA FRANÇA, o interesse do grupo resulta da consideração global de todas as unidades do grupo, entendido em termos semelhantes à sociedade individual. Ibidem, p. 45. Em sentido contrário, reconduzindo o interesse do grupo ao interesse de sociedade-mãe, cfr. ANA PERESTRELO OLIVEIRA – Anotação ao artigo 504.º CSC... e A Responsabilidade Civil...

[110] Esta diferença não é especialmente relevante porquanto, nas relações de grupo aqui tratadas e numa perspectiva contratualista do interesse social que subscrevemos, o interesse da sociedade-mãe tenderá a corresponder ao interesse do grupo. Segundo ANA PERESTRELO OLIVEIRA – Anotação ao artigo 504.º CSC..., p. 1310, nota 6, inexiste um verdadeiro "interesse do grupo", sendo, quando muito, lícito ver neste o interesse da sociedade-mãe no êxito económico do grupo.

O GOVERNO DOS GRUPOS DE SOCIEDADES

Assim sendo, tal como a obrigação de vigilância da sociedade é fundada na obrigação de administrar a *sociedade* com cuidado, a obrigação de vigilância do grupo – incluindo (i) poderes de informação e inspecção, (ii) dever de avaliação e (iii) dever de reacção – é fundada na obrigação de administrar o *grupo* com cuidado. Assim como na sociedade independente se reconhece que, independentemente da delegação de poderes, os administradores podem e devem vigiar a administração da sociedade, porque assim o impõe o seu dever de administrar a sociedade com cuidado, bem como o princípio da colegialidade e o regime de responsabilidade civil solidária, também no contexto dos referidos grupos *de iure* se deve reconhecer que os administradores podem e devem vigiar não só a administração da sociedade-mãe, mas também a administração das sociedades-filhas, atento o dever de diligência face ao grupo previsto no artigo 504.º, n.º 1 CSC, bem como o princípio da colegialidade aplicável ao exercício do poder de direcção e o regime de responsabilidade civil solidária previsto nos artigos 504.º, n.º 2 e 73.º do CSC[111].

O sistema interno impõe uma tal coerência de soluções.

Nestes termos, a todos os administradores da sociedade-mãe (incluindo os administradores não-delegados) deve ser reconhecido o poder de acesso aos documentos e registos das sociedades-filhas, bem como o poder de inquirir os administradores e funcionários das mesmas[112].

Por fim, recordamos que, nestes grupos de direito, a sociedade-mãe é responsável pelas dívidas da sociedade-filha[113], pelo que não se compreenderia que os seus administradores não pudessem efectuar as diligências necessárias à determinação do risco decorrente da actividade desenvolvida indirectamente através das mesmas. Um tal entendimento permitira uma fácil subtracção de actividades sociais à efectiva vigilância dos administradores.

---

[111] A propósito da responsabilidade dos administradores de sociedades em relação de grupo, também ANA PERESTRELO OLIVEIRA afirma ser exigível aos administradores um esforço e diligência acrescidos que se reflecte, por exemplo, no mais vasto âmbito do seu dever de se informarem sobre a actividade empresarial: devem informar-se «do andamento não apenas da sua sociedade mas do conjunto das sociedades integrantes do grupo. Tal implica não apenas um dever de investigação, mas também um dever de diligente conhecimento do funcionamento da sociedade e, sobretudo, do grupo globalmente considerado, reclamando-se, portanto, um esforço alargado de acompanhamento da realidade plurisocietária». A Autora não refere, porém, quais os meios colocados ao dispor dos administradores pelo sistema para o efeito. Cfr ANA PERESTRELO OLIVEIRA – *A Responsabilidade Civil...* p. 126.

[112] No mesmo sentido, ANA PERESTRELO OLIVEIRA – *A Responsabilidade Civil...*, p. 170-171 e ENGRÁCIA ANTUNES – *Os grupos de sociedades...*, p. 725 (nota 1405).

[113] Para uma análise detalhada artigo 501.º CSC, cfr., por todos, o recente ANTÓNIO MENEZES CORDEIRO – A responsabilidade da sociedade com domínio total (501.º/1, do CSC) e o seu âmbito, *Revista de Direito das Sociedades*, 3:1, 2011.

Defendendo a mobilização do artigo 501.º CSC a situações que, extravasando os grupos legalmente constituídos, se enquadrem na sua noção de Domínio Qualificado, cfr., ORLANDO VOGLER GUINÉ – A responsabilização solidária nas relações de domínio qualificado, *Revista da Ordem dos Advogados*, 66:1, 2006.

O GOVERNO DAS ORGANIZAÇÕES

2.2. Os poderes-deveres de informação e inspecção dos administradores da sociedade-mãe noutros grupos (*de iure* e *de facto*)

I – Nos demais grupos *de iure* e nos grupos *de facto*, em que existe apenas um de poder de direcção *de facto* (e não *de iure*[114]), os administradores da sociedade--mãe não podem aceder aos documentos e registos internos das sociedades-filhas, nem estão os administradores e funcionários destas adstritos a qualquer dever legal de informação para com os administradores da sociedade-mãe[115]. Neste caso, mantendo-se inalterada – no plano jurídico – a situação de independência e autonomia das sociedades-filhas e estando em causa também os interesses de outros accionistas (para além dos interesses da sociedade-mãe), não se compreenderia que a administração da mesma estivesse vinculada a disponibilizar qualquer informação para além dos seus deveres legais e estatutários de informação aos accionistas e a terceiros.

São assim gravemente restringidas as condições para o cumprimento da obrigação de vigilância a que estão adstritos os administradores (não-delegados) da sociedade-mãe.

II – Ainda assim, deve considerar-se que:

(*i*) Em primeiro lugar, os administradores encarregues do pelouro na qual se enquadra a sociedade-filha (no caso da *distribuição de pelouros*), bem como os administradores delegados (e a comissão executiva, em caso de *delegação própria*) da sociedade-mãe estão adstritos a um dever de informação para com os demais administradores, de acordo com o qual lhes devem disponibilizar toda a informação necessária para que possam cumprir pontualmente a sua obrigação de vigilância. Assim, devem proactivamente disponibilizar a informação necessária à compreensão dos negócios mais relevantes (no contexto da sociedade e do grupo) e prestar todas as demais informações (verbais e

[114] Nem mesmo para os grupos financeiros (*de facto* ou *de iure*, para além dos casos referidos no ponto anterior) foi consagrado o poder legal de dar instruções destinadas a assegurar o cumprimento das normas prudenciais. Cfr. ENGRÁCIA ANTUNES – *A Supervisão Consolidada dos Grupos Financeiros*, p. 90-131, 135. Em sentido contrário, o Direito italiano sobre os grupos bancários não só supera o silêncio do direito comum reconhecendo expressamente a actividade de direcção e de coordenação das sociedades do grupo pela sociedade-mãe, como também sujeita esta sociedade a um poder-dever específico de emitir «disposições às componentes do grupo (...) para execução das instruções emitidas pela Banca d'Itália» (artigo 12, n.º 1 do *Testo Unico delle Finanza*, aprovado pelo *Decreto legislativo 24 febbraio 1998, n. 58*). Sobre esta problemática, mas na vigência do Direito anterior, cfr. GIAN FRANCO CAMPOBASSO – "Controllo societário e poteri della capogruppo nei gruppi e nei gruppi bancari", in BALZARINI, et al. (eds.) – *I Gruppi di Società: Atti del Convegno Internazionale di Studi*, Vol. 2, Milano: Giuffrè, 1996, p. 803-804.

[115] No mesmo sentido, na análise de questão paralela no sistema alemão, *vide, v.g.*, MARCUS LUTTER e GERD KRIEGER – *Rechte und Pflichten des Aufsichtsrats*, 5.ª ed., Köln: Schmidt, 2008, p. 101.

O GOVERNO DOS GRUPOS DE SOCIEDADES

documentais) que sejam solicitadas pelos outros administradores, sobre esses ou outros negócios ou actividades, sendo dispensada qualquer justificação para tal solicitação.

(ii) Em segundo lugar, quando tenham quaisquer dúvidas ou seja insuficiente a informação prestada pelos administradores encarregues do pelouro ou pelos administradores delegados (ou comissão executiva)[116], os demais administradores podem e devem aceder a outras fontes de informação para confirmar os dados disponibilizados sobre os negócios do grupo: (a) devem, tal como referido supra, consultar os documentos e registos da sociedade-mãe sobre as sociedades-filhas e inquirir os administradores e funcionários daquela sobre as dúvidas existentes; (b) devem consultar a informação publicada ou divulgada ao público por imposição legal ou por opção das sociedades-filhas, incluindo os relatórios dos ROCs, bem como, no caso das sociedades cotadas, a informação produzida e divulgada pelos auditores externos, bem como por outros *gatekeepers* (com destaque para as sociedades de notação de risco e para os analistas financeiros); e (c) devem tomar conhecimento da informação que tenha sido produzida pelos consultores externos da sociedade-mãe, estando estes adstritos a prestar toda a informação que lhes seja solicitada por qualquer administrador da mesma. Para além da consulta de toda esta informação escrita, os administradores podem e devem obter, junto do ROC e dos consultores externos da sociedade, os esclarecimentos adicionais, verbais e escritos, que considerarem adequados à pontual compreensão do assunto em análise.

(iii) Em terceiro e último lugar, devem considerar-se outros deveres incluídos na obrigação de administrar a sociedade-mãe com cuidado. Por um lado, aquando da deliberação de distribuição de pelouros ou de delegação própria de poderes, o conselho de administração deve adoptar as medidas necessárias para garantir um adequado fluxo de informação para os demais administradores (*e.g.*, impondo aos administradores responsáveis por determinado pelouro ou as administradores delegados que, na negociação de determinados contratos que envolvam maior risco para a sociedade-mãe, fique assegurado (pela via contratual) o poder de os demais administradores consultarem determinado tipo de documentos ou inquirirem directamente

---

[116] Poderia até afirmar-se que o dever de vigilância dos demais administradores impõe a consulta de informação obtida por outras fontes – mesmo na ausência de dúvidas sobre a informação disponibilizada ou sobre a sua suficiência – dado que só desta forma poderão estes administradores confirmar os dados apresentados por aqueles a quem devem vigiar. De facto, se é verdade que a peculiaridade do sistema reside no facto de, em geral, ser a administração a fiscalizar a fonte da informação necessária a essa mesma fiscalização, não é menos verdade que essa informação pode e deve ser completada e confirmada por outros meios. Sobre esta questão ao nível do *Aufsichtsrat* no sistema alemão, cfr. Ibidem, p. 81.

os administradores ou determinados funcionários da sociedade participada[117]. Por outro lado, os próprios administradores com pelouros, administradores delegados ou a comissão executiva, consoante o caso, deverão – no exercício das competências delegadas – tomar as medidas necessárias para garantir a transparência dos seus actos face aos demais administradores.

III – Os casos apresentados para reflexão – Enron, Parmalat e BPN – constituem bons exemplos da actuação errónea da administração face ao desenvolvimento indirecto da actividade social (através de sociedades filhas).

Tanto no caso Enron como no caso Parmalat, o conselho de administração tinha conhecimento da extraordinariamente complexa estrutura de sociedades subordinadas que tinha sido criada para desenvolver determinados negócios, em termos tais que tornava ineficaz qualquer dos mecanismos tradicionais de fiscalização societária, não tendo implementado – ou exigido que fossem implementadas – medidas alternativas adequadas a garantir a fiscalização dessa actividade[118].

No caso BPN, os referidos casos da participação do grupo na SLN Imobiliária (e a sua alegada alienação para a Camden, para efeitos de cumprimento dos requisitos impostos pelo Banco de Portugal) e no Banco Insular (através da alegada teia de ligações ilícitas que permitiu que, entre Dezembro de 2001 e o início de 2009, tivessem sido desviados para fora do balanço consolidado cerca de 9,7 mil milhões de euros) denunciam uma ausência de adequadas medidas de fiscalização ao nível da administração.

2.3. Os poderes-deveres de informação e inspecção dos administradores da sociedade-mãe sujeita a consolidação de contas

I – Estando a sociedade-mãe obrigada à consolidação de contas com sociedades-filhas, nos termos do artigo 6.º do Decreto-Lei n.º 158/2009, de 13 de Julho, deve valer uma solução idêntica àquela que defendemos para os grupos *de iure*

---

[117] No sistema alemão, o dever de criação de mecanismos que assegurem um adequado fluxo de informação decorre necessariamente da distribuição de funções no seio do *Vorstand*. Neste sentido, cfr. SEIBT – *Aktiengesetz Kommentar...*, p. 893.

[118] Temos aqui presente a advertência de ENGRÁCIA ANTUNES de que a administração da empresa-mãe "de facto" não tem – nos termos legais –o direito de subordinar a administração das sociedades-filhas a um controlo da respectiva gestão. Tal não impede porém o reconhecimento de uma densificação dos deveres de cuidado dos administradores da sociedade-mãe no sentido de subordinar – pela via contratual – determinados investimentos da sociedade ou a implementação de determinadas operações a adequados deveres de informação e à criação de adequados mecanismos de fiscalização. Cfr. ENGRÁCIA ANTUNES – *A Supervisão Consolidada dos Grupos Financeiros*, p. 115-116.

O GOVERNO DOS GRUPOS DE SOCIEDADES

emergentes de contrato de subordinação ou de domínio total, ainda que com diferente fundamentação e diferente alcance.

O artigo 508.º-D regula a fiscalização das contas consolidadas pelo órgão interno de fiscalização (conselho fiscal, fiscal único, comissão de auditoria ou conselho geral e de supervisão) e pelo ROC, não definindo contudo os meios ao dispor destes órgãos para a realização desta tarefa. ENGRÁCIA ANTUNES afirma que os poderes de informação dos membros do órgão de fiscalização da sociedade-mãe (ou empresa consolidante) se estendem ao conjunto das sociedades compreendidas no âmbito da consolidação, com base no art. 508.º-D CSC[119]. MENEZES CORDEIRO, por seu turno, afirma que o regime aplicável é o comum da fiscalização de contas, decididamente adaptado à situação de consolidação[120].

Caso se admitam estas posições, por maioria de razão, deverá admitir-se a extensão dos poderes de informação dos administradores na mesma medida. Sendo a preparação das contas anuais (individuais e consolidadas) uma competência do conselho de administração – que não pode sequer ser delegada (artigos 407.º, n.º 4 e 406.º, al. d) do CSC) – não se compreenderia que o poder de informação dos administradores fosse mais restrito que o de outros órgãos sociais com funções de fiscalização.

II – Temos, porém, algumas dúvidas sobre esta posição. De facto, não nos parece indefensável que os membros dos órgãos de administração da sociedade-filha se recusem a prestar mais informações para além daquelas que constam das suas contas anuais individuais ou decorram dos seus deveres legais e estatutários de informação aos accionistas e a terceiros (referidos adiante).

A reacção do Direito da União Europeia ao escândalo Parmalat e outros, consubstanciada no reforço dos deveres dos administradores, do ROC e dos membros do órgão interno de fiscalização face às contas consolidadas[121] parece contudo

---

[119] JOSÉ A. ENGRÁCIA ANTUNES – *A Fiscalização das Sociedades Comerciais: Estudo preparatório de reforma legislativa*, inédito, 1997, p. 158. O Autor remete para a 1.ª edição da sua principal obra sobre grupos de sociedades, mas nem nesta, nem na 2.ª edição conseguimos encontrar fundamentação para esta afirmação. Cfr. ENGRÁCIA ANTUNES – *Os grupos de sociedades...* p. 193 e segs.

[120] Sem fundamentação porém. Cfr. CORDEIRO – *Anotação ao artigo 508.º-D*, p. 1239.

[121] Cfr. artigos 27.º e 41.º, n.º 2 al. c) da Directriz 2006/43/CE do Parlamento Europeu e do Conselho, de 17 de Maio de 2006, relativa à revisão legal das contas anuais e consolidadas, que altera as Directivas 78/660/CEE e 83/349/CEE do Conselho e que revoga a Directiva 84/253/CEE do Conselho. *Vide* também a Sétima Directriz 83/349/CEE do Conselho, de 13 de Junho de 1983, relativa às contas consolidadas, em especial, tal como alterada pela Directriz 2006/46/CE do Parlamento Europeu e do Conselho, de 14 de Junho de 2006, que altera a Directiva 78/660/CEE do Conselho relativa às contas anuais de certas formas de sociedades, a Directiva 83/349/CEE do Conselho relativa às contas consolidadas, a Directiva 86/635/CEE do Conselho relativa às contas anuais e às contas consolidadas dos bancos e outras instituições financeiras e a Directiva 91/674/CEE do Conselho relativa às contas anuais e às contas consolidadas das empresas de seguros.

O GOVERNO DAS ORGANIZAÇÕES

indicar uma evolução do sistema conforme à posição já indicada. Atendendo ao princípio da interpretação conforme ao Direito comunitário[122], tal evolução não pode deixar de ter directas repercussões na determinação do alcance dos poderes de informação e inspecção dos administradores da sociedade-mãe por força do artigo 508.º-D do CSC.

III – Nestes termos, pode qualquer dos administradores da sociedade consolidante aceder a quaisquer documentos ou registos das sociedades consolidadas, bem como questionar quaisquer membros dos seus órgão sociais e funcionários, consultores externos ou quaisquer terceiros que tenham realizado operações por conta dessas sociedades, de forma a obter a informação necessária à confirmação de que as contas consolidadas traduzem uma imagem autêntica e verdadeira das sociedades sujeitas a consolidação, permitindo aos seus destinatários «ter a exacta percepção do impacto de quaisquer operações, susceptíveis de expressar riscos ou benefícios relevantes na avaliação financeira das sociedades»[123].

§ 6.º CONCLUSÃO

I – O governo dos grupos de sociedades é uma matéria cujo estudo se impõe não só pelo peso e centralidade dos grupos (enquanto empresa plurisocietária) em toda a actividade comercial, mas ainda pelos específicos problemas que no seu contexto se colocam, tanto ao nível das sociedades filhas, como da sociedade-mãe. Sendo vários os problemas que se colocam neste âmbito e limitada a extensão desta publicação, impõe-se a concentração num problema específico, oferecendo uma análise de maior conteúdo analítico, evitando a mera descrição genérica. Assim, o presente estudo centra-se – na perspectiva da sociedade-mãe[124] – na diminuição da eficácia dos mecanismos de fiscalização societária pela constituição e desenvolvimento dos grupos de sociedades (tanto no caso dos grupos *de iure* como dos grupos *de facto*). Em particular, apresenta uma análise crítica do conteúdo e

---

[122] Parafraseando GORJÃO-HENRIQUES, «O princípio da interpretação conforme afirma que o intérprete e aplicador do direito, internamente, dever, ainda quando deva aplicar *apenas* direito nacional, atribuir a este uma interpretação que se apresente conforme com o sentido, economia, e termos das normas comunitárias. Dir-se-á tratar-se, no plano comunitário, de um princípio semelhante ao da interpretação conforme à Constituição, de que a ciência do direito constitucional nos fala». Cfr. MIGUEL GORJÃO-HENRIQUES – *Direito Comunitário*, 5.ª ed., Coimbra: Almedina, 2007, p. 326-333.

[123] Cfr. preâmbulo do Decreto-Lei n.º 185/2009, de 12 de Agosto.

[124] A perspectiva das sociedades-filhas já foi por nós abordada num estudo anterior, ainda que de forma parcial. Cfr. o nosso *Conflitos de interesses...*

164

O GOVERNO DOS GRUPOS DE SOCIEDADES

alcance dos poderes-deveres de informação e inspecção dos administradores da sociedade-mãe, no contexto de um grupo de sociedades.

II – O interesse de uma sociedade pode ser prosseguido tanto de forma directa como indirecta, descentralizando toda ou parte da actividade social numa ou mais sociedades-filhas que, por sua vez, podem dar origem a novas ramificações. No entanto, a estruturação da empresa plurisocietária coloca em causa as fronteiras primeiramente definidas para as competências dos órgãos da sociedade-mãe. Na medida em que a actividade social deixe de ser desenvolvida directamente pela sociedade, mas indirectamente através de sociedades-filhas – caso em que existirá um poder de direcção *de facto* ou *de iure* da sociedade-mãe –, é essencial identificar e quantificar os riscos no contexto da empresa plurisocietária, dado o seu potencial impacto na situação financeira da sociedade-mãe. Este risco ficou patente na mais recente crise (2008-2009), em que as participações detidas por algumas das maiores sociedades portuguesas se desvalorizaram de forma abismal, ao ponto de colocar tais sociedades numa situação de extrema fragilidade financeira.

III – Importa por isso determinar se e em que medida a obrigação de vigilância (mais especificamente os poderes-deveres de informação e inspecção) dos administradores da sociedade-mãe se estendem para além das suas fronteiras, sendo certo que – como ficou claro nos três casos apresentados para reflexão, Enron, Parmalat e BPN – o exercício indirecto da actividade social, usando sociedades--veículo para o efeito, é uma forma comum de diminuir a eficácia dos mecanismos de fiscalização societária.

A resposta a esta questão exige a distinção entre:

(i) Os poderes-deveres de informação e inspecção dos administradores da sociedade-mãe em grupos *de iure* emergentes de contratos de subordinação e de domínio total;

(ii) Os poderes-deveres de informação e inspecção dos administradores da sociedade-mãe noutros grupos (*de iure* e *de facto*); e

(iii) Os poderes-deveres de informação e inspecção dos administradores da sociedade-mãe sujeita a consolidação de contas.

No primeiro caso, o poder de direcção *de iure* da sociedade-mãe (e a correspondente responsabilidade pelas dívidas das sociedades-filhas) determina que os poderes-deveres de informação e inspecção que se reconhecem aos administradores, a título individual, em qualquer sociedade se estendam da sociedade-mãe ao âmbito das sociedades-filhas.

No segundo caso, mantém-se inalterada – no plano jurídico – a situação de independência e autonomia das sociedades-filhas, pelo que a sua administração não está vinculada a disponibilizar qualquer informação para além dos seus deveres legais, estatutários e contratuais de informação aos accionistas e a terceiros. São assim gravemente restringidas as condições para o cumprimento da obrigação de vigilância a que estão adstritos os administradores da sociedade-mãe. Deve no entanto reconhecer-se que estes estão vinculados à obtenção de informação, junto de outras fontes, o mais adequada possível ao cumprimento da sua obrigação de vigilância.

No terceiro e último caso, assim como se reconhece que a administração da sociedade-mãe deve ter acesso à informação necessária à preparação das contas consolidadas, deve necessariamente reconhecer-se a possibilidade de acesso à informação necessária ao controlo dos dados apresentados, garantindo a credibilidade das contas consolidadas.

IV – Juntando a *praxis* à *theoria*, afirmando a actualidade de problemas estruturais que se projectam no tempo, são apresentados três casos para reflexão – Enron, Parmalat e BPN – de forma ilustrar a importância do tema e a facilitar a compreensão do alcance das soluções propostas.

CAPÍTULO V

O GOVERNO DE UMA SOCIEDADE ANÓNIMA EUROPEIA COM SEDE EM PORTUGAL: ALGUMAS NOTAS

ANDRÉ FIGUEIREDO

ABSTRACT: *Probably as a result of its long and tortuous history, the* Societas Europaea *("SE") is subject to a highly complex legal framework, a mix of EU law, SE-specific national rules, common corporate law and the specific provisions of each company's bylaws. In the legal literature, focus on the* Societas Europaea *usually comes on a EU or comparative law perspective; given the limited scope of EC Regulation 2157/2001, however, such approach provides for only part of the legal regime that applies to SE, which in fact relies largely on member states law. Less common, particularly in Portuguese doctrine, are efforts to bring the SE framework down to the level of applicable national law, so as to find out in detail the relevant legal regime. This article aims precisely at that: focusing exclusively on corporate governance, and limited only to certain specific matters, it purports to bring together both the EU framework and Portuguese company law, identifying the areas where the latter is called upon (expressly or tacitly) to complement the former. This exercise involves matters such as the governance structure of a «Portuguese SE», the appointment, composition, powers and functioning of the corporate bodies, as well as the exercise of certain supervision functions. The ultimate goal is thus to provide a more complete – although not comprehensive – overview of the legal framework that applies to an SE incorporated or having its corporate seat in Portugal, comprised of a blend of EU and national provisions, thus contributing to enhance legal certainty in a much needed area of the law.*

SUMÁRIO: *1. Introdução: o regime jurídico da sociedade anónima europeia; delimitação a matérias de governo societário; sequência. 2. A diversidade de fontes e consequente complexidade*

O GOVERNO DAS ORGANIZAÇÕES

do quadro normativo. 3. Os sistemas de governo da SE: 3.1 Enquadramento: a consagração alternativa dos sistemas monista e dualista; 3.2 Os sistemas de governo da SE e o direito societário português; a eventual exigência de segregação de gestão e fiscalização; 3.3 O regime aplicável à certificação legal de contas e a exigência de nomeação de ROC. 4. O quadro normativo aplicável a uma SE portuguesa: 4.1 Considerações gerais; enunciado das matérias; 4.2 Designação dos membros dos órgãos sociais; 4.3 Composição dos órgãos sociais; 4.4 Competências, exercício de funções e relacionamento entre órgãos; 4.5 Funcionamento. 5. Harmonização comunitária do direito societário e do governo das sociedades: notas finais.

1. INTRODUÇÃO: O REGIME JURÍDICO DA SOCIEDADE ANÓNIMA EUROPEIA; DELIMITAÇÃO A MATÉRIAS DE GOVERNO SOCIETÁRIO; SEQUÊNCIA

I – O Regulamento (CE) n.º 2157/2001, do Conselho, de 8/10/2001 ("Regulamento"), que aprovou o estatuto da sociedade anónima europeia, ou *Societas Europaea* ("SE"), constituiu um dos mais significativos impulsos comunitários no domínio do direito das sociedades. Pretendeu-se, em paralelo com outros instrumentos normativos[1], instituir um tipo societário comunitário – por natureza transnacional –, apto a actuar autonomamente no mercado interno ao lado dos veículos societários próprios dos Estados-Membros[2]. Exemplo paradigmático do fenómeno de *"comunitarização"*[3] do direito das sociedades, de que é porém apenas uma manifestação[4], o Regulamento assume como pressuposto fundamental que a sujeição de um veículo societário a um estatuto jurídico tendencialmente uniforme pode constituir um passo decisivo na progressiva homogeneidade (também jurídica) do mercado único[5] – um objectivo ainda distante no domínio do tráfego jurídico dos negócios[6]. Em especial, a *Societas Europaea* surge como

---

[1] Em particular, a Directiva 2001/86/CE, de 8 de Outubro, que complementou o Regulamento a respeito do envolvimento dos trabalhadores nas actividades da SE.

[2] Nestes termos, VANESSA EDWARDS, "The European Company – Essential Tool or Eviscerated Dream?", *Common Market Law Review*, n.º 40, 2003, p. 443 ss. (p. 443).

[3] RUI PINTO DUARTE, "A relevância do direito comunitário no direito das sociedades", *Escritos sobre Direito das Sociedades*, Coimbra, Coimbra Editora, 2008, p. 179 ss. (p. 219-220).

[4] Um percurso interessante por diferentes *momentos* deste processo de comunitarização do direito das sociedades pode encontrar-se em FRIEDERICH KÜBLER, "A Shifting Paradigm of European Company Law", Columbia Journal of European Law, 11, 2005, p. 219 ss. Na literatura nacional, veja-se o texto de RUI PINTO DUARTE citado na nota anterior.

[5] MATHIAS M. SIEMS, *Convergence in Shareholder Law*, Cambridge, Cambridge University Press, 2008, p. 380.

[6] Neste sentido, RUI PINTO DUARTE, "A Societas Privata Europaea: uma Revolução Viável", Direito das Sociedades em Revista, 2009, 1, p. 49 ss. (p. 49).

O GOVERNO DE UMA SOCIEDADE ANÓNIMA EUROPEIA COM SEDE EM PORTUGAL

um instrumento de gestão potencialmente atractivo para grupos económicos de dimensão comunitária, facilitando a realização de operações transfronteiriças[7].

O processo legislativo foi longo e tortuoso[8], tendo enfrentado obstáculos de toda a ordem (política, social, técnico-jurídica), e o resultado final constitui apenas um fragmento do *conceito* inicialmente desenhado[9]. O objectivo inicial era ambicioso: pretendia-se criar um corpo normativo supra-nacional, autónomo e possivelmente auto-suficiente, destinado a valer em paralelo com os direitos nacionais, dispensando a sua aplicação complementar[10]. O resultado final representa, pelo contrário, uma solução de compromisso entre tendências (jurídicas, políticas) divergentes no espaço económico europeu, que abdicou da regulação directa de um conjunto significativo de matérias – longe de constituir, portanto, um *corpo normativo completo*[11] – e, em consequência, depende em muito da aplicação complementar dos direitos nacionais[12], para além de reservar um espaço significativo à autonomia privada[13]. O risco desta abordagem, cuja extensão e

---

[7] Extravasa o âmbito deste texto uma análise das razões que estiveram na base do actual Estatuto da Sociedade Anónima Europeia, que justificaram, designadamente, a opção pela criação de um novo veículo em detrimento, por exemplo, de medidas destinadas antes a tornar mais acessível e previsível a actuação transfronteiriça de sociedades nacionais. Não é igualmente aqui abordado o difícil caminho que foi percorrido desde as primeiras propostas de criação da *Societas Europaea*. A respeito destes temas de enquadramento geral, veja-se JOSEPH A. McCAHERY/ERIK P. M. VERMEULEN, "Does the European Company Prevent the Delaware Effect", European Law Journal, 2005, 11, p. 785 ss. (p. 788/789); ERIK WERLAUFF, "The SE Company – A new Common European Company from 8 October 2004", European Business Law Review, 2003, p. 85 ss.; EDWARDS, "The European Company", p. 444 ss.; JANET DINE, "The European Economic Interest Grouping and the European Company Statute: New Models for Company Law Harmonisation", *EC Financial Market Regulation and Company Law*, Sweet & Maxwell, 1993, p. 3; FRANK WOOLBRIDGE, *Company Law in the United Kingdom and the European Community: Its Harmonisation and Unification*, Athlone Press, Londres, 1991, p. 117. Na literatura jurídica nacional, por todos, RUI FALCÃO DE CAMPOS, "A sociedade anónima europeia: projectos e perspectivas, RDES XXXI, 1989, p. 255 ss. (em particular, p. 261 ss.); e ANTÓNIO MENEZES CORDEIRO, *Direito Europeu das Sociedades*, Coimbra, Almedina, 2005, p. 855 ss. (especialmente, p. 905 ss.).

[8] Para uma síntese história deste processo legislativo, cujo início remonta ao ano de 1950, ANDREW JOHNSTON, *EC Regulation of Corporate Governance*, Cambridge, Cambridge University Press, 2009, p. 248 ss.; STEFAN GRUNDMANN, *European Company Law (Organization, Finance and Capital Markets)*, Oxford, Intersentia, 2007, p. 671 ss.; CARLA TAVARES DA COSTA/ALEXANDRA DE MEESTER BILREIRO, *The European Company Statute*, Haia, Kluwer, 2003, p. 1 ss.

[9] KÜBLER, "A Shifting Paradigm", p. 230.

[10] JOHNSTON, *EC Regulation of Corporate Governance*, p. 247. Isto para assegurar, então, o reconhecimento jurídico de um veículo societário apto a desenvolver uma actividade económica em ordenamentos distintos e em pé de igualdade com as sociedades nacionais – nestes termos, PIETER SANDERS, "The European Company", Georgia Journal of International & Comparative Law, 1976, 6, p. 367 ss. (p. 368).

[11] SIEMS, *Convergence in Shareholder Law*, p. 7.

[12] No que difere do regime recentemente consagrado para as chamadas SPE – cf. o texto de ORLANDO GUINÉ, neste volume, p. 201 ss.

[13] KÜBLER, "A Schifting Paradigm", p. 231, nota que precisamente um dos campos em que é mais relevante a projecção da autonomia privada é o do governo societário, e em particular o da escolha do modelo de governação a adoptar.

O GOVERNO DAS ORGANIZAÇÕES

relevância está ainda por apurar, é o da a sujeição das SE a regime jurídicos bastante discrepantes no espaço jurídico europeu[14].

II – A ela não se cingindo a expansão do chamado Direito Comunitário das Sociedades tem actuado com particular intensidade na temática do *corporate governance*, especialmente nos tempos mais recentes. São inúmeras as iniciativas comunitárias, revestindo diferentes naturezas e de valor normativo também distinto, que, directa ou indirectamente, têm procurado assegurar um nível mínimo de harmonização em matérias de governo societário. É por isso inevitável a tentação de olhar para a criação da sociedade anónima europeia também desta perspectiva: como um movimento comunitário revelador das tendências normativas no domínio do governo societário aceites a nível comunitário, com inevitáveis repercussões (ainda que mediatas, dada a natureza do instituto legal em questão e do método de harmonização que lhe subjaz) nos direitos nacionais dos Estados-Membros.

É precisamente dessa constatação que resulta a ideia deste texto; como o título indica, o propósito não é o de percorrer o quadro normativo em que se materializa todo o estatuto da *Societas Europaea*, mas sim do cingir a análise aos aspectos relacionados com o tema do governo societário[15]. Contudo, pretende-se ir mais além do que simplesmente percorrer o desenho legal do governo das SE, tal como previsto no Regulamento. É que um tal exercício se afiguraria sempre insuficiente, dada a natureza reconhecidamente parcelar do regime comunitário, cuja aplicação depende em grande medida, como se já disse e de resto se voltará

---

[14] Assim, por exemplo, LUCA ENRIQUES, "Silence Is Golden: The European Company Statute As a Catalyst for Company Law Arbitrage", European Corporate Governance Institute, Working Paper no. 73/2003 e MATHIAS SIEMS, "Numerical Comparative Law – Do We Need Statistical Evidence in order to Reduce Complexity", 13 Cardozo J. Int'l & Comp. L. 251.

[15] Apesar de amplamente tratado no Regulamento, e também objecto de regulação específica noutros quadrantes do ordenamento interno (por exemplo, no âmbito do Código de Registo Comercial), não serão aqui abordados os diversos processos de formação da SE (sobre o tema, por exemplo, GRUNDMANN, *European Company Law*, p. 678 ss.). Ainda assim, sempre se nota que em comum todos eles apresentam a exigência de os seus fundadores estarem, imediata ou mediatamente, ligados a mais do que um Estado-membro, para além de serem necessariamente sociedades de responsabilidade limitada – assim, RUI PINTO DUARTE, "A sociedade (anónima) europeia – uma apresentação", Cadernos de Direito Privado, 2004, n.º 6, p. 3 ss. (p. 5). Também não se tratará aqui, por fugir ao âmbito e propósito deste texto, a problemática, antiga no direito comunitário, em torno dos conceitos de sede estatutária e administração central da sociedade, conceitos estes genericamente relevantes, como se sabe, na determinação do direito aplicável a um veículo societário. Assume-se portanto, com a referência a sede estatutária em Portugal, que a SE tem aí também a sua administração central. A articulação entre estes conceitos, designadamente no que diz respeito à aplicação das regras de protecção de credores nos casos em que a sede estatutária não coincida com a sede da administração central, consta genericamente dos arts. 7.º e 8.º. Sobre o tema, amplamente, WERLAUFF, "The SE Company", p. 97 ss.

O GOVERNO DE UMA SOCIEDADE ANÓNIMA EUROPEIA COM SEDE EM PORTUGAL

a repetir por diversas vezes, do direito nacional do Estado-Membro em que uma SE tenha a sua sede estatutária. Pretende-se, ao invés, analisar o quadro normativo que resulta do Regulamento numa perspectiva eminentemente *dinâmica*, considerando-o em articulação com outras camadas normativas potencialmente aplicáveis, especificamente no contexto da sua aplicação a uma SE com sede estatutária em Portugal.

Seguir por este caminho permite colher duas vantagens significativas: de um lado, possibilita a identificação do quadro normativo completo aplicável a uma SE constituída em Portugal a respeito das matérias do governo societário, dessa forma contribuindo para afastar a incerteza que, sem dúvida, constitui um obstáculo ao recurso a este instrumento societário; de outro, numa perspectiva mais geral, ao impor uma articulação entre o desenho normativo do Regulamento com as regras de direito interno relacionadas com a governação societária, o percurso sugerido permite avaliar em que medida o direito nacional acompanha as tendências comunitárias nesta matéria.

III – Feito este enquadramento introdutório, e apresentados os objectivos deste texto, é tempo de iniciar o anunciado percurso analítico. O texto segue com uma descrição genérica do sistema de (múltiplas) fontes de direito aplicáveis à SE, alertando para a respectiva complexidade (cf. 2.); de seguida, entrando no terreno do governo societário, procede-se a uma identificação das principais características dos dois sistemas de governo alternativos previstos no Regulamento (cf. 3.); passa-se depois a um exercício de articulação do regime comunitário respeitante a esses modelos de *governance* com as regras subsidiariamente aplicáveis de direito societário português, procurando identificar zonas de exclusividade e de complementaridade (cf. 4.). O texto termina, em jeito de síntese conclusiva, com algumas notas finais (cf. 5.).

2. A DIVERSIDADE DE FONTES E CONSEQUENTE COMPLEXIDADE O QUADRO NORMATIVO

I – O Regulamento não pretende ser auto-suficiente[16], implicando necessariamente a determinação do direito aplicável em concreto a uma SE uma tarefa de harmonização de distintas camadas normativas[17]. Isso é, de resto, expressamente assumido, oferecendo aquele diploma comunitário as orientações relativas ao

[16] Assim, PINTO DUARTE, "A sociedade (anónima) europeia", p. 9.
[17] Oferecendo uma classificação completa do escalonamento normativo aplicável à SE, KÜBLER, A Shifting Paradigm of European Company Law, p. 231.

O GOVERNO DAS ORGANIZAÇÕES

escalonamento das fontes que compõem o quadro normativo aplicável às SE. Dispõe o art. 9.º[18], então, que para além das *(i)* regras nele especificamente previstas, a SE é regulada:

(ii) sempre que o regulamento o autorize expressamente, pelo disposto nos estatutos da SE; ou

(iii) no que se refere a matérias não abrangidas pelo Regulamento, ou quando uma matéria o for apenas parcialmente, *(a)* pelas disposições legislativas adoptadas pelos Estados-membros em aplicação de medidas comunitárias que visem especificamente as SE; *(b)* pelas disposições legislativas dos Estados-Membros que seriam aplicáveis segundo o direito do Estado-Membro onde a SE tem sede; e *(c)* pelas disposições dos estatutos da SE[19], nas mesmas condições que para as sociedades anónimas constituídas segundo o direito do Estado-Membro onde a SE tem a sua sede.

Em síntese, para além do Regulamento, é convocada, através do método do reenvio[20], a aplicação subsidiária tanto de normas especificamente dispostas pelos Estados-Membros para adaptar o direito interno às SE, bem como as regras *jus--societárias* comummente aplicáveis às sociedades anónimas[21]. Para além destas, valerão ainda as disposições estatutárias que não se revelem contrárias nem ao Regulamento, nem às normas de direito interno que sejam no caso (subsidiariamente) aplicáveis[22].

Acrescida complexidade é trazida, por fim, pela sujeição imperativa das SE a regulação sectorial em função da actividade económica exercida[23] ou, ainda, pela circunstância de recorrer aos mercados de capitais para captar financiamento.

---

[18] As disposições legais citadas sem identificação de fonte pertencem ao Regulamento. Sobre o complexo quadro normativo que resulta deste preceito do Regulamento, ver o interessante sumário oferecido por GRUNDMANN, *EC Company Law*, p. 676 ss.

[19] Sendo que o art. 6.º deixa claro que por estatutos se designa, aqui, quer o acto constitutivo da sociedade, quer actos jurídicos separados.

[20] JOHNSTON, *EC Regulation of Corporate Governance*, p. 257 ss.; WERLAUFF, "The SE Company", p. 88.

[21] Para além do ordenamento *jus-societário*, e como teremos oportunidade de detalhar adiante, valerão igualmente o direito dos mercados de valores mobiliárias, quando as SE sejam emitentes de valores mobiliários admitidos à negociação em mercado regulamentado; as regras relativas à prestação de contas; e o direito sancionatório territorial – nestes termos, MENEZES CORDEIRO, *Direito Europeu das Sociedades*, p. 968.

[22] O que significa, portanto, que a invalidade de uma disposição estatutária de uma SE com sede estatutária em Portugal poderá decorrer da violação de uma norma do Regulamento – por exemplo, a que determina que a firma da sociedade deve ser precedida ou seguida da sigla "SE" (cf. art. 11.º/1) –, mas também da violação de uma regra injuntiva de direito interno, como por exemplo o regime que regula os negócios entre administradores e a sociedade (cf. art. 397.º CSC). Em suma, não pode em rigor afirmar-se, quando se considera a projecção deste escalonamento normativo, que a SE seja um verdadeiro veículo de dimensão supra-nacional; assim, JOHNSTON, *EC Regulation of Corporate Governance*, p. 250.

[23] O que de resto é expressamente reconhecido pelo art. 9.º/3 – o que sucederá por exemplo quando a SE desenvolva, por exemplo, actividade bancária ou qualquer outra objecto de regulação sectorial.

Nestes domínios, a prossecução de objectivos fundamentais como a integridade dos mercados, a prevenção de riscos sistémicos ou a protecção dos consumidores convoca um conjunto significativo de normas imperativas, que interferem necessariamente, e de forma decisiva, na definição do quadro normativo concreto aplicável a uma SE. Isso mesmo é bem patente, para enunciar apenas um exemplo que será adiante retomado, nalgumas regras especificamente aplicáveis às sociedades emitentes de valores mobiliários admitidos à negociação em mercado regulamentado, com consequências não apenas para o exercício da actividade da SE, mas mesmo na definição da sua estrutura interna de governação[24].

II – Este escalonamento normativo só aparentemente é isento de dificuldades[25]. Intersectam-se princípios, regras, conceitos e procedimentos de fonte comunitária e nacional, a que acresce depois o espaço normativo preenchido pela autonomia privada[26]. E as dúvidas emergem: qual o efectivo alcance do reenvio operado para os direitos dos Estados-Membros em que as SES têm sede estatutária? Como coadunar os conceitos empregues no Regulamento com os utilizados no direito interno? Como interpretar o silêncio do Regulamento relativamente a certas matérias: remissão para o direito nacional ou restrição tácita do âmbito de aplicação deste? Que significado atribuir à margem de legiferação especificamente reconhecida aos Estados-Membros, principalmente quando, como sucede no caso português, ela não é sempre especificamente aproveitada? Qual o espaço de conformação efectivamente para os estatutos? São suscitadas estas e outras questões, muitas vezes a respeito de uma mesma matéria[27]. Tomando como referência uma SE com sede estatutária em Portugal, sob a aparente simplicidade daquela formulação geral relacionada com o direito aplicável, surgem intrincados problemas de articulação entre os diversos planos normativos convocados, problemas estes

---

[24] É designadamente este o caso, como se verá adiante, das normas respeitantes a incompatibilidades e a exigências de independência de membros dos órgãos sociais. Cf. 4. infra.

[25] Risco natural do método normativo adoptado é o da aplicação de diferentes regras a SE de um mesmo grupo societário mas com sede em diferentes Estados-Membros – JOHNSTON, *EC Regulation of Corporate Governance*, p. 250. A existência desta dupla camada normativa constitui um factor propício à concorrência entre os diferentes Estados-membro, com vista a atrair a constituição de SE no seu território; à partida, estarão em melhores condições aqueles que, como o Reino Unido, oferecem um quadro legal mais aberto e portanto flexível, com maior liberdade e *imunização* das administrações, por contraste, no outro extremo, com o que sucede com os regimes societários do norte da Europa e, em particular, da Alemanha. Analisando o Regulamento enquanto instrumento de *arbitragem jurídica* (*legal arbitrage*), cf., por exemplo, ENRIQUES, "Silence Is Golden".

[26] Assinala a complexidade do sistema normativo da SE, Friederisch Kübler, "Die Europaische Aktiengesellschaft", *Münchner Kommentar zum Aktienrecht*, vol. 9, 2005.

[27] Salientam este risco de incerteza jurídica resultante da complexidade do quadro normativo aplicável, potencialmente geradora de significativos custos de transacção, MCCAHERY/VERMEULEN, Does the European Company Prevent the Delaware Effect, p. 799.

que, na falta de uma análise atenta, são geradores de incerteza na determinação do direito em concreto aplicável. E isto como se verá não apenas em questões de pormenor, mas mesmo na resolução de questões centrais, como a própria morfologia dos sistemas de governação ou a responsabilidade pela certificação da informação financeira. Ora, a verdade é que o sucesso do projecto da *Societas Europaea* passará necessariamente pela capacidade de os juristas, em cada ordenamento do espaço europeu, encontrarem para aquelas que, ?????, respostas seguras.

III – Num esforço de sistematização, podem ser identificados dois problemas interpretativos centrais.

Um primeiro conjunto de dificuldades é suscitado pela técnica empregue no Regulamento de remeter para os Estados-Membros a competência para, em determinadas matérias – nem sempre laterais – *adoptar as medidas adequadas em relação às SE* [28]. Isto porque, por vezes, não é discernível se o Regulamento se pretende referir ao direito comum do Estado-Membro em que a SE tem sede estatutária, se ao invés a normas que tenham sido (ou devam ser) previstas em especial para as SE[29]. Além disso, ou melhor, em consequência desta dificuldade, surge uma outra: não é sempre clara a natureza da habilitação que o Regulamento consagra para os Estados-Membros adoptarem normas internas para as SE. Especificando: não fica claro se a previsão, pelos Estados-Membros, de certos desvios ao regime--regra previsto no Regulamento depende necessariamente de disposições internas especificamente destinadas às SE – constituindo nesse caso a remissão operada pelo Regulamento um verdadeiros ónus, valendo imperativamente o quadro normativo do Regulamento na falta de regulamentação específica; ou se, ao invés, tais desvios podem resultar da aplicação das normas de direito interno previstas para as sociedades anónimas comuns, prescindindo-se de regulamentação específica para as SE[30]. Esta questão será objecto de análise em relação a matérias em que

---

[28] Cf., por exemplo, arts. 39.º/5 e 43.º/5.

[29] Identifica esta dificuldade Pinto Duarte, "A sociedade (anónima) europeia", p. 9, dando como exemplo o art. 21.º, em que, entende o autor, *"a referência 'sob reserva de exigências suplementares impostas pelo Estado--Membro de que depende a sociedade em questão' levanta uma tal dúvida, ou seja, a de saber se as exigências em causa são relativas às sociedades anónimas comuns ou se hão-de resultar de regras específicas adoptadas pelo Estado-Membro para as SE"*. Em nota, o autor conclui, bem, que a remissão parece ter como referência a margem de legiferação concedida aos Estados-Membros em matéria de SE.

[30] Um exemplo clarificador, que será adiante objecto de análise, resulta do teor dos arts. 39.º/1 e 43.º/1, que respectivamente para o sistema dualista e monista estabelecem que *qualquer Estado-Membro pode prever que a responsabilidade da gestão corrente incumba a um ou a vários directores-gerais, nas mesmas condições que para as sociedades anónimas com sede no seu território*. A dúvida é então a seguinte: dependerá a possibilidade de delegação de competências de gestão num ou em mais membros da adopção de uma regra permissiva especificamente destinada às SE, ou valerá directamente, e mesmo na falta de tal aproveitamento expresso desta permissão, o regime *jus-societário* comum?

especificamente o Regulamento se refere a tais *"disposições legislativas específicas"*, mas desde já se dirá que elas não são, por princípio, necessárias[31].

Por outro lado, a identificação do quadro normativo aplicável às SE é dificultada pela incerteza quanto à *extensão* da aplicação subsidiária do direito nacional. Essa aplicação subsidiária é facilmente afastada quanto a normas de direito interno incompatíveis com a regulação comunitária, ou que pura e simplesmente contrariem os objectivos normativos desta. O mesmo sucederá quando, mesmo que não frontalmente incompatíveis, as normas internas tenham o efeito de desvirtuar as soluções previstas no Regulamento. Mais complexas são, porém, aquelas situações em que o quadro normativo comunitário é (propositadamente)[32] lacunar, e em que, consequentemente, não é facilmente apreensível se a aplicação do direito interno é complementar, caso em que será admissível ou incompatível com o regime de base do Regulamento – e em consequência inadmissível.

Especificamente em tema de governo societário, acentua essas dificuldades a circunstância de o Regulamento acolher duas estruturas orgânicas alternativas, com isso convocando a aplicação subsidiária de regimes distintos de direito nacional. Um bom exemplo, que merecerá análise cuidada adiante, diz respeito à eventual aplicação das exigências de segregação formal das funções de fiscalização relativamente a uma SE com sede estatutária em Portugal que adopte o modelo monista; outro, também analisado mais à frente, prende-se com a aplicação de certas normas *jus-societárias* nacionais relativas à certificação anual de contas.

3. OS SISTEMAS DE GOVERNO DA SE

3.1 Enquadramento: a consagração alternativa dos sistemas monista e dualista

I – A matéria do governo societário das SE vem regulada no Título III do Regulamento[33]. Com o propósito de acomodar dois dos modelos de organização societária mais comuns no espaço jurídico europeu[34] e, nessa medida, procurando assegurar a adaptabilidade e flexibilidade do regime jurídico da SE às diversas

---

[31] Suscitando a questão, e apontando também neste sentido, MENEZES CORDEIRO, *Direito Europeu das Sociedades*, p. 939.

[32] SIEMS, *Convergence in Shareholder Law*, p. 242, que assinala também a Directiva das OPA como outro exemplo de um regime comunitários que, fruto das consideráveis resistências representa, igualmente, um esforço de harmonização parcelar e de efeitos mitigados.

[33] Cf. arts. 38. ss. Para uma apresentação esquemática do conteúdo normativo deste Título III, entre outros, MENEZES CORDEIRO, *Direito Europeu das Sociedades*, p. 963 ss.

[34] Cf. Considerando 14 do Regulamento.

O GOVERNO DAS ORGANIZAÇÕES

realidades europeias, o Regulamento prevê dois sistemas de governo de societário alternativos[35]: o *sistema dualista*[36], de influência germânica[37], que – para além da assembleia geral – integra um órgão de direcção, a quem cabe a gestão corrente da sociedade, e outro de fiscalização, genericamente incumbido do exercício das funções de controlo e monitorização; e o denominado *sistema monista*[38], reconhecidamente de influência anglo-saxónica[39], composto pela assembleia geral e por apenas um órgão de administração, a quem compete de forma genérica a gestão dos assuntos sociais, não acolhendo uma segregação formal entre funções de gestão e fiscalização.

A opção pela consagração de dois modelos alternativos constitui um bom exemplo dos compromissos que permitiram *desenlaçar* o tortuoso processo legislativo que culminou com a aprovação do Regulamento[40]. Não tendo sido tomada posição no (eterno) debate em torno da estrutura orgânica ideal das sociedades anónimas (*one tier boards vs. two-tier boards*), e portanto acolhendo a possibilidade de escolha entre os dois modelos de base que opõem a tradição anglo-americana, de um lado, e a tradição germânica, de outro, assegurou-se que o nível de harmonização pretendido pelo projecto da SE não era incompatível com realidades jurídicas nacionais bem consolidadas. Esta opção trouxe consigo um custo: a alternatividade dos modelos, a que se junta um regime jurídico meramente parcelar, resultam na possibilidade de discrepâncias e inconsistências do quadro normativo aplicável a SE com sede num mesmo Estado-Membro.

II – Concentrando-nos agora no quadro normativo traçado pelo Regulamento, interessa notar serem previstas regras específicas para cada um dos sistemas de governo[41], bem como um conjunto de normas comuns a ambos[42]. Para estas, e

---

[35] Cf. art. 38.º.

[36] Cf. art. 39.º.

[37] Na realidade, o direito alemão conhece apenas o sistema dualista, composto tipicamente por um órgão executivo (*Vorstand*) e um órgão fiscalizador (*Aufsichtstrat*)– cf., especificamente sobre o modelo de uma *Societas Europaea* com sede na Alemanha, PETER HEMLING, Die Corporate Governance der Societas Europaea (SE), *Handbuch Corporate Governance – Leitung und Überwachung börsennotierter Unternehmen in der Rechts- und Wirtschaftsoraxis*, 2.ª ed., (PETER HOMMELHOFF, KLAUS J. HOPT & AXEL V. WERDER), Schäffer- -Poeschel Verlag, Stuttgart, p. 769 ss. (em especial, p. 771 ss.).

[38] Cf. art. 43.º.

[39] Vigora nestes ordenamentos um paradigma organizacional que concentra no *Board* as funções de controlo e monitorização da gestão executiva da sociedade. Cf., por exemplo, ERIK WELAUFF, *SE – The Law of the European Company*, (trad. STEVEN HARRIS), Copenhagen, DJOF Publishing, 2003, p. 74.

[40] Como bem nota MENEZES CORDEIRO, *Direito Europeu das Sociedades*, p. 953, as propostas iniciais estavam tão germanizadas que apenas previam a orientação dualista.

[41] Cf. art. 39.º ss., para o sistema dualista; e 43.º ss., para o dualista.

[42] Cf. arts. 46.º ss. Isto apesar de algumas das normas constantes dos regimes particulares de cada um dos modelos de *governance* apresentarem, na verdade, um teor materialmente comum.

O GOVERNO DE UMA SOCIEDADE ANÓNIMA EUROPEIA COM SEDE EM PORTUGAL

com vista a assegurar a respectiva harmonia com o quadro normativo de cada Estado-Membro, o Regulamento prevê depois, expressamente, a possibilidade de os Estados-Membros, na falta de disposições internas reguladoras de um sistemas dualista ou de um sistema monista, *adoptarem as medidas – i.e.*, procederem a alterações legislativas – necessárias ou adequadas[43]. Esta possibilidade foi aproveitada, em Portugal, mas com uma extensão muito limitada, tendo o Decreto-Lei n.º 2/2005, de 4 de Janeiro (DL n.º 2/2005"), a respeito do modelo de governo, limitado a regular a composição dos órgãos sociais[44], bem como os respectivos procedimentos de votação[45]. Como se verá, esta foi uma oportunidade perdida para esclarecer outros temas, porventura mais relevantes e de solução ainda incerta.

Porém, quando, como é comum na dogmática do governo de sociedades, se assume que o desenho legislativo de cada modelo de governação compreende, tipicamente, *o elenco, a composição e as competências dos órgãos sociais e a posição jurídica dos seus membros*[46], facilmente se constata que muito ficou por esclarecer. O Regulamento traça o quadro geral aplicável à estrutura orgânica interna, bem como alguns princípios atinentes ao relacionamento entre órgãos, mas é já silencioso relativamente a um conjunto significativo de matérias, nem todas passíveis de regulação nos estatutos. O campo de aplicação dos direitos nacionais é, por essa razão, bastante amplo e, particularmente no domínio do governo societário das SE, decisivo para a definição do quadro normativo aplicável a estas sociedades.

3.2 Os sistemas de governo da SE e o direito societário português; a eventual exigência de segregação de gestão e fiscalização

I – O que acabou de ser dito a respeito do carácter (propositadamente) lacunar do Regulamento deixou clara a relevância do direito societário português na conformação do sistema de governo de uma SE com sede estatutária em Portugal. O direito societário português será por princípio aplicável em matérias em que o Regulamento e, quando possível, os estatutos sejam omissos. Daí que se imponha, logo de princípio, a tarefa essencial de reconduzir cada um dos

---

[43] Cf. arts. 39.º/5 e 43.º/4.

[44] Cf. arts. 18.º, 19.º e 20.º do DL n.º 2/2005.

[45] Cf. art. 17.º. Para alem disso, são igualmente previstas regras específicas para o funcionamento da assembleia geral. Estas, bem como as regras referidas na nota anterior, serão objecto de referência mais detalhada adiante.

[46] Cf. PAULO CÂMARA, "O Governo das Sociedades e a Reforma do Código das Sociedades Comerciais", *Código das Sociedades Comerciais e Governo das Sociedades*, Almedina, Coimbra, 2008, p. 9 ss. (p. 67).

O GOVERNO DAS ORGANIZAÇÕES

modelos societários previstos no Regulamento ao quadro normativo português; mais precisamente, ao sistema de governação que, na ordem jurídica portuguesa, corresponde *ou* ao modelo dualista *ou* ao modelo monista. Essencial porque, em resultado da técnica de subsidiariedade adoptada no Regulamento, será o regime do modelo societário correspondente na ordem jurídica portuguesa[47] a oferecer o complemento normativo necessário para conhecer na integra o quadro legal aplicável à governação de um SE com sede estatutária em Portugal. Naturalmente, a correspondência que aqui se procura dependerá não de uma qualquer equivalência terminológica, mas antes do conteúdo dos regimes legais em cada caso aplicáveis. Impõe-se, para esse fim, um método de comparação funcional[48].

A primeira constatação, quando se confrontam os modelos previstos no citado art. 39.º com as alternativas plasmadas para as sociedades anónimas no Código das Sociedades Comerciais, é que tal recondução não se afigura nem imediata nem linear[49]. E isto não apenas por não encontrar paralelo (expresso) no regime comunitário o papel reservado na lei portuguesa ao revisor oficial de contas[50] – questão a que se voltará adiante; releva igualmente a circunstância de o direito português consagrar sempre – ainda que com graus e conteúdos distintos, consoante o modelo de governo em questão – um nível de segregação das funções de fiscalização interna da sociedade, de que são encarregues, alternativamente, o conselho fiscal (ou fiscal único), a comissão de auditoria ou o conselho geral e de supervisão.

---

[47] Os modelos previstos no art. 278.º CSC.

[48] Sobre este conceito, especificamente aplicado no domínio do *governance*, veja-se por exemplo RONALD GILSON, "Globalizing Corporate Governance: Convergence of Form or Function", *American Journal of Comparative Law*, n.º 49, 2001, p. 329 ss.; e ainda JOHN C. COFFEE, "Convergence and its Critics: What are the Preconditions to the Separation of Ownership and Control?", September 2000, Columbia Law and Economics Working Paper No. 179, disponível em http://ssrn.com/abstract=241782.

[49] Talvez essa tarefa fosse mais evidente à luz do quadro legal vigente antes da reforma de 2006, em que como se sabe vigoravam apenas dois modelos alternativos. Por exemplo PINTO DUARTE, "A sociedade (anónima) europeia", p. 5, nota 17, reconduz *grosso modo* as estruturas previstas no regime comunitário às previstas nas alíneas a) e b) do n.º 1 do art. 278.º (na redacção anterior à reforma de 2006). Em sentido aparentemente próximo, e escrevendo também antes da reforma de 2006, MENEZES CORDEIRO, *Direito Europeu das Sociedades*, p. 953. Ainda assim, mesmo então se suscitavam algumas das dúvidas que serão mais à frente afloradas no texto, designadamente quando ao papel que, mesmo no regime anterior, deveria ser desempenhado pelo revisor oficial de contas.

[50] O revisor oficial de contas é expressamente referido como elemento dos sistemas de governo previstos nas alíneas b) e c) do n.º 1 do art. 278.º CSC, mas é também um corpo social obrigatório num conjunto significativo de situações nas sociedades que seguem o modelo previsto na alínea a) daquele artigo (cf. n.º 3 do art. 278.º CSC). Sobre a função e responsabilidades do revisor oficial de contas, por exemplo, RAÚL VENTURA, *Novos estudos sobre Sociedades Anónimas Sociedades em Nome Colectivo* (comentário ao CSC, Coimbra, Almedina, 1994, p. 62 ss.; e GABRIELA FIGUEIREDO DIAS, "Controlo de contas e responsabilidade do ROC", Temas Societários, IDET, n.º 2, Coimbra, Almedina, p. 153 ss.

O GOVERNO DE UMA SOCIEDADE ANÓNIMA EUROPEIA COM SEDE EM PORTUGAL

II – Compulsadas as características típicas que revestem os modelos previstos no Regulamento e, de outro lado, os modelos actualmente vigentes na lei portuguesa, pode com alguma segurança ser afirmada a correspondência entre o modelo dualista comunitário com a modalidade prevista na alínea c) do art. 278.º/1 CSC, composto pelo conselho de administração executivo, conselho geral e de supervisão e revisor oficial de contas. Assim sendo, constituída uma SE com sede estatutária em Portugal, seguindo o modelo dualista previsto nos arts. 39.º ss., ser-lhe-ão subsidiariamente aplicáveis, no que genericamente diga respeito ao sistema de governação e naturalmente apenas na medida em que não contrariem as regras do Regulamento, as disposições da secção IV (*conselho de administração executivo*) e da secção V (*conselho geral e de supervisão*) do Capítulo VI do Código das Sociedades Comerciais[51].

Dito isto, não se ignora que, pelo menos numa primeira leitura, a estrutura societária nacional que melhor se pareceria adequar ao modelo dualista comunitário seria o previsto na alínea a) do art. 278.º/1 CSC, composto por conselho de administração e conselho fiscal. Afinal, dir-se-ia, o regime comunitário dualista refere-se expressamente a um órgão de fiscalização, conceito que, na tradição *jus-societária* portuguesa, corresponderia antes ao conselho fiscal; além disso, em causa estaria um modelo de governação composto apenas por dois órgãos, um de administração e outro responsável pela fiscalização – não pressupondo, pelo menos sempre como sucede na modalidade prevista na alínea c) do art. 278.º/1 CSC, a existência de um revisor oficial de contas. Da mesma forma, não se ignoram as dificuldades e hesitações sentidas pelos *jus-comparatistas* na recondução do modelo latino composto pelo conselho de administração e conselho fiscal à classificação binária dos *one-tier* ou *two-tier boards*[52], e nesse âmbito as vozes que integram este órgão na categoria dos sistemas dualistas.

Esta hipótese é porém afastada com segurança quando, como se impõe, se adopta o referido método de *equivalência funcional* e, nesse âmbito, se procede um adequado confronto da distribuição e articulação de competências entre os órgãos previstos no modelo dualista comunitário com o quadro normativo português aplicável aos diversos modelos de governo. É que, desse exercício, e nos termos

---

[51] *I.e.*, em termos gerais, e sem prejuízo depois de outras normas especificamente previstas a respeito de outras matérias, os arts. 424.º CSC referentes ao conselho de administração executivo, que irão complementar as regras dispostas no Regulamento para o órgão de direcção, e os arts. 434.º ss., respeitantes ao conselho geral e de supervisão, e que completarão o quadro normativo aplicável ao órgão de fiscalização de origem comunitária.

[52] Fazendo referência a esta problemática, PAULO CÂMARA, "O Governo das Sociedades e a Reforma do Código das Sociedades Comerciais", p. 70 ss., demonstrando bem as limitações intrínsecas desta dicotomia, principalmente se adopta na comparação uma perspectiva funcional em detrimento de uma puramente formalista.

que melhor serão explicitados adiante aquando da análise específica de cada um dos modelos de governo da SE, resulta claro que o envolvimento intenso do *órgão de fiscalização* em decisões estratégicas da empresa[53], bem como a sua competência para nomear e destituir os membros do órgão de direcção, o aproximam muito mais das competências previstas na lei para o conselho geral e de supervisão do que para o conselho fiscal.

III – Encontrado na modalidade prevista na alínea c) do art. 278.º/1 CSC o complemento normativo para o modelo dualista, interessa saber qual o direito subsidiariamente aplicável à estrutura de governação de uma SE com sede estatutária em Portugal e que adopte o sistema monista prevista no art. 43.º. É precisamente aqui que, com mais intensidade, se suscitam dúvidas na *compatibilização* do quadro comunitário com a realidade *jus-societária* nacional. Por esse motivo, a solução adoptada deve ser precedida da ponderação cuidada de alguns elementos normativos, relacionados, designadamente, quer com a tradição nacional, quer com a teleologia de algumas imposições legais.

A verdade é que a lei portuguesa não acolhe nenhum modelo puramente monista. Isto é, mesmo naqueles modelos em que a função de administração está claramente autonomizada – como sucede plenamente nos modelos do conselho de administração/conselho fiscal e do conselho de administração/comissão de auditoria[54] –, as funções de fiscalização são sempre objecto de uma segregação formal, ainda que, reconhece-se, de diferentes níveis e natureza. Ou vale a modalidade prevista na alínea a) do art. 278.º/1 CSC, caso em que a competência para a administração está entregue a um só órgão, mas a fiscalização é entregue a um conselho fiscal; ou vale a modalidade prevista na alínea b), que prescinde do conselho fiscal[55] em favor apenas de um conselho de administração, mas impõe sempre a existência autónoma, no seio deste, de uma comissão de auditoria[56].

---

[53] Cf. por exemplo o disposto nos arts. 48.º/1 e 48.º/2, nos termos dos quais os estatutos da SE enumeram as categorias de operações que requerem uma autorização do órgão de direcção por parte do órgão de fiscalização, no sistema dualista, ou uma decisão expressa do órgão de administração, no sistema monista, para além de que os Estados-Membros podem prever que, no sistema dualista, o órgão de fiscalização possa, por si, sujeitar certas categorias de operações a autorização.

[54] Esta segregação das funções de gestão é menos intensa no modelo que postula a existência de um conselho de administração executivo e o conselho geral e de supervisão, fruto essencialmente das competências deste em matérias estratégicas, bem como das eventualmente resultantes dos estatutos da sociedade.

[55] Mas exige sempre, ao contrário do que sucede para a modalidade prevista na alínea a), a existência de um revisor oficial de contas.

[56] Sobre este modelo de governação, acolhido entre nós após a reforma societária de 2006, PAULO CÂMARA, "O Governo das Sociedades e a Reforma do Código das Sociedades Comerciais", p. 94 ss.

Neste quadro, são à partida múltiplas as possibilidades de articulação normativa entre o regime do Regulamento, de um lado, e aquele aplicável a estas duas modalidades de governação, nem todas porém compatíveis entre si e conducentes ao mesmo resultado.

Procurando sintetizar as hipótese alternativas, pode, a um tempo, entender-se que o Regulamento tem a pretensão de definição exclusiva da modelação da estrutura orgânica da SE, não admitindo, em consequência, que as leis nacionais interfiram nesse âmbito. Em consequência, seria indiferente a recondução do modelo monista previsto no Regulamento a qualquer um dos modelos previstos na lei nacional. O que na verdade sucederia seria a aplicação apenas das regras relativas ao conselho de administração, genericamente comuns às estruturas previstas nas alíneas a) e b), sendo irrelevantes, por seu turno, as regras respeitantes à segregação de funções de fiscalização, previstas para o conselho fiscal ou para a comissão de auditoria. Sendo esta a interpretação válida, qualquer SE com sede estatutária em Portugal segundo o sistema monista do Regulamento estaria subsidiariamente sujeita ao regime legal aplicável ao conselho de administração[57], e apenas a esse regime, não valendo as exigências relativas aos órgãos de fiscalização.

Outra alternativa seria entender, ao invés, que a lei portuguesa, subsidiariamente aplicável, imporia sempre que, estando a administração reunida num só órgão, a estrutura (orgânica) de governo societário previsse a segregação de competências específicas de fiscalização ou, pelo menos, um grau mínimo autonomização das funções de controlo. Esta interpretação conduziria, então, a que, sendo constituída uma SE com sede estatutária em Portugal seguindo o sistema monista, e sendo-lhe, como dito, aplicáveis as normas previstas em geral para o conselho de administração, a respectiva estrutura de governo deveria prever a segregação das funções de fiscalização, designadamente mediante a constituição de uma comissão de auditoria.

Como se vê, a questão suscitada reveste manifesto interesse prático, uma vez que da resposta que ela mereça resultam importantes consequências para a regulação dos sistemas de uma SE com sede estatutária em Portugal. Mas ela entronca-se, na verdade, num complexo problema técnico-jurídico de adequação de um quadro normativo supra-nacional ao direito nacional; ou seja, recorrendo à terminologia típica da dogmática de direito internacional privado, um *problema de adaptação*. Acresce, para complicar, ser este um domínio em que parecem projectar-se normas de direito interno (relacionadas em particular com a regulação dos mercados) que, por revestirem uma teleologia relacionadas com a prossecução de fins de interesse geral, não podem ser desconsideradas,

---

[57] Cf. art. 390.º CSC.

O GOVERNO DAS ORGANIZAÇÕES

particularmente no quadro normativo parcelar trazido pelo regime comunitário. Deve-se então prosseguir com prudência, em busca da solução que considere devidamente todos estes elementos com relevância normativa.

IV – A tradição portuguesa no domínio das estruturas de governo societária das sociedades anónimas é, pelo menos num aspecto, perfeitamente identificável: como se disse, concentrando num único órgão social as competências de gestão da sociedade[58], não prescinde tipicamente da existência de um órgão autónomo com competências (uma vez mais, de amplitude e mesmo natureza distintas[59], consoante a estrutura societária em questão) específicas de fiscalização[60]. De outro modo dito, não prescinde nunca de uma efectiva *segregação de funções de fiscalização e supervisão*. Estas funções são entregues ou ao conselho fiscal (ou, quando aplicável, a um fiscal único), ou à comissão de auditoria ou ao conselho geral e de supervisão.

Esta tradição encontra a sua razão de ser, o seu propósito normativo, numa ideia bem sedimentada: a de que o objectivo de assegurar uma monitorização contínua e eficaz da gestão da sociedade, e em particular dos administradores executivos, é melhor prosseguido assegurando algum grau de separação formal entre os actores sociais; de outro modo dito, ao regime legal respeitante aos modelos de governação subjaz uma teleologia clara, que se materializa na ideia segundo a qual, sem prejuízo dos mecanismos de controlo que podem ser implementados no seio do conselho de administração – de que a existência de administradores não executivos e/ou independentes são exemplo central –, a fiscalização da actuação da administração na prossecução do interesse social, e nesse âmbito a redução dos problemas de agência típicos das estruturas societárias, é melhor prosseguida através de órgãos externos ou pelo menos formalmente independentes. Ora, isto não pode deixar de ser considerado quando se procura determinar o quadro legal aplicável a uma SE com sede estatutária em Portugal e que siga o modelo monista.

---

[58] Porque bem mais abrangentes e imunes a interferências, sem prejuízo do reforço de competências resultantes da reforma de 2006, as atribuições e competências do conselho de administração da modalidade prevista na alínea a) do art. 278.º/1 CSC (e, mesmo que a um nível menor, daquela prevista na sua alínea b)), do que as reconhecidas ao conselho de administração executivo do modelo previsto na alínea c) do citado artigo.

[59] Inversamente, mais amplas as do conselho geral e de supervisão no modelo previsto na alínea c) do art. 278.º/1 CSC (como as do conselho geral do modelo germânico vigente antes da reforma de 2006) do que as do conselho fiscal do modelo previsto na alínea a) da aludida disposição legal.

[60] Distintamente do que sucede nos ordenamentos anglo-americanos, de onde como se disse veio a inspiração para o modelo monista do Regulamento, e onde a segregação de funções de gestão e fiscalização ou supervisão opera quase sempre no seio de um mesmo órgão societário, o conselho de administração.

O GOVERNO DE UMA SOCIEDADE ANÓNIMA EUROPEIA COM SEDE EM PORTUGAL

Acresce a isto que a lei não se basta com a existência de uma segregação das funções vitais de administração e fiscalização de uma sociedade; é consagrado um conjunto adicional de normas que, pressupondo precisamente essa segregação funcional, pretendem garantir-lhe efectividade. Entre outros normativos relevantes[61], exige-se assim que os membros da comissão de auditoria[62] não desempenhem quaisquer funções executivas[63] e fiquem sujeitos a um estrito regime de incompatibilidades[64], para além de a um estatuto remuneratório especial[65]. Mais relevantes ainda são as exigências adicionais para os casos em que a sociedade seja emitente de valores mobiliários admitidos à negociação em mercado regulamentado ou preencha os requisitos estabelecidos no art. 413.º/2/a) CSC[66]. Aí, para além de se impor que a maioria dos membros da comissão de auditoria sejam independentes[67], exige-se que pelo menos um desses membros independentes tenha curso superior adequado ao exercício das suas funções e conhecimentos em auditoria ou contabilidade[68].

O quadro descrito não pode ser ignorado. Dispensando-se uma SE com sede estatutária em Portugal e que adopte o sistema monista de seguir estas regras – que pressupõem, claro está, a segregação num corpo social autónomo das funções de fiscalização –, estar-se-ia a caucionar um conjunto de vantagens inadmissíveis e seguramente não pretendidas nem pelo legislador comunitário, nem pelo nacional. É que, na verdade, mais do que um regime mais benéfico do que o vigente para as sociedades anónimas comuns, estar-se-ia também a admitir um quadro bem mais favorável do que aquele que vale para uma SE com sede estatutária em Portugal e que adopte o modelo dualista. Aí, todas aquelas exigências a que se fez referência seriam aplicáveis, por força da remissão subsidiária para o estatuto do conselho geral e de supervisão[69]. Ora, uma tal discriminação parece manifestamente incompatível com a lógica de um *level playing field* mínimo que está subjacente à consagração de dois modelos alternativos de governo societário,

---

[61] Das quais se destaca, naturalmente, aquela que prevê o amplo leque de competências (cf. art. 423.º-F CSC) e deveres (cf. art. 423.º-G CSC) da comissão de auditoria, legalmente impostos e portanto imperativos.

[62] A estrutura típica de segregação de funções de fiscalização nos modelos monistas.

[63] Cf. art. 423.º-B/3 CSC.

[64] Cf. art. 414.º-A, *ex vi* 423.º-B/3, ambos do CSC.

[65] Cf. 423.º-D CSC.

[66] *I.e.*, sociedades que durante dois anos consecutivos, ultrapassem dois dos seguintes limites: (i) Total do balanço – (euro) 100000000, (ii) Total das vendas líquidas e outros proveitos – €.150.000.000; (iii) Número de trabalhadores empregados em média durante o exercício – 150.

[67] Cf. art. 423.º-B/5 CSC, sendo aqui aplicáveis necessariamente os critérios de independência previstos no art.414.º/5 CSC.

[68] Cf. art. 423.º-B/4 CSC.

[69] Assim por força, designadamente, do art. 434.º/4 CSC, quanto à composição; 440.º CSC, quanto à remuneração; e 444.º CSC, quanto à necessidade de criação de comissões de competência especializada.

O GOVERNO DAS ORGANIZAÇÕES

abrindo a porta a uma situação de intolerável *arbitragem jurídica*. O objectivo dessa flexibilidade foi assegurar uma adequação às realidades jurídicas e económicas dos diversos Estados-membros, e não, manifestamente, criar um regime desequilibrado, em que restrições e exigências normativas aplicáveis a um modelo não o sejam a outro.

Por outro lado, e como já sugerido, algumas das normas que atrás foram referidas e que constituem exigências aplicáveis aos membros da comissão de auditoria e a pressupõem, parecem na verdade consubstanciar normas imperativas, cuja aplicação se impõe em função, de um lado, do carácter parcelar do quadro normativo comunitário e, de outro, da lógica de complementaridade e subsidiariedade do direito nacional. Tal sucede, em particular, com as exigências especificamente aplicáveis quando a sociedade em questão seja emitente de valores mobiliários admitidos à negociação em mercado regulamentado e que encontram o seu fundamento em preocupações com a integridade do mercado, a prevenção de riscos sistémicos e a tutela dos investidores.

Acresce, por fim, que as consequências de regime que aqui se sugerem – a exigência de segregação formal de funções numa SE que siga em Portugal o regime monista – não contrariam o quadro normativo e a teleologia do Regulamento. Na verdade, nos ordenamentos que serviram de inspiração ao sistema monista – principalmente os Estados Unidos da América e o Reino Unido – é perfeitamente reconhecida a necessidade de conjugar no órgão de administração funções de gestão com funções de fiscalização, muitas vezes com predominância destas últimas[70]. Serve isto para demonstrar, se necessário fosse, que subjacente ao modelo monista não está uma qualquer ideia de dispensa de funções de fiscalização, mas tão só o pressuposto de que tais funções devem ser concentradas no mesmo órgão que integra (alguns dos) gestores executivos. Daí que não se encontre qualquer incompatibilidade entre o modelo de governação monista previsto no Regulamento e a exigência, oriunda do direito de um Estado-Membro, de atribuição de certas funções de supervisão a um corpo social autónomo[71].

---

[70] Isto porque, nestes ordenamentos, a generalidade das funções executivas são muitas vezes entregues a quadros dirigentes que não fazem sequer parte do *Board*, cabendo a este essencialmente uma tarefa de supervisão do *management*.

[71] Certo que ao legislador português foi dada a possibilidade de expressamente tratar da adequação do sistema monista do Regulamento à realidade jurídica portuguesa, regulando esta matéria e consequentemente eliminando as incertezas que foram apontadas. Isso mesmo é permitido pelo art. 43.º/4. Poder-se-ia então ter previsto que a adopção do modelo monista numa SE com sede estatutária em Portugal deveria prever algum tipo de segregação formal de funções de fiscalização da gestão da sociedade, mesmo que exclusivamente no seio do conselho de administração, e portanto entregues a administradores. Tal não foi porém feito. Não serve porém este raciocínio para invalidar tudo o que atrás tem sido exposto. É que, como será adiante desenvolvido (cf. 4. *infra*), esta margem de legiferação concedida aos legisladores nacionais não constitui um ónus, exigindo um qualquer desvio ao regime base do Regulamento regras de direito

Donde resulta, pelas razões que acabaram de se expor, que a uma SE com sede estatutária em Portugal e que siga o modelo monista serão genericamente aplicáveis as regras previstas para o conselho de administração[72], sendo-lhe porém imposta a segregação de funções de fiscalização numa comissão de auditoria, que ficará sujeita ao estatuto previsto na lei societária para este órgão social.

3.3 O regime aplicável à certificação legal de contas e a exigência de nomeação de ROC

I – Relevante também para a conformação do modelo de governo da SE é o tema da certificação legal contas e, nesse domínio, da eventual exigência de designação de um órgão social com competência específica nesta matéria. Mais uma vez, impõe-se uma articulação cuidada do Regulamento com o direito interno, de que resulta um impacto relevante no desenho do sistema de governo de uma SE com sede estatutária em Portugal. A este respeito, (quase) nada é dito no Regulamento, que na definição dos seus dois modelos de governo alternativos não se refere especificamente a qualquer órgão ou corpo social responsável pela controlo da informação financeira anual da SE, nem sequer mencionando uma competência específica nesta matéria. Estabelece porém o art. 61.º que a SE está sujeita, no que respeita à elaboração das contas anuais e, se for caso disso, das contas consolidadas, incluindo o relatório de gestão que as acompanha, bem como à sua fiscalização e publicidade, às regras aplicáveis às sociedades anónimas reguladas pelo direito do Estado-Membro da sua sede[73].

Como bem se vê, o âmbito de aplicação desta regra, ou melhor, o âmbito da remissão operada por esta regra é bem mais amplo do que especificamente a certificação anual das contas da sociedade. Ele abarca igualmente a respectiva elaboração, do relatório de gestão[74] e da sua subsequente publicidade[75]. Mas refere a fiscalização das contas anuais, remetendo para o direito interno. Ou seja,

---

nacional especificamente aplicáveis às SE. Na verdade, ela releva apenas quando o direito nacional não regula a matérias para as sociedades anónimas comuns, oferecendo alternativas ao regime comunitário. Dispondo de tais regras, o escalonamento normativo consagrado no art. 9.º dispensa o legislador da consagração de um regime próprio para as SE. Valem portanto para as SE com sede estatutária, e para o que aqui agora interessa, as regras sobre fiscalização aplicáveis genericamente às sociedades anónimas comuns.

[72] Cf. arts. 390.º e ss. CSC.

[73] Acrescentando o art. 62.º, para as SE que sejam instituição de crédito ou instituições financeiras, a sujeição ao regime da Directiva/12/CE do Parlamento Europeu e do Conselho, de 20 de Março de 2000.

[74] Trata-se de competência genérica do órgão de administração (cf. art. 65.º), especificamente prevista para o conselho de administração no art. 406.º CSC, e para o conselho de administração executivo por remissão constante do art. 431.º CSC.

[75] Cf. art. 70.º, que prevê a obrigatoriedade de prestação de contas através do respectivo registo comercial.

O GOVERNO DAS ORGANIZAÇÕES

o regime da fiscalização e controlo da informação financeira anual de uma SE com sede estatutária em Portugal – em que naturalmente se inclui a certificação legal – fica sujeito ao quadro *jus-societário* interno.

Não se esgotando a fiscalização das contas anuais, como já dito, na actuação do revisor oficial de contas[76], ela pressupõe a designação de uma entidade, um verdadeiro *órgão autónomo*[77], com competência específica para a realização de um exame das contas anuais, exigência de que se prescinde apenas no modelo composto pelo conselho de administração e conselho fiscal e, mesmo nesse caso, com relevantes excepções[78]. Na verdade, nos modelos de governo consagrados no direito português e que, nos termos atrás expostos, servem de correspondência interna para os sistemas de governação previstos no regulamento, é imposta a designação de um revisor oficial de contas[79].

II – A questão que se coloca, com impacto na modelação do sistema de governo de uma SE com sede estatutária em Portugal, é a de saber se é ou não imperativa a nomeação de um revisor oficial de conta, para o exercício das competências e poderes previstos na lei portuguesa. A resposta a dar deve ser positiva, para ambos os modelos de governo previstos no Regulamento. Isto por duas razões fundamentais: em primeiro lugar, em resultado da remissão genérica operada pelo Regulamento a respeito da matéria da fiscalização das contas anuais, em que se insere, necessariamente e como exposto, a actuação do revisor oficial de contas. Em segundo lugar, porque, mesmo envolvendo a criação no seio da SE de um novo órgão social, com actuação independente dos demais e para o exer-cício de competências próprias prevista na lei, não resultam desvirtuados na sua essência e características fundamentais os dois modelos do quadro comunitário, nem tão pouco o equilíbrio de atribuições que a eles estão subjacentes. Apenas se impõe a entrada em cena de uma entidade independente com uma função específica e bem delimitada, imposição esta de resto legitimada pela lógica de complementaridade estabelecida entre o Regulamento e o direito comum[80].

---

[76] Relevam designadamente as competências e os poderes neste domínio expressamente reconhecidos na lei para o conselho fiscal (cf. art. 420.º CSC), a comissão de auditoria (cf. art. 423.º-F CSC) e o conselho geral e de supervisão (cf. art. 441.º CSC).

[77] Cf. Paulo Olavo Cunha, *Direito das Sociedades Comerciais*, 4.ª ed., 2010, Coimbra, Almedina, p. 820

[78] Cf. art. 278.º/3 CSC.

[79] Cf. art. 278.º1/b) e c) CSC. As competências do revisor oficial de contas estão reguladas pelo art. 446.º CSC.

[80] Igualmente aplicáveis, quando a SE seja emitente de valores mobiliários admitidos à negociação em mercado regulamentado, são as regras específicas relacionadas com a divulgação de informação financeira e respectiva auditoria previstas no Código dos Valores Mobiliários.

O GOVERNO DE UMA SOCIEDADE ANÓNIMA EUROPEIA COM SEDE EM PORTUGAL

4. O QUADRO NORMATIVO APLICÁVEL A UMA SE PORTUGUESA

4.1 Considerações gerais; enunciado das matérias

O que até aqui foi dito serviu para cumprir o primeiro objectivo atrás traçado e revelou que o problema suscitado – o da determinação dos regimes normativos de direito societário português que subsidiariamente complementam cada um dos modelos de governação previstos no Regulamento – é seguramente mais complexo do que parece numa primeira análise; é, por isso mesmo, merecedor de atenção cuidada. Cumprida essa tarefa, há que passar à etapa seguinte do percurso proposto, que é a de procurar destilar os principais traços do regime jurídico aplicável a cada um daqueles sistemas de governação para uma SE com sede estatutária em Portugal. Em causa está uma tarefa de articulação de uma dupla (e por vezes tripla) camada normativa, composta pelo Regulamento, no que aos sistemas de governo diz respeito, pela lei societária portuguesa e, em casos especiais, pelas normas resultantes da qualificação da SE como emitente de valores mobiliários admitidos à negociação em mercado regulamentado.

4.2 Designação dos membros dos órgãos sociais

I – No sistema dualista, os membros do órgão de fiscalização são eleitos em assembleia geral[81]. Já os membros do órgão de direcção são por regra nomeados e destituídos pelo órgão de fiscalização[82]. Numa opção com clara inspiração na prática societária germânica, estabelece-se um princípio de responsabilização directa dos gestores executivos da sociedade perante os membros do órgão de fiscalização e, portanto, apenas indirecta perante os accionistas. No entanto, a mesma disposição abre a porta para que os Estados-Membros prevejam – ou permitam que os estatutos de uma SE prevejam – a possibilidade de os membros da direcção serem nomeados e destituídos pela assembleia geral. Como se sabe, a regra vigente no direito português para as sociedades que adoptem o modelo dualista previsto na alínea c) do art. 278.º/1 CSC é precisamente essa: os membros do conselho de administração executivo são designados pelo conselho geral e de supervisão, excepto quando os estatutos entreguem essa competência à assembleia geral[83].

Estamos aqui, então, perante um daqueles casos em que a remissão para regras internas dos Estados-Membros suscita alguma dificuldades: estará a possibilidade

---

[81] Podendo também ser designados nos estatutos – cf. art. 40.º. Isto sem prejuízo do regime especialmente aplicável relativo ao envolvimento dos trabalhadores, nos termos da Directiva 2001/86/CE.

[82] Cf. art. 39.º/2.

[83] Cf. art. 425.º CSC.

O GOVERNO DAS ORGANIZAÇÕES

de os estatutos da SE preverem a designação dos gestores executivos pelos sócios dependente de uma disposição legal especificamente destinada às SE com sede estatutária em Portugal, ou bastará a aplicação subsidiária do direito societário comum, que como se viu permite aquele desvio ao regime base previsto no Regulamento. Esta dificuldade é tanto mais grave quanto o DL n.º 2/2005, que teve como propósito adaptar o quadro geral traçado no Regulamento ao ordenamento *jus-societário* português, não aproveitou expressamente a possibilidade concedida pelo art. 39.º/2, 2.ª parte, abstendo-se de regular a competência para a designação dos membros da direcção no sistema dualista.

Não deve porém, neste como noutros casos em que esta dificuldade é suscitada, a margem de legiferação concedida aos legisladores nacionais ser concebida como um ónus, exigindo um qualquer desvio ao regime base do Regulamento a introdução de regras de direito nacional especificamente aplicáveis às SE. Na verdade, esta margem releva apenas quando o direito nacional não regula a matérias para as sociedades anónimas comuns, oferecendo alternativas ao regime comunitário. Se, ao invés, o ordenamento nacional dispuser de tais regras, o escalonamento normativo consagrado no art. 9.º dispensa o legislador da consagração de um regime próprio para as SE. Acresce, a um tempo, a analogia intensa entre uma SE com sede estatutária em Portugal que siga o modelo dualista e uma sociedade constituída de acordo com o modelo previsto na alínea c) do art. 278.º/1 CSC; a outro tempo, a técnica minimalista adoptada pelo legislador do DL n.º 2/2005, que parece ter subjacente um remissão implícita para as regras do Código das Sociedades Comerciais em todas as matérias nas quais poderia ter havido regulação nacional, mas em que tal não sucedeu. Conjugadas estas considerações, entendo ser neste caso aplicável o art. 425.º/1 CSC, pelo que a competência para a eleição de membros da direcção de uma SE com sede estatutária em Portugal pertencerá, por regra, ao órgão de supervisão, mas poderá, por determinação dos estatutos, ser entregue aos sócios.

Por sua vez, vigora para o sistema monista uma regra paralela à que é aplicável à eleição dos membros do conselho de administração[84]: estes são designados pela assembleia geral ou, tratando-se do primeiro conselho de administração, podem sê-lo nos estatutos[85].

II – Expressamente previsto quer para o órgão de fiscalização do sistema dualista, quer para o órgão de administração do sistema monista é o dever de os

---

[84] Cf. art. 391.º/1 CSC.
[85] Cf. art. 43.º/3. Mais uma vez, esta regra valerá sem prejuízo do regime especialmente aplicável relativo ao envolvimento dos trabalhadores, nos termos da Directiva 2001/86/CE.

O GOVERNO DE UMA SOCIEDADE ANÓNIMA EUROPEIA COM SEDE EM PORTUGAL

seus membros elegerem entre si o seu presidente[86]. Nada é dito a este respeito quanto ao órgão de direcção do sistema dualista, mas – seguindo uma vez mais o critério adoptado de articulação entre o regime comunitário e a lei societária portuguesa subsidiariamente aplicável – nada obsta à aplicação do art. 427.º CSC, que prevê precisamente a possibilidade de ser designado pelos membros do conselho de administração executivo um presidente, que pode ser a todo o tempo por eles substituído.

III – Por fim, ainda a respeito da designação dos membros dos órgãos sociais, vigora outra das regras estabelecidas em comum para ambos os modelos[87]. Estabelece o art. 46.º que os membros dos órgãos da sociedade são nomeados pelo período fixado nos estatutos, nunca superior a seis anos, podendo, salvo cláusula estatutária em contrário, ser reconduzidos uma ou mais vezes por igual período. É nestes termos consagrado um período máximo para a duração dos mandatos dos titulares dos órgãos sociais mais longo do que aquele imposto pela lei portuguesa, que é de quadro anos[88]. Ainda sobre a designação, são estabelecidas regras particulares a respeito do regime dualista, respeitantes a divisão de competências entre assembleia geral e o órgão de fiscalização, que serão analisadas adiante.

4.3 Composição dos órgãos sociais

I – Mais completas são as regras relativas à composição dos órgãos sociais, e mais cuidada deve ser, neste domínio, a articulação das regras previstas no Regulamento com aquelas que, por diferentes vias – DL n.º 2/2005 ou Código das Sociedades Comerciais – podem ser aplicáveis.

---

[86] Que deverá necessariamente ser designado pela assembleia geral sempre que vigore na sociedade o regime de envolvimento dos trabalhadores e estes tenham designado metade dos membros do órgão em questão – cf. arts. 42.º e 45.º.

[87] O Regulamento prevê, nos secção III do Título II (artigos 46.º a 52.º) algumas regras especificamente aplicáveis à modelação do sistema de governo comummente aplicáveis ao sistema dualista e ao sistema monista. Num esforço de sistematização, tais regras dizem respeito *(i)* à nomeação dos membros dos órgãos previstos para cada um daqueles modelos (cf. art. 46.º), *(ii)* à composição destes (Cf. art. 47.º), *(iii)* à respectiva distribuição de competências (cf. art. 48.º), *(iv)* ao seu funcionamento (cf. art. 50.º) e, por fim, *(v)* ao dever de sigilo a que se encontram adstritos os titulares daqueles órgãos, bem como os termos da sua eventual responsabilidade civil (Cf. arts. 59.º e 51.º). Relevantes para completar o quadro normativo aplicável a estas matérias são ainda as disposições do DL n.º 2/2005, bem como, nos termos explicitados na secção anterior do texto, as normas *jus-societárias* que sejam aplicáveis.

[88] Cf., para o que aqui interessa, art. 391.º/3 CSC, para o conselho de administração e, por via da remissão constante do art. 435.º CSC, para o conselho geral e de supervisão, e art. 425.º CSC para o conselho de administração executivo.

O GOVERNO DAS ORGANIZAÇÕES

Regra que, apesar de não constar da secção 3 do Título II do Regulamento, é comum (com pequenas subtilezas) a ambos os sistemas, é a de que o número de titulares de cada um daqueles órgãos ou as regras para a sua determinação, são fixados pelos estatutos da SE, podendo porém os Estados-Membros estabelecer um número mínimo e/ou máximo – cf. art. 39.º/5 para o órgão de direcção, art. 40.º/3 para o órgão de fiscalização, ambos do sistema dualista, e art. 43.º/2 para o órgão de administração do sistema monista[89]. Estas disposições foram complementadas pelo DL n.º 2/2005, que veio estabelecer que os órgãos de governo previstos no Regulamento deverão ser compostos por um número ímpar, a fixar nos estatutos, sem limite máximo[90], valendo apenas como regra especial que, no sistema dualista, o órgão de fiscalização[91] deve necessariamente ser composto por número (ímpar) sempre superior ao número de membros do órgão de administração[92].

II – A respeito também da composição dos órgãos sociais, estabelece o Regulamento que os estatutos das SE podem expressamente prever a admissibilidade de uma outra sociedade ou entidade jurídica ser designada membro de um órgão social – excepto quando tal contrarie a lei do Estado em que a SE tem a sua sede estatutária –, devendo indicar uma pessoa singular para o exercício dos poderes no órgão em questão. Quanto tal suceda, numa SE com sede estatutária em Portugal, a pessoa colectiva responderá solidariamente pelos actos praticados pela pessoa singular por si designada[93].

III – É estabelecida de forma clara, ainda, uma clara divisão entre as funções de administração e de fiscalização, dispondo-se que nenhum membro de um dos órgãos pode simultaneamente desempenhar funções no outro[94]. Isto sem prejuízo de, em caso de vaga, o órgão de fiscalização designar um dos seus membros para exercer funções no órgão de administração, sendo suspensas as suas funções de fiscalização.

---

[89] A única diferença a assinalar é a exigência, exclusiva para o sistema monista, de que o órgão de administração seja composto por um mínimo de três membros, sempre que a SE tenha sede num ordenamento em que vigore o regime de envolvimento de trabalhadores na administração nos termos da Directiva 2001/86/CE – cf. art. 43.º/2, 2.º parágrafo.

[90] Cf. arts. 18.º a 20.º do DL n.º 2/2005.

[91] Que, confirmando as teses segundo as quais o modelo dualista do Regulamento se aproximava do modelo germânico vigente antes da reforma, o DL n.º 2/2005 expressamente designa por conselho geral.

[92] Cf. art. 19.º do DL n.º 2/2005.

[93] Cf. art. 390.º/4 CSC, aplicável directamente ao órgão de administração do sistema monista e por via de remissão do art. 425.º/8 CSC e art. 434.º/3 CSC, respectivamente, à direcção e ao órgão de administração do sistema dualista.

[94] Cf. art. 39.º.

Vigora norma paralela no ordenamento português[95]; ela é porém mais ampla, estabelecendo a incompatibilidade entre o desempenho de funções no conselho geral e de supervisão e as de administrador executivo seja na mesma sociedade, seja noutra que com ela se encontre em relação de domínio ou de grupo. Precisamente porque não contraria a regra prevista no Regulamente, antes a complementa em harmonia com uma teleologia comum, entendo que a incompatibilidade com a mesma extensão valerá para uma SE com sede estatutária em Portugal: não poderá ser designado membro do órgão de fiscalização alguém que seja gestor executivo daquela SE ou de outra que com ela se encontre em relação de domínio ou de grupo; valendo inversamente a mesma incompatibilidade para os membros do órgão de gestão.

IV – Exemplo paradigmático da complementaridade do direito nacional na determinação do quadro normativo aplicável a uma SE com sede estatutária em Portugal são as regras que estatuem certos critérios a respeito da composição qualitativa dos órgãos sociais, relacionados seja com a qualificação dos membros dos órgãos sociais, seja com a sua independência.

Já atrás se fez referência a estas regras quando se tratou do problema da fiscalização de uma SE que adopte, em Portugal, o sistema monista. Vimos aí, e não interessa agora repetir exaustivamente, que a lei impõe um conjunto de requisitos de elegibilidade para os membros da comissão de auditoria, *i.e.* os administradores encarregues especificamente do exercício de funções de supervisão legalmente previstas. Releva a exigência de qualificações profissionais adequadas ao exercício do cargo, bem como de independência da maioria dos seus membros quando a sociedade seja emitente de valores mobiliários admitidos à negociação em mercado regulamentado[96].

Por seu turno, a composição do órgão de fiscalização do sistema dualista é igualmente influenciada pelo direito societário português. É relevante a regra que, para o conselho geral e de supervisão, regula a constituição de comissões especializadas e cujo regime se deve transpor, *mutatis mutandis*, para o órgão de fiscalização do modelo dualista. Prevê-se genericamente a possibilidade de o conselho geral e de supervisão nomear uma ou mais comissões para o exercício de determinadas funções, designadamente para fiscalização do conselho de administração executivo e para fixação da remuneração dos administradores[97]. Estabelece-se, depois, a obrigatoriedade da criação de uma comissão com

---

[95] Cf. art. 425,.º/6 e art. 437.º, ambos do CSC, que para além de prever esta incompatibilidade, permite – à semelhança do regime societário – a possibilidade de um membro do conselho geral e de supervisão substituir um administrador, pelo período máximo de um ano.

[96] Cf. 3. *supra.*

[97] Cf. art. 444.º/1 CSC.

O GOVERNO DAS ORGANIZAÇÕES

competências e responsabilidades específicas para as matérias financeiras, sempre que a sociedade seja emitente de valores mobiliários admitidos à negociação em mercado regulamentado ou cumpra os critérios previstos na a) do n.º 2 do artigo 413.º CSC[98]. À semelhança do que vimos suceder com o desenho legal aplicável à comissão de auditoria e que fundamentadamente se estendeu ao sistema monista previsto no Regulamento, exige-se depois que os membros da comissão referida no n.º 3 devem, na sua maioria, ser independentes[99], bem como que pelo menos um membro que tenha curso superior adequado ao exercício das suas funções e conhecimentos em auditoria ou contabilidade e que seja independente, nos termos do n.º 5 do artigo 414.º[100].

V – Consta ainda do Regulamento uma remissão expressa para as leis dos Estados-Membros que prevejam regimes especiais destinados a assegurar a participação de minorias accionistas nos órgãos sociais[101]. Valerá assim para uma SE com sede estatutária em Portugal o especialmente disposto no art. 392.º CSC, que, em termos genéricos, permitirá a um accionista ou grupo de accionistas titulares de participações sociais agregadas de pelo menos 10% e não superiores a 20% do capital da SE, designar até um terço dos membros do órgão de administração, se for seguido o modelo monista, ou do órgão de fiscalização, se for seguido o modelo dualista[102].

4.4 Competências, exercício de funções e relacionamento entre órgãos

I – Como adiantado no início da exposição, os modelos de governo previstos no Regulamento colocam em alternativa duas estruturas de governação de inspiração distinta. O modelo monista, típico dos ordenamentos anglo-americanos, prevê, ao lado naturalmente da assembleia geral, um só órgão que concentra necessariamente no seu seio as funções de gestão da sociedade (corrente e estratégica), bem como as funções de fiscalização[103]. Já o sistema dualista opera uma segregação formal daquelas funções, competindo a gestão dos assuntos

---

[98] Cf. art. 444.º/2 CSC.

[99] Cf. art. 444.º/6 CSC.

[100] Cf. art. 444.º/5 CSC.

[101] Cf. art. 47.º/3.

[102] Isto por força da remissão operada pelo art. 435.ª/3 CSC. Ainda a respeito de regras especiais de designação d membros dos órgãos sociais, deve considerar-se aplicável o disposto no art. 394.º CSC respeitante à nomeação judicial (aplicável também ao conselho de administração executivo por via do art. 426.º CSC); a este respeito, vale para o conselho geral e de supervisão o disposto no art. 439.º CSC.

[103] Cf. art. 43.º.

da sociedade ao órgão de direcção[104] e a respectiva monitorização ao órgão de fiscalização[105]. Neste quadro geral, o Regulamento prevê um conjunto de regras destinadas a modelar o relacionamento entre órgãos, no sistema dualista, e o funcionamento interno do órgão de administração, no sistema monista. Cobrindo aspectos relevantes e muitas vezes estabelecendo regras comuns para ambos os modelos, o Regulamento não é (nem provavelmente poderia ser) completo, convocando necessariamente a aplicação subsidiária de algumas regras do Código das Sociedades Comerciais[106].

II – Regra paralela a ambos os modelos é a possibilidade de delegação de competências para a gestão corrente da sociedade: tanto para o órgão de direcção, no sistema dualista, como para o órgão de administração do sistema monista se estabelece expressamente que os Estados-Membros podem prever que a responsabilidade da gestão corrente incumba a um ou a vários directores gerais, nas mesmas condições que par as sociedades anónimas com sede no seu território[107].

Este é porém mais um daqueles casos em que a técnica adoptada pelo Regulamento suscita dúvidas sobre se a possibilidade de aceder àquele regime particular – no caso, a possibilidade de delegação de competências – depende da mera aplicação subsidiária do direito interno que consagre um tal regime particular ou se, pelo contrário, depende da circunstância de o Estado Membro expressamente regular a matéria especificamente quanto às SE[108]. Já atrás se formulou o critério geral para a resolução deste problema, e é esse o critério que se entende aplicável também neste caso. Daí que valha a aplicação directa, a título subsidiário, do regime *jus-societário*, mesmo não tendo esta matéria da delegação sido especificamente tratada no DL n.º 2/2005. Assim sendo, só no âmbito do órgão de administração do sistema monista poderá haver lugar a delegação de competências em administradores executivos[109], uma vez que tal possibilidade

---

[104] Cf. art. 39.º.

[105] Cf. art. 40.º/1. Esta atribuição genérica de competências de fiscalização pode ser concretizada, quanto a uma SE com sede estatutária em Portugal, com recurso ao elenco de competências típicas do conselho geral e de supervisão, previsto no art. 441.º CSC.

[106] Para além dos referidos no texto, outros exemplos de regras previstas no Código das Sociedades Comerciais a uma SE com sede estatutária em Portugal são, para o sistema monista, o art. 396.º CSC, relativo à prestação de caução relativa à responsabilidade do administrador; art. 402.º, sobre a reforma dos administradores; art. 404.º, sobre a renúncia; arts. 408.º CSC e 409.ºCSC, sobre a representação e vinculação da sociedade. A generalidade destas regras são depois, *mutatis mutandis*, aplicáveis subsidiariamente ao órgão de direcção do sistema dualista – por exemplo, art. 431.º CSC e 433.º CSC.

[107] Cf., respectivamente, arts. 43.º/1 e 39.º/1.

[108] Apontando esta dificuldade, PINTO DUARTE, "A sociedade (anónima) europeia, p. 9.

[109] Nos termos e mo quadro do regime previsto no art. 407.º CSC.

O GOVERNO DAS ORGANIZAÇÕES

não se encontra prevista, no Código das Sociedades Comerciais, para o conselho de administração executivo[110].

III – A respeito da distribuição de competências, dispõe o art. 48.º/1, como princípio, que devem os estatutos de uma SE enumerar as categorias de operações que requerem a autorização do órgão de fiscalização, no sistema dualista, ou que pressupõem, para o sistema monista, de decisão expressa do órgão de administração. O n.º 2 do mesmo artigo habilita as leis nacionais a permitirem, no sistema dualista, que o órgão de fiscalização reserve para si o direito de autorizar certas categorias de actos de administração. Nada é dito a este respeito no DL n.º 2/2005, pelo que valerá a articulação com o regime societário aplicável à actuação do conselho de administração – designadamente no que diga respeito à possibilidade de delegação de competências executivas no seu seio –, quando a SE siga o regime monista, bem como o aplicável às relações entre o conselho de administração executivo e o conselho geral e de supervisão, se vigorar o regime dualista[111].

Releva a este respeito, então, o previsto no art. 442.º CSC, que estabelecendo um princípio comum ao previsto no art. 40.º/1, segundo o qual não cabem ao órgão de fiscalização quaisquer competências próprias em matéria de gestão da SE, permite que os estatutos e a lei sujeitem a tomada de decisão do conselho de administração executivo a consentimento prévio do conselho geral e de supervisão. Regra esta que valerá para uma SE com sede estatutária em Portugal[112].

IV – Merecem uma breve referência, por fim, duas regras – previstas nos artigos 49.º e 51.º e comuns a ambos os sistemas – também relacionadas com a actuação dos membros dos órgãos sociais. Nos termos do primeiro, é imposto um estrito dever de sigilo aos membros dos órgãos das SE, que vale mesmo após a cessação de funções, sobre informações sobre a actividade da sociedade e cuja divulgação seja susceptível de lesar os interesses desta. Este dever de sigilo – que encontra paralelo, na ordem jurídica portuguesa, nos arts. 422.º/1/c, 423.º-G/1/d, e 441.º-A, todos dos CSC), aplicáveis, respectivamente aos membros do conselho

---

[110] Isto sem prejuízo da possibilidade, que é inequívoca, de divisão de competências por pelouros no seio do órgão de direcção de uma SE com sede estatutária em Portugal, que porém não prejudicaria a responsabilidade colectiva e solidária daquele órgão.

[111] Refira-se não ter sido aproveitada, designadamente pelo DL n.º 2/2005, a abertura concedida pelo art. 48.º/3 que permitia ao Estados Membros determinar as categorias de operações que, no mínimo, deveriam constar dos estatutos das SE.

[112] Da mesma forma que aplicável será o disposto no n.º 2 do mesmo artigo, que regula o procedimento a adoptar sempre que seja recusado tal consentimento.

O GOVERNO DE UMA SOCIEDADE ANÓNIMA EUROPEIA COM SEDE EM PORTUGAL

fiscal, da comissão de auditoria e do conselho geral e de supervisão – cessará apenas quando a divulgação seja exigida ou admitida pelas disposições de direito nacional aplicáveis às sociedades anónimas ou pelo interesse público. O segundo artigo citado estabelece que a responsabilização dos membros dos órgãos sociais das SE pelos prejuízos sofridos por estas na sequência de qualquer violação de obrigações legais, estatutárias ou outras inerentes às suas funções será regulada nos termos da lei do ordenamento em que a sociedade tem a sua sede estatutária. É desta forma convocada a aplicação designadamente do regime previsto nos arts. 71.º ss. CSC.

4.5 Funcionamento

I – Quanto ao funcionamento dos órgãos sociais, o Regulamento dispõe algumas regras comuns a ambos os sistemas. Estas vieram ainda a ser completadas pelo DL n.º 2/2005. Estabelece o art. 50.º/1, als. a) e b) que a tomada de decisões dos órgãos das SE depende da verificação de um quórum de pelo menos metade dos membros (que devem estar presentes ou representados), valendo uma regra de maioria simples para a aprovação de deliberações sociais. Salvo disposição estatutária em contrário[113], o presidente do órgão em questão terá sempre voto de qualidade[114]. A este respeito, estabelece ainda o art. 17.º/1 do DL n.º 2/2005 que nas deliberações dos órgãos sociais não são contadas as abstenções para apuramento das maiorias exigidas, o que não prejudica a necessidade de verificação da percentagem legalmente exigida sempre que a maioria for determinada com relação à proporção entre os votos favoráveis obtidos e o capital social que representar[115].

II – Fruto da sua natureza composta, o sistema dualista é objecto de regras específicas destinadas a estabelecer o quadro de relacionamento entre o órgão de gestão e o órgão de fiscalização. A preocupação central é, claramente, a de assegurar um fluxo de informação adequado entre os responsáveis pela gestão

---

[113] Que não será admissível nos casos em que metade ou mais dos membros do órgão de fiscalização forem representantes de trabalhadores – cf. art. 50.º/2, segunda parte. De resto, as regras previstas neste artigo do Regulamento podem ser derrogadas pelos Estados-Membros em que a participação dos trabalhadores seja organizada nos termos da Directiva 2001/86/CE – cf. art. 50.º/3.

[114] Cf. art. 50.º/2, primeira parte.

[115] Cf. art. 17.º/2 do DL n.º 2/2005. Nos termos do n.º 3 do mesmo artigo, estabelece-se ainda que em nenhuma circunstância são tidos em conta para o cálculo das maiorias os votos pertencentes aos titulares legalmente impedidos de votar, quer em geral quer no caso concreto, nem funcionam as limitações de voto voluntariamente estabelecidas ao abrigo de permissão legal.

O GOVERNO DAS ORGANIZAÇÕES

executiva da sociedade e aqueles a quem incumbe a tarefa de monitorização e controlo dessa gestão. É estabelecido um dever de informação trimestral sobre *o andamento dos negócios da SE e a sua evolução previsível*[116], bem como um dever contínuo de informação sobre quaisquer factos *susceptíveis de ter repercussões sensíveis na situação da SE* [117]. Naturalmente, por aplicação subsidiária do art. 432.º/3 CSC, a prestação destas informações deve incluir ocorrências relativas a sociedades em relação de domínio ou de grupo, quando possam reflectir-se na situação da SE[118]. Além disto, o órgão de fiscalização pode solicitar ao órgão de direcção todo o tipo de informações necessárias ao exercício das suas funções de controlo[119], podendo, ainda, proceder ou mandar proceder às verificações necessárias[120]. É finalmente estabelecida, numa regra que é comum ao órgão de administração do sistema monista[121], uma proibição de segregação de informação entre membros do órgão de fiscalização, dispondo-se que estes podem tomar conhecimento de todas as informações comunicadas àquele órgão[122].

Menos compreensiva é a regulação do funcionamento do órgão de administração do sistema monista. Para além das diversas regras comuns que já foram aqui referidas, vale essencialmente a imposição, menos exigente do que a vigora para as sociedades anónimas portuguesas[123], de reuniões trimestrais, para *deliberação sobre o andamento dos negócios da SE e a sua evolução previsível*[124]. Em face desta regulamentação lacunar do funcionamento do órgão de administração do sistema monista, valerão genericamente as regras previstas na lei portuguesa para o conselho de administração, designadamente a respeito da convocatória e do

---

[116] Cf. art. 41.º/1, que encontra paralelo, mais exigente talvez, no art. 432.º CSC aplicável ao modelo dualista das sociedades anónimas portuguesas.

[117] Cf. art. 41.º/2 (regra próxima da prevista no art. 432.º/2 CSC, que é porém mais detalhada).

[118] Também subsidiariamente aplicáveis a uma SE com sede estatutária em Portugal serão aquelas regras que asseguram ou reforçam o referido fluxo de informação entre os órgãos que compõem o sistema dualista, como a que estabelece o dever de alguns dos membros do conselho geral e de supervisão participarem nas reuniões do conselho de administração executivo em que sejam discutidas as contas do exercício – cf. art. 432.º/6 CSC.

[119] Cf. art. 41.º/3. A este respeito, estabelece ainda este normativo que os Estados-Membros podem prever que esta possibilidade de exigir informação ao órgão de direcção seja exercida individualmente por cada um dos membros do órgão de fiscalização. No direito português, esta prerrogativa está limitada ao presidente do conselho geral e de supervisão, que pode exigir do conselho de administração executivo as informações que entenda convenientes ou que lhe sejam solicitadas por outro membro do conselho – cf. art. 432.º/4 CSC. Em coerência com o que vem seno defendido, também caberá esta prerrogativa ao presidente do órgão de fiscalização de uma SE com sede estatutária em Portugal.

[120] Cf. art. 41.º/4.

[121] Cf. art. 44.º/2.

[122] Cf. art. 41.º/5.

[123] Cf. art. 410.º/2 CSC, que estabelece como regra a reunião mensal do órgão de administração, excepto quando os estatutos em sentido diverso.

[124] Cf. art. 44.º/1.

O GOVERNO DE UMA SOCIEDADE ANÓNIMA EUROPEIA COM SEDE EM PORTUGAL

andamento das reuniões – excepto no que diga respeito ao quórum e maiorias, que foram como vimos objecto de regulamentação específica –, ou ainda da validade das deliberações[125].

III – Interessante ainda a respeito do funcionamento do órgão de administração, no sistema monista, e da direcção, no sistema dualista, é o tema da suspensão dos respectivos membros. Esta matéria, que não é tratada no Regulamento[126], é expressamente regulada no Código das Sociedades Comerciais: os membros do conselho de administração podem, em determinadas circunstâncias, ser suspensos pelos membros do conselho fiscal ou pela comissão de auditoria[127], competência esta exercida pelo conselho geral e de supervisão relativamente aos membros do conselho de administração executivo[128]. A transposição desta regra para uma SE com sede estatutária em Portugal e que siga o modelo dualista não oferece dificuldades: a competência para a suspensão do administrador caberá ao órgão de fiscalização. Já não é tão óbvia a solução se, nesta hipótese, for seguido o modelo monista, uma vez que aí, e ao contrário do que pressupõe o regime nacional subsidiariamente aplicável, não está previsto por regra um órgão formal com competências de fiscalização formalmente segregadas. Daí que, em harmonia com as considerações acima expendidas, se entenda que a suspensão de um membro de uma SE com sede estatutária em Portugal e constituída seguindo o modelo monista dependerá de decisão do órgão de administração, na qual não deverá participar o membro envolvido[129].

Tema que não é objecto de tratamento específico no Regulamento é o da remuneração dos membros dos órgãos sociais da SE. Donde resulta a aplicabilidade subsidiária, também neste domínio, do regime *jus-societário* do Estado-Membro em que a SE tenha a sua sede estatutária; relevará então o disposto no art. 440.º CSC, para o órgão de administração do sistema monista; e o disposto no art. 429.º CSC, para o órgão de direcção e o art. 440.º CSC, para o órgão de fiscalização do sistema dualista[130].

---

[125] Em particular, cf. art. 410.º a 412.º CSC.

[126] Que como vimos trata apenas da destituição.

[127] Cf. art. 407.º CSC.

[128] Cf. art. 430.º CSC.

[129] Por aplicação do art. 410.º/7 CSC.

[130] Além disso, ficando a SE sujeita ao regime previsto na Lei n.º 28/2009, de 19 de Junho, designadamente por ser emitente de valores mobiliários admitidos à negociação em mercado regulamentado, deverá aprovar e divulgar um documento sobre política de remunerações.

5. HARMONIZAÇÃO COMUNITÁRIA DO DIREITO SOCIETÁRIO E DO GOVERNO DAS SOCIEDADES: NOTAS FINAIS

Aqui chegados, traçado em termos gerais o quadro normativo previsto no Regulamento a respeito dos sistemas de governo da SE, bem como a sua articulação com o direito português subsidiariamente aplicável, uma constatação emerge com clareza: é imenso o espaço para a aplicação do ordenamento *jus--societário* nacional. Mesmo considerando a margem de legiferação reconhecida aos Estados-Membros para prever regras especificamente aplicáveis às SE, o regime comunitário deixa por regular um conjunto muito significativo de matérias (não apenas) em sede de governo societário. Assim sucede em temas centrais da dogmática do governo societário, como os direitos dos accionistas e a protecção dos minoritários, ou como a responsabilidade dos administradores, em que vale a complementaridade das leis internas sem que tenha sequer havido um esboço de harmonização. Neste cenário, é bem evidente o contraste com a Proposta de Regulamento do Conselho relativo ao Estatuto da Sociedade Privada Europeia, cujo âmbito material é significativamente mais extenso[131].

Independentemente do sucesso ou insucesso da fórmula criada – afinal, não passaram ainda sequer dez anos desde a entrada em vigor deste regime –, dúvidas não restam de que o regime jurídico da SE encerra um interessante equilíbrio, avançando por domínios jurídicos sensíveis e em que são fortes as resistências a tentativas de harmonização[132], mas ainda assim salvaguardando o espaço vital dos Estados Membros[133]. Na verdade, se é criado um veículo jurídico supra-nacional apto a fomentar a liberdade de circulação dos agentes económicos e, com isso, a integração do mercado interno, ao mesmo tempo o método do reenvio empregue no Regulamento garante que o Estado-Membro com o qual a SE tem uma ligação mais estreita mantém o seu campo de influência, regulando um conjunto muito significativo de matérias.

Nesta perspectiva, e especificamente em relação a matérias de governo societário, o Estatuto da SE pode valer mais do que apenas por si mesmo; ele encerra um método intermédio[134] de harmonização jurídica, apto a favorecer a integração dos mercados e a necessária mobilidade dos agentes económicos no espaço europeu,

---

[131] Sobre o tema, ver neste volume, o texto de ORLANDO VOGLER GUINÉ, "Sociedade Privada Europeia – sobre a sua governação societária e matérias conexas", atrás citado.

[132] Oferecendo uma perspectiva global sobre o processo de harmonização comunitária do direito das sociedades, RUI PINTO DUARTE, "A relevância do direito comunitário no direito das sociedades", *Escritos sobre Direito das Sociedades*, Coimbra, Coimbra Editora, 2008, p. 179 ss.

[133] Assinalando este equilíbrio, JOHNSTON, *EC Regulation of Corporate Governance*, p. 285.

[134] Assim, SIEMS, *Convergence in Shareholder Law*, p. 34

sem contudo impor uma uniformização total de regimes jurídicos[135]. Subjacente a esta metodologia está, então, uma evidente preocupação em respeitar os limites impostos pelos princípios da subsidiariedade e da proporcionalidade do direito comunitário, assumindo-se de forma clara a desnecessidade de ver reguladas *todas* as matérias por instrumentos jurídicos de natureza supra-nacional[136]. Com isso, mitigam-se as resistências dos Estados-Membros, ao mesmo tempo que se conseguem construir *pontes* entre realidades jurídicas bem distintas, favorecendo a complementaridade entre o direito comunitário e os direitos nacionais e, dessa forma, favorecendo também a prossecução dos objectivos centrais do direito da União Europeia.

---

[135] KÜBLER, "A Shifting Paradigm of European Company Law", p. 232, que assinala, com exemplos concretos, as oportunidades que o modelo da SE propicia para as sociedades ou grupos de sociedades de dimensão pan-europeia.

[136] A verdade é que as opções tomadas no Regulamento são susceptíveis de influenciar os direitos internos; exemplo são os mecanismos de participação dos trabalhadores, que podem constituir verdadeiros tubos de ensaio para a criação de procedimentos mais gerais aptos a ser disseminados pelos espaço jurídico comunitário – Isso mesmo sugere, por exemplo, JOHNSTON, *EC Regulation of Corporate Governance*, p. 247 e p. 259 ss.

CAPÍTULO VI

SOCIEDADE PRIVADA EUROPEIA: SOBRE A SUA GOVERNAÇÃO SOCIETÁRIA E MATÉRIAS CONEXAS

ORLANDO VOGLER GUINÉ

ABSTRACT: *This article provides a general overview of the* Societas Privata Europea *(SPE), in particular concerning the corporate governance of the SPE.*
After a regulatory and economic introduction, the author starts by discussing the default rule applicable to the SPE. The article then discusses the structure of its management, the allocation of powers between directors and shareholders, the directors and their respective fiduciary duties, the shareholders and their resolutions and rights, and the supervision and auditing over the SPE.
Throughout the article, the author compares the SPE against the limited liability types of companies existing under Portuguese law: the corporation (sociedade anónima) *and the limited liability company* (sociedade por quotas).

SUMÁRIO: *1. Introdução. 2. A SPE no contexto de outras iniciativas de direito das sociedades na União Europeia. 3. Âmbito das SPEs. 4. Delimitação do tema. 5. Escalonamento normativo. 6. A estrutura de administração da SPE. 7. A repartição de competências entre o órgão de direcção e os sócios. 8. Os administradores. 9. Interesse social e distribuições aos sócios. 10. Dever de cuidado e* business judgement rule. *11. Os sócios. 12. As deliberações dos sócios. 13. Outros direitos dos sócios. 14. Fiscalização. 15. Outros intervenientes. 16. Sumário das principais conclusões.*

1. INTRODUÇÃO

O presente visa tecer algumas considerações sobre a governação societária e algumas matérias conexas da sociedade privada europeia ("SPE"), um novo tipo societário cuja criação se encontra em discussão no âmbito comunitário. O artigo conjuga três vertentes: descritiva, comparativa e crítica. Uma vez que a base de reflexão não é o diploma comunitário definitivo, mas o respectivo projecto alterado, é possível (e desejável mesmo) que parte (ou até a totalidade) das críticas apontadas neste trabalho se encontrem superadas no articulado final.

Depois de um enquadramento contextual da SPE e de delimitar o tema, começa-se por discutir o escalonamento normativo entre o diploma comunitário proposto e o direito nacional. De seguida, trata-se da estrutura, competência, composição e responsabilidades da administração das SPEs. Depois, fala-se dos sócios, das suas competências deliberativas e outros direitos. Por fim, menciona-se a fiscalização das SPEs e outros intervenientes com importância nestas sociedades. Termina-se com um sumário conclusivo.

2. A SPE NO CONTEXTO DE OUTRAS INICIATIVAS DE DIREITO DAS SOCIEDADES NA UNIÃO EUROPEIA

A sugestão para a criação de um regime jurídico societário unitário para uma SPE – Proposta de Regulamento do Conselho relativo ao Estatuto da Sociedade Privada Europeia (COM (2008) 396 final) de 25 de Junho de 2008 (o "Projecto"), entretanto modificado pelas sugestões de alteração do Parlamento Europeu de 10 de Março de 2009 (as "Alterações"), que corrigem algumas das deficiências do projecto inicial[1] – surge no contexto do esforço legislativo comunitário em matéria do direito das sociedades[2].

---

[1] O Projecto encontra-se disponível em: http://ec.europa.eu/internal_market/company/epc/index_en.htm (todos os *links* aqui citados foram acedidos entre 1 e 31 de Janeiro de 2010). As Alterações encontram--se disponíveis somente na língua inglesa, intitulando-se o documento *"European Parliament legislative resolution of 10 March 2009 on the proposal for a Council regulation on the Statute for a European private company"* (P6_TA(2009)0094). As Alterações não estão anotadas com as respectivas justificações, mas boa parte delas se poderá encontrar nos relatórios do Comité dos Assuntos Jurídicos (de 4 de Fevereiro de 2009), do Comité dos Assuntos Económicos e Monetários (de 3 de Dezembro 2008) e do Comité dos Assuntos do Emprego e Sociais (de 5 de Novembro de 2008). A toda esta documentação pode aceder-se através de: http://ec.europa.eu/prelex/detail_dossier_real.cfm?CL=en&DosId=197172#393588

[2] Este esforço legislativo ganhou um novo fôlego com a publicação em 2002 do *Report of the High Level of Company Law Experts on a Modern Regulatory Framework for Company Law in Europe*, elaborado pelo grupo de peritos presididos por JAAP WINTER, disponível em: http://ec.europa.eu/internal_market/company/docs/modern/report_en.pdf, e que esteve na base do Plano de Acção "Modernizar o direito

SOCIEDADE PRIVADA EUROPEIA

Este esforço começou por ser, entre finais dos anos sessenta e meados dos anos oitenta, de harmonização em aspectos determinados e considerados essenciais para o mercado comum, por exemplo, em matéria de: publicidade de certos actos societários e vinculação das sociedades, capital social, prestação e fiscalização de contas individuais e consolidadas, fusões e cisões[3]. Também se veio a criar uma forma comunitária de organização de empresas, através do Regulamento (CEE) n.º 2137/85 de 25 de Julho de 1985, que disciplina o agrupamento europeu de interesse económico. O esforço comunitário foi se fortalecendo, seja pela aprovação de directivas sobre novas matérias societárias – por exemplo, sobre o estabelecimento de sucursais ou as sociedades unipessoais[4] – ou com importância societária – por exemplo, sobre ofertas públicas de aquisição e outras matérias no âmbito do mercado de capitais[5] – ou apresentação de projectos sobre novas matérias societárias – por exemplo, no âmbito dos grupos societários[6] –, seja pela extensão ou revisão das directivas anteriores – por exemplo, no âmbito da prestação e fiscalização de contas ou das fusões transfronteiriças[7].

Em 2001 o direito comunitário vem consagrar um novo género de sociedade anónima, a *societas europea* ("SE"), disciplinada pelo Regulamento (CE) n.º 2157/2001 do Conselho de 8 de Outubro, complementado pela Directiva 2001/86/CE do Conselho de 8 de Outubro, transposta entre nós pelo Decreto-

---

das sociedades e reforçar o governo das sociedades na União Europeia" (COM(2003) 284). Com muito interesse nesta temática, veja-se KRÜGER ANDERSEN/THEODOR BAUMS, The European Model Company Law Act Project, 2008, disponível em: http://papers.ssrn.com/sol3/papers.cfm?abstract_id=1115737##. Por outro lado, salienta VIERA GONZÁLEZ, La Sociedade Privada Europea: Una Alternativa a la Sociedade de Responsabilidad Limitada. Considerations a propósito de la publicación de la Propuesta de Reglamento del Consejo por el que se aprueba el Estatuto de la Sociedade Privada Europea [COM (2008) 396 final], Revista de derecho mercantil, N.º 270, 2008, p. 1339 que um regulamento sobre a SPE permitirá aos Estados-Membros, cujo direito das sociedades se encontre menos desenvolvido, tomarem-no como referência. Em geral, sobre o direito societário comunitário, v. MENEZES CORDEIRO, Direito Europeu das Sociedades, Almedina, 2005.

[3] Respectivamente: Directiva 68/151/CEE do Conselho de 9 de Março de 1968; Directiva 77/91/CEE do Conselho de 13 de Dezembro de 1976; Directiva 78/660/CEE do Conselho de 25 de Julho de 1978, Directiva 83/349/CEE do Conselho de 13 de Junho de 1983 e Directiva 84/253/CEE do Conselho de 10 de Abril de 1984; Directiva 78/855/CEE do Conselho de 9 de Outubro de 1978 e Directiva 82/891/CEE do Conselho de 17 de Dezembro de 1982.

[4] Directiva 89/667/CEE do Conselho de 21 de Dezembro de 1989 e Directiva 89/667/CEE do Conselho de 21 de Dezembro de 1989.

[5] Directiva 2004/25/CE de 21 de Abril de 2004 (Directiva das OPAs) ou a Directiva 2004/109/CE de 15 de Dezembro de 2004 (Directiva da Transparência).

[6] A última versão desta proposta é de 20 de Novembro de 1991, estando disponível no JOCE n.º C-321, 9-17, de 12 de Dezembro de 1991.

[7] Directiva 2006/43/CE do Parlamento Europeu e do Conselho, de 17 de Maio de 2006 e Directiva 2006/46/CE do Parlamento Europeu e do Conselho, de 14 de Junho de 2006; Directiva 2005/56 do Parlamento e do Conselho de 26 de Outubro de 2005.

O GOVERNO DAS ORGANIZAÇÕES

-Lei n.º 2/2005, de 4 de Janeiro. Em 2003 o Regulamento (CE) n.º 1435/2003 do Conselho de 22 de Julho de 2003 vem prever o estatuto da sociedade cooperativa europeia ("SCE"). Finalmente, em 2008 o Conselho Europeu submeteu à consulta pública a Proposta, relativa à consagração das SPEs nas jurisdições dos Estados-Membros[8].

A um nível bastante mais acentuado a SPE do que a SE, ambas visam predispor aos agentes económicos uma estrutura societária, que seja governada por um conjunto unitário de regras comuns, daí a importância da utilização de um regulamento comunitário e não de uma directiva para consagrar normativamente a SPE (n.º 4, §4 da exposição de motivos da Comissão relativamente ao Projecto – "Exposição de Motivos"). Da SE trata outro artigo desta colectânea, enquanto que o presente texto se debruça sobre as SPEs.

3. ÂMBITO DAS SPES

Nos termos da Recomendação da Comissão de 6 de Maio de 2003 relativa à definição de micro, pequenas e médias empresas (cfr. artigo 2.º/1 do título I do anexo):

"A categoria das micro, pequenas e médias empresas (PME) é constituída por empresas que empregam menos de 250 pessoas e cujo volume de negócios anual não excede 50 milhões de euros ou cujo balanço total anual não excede 43 milhões de euros."[9]

Tendo as PMEs uma envergadura muito mais pequena do que a das grandes empresas, os custos de constituição e funcionamento de estruturas jurídicas, tais como as sociedades, numa jurisdição estrangeira são proporcionalmente mais ou muito mais elevados do que para as grandes empresas (cfr. n.º 6 da Exposição de Motivos). O propósito principal da Proposta é justamente poder vir a disponibilizar às PMEs uma roupagem jurídica mais ágil e flexível, que lhes permita

---

[8] Para um resumo histórico desta iniciativa, v. n.º 5 da Exposição de Motivos. Pode também ver-se a variada documentação disponível em: http://ec.europa.eu/internal_market/company/epc/index_en.htm.

[9] O conceito comunitário de empresa é muito amplo. Ainda na mesma Recomendação (artigo 1.º do título I do anexo): "Entende-se por empresa qualquer entidade que, independentemente da sua forma jurídica, exerce uma actividade económica. São, nomeadamente, consideradas como tal as entidades que exercem uma actividade artesanal ou outras actividades a título individual ou familiar, as sociedades de pessoas ou as associações que exercem regularmente uma actividade económica." O conceito de empresa é, portanto, aqui utilizado em sentido subjectivo; sobre os conceitos de empresa em sentido objectivo e subjectivo e a (in)viabilidade de um conceito unitário de empresa v. COUTINHO DE ABREU, Da Empresarialidade – As Empresas no direito, Almedina, 1999 (reimpressão), p. 281ss. Para uma discussão do conceito de PME v. HIERRO ANIBARRO/ZABALETA DÍAZ, Buen Gobierno de la PYME e de la Empresa Familiar en la Unión Europea, in Gobierno corporativo y responsabilidad social de las empresas, 2009, Marcial Pons, organizado por Elena F. Pérez Carrillo, p. 230ss.

SOCIEDADE PRIVADA EUROPEIA

actuar mais proficuamente no mercado comum (cfr. Exposição de Motivos, n.º 2), até porque o grau de disparidade nas sociedades anónimas (paradigma para as grandes empresas) ao nível europeu parece ser menor[10]. Como vem referido na Exposição de Motivos da Proposta (n.º 1):

"Embora mais de 99% das empresas da UE sejam pequenas e médias empresas (PME), só 8% dessas empresas exercem as suas actividades para lá das fronteiras nacionais e só cerca de 5% criaram filiais ou estão envolvidas em empresas comuns (joint ventures) no estrangeiro. Apesar de se ter tornado mais fácil, nos últimos anos, criar uma empresa em qualquer parte da UE, é necessário continuar a trabalhar no sentido de melhorar o acesso das PME ao mercado único, facilitando o seu crescimento e possibilitando a realização de todo o seu potencial empresarial."

Entre outras vantagens e tendo em conta a difícil situação actual da concessão de crédito às empresas pelo sistema bancário, a SPE poderá também constituir um conforto adicional às instituições bancárias a quem as empresas em causa pretendam recorrer para obtenção de financiamento, uma vez que a SPE será uma estrutura jurídica reconhecida e regulada comunitariamente[11].

Por outro lado, a SPE estará igualmente ao alcance dos grandes grupos empresariais, no que toca à constituição de sociedades filiais em jurisdições estrangeiras, permitindo, por exemplo, que todas estas se rejam por um conjunto de regras semelhantes[12].

No Projecto não se justifica a iniciativa somente com base num almejado impulso à internacionalização das PMEs comunitárias. A constituição de uma SPE não depende, nos moldes do Projecto, de uma efectiva ou potencial internacionalização à data da constituição (n.º 4 da Exposição de Motivos). No entanto e tendo em conta a legitimidade da aprovação deste regulamento ao abrigo do artigo 308.º do Tratado da União Europeia, na Alteração n.º 19 introduz-se um elemento de internacionalização, seja em termos de negócio ou objecto social, seja em termos de actividade ou pelo facto de a respectiva sociedade-mãe se encontrar sedeada num outro Estado-Membro. Nos termos da Alteração n.º 21, se esse elemento de internacionalização não for demonstrável no prazo de dois anos a contar do registo, a SPE será convertida na forma nacional correspondente. Resta saber de quem parte a iniciativa da conversão e como se processa a mesma, entre outras matérias.

---

[10] V. VIERA GONZÁLEZ, La Sociedad..., cit., p. 1334ss. Por outro lado, salienta o mesmo autor que a concorrência e aproximação entre legislações nacionais na última década, depois dos casos emblemáticos decididos pelo Tribunal de Justiça das Comunidades Europeias Centros (C-212/97), Überseering (C-208/00) e Inspire Art (C-167/01), ficou muito aquém do que poderia ser esperado. Para um resumo breve do resultado destes casos v. LEIF HERZOG/ERIK ROSENHÄGER/MATHIAS SIEMS, The European Private Company (SPE): An Attractive New Legal Form of Doing Business, disponível em: http://ssrn.com/abstract=1350465 (publicado em Butterworths Journal of International Banking and Financial Law, 2009, 247-250), p. 6.

[11] V. LEIF HERZOG/ERIK ROSENHÄGER/MATHIAS SIEMS, The European..., cit., p. 10.

[12] V. VIERA GONZÁLEZ, La Sociedad..., cit., p. 1346s e LEIF HERZOG/ERIK ROSENHÄGER/MATHIAS SIEMS, The European..., cit., p. 9.

4. DELIMITAÇÃO DO TEMA

O presente trabalho intitula-se "Sociedade Privada Europeia – sobre a sua governação societária e matérias conexas".

Por governação societária (*corporate governance*) entende-se usualmente o conjunto das matérias ligadas à administração e controlo das sociedades. Neste âmbito se inclui o estudo dos princípios, regras, cânones e instrumentos aplicáveis nesse contexto[13]. Por outro lado, a especial preocupação prática e teórica com estas questões surgiu no ordenamento estadunidense, com referência (como o próprio nome indica) às sociedades maiores e mais complexas (*corporations*, por oposição às *partnerships* e às *limited liability companies*)[14].

Neste trabalho não trataremos, assim, de todas as matérias reguladas (ou por regular) pelo Projecto, mas focaremos aquelas que com maior importância são usualmente tratadas sob a epígrafe de governação societária, essencialmente os órgãos da SPE, as suas competências e responsabilidades, e a sua inter-relação com os outros órgãos. E discutiremos as soluções propostas, à luz da actual alternativa jurídica nacional.

Assim sendo, o presente texto incidirá primacialmente sobre o capítulo V do Projecto, justamente intitulado "Organização da SPE", ainda que incidentalmente sejam referidas matérias sistematicamente incluídas noutros capítulos, que se denominam "Disposições Gerais", "Constituição", "Acções", "Capital"[15],

---

[13] V. COUTINHO DE ABREU, Governação das Sociedade Comerciais, Almedina, 2006, p. 5.

[14] Para uma transposição dos códigos de *corporate governance* típicos das sociedades cotadas para as PMEs, v. HIERRO ANIBARRO/ZABALETA DÍAZ, Buen Gobierno..., cit, p. 236ss. Há já algumas iniciativas de código de boa conduta elaborados para sociedades fechadas, como os *Principios de Buen Gobierno corporativo para Empresas No Cotizadas* espanhóis (disponíveis em: http://www.iconsejeros.com/funciones/docs_download/PrincipiosBuenGobiernoCoorpNOCotizadas_sinPat.pdf) ou as *Recommendations à l'attention des enterprises non cotées en bourse* belgas (disponíveis em: http://www.codebuysse.be/downloads/CodeBuysseII_FR.pdf). Como apontam os mesmos autores, a implementação de códigos de bom governo gera confiança nos investidores, fornecedores, clientes e instituições financeiras, profissionaliza a sua gestão e controlo e, em última instância, favorece a competitividade das empresas e o seu crescimento.

[15] Por representar uma verdadeira revolução coperniciana para os cânones nacionais, não queria deixar de notar a proposta para o capital social mínimo, no montante de € 1 (art. 19.º/4), o que na prática corresponde à inexistência de um capital social mínimo, em harmonia com os cânones britânicos para este género de sociedades (v. LEIF HERZOG/ERIK ROSENHÄGER/MATHIAS SIEMS, The European..., cit., p. 6). (Após a entrega deste artigo à editora, foi publicado o DL n.º 33/2011, de 7 de Março, que operou a referida revolução para as LDAs portuguesas.) No n.º 7 – capítulo IV – da Exposição de Motivos aponta-se que actualmente são geralmente outros os parâmetros e meios a que os credores lançam mão para acautelarem os seus créditos (volume de negócios, garantias pessoais dos sócios, etc). Sobre esta inovação v. RENATO GONÇALVES, Nótulas sobre a Sociedade Privada Europeia, Scientia Iuridica, LVII, 208, n.º 316, p. 702s e VIERA GONZÁLEZ, La Sociedad..., cit., p. 1372ss. Na Alteração n.º 33 vem, no entanto, estabelecer-se como condição para um tal limiar mínimo de capital social que os estatutos estabeleçam que não seja realizadas distribuições aos accionistas sem que os administradores assinem um certificado

SOCIEDADE PRIVADA EUROPEIA

"Participação dos Trabalhadores", "Transferência da sede social de uma SPE", "Re[e]struturação, dissolução e nulidade", "Disposições adicionais e transitórias" e "Disposições finais"[16].

Mas começaremos por um ponto prévio, de ordem geral, mas que poderá assumir especial importância no âmbito da governação societária das SPEs.

5. ESCALONAMENTO NORMATIVO

Dada a necessária impossibilidade de tratar num regulamento com 48 artigos de todas as matérias societárias de uma SPE, e em particular de todas as regras de governação societária que possam vir a tornar-se necessárias, uma prévia e muito importante questão atém-se com a articulação normativa entre o regulamento, o respectivo anexo e o direito nacional. Vale a pena transcrever o disposto no artigo 4.º:

"As SPE são regidas pelo presente regulamento e também, no que respeita às matérias que constam da lista do anexo I, pelo respectivo contrato de sociedade.

No que respeita às matérias não abrangidas pelo articulado do presente regulamento ou pelo anexo I, contudo, as SPE são regidas pela legislação, nomeadamente as disposições de aplicação da legislação comunitária, aplicável às sociedades de responsabilidade limitada de carácter fechado no Estado-Membro em que a SPE tem a sua sede social, a seguir designada por "legislação nacional aplicável"."

Nos termos do artigo 45.º: "Os Estados-Membros notificam a criação da figura jurídica das sociedades de responsabilidade limitada de carácter fechado referidas no segundo parágrafo do artigo 4.º à Comissão até 1 de Julho de 2010, o mais tardar."

A versão portuguesa apresenta neste artigo uma (de muitas) infelizes redacções[17]. Compaginando as versões noutras línguas (v.g. inglesa, alemã e espanhola)

---

de solvência; caso contrário, o capital social mínimo será de € 8.000. Sobre a inoperância do capital social para tutela dos credores sociais, particularmente nas LDAs, v. ALEXANDRE MOTA PINTO, Capital social dos credores para acabar de vez com o capital social mínimo nas sociedades por quotas, in Nos 20 Anos do Código das Sociedades Comerciais. Homenagem aos Profs. Doutores A. Ferrer Correia, Orlando de Carvalho e Vasco Lobo Xavier. Vol. I, Congresso Empresas e Sociedades, Coimbra Editora, 2008, p. 837ss; com muito interesse sobre a perspectiva norte-americana de protecção dos credores, mais com base no princípio da desconsideração da personalidade jurídica (ou melhor, desconsideração da norma limitadora da responsabilidade dos sócios) – *piercing the corporate veil* – v. FRANKLIN GEVURTZ, Corporation Law, Hornbook Series, West Group, 2000, p. 69ss.

[16] Para uma nota geral sobre as SPEs, incluindo diversas das matérias que aqui não se detalharão, v., por exemplo, RENATO GONÇALVES, Nótulas..., cit., p. 693ss, VIERA GONZÁLEZ, La Sociedad..., cit. e PINTO DUARTE, *A Societas Privata Europea*: uma Revolução Viável, Direito das Sociedades em Revista, 2009.

[17] Não é somente a versão portuguesa que apresenta (várias) deficiências; salientando várias incorrecções técnicas na versão alemã, v. THOMAS BÜCKER, Die Organisationsverfassung der SPE, ZHR 173 (2009), p. 284s e HANNS HÜGEL, Zur Europäischen Privatgesellschaft: Internationale Aspekte, Sitzverlegung, Satzungsgestaltung und Satzungslücken, ZHR 173 (2009), p. 349s.

e o último § do n.º 7 (capítulo I) da Exposição de Motivos, facilmente se conclui a devida interpretação: o que é de notificar à Comissão é o tipo de sociedade nacional correspondente e não a sua criação (criação essa que já poderá ter ocorrido há muitos anos atrás; paradigmaticamente, as *Gesellschfaten mit beschränkter Haftung* ("GmBH") alemãs, por exemplo, cuja primeira previsão legal ocorreu em 1892). Portanto, os Estados-Membros deverão notificar (sim) à Comissão qual o tipo de sociedade nacional correspondente, para estes efeitos (a "legislação nacional aplicável").

Portanto, no caso de Portugal coloca-se a questão de saber se, nomeadamente tendo em conta a governação societária pretendida para um tipo europeu de sociedade de (i) responsabilidade limitada (art. 3.º/1-b)) (ii) fechada ao investimento do público (art. 3.º/1-d)), a sua correspondência portuguesa deverá ser vista no tipo quotista ("LDA") ou no tipo anónimo ("SA"), pois ambas se podem constituir com essas duas características[18].

Algumas das características da SPE aproximam-na a um desses tipos nacionais enquanto outras a aproximam mais do outro[19]. Por exemplo, em termos de responsabilidade do sócio, esta encontra-se numa SPE limitada ao capital subscrito (ou concordado em subscrever) pelo sócio (art. 3.º/1-b)), o que recorda justamente o regime das SAs (art. 271.º do Código das Sociedades Comerciais – "CSC"), uma vez que nas LDAs o sócio responde solidariamente por todas as entradas convencionadas no pacto social e poderá mesmo convencionar-se a responsabilidade directa perante credores sociais até certo montante (cfr. arts. 197.º/1 e 198.º/1 do CSC). Já em termos de circulabilidade das participações sociais, prevê-se que

---

[18] Como nota PINTO DUARTE, A *Societas...*, cit., p. 53, sendo que somente estas últimas poderão revestir a qualidade oposta, de sociedade de responsabilidade limitada de capital aberto ao investimento do público (cfr. artigo 13.º/1 do CVM) – as quotas não são valores mobiliários nem instrumentos financeiros, pelo que não são susceptíveis de ser oferecidas ao público nos termos do CVM, nem de ser admitidas à negociação em mercado regulamentado (cfr. artigos 1.º e 2.º do CVM e as suas implicações *a contrario*). Criticando a opção comunitária de limitar as SPEs às sociedades fechadas, v. RENATO GONÇALVES, Nótulas..., cit., p. 696.

[19] V. PINTO DUARTE, A *Societas...*, cit., p. 74. O facto de a versão portuguesa qualificar como "acções" as participações sociais das SPEs não deverá ser relevado para esta discussão. Por um lado (v. PINTO DUARTE, A *Societas...*, cit., p. 54), noutras línguas é utilizado um termo mais próximo das LDAs (v.g. "*Anteile*" na versão alemã) ou se esclarece que se compreendem uma e outra realidades (v.g. "*azioni/quote*" na versão italiana) ou se usa um termo mais neutro (v.g. "*participaciones sociales*" na versão espanhola e "*shares*" na versão inglesa) ou o termo permite também a sua subsunção a uma sociedade anónima de regime mais simples ("*actions*", como se qualificam também as participações sociais na *société par actions simplifieé* francesa). Por outro, o que devemos relevar para efeitos daquela questão é o regime jurídico e não a nomenclatura jurídica. De qualquer forma, seria útil que na versão final do regulamento fosse empregue uma expressão nova ou, pelo menos, neutra (pelo que também não parece apropriado lançar mão de "partes sociais", como é sugestão de RENATO GONÇALVES, Nótulas..., cit., p. 699, uma vez que esta expressão já qualifica as participações sociais nas sociedades em nome colectivo – cfr. arts. 175.ºss do CSC).

estas não podem ser objecto de oferta pública nem de negociação em mercado público[20] – esta é uma típica característica das LDAs, embora se deva notar que supletivamente também nas SA se poderá atingir esse objectivo (cfr. art. 328.º do CSC). A Alteração n.º 15 vem esclarecer que o disposto nesta parte não deve impedir a possibilidade de serem realizadas ofertas de participações sociais aos trabalhadores da SPE.

Em última análise dependerá de uma opção política, optar por um ou outro tipo para efeitos de "legislação nacional aplicável", mas parece-me que, predispondo as LDAs um regime tendencialmente menos pesado do que o das SA e tendo a preocupação primeira do legislador sido as PMEs, o primeiro será o mais apropriado para esses efeitos. Essa parece também ser a leitura feita pela doutrina noutras jurisdições em que existe mais de um tipo social de responsabilidade limitada, como seja a GmbH (v.s. a *Aktiengesellschaft* – "AG") alemã ou a *sociedad de responsabilidad limitada* (v.s. a *sociedad anonima*) espanhola[21]. Por outro lado, como veremos, a governação societária de uma SPE aproxima-se muito mais do de uma LDA do que do de uma SA.

A questão seguinte é a relação entre o regulamento, o contrato de sociedade, que deverá regular pelo menos as (muitas) matérias listadas no anexo I (art. 8.º/1), e a "legislação nacional aplicável". A intenção comunitária é bastante clara: criar um tipo de sociedade novo, cujo regime seja uniforme nos vários Estados-Membros, razão pela qual esse tipo de sociedade se deverá furtar na máxima medida possível ao direito nacional de cada um dos Estados-Membros – v. considerando (6). E esse sentido é claramente reforçado pelas Alterações, como veremos. Diversamente foi a intenção da regulamentação no âmbito das SEs, em que o artigo 9.º do Regulamento (CE) n.º 2157/2001 do Conselho de 8 de Outubro reserva um papel muito maior à legislação nacional.

No entanto, como também foi um desiderato a maleabilidade do respectivo regime, capaz de apanhar o maior número de situações possível[22], foi igualmente tomada a opção de remeter um conjunto muito grande de matérias para a livre

---

[20] Para o conceito de oferta pública v. art. 3.º/2; mais do que o anterior, o de mercado público acaba por ser um conceito novo e melhor teria sido se se tivesse lançado mão de conceitos já consolidados no direito comunitário. Por referência à Directiva 2004/39/CE do Parlamento Europeu e do Conselho, de 21 de Abril de 2004 relativa aos mercados de instrumentos financeiros, estaremos neste último ponto ("mercado público") a falar sobretudo de mercados regulamentados e de sistemas de negociação multilateral (cfr. as definições 14) e 15) do respectivo art. 4.º/1).

[21] V. Hanns Hügel, Zur Europäischen..., cit., p. 334ss e Viera González, La Sociedad..., cit.

[22] Renato Gonçalves, Nótulas..., cit., p. 695; opinando que se trata da técnica jurídica mais adequada às sociedades fechadas, apesar da maior insegurança jurídica e litigiosidade que gera, v. Viera González, La Sociedad..., cit., p. 1348ss.

O GOVERNO DAS ORGANIZAÇÕES

disponibilidade dos sócios, sendo que muitas delas nem sequer são supletivamente reguladas (máxima liberdade ou "livre arbítrio" – considerando n.º 3)[23].

A inexistência de uma *default rule* levanta, desde logo, um ponto prático importante: é que os estatutos sociais serão necessariamente (muito) longos, à maneira "anglo-saxónica", diversamente dos estatutos de uma vulgar LDA (ou mesmo SA) portuguesa, cujos estatutos são normalmente curtos, à maneira "continental"[24]. Esta questão prática e os custos envolvidos com assessoria jurídica para esses efeitos, poderão ser mitigados pela disponibilização pela Comissão de um conjunto de estatutos-tipo, que o grupo consultivo da Comissão Europeia em matéria de governo e de direito das sociedades se encontra a preparar, de que os particulares poderão lançar mão para estes efeitos[25]. Agora, claro está também que tais estatutos-tipo são feitos para uma generalidade de casos, pelo que, ainda assim, poderá ser necessário incorrer em alguns custos para os adaptar a um caso concreto.

Por outro lado, origina um ponto jurídico relevante: como resolver as lacunas que possam existir, tendo em conta o minimalismo do regulamento e a extensão de matérias que supostamente devem ser (convenientemente) previstas nos estatutos. É verdade os Estados-Membros deverão prever sanções (eficazes proporcionadas e dissuasivas – art. 44.º) para o incumprimento do regulamento (nomeadamente para a incompletude dos estatutos), isso poderá ser um incentivo para a diligência na redacção dos estatutos, mas não eliminará esse problema jurídico de fundo. Ora, das duas uma: (i) na insuficiência do regulamento, se entende que as lacunas

---

[23] Como salienta THOMAS BÜCKER, Die Organisationsverfassung..., cit., p. 288), a legislação societária pode ser erigida com grande detalhe (maior previsibilidade) como sucede com a AG, pensada para as grandes empresas, como deixar uma maior possibilidade de auto-conformação às partes, como é desejável para as GmbH e as SPEs, pensadas para as pequenas e médias empresas. Para uma breve nota sobre os regulamentos orgânicos internos e os pactos parassociais (documentos adicionais de auto-conformação das partes) no âmbito das SPEs, v. o mesmo autor a p. 290s e 303s. Particular importância poderão assumir, nomeadamente, os regimentos do órgão de direcção (sobre estes pode ver-se, em geral, ENGRÁCIA ANTUNES, O regimento do órgão de administração, Direito das Sociedades em Revista, volume II, 2009, 81ss).

[24] Para uma contraposição entre a prática contratual anglo-saxónica e contrapondo-a a um direito contratual europeu (continental) v. HANNO MERKT, Angloamerikanisierung und Privatisierung der Vertragspraxis versus Europäisches Vertragsrecht, Zeitschrift für das gesamte Handelsrecht und Wirtschaftsrecht, 171, 2007, p. 490ss.

[25] V. n.º 5 da Exposição de Motivos. Este aspecto é também salientado por THOMAS BÜCKER, Die Organisationsverfassung..., cit., p. 299 e 307 e VIERA GONZÁLEZ, La Sociedad..., cit., p. 1387; chamando também a atenção para a estandardização estatutária no mercado actual de serviços jurídicos, v. VIERA GONZÁLEZ, La Sociedad..., cit., p. 1343. PINTO DUARTE, A *Societas*..., cit., p. 76 chega mesmo a sugerir a inclusão de um texto-tipo de estatutos como anexo ao regulamento. Na jurisdição portuguesa é de salientar a boa experiência da "empresa na hora", que assenta, nomeadamente, na utilização de estatutos-modelo aprovados pelo Instituto dos Registos e do Notariado, I.P, nos termos do artigo 3.º/1-a) do DL n.º 111/2005, de 8 de Julho (na redacção dada pelo DL n.º 247-B/2008, de 30 de Dezembro); v. os modelos disponíveis em: http://www.empresanahora.pt/ENH/sections/PT_pactos. Na Alteração n.º 20 é feita já uma referência expressa a *official model articles of association*, que se espera, então, que sejam expeditamente disponibilizadas aquando da publicação do regulamento final.

SOCIEDADE PRIVADA EUROPEIA

deverão ser resolvidas pela "legislação nacional aplicável" – o que tendencialmente permitirá resolver as lacunas de forma razoavelmente previsível (pelo menos se a questão for levantada no Estado-Membro "aplicável"), mas que minará, de alguma forma, o desiderato de uniformização de regime das SPE em todos os Estados--Membros – ou (ii) se entende que as lacunas deverão ser resolvidas através de princípios gerais de direito comunitário e, em particular, do direito das sociedade comunitário e do reenvio prejudicial para o Tribunal de Justiça das Comunidades Europeias – o que potenciará a uniformização do regime das SPE, mas, pelo menos numa primeira fase, resultará numa importante imprevisibilidade jurídica[26].

É verdade que a disponibilização e utilização de estatutos-tipo poderão evitar *a priori* muitas das questões, mas nem aqueles modelos de estatuto serão ou deverão ser imperativos, nem poderão resolver antecipadamente todas as possíveis questões que possam surgir, por mais longos que sejam.

Talvez a solução mais equilibrada passe por o regulamento final prever uma norma semelhante à proposta na Alteração n.º 63 (ou na falta de previsão, pela mobilização analógica dessa norma), em que se determina que uma disposição estatutária inválida não afecta as restantes, devendo aplicar-se, até que os sócios tenham deliberado uma alternativa, em sua substituição a norma correspondente dos estatutos-modelo; inexistindo norma correspondente, deveria ser substituída pela norma legal aplicável às sociedades de responsabilidade limitada correspondentes à SPE da jurisdição em que esta tem a sua sede.

Portanto, na falta de norma estatutária para resolver um concreto problema jurídico societário no âmbito de uma SPE deveria aplicar-se primeiro os estatutos--modelo e, não sendo estes suficientes, a lei nacional aplicável. De qualquer forma, uma assessoria jurídica diligente acabará (parece-me) por incluir em cada estatuto de uma SPE uma remissão supletiva para essa legislação, o que naturalmente não se deverá ter por interdito ao abrigo do regulamento[27] – trata-se justamente de uma manifestação da autonomia das partes.

6. A ESTRUTURA DE ADMINISTRAÇÃO DA SPE

A gestão da SPE é cometida a um órgão de direcção (art. 26.º/1-1.ª parte).

Existe alguma confusão nas várias versões do Projecto sobre o conceito de "orgão de direcção" (cfr. 2.º/1-(d)), ou melhor, sobre a sua possível composição. Por exemplo, nos termos da versão portuguesa, este seria composto por "um ou

---

[26] V. Thomas Bücker, Die Organisationsverfassung..., cit., p. 286s e Hanns Hügel, Zur Europäischen..., cit., p. 344ss sobre o disposto neste parágrafo.

[27] Assim também Hanns Hügel, Zur Europäischen..., cit., p. 347s e Viera González, La Sociedad..., cit., p. 1344 em nota.

mais administradores e o conselho de direcção (estrutura de direcção dualista) ou o conselho de administração (estrutura de direcção monista)", na versão inglesa *"one or more individual managing directors, the management board (dual board) or the administrative board (unitary board)"* e em sentido similar na versão espanhola (*"uno o varios administradores gerentes individuales, el consejo de dirección (estructure dual) o el consejo de administración (estructura monista)"*, e na versão alemã *"einem oder mehreren geschäftsführenden Mitgliedern der Unternehmensleitung bestehendes Leitungsgremium (dualistisches System) oder Verwaltungsgremium (monistisches System)"*. A versão portuguesa está incorrecta: se existem um ou mais administradores executivos e existe um órgão de fiscalização, qual seria a composição do conselho de direcção? A inglesa e a espanhola também me suscitam dúvidas: se existem vários administradores executivos, eles não formam um conselho? A versão alemã parece-me a mais coerente: um ou administradores executivos, que formarão um conselho de direcção ou de administração (ainda que se possa apontar que um conselho, ou grémio, supõe semanticamente mais do que uma só pessoa).

Em conclusão, o que me parece que se pretende permitir é o seguinte: a gestão da sociedade é cometida a um só administrador ou a um colégio de administradores, o que está em linha com o disposto tanto para as LDAs como para as SAs (v. arts. 252.º/1, 390.º/1/2 e 424.º/1/2 do CSC). As diversas versões deveriam ser revistas em consonância.

Por outro lado, e ainda no capítulo das definições, é necessário rever-se o conceito de "administrador" (e aqui o comentário é transversal às várias versões). É que a definição (art. 2.º/1-c)) inclui tanto membros do orgão de direcção como do órgão de fiscalização. Ora, muitas das disposições que se referem a "administradores" no Projecto não têm sentido quando se trate de membros do órgão de fiscalização: paradigmaticamente, não é a esses membros a quem incumbe a gestão da sociedade (art. 31.º), nem a representação da sociedade (art. 33.º). Se não for revisto o conceito, o intérprete deverá ter cautelas reforçadas na hermenêutica das normas que empreguem esta definição ao longo do Projecto. Nas Alterações são corrigidas algumas normas, nomeadamente o disposto no artigo 33.º (passa a referir-se os membros do órgão de direcção), mas outras mantêm-se (mal) como estão. O melhor seria deixar cair a definição de "administrador" e passar a referir os membros do respectivo órgão.

7. A REPARTIÇÃO DE COMPETÊNCIAS ENTRE O ÓRGÃO DE DIRECÇÃO E OS SÓCIOS

O art. 26.º/1 do Projecto estabelece depois que: "O órgão de direcção pode exercer todos os poderes da SPE que nem o presente regulamento nem o contrato de sociedade determinem que devem ser exercidos pelos accionistas".

SOCIEDADE PRIVADA EUROPEIA

Esta formulação talvez também possa ser aprimorada. Os poderes que existem no âmbito de uma sociedade são o poder de decidir e o poder de executar essa decisão[28]. Ora, quem deve executar uma determinada decisão são os órgãos de representação respectivos; no caso da SPE (e das sociedades em geral) quem representa ou vincula a sociedade perante terceiros são os administradores (art. 33.º, a que voltaremos), independentemente de quem tomou a decisão executanda. Portanto, o que provavelmente os autores do Projecto terão querido fazer foi atribuir aos administradores a competência deliberativa residual; isto é, se o regulamento ou o contrato social não alocarem determinadas matérias à deliberação dos sócios, poderá o órgão de direcção decidi-las. Agora, conforme decorre da mesma disposição, e também do seu n.º 2 ("Os accionistas determinam a organização da SPE...") e do seu art. 27.º/1-proémio (...as seguintes matérias, pelo menos, devem ser decididas através de deliberação maioritária dos accionistas..."), os sócios são livres de pactuar que outras matérias, além das previstas no regulamento (maxime art. 27.º/1), incluindo matérias de gestão, fiquem sujeitas à sua deliberação.

Este regime é diverso do das SAs, em que a competência deliberativa residual é dos sócios (cfr. art. 373.º/2 in fine CSC) e em que é controverso se, uma vez que a gestão social está alocada ao órgão de administração (arts. 405.º/1 e 431.º/1 do CSC), por via do contrato social se poderão alocar determinadas decisões (importantes) em matéria de gestão à competência deliberativa dos sócios (cfr. arts. 373.º/2 ("...pelo contrato...") v.s. 373.º/3 a contrario e o princípio da separação de poderes referido)[29].

Já o regime das LDAs é mais aproximado, uma vez que se permite amplamente que o contrato social preveja outras matérias da competência deliberativa dos sócios, além das previstas expressamente na lei (cfr. art. 246.º/1-proémio do CSC); adicionalmente, tem-se entendido que, tendo em conta a parte final do art. 259.º do CSC e mesmo que os estatutos não o prevejam, os sócios poderão deliberar sobre matérias de gestão, deliberações às quais os gerentes devem obediência[30].

---

[28] Paradigmaticamente v. arts. 405.º/1/2 e 431.º/1/2 do CSC. O disposto no art. 252.º/1 do CSC é mais imperfeito, refere que a sociedade é "administrada e representada" pelos gerentes, quando seria mais correcto falar em gerir e representar (como é feito nessas outras normas), uma vez que são essas as duas vertentes de administrar de uma sociedade.

[29] V., por exemplo, em sentido mais positivo COUTINHO DE ABREU, Governação..., cit., p. 48ss e CASSIANO DOS SANTOS, Estrutura Associativa e Participação Societária Capitalística, Contrato de sociedade, estrutura societária e participação do sócio nas sociedades capitalísticas, Coimbra Editora, 2006, p. 304ss, e negativamente PEDRO MAIA, Função e Funcionamento do Conselho de Administração da Sociedade Anónima, Studia Iuridica, Coimbra Editora, 2002, p. 138ss e José Vasques, Estruturas e conflitos de poderes nas Sociedades Anónimas, Coimbra Editora, 2007, p. 78.

[30] V. RAÚL VENTURA, Sociedade por Quotas, vol. III, Comentário ao Código das Sociedades Comerciais, Almedina, 1991, p. 133ss e PEREIRA DUARTE, Código das Sociedades Comerciais Anotado, Almedina,

O GOVERNO DAS ORGANIZAÇÕES

Ora, na ausência de expressa previsão estatutária numa SPE não parece que os respectivos sócios tenham tal competência deliberativa, mas esse tema é facilmente resolúvel incluindo-se uma cláusula estatutária que atribua aos sócios o poder de se pronunciarem sobre matérias de gestão[31]. Por fim, a competência da gerência numa LDA é aferida em função do objecto social da sociedade e não de um princípio de separação de poderes como nas SAs (v. art. 259.º v.s. arts. 405.º/1 e 431.º/1 do CSC), maior amplitude que está também em maior consonância com a competência residual do órgão de direcção das SPEs.

8. OS ADMINISTRADORES

O artigo 30.º tem por epígrafe "Administradores" e começa no seu n.º 1 por determinar que somente podem assumir tais cargos as pessoas singulares. Esta disposição aproxima mais uma vez as SPEs das LDAs, em que a mesma regra consta para os gerentes no art. 252.º/1 do CSC. Nas SAs existe a possibilidade de serem designadas pessoas colectivas para o cargo de administrador (arts. 390.º/4 e 425.º/8 do CSC)[32]. De qualquer forma, a diferença não é tão grande como poderia parecer, seja porque afinal, quando nomeadas, as pessoas colectivas devem indicar uma pessoa singular para exercer o cargo em nome próprio, seja porque o mesmo efeito prático é conseguido nomeando a assembleia geral um administrador da preferência da pessoa colectiva que seja sócia da sociedade. E geralmente a via seguida é esta última, antes que a nomeação da pessoa colectiva como administradora, o que tem desde logo, nos termos das mesmas disposições, a vantagem de a pessoa colectiva não ser co-responsável pelo exercício do cargo do administrador.

2009, p. 678. Esta tem sido a interpretação consolidada, e a boa interpretação, pois permite assim vincar um traço distintivo entre as SAs e as LDAs que a doutrina, a jurisprudência e a prática reconhecem e seguem amplamente. Para uma justificação desenvolvida desta interpretação v. o primeiro dos autores citados, podendo extrair-se um forte argumento adicional da comparação entre os arts. 259.º/1 *in fine* do CSC e 405.º/1-2.ª parte do CSC.

[31] Salientando que os estatutos da SPE deverão claramente delimitar a repartição de competências entre os sócios e o órgão de administração, v. THOMAS BÜCKER, Die Organisationsverfassung..., cit., p. 291; sobre o tema em concreto da competência dos sócios em matérias de gestão e sugerindo igualmente que os estatutos esclareçam expressamente essa competência v. o mesmo autor na página 292. VIERA GONZÁLEZ, La Sociedad..., cit., p. 1378 opina também pela legitimidade de tal cláusula.

[32] Sobre o tema v., mais recentemente, PAULO OLAVO CUNHA Designação de Pessoas Colectivas para os Órgãos de Sociedades Anónimas e por Quotas, Direito das Sociedades em Revista, 2009, p. 165ss. Diversamente na versão original do CSC, em que essa possibilidade estava reservada às SAs de tipo monista, uma vez que a redacção inicial do art. 425.º (alínea a) do n.º5) proibia a designação de pessoas colectivas. Criticando esta limitação nas SPEs v. RENATO GONÇALVES, Nótulas..., cit., p. 705s e VIERA GONZÁLEZ, La Sociedad..., cit., p. 1379.

SOCIEDADE PRIVADA EUROPEIA

Os administradores são nomeados e destituídos pelos sócios (art. 27.º/1-j)), uma solução em harmonia com o disposto para as LDAs e as SAs (arts. 257.º/1, 403.º/1 e 430.º/1-b) do CSC. Ao abrigo da autonomia das partes, poderão, contudo, os sócios clausular que os administradores sejam somente destituíveis no decurso do mandato com justa causa (como é possível nas LDAs, nos termos do art. 257.º/1 do CSC)[33]. Ao abrigo da mesma autonomia, igualmente deverão os sócios poder erigir determinados critérios de escolha dos administradores, por exemplo, para assegurar a representatividade dos sócios no órgão de administração (por exemplo, em caso de sociedades familiares ou *joint-ventures*)[34], um pouco à semelhança do direito especial de gerência previsto para as LDAs no art. 257.º/3 do CSC.

A representação da sociedade vem prevista no artigo 33.º, em que se prevê que a SPE é representada por um ou mais administradores, que a vinculam mesmo para além do seu objecto social, podendo os estatutos prever um exercício conjunto da representação – não havendo outras limitações, parece que os estatutos poderão mesmo impor uma maioria qualificada ou a totalidade dos administradores. Até aqui o regime é similar ao das LDAs, mas difere relativamente às SAs, em que uma cláusula que imponha mais do que a intervenção de uma maioria simples dos administradores deve ser ineficaz perante terceiros (v. arts. 261.º/1 v.s. 408.º/1 do CSC[35]). Não é oponível nas SPEs a terceiros nenhuma outra limitação, estatutária ou deliberativa, ainda que publicada. A grande flexibilidade do regime das SPEs no que respeita à sua organização interna (grande autonomia dos sócios) é, assim, contrabalançada com uma imperatividade ao nível das normas que regulam as relações da SPE com terceiros[36]. Este regime é diverso tanto do das SAs como das LDAs, em que as limitações decorrentes do seu objecto social são oponíveis ao terceiro de má-fé (cfr. arts. 260.º/2/3 e 409.º/2/3 do CSC). Confere-se, assim, preponderância a um vector de segurança sobre um vector de justiça. O que implica, por outro lado, um cuidado acrescido dos administradores na sua actuação em nome da SPE.

O n.º 3 deste artigo na versão portuguesa é deficiente. Tendo em conta o texto noutras línguas, permite-se aí que o poder de representação da sociedade seja delegável em outrem, nos termos clausulados estatutariamente. Não podia deixar de ser assim, pois a todo o tempo as sociedades necessitam ou podem necessitar de delegar poderes de representação em administradores ou outras pessoas determinadas, nomeadamente por impossibilidade de comparência física dos (restantes)

---

[33] V. a propósito Thomas Bücker, Die Organisationsverfassung..., cit., p. 296.

[34] Assim Thomas Bücker, Die Organisationsverfassung..., cit., p. 296.

[35] Sobre esta questão, v. Coutinho De Abreu, Curso de Direito Comercial. Vol. II. Das Sociedades, Almedina, 3.ª edição, 2009, p. 544ss.

[36] Como salientam Leif Herzog/Erik Rosenhäger/Mathias Siems, The European..., cit., p. 7.

O GOVERNO DAS ORGANIZAÇÕES

administradores. Ora, o texto português está construído ao contrário: não devem ser só os administradores os quais podem "obter o direito de representação", mas estes é que podem delegar em terceiros (entre os quais administradores) esse poder. No anexo I, capítulo V, §20 já é consagrada a perspectiva correcta.

Adicionalmente, o parágrafo seguinte (§21) permite que o contrato social estabeleça regras para a delegação de qualquer poder de gestão a outra pessoa. Esta disposição deverá ser devidamente interpretada, uma vez que essa delegação não deverá colocar, na sua essência, em causa o princípio segundo o qual a SPE é administrada pelo seu órgão de direcção, mas parece abrir a porta, por exemplo, à celebração de contratos de gestão (corrente) de empresa com terceiros[37].

No n.º 2 prevê-se que: "Uma pessoa que actue na qualidade de administrador sem que para tal tenha sido formalmente nomeada é considerada como administrador no que respeita a todos os deveres e responsabilidades associadas ao cargo."

Assim se determina no Projecto a responsabilidade do chamado administrador de facto, isto é, da pessoa que actua como administrador, mas a que falta título bastante, porque este é nulo, se extinguiu/caducou ou por terem outro titulo mas exercem funções de administração, incluindo o chamado administrador oculto, isto é, a pessoa que não aparece a administrar a sociedade, mas que determina os administradores no exercício da administração[38].

A figura do administrador de facto surge mesmo expressamente positivada, em maior ou menor medida, nas legislações societárias de alguns Estados-Membros, como é o caso do *Company Law Act* de 2006 (v. secções 250 e 251) ou da *Ley de Sociedades Anónimas* (v. art. 133.º/2). Entre nós a figura surge positivada em vários âmbitos, nomeadamente no artigo 227.º, n.º 3, do Código Penal, no artigo 24.º, n.º1, da Lei Geral Tributária, a propósito da responsabilidade subsidiária fiscal, e nos artigos 49.º, n.º 2, alínea c), 82.º, n.º2, alínea a), e 186.º, n.º 1, 2 e 3 do Código da Insolvência e Recuperação de Empresas. A sua expressa previsão na lei societária foi ponderada aquando da consulta pública da CMVM para as alterações ao CSC em 2006, tendo-se optado por esperar pela consolidação doutrinal e jurisprudencial da figura antes de avançar para a sua expressa consagração legal[39].

---

[37] Sobre estes contratos v. PINTO MONTEIRO, Contrato de Gestão de Empresa (Parecer), CJ-STJ, 1995, p. 5ss.

[38] V. COUTINHO DE ABREU/ELIZABETE RAMOS, Responsabilidade civil de administradores e de sócios controladores, Miscelâneas, IDET, Almedina, 2004, p. 40s.

[39] Para as razões que estiveram na base dessa opção (nomeadamente e em face dos instrumentos jurídicos já existentes e, em particular, das valências de um adequado uso da metodologia jurídica), v. o n.º 12 do Governo das Sociedades Anónimas: Propostas de Alteração do Código das Sociedades Comerciais. Processo de Consulta pública n.º 1/2006 da CMVM, disponível em: http://www.cmvm.pt/NR/rdonlyres/9A6DF665-B529-426E-B266-75E08A225352/5654/proposta_alter_csc.pdf%20(10/6/2008). Sobre a figura pode ver-se *inter alia*, entre nós, COUTINHO DE ABREU/ELIZABETE RAMOS, Responsabilidade..., cit., RICARDO COSTA, Responsabilidade Civil Societária dos Administradores de Facto, Temas Societários n.º 2, IDET, Almedina, 2006, 23ss e SANTOS CABRAL, O Administrador de Facto, Revista do CEJ, 2.º Semestre 2008, n.º 10, 2009.

SOCIEDADE PRIVADA EUROPEIA

Portanto, seja por já ser uma figura reconhecida em vários Estados-Membros, seja por impulsionar o direito naqueloutros que ainda não a reconhecem, trata--se de uma boa medida. Por fim, e apesar do disposto no n.º 1 deste artigo 30.º, a responsabilização nos termos do n.º 2 não deverá naturalmente depender de se tratar o administrador de facto de uma pessoa singular.

Nos termos do n.º 3, uma pessoa que tenha sido proibida de desempenhar cargos de direcção de empresas por decisão judicial ou administrativa de um Estado-Membro não poderá (legitimamente) administrar uma SPE. Uma tal proibição será regida pela legislação nacional aplicável – por exemplo, a proibição do exercício de cargos de administração nos termos do artigo 189.º/2-c) do Código da Insolvência e Recuperação de Empresas.

O artigo 31.º é epigrafado de "Deveres e responsabilidades gerais dos administradores".

No n.º 1 determinam-se os dois deveres básicos de um administrador: (i) um dever de actuar para realizar o interesse social ("dever de actuar na defesa dos melhores interesses da sociedade") – o critério final de actuação – e (ii) um dever de nessa prossecução actuar cuidadosamente ("dever actuar com o cuidado e competência razoavelmente exigidos") – critério modal de actuação[40].

9. INTERESSE SOCIAL E DISTRIBUIÇÕES AOS SÓCIOS

Relativamente ao primeiro o Projecto, e bem, fugiu à tentação de densificar o que entender por interesse social, o que consabidamente é um dos temas societários mais debatidos e em que não existe consenso. Essencialmente discute-se se a sociedade deve ser gerida em atenção aos interesses dos sócios ou antes ao conjunto dos vários interesses gravitantes em redor da sociedade (sócios e *stakeholders*)[41]. Avançar nesta sede com um conceito de interesse social seria imprudente (parece-me), essa conceitualização devendo essencialmente caber à doutrina e à jurisprudência. Também noutros contextos o legislador comunitário se tem refreado e menciona o conceito, embora não o densifique, por exemplo,

---

[40] ORLANDO GUINÉ, Da Conduta (Defensiva) da Administração "Opada", Almedina, 2009, p. 61ss.

[41] Para algumas obras recentes entre nós, v., por exemplo, PAULO CÂMARA O Governo das Sociedades e a Reforma do Código das Sociedades Comerciais, Código das Sociedades Comerciais e Governo das Sociedades, Almedina, 2008, p. 37 (posição contratualista), ORLANDO GUINÉ, Da Conduta..., cit., p. 65ss (posição contratualista, com alguns limites externos), COUTINHO DE ABREU, Curso..., cit., p. 303s) (posição contratualista com alguns limites internos), PEREIRA DE ALMEIDA, Sociedade Comerciais e Valores Mobiliários, 5.ª Edição, Coimbra Editora, 2008, p. 101ss (posição institucionalista), CASSIANO DOS SANTOS, Estrutura..., cit., p. 380ss (posição formalista). Para mais referências nacionais e estrangeiras, v. ORLANDO GUINÉ, Da Conduta..., cit., p. 70s-nota 103.

no artigo 3.º/1-c)-1.ª-parte da Directiva 2004/25/CE do Parlamento Europeu e do Conselho de 21 de Abril de 2004 relativa às ofertas públicas de aquisição, em que esclarece um mesmo dever de actuação no interesse da sociedade, que deve impender sobre os administradores. Diversamente tem sido a tendência em várias legislações nacionais, como seja a inglesa (secção 172(1) da *Companies Act*) ou a nossa mesmo (art. 64.º/1-b) do CSC), ambas de 2006.

Independentemente da posição que se adopte relativamente ao conceito de interesse social, não se poderá negar que pelo menos uma das finalidades, senão a primordial ou única, de uma sociedade é produzir retorno para os seus sócios. Ora, um sócio investe numa sociedade naturalmente para obter, de alguma forma, retorno[42]. E nos termos do art. 2.º/1-b) entende-se por "distribuição" (aos sócios) "qualquer benefício financeiro, proveniente directa ou indirectamente da SPE, em favor de um accionista e em função das acções que detém, incluindo qualquer transferência de numerário ou bens, bem como a contracção de uma dívida". A Alteração n.º 10 vem incluir um esclarecimento final ("... *incurring of a debt, that is not balanced by a full claim to compensation or reimbursement*.").

O art. 2.º/2 do Projecto concretiza depois que "as distribuições podem ser feitas através da aquisição de bens, do reembolso ou outro tipo de aquisição de acções ou por qualquer outro meio". A realização de qualquer distribuição depende, nos termos do art. 21.º/1 mas sem prejuízo das regras relativas à redução do capital (art. 24.º), de proposta do órgão de administração, desde que, após essa distribuição, o activo da SPE continue a cobrir integralmente o seu passivo ("teste do balanço", como o apelida o n.º 7 – capítulo IV – da Exposição de Motivos). Adicionalmente, nos termos da Alteração n.º 35, não deverá resultar da distribuição que os capitais próprios da sociedades se tornem inferiores ao capital social mínimo aplicável à SPE.

Note-se que a versão portuguesa do art. 21.º/1 é novamente deficiente, ao referir somente a distribuição de "dividendos"; analisando-se as versões do Projecto noutras línguas chega-se ao sentido correcto e que dá utilidade prática àquela definição: qualquer distribuição.

Este quadro é diverso do que actualmente existe para as LDAs e as SAs: a distribuição de dividendos, nos termos do art. 217.º/1 e 294.º/1 do CSC, e de outros bens aos sócios, nos termos do art. 31.º/1 do CSC, não depende do livre arbítrio do órgão de administração[43].

---

[42] V. CASSIANO DOS SANTOS, Estrutura..., cit., p. 243 e ORLANDO GUINÉ, Da Conduta..., cit., p. 66.

[43] Os termos de uma distribuição intercalar de dividendos encontram-se previstos somente para as SAs e não para as LDAs, mas dependem sempre de uma prévia autorização contratual (art. 297.º do CSC). Numa SPE pode igualmente convencionar-se os termos da distribuição de dividendos intercalares (v. anexo I, capítulo V, §6).

Uma novidade interessante decorre ainda do art. 20.º/2, em que se determina que o pacto social pode prever que o órgão de direcção deve adicionalmente assinar uma declaração ("certificado de solvência"), antes da distribuição, certificando que a SPE será capaz de pagar as suas dívidas, na respectiva data de vencimento, durante o prazo de um ano a contar da data da distribuição. A emissão deste tipo de certificados é conhecida já do mundo empresarial, por exemplo como *condition precedent* no âmbito da concessão às empresas de financiamentos (por contrato de empréstimo, emissão obrigacionista, ou outra forma). O certificado é fornecido aos accionistas e tornado público. Finalmente, nos termos do art. 22.º, qualquer sócio que tenha recebido distribuições ilegais deve devolvê-las, à semelhança do que decorre para as sociedades portuguesas (v. art. 34.º/1 do CSC). A redacção do Projecto condicionava a devolução à prova pela SPE de que o accionista tinha conhecimento ou, tendo em conta as circunstâncias, deveria ter conhecimento das irregularidades (à semelhança da referida norma portuguesa). A necessidade dessa prova caiu na Alteração n.º 37, em atenção ao facto de nas sociedades fechadas os sócios se encontrarem mais informados sobre eventuais irregularidades e certamente também tendo em conta os interesses do comércio jurídico e as possibilidades de fraude que dessa forma se levantavam.

10. DEVER DE CUIDADO E *BUSINESS JUDGEMENT RULE*

Relativamente ao dever de cuidado dos administradores estabelece-se o seu conteúdo básico (cuidado e competência), seguido de um critério moderador (razoabilidade). Portanto, não é um nível de cuidado máximo, mas também não é um nível de cuidado mínimo: é o cuidado razoavelmente exigível. Tendo em conta o âmbito em que nos encontramos (direito societário), este parâmetro deverá essencialmente ser aferido em função do critério da diligência de um gestor criterioso e ordenado, parâmetro nosso conhecido (art. 64.º/1-a) do CSC) e introduzido na ordem jurídica nacional societária positiva pelo art. 17.º/1 do Decreto-Lei n.º 49.381, de 15 de Novembro de 1969, que disciplinou então a responsabilidade civil dos administradores da sociedades anónimas, com origem no congénere alemão constante do §93(1) da AkG (*"ordentlichen und gewissenhaften Geschäftsleiters"*)[44]. Daqui podem resultar nomeadamente deveres de investigação, de controlo, de adoptar um processo de decisão razoável e de tomar decisões

---

[44] Defendendo que dificilmente se conseguirá imaginar que este parâmetro, ao nível comunitário (SPE), venha a divergir do parâmetro nacional (no seu caso, o alemão), v. Thomas Bücker, Die Organisationsverfassung..., cit., p. 295.

O GOVERNO DAS ORGANIZAÇÕES

razoáveis[45]. Mas, de qualquer forma, o Projecto prevê no art. 31.º/1 um regime aberto, capaz de aproveitar, assim, os vários desenvolvimentos doutrinários e jurisprudenciais relevantes, sem prejuízo de o pacto social poder prever ou esclarecer outros deveres adicionais (v. anexo I, capítulo V, §17).

Algumas legislações, como o CSC (art. 72.º/2 do CSC) ou a legislação alemã das sociedades anónimas (93(1)-2.ª frase da AkG), prevêem actualmente uma regra de exclusão de responsabilidade dos administradores inspirada na *business judgement rule* norte-americana[46]. Um administrador poderá não ser responsabilizado por violação do seu dever de cuidado se actuou em termos informados, sem se encontrar numa situação de conflito de interesses e se a sua actuação não for considerada irracional. Os Princípios do American Law Institute acrescentam no seu §4.01 (c) o requisito da boa-fé (subjectiva), que não se encontra positivado nos exemplos português e alemão, mas que uma devida interpretação dessas normas talvez não deva desconsiderar em absoluto[47]. E essa regra tem igualmente inspirado o direito de outros Estados-Membros, ainda que não surja expressamente positivada[48].

Nos termos da ressalva constante do n.º 5 do artigo 30.º do Projecto, esse tipo de regras, existindo na legislação nacional aplicável[49], deveriam também aplicar-se a uma SPE, dada a ressalva decorrente do n.º 5 deste artigo 30.º – assim expressamente se reconhece para a regra da decisão empresarial no n.º 7 – capítulo V – da Exposição de Motivos. Mas a Alteração n.º 52 veio modificar este número. Esta suprimiu essa remissão genérica para a legislação nacional aplicável e acrescentou

---

[45] V. COUTINHO DE ABREU, Responsabilidade Civil dos Administradores de Sociedades, IDET, Almedina, 2007, p. 19, RICARDO COSTA, Responsabilidade dos administradores e business judgement rule, Reformas do Código das Sociedades Comerciais, Almedina, 2007, p. 59 e ORLANDO GUINÉ, Da Conduta..., cit., p. 63.

[46] Sobre a regra de decisão empresarial, v. ORLANDO GUINÉ, Da Conduta..., cit., p. 63, 123ss e as fontes aí citadas, nomeadamente FRANKLIN GEVURTZ, Corporation..., cit., p. 289ss, HOLGER FLEISCHER, Die "Business Judgement Rule": Vom Richterrecht zur Kodifizierung, Zeitschrift für Wirtschaftsrecht (ZIP), 15/2004, p. 685ss, COUTINHO DE ABREU, Responsabilidade Civil..., cit., p. 38ss, RICARDO COSTA, Responsabilidade dos administradores..., cit. e MARCUS LUTTER, Die Business Judgement Rule und ihre praktische Anwendung, Zeitschrift für Wirtschaftsrecht (ZIP), 18/2007, p. 841ss. Pode também ver-se com muito interesse sobre a matéria PAIS DE VASCONCELOS, *Business judgement rule*, deveres de cuidado e de lealdade, ilicitude e culpa e o artigo 64.º do Código das Sociedades Comerciais, Direito das Sociedades em Revista, volume 2, 2009, p. 41ss.

[47] Assim para o caso alemão HOLGER FLEISCHER, Die "Business"..., cit., p. 691.

[48] Sobre a recepção da BJR no ordenamento espanhol das sociedades anónimas em virtude da Ley 26/2003, de 17 de Julho (*Ley de Transparência*) v. FONT GALÁN, El deber de diligente administración en el Nuevo sistema de deberes de los administradores sociais, RdS, 25, 2005-2, p. 93ss.

[49] Sendo a legislação alemã aplicável a lei das GmbH essa aplicação à SPE será mais duvidosa, uma vez que dependerá da aplicação por analogia da disposição prevista para as sociedade anónimas. Melhor esteve o legislador português, que inseriu a disposição nacional correspondente na parte geral do CSC.

SOCIEDADE PRIVADA EUROPEIA

que os administradores são responsáveis, mesmo que tenham actuado com base numa deliberação, *maxime* ilegal (diversamente do que se encontra estabelecido no art. 72.º/5 do CSC, que os exime de responsabilidade em caso de actuação com base numa deliberação válida ou anulável).

Contudo, nos termos da Alteração n.º 51, que altera o disposto no art. 31.º/4 do Projecto: *"Such liability shall not extend to directors who are able to demonstrate their blamelessness and who made known their disagreement with the failure to fulfil duties."* Estas parecem ser circunstâncias cumulativas – doutra forma o administrador que induzisse os restantes a deliberar a prática do acto, mas que depois, à última da hora e de má-fé, expressasse o seu desacordo não seria responsabilizável.

Quanto ao primeiro e não obstante esta última Alteração, deve ponderar--se se as circunstâncias que usualmente são tidas por relevantes para afastar a responsabilidade dos administradores ao abrigo da regra de decisão empresarial não poderão igualmente ser aqui tidas em conta para efeitos de aferir se os administradores cumprem ou não esse requisito (*blamelessness*). Quanto ao segundo, este representa um ónus que deve ser cumprido pelos administradores que pretendam gozar do disposto nesta norma: devem fazer notar o seu desacordo aos demais membros do órgão de direcção, a que se encontra subjacente um racional de prevenção de ilegalidades. Este requisito provar-se-á essencialmente fazendo consignar em acta o seu voto em sentido contrário, mas talvez seja de exigir algo mais, pelo menos em alguns casos. Os administradores que não consigam fazer essa prova (é sobre eles que recai o ónus da prova) serão responsáveis solidariamente nos termos desse n.º 4 (em harmonia com o disposto no art.73.º/1 do CSC).

Por fim, é de sublinhar que, enquanto entre nós os administradores, além de responsabilizáveis perante a sociedade, poderão ser directamente responsáveis por danos causados aos sócios e a terceiros (cfr. arts. 78.º e 79.º do CSC), do disposto no art. 31.º resulta somente a responsabilidade dos administradores perante a SPE. Nem sequer se trata da legitimidade activa para intentar a acção ou se menciona a possibilidade de uma acção subrogatória. A solução constante da redacção inicial do n.º 4 tinha o mérito de pelo menos deixar essas matérias com a legislação nacional. Na falta dessa remissão, são matérias que devem ser tratadas nos estatutos, nem que seja por remissão para a legislação nacional. Por outro lado, note-se que os administradores não deixam de ser responsáveis perante terceiros, nos termos normais da responsabilidade aquiliana; por exemplo, se, com culpa, assinarem um certificado de solvência para realizar uma distribuição aos sócios e afinal se vem a revelar que a sociedade se tornou insolvente por causa da referida distribuição, deverão os administradores poder ser responsabilizados perante os terceiros prejudicados. Nos termos da Alteração n.º 53, o direito de acção caduca no prazo de 4 anos.

O GOVERNO DAS ORGANIZAÇÕES

Como esclarecimento do seu dever de actuação final (e com importância também para regra de decisão empresarial supra referida), prevê-se no n.º 3 que os administradores deverão evitar as situações reais ou potenciais de conflito de interesses, seja entre os seus pessoais e os da SPE, seja entre outros deveres a que devem obediência (por exemplo, os seus deveres enquanto administrador do sócio maioritário da SPE) e os da SPE. Os sócios podem, no entanto, prever nos estatutos em que situações e de que forma os sócios poderão autorizar os administradores a actuarem em situação de conflito (v. anexo I, capítulo V, §17). As situações de conflitos de interesse são, consabidamente, uma situação frequente especialmente nas pequenas sociedades (por exemplo, arrendamento por sócios à sociedade para esta desenvolver o seu negócio)[50].

11. OS SÓCIOS

Tal como as LDAs e as SAs (v. arts. 270.ºA/1/2 e 488.º/1 e 489.º/1 do CSC), uma SPE pode ter um único sócio (o que decorre indirectamente do art. 27.º/5).

A identidade de todos os sócios da SPE constará de uma lista de accionistas (art. 14.º/1), elaborada pelo orgão de direcção da SPE (art. 15.º), o que recorda justamente o livro de registo de acções das SAs mencionado no art. 305.º do CSC, entretanto revogado pelo art. 15.º/1-d) do DL n.º 486/99, de 13 de Novembro, que aprovou o Código dos Valores Mobiliários, que substitui esse livro pelo registo da emissão, nos termos do artigo 43.ºs desse Código (complementados pelas Portarias n.º 289/2000 e 290/2000, de 25 de Maio). A lista de accionistas assume especial importância no contexto da produção de efeitos da transmissão das participações sociais (v. art. 16.º).

A Alteração n.º 22 passou a referir que a lista de accionistas se encontra sujeita a registo (que deve ser mantido actualizado pela SPE – art. 10.º/5), o que vem afinal aproximar a as SPEs novamente das LDAs neste aspecto (v. art. 242.º-A do CSC). Levanta, depois, uma questão importante, relativa ao procedimento e forma aplicável à constituição de garantias reais sobre as participações sociais de uma SPE, por exemplo, para garantia de obrigações da SPE. Havendo um registo público, um penhor sobre as referidas participações deve depender do respectivo registo, conforme o disposto para o penhor de quotas (art. 3.º/1-f) do Código do Registo Comercial). Se a Comissão Europeia vier a centralizar o registo das SPEs, conforme terá sido proposto recentemente pelo Comité de Assuntos Jurídicos do Parlamento Europeu, essa circunstância deve ser expressamente prevista no

---

[50] Assim THOMAS BÜCKER, Die Organisationsverfassung..., cit., p. 295.

diploma que regulamente tal registo[51]. Se o registo for de base nacional, convém actualizar o disposto no artigo 3.º do Código de Registo Comercial.

12. AS DELIBERAÇÕES DOS SÓCIOS

Uma série de matérias dependem de deliberação dos sócios (art. 27.º/1), matérias que, também dependem de aprovação ou autorização estatutária dos sócios de uma LDA ou SA, por exemplo, aprovação das contas anuais, distribuições aos accionistas, aquisição de acções próprias, aumentos e reduções de capital social, nomeação e destituição de administradores e do revisor oficial de contas, transformação, fusão, cisão, dissolução e outras alterações ao contrato social. Conforme já referido, o pacto social pode estabelecer outras matérias que necessitem de deliberação dos sócios. A deliberação sobre algumas das matérias mais importantes deve ser tomada por maioria qualificada, que corresponde a dois terços dos direitos de voto existentes (n.º 2). Esta circunstância aproxima as SPEs das LDAs (art. 265.º/1/3 do CSC), uma vez que nas SAs as maiorias qualificadas são aferidas em função dos votos presentes (art. 386.º/3 do CSC).

Nos termos do art. 27.º/3 a adopção de deliberações não exige a realização de uma assembleia geral; igualmente assim é entre nós, em que é possível tomarem-se deliberações unânimes por escrito (art. 54.º/1-1.ª parte do CSC). Nos termos do art. 27.º este último requisito (unanimidade) não é aplicável a uma deliberação por escrito dos sócios, pois representaria uma excepção ao requisito da maioria qualificada referido anteriormente. Nas LDAs é adicionalmente possível deliberar por voto escrito sem unanimidade na deliberação (art. 247.º/1 do CSC), mas que devem seguir um determinado procedimento (art. 247.º/2-5 do CSC), exigindo nomeadamente (parece) a unanimidade na aceitação do procedimento deliberativo (v. art. 247.º/3/4 do CSC)[52]; em termos práticos, afinal, não se ganha muito e não corresponde também ao previsto para as SPEs.

---

[51] LEIF HERZOG/ERIK ROSENHÄGER/MATHIAS SIEMS, The European..., cit., p. 11 exprimem dúvidas semelhantes no âmbito do direito inglês, relativamente à constituição de um *floating charge*, que deve ser registado junto da UK Companies House. (Este é um tipo de garantia típico das jurisdições anglo--saxónicas, caracterizado por se cristalizar juridicamente num dado momento, antes do qual os elementos componentes da coisa objecto da garantia – por exemplo, um estabelecimento – são mutáveis; sobre o tema pode ver-se DALHUISEN, Dalhuisen on Transnational and Comparative Commercial, Financial and Trade Law, 3.ª edição, Hart Publishing, 2007, p. 697s.)

[52] Sobre o tema v. por todos MENEZES CORDEIRO, Código das Sociedades Comerciais Anotado, Almedina, 2009, p. 657.

O GOVERNO DAS ORGANIZAÇÕES

Aliás, para que os sócios possam deliberar em assembleia geral numa SPE é mesmo necessário que os estatutos o preveja (v. anexo I, capítulo V, §5 e 8)[53]. Neste caso será necessário que detalhem o modo de convocação, os métodos de trabalho e as regras aplicáveis à votação por procuração (v. anexo I, capítulo V, §8). Será certamente um terreno fértil para a existência de lacunas. Note-se, contudo, que o facto de não se prever a deliberação em assembleia geral não implica que os sócios não se possam reunir previamente e depois deliberar por escrito. Adicionalmente e em prol da opção tomada pelo Projecto, na prática as deliberações nas PMEs ou nas sociedade filiais de multinacionais operando em Portugal são muitas vezes tomadas por escrito, dispensando uma reunião formal para a tomada de decisão.

Nos termos do mesmo art. 27.º/3, o órgão de direcção deve fornecer aos sócios as propostas de deliberação, juntamente com a informação necessária para que possam tomar uma decisão fundamentada. E todas as deliberações devem (naturalmente) ser registadas por escrito, devendo todos os sócios receber depois uma cópia das decisões.

Nos termos do art. 29.º/5 os sócios que detenham 5% dos direitos de voto, indicando os motivos e matérias a deliberar, poderão solicitar que o órgão de direcção apresente uma proposta de deliberação. Em caso de recusa ou se não for apresentada uma proposta nos 14 dias de calendário seguintes, poderão eles mesmos apresentar uma proposta para deliberação dos sócios. O limiar de detenção de 5% claramente aproxima aqui as SPEs das nossas SAs (v. arts. 375.º/2 e 378.º/1 do CSC), diversamente do disposto para as LDAs, em que qualquer sócio tem o direito de requerer a convocação de uma assembleia geral e a inclusão de assuntos na ordem do dia (v. art. 248.º2 do CSC). O art. 29.º/3 prevê, contudo, que os estatutos poderão reduzir a percentagem de participação aplicável ou atribuir o direito a cada sócio.

Os estatutos devem determinar os procedimentos e detalhes necessários à efectivação do disposto nos parágrafos anteriores (v. anexo I, capítulo V).

Do art. 27.º/4-§2 decorria uma importante ressalva para a legislação nacional aplicável: "O direito de oposição a uma deliberação por parte dos accionistas é regido pela legislação nacional aplicável." Este ponto do Projecto era muito importante. Efectivamente não constava qualquer menção no Projecto relativamente às invalidades das deliberações sociais. Ora, no âmbito do direito de oposição o mais importante é justamente o fundamento dessa oposição. Tratando-se de uma matéria tão importante, mas igualmente muito minuciosa, a opção no Projecto terá sido remetê-la para a legislação nacional aplicável.

---

[53] Criticamente sobre a opção comunitária de adopção de deliberações, por regra, fora de assembleia geral, v. VIERA GONZÁLEZ, La Sociedad..., cit., p. 1383, que chama a atenção para uma maior segurança jurídica de um procedimento formal de aprovação das deliberações.

Para uma maior harmonização europeia nesta matéria, a Alteração n.º 44 vem antes substituir aquela remissão genérica por um novo n.º 4, que estabelece que as deliberações dos sócios podem ser declaradas não produtoras de efeitos jurídicos (*"ineffective"*) com base na violação de disposições estatutárias, do regulamento ou da lei nacional aplicável. Nos termos da mesma Alteração a acção deve ser intentada no prazo de um mês (salvo se os estatutos permitirem um prazo superior), tendo legitimidade processual activa o sócio que não tenha votado a favor, desde que a deliberação não tenha sido devidamente renovada e o sócio não tenha assentido subsequentemente aos termos da mesma (evitar um *venire contra factum proprium*). É competente para a acção o tribunal da jurisdição em que a SPE tem a sua sede, salvo se, nos termos da Alteração n.º 62, os estatutos contiverem uma cláusula de arbitragem[54].

Ora, em primeiro lugar, é de notar que aparentemente as deliberações dos sócios de uma SPE serão sempre válidas e eficazes, enquanto não for declarado o contrário por um tribunal. Diversamente é entre nós, em que a lei reconhece expressamente três categorias de vícios das deliberações (ineficácia, nulidade e anulabilidade – arts. 55.º, 56.º e 58.º do CSC)[55]. E efectivamente há ilegalidades (muito) mais graves do que outras, pelo que talvez a opção na Alteração seja demasiado simplificadora, nomeadamente tendo em conta o reduzido prazo supletivo. Por exemplo, na ordem jurídica portuguesa os vícios menos importantes importam geralmente a anulabilidade, consolidando-se juridicamente a deliberação se a mesma não for tempestivamente declarada anulada (por regra, 30 dias – art. 59.º/2 do CSC). Neste cenário justifica-se, depois, que deva ser executável pelos administradores e que estes não sejam responsabilizáveis por isso (art. 72.º/5 do CSC). Mas não assim relativamente a deliberações que padeçam de vícios mais graves. Nos termos da Alteração, independentemente da gravidade, a deliberação torna-se inatacável após o referido prazo de um mês. Ora, daqui não poderá decorrer que uma deliberação ilegal deva ser obedecida pelos administradores. Uma SPE deve ser administrada nos termos da lei; se uma norma manda que não seja feita uma determinada coisa (por exemplo, distribuir dividendos sem passar pelo teste de balanço – art. 21.º/1 do Projecto) e se uma deliberação manda que a mesma seja feita, tem de prevalecer naturalmente a primeira – trata-se de um conflito de mandamentos, prevalece o mandamento de hierarquia superior. Assim decorre também da articulação com o disposto na Alteração n.º 52, que estabelece que os administradores são responsáveis perante a sociedade, ainda que tenham actuado com base numa deliberação dos sócios.

---

[54] Além de litígios entre sócios e/ou sócios e a SPE, esta cláusula pode também abranger litígios com os administradores, entendendo-se a cláusula, nos termos da mesma Alteração, oponível aos administradores com a aceitação do respectivo mandato.

[55] A estas categorias pode ainda acrescentar-se a inexistência. Sobre estes temas em geral v. por todos COUTINHO DE ABREU, Curso..., cit., p., 443ss.

O GOVERNO DAS ORGANIZAÇÕES

Depois esqueceu-se que tem todo o sentido que não devem ser apenas os sócios, mas eventualmente também outras pessoas que devem poder recorrer judicialmente das deliberações daqueles – assim sucede, e bem, entre nós (arts. 57.º e 59.º do CSC), concedendo-se legitimidade processual activa também aos membros do órgão de fiscalização e, na sua inexistência, do órgão de adminis-tração. Adicionalmente e usando o mesmo exemplo supra, deve o sócio não ter legitimidade processual activa se tiver votado a favor de uma distribuição ilegal?

Por fim, foi também olvidado que quem delibera numa sociedade não são apenas os sócios, mas igualmente os membros do órgão de administração e de fiscalização. Assim sendo, para evitar uma lacuna evidente, esta disposição n.º 4 deverá ser devida e analogicamente mobilizada, devendo, pois, aplicar-se, com as devidas adaptações, as mesmas regras a essas deliberações.

Em todo o caso é altamente conveniente que estas matérias sejam bem deta-lhadas nos estatutos[56], incluindo mesmo até uma remissão para o direito socie-tário nacional, para evitar lacunas, que deve entender-se permitida ao abrigo da autonomia das partes.

13. OUTROS DIREITOS DOS SÓCIOS

Nos termos do art. 28.º/1, os sócios têm o direito de ser devidamente infor-mados e de colocar questões ao órgão de direcção sobre as deliberações, as contas anuais e qualquer outra questão relacionada com as actividades da SPE, o órgão de direcção somente podendo recusar a informação quando tal possa pôr seriamente em causa os interesses da SPE. Este regime é bastante amplo, seja por poder ser exigida informação relativamente a qualquer assunto social, seja por não se limitar a legitimidade do pedido a qualquer limiar mínimo de partici-pação. O regime aproxima-se assim muito mais do das LDAs do que do regime das SAs (v. respectivamente arts. 214.ºss e 288.ºss do CSC). Os estatutos devem determinar os procedimentos e detalhes necessários à efectivação deste direito (v. anexo I, capítulo V-§9), nomeadamente o hiato temporal em que este direito poderá ser exercido[57]. Trata-se de um direito individual dos sócios, e não de um direito orgânico do conjunto dos sócios e é de esperar uma ponderação cuidadosa por parte dos tribunais entre os interesses em jogo (interesse individual do sócio v.s. interesse da sociedade) em caso de litígio[58].

---

[56] Assim Hanns Hügel, Zur Europäischen..., cit., p. 345.

[57] V. Viera González, La Sociedad..., cit., p. 1359.

[58] Assim Thomas Bücker, Die Organisationsverfassung..., cit., p. 299s. Este direito naturalmente não poderá ser abusivamente exercido, como salienta Viera González, La Sociedad..., cit., p. 1359.

SOCIEDADE PRIVADA EUROPEIA

Adicionalmente, nos termos do art. 29.º/2, em caso de suspeita de infracções legais ou estatutárias graves, os sócios que detenham 5% (salvo se os estatutos previrem percentagem inferior fixada nos estatutos ou a cada sócio – art. 29.º/3) dos direitos de voto têm o direito de solicitar ao tribunal ou autoridade administrativa competente a nomeação de um perito independente (auditor independente ou outro, consoante as matérias) que investigue e comunique as conclusões da sua investigação aos accionistas. Esse perito disporá de acesso à documentação e aos registos da SPE e pode solicitar mais informações ao órgão de direcção. Parece-me um bom princípio, bastante mais abrangente do que o inquérito judicial do sócio (v. arts. 216.º e 292.º do CSC para as LDAs e as SAs). Talvez os meios propostos sejam demasiado pesados para o tipo de sociedade geralmente em causa (PMEs)[59].

Por fim, nos termos do art. 18.º e segundo o procedimento ali previsto, um sócio tem o direito de se retirar da SPE se as actividades da sociedade estiverem a ser ou tiverem sido conduzidas de um modo que prejudique seriamente os interesses do accionista, em resultado de um ou mais eventos determinados: (i) a SPE foi privada de uma parte significativa dos seus activos; (ii) a sede social da SPE foi transferida para outro Estado-Membro; (iii) as actividades da SPE sofreram uma alteração substancial; (iv) não foram distribuídos dividendos nos últimos três exercícios, embora a posição financeira da SPE permitisse essa distribuição. A Alteração n.º 30 vem alterar esta disposição, passando esse direito somente a poder ser exercido pelos sócios que não tenham votado favoravelmente deliberações dos sócios relativas a essas matérias. É uma boa alteração, que permite resolver *a priori* situações que doutro modo se poderiam, quanto muito e só em alguns casos, resolver com base em abuso de direito (*venire contra factum proprium*). Sublinhe--se que não é necessário que tenham votado contra, basta que aquelas matérias não tenham sido sujeitas a deliberação dos sócios, como é óbvio. A Alteração vem também possibilitar que os estatutos prevejam outros motivos de saída dos sócios.

Por outro lado, um sócio pode, ao invés, ser afastado, nos termos e segundo o procedimento previsto no art. 18.º se o mesmo tiver causado prejuízos sérios aos interesses da sociedade ou se sua a permanência como sócio da SPE for prejudicial ao seu normal funcionamento. Os termos e procedimentos previstos para um e outro caso, embora apresentem na sua essência alguns traços semelhantes, são naturalmente diversos dos actualmente previstos para as LDAs (arts. 240.ºss do CSC), mas uma exoneração ou exclusão de accionistas deste tipo inexiste no âmbito das SAs[60]. O que aponta justamente para a menor personalização deste último tipo de sociedades, e mais uma vez aproxima as SPEs às LDAs.

---

[59] Assim THOMAS BÜCKER, Die Organisationsverfassung..., cit., p. 301.
[60] Em geral, sobre a exoneração e exclusão de sócios, referindo também o ponto para as SAs, v. MENEZES CORDEIRO, Código..., cit., p. 627ss.

14. FISCALIZAÇÃO

O Projecto não impõe a obrigatoriedade da existência de um órgão de fiscalização. Caso os sócios entendam prever um tal órgão, que a versão portuguesa do art. 2.º/1-e) apelida de "conselho fiscal" (em harmonia com o disposto no art. 262.º/1 do CSC, uma vez que nas SAs o órgão de fiscalização não é necessariamente o conselho fiscal), deverão discriminar nos estatutos todas as regras necessárias ao seu funcionamento (v. anexo I, capítulo V-§13). Esta definição, nas várias línguas, parece reservar ao órgão de fiscalização um papel estrito de fiscalização da actividade do órgão de administração e não um papel adicional de participação na gestão da sociedade, como é cometido ao *Aufsichtsrat* na *Aktiengesetz* mesmo por sua iniciativa (§ 111(4)-1ª frase daquela lei) ou pode ser cometido ao conselho geral e de supervisão (art. 442.º/1 do CSC); mas, em sentido contrário, sempre se poderá dizer que a qualificação de um sistema como "dualista" (caracteristicamente alemão) que o Projecto efectua supõe justamente a possibilidade dessa participação[61].

Já relativamente às contas (art. 25.º), o órgão de direcção é (como não podia deixar de ser) responsável pela contabilidade da SPE. A contabilidade é regida pela legislação nacional aplicável. A SPE fica também sujeita às exigências desta legislação no que respeita à elaboração, apresentação, auditoria e publicação das suas contas. Justamente a certificação legal de contas é uma matéria, naturalmente de interesse público nas grandes sociedades, mas que se assume com um custo desproporcionalmente elevado nas pequenas sociedades. Pelo que esta é justamente uma das matérias em que seria muito relevante que a opção portuguesa sobre qual o regime residualmente aplicável recaísse nas LDAs e não nas SAs. Enquanto que todas as SAs exigem um revisor oficial de contas (v. 278.º e 413.º/1--a) do CSC) que certifique as contas, nas LDAs a certificação legal de contas somente é exigida se estas ultrapassarem determinados limites, aferidos em função do respectivo balanço, resultados e número de trabalhadores (v. art. 262.º/2 do CSC)[62]. Por outro lado, deveria utilizar-se na versão portuguesa (à semelhança do que sucede noutras versões) o mesmo termo em todo o §16 do capítulo V do anexo I e não dois diversos (primeiro "revisor de contas" e depois "auditor"), para que não haja dúvidas de que se trata da mesma entidade e não de duas diferentes[63].

---

[61] Assim o parece entender THOMAS BÜCKER, Die Organisationsverfassung..., cit., p. 305.

[62] V. a propósito n.º 10 do Governo das Sociedades Anónimas: Propostas de Alteração do Código das Sociedades Comerciais. Processo de Consulta pública n.º 1/2006 da CMVM, disponível em: http://www.cmvm.pt/NR/rdonlyres/9A6DF665-B529-426E-B266-75E08A225352/5654/proposta_alter_csc.pdf%20 (10/6/2008).

[63] Como sucede, entre nós, relativamente às sociedades abertas, que estão obrigadas a manter um auditor registado na CMVM, nos termos do art. 8.º do Código dos Valores Mobiliários, além de um revisor oficial de contas, nos termos do CSC. Embora este ponto tenha sido discutido internamente na CMVM

SOCIEDADE PRIVADA EUROPEIA

15. OUTROS INTERVENIENTES

O disposto no art. 34.º/1 ressalva as regras de participação dos trabalhadores existentes no Estado-Membro em que se encontra registada a sede social da SPE. Sucede, contudo, que essas regras são praticamente inexistentes, para as pequenas empresas, no espectro europeu[64]. Na Exposição de Motivos aponta-se como exemplos a Suécia e a Dinamarca (cfr. n.º 7 – capítulo VI). Na Alemanha a referida participação existe, ao invés, nas grandes empresas, para as quais está pensada a AG (§ 96(1) da *Aktiengesetz*, com a excepção ali prevista a final). A Alteração n.º 71 traz, contudo, algumas novidades, caso uma determinada percentagem dos trabalhadores de uma SPE habitualmente trabalhe em Estado-Membro diverso do Estado da sede e no primeiro Estado sejam vigentes disposições laborais mais favoráveis (*favor laboratoris*).

O Projecto prevê, contudo, regras específicas de participação dos trabalhadores, em caso de transferência da sede social para outro Estado-Membro (arts. 34.º/2 e 38.º), e sublinha que são aplicáveis as disposições nacionais que transpõem a Directiva 2005/56/CE do Parlamento Europeu e do Conselho, em caso de fusão transfronteiriça (art. 34.º/3).

Por fim, embora não conste expressamente do capítulo V do anexo I, os sócios poderão determinar nos estatutos, ao abrigo da sua liberdade de auto-conformação (art. 8.º/1 – o anexo I representa o mínimo e não o máximo âmbito dos estatutos), a constituição de outros órgãos ou comissões (por exemplo, de coordenação ou de aconselhamento, como sejam um conselho familiar[65] ou um comité de investimentos), com respeito naturalmente pelas competências exclusivas assacadas aos sócios e ao órgão de administração no regulamento[66].

---

aquando da preparação das propostas de alteração ao CSC de 2006, ele manteve-se inalterado. De um ponto de vista de eficiência e consistência, parece-me fazer todo o sentido uma fusão das duas figuras para as sociedades abertas.

[64] Sobre o tema v. THOMAS BÜCKER, Die Organisationsverfassung..., cit., p. 294. Recorde-se que, segundo BRITO CORREIA, Os administradores de sociedades anónimas, Almedina, 1993, p. 602-nota 17, o autor material do preceito, a inspiração do critério final constante da redacção inicial do art. 64.º foi, a par do §70 da *Aktiengesetz* alemã de 1937, um projecto para uma 5.ª Directiva do direito das sociedades que acabou por não ser aprovada (no seu art. 10.º-a/2)). Para uma referência a direitos dos trabalhadores, que não de participação, harmonizados comunitariamente, pode ver-se a súmula disposta no considerando (16) do Projecto.

[65] Mas sociedades de cariz familiar não abarcam somente as PMEs, podendo abarcar mesmo grandes ou muito grandes empresas, cotadas e não cotadas; sobre esta matéria v. HIERRO ANIBARRO/ZABALETA DÍAZ, Buen Gobierno..., cit, p. 244ss.

[66] Sobre este parágrafo, v. THOMAS BÜCKER, Die Organisationsverfassung..., cit., p. 293.

16. SUMÁRIO DAS PRINCIPAIS CONCLUSÕES

I – A proposta para uma SPE surge no contexto do esforço jus-societário europeu e é dirigida principal mas não exclusivamente às PMEs.

II – A intenção comunitária, reforçada com as Alterações, é maximizar a harmonização ao nível comunitário e providenciar a máxima liberdade auto--conformativa aos sócios.

III – A legislação nacional aplicável deverá ser residualmente aplicável, seja nos termos do articulado final, seja por uma assessoria jurídica diligente dever incluir em cada estatuto de uma SPE uma remissão supletiva para essa legislação, por causa das eventuais lacunas.

IV – Uma SPE não corresponde a uma SA nem a uma LDA, mas aproxima--se muito mais desta última do que da primeira, nomeadamente em termos de governação societária, pelo que deverá ser o regime das LDAs aquele que deve ser o relevante no âmbito da legislação nacional (portuguesa) aplicável.

V – Há várias imperfeições técnicas nas várias versões do Projecto, especialmente na portuguesa, que se espera venham a ser devidamente corrigidas no articulado definitivo.

VI – A administração de uma SPE pode ser cometida a um só administrador ou a um colégio de administradores, podendo os estatutos erigir condições para a nomeação e destituição dos mesmos.

VII – O órgão de direcção de uma SPE é o detentor da competência residual, pelo que, na ausência de expressa previsão estatutária numa SPE, não parece que os respectivos sócios tenham competência para deliberar, em geral, sobre matérias de gestão.

VIII – Não são oponíveis a terceiros, mesmo de má-fé, as limitações decorrentes do objecto social das SPEs, o que implica um cuidado acrescido dos administradores.

IX – Os administradores de uma SPE têm a seu cargo os dois clássicos deveres gerais de administração, no interesse da sociedade (que, e bem, o articulado não densifica) e um dever de cuidado.

X – Optou-se por consagrar expressamente a responsabilidade do administrador de facto, e por desresponsabilizar em geral os administradores pela prática de actos ilícitos somente se estes provarem a falta de censura do seu comportamento (*blamelessness*) e tiverem feito notar o seu desacordo aos demais, podendo aproveitar-se para a prova do primeiro requisito os ensinamentos da *business judgement rule*.

XI – O articulado proposto contém um conceito amplo de distribuições aos sócios, que dependem do cumprimento de um teste de balanço e do cumprimento do requisito de manutenção do capital social mínimo aplicável à SPE, podendo os estatutos prever a emissão prévia de um certificado de solvência pelos administradores.

XII – Os sócios de uma SPE, que pode ter um sócio único, devem constar de uma lista mantida pelo órgão de direcção e registada publicamente.

XIII – Supletivamente os sócios de uma SPE não deliberam em assembleia geral mas por escrito, existindo diversas imperfeições no regime dos vícios deliberativos, regime esse que deverá ser aplicável igualmente às deliberações de outros órgãos, com as devidas adaptações.

XIV – Os direitos de informação, investigação e saída dos sócios de uma SPE aproximam o regime da SPE muito mais das LDAs do que das SAs.

XV – Não é obrigatória a constituição de um órgão de fiscalização, mas se este existir não é totalmente claro se o mesmo poderá ter competências indirectas de administração.

XVI – A contabilidade e a auditoria e certificação das contas de uma SPE depende da legislação nacional aplicável, pelo que seria importante que em Portugal essa legislação fosse a respeitante às LDAs, tendo em conta que nestas a certificação legal de contas somente é exigida acima de certos patamares.

CAPÍTULO VII

O GOVERNO DAS SOCIEDADES DESPORTIVAS

João Sousa Gião

ABSTRACT: *In jurisdictions, such as Portugal, where rules were enacted to force or to incentivize traditional sports clubs to adopt the corporate form, the underlying purpose was to enhance transparency and to improve corporate performance. Neither of these results was consistently achieved.*

This chapter attempts at explaining the reasons for such failure in Portugal. After presenting an overview of the legal framework applicable to professional sports companies, the analysis focuses on specific conflicts of interests involving shareholders, athlete's agents and board members. It is argued that the current trend in the regulation of sports companies favors regulatory strategies instead of governance strategies. This trend could revert if certain basic flaws in the design of legal governance mechanisms are fine-tuned.

SUMÁRIO: *1. O governo das sociedades desportivas: contexto. 2. Quadro normativo aplicável às sociedades desportivas. 3. Os accionistas das sociedades desportivas: 3.1. O privilégio do clube originador; 3.2. Multi-propriedade, participações cruzadas e transacções com partes relacionadas. 4. A administração e a fiscalização das sociedades desportivas: 4.1. Modelos de governo; 4.2. Incompatibilidades. 5. Conclusões.*

1. O GOVERNO DAS SOCIEDADES DESPORTIVAS: CONTEXTO

I – O texto que ora se inicia não é sobre futebol, mas quase. Nas linhas que se seguem abordar-se-á uma temática mais ampla, o governo das sociedades

O GOVERNO DAS ORGANIZAÇÕES

desportivas. E, de facto, este é um tema que não se reduz ao futebol. A génese das sociedades desportivas encontra-se antes associada ao desenvolvimento de competições desportivas profissionais, realidade essa que transcende, naturalmente, a modalidade futebol. O próprio Decreto-Lei n.º 67/97, que consagrou o regime jurídico das sociedades desportivas (doravante, RJSD), menciona, lado a lado, as sociedades desportivas que participam em competições profissionais de futebol e as sociedades desportivas que participam no mesmo tipo de competições na modalidade de basquetebol.[1] Porém, não é descabidamente que o futebol é conhecido como o «desporto rei». Em Portugal, o futebol concentra largamente a atenção dedicada ao desporto. O autor e, provavelmente, a generalidade dos leitores, não escapam a este paradigma. Assim, sem surpresa, são as sociedades desportivas do futebol que constituem a referência inicial – e, diria até, subconsciente – em que se baseia a presente análise sobre o governo das sociedades desportivas portuguesas. Esta prevenção não significa, claro está, que os resultados deste exercício analítico se devam circunscrever ao domínio das sociedades desportivas de futebol. Ao tratar os problemas relativos ao governo das sociedades desportivas, convocar-se-á o conjunto de matérias ligadas à sua organização, funcionamento, administração e controlo.[2] Ao iniciarmos este excurso, convém, todavia, recuar um pouco e recordar em que circunstâncias a figura da sociedade desportiva tomou o relevo que hoje ocupa e que tradicionalmente era ocupado em exclusivo pelo clube desportivo.[3]

Actualmente, o exercício de actividades desportivas, socorre-se, fundamentalmente, de dois modelos organizativos: de um lado, as associações de direito privado sem escopo lucrativo[4], do outro, as sociedades desportivas. Porém, no passado não muito distante, o modelo de organização (administração e fiscalização) dos agrupamentos participantes em competições desportivas – vulgarmente conhecidos por clubes desportivos – era, exclusivamente, de base associativa.

Vários foram os factores que contribuíram para a sofisticação formal das estruturas organizativas dos clubes desportivos. Como já se teve oportunidade de referir, na base de tudo esteve a evolução das competições desportivas, em particular do futebol, para uma realidade de massificação, profissionalização e

---

[1] Cfr. artigos 6.º e 7.º do Decreto-Lei n.º 67/97, de 3 de Abril, alterado pela Lei n.º 107/97, de 16 de Setembro, pelo Decreto-Lei n.º 303/99, de 6 de Agosto, e pelo Decreto-Lei n.º 76-A/2006, de 29 de Março.

[2] MENEZES CORDEIRO, *Manual de Direito das Sociedades*, Vol. I (2007), p. 842; COUTINHO DE ABREU, *Governação das Sociedades Comerciais* (2006), p. 5; MACEY, *Corporate Governance. Promises Kept, Promises Broken* (2008) p. 18 e ss.

[3] Os clubes desportivos eram tradicionalmente entendidos como a "célula base do associativismo desportivo". Cfr. MEIRIM, *Marco jurídico das organizações desportivas portuguesas* (2002), p.22.

[4] Marca característica de jurisdições como a Alemanha e a Suíça. Neste sentido, CANDEIAS, *Personalização de Equipa e Transformação de Clube em Sociedade Anónima Desportiva. Contributo para um Estudo das Sociedades Desportivas* (2000), p. 19.

O GOVERNO DAS SOCIEDADES DESPORTIVAS

mercantilização.[5] No caso particular do futebol, este deixou de ser visto como uma mera actividade desportiva, tendo derivado em actividade económica, exercida em moldes empresariais. De facto, o exercício de actividades desportivas desdobrou--se em envolvências que em muito ultrapassam a mera competição. A construção dos recintos desportivos e a sua exploração, os contratos de patrocínio, a exploração dos direitos audiovisuais de transmissão, nos casos mais sofisticados através de canais televisivos próprios, a contratação de jogadores e treinadores, entre outras, são transacções que reclamam capitais avultados e cujo financiamento transcende as receitas tradicionais obtidas com as quotas dos associados e com a bilheteira dos jogos.

Simultaneamente, e com particular acutilância a partir da década de 80 do século XX, desenvolveu-se, generalizadamente na Europa, uma crise endémica no futebol. Os clubes de futebol começaram nessa altura a consolidar tendências de endividamento desmesurado, derivadas de políticas agressivas em termos de contratação e remuneração dos atletas, passaram a expor os clubes a manifestas necessidades de novos recursos financeiros, com apelo aos mercados. Na falta de acesso a meios de financiamento, os fenómenos de fraude, evasão fiscal, branqueamento de capitais e incumprimento das contribuições sociais associados ao futebol foram-se tornando públicos e notórios.[6]

Neste encadeamento, a figura da associação passou a ser olhada com desconfiança, em virtude de se mostrar menos apetrechada para tutelar os crescentes fluxos de crédito em presença. As associações são pessoas colectivas de direito privado, sem escopo lucrativo e de substrato essencialmente pessoal. São, portanto, um conjunto de pessoas concertadas para a prossecução de objectivo comum.[7] Refira-se, nesta sede, a maleabilidade limitada do princípio da especialidade que ordena os clubes organizados sob a forma associativa. Com efeito, sendo à partida defensável a legitimidade de os clubes de natureza associativa se posicionarem no comércio jurídico com vista à promoção de actividades que visem a obtenção de receitas, desde que orientadas ao preenchimento dos fins estatutários e não lucrativos, logo se adverte que tais actividades não poderão ultrapassar determinados limiares quantitativos e qualitativos.[8]

---

[5] Meirim, *Clubes e sociedades desportivas – Uma nova realidade jurídica* (1995), p. 58 e ss.; Sousa/Castro, *Sociedades desportivas – Uma análise crítica* (1998), p. 17 e ss.

[6] Morgado, *Corrupção e Desporto*, I Congresso de Direito do Desporto, Estoril, Outubro de 2004, Memórias (2005), p. 94.

[7] Menezes Cordeiro, *Tratado de Direito Civil Português*, Vol. I, Tomo III (2004), p. 546.

[8] As referidas actividades com fins lucrativos «não poderão apresentar tal volume ou nível de autonomia económico-jurídica que acabem, afinal, por assumir importância a se, destacada dos objectivos típicos do clube». Cfr. Pareceres n.º 128/96 e 129/96, em *Pareceres da Procuradoria-Geral da República, Volume VIII, Direito e Desporto* (1998), p. 25.

O GOVERNO DAS ORGANIZAÇÕES

Face ao contexto global que se vem de descrever, abriu-se o caminho para a regulação. Na generalidade dos casos, regulação normativa externa com origem nos poderes públicos, noutras situações, porém, normas jurídicas com origem na auto-regulação.[9] [10] Se o desenvolvimento dos novos modelos organizativos dos clubes de futebol se deve aos factores acabados de elencar, a sua generalização na Europa deve-se a um certo movimento de mimetismo. As jurisdições em que os modelos organizativos de base societária foram inicialmente previstos coincidiram com os países que, ao tempo, sediavam os clubes mais fortes, que dominavam as competições internacionais. [11]

[9] O facto de as competições desportivas terem num curto espaço de tempo deixado de ser um espaço em que a regulação externa sobre os agentes desportivos era diminuta, transformando-se num domínio balizado por normas jurídicas com origem estadual é, por vezes, descrito como o fenómeno da "normatização" do desporto. Cfr. CANDEIAS, *Personalização de Equipa e Transformação de Clube em Sociedade Anónima Desportiva. Contributo para um Estudo das Sociedades Desportivas* (2000), p. 14.

[10] Em Itália, a forma de sociedade anónima é obrigatória – não por lei, mas por determinação da *Federazione Italiana Gioco Calcio* (FIGC) – para todos os participantes nas séries A e B do campeonato nacional de futebol desde 1966. O estatuto da *società calcistiche* veio a ganhar forma de lei em 1981. É justo assinalar que perante determinadas idiossincrasias do regime italiano – como a insusceptibilidade de distribuição de lucros pelos accionistas, os quais deviam ser exclusivamente canalizados para a actividade desenvolvida pela sociedade, ou o facto de, em caso de liquidação da sociedade, o accionista ter apenas direito a receber uma importância não superior ao valor nominal da sua participação – existiam várias vozes que negavam a natureza societária da *società calcistiche*. Cfr. por todos GALGANO, *Delle associazioni non riconosciute e dei comitati*, Commentario del Codice Civile (art. 36.º-42.º), a cura di SCIALOJA/BRANCA (1967), p.75 e ss. A superação definitiva destas críticas, mediante a aproximação ao regime da sociedade tipo que lhe servia de substrato – a sociedade anónima – ocorreu apenas com a publicação da *legge 586*, de 18 de Novembro de 1996. Cfr. NOYA, *La nuova disciplina delle società sportive professionistiche*, Rivista di Diritto Sportivo, n.º 4 (1997), p. 628 e ss.

[11] No Reino Unido, encontram-se clubes de futebol organizados sob a forma societária desde a última década do século XIX (Arsenal, 1891; Liverpool, 1892; Tottenham, 1898). O primeiro clube a ser admitido à negociação em mercado regulamentado foi o Manchester United, em Junho de 1991. Cfr. NEVES, *Sociedades Anónimas Desportivas e Mercados de Capitais: Análise de uma década* (2009), p. 53-54.
Em França, logo a partir de 1975 os clubes passaram a poder constituir sociedades anónimas sob a forma de *sociétés d'économie mixte locales*. A partir de 1986 todos os clubes participantes em competições regulares e organizadas sob égide da federação respectiva e cujos orçamentos, na média dos três últimos exercícios, atingissem determinados patamares, foram obrigados a constituir uma *société à object sportif* ou uma *société d'économie mixte sportif locale*, sob penas de exclusão da competição. Desde 1992 a obrigatoriedade abrange todos os clubes que apresentem prejuízos em dois exercícios consecutivos. A *société à object sportif* distingue-se da *société d'économie mixte sportif locale* porque, na primeira, as acções são subscritas pelo clube fundador – no mínimo de 1/3 – e por entidades privadas, ao passo que, na segunda, a maioria do capital é detida pelo clube, individualmente, ou em conjunto com outras pessoas de Direito público. Cfr. CANDEIAS, *Personalização de Equipa e Transformação de Clube em Sociedade Anónima Desportiva. Contributo para um Estudo das Sociedades Desportivas* (2000), p. 27 e ss.
Em Espanha, a partir do Real Decreto 1084/1991, de 5 de Julho, passou a exigir-se aos clubes que apresentassem um saldo patrimonial líquido negativo em qualquer dos últimos cinco anos (portanto, a partir do fim da temporada desportiva de 1985/86), a adopção do tipo sociedade anónima, sob pena de exclusão das competições em que participassem. Os clubes de futebol nesta situação seriam igualmente excluídos

O GOVERNO DAS SOCIEDADES DESPORTIVAS

II – Quando os poderes públicos decidiram intervir fizeram-no com objectivos bem delineados: assegurar maior transparência e o rigor na gestão dos clubes desportivos profissionais.[12] Para o efeito, foi dada aos clubes desportivos uma opção. Os clubes podiam optar por assumir o estatuto de sociedade desportiva ou, em alternativa, por manter o estatuto de pessoa colectiva sem fins lucrativos, ficando, nesse caso, sujeitos a um regime especial de gestão.[13]

As sociedades desportivas foram consagradas como um novo tipo societário regido, subsidiariamente, pelas regras aplicáveis às sociedades anónimas, ainda que com algumas especificidades decorrentes das particulares exigências da actividade desportiva, que constitui o seu objecto principal. De entre as especificidades previstas destacam-se as referentes ao capital social mínimo e à sua forma de realização, ao sistema de fidelização da sociedade ao clube desportivo fundador, através da atribuição de direitos especiais às acções tituladas pelo clube fundador, e o estabelecimento de regras especiais para a transmissão do património do clube fundador para a sociedade desportiva.

Por seu lado, os traços fundamentais do regime especial de gestão, ao qual se sujeitam os clubes desportivos profissionais que não assumam o estatuto de sociedade desportiva são (i) o princípio da responsabilidade pessoal dos directores responsáveis pela gestão dos clubes, pelos actos relativos à gestão da actividade desportiva profissional; (ii) a exigência de transparência contabilística, através da obrigatoriedade de certificação de contas por um revisor oficial de contas e de adopção do plano oficial de contabilidade e (iii) a necessidade de os directores responsáveis pela gestão constituírem seguro de responsabilidade civil, nos mesmos termos do que os administradores das sociedades anónimas.

---

do Plano de Saneamento do Futebol Profissional. O Real Decreto 1084/1991 desenvolveu a *Ley 10/1990*, de 15 de Outubro, a qual, por seu turno, havia revogado a *Ley 13/1980*. O *Real Decreto 1084/1991* foi, posteriormente, alterado pelo *Real Decreto 449/1995*, de 24 de Março. A *Ley 10/1990*, na parte relativa às sociedades desportivas, foi substancialmente modificada pela *Ley 50/1998*, de 30 de Dezembro. Cfr. GÓMEZ-FERRER SAPIÑA, *Sociedades Anónimas Deportivas* (1992); CAZORLA PRIETO, *Las S.A.D.* (1990); FRADEJAS RUEDA, *La Sociedad Anónima Deportiva*, Revista de Derecho de Sociedades n.º 9 (1997); GUTIÉRREZ GILSANZ, *La conversión de clubes deportivos en sociedades anónimas deportivas*, Revista de Derecho de Sociedades n.º 17 (2001).

[12] Cr. Preâmbulo do Decreto-Lei n.º 67/97.

[13] Recorde-se que, em Portugal, a primeira regulamentação sobre sociedades desportivas foi plasmada no Decreto-Lei n.º 146/95, de 21 de Junho, que desenvolveu o previamente disposto na Lei n.º 1/90, de 13 de Janeiro, a Lei de Bases do Sistema Desportivo. O regime então estabelecido, ao abrigo do qual nenhuma sociedade desportiva se constituiu, foi tido por inadequado na medida em que interditava às sociedades desportivas a distribuição de lucros. Tendo tal limitação sido suprimida por intermédio do Decreto-Lei n.º 67/97, cabe, todavia, registar que, desde a constituição e até à presente data, nenhuma das sociedades desportivas com acções admitidas à negociação em mercado regulamentado alguma vez distribuiu dividendos pelos seus accionistas. O panorama não será muito distinto para as demais sociedades desportivas constituídas em Portugal.

O GOVERNO DAS ORGANIZAÇÕES

Em suma, o Estado procurou estabelecer modelos de governo e de responsabilidade para os clubes desportivos profissionais que se assemelhassem aos das demais sociedades anónimas. No caso da sociedade desportiva, visou-se ainda permitir que a nova estrutura pudesse emitir valores mobiliários transaccionáveis em mercado, conseguindo, dessa forma, novas fontes de financiamento necessárias ao seu saneamento económico.

III – Quinze anos após a primeira consagração legislativa em Portugal do regime jurídico das sociedades desportivas, qual é o balanço que se faz em ternos dos objectivos inicialmente traçados? As conclusões a que se chega não são particularmente animadoras.

A nova realidade do desporto comporta a «acumulação de elementos potencialmente contraditórios dos princípios da ética desportiva», constituindo exemplos desta antinomia o aumento do perigo de dopagem derivado da sobrecarga de eventos desportivos, o intuito lucrativo das competições, a criação de um mercado de jovens atletas e a sobrevalorização do lucro imediato, por via da comercialização excessiva das actividades desportivas.[14] Mais grave, porém, é o facto de a nova «redoma jurídica» em que vivem as estruturas desportivas ser apontada com um factor potenciador da fraude. Afinal, parece ainda ser possível envolver as novas estruturas legais em «transacções obscuras insindicáveis».[15]

Sob o ponto de vista dos resultados económicos, a experiência das sociedades desportivas tem, igualmente, apresentado resultados globalmente pouco satisfatórios. Diversos são os casos conhecidos de sociedades desportivas liquidadas na sequência de processos de insolvência ou que evitaram tal destino *in extremis*.[16] As dívidas do futebol profissional são cifras importantes que resultam da especialidade do negócio futebol. O adepto espera sucessos desportivos, os quais requerem investimentos avultados. Tais investimentos são financiados com recurso a endividamento. No final de cada competição, apenas existe um vencedor. Os perdedores reforçam os investimentos e, dessa forma, acrescentam dívida ao passivo.

As formas já conhecidas de reacção a este efeito de bola neve demonstram algum cepticismo em relação à valia da figura da sociedade anónima desportiva

---

[14] MORGADO, *Corrupção e Desporto*, I Congresso de Direito do Desporto, Estoril, Outubro de 2004, Memórias (2005), p. 89-90.

[15] MORGADO, *Corrupção e Desporto*, I Congresso de Direito do Desporto, Estoril, Outubro de 2004, Memórias (2005), p. 95.

[16] Em Portugal citam-se os casos do Boavista, do Farense, do Alverca e do Académico de Viseu. Em Espanha, igual fenómeno sucedeu com o Hércules, Logroñés, Compostela, Oviedo, Mallorca e Cádiz. Em Itália, com a Fiorentina, o Parma e o Nápoles. Em Inglaterra, registaram-se as situações precárias do Leicester, Leeds e, mais recentemente, do Portsmouth e do Luton Town. Na Alemanha, o Borussia de Dortmund e o Kaiserlautern. Cfr. NEVES, *Sociedades Anónimas Desportivas e Mercados de Capitais: Análise de uma década* (2009), p. 52.

como garante de transparência e o rigor da gestão. Em Espanha, o *Consejo Superior de Deportes* incluiu no seu mais recente projecto de reforma da *Ley del Deporte* uma proposta no sentido de eliminar a actual obrigatoriedade de transformação em sociedade anónima, que recai sobre os clubes que competem nas categorias profissionais, substituindo-a por um mecanismo de controlo exaustivo das respectivas contas, contemplando ainda sanções como a perda de pontos em competição, caso sejam desrespeitados os compromisso financeiros assumidos.[17] Este mecanismo sancionatório com reflexo na competição desportiva já se encontra em vigor em Itália e em Inglaterra. Em Itália, a regulamentação da *Lega Calcio* foi modificada no Verão de 2009, passando as contas das sociedades desportivas que participam na *Serie A* a ser escrutinadas trimestralmente. Caso se verifiquem incumprimentos, designadamente salariais para com os atletas, as sociedades desportivas são sancionadas com a perda de um ponto por cada atleta credor. A acrescer, caso a fiscalização anual das contas revele resultados deficitários, a sociedade em causa é sancionada com a despromoção à *Serie B*. Em Inglaterra, a *Premier League* instituiu um mecanismo semelhante aplicável aos clubes que não respeitem as suas obrigações perante os atletas e os outros clubes. De igual forma, a instauração de um processo de insolvência (*process of administration*) implica a diminuição automática de nove pontos na tabela classificativa.[18]

A UEFA[19] segue já um rumo similar. Em Maio de 2010, o Comité Executivo da UEFA aprovou nova regulamentação sobre o licenciamento dos clubes participantes nas competições por si organizadas, designada por *UEFA Club Licensing and Financial Fair Play Regulations*.[20] Trata-se de um conjunto de normas que implementam um sistema de controlo das finanças dos clubes que participam nas provas organizadas pela UEFA, qualquer que seja a forma jurídica que assumam.[21] A nova regulamentação entrará em vigor apenas na temporada de 2013/14, no entanto, já serão levados em conta os exercícios dos clubes correspondentes às temporadas de 2011/12 e 2012/13. As principais obrigações previstas, para efeitos do licenciamento, são (i) o dever de reequilíbrio financeiro (*"break-even result"*);[22] (ii) a necessidade de demonstrar a inexistência de dívidas a outros clubes e a trabalhadores, assim como a inexistência de incumprimentos das prestações fiscais e

---

[17] ESTEBAN, notícia publicada a 10 de Setembro de 2010, disponível em http://www.as.com/futbol/articulo/ley-deporte-s-dejaran-ser/20100910dasdaiftb_15/Tes.

[18] FÉLIX DÍAZ, noticia publicada em 23 de Setembro de 2010, disponível em http://www.elconfidencial.com/deportes/lfp-clubes-deuda-control-economico-20100923-69753.html.

[19] *Union des associations européennes de football.*

[20] Cfr. http://www1.uefa.com/MultimediaFiles/Download/uefaorg/Clublicensing/01/50/09/12/1500912_DOWNLOAD.pdf.

[21] Cfr. artigo 12.º, n.º 1 de *UEFA Club Licensing and Financial Fair Play Regulations*.

[22] Artigo 58.º de *UEFA Club Licensing and Financial Fair Play Regulations*.

O GOVERNO DAS ORGANIZAÇÕES

sociais, relativos ao ano anterior; [23] e (iii) o dever de apresentação de informação financeira prospectiva, de modo a demonstrar capacidade de cumprimento das responsabilidades futuras.[24] As sanções iniciais contra os clubes que não cumpram a exigência do reequilíbrio financeiro poderão ser aplicadas na época 2013/14. A apreciação dos pedidos de licenciamento será levada a cabo pelo *Club Financial Control Panel* que será constituído para o efeito.[25]

IV – A intervenção normativa estadual em torno das sociedades desportivas, designadamente, nos aspectos relativos ao governo das sociedades saldou-se, aparentemente, pelo insucesso. Quais as razões deste resultado? O que falhou? Constituirá o desporto profissional, e em particular o futebol, um domínio verdadeiramente à parte, imune à influência das regras e práticas de bom governo? Ou será antes um problema ligado às deficiências da intervenção em concreto do nosso legislador?

O propósito último deste texto é o de responder às questões atrás colocadas. Para o efeito, a análise subsequente divide-se em quatro partes principais. Em primeiro lugar, apresenta-se o complexo *quadro normativo* aplicável às sociedades desportivas em Portugal e exploram-se algumas idiossincrasias encontradas. Em seguida, identificam-se alguns dos problemas que caracterizam a posição dos *accionistas* das sociedades desportivas nacionais: o privilégio do clube originador, a multi-propriedade de sociedades desportivas e as transacções com partes relacionadas. Antes das *conclusões*, abordam-se as questões referentes à *administração e fiscalização* das sociedades desportivas.

2. QUADRO NORMATIVO APLICÁVEL ÀS SOCIEDADES DESPORTIVAS

I – O quadro normativo aplicável às sociedades desportivas em Portugal é complexo e susceptível de repartição por diferentes camadas. Nem todas as camadas de legislação serão aplicáveis a todas as sociedades desportivas. Mas se tomarmos como referência as sociedades desportivas admitidas à negociação em mercado regulamentado, os diplomas que incluem regras relevantes no domínio da respectiva administração e fiscalização incluem, sem preocupação de exaustividade, a Lei de Bases da Actividade Física e do Desporto (LBAFD), o Código das Sociedades Comerciais[26] e o Código dos Valores Mobiliários. De

---

[23] Artigos 49.º e 50.º de *UEFA Club Licensing and Financial Fair Play Regulations*.

[24] Artigo 52.º de *UEFA Club Licensing and Financial Fair Play Regulations*.

[25] Artigos 53.º e ss. de *UEFA Club Licensing and Financial Fair Play Regulations*.

[26] O Código das Sociedades Comerciais – a parte geral e, em particular, as partes relativas às sociedades anónimas – é de aplicação subsidiária às sociedades desportivas. Di-lo, expressamente, o n.º 1 do artigo 5.º

O GOVERNO DAS SOCIEDADES DESPORTIVAS

referir igualmente a aplicabilidade do Código do Governo das Sociedades da CMVM, em conjunto com a regulamentação conexa da CMVM.[27-28]

II – As bases das políticas de desenvolvimento da actividade física e do desporto são hoje reguladas, em Portugal, pela Lei n.º 5/2007, de 16 de Janeiro. O Capítulo III da LBAFD trata do associativismo desportivo. Divide-se em três secções. A Secção I ocupa-se da organização olímpica. A Secção II regula as federações desportivas. Por fim, a Secção III, a que nos interessa, rege, dicotomicamente, os clubes e as sociedades desportivas.

Os clubes desportivos são definidos, no n.º 1 do artigo 26.º da LBAFD, como as pessoas colectivas de direito privado, constituídas sob a forma de associação sem fins lucrativos, que tenham como escopo o fomento e a prática directa de modalidades desportivas. Por seu lado, as sociedades desportivas são concebidas como as pessoas colectivas de direito privado, constituídas sob a forma de sociedade anónima, cujo objecto é a participação em competições desportivas e o fomento ou desenvolvimento de actividades relacionadas com a prática desportiva profissionalizada no âmbito de uma modalidade.[29] Mais se estabelece que caberá a uma lei de desenvolvimento a definição do regime jurídico das sociedades desportivas, o qual deverá salvaguardar, entre outros objectivos, a defesa dos interesses dos associados do clube fundador, a defesa do interesse público e do património imobiliário, bem como o estabelecimento de um regime fiscal adequado às especificidades destas sociedades.

Apesar de a actual LBAFD apenas o reconhecer implicitamente, os clubes desportivos e as sociedades desportivas compõem um tronco comum, o qual se designa por agrupamento desportivo.[30] A regulação marcadamente separada das sociedades desportivas e dos clubes desportivos, como os dois entes subjectivos da categoria implícita "agrupamento desportivo", integrante do movimento associativo desportivo, surgiu, pela primeira vez, nos artigo 18.º e 19.º da anterior Lei de Bases do Desporto, a Lei n.º 30/2004, de 21 de Julho, que veio a ser revogada pela actual LBAFD. Anteriormente, à luz do disposto no artigo 20.º da Lei de Bases do Sistema Desportivo, tanto na versão originária da Lei n.º 1/90, de 13 de Janeiro, como na versão revista, introduzida pela Lei n.º 19/96, de 25 de Junho, os clubes desportivos constituíam a categoria única do movimento associativo

---

do RJSD.

[27] Regulamento da CMVM n.º 1/2010, sobre o governo das sociedades.

[28] Em Espanha, o escalonamento normativo é semelhante ao português. RAMOS HERRANZ, *El control del conflito de intereses*, Revista de Derecho de Sociedades n.º 26, (2006), p. 353.

[29] Cfr. n.º 1 do artigo 27.º da LBAFD.

[30] A terminologia é recolhida de COSTA, *A posição privilegiada do clube fundador na sociedade anónima desportiva*, I Congresso de Direito do Desporto, Estoril, Outubro de 2004, Memórias (2005), p. 140.

O GOVERNO DAS ORGANIZAÇÕES

desportivo, os quais podiam assumir duas formas: a associativa ou a societária. A Lei de Bases do Sistema Desportivo (LBSD) veio a ser revogada pela Lei de Bases do Desporto (LBD). A diferença entre o anteriormente previsto na LBSD e o actualmente estabelecido na LBAFD é, apesar de essencialmente conceptual, fácil de distinguir: antes admitiam-se os clubes sob forma societária; hoje os clubes desportivos assumem, necessariamente, a forma associativa.

A dicotomia entre clubes desportivos e sociedades desportivas funda-se, aparentemente, numa outra que separa as modalidades amadoras e as competições profissionais. Os clubes desportivos são tipificados na lei como a forma organizacional adequada ao universo do desporto amador ou não profissional. Concomitantemente, as sociedades desportivas são ordenadas ao universo das competições profissionais. Esta dupla dicotomia entre, de um lado, clube desportivo e competição não profissional e, do outro lado, sociedade desportiva e competição profissional, é apenas tendencial na medida em que é o próprio legislador a reconhecer que os clubes desportivos podem participar em competições profissionais, mantendo a sua natureza jurídica, bastando para tanto que se sujeitem a um regime especial de gestão. De acordo com o n.º 2 do artigo 26.º da LBAFD, os clubes desportivos que participem em competições profissionais e que não pretendam sujeitar-se ao regime especial de gestão deverão adoptar a forma de sociedade desportiva. Isto é, devem deixar de ser clubes desportivos. A redacção da norma suscita dúvidas porquanto parece, pelo menos literalmente e por comparação com o n.º 3 do artigo 20.º da LBSD, na versão introduzida pela Lei n.º 19/96, deixar de fora a possibilidade de o clube recorrer à personalização jurídica da equipa que participe ou pretenda participar na competição profissional. Como se recorda, a característica distintiva desta modalidade de constituição de sociedades desportivas consiste na co-existência de duas realidades distintas: o clube desportivo e a nova sociedade desportiva. Porém, atenta a polissemia do vocábulo "adoptar", o trecho final do n.º 2 do artigo 26.º da LBAFD pode interpretar-se de molde a incluir tanto a possibilidade de transformação de clube desportivo em sociedade desportiva, como a possibilidade de personalização jurídica da equipa.[31]

Todavia, uma questão remanesce por resolver: ao abrigo dos artigos 26.º e 27.º da LBAFD poderão as sociedades desportivas dedicar-se a competições não profissionais? Em sentido negativo aponta a comparação entre a actual redacção do artigo 27.º da LBAFD e a redacção do artigo 19.º da anterior LBD (Lei n.º 30/2004), na parte relativa ao objecto das sociedades desportivas. Na actual LBAFD o objecto das sociedades desportivas é «a participação em competições desportivas, a promoção e a organização de espectáculos desportivos e o fomento ou desenvolvimento de actividades relacionadas com a prática desportiva profis-

---

[31] Cfr. alíneas a) e b) do artigo 3.º do RJSD.

O GOVERNO DAS SOCIEDADES DESPORTIVAS

sionalizada no âmbito de uma modalidade». Diferentemente, na LBD de 2004, previa-se expressamente que do objecto das sociedades desportivas poderia constar a participação em «competições profissionais e não profissionais».[32] Em sentido afirmativo poderá, porém, sustentar-se que a redacção do artigo 27.º da LBAFD não é excludente, na medida em que ao mencionar apenas "competições desportivas", sem qualquer tipo de distinção suplementar, tanto admite as competições profissionais como as não profissionais.

O critério do profissionalismo da competição como critério configurador da natureza do agrupamento desportivo foi declarado "oficialmente falido" com a entrada em vigor da LBD, em 2004, na medida em que se reconhecia expressamente a possibilidade de as sociedades desportivas participarem em competições não profissionais.[33] Ora, devem reconhecer-se as diferenças entre a redacção actual da LBAFD e a redacção do vetusto artigo 20.º da LBSD, de 1996, onde, no n.º 2, se estabelecia que os clubes que não participassem em competições desportivas profissionais se constituiriam sob forma associativa e sem fins lucrativos. Para alguns autores, este comando da LBSD determinava a ilegalidade do artigo 10.º do RJSD, o qual afirma a licitude da constituição de sociedades desportivas fora do âmbito das competições profissionais.[34] A LBAFD não regula directamente a participação em competições não profissionais por parte dos clubes desportivos ou sociedades desportivas. Regula apenas a outra face da moeda, isto é, a participação em competições profissionais. Assim, a delimitação subjectiva operada na LBAFD para efeitos da participação em competições profissionais terá efeitos necessários na delimitação subjectiva dos participantes em competições não profissionais? Creio que não. A geometria normativa contida nos artigos 26.º e 27.º da LBAFD destina-se apenas a conferir liberdade e flexibilidade ao legislador ordinário, no contexto da produção das normas de desenvolvimento. Este poderá, desta forma, optar pela manutenção do *status quo*, em que ambos os tipos de competições admitem ambas as formas de agrupamentos desportivos ou pela estruturação imperativa dos agrupamentos desportivos em função do tipo de competição, considerando a vocação natural das duas formas legalmente previstas. Creio, aliás, que a opção do legislador, pelo menos em termos intrínsecos, é coerente, na medida que, ao admitir a possibilidade de as estruturas de governo mais sofisticadas serem utilizadas pelos agrupamentos desportivos que participem em competições não profissionais, se estão a potenciar as suas vantagens.[35]

---

[32] Artigo 19.º, n.º 1 da LBD.

[33] Neste sentido, Costa, *A posição privilegiada do clube fundador na sociedade anónima desportiva*, I Congresso de Direito do Desporto, Estoril, Outubro de 2004, Memórias (2005), p. 142.

[34] Meirim, *Regime Jurídico das Sociedades Desportivas Anotado* (1999), p. 112.

[35] Recorda-se que, de resto, o alargamento do leque de escolha de modalidades organizativas foi uma das linhas de fundo da reforma societária realizada pelo Decreto-Lei 76-A/2006, de 29 de Março.

O GOVERNO DAS ORGANIZAÇÕES

Um outro aspecto a merecer uma menção específica respeita ao âmbito do princípio da especificidade das sociedades desportivas previsto na LBAFD. Está em causa o n.º 2 do artigo 27.º da LBAFD onde, como já referido, se devolve para uma lei de desenvolvimento, a definição do regime jurídico das sociedades desportivas. Entre os objectivos que a lei de bases manda salvaguardar encontra--se o estabelecimento de um regime fiscal «adequado às especificidades» destas sociedades. A questão que aqui se suscita é a seguinte: será apenas o regime fiscal das sociedades desportivas que deverá ser adaptado às suas especificidades ou, diferentemente, valerá tal princípio de forma genérica e horizontal a todo o regime jurídico das sociedades desportivas?

Considera-se a questão pertinente pelos seguintes motivos: sendo certo que a LBAFD, no contexto do regime jurídico das sociedades desportivas, tutela de forma expressa objectivos determinados – como a defesa dos direitos dos associados, do interesse público e do património imobiliário – não é menos certo que a LBAFD, ao ordenar as sociedades desportivas a constituírem-se sob a forma de sociedade anónima, convoca a aplicação dos princípios e regras estruturantes deste tipo societário. Em abstracto, é possível configurar situações em que a defesa dos interesses dos associados do clube fundador assuma contornos que contrariam princípios ou normas do regime jurídico da sociedade anónima. Assim, o reconhecimento de um princípio de especificidade válido em todo o regime jurídico das sociedades desportivas, permitirá que este adapte o regime das sociedades anónimas na medida do necessário à adequada tutela das especificidades desta. Caso não se reconheça a validade genérica de tal princípio de especificidade, restringindo-o ao domínio do regime fiscal, a tutela dos objectivos específicos plasmados na LBAFD ter-se-á de subordinar ao disposto no regime da sociedade anónima.

Desde já se pode afirmar que a vocação genérica do princípio da especificidade é a solução que se afigura como correcta. Efectivamente, as sociedades desportivas apresentam especificidades que não se reduzem ao regime tributário. As especificidades das sociedades desportivas decorrem das especificidades reconhecidas, em geral, ao sector do desporto. Neste sentido veja-se, por exemplo, as conclusões da Presidência do Conselho Europeu de Nice, em 2000, cujo Anexo IV consiste numa «Declaração relativa às características específicas do Desporto e à sua função social na Europa, a tomar em consideração ao executar as Políticas Comuns». Neste documento abordam-se, entre outras, especificidades relativas ao papel das federações desportivas, às políticas de formação dos desportistas, ao regime de transferências, à protecção dos jovens desportistas e, também, ao regime de detenção de participações sociais em clubes desportivos e aos dispositivos de controlo de gestão destes. Retomar-se-á este ponto adiante.

A aparente restrição introduzida pelo n.º 2 do artigo 27.º da LBAFD é apenas mais um exemplo da questionável qualidade técnica das normas jus-desportivas.

244

O GOVERNO DAS SOCIEDADES DESPORTIVAS

A norma em apreço recupera, de forma quase integral, a redacção do n.º 4 do artigo 20.º da LBSD, na formulação dada pela Lei n.º 19/96, ela própria à altura muito criticada por incluir expressões dúbias como, por exemplo, «credores do interesse público». Repare-se que ao abrigo desta norma foi aprovado o Decreto--Lei n.º 67/97, de 3 de Abril, que estabeleceu o regime jurídico das sociedades desportivas. O âmbito genérico do princípio da especificidade das sociedades desportivas é expressamente mencionado no preâmbulo deste diploma. Ali se refere serem as sociedades desportivas um novo tipo de sociedades «regime subsidiariamente pelas regras gerais aplicáveis às sociedades anónimas, mas com algumas especificidades decorrentes das especiais exigências da actividade desportiva que constitui o seu principal objecto». De entre as especificidades contempladas, mencionam-se expressamente as referentes ao capital social mínimo e à sua forma de realização, à atribuição de direitos especiais às acções tituladas pelo clube fundador e ao estabelecimento de regras especiais para a transmissão do património do clube fundador para a sociedade desportiva. A convicção acerca do âmbito genérico do princípio da especificidade das sociedades desportivas foi inicialmente formada com base na redacção originária do n.º 2 do artigo 20.º da LBSD, dada pela Lei n.º 1/90, de 13 de Janeiro, onde se consagrava a necessidade de legislação especial regular a constituição, pelos clubes desportivos, de sociedades com fins desportivos «para o efeito de promoverem as necessidades específicas da organização e do funcionamento de sectores da respectiva actividade desportiva».

O último aspecto relativo à LBAFD que temos de tratar prende-se com a delimitação dos objectivos que deverão ser acautelados pelo diploma que desenvolva o regime jurídico das sociedades desportivas. Ao analisar a redacção das diversas leis de bases que vigoraram desde 1990, salta imediatamente à vista a considerável flutuação nas opções do legislador. Entre 1990 e 1996, o n.º 3 do artigo 20.º da LBSD estabelecia que a regulamentação própria das sociedades desportivas deveria salvaguardar (i) os direitos dos associados, (ii) o interesse público e (iii) o património desportivo edificado. Entre 1996 e 2004 vigorou o n.º 4 do artigo 20.º da LBSD, na redacção introduzida pela Lei n.º 19/96, de acordo com o qual a lista de interesses a salvaguardar pelo regime jurídico das sociedades desportivas incluía os seguintes itens: (i) defesa dos interesses dos associados, (ii) defesa dos credores do interesse público, (iii) protecção do património imobiliário e (iv) existência de um regime fiscal adequado. As novidades foram a previsão de um regime fiscal próprio e a menção específica aos credores de natureza pública. Em 2004, com a aprovação da LBD, a lista de interesses a salvaguardar pelo regime jurídico das sociedades desportivas foi acrescentada de forma significativa. As novas exigências de evolução ao regime ordinário das sociedades desportivas introduzidas pelo n.º 2 do artigo 19.º da LBD estão, na quase totalidade, ligadas ao domínio do governo das sociedades. Com efeito, além dos já tradicionais

O GOVERNO DAS ORGANIZAÇÕES

(i) direitos dos associados, (ii) direitos dos credores de interesse público e da (iii) protecção do património do clube, de acordo com a LBD, o RJSD deveria salvaguardar ainda (iv) a transparência contabilística, (v) as incompatibilidades e impedimentos dos sócios e titulares dos órgãos de gestão na contratação com o clube, (vi) a protecção do nome, imagem e actividades e (vii) a possibilidade de constituição de sociedades gestoras de participações sociais cujo capital social seja exclusivamente detido por sociedades desportivas. Este acrescento ao conteúdo mínimo do regime ordinário das sociedades desportivas introduzido em 2004 foi um passo no bom caminho. Infelizmente foi um passo igualmente infrutífero na medida em que o RJDS nunca chegou a ser actualizado conforme ordenava a lei de bases. Em 2006, a lista de interesses a salvaguardar pelo RJSD foi novamente modificada, desta feita reduzida, retomando-se, com pequenas diferenças, a redacção de 1996. Assim, os aspectos relativos à maior transparência e ao controlo dos conflitos de interesses foram eliminados. As diferenças para a redacção de 1996 resultam, principalmente de o n.º 2 do artigo 27.º da LBAFD não fechar a possibilidade de «outros objectivos», ainda que não tipificados na lei de bases, serem atendidos pelo legislador ordinário. Esta cláusula aberta poderá até ser entendida como benéfica na medida em que confere maior flexibilidade ao legislador ordinário para cobrir matérias relevantes não tipificadas. Porém, não é certo que assim seja. Segmentos normativos abertos, como este, correm o risco de esvaziamento e, certamente, nula é a sua valia enquanto elemento auxiliar para o legislador ordinário. Em segundo lugar, a consagração de uma cláusula aberta não exigia a eliminação dos conteúdos normativos que acabaram por desaparecer do texto da lei em 2007.

Em suma, é criticável que o legislador tenha optado por fazer marcha-atrás no processo de identificação das principais fragilidades do RJSD. Na verdade, elas podem não constar da lei de bases, mas continuam bem presentes no RJSD.

3. OS ACCIONISTAS DAS SOCIEDADES DESPORTIVAS

3.1. O privilégio do clube originador

I – De acordo com o artigo 3.º do RJSD, as sociedades desportivas podem resultar de origem diversa. Em primeiro lugar, as sociedades desportivas podem resultar da transformação de um clube desportivo que participe, ou pretenda participar, em competições profissionais. Em segundo lugar, podem resultar da personalização jurídica das equipas que participem, ou pretenda participar, em competições profissionais. Em terceiro e último lugar, as sociedades desportivas podem ser criadas de raiz. Quando se fala do privilégio do clube originador

O GOVERNO DAS SOCIEDADES DESPORTIVAS

convoca-se a ideia de salvaguardar e reforçar os poderes do agrupamento desportivo que está na base da sociedade anónima desportiva (SAD) em face dos restantes accionistas.[36] Procura-se, por este intermédio, fidelizar a SAD ao clube originador e assegurar a manutenção de uma política de estreita proximidade entre ambos.[37]

Uma das características principais do princípio do privilégio do clube originador reside no facto de a sua intensidade variar consoante a modalidade de criação da SAD. Mais concretamente, existem medidas de salvaguarda dos interesses do clube originador e, mediatamente, dos seus associados, que são comuns a todas as sociedades desportivas e, ao seu lado, existem cláusulas de protecção que são privativas das SAD que resultam da personalização jurídica das respectivas equipas.

II – Entre os exemplos de cláusulas de salvaguarda de aplicação geral podem destacar-se as seguintes: em primeiro lugar as regras relativas à determinação do montante mínimo do capital social e às circunstâncias imperativas do seu aumento sucessivo.[38] O facto de se exigir um capital social mínimo muito superior ao mínimo comum,[39] assim como o facto de se exigir o reforço do capital social, cinco anos após a respectiva criação, de forma a que o mesmo perfaça um montante igual a 30% da média do orçamento da sociedade nos quatro anos anteriores, sob pena de exclusão das competições profissionais, visa tutelar os interesses de terceiros na solvência e liquidez da SAD e preservar a sua capacidade financeira para a prossecução do respectivo objecto social. Em segundo lugar, a obrigatoriedade de emissão de acções nominativas, prevista no n.º 3 do artigo 12.º do RJSD. A adopção imperativa desta modalidade de valores mobiliários garante que a SAD (e os seus accionistas, designadamente, o clube originador) pode conhecer a todo o tempo a identidade dos seus accionistas.[40] Em terceiro lugar, o direito de preferência dos associados do clube fundador, se previsto pelos estatutos da sociedade, em caso de aumento de capital, a par do direito de preferência de que

---

[36] Normalmente, usa-se a expressão "privilégio do clube fundador" mas tal significa, mais estritamente, os privilégios de que beneficia o clube que constitui uma sociedade desportiva mediante personalização jurídica da sua equipa profissional. Esse é o designado "clube fundador". Com a expressão "clube originador" pretendo abarcar todos os casos em que um clube desportivo está na base da constituição de uma SAD, independentemente da modalidade que preside ao seu surgimento.

[37] COSTA, *A posição privilegiada do clube fundador na sociedade anónima desportiva*, I Congresso de Direito do Desporto, Estoril, Outubro de 2004, Memórias (2005), p. 153; e CANDEIAS, *Personalização de Equipa e Transformação de Clube em Sociedade Anónima Desportiva. Contributo para um Estudo das Sociedades Desportivas* (2000), p. 82

[38] Cfr. artigos 7.º a 9.º do RJSD.

[39] Cfr. artigo 276.º, n.º 3 do CSC.

[40] Cfr. artigo 52.º, n.º 1 do CVM e CÂMARA, *Manual de Direito dos Valores Mobiliários* (2009), p. 120.

O GOVERNO DAS ORGANIZAÇÕES

gozam os que já forem accionistas da sociedade.[41] Em quarto lugar, a atribuição de competências aos accionistas para deliberar em assembleia geral sobre a alienação ou oneração de bens imóveis da SAD.[42] De acordo com o regime comum, aplicável à generalidade das sociedades anónimas, os poderes para o efeito caberiam ao órgão de administração.[43]

III – Caso se trate de uma SAD com origem na personalização jurídica da equipa, a tutela do princípio do clube originador é reforçada com as seguintes disposições.

De acordo com o artigo 12.º do RJSD, as acções destas sociedades desportivas são imperativamente divididas em, pelo menos, duas categorias: as acções de categoria A, que se destinam a ser subscritas pelo clube fundador, e as demais acções, as de categoria B.[44] As acções da categoria A conferem ao clube fundador direitos especiais, designadamente: (i) o direito de veto das deliberações da assembleia geral que tenham por objecto a fusão, cisão, transformação ou dissolução da sociedade e alteração dos seus estatutos, o aumento e a redução do capital social e a mudança da localização da sede; e (ii) o poder de designar pelo menos um dos membros do órgão de administração, que disporá de direito de veto das deliberações de tal órgão que tenham objecto idêntico ao anteriormente referido.[45] Os estatutos da SAD podem ainda subordinar à autorização do clube fundador as deliberações da assembleia geral relativas a outras matérias neles especificados.[46] Outra relevante característica das acções da categoria A consiste na sua insusceptibilidade de serem apreendidas judicialmente ou oneradas a não ser a favor de pessoa colectiva pública.[47]

Tratando-se de sociedades desportivas que resultem da personalização jurídicas das equipas – e, neste caso particular, também das sociedades desportivas surgidas a partir da transformação de um clube – os associados do clube fundador ou em transformação têm direito de preferência na constituição com recurso

---

[41] Cfr. artigo 17.º do RJSD.

[42] Cfr. artigo 18.º, n.ºs 1 e 5 do RJSD.

[43] Cfr. artigos 373.º, n.ºs 2 e 3, 405.º, n.º 1 e 406.º, alínea e) do CSC.

[44] Sobre o conceito de "categoria" de valores mobiliários cfr. CÂMARA, *Manual de Direito dos Valores Mobiliários* (2009), p. 117.

[45] Cfr. artigo 30.º, n.º 2 do RJSD. Sobre a possibilidade de serem criados outros direitos especiais adstritos às participações e já não ao accionista clube fundador cfr. COSTA, *A posição privilegiada do clube fundador na sociedade anónima desportiva*, I Congresso de Direito do Desporto, Estoril, Outubro de 2004, Memórias (2005), p. 160 e ss. e CANDEIAS, *Personalização de Equipa e Transformação de Clube em Sociedade Anónima Desportiva. Contributo para um Estudo das Sociedades Desportivas* (2000), p. 75 e ss.

[46] Cfr. artigo 30.º, n.º 3 do RJSD. Note-se porém, que o funcionamento desta regra seria despoletado mesmo se o clube fundador não fosse titular de uma única acção.

[47] Cfr. artigo 12.º, n.º 2 do RJSD.

a oferta pública de subscrição.[48] Mais se especifica que as condições da oferta podem estabelecer termos mais favoráveis para os associados do clube fundador ou em transformação.

De igual forma, o artigo 35.º do RJSD tem sido interpretado no sentido de impossibilitar o clube fundador de transmitir a terceiros o direito de propriedade sobre as instalações desportivas, que poderão ser gozadas e fruídas pela SAD mediante um instrumento contratual de carácter oneroso.[49] Refira-se ainda a afectação exclusiva ao clube fundador das instalações desportivas no caso de extinção da SAD.[50]

Por fim, o artigo 31.º do RJSD permite que o capital social subscrito pelo clube fundador possa ser realizado em espécie. Trata-se de uma vantagem específica das SAD que resultem da personalização jurídica das equipas porquanto nas demais SAD o capital social deve ser integralmente realizado em dinheiro.[51]

IV – É pertinente questionar qual a razão para a existência de diversas intensidades do princípio do privilégio do clube originador. Desde logo, pode apontar-se a natureza das coisas: tratando-se de uma sociedade desportiva que resulta da transformação de um clube, uma das consequências que ocorre é a extinção do clube como pessoa jurídica, donde desaparecerá o sujeito a tutelar. Similarmente, alvitra-se a tendencial inexistência de uma relação de causalidade com um clube preexistente, nos caos de constituição *ex novo* da SAD.[52]

Sucede, porém, que a referida inexistência de uma relação de causalidade é, de facto, apenas tendencial. Nada no RJSD obsta a que uma nova SAD se constitua *ex novo* – de acordo com a alínea c) do artigo 3.º – tendo como uma dos accionistas um clube desportivo (que pode, ele próprio, participar, ou não, em competições profissionais). [53] Haverá algum interesse digno de protecção em permitir que clubes desportivos constituam *ex novo* uma SAD? Entendo que a

---

[48] Cfr. artigo 28.º, n.º 1 do RJSD.

[49] Neste sentido, COSTA, *A posição privilegiada do clube fundador na sociedade anónima desportiva*, I Congresso de Direito do Desporto, Estoril, Outubro de 2004, Memórias (2005), p. 151; CANDEIAS, *Personalização de Equipa e Transformação de Clube em Sociedade Anónima Desportiva. Contributo para um Estudo das Sociedades Desportivas* (2000), p. 101 e MADALENO, *As Sociedades Desportivas* (1997), p. 63. Diferentemente, entendo que nem toda a transmissão a terceiros estará impossibilitada, mas apenas a que não salvaguarde o gozo e a fruição das instalações desportivas pela SAD.

[50] Cfr. artigo 34.º do RJSD.

[51] Cfr. artigo 11.º do RJSD. MEIRIM, *Regime Jurídico das Sociedades Desportivas Anotado* (1999), p. 138, considera que esta possibilidade não acautela devidamente a protecção do património imobiliário do clube fundador.

[52] Cfr. COSTA, *A posição privilegiada do clube fundador na sociedade anónima desportiva*, I Congresso de Direito do Desporto, Estoril, Outubro de 2004, Memórias (2005), p. 152.

[53] Há registo de sociedades desportivas constituídas em Portugal nessas condições: a "Académico Marítimo Madeira Andebol, SAD" e a "Madeira Andebol, SAD" (andebol feminino). Cfr. MEIRIM, *Regime Jurídico das Sociedades Desportivas Anotado* (1999), p. 106.

O GOVERNO DAS ORGANIZAÇÕES

resposta é afirmativa, na medida em que vislumbro o interesse de moldar com maior autonomia a articulação entre o clube originador e os demais accionistas.

Como se vem de ver, os clubes que não pretendam extinguir-se (mediante a transformação em SAD) e que constituam uma sociedade desportiva a partir da personalização jurídica das respectivas equipas ficam obrigatoriamente sujeitas a repartir as acções representativas do capital por duas categorias, beneficiando a categoria privativa do clube fundador dos privilégios supra descrito. A lei obriga ainda a que a participação directa do clube fundador não possa ser inferior a 15% nem superior a 40% do respectivo capital social.

Todavia, os direitos especiais conferidos aos clubes fundadores garantem-lhes uma prevalência no exercício dos direitos políticos que pode dispensar a detenção de uma participação elevada em termos do capital social. Tipicamente, as SAD portuguesas recorrem-se da letra do n.º 1 do artigo 30.º do RJSD, que delimita apenas a participação directa do clube fundador para, de forma indirecta, dete-rem acções que lhes garantem mais do 50% do capital social e dos respectivos direitos de voto. Entrando no julgamento do mérito da solução que permite aos clubes fundadores dominarem de forma absoluta as SAD, tenho o entendimento de que a admissibilidade da detenção indirecta da maioria do capital, conjugada com os privilégios subjectivos conferidos ao clube fundador transforma, neste caso particular, o princípio do privilégio do clube originador num princípio de "super-privilégio" o qual, creio, contribui para afastar a captação de novas fontes de capital próprio.

É certo que se poderá argumentar que para o reequilíbrio da deficiência apon-tada bastará ao clube fundador optar pela detenção de uma participação mino-ritária de capital, que, em todo o caso, não poderá ser inferior a 15%.[54] O ponto é que o clube originador pode considerar que o equilíbrio mais adequado, do ponto de vista do seu posicionamento junto dos mercados, resulte da detenção da maioria de capital, a par da inexistência de direitos especiais. Em face do exposto, deve entender-se ser possível aos clubes desportivos constituir *ex novo* uma SAD. Não lhes dever ser coarctada a possibilidade de, por esse intermédio, escaparem ao espartilho configurado pelos artigos 30.º e 12.º, n.º 2 do RJSD. Caso esta possibilidade fosse seguida pelos clubes, ainda assim, continuaria a cumprir-se com o princípio do privilégio dos clubes originadores, ainda que na modalidade menos intensa.

V – Questão diferente da anterior prende-se com a possibilidade de uma SAD constituída *ex novo*, tendo como um dos accionistas um clube desportivo que

---

[54] Sobre o específico problema de agência provocado pelo atribuição de direitos de veto a accionistas minoritários cfr. ARMOUR/HANSMANN/KRAAKMAN, *Agency Problems, Legal Strategies and Enforcement* (2009). p. 4.

participe em competição profissional, suceder a este no direito desportivo de participar na competição. MEIRIM entende que não, devendo a sociedade iniciar um novo percurso desportivo pelo escalão competitivo mais baixo.[55]

Distintamente, não encontro argumentos sólidos que impeçam tal sucessão. O facto de o artigo 29.º, n.º 1 do RJSD especificar que apenas as SAD constituídas nos ternos das alíneas a) e b) do artigo 3.º do mesmo diploma sucedem ao clube de origem no âmbito da competição desportiva profissional significa apenas que nesses casos tal acontece *ope legis* e automaticamente. Noutros casos não previstos especialmente na lei, nada impede que o mesmo resultado seja obtido, desde que tal se mostre conforme aos regulamentos da competição da modalidade desportiva em causa. Vingando esta interpretação, naturalmente, ela valerá igualmente para o artigo 4.º do RJSD, que cobrará aplicação.

3.2. Multi-propriedade, participações cruzadas e transacções com partes relacionadas

I – Como já se teve ocasião de referir, as acções da SAD revestem obrigatoriamente a modalidade nominativa, porquanto a identidade dos respectivos titulares será conhecida pela emitente a todo o tempo. O conhecimento sobre a identidade dos accionistas das SAD é particularmente relevante à luz da existência de regras que limitam o exercício de direitos sociais em caso de um mesmo accionista deter acções de mais do que uma SAD que se dediquem à mesma modalidade. O artigo 20.º do RJSD determina que os accionistas de mais de uma sociedade desportiva que se dediquem à mesma modalidade, uma vez exercidos os seus direitos sociais numa delas, não os poderão exercer nas demais, exceptuando os direitos à repartição e percepção de dividendos e à transmissão de posições sociais.[56] No caso das SAD cujas acções se encontram admitidas à negociação em mercado regulamentado, os accionistas encontram-se ainda sujeitos aos deveres de transparência sobre a aquisição e alienação de participações qualificadas previstos nos artigos 16.º e seguintes do CVM.

A primeira nota que importa salientar é a de que, em Portugal, não vigora um princípio de proibição ou limitação da aquisição de participações sociais em diversas SAD que compitam entre si. Tal limitação é conhecida noutros ordenamentos. Por exemplo, em Espanha nenhuma pessoa pode deter mais do que 1%

---

[55] Cfr. *Regime Jurídico das Sociedades Desportivas Anotado* (1999), p. 105-106.

[56] Dir-se-á que, à luz do artigo 20.º do RJSD, o direito de preferência na subscrição de aumentos de capital na segunda SAD não é igualmente paralisado. Na medida em que as aquisições derivadas continuam a ser sempre possíveis, não faria sentido tal limitação.

O GOVERNO DAS ORGANIZAÇÕES

em mais do que uma SAD.[57] A *ratio* da limitação reside no princípio competitivo que caracteriza o desporto e, portanto, corresponde uma das valorações axiológicas específicas da própria SAD: o princípio da transparência desportiva.[58] Ainda que as SAD sejam, estruturalmente, sociedades de capitais, a concorrência de um interesse específico – justamente, a finalidade competitiva – parece exigir que duas entidades ou blocos de interesses se confrontem. A solução da lei portuguesa é neste domínio fraca, na medida em que se admite, por exemplo, que um mesmo accionista possa deter participações qualificadas, mesmo maioritárias, em várias SAD, desde que apenas exerça activamente os seus direitos sociais numa delas.[59] Outra flagrante fragilidade das regras vigentes resulta do n.º 2 do artigo 20.º, mediante o qual se estende a limitação do exercício dos direitos sociais prevista no n.º 1 apenas ao cônjuge, a parente ou afim em linha recta, a pessoa que viva em economia comum com o accionista, ou a sociedades relativamente às quais o accionista se encontre em posição de domínio ou de grupo. Note-se como, por exemplo, numa SAD o exercício de direitos sociais não sofre qualquer limitação caso um terceiro detenha em nome próprio mas por conta de um accionista em mais do que uma SAD. Creio que seria plenamente justificado prever, nesta sede, com âmbito genérico, regras sobre imputação de direitos de voto próximas das previstas, por exemplo, no artigo 20.º do CVM.

II – A detenção de participações em múltiplas SAD suscita problemas de conflitos de interesses evidentes. Com efeito, caso uma mesma entidade detenha uma participação de controlo em diversas SAD que compitam na mesma modalidade existe um conflito acerca da alocação dos recursos disponíveis. Para um accionista que controle duas ou mais SAD, e que se reja por princípios de pura racionalidade económica, será provavelmente mais eficiente alocar os melhores jogadores à SAD cuja equipa, em cada momento determinado, tenha maiores probabilidades de sucesso.

De igual sorte, no caso de duas equipas pertencentes a SAD controladas pelo mesmo accionista jogarem directamente uma contra a outra, o accionista comum poderá ter um interesse económico racional em favorecer uma das SAD em detrimento da outra, caso o sucesso de uma das equipas represente vantagens

---

[57] Cfr. Artigo 9.º do *Real Decreto 449/1995* e Fuertes Lopez, *Asociaciones y Sociedades Deportivas*, (1992) p. 62.

[58] Sobre o princípio da transparência desportiva cfr. Candeias, *Personalização de Equipa e Transformação de Clube em Sociedade Anónima Desportiva. Contributo para um Estudo das Sociedades Desportivas* (2000), p. 43-45; e Costa, *A posição privilegiada do clube fundador na sociedade anónima desportiva*, I Congresso de Direito do Desporto, Estoril, Outubro de 2004, Memórias (2005), p. 152 e ss.

[59] No mesmo sentido, Meirim, *Regime Jurídico das Sociedades Desportivas Anotado* (1999), p. 121.

O GOVERNO DAS SOCIEDADES DESPORTIVAS

financeiras superiores do que em situação inversa.[60] Note-se que o favorecimento aqui em causa não significa necessariamente fraude desportiva, podendo traduzir--se na atribuição de prémios de desempenho superiores, na transmissão de informações relevantes sobre o adversário ou na facilitação de melhores condições de preparação a uma das equipas.

Por fim, nas situações de multi-propriedade foram ainda identificados conflitos com os interesses de outros clubes. Pense-se, por exemplo, numa fase de qualificação por grupos, em que participam três equipas, duas delas com um accionista de controlo comum. Caso, na jornada decisiva, um das equipas controladas já esteja virtualmente qualificada ou eliminada, o accionista comum terá o incentivo de induzi-la a favorecer os interesses da equipa "irmã", em desfavor dos interesses legítimos do outro competidor. [61]

III – A UEFA intercedeu na protecção do princípio da transparência desportiva logo em 1998, com a aprovação, pelo Comité Executivo, da regulação designada por «*Integrity of the UEFA Club Competitions: Independence of the Clubs*», com base na qual, e em suma, a UEFA passou a proibir que duas ou mais equipas sob controlo comum pudessem participar nas competições por si organizadas.[62]

Na sua base esteve o célebre caso ENIC plc, uma sociedade de direito inglês que adquiriu participações de controlo, em simultâneo, no AEK de Atenas, no Slavia de Praga, no Vicenza Calcio e no F.C. Basileia. A ENIC plc detinha ainda uma participação minoritária no Glasgow Rangers. Sucede que, na temporada de 1997/1998, o AEK, o Slavia e o Vicenza jogaram a Taça dos Vencedores das Taças da UEFA e todos se qualificaram para os quartos de final. A ENIC plc recorreu ao *Court of Arbitration for Sport* (CAS) solicitando a declaração de nulidade da regulamentação da UEFA, por contrariar o artigo 81.º do Tratado que instituiu a Comunidade Europeia. A decisão do CAS (CAS 98/200, de 20 de Agosto de 1999)[63], identificando os conflitos de interesses imanentes às situações de multi--propriedade de SAD em termos semelhantes aos acima expostos, considerou que se algum efeito sobre a concorrência o regulamento da UEFA tem, é o de prevenir processos de concentração de clubes profissionais nas mãos de apenas

---

[60] Tal pode ocorrer, por exemplo, se os resultados da exploração dos direitos audiovisuais por uma da SAD sob controlo comum forem superiores aos resultados da outra SAD.

[61] Exemplos recolhidos de Coccia, *Multi-ownership of Professional Sports Clubs*, I Congresso de Direito do Desporto, Estoril, Outubro de 2004, Memórias (2005), p. 129-130.

[62] Desde 1998 a UEFA integra estas regras nos regulamentos das competições por si organizadas. Veja--se, como exemplo, o artigo 3.º do Regulamento da UEFA Europa League na temporada de 2009/2010, disponível em http://ua.uefa.com/MultimediaFiles/Download/Regulations/competitions/UEFA-Cup/84/52/89/845289_DOWNLOAD.pdf.

[63] Disponível em http://jurisprudence.tas-cas.org/sites/CaseLaw/Shared%20Documents/200.pdf. Ver ainda Gardiner/James/O'leary/Welch/Blackshaw/Boyes/Caiger, *Sports Law* (2006), p. 363 e ss.

O GOVERNO DAS ORGANIZAÇÕES

alguns accionistas, o que constituiria uma barreira desportiva à entrada de novos agentes no mercado considerado. Em conformidade, o CAS declarou que as normas da UEFA então em crise não apenas preservam como, de modo necessário e proporcional, potenciam a competição económica entre os proprietários e a competição económica e desportiva entre as próprias sociedades. Em conclusão, não se considerou existir qualquer infracção ao Direito Comunitário. A Comissão Europeia confirmou, mais tarde, o mesmo entendimento.[64]

IV – O artigo 19.º do RJSD consagra a proibição de uma SAD participar no capital de outra sociedade com idêntica natureza. Visa-se, através desta proibição de participações cruzadas salvaguardar o princípio da transparência desportiva.

A referência a sociedades de «idêntica natureza» não deixa de ser um pouco enigmática. Significará que uma SAD não poderá participar no capital de qualquer outra SAD? Literalmente, a resposta deve ser positiva. Mas, a ser assim, tal aparenta ser excessivo e desproporcionado em face dos interesses a tutelar. Com efeito, não se vislumbram consequências negativas para a transparência desportiva caso uma SAD de futebol adquira uma participação no capital de uma SAD de andebol. De qualquer forma, e na prática, tal aquisição seria sempre de limitar na medida em que constituiria um desvio ao objecto exclusivo da SAD.

O artigo 19.º do RJSD apresenta-se como mais um exemplo de técnica legislativa imperfeita, na medida em que apenas cobre as participações directas. Assim, por exemplo, já será permitida a participação de uma SAD no capital de uma sociedade gestora de participações sociais que detenha a maioria do capital social de outra SAD. A salvaguarda do princípio da transparência desportiva determinaria que estas situações fossem igualmente limitadas.

V – A participação de agentes de atletas no capital das sociedades desportivas é outro fenómeno que tem ganho destaque recentemente.[65] A possibilidade de o agente de jogadores ser accionista de uma SAD é igualmente geradora de conflitos de interesses. Esses conflitos revelam-se, imediatamente, na negociação de contratos desportivos entre a SAD e um atleta agenciado pelo accionista: a SAD quer pagar o menos possível, ao passo que o atleta e o seu agente (accionista) espera obter a máxima retribuição possível. Desconsiderando agora os deveres contratuais do agente para com o atleta por si representado, vamos centrar a nossa atenção na relação entre o agente/accionista e a SAD. Como é fácil de constatar,

---

[64] COCCIA, *Multi-ownership of Professional Sports Clubs*, I Congresso de Direito do Desporto, Estoril, Outubro de 2004, Memórias (2005), p. 131.

[65] Sobre o estatuto do agente de jogadores, ver BARBOSA, *Uma deontologia para o agente de jogadores*, I Congresso de Direito do Desporto, Estoril, Outubro de 2004, Memórias (2005) p 179-192.

O GOVERNO DAS SOCIEDADES DESPORTIVAS

o conflito identificado será tão mais intenso quanto maior for a percentagem do agente no capital da SAD. Casos existem de SAD que são controladas por sociedades que desenvolvem actividades de agenciamento de jogadores.[66]

A conduta típica de um accionista de controlo de uma SAD que simultaneamente desenvolve a actividade de agenciamento de jogadores é a de conduzir a SAD a comprar jogadores por si agenciados. Tal actuação consubstancia uma transacção entre partes relacionadas, devendo ser acautelados os interesses dos accionistas minoritários, na maior parte dos casos associados do clube originador. O Direito comum não nos poderá servir aqui de apoio. Como refere FERREIRA GOMES, os requisitos de aprovação dos negócios celebrados com accionistas controladores não foram alvo da devida atenção pelo nosso legislador societário: «*de facto, os negócios celebrados entre a sociedade e os seus accionistas controladores (só por si) não estão sujeitos a qualquer requisito de aprovação ou ratificação, seja pelo órgão de administração seja pela assembleia geral, salvo no caso específico das "quase entradas" previstas no artigo 29.º do CSC*».[67] De resto, no caso de atletas apenas agenciados e cujos direitos económicos e/ou de inscrição não pertençam ao accionista de controlo, mesmo o regime do artigo 29.º do CSC seria de aplicação questionável. Restam, assim, os requisitos impostos aos negócios com administradores que, de forma indirecta, condicionam a celebração de negócios com accionistas controladores.[68]

Cabe ainda referir o conflito resultante da possibilidade de exercício de influência sobre outros jogadores agenciados pelo agente/accionista nas prestações desportivas destes contra a SAD participada ou contra outra SAD ou clube de futebol que estejam em competição com a SAD participada.

A eliminação do problema poderia passar pela limitação da possibilidade de participação dos agentes no capital das sociedades desportivas. Para soluções menos limitativas e atendendo à natureza específica dos conflitos identificados, ter-se-ia provavelmente de confiar em mecanismo alheios ao funcionamento intra-societário.

---

[66] Cfr. comunicado sobre aquisição de participação qualificada de 74% dos direitos de voto correspondentes ao capital social da Estoril Praia – Futebol SAD, por parte da Traffic Sports Europe, Lda., no SDI da CMVM, em 14 de Outubro de 2010, disponível em http://web3.cmvm.pt/sdi2004/emitentes/docs/fsd18527.pdf.

[67] Cfr. *Conflitos de Interesses entre accionistas nos negócios celebrados entre a sociedade e o seu accionista controlador*, CÂMARA/GOMES/GIÃO/NEVES/BORGES/SANTOS/SANTOS/DIAS, Conflito de Interesses no Direito Societário e Financeiro: Um balanço a partir da crise financeira (2010), p. 200.

[68] Sobre este assunto, remeto para o meu *Conflitos de Interesses entre os Administradores e os Accionistas na Sociedade Anónima: os negócios com a sociedade e a remuneração dos administradores*, CÂMARA/GOMES/GIÃO/NEVES/BORGES/SANTOS/SANTOS/DIAS, Conflito de Interesses no Direito Societário e Financeiro: Um balanço a partir da crise financeira (2010), em particular, p. 237 a 267; e FERREIRA GOMES, *Conflitos de Interesses entre accionistas nos negócios celebrados entre a sociedade e o seu accionista controlador*, CÂMARA/GOMES/GIÃO/NEVES/BORGES/SANTOS/SANTOS/DIAS, Conflito de Interesses no Direito Societário e Financeiro: Um balanço a partir da crise financeira (2010), p. 93 a 120.

O GOVERNO DAS ORGANIZAÇÕES

4. A ADMINISTRAÇÃO E A FISCALIZAÇÃO DAS SOCIEDADES DESPORTIVAS

I – O Decreto-Lei n.º 67/97 (RJSD) é parco em normas sobre a administração e fiscalização das sociedades anónimas desportivas. Quanto ao órgão de administração inclui apenas duas regras: o artigo 13.º estipula que o mesmo seja composto por um número ímpar de membros,[69] o qual deve ser fixado nos estatutos, com o mínimo de três elementos, os quais deverão ser gestores profissionais. Por seu lado, o artigo 14.º, define três situações geradoras de incompatibilidade com o exercício do cargo de administrador da SAD.

II – No que se refere ao órgão de fiscalização das sociedades desportivas, o RJSD é completamente omisso, remetendo integralmente para as disposições gerais previstas no CSC.

4.1. Modelos de Governo

I – Após a reforma de 2006, o CSC passou a proporcionar três modelos de organização da administração e da fiscalização, somando aos modelos anteriormente previstos e actualizados um novo modelo de organização, típico das sociedades anglo-saxónicas, que compreende a existência obrigatória de uma comissão de auditoria dentro do órgão de administração. Assim, nos termos do disposto no n.º 1 do artigo 278.º do CSC, as sociedades anónimas podem organizar-se conforme um dos seguintes modelos: (i) modelo latino ou clássico; (ii) modelo anglo-saxónico; e (iii) modelo germânico ou dualista.[70]

II – A questão que cabe aqui iluminar consiste em saber se o RJSD impõe um determinado modelo de governo às SAD ou se, pelo contrário, faculta a adopção de qualquer dos modelos de governo previstos no CSC. Em Espanha, por exemplo, o artigo 11.º do *Real Decreto 1081/1991* é bastante limitativo e determina que a administração das SAD corresponda «exclusivamente» a um conselho de administração, integrado por um mínimo de sete membros.[71]

---

[69] Regra que constitui um anacronismo, face à redacção do n.º 1 do artigo 390.º do CSC introduzida pelo Decreto-Lei n.º 76-A/2006.

[70] Sobre a reforma dos modelos de governo na reforma de 2006, e sobre as características particulares de cada um dos aludidos modelos de governo, remetemos para o capítulo do presente livro referente ao "Governo da Sociedade Anónima" e ainda, sem exaustividade, para MENEZES CORDEIRO, *A grande reforma das sociedades comerciais*, O Direito, Ano 138.º/III (2006), p. 445-453; e CÂMARA, *Os Modelos de Governo das Sociedades Anónimas*, Reformas do Código das Sociedades (2007), p. 181 e ss.

[71] Em Espanha, a doutrina discute inclusive se o vocábulo «exclusivamente» limita a possibilidade de ampliar a estrutura de administração através, por exemplo, da delegação de competências numa comissão

O GOVERNO DAS SOCIEDADES DESPORTIVAS

À luz do disposto no RJSD, é correcto afirmar que o nosso ordenamento jurídico permite às SAD acomodar qualquer dos modelos de governos derivados da reforma de 2006. Todavia, uma precisão se impõe: alguns dos modelos de governo estabelecidos no CSC comportam sub-modelos e quanto a estes a afirmação já não será genericamente válida.

Por exemplo, por força da regra relativa ao mínimo de três elementos, o RJSD não admite um administrador único nas SAD. Em geral, o n.º 2 do artigo 390.º do CSC admite que sociedades cujo capital social não exceda 200.000 euros tenham um só administrador. Em geral, os modelos clássicos e dualista comportam que o órgão de administração se constitua como um administrador único, circunstância que se apenas se mostra inadmissível no modelo anglo-saxónico.[72]

III – Como se indicou, os membros do órgão de administração da SAD deverão ser gestores profissionais. A lei não acrescenta mais directrizes sobre os requisitos, em termos de experiência e qualificações profissionais, que os membros dos órgãos de administração devem mostrar, sendo tal avaliação devolvida em pleno aos accionistas. Ao exigir que membros do órgão de administração das SAD sejam gestores profissionais, estar-se-á a impedir a designação de uma pessoa colectiva como administrador de uma SAD?

A resposta é negativa. O n.º 4 do artigo 390.º do CSC clarifica que no caso de designação de uma pessoa colectiva como administrador, ela deverá nomear uma pessoa singular para exercer o cargo em nome próprio, ainda que a pessoa colectiva responda solidariamente com a pessoa designada pelos actos desta. Assim, uma pessoa colectiva pode perfeitamente ser designada administrador de uma SAD, aferindo-se o requisito previsto no artigo 13.º do RJSD em relação à pessoa singular por si nomeada.

IV – Sobre a fiscalização das SAD não existem especialidades de maior a assinalar. Tratando-se de SAD admitidas à negociação em mercado regulamentado, são convocadas as regras que reforçam os sistemas de fiscalização, em qualquer dos modelos de governo previstos.[73]

---

executiva. Admitindo tal possibilidade FUERTES LOPEZ, *Asociaciones y Sociedades Deportivas*, (1992) p. 70. Sobre o órgão de fiscalização das SAD espanholas ver ainda GÓMEZ-FERRER SAPIÑA, *Sociedades Anónimas Deportivas* (1992)p. 89 e ss.

[72] Cfr. artigo 423.º-B, n.º 2 do CSC.

[73] Cfr. artigos 413.º, n.º 1, alínea b) e n.º 2, alínea a); 414.º, n.º 4 e 6; 423.º-B, n.ºˢ 4 e 5; 434.º, n.º4; e 444.º, n.º 2,5 e 6, todos do CSC.

O GOVERNO DAS ORGANIZAÇÕES

4.2. Incompatibilidades

I – O artigo 14.º do RJSD consagra que não podem ser administradores de sociedades desportivas:
a) Os que, no ano anterior, tenham ocupado cargos sociais em outra sociedade desportiva constituída para a mesma modalidade;
b) Os titulares de órgãos sociais de federações ou associações desportivas de clubes da mesma modalidade; e
c) Os praticantes profissionais, os treinadores e árbitros, em exercício, da respectiva modalidade.

II – A primeira das incompatibilidades prevista no artigo 14.º do RJSD constitui, porventura, o melhor exemplo da mediocridade da lei portuguesa no quadro da regulação do governo das sociedades desportivas. Com efeito, tem de causar exclamação o facto de o exercício, no ano anterior, de cargos sociais em outra sociedade desportiva da mesma modalidade configurar uma incompatibilidade, mas já não o exercício simultâneo e actual de funções em duas SAD que participem na mesma competição. Recorde-se que, nos termos do Direito societário comum, obtida autorização da assembleia geral, os administradores podem exercer, por conta própria ou alheia, actividade concorrente com a da sociedade, assim como podem exercer funções em sociedade concorrente.[74]
Como é patente, esta incompatibilidade deveria abarcar o exercício transacto (por referência a um período temporal superior a um ano), mas, sobretudo, o exercício actual de funções. Similarmente, não se compreende a razão pela qual não configura uma incompatibilidade o exercício (actual ou pretérito) de funções em clube desportivo que, sujeitando-se ao regime especial de gestão, participe em competições profissionais.

III – Não existem regras específicas sobre incompatibilidades dos membros do órgão de fiscalização. Atendendo ao princípio da transparência desportiva, as incompatibilidades previstas no artigo 14.º do RJSD, depois de afinadas, deveriam igualmente aplicar-se-lhes, em conjugação com o disposto no artigo 414.º-A do CSC, já actualmente aplicável.[75] Note-se que o regime de incompatibilidades aplicável ao órgão de fiscalização, nas sociedades desportivas admitidas à negociação em mercado regulamentado, cobra igualmente relevo na aferição do cumprimentos dos requisitos de independência aplicáveis aos administradores.[76]

---

[74] Artigo 398.º, n.º 4 do CSC.
[75] Directamente no modelo de governo latino e por remissão nos demais modelos de governo.
[76] De acordo com a Recomendação n.º II.1.2.3. do Código do Governo das Sociedades da CMVM «a avaliação da independência dos seus membros não executivos feita pelo órgão de administração deve ter em conta as regras legais e

5. CONCLUSÕES

I – Chegados a este ponto, estamos já habilitados para responder à questão inicialmente colocada. Em Portugal, a intervenção normativa estadual saldou-se, até agora, pelo insucesso em virtude, essencialmente, das suas inúmeras deficiências.

O enquadramento legal aplicável é confuso, pouco linear e repleto de lacunas. Em adição, não se registaram dificuldades em encontrar erros de regulação, alguns particularmente penalizadores para o devir societário das SAD e contraprodu-centes em face dos desígnios assumidos pelo legislador: melhorar a transparência e reforçar o rigor da gestão dos clubes desportivos profissionais.

Recordam-se, designadamente, as fragilidades apontadas nos domínios da multi-propriedade, das participações cruzadas e da composição do órgão de administração. No que se refere ao primeiro aspecto focado, a solução da lei portuguesa é fraca, porquanto admite que um mesmo accionista possa deter participações qualificadas, mesmo maioritárias, em várias SAD, desde que apenas exerça activamente os seus direitos sociais numa delas. Quanto à problemática das participações cruzadas, o artigo 19.º do RJSD constitui um exemplo de técnica legislativa deficiente, na medida em que apenas cobre as participações directas. Por fim, não se compreende como o exercício, no ano anterior, de cargos sociais em outra sociedade desportiva da mesma modalidade pode configurar uma incompatibilidade para o exercício do cargo de administrador, mas já não a acu-mulação simultânea e actual de funções em duas SAD que participem na mesma competição ou em clube desportivo que, sujeitando-se ao regime especial de gestão, participe em competições profissionais.

II – Outro aspecto que merece saliência é a, porventura, excessiva confiança depositada pelo legislador na mera adopção do tipo societário como instrumento de recuperação económica e de credibilização do funcionamento organizacional. O Direito serve o bem comum.[77] O Direito Societário, em particular, através dos tipos societários criados, facilita as transacções entre os agentes económicos, diminuindo os seus custos.[78] Mas daí a garantir uma boa gestão vai um salto desmesurado.

---

regulamentares em vigor sobre os requisitos de independência e o regime de incompatibilidades aplicáveis aos membros dos outros órgão sociais, assegurando a coerência sistemática e temporal na aplicação dos critérios de independência a toda a sociedade. Não deve ser considerado independente administrador que, noutro órgão social, não pudesse assumir essa qualidade por força das normas aplicáveis».

[77] Oliveira Ascensão, O Direito. Introdução e Teoria Geral (2010), p. 102 e 221.

[78] Armour/Hansmann/Kraakman, *The Essential Elements of Corporate Law* (2009), p. 3. Sobre a *ratio* da existência de regras imperativas no Direito Societário, p. 21.

O GOVERNO DAS ORGANIZAÇÕES

Em termos regulatórios, a tendência que se verifica actualmente para fazer face aos problemas de governo dos clubes desportivos profissionais, independentemente da sua forma jurídica, é a de abandonar as soluções organizativas (*governance strategies*), substituindo-as por soluções proibitivas (*regulatory stategies*).[79] Tome-se, como exemplo, a novel *UEFA Club Licensing and Financial Fair Play Regulation*.

A soluções organizativas tentadas falharam, em grande medida, porque o quadro jurídico criado não potenciou o controlo dos problemas de agência existentes.[80] O regime de super-privilégio do clube fundador, a par da dimensão emocional ligada ao investimento em sociedades desportivas, contribuiu para a estagnação da base accionista das SAD e para afastar a captação de novas fontes de capital próprio.

Mais do que isso, a tutela exacerbada do princípio do privilégio do clube fundador conduziu à cristalização dos mesmos sistemas organizacionais que o RJSD se predispunha substituir. E enquanto este *status quo* se mantiver, o tema do governo das sociedades desportivas deve sair de cena e dar o seu lugar ao verdadeiro protagonista: o estudo do governo dos clubes desportivos de origem.

---

[79] ARMOUR/HANSMANN/KRAAKMAN, *Agency Problems, Legal Strategies and Enforcement* (2009), p. 5.

[80] O mercado de controlo societário no domínio das sociedades desportivas em Portugal é inexistente. COLAÇO, *As OPAS nas Sociedades Anónimas Desportivas* (2008), p. 83 e ss. O lançamento hostil de ofertas públicas de aquisição é desincentivado, quase em absoluto, pelo princípio do privilégio do clube fundador. O mesmo princípio, com consagração legal, impede que as SAD cotadas cumpram integralmente as recomendações sobre medidas relativas ao controlo das sociedades incluídas no Código do Governo das Sociedades da CMVM.

CAPÍTULO VIII

O GOVERNO DOS BANCOS

Sofia Leite Borges

Abstract: *Due to the key role banks play in the economy it is paramount to ensure that they are managed in a safe and sound manner and that they have in place robust practices and principles of governance. The recent financial crisis is a reminder of the need to ensure that this is the case, although this is to a certain extent disputed, as discussed in the text. Ensuring that a bank is properly governed is not, however, an easy task, since management bodies must make sure that the interests of the bank itself, its shareholders and stakeholders, are duly promoted, recognised, protected and considered. The aim is to ensure that the balance struck between all such interests is "just right" as recommended by the "goldilocks theory". This paper deals with the principles and practices of good governance and addresses, broadly, the Portuguese regime, including national legislation and national and, where relevant and applicable, international, soft law and self-regulatory texts. In particular, reference is made to the principles issued by the Basel Committee on Banking Supervision and the Financial Stability Board. Specific references are made to a number of banking governance challenges, such as those arising out of the issues of board qualification and soundness and conflict of interest.*

Sumário: *1. Introdução; 2. O governo dos bancos; 2.1. O conceito de banco e a actividade bancária; 2.2. O* corporate governance *na actividade bancária; 2.3. Interesses em presença – a singularidade do sector bancário; 3. Fontes Nacionais; 3.1. RGICSF; 3.2. CdVM; 3.3. Decreto-Lei n.º 88/2011, de 20 de Julho; 3.4. Lei n.º 28/2009; 3.5. Regulamentação do BP; 3.6. Regulamentação da CMVM; 4. Fontes Internacionais; 4.1. Direito Comunitário; 4.2. Os princípios da OCDE em matéria de governo societário – 1999 e 2004; 4.3.*

O GOVERNO DAS ORGANIZAÇÕES

Os princípios do CBSB em matéria de governo das organizações bancárias – 1999, 2006 e 2010; 4.4. Os princípios do FSB, do CBSB e do CEBS em matéria de remuneração; 5. Considerações finais; 5.1. Idoneidade, qualificação e exclusividade; 5.2. Conflito de interesses.

1. INTRODUÇÃO

I – Provavelmente nunca conseguiremos responder com absoluta certeza à questão de saber se na origem e na disseminação mundial da crise financeira que teve início no Verão de 2007 nos Estados Unidos da América, e que é considerada a mais grave dos últimos 60 anos[1], estiveram, também, falhas em matéria de governo dos bancos.

Enquanto para muitos, tais falhas, principalmente em matéria de controlo de riscos, qualificação dos administradores, falta de capacidade crítica em face do *zeitgeist* da era, conflito de interesses e remuneração, desempenharam um papel determinante no evoluir dos acontecimentos[2], para outros poderão ter sido precisamente as boas práticas em matéria de governo dos bancos, em especial uma certa atitude "pró-accionista"[3], que tornaram a actuação dos órgãos de administração dos bancos mais propensa ao risco, assim contribuindo para a crise e para a sua propagação[4].

---

[1] MYRET ZAKI – *UBS Os Bastidores de um Escândalo*, Actual Editora, Lisboa, 2008, p. 197.

[2] FINANCIAL STABILITY FORUM, *FSF Principles for Sound Compensation Practices*, 2 de Abril de 2009, disponível em http://www.financialstabilityboard.org/publications/r_0904b.pdf, p. 1 e FINANCIAL STABILITY BOARD, *FSB Principles for Sound Compensation Practices – Implementation Standards*, 25 de Setembro de 2009, disponível em http://www.financialstabilityboard.org/publications/r_090925c.pdf, p. 1; DAVID WALKER – *A Review of corporate governance in UK banks and the other financial industry entities – Final Recommendations*, Novembro de 2009, disponível em http://www.hm-treasury.gov.uk/walker_review_information.htm, p. 10.

[3] *"A crise financeira mostrou que a confiança no modelo do accionista proprietário, que contribui para a viabilidade da empresa a longo prazo, foi no mínimo fortemente abalada. A cada vez maior «financeirização» da economia, especialmente devido à multiplicação das fontes de financiamento/injecções de capital, introduziu novas categorias de accionistas. Por vezes, esses accionistas parecem mostrar pouco interesse pelo governo a longo prazo das sociedades/instituições financeiras em que investem e podem ser eles próprios responsáveis por incentivar a tomada excessiva de risco, devido aos seus horizontes de investimento relativamente curtos ou mesmo muito curtos (trimestrais ou semestrais). Neste aspecto, o procurado alinhamento dos interesses dos administradores com estas novas categorias de accionistas amplificou a tomada de riscos e, em muitos casos, contribuiu para as remunerações excessivas dos administradores, baseadas no valor a curto prazo das acções da empresa/instituição financeira como único critério de desempenho".* EUROPEAN COMMISSION, *Green Paper – Corporate governance in financial institutions and remuneration policies*, (COM (2010)284 final), Junho de 2010, p. 8 e 9.

[4] ANDREA BELTRATTI e RENE M. STULZ, *Why Did Some Banks Perform Better during the Credit Crisis? A Cross-Country Study of the Impact of Governance and Regulation*, Julho 2009, Fisher College of Business Working Paper No. 2009-03-012, disponível em http://ssrn.com/abstract=1433502. Entendem os autores que *"Banks that the market favored in 2006 had especially poor returns during the crisis. Using conventional indicators of good governance, banks with more shareholder-friendly boards performed worse during the crisis. Banks in countries*

O GOVERNO DOS BANCOS

Alguns estudos concluem ainda que o governo societário funcionou de forma razoavelmente boa na generalidade dos sectores da economia, no período que antecedeu a crise e mesmo durante a mesma, com a significativa excepção do sector financeiro, considerado uma "espécie à parte", povoada por empresas "demasiado grandes para falharem" e propensas a falhas de *corporate governance*[5].

Para outros, por fim, na origem da crise (e da sua disseminação) estiveram não tanto uma apetência cega pelo lucro ou a assunção de más opções em matéria de remuneração, mas antes uma percepção errónea e generalizada em matéria de avaliação dos riscos associados a certos activos, percepção essa que foi partilhada tanto pelos bancos como pelos investidores, sendo que os bancos que se saíram bem da crise o fizeram mais por razões de adequação de capital e supervisão do que por razões de bom governo[6].

II – Independentemente da opinião que se perfilhe nesta matéria, tem sido aceite, de forma que nos parece pacífica, que os bancos apresentam especificidades que têm impacto em matéria de governo societário e, consequentemente, no que respeita à consideração a dar – e às vias de solução a adoptar – para dar resposta aos conflitos de interesses tradicionais que o *corporate governance* procura resolver. Neste contexto tem sido assinalado que as particularidades dos bancos, tal como a sua função de geração de liquidez, o facto de terem balanços mais opacos e de serem altamente regulados, entre outros aspectos[7], exacerbam os

---

with stricter capital requirement regulations and with more independent supervisors performed better. Though banks in countries with more powerful supervisors had worse stock returns, we provide some evidence that this may be because these supervisors required banks to raise more capital during the crisis and that doing so was costly for shareholders. Large banks with more Tier 1 capital and more deposit financing at the end of 2006 had significantly higher returns during the crisis. After accounting for country fixed effects, banks with more loans and more liquid assets performed better during the month following the Lehman bankruptcy, and so did banks from countries with stronger capital supervision and more restrictions on bank activities.". JOHN CARNEY, *"Better" Corporate Governance Made Banks Riskier*, publicado a 29 de Agosto de 2009, disponível em http://www.businessinsider.com/better-corporate-governance--made-banks-riskier-2009-8, e também, do mesmo autor, *How 'Say On Pay' Might Make Banks Even Riskier*, publicado a 12 de Agosto de 2009, disponível em http://www.businessinsider.com/how-say-on-pay-might--make-banks-even-riskier-2009-8

[5] BRIAN R. CHEFFINS, *Did Corporate Governance "Fail" During the 2008 Stock Market Meltdown? The Case of the S&P 500*, p. 4 e ss.

[6] *"(...) it wasn't bad bonus incentives that drove banks to take risky bets in asset backed securities. It was a widespread mistake about the values of those assets. And that mistake was shared by bankers as well as investors in banks."* JOHN CARNEY, *"Better" Corporate Governance Made Banks Riskier*, ob.cit.

[7] PETER O. MULBERT, *Corporate Governance of Banks after the Financial Crisis – Theory, Evidence and Reform*, ob.cit., p. 10 e ss, refere ainda, como particularidades dos bancos, o facto de serem remunerados cobrando uma taxa de juro e margem aos seus devedores mais elevada do que aquela que pagam quando se financiam; o facto da qualidade dos activos em que investem e do crédito que concedem ser de difícil avaliação, tanto para os próprios como para as contrapartes com os quais transaccionam (ainda que estas sejam bancos); o facto dos bancos celebrarem muitos dos seus negócios com outros bancos, o que exacerba o risco de

O GOVERNO DAS ORGANIZAÇÕES

múltiplos conflitos de interesses característicos da vida societária e reduzem a eficácia de alguns dos mecanismos tradicionais de que o governo societário se socorre para mitigar tais conflitos[8].

Igualmente certo é que, no rescaldo da crise financeira recente, foram acumulados enormes prejuízos pelos bancos, estimando o Fundo Monetário Internacional que as perdas totais para o sistema financeiro mundial geradas pela crise são da ordem dos 11.9 triliões de dólares americanos[9], sendo que a injecção de dinheiros públicos feita nos Estados Unidos e na Europa para combater os efeitos da crise ascendia, em Junho de 2010, segundo dados avançados pela Comissão Europeia, a 25% do PIB[10].

Neste contexto, as falências ou quase falências de bancos e instituições financeiras sucederam-se em catadupa, um pouco por todo o mundo[11], tendo como epicentro a crise desencadeada nos Estados Unidos com o colapso do mercado de crédito hipotecário de alto risco (*subprime*), cujas consequências foram global-

---

contágio e de contraparte, já que os concorrentes de um banco são também seus parceiros de negócio; o facto de os bancos que detêm uma carteira importante de derivados ou de valores mobiliários com funções semelhantes, estarem sujeitos a alterações drásticas em matéria de perfil de risco, mesmo que não façam novos investimentos, nem assumam novas posições e o facto de estarem sujeitos a corridas aos depósitos.

[8] PETER O. MULBERT, *Corporate Governance of Banks after the Financial Crisis – Theory, Evidence and Reform*, ob.cit., p. 10 e ss., em particular, p. 19.

[9] EDMUND CONWAY, notícia publicada a 8 Agosto 2009, disponível em Telegraph.co.uk, http://www.telegraph.co.uk/finance/newsbysector/banksandfinance/5995810/IMF-puts-total-cost-of-crisis-at-7.1--trillion.html, *"IMF puts total cost of crisis at £7.1 trillion – The cost of mopping up after the world financial crisis has come to $11.9 trillion (£7.12 trillion) enough to finance a £1,779 handout for every man, woman and child on the planet"*, também MYRET ZAKI, *UBS Os Bastidores de um Escândalo*, ob.cit., p. 61 e 62.

[10] EUROPEAN COMMISSION, *Green Paper – Corporate governance in financial institutions and remuneration policies*, (COM (2010)284 final), ob.cit., p. 2.

[11] Nos Estados Unidos dá-se a falência da Lehman Brothers Holdings, Inc, em finais de 2008, situação particularmente impressiva já que se tratava do quinto maior banco de investimento norte-americano. Pouco depois, entra em falência o Washington Mutual, Inc (WaMu). A Federal National Mortgage Association (Fannie Mae) e a Federal Home Loan Moortgage Corporation (Freddie Mac) são colocadas sob a tutela especial da Federal Housing Finance Agency também em finais de 2008. A American International Group, Inc (AIG), gigante norte-americana dos seguros, é nacionalizada em 80% a 17 de Setembro de 2008. A Merrill Lynch é comprada pelo Bank of America, o mesmo se passando com a Bear Stearns (comprada pela JP Morgan Chase & Co.) e com a Morgan Stanley comprada pelo Mitsubishi UFJ Financial Group. Na Europa, o banco britânico Northern Rock, plc é nacionalizado em Fevereiro de 2008; os bancos Dexia (franco-belga) e Hypo Real Estate Holding AG (alemão) receberam importantes ajudas governamentais para repor níveis adequados de liquidez; a Fortis foi nacionalizada pelos governos holandês, belga e luxemburguês, o mesmo sucedendo com o banco britânico Bradford & Bingley (exceptuando a área do retalho relativa aos depósitos e sua rede de balcões, que foi transferida para o Abbey, que integra o grupo Santander). Na Suíça, a UBS sofre perdas substanciais, que põem em causa a continuação do seu banco de investimento norte-americano, estando exposta a perdas potencias entre 60 e 1010 mil milhões de francos. MYRET ZAKI, *UBS Os Bastidores de um Escândalo*, ob.cit., p. 60 e ss. e ANTÓNIO PEDRO A. FERREIRA, *O Governo das Sociedades e a Supervisão Bancária – Interacções e Complementaridades*, Quid Juris Sociedade Editora, Lisboa, 2009, p. 41, 62.

O GOVERNO DOS BANCOS

mente disseminadas dada a distribuição de valores mobiliários tendo por activos de referência os referidos créditos hipotecários de risco[12].

As crises financeiras têm estado, tradicionalmente, na base da evolução das directrizes de boa governação societária e bancária emitidas pela União Europeia, pela OCDE, pelo CBSB e pelo FSB (antigo FSF), acrescentando novos dados de reflexão a propósito destas temáticas. Assim, a crise financeira asiática de finais da década de 1990 lançou o mote para a criação e desenvolvimento dos Princípios da OCDE e do CBSB em matéria de governo societário, em geral, e dos bancos em particular[13]. Já os casos *Enron, Adelphia, Parmalat, Tyco International* e *WorldCom*, entre outros, que marcaram o início da década de 2000, foram devidamente levados em linha de conta na revisão destes Princípios levada a cabo em 2004 e em 2006, respectivamente[14]. Também a crise financeira iniciada em meados de 2007 levou, em moldes semelhantes, à proliferação de directrizes, orientações e estudos de cariz nacional e internacional, em matéria de *corporate governance*, como veremos ao longo deste trabalho.

A corrida ao levantamento de depósitos, a utilização de dinheiro de contribuintes para salvar entidades do sector financeiro, aliada aos despedimentos relacionados directa ou indirectamente com a crise, mais não fazem do que confirmar o papel único dos bancos enquanto pilares do sector financeiro e da economia nacional e mundial[15] e o elevado risco sistémico associado às respectivas situações de dificuldade económica.

As autoridades de supervisão, por regra subdimensionadas face à grandeza, riqueza e recursos, desde logo em matéria de conhecimento acumulado, dos bancos que supervisionam, concluíram já que as boas práticas em matéria de

---

[12] Em Portugal o Banco Privado Português foi financiado em 450 milhões de euros, numa operação suportada por seis instituições financeiras, com aval do Estado (Despacho do Secretário de Estado do Tesouro e Finanças n.º 31268-A/20008, de 4 de Dezembro de 2008) e deu-se a nacionalização do Banco Privado de Negócios levada a cabo pela Lei n.º 62-A/2008, de 11 de Novembro, no contexto do avolumar de perdas acumuladas, ausência de liquidez adequada e iminência de uma situação de ruptura de pagamentos que ameaçava os interesses dos depositantes e a estabilidade do sistema financeiro, e sua reprivatização, aprovada pelo Decreto-Lei n.º 2/2010, de 5 de Janeiro.

[13] OCDE, *Principles of Corporate Governance*, 1999, disponível em http://www.bestpractices.cz/praktiky/ ETIKA_V_PODNIKANI/p2003_oecd_principles_of_corporate_governance.pdf; CBSB, *Enhancing corporate governance for banking organizations*, September 1999, disponível em http://www.bis.org/publ/ bcbs56.pdf?noframes=1; cf. também António Pedro A. Ferreira, *O Governo das Sociedades e a Supervisão Bancária*, ob.cit., p. 20.

[14] António Pedro A. Ferreira, *O Governo das Sociedades e a Supervisão Bancária*, ob.cit., p. 25.

[15] António Pedro A. Ferreira, *O Governo das Sociedades e a Supervisão Bancária*, ob.cit., p. 11, David Walker, *A Review of corporate governance in UK banks and the other financial industry entities – Final Recommendations*, ob.cit., p. 10, Basel Committee on Banking Supervision – *Enhancing corporate governance for banking organisations*, 2006, ob.cit. p. 1 e ss.

O GOVERNO DAS ORGANIZAÇÕES

governação bancária facilitam a supervisão[16] e que níveis elevados de adequação de capital dificultam uma atitude especulativa face ao risco[17], sendo, nos dois casos, medidas que poupam os recursos das autoridades de supervisão.

III – As razões associadas à origem da crise financeira recente e ao mau desempenho de certos bancos nesse contexto não devem ser encaradas de forma simplista, atenta até a sua multiplicidade[18]. Isto é particularmente verdadeiro no caso das regras de governo dos bancos, dada a sua amplitude, carácter transversal e complexidade[19].

Más práticas de governação bancária poderão, na maioria dos casos, ter contribuído para um desempenho pobre dos bancos afectados, especialmente no que respeita aos tópicos da cultura de integridade e cumprimento, da qualificação, do controlo de risco e do conflito de interesses. A questão da remuneração, pese embora o seu carácter moralizador e exemplar, releva mais no contexto de uma insuficiência e má gestão dos demais pontos anteriormente referidos, do que propriamente por si própria[20]. A forma como estes vários factores se conjugaram em cada caso concreto, contribuindo para um dado resultado, variará, só podendo ser aferida, de modo absoluto, com recurso a casos de estudo.

Aliás, em sentido inverso, também se poderá dizer que alguns bancos que saíram relativamente imunes da crise (ou até com bons resultados) o fizeram, adoptando práticas de má governação bancária, especialmente em matéria de

---

[16] ANTÓNIO PEDRO A. FERREIRA, *O Governo das Sociedades e a Supervisão Bancária*, ob.cit., p. 11 e p. 101. O CBSB di-lo expressamente ao reconhecer: "*put painly, sound corporate governance makes the work of supervisors infinitely easier*", BASEL COMMITTEE ON BANKING SUPERVISION, *Enhancing corporate governance for banking organisations* 1999.

[17] MYRET ZAKI, *UBS Os Bastidores de um Escândalo*, ob.cit., p. 85.

[18] Cf. ANTÓNIO MENEZES CORDEIRO, *Manual de Direito Bancário*, 4.ª edição, Almedina, Lisboa, 2010, p. 127 e ss. Têm sido apontadas como estando na origem da crise financeira, situações tão diversificadas como as bolhas especulativas tecnológica e imobiliária, a questão do "dinheiro barato" (MYRET ZAKI, *UBS Os Bastidores de um Escândalo*, ob.cit., p. 57), o papel das agências de notação de risco, a avaliação de activos "ponderada pelo risco", a busca temerária do aumento do lucro, má gestão dos investimentos, problemas de agência, padrões negligentes de subscrição de títulos, seguros (ANTÓNIO PEDRO A. FERREIRA, *O Governo das Sociedades e a Supervisão Bancária*, ob.cit. p. 11 e 12), gestão deficiente do risco por parte das instituições financeiras, falta de transparência de mercado, limitação dos modelos de avaliação existentes, complexidade e opacidade dos instrumentos financeiros, incapacidades dos reguladores de entenderem adequadamente as implicações, para o sistema financeiro, das alterações verificadas ao longo dos últimos tempos no ambiente circundante ao exercício da actividade (CARLOS ALVES, *Origem e Desenvolvimento da Crise nos Mercados Financeiros: Que Ilações Regulatórias*, apresentação feita no âmbito da Conferência "Crise nos Mercados Financeiros", Universidade do Minho, Braga, 26 de Novembro de 2008).

[19] BRIAN R. CHEFFINS, *Did Corporate Governance "Fail" During the 2008 Stock Market Meltdown? The Case of the S&P 500*, ob.cit., p. 4 e ss.

[20] PETER O. MULBERT, *Corporate Governance of Banks after the Financial Crisis – Theory, Evidence and Reform*, ob.cit., p. 8.

conflito de interesses. Fala-se a este propósito, por exemplo, do *"duplo golpe de mestre"* da *Goldman Sachs*, instituição que sendo detentora de um banco de crédito imobiliário, se terá apercebido rapidamente da má qualidade dos créditos hipotecários titularizados na febre do *subprime*. Consta que, ciente desse facto e *"guardando segredo"*, decidiu retirar tais activos do respectivo balanço, escoando os produtos para os clientes crédulos ainda que, ao que tudo indica, institucionais[21], assim transferindo os riscos associados a estes activos. O expediente ter-lhe-á permitido sair incólume da crise, mas a estratégia suscita claras dúvidas em matéria de bom governo dos bancos e de actuação em conflito de interesses, tendo a *Goldman Sachs* sido punida por esta sua actuação[22].

Como escreve DAVID WALKER, no seu relatório de 26 de Novembro de 2009 sobre governo societário dos bancos do Reino Unido[23], uma regulação mais apertada, especialmente em matéria de adequação de capitais, poderá transformar os bancos em entidades mais seguras, mas haverá um preço a pagar que, com elevada probabilidade, será também repercutido nos clientes. A adopção de boas práticas em matéria de governo dos bancos não é garantia de que não se sucederão episódios de crise semelhantes aos vividos recentemente, mas tornam menos provável a possibilidade de reincidência. Apostar num melhor governo dos bancos poderá, em última análise, fazer com que as exigências em matéria de regulação não sejam tão pesadas para os bancos, encarecendo a sua actividade e coarctando o seu engenho financeiro, sendo este um aspecto que as próprias organizações bancárias deverão tomar em linha de conta na estruturação dos seus princípios e práticas de boa governação.

IV – O presente estudo visa traçar um panorama geral do enquadramento jurídico do governo dos bancos em Portugal, tomando especialmente por referência certos textos recentes que tratam o tema numa óptica específica e sectorial.

---

[21] MYRET ZAKI, *UBS Os Bastidores de um Escândalo*, ob.cit., p. 134.

[22] Em Julho de 2010 foi noticiado que *"US investment bank Goldman Sachs has agreed to pay a mammoth $550 million fine to settle claims that it mis-led investors into backing a doomed mortgage-backed security. Part of the penalty will be distributed to investors in the security including Royal Bank of Scotland which stands to recieve $100 million. The fine amounts to a full week of trading for the bank. The bank conceded that there was incomplete information in the marketing material around the product, rather than that it had deliberately mis-led investors. The accusation amounted to the suggestion that the bank had encouraged investors to buy the security even though it knew hedge fund investor John Paulson was both shorting it and helping choose the underlying securities into which it invested. There has been no reprieve yet though for Fabrice 'Fabulous Fab' Tourre who was the trader most involved in marketing the security, known as Abacus. He is still being investigated by the US Securities and Exchange Commission. In a statement Goldman said the move was the 'right outcome'. Goldman's stock rose sharply on the news of the fine, which was around half the $1 billion that had been feared. It posted a 4.4% gain to close at $145.22.",* disponível em http://83.217.99.68/money/goldman-sachs-fined-record-550-million/a415068.

[23] DAVID WALKER, *A Review of corporate governance in UK banks and the other financial industry entities – Final Recommendations*, Novembro de 2009, ob.cit., p. 10.

O GOVERNO DAS ORGANIZAÇÕES

Como se definirá adiante, circunscrevemos o objecto desta análise aos bancos, tomando como paradigma a chamada banca universal, aquela que precisamente mescla a actividade mais rigorosamente bancária com os serviços de investimento e auxiliares próprios do direito dos valores mobiliários. Partindo deste objecto mais alargado, outras reflexões se proporcionarão, certamente, no futuro quanto a instituições de crédito e sociedades financeiras com objecto social mais restrito.

No direito nacional não existem normas legais, regulamentares ou de auto--regulação, que de forma coesa regulem o governo dos bancos, exigindo-se um esforço de concatenação e adaptação de diversos diplomas do quadro jurídico vigente à realidade específica dos bancos. É importante todavia assinalar o surgimento, a partir de 2007, de alterações a diplomas e novos actos normativos com particular enfoque no governo societário, seja em geral, seja sectorialmente.

É sobretudo no plano internacional que têm surgido os mais significativos contributos para o governo societário dos bancos, resultando em particular do trabalho desenvolvido pela Comissão Europeia, pelo CBSB[24] e pelo FSB[25] e das reflexões desenvolvidas em outros trabalhos de índole sectorial que relevam pela sua novidade e proximidade face à crise, como é o caso do Relatório Walker[26].

Os Princípios de Governo Societário emitidos pela OCDE[27], pese embora não sendo aplicáveis exclusivamente aos bancos, merecem também referência, na medida em que tratam as matérias relacionadas com os direitos dos accionistas, para estes remetendo os princípios delineados pelo CBSB, neste contexto específico[28].

A abordagem aos vários textos referidos será mais tópica e impressiva do que propriamente detalhada e sistemática, atenta a dimensão deste trabalho e as limitações em termos do respectivo âmbito que tal dimensão necessariamente implica. Um panorama completo do governo dos bancos em Portugal implicaria

---

[24] BASEL COMMITTEE ON BANKING SUPERVISION, *Enhancing corporate governance for banking organizations*, September 1999, ob.cit. e BASEL COMMITTEE ON BANKING SUPERVISION, *Enhancing corporate governance for banking organizations*, 2006, ob.cit.

[25] FINANCIAL STABILITY FORUM, *FSF Principles for Sound Compensation Practices*, ob.cit. e FINANCIAL STABILITY BOARD, *FSB Principles for Sound Compensation Practices – Implementation Standards*, ob.cit.

[26] DAVID WALKER, A *Review of corporate governance in UK banks and the other financial industry entities*, Consultation Document datado de Julho de 2009, disponível em http://www.hm-treasury.gov.uk/walker_review_information.htm e DAVID WALKER, *A Review of corporate governance in UK banks and the other financial industry entities*, Final Recommendations datado de Novembro de 2009, disponível em http://www.hm-treasury.gov.uk/walker_review_information.htm.

[27] OECD, *Principles of Corporate Governance*, 1999, ob.cit. e *Principles of Corporate Governance*, 2004, disponível em http://www.oecd.org/dataoecd/32/18/31557724.pdf (tradução não oficial disponível em http://www.inst-informatica.pt/servicos/informacao-e-documentacao/biblioteca-digital/gestao-de-si-ti-1/corporate--governance/Principios_de_Governanca_Corporativa_da_OCDEpdf.pdf)

[28] BASEL COMMITTEE ON BANKING SUPERVISION, *Enhancing corporate governance for banking organisations*, 2006, ob.cit., p. 2.

268

a análise detalhada e minuciosa de vários diplomas e actos não normativos, de cariz nacional e internacional, tarefa que fica muito além dos objectivos mais modestos fixados para este artigo.

2. O GOVERNO DOS BANCOS

2.1. O conceito de banco e a actividade bancária

I – Os bancos são uma espécie de instituição de crédito (artigo 3.º do RGICSF), que reveste necessariamente a forma de sociedade anónima (artigo 14.º, n.º 1, alínea b) do RGICSF), caracterizando-se pela sua vocação universal em matéria de prestação de serviços financeiros – bancários, de investimento e auxiliares – tal como listados no artigo 4.º, n.º 1 do RGICSF e nos artigos 290.º e 291.º do CdVM.

Neste contexto, os bancos são sociedades comerciais que podem dedicar-se – e dedicam-se efectivamente – a uma multiplicidade de actividades financeiras, que incluem a prestação de conselhos de investimento, a gestão de carteiras, a negociação por conta própria, a recepção e a transmissão de ordens de investimento, a par de actividades propriamente bancárias, como seja a recepção de depósitos, a concessão de crédito e a emissão e gestão de meios de pagamento.

II – As vantagens e as desvantagens da banca universal[29] são bem conhecidas e há muito que vêm sendo discutidas, atenta a complexidade e o risco de abuso acrescidos que a sua consagração importa, inconvenientes que, pelo menos para alguns, são largamente compensados pelo dinamismo que a possibilidade de prossecução de uma multiplicidade de actividades veio introduzir no sector em termos de inovação, engenho e expansão comercial.

A forma como, em concreto, a banca universal se materializa, no seio de um grupo financeiro, é variada, podendo um banco específico prosseguir simultaneamente actividades ditas de retalho e outras de investimento, ou, em alternativa, vários bancos (ou outras entidades) de um mesmo grupo financeiro, dedicarem-se exclusivamente a cada um dos referidos sectores. Num caso como noutro a complexidade e o risco de abuso permanecem, seja pela prossecução simultânea de actividades potencialmente conflituantes, seja em virtude de mecanismos de

---

[29] O direito dos mercados de instrumentos financeiros assume actualmente uma orientação neo-reguladora, caracterizando-se pela eliminação das regras que limitavam o acesso ao mercado a determinados sujeitos (princípio do *numerus clausus*) e que impunham restrições ao tipo de actividades desenvolvidas pelos membros desses mercados, de que é exemplo máximo o *Glass-Steagall Act* de 1933, que separou, nos Estados Unidos da América, as actividades bancárias de retalho das actividades bancárias de investimento, proibindo a sua prossecução simultânea por uma mesma entidade, assim limitando a polifuncionalidade.

cross-selling e de gestão ou estratégia unitárias, que metamorfoseiam a pluralidade de direito numa unidade de facto, com as consequências daí advenientes.

III – O conhecimento desta realidade tem impacto directo em matéria do *corporate governance*, já que um bom governo é indissociável de um conhecimento profundo e factual da actividade prosseguida, do tipo de clientes abrangidos e dos deveres e regras que pautam as diversas actividades. A administração de um banco que é simultaneamente a sociedade-mãe de um grupo financeiro, tem que conhecer em profundidade não só a actividade e a estrutura específicas do banco que dirige, mas também a actividade concreta das suas participadas e as intercessões de gestão, de estrutura e de comércio que ocorrerão entre um e as outras.

O conhecimento desta realidade tem também um impacto directo em matéria legislativa, regulatória, de supervisão e até em termos de concepção da economia e do sistema financeiro nacional e global. Apesar da realidade da banca universal ser um dado adquirido, certo é que a visão tradicional do banco enquanto entidade que recebe depósitos e concede crédito continua, em muitos casos, a ser aquela que inspira, em grande medida, os legisladores nacionais e estrangeiros e os textos normativos que sobre a matéria se vão fazendo, em particular em matéria de *corporate governance*.

IV – No panorama actual, os bancos não se limitam, por regra, a receber depósitos e a conceder crédito. Dedicam-se também – e muitas vezes principalmente – à banca de investimento, seja directamente, seja como ponto de entrada para outras sociedades do mesmo grupo.

Consequentemente, os clientes de um banco não são, actualmente, apenas e tão só os depositantes e os mutuários. São também, em percentagem cada vez mais importante e significativa, os investidores nos mercados de capitais e os emitentes nesses mesmos mercados. Uns e outros são partes interessadas ou relevantes no que ao governo dos bancos diz respeito, veiculando distintos interesses que importa acautelar.

Os administradores de um banco não podem, em consequência, saber apenas de banca de retalho, têm também que ser conhecedores em matéria de banca de investimento, tendo também de perceber os riscos de intercessão entre aquelas duas matrizes bem distintas. E o mesmo vale para os reguladores, para os Estados e para as organizações supra-estaduais.

V – Pese embora sendo entidades comerciais com intuitos lucrativos, os bancos estão, por lei, onerados com especiais deveres de protecção dos interesses dos seus clientes, a quem prestam distintos serviços e que, neles, depositam a sua confiança.

Os deveres impostos aos bancos em nome da tutela da confiança dos clientes são também um elemento essencial a tomar em consideração na compreensão e aplicação prática das regras de bom governo.

VI – Os bancos, ou grupos bancários, são, hoje em dia, em muitos casos, *too big to fail*[30], tendo curiosamente a crise financeira acentuado o fenómeno de concentração no sector bancário. Não só devido à sua própria dimensão e aos recursos que empregam, mas também devido, muitas vezes, às dezenas de sociedades participadas que integram os respectivos grupos, de direito e de facto, como atestam as listagens infindáveis de entidades abrangidas nos perímetros de supervisão em base consolidada de várias instituições financeiras. E as perguntas que se podem fazer a partir desta constatação, não deixam de ser perturbadoras. Se um banco é *too big too fail*, não será também *too big to manage? Too big to supervise? Too big to regulate?*[31] E assim por diante.

Estas questões são relevantes e tiveram (e têm) implicações práticas evidentes no rescaldo da recente crise financeira, em que assistimos a países à beira da falência, ou assumindo compromissos financeiros consideráveis, em virtude (ou em grande medida, por causa) da situação financeira e da actividade dos seus bancos. Tal é o caso da Islândia e da Irlanda, no ponto máximo do espectro, mas também dos Estados Unidos e de Portugal, com a intervenção do Estado no resgate de bancos ou em garantia das operações por estes praticadas.

Mas mesmo fora do contexto específico da crise financeira, estas questões continuam a assumir importância, dado que a proliferação de interesses conflituantes no seio dos bancos e dos grupos em que se integram, coloca problemas de supervisão, sendo potencialmente geradora de prejuízos para os clientes e para o público em geral.

2.2. O *corporate governance* na actividade bancária

I – A expressão *corporate governance* abrange, com maior ou menor vocação expansiva, o conjunto das matérias relacionadas com a organização, o funcionamento e o controlo das sociedades. Em particular, o conceito de *corporate governance* congrega o conjunto de temas relacionadas com as relações entre os accionistas e a administração, a organização e o funcionamento dos órgãos de administração e fiscalização e matérias conexas como o conflito de interesses, a política remuneratória e o controlo de riscos. Ou seja, no essencial, está em causa

---

[30] Demasiado grandes para falhar.
[31] Demasiado grandes para gerir? Demasiado grandes para supervisionar? Demasiado grandes para regular?

a conformação jurídica de um conjunto de matérias oriundas da gestão mas que colocam problemas e desafios em termos de ordenação de comportamentos e de dever-ser, assim assumindo relevância para o Direito.

II – A noção de *corporate governance* utilizada pela OCDE e depois retomada pelo CBSB em matéria de governo dos bancos, é mais ampla (e simultaneamente de contornos mais fluidos) do que a noção geral de *corporate governance* acima referida[32], pese embora a ideia fundamental que lhe está subjacente ser a mesma.

A OCDE define o governo societário como envolvendo[33] "um conjunto de relações entre a gestão de uma sociedade, respectivos órgãos com funções de gestão e de supervisão, seus accionistas e outros sujeitos com interesses relevantes ("stakeholders")".

Acrescenta ainda que o governo societário "(...) providencia a estrutura através da qual são fixados os objectivos da sociedade e são determinados os meios para atingir tais objectivos e para supervisionar o respectivo desempenho. Boas práticas em matéria de governo das sociedades devem proporcionar incentivos adequados para que os órgãos com funções de gestão e de supervisão prossigam objectivos que sejam do interesse da sociedade e dos seus accionistas, facilitando uma monitorização eficaz".

III – O CBSB, no documento *Enhancing corporate governance for banking organisations* (2010), esclarece que, na perspectiva da indústria bancária, o *corporate governance* abrange[34] "(...) a forma como os negócios e a actividade de um banco são geridos (ou "governados") pelos respectivos órgãos com funções de gestão e de supervisão", incluindo a forma como estes:

a) Definem a estratégia e os objectivos societários (incluindo a geração de retorno económico para os accionistas, esclarecia-se na versão de 1999 do documento do CBSB);

b) Determinam a tolerância ao risco e o apetite pelo risco do banco;

c) Gerem a actividade do banco numa base diária;

d) Protegem o interesse dos depositantes, cumprem as obrigações perante os accionistas e tomam em consideração os interesses de outros sujeitos com interesses relevantes ("*recognised stakeholders*" – o que inclui os trabalhadores,

---

[32] Também neste sentido PETER O. MULBERT, *Corporate Governance of Banks after the Financial Crisis*, ob.cit., p. 4 e ss.

[33] BASEL COMMITTEE ON BANKING SUPERVISION, *Enhancing corporate governance for banking organisations*, 2006, ob.cit., p. 4.

[34] BASEL COMMITTEE ON BANKING SUPERVISION, *Enhancing corporate governance for banking organisations*, Março 2010, p. 5 e ss.

O GOVERNO DOS BANCOS

os clientes, os fornecedores e a comunidade em geral, incluindo supervisores e governos – atento o papel desempenhado pelos bancos nas economias e sistemas financeiros nacionais);

e) Alinham actividades e comportamentos societários com a expectativa de que os bancos operam de forma prudente, segura e criteriosa (*"safe and sound manner"*), com integridade e cumprindo com as leis e os regulamentos aplicáveis.

A referência expressa ao perfil de risco do banco e à sua determinação pelos administradores, membros do órgão de fiscalização e das pessoas com funções de gestão, surge, pela primeira vez, na versão do documento do CBSB de 2010, tal como sucede com a referência expressa à cultura de integridade e cumprimento.

A menção expressa à "protecção dos interesses dos depositantes", passa, na versão de 2010, a preceder a referência aos accionistas e aos outros sujeitos com interesses relevantes. Pese embora não sendo feita menção expressa à protecção dos interesses dos demais clientes (que não os depositantes), que estarão abrangidos pela expressão ampla dos demais *stakeholders*, cujos interesses apenas deverão ser "tomados em consideração", parece-nos que a equiparação destes aos depositantes é de elementar justiça e, mais uma vez, tal omissão apenas se pode justificar pela visão tradicional e arcaica do que é a banca.

IV – O peso exacto a dar a estes vários aspectos em que o *corporate governance* dos bancos tem um impacto, na avalizada opinião do CBSB, não é imediatamente claro, embora seja intuitivo que implica um equilíbrio engenhoso entre a prossecução do interesse social e dos sócios e a consideração e acautelamento dos interesses dos *stakeholders* e do público em geral.

A tarefa dos órgãos com funções de gestão e de supervisão (e dos respectivos membros) não é assim fácil. Dir-se-ia que é um caso perfeito de aplicação da *Goldilocks Theory*[35] que preconiza uma abordagem específica e um equilíbrio certeiro entre os vários interesses em presença. Nas palavras de JAY BREW e MICHELLE GULA "(...) *savvy bankers use the "Goldilocks Theory" as the organizing foundation to create a strategic plan–one that is not too cold and overly risk adverse, nor too hot and a beacon of risk for the regulators. They want a plan that is just right and reflects the bank's uniqueness, while dynamically balancing the bank's risk posture to achieve optimal future value*"[36].

---

[35] JAY BREW e MICHELLE GULA, *Use the Goldilocks Theory of Community Banking to Create the Strategic Plan to Fit Your Bank "Just Right"*, disponível em http://www.bdbonline.net/directors/Goldilocks.html.

[36] "(...) *banqueiros experientes utilizam a "Goldilocks Theory" como base de organização para a criação de um plano estratégico – um que não seja demasiado frio e avesso a riscos, nem demasiado quente e um sinal luminoso em matéria de risco para os reguladores. Eles querem um plano que seja perfeito e que reflicta a singularidade do banco, ao mesmo tempo que equilibra de forma dinâmica a postura de risco do banco para alcançar um valor futuro óptimo.".*

2.3. Interesses em presença – a singularidade do sector bancário

I – Os bancos são antes de mais (do ponto de vista genético) instituições de índole comercial, movidas por intuitos lucrativos e que têm que criar valor e de prestar contas aos respectivos accionistas. São também entidades reguladas que se movem num sector económico sujeito a autorização específica[37] e que são objecto de supervisão especializada. Isto porque *"exercem funções de interesse público"*, devendo ser encarados como *"(...) um intermediário financeiro que exerce funções de interesse público"* [38].

Esta dicotomia quanto à natureza dos bancos tem implicações evidentes em matéria de *corporate governance*.

Do ponto de vista meramente privatístico, para além das responsabilidades que têm perante os accionistas, os bancos têm também responsabilidades perante os seus depositantes, ou, mais amplamente, responsabilidades perante os seus clientes, *lato sensu*, considerando o largo espectro de actividades e serviços a que se podem dedicar no contexto da banca universal.

As regras sobre governo societário têm, antes de mais, de atender a concatenação dos interesses privados de accionistas, administrações, e clientes.

Pela especial natureza dos bancos, o seu governo societário tem de se conformar com o interesse público, tal como é veiculado pelos entes públicos nomeadamente o Estado.

O CBSB[39] relaciona a adopção de maus princípios e de más práticas em matéria de governo dos bancos a um risco acrescido de falência das instituições bancárias. A falência de um banco implica sempre custos e consequências significativos, seja por causa da necessidade de intervenção dos poderes políticos para salvar ou sanear o banco, seja por causa do impacto que tal falência pode ter ao nível do accionamento dos fundos de garantia de depósitos e dos sistemas de indemnização aos investidores que lhe estão associados.

O risco sistémico próprio da actividade bancária[40] gera ainda a oportunidade para implicações macroeconómicas mais amplas, tal como o risco de contágio para

---

[37] Luis Guilherme Catarino, *Regulação e Supervisão dos Mercados de Instrumentos Financeiros, Fundamento e Limites do Governo e Jurisdição das Autoridades Independentes*, Almedina, 2010, p. 72.

[38] Artur Santos Silva, Entrevista concedida à Revista Única, Jornal Expresso, 30 de Janeiro de 2010.

[39] Basel Committee on Banking Supervision – Enhancing corporate governance for banking organizations, 2006, ob.cit., p. 4.

[40] *"Pela própria natureza das suas actividades e das relações de interdependência existentes no sistema financeiro, a falência de uma instituição financeira e, em especial, de um banco, pode provocar, por um efeito de dominó, a falência de outras instituições financeiras. Esta situação pode ocasionar uma contracção imediata do crédito e o início de uma crise económica por falta de financiamentos, como demonstrou a recente crise financeira. Este risco sistémico levou os governos a socorrer o sector financeiro com dinheiros públicos. Por conseguinte, os contribuintes são inevitavelmente*

O GOVERNO DOS BANCOS

áreas a montante e a jusante (emprego, crédito e risco de contraparte estando entre as mais importantes) e o impacto geral nos sistemas de pagamentos, tudo isto com potencial, em muitos casos, de prejuízo à escala mundial.

A adopção de más práticas em matéria de governo dos bancos pode ainda conduzir a perda de confiança dos mercados na capacidade dos bancos para gerirem os seus activos e responsabilidades, incluindo depósitos, o que pode levar a uma corrida ao levantamento dos depósitos ou seja a uma crise de liquidez.

No seu Livro Verde sobre o governo das sociedades nas instituições financeiras e as políticas de remuneração no sector dos serviços financeiros, a Comissão Europeia reforça que o governo das sociedades "deve ter igualmente em conta os interesses das outras partes implicadas (depositantes, aforradores, titulares de apólices de seguro de vida, etc.), bem como a estabilidade do sistema financeiro, tendo em conta o carácter sistémico de numerosos agentes. Ao mesmo tempo, convém evitar qualquer risco moral e, para tal, não eximir de responsabilidade os agentes privados. Com efeito, cabe aos conselhos de administração, sob o controlo dos accionistas, traçar um quadro e definir, em concreto, a estratégia, o perfil de risco e a disposição para assumir riscos das instituições que dirigem"[41].

II – Atento o acima exposto será justo afirmar que existem interesses muito diversificados e até mesmo conflituantes, a prosseguir, proteger, acautelar e considerar, no contexto da árdua tarefa de gerir um banco.

Nesta perspectiva, o governo dos bancos implica a prossecução do interesse social do banco e dos seus accionistas, mas com contemplação simultânea dos interesses dos próprios administradores e gestores, dos trabalhadores, dos clientes (depositantes e investidores).

III – Dum ponto de vista analítico, pode-se arrumar esta multiplicidade de interesses a que se terá de atender no governo dos bancos em interesses privados, interesses difusos e interesses públicos.

Os interesses do banco enquanto pessoa jurídica, dos seus accionistas, dos seus administradores e gestores, dos seus trabalhadores e dos seus clientes, são interesses privados, por vezes coincidentes, mas, por regra, conflituantes.

Tais interesses são, simultaneamente, susceptíveis de recondução a interesses difusos (ou seja, interesses privados com tutela pública), atentos os valores

---

partes interessadas no funcionamento das instituições financeiras, com o objectivo de assegurar a estabilidade financeira e o crescimento económico a longo prazo". EUROPEAN COMMISSION, *Green Paper – Corporate governance in financial institutions and remuneration policies,* (COM (2010)284 final), p. 4.

[41] EUROPEAN COMMISSION, *Green Paper – Corporate governance in financial institutions and remuneration policies,* (COM (2010)284 final), p. 2 e 3.

O GOVERNO DAS ORGANIZAÇÕES

fundamentais de protecção de clientes, de solvabilidade e robustez prudencial e de estabilidade social, veiculados nos regimes de regulação do sector.

Igualmente relevante é o interesse público veiculado pelas autoridades de supervisão, pelo Estado, e pelas organizações internacionais e que distingue do anterior por não emanar directamente da tutela dos interesses privados mas sim da consideração de um interesse público autónomo.

Até por causa da recente crise financeira, o enfoque na protecção do interesse público através de medidas de bom governo tem vindo a aumentar.

IV – Noutra classificação, os interesses em presença podem ainda ser ordenados como societários ou não societários. Este critério é especialmente impressivo porque coloca acento tónico na separação entre o interesse social e os restantes.

São interesses societários os interesses da própria sociedade e, em última análise, os interesses dos respectivos sócios e administradores.

São interesses, relevantes, como veremos, mas *extranei* no que à sociedade diz respeito, os interesses dos demais sujeitos acima referidos.

V – O papel que os vários *stakeholders* podem desempenhar em matéria de governo societário é marcadamente distinto[42]. Assim, os administradores, em primeira linha, mas também os accionistas (principalmente se maioritários) e as pessoas com funções de gestão (*senior management*) estão posicionados de forma a poderem dar um maior contributo – e a assumirem consequentemente uma maior responsabilidade em matéria de governo dos bancos.

Os demais *stakeholders* – trabalhadores, clientes e contrapartes – terão, tradicionalmente, uma posição mais fraca em matéria de contributo para o bom governo. Pese embora a sua grande dimensão ou peso possa ditar, em alguns casos, uma esfera de influência mais ampla e interventiva.

As autoridades de supervisão e os Estados acabam por ter um peso variado, dependendo da sua *auctoritas* e da forma como se inter-relacionam. As autoridades de supervisão prosseguem a tutela de interesses difusos e estão por regra subdimensionadas face aos bancos que supervisionam. Encontram-se também fragmentadas por áreas de especialidade o que contribui para uma visão fragmentária e imperfeita da realidade.

VI – Atenta a multiplicidade de interesses em presença, os equilíbrios que se formam são sempre, tendencialmente, precários, havendo possibilidade de "abertura" a pressões em caso de conflito de interesses.

---

[42] EUROPEAN COMMISSION, *Green Paper – Corporate governance in financial institutions and remuneration policies*, (COM (2010)284 final), p. 5.

O órgão de administração tem tradicionalmente o papel de intérprete e primeiro árbitro dos vários interesses acima referidos[43], sendo que esse papel tem que ser desempenhado de forma especialmente atenta e criativa, face à impossibilidade de criação de soluções *one size fits all*.

No que respeita ao peso ponderado de cada um dos interesses referidos, torna-se necessário, no direito português, atentar no comando legal vertido no artigo 64.º, n.º 1 do CSC, nos termos do qual os gerentes ou administradores da sociedade devem observar "*b) deveres de lealdade, no interesse da sociedade, atendendo aos interesses de longo prazo dos sócios e ponderando os interesses dos outros sujeitos relevantes para a sustentabilidade da sociedade, tais como os seus trabalhadores, clientes e credores*".

Os órgãos de fiscalização são também os árbitros e garantes dos *checks and balances* no contexto da actuação societária. Note-se, porém, que, no direito português, o papel dos titulares de órgãos de fiscalização assume especial relevância na tutela dos interesses da sociedade e não tanto na tutela dos interesses dos demais sujeitos relevantes, nestes termos, o artigo 64.º, n.º 2 do CSC estabelece: "*os titulares de órgãos com funções de fiscalização devem observar deveres de cuidado, empregando para o efeito elevados padrões de diligência profissional e deveres de lealdade, no interesse da sociedade*".

3. FONTES NACIONAIS

I – Um panorama completo das regras vigentes no plano nacional em matéria de *corporate governance* dos bancos implica a análise detalhada e minuciosa de várias dezenas de actos legislativos, regulamentares e de auto-regulação já que, pese embora de forma fragmentária, todos estes diplomas e textos acrescentam algo na construção complexa do que é (ou deve ser) o governo dos bancos em Portugal.

Importa distinguir, no contexto das fontes nacionais, entre fontes de carácter geral, como é o caso do CSC, e fontes de carácter específico, especializado ou sectorial, aplicáveis, consoante os casos, aos bancos, aos intermediários financeiros, às sociedades com acções admitidas à negociação em mercado regulamentado e às ditas "entidades de interesse público".

II – Os diplomas que abaixo referimos contêm diversas disposições relevantes em matéria de governo dos bancos, especificamente no que respeita à organização das sociedades, à transparência e informação, conflitos de interesses, controlo interno, controlo de riscos, direitos dos accionistas e protecção dos investidores.

---

[43] EUROPEAN COMMISSION, *Green Paper – Corporate governance in financial institutions and remuneration policies*, (COM (2010)284 final), p. 3.

O GOVERNO DAS ORGANIZAÇÕES

Apenas o RGICSF, ao tratar genericamente as instituições de crédito e as sociedades financeiras, aborda de forma específica e sistemática (pese embora de modo algo elementar) a realidade própria do governo dos bancos.

O CSC ao tratar das sociedades trata também necessariamente dos bancos – que assumem obrigatoriamente a forma societária – mas apenas na sua vertente societária inespecífica.

O CdVM regula genericamente todos os intermediários financeiros que se dediquem à prestação de serviços de investimento e auxiliares, incluindo todos os bancos nestas circunstâncias, mas não trata de bancos que não se dediquem àquelas actividades. Também trata das sociedades abertas, de que as sociedades cotadas são uma subespécie, assim abrangendo os bancos que assumam aquela qualidade[44]. O mesmo vale para a regulamentação da CMVM sobre governos das sociedades cotadas (e apenas destas), logo não da generalidade dos bancos.

III – A determinação concreta do regime aplicável a um dado banco depende assim de um conjunto de sucessivos aprofundamentos, nos seguintes termos:

a) No caso dos bancos, o CSC e o RGICSF aplicam-se obrigatoriamente.

b) Aplica-se igualmente o disposto na Lei n.º 28/2009 e no Decreto-Lei n.º 104/2007, de 3 de Abril[45], em matéria de política de remuneração.

c) Os bancos estão ainda sujeitos em matéria de *"say on pay"*, ao disposto no Regulamento do BP n.º 10/2010, bastando, para o efeito, sempre que exerçam a actividade de recepção de depósitos ou de outros fundos reembolsáveis, para utilização por conta própria, ou a actividade de gestão discricionária de carteiras de instrumentos financeiros por conta de clientes. Os bancos estão ainda sujeitos às recomendações previstas em matéria de política de remuneração na Carta-Circular do BP n.º 2/2010, as quais devem ser observadas numa óptica de *"comply or explain"*[46].

d) Caso o banco preste serviços de intermediação financeira, aplica-se-lhe também o disposto no CdVM e demais regulamentação da CMVM, no que respeita à prestação dos referidos serviços.

e) Por último, se o banco assumir também a qualidade de sociedade cotada, aplicam-se-lhe o Código de Governo das Sociedades da CMVM e as respectivas Recomendações.

As regras portuguesas em matéria de governo dos bancos são bastante completas e detalhadas, pena é que estejam dispersas e sejam algo fragmentárias, o que pode dar azo a falhas e/ou a sobreposições. Nesta secção não faremos menção

---

[44] Em Portugal, os principais bancos privados são também sociedades com acções admitidas à negociação em mercado regulamentado – BCP, BES, BPI, BANIF, Santander Totta e Banco Popular.

[45] Tal como alterado pelo Decreto-Lei n.º 88/2011, de 20 de Julho.

[46] Cumpra ou explique.

O GOVERNO DOS BANCOS

autónoma ao CSC, já que se trata de diploma que trata genericamente todas as sociedades comerciais, incluindo os bancos, sem no entanto atentar ao seu objecto social próprio e às suas especificidades.

3.1. RGICSF

I – Os bancos estão obrigados, na sequência das alterações introduzidas ao RGICSF pelo Decreto-Lei n.º 104/2007, de 3 de Abril[47], a apresentar dispositivos sólidos em matéria de governo da sociedade, incluindo uma estrutura organizativa clara, com linhas de responsabilidade bem definidas, transparentes e coerentes; estando também obrigados a estabelecer e a organizar processos eficazes de identificação, gestão, controlo e comunicação dos riscos a que estão ou possam vir a estar expostos e a dispor de mecanismos adequados de controlo interno, incluindo procedimentos administrativos e contabilísticos sólidos (artigo 14.º n.º 1 alíneas f), g), e h)). Com a transposição da Directiva n.º 2010/76/UE, do Parlamento Europeu e do Conselho, de 24 de Novembro[48], pelo Decreto-Lei n.º 88/2011, de 20 de Julho[49], o RGICSF passou também a prever a obrigatoriedade dos bancos disporem, em matéria de requisitos gerais para o exercício da respectiva actividade, de políticas e práticas de remuneração que promovam e sejam coerentes com uma gestão sã e prudente dos riscos.

II – Neste contexto, o pedido de autorização para a constituição de um banco em Portugal tem de ser instruído com certos elementos indicados no artigo 17.º, n.º 1, alínea f), e n.º 2, do RGICSF, entre eles, a descrição dos dispositivos a implementar em matéria de governo da sociedade, os quais devem ser completos e proporcionais à natureza, nível e complexidade das actividades de cada instituição de crédito.

Do mesmo modo, em sede de supervisão geral, o BP pode exigir que as instituições de crédito que não cumpram as normas que disciplinam a sua actividade adoptem rapidamente as medidas ou acções necessárias para resolver a situação,

---

[47] Este diploma transpôs para a ordem jurídica interna a Directiva n.º 2006/48/CE, do Parlamento Europeu e do Conselho, de 14 de Junho, relativa ao acesso à actividade das instituições de crédito e ao seu exercício e que procede à reformulação da Directiva n.º 2000/12/CE, do Parlamento Europeu e do Conselho, de 20 de Março. A Directiva n.º 2006/48/CE contém diversas disposições relevantes em matéria de adequação de capital das instituições de créditos, sendo, de algum modo, precursora da Directiva n.º 2009/111/EC (a segunda directiva em matéria de requisitos de capital).

[48] Que altera as Directivas n.º 2006/48/CE e n.º 2006/49/CE, ambas do Parlamento Europeu e do Conselho, de 14 de Junho, em matéria de requisitos de fundos próprios para carteira de negociação e para retitularizações e em matéria de análise das políticas de remuneração pelas autoridades de supervisão.

[49] Nos termos do artigo 8.º do Decreto-Lei n.º 88/2011, que regula a aplicação no tempo do referido diploma, as alterações introduzidas ao RGICSF produzem efeitos a partir do dia 1 de Janeiro de 2011.

O GOVERNO DAS ORGANIZAÇÕES

podendo, para o efeito, exigir, entre outras, o reforço das disposições, processos, mecanismos e estratégias criados para efeitos do governo da sociedade, controlo interno e auto-avaliação de riscos (artigo 116.º-C, n.º 1, alínea b), do RGICSF). Por força da redacção introduzida no RGICSF pelo Decreto-Lei n.º 88/2011, de 20 de Julho, o BP passou também a poder exigir que as instituições de crédito limitem a remuneração variável em termos de percentagem dos lucros líquidos, quando essa remuneração não seja consentânea com a manutenção de uma base sólida de fundos próprios e que as instituições de crédito utilizem os lucros líquidos para reforçar a base de fundos próprios (alíneas f) e g) do artigo 116.º-C, nº 1 do RGICSF).

III – As directrizes legais contidas no RGICSF instam os bancos a adoptar dispositivos sólidos em matéria de governo da sociedade, sendo que especial enfoque é dado aos seguintes tópicos:

a) estrutura organizativa do banco (que se pretende "clara");

b) processos de identificação, gestão, controlo e comunicação dos riscos a que a instituição está ou possa vir a estar exposta (que deverão ser "eficazes"); e

c) mecanismos de controlo interno (necessariamente "adequados") e que deverão incluir procedimentos administrativos e contabilísticos sólidos e políticas e práticas de remuneração que promovam e sejam coerentes com uma gestão sã e prudente dos riscos.

Em causa estão obrigações de resultado que, para mais, devem ser enformadas por um princípio de proporcionalidade, o que é compatível com o reconhecimento de que não existe um modelo único em matéria de bom governo societário "(...) there is no single model of good corporate governance"[50].

Isto significa que cada banco terá, de acordo com o seu elevado critério, devidamente balizado pelas regras vigentes em Portugal e norteado pelas directrizes internacionais na matéria, que adoptar os princípios e práticas de bom governo que entenda mais adequadas e eficazes para a sua situação em concreto, atento o respectivo perfil institucional e a natureza, nível e complexidade das actividades que prossegue.

Ao Banco de Portugal competirá supervisionar a adopção, pelos bancos, dos referidos dispositivos sólidos em matéria de governo da sociedade.

IV – Para além das normas supra mencionadas, outras disposições existem no RGICSF que apresentam relevância em matéria de governo das sociedades. Tal é o caso do artigo 30.º do RGICSF, que esclarece que dos órgãos de administração e de fiscalização de um banco, incluindo os membros do conselho geral e de supervisão e os administradores não executivos, apenas podem fazer parte pessoas

---

[50] *OECD Principles of Corporate Governance*, 1999, ob.cit., p. 8 e 12 e *OECD Principles of Corporate Governance*, 2004, p. 13.

cuja idoneidade e disponibilidade dêem garantias de gestão sã e prudente, tendo em vista, de modo particular, a segurança dos fundos confiados à instituição.

Tal é também o caso do artigo 31.º, que regula o grau de qualificação necessária para o exercício da actividade de membro da administração a quem caiba assegurar a gestão corrente da instituição de crédito e de revisor oficial de contas que integre o órgão de fiscalização e do artigo 32.º, que estabelece o procedimento em caso de deixarem de estar preenchidos os requisitos legais ou estatutários do normal funcionamento do órgão de administração ou fiscalização.

Merece também destaque o disposto no artigo 33.º, que disciplina a matéria da acumulação de cargos, atribuindo ao BP a susceptibilidade de se opor "a que os membros dos órgãos de administração e do conselho geral e de supervisão das instituições de crédito exerçam funções de administração noutras sociedades, se entender que a acumulação é susceptível de prejudicar o exercício das funções que o interessado já desempenhe, nomeadamente por existirem riscos graves de conflito de interesses, ou, tratando-se de pessoas a quem caiba a gestão corrente da instituição, por não se verificar disponibilidade suficiente para o exercício do cargo".

V – Também no âmbito das regras comportamentais, podemos encontrar alguns vestígios de normas configuráveis materialmente como de governo dos bancos, como é o caso do artigo 77.º, considerando os deveres de informação e as obrigações de transparência que este artigo impõe, e dos artigos 85.º e 86.º, que dispõem acerca da matéria do conflito de interesses, proibindo a concessão de crédito aos órgãos sociais e a intervenção de qualquer membro do órgão de administração, director ou outro empregado, consultor ou mandatário da instituição de crédito na apreciação e decisão de operações em que sejam directa ou indirectamente interessados os próprios, seus cônjuges, parentes ou afins e, 1.º grau, ou a sociedades ou outros entes colectivos que uns ou outros directa ou indirectamente dominem.

VI – As normas materiais de governo das sociedades não se esgotam nos preceitos acima citados, muitos outros existindo ao longo do diploma, de que são exemplo as regras em matéria de aquisição e alienação de participações qualificadas (artigo 102.º e ss.), as regras vertidas no artigo 118.º, que impõe o respeito às regras de uma *gestão sã e prudente*" e o artigo 120.º, que regula os deveres de informação das instituições de crédito ao BP.

Ainda no RGICSF, não podemos deixar de salientar o Título XI referente às Sanções, em especial os artigos 210.º a 212.º, que estabelece o regime das coimas em caso de infracção das disposições vigentes em matéria de actuação bancária.

VII – Em matéria de adequação de capital, cabe referir o recente Decreto-Lei n.º 140-A/2010, de 30 de Dezembro, que veio introduzir profundas alterações ao RGICSF, em matéria de reforço da qualidade dos fundos próprios de base e de

O GOVERNO DAS ORGANIZAÇÕES

princípios vigentes em matéria de gestão do risco de liquidez, transpondo para a ordem jurídica interna, entre outras, a Directiva n.º 2009/111/CE, do Parlamento Europeu e do Conselho, de 16 de Setembro, que altera as Directivas de Adequação de Capital n.ºs 2006/48/CE e 2006/49/CE, ambas do Parlamento Europeu e do Conselho, datadas de 14 de Junho.

3.2. Código dos Valores Mobiliários

I – O CdVM não dispõe de normas que directamente rejam a matéria de *corporate governance*, ao contrário do que sucede com o RGICSF, mas contém diversas disposições com relevância em matéria de governo dos intermediários financeiros em geral e dos bancos em particular, as quais constam, sobretudo, do Título I "Disposições Gerais", abrangendo, em particular, as normas do Capítulo IV que versam sobre as sociedades abertas (artigo 13.º e ss.) e do Título VI sobre "Intermediação", Capítulo I, Secção III (Organização e exercício – artigo 304.º e ss.).

As regras constantes do CdVM aplicam-se – ou podem aplicar-se – aos bancos numa dupla vertente, seja quando aqueles revestem a qualidade de sociedade com acções admitidas à negociação em mercado regulamentado e sujeitas a lei pessoal portuguesa, seja quando se encontrem autorizados para a prestação de serviços de investimento e auxiliares, circunstância em que caem sob o âmbito de aplicação subjectiva e material do referido diploma.

II – As normas de governo das sociedades constantes do CdVM versam sobre participações qualificadas em sociedade aberta (artigo 16.º e ss.), sobre a imputação de direitos de voto nessas sociedades (artigo 20.º e ss.), sobre os deveres que impendem sobre os intermediários financeiros (artigo 304.º e ss.), respectiva organização interna (artigo 305.º), sistema de controlo do cumprimento (artigo 305.º-A), políticas e procedimentos adequados a uma boa gestão de riscos (artigo 305.º-B), sistema de auditoria interna (artigo 305.º-C) e a matéria do conflito de interesses (artigo 309.º e ss).

Mais uma vez seria impossível abordar sistematicamente estas diversas matérias e respectivos regimes num trabalho com a dimensão do presente, pelo que se remete para um levantamento das normas do CdVM com relevância em matéria de *corporate governance*, para o documento *Consolidação de Fontes Normativas e do Código de Governo das Sociedades 2010*, tal como publicado pela CMVM[51], o qual

---

[51] Disponível em http://www.cmvm.pt/NR/exeres/7EA22282-8734-439D-AFEC-65450A36AF76.htm. Este documento contém o repositório das fontes nacionais, de natureza jurídica ou recomendatória, atinentes ao governo das sociedades emitentes de acções admitidas à negociação em mercado regulamentado e sujeitas a lei pessoal portuguesa.

O GOVERNO DOS BANCOS

abrange as normas aplicáveis às sociedades com acções admitidas à negociação em mercado regulamentado e para a doutrina vária produzida a este respeito, ainda que sectorialmente.

De todo o modo, não podemos deixar de salientar a assimetria de deveres comportamentais imposto pela supervisão bancária e pela supervisão mobiliária, sendo evidente a supremacia e a maior amplitude de alcance das regras vigentes em matéria de supervisão mobiliária, o que não se compreende senão por razões de índole histórica.

3.3. Decreto-Lei n.º 88/2011, de 20 de Julho

I – O Decreto-Lei n.º 88/2011, de 20 de Julho, já mencionado supra no ponto 3.1., a propósito das alterações que introduziu no RGICSF, merece também referência autónoma, na medida em que contém regras inovadoras em matéria de política de remuneração das instituições sujeitas à supervisão do BP.

O artigo 6.º do referido diploma habilita o BP a definir, por aviso, regras nesta matéria, estabelecendo, em particular, que o BP pode fixar, por aviso, deveres de reporte e impor a divulgação de informação relacionada com o cumprimento das políticas de remuneração impostas às instituições sujeitas à sua supervisão.

As instituições de crédito passam a estar obrigadas a comunicar ao BP o número de colaboradores que auferem rendimentos anuais iguais ou superiores a 1 milhão de euros, bem como a respectiva área de negócios e as principais componentes do salário, bónus, prémios a longo prazo e contribuições para a pensão, nos termos e com a periodicidade a definir pelo BP.

O Banco de Portugal pode ainda transmitir as informações recebidas em matéria de políticas e práticas de remuneração à Autoridade Bancária Europeia.

II – O Decreto-Lei n.º 88/2011 introduziu também alterações relevantes ao Decreto-Lei n.º 104/2007, de 3 de Abril[52], tendo aditado ainda, ao anexo ao este diploma, um ponto XI, sobre políticas de remuneração[53].

O anexo ao Decreto-Lei n.º 104/2007, surge referido no artigo 28.º do mesmo diploma, que rege a matéria do processo de auto-avaliação das instituições de crédito em matéria de organização e tratamento de riscos, estabelece que as

---

[52] Diploma que procedeu à transposição para a ordem jurídica interna da Directiva n.º 2006/48/CE, do Parlamento Europeu e do Conselho, de 14 de Junho.

[53] Nos termos do artigo 8.º do Decreto-Lei n.º 88/2011, as alterações introduzidas por este diploma ao anexo ao Decreto -Lei n.º 104/2007, de 3 de Abril, aplicam -se: a) às remunerações devidas com base em contratos celebrados antes de 1 de Janeiro de 2011 e concedidas ou pagas após essa data; e b) às remunerações concedidas, mas ainda não pagas, antes de 1 de Janeiro de 2011, relativamente a serviços prestados em 2010.

O GOVERNO DAS ORGANIZAÇÕES

instituições de crédito devem dispor de estratégias e processos sólidos, eficazes e completos para avaliar e manter numa base permanente os montantes, tipos e distribuição de capital interno que considerem adequados para cobrir a natureza e o nível dos riscos a que estejam ou possam vir a estar expostas. Tais estratégias e processos devem ser objecto de análise interna e regular, a fim de garantir o carácter exaustivo e a sua proporcionalidade relativamente à natureza, nível e complexidade das actividades da instituição de crédito em causa, devendo ser tomados em consideração no referido exercício de auto-avaliação os critérios técnicos de organização e tratamento de riscos previstos no anexo ao Decreto-Lei n.º 104/2007 e que dele faz parte integrante.

O ponto XI do anexo, ora aditado, contém um conjunto amplo de "princípios" (mais de 25) a seguir pelas instituições de crédito em matéria de política de remuneração, de forma adequada à respectiva dimensão e organização interna e à natureza, âmbito e complexidade das suas actividades.

O mesmo ponto estabelece também que as instituições de crédito significativas em termos de dimensão, de organização interna e da natureza, âmbito e comple-xidade das respectivas actividades devem criar uma comissão de remunerações[54], a qual deve ser constituída de forma que lhe permita formular juízos informados e independentes sobre as políticas e práticas de remuneração e sobre os incen-tivos criados para efeitos de gestão de riscos, de capital e de liquidez, tomando em conta os interesses a longo prazo dos accionistas, dos investidores e de outros interessados na instituição de crédito. A comissão de remunerações deverá ser responsável pela preparação das decisões relativas à remuneração, incluindo as decisões com implicações em termos de riscos e gestão dos riscos da instituição de crédito em causa, que devem ser tomadas pelo órgão societário competente.

O ponto XI estipula ainda que o presidente e os membros da comissão de remunerações devem ser membros do órgão de administração que não desem-penhem quaisquer funções executivas na instituição de crédito em causa.

3.4. Lei n.º 28/2009

I – A Lei n.º 28/2009, estabelece o regime de aprovação e de divulgação da política de remuneração dos membros dos órgãos de administração e de fiscaliza-ção de certas entidades, procedendo também à revisão do regime sancionatório para o sector financeiro em matéria criminal e contra-ordenacional. Este diploma aplica-se às designadas "entidades de interesse público", categoria legal que

---

[54] Sobre o relevo, perfil, estrutura e competências da comissão de remunerações, cfr. PAULO CÂMARA, *A Comissão de Remunerações*, RDS III, 2011, p. 9-51.

O GOVERNO DOS BANCOS

inclui, entre outras, as instituições de crédito que estejam obrigadas à revisão legal das contas e os emitentes de valores mobiliários admitidos à negociação num mercado regulamentado, tal como referido no artigo 2.º do Decreto-Lei n.º 225/2008 de 19 de Junho.

II – As principais implicações desta lei, em matéria de governo das sociedades, são o dever anual de apresentação à assembleia geral, para aprovação[55], de uma declaração sobre política de remuneração (e não da própria política de remuneração, a qual tem necessariamente de ser aprovada pela assembleia geral[56]) dos membros dos respectivos órgãos de administração e de fiscalização (*"say on pay"*)[57] e a obrigação de divulgação pública, nos documentos anuais, da política de remuneração dos membros dos órgãos de administração e de fiscalização, tal como aprovada pela assembleia geral[58], bem como o montante anual da remuneração auferida pelos membros dos referidos órgãos, de forma agregada e individual[59].

Nos termos do disposto no artigo 2.º, n.º 3 da Lei n.º 28/2009, a declaração sobre política de remuneração prevista no n.º 1 contém, designadamente, informação relativa:

a) Aos mecanismos que permitam o alinhamento dos interesses dos membros do órgão de administração com os interesses da sociedade;

b) Aos critérios de definição da componente variável da remuneração;

c) À existência de planos de atribuição de acções ou de opções de aquisição de acções por parte de membros dos órgãos de administração e de fiscalização;

d) À possibilidade de o pagamento da componente variável da remuneração, se existir, ter lugar, no todo ou em parte, após o apuramento das contas de exercício correspondentes a todo o mandato;

e) Aos mecanismos de limitação da remuneração variável, no caso de os resultados evidenciarem uma deterioração relevante do desempenho da empresa no último exercício apurado ou quando esta seja expectável no exercício em curso.

O incumprimento do previsto na Lei n.º 28/2009 em matéria de política de remuneração, constitui ilícito contra-ordenacional, por remissão para o disposto no RGICSF (artigo 4.º).

---

[55] PAULO CÂMARA, *Say on Pay: O Dever de Apreciação da Política Remuneratória pela Assembleia Geral*, ob.cit., p. 14.

[56] PAULO CÂMARA, *Say on Pay: O Dever de Apreciação da Política Remuneratória pela Assembleia Geral*, ob.cit., p. 15 e 17 e ss.

[57] Idem, artigo 2.º. Cf., sobre a matéria PAULO CÂMARA, *Say on Pay: O Dever de Apreciação da política Remuneratória pela Assembleia Geral e El Say On Pay Português*, RMV, n.º 6, 2010, p. 83 e ss.

[58] Não se acompanha aqui a posição defendida por PAULO CÂMARA, *Say on Pay: O Dever de Apreciação da Política Remuneratória pela Assembleia Geral"*, ob.cit., p. 20, no sentido da divulgação pública ter por objecto a declaração sobre a política de remunerações e não a própria política.

[59] Idem, artigo 3.º.

O GOVERNO DAS ORGANIZAÇÕES

3.5. Avisos do BP

I – Referidas as fontes legais principais quanto à matéria do governo societário, passemos agora à referência e breve análise das fontes regulamentares.

O BP dispõe de diversos avisos susceptíveis de recondução, em termos materiais, ao tópico do governo dos bancos. De entre estes merecem destaque, sem preocupações de exaustividade, os avisos em matéria de controlo interno (Aviso BP n.º 5/2008), de riscos (operacionais, de câmbio, de crédito, de mercado, de mercadorias e grandes riscos em base consolidada e individual – entre muitos outros, os Avisos BP n.º 10/94, n.º 7/96, n.º 5/2005, n.º 1/2006, n.º 9/2007 e as Instruções BP n.ᵒˢ 2/2010, 16/2008, 6/2008, 5/2004, 33/2003), em matéria prudencial, incluindo provisões e imparidade (entre muitos outros, o Aviso BP n.º 3/95 e a Instrução BP n.º 32/2005) e respeitantes às informações que devem acompanhar a comunicação de aquisição ou aumento de participações qualificadas (Aviso BP n.º 5/2010)[60].

Referência deve ainda ser feita ao Aviso BP n.º 5/2008 que impõe aos bancos a obrigatoriedade de disporem de um sistema de controlo interno com vista a garantir um desempenho eficiente e rentável da actividade, a existência de informação financeira e de gestão completa, fiável, pertinente e tempestiva, bem como o respeito pelas disposições legais e regulamentares aplicáveis.

O Aviso do BP n.º 5/2008 foi aprovado no contexto do compromisso para uma *better regulation*, assumido pelo CNSF, com vista a eliminar a duplicação das exigências quanto aos relatórios de controlo interno impostos pelo BP e pela CMVM, através da convergência da sua estrutura, conteúdo e prazo de reporte, o que permite aos bancos sujeitos à supervisão das duas autoridades, a elaboração de um relatório único.

II – Ainda em matéria de governo dos bancos, merece particular referência o Aviso BP n.º 1/2010, também aprovado numa perspectiva de *better regulation*, no contexto de uma iniciativa promovida pelo CNSF, já no rescaldo da crise financeira iniciada no Verão de 2007 e tendo por base o facto de as práticas remuneratórias adoptadas pelas instituições financeiras, entre elas os bancos, terem sido apontadas como "um dos factores que terão contribuído para a persistência e extensão dos efeitos da crise, pelo facto de terem incentivado a assunção de níveis excessivos de risco em virtude de estratégias excessivamente centradas nos resultados de curto prazo". As regras contidas no Aviso BP n.º 1/2010 surgem alinhadas com as recomendações emitidas, em matéria de práticas remuneratórias, pelo FSB, pelo CEBS e pela Comissão Europeia.

---

[60] Vários, senão todos, os avisos citados neste parágrafo foram objecto de sucessivas alterações, podendo ser consultados em http://www.bportugal.pt/sibap/sibap_p.htm.

O GOVERNO DOS BANCOS

O Aviso BP n.º 1/2010 veio estabelecer qual a informação que, em concreto, deve ser divulgada na declaração sobre a política de remuneração dos membros dos órgãos de administração dos bancos (entre outras entidades – artigo 1.º, n.ᵒˢ 1 e 4), impondo também a obrigatoriedade de divulgação da política de remuneração dos colaboradores dos bancos que, não sendo membros dos respectivos órgãos de administração ou de fiscalização, aufiram uma remuneração variável e (i) exerçam a sua actividade no âmbito das funções de controlo previstas no Aviso BP n.º 5/2008, acima mencionado, ou (ii) que exerçam uma outra actividade profissional que possa ter impacto material no perfil de risco da instituição (artigo 1.º, n.º 2). Nos termos do artigo 1.º, n.º 3, considera-se que desenvolvem uma actividade profissional com impacto material no perfil de risco da instituição, os colaboradores que possuam um acesso regular a informação privilegiada (artigo 378.º, n.º 3 e 4 do CdVM) e que participam nas decisões sobre a gestão e estratégia negocial da instituição.

O artigo 2.º do Aviso BP n.º 1/2010 enumera uma lista vasta de matérias sobre as quais deverá ser produzida informação no contexto da declaração sobre a política de remuneração dos membros dos órgãos de administração e de fiscalização dos bancos, informação essa que complementa ou acresce à referida no artigo 2.º, n.º 3 da Lei n.º 28/2009, de 19 de Junho.

O artigo 3.º do Aviso BP n.º 1/2010 lista a informação que deverá necessariamente ser contemplada na política de remuneração dos colaboradores acima referidos e, consequentemente, deverá ser objecto de divulgação pública.

Tanto a declaração sobre a política de remuneração dos membros dos órgãos de administração e de fiscalização dos bancos, como a política de remuneração dos colaboradores já mencionados, deverá estar acessível no sítio da Internet do banco em causa, pelo menos durante 5 anos (artigos 2.º, n.º 5 e 3.º, n.º 3).

III – Nos termos do artigo 4.º, n.º 1 do Aviso BP n.º 1/2010, a informação divulgada ao abrigo do disposto no artigo 2.º, n.º 1 a 3 e no artigo 3.º, n.º 1, acima referidos, deve conter ainda a indicação discriminada das recomendações adoptadas e não adoptadas contidas na Carta Circular BP n.º 2/2010/DSBDR, em matéria de política de remuneração, as quais deverão ser acolhidas numa óptica de *"comply or explain"* (artigo 4.º, n.º 2 e 3 do Aviso BP n.º 1/2010), o que implica que o seu não cumprimento, total ou parcial, deve ser justificado, em particular tomando em consideração a dimensão, natureza e complexidade da actividade das instituições de crédito e sociedades financeiras abrangidas e dos riscos por estas assumidos.

O artigo 4.º, n.º 3 e 4 do Aviso BP n.º 1/2010, estabelece que o órgão de administração do banco e, sendo esse o caso, o órgão de administração da empresa-mãe referida no número VII.1. da Carta Circular BP n.º 2/2010/DSBDR, devem enviar, anualmente, ao BP respectivamente, (i) uma declaração sobre a conformidade

O GOVERNO DAS ORGANIZAÇÕES

da política de remuneração do banco relativamente às recomendações contidas na Carta Circular, com indicação de eventuais insuficiências, ou uma declaração sobre a coerência global da política de remuneração das suas filiais no estrangeiro e estabelecimentos *offshore* relativamente às recomendações contidas na Carta Circular, com indicação de eventuais insuficiências. As declarações devem ainda, em relação às insuficiências detectadas, indicar as acções em curso ou a adoptar para as corrigir e os prazos estabelecidos para o efeito, podendo, em alternativa, apresentar justificação para as insuficiências existentes à luz do princípio da proporcionalidade (artigo 4.º, n.º 5 do Aviso BP n.º 1/2010).

Em matéria de princípios gerais, a Carta Circular BP n.º 2/2010/DSBDR estabelece que as instituições abrangidas devem adoptar uma política de remuneração consistente com uma gestão e controlo de riscos eficaz, que evite uma excessiva exposição ao risco, que evite potenciais conflitos de interesses e que seja coerente com os objectivos, valores e interesses a longo prazo da instituição financeira, designadamente com as perspectivas de crescimento e rendibilidade sustentáveis e a protecção dos interesses dos clientes e dos investidores.

Esclarece ainda que a política de remuneração deve ser adequada à dimensão, natureza e complexidade da actividade desenvolvida ou a desenvolver pela instituição e, em especial, no que se refere aos riscos assumidos ou a assumir, referindo, por fim, que as instituições devem adoptar uma estrutura clara, transparente e adequada relativamente à definição, implementação e monitorização da política de remuneração, que identifique, de forma objectiva, os colaboradores envolvidos em cada processo, bem como as respectivas responsabilidades e competências.

3.6. Regulamentos e Recomendações da CMVM

I – A partir de finais da década de 1990, a CMVM dedicou a sua atenção ao tema do *corporate governance*, sendo de destacar como principal diploma com relevância nesta matéria o Regulamento da CMVM n.º 1/2010 (que revogou o Regulamento da CMVM n.º 1/2007) sobre governo das sociedades cotadas, diploma que se aplica aos bancos na medida em que estes revistam simultaneamente a qualidade de sociedades emitentes de acções admitidas à negociação em mercado regulamentado situado ou a funcionar em Portugal.

Caso estejam sujeitos a este Regulamento, os bancos estão obrigados, antes de mais, a adoptar o Código de Governo das Sociedades divulgado pela CMVM ou equivalente, neste último caso observado que esteja o disposto no artigo 1.º n.º 2.

O Regulamento da CMVM n.º 1/2010 estabelece também a informação a divulgar sobre a remuneração dos membros dos órgãos de administração e fiscalização das sociedades emitentes de acções admitidas à negociação em mercado regulamentado, na sequência da publicação da Lei 28/2009, de 19 de Junho e detalha ainda o conteúdo do relatório sobre a estrutura e as práticas de governo societário a divulgar pelas entidades abrangidas, numa óptica de *"comply or explain"*, impondo também o envio de um conjunto de informação estatística sobre o governo das sociedades (artigo 2.º).

O supra referido regulamento, que revoga o Regulamento da CMVM n.º 1/2007 estabelece também a informação a divulgar sobre a remuneração dos membros dos órgãos de administração e fiscalização das sociedades emitentes de acções admitidas à negociação em mercado regulamentado, na sequência da publicação da Lei 28/2009, de 19 de Junho.

O Regulamento da CMVM n.º 1/2010 detalha o conteúdo do relatório sobre a estrutura e as práticas de governo societário a divulgar pelas entidades abrangidas, numa óptica de *"comply or explain"*, impondo também o envio de um conjunto de informação estatística sobre o governo das sociedades (artigo 2.º).

Nos termos do artigo 3.º, os bancos abrangidos ficam obrigados a divulgar no relatório sobre a estrutura e as práticas de governo societário, a política de remuneração dos membros dos órgãos de administração e de fiscalização, aprovada ao abrigo do disposto no artigo 2.º da Lei 28/2009, de 19 de Junho, bem como:

a) o montante anual da remuneração auferida pelos membros dos referidos órgãos, de forma agregada e individual;

b) a remuneração fixa e a remuneração variável e, quanto a esta última, as diferentes componentes que lhe deram origem, a parcela que se encontra diferida e a parcela que já foi paga;

c) a remuneração recebida em outras empresas do grupo, de forma agregada e individual;

d) os direitos de pensão adquiridos no exercício em causa.

II – O Código de Governo das Sociedades da CMVM, na sua versão de 2010, dispõe, a título recomendatório, acerca de diversas matérias, nomeadamente, sobre o voto e exercício do direito de voto, a estrutura e a competência dos órgãos de administração e de fiscalização, respectivas incompatibilidades e independência, elegibilidade e nomeação, remuneração, deveres de informação e a matéria do conflito de interesses.

Realce-se que o enfoque é dado na maioria das vezes às sociedades com acções admitidas à negociação em mercado regulamentado, uma vez que estas têm capital disperso pelo público, e não tanto à função bancária propriamente dita, o que significa que estas regras não são específicas deste tipo de actividade bancária e que os interesses que se pretende acautelar são, regra geral, comuns à generalidades das sociedades emitentes, independentemente do sector específico em que se movem.

O GOVERNO DAS ORGANIZAÇÕES

III – Assumem igualmente relevância, na medida em que contém normas com relevância em matéria de *corporate governance*, o Regulamento da CMVM n.º 2/2007 (exercício da actividade de intermediação financeira), com especial enfoque para o Regulamento da CMVM n.º 3/2008, que o altera, em matéria de controlo interno e o Regulamento da CMVM n.º 5/2008 (deveres de informação).

4. FONTES INTERNACIONAIS

Igualmente relevantes na compreensão das regras e valores vigentes em matéria de governo dos bancos em Portugal, são as fontes de direito internacional público, com especial enfoque para o direito comunitário. Merecem também menção as fontes de *soft law*, comunitárias e internacionais, cuja especial importância assenta no facto de, ao contrário do que sucede no plano nacional, tratarem do *corporate governance* aplicado ao sector bancário de forma coesa e singular.

4.1. Direito Comunitário

I – O interesse pelo tema do governo das sociedades foi recebido no contexto europeu, no início da década de 1990, por força de influências oriundas do Reino Unido e que nasceram na sequência de derrocadas empresariais, as mais notórias sendo as dos casos *Polly Peck International* e *Maxwell Group*[61]. Durante cerca de uma década as iniciativas em matéria de *corporate governance* foram-se desenvolvendo na Europa de forma disseminada e plural.

A partir de inícios de 2000, a UE dotou-se de um plano estratégico de modernização do direito das sociedades e de melhoria do governo societário. Tal plano encontra-se, no essencial, vertido no Plano de Acção sobre Modernização do Direito Societário e de Melhoria do Governo das Sociedades na UE (2003) – Códigos de Boas Práticas em matéria de Governo das Sociedades[62].

II – No contexto do referido plano de acção e ao longo da primeira década do século XXI foram produzidos diversos documentos comunitários com relevância para a matéria do governo das sociedades[63].

---

[61] A. FERREIRA, ANTÓNIO PEDRO, *O Governo das Sociedades e a Supervisão Bancária*, ob.cit., p. 49.

[62] Sobre a matéria, cfr. SOARES DA SILVA, JOÃO "*O Action Plan da Comissão Europeia e o Contexto da Corporate Governance no Início do século XXI*", disponível em http://www.cmvm.pt/CMVM/Publicacoes/Cadernos/Documents/db6c9f2e29c8448e89a5e1125886b13fJoaoSSilva.pdf.

[63] Cf. ANTÓNIO PEDRO A. FERREIRA, *O Governo das Sociedades e a Supervisão Bancária*, ob.cit., p. 49 e ss., em particular p. 50, nota de rodapé 3.

O GOVERNO DOS BANCOS

Merece particular destaque no plano concreto do governo dos bancos e em matéria de controlo de riscos, a aprovação, a 14 de Junho de 2006, da Directiva n.º 2006/48/CE do Parlamento Europeu e do Conselho relativa ao acesso à actividade das instituições de crédito e ao seu exercício (Segunda Directiva de Coordenação Bancária)[64] e da Directiva n.º 2006/49/CE relativa à adequação dos fundos próprios das empresas de investimento e das instituições de crédito, as quais vieram acolher na ordem jurídica comunitária as regras revistas do Novo Acordo de Capital (Basileia II)[65]. O objectivo das directivas relativas à adequação dos fundos próprios acima mencionadas (2006/48/CE e 2006/49/CE) consiste em garantir a solidez financeira dos bancos, entre outras entidades. Em conjunto, as referidas directivas determinam a quantidade de recursos financeiros próprios que os bancos devem possuir para cobrir riscos e proteger os depositantes. Este quadro legal, como se tornou patente na evolução das regras de Basileia I para Basileia II, tem de ser regularmente actualizado e aperfeiçoado para responder às necessidades do sistema financeiro na sua globalidade.

Recentemente, a 16 de Setembro de 2009, já na sequência da crise financeira de meados de 2007, foi aprovada a Directiva n.º 2009/111/CE do Parlamento Europeu e do Conselho que veio alterar as Directivas 2006/48/CE, 2006/49/CE e 2007/64/CE no que diz respeito aos bancos em relação de grupo com instituições centrais, a determinados elementos relativos aos fundos próprios, a grandes riscos, a disposições relativas à supervisão e à gestão de crises.

Nos termos do respectivo considerando (1), a Directiva n.º 2009/111/CE representa um primeiro passo importante para colmatar as lacunas reveladas pela crise financeira em antecipação de outras iniciativas anunciadas pela Comissão e definidas na sua Comunicação ao Conselho Europeu, datada de 4 de Março de 2009 intitulada "Impulsionar a retoma europeia"[66]. Em particular, a Directiva

---

[64] Alterada pela Directiva 2007/18/CE da Comissão, de 27 de Março de 2007.

[65] Em 1988, o CBSB publicou uma das recomendações de maior impacto para a regulamentação prudencial bancária: o Acordo de Capital, hoje denominado "Basileia I". A sua finalidade era dupla. Por um lado, contribuir para fortalecer a solidez e a estabilidade do sistema bancário internacional, por exemplo, através do estabelecimento de níveis mínimos de solvabilidade. Por outro lado, diminuir as fontes de desequilíbrio competitivo entre os bancos e os sistemas bancários nacionais. Em Junho de 2004, tendo revisto as regras de Basileia I para ultrapassar as limitações entretanto sentidas em matéria de avaliação da adequação dos níveis de capital face ao risco, O CBSB publicou o documento *International Convergence of Capital Measurement and Capital Standards: a Revised Framework* ("Basileia II" ou "Novo Acordo de Capital").

[66] COM (2009) 114 Final. Contém um programa do quadro de reforma regulamentar e do regime de supervisão e dos mercados financeiros baseado nas conclusões do Relatório Larosière (Fevereiro de 200), disponível em http://eur-lex.europa.eu/LexUriServ/LexUriServ.do?uri=COM:2009:0114:F IN:PT:PDF.

em apreço vem estabelecer critérios para que os instrumentos de capital híbrido sejam elegíveis para fundos próprios de base das instituições de crédito, assim alinhando as disposições da Directiva 2006/48/CE com o acordo sobre os critérios de elegibilidade e os limites para a inclusão de certos tipos de instrumentos de capital híbrido nos fundos próprios de base das instituições de crédito aprovado pelo CBSB a 28 de Outubro de 1998.

A Directiva n.º 2009/111/CE foi transposta para o ordenamento jurídico português pelo Decreto-Lei n.º 140-A/2010, de 30 de Dezembro, já mencionado, o qual introduziu várias alterações ao RGICSF em matéria prudencial e de controlo de riscos. A revisão das regras comunitárias sobre adequação de fundos próprios no sector bancário visou, como já se referiu, reforçar a estabilidade do sistema financeiro, reduzir a exposição ao risco e melhorar a supervisão dos bancos que operam em mais de um país da UE. De acordo com as novas regras, são impostas aos bancos restrições na concessão de crédito a qualquer cliente, quando ultrapassados certos limites e as autoridades nacionais de supervisão passam a estar dotadas de meios que lhes permitirão ter uma melhor visão global das actividades dos grupos bancários que operam transfronteiras.

As principais alterações introduzidas com a Directiva n.º 2009/111/CE – e sua consequente transposição pelo Decreto-Lei n.º 140-A/2010, de 30 de Dezembro que altera o RGICSF – são as seguintes:

a) Gestão de grandes riscos: Os bancos passam a estar sujeitos a restrições à concessão de empréstimos acima de determinados limites, independentemente da natureza do cliente em causa. Consequentemente, no mercado interbancário, os bancos não poderão conceder empréstimos nem colocar capital com outros bancos acima de determinados montantes, sendo igualmente fixadas restrições aos bancos que contraem empréstimos, quanto à forma como o fazem e com quem os podem contrair.

b) Supervisão de grupos bancários transfronteiras: Prevê-se a criação de "colégios de supervisores" para os grupos bancários que operam em vários países da UE. Os direitos e responsabilidades das autoridades nacionais de supervisão serão clarificados e a cooperação entre elas será mais efectiva.

c) Qualidade dos fundos próprios: Passam a existir critérios comunitários claros para avaliar se o capital "híbrido", ou seja, incluindo fundos próprios e crédito, é elegível para ser considerado como parte do capital total do banco – cujo montante determina a quantia que o banco pode emprestar.

d) Gestão dos riscos de liquidez: Quanto aos grupos bancários que operem em múltiplos países da UE, a gestão do risco de liquidez – ou seja, a forma como financiam as operações diárias – será igualmente discutida e coordenada nos 'colégios de supervisores'. Estas disposições reflectem os trabalhos em curso no CBSB e no CEBS.

e) Gestão do risco dos produtos mobiliários: As regras sobre valores mobiliários – cuja remuneração depende do desempenho de um conjunto específico de empréstimos – serão mais rigorosas. Os emitentes que apresentam os empréstimos sob a forma de títulos negociáveis terão de restringir o respectivo risco e as empresas que investem nos títulos apenas poderão tomar decisões após aplicação das diligências adequadas. Na inobservância do estipulado, incorrerão em pesadas penalizações.

Merece também referência autónoma, nesta sede, a Directiva n.º 2010/76/UE, do Parlamento Europeu e do Conselho, de 24 de Novembro, que veio precisamente alterar as Directivas n.º 2006/48/CE e n.º 2006/49/CE, acima referidas. A Directiva n.º 2010/76/UE foi transposta para o ordenamento jurídico português pelo pelo Decreto-Lei n.º 88/2011, de 20 de Julho, já referido supra nos pontos 3.3. e 3.4. deste trabalho.

III – Para além da matéria do risco, cabe, por último referir, no contexto europeu, o Livro Verde da Comissão Europeia sobre governo societário nas instituições financeiras e políticas de remuneração, divulgado em Junho de 2010 e sujeito a consulta até dia 1 de Setembro de 2010, também já na sequência da crise financeira de 2007[67] e que foi precedido por um outro *paper* igualmente relevante, designado *"Corporate governance in financial institutions: the lessons to be learnt from the current financial crises and possible steps forward"*[68].

O Livro Verde pretende examinar, à luz da crise financeira, as regras e as práticas das instituições financeiras, em particular dos bancos, em matéria de governo das sociedades, formulando recomendações, que sujeita a consulta, *"para colmatar as eventuais deficiências do sistema de governo das sociedades neste sector da fundamental da economia"*[69].

No Livro Verde reconhece-se, como nos parece acertado, que as exigências em matéria de governo das sociedades devem tomar em consideração o tipo de instituição (banco de retalho, banco de investimento) e, naturalmente, a sua dimensão. Os princípios de boa governação submetidos a consulta no Livro Verde visam, em primeira instância, as grandes instituições, pelo que deverão ser adaptados para poderem ser eficazmente aplicados pelas instituições mais pequenas.

---

[67] EUROPEAN COMMISSION, *Green Paper – Corporate governance in financial institutions and remuneration policies*, (COM (2010)284 final), ob.cit.
[68] Commission Staff Working Paper (COM(2010)XYZ.
[69] EUROPEAN COMMISSION, *Green Paper – Corporate governance in financial institutions and remuneration policies*, (COM (2010)284 final), p. 2.

O GOVERNO DAS ORGANIZAÇÕES

O Livro Verde identifica um conjunto de deficiências e insuficiências em matéria de governo das sociedades nas instituições financeiras[70], em particular em matéria de:

a) Eficaz prevenção e gestão de conflitos de interesses;

b) Aplicação efectiva dos princípios de governo das sociedades pelas instituições financeiras;

c) Desempenho eficaz do papel de supervisão e controlo por parte do órgão de administração;

d) Ignorância, falta de experiência e a/ou autoridade, em matéria de gestão do risco e falta de informação em tempo real sobre os riscos;

e) Mudança de paradigma no que respeita ao modelo clássico do accionista proprietário, em que os interesses dos accionistas estão alinhados com os interesses da sociedade a longo prazo, sociedade essa cujos desígnios os referidos accionistas controlam – colocar em causa das regras de governo das sociedades baseadas na presunção desse alinhamento e controlo;

f) Limites do sistema de supervisão em vigor, principalmente em matéria de risco e de *corporate governance*;

g) O papel dos auditores, a gestão de conflitos de interesses que a estes digam respeito e a função de denúncia às autoridades de factos susceptíveis de ter repercussões graves na situação financeira da instituição (*whistleblowing*)[71].

De acordo com a posição assumida pela Comissão Europeia, estas deficiências e insuficiências contribuíram para a crise, a qual teve como consequência um grave défice de confiança nas instituições financeiras em geral e nos bancos em particular.

No geral, a Comissão considera que, sem deixar de ter em conta a necessidade de preservar a competitividade do sector financeiro europeu, as deficiências acima enumeradas exigem soluções concretas destinadas a melhorar as práticas de governo das sociedades nas instituições financeiras. Assim, no capítulo 5 do Livro Verde são avançadas pistas de reflexão sobre os meios de resposta a estas deficiências, que assegurem um equilíbrio entre a necessidade de melhorar as práticas de governo das instituições financeiras, por um lado, e a necessidade de permitir que contribuam para a retoma da economia[72]. A aplicação prática das diferentes soluções apresentadas deverá obedecer ao princípio da proporcionalidade, podendo variar em função do estatuto jurídico, da dimensão, da natureza

---

[70] EUROPEAN COMMISSION, *Green Paper – Corporate governance in financial institutions and remuneration policies*, (COM (2010)284 final), ob.cit., p. 5 e ss.

[71] CELINA CARRIGY, Denúncia *de Irregularidades no Seio das Empresas (Corporate Whistleblowing)*, Cadernos dos Valores Mobiliários, disponível em www.cmvm.pt/.../9426611d191a45708973b46d8c7e996bCadern osMVM21. pdf.

[72] EUROPEAN COMMISSION, *Green Paper – Corporate governance in financial institutions and remuneration policies*, (COM (2010)284 final), ob.cit., p. 11 e ss.

O GOVERNO DOS BANCOS

e da complexidade da instituição financeira em questão e dos diferentes modelos jurídicos e económicos existentes.

Cada uma das vias exploradas poderá levar à criação de novas medidas europeias em matéria de governo dos bancos, depois de analisado o impacto e devidamente mensurado o valor acrescentado das medidas a adoptar.

IV – O Livro Verde reequaciona ainda a problemática das políticas de remuneração no sector financeiro, as quais, no entender da Comissão, são, no geral, baseadas em rendimentos a curto prazo e sem consideração dos riscos correspondentes, tendo contribuído para a crise financeira[73].

Referência é feita ao facto de a Comissão Europeia ter adoptado, a 30 de Abril de 2009, duas novas recomendações, (i) uma relativa às políticas de remuneração no sector dos serviços financeiros (Recomendação 2009/384/CE), com o objectivo de realinhar as políticas de remuneração no sector dos serviços financeiros com uma gestão sólida do risco e com a viabilidade das instituições financeiras a longo prazo e (ii) outra visando reforçar o governo da remuneração dos administradores e recomendando vários princípios relativos à sua estrutura, no sentido de a adequar melhor ao desempenho a longo prazo (Recomendação 2009/385/CE). A Comissão destaca, no entanto, com preocupação, que as recomendações foram seguidas de forma muito díspar (ou não foram seguidas de todo), nos vários Estados-Membros[74], o que pode colocar problemas de competitividade, contágio e ausência de *level playing field* entre os vários operadores no espaço europeu.

4.2. Os Princípios da OCDE em matéria de governo societário – 1999 e 2004

I – Em 1998, na sequência da crise financeira asiática ocorrida no final dos anos noventa, foi criado, no seio da OCDE, um grupo específico dedicado às matérias de governo das sociedades, o chamado *Ad-Hoc Task Force on Corporate Governance*[75].

O referido grupo *ad-hoc* aplicou-se na recolha das boas práticas de governo das sociedades vigentes nos vários Estados membros da OCDE e desenvolveu um conjunto de princípios não vinculativos e de índole geral em matéria de governo das sociedades[76] que visavam servir como ponto de referência para os governos na avaliação e desenvolvimento das suas regras e legislação em matéria

---

[73] EUROPEAN COMMISSION, *Green Paper – Corporate governance in financial institutions and remuneration policies*, (COM (2010)284 final), ob.cit., p. 10 e ss.

[74] EUROPEAN COMMISSION, *Green Paper – Corporate governance in financial institutions and remuneration policies*, (COM (2010)284 final), ob.cit., p. 11.

[75] ANTÓNIO PEDRO A. FERREIRA, *O Governo das Sociedades e a Supervisão Bancária*, ob.cit. p. 20 e ss.

[76] *OECD Principles of Corporate Governance*, 1999, ob.cit., p. 8.

de governo societário. Os referidos Princípios de Governo das Sociedades pretendiam ainda ser usados como *benchmark* por agentes do sector privado que desempenhassem um papel relevante no desenvolvimento de sistemas e de boas práticas de *corporate governance*.

II – Os Princípios foram elaborados tendo como destinatárias centrais as sociedades cotadas, razão pela qual se focam, essencialmente, nos problemas de governo societário resultantes da separação entre propriedade e controlo[77]. Sem prejuízo deste âmbito de aplicação específico a OCDE assinalou à partida a sua vocação expansiva e o potencial de aplicação a outras sociedades, como é próprio do *corporate governance*. Os Princípios estão ainda formulados de modo a abranger as várias estruturas de organização societária existentes.

Os Princípios da OCDE sobre Governo das Sociedades foram revistos em Maio de 2004, no essencial para reforçar a ideia de que, nas economias actuais, a relevância do *corporate governance* não se prende apenas com a consideração do interesse dos accionistas no desempenho das empresas individualmente consideradas, antes dizendo respeito a cada vez maiores segmentos da população (credores, trabalhadores, contrapartes), dado o papel das sociedades no nosso sistema económico[78].

Partindo da premissa de que não existe um modelo único em matéria de bom *corporate governance*[79], o grupo *ad-hoc* identificou um conjunto de matérias comuns que estiveram na origem da fixação inicial de cinco princípios-chave em matéria de governo societário, aos quais foi acrescentado um novo princípio, que precede os demais, em 2004[80].

III – Os Princípios da OCDE em matéria de *corporate governance* estipulam, já na versão de 2004, que o regime de governo das sociedades deve:

a) Promover mercados transparentes e eficazes, devendo ser consistente com o princípio da primazia do direito (*rule of law*[81]) e deve articular claramente a divisão de responsabilidades entre autoridades de supervisão, reguladoras e de aplicação das leis[82]. Em particular, o regime do governo das sociedades deve ser

---

[77] *OECD Principles of Corporate Governance*, 1999, ob.cit., p. 11 e 12.

[78] GRANT KIRKPATRICK, *Improving corporate governance standards: the work of the OECD and the Principles*, OECD, 2004, ANTÓNIO PEDRO A. FERREIRA, *O Governo das Sociedades e a Supervisão Bancária*, ob.cit. p. 226

[79] "(...) *there is no single model of good corporate governance*", *OECD Principles of Corporate Governance*, 1999, ob.cit., p. 8 e 12 e *OECD Principles of Corporate Governance*, 2004, ob.cit., p. 13.

[80] *OECD Principles of Corporate Governance*, 2004, p. 17.

[81] The rule of law, also called supremacy of law, means that the law is above everyone and it applies to everyone. Whether governor or governed, rulers or ruled, no one is above the law, no one is exempted from the law, and no one can grant exemption to the application of the law.

[82] *OECD Principles of Corporate Governance*, 2004, p. 31.

O GOVERNO DOS BANCOS

desenvolvido atendendo ao impacto que terá no desempenho económico e na integridade dos mercados

b) Proteger e facilitar o exercício dos direitos dos accionistas[83]. Neste contexto, pese embora reconhecendo que a sociedade não pode ser gerida por referendo accionista[84], a OCDE alerta para o facto de a cisão entre propriedade e controlo não poder significar uma alienação dos sócios da vida societária. A protecção e agilização de exercício dos direitos dos accionistas assenta, na perspectiva da OCDE, num reconhecimento da diversidade do corpo accionista: *"the shareholding body is made up of individuals and institutions whose interests, goals, investment horizons and capabilities vary"*[85]. Torna-se assim necessário lidar tanto com o "activismo accionista" como com o desinteresse accionista, aspecto que em textos mais recentes vem assumindo particular relevância[86]. Especial enfoque é dado ao papel dos investidores institucionais e ao dever, que lhes deve assistir, de divulgarem as respectivas políticas em matéria de governo das sociedades, exercício do direito de voto e gestão de conflitos de interesse com impacto nas votações, tendência que se tem mantido até esta data.

c) Assegurar o tratamento equitativo de todos os accionistas, incluindo dos accionistas minoritários e dos accionistas estrangeiros. Todos os accionistas devem ter a oportunidade de obter reparação efectiva em caso de violação dos seus direitos.

d) Reconhecer os direitos dos outros sujeitos com interesses relevantes (os designados *"stakeholders"*: trabalhadores, credores, governos, fornecedores, clientes, entre outros) tal como estabelecido na lei ou através de acordos mútuos e deve encorajar a cooperação activa entre as sociedades e esses sujeitos, com vista à criação de riqueza, emprego e sustentabilidade de empresas financeiramente sãs[87]. O reconhecimento dos direitos dos *stakeholders* deve permitir-lhes obterem uma justa reparação em caso de lesão, devendo a estrutura de governo societário vigente incluir mecanismos que privilegiem a participação dos *stakeholders* no processo de *corporate governance* e que lhes confiram acesso efectivo à informação relevante.

e) Assegurar a divulgação atempada e rigorosa de todas as informações relevantes relativas à sociedade, incluindo a sua situação financeira, desempenho, propriedade e governo societário.

---

[83] A expressão "c facilitai u exercício" foi introduzida com a revisão de 2004.

[84] *"As a practical matter, however, the corporation cannot be managed by shareholder referendum"*, OECD Principles *of Corporate Governance*, 1999, ob. cit., p. 27 e *OECD Principles of Corporate Governance*, 2004, p. 32.

[85] *OECD Principles of Corporate Governance*, 2004, p. 32.

[86] European Commission, *Green Paper – Corporate governance in financial institutions and remuneration policies*, (COM (2010)284 final), ob.cit., p. 8 e 9.

[87] A expressão "ou através de acordos mútuos" foi introduzida com a revisão de 2004.

O GOVERNO DAS ORGANIZAÇÕES

f) Assegurar a condução estratégica da sociedade, a efectiva fiscalização da administração e a responsabilização dos órgãos de administração e supervisão perante a sociedade e os accionistas. Neste contexto é reforçado o papel dos órgãos de administração, com especial enfoque para as relações entre os administradores e as sociedades em grupo, os conflitos de interesses e as situações de negociação consigo mesmo por parte dos membros dos órgãos de administração.

g) Os órgãos com funções de administração devem pautar-se por elevados padrões éticos de comportamento, incorporando-os na cultura societária. Consolida-se a ideia de que as remunerações dos administradores devem ter em vista os interesses da empresa e dos seus accionistas, numa perspectiva de longo prazo, sendo estabelecidas em função de uma política remuneratória transparente e conhecida pelas accionistas. Elege-se como melhor prática a constituição de comissões de remuneração com competências próprias.

IV – Na sequência da crise financeira de meados de 2007, o *Steering Group* da OCDE em matéria de governo societário encomendou um estudo respeitante a quatro áreas chave em matéria de *corporate governance* (remuneração, gestão de risco, práticas dos órgãos de administração e exercício de direitos dos accionistas). Com base nos factos recolhidos no contexto do estudo efectuado, o *Steering Group* publicou um relatório sobre os resultados-chave e as principais lições da crise, no contexto de diversos sectores, incluído o sector bancário, tendo concluído pela desnecessidade de revisão do Princípios da OCDE em matéria de *corporate governance* e pela necessidade de uma maior efectividade na aplicação dos princípios e padrões já estabelecidos[88].

4.3. Os princípios do CBSB sobre governo das organizações bancárias – 1999, 2006 e 2010

I – As orientações do CBSB em matéria de governo das organizações bancárias surgem, em 1999, na sequência da emissão dos Princípios da OCDE em matéria de *corporate governance*, que visavam, de algum modo, aproveitar e adaptar à realidade das organizações bancárias, tendo sido revistas em Fevereiro de 2006 e, mais recentemente, em Março de 2010, já na sequência da crise económico-financeira iniciada em meados de 2007.

O documento, nas suas sucessivas versões, bem como as orientações e princípios que o compõem, visa ajudar os supervisores a promover a adopção de

---

[88] OCDE, *Corporate governance and the financial crises: key findings and main messages*, Junho 2009, p. 7, disponível em http://www.oecd.org/dataoecd/3/10/43056196.pdf.

O GOVERNO DOS BANCOS

boas práticas de governo pelas instituições bancárias das respectivas jurisdições, servindo também como ponto de referência para os próprios bancos, na criação dos seus modelos próprios de *corporate governance*. A matéria dos direitos dos accionistas não se assume como o foco principal dos princípios do CBSB, uma vez que, como se reconhece no próprio documento, os mesmos são abordados de forma detalhada nos Princípios da OCDE[89], para os quais se remete nesta matéria.

II – A premissa básica que permanece inalterada nas sucessivas revisões, é a de que a supervisão bancária não funciona adequadamente se as instituições não se regerem por boas práticas de governo societário, que incluam a definição de níveis de responsabilidade e de controlo interno apropriados. Neste contexto, o CBSB reconhece de forma clara que um governo bancário sólido torna o trabalho dos supervisores "infinitamente mais fácil"[90].

O documento parte também da premissa do papel fulcral desempenhado pelos bancos em qualquer economia, atendendo a que estes financiam o tecido empresarial, prestam serviços financeiros a largos segmentos da população e disponibilizam o acesso a sistemas de pagamentos. De alguns bancos é ainda esperado que disponibilizem crédito e liquidez em condições de mercado adversas. Conclui que é de crucial importância que os bancos sejam dotados de cultura forte em matéria de *corporate governance*, aspecto que ganha relevância crucial uma vez conhecidas, como são hoje, as consequências globais e sistémicas da crise financeira que se iniciou em meados de 2007.

III – Na sua versão de Março de 2010, o documento do CBSB elenca um conjunto de situações próprias do governo dos bancos que terão falhado, contribuindo assim para a crise financeira recente. Merecem particular destaque, neste contexto, as situações de supervisão insuficiente por parte dos respectivos órgãos de administração e das pessoas com funções de gestão (*senior management*)[91] dos bancos, a gestão inadequada dos riscos a que os bancos estão sujeitos e o facto das actividades e estruturas organizacionais dos bancos surgirem como indevidamente complexas ou opacas.

---

[89] BASEL COMMITTEE ON BANKING SUPERVISION, *Enhancing corporate governance for banking organizations*, Março 2010, p. 4.

[90] *"Put painly, sound corporate governance makes the work of supervisors infinitely easier"*, BASEL COMMITTEE ON BANKING SUPERVISION, *Enhancing corporate governance for banking organizations*, Setembro 1999.

[91] *"The terms board and senior management are only used as a way to refer to the oversight function and the management function in general and should be interpreted throughout the document in accordance with the applicable law within each jurisdiction"*, BASEL COMMITTEE ON BANKING SUPERVISION, *Enhancing corporate governance for banking organizations*, Outubro 2010, p. 5, cfr. também p. 16: *"Senior management consists of a core group of individuals who are responsible and should be held accountable for overseeing the day-to-day management of the bank"*.

O GOVERNO DAS ORGANIZAÇÕES

IV – Trabalhando em continuidade com os Princípios definidos em 1999 e revistos em 2004, mas também em resposta às falhas detectadas no contexto da crise, o CBSB vem elencar e detalhar 14 Princípios em matéria de governo dos bancos, cuja aplicação deve obedecer, uma vez mais, ao princípio da proporcionalidade, atendendo ao tamanho, complexidade, estrutura e perfil de risco do banco e do grupo a que este pertence, se aplicável.

Os referidos 14 Princípios subdividem-se em 5 matéria chave, nos seguintes termos:

A. Órgão de administração

1. O órgão de administração assume a responsabilidade geral pelo banco, o que inclui aprovar e supervisionar a implementação dos objectivos estratégicos do banco, da sua estratégia de risco, governo societário e valores empresariais. O órgão de administração é ainda responsável pela supervisão das pessoas com responsabilidades de gestão.

2. Os membros do órgão de administração devem ser qualificados para a posição que ocupam e devem manter essa qualificação, incluindo através de formação. Devem ter um entendimento claro do papel que desempenham em matéria de governo societário e devem ser capazes de formar juízo prudente e objectivo no que respeita aos negócios do banco.

3. O órgão de administração deve definir medidas de governo apropriadas em matéria do seu próprio trabalho e deve dispor de medidas para assegurar que tais práticas são seguidas e periodicamente revistas com vista ao seu melhoramento contínuo.

4. Numa estrutura de grupo, o órgão de administração da sociedade-mãe tem a responsabilidade geral de assegurar um governo societário adequado em todo o grupo, certificando-se de que existem políticas de governo e mecanismos apropriados à estrutura, negócio e riscos do grupo e das entidades que o compõem.

B. Pessoas com funções de gestão

5. Sob a direcção do órgão de administração, as pessoas com funções de gestão devem assegurar que as actividades do banco são consistentes com a estratégia de negócio, apetência/tolerância ao risco e políticas aprovadas pelo órgão de administração.

C. Gestão de riscos e controlo interno

6. Os bancos devem ter um sistema de controlo de riscos eficaz e uma função de gestão de riscos (incluindo um *chief risk officer* ou equivalente) com suficiente autoridade, estatuto, independência, recursos e acesso ao órgão de administração.

O GOVERNO DOS BANCOS

7. Os riscos devem ser identificados e monitorizados de forma contínua, tanto em termos globais como individuais, e a sofisticação das infra-estruturas do banco em matéria de gestão de riscos e controlo interno, deve acompanhar as mudanças sofridas ao nível do perfil de risco do banco (incluindo o seu crescimento) e ao nível panorama externo em matéria de risco.

8. Uma gestão efectiva do risco exige uma comunicação interna robusta em matéria de risco, tanto dentro da organização como através de reportes ao órgão de administração e às pessoas com funções de gestão.

9. O órgão de administração e as pessoas com funções de gestão devem efectivamente utilizar o trabalho desenvolvido pela função de auditoria interna, pelos auditores externos e pela função de controlo interno.

D. Remuneração

10. O órgão de administração deve supervisionar de forma proactiva a concepção e funcionamento do sistema de remunerações e deve monitorizar e rever o sistema de compensações para assegurar que este funciona como pretendido.

11. A remuneração dos empregados deve estar efectivamente alinhada com uma tomada de risco prudente: a remuneração deve ser ajustada a todos os tipos de risco; resultados em termos de remuneração devem ser simétricos com os resultados em matéria de risco; os calendários de pagamento de remunerações devem ser sensíveis aos horizontes temporais dos riscos assumidos; a mistura de dinheiro, acções e outras formas de remuneração deve ser consistente com o alinhamento em matéria de risco.

Neste contexto, os bancos são instados a implementar integralmente os Princípios do FSB em matéria de práticas remuneratórias sólidas bem como os respectivos Implementation Standards (FSB Standards) ou, em alternativa, eventuais disposições nacionais aplicáveis que sejam consistentes com os Princípios do FSB e com os Standards.

E. Estruturas societárias complexas ou opacas

12. O órgão de administração e as pessoas com funções de gestão devem conhecer e compreender a estrutura operacional do banco e os riscos que tal estrutura coloca (*"know-your-structure"*).

13. Quando um banco opere através de veículos especiais ou estruturas semelhantes ou em jurisdições que constituam obstáculo à transparência ou que não cumpram com os padrões bancários internacionais, o órgão de administração e as pessoas com funções de gestão devem compreender o propósito, estrutura e riscos particulares de tais operações. Devem também procurar mitigar os riscos identificados (*"understand-your-structure"*).

O GOVERNO DAS ORGANIZAÇÕES

F. Divulgação e transparência

14. O governo do banco deve ser adequadamente transparente para os respectivos accionistas, depositantes e outros *"stakeholders"* relevantes e para os demais intervenientes nos mercados. A transparência é considerada essencial para um prudente e eficaz governo dos bancos, sendo também o instrumento que permite responsabilizar o órgãos de administração e as pessoas com funções de gestão[92].

4.4. Os princípios do FSB, do CBSB e do CEBS, em matéria de remuneração

A referência aos textos de *soft law* em matéria de governo dos bancos não estaria completa sem uma menção aos Princípios e aos Padrões do FSB em matéria de práticas remuneratórias prudentes[93], bem como às orientações do CBSB[94] e do CEBS[95] sobre a mesma matéria.

Tomando em consideração que os referidos princípios e orientações serviram de inspiração para a elaboração do Aviso do BP n.º 1/2010 e da carta Circular BP n.º 2/2010 e atenta a dimensão do presente trabalho, os mesmos não nos merecerão um tratamento autónomo e desenvolvido nesta sede.

5. CONSIDERAÇÕES FINAIS

I – Não cabe num trabalho com esta dimensão a análise aprofundada das principais questões que se colocam em matéria de governo dos bancos. O único objectivo realista e útil, consentâneo com a referida dimensão, será o de elencar, de forma sumária e impressiva, um conjunto de temas que, por força da recente crise financeira, saltaram para a ribalta, assumindo-se claramente como pontos a melhorar em matéria de governo dos bancos.

---

[92] BASEL COMMITTEE ON BANKING SUPERVISION, *Enhancing corporate governance for banking organisations*, Março 2010, p. 29. Cfr. também BASEL COMMITTEE ON BANKING SUPERVISION, *Enhancing Bank Transparency*, CBSB, Setembro de 1998, disponível em www.bis.org/publ/bcbs41.htm.

[93] *FSF Principles for Sound Compensation Practices*, Abril 2009, disponível em http://www.financialstabilityboard. org/publications/r_0904b.pdf, *FSB Principles for Sound Compensation Practices – Implementation Standards*, Setembro de 2009, disponível em http://www.financialstabilityboard.org/publications/r_090925c.pdf e *Thematic Review on Compensation – Peer Review Report* (30 March 2010).

[94] BASEL COMMITTEE ON BANKING SUPERVISION, *Compensation Principles and Standards Assessment Methodology, January 2010*, disponível em http://www.bis.org/publ/bcbs166.htm e BASEL COMMITTEE ON BANKING SUPERVISION, *Consultation Report on the Range of Methodologies for Risk and Performance Alignment of Remuneration*, 14 October 2010, available at http://www.bis.org/publ/bcbs178.pdf.

[95] *CEBS Guidelines on Remuneration Policies and Practices*, http://www.eba.europa.eu/cebs/media/Publications/ Standards%20and%20Guidelines/2010/Remuneration/Guidelines.pdf

O GOVERNO DOS BANCOS

Em sede de considerações finais procuraremos aprofundar um pouco mais os temas da idoneidade, qualificação e exclusividade dos membros dos órgãos de administração e o tema do conflito de interesses.

II – Antes de entrarmos no tratamento dos temas acima referidos cumpre, no entanto, fazer três importantes ressalvas.

A primeira, no sentido de que não será aqui feita menção expressa à questão do papel dos accionistas em matéria de governo dos bancos. Apesar das especificidades que certamente existem, certo é que a questão dos accionistas na óptica do governo societário tem sido aquela que tradicionalmente tem recebido maior atenção, seja na óptica da divisão entre propriedade e controlo, seja em virtude de manifestações de desinteresse accionista[96].

A segunda ressalva prende-se com o facto de que também não será aqui feita menção expressa à questão da remuneração e das práticas remuneratórias. Ao longo do texto foram feitas algumas referências ao tema, o qual já foi abordado na doutrina nacional[97] e estrangeira[98], o que recomenda que o destaque seja dado, nesta sede, a outros tópicos.

Por último, a terceira ressalva prende-se com a matéria do controlo e gestão de riscos[99], que também não será objecto de tratamento mais desenvolvido neste

---

[96] Em matéria bancária, cfr. EUROPEAN COMMISSION, *Green Paper – Corporate governance in financial institutions and remuneration policies*, (COM (2010)284 final), ob.cit., p. 8 e ss.

[97] PAULO CÂMARA, *El Say On Pay Português*, ob.cit. e *"Say On Pay": O Dever de Apreciação da Política Remuneratória Pela Assembleia Geral*, ob.cit.

[98] JOHN CARNEY, *How 'Say On Pay' Might Make Banks Even Riskier*, ob.cit., disponível em http://www.businessinsider.com/how-say-on-pay-might-make-banks-even-riskier-2009-8.

[99] A gestão do risco é um dos elementos fundamentais do governo das sociedades, em especial no caso das instituições financeiras. Com efeito, muitas instituições financeiras importantes desapareceram por terem descurado regras elementares de controlo e gestão do risco. As principais deficiências ou insuficiências podem resumir-se da seguinte forma: a) incompreensão dos riscos por parte dos intervenientes na cadeia de gestão do risco e falta de formação dos empregados responsáveis pela distribuição de produtos de risco; b) falta de autoridade por parte da função de gestão do risco. As instituições financeiras nem sempre dotaram a sua função de gestão do risco de autoridade e de poderes suficientes para travar as actividades dos responsáveis por assumir riscos/comerciais; c) falta de experiência ou experiência insuficientemente diversificada em matéria de gestão do risco. Frequentemente, a experiência considerada para as funções de gestão do risco limitava-se a determinadas categorias de riscos consideradas prioritárias e não abrangia toda a gama de riscos que exigiam supervisão; d) falta de informação em tempo real sobre os riscos. Para que os agentes interessados possam ter uma capacidade mínima de reacção, é preciso que circule por todos os níveis da instituição financeira informação clara, correcta e rápida em matéria de risco. Infelizmente, os procedimentos para fazer chegar a informação ao nível adequado nem sempre funcionaram. Por outro lado, as ferramentas informáticas em matéria de gestão do risco devem imperativamente ser aperfeiçoadas, nomeadamente nas instituições financeiras mais sofisticadas, já que os sistemas de informação continuam a ser ainda demasiado heterogéneos para permitir que se possa obter rapidamente uma imagem consolidada do risco e os dados continuam a ser insuficientemente coerentes para acompanhar eficazmente e em

O GOVERNO DAS ORGANIZAÇÕES

trabalho, para além das referências de carácter geral que foram sendo feitas ao longo do texto, na medida em que a complexidade, carácter técnico e potencial de desenvolvimento deste tema determinam que o mesmo só possa ser tratado, com a profundidade desejável, em texto autónomo e monográfico[100].

Assim, os temas escolhidos prendem-se com o órgão de administração, por um lado, em matéria de idoneidade, qualificação e acumulação de cargos e com a temática do conflito de interesses, por outro.

5.1. Idoneidade, qualificação e exclusividade

I – Como se refere no Livro Verde da Comissão Europeia em matéria de governo das sociedades nas instituições financeiras e políticas de remuneração, pese embora com algum grau de generalização, a crise financeira terá mostrado "claramente" que os órgãos de administração das instituições financeiras "não cumpriram a sua função fundamental de fórum ou sede principal do poder. Por conseguinte, os conselhos de administração não conseguiram exercer um controlo efectivo sobre os quadros directivos nem proceder a um exame contraditório das medidas ou orientações estratégicas que lhes eram apresentadas para aprovação."[101].

A Comissão Europeia concluiu que o facto dos administradores e do órgão de administração terem falhado na identificação, compreensão e, em última análise, controlo dos riscos a que as instituições financeiras estavam sujeitas, está no centro das origens da crise. Os factores que contribuíram para esta situação terão sido, entre outros, os seguintes[102]:

a) os membros dos órgãos de administração, em particular os não executivos, não devotavam tempo e recursos suficientes ao cumprimento das suas funções. Vários estudos terão demonstrado ainda que os administradores não executivos quando confrontados com o seu presidente do conselho de administração,

---

tempo real a evolução do nível de exposição de um grupo de empresas. A questão não se coloca apenas para os produtos financeiros mais complexos, abrangendo todo o tipo de riscos, EUROPEAN COMMISSION, *Green Paper – Corporate governance in financial institutions and remuneration policies*, (COM (2010)284 final), ob.cit., p. 4, 7 e 8.

[100] PETER O. MULBERT, *Corporate Governance of Banks After the Financial Crisis*, ob.cit., p. 10 e PETER O. MULBERT, *Corporate Governance of Banks*, European Business Organisation Law Review, 12 de Agosto de 2008, p. 427.

[101] EUROPEAN COMMISSION, *Green Paper – Corporate governance in financial institutions and remuneration policies*, (COM (2010)284 final), ob.cit., p. 6.

[102] EUROPEAN COMMISSION, *Green Paper – Corporate governance in financial institutions and remuneration policies*, (COM (2010)284 final), ob.cit., p. 6 e 7.

O GOVERNO DOS BANCOS

"geralmente omnipresente e, em alguns casos, autoritário", se tornavam incapazes de apresentar objecções ou sequer questionar as orientações e conclusões propostas, por falta de conhecimentos técnicos e/ou de confiança;

b) os membros dos órgãos de administração não são oriundos de *backgrounds* suficientemente diversificados, em matéria de género e em termos sociais, culturais e de formação;

c) os órgãos de administração, em particular o respectivo presidente, não fizeram uma avaliação rigorosa do desempenho dos membros do órgão de administração, seja a título individual, seja do órgão como um todo;

d) os órgãos de administração não foram capazes (ou não quiseram) assegurar que o quadro de gestão do risco e de apetência pelo risco, das instituições que gerem, era apropriado;

e) os órgãos de administração foram incapazes de reconhecer a natureza sistémica de certos riscos e, consequentemente, de prestar às autoridades de supervisão informação suficiente sobre a matéria. Mesmo nos casos em que houve diálogo entre as autoridades e as instituições, os temas de governo societário raramente terão feito parte da agenda.

A Comissão Europeia considera que estas deficiências ou irregularidades graves suscitam questões importantes quanto à qualidade dos processos de nomeação dos membros dos órgãos de administração. A qualidade de um conselho de administração depende da sua composição. "De um modo geral, importa que os membros do conselho de administração conheçam bem a estrutura da sua instituição financeira e se assegurem de que a complexidade da organização não impeça o controlo efectivo da actividade no seu conjunto."[103]

II – O direito português contém diversas normas e disposições relevantes em matéria de idoneidade, qualificação e exclusividade dos membros dos órgãos de administração.

Assim, em primeira linha, o artigo 64.º, n.º 1 CSC vem estabelecer que "os gerentes ou administradores da sociedade devem observar a) deveres de cuidado, revelando a disponibilidade, a competência técnica e o conhecimento da actividade da sociedade adequados às suas funções e empregando nesse âmbito a diligência de um gestor criterioso e ordenado".

O capítulo III, do título I do RGICSF contém quatro normas em matéria de administração e fiscalização dos bancos (artigos 30.º a 33.º), com relevância para a temática de que nos ocupamos. Estas regras são posteriormente desenvolvidas em instrumentos de cariz regulamentar, como é o caso da Instrução BP n.º 52/97

---

[103] EUROPEAN COMMISSION, *Green Paper – Corporate governance in financial institutions and remuneration policies*, (COM (2010)284 final), ob.cit., p. 12.

O GOVERNO DAS ORGANIZAÇÕES

em matéria de registo especial dos membros dos órgãos sociais de instituições sujeitas à supervisão do BP (a ler em conjunto com a Carta Circular BP n.º 9/2003/DSB – novo registo de órgãos sociais), a Carta Circular BP n.º 24/2009/DSB que contém algumas recomendações em matéria de governo societário, tratando expressamente as matérias da qualificação profissional dos membros do órgão de administração e da independência dos membros dos órgãos de fiscalização e a Instrução n.º 73/96 (alterada pela Instrução BP n.º 33/2002) que rege em matéria de acumulação de cargos.

Nos termos do artigo 32.º do RGICSF se, por qualquer razão, deixarem de estar preenchidos os requisitos legais ou estatutários do normal funcionamento do órgão de administração ou fiscalização, designadamente em matéria de idoneidade e qualificação dos respectivos membros, o BP fixará prazo para que seja alterada a composição do órgão em causa. Não sendo regularizada a situação dentro do prazo fixado, o BP poderá, nos termos do artigo 22.º RGICSF, revogar a autorização do banco e causa.

III – O artigo 30.º do RGICSF, que tem como epígrafe "idoneidade dos membros dos órgãos de administração e fiscalização", vem esclarecer que dos órgãos de administração e fiscalização de um banco, incluindo os membros do conselho geral e de supervisão e os administradores não executivos, apenas podem fazer parte pessoas cuja idoneidade e disponibilidade dêem garantias de gestão sã e prudente, tendo em vista, de modo particular, a segurança dos fundos confiados à instituição

Na apreciação da idoneidade, que competirá à própria instituição, em primeira linha, e para efeitos de supervisão, ao BP, deverá ter-se em conta o modo como a pessoa a nomear para o cargo "gere habitualmente os negócios ou exerce a profissão", em especial nos aspectos que revelem (i) incapacidade para decidir de forma ponderada e criteriosa, ou a (ii) tendência para não cumprir pontualmente as suas obrigações ou (iii) para ter comportamentos incompatíveis com a preservação da confiança do mercado

O n.º 3 do artigo 30.º contém uma lista não exaustiva de circunstâncias consideradas como sendo indiciadoras de falta de idoneidade, entre elas a declaração de insolvência do membro do órgão social ou a declaração de insolvência de empresa por ele dominada ou de que tenha sido administrador, director ou gerente, num e noutro caso por sentença nacional ou estrangeira e a condenação, em Portugal ou no estrangeiro, por furto, abuso de confiança, roubo, burla, extorsão, infidelidade, abuso de cartão de garantia ou de crédito, emissão de cheques sem provisão, usura, insolvência dolosa, insolvência negligente, frustração de créditos, favorecimento de credores, apropriação ilegítima de bens do sector público ou cooperativo, administração danosa em unidade económica do sector público ou cooperativo, falsificação, falsidade, suborno, corrupção, branqueamento de capitais, recepção não autorizada de depósitos ou outros fundos não reembolsáveis, prática ilícita de actos ou operações de seguros, de resseguros ou de gestão de fundos de pensões, abuso de informação, manipulação do mercado de valores mobiliários ou pelos crimes previstos no Código das Sociedades Comerciais.

Igualmente indiciadora de falta de idoneidade será a condenação, em Portugal ou no estrangeiro, pela prática de infracções às regras legais ou regulamentares que regem a actividade das instituições de crédito, sociedades financeiras ou instituições financeiras, das sociedades gestoras de fundos de pensões e do mercado de valores mobiliários, bem como a actividade seguradora ou resseguradora e a actividade de mediação de seguros ou resseguros. Para assegurar estes efeitos, o BP troca informações com o ISP e com a CMVM, bem como com as autoridades de supervisão estrangeiras.

Outras circunstâncias poderão ser atendíveis, competindo ao BP apreciar se indiciam falta de idoneidade à luz das finalidades preventivas que presidem à feitura do artigo 30.º e atendendo aos critérios enunciados na mesma disposição.

A idoneidade dos membros dos órgãos de administração e de fiscalização que se encontrem registados junto da CMVM ou do ISP, considera-se assegurada, quando esse registo esteja sujeito a exigências de controlo da idoneidade, a menos que factos supervenientes à data do referido registo conduzam o BP a pronunciar-se em sentido contrário.

Para efeitos de registo especial do membros dos órgãos de administração de um banco, os mesmos deverão preencher e submeter ao BP, o questionário anexo à Instrução 52/97, declarando, sob compromisso de honra, que as informações prestadas correspondem à verdade e declarando estar consciente de que as falsas declarações prestadas os poderão fazer incorrer nas sanções penais que punem a falsificação de documentos e, entre outras, nas sanções previstas no artigo 210.º/h e 211.º/r do RGICSF. Comprometem-se também a informar o BP, no prazo de 15 dias a contar da sua verificação, de todos os factos susceptíveis de modificar as respostas prestadas no referido questionário.

IV – Em matéria de qualificação profissional, o artigo 31.º do RGICSF impõe que os membros do órgão de administração a quem caiba assegurar a gestão corrente da instituição de crédito e os revisores oficiais de contas que integrem o órgão de fiscalização, devem possuir qualificação adequada, nomeadamente através de habilitação académica ou experiência profissional.

Nos termos do n.º 2 do artigo 31.º do RGICSF, presume-se existir qualificação adequada através de experiência profissional quando a pessoa em causa tenha previamente exercido, de forma competente, funções de responsabilidade no domínio financeiro.

O GOVERNO DAS ORGANIZAÇÕES

A duração da experiência anterior e a natureza e o grau de responsabilidade das funções previamente exercidas deverão, por força do n.º 3 do artigo 31.º do RGICSF, *"estar em consonância"* com as características e dimensão da instituição de crédito de que se trate.

Como forma de agilizar a avaliação deste requisito, o RGICSF esclarece que a verificação do preenchimento do requisito de *"experiência adequada"* pode ser objecto de um processo de consulta prévia junto do BP.

A Carta Circular n.º 24/2009/DSB que contém algumas recomendações em matéria de governo societário admitindo que a apreciação da qualificação profissional pelo BP, assenta numa perspectiva essencialmente individual, reconhece também que importa ainda atender a uma perspectiva colectiva na composição do órgão de administração, por forma a que, considerado no seu todo, este disponha da "qualificação" subjacente aos requisitos gerais de competência técnica e de adequação dos meios humanos, que resultam do princípio de gestão sã e prudente (artigo 73.º do RGICSF), nomeadamente em matéria de gestão ou actividade bancária.

A interpretação deste objectivo prudencial deverá, por um lado, atender às características e dimensão da entidade supervisionada, segundo um princípio de proporcionalidade e, por outro lado, preservar a autonomia organizativa das entidades quanto à afectação dos respectivos meios humanos ao exercício da actividade supervisionada.

Neste contexto, o BP estipula, pese embora a título recomendatório (o que a redacção, baseada numa estrutura de dever, parece desmentir) que "o órgão de administração deve ser colectivamente dotado da qualificação adequada às características e dimensão da instituição de crédito".

V – Nos termos do artigo 33.º, n.º 1 do RGICSF, o BP pode opor-se a que os membros dos órgãos de administração e do conselho geral e de supervisão de um banco exerçam funções de administração noutras sociedades, se entender que a acumulação é susceptível de prejudicar o exercício das funções que o interessado já desempenhe, nomeadamente por (i) existirem riscos graves de conflito de interesses, ou, tratando-se de pessoas a quem caiba a gestão corrente da instituição, por (ii) não se verificar disponibilidade suficiente para o exercício do cargo.

Esta prerrogativa de oposição pelo BP não é contudo aplicável, de forma que nos parece criticável, quando esteja em causa o exercício cumulativo de cargos em órgãos de administração ou no conselho geral e de supervisão de instituições de crédito ou outras entidades que estejam incluídas no mesmo perímetro de supervisão em base consolidada. Na verdade, as razões de conflito de interesses e de disponibilidade que são apontadas, a título exemplificativa no n.º 1 do artigo 33.º do RGICSF, poderão também verificar-se, mesmo nestas situações, o que aconselharia a existência de uma instância de controlo que fizesse o escrutínio destas situações.

O GOVERNO DOS BANCOS

No caso de funções a exercer em entidade sujeita a registo no BP, o poder de oposição exerce-se no âmbito do processo de registo regulado no artigo 69.º do RGICSF, sendo que nos demais casos, os interessados deverão comunicar ao BP a sua pretensão com a antecedência mínima de 30 dias sobre a data prevista para o início das novas funções, entendendo-se, na falta de decisão dentro desse prazo, que o BP não se opõe à acumulação.

A comunicação ao BP prevista no artigo 33.º, n.º 3 do RGICSF, deve ser acompanhada dos elementos necessários à sua apreciação, razão pela qual a Instrução BP n.º 73/2006 (alterada pela Instrução BP n.º 33/2002), esclarece que a mesma deve ser acompanhada de:

a) Relação completa de todos os cargos desempenhados pelo interessado, com indicação dos que envolvem o exercício de funções de gestão corrente;

b) Indicação do objecto principal das entidades onde exerce funções, nos casos em que tais entidades não se encontrem sujeitas a registo no BP;

c) Indicação das relações de participação existentes entre as entidades onde exerce funções e entre elas e a(s) entidade(s) onde pretende exercê-las;

d) Cópia da acta de reunião do órgão de gestão das entidades sujeitas à supervisão do BP, onde o interessado exerce funções, comprovando que esse órgão tomou conhecimento da acumulação projectada.

Quando o BP não disponha de poder de oposição por estar em causa o exercício cumulativo de cargos em órgãos de administração ou no conselho geral e de supervisão de instituições de crédito ou outras entidades que estejam incluídas no mesmo perímetro de supervisão em base consolidada (n.º 2 do artigo 33.º RGICSF), a comunicação terá, na mesma, de ser feita (o que pareceria não resultar da redacção do artigo 33.º n.ºs 2 e 3 RGICSF), estando, no entanto, dispensada a apresentação dos elementos referidos nas alíneas b) e d) supra (n.º 3 do Instrução BP n.º 73/2006).

VI – Atento o panorama acima traçado, pareceria que o regime nacional em matéria de idoneidade, qualificação e exclusividade dos membros do órgão de administração de bancos, seria suficientemente robusto para garantir que os mesmos reuniriam aquelas qualidades e condições. Situações recentes, detectadas no contexto da crise[104], mas não só[105], parecem apontar, no entanto, para uma situação diversa.

---

[104] Em Portugal, o caso dos processos de contra-ordenação mobiliária e bancária, em curso contra alguns dos administradores do BPP e do BPN.

[105] Ainda em Portugal, a CMVM e o BP aplicaram coimas, que, em conjunto, ascenderam a vários milhões, a ex-administradores do BCP, por prestação de informação falsa ao mercado (especialmente no que respeita a 17 empresas sedeadas em paraísos fiscais e nunca reportadas ao supervisor), tendo também aplicado a sanção de inibição da actividade bancária e financeira a alguns deles.

O GOVERNO DAS ORGANIZAÇÕES

Na verdade, o primeiro e mais importante dos temas em matéria de governo dos bancos é o tema da cultura de integridade e cumprimento e da sua disseminação eficaz por toda a organização, aspecto que é muito difícil impor quando não é inato à organização e, em primeira linha, aos respectivos dirigentes. Os valores do conhecimento, qualificação, coragem, controlo e gestão de riscos, controlo da estratégia comum, controlo de indivíduos "estrela", do grupo e de cada uma das sociedades que o compõem e da justa remuneração, não podem ser impostos a partir do exterior se não encontrarem eco nas pessoas que dirigem o banco, que o fiscalizam e que desempenham funções de gestão, e que são capazes, consequentemente, de disseminar tais valores por toda a organização.

A cultura de integridade e cumprimento tem que começar no topo e assenta em seis pilares que funcionam como pedra de toque de um sistema de bom governo, a saber: (i) *know your business*; (ii) *know your structure*; (iii) *know your merchandise*; (iv) *know your employees*; (v) *know your clients* e (vi) *know your rules*[106]. Como vimos, o CBSB[107], a propósito da existência no sector bancário de estruturas societárias complexas ou opacas veio ainda esclarecer que o órgão de administração e as pessoas com funções de gestão devem conhecer e compreender a estrutura operacional do banco e os riscos que tal estrutura coloca (*"know-your-structure"*) e que quando um banco opere através de veículos especiais ou estruturas semelhantes ou em jurisdições que constituam obstáculo à transparência ou que não cumpram com os padrões bancários internacionais, o órgão de administração e as pessoas com funções de gestão devem compreender o propósito, estrutura e riscos particulares de tais operações, devendo também procurar mitigar os riscos identificados (*"understand-your-structure"*).

Para o CBSB, na perspectiva da indústria bancária, o *corporate governance* abrange[108] "(...) a forma como os negócios e a actividade de um banco são geridos (ou "governados") pelos respectivos órgãos com funções de gestão e de supervisão", incluindo a forma como estes alinham actividades e comportamentos societários com a expectativa de que os bancos operam de forma prudente, segura e criteriosa (*"safe and sound manner"*), com integridade e cumprindo com as leis e os regulamentos aplicáveis.

A referência expressa à cultura de integridade e cumprimento, bem como ao perfil de risco do banco e à sua determinação pelos administradores, membros do órgão de fiscalização e pessoas com funções de gestão, surge, pela primeira vez,

---

[106] (i) Conheça o seu negócio; (ii) conheça a sua estrutura; (iii) conheça a sua mercadoria; (iv) conheça os seus empregados; (v) conheça os seus clientes e (vi) conheça as suas regras.

[107] BASEL COMMITTEE ON BANKING SUPERVISION, *Enhancing corporate governance for banking organisations*, Março 2010.

[108] BASEL COMMITTEE ON BANKING SUPERVISION, *Enhancing corporate governance for banking organisations*, Março 2010, p. 5 e ss.

na versão do documento do CBSB de 2010, como já tivemos ocasião de referir, ou seja, na sequência da crise financeira iniciada em meados de 2007.

Em estruturas amplas, complexas e opacas, este trabalho de implementar e manter uma cultura de integridade e cumprimento surge claramente dificultado, o que relança a questão das organizações *too big to fail, too big to manage*.

Para além do papel das autoridades de supervisão na aplicação de boas práticas em matéria de governo das sociedades pelos bancos, que vem sendo referida, ainda que de forma sintética ao longo deste texto, como forma de tutela de interesses difusos, importa colocar a questão da responsabilidade jurídica dos administradores e das demais pessoas com funções de gestão, pela boa aplicação dos princípios de bom governo.

Na verdade, para conseguir que as pessoas em causa alterem o seu comportamento, poderão ser necessárias sanções eficazes e effectivas, aspecto que a Comissão Europeia suscita expressamente no seu Livro Verde[109] considerando, no entanto, que qualquer reforço da responsabilidade civil ou penal dos administradores deve ser cuidadosamente analisado.

Em Portugal, cumpre assinalar a assimetria que existe entre o direito dos valores mobiliários e o direito bancário em matéria de responsabilidade civil dos administradores. Assim, no que respeita aos intermediários financeiros a lei estatui um regime especial de responsabilidade civil[110], previsto nos artigos 304.º-A e 324.º do CdVM.

Por força do disposto no artigo 305.º-D do CdVM, os titulares dos órgãos de administração do intermediário são responsáveis por garantir o cumprimento dos deveres previstos no CdVM, devendo avaliar periodicamente a eficácia das políticas, procedimentos e normas internas adoptadas para cumprimento dos deveres referidos nos artigos 305.-A a 305.-C do CdVM e tomar as medidas adequadas para corrigir eventuais deficiências detectadas e prevenir a sua ocorrência futura.

Nos termos do artigo 304.º, n.º 5 do CdVM, os princípios referidos no artigo 304.º do CdVM bem como os deveres referidos nos artigos seguintes do mesmo diploma, em particular os deveres respeitantes à organização e ao exercício da actividade dos intermediários financeiros, mencionados no artigo 304.º-A, n.º 1 do CdVM, são aplicáveis aos titulares do órgão de administração e às pessoas que dirigem efectivamente a actividade do intermediário financeiro e aos colaboradores do intermediário financeiro, envolvido no exercício ou fiscalização de actividades de intermediação financeira ou de funções operacionais que sejam essenciais à prestação de serviços de forma contínua e em condições de qualidade e eficiência.

---

[109] European Commission, *Green Paper – Corporate governance in financial institutions and remuneration policies*, (COM (2010)284 final), ob.cit., p. 18.

[110] Gonçalo Castilho dos Santos, *A Responsabilidade Civil do Intermediário Financeiro*, Almedina, 2008.

O GOVERNO DAS ORGANIZAÇÕES

A expressão "colaboradores do intermediário financeiro" deve ser entendida como abrangendo os respectivos funcionários, trabalhadores, mandatários e outros representantes que não os titulares do órgão de administração os quais mereceram referência autónoma no preceito (cf. o artigo 401.º-2 do Cód. VM). As pessoas referidas no artigo 304.º-5 o Cód. VM encontram-se assim pessoalmente obrigadas à observância dos referidos princípios e deveres, devendo assegurar o seu cumprimento tanto quando actuem no exercício das respectivas funções ou por conta ou em nome do intermediário financeiro, como quando o façam a título meramente pessoal, com as consequências daí advenientes.

5.2. Conflito de interesses

I – A consideração da matéria do conflito de interesses coloca-se com especial acuidade nos bancos ditos universais. Tal deve-se, entre outros factores e circunstâncias, ao risco sistémico, ao volume das transacções, à diversidade dos serviços financeiros fornecidos e à estrutura complexa dos grandes grupos financeiros. O conflito de interesse é pois um fenómeno imanente à actividade bancária.

A título de exemplo basta recordar o exercício de funções ou actividades susceptíveis de gerar conflitos de interesses, como a consultoria em matéria de investimentos e a gestão por conta própria, a execução de ordens por conta de diferentes clientes; o *cross-selling*, participações cruzadas ou relações comerciais entre o investidor institucional (por exemplo através da sua empresa-mãe) e a instituição financeira na qual investe[111], entre outras.

De um ponto de vista do regime jurídico, o conflito de interesses no contexto dos bancos pode ser equacionado em três perspectivas distintas: societária, bancária e mobiliária.

II – A óptica societária, tal como já foi referido, aborda a questão do conflito de interesses de uma perspectiva indiferenciada quanto ao objecto social e coloca o acento tónico nas relações intra-societárias, entre administração, accionistas e a própria sociedade.

Para além do artigo 64.º, que pode ser qualificado como um artigo referente ao conflito de interesses (na medida em que identifica os titulares de interesse relevantes e dá directrizes sobre a forma como tais interesses devem ser ponderados em termos relativos), o CSC é parco em disposições específicas atinentes ao conflito de interesses.

---

[111] EUROPEAN COMMISSION, *Green Paper – Corporate governance in financial institutions and remuneration policies*, (COM (2010)284 final), ob.cit., p. 5 e ss.

O GOVERNO DOS BANCOS

Podemos identificar, quanto às sociedades anónimas, o artigo 384.º do CSC, por um lado, e os artigos 397.º a 399.º e 428.º do mesmo diploma, por outro.

O artigo 384.º, n.º 6 do CSC impede o exercício do direito de voto por parte do sócio quando este se encontre em situação de conflito de interesse com a sociedade, elencando um conjunto de situações em que tal conflito se presume[112]. Os artigos 397.º a 399.º CSC, aplicáveis ao conselho de administração directamente e ao conselho de administração executivo por via do artigo 428.º do CSC, regem directamente a matéria do conflito de interesses entre o órgão de administração e a sociedade, estabelecendo proibições e imposições de modo a evitar o prejuízo do interesse da sociedade em benefício do interesse do titular do órgão de administração.

Assim, nos termos do artigo 397.º do CSC, proíbe-se, por um lado, à sociedade conceder empréstimos ou crédito a administradores, fazer pagamento por conta deles, prestar garantias a obrigações por eles contraídas e facultar-lhes adiantamentos de remunerações superiores a um mês, e impõe-se, por outro, a concessão prévia de autorização para a celebração de contratos entre a sociedade e os seus administradores, directamente ou por interposta pessoa,

O artigo 398.º do CSC visa igualmente evitar o surgimento do conflito, proibindo a concorrência com a sociedade administrada e o exercício nessa sociedade ou em sociedades que com esta estejam em relação de domínio, contratos de trabalho ou de prestação de serviços, nem celebrar tais contratos para vigência futura.

Por fim, o artigo 399.º n.º 3 do CSC vem impedir que as remunerações variáveis dos titulares de órgãos de administração prejudiquem a constituição de reservas pela sociedade, prevenindo que a administração e porventura os accionistas beneficiem de remuneração em detrimento da situação patrimonial da sociedade.

III – O Código de Governo das Sociedades da CMVM contém recomendações dirigidas aos bancos, sempre que estes assumam a qualidade de sociedades com acções admitidas à negociação em mercado regulamentado.

Assim, os negócios da sociedade com accionistas titulares de participação qualificada, ou com entidades que com eles estejam em qualquer relação, nos termos do art. 20.º do CdVM, devem ser realizados em condições normais de mercado (IV.1.1.). Sendo que os negócios de relevância significativa com accionistas titulares

---

[112] Artigo 384.º, n.º 6 – Um accionista não pode votar, nem por si, nem por representante, nem em representação de outrem, quando a lei expressamente o proíba e ainda quando a deliberação incida sobre: a) Liberação de uma obrigação ou responsabilidade própria do accionista, quer nessa qualidade quer na de membro de órgão de administração ou de fiscalização; b) Litígio sobre pretensão da sociedade contra o accionista ou deste contra aquela, quer antes quer depois do recurso a tribunal; c) Destituição, por justa causa, do seu cargo de titular de órgão social; d) Qualquer relação, estabelecida ou a estabelecer, entre a sociedade e o accionista estranha ao contrato de sociedade.

O GOVERNO DAS ORGANIZAÇÕES

de participação qualificada, ou com entidades que com eles estejam em qualquer relação, nos termos do art. 20.º do CdVM, devem ser submetidos a parecer prévio do órgão de fiscalização. Este órgão deve estabelecer os procedimentos e critérios necessários para a definição do nível relevante de significância destes negócios e os demais termos da sua intervenção (IV.1.2.).

IV – As disposições acima referidas do CSC e do Código de Governo das Sociedades da CMVM, sendo sem dúvida pertinentes, apenas atentam a parte do potencial de conflitos de interesse que podem surgir no seio de um banco. O governo interno dos bancos não pode cingir-se simplesmente ao problema do conflito de interesses entre os accionistas e a direcção, pese embora esta seja uma dimensão relevante. As regras em matéria de governo das sociedades a aplicar pelas instituições financeiras devem ser adaptadas de modo a ter em conta a natureza específica destas empresas[113].

No Direito bancário, regem a matéria os artigos 33.º e 85.º e 86.º, todos do RGICSF

O artigo 33.º n.º 1 do RGICSF determina, como já referido supra, que o BP pode opor-se a que os membros dos órgãos de administração e do conselho geral e de supervisão das instituições de crédito exerçam funções de administração noutras sociedades, se entender que a acumulação é susceptível de prejudicar o exercício das funções que o interessado já desempenhe, nomeadamente por existirem riscos graves de conflito de interesses.

Os artigos 85.º e 86.º surgem integrados no Capítulo IV – Conflitos de interesses, do RGICSF, e reflectem a perspectiva tradicional do banco enquanto mutuante.

O artigo 85.º n.º 1 retoma a proibição do artigo 397.º do CSC, dispondo que as instituições de crédito não podem conceder crédito, sob qualquer forma ou modalidade, incluindo a prestação de garantias, quer directa quer indirectamente, aos membros dos seus órgãos de administração ou fiscalização, nem a sociedades ou outros entes colectivos por eles directa ou indirectamente dominados.

O artigo 86.º do RGICSF alarga os destinatários da proibição do artigo 85.º determinando que s membros do órgão de administração, os directores e outros empregados, os consultores e os mandatários das instituições de crédito não podem intervir na apreciação e decisão de operações em que sejam directa ou indirectamente interessados os próprios, seus cônjuges, parentes ou afins em 1.º grau, ou sociedades ou outros entes colectivos que uns ou outros directa ou indirectamente dominem.

Os dois artigos sobrepõem-se de alguma forma, mas fica claro a abrangência da proibição quanto a concessão de crédito.

---

[113] EUROPEAN COMMISSION, *Green Paper – Corporate governance in financial institutions and remuneration policies*, (COM (2010)284 final), ob.cit., p. 4.

O GOVERNO DOS BANCOS

Curiosamente, o que no CSC surge como uma proibição sem excepção, no RGICSF é objecto de um regime que, se por um lado, aumenta o âmbito subjectivo e objectivo da proibição, inclui excepções de monta a essa proibição.

Assim, ficam excluídos desta proibição, em termos subjectivos, os membros do conselho geral e de supervisão que não integrem a comissão para as matérias financeiras, aos administradores não executivos das instituições de crédito que não façam parte da comissão de auditoria, nem a sociedades ou outros entes colectivos por eles dominados.

Em termos objectivos, também ficam excluídas da proibição as operações de carácter ou finalidade social ou decorrentes da política de pessoal, bem como o crédito concedido em resultado da utilização de cartões de crédito associados à conta de depósito, em condições similares às praticadas com outros clientes de perfil e risco análogos, e ainda operações de concessão de crédito de que sejam beneficiárias instituições de crédito, sociedades financeiras ou sociedades gestoras de participações sociais que se encontrem incluídas no perímetro de supervisão em base consolidada a que esteja sujeita a instituição de crédito em causa, nem às sociedades gestoras de fundos de pensões, empresas de seguros, corretoras e outras mediadoras de seguros que dominem ou sejam dominadas por qualquer entidade incluída no mesmo perímetro de supervisão.

Estas exclusões suscitam algumas dúvidas. A primeira exclusão peca, a nosso ver, pela sua amplitude e imprecisão, permitindo que por via da política de pessoal (fixada pelo conselho de administração) ou da concessão de crédito por cartão de crédito, se ultrapasse a proibição geral de concessão de crédito e se ponha em causa a prevenção do conflito prosseguida pelo artigo 85.º, n.º 1.

A segunda exclusão pressupõe que o interesse de um grupo financeiro é unitário, o que não corresponde nem à realidade fáctica nem ao enquadramento jurídico português. Na verdade, no seio de um grupo bancário, emergem interesses dissonantes, não só no que se refere às várias sociedades que o integram e que terão objectos sociais diferentes mas também quanto aos clientes e contrapartes dessas diferentes sociedades.

Talvez para minorar o que se expôs, e ainda no artigo 85.º do RGICSF, se estabelece a proibição de participação na apreciação e decisão de operações de concessão de crédito a sociedades ou outros entes colectivos de que sejam gestores ou em que detenham participações qualificadas, bem como na apreciação e decisão dos casos referentes a membros do conselho geral e de supervisão que não integrem a comissão para as matérias financeiras, aos administradores não executivos das instituições de crédito que não façam parte da comissão de auditoria, nem a sociedades ou outros entes colectivos por eles dominados e a sociedades que integram o grupo societário da sociedade mutuante.

O GOVERNO DAS ORGANIZAÇÕES

Nestes casos exige-se ainda a aprovação por maioria de pelo menos dois terços dos restantes membros do órgão de administração e o parecer favorável do órgão de fiscalização.

O RGICSF contém ainda outro preceito, fora do capítulo dedicado ao conflito de interesses, com relevância nesta matéria que é o artigo 109.º, o qual regula o crédito concedido a detentores de participações qualificadas, limitando a 10% (30% no total) dos fundos próprio do banco o montante de crédito concedido, directa ou indirectamente, a cada participante qualificado e a 30%. Exige esta disposição que a concessão do crédito seja aprovada por maioria qualificada de pelo menos dois terços dos membros do órgão de administração e do parecer favorável do órgão de fiscalização da instituição de crédito.

Novamente, e por coerência sistemática, estes limites não se aplicam às operações de concessão de crédito de que sejam beneficiárias instituições de crédito, sociedades financeiras ou sociedades gestoras de participações sociais, que se encontrem incluídas no perímetro de supervisão em base consolidada a que esteja sujeita a instituição de crédito em causa, nem às sociedades gestoras de fundos de pensões, empresas de seguros, corretoras e outras mediadoras de seguros que dominem ou sejam dominadas por qualquer entidade incluída no mesmo perímetro de supervisão.

Tanto o artigo 85.º como o artigo 109.º foram sujeitos a regulamentação do BP constante da Instrução BP n.º 13/2008, a qual impõe o cumprimento de deveres de informação ao BP, por parte dos bancos, sempre que se verifique alguma das situações previstas nos artigos do RGICSF acima referidos.

V – Por fim, e tal como já foi avançado, os bancos encontram-se sujeitos ao direito dos valores mobiliários, sempre que prossigam actividades de intermediação financeira. As regras do CdVM em matéria de prevenção e gestão de conflitos de interesses, são muito mais completas e rigorosas dos que as previstas no RGICSF em matéria bancária. Mais uma vez temos aqui uma assimetria que é inexplicável do ponto de vista racional, tendo meramente uma explicação ancorada no devir histórico e nas contingências próprias no processo legislativo a nível europeu[114].

O CdVM disciplina o conflito de interesses com base numa regulamentação de comportamentos, ou seja, mediante a imposição de deveres de conduta e de organização, os quais se encontram previstos ao longo do respectivo Título VI

---

[114] Aliás, a Comissão Europeia salienta, dando um passo à frente, que *"as the CEBS, CEIOPS and CESR committees note in their joint report on internal governance, there is a lack of consistency in the content and detail of the conflict of interest rules to which the various financial institutions are subject, depending on whether they need to apply the provisions of MiFID, the CRD, the UCITS Directive or Solvency II"*, EUROPEAN COMMISSION, *Green Paper – Corporate governance in financial institutions and remuneration policies*, (COM (2010)284 final), ob.cit., p. 5,

dedicado ao tema da intermediação, mais precisamente nos artigos 309.º, 309.º-A a 309.º-F, 310.º, 312.º-1/c, 312.º-C-1/h, 313.º, 328.º-A e 328.º-B, 346.º e 347.º[115]. As disposições atrás mencionadas aplicam-se a todos os intermediários financeiros referidos no artigo 293.º do CdVM, no contexto da prestação em Portugal de quaisquer serviços de investimento ou auxiliares[116] e qualquer que seja a classificação do cliente a quem os serviços sejam prestados[117].

Os princípios e deveres constantes do código em matéria de conflito de interesses são também aplicáveis, nos termos do artigo 304.º-5 do CdVM, como já referimos supra, aos titulares do órgão de administração, às pessoas que dirigem efectivamente a actividade do intermediário financeiro e aos colaboradores do intermediário financeiro envolvidos no exercício de actividades de intermediação financeira e/ou na sua fiscalização e ainda aos colaboradores do intermediário financeiro que estejam envolvidos no exercício e/ou na fiscalização de funções operacionais que sejam essenciais à prestação de serviços de forma contínua e em condições de qualidade e eficiência.

Em virtude do princípio da homogeneidade funcional, as regras sobre conflito de interesses aplicam-se também aos bancos quando estas desenvolvam actividades de intermediação financeira. Nestes casos, no entanto, com uma especialidade pois tais regras deverão ser cumpridas pelos bancos tomando também em consideração as actividades propriamente bancárias, como seja a concessão de crédito, não podendo circunscrever-se apenas às actividades de intermediação financeira *stricto sensu*.

O tema já foi tratado na doutrina nacional, com detalhe, pelo que remetemos, na matéria, para o que nessa sede foi escrito em matéria de conflito de interesses[118].

---

[115] Referências ao conflito de interesses surgem ainda no ponto 17 do preâmbulo e nos artigos 12.º-D-2, 21.º-A-1/b, 314.º-D-1/d, 321.º-5, 389.º-3/e e 397.º-2/b, todos do CdVM.

[116] Tais serviços encontram-se elencados nos artigos 290.º e 291.º do CdVM.

[117] Investidor qualificado, não qualificado ou contraparte elegível, cfr. artigo 317.º e seguintes do CdVM.

[118] Sobre a matéria do conflito de interesses na Intermediação financeira, cf. SOFIA LEITE BORGES, *Conflitos de Interesses e Intermediação Financeira*, em *Conflito de Interesses no Direito Societário e Financeiro – Um Balanço a Partir da Crise Financeira*, Almedina, 2010 e *A Regulação Geral do Conflito de Interesses na DMIF*, in Cadernos dos Valores Mobiliários, Dezembro 2007 e PAULO CÂMARA, *Manual do Direito dos Valores Mobiliários*, Almedina, 2009, p. 371 e ss e ainda PAULO CÂMARA, *Conflito de Interesses no Direito Financeiro e Societário: Um Retrato Anatómico*, in *Conflito de Interesses no Direito das Sociedades e no Direito Financeiro: um Balanço a partir da Crise Financeira*.

CAPÍTULO IX

O GOVERNO DOS FUNDOS DE PENSÕES

Gabriela Figueiredo Dias

ABSTRACT: *Together with their major responsibility for the welfare of beneficiaries, pension funds also play a critical role in the financial markets. Hence, their governance and regulation are currently issues of public concern and major importance, which impact directly the interests of beneficiaries of the funds and ultimately, given the relevance of its investments, the performance of financial markets themselves. The main issues of pension fund governance, just like of companies' governance, arise from the fiduciary nature of its management and correlated agency problems, information asymmetries and risk management fragilities. However, and differently from the classical problems of corporate governance in companies, pension funds exhibit specific governance problems and needs.*
This study aims to identify these main specific issues of pension fund governance and to identify the existing solutions as well as the ones still to be built, with a special glance over the Portuguese regulatory environment and putting forward some proposals aiming to improve the Portuguese governance framework for pension funds.

SUMÁRIO: *I. Introdução e contextualização. 1. O papel dos fundos de pensões na formação da poupança para a reforma: decisão de poupança, auto-controlo e o compromisso do* capital grisalho. *2. A necessidade de governo dos fundos de pensões. 2.1. Fundos de pensões – investidores institucionais, agentes dinamizadores dos mercados e elementos de equilíbrio do sistema económico e da protecção social. 2.2. Especificidades do sector dos fundos de pensões. 2.3. Principais linhas de construção e intervenção dos princípios de governo dos fundos de pensões: mitigação dos problemas de agência e dos conflitos de interesses. 2.4. Impacto imediato das práticas de bom governo nos fundos de pensões e efeitos reflexos positivos do seu activismo accionista. 3. O aprofundamento do debate sobre o governo dos fundos de pensões – sinal dos tempos. II. Desenvolvimentos e padrões regulatórios/recomendatórios sobre o governo dos fundos de pensões no plano internacional. 1. Relatórios e propostas genéricas recentes sobre* corporate governance. *2. Contributos específicos recentes sobre o governo dos fundos de pensões e dos investidores institucionais em geral. 2.1. Contributos emanados da OCDE. 2.2. Myners Principles – actualização 2008. 2.3.* Stewardship Code. *2.4. Apreciação crítica dos contributos mais recentes sobre o governo dos fundos de pensões no plano internacional. III. O governo dos fundos de pensões em Portugal. 1. Apontamentos prévios. 2. Enquadramento regulatório do governo dos fundos de pensões portugueses. 2.1. Fontes normativas e recomendatórias do governo dos fundos de pensões. 2.1.1. Fontes normativas específicas: o RJFP, as Normas Regulamentares 7/2007-R e 5/2010-R do ISP e o Regulamento n.º 8/2007 da CMVM. 2.1.2. Fontes normativas genéricas e acessórias. 2.1.3. Fontes normativas e recomendatórias sobre remunerações nas empresas seguradoras e sociedades gestoras de fundos de pensões. 3. Breve descrição crítica do modelo de governo dos fundos de pensões portugueses: organização interna e dimensão estrutural. 3.1. Modelo de gestão: entidade gestora e depositário independentes. 3.2. Actuário responsável. 3.3. Auditor. 3.4. Comissão de acompanhamento e Provedor. 4. Dimensão funcional e mecanismos de governo dos fundos de pensões: principais problemas. 4.1. Importância material da estrutura dos fundos de pensões. 4.2. A estrutura contratual como obstáculo ao controlo da actividade de gestão do fundo de pensões. A dificuldade de operacionalização do modelo contratual sem possibilidade de recurso à figura do* trust. *4.3. Problemas de governo dos fundos de pensões não especificamente relacionados com a estrutura organizativa desenhada na lei. 4.3.1. Relações de participação, domínio ou proximidade entre a entidade gestora e o associado do fundo de pensões. 4.3.2. Insuficiência dos mecanismos de fiscalização e controlo da gestão exercida pela entidade gestora. 4.3.3. O baixo grau de activismo accionista dos fundos de pensões [nacionais]. 5. Possíveis vias de apuramento do governo dos fundos de pensões. 5.1. Mecanismos de limitação dos custos de agência. 5.2. Mitigação dos conflitos de interesses: a actuação dos gestores no exclusivo interesse do fundo e dos seus participantes. 5.2.1. Roteiro dos interesses: o interesse do fundo, o interesse dos beneficiários e outros interesse eventualmente (não) relevantes. 5.2.2. Decisões de investimento e interesses dos participantes. A independência do gestor. 5.2.3. O activismo accionista dos fundos de pensões: exercício de direitos sociais e intervenção nas sociedades participadas.*

> "La société ne s'intéresse à l'individu que dans la mesure où il demeure profitable. Les jeunes le savent. Leur anxiété au moment d'entrer dans la vie sociale correspond à l'angoisse des vieillards au moment d'en être exclus. Entre ces deux âges, le problème est masqué par la routine... Une fois compris le véritable état des personnes âgées, on ne peut plus se satisfaire de réclamer des 'politiques de vieillesse' plus généreuses, des pensions plus élevées, de meilleurs logements et des loisirs organisés. C'est tout le système qui est en jeu et notre exigence ne peut être que radicale – changer la vie elle-même."

SIMONE DE BEAUVOIR, *La Vieillesse*, 1977

I. INTRODUÇÃO E CONTEXTUALIZAÇÃO

1. O papel dos fundos de pensões na formação da poupança para a reforma: decisão de poupança, auto-controlo e o compromisso do *capital grisalho*

Os fundos de pensões constituem hoje, juntamente com as seguradoras, os maiores investidores institucionais nos mercados financeiros globais, sendo no seu conjunto titulares de investimentos que ultrapassam um quarto da capitalização bolsista accionista e mais de 10% da capitalização obrigacionista nos países da OCDE[1]. Embora com um significado e estruturas diferentes de país para país, os fundos de pensões encontram-se em pleno crescimento, em número e dimensão, sendo igualmente crescente o respectivo impacto potencial nos mercados financeiros, tendo já sido qualificados como o principal veículo da modificação do cenário económico e geográfico.

O principal papel dos fundos de pensões enquanto instituições financeiras incluídas nos sistemas de previdência social é, contudo, o de contribuir para a formação do chamado "capital grisalho"[2], isto é, para poupança dos indivíduos para a fase idosa da vida, e de proteger e ampliar o valor das pensões através de mecanismos de partilha do risco entre diversos sujeitos (os participantes do fundo) e ao longo do tempo (já que visam objectivos de longo prazo e investem com esse horizonte) que lhes permitem suportar a inovação e o crescimento.

Estes objectivos deparam-se, contudo, com dois problemas fundamentais: uma significativa iliteracia dos participantes, especialmente preocupante quando se pense nos fundos de pensões como instituições nas quais os investidores/aforradores delegam o planeamento e a gestão da sua poupança; e um problema "comportamental" ou de atitude, traduzido no facto de uma grande parte dos sujeitos activos *tentarem* poupar para a reforma, mas evidenciarem uma capacidade ou força de vontade muito limitadas para concretizar as suas intenções, como se compreendessem intelectualmente os benefícios desse comportamento (de poupança para a reforma) mas fossem incapazes de aderir intimamente a esse objectivo e de o implementar[3]. Ao mesmo tempo, tem sido possível verificar que

---

[1] E. PHILIP DAVIS, *Pension Funds, Retirement-Income Security and Capital Markets – An International Perspective*, Oxford, 2004, p. 5; BOERI/BOVENBERG/COURÉ/ROBERTS, *Dealing with the New Giants: Rethinking the Role of Pension Funds*, Geneva Reports on the World Economy, ICMB, 2006, p. xv.

[2] ROBIN BLACKBURN, *Banking on Death or Investing in Life: the History and Future of Pensions*, London/New York, Verso, 2002 menciona repetidamente o "capital grisalho" (*grey capital*) para referir o capital investido ou aforrado pelos sujeitos para a reforma.

[3] O. S. MITCHELL/S. P. UKTUS. *Pension Design and Structure. New Lesson from Behavioral Finance*, Oxford, 2004, p. 6. Os autores mencionam a este propósito um problema comportamental de "falta de força de vontade" ou "baixo auto-controlo", em que as decisões são construídas sobre pressupostos emocionais e

as taxas de aforro para a velhice que os sujeitos estão dispostos a praticar são inconstantes, enquanto as contribuições para a formação de um fundo de pensões terão de ser relativamente constantes e uniformes para permitir previsões e provisões matemáticas rigorosas[4].

A função dos fundos de pensões, para além da sua função de custódia e rentabilização do aforro para a reforma, é, pois, também a de *educar* o aforrador/investidor, promovendo a modificação dos comportamentos e atitudes perante o aforro para a reforma e impondo-lhe uma disciplina e um compromisso de descontos regulares e uniformes, impedindo, através do compromisso estabelecido, desvios impulsivos ou emocionais a um programa pré-estabelecido que o investidor acorda em cumprir.

2. A necessidade de governo dos fundos de pensões

2.1. Fundos de pensões – investidores institucionais, agentes dinamizadores dos mercados e elementos de equilíbrio do sistema económico e da protecção social

Ao mesmo tempo que desempenham um papel crítico na manutenção do equilíbrio e da protecção social, os fundos de pensões são hoje verdadeiros gigantes dos mercados de capitais, conferindo-lhes dimensão e profundidade. Da conjugação de ambos os papéis desempenhados resulta um poder muito significativo, que todavia nem sempre tem sido bem compreendido e utilizado pelos seus gestores e operadores, bem como pelo próprio mercado.

Atendendo, contudo, à sua relevante função sócio-económica, enquanto instituições que promovem e gerem o aforro dos indivíduos para a reforma, garantindo a manutenção dos níveis de vida dos indivíduos depois da sua saída do mercado de trabalho[5], e ao papel de destaque que assumem no mercado de capitais, enquanto catalizadores do seu funcionamento e dinamismo (e no qual têm a capacidade de

---

afectivos, e que requer um programa de modificação comportamental similar aos programas que é necessário implementar para a modificação de outros comportamentos, como a prática do exercício, dietas, deixar de fumar ou cumprir promessas de Ano Novo.

[4] O. S. MITCHELL/S. P. UKTUS, cit., p. 6-7.

[5] Nas palavras de ROBERT A. G. MONKS, "Creating Value Through Corporate Governance", *Corporate Governance*, Vol. 10, N.º 3, Jul 2002, p. 116-123, "The beneficiaries of pension funds are not rich people. Fluctuations in market values are no longer primarily a question as to whether rich people are a bit richer or poorer, they are a question as to whether pensions will be paid to the roughly half of the population of OECD world who have interests in employee benefit plans",

O GOVERNO DOS FUNDOS DE PENSÕES

produzir impactos positivos e negativos muito significativos[6]), as consequências de uma boa ou má qualidade da gestão e organização dos fundos de pensões não podem ser ignoradas e justificam um debate sério sobre o seu funcionamento, a sua organização e o trabalho a fazer nesses domínios.

Enquanto instituições financeiras cujo negócio consiste na recepção, gestão e rentabilização de poupanças dos cidadãos para a reforma, é legítimo esperar dos fundos de pensões que possuam, em atenção a este especial objectivo, sólidas práticas de governo e mecanismos eficazes de gestão do risco, que lhes permitam cumprir o pagamento das prestações prometidas ou projectadas e consequentemente, a sua função de instrumentos de protecção social.

Em acréscimo, constituindo a gestão de fundos de pensões, atenta a sua complexidade, uma actividade fortemente marcada por assimetrias informativas e potenciais desequilíbrios de poder entre os que oferecem e os que adquirem estes produtos, existem maiores expectativas em relação aos gestores no que respeita a um tratamento justo e transparente dos participantes dos fundos de pensões.

Trata-se, ainda, de uma actividade desenvolvida através da recepção de fundos em contrapartida de uma promessa de pagamentos futuros, marcada pela grande dilação de tempo entre a entrega dos valores pelo participante/contribuinte e a constituição da obrigação de pagamento das prestações de reforma pelo gestor, sem direito a resgates antecipados[7], gerando deste modo incentivos específicos nos gestores para assumirem comportamentos de risco na gestão daqueles valores.

É precisamente nesta confluência de poder e fragilidades que ganha relevância o tema do *governo dos fundos de pensões*, enquanto referencial de boas práticas destinadas a promover o equilíbrio e a eficácia do seu funcionamento e a sua sustentabilidade.

A adopção de boas práticas de governo na organização e gestão de fundos de pensões é cada vez mais reconhecida como um decisivo elemento de um sistema privado de pensões eficiente, promovendo o sucesso dos investimentos efectuados nesse âmbito e a segurança dos benefícios esperados, reflectindo-se de forma positiva no desempenho e robustez dos fundos que adoptam tais

---

[6] Sobre os impactos positivos (contribuição para a eficiência dos mercados, fontes estáveis de financiamento para investimentos de longo prazo, etc.) e negativos (custos de uma actuação segundo critérios de curto prazo) susceptíveis de serem produzidos pelos fundos de pensões nos mercados financeiros, DAVID BLAKE, *Pension Schemes and Pension Funds in the United Kingdom*, Oxford, 2003, 2ª Ed., pp. 574-588.

[7] Com excepção de situações particulares, como a de possibilidade de resgate das contribuições próprias do participante para o fundo de pensões quando em causa está um plano de pensões contributivo, tal como previsto no art. 9.º, n.º 2 do Decreto-Lei n.º 12/2006, de 20 de Janeiro – Regime Jurídico dos Fundos de Pensões (RJFP)

O GOVERNO DAS ORGANIZAÇÕES

práticas[8], bem como na diminuição dos respectivos níveis de subfinanciamento[9] e consequentemente, no bem-estar das populações mais idosas e no equilíbrio do próprio sistema económico e social. O governo dos fundos de pensões constitui um elemento chave de uma gestão segura, sólida e confiável – no qual, de resto, o sistema prudencial deve poder confiar em larga medida.

2.2. Especificidades do sector dos fundos de pensões

Se o *link* entre bom governo e bom desempenho dos fundos de pensões é irrefutável[10], é menos evidente o que possa ou deva ser considerado o *bom governo dos fundos de pensões*. A despeito de algumas iniciativas regulatórias e da própria indústria, a fragilidade dos mecanismos de governo dos fundos de pensões e da própria definição dos seus aspectos elementares persiste e solicita a identificação dos seus pontos de maior inconsistência e o enunciado de medidas adequadas.

No âmbito do investimento institucional, o *governo* das entidades que o praticam descreve o sistema de tomada de decisões de investimento e de monitorização dos investimentos assumidos, cuja responsabilidade é atribuída aos gestores de acordo com um esquema fiduciário. Estes são confrontados, no exercício da função que lhes é confiada, com opções de elevada complexidade técnica e estratégica, pelas quais assumem a responsabilidade, cabendo-lhes ainda a implementação detalhada das políticas e decisões de investimento, para as quais é frequente o recurso a soluções de delegação, assumindo o gestor fiduciário o papel de monitorização das acções de implementação levadas a cabo por terceiros subcontratados. O governo do investimento institucional supõe assim competências técnicas, recursos e procedimentos muito específicos e necessariamente dirigidos à criação de valor para os fundos de pensões geridos.

À semelhança do que sucede nas sociedades[11], existe um potencial desalinhamento de interesses entre os participantes dos fundos de pensões e os respectivos gestores, por força das dificuldades de monitorização da actividade destes últimos.

---

[8] R. L. CLARK/R. ULVIN, *Best-Practice Investment Management: Lessons for Asset Owners from the Oxford–Watson Wyatt Project on Governance*, disponível em http://papers.ssrn.com/sol3/papers.cfm?abstract_id=1019212;

[9] Sobre a redução dos níveis deficitários dos fundos de pensões como consequência da implementação de práticas de bom governo veja-se o estudo da Mercer, *Quarterly FTSE350 pension deficit survey*, Jan. 2008, disponível em http://uk.mercer.com/pressrelease/details.jhtml/dynamic/idContent/1292675.

[10] Em *Pension Revolution: A Solution to the Pension Crisis*, 2007, KEITH AMBACHTSHEER demonstra um impacto de 100 a 200 *basis points* por ano nos fundos que integram a sua base dados em consequência da diferença entre um bom e um mau governo dos fundos de pensões.

[11] Sobre o conflito de interesses entre administradores e accionistas nas sociedades anónimas, JOÃO DE SOUSA GIÃO, "Conflitos de Interesses entre Administradores e Accionistas na Sociedade Anónima: os Negócios com a Sociedade e a Remuneração dos Administradores", *Conflito de Interesses no Direito Societário e Financeiro. Um Balanço a partir da Crise Financeira*, Coimbra, Almedina, 2010, 215-291.

O GOVERNO DOS FUNDOS DE PENSÕES

Contudo, o problema surge aqui agravado em consequência da natureza não negociável e fortemente dispersa das posições detidas pelos participantes nos fundos de pensões. Nestes, a intervenção niveladora de alguns mecanismos de controlo de mercado, tal como a ameaça de tomadas hostis do controlo, o controlo reforçado da gestão por blocos accionistas ou a utilização de *stock options* como medidas de incentivo, é fortemente limitada ou mesmo inexistente.

Por outro lado, em consequência do longo período de tempo pelo qual a relação contratual estabelecida entre o participante e o fundo/gestor tende a perdurar, dadas as características da relação de investimento que se estabelece, o potencial de divergência entre os interesses do participante e os interesses do gestor aumenta significativamente, por força da incerteza sobre um conjunto alargado de factores que influenciam o desempenho do fundo e o comportamento do gestor e que podem variar significativamente ao longo desse largo período de tempo (inflação, riscos regulatórios, riscos políticos, etc.).

Atentas as especificidades deste sector em face do sector societário, onde classicamente foram desenvolvidos as propostas e os princípios de governo das sociedades, surgem acrescidas as necessidades de instituição de mecanismos de governo apurados e adequados, que promovam condutas de mercado apropriadas, capazes de assegurar aos investidores uma protecção de princípio contra alguns dos riscos específicos do investimento em fundos de pensões.

2.3. Principais linhas de construção e intervenção dos princípios de governo dos fundos de pensões: mitigação dos problemas de agência e dos conflitos de interesses

O governo dos planos e dos fundos de pensões constrói-se hoje predominantemente em torno de dois vectores essenciais da sua organização e funcionamento:

– os sujeitos e/ou as instituições aos quais é cometida a função de gestão de fundos de pensões e da regulação dessa actividade, com especial destaque para a competência técnica, a responsabilidade dos gestores e as estruturas de remuneração, bem como a respectiva supervisão;
– os procedimentos, assentes no cumprimento e execução de políticas de investimento previamente definidas, na utilização de sistemas de decisão em tempo real (e não de modo calendarizado) e numa cultura de aprendizagem e inovação.

Estes sujeitos ou instituições, fiduciariamente responsáveis pela gestão de activos alheios com o objectivo da sua rentabilização destinada ao financiamento de prestações de reforma, encontram-se, em resultado do modo como exercem

O GOVERNO DAS ORGANIZAÇÕES

essa actividade e à semelhança do que ocorre transversalmente em toda a actividade de intermediação financeira, inevitavelmente expostos a um potencial problema de agência e de conflito de interesses[12] com os participantes do fundo de pensões.

O governo dos fundos de pensões assume assim como objectivo imediato a minimização dos custos de agência e dos potenciais conflitos de interesses inerentes ao exercício da respectiva gestão, susceptíveis de afectar de modo adverso a gestão e rentabilização da poupança direccionada para pensões de reforma, bem como as expectativas depositadas nos mecanismos financeiros estabelecidos e aparentemente apropriados para assegurar, no momento da verificação do facto gerador do direito à pensão, prestações adequadas aos beneficiários de planos de reforma suportados por fundos de pensões.

A simples mitigação dos problemas de agência e dos potenciais conflitos de interesses inerentes à actividade de gestão de fundos de pensões, correspondendo a um objectivo inevitável, constitui no entanto um objectivo limitado e insuficientemente ambicioso: atendendo, por um lado, aos desenvolvimentos verificados no plano da teorização, das práticas e dos efeitos da *corporate governance* e, por outro, ao papel crescentemente decisivo dos fundos de pensões nas estruturas e mecanismos de protecção social[13] e no mercado de capitais – aqui enquanto proprietários do capital accionista e agentes dinamizadores do mercado –, exige-se hoje, mais do que a adopção de comportamentos direccionados para a realização de objectivos mínimos, a identificação e efectiva implementação de princípios e de práticas de *bom governo* que visem a consecução de um elevado desempenho dos fundos de pensões, com a consequente distribuição de pensões satisfatórias, sem contudo prescindir de custos igualmente baixos para todos os contribuintes e/ou participantes do fundo de pensões. O bom governo das instituições, consistindo na capacidade de uma organização de funcionar de um modo consistente com os seus objectivos, é hoje reconhecido como um ingrediente essencial da performance funcional *de qualquer instituição* e faz uma decisiva diferença no que respeita à criação de valor quando esta é medida pelas suas taxas de rendibilidade de longo prazo e ajustadas ao risco.

---

[12] Para uma taxonomia e análise exaustiva dos conflitos de interesses na actividade financeira cf. PAULO CÂMARA, "Conflito de interesses no direito societário e financeiro. Um retrato anatómico", in *Conflito de Interesses no Direito Societário e Financeiro. Um balanço a partir da crise financeira*, Coimbra, Almedina, 2010, pp. 9-74.

[13] Enquanto mecanismos de protecção complementar, como é o caso em Portugal e num número significativo de países continentais, ou mesmo como mecanismos principais de protecção para a reforma, como já sucede na maioria dos países nórdicos (Suécia, Noruega, Finlândia), no Reino Unido, na Holanda, nos EUA e no Canadá, para mencionar apenas alguns exemplos.

O GOVERNO DOS FUNDOS DE PENSÕES

2.4. Impacto imediato das práticas de bom governo nos fundos de pensões e efeitos reflexos positivos do seu activismo accionista.

Para além deste objectivo central de distribuição de rendimentos satisfatórios aos pensionistas mediante um bom desempenho do fundo conseguido a baixo custo para os participantes, a adopção efectiva de boas práticas de governo induz efeitos positivos secundários ou laterais, mas igualmente relevantes, tal como a promoção de um bom relacionamento entre os diversos *stakeholders*, a redução das necessidades de regulação prescritiva e a agilização da supervisão.

Acresce – e este constitui um efeito de decisivo relevo para bom funcionamento do mercado e para o robustecimento do tecido empresarial – que o *bom governo dos fundos de pensões* contribui de forma crítica para um eficaz e mais rigoroso governo das sociedades em cujas acções os fundos de pensões investem. Como fenómeno reflexo, este efeito acaba por se traduzir positivamente no desempenho e nos resultados dos fundos de pensões que adoptam uma política de intervenção nas sociedades em cujo capital participam, no cumprimento de princípios de bom governo dos fundos de pensões que desde logo apontam para uma atitude atenta, activa e crítica dos respectivos gestores no que respeita à gestão e desempenho das sociedades em cujo capital participam[14]. A utilização de práticas de activismo accionista por parte dos investidores institucionais tem sido globalmente reconhecida como uma potencial influência positiva sobre o desempenho da sociedade, em adição a uma influência minimizadora do risco de empresa e de mercado[15].

---

[14] O tema do activismo accionista dos fundos de pensões e do exercício do direito de voto inerente às acções detidas pelo fundo por conta dos participantes constitui, porventura, um dos mais interessantes e relevantes aspectos do governo dos fundos de pensões, que será retomado mais à frente neste estudo. A abordagem deste tema será, contudo, fugaz neste lugar, por duas razões: porque o assunto já foi desenvolvidamente tratado em outro estudo [GABRIELA FIGUEIREDO DIAS, "Gestão e exercício de participações societárias de fundos de pensões", *Estudos em Homenagem ao Professor Doutor Paulo Pitta e Cunha*, Vol. I (Direito Privado), Coimbra, Almedina, 2010], para o qual desde já se remete para maiores desenvolvimentos sobre o tema; e porque o tema do exercício do direito de voto pelos fundos de investimento, que vive paredes meias com o tema do activismo accionista dos fundos de pensões e com ele partilha um conjunto muito significativo de pressupostos e consequências, é profundamente tratado nesta obra por HUGO MOREDO SANTOS, "A Governação dos Fundos de Investimento", *O Governo das Organizações: A Vocação Expansiva do Corporate Governance*, Coimbra, Almedina, 2010, p. [.]; para onde se remete para uma abordagem mais exaustiva do tema.

[15] Para o *California Public Employees' Retirement System* (CalPERS), o maior fundo de pensões público dos EUA, a existência de boas práticas de *corporate governance* levam, a longo prazo, a melhores resultados da sociedade onde as práticas são implementadas, considerando-se ainda decisiva a influência dos fundos de pensões no apuramento do governo das sociedades participadas; cf http://www.calpers-governance.org/forumhome.asp. Isso mesmo é demonstrado em C. CRUTCHLEY/C. HUDSON/M. JENSEN, "The Shareholder Wealth Effects of CalPERS' Activism", *Financial Services Review*, Vol. 7, n.º 1, 1998, onde se conclui que um activismo "agressivo e visível" contribui para um incremento substancial dos resultados gerados para os accionistas, enquanto as participações passivas ou mesmo um activismo discreto ou silencioso não produz qualquer impacto ao nível dos retornos gerados pelas sociedades-alvo para os seus accionistas.

O efeito de *boomerang* a que se alude (de beneficiação do desempenho dos fundos de pensões em consequência da intensificação do respectivo activismo nas sociedades participadas) dá-se, pois e em acréscimo, em consequência da potenciação do desempenho das sociedades participadas geralmente observada quando os fundos de pensões, enquanto accionistas, exercem activamente esta posição, através de estratégias de *engagement* e/ou voto[16]. Longe dos tempos em que os fundos de pensões se limitavam a um envolvimento indirecto e passivo nas sociedades, através da compra e venda de acções, a dimensão que foram adquirindo tornou praticamente impossível para estes investidores bater o mercado – eles *são o mercado*, e o seu investimento é cada vez mais um investimento *no mercado*, mais do que em categorias seleccionadas de activos. A percentagem de acções detidas pelos fundos de pensões é hoje de tal modo significativa que a simples estratégia de alienação de acções de empresas com um baixo desempenho não constitui já uma estratégia viável para lidar com os fracos retornos proporcionados por uma acção[17]. Pelo contrário, o impacto que a alienação massiva de títulos por parte de um fundo de pensões é susceptível de produzir no mercado pode, segundo um efeito reflexo ou de *boomerang*, afectar o próprio fundo de pensões alienante, pela depreciação das cotações que provoca e a consequente desvalorização dos activos na sua carteira.

Em conformidade com este reconhecimento, tem vindo a registar-se um fenómeno, ao nível global[18], de substituição de uma atitude tradicionalmente passiva por comportamentos accionistas activos, enquanto proprietários de partes do capital das sociedades participadas.

É hoje também claro, sobretudo depois das lições da crise financeira iniciada em 2008, que os modelos de governo de quaisquer instituições têm de ser modelos baseado no risco[19], não prescindindo de estruturas e mecanismos de fiscalização e

C. Gribben/A. Faruk, em "Will UK Pension Funds Become More Responsible?", *Just Pensions*, Ashridge Centre for Business and Society, Jan. 2004, concluem que 42% dos gestores de fundos de pensões do Reino Unido consideram que o activismo accionista dos fundos de pensões poderia levar a uma elevação substancial na gestão de impactos sociais e ambientais pelas sociedades participadas nos 10 anos subsequentes, constituindo um indicador importante do optimismo dos gestores relativamente aos efeitos positivos do activismo accionista.

[16] Por oposição a estratégias passivas ou de saída em caso de discordância com a gestão das sociedades em cujo capital investem, no exercício de uma opção teórica atribuída aos investidores institucionais e conhecida por *exit or voice*.

[17] Robert A. Monks, "Corporate Governance and Pension Plans", in *Positioning Pensions for the Twenty-First Century*, [M. S. Gordon/O. S. Mitchell/M. M. Twinney (Eds)], Pension Research Council Publications, Wharton School of the University of Pennsylvania, 1997, pp. 139-148 [140].

[18] Sobretudo nos EUA e no Canadá, mas também em alguns países da Europa onde os fundos de pensões assumem maior dimensão e protagonismo (Reino Unido, Holanda, Suécia).

[19] Assinalam-se, entre vários outros textos produzidos após o desencadear da crise financeira sobre os fundamentos e os remédios da crise, dois relatórios que constituem marcos incontornáveis na evolução do pensamento e das propostas relacionadas com o tema e as práticas de *corporate governance*: o Relatório

O GOVERNO DOS FUNDOS DE PENSÕES

controlo interno tanto mais exigentes e complexos quanto mais sofisticadas forem as estratégias de investimento e de gestão adoptadas pelas instituições. E os fundos de pensões[20] não escapam a esta lógica – pelo contrário: diferentemente dos fundos de investimento, com os quais partilham um número significativo de características estruturais, funcionais e operacionais, os fundos de pensões regem-se por uma lógica e finalidade diametralmente opostas à dos fundos de investimento. Nestes, existe sempre uma dimensão especulativa pura, por maior que seja a aversão ao risco do respectivo investidor; naqueles, é o aforro e são as prestações de reforma na última fase da vida, enquanto mecanismos de garantia de manutenção do nível de vida ou mesmo, em certos casos, de sobrevivência, que estão em jogo, pelo que a abordagem ao risco assume aqui um relevo muito mais crítico e sem margem de tolerância para falhas ou debilidades nos mecanismos de controlo interno.

A gestão de riscos e os sistemas de controlo interno dos fundos de pensões e/ou das respectivas entidades gestoras encontram-se, de resto, assinalados nos estudos especializados mais recentes como os aspectos mais críticos do governo dos fundos de pensões, relativamente aos quais é necessário conseguir apuramentos e dedicar uma maior atenção[21].

3. O aprofundamento do debate sobre o governo dos fundos de pensões – sinal dos tempos

A crescente preocupação e o aprofundamento do debate em torno do tema do governo dos fundos de pensões não decorre apenas da intensificação da discussão, em termos genéricos, sobre *corporate governance*, mas constitui igualmente consequência de alguns fenómenos recentes, entre os quais se contam o chamado

---

Larosière – LAROSIÈRE, Jacques, *The Highlevel Group on Financial Supervision in EU* – Report (http://ec.europa.eu/internal_market/finances/docs/de_larosiere_report_en.pdf) e o relatório da OCDE sobre a avaliação dos Princípios OCDE sobre *corporate governance* à luz das lições retiradas da crise – GRANT KIRKPATRICK, "The Corporate Governance Lessons from the Financial Crisis", OCDE, 2009, disponível em http://www.oecd.org/dataoecd/32/1/42229620.pdf. Em comum, ambos os relatórios retiram conclusões sobre a necessidade de apuramento dos sistemas de gestão de risco e dos mecanismos de controlo interno, residindo nestes aspectos, juntamente com as remunerações das chefias, a maior debilidade identificada nas estruturas de *governance* em geral.

[20] Tal como as seguradoras. Com efeito, as recomendações de governo das seguradoras da OCDE recentemente colocadas em consulta pública ["(Draft revised) oecd guidelines on insurer governance" disponíveis em http://www.oecd.org/dataoecd/53/15/46036505.pdf] apontam claramente no sentido de um apuramento dos sistemas de controlo interno e gestão do risco e assumindo estes elementos como base fundamental de um sistema de governo das seguradoras.

[21] Assim, F STEWART/J. YERMO, "Pension Fund Governance: Challenges and Potential Solutions", *OECD Working Papers on Insurance and Private Pensions*, No. 18, 2008, OECD, disponível em http://papers.ssrn.com/sol3/papers.cfm?abstract_id=1217266.

"efeito Enron", a substituição gradual da tendência de constituição de planos de pensões de benefício definido (planos BD) pela constituição de planos de contribuição definida (planos CD)[22], o crescente apetite pelo risco das entidades gestoras, ditado, entre outros motivos, por estruturas de remuneração dos gestores baseadas no desempenho de curto prazo, e a insuficiente diversificação dos investimentos, em adição a fenómenos clássicos como a permeabilidade do mercado à entrada de gestores dotados de uma deficiente preparação para o exercício profissional da actividade ou a organização não optimizada dos fundos de pensões.

Embora não tenham marcado de forma proeminente o debate pós-Enron sobre o governo das sociedades e das instituições financeiras[23], predominantemente ocupado pela discussão sobre o papel dos auditores e da fiscalização da empresa em geral e pelos conflitos de interesses susceptíveis de afectar a qualidade e as garantias da fiscalização e viria a conduzir à produção de nova e mais exigente regulação (com destaque para o Sarbannes-Oxley Act – SOX), as preocupações

---

[22] Os planos de pensões de benefício definido (BD) são aqueles em que a entidade empregadora ou promotora do plano e eventualmente também os colaboradores contribuem para o plano com um montante calculado com base no salário ou rendimento, sendo o benefício a receber previamente definido e as contribuições calculadas de modo a garantir aquele benefício. Nos planos de pensões de contribuição definida (CD), diversamente, as contribuições são previamente definidas e os benefícios são determinados em função do resultado das contribuições e dos respectivos rendimentos acumulados em virtude do respectivo investimento. Sobre as diferentes tipologias de planos de pensões e para uma anatomia integral das diversas modalidades de planos, desenvolvidamente, McGRILL/BROWN/HALEY/SCHIEBER, *Fundamentals of Private Pensions*, Oxford, 2005, pp. 235-350; cf ainda E. PHILIP DAVIS cit., pp. 230-244; MARC M. TWINNEY, "A fresh look at defined benefit plans: an employer perspective", in *Positioning Pensions for the Twenty-First Century*, [M. S. GORDON/O. S. MITCHELL/M. M. TWINNEY (Eds)], Pension Research Council Publications, 1997, pp. 15-28; MARIA TERESA MEDEIROS GARCIA, *Fundos de Pensões – Economia e Gestão*, Vida Económica, 2004, p. 58 ss.

[23] Sobre o tema Enron e auditores a bibliografia é hoje quase ilimitada; cf., no entanto e exemplificativamente, A. VASILESCU,/G. RUSSELLO, "As Gatekeepers, Independent Directors face Additional Scrutiny and Liability in the Post-Enron/WorldCom World", *International Journal of Disclosure and Governance*, Vol. 3, n.º 1; J. ARMOUR/J. A. MCCAHERY, *"After Enron: Improving Corporate Law and Modernising Securities Regulation in Europe and the US"*, ACLE, Working Paper No. 2006-07, disponível em http://ssrn.com/paper=910205; A. AGRAWALL/S. CHADHA, "Corporate Governance and Accounting Scandals", *Journal of Law and Economics*, vol. XLVIII, Out. 2005, pp. 371-406; ANDRÉ FIGUEIREDO, "Auditor independence and the joint provision of audit and non audit services", *Código das Sociedades Comerciais e Governo das Sociedades*, Coimbra, Almedina, 2008, pp. 193-255 (193-198); JOSÉ JOÃO FERREIRA GOMES, "A responsabilidade civil dos auditores", *Código das Sociedades Comerciais e Governo das Sociedades*, Coimbra, Almedina, 2008, pp. 343-424 (323-355) nesta obra, PAULO BANDEIRA, "Do governo dos Auditores", p. 3, e ainda a bibliografia norte-americana fundamental ali citada (notas 2 e 3); GABRIELA FIGUEIREDO DIAS, "Conflitos de interesses em auditoria", *Conflito de Interesses no Direito Societário e Financeiro*, Coimbra, Almedina, 2010, pp. 565-623; O relatório sobre o caso Enron (*"Report of investigation of Enron corporation and related entities regarding federal tax and compensation issues, and policy recommendations"*), com relato e descrição detalhada dos factos que conduziram ao colapso da empresa, pode ser consultado em http://www.jct.gov/s-3-03-vol1.pdf.

O GOVERNO DOS FUNDOS DE PENSÕES

relacionadas com o governo dos fundos de pensões ganharam todavia uma nova dimensão na sequência deste e de outros escândalos financeiros contemporâneos.

Com referência ao caso Enron, a principal apreensão relacionada com o governo dos fundos de pensões passou a incidir sobre os riscos excessivos assumidos pelos gestores de planos de pensões ocupacionais ou do chamado "2.º pilar"[24] sempre que estes investem nas acções representativas do capital do próprio *sponsor* do plano de pensões[25] ou de uma sociedade do mesmo grupo económico, designadamente dominante da entidade gestora, no caso de fundos de pensões de estrutura contratual ou de estrutura societária quando heterogeridos. Este constitui de facto um dos aspectos mais preocupantes do governo dos fundos de pensões, na medida em que o investimento, por parte do gestor, em activos representativos do capital do próprio promotor, do gestor ou da sociedade que domina o gestor ou em cujo grupo económico este se integra, não só coloca questões complexas em matéria de conflitos de interesses como expõe significativamente o fundo a um risco acrescido decorrente de opções de investimento não necessariamente baseadas no único critério que deve nortear o gestor, que é o da expectativa de retorno do investimento segundo critérios de racionalidade e *expertise* e observando os resultados de uma *due dilligence* rigorosamente conduzida.

[24] O modelo multipilar da protecção social é habitualmente decomposto em três pilares fundamentais e distintos entre si, cuja combinação óptima deve ser promovida pelas políticas de financiamento das pensões de cada estado, segundos as respectivas condições económicas, políticas e demográficas. De acordo com este modelo, a responsabilidade e o financiamento das prestações de reforma devem ser distribuídos por três pilares: o 1.º pilar é identificado com o sistema público obrigatório de pensões, tendencialmente geral e financiado em regime de repartição (*pay-as-you-go*); o 2.º pilar integra os regimes complementares privados profissionais (podendo ser obrigatório ou voluntário, consoante os sistemas); o 3.º pilar aglutina todas as formas privadas individuais de previdência, numa base sempre voluntária. Os planos ocupacionais inserem-se no 2.º pilar e esgotam o âmbito necessário da Directiva IORP (Directiva 2003/41/CE, de 3 de Junho, relativa à actividade e supervisão das instituições de realização de planos de pensões profissionais). Sobre o modelo multipilar da protecção social, entre outros, *vide Averting the Old Age Crisis (A World Bank Policy Report)*, World Bank, 1994, http://www-wds.worldbank.org/external/default/WDSContentServer/WDSP/IB/1994/09/01/000009265_3970311123336/Rendered/PDF/multi_page.pdf; T.H. MARSHALL/KARL POLANYI/ALVA MYRDAL, "Three Pillars of Welfare State Theory", *Holmwood European Journal of Social Theory*, 2000, n.º 3, p. 23-50; GOLLIER, J.J., "Analyse comparative des régimes complémentaires de retraite dans la CEE", *La fiscalité des assurances sociales complémentaires*", La Charte 1993, p. 17. Em Portugal, ARNALDO FILIPE OLIVEIRA, *Fundos de Pensões. Estudo Jurídico*, Almedina, 2003, p. 95 ss; ANTÓNIO CORREIA DE CAMPOS, *Solidariedade Sustentada – Reformar a Segurança Social*, Gradiva, 2000, p. 128, referindo-se a este modelo como "uma forma, quase só gráfica, de mostrar a diversidade dos sistemas e de demonstrar a fragilidade dos modelos exclusivos".

[25] O promotor ou *sponsor* corresponde à entidade empregadora dos membros do plano de pensões ou à organização com quem estes mantêm uma ligação profissional, corporativa ou de outra natureza em razão da qual é instituído o plano e são estabelecidos direitos em seu favor. No direito português, onde os fundos de pensões apenas podem assumir a natureza contratual, o *sponsor* corresponde ao *associado* do fundo de pensões que financia o plano, tal com definido na al. d) do art. 2.º do DL 12/2006, de 20-01 (Regime Jurídico dos Fundos de Pensões – RJFP).

O GOVERNO DAS ORGANIZAÇÕES

O chamado 'auto-investimento' é ainda susceptível de induzir algumas perplexidades relacionadas com o regime jurídico das acções detidas pelo fundo de pensões nessas condições – eg, saber se estas deverão ser sujeitas ao regime das acções próprias[26], qual o enquadramento jurídico deste tipo de investimentos para efeitos de cômputo de participações relevantes e suas decorrências (deveres de comunicação, obrigatoriedade de lançamento de oferta pública de aquisição, etc.), com consequências imprevistas em situações de instabilidade da sociedade participada.

Contudo, a presença e o relevo crescentes dos fundos de pensões nos mercados financeiros suscitam outro tipo de preocupações. À medida que se vai acentuando a tendência de substituição dos planos BD por planos CD[27], deslocando os riscos de cobertura das responsabilidades do plano da esfera empresa associada/*sponsor* para a esfera dos beneficiários do plano[28], acentua-se igualmente uma tendência,

[26] Parecer Genérico da CMVM sobre a Imputação de Direitos de Voto a Fundos de Pensões, disponível em http://www.cmvm.pt/cmvm/recomendacao/pareceres/pages/20060526.aspx.

[27] Ao longo dos tempos as tendências têm variado no que respeita à predominância de planos de pensões de benefício definido (BD) ou de contribuição definida (CD). Nos países de grande tradição em fundos de pensões ocupacionais verificou-se, a partir da década de 80, uma substituição massiva dos planos BD por planos CD – sobretudo nos EUA, com a popularização dos chamados "401(k)", que são planos de pensões CD de uma extrema simplicidade e flexibilidade. Sobre a crescente popularidade dos planos CD nos EUA e na generalidade dos países, Olivia S. Mitchell/Stephen P. Uktus. *cit*, pp 30-36; Michael Sullivan, *Understanding Pensions*, London/New York, Routledge, 2005, pp. 6-8. Especificamente sobre os 401(k), A. Munnel/A. Sundén, *Coming up Short. The Challenge of 401(k) Plans*, Washington, Brookings Institution Press, 2004 e T. Benna/B. Newmann, *401(k)s for Dummies*, New York, Wiley, 2003. Em Portugal, os planos de pensões constituídos até ao final da década de 90 eram planos BD, visto que, na sua maioria, se tratava de planos de pensões constituídos no âmbito da actividade bancária, os quais eram, por lei, obrigatórios e substitutivos dos mecanismos de protecção pública da segurança social, pelo que asseguravam um benefício definido a fim de garantir uma protecção equivalente à protecção decorrente do sistema público de segurança social. Na última década a tendência tem vindo, contudo, a inverter-se, com uma absoluta predominância dos planos CD no que respeita às novas constituições e a transição de alguns planos BD para CD, não obstantes as sérias dificuldades fiscais com que esta operação se depara.

[28] De acordo com o *Livro Verde sobre Regimes Europeus de Pensões adequados, sustentáveis e seguros* (http://eur-lex.europa.eu/LexUriServ/LexUriServ.do?uri=COM:2010:0365:FIN:PT:PDF), em consulta pública até 21 de Novembro de 2010, " (...) a tendência para os regimes de contribuições definidas substituírem os regimes de prestações definidas está a alastrar. O objectivo de vincular os trabalhadores à empresa através de promessas de pensão profissional está a perder terreno: devido aos avanços tecnológicos, os empregadores estão menos dependentes de competências específicas e os trabalhadores preferem cada vez mais a flexibilidade e a mobilidade. Além disso, embora os regimes profissionais de prestações definidas proporcionem uma maior certeza quanto ao rendimento de reforma futuro e reduzam os custos devido à sua dimensão e à partilha dos riscos, podem tornar-se um encargo insustentável para os empregadores.

Hoje, quase 60 milhões de europeus estão inscritos em regimes de contribuições definidas. Estes regimes são muito mais frequentes hoje do que há uma década e continuarão a ganhar importância. O patrocinador não assume o risco financeiro e os regimes de contribuições definidas são mais aptos

O GOVERNO DOS FUNDOS DE PENSÕES

por parte dos gestores, para assumirem riscos cada vez mais significativos, não só através de uma concentração excessiva do investimento mas também em resultado de uma organização não optimizada dos fundos de pensões. Enquanto predominou a tendência de constituição de planos BD, cujo risco de financiamento corre por conta do *sponsor*, a disponibilidade do gestor para assumir posições de risco era genericamente muito limitada. No âmbito dos planos CD, diversamente, o gestor é fortemente motivado para a assunção de riscos significativos, na medida em que existem incentivos remuneratórios para prosseguir retornos potencialmente elevados sem correr o risco de financiamento suplementar do plano em caso de insucesso ou colapso dos investimentos realizados. O crescimento do número de planos CD aliado a estruturas de remuneração dos respectivos gestores baseadas no desempenho e sem mecanismos de alinhamento com os objectivos de longo prazo do fundo de pensões e dos seus participantes tem vindo, nesta medida, a revelar-se um factor desencadeador de más práticas de governo e de incapacidade dos fundos de pensões de cobrirem as responsabilidades contratualmente estabelecidas e assumidas perante os participantes.

Acresce, ainda, que em torno dos fundos de pensões gravita uma constelação complexa de *stakeholders* (sindicatos e outros representantes e organizações laborais, custodiantes, consultores, auditores, para já não mencionar o legislador e o regulador), que alimentam a assimetria informativa e fazem dos conflitos de interesses uma preocupação central no contexto actual dos fundos de pensões.

Tudo visto, o crescimento em número dos planos CD vem acentuar a necessidade de adopção de melhores práticas na gestão dos fundos que os financiam[29].

---

a promover vidas activas mais longas. Mas, uma consequência fundamental é a de que os riscos de investimento, de inflação e de longevidade passam a ser assumidos pelos membros do regime, ou seja, aqueles que estão em pior situação para assumir individualmente estes riscos. Há, contudo, formas de reduzir estes riscos. (...) as boas práticas nos Estados-Membros mostraram que essas medidas podem reduzir a volatilidade a curto prazo. O desempenho do mercado pode ser reforçado por boas políticas económicas e de finanças e por uma melhor regulação. Melhores práticas de investimento e de concepção dos regimes podem limitar substancialmente risco e aumentar a capacidade de absorção de choques, conseguindo-se assim um melhor equilíbrio entre riscos, segurança e disponibilidade, tanto para aforradores como para as instituições.

[29] Ainda de acordo com o *Livro Verde* (cit. nota anterior), uma consequência fundamental é a de que os riscos de investimento, de inflação e de longevidade passam a ser assumidos pelos membros do regime, ou seja, aqueles que estão em pior situação para assumir individualmente estes riscos. Há, contudo, formas de reduzir estes riscos. (...) as boas práticas nos Estados-Membros mostraram que essas medidas podem reduzir a volatilidade a curto prazo. O desempenho do mercado pode ser reforçado por boas políticas económicas e de finanças e por uma melhor regulação. Melhores práticas de investimento e de concepção dos regimes podem limitar substancialmente risco e aumentar a capacidade de absorção de choques, conseguindo-se assim um melhor equilíbrio entre riscos, segurança e disponibilidade, tanto para aforradores como para as instituições.

O GOVERNO DAS ORGANIZAÇÕES

II – DESENVOLVIMENTOS E PADRÕES REGULATÓRIOS/RECOMENDATÓRIOS SOBRE O GOVERNO DOS FUNDOS DE PENSÕES NO PLANO INTERNACIONAL

1. Relatórios e propostas genéricas recentes sobre *corporate governance*

No plano internacional registaram-se recentemente alguns desenvolvimentos regulatórios e recomendatórios relevantes susceptíveis de enquadrar e tornar mais focada a discussão em torno do tema da *corporate governance* em geral, como também e especificamente do governo dos fundos de pensões. As novas propostas traduzem não só a experiência acumulada nesta matéria, como acomodam já algumas lições retiradas da crise financeira iniciada em 2008 sobre algumas falhas relativas ao governo das instituições, as quais terão contribuído para o agravamento e aceleração da crise.

Entre estas propostas e avanços destacam-se, sobretudo, enquanto análises e conclusões genericamente incidentes sobre as sociedades cotadas e as instituições de crédito, os seguintes estudos e propostas:

- *Relatório Larosière* sobre a regulação e a supervisão financeiras na UE[30];
- *Relatório da OCDE sobre os resultados da avaliação da eventual necessidade de revisão dos princípios da OCDE sobre o governo das sociedades cotadas*[31] *à luz das lições retidas da crise*[32];
- *Relatório Walker* sobre a situação e as necessidades do governo das instituições financeiras[33] (que impulsionou por sua vez a revisão, redenominação e ratificação em curso pelo Financial Reporting Council (FRC) do *Code on the Responsibilities of Institutional Investors*, publicado pelo Institutional Shareholders' Committee e já conhecido como *Stewardship Code*, segundo a proposta de DAVID WALKER[34]).

[30] *The High Level Group on Financial Supervision in the EU – Report*, Bruxelas, Fev. 2009 (Relatório Larosière), disponível em http://ec.europa.eu/internal_market/finances/docs/de_larosiere_report_en.pdf.

[31] Princípios da OCDE sobre o Governo das Sociedades Cotadas, OCDE, 2004, disponível em http://www.oecd.org/dataoecd/1/42/33931148.pdf, de ora em diante "Princípios OCDE".

[32] GRANT KIRKPATRICK, "The Corporate Governance Lessons from the Financial Crisis", OCDE, 2009, cit.

[33] *Walker Review of Corporate Governance of UK Banking Industry. A review of corporate governance in UK banks and other financial industry entities – Final recommendations*, DAVID WALKER, Out. 2009, disponível em http://www.hm-treasury.gov.uk/d/walker_review_261109.pdf.

[34] O *Stewardship Code* é um código constituído por um conjunto de recomendações emitidas e publicadas pelo ISC em Fevereiro de 2009 sobre as responsabilidades dos investidores institucionais relativamente às sociedades em que investem, que o Relatório Walker, na sequência da identificação de algumas debilidades, sufragou como iniciativa mas propondo que fosse ratificado pelo FRC depois de submetido a consulta pública para aferição da eventual necessidade de revisão de algumas das recomendações.

O GOVERNO DOS FUNDOS DE PENSÕES

Não obstante a diversidade de âmbito e objecto do Relatório Larosière e do Relatório da OCDE – o primeiro focado sobre a regulação e supervisão em geral das instituições financeiras, o segundo procedendo a uma análise específica da actualidade dos Princípios – é possível encontrar propostas e conclusões comuns em ambos os estudos. Desde logo, a conclusão de que, analisando as circunstâncias da crise financeira global iniciada em finais de 2007 e que explodiu no Outono de 2008, as principais falhas no domínio da *corporate governance* consistiram nas *estruturas e políticas de remuneração existentes*, concebidas em termos que incentivaram uma excessiva predisposição dos gestores e administradores para a assunção de posições de elevado risco para as empresas ou activos por eles geridos; e a ausência ou deficiência dos *mecanismos de gestão de riscos*, considerados em ambos os relatórios como peças decisivas de uma estrutura de *governance* eficaz e robusta.

O Relatório Walker, identificando igualmente falhas de *corporate governance* na área das estruturas e políticas de remuneração, não chega no entanto a estabelecer uma relação de causalidade entre as falhas detectadas e a crise financeira mundial, qualificando antes essas falhas como factores de aceleração ou potenciação dos efeitos da crise[35]. Vai, contudo, mais longe na identificação dessas falhas, considerando existirem, em adição aos problemas remuneratórios e ligados à gestão de riscos, outros problemas, resultantes da *composição e do funcionamento dos órgãos de administração* das instituições financeiras e de um *insuficiente activismo por parte dos investidores institucionais,* e recomendando a adopção do "*Stewardship Code*" do ISC pelo FRC como forma de dar consistência e alargar a credibilidade das recomendações ali contidas sobre a responsabilidade dos investidores institucionais no que respeita à sua atitude perante as sociedades em que investem.

2. Contributos específicos recentes sobre o governo dos fundos de pensões e dos investidores institucionais em geral

A crise financeira global não deixou incólumes os fundos de pensões. Estes, enquanto investidores institucionais que detêm volumes muito elevados de activos e se deparam, no que respeita à sua política de investimentos, com constrangimentos regulatórios à alienação rápida e em massa de grandes quantidades de activos, suportaram perdas muito relevantes com a depreciação vertiginosa de alguns activos e a depressão do mercado em geral. De acordo com

---

A consulta pública foi lançada a 20 de Janeiro de 2010 (http://www.frc.org.uk/images/uploaded/documents/Stewardship%20Code%20Consultation%20January%202010.pdf) e decorreu até 16 de Abril de 2010. O Stewardship Code foi publicado em Julho de 2010.

[35] Parece ser esse o sentido da afirmação "*Failures in governance in banks and other financial institutions made the financial crisis much worse*" contida no Relatório Walker.

335

O GOVERNO DAS ORGANIZAÇÕES

uma avaliação da OCDE sobre as perdas incorridas pelos fundos de pensões em finais de 2008, estas ascendiam já então a cerca de 5,4 triliões de dólares (20% do valor dos activos)[36].

Estas perdas colocaram os níveis de *funding* dos planos de pensões BD sob uma enorme pressão e desferiram um duro golpe nas expectativas dos membros dos planos de pensões CD mais próximos da reforma, beliscando seriamente a confiança neste último tipo de planos. A necessidade de adequação e de uma maior exigência dos princípios de governo dos fundos de pensões quando em causa esteja o financiamento de planos CD corresponde, de resto, a uma percepção da própria indústria e a um factor a ter em consideração na política regulatória e recomendatória dos fundos de pensões[37].

Perante este cenário foram estudadas e avançadas no plano internacional algumas propostas e medidas de política regulatória dos fundos de pensões, que incluíram também os aspectos de *governance*. Esta maior preocupação com a *governance* dos fundos de pensões, já abordada na Directiva IORPS (embora de forma ligeira) inscreve-se, aliás, numa linha de interesse crescente em torno do tema do governo dos investidores institucionais enquanto principais proprietários do capital, dinamizadores maiores dos mercados de capitais e instituições particularmente susceptíveis a custos de agência e conflitos de interesses.

Alguns dos contributos específicos passaram assim a constituir pontos de referência e aferição incontornáveis na análise das práticas e das debilidades das estruturas de governo dos fundos de pensões, merecendo destaque os seguintes contributos:

- Relatório OCDE sobre as evoluções recentes e as fragilidades subsistentes no governo dos fundos de pensões[38];
- Recomendações OCDE sobre princípios fundamentais para a regulação dos fundos de pensões ocupacionais[39];
- Orientações OCDE de 2009 sobre o governo dos fundos de pensões[40];

---

[36] P. ANTOLÍN/F. STEWART, "Private Pensions and Policy Responses to the Financial and Economic Crisis", *OECD Working Papers on Insurance and Private Pensions*, No. 36, OECD, 2009.

[37] Como expressamente assumido no documento publicado em Outubro de 2008 e correspondente aos resultados de uma consulta pública lançada em 2007 sobre a necessidade de revisão dos Myners Principles 2002, já revistos em 2004 e disponível em http://www.hm-treasury.gov.uk/d/consult_myners_response_pu632.pdf sob a forma de relatório de Consulta Pública.

[38] F. STEWART/J. YERMO, "Pension Fund Governance: Challenges and Potential Solutions", cit.

[39] *OECD Recommendation on Core Principles of Occupational Pension Regulation*, Junho 2009, disponível em http://www.oecd.org/dataoecd/14/46/33619987.pdf.

[40] *OECD Guidelines for Pension Fund Governance*, publicado em Junho de 2009 e disponível em http://www.oecd.org/dataoecd/18/52/34799965.pdf.

O GOVERNO DOS FUNDOS DE PENSÕES

– "Myners Report" – Revisão 2008[41];
– *Stewardship Code* [ISC][42];
– Contributos associativos e privados: ERISA[43], CalPERS, etc.

2.1. Contributos emanados da OCDE

O principal mérito dos vários e muito recentes contributos da OCDE sobre a regulação em geral e a *governance* em particular dos fundos de pensões reside na pontualidade destes contributos, produzidos em plena crise mas incorporando já as respectivas lições e uma dimensão de resposta à mesma, bem como na identificação dos principais temas de *governance* dos fundos de pensões – um trabalho que não havia ainda sido feito – e no estímulo que constituem para a prossecução da investigação e construção dogmática nesta matéria, disponibilizando conclusões e orientações como ponto de partida para o aprofundamento de alguns dos temas e problemas identificados.

Tanto nos estudos publicados em 2008 e 2009 pela OCDE[44] como nas suas propostas de política regulatória[45] são identificados, no âmbito da *governance* dos fundos de pensões, duas dimensões diferentes do mesmo problema: os aspectos *institucionais*[46] do governo dos fundos de pensões, ligados à sua *organização e estrutura* e tendencialmente estáveis e estáticos; e os aspectos *funcionais* ou *comportamentais* do seu governo, ligados à sua actividade e ao seu *modo de agir*, portanto dinâmicos.

(i) Elementos estruturais

No que diz respeito aos aspectos *estruturais* do governo dos fundos de pensões, a OCDE destaca como princípios de política regulatória a necessidade de

---

[41] *"Updating the Myners principles: a response to consultation"*, cit.

[42] Ver *supra*, nota [33].

[43] O "Employee Retirement Income Security Act of 1974" (ERISA) (Public Law. 93-406, 88 Stat. 829, com entrada em vigor em Setembro de 1974), é uma lei federal americana que estabelece regras mínimas vinculativas para os planos de pensões na indústria privada. O ERISA foi implementado com o objectivo de protecção dos interesses dos participantes e beneficiários de planos de pensões profissionais mediante o estabelecimento de exigências de transparência, de regras de conduta a observar pelos seus gestores e de disponibilização de mecanismos adequados de acesso aos tribunais,

[44] P. ANTOLÍN/F. STEWART, "Private Pensions and Policy Responses to the Financial and Economic Crisis", cit; F. STEWART/J. YERMO, "Pension Fund Governance: Challenges and Potential Solutions", cit.

[45] Cf. notas [27 e 28.]

[46] Respectivamente referidos nas orientações da OCDE como *"Governance structure"* e *"Governance mechanisms"*, distinguindo os dois grupos de aspectos pelo seu carácter estático (estrutura) e dinâmico (mecanismos).

O GOVERNO DAS ORGANIZAÇÕES

estabelecer uma distinção clara entre as responsabilidades operacionais e as responsabilidades de fiscalização do fundo de pensões, bem como de assegurar a responsabilidade e competência profissional dos sujeitos a quem essas funções são cometidas e a definição clara nos documentos do fundo ou da respectiva entidade gestora das funções e da responsabilidade de cada sujeito[47].

As orientações de *governance* da OCDE, tomando como base aqueles princípios, decompõem e concretizam-nos nos seguintes *items*:

- **Identificação de responsabilidades**, com separação de competências operacionais e de supervisão, documentação de todas as regras organizativas e de funcionamento, das responsabilidades e de todos os aspectos de funcionamento do fundo, bem como dos direitos e deveres dos seus membros;
- Existência de um **órgão/entidade de governo ou gestão**, com as principais competências de definição dos objectivos e das políticas do fundo, identificação de riscos, monitorização da gestão do fundo em conformidade com os objectivos e com a política de investimentos definidos nos documentos, selecção e remuneração do *staff* e dos prestadores de serviços externos, funções de *compliance*. No caso de planos CD este órgão terá obrigações adicionais, como as de disponibilizar aos participantes opções de investimento adequadas, monitorização do desempenho das aplicações, optimização e transparência dos custos de modo desagregado e aconselhamento aos investidores;
- **Responsabilidade** do órgão/entidade de governo ou gestão pela violação dos respectivos deveres legais ou fiduciários;
- **Aptidão/competência** dos membros da entidade gestora e de todos os membros do staff, bem como dos peritos externos (critérios de *fit and proper*), com cláusulas de desqualificação automática em caso de fraude, burla, abuso de confiança ou outros ilícitos criminais;
- **Delegação de funções** a comissões internas ou prestadores de serviços externos **e recurso a peritos externos** (*design* das políticas de investimento e de capitalização do fundo, gestão de activos, *record keeping* e pagamento das pensões;
- **Auditor** independente, designado pelo órgão ou entidade gestora, responsável pela revisão das contas e dos relatórios financeiros dos planos e dos fundos, com uma periodicidade adequada à sua complexidade, natureza e dimensão, com funções de *whistle blowing*;

---

[47] *OECD Recommendation on Core Principles of Occupational Pension Regulation*, cit. *Core Principle 6.*

O GOVERNO DOS FUNDOS DE PENSÕES

– **Actuário** designado pelo órgão de fiscalização (se existente) com funções de avaliação do equilíbrio do fundo de pensões e do plano financiado (isto é, suficiência de meios para cobertura das responsabilidades presentes e futuras calculadas numa base actuarial sobre riscos biométricos), obrigatório nos planos BD e recomendado nos planos CD, embora com funções mais limitadas;
– **Depositário/custodiante** jurídica e economicamente distinto do fundo e/ou da respectiva instituição gestora, encarregue da guarda física e legal dos activos, com possibilidade de prestação de serviços adicionais (gestão financeira, empréstimo de valores mobiliários, contabilidade e reporte dos investimentos, etc.).

(ii) Elementos funcionais

No que respeita aos elementos *funcionais* do governo dos fundos de pensões são identificados como principais objectivos de política regulatória a existência de um sistema de controlo interno baseado no risco, comunicação adequada e mecanismos de incentivo que encorajem processos robustos de decisão, execução rigorosa e pontual das políticas do fundo, transparência e avaliação regular.

As orientações sobre governo das sociedades concretizaram por sua vez estas recomendações nos seguintes elementos:

– **Sistemas de controlo interno** baseados no risco, a cobrir tendencialmente todos os procedimentos organizativos e administrativos básicos e devendo ainda cobrir, em função da dimensão e complexidade do plano e do fundo, a avaliação de desempenho, os mecanismos remuneratórios, os sistemas de informação e os procedimentos e mecanismos de gestão do risco[48]. Código de conduta e política de conflito de interesses desenvolvidos pelo órgão/entidade de administração. Mecanismos de controlo da independência e imparcialidade das decisões do órgão ou entidade de administração. Sistemas de *compliance*;
– **Reporte/informação** entre todos os sujeitos e entidades envolvidos na administração do fundo de pensões, a assegurar a completude e pontualidade da circulação de informação relevante;
– **Divulgação** de factos relevantes a todas as partes envolvidas.

---

[48] Sobre as mais recentes tendências e orientações em matéria de gestão de risco dos fundos de pensões, Fiona Stewart, (2010), "Pension Funds' Risk-Management Framework: Regulation and Supervisory Oversight", *OECD, Working Papers on Insurance and Private Pensions*, No. 40, 2010, OECD publishing, © OECD.

O GOVERNO DAS ORGANIZAÇÕES

2.2. Myners Principles – actualização 2008

Os 'Myners Principles' constituem um conjunto de princípios sobre a organização e o funcionamento dos fundos de pensões, enunciados por Paul Myners[49] em 2001 no relatório *"Institutional Investment in the United Kingdom: A Review"* na sequência de uma avaliação do investimento institucional encomendada pelo *Chancelor of the Exchequer*, constituem uma codificação de *boas práticas* no processo de formação de decisões de investimento, a serem implementados pelos gestores de fundos de pensões numa base voluntária e sujeita ao mecanismo de *comply or explain*[50].

Em 2004 o Governo do Reino Unido levou a cabo uma avaliação do grau de implementação dos princípios e concluiu que os mesmos haviam contribuído para uma melhoria do desempenho dos gestores, embora mais sensível em certas áreas – eg., especialização e profissionalização dos gestores – do que em outras – eg., activismo dos fundos de pensões, consideração de horizontes temporais nas decisões de investimento.

Com este pano de fundo, em 2007 o Governo do Reino Unido solicitou à *National Association of Pension Funds* (NAPF) que procedesse a uma avaliação do grau de aplicação dos *Myners Principles* pelos gestores/*trustees* de fundos de pensões, bem como do grau de evolução da *governance* dos planos de pensões e da qualidade da respectiva gestão e ainda, da medida em que as falhas identificadas na revisão de 2004 teriam entretanto sido preenchidas. Deste trabalho foi possível concluir que alguns progressos foram registados desde a publicação dos *Myners Principles*, designadamente em áreas como a especialização dos gestores, *asset alocation*, utilização de aconselhamento de peritos externos, adopção de padrões e *benchmarks*, reporte e transparência; mas concluiu-se também que não só o ritmo dessa evolução não é ainda satisfatório, como que em outras áreas, como na auto-avaliação dos gestores relativamente ao seu próprio desempenho e no ajustamento dos princípios às necessidades dos planos de pensões de pequena dimensão, há ainda todo um caminho a percorrer.

---

[49] City Minister – HM Treasury (Governo Gordon Brown) desde Outubro de 2008.

[50] No Ponto 11.5 do Relatório Myners é estabelecido o método *comply or explain*: *"Set out below is a series of principles which codify the model of best practice (...). However, the principles constitute a framework for good practice. If an institution's current arrangements do not fall within this framework, the review believes it should have to explain why it has chosen to adopt an alternative approach. The review recommends that pension funds should set out in their Statement of Investment Principles (which should be annually distributed to members) what they are doing to implement each of the principles. Where they choose not to meet a given principle, they should explain publicly, and to their members, why not."* Na carta enviada por Paul Myners ao *Chancelor* e que é publicada juntamente com o relatório (http://webarchive.nationalarchives.gov.uk/+/http://www.hm-treasury.gov.uk/media/1/6/31.pdf) é justificada a preferência por um mecanismos de *soft law*, por um lado, com as específicas características do funcionamento dos fundos de pensões e, por outro lado, com o sucesso já demonstrado pela aplicação do princípio *comply or explain* no âmbito do Cadbury Code.

O GOVERNO DOS FUNDOS DE PENSÕES

Genericamente, no entanto, a principal conclusão terá sido contudo a de que os *Myners Principles* poderiam tornar-se mais eficazes se o Governo e a indústria desenvolvessem esses princípios no sentido de os tornar mais flexíveis, reduzindo--os a um pequeno número de *high level principles* sem modificar o seu carácter voluntário, em vez de prescrever modos específicos de actuação relativamente à gestão do negócio por parte dos gestores de fundos de pensões[51].

2.3. *Stewardship Code*

O *Stewardship Code*[52] tem como ponto de partida o *Code on the Responsibilities of Institutional Investors*[53], um conjunto de recomendações do *Institutional Shareholders Committee*, a aplicar pela indústria, sobre a participação dos investidores institucionais nas sociedades por eles participadas. As recomendações foram emitidas em 2002 na sequência do Relatório Myners, que identificou um baixo nível de activismo dos investidores institucionais e sugeriu a necessidade de incentivar uma mudança de atitude por parte destes investidores. Em 2007, na sequência da revisão do Relatório Myners e das propostas contidas no relatório Walker, o Governo do Reino Unido propõe a subscrição destas recomendações pelo FRC e a sua adopção generalizada pelos investidores institucionais como forma de dar consistência e alargar a credibilidade das recomendações ali contidas sobre a responsabilidade dos investidores institucionais no que respeita à sua atitude perante as sociedades em que investem.

Resumidamente, recomendações que vieram a ser consagradas no Stewardship Code incidem sobre os seguintes pontos do activismo accionista dos investidores institucionais:

– Divulgação pública das políticas de exercício de direitos nas sociedades participadas;
– Políticas robustas e públicas de gestão conflitos de interesses;
– Monitorização das empresas participadas pelos investidores institucionais;
– Divulgação das circunstâncias e do modo de utilização dos direitos accionistas dos investidores institucionais para intervir activamente nas empresas participadas;
– Políticas de voto transparentes;
– Reporte periódico do modo de exercício do direito de voto nas sociedades participadas.

---

[51] *"Updating the Myners principles: a response to consultation"*, *cit.*, Ponto 1.4., p. 7.
[52] Em consulta pública até Abril de 2010: *Consultation on a Stewardship Code for Institutional Investors*, Financial Reporting Council, Jan. 2010.
[53] http://institutionalshareholderscommittee.org.uk/sitebuildercontent/sitebuilderfiles/ISCCode161109.pdf

2.4. Apreciação crítica dos contributos mais recentes sobre o governo dos fundos de pensões no plano internacional

A conclusão que se pode retirar da leitura dos contributos mais recentes sobre o governo dos fundos de pensões no plano internacional é que se trata, na sua maioria, de propostas com um carácter muito *high level*, genérico e até, por vezes, aparentemente elementar[54].

Excepção feita ao *Stewardship Code*, que vai mais longe no grau de detalhe e exigência que marcam as recomendações sobre a participação dos investidores institucionais nas sociedades participadas[55], as restantes propostas, que se recolhem em termos genéricos nos relatórios Larosière, OCDE ou Walker sobre *corporate governance*, bem como nos diversos contributos específicos sobre o governo dos fundos de pensões da OCDE e do *Myners Report*, constituem efectivamente propostas minimalistas e de grande flexibilidade.

Este carácter genérico, *high level* e flexível das propostas de intervenção regulatória e/ou recomendatória para a *governance* dos fundos de pensões relaciona-se com a dificuldade de formular propostas que sejam igualmente úteis e adequadas para todos os fundos de pensões, independentemente da sua estrutura jurídica, da sua organização, da sua dimensão, do tipo de planos que financiam e do regime jurídico sob o qual se constituem e operam. A diversidade é de facto significativa, sendo difícil encontrar uma medida certa e ajustada de governo que vista com igual aprumo todos os tipos de fundos de pensões. Trata-se de um domínio onde o aforismo *one size does not fit all*[56] se aplica com especial pertinência, e as propostas regulatórias não desconsideraram esse factor. Simplesmente, vista a enorme dificuldade em se proceder a uma abordagem diferenciada de cada situação em matéria de fundos de pensões, procurou-se uma medida suficientemente larga e dúctil para cada uma das propostas enunciadas, a fim de permitir que nelas coubesse o maior número possível de casos, sem prejuízo dos ajustamentos a que cada jurisdição ou cada fundo de pensões em concreto tenha de proceder para obter um modelo de boas práticas de governo porventura *taylor made*, mas que mostre apropriado, credível e eficiente.

Tudo isto concorre para uma preferência clara, nesta área, para um modelo regulatório assente em *princípios*, mais do que em regras rígidas e estritas – uma

---

[54] O que é reconhecido por Paul Myners nas suas propostas, mas considerando não obstante que se trata de propostas importantes, na medida em que, parecendo corresponder ao básico em matéria de governo de fundos de pensões, se trata de propostas de boas práticas que não se encontram implementadas na generalidade dos fundos de pensões.

[55] Mas que todavia incide apenas sobre um aspecto limitado do governo dos fundos de pensões.

[56] Sobre o princípio *"one size fits all"*, FERNANDO SILVA, "Códigos de governo societário: *Does one size fit all?*", *Cadernos do Mercado de Valores Mobiliários*, n.º 33, Ago. 2009, p. 40-68.

O GOVERNO DOS FUNDOS DE PENSÕES

modalidade da regulação menos susceptível de exibir lacunas e mais adequada aos sectores da regulação que se encontram ainda numa fase "experimental", como é o caso do governo dos fundos de pensões[57].

Mais difícil de justificar é o facto de estas propostas não considerarem com profundidade e de forma sistemática os problemas relacionados com os custos de agência e os conflitos de interesses, aspectos do governo dos fundos de pensões que, em paralelo com o tema do activismo accionista (porventura o mais proeminente e digno dos temas de *governance* dos fundos de pensões)[58] se afiguram mais relevantes e que mais urgentemente requerem alguma intervenção.

É, contudo, possível que os princípios gerais enunciados nos contributos internacionais a que se vem fazendo referência possuam a flexibilidade e a amplitude suficientes e necessárias para permitir a cada jurisdição e a cada instituição representativa da indústria usá-los como um sólido ponto de partida para a identificação daquelas que, em cada contexto normativo e económico e dependendo da tipologia de fundos e de planos de pensões, se configurem como as *melhores práticas* de governo dos fundos de pensões.

III. O GOVERNO DOS FUNDOS DE PENSÕES EM PORTUGAL

1. Apontamentos prévios

Justifica-se, pois, uma análise do estado do governo dos fundos de pensões em Portugal (também) à luz das mais recentes propostas internacionais nesta matéria, procurando perceber de que modo estas são concretizáveis na circunstância (normativa, económica, empresarial e sociológica) nacional e sem perder de vista dois aspectos relevantes da questão: por um lado, que estas propostas recentes e em alguns casos específicas sobre a *governance* dos fundos de pensões não permitem ignorar todas as construções genéricas sobre o tema do governo das sociedades. O que está em causa nestas propostas é apenas (e é muito, reconhece-se) uma importante tentativa (bem sucedida) de reagir com pontualidade aos desafios colocados pela crise financeira também na área do governo das sociedades, mas com as limitações (e alguns enviesamentos) naturais de projectos desenvolvidos em situação de emergência.

---

[57] Sobre a regulação do tipo *principles based*, PAULO CÂMARA, "A regulação baseada em princípios e a DMIF", Cadernos do Mercado de Valores Mobiliários, n.º 27, Ago 2007, pp. 57-62 e "Regulação e valores mobiliários", *Regulação em Portugal. Novos tempos, novo modelo?* Coimbra, Almedina, 2009, pp.125- 186 (144-153).

[58] Que, como referido, aqui não é tratado com a profundidade merecida pela dupla circunstância de já o ter sido pela autora em outro lugar, para o qual se remete, e por aproveitar do estudo igualmente incluído nesta obra no Capítulo X, sobre o governo dos fundos de investimento, por HUGO MOREDO SANTOS.

343

O GOVERNO DAS ORGANIZAÇÕES

Por outro lado, a análise do estado do governo dos fundos de pensões em Portugal não pode ignorar as especificidades da circunstância nacional nas suas várias dimensões relevantes – contexto económico, social, demográfico e político, especificidades jurídicas e características particulares dos fundos de pensões nacionais no que respeita à sua estrutura jurídica (exclusivamente contratual, sem personalidade jurídica e heterogerida), evolução histórica (com um aparecimento tardio dos fundos de pensões e um fraco desenvolvimento dos mesmos até a um momento recente, fruto de um sistema público de protecção social de substituição integral do rendimento e de cobertura tendencialmente geral), cultura financeira dos investidores nesta matéria (forte iliteracia, resultante da falta de tradição dos fundos de pensões como mecanismos relevantes da protecção social), articulação política e económica da sua função de protecção social com os esquemas públicos em vigor (função complementar da protecção assegurada pela Segurança Social, etc.), influências introduzidas pelo direito laboral e uma dimensão muito própria dos fundos e dos planos de pensões nacionais (exíguos em dimensão) e do próprio mercado das pensões (pequeno e pouco profundo).

É, assim, importante proceder a uma análise e transposição *crítica* das propostas internacionais sobre o governo dos fundos de pensões para a realidade interna, adaptando-as sempre que necessário e verificando inclusivamente *a priori* a sua aplicabilidade à realidade portuguesa.

Em adição, a baixa cultura financeira da população em geral em matéria de fundos e planos de pensões privados, por um lado, e a ausência de tradição destas instituições em Portugal, por outro, fazem com que a questão da *confiança* dos indivíduos na capacidade de guarda e rentabilização do seu aforro por parte dos fundos de pensões seja, entre nós, um aspecto crítico da existência e progressão dos fundos de pensões, e que implica uma exigência acrescida, por parte do regulador e do supervisor, mas também da própria indústria, em matéria de *governance*, que constitui afinal o principal pilar dessa confiança[59].

2. Enquadramento regulatório do governo dos fundos de pensões portugueses

2.1. Fontes normativas e recomendatórias do governo dos fundos de pensões

Os fundos de pensões portugueses dispõem de um regime normativo e recomendatório que procura cobrir a generalidade das dimensões do respectivo governo – estruturais e funcionais ou procedimentais.

---

[59] GABRIEL BERNARDINO, *O Governo dos Fundos de Pensões. Ponto de vista da autoridade de supervisão*, disponível em http://www.isp.pt/winlib/cgi/winlibimg.exe?key=&doc=13341&img=1032.

O GOVERNO DOS FUNDOS DE PENSÕES

2.1.1. Fontes normativas específicas: o RJFP, as Normas Regulamentares 7/2007-R e 5/2010-R do ISP e o Regulamento n.º 8/2007 da CMVM

O principal corpo de normas relevantes no âmbito do governo dos fundos de pensões consta do já mencionado DL n.º 12/2006, de 20-01, sobre o regime jurídico dos fundos de pensões, onde se encontram previstas e reguladas não só as principais estruturas de governo dos fundos de pensões como as regras de conduta da entidade gestora e dos membros do fundo que integram a dimensão funcional ou comportamental do governo dos fundos de pensões. Em paralelo, estas disposições são detalhadas e concretizadas através de algumas Normas Regulamentares do Instituto de Seguros de Portugal (com destaque para a Norma Regulamentar 7/2007-R sobre estruturas de governação dos fundos de pensões[60]) destinadas a implementar aspectos específicos desse governo.

Devem ainda ser mencionadas, enquanto instrumentos normativos de implementação de boas práticas de governo, as Normas do ISP sobre obrigações de reporte financeiro dos fundos de pensões e/ou respectivas entidades gestoras[61].

Recentemente ainda, e com incidência específica no tema das remunerações, foi publicada a Norma n.º 5/2010-R do ISP, que contém regras imperativas sobre a divulgação das remunerações dos dirigentes das empresas de seguros ou de resseguros e das sociedades gestoras de fundos de pensões sujeitas à supervisão do Instituto de Seguros de Portugal, e a Circular n.º 6/2010, de 1 de Abril[62], que contempla diversas recomendações relacionadas com a estrutura das remunerações, a adoptar de acordo com um mecanismo de *comply or explain*, ficando a não adopção das mesmas sujeita a justificação.

O regulador terá identificado a propósito desta matéria duas áreas de intervenção distintas: a divulgação de informação relativa à política de remuneração, regulada através de normas imperativas, e a concepção e estrutura das remunerações, objecto de medidas recomendatórias[63].

Com a publicação do DL n.º 12/2006, de 20-01, alterado pelo DL n.º 180/2007, de 9-5[64], aproveitou-se o ensejo da necessidade de transposição da Directiva 2003/41/CE, do Parlamento Europeu e do Conselho, de 3 de Junho, para instituir um novo regime para os fundos de pensões em substituição do regime

---

[60] Publicada no DR n.º 117, de 20 de Junho de 2007, como Regulamento n.º 123/2007 do Instituto de Seguros de Portugal.

[61] Normas do ISP n.ªs 5/2005, 11/2008, 18/2008 e 7/2010

[62] A medida regulatória foi produzida em articulação com o Banco de Portugal e a Comissão do Mercado de Valores Mobiliários ao nível do Conselho Nacional de Supervisores Financeiros, numa perspectiva de *better regulation*.

[63] O tema é retomado *infra*, Ponto 2.1.3.

[64] Que operacionalizou alguns aspectos das comissões de acompanhamento dos fundos de pensões, previstas no art. 53.º do RJFP.

345

O GOVERNO DAS ORGANIZAÇÕES

anteriormente existente[65], com algumas evoluções significativas em relação ao regime anteriormente em vigor, designadamente nas áreas relativas ao governo dos fundos de pensões. Juntamente com o DL 12/2006, a Norma Regulamentar 7/2007-R do ISP que, para além de ter procedido ao apuramento de algumas estruturas de governo já existentes antes da entrada em vigor do DL 12/2006, inclui o tratamento regulamentar de duas novas estruturas de governo introduzidas por aquele diploma: as comissões de acompanhamento do plano de pensões (art. 53.º do RJFP) e o provedor dos fundos de pensões (54.º), procurou constituir-se como a primeira etapa de um processo de consolidação de toda a regulamentação em vigor no sector dos fundos de pensões, também no que respeita ao seu governo.

Assim, as regras respeitantes à *organização* dos fundos de pensões, enquanto dimensão estrutural do respectivo governo, distribuem-se fundamentalmente por estes dois instrumentos normativos – Título IV do DL 12/2006 (*"Estrutura de governação dos fundos de pensões"*) e Norma 7/2007-R do ISP – que regulam a entidade gestora[66], o depositário[67], entidades comercializadoras[68], comissão de acompanhamento do plano[69], provedor dos participante e beneficiários[70], actuário[71] e auditor[72].

Já no que respeita à dimensão *funcional* do governo dos fundos de pensões portuguesas, o respectivo quadro regulatório apresenta-se mais disperso e menos sistemático. O RJFP procurou "arrumar" esse aspecto do governo dos fundos de pensões no Título V, sob a epígrafe *"Mecanismos de governação dos fundos de pensões"*, onde são tratados três temas: *gestão de riscos e controlo interno*[73], *informação* (aos participantes e beneficiários)[74] e *demais informação e publicidade*[75].

---

[65] E que havia sido introduzido pelo DL 475/99, de 9-11

[66] Arts. 32.º-47.º do DL 12/2006 e arts. 2.º-25.º da Norma 7/2007-R. São ainda pertinentes as normas do CSC sobre a constituição e funcionamento das sociedades anónimas e as disposições do DL 94-A/98 relativas ao acesso e exercício da actividade das seguradoras ramo "Vida" sempre que a gestão do fundo de pensões seja exercida por uma seguradora.

[67] Arts. 48.º-51.º do DL 12/2006 e arts. 27.º-31.º da Norma 7/2007-R, sendo aqui igualmente aplicável o Regime Jurídico das Instituições de Crédito e Sociedades Financeiras, instituído pelo DL 298/92, de 31-12, uma vez que o depositário é obrigatoriamente uma instituição de crédito ou uma empresa de investimento com as características referidas no art. 48.º do RJFP, ambas sujeitas enquanto tal à lei-quadro bancária.

[68] Art. 52.º do DL 12/2006 e arts. 29.º-31.º da Norma 7/2007-R.

[69] Art. 53.º do DL 12/2006 e arts. 32.º-36.º da Norma 7/2007-R.

[70] Art. 54.º do DL 12/2006 e arts. 37.º-38.º da Norma 7/2007-R.

[71] Art. 55.º do DL 12/2006 e arts. 39.º-51.º da Norma 7/2007-R. As regras regulamentares sobre o actuário constavam, até à publicação da Norma 7/2007-R, das Normas 14/2002-R, 15/2002-R e 6/2004-R do ISP, todas relativas ao actuário e sua actividade e revogadas pela Norma 7/2007-R.

[72] Art. 56.º do DL 12/2006 e arts. 52.º-57.º da Norma 7/2007-R.

[73] Arts. 57.º-59.º do DL 12/2006.

[74] Arts. 60.º-63.º do DL 12/2006.

[75] Arts. 64.º/65.º do DL 12/2006.

O GOVERNO DOS FUNDOS DE PENSÕES

Este quadro não esgota, todavia, as fontes normativas relativas aos aspectos substanciais ou funcionais do governo dos fundos de pensões.

Cabe desde logo destacar que no caso das adesões individuais a fundos de pensões abertos, a matéria da *informação* é regulada, para além do art. 63.º do DL 12/2006, pelo Regulamento n.º 8/2007 da CMVM sobre comercialização de fundos de pensões abertos de adesão individual e contratos de seguro ligados a fundos de investimento, emitido ao abrigo das competências atribuídas à CMVM sobre estes produtos e nesta matéria específica pelo DL 357-A/2007, de 31-10, que transpôs a Directiva 2004/39/CE, do Parlamento Europeu e do Conselho, de 21-04, relativa aos Mercados e Instrumentos Financeiros (DMIF) e alterou o Código dos Valores Mobiliários introduzindo normas de competências da CMVM nesta área[76].

Não podem ainda ser ignoradas as fontes normativas reguladoras de aspectos críticos do governo dos fundos de pensões destinadas a lidar com os problemas de agência, conflitos de interesses e activismos accionista dos fundos de pensões, e que integram portanto a dimensão *funcional* do governo dos fundos de pensões, mas incluídas em lugares sistemáticos aparentemente destinados à regulação dos seus aspectos *estruturais*. Destacam-se, nestas condições, as normas contidas no RJFP sobre o conteúdo e o exercício dos deveres fiduciários da entidade gestora (arts. 32.º, n.º 4 a 34.º), conflitos de interesses (arts. 35.º e 36.º) e subcontratação (art. 37.º), integradas no Capítulo I do Título IV do RJFP, que trata das entidades gestoras enquanto estruturas de governação dos fundos de pensões; os arts. 2.º e 8.º a 12.º da Norma 7/2007-R, respectivamente respeitantes ao exercício de direitos de voto dos fundos de pensões e à informação financeira a prestar pelas entidades gestoras de fundos de pensões; e todo o conjunto de normas de carácter geral estabelecidas no Código das Sociedades Comerciais, destinadas à mitigação ou eliminação de problemas de agência e conflitos de interesses nas sociedades anónimas.

2.1.2. Fontes normativas genéricas e acessórias

Existem efectivamente outras fontes normativas e infranormativas que influenciam o quadro jurídico da *governance* dos fundos de pensões, como o regime jurídico do acesso à actividade seguradora, estabelecido pelo DL. 94-A/98, de 17-04, e o próprio Código das Sociedades Comerciais, na medida em que, de acordo com o disposto no art. 32.º, n .º 1, os fundos de pensões portugueses apenas podem ser geridos por socicdades constituídas especificamente para esse efeito ou por empresas de seguros que explorem legalmente o ramo "Vida" e possuam estabelecimento em Portugal. Em ambos os casos – sociedade gestora de fundos de pensões ou seguradora ramo "Vida" – é obrigatória

---

[76] Cf. os arts. 2.º, n.º 3 e 353.º, n.º 1, al. c) e n.º 3 do Código dos Valores Mobiliários.

O GOVERNO DAS ORGANIZAÇÕES

a sua constituição sob a forma de sociedade anónima[77], pelo que ficam desde logo sujeitas ao regime geral das sociedades anónimas e ao regime geral da actividade seguradora a título principal quando a entidade gestora seja uma empresa seguradora e a título subsidiário quando este regime seja aplicável por força da norma remissiva do art. 97.º do RJFP, que manda aplicar o regime da actividade seguradora aos fundos de pensões e às respectivas entidades gestoras em tudo quanto não se ache especialmente estabelecido no RJFP.

São assim aplicáveis, designadamente, as normas do CSC respeitantes à informação financeira obrigatória[78], às estruturas de governo das entidades gestoras de fundos de pensões (designadamente as normas respeitantes à composição, funcionamento e competências dos órgãos sociais, negócios da sociedade com os accionistas, políticas de comunicação de irregularidades, conflitos de interesses nas relações da sociedade com os accionistas, remuneração, etc.).

2.1.3 Fontes normativas e recomendatórias sobre remunerações nas empresas seguradoras e sociedades gestoras de fundos de pensões

Especificamente no campo das *remunerações* – um aspecto do governo das instituições trazido para o centro do debate pela crise financeira e destacado por quase todas as instituições internacionais que de uma forma ou outra têm abordado e procurado respostas para a crise[79] –, é ainda de referir o regime introduzido pela Lei n.º 28/2009, de 19-07[80] relativo à divulgação obrigatória das remunerações,

---

[77] Cf. o art. 38.º, n.º 1, do RJFP e o art. 7.º, n.º 1, al. a) do Decreto-Lei n.º 94-A/98, de 17-04, relativo ao acesso e exercício da actividade seguradora, onde se estabelece a obrigatoriedade de adopção da forma de sociedade anónima respectivamente para as sociedades gestoras de fundos de pensões e para as seguradoras do ramo "Vida".

[78] [Art. 65.º CSC – tbc]

[79] São, efectivamente, muito numerosos os contributos e propostas provenientes das mais diversas instituições sobre a questão das remunerações na sequência da crise e dos problemas detectados no Relatório Larosière: Comissão Europeia (Recomendações CE sobre remunerações nas sociedades cotadas e nas instituições financeiras), OCDE, G20, Financial Stability Board (FSB), Comité de Basileia, Comité das Autoridades Europeias de Supervisão Bancária (CEBS) e Comité Europeu das Autoridades de Supervisão de Seguros e Pensões Complementares de Reforma (CEIOPS). Justifica-se ainda uma referência à proposta de Directiva relativa aos gestores de fundos de investimento alternativo, ainda em discussão no Conselho, que conterá igualmente disposições relativas à remuneração destes gestores semelhantes àquelas que foram já introduzidas pela Directiva dos requisitos de capital. Sobre as evoluções regulatórias e recomendatórias recentes em matéria de remunerações, detalhadamente, JOÃO GIÃO, cit., 2010, 215-291 (268-291).

[80] Para uma análise aprofundada das regras de *governance* relacionadas com a remuneração dos membros dos órgãos sociais introduzidas pela Lei 28/2009, bem como de todo o ambiente regulatório em matéria de remunerações precedente e envolvente, e para uma abordagem específica da remuneração dos membros do órgão de fiscalização cf., respectivamente, JOÃO DE SOUSA GIÃO, respectivamente 215-291 (277-279) e 293-313 (304-305) e PAULO CÂMARA, O "Say on Pay Português", *Revista de Derecho del Mercado de Valores*, n.º 6 (2010)..

O GOVERNO DOS FUNDOS DE PENSÕES

em termos agregados e individuais, dos membros dos órgãos de administração e fiscalização das entidades de interesse público, como é o caso das seguradoras e das entidades gestoras de fundos de pensões[81]. Ainda sobre a mesma matéria, foram recentemente publicados pelo Instituto de Seguros de Portugal (ISP) dois instrumentos de intervenção regulatória sobre remunerações no sector segurador: a Norma n.º 5/2010-R do ISP, de natureza vinculativa, sobre a divulgação dos montantes remuneratórios; e a Circular n.º 6/2010, de carácter recomendatório, sobre as políticas remuneratórias, produzidas no âmbito do Conselho Nacional de Supervisores Financeiros, em articulação com o Banco de Portugal e a Comissão do Mercado de Valores Mobiliários.

Tratando-se de medidas inquestionavelmente oportunas do ponto de vista da necessidade de intervenção regulatória numa matéria fortemente colocada em destaque após a crise financeira, o grau de detalhe alcançado nas disposições em causa sobre o conteúdo dessa informação afigura-se excessivo e desadequado num instrumento regulatório de natureza vinculativa. A opção do regulador de verter nestes dispositivos uma vasta lista de elementos que devem obrigatoriamente integrar a informação sobre a remuneração dos membros dos órgãos de administração e de fiscalização das entidades abrangidas merece alguns reparos.

Por um lado, a obrigação legal de divulgação da política de remunerações e das remunerações globais e individuais havia já sido implementada por via da Lei n.º 28/2009, que como se viu abrange as entidades gestoras de fundos de pensões, sendo assim desnecessária a reprodução deste dever por via de regulamento sectorial. Contudo, o regulador pretendeu ir mais longe e detalhar os elementos informativos abrangidos nessa obrigação.

Esta pormenorização, para além de mais adequada a mecanismos de intervenção recomendatória, convoca um risco de rigidez ou fixidez regulatória altamente indesejável em matéria de governo das sociedades. Sendo esta uma área fortemente influenciada por externalidades económicas, políticas, sociais, regulatórias, etc., caracterizada portanto por um grande dinamismo e vocação de mudança, considera-se que as respectivas regras ou princípios devam ser tendencialmente implementados através de instrumentos recomendatórios, mais flexíveis e mais rapidamente adaptáveis a novas exigências ou às evoluções inesperada da *corporate governance*, limitando as intervenções legais aos aspectos essenciais ou estruturais dos princípios de governo societário que reconhecidamente não possam ser assegurados através de mecanismos recomendatórios.

---

[81] As empresas seguradoras e as sociedades gestoras de fundos de pensões são consideradas entidades de interesse público pelo art. 2.º, als. g) e j) do DL 225/2008, de 20-11, como tal sujeitas à disciplina introduzida pelos arts. 2.º e 3.º da Lei n.º 28/2009.

O GOVERNO DAS ORGANIZAÇÕES

Mas mesmo em relação a esses aspectos estruturais, deverão ser estabelecidos normativos de carácter geral, a fim de lhes conferir a flexibilidade e abertura bastantes para lhes permitir acolher, sem alterações legislativas específicas, as evoluções práticas e dogmáticas no domínio da *corporate governance*.

A Norma n.º 5/2010-R do ISP consagra, no entanto, um regime de informação sobre remunerações exaustivo e apertado, o qual, se tem o mérito de criar condições para reportes sobre remunerações exaustivos e detalhados, não só arrisca alguma rigidez como importa para as entidades abrangidas um custo de *compliance* que pode ser em muitos casos excessivo, atendendo à complexidade de elaboração que os relatórios em questão necessariamente importam.

Ter-se-ia porventura conseguido maior eficácia se o detalhe regulatório alcançado na Norma 5/2010 houvesse sido igualmente concebido sob forma recomendatória.

O mesmo se diga da extensão de parte destas regras a certos colaboradores com funções-chave na instituição, que ganharia igualmente com uma estatuição recomendatória em alternativa a uma regulação de carácter impositivo.

3. Breve descrição crítica do modelo de governo dos fundos de pensões portugueses: organização interna e dimensão estrutural.

3.1. Modelo de gestão: entidade gestora e depositário independentes.

De acordo com a lei, e como já se referiu[82], os fundos de pensões portugueses assentam sobre um modelo jurídico de organização em base contratual, isto é, constituem patrimónios autónomos e despersonalizados detidos pelos seus participantes e heterogeridos através de entes personalizados jurídica e economicamente distintos do fundo de pensões e dos seus participantes[83]. Está, pois, fora de questão qualquer tipo de gestão directa do fundo pelo próprio fundo, enquanto ente institucionalizado[84], sendo consequentemente ténue ou mesmo ausente a proximidade entre os participantes do fundo de pensões e a entidade gestora.

---

[82] Cf. supra, Ponto 2.1.2.

[83] Cf. nota anterior.

[84] À semelhança do que pode suceder, por exemplo, em Itália, onde se distingue a "gestão directa" – exercida pelo próprio fundo – e a gestão "indirecta" – exercida por entidades "externas" – do fundo de pensões, muito embora a gestão directa assuma um carácter residual; cf. MARIA GRAZIA IOCCA,, *Imprenditorialità e mutualità dei fondi pensione*, Giuffrè (Quaderni di Giurisprudenza Commerciale, n.º 275), 2005, xxi; MARIO BESSONE,, "Gestione finanziaria dei fondi pensione. La disciplina delle attività, le situazioni di conflitto di interessi", *Contratto e impresa*, Cedam, Padova, Ano XVII, 1, Jan.-Abr. 2002, 143.

O GOVERNO DOS FUNDOS DE PENSÕES

A entidade gestora – de acordo com o disposto no art. 32.º, n .º 1, uma sociedade constituída especificamente para esse efeito ou uma empresa de seguros que explore legalmente o ramo "Vida" e possua estabelecimento em Portugal, em ambos os casos constituída sob a forma de sociedade anónima[85] – é mandatada para a gestão do fundo de pensões pelo associado mediante um *contrato de gestão*, no caso de fundos de pensões fechados (art. 22.º RJFP). No caso de adesões a fundos de pensões abertos a entidade gestora é investida do poder de gestão em nome e por conta do fundo de pensões através do *regulamento de gestão* (art. 23.º), que integra o acto de adesão contratual do associado, nas adesões colectivas (art. 25.º, n.º 6), ou do participante, nas adesões individuais (art. 26.º, n.º 4).

Atendendo ao papel decisivo das entidades gestoras, que assumem integralmente a condução dos fundos e a realização dos planos de pensões, o acesso e exercício da actividade é condicionado à observância de determinados requisitos, destinados a assegurar níveis elevados de solvabilidade, no que diz respeito à instituição, e de profissionalismo, idoneidade e capacidade técnica, no que respeita aos sujeitos que exercem a gestão.

Assim, aplicam-se às entidades gestoras de fundos de pensões, designadamente, os requisitos de capital e margem de solvência respectivamente estabelecidos no art. 40.º e nos arts. 93.º e seguintes do DL 98-A/94, de 14-10[86], bem como as regras de *fit and proper* dos membros do órgão de administração estabelecidas naquele diploma (art. 51.º) e as regras aplicáveis aos detentores de participações qualificadas (arts. 46.º-50.º).

A gestão dos activos do fundo de pensões pode ser parcialmente delegada ou mandatada a outros operadores financeiros (art. 37.º, n.º 2), a saber, instituições de crédito, empresas de investimento, sociedades gestoras de fundos de investimento mobiliário, seguradoras do ramo "Vida" autorizadas a gerir activos na EU ou em países da OCDE e a outras sociedades gestoras de fundos de pensões.

Quanto ao depositário – obrigatoriamente uma instituição de crédito estabelecida em território nacional e designada mediante contrato escrito previamente remetido ao ISP –, é responsável pela custódia dos títulos e outros documentos representativos dos valores mobiliários que integram o fundo de pensões, cuidando ainda relação cronológica das operações efectuadas pelo fundo e do inventário discriminado dos valores que lhe estejam confiados e podendo ainda ser-lhe atribuídas outras funções no âmbito dos processos de gestão dos investimentos e de pagamento das pensões.

---

[85] Cf. o art. 38.º, n.º 1, do RJFP e o art. 7.º, n.º 1, al. a) do Decreto-Lei n.º 94-A/98, de 17-04, relativo ao acesso e exercício da actividade seguradora, onde se estabelece a obrigatoriedade de adopção da forma de sociedade anónima respectivamente para as sociedades gestoras de fundos de pensões e para as seguradoras do ramo "Vida".

[86] Por remissão do art. 32.º, n.º 2 do RJFP.

3.2. Actuário responsável

Na estrutura de governo dos fundos de pensões, e dada a natureza eminentemente técnica da matéria em si, os actuários assumem igualmente um papel de relevo e que tem vindo a ser reforçado, nomeadamente com a criação da figura do actuário responsável.

Para além do valor acrescido, em termos técnicos, que o actuário importa para os fundos de pensões, no exercício de funções altamente especializadas e indispensáveis para o cálculo das responsabilidades do fundo e o apuramento de situações de desequilíbrio entre a situação financeira do fundo de pensões e essas responsabilidades, a exigência da intervenção de actuário para os planos de benefício definido ou misto foi acompanhada de preocupações relacionadas com a idoneidade, capacidade técnica e independência do actuário, vertidas na Norma 7/2007-R do ISP, que reflectem uma tentativa séria, por parte do regulador, de implementação de boas práticas de governo dos fundos de pensões.

Assim, o actuário é designado pela entidade gestora (art. 55.º do RJFP), de entre os actuários previamente certificados pelo ISP (art. 39.º, n.º 1 da Norma 7/2007-R) segundo um processo de certificação exigente e profusamente regulado (arts. 42.º a 44.º da Norma 7/2007-R) e com parecer da comissão de acompanhamento do plano [art. 53.º, n.º 5, al. d)] do RJFP e 39.º, n.º 3 da Norma 7/2007-R).

Ainda na linha da implementação de boas práticas de governo no que respeita ao actuário, a Norma 7/2007-R procura assegurar a estrita independência do actuário através do enunciado de situações de incompatibilidade e conflito de interesses (art. 40.º RJFP) e bem assim, da instituição de regras que procuram assegurar a adequação dos meios do actuário ao número de nomeações que lhe são feitas (art. 41.º) a fim de evitar situações de desproporcionalidade entre os meios e os fins susceptíveis de comprometerem a qualidade do trabalho.

Ao actuário incumbe, nos termos da lei, a *certificação* de um conjunto de avaliações – eg, avaliações actuariais e métodos utilizados na determinação das contribuições, avaliação do nível de financiamento do fundo, da adequação do património do fundo às respectivas responsabilidades com pensões, das responsabilidades, de situações de sobrefinanciamento, etc.

Para além destas funções decisivas para o funcionamento rigoroso do fundo de pensões, o actuário deve ainda produzir um relatório anual sobre a situação financeira de cada plano de pensões, para o que lhe deve ser disponibilizada toda a informação necessária.

Acrescem ainda para o actuário deveres de vigilância sobre o fundo e sobre a entidade gestora, bem como o dever comunicação ao regulador de situações irregulares e de propor medidas.

O GOVERNO DOS FUNDOS DE PENSÕES

Não obstante a solidez das práticas de governo que assim acompanham a designação e a actividade do actuário, poder-se-ia acrescentar alguma medida no sentido da limitação no tempo da retenção do mesmo actuário, a fim de evitar fenómenos de dependência económica, familiaridade e captura do actuário.

3.3. Auditor

O regime de designação do auditor é similar ao do actuário, com a designação a ser feita pela entidade gestora. Compete ao auditor a certificação das contas e demais informação financeira do fundo (informação estatística e contabilística relativa à actividade de cada fundo de pensões e composição do seu activo), acrescendo funções de vigilância e *whistleblowing*[87].

O auditor será necessariamente um revisor oficial de contas (ROC) registado como tal nos termos da respectiva legislação profissional[88] e que disponha dos meios materiais, humanos e financeiros que assegurem a sua idoneidade, independência e competência técnica (art. 56.º, n.º 4 do RJFP e 52.º, n.º 1 da Norma 7/2007-R).

Visto estar em causa uma entidade de interesse público[89], o auditor, para além de ficar sujeito às regras próprias da profissão, fica ainda sujeito ao regime de independência do Código das Sociedades Comerciais, nos termos do art. 2.º, n.º 3 do DL 225/2008, de 20 de Janeiro[90].

Remete-se ainda a este propósito para todas os contributos doutrinais sobre a independência dos auditores e a necessidade de mitigação de conflitos de interesses típicos e com um elevado potencial de risco que marcam a actividade dos auditores em geral[91].

---

[87] Sobre as funções do auditor nos fundos de pensões, GABRIEL BERNARDINO, cit., p. 3.

[88] Decreto-Lei n.º 487/99, de 16 de Novembro (Estatuto da Ordem dos Revisores Oficiais de Contas), onde se estabelecem as regras de acesso e exercício da profissão.

[89] Note-se que, seguramente por lapso, o art. 2.º do DL 225/2008, de 20 de Novembro, que transpôs para a ordem jurídica interna a Directiva n.º 2006/43/CE, do Parlamento Europeu e do Conselho, de 17 de Maio, relativa à revisão legal das contas anuais e consolidadas e estabeleceu o elenco das chamadas *entidades de interesse público*, menciona na alínea j) *os fundos de pensões* e não as respectivas entidades gestoras, o que, atendendo à despersonificação dos fundos de pensões do contexto jurídico nacional, não faz nenhum sentido. Tem vindo contudo a consensualizar-se uma interpretação correctiva da norma, em termos de considerar a referência ali contida feita para as *entidades gestoras de fundos de pensões*.

[90] Sobre o regime da independência dos membros dos órgãos de fiscalização nas sociedades anónimas, desenvolvidamente, PAULO OLAVO CUNHA, cit., p. 453-500; GABRIELA FIGUEIREDO DIAS, *Fiscalização de Sociedades*, cit., p. [.] e "A Fiscalização Societária Redesenhada: Independência, Exclusão de Responsabilidade e Caução Obrigatória dos Fiscalizadores", *Reformas do Código das Sociedades*, IDET – Colóquios, N.º 3, Coimbra, Almedina, 2007.

[91] PAULO CÂMARA, "A Actividade de Auditoria e a Fiscalização de Sociedades Cotadas – Definição de um Modelo de Supervisão", *Cadernos do Mercado de Valores Mobiliários*, n.º 16, Abril 2003, pp. 93-98;, PAULO BANDEIRA, "O Governo dos Auditores", cit., p. 453-500; GABRIELA FIGUEIREDO DIAS, "Conflitos de interesses em auditoria", *Conflito de interesses no direito societário e financeiro. Um balanço a partir da crise*

353

O GOVERNO DAS ORGANIZAÇÕES

3.4. Comissão de acompanhamento e Provedor

Uma das principais novidades introduzidas pelo DL n.º 12/2006 no regime de governo dos fundos de pensões foi a criação obrigatória de uma comissão de acompanhamento para cada fundo de pensões, com a finalidade de permitir uma mais efectiva representação dos participantes e beneficiários junto do fundo de pensões. Estas comissões, com a função de reforço dos mecanismos de controlo da gestão por parte dos associados, participantes e beneficiários, tem funções de observação e facilitação da comunicação entre a entidade gestora, por um lado, e os participantes e associados do fundo, por outro.

Tratou-se de uma medida de correcção de uma fragilidade detectada nas estruturas de governo dos fundos de pensões, até então desprovidos de mecanismos que assegurassem alguma capacidade de monitorização da gestão levada a cabo pela entidade gestora por parte dos membros do fundo e um fluxo informativo satisfatório entre aquela e estes.

Por outro lado, as comissões de acompanhamento existiam já em praticamente todos os regimes europeus, pelo que a sua imposição pela Directiva IORPS e a sua consagração a nível nacional correspondeu a uma medida de acolhimento de uma medida já experimentada no direito comparado.

As comissões de acompanhamento devem ser constituídas por representantes do associado, dos participantes e dos beneficiários, não devendo a representação destes últimos ser inferior a um terço dos membros da comissão (art. 53.º, n.º 2).

A fim de permitir o eficaz cumprimento das suas funções de acompanhamento do plano, a entidade gestora deve facultar à comissão de acompanhamento toda a documentação necessária para esse efeito[92].

4. Dimensão funcional e mecanismos de governo dos fundos de pensões: principais problemas

4.1. Importância material da estrutura dos fundos de pensões

O modelo estrutural do governo dos fundos de pensões portugueses é, pois, relativamente completo e teoricamente correcto, correspondendo em termos

---

financeira, Almedina, Coimbra, 2010, p. 565-623; José João Ferreira Gomes, "A fiscalização externa das sociedades comerciais e a independência dos auditores: a reforma Europeia, a influência Norte-Americana e a transposição para o direito Português", *Cadernos do Mercado de Valores Mobiliários*, n.º 24, Nov. 2006 e "A Responsabilidade Civil dos Auditores", *Código das Sociedades Comerciais e Governo das Sociedades*, Coimbra, Almedina, 2008, André Figueiredo, cit.

[92] Gabriel Bernardino, p. 2-3.

O GOVERNO DOS FUNDOS DE PENSÕES

formais às exigências não só da Directiva IORPS mas também da generalidade das propostas internacionais em matéria de estruturas de governo de fundos de pensões. Tal não impede, contudo, a existência de alguns aspectos críticos no governo dos fundos de pensões portugueses, que não ficaram resolvidos com a montagem, por via regulatória, de uma estrutura organizativa adequada, como parece ser o caso.

O crescente protagonismo dos fundos de pensões portugueses ocorridos nos últimos anos tem ficado a dever-se desde logo a modificações introduzidas na política de protecção social do estado, com uma gradual transferência das responsabilidades com pensões de reforma para o sector privado, em regimes de capitalização, em consequência do subfinanciamento dos sistemas públicos de protecção, em regime de repartição ou *pay-as-you-go*[93]. Mas deve-se igualmente ao facto de os fundos de pensões terem assumido, em alguns momentos de maior agitação do mercado de capitais e do controlo societário, uma importância estratégica que, não sendo em si mesma criticável, tem colocado algumas questões sobre o modo de articulação do papel estratégico de alguns fundos de pensões no âmbito de alguns grupos económicos e no mercado do controlo societário com a sua vocação legal para a realização de uma função de protecção social e promoção do bem-estar das populações idosas, através do investimento colectivo do aforro dos indivíduos e da atribuição de prestações de reforma à custa dessa aforro e da respectiva rendibilidade conseguida pela sua aplicação no mercado de capitais.

4.2. A estrutura contratual como obstáculo ao controlo da actividade de gestão do fundo de pensões. A dificuldade de operacionalização do modelo contratual sem possibilidade de recurso à figura do *trust*

Para além de participarem dos problemas de *governance* comuns à generalidade dos fundos de pensões, e que têm que ver com a sua específica função económica e o seu posicionamento nas estruturas de protecção social e nos mercados de capitais, os fundos de pensões portugueses, pelo contexto normativo, económico

---

[93] A substituição (total ou parcial) do sistema de financiamento das prestações de reforma em *repartição* por sistemas de financiamento assentes em processos de *capitalização* (públicos ou privados) constitui a abordagem que tem merecido as maiores preferências ao nível dos países desenvolvidos. Existem, não obstante, alguns estudos na área da teoria económica que conduzem à evidência empírica de que ambas as fórmulas – repartição e capitalização – se mostram isoladamente incapazes de responder ao problema colocado pela demografia e pelo envelhecimento da população e conduzem a idênticas taxas de rendimento das contribuições; assim, DIDIER BLANCHET, "Que reste-t-il du débat répartition-capitalisation?", *Révue d' Économie Financière*, Março 1997, p. 157-173, em especial p. 158-159 e 161-163, concluindo que a capitalização deve ser admitida a cumprir um importante papel na preparação da reforma, sem contudo lhe atribuir uma solução milagrosa e sem perder de vista o carácter meramente *parcial* ou complementar desse papel, e SABINE MONTAGNE, *Les Fonds de Pension – Entre protection sociale et spéculation financière*, Paris, Odile-Jacob, 2006, p. 11.

e sociológico em que se inserem, exibem algumas especificidades relevantes em matéria de *governance* e que devem ser tidas em consideração na análise e teorização do governo dos fundos de pensões portugueses.

De acordo com o enquadramento jurídico nacional, e diferentemente do que sucede actualmente na maioria (senão na totalidade) dos regimes, os fundos de pensões apenas podem ser constituídos sob forma contratual, como patrimónios autónomos e sem personalidade jurídica, divididos em parcelas de que os participantes do fundo de pensões são titulares e que lhes conferem um direito financeiro sobre uma parte do património, ou dos activos que o compõem[94].

Este tipo de estrutura jurídica coloca problemas específicos de governo, desde logo por força da ausência de personalidade jurídica que caracteriza os fundos de pensões constituídos de acordo com este tipo de estrutura, que reduz as possibilidades e enfraquece os mecanismos de controlo sobre a actividade do gestor, ao mesmo tempo que potencia o conflito de interesses entre o gestor e os participantes do fundo, na medida em que acentua a discricionariedade de actuação do gestor, a distância entre este e os participantes do fundo e, em consequência, as assimetrias informativas[95].

Este problema apresenta-se de menor relevo nas estruturas anglo-saxónicas dos fundos de pensões, onde é possível estabelecer uma estrutura de controlo triangular: o gestor do fundo de pensões é controlado pelo intermediário/*trustee* ou pelo órgão de fiscalização do fundo, que é por sua vez controlado pelos membros/participantes do fundo (os "principais" na relação de agência que assim se estabelece), de acordo com a referência teorética do *Modelo de Monitorização Delegada*, introduzido por Diamond em 1984[96] para descrever o relacionamento dos diversos intervenientes na actividade bancária[97].

O mesmo tipo de controlo não é susceptível de ser implementado nos fundos de pensões constituídos de acordo com o modelo organizatório estabelecido

---

[94] Sobre a caracterização dos organismos de investimento colectivo sob forma contratual de acordo com o regime português, bem como sobre a caracterização de todas as outras estruturas jurídicas susceptíveis de suportar um fundo de investimento, cf. Fernando Nunes Silva, "Governação de Organismos de Investimento Colectivo – Análise crítica do modelo vigente em Portugal", *Cadernos do Mercado de Valores Mobiliários*, n.º 21. (Agosto 2005), 73 ss; Gabriela Figueiredo Dias, "Constituição de fundos de investimento", *Estudos em Homenagem ao Prof. Doutor Manuel Henrique Mesquita*, Vol. I, Coimbra Editora (2009), Stvdia Ivridica, 95, 673-733 (679-682).

[95] Sobre a discricionariedade de actuação e as assimetrias informativas como factores que propiciam a ocorrência de conflitos de interesses na generalidade do sector financeiro, Sofia Leite Borges, "O Conflito de Interesses na Intermediação Financeira", *Conflito de Interesses no Direito Societário e Financeiro. Um Balanço a partir da Crise Financeira*, Coimbra, Almedina (2010), 315-425 (326-327).

[96] Douglas W. Diamond, "Financial Intermediation and Delegated Monitoring", *The Review of Economic Studies*, Vol. 51, No. 3, (Jul. 1984), 393-414.

[97] Boeri/Bovenberg/Couré/Roberts, *Dealing with the New Giants*, cit, p., 22.

O GOVERNO DOS FUNDOS DE PENSÕES

pela lei em Portugal. Por um lado, o fundo de pensões é, de acordo com o regime português, um mero património autónomo (art. 11.º do RJFP), sem personalidade jurídica e consequentemente, sem nenhum tipo de organização orgânica própria, que permita designadamente falar de uma *vontade* e *acção* do fundo de pensões: tudo se decide e concretiza ao nível da entidade gestora, fiduciariamente investida da totalidade dos poderes-deveres de decisão e actuação em nome e por conta do fundo de pensões (*rectius*, em nome e por conta dos *membros*[98] do fundo, já que o fundo não tem existência jurídica e não pode, como tal, ser representado), não existindo, ao nível do fundo de pensões, qualquer órgão ou representante que possa levar a cabo qualquer tipo de controlo sobre a actividade da entidade gestora do fundo de pensões.

Esta configuração jurídica coloca um conjunto de dificuldades relevantes na construção dogmática da legitimidade, dos direitos e dos deveres da entidade gestora do fundos de pensões e dos vários sujeitos que participam ou gravitam em torno desse património – associados, participantes, contribuintes e beneficiários – pela dificuldade de enquadramento jurídico da posição do gestor perante os participantes do fundo de pensões, num regime que desconhece a figura do *trust* – a única, a nosso ver, que poderia conformar com racionalidade e eficácia este tipo de estruturas e oferecer soluções adequadas – e onde os institutos civilísticos clássicos da representação, mandato e comunhão se revelam demasiado rígidos para explicar estas relações em toda a sua extensão e dimensão.

4.3. Problemas de governo dos fundos de pensões não especificamente relacionados com a estrutura organizativa desenhada na lei.

Os problemas de governo mais relevantes dos fundos de pensões portugueses resultam, contudo, sobretudo de um conjunto de factores que não têm necessária ou directamente que ver com a qualidade – ao menos formal ou aparente – do regime jurídico instituído. Entre esses factores vale a pena destacar:

(*i*) *a insuficiência do modelo regulatório para evitar problemas de agência e conflitos de interesses importantes*, o qual consente, designadamente, um grau demasiado elevado de proximidade institucional entre o associado e a entidade gestora e entre esta e o próprio fundo, bem como níveis de auto-investimento excessivo, com um prejuízo potencial significativo para a independência da gestão e a eliminação de custos de agência e conflitos de interesses;

---

[98] A referência aos *membros* do fundo de pensões não tem um conteúdo específico e estabelecido na lei, incluindo por isso todos os titulares de direitos e/ou deveres relativamente ao fundo, incluindo o associado, os participantes, contribuintes e beneficiários do fundo de pensões, nos termos definidos no art. 2.º, als. d) a g) do DL 12/2006.

O GOVERNO DAS ORGANIZAÇÕES

(ii) o *baixo grau de tradição dos fundos de pensões em Portugal,* bem como de *literacia financeira* e de compreensão do funcionamento dos fundos de pensões pelos seus participantes e beneficiários, conjugado com a inexistência de *mecanismos eficazes de controlo da actividade de gestão dos fundos de* pensões, a excluir a possibilidade de uma monitorização efectiva e eficaz, por parte do mercado e dos participantes, da gestão e do desempenho dos fundos de pensões que torna o sistema permissivo em relação a falhas de informação e de cumprimento dos regulamentos de gestão, designadamente no que respeita à política de investimentos do fundo de pensões;

(iii) o *quase imperceptível activismo accionista* e exercício dos direitos accionistas inerentes à titularidade de acções pelo fundo de pensões, bem como da respectiva *divulgação,* que coloca a questão da necessidade ou oportunidade de um estímulo ou incentivo regulatório no sentido de uma maior responsabilização dos gestores dos fundos de pensões no que respeita ao exercício daqueles direitos e que vá para além da simples estatuição de um dever fiduciário do gestor de "representar, independentemente de mandato, os associados, participantes, contribuintes e beneficiários do fundo no exercício dos direitos decorrentes das respectivas participações" (art. 33.º, al. c) do RJFP).

Identificados os aspectos mais problemáticos do governo dos fundos de pensões, proceder-se-á de seguida à análise de alguns deles, numa perspectiva estritamente construtiva de apuramento do modelo e identificação, se possível, de instrumentos que permitam ultrapassar alguns dos problemas identificados.

4.3.1. Relações de participação, domínio ou proximidade entre a entidade gestora e o associado do fundo de pensões

O modelo regulatório da gestão de fundos de pensões portugueses padece efectivamente de uma considerável insuficiência de mecanismos de prevenção de problemas de agência e de conflitos de interesses importantes, consentindo, designadamente, um grau demasiado elevado de proximidade institucional entre o associado e a entidade gestora e entre esta e o próprio fundo.

Essa insuficiência resulta de uma estrutura organizativa que, conferindo-lhe uma especial configuração e complexidade, permite que, na grande maioria dos casos, a entidade gestora designada para a gestão dos fundos de pensões pertença ao mesmo grupo económico do associado ou seja por ele dominada ou detida, o mesmo sucedendo com o depositário, que é frequentemente o próprio associado ou integra o mesmo grupo.

De facto, a lei não exige que a entidade gestora e/ou o depositário não possuam relações de participação ou domínio com o associado e vice-versa[99],

---

[99] Apenas se exige, no que respeita à entidade gestora, que respeite os requisitos dos arts. 32.º, n.º 1 e 38.º do RJFP relativos ao tipo e modalidade de instituição autorizada a gerir fundos de pensões e, no que

O GOVERNO DOS FUNDOS DE PENSÕES

e parece conviver bem com um regime onde, no limite, todas estas instituições podem integrar o memo grupo económico e ter entre si relações de participação ou domínio, bem como com a acumulação de cargos nas diversas entidades por alguns dos membros dos respectivos órgãos de administração e de fiscalização.

Desta circunstância, plenamente consentida pela lei, decorre naturalmente um sensível alargamento do campo de oportunidade para a ocorrência de situações de conflito de interesses *estático* – i.e., de simples "contraposição fáctica de interesses conflituantes" estabelecida pelo posicionamento relativo dos sujeitos e dos seus interesses na relação jurídica e económica – e da sua evolução, natural e dificilmente controlável, para um conflito de interesses *dinâmico*, que ocorre com a evolução da mera contraposição abstracta de interesses para o incumprimento do dever de actuação segundo os interesses juridicamente relevantes de outrem, através da prossecução de um interesse próprio ou alheio não atendível[100].

A inexistência de impedimentos legais à existência de relações de participação, domínio ou de proximidade entre as diversas entidades que gravitam em torno dos fundos de pensões e a coincidência de sujeitos que integram os respectivos órgãos de administração constitui uma circunstância que inevitavelmente induz conflitos de interesses *estáticos*. Paralelamente, a exigência legal de actuação fiduciária do gestor e do depositário segundo critérios estritos de independência e de prossecução dos interesses dos participantes do fundo de pensões[101], que no entender do legislador deveria constituir um mecanismo absolutamente eficaz e suficiente de mitigação dos conflitos de interesses decorrentes desta consentida "promiscuidade" institucional, não cumpre integralmente essa função. Desde logo, porque subsistem obstáculos culturais, radicados numa compreensão dos fundos de pensões profissionais como uma criação e propriedade do seu associado, o qual tem manifestado até hoje, em Portugal, uma dificuldade significativa em compreender a absoluta segregação jurídica, económica e de objectivos entre o associado do fundo, o fundo e o seu gestor. Em acréscimo, porque o modelo jurídico de gestão dos fundos de pensões é insatisfatório no que respeita à instituição de mecanismos de controlo da gestão do fundo de pensões por parte dos seus participantes como de outros sujeitos ou entidades de algum modo incumbidos desse controlo.

Os conflitos de interesses estáticos decorrentes da existência de relações de participação, domínio ou proximidade pessoal ou institucional entre o gestor e o associado evoluem mais frequentemente para conflitos de interesses dinâmicos

---

respeita ao depositário, os requisitos do art. 48.º, relativos à qualidade de instituições de crédito autorizadas à recepção de depósitos ou outros fundos reembolsáveis ou em empresas de investimento autorizadas à custódia de instrumentos financeiros por conta de clientes, desde que estabelecidas na União Europeia.

[100] Em geral sobre a distinção entre conflito de interesses estático e dinâmico, Sofia Leite Borges, cit., 329.

[101] Estabelecida nos arts. 32.º, n.º 4, 34.º e 35.º RJFP.

O GOVERNO DAS ORGANIZAÇÕES

nas opções e decisões de investimento e desinvestimento e no modo de exercício dos direitos inerentes às participações sociais detidas pelo fundo de pensões.

Na verdade, um gestor cujo capital é integralmente detido pelo associado (uma sociedade cotada) e cujos órgãos sociais integram membros comuns, como frequentemente sucede em Portugal, fica irremediavelmente exposto a um risco de relativa *instrumentalização* por parte do associado ao serviço dos seus próprios interesses.

Esta *instrumentalização* pode passar, desde logo, por decisões de investimento que beneficiem o associado (eg, investimento preferencial em valores mobiliários emitidos pelo associado ou em imóveis detidos pelo associado e que este pretenda transformar em liquidez; aquisição ou alienação massiva de títulos de determinada origem ou categoria com o objectivo de produzir movimentos na respectiva cotação susceptíveis de beneficiar o investimento do associado; alienação ou aquisição de acções representativas do capital do associado com vista a frustrar ou conferir sucesso a oferta pública de que este seja objecto, etc.).

A mesma *instrumentalização* ocorre sempre que o gestor exerce o direito de voto inerente às acções representativas do capital social do associado e detidas pelo fundo de pensões de acordo com o interesse do associado, com prevalência do interesse dos participantes do fundo de pensões, que é, de acordo com a natureza fiduciária da relação do gestor com os participante, o interesse a que deveria em qualquer caso ser dada prevalência.

4.3.2. Insuficiência dos mecanismos de fiscalização e controlo da gestão exercida pela entidade gestora.

O baixo grau de tradição dos fundos de pensões em Portugal, bem como de literacia financeira e de compreensão do funcionamento dos fundos de pensões pelos seus participantes e beneficiários, constitui desde logo um factor de inexistência de uma monitorização rigorosa da actividade do gestor por parte dos fundos de pensões, já que os participantes dos fundos, genericamente desinformados sobre as especificidades do funcionamento do fundo e mesmo sobre os seus direitos, são tradicionalmente passivos ou mesmo omissos no que respeita ao controlo do gestor.

Em adição, os mecanismos formais instituídos para a monitorização e fiscalização da gestão mostram-se desadequados à intensidade do conflito de interesses a ela imanente nos quadros organizativos descritos.

Estes mecanismos consistem basicamente em três tipos: mecanismos internos (órgão de fiscalização da própria entidade gestora, sistemas de auditoria e controlo de riscos e comissão de acompanhamento do plano), mecanismos externos (auditor e actuário) e mecanismos institucionais (autoridade administrativa de supervisão).

No que respeita aos mecanismos internos de fiscalização, e pese embora a ampliação de funções de fiscalização que lhe foram atribuídas pela reforma

O GOVERNO DOS FUNDOS DE PENSÕES

societária de 2006[102], estes prosseguem sobretudo o controlo e a fiscalização da sociedade gestora em si, e não propriamente do conteúdo da gestão exercida. Quanto à eficácia dos sistemas de auditoria interna e gestão de riscos, é praticamente desconhecido o modo e a eficácia de funcionamento destas estruturas, cuja actuação é, pelo menos, pouco transparente.

As comissões de acompanhamento do plano constituíram uma novidade introduzida no regime jurídico português dos fundos de pensões em transposição da Directiva 2003/41/CE. Constituída por representantes do associado e dos participantes e beneficiários e com as funções especificadas no art. 53.º, n.º 5 do RJFP, este constitui em teoria o mecanismo por excelência de controlo da actividade do gestor por parte dos participantes e beneficiários do fundo de pensões. Mas tal ocorre apenas em teoria, por duas ordens de razões: porque, em primeiro lugar, as funções de controlo que lhes são atribuídas incidem sobretudo sobre aspectos procedimentais da actuação do gestor, e não sobre a substância das decisões de gestão. E esta limitação de poderes da comissão de acompanhamento corresponde a uma decisão assumida do legislador, ciente das graves entropias e impasses a que a entidade gestora ficaria sujeita caso a sua actividade fundamental passasse a estar sujeita ao escrutínio de um conjunto de sujeitos pouco ou nada habilitados para o efeito e com naturais limitações na aferição da qualidade das decisões.

Por outro lado, o carácter muito recente da instituição das comissões de acompanhamento do plano no regime jurídico português e a clássica falta de familiaridade dos participantes e beneficiários com os mecanismos de funcionamento dos fundos de pensões resulta em que estas comissões, mesmo quando existentes

---

[102] Sobre os novos modelos de administração e fiscalização das sociedades introduzidos pela reforma do CSC, CÂMARA, PAULO, "Modelos de Governo das Sociedades Anónimas", em *Jornadas em Homenagem ao Professor Doutor Raúl Ventura. A Reforma do Código das Sociedades Comerciais*, (2007), 197-258; CÂMARA, PAULO, "O Governo das Sociedades e a Reforma do Código das Sociedades Comerciais", em Código das Sociedades Comerciais e o Governo das Sociedades (2008), 9-141; "O governo das sociedades e os deveres fiduciários", *Jornadas «Sociedades abertas, valores mobiliários e intermediação financeira»* (coord. de Maria Fátima Ribeiro), Almedina, Coimbra, 2007, p. 163-179; J. CALVÃO DA SILVA, "Corporate Governance: Responsabilidade civil dos administradores não executivos, da comissão de auditoria e do conselho geral e de supervisão", *RLJ*, 3940, p. 31-58; PAULO OLAVO CUNHA,, *Direito das Sociedades Comerciais*, Coimbra, Almedina, 4ª Ed, 2010, p. 578-585; MENEZES CORDEIRO, "A grande reforma das sociedades comerciais", *O Direito*, Ano 138.º, 2006, III, p. 450/452; PEREIRA DE ALMEIDA, *Sociedades Comerciais e Valores Mobiliários*, Coimbra Editora, 6ª ed., 2009, p. 417 s; DIAS, GABRIELA FIGUEIREDO, *Fiscalização de sociedades e responsabilidade civil (após a Reforma do Código das Sociedades Comerciais)*, Coimbra Editora, Coimbra, 2006; "A Fiscalização Societária Redesenhada: Independência, Exclusão de Responsabilidade e Caução Obrigatória dos Fiscalizadores", *Reformas do Código das Sociedades*, IDET – Colóquios, 3, Coimbra, Almedina, 2007; CORREIA, MIGUEL PUPO/DIAS, GABRIELA FIGUEIREDO/CALDAS, LUÍS FILIPE/BEBIANO, ANA, Corporate Governance, Administração/Fiscalização de Sociedades e Responsabilidade Civil", IPCG/Comissão Jurídica, 2007, p. 33 a 72; TIAGO JOÃO ESTÊVÃO MARQUES, *Responsabilidade Civil dos Membros de Órgãos de Fiscalização das Sociedades Anónimas*; Coimbra, Almedina, 2009, p. 16-57.

O GOVERNO DAS ORGANIZAÇÕES

(o que não sucede ainda em todos os casos), tenham uma capacidade de controlo e de intervenção muito limitada na gestão dos fundos de pensões nacionais. Cabe ainda sufragar, a este propósito, não só o apuramento da superação sobre o activo cumprimento das regras do DL n.º 225/2008 sobre a necessidade de inclusão de um membro independente no órgão de fiscalização da entidade gestora.

4.3.3. O baixo grau de activismo accionista dos fundos de pensões [nacionais]

Historicamente, a função do gestor de fundos de pensões resumia-se na identificação de categorias de activos elegíveis para o investimento do fundo de pensões de acordo com a política de investimento estabelecida no regulamento de gestão, e na subsequente construção da carteira do fundo mediante a aquisição dos activos identificados, de acordo com um critério previamente estabelecido da respectiva composição, numa abordagem passiva dos direitos inerentes às acções detidas pelo fundo de pensões.

O activismo accionista dos fundos de pensões é hoje, contudo, encarado de uma forma diferente – especialmente no contexto português, onde os investidores e o mercado de capitais começaram ainda agora, e por força de recentes sobressaltos no domínio societário e bancário, a intuir os contornos da decisiva influência que os fundos de pensões podem exercer na estabilidade e nas crises do sector financeiro em geral, com particular incidência nas sociedades admitidas à negociação em mercado regulamentado ou em sistema de negociação multilateral.

De facto, à medida que a participação accionista dos fundos de pensões, agregada à participação de outros investidores institucionais nas sociedades anónimas – designadamente nas sociedades anónimas com o capital admitido à negociação em mercado regulamentado – veio adquirindo maior consistência e peso relativo, essa participação accionista não só assumiu uma importância crítica no comportamento e desempenho das sociedades em cujo capital os fundos de pensões investem como, por essa razão, estes se foram destacando como agentes críticos do mercado de capitais.

Por outro lado, os persistentes escândalos societários vividos nos últimos anos centraram as atenções dos accionistas, do mercado e dos reguladores nas políticas e nas práticas de governo societário, concorrendo para o enraizamento da convicção de que os actos de má gestão e de mau governo societário poderiam ser impedidos se objecto de uma mais atenta e activa fiscalização por parte dos próprios accionistas, típica de uma gestão e participação activa (activismo accionista[103]). Esta, indo

---

[103] O activismo accionista corresponde a uma opção de participação accionista marcada pelo exercício activo dos direitos e responsabilidades sociais ou políticos inerentes à titularidade de acções, onde se destacam a participação efectiva em assembleia geral das sociedades participadas, o exercício do direito de voto (e o controlo efectivo do sentido do voto quando este é exercido por um intermediário ou prestador

O GOVERNO DOS FUNDOS DE PENSÕES

muito além da simples compra e venda de activos por conta da carteira do fundo de pensões, compreende o envolvimento da entidade gestora do fundo de pensões nas tomadas de decisão relativas à organização e ao negócio das sociedades participadas (designadamente através da tomada de posição e participação activa nas estratégias e posições de investimento da sociedade-alvo), exercendo uma influência significativa[104] na política de gestão e no controlo da sociedade participada com o objectivo de potenciação do valor da sociedade e, consequentemente, do valor do investimento a longo prazo do fundo de pensões nas respectivas acções.

Na verdade, "a *corporate governance* deixou de representar exclusivamente uma preocupação posterior ao investimento, enquanto instrumento de preservação e aumento do valor accionista no contexto de uma estratégia passiva de investimento, para passar a ser considerada como um critério e parâmetro de risco da decisão de investimento"[105].

Ao mesmo tempo, o crescimento exponencial dos fundos de pensões e da proporção relativa de mercado por eles detida influenciou de forma decisiva uma alteração do comportamento dos fundos de pensões no que respeita ao accionismo relacionado com as acções por eles detidas. Enquanto durante muito tempo a insatisfação do gestor de fundos de pensões com o desempenho ou as estratégias das sociedades participadas era pura e simplesmente resolvida através da venda das acções em causa, de acordo com uma estratégia de saída, as diversas limitações regulatórias e estratégicas a este tipo de actuação, ao mesmo tempo que determinam uma tendência de permanência de longo prazo dos fundos de pensões nas participadas, induzem uma substituição de comportamentos passivos por uma intervenção activa direccionada para a modificação da gestão dessas sociedades: "*In the past, dissatisfied institutional investors would simply have sold their shares; they have now begun to fire the chairman instead*"[106].

---

de serviço de voto) e a eventual ocupação e exercício de cargos sociais nas sociedades participadas. Mas para além desta vertente institucional – genérica e impropriamente designada na gíria societária sob o conceito de *proxy voting* –, o activismo accionista pode compreender ainda uma pluralidade de actuações de natureza mais informal, assumidas pelo accionista no sentido de influenciar a gestão e os órgãos de gestão da sociedade-alvo, como a ameaça de alienação súbita de grandes quantidades de acções, com a consequente depreciação do valor das mesmas no mercado (*exit*), o envio sistemático de cartas, reuniões com os órgãos de administração, com uma pressão agressiva sobre estes no sentido da modificação das políticas de gestão e respectiva adequação a práticas de governo societário satisfatórias (*engagement*) e, de novo, o exercício do direito de voto (*voice*). A estratégia *voice or exit* constitui de resto uma estratégia activista há muito conhecida dos organismos de investimento colectivo e por eles utilizada para pressionar a gestão das sociedades participadas sem forçar alterações no respectivo controlo ou estrutura accionista.

[104] Por vezes, decisiva.

[105] Relatório de *"Better Regulation"* do Conselho Nacional de Supervisores Financeiros, Julho 2007, disponível em http://www.isp.pt/NR/rdonlyres/952A5894-0D33-4610-A0F7-DF8E006B1F06/0/BetterRegulationdoSectorFinanceiro.pdf

[106] DAVID BLAKE, *cit.*, p. 587.

O GOVERNO DAS ORGANIZAÇÕES

São, pois, desejáveis medidas regulatória ou pedagógicas destinadas a incrementar a participação accionista dos fundos de pensões, como de todos os investidores institucionais, na vida das sociedades participadas[107]. Neste contexto é de saudar a recente publicação das recomendações da CMVM e do ISP relativas ao incentivo à participação de organismos de investimento colectivo e de fundos de pensões em assembleia geral[108], visando precisamente estimular o activismo accionista destes investidores institucionais e a intervenção activa e responsável nas decisões da sociedade mediante o exercício do direito de voto.

5. Possíveis vias de apuramento do governo dos fundos de pensões

5.1. Mecanismos de limitação dos custos de agência

Uma vez identificadas as principais fragilidades do modelo nacional de governo dos fundos de pensões impõe-se reflectir sobre possíveis mecanismos de mitigação dos custos de agência em que se traduzem a maioria dessas fragilidades.

Dadas a significativas assimetrias informativas que o sistema tende a permitir e a potenciar, por um lado, e os deveres fiduciários sobre os quais assenta toda a construção conceptual, normativa e ética dos fundos de pensões, por outro, é tentadora a proposta de reforço e endurecimento do regime em relação a ambos os aspectos, essencialmente através de dois tipos de medidas: por um lado, medidas dirigidas à eliminação daquelas assimetrias informativas, designadamente promovendo uma segregação obrigatória e radical entre a gestão dos fundos de pensões, o depositário e o seu associado, não permitindo nenhum tipo de relação económica ou jurídica entre eles, ou permitindo um acesso mais directo dos participantes à informação relacionada com o fundo. Por outro lado, endurecendo as reacções legais aos gestores fiduciários em caso de violação dos respectivos deveres, através de um regime sancionatório mais duro.

Contudo, o regime em vigor parece globalmente equilibrado e suficientemente apetrechado para permitir, em teoria, uma mitigação satisfatória dos custos de agência num pressuposto de uma supervisão atenta, pontual e eficaz da conduta das entidades gestoras, designadamente no que respeita ao cumprimento dos respectivos deveres informativos, mas sobretudo dos deveres

---

[107] Em linha, aliás, com as principais propostas do *Stewardship Code*, tal como mencionado em II-2.3.

[108] Publicadas em Julho de 2010 e disponíveis respectivamente em http://www.cmvm.pt/CMVM/Recomendacao/Recomendacoes/Pages/RecomendaçõesdaCMVMsobreIncentivoàParticipaçãoemAssembleiaGeraleExercíciodoDireitodeVotodosOrganismosdeInvestimentoColectiv.aspx e em http://www.isp.pt/winlib/cgi/winlibimg.exe?key=&doc=19263&img=3342.

O GOVERNO DOS FUNDOS DE PENSÕES

fiduciários de actuação *no interesse dos participantes* a que se acham estritamente vinculados.

É precisamente na supervisão comportamental dos fundos de pensões, na sua intensificação e no apuramento dos respectivos instrumentos e procedimentos, que parece residir em simultâneo a principal debilidade e a mais eficaz das respostas no que respeita à implementação das melhores práticas de governo nestas instituições.

5.2. Mitigação dos conflitos de interesses: a actuação dos gestores no exclusivo interesse do fundo e dos seus participantes

5.2.1. Roteiro dos interesses: o interesse *do fundo*, o interesse dos beneficiários e outros interesse eventualmente (não) relevantes

A actividade de administração da entidade gestora do fundo de pensões é obrigatoriamente exercida *no interesse dos participantes e beneficiários do fundo*, sendo este o interesse que simultaneamente norteia a sua actuação e que serve como critério de aferição da conformidade da gestão com os pressupostos legais e do conteúdo de dever fiduciário atribuído ao gestor de fundos de pensões.

Ainda que o legislador se exprima de modo não inteiramente claro, não pode ser outro o sentido a retirar das normas do RJFP que se ocupam desta questão. Efectivamente, nos arts. 32.º, n.º 4 e 34.º, n.º 1 do RJFP os interesses dos associados, participantes e beneficiários parecem ser levados em igual consideração e linha de conta no âmbito dos deveres fiduciários do gestor

Discorda-se deste posicionamento.

Os interesses relevantes e que importa tutelar mediante um eficaz suporte normativo são os interesses dos participantes e dos beneficiários – sendo que na grande maioria dos casos o beneficiário coincide com o participante. O fundo de pensões constitui o veículo de financiamento de prestações previdenciais de reforma *dos respectivos beneficiários*, isto é, das pessoas singulares com direito aos benefícios estabelecidos no plano de pensões ou no plano de benefícios de saúde, tenha ou não sido participante. O fundo de pensões destina-se a permitir o cumprimento de um *plano de pensões* desenhado e concebido para definir as condições em que se constitui *o direito ao recebimento de uma prestação de reforma* pelos beneficiários do fundo. O plano de pensões, enquanto fonte de obriga-ções e direitos, gera expectativas e direitos subjectivos na esfera dos respectivos beneficiários, importando tutelar e proteger o interesse destes sujeitos ao rece-bimento efectivo da prestação calculada de acordo com as regras estabelecidas no plano. Ou seja, o interesse relevante é um interesse puramente financeiro dos beneficiários do fundo.

O GOVERNO DAS ORGANIZAÇÕES

Isto mesmo foi afirmado sem margem para equívocos pelo ERISA[109], que pela primeira vez enunciou os conflitos de interesses inerentes à gestão de fundos de pensões a partir de uma separação radical entre os interesses dos beneficiários dos fundos de pensões e todos os outros interesses em presença, deste modo tornando visível o conflito fundamental entre o empregador, enquanto associado do fundo[110], e o beneficiário no contexto de uma relação de natureza fiduciária[111]. Ao definir o interesse do participante do fundo de pensões com base no interesse financeiro do accionista, a regra do interesse exclusivo do participante exclui a possibilidade de serem considerados, no âmbito da gestão fiduciária dos fundos de pensões, quaisquer outros interesses não financeiros e corta radicalmente com uma certa concepção da gestão, anterior ao ERISA, onde as decisões de investimento podiam ser justificadas por diversos tipos de argumentos e interesses não financeiros e titulados por outros sujeitos que não os beneficiários. Em nome da protecção dos beneficiários e contra a álea inerente a este tipo de gestão o ERISA circunscreveu o interesse do beneficiário a um exclusivo interesse financeiro prosseguido no mercado financeiro: a rendibilidade dos activos constitui-se assim como uma *categoria pura* que se impõe a partir dali a todos os fundos de pensões[112]

Isso mesmo é confirmado pela Directiva n.º 2003/41/CE, de 3 de Junho de 2003, relativa às actividades e à supervisão das instituições de realização de planos de pensões profissionais, onde sistematicamente se estabelece *o interesse dos membros*[113] *e dos beneficiários* como critério de actuação e aferição da gestão[114],

---

[109] O ERISA (*Employment Retirement Income Security Act* 1974) foi o primeiro instrumento legislativo norte--americano que disciplina o maior fundo de pensões público dos EUA de regulação dos fundos e dos planos de pensões em todas as suas dimensões, e que tem conduzido as principais evoluções globais em matéria de regulação e governação dos fundos de pensões.

[110] Ou mesmo como gestor do fundo, já que o ERISA consente que o plano e o fundo de pensões sejam geridos pela própria entidade empregadora na qualidade de fiduciário, ie, actuando sob dois chapéus diferentes.

[111] Tratando-se de uma construção que levou algum tempo a ser absorvida, na medida em que constituiu um corte radical com uma concepção das relações entre empregador e beneficiário do fundo definida no prolongamento das antigas relações tutelares ou nos termos do 'interesse mútuo' que marcou este domínio nos anos 70-80. Foi sobretudo com a falência e liquidação de certos fundos no final na década de 80 que a jurisprudência norte-americana avançou com uma definição jurisprudencial do interesse relevante mais controversa. Sobre o tema, Sabine Montagne, *Les Fonds de Pension – Entre protection sociale et spéculation financière*, cit., 117-118. Sobre a responsabilidade fiduciária no gestor/empregador no âmbito do ERISA, desenvolvidamente, McGrill/Brown/Haley/Schieber, *Fundamentals of Private Pensions*, 209 ss.

[112] Sabine Montagne, 119, que define a rendibilidade como a "média da performance do mercado com um risco comparável".

[113] Os *participantes* a que se refere o D.L. n.º 12/2006, de 20 de Janeiro, e que são as pessoas singulares em função de cujas circunstâncias pessoais e profissionais se definem os direitos consignados no plano de pensões [art. 2.º, al. e)] correspondem rigorosamente aos sujeitos referidos na Directiva n.º 2003/43/CE como *membros* da instituição de realização de planos de pensões profissionais [art. 6.º, al. e)].

[114] Cf., os arts. 4.º, n.º 1,8.º, 9.º, n.º 3, 14.º, n.os 2, 3 e 4, al. a), 15.º, n.os 5 e 6 e 18.º, n.º 1 al. a), da Directiva IRPPP, onde invariavelmente se refere o *interesse dos membros e beneficiários*, jamais se autonomizando a tutela do interesse do associado e/ou dos contribuintes.

e onde *um eventual interesse (funcionalizado, já que outro não pode ser) dos associados e/ou contribuintes não merece qualquer tutela autónoma.*

O RJFP, contudo, parece alinhar o interesse dos participantes e beneficiários com o interesse dos associados e dos contribuintes, não estabelecendo qualquer critério de diferenciação. Ora, o interesse ou os interesses dos associados do plano e do fundo de pensões *com relevância normativa* – que se aceita e justifica – constitui, todavia, um *interesse funcionalizado ao interesse dos participantes* (o qual se confunde, porventura, com o interesse *do fundo*), e consiste no interesse numa gestão racional, prudente e eficaz dos fluxos e recursos financeiros[115] por ele (associado) e eventualmente pelo participante (no caso dos planos contributivos) canalizados para o fundo de pensões, em ordem a permitir o financiamento integral e pontual das responsabilidades assumidas pelo fundo perante os beneficiários do plano financiado. Ora, este interesse é rigorosamente simétrico do interesse dos participantes e beneficiários, confundindo-se com ele e não merecendo nenhum tipo de autonomização. Mais: a simples menção, nos textos legais, do *interesse dos associados* é susceptível de introduzir distorções, porque permite admitir, ainda que a título de hipótese, que o legislador tenha querido consagrar a tutela de interesses específicos dos associados em rigoroso conflito com os interesses dignos de tutela dos participantes e beneficiários.

Esquematicamente, o interesse dos participantes e beneficiários resume-se ao interesse dos beneficiários no recebimento efectivo, integral e pontual das prestações de reforma. O interesse dos participantes só é, de resto e nesta perspectiva, relevante na medida em que o participante seja ou venha a constituir-se como beneficiário de acordo com as regras do plano, pelo que, em última análise, o interesse de que aqui se cura é apenas o interesse dos beneficiários.

No que aos associados respeita, estes, enquanto *pessoas colectivas cujos planos de pensões são objecto de financiamento por um fundo de pensões* [art. 2.º, al. d)], apresentam (ou é suposto apresentarem) em relação ao fundo um interesse totalmente subsumível ao dos beneficiários – o interesse no rigoroso cumprimento do plano, que como tal não é sequer susceptível de autonomização. O seu interesse (tutelável) é, por conseguinte, um interesse *funcionalizado* aos interesses dos beneficiários, já que o associado apenas pode pretender, em relação ao fundo, que este cumpra eficazmente a função de financiamento optimizado das prestações de reforma previstas no plano.

Podem, é certo, ser equacionados, na esfera do associado, outros tipos de interesses não relacionados com a consecução dos objectivos do fundo, porventura até juridicamente accitáveis[116] ou lícitos, mas definitivamente insusceptíveis de tutela específica no contexto normativo dos fundos de pensões.

---

[115] Art. 34.º, n.º 2, RJFP.

[116] Destacam-se aqui, a título exemplificativo, os interesses fiscais que o associado pode ter no fundo, pelas isenções e deduções que por intermédio dele ou das contribuições para ele canalizadas possa alcançar.

5.2.2. Decisões de investimento e interesses dos participantes. A independência do gestor

Agir *no interesse exclusivo do fundo e dos seus participantes*, como é exigido à entidade gestora de um fundo de pensões (art. 34.º, n.º 1 do RJFP) pressupõe um rigoroso e escrupuloso cumprimento do programa financeiro e das normas de conduta estabelecidas no contrato constitutivo ou regulamento de gestão, que são postas à prova operando no mercado. E operar no mercado no interesse do fundo de pensões e dos seus participantes significa *intermediar disponibilidades monetárias e valores mobiliários segundo regras de actuação financeira muito distantes das intenções especulativas dos investidores em fundos de investimento mobiliário*, os quais movimentam a sua carteira segundo uma lógica de curto prazo.

O fundo de pensões é um *investidor institucional*, com uma perspectiva estratégica de longo prazo, um investidor "paciente", que naturalmente persegue ganhos de capital e mais valias para a sua carteira, mas que, mais do que os outros investidores, se caracteriza pela sua aversão ao risco, de modo que a sua eventual – até certo ponto inevitável – exposição ao risco de mercado e ao risco de contraparte deve ser limitada por comportamentos de investimento razoavelmente prudentes. Daqui o princípio *prudent person plus* que preside à gestão dos recursos financeiros dos fundos de pensões, de acordo com uma política que encontrou assento na própria Directiva n.º 2003/41/CE (art. 18.º, n.º 1 do RJFP), e a consagração da regra da gestão prudente, indirectamente aflorada no art. 59.º, n.º 2 do RJFP e explicitamente estabelecida no art. 4.º, n.º 1 da Norma 9/2007-R do ISP, sem que o legislador se pronuncie claramente sobre o teor e conteúdo de um tal princípio[117].

As decisões de investimento devem pois pertencer ao gestor de acordo com o interesse estrito e exclusivo do fundo e dos seus participantes, pressupondo total independência e ausência de interferência do associado ou de qualquer outra entidade com ligações de facto ou de direito ao gestor.

Admite-se, contudo, que no caso de planos BD não contributivos, ou em circunstâncias específicas estabelecidas nos próprios documentos constitutivos do fundo de pensões[118] o associado interferir nas decisões de gestão relacionadas com a estratégia e posicionamento a assumir pelo fundo nas entidades emitentes.

---

[117] Trata-se de uma fórmula que apresenta a inevitável indeterminação das cláusulas gerais, e que apenas adquire um significado útil com referência a cada uma das actividades de gestão patrimonial.

[118] Cf. o art. 4.º, n.º 2, als. o) e p) da Norma 9/2007-R do ISP relativa à política de investimento e composição dos activos dos fundos de pensões. Esta possibilidade, ao tempo sem reconhecimento normativo expresso, era já implicitamente admitida no *Parecer Genérico da CMVM sobre Imputação de Direitos de Voto a Fundos de Pensões* de 25 de Maio de 2006, disponível em http://www.cmvm.pt/cmvm/recomendacao/pareceres/pages/20060526.aspx

5.2.3. O activismo accionista dos fundos de pensões: exercício de direitos sociais e intervenção nas sociedades participadas[119]

O activismo accionista deve, pois, ser estimulado, por todas as vias que para o efeito se mostrem adequadas[120] e desde que perspectivado em perfeito alinhamento com as funções fiduciárias do gestor de fundos de pensões, constituindo-se como um verdadeiro dever específico da gestão sempre que o exercício dos direitos e dos poderes inerentes à qualidade de accionista do fundo de pensões se mostre susceptível, pelo impacto positivo que projecte na sociedade-alvo e correspondentemente no investimento do fundo no capital dessa sociedade, de proporcionar retornos superiores aos custos que esse exercício implique.

O principal e mais importante mecanismo de intervenção reside no exercício, pelos gestores, dos direitos sociais inerentes às participações sociais detidas pelos fundos de pensões, e mais especificamente pela participação em assembleia geral e o exercício do direito de voto.

Nesse sentido, para além da lei[121], a Norma 7/2007-R do ISP sobre estruturas de governo estabelece com detalhe, no art. 2.º, o modo e as condições do exercício do direito de voto.

Reforça-se contudo a ideia de que o exercício destes direitos do fundo de pensões não é compulsório nem corresponde sempre a um dever específico de gestão, mas apenas quando, cumulativamente, se mostre susceptível de gerar retornos positivos para o fundo de pensões; os retornos positivos projectados sejam previsivelmente superiores aos custos e suficientemente relevantes para absorver os impactos negativos que o activismos accionista possa em cada caso desencadear; e o quadro regulatório aplicável não imponha nem impeça as medidas de intervenção accionista que em concreto se pretenda adoptar.

Os primeiros dois pressupostos identificam um primeiro limite significativo ao exercício do activismo accionista por parte do gestor do fundo de pensões – de resto inscrito no próprio racional do princípio que o recomenda: as acções de activismo accionista só podem ser adoptadas *no interesse dos participantes e*

---

[119] Desenvolvidamente sobre o tema da participação accionista dos fundos de pensões nas sociedades participadas e o exercício do direito de voto, GABRIELA FIGUEIREDO DIAS, "Gestão e exercício de participações societárias de fundos de pensões", *cit.;* de modo igualmente desenvolvido, mas relativamente ao exercício do direito de voto pelas entidades gestoras de OIC, HUGO MOREDO SANTOS, *cit.*

[120] E que não passam necessariamente pelo estabelecimento de regras vinculativas detalhadas sobre a oportunidade e o modo de intervenção dos fundos de pensões nas sociedades participadas, já que o regime geral dos deveres dos gestores no âmbito da sua função fiduciária fornece um ético-normativo suficientemente sólido e elástico para que dentro dele sejam encontrados os pontos de suporte e justificação da actuação dos gestores no que respeita à intervenção e exercício do direito de voto dos fundos de pensões geridos nas sociedades participadas.

[121] Art. 33.º c) do RJFP.

O GOVERNO DAS ORGANIZAÇÕES

beneficiários do fundo de pensões – isto é, quando exista uma probabilidade relevante de essa conduta permitir a valorização do investimento do fundo de pensões e proporcione aos seus participantes e beneficiários um proporcional crescimento do rendimento a auferir na reforma a título de pensões.

O limite regulatório, todavia, não constitui face àqueles um limite necessariamente autónomo. Na maioria dos casos, as regras legais e recomendatórias, directas ou indirectas, sobre a adopção de comportamentos activistas pelos fundos de pensões não prescinde, no preenchimento das normas aplicáveis, do recurso aos princípios gerais da gestão dos fundos de pensões subjacentes aos primeiros limites referidos – o princípio fiduciário da gestão no interesse dos participantes e o princípio do gestor prudente.

No que respeita à limitação do espectro de liberdade dos gestores de fundos de pensões para optar ou não pelo activismo accionista pelos princípios gerais da gestão de fundos de pensões, os gestores, enquanto fiduciários, têm sistematicamente de assegurar que os actos de gestão adoptados com vista à melhor protecção dos interesses dos membros do fundo são justificáveis de um ponto de vista financeiro. Os custos associados ao activismo accionista[122] constituem, nestes termos, uma preocupação e um limite provável à actuação dos gestores.

---

[122] Esses custos podem variar entre valores irrelevantes ou desproporcionados, dependendo de factores tão variados quando a dimensão e a complexidade do negócio da sociedade participada, a sua localização geográfica face ao domicílio dos fundos de pensões ou do seu gestor, o grau de *due dilligence* que é necessário desenvolver sobre a sociedade participada para intervir de modo informado e responsável, os custos inerentes ao conhecimento dos regimes jurídicos aplicáveis ou à contratação de serviços jurídicos ou consultores locais, quando o fundo de pensões (ou o seu gestor) e a sociedade participada não integrem a mesma jurisdição, custos de litigância, etc.

CAPÍTULO X

UM GOVERNO PARA OS FUNDOS DE INVESTIMENTO

HUGO MOREDO SANTOS[*]

ABSTRACT: *This text disensses the significant role of collective investment schemes as alternative investment channels and its exponential development in the last decades. This growth has been followed by a strong intervention at legal and regulatory levels aimed at ensuring the protection of investors' interests. The segregation between ownership and management and the power and influence of the management company over pools of assets construed with funds received from the public demands the enhancement of rules strengthening the implementation of investment policies, risk management, asset diversification and avoidance of conflicts of interest. Nonetheless, auditing duties are required and for such purpose the fund structure provides the depositary with both the tasks of keeping the assets and supervising the activities of the management company. The purpose: maintain the investors 'interests' safe from harm. The incentive: the joint and several liability that ties the management company and the depositary. The distributors are the third edge of the triangle requiring adequate governance to the benefit of investors in collective investment schemes. The success of investment funds depends upon investors' confidence and thus the need to ensure the prevalence of a tailor made governance framework.*

SUMÁRIO: *1. O papel dos investidores institucionais. A relevância dos fundos de investimento. 2. A estrutura do "veículo de investimento" – os fundos de investimento. 3. A necessidade de um governo para os fundos de investimento. 4. A frequente exposiçao a conflitos de interesse. 4.1. A administração – Selecção, aquisição e alienação de activos (valores mobiliários).*

---

[*] Mestre em Direito (Faculdade de Direito da Universidade de Lisboa) e Advogado (Vieira de Almeida & Associados – Sociedade de Advogados, R.L.) – hms@vda.pt. Membro do Governance LAB.
NOTA – Sempre que um artigo for indicado sem referência ao diploma ao qual pertence, entende-se que faz parte do RJOIC, salvo se o contexto claramente apontar em sentido contrário.

4.1.1. Operações vedadas às entidades gestoras actuando por conta própria. 4.1.2. Operações vedadas às entidades gestoras actuando por conta dos fundos. 4.2. A administração – Exercício de direitos relacionados com os activos dos fundos. 4.2.1. Um caso concreto: a imputação de votos; 4.3. A fiscalização. 4.4. A comercialização. 5. Notas finais.

1. O PAPEL DOS INVESTIDORES INSTITUCIONAIS. A RELEVÂNCIA DOS FUNDOS DE INVESTIMENTO

"Practice what you preach. Funds cannot credibly demand governance standards of corporations that they will not meet themselves."[1]

"(T)he collective investment sector has proven to be one of the most dynamic components of the financial systems of OECD countries."[2]

I – O investimento sob a forma colectiva mediante agregação de fundos provenientes de um número indeterminado de pequenos investidores para aplicação em valores mobiliários (*"pooling of funds"*) tem origens remotas, havendo autores que as localizam na segunda metade do século XVIII na Holanda[3]. Também em Portugal, desde há muito que é reconhecida a relevância dos fundos de investimento. Já no preâmbulo do Decreto-Lei n.º 46.342, de 20 de Maio de 1965, diploma que importou os fundos de investimento para a nossa ordem jurídica, se referia que "as sociedades e os fundos de investimento constituem valiosos instrumentos de canalização das poupanças e servem uma necessidade específica do pequeno e médio investidor, que procura uma rentabilidade estável para as suas economias, com um mínimo de risco e liquidez quase garantida"[4].

O principal propósito subjacente à criação do *Eendragt Maakt Magt* holandês era à época, tal como o principal propósito subjacente à criação dos fundos de

---

[1] Stephen Davis/John Lukomnik/David Pitt-Watson, *The New Capitalists*, Harvard Business School Press, 2006, p. 220.

[2] John K. Thompson/Sang-Mok Choi, *Governance Systems for Collective Investment Schemes in OECD Countries*, OCDE, Abril 2001, disponível em www.oecd.org, p. 6.

[3] K. Geert Rouwenhorst, The Origins of Mutual Funds, *Yale ICF Working Paper*, n.º 04-48, 12 de Dezembro de 2004, p. 3, disponível em www.iffa.ca.

[4] Sobre a origem e história dos oic, incluindo em Portugal, veja-se entre nós António Pereira de Almeida, O Governo dos Fundos de Investimento, *Direito dos Valores Mobiliários*, vol. VIII, Coimbra Editora, Coimbra, 2008, p. 9 e segs., Paulo Câmara, *Manual de Direito dos Valores Mobiliários*, Almedina, Coimbra 2009, p. 829 e segs., Miguel Coelho/Rita Fazenda/Victor Mendes, Os Fundos de Investimento em Portugal, *CadMVM*, n.º 13, Abril de 2002, disponível em www.cmvm.pt, p. 11 e segs., Raul Marques/José Miguel Calheiros, Os Fundos de Investimento Mobiliários como veículo privilegiado de gestão de activos financeiros, *CadMVM*, n.º 8, 2000 (Agosto), p. 57 e segs., Tiago dos Santos Matias/João Pedro A. Luís, *Fundos de Investimento em Portugal – Análise do Regime Jurídico e Tributário*, Almedina, Coimbra 2008, p. 13 e segs. Sobre os fei em particular, veja-se Célia Reis, Notas sobre o regime jurídico dos fundos especiais de investimento, *CadMVM*, n.º 23, 2006 (Abril), disponível em www.cmvm.pt, p. 10 e segs.

investimento é hoje, proporcionar a investidores com recursos limitados a possibilidade de diversificar investimentos e riscos. E, de facto, os fundos de investimento têm desempenhado um papel crucial no enlace entre a poupança e o investimento. Por um lado, constituem um canal alternativo de aplicação de capitais aforrados, sujeito a um enquadramento jurídico desenhado para proporcionar segurança ao investimento, que permite aos investidores colocar a um custo razoável as suas poupanças sob a administração de gestores profissionais e com mais profundo conhecimento dos mercados e, assim, aceder a produtos e mercados que, de outro modo, não estariam ao seu alcance. Por outro lado, e em consequência, os fundos de investimento permitem reunir capitais advindos de um mais ou menos amplo conjunto de investidores, criando colossais massas patrimoniais que facilitam investimentos diversificados, com diferentes perfis e segmentos, associados a uma forte capacidade para gerar economias de escala, mitigar riscos e potenciar rendibilidades. Em terceiro lugar, os fundos de investimento dinamizam os mercados, contribuindo para o aumento do volume de transacções, acrescentando liquidez e realizando operações que, de outra forma, não teriam lugar[5].

Historicamente, esta indústria tem sido francamente dominada pelos fundos de investimento com base nos Estados Unidos (59% da quota mundial em 2008) – os designados *"mutual funds"* –, seguidos pelos fundos localizados na Europa (37% da quota mundial em 2008), resultante da "menor aversão ao risco dos investidores norte-americanos face aos europeus"[6]. Dados mais recentes publicados pela *International Investment Funds Association* com referência ao final de 2009 confirmam esta repartição geográfica. O mercado americano continua a prevalecer, com 55% da quota de mercado mundial, a Europa desceu ligeiramente o seu peso relativo para 33%, enquanto os fundos localizados na Ásia, África e Pacífico não ascendem a mais de 12%. Já quanto aos activos sob gestão, considerando o mesmo período, é possível concluir que há uma clara preferência por acções (8.946 biliões de dólares), seguindo-se tesouraria (5.271 biliões de dólares) e obrigações (4.531 biliões de dólares)[7].

---

[5] IOSCO, *Conflicts of Interest of CIS Operators – Report of the Technical Committee of the International Organization of Securities Commission*, Maio de 2000, disponível em www.iosco.org, p. 2, MIGUEL COELHO/RITA FAZENDA/VICTOR MENDES, Os Fundos de Investimento em Portugal, cit., p. 11 e segs.

[6] CMVM, *Relatório Anual 2008 sobre a Actividade da CMVM e sobre os Mercados de Valores Mobiliários*, disponível em www.cmvm.pt, p. 66). A história detalhada dos fundos de investimento, contada país a país, pode ser encontrada em JOHN K. THOMPSON/SANG-MOK CHOI, *Governance Systems for Collective Investment Schemes...*, cit., p. 23 e segs.

[7] Fonte www.iifa.ca. Para dados estatísticos relativos ao mercado europeu de fundos de investimento no primeiro trimestre de 2011, veja-se THE EUROPEAN FUND AND ASSET MANAGEMENT ASSOCIATION, *Trends in the European Investment Fund Industry in the First Quarter of 2011*, Maio de 2011, n.º 45, disponível em www.efama.org.

Em Portugal, em Setembro de 2010, encontravam-se registados 192 oicvm, detendo activos no valor de 9.354,3 milhões de euros, e 99 fei, detendo activos no valor de 5.865,1 milhões de euros. Entre os activos sob gestão predominam claramente as obrigações (7.499,3 milhões de euros, das quais 6.452,2 são estrangeiras)[8].

II – A popularidade granjeada pelos fundos de investimento junto do público, que lhes reconheceu os méritos acima referidos e, em especial, a imagem de portfolios de activos geridos com grande dinamismo e eficiência, potenciou o aparecimento de inúmeros fundos, crescentemente diversificados e segmentados, procurando alcançar a mais ampla gama de investidores possível. Porém, tendo em conta a abordagem que seria de esperar destes fundos, dir-se-ia que a ponderação do factor tempo nas decisões de investimento se reflectiria de forma decisiva na sua intervenção ao nível do objecto do investimento. Assim, enquanto, por exemplo, os fundos de pensões, atendendo ao seu modelo organizativo e vocação, visariam resultados a longo prazo, os fundos de investimento tenderiam a estar mais concentrados em opções com retorno a curto prazo. Esta diferente perspectiva reflectir-se-ia, naturalmente, nas coordenadas de investimento, pois enquanto os fundos de pensões se encontrariam mais focados em estratégias sedimentadas e resultados diferidos no tempo, os fundos de investimento promoveriam, em todo o caso, uma gestão dos seus activos com vista a obter as melhores rentabilidades correndo os menores riscos possível para satisfação dos interesses dos seus participantes. Nessa perspectiva, dir-se-ia, ainda, que a visão dos fundos de investimento, enquanto *"active portfolio managers"*, seria decisivamente orientada por oportunidades e tendências de mercado, sem grande preocupação com a implementação de estratégias a longo prazo ou apreço por compromissos próprios de investidores empenhados na gestão dos activos objecto de investimento[9]. Aos participantes, interessaria a valorização do fundo, independentemente da valorização, a médio

---

[8] CMVM, *Boletim*, n.º 210, Outubro de 2010, disponível em www.cmvm.pt, p. 24-28. Cerca de um ano antes, em Novembro de 2009, havia um número superior de oicvm registados (195) e era superior o volume de activos sob gestão (11.629,5 milhões de euros). Aliás, a tendência regressiva dos valores sob gestão dos oicvm é bem clara desde o início da crise associada ao *subprime*: 26.590,4 milhões de euros com referência a 30 de Junho de 2007 e 17.017,4 milhões de euros com referência a 30 de Junho de 2008 (CMVM, *Boletim*, n.º 185, Setembro de 2008, disponível em www.cmvm.pt, p. 24, CMVM, Boletim, n.º 200, Dezembro de 2009, disponível em www.cmvm.pt, p. 27 e 28). A explicação para este fenómeno resulta de uma conjugação de factores: a queda global dos índices accionistas mundiais, a redução do preço de produtos estruturados associados a risco de crédito e a substituição de investimentos em fundos por outros de menor perfil de risco, nomeadamente, os depósitos bancários (CMVM, *Relatório Anual 2008...*, cit., p. 64-65).
Já nos fei, verificou-se uma evolução inversa: 3.553,9 milhões de euros em 30 de Junho de 2007, 3.657,4 milhões de euros em 30 de Junho de 2008 e 5.328,6 milhões de euros em Novembro de 2009 (CMVM, *Boletim*, n.º 185, cit., p. 24, CMVM, *Boletim*, n.º 200, cit., p. 27 e 28).
[9] JOHN K. THOMPSON/SANG-MOK CHOI *Governance Systems...*, cit., p. 21.

ou longo prazo, de uma concreta empresa. Por isso, o foco estaria na gestão de cada activo para potenciar a carteira de activos na generalidade (intervindo no mercado e tentando comprar e vender nas melhores condições), e não na gestão do próprio activo com vista à sua valorização individual (por exemplo, intervindo como accionista em assembleias gerais ou escrutinando as opções da administração).

Sem prejuízo do que antecede, certo é que muitos fundos de investimento (aliás, organismos de investimento colectivo em geral) acabaram por se tornar accionistas de referência de grandes empresas, adquirindo e detendo participações qualificadas. Este movimento no sentido da tomada de posições no seio de estruturas societárias por parte dos fundos de investimento acompanha, de forma natural, o caminho seguido pelos investidores institucionais em geral. Dados estatísticos confirmam que estes – em particular, os fundos de investimento, as seguradoras e os fundos de pensões – têm vindo a ocupar um lugar cada vez mais notório como accionistas de referência[10]. Nesse contexto, perde algum terreno a afirmação de que os fundos de investimento tenderiam a ser mais activos na realização de operações de entrada e saída no capital de empresas e menos activos enquanto accionistas exercendo os respectivos direitos[11]. Todavia, e como adiante se verá em maior detalhe, na generalidade dos ordenamentos jurídicos existem regras que afirmam que o propósito dos fundos de investimento não é assumir uma participação significativa na estrutura societária ou dominar as sociedades nas quais participem, ainda que possam vir a deter uma participação qualificada[12].

2. A ESTRUTURA DO "VEÍCULO DE INVESTIMENTO" – OS FUNDOS DE INVESTIMENTO

I – Os fundos de investimento podem ser classificados de acordo com inúmeros critérios[13]. Há, no entanto, um critério, aliás, desdobrável noutros parâmetros, que assume grande relevância neste texto, na medida em que contribui decisi-

---

[10] Sobre os fundos de pensões e o seu papel enquanto investidores institucionais, veja-se Gabriela Figueiredo Dias, O governo dos fundos de pensões, neste volume, p. 320 e seguintes. Para uma análise do papel dos investidores institucionais no Reino Unido e dos benefícios que da sua intervenção precoce, desde meados dos anos 60 do século XX, resultaram para a economia inglesa, veja-se Paul Myners, *Institutional Investment in the United Kingdom,* Março dc 2001, p. 27 e segs.

[11] John K. Thompson/Sang-Mok Choi, *Governance Systems*..., cit., p. 21, António Pereira de Almeida, O Governo dos Fundos de Investimento, cit., p. 30.

[12] Vejam-se a este respeito os resultados do estudo comparativo realizado por John K. Thompson/Sang--Mok Choi, *Governance Systems*..., cit., p. 70-71.

[13] Cfr. art. 4.º e segs. do Reg. CMVM 15/2003. Veja-se ainda Paulo Câmara, *Manual*..., cit., p. 832, Tiago dos Santos Matias/João Pedro A. Luís, *Fundos de Investimento em Portugal*..., cit. P. 7 e segs.

O GOVERNO DAS ORGANIZAÇÕES

vamente para a sua delimitação. Trata-se do critério que distingue os fundos em função da natureza dos activos que os podem integrar e que, dentro do universo das instituições de investimento colectivo, separa fundos de investimento imobiliário e oics, que integram os «oicvms», ou seja, «organismos de investimento colectivo em valores mobiliários»[14-15]. Os oicvms podem, depois, assumir a forma de fundos de investimento mobiliário (vulgarmente designados por fundos de investimento), que se constituem como patrimónios autónomos, pertencentes aos respectivos participantes no regime especial de comunhão, ou de sociedades de investimento, que, como o nome indica, assumem uma estrutura societária.

Para este texto interessam os fundos de investimento, ou seja, os oicvm que assumem a forma de património autónomo. Embora o regime de outros organismos e instituições de investimento colectivo seja, em várias matérias, muito semelhante ao aplicável aos fundos de investimento, o texto estará focado nestes, sem prejuízo de referências pontuais a outros regimes quando tal se justificar.

II – O direito comparado demonstra que, fruto das tradições e dos instrumentos jurídicos familiares a cada ordenamento, a segregação patrimonial que permite isolar os activos entregues pelos participantes é alcançada com apelo a dois modelos principais: contratual (*"contractual model"*) ou societário (*"corporate model"*)[16-17]. Cada um dos organismos de investimento colectivo, tenha ou não personalidade jurídica, deve ser delimitado face às outras "instituições" e às demais entidades

---

[14] O RJFIM regia a constituição e o funcionamento das "instituições de investimento colectivo" (art. 1.º, n.º 1), definidas como "aquelas que, dotadas ou não de personalidade jurídica, têm por fim exclusivo o investimento de capitais recebidos do público em carteiras diversificadas de valores mobiliários ou outros valores equiparados, segundo um princípio de divisão de riscos" (art. 2.º), afirmando logo de seguida que os "fundos de investimento mobiliário" eram instituições de investimento colectivo (art. 3.º, n.º 1).

[15] Veja-se, a título de comparação, a redacção do art. 2.º, n.º 1 do RJFII ("(o)s fundos de investimento imobiliário, adiante designados apenas por fundos de investimento, são instituições de investimento colectivo, cujo único objectivo consiste no investimento, nos termos previstos no presente diploma e na respectiva regulamentação, dos capitais obtidos junto dos investidores e cujo funcionamento se encontra sujeito a um princípio de repartição de riscos".

[16] A estruturação segundo uma determinada forma legal e a segregação e protecção dos fundos entregues pelos investidores é um dos princípios essenciais identificados pela IOSCO (IOSCO, *Objectives and Principles of Securities Regulation*, Maio de 2003, disponível em www.iosco.org, p. ii).

[17] IOSCO, *Summary of the Responses to the Questionnaire on Principles and Best Practices Standards on Infrastructure for Decision Making for CIS Operators*, Maio de 2000, disponível em www.iosco.org, p. 1, IOSCO, *Examination of Governance for Collective Investment Schemes (Part I) – Report of the Technical Committee of the International Organization of Securities Commission*, Junho de 2006, disponível em www.iosco.org, p. 5 e segs., FERNANDO NUNES DA SILVA, Governação de Organismos de Investimento Colectivo, *CadMVM*, n.º 21, 2005 (Agosto), p. 73 e segs. No art. 2.º, n.º 3 da Directiva UCITS distinguiam-se três modelos para os organismos de investimento colectivo: forma contratual (fundos comuns de investimento geridos por uma sociedade de gestão) ou *trust* (*unit trust*) ou forma estatutária (sociedade de investimento), embora logo de seguida se esclarecesse que o termo «fundos comuns de investimento» abrangia igualmente o *unit trust*.

que lhe prestam serviços, seja de gestão (a sociedade gestora, no caso dos oics sem personalidade) ou de depósito. No primeiro modelo, os investidores subscrevem unidades de participação num património autónomo sem personalidade jurídica, organizado em torno de um regulamento de gestão do qual consta a política de investimento que deverá ser prosseguida pela entidade gestora mandatada para o efeito; no segundo modelo, os investidores tornam-se accionistas ao subscrever ou adquirir acções representativas do capital de uma sociedade comercial dotada de personalidade jurídica cujo propósito será implementar uma determinada política de investimento.

A lei portuguesa começou por acolher apenas o modelo contratual (assim foi desde o Decreto-lei n.º 46.342, de 20 de Maio de 1965). Foram vários os diplomas que, após aquele, vieram a regular os fundos de investimento, essencialmente votados, a partir da década de noventa, à transposição da Directiva UCITS e respectivas alterações. E embora o art. 1.º, n.º 3 daquela Directiva admita, desde a sua entrada em vigor, que os organismos de investimento colectivo em valores mobiliários assumam "a forma contratual (fundos comuns de investimento geridos por uma sociedade de gestão) ou *trust (unit trust)* ou a forma estatutária (sociedade de investimento)", o legislador nacional, quer na transposição operada pelo RJFIM, quer em alterações subsequentes a este diploma, veio sistematicamente a recusar a chamada "forma societária de oicvm"[18]. Por isso, a forma contratual tem sido privilegiada como modelo de organização dos organismos de investimento colectivo e só com a aprovação do RJOIC é que a dicotomia entre os modelos contratual e societário foi apresentada no ordenamento jurídico nacional. Assim, e desde 2003, ambas as vias são genericamente acolhidas pelo direito português (art. 4.º do RJOIC)[19], embora apenas recentemente tenha sido aprovado o regime próprio das sociedades de investimento mobiliário – o Decreto-lei n.º 71/2010, de 18 de Junho.

III – De acordo com o art. 1.º, n.º 2, "consideram-se oic as instituições, dotadas ou não de personalidade jurídica, que têm como <u>fim o investimento colectivo de</u>

---

[18] Sobre o regime dos fundos de investimento no período de vigência do RJFIM, veja-se, entre outros, Amadeu José Ferreira, *Direito dos valores mobiliários*, AAFDL, Lisboa 1997, p. 188 e segs., Maria João Romão Carreiro Vaz Tomé, *Fundos de investimento mobiliário abertos*, cit.

[19] Sobre a evolução legislativa no direito nacional, veja-se Paulo Câmara, *Manual...*, cit., p. 830-831. Em particular sobre as alterações introduzidas no RJFIM pelo Decreto-lei n.º 323/99, de 13 de Agosto, veja-se Gabriela Branco/Sónia Teixeira da Mota/José Manuel Faria, Revisão do Regime Jurídico dos Fundos de Investimento Mobiliário, *CadMVM*, n.º 8, 2000 (Agosto), p. 69-89, Sónia Teixeira da Mota, Regime jurídico dos fundos de investimento mobiliário (alterações em matéria de informação aos investidores), *CadMVM*, n.º 8, 2000 (Agosto), p. 125-141. Acerca do RJOIC, veja-se Renato Gonçalves, Notas sobre o novo regime jurídico dos organismos de investimento colectivo – Perspectiva geral do diploma, normas gerais sobre organismos de investimento colectivo e entidades relacionadas, *CadMVM*, n.º 17, 2003 (Agosto), p. 37 e segs.

capitais obtidos junto do público, cujo funcionamento se encontra sujeito a um princípio de divisão de riscos e à prossecução do exclusivo interesse dos participantes" (sublinhado do autor).

Esta definição destaca três traços essenciais dos oics: (i) a fonte de financiamento – o "público"; (ii) o fim – o "investimento colectivo"; e (iii) o modelo de investimento – aplicação dos fundos segundo uma lógica de "divisão de riscos" e no "exclusivo interesse dos participantes". Cada investidor canaliza as suas poupanças para o investimento, entregando fundos à entidade gestora. Este fenómeno, sendo um acto isolado não é um acto único, pelo que da acção de uma multiplicidade de investidores decorre a formação de enormes massas patrimoniais resultantes da entrega, pelo público, conjunto indeterminado de investidores[20]/[21], de capitais para investimento. A participação do "público" no fundo, tanto em quantidade (número de participantes), como assegurando a dispersão das unidades de participação, é uma condição essencial para os oics (quer estes sejam abertos, caso em que as regras são mais exigentes – art. 14.º, n.º 1, al. (b) –, que sejam fechados – art. 22.º, n.º 1). Passa, então, a estar ao dispor da entidade gestora um valor significativo para investir. Este investimento será efectuado de acordo com os documentos constitutivos do fundo, aceites por aquela parte do público que, através da subscrição, se tornou titular de unidades de participação que globalmente representam os activos do fundo.

Porém, importa ter presente que esse investimento não é arbitrário. Obedece a um modelo de investimento elementar – a divisão de riscos e o exclusivo interesse dos participantes. Estas linhas orientadoras são fáceis de compreender e destinam-se, em última instância, a assegurar a confiança do público. Quando consideradas cumulativamente, visam obstar a que a entidade gestora, prosseguindo interesses alheios aos participantes, concentre os investimentos realizados numa entidade ou actue de acordo com critérios que não são conhecidos ou aceites pelos participantes. Aquele é o caso mais grave porque rompe totalmente com o modelo de investimento, implicando a submissão dos interesses dos participantes a outros. Mas também se forem consideradas isoladamente, a concentração de riscos e a gestão com base em interesses alheios aos participantes podem revelar-se problemáticas.

Assim, a divisão de riscos pretende mitigar os perigos inerentes à concentração de investimentos. Tenderá a haver mais confiança do público para investir se houver diversidade, ou seja, a possibilidade de compensar perdas geradas por

---

[20] Repare-se como a "recolha de capitais junto do público" (art. 1.º, n.º 3) é gémea falsa da "oferta pública" (art. 109.º do CdVM).

[21] Nas palavras de ALEXANDRE BRANDÃO DA VEIGA, *Fundos de investimento mobiliário e imobiliário*, Almedina, Coimbra, 1999, p. 43 e segs, um fundo que não apela a capital do público não é um fundo de investimento em sentido material.

um instrumento financeiro com ganhos auferidos pelo investimento em outros instrumentos financeiros. Por outro lado, os participantes dificilmente aceitariam canalizar os seus fundos para o investimento sob a forma colectiva caso o seu interesse não devesse ser hierarquicamente superior a todos os demais. Num cenário ideal, nunca deveria haver conflitos de interesses, dado que a entidade gestora saberia, a todo o tempo, qual deveria ser o interesse prevalecente. Mas a complexidade das relações que podem ser estabelecidas e a variedade das oportunidades de investimento que podem surgir determinam a necessidade de concretizar aquele princípio ao detalhe, de modo a garantir que, mais do que um princípio etéreo, seja um princípio activo, desdobrado em regras de conteúdo e alcance ajustado a situações de diversa natureza com as quais a entidade gestora, o depositário ou a entidade comercializadora podem vir a ser confrontados.

3. A NECESSIDADE DE UM GOVERNO PARA OS FUNDOS DE INVESTIMENTO

"[Collective Investment Schemes] Governance may be defined as «a framework for the organization and operation of [Collective Investment Schemes] that seeks to ensure that [Collective Investment Schemes] are organized and operated efficiently and exclusively in the interests of [Collective Investment Schemes] Investors, and not in the interests of [Collective Investment Schemes] insiders»"[22]

"Good governance helps to ensure better organizational performance, fewer conflicts of interest, higher probability that goals and objectives will be attained, and less opportunity for misuse of corporate or fund assets"[23]

I – O estabelecimento de regras promovendo uma boa governação dos fundos de investimento tem como fundamento último a protecção dos interesses dos investidores[24]. Como nota a IOSCO, este princípio orientador não tem como propósito obviar perdas pelos investidores – o investimento em valores mobiliários implica riscos –, mas sim assegurar que qualquer decisão de investimento é tomada esclarecidamente e que os investidores não se encontram expostos a riscos alheios à gestão profissional e diligente dos montantes investidos, entre os quais se incluem a prossecução de interesses próprios da entidade gestora ou de outras entidades, em detrimento dos interesses dos participantes[25].

---

[22] IOSCO, *Examination of Governance for Collective Investment Schemes (Part I)...*, cit., p. 3.

[23] PETER CLAPMAN, Committee on Fund Governance – Best Practice Principles, *The Stanford Institutional Investors' Forum*, 31 de Maio de 2007, disponível em www.law.stanford.edu, p. 3.

[24] A protecção dos interesses dos investidores é repetidamente afirmada em todos os trabalhos sobre este tema, em particular nos textos da IOSCO. Veja-se, nomeadamente, IOSCO, *Examination of Governance for Collective Investment Schemes (Part I)...*, cit., p. 1, 4.

[25] IOSCO, *Examination of Governance for Collective Investment Schemes (Part I)...*, cit., p. 1.

O GOVERNO DAS ORGANIZAÇÕES

Daí que cedo se tenha percebido que havia mérito num governo para os fundos de investimento. O bom funcionamento deste esquema alternativo de investimento é tributário da articulação entre três peças fundamentais: a entidade gestora, à qual compete administrar o fundo, o depositário, que tem como funções principais guardar o património do fundo e fiscalizar a administração, e as entidades comercializadoras, que fazem a ponte com o público, promovendo a distribuição das unidades de participação. Para que os interesses dos participantes não sejam enredados no triângulo formado por estas entidades, é crucial definir coordenadas e regras que assegurem, nomeadamente, que a entidade gestora segue escrupulosamente o seu compromisso de gestão profissional e diligente dos fundos que lhe são confiados sob o isento e atento escrutínio do depositário. Um modelo de governo transparente e equilibrado constituirá, neste contexto, um instrumento de grande utilidade, do qual podem resultar efeitos positivos que, a jusante, beneficiam os participantes de cada fundo e, a montante, o eficiente funcionamento desta indústria de investimento e, numa perspectiva mais ampla, o mercado de instrumentos financeiros em geral.

Sem prejuízo de outros impulsos relevantes, há três momentos que marcaram decisivamente a história dos trabalhos em matéria de governo dos fundos de investimento: no início dos anos setenta, a divulgação pela OCDE de um conjunto de regras que se tornaram absolutamente pioneiras – *Standard Rules for the Operations of Institutions for Collective Investment in Securities* –, em particular tendo em conta que em muitos países o fenómeno dos fundos de investimento ainda não era conhecido ou estava numa fase embrionária; de seguida, destaca-se a publicação da Directiva UCITS, que constituiu um marco histórico na regulamentação dos fundos na Europa comunitária, na medida em que, ao tomar o pulso a este mercado e às suas urgências normativas, promoveu a harmonização, aprofundou regras e potenciou o desenvolvimento transfronteiriço deste então emergente segmento de negócio; o terceiro momento de referência corresponde à aprovação pela IOSCO, em 1994, de alguns princípios estruturantes votados a orientar a regulação dos fundos de investimento – *Principles for the Regulation of Collective Investment Schemes*[26].

A crise financeira associada ao *sub-prime* relançou a urgência do bom governo das instituições. Nesse âmbito, e para além de inúmeros trabalhos e relatórios de relevo, assume grande significado o lançamento pela Comissão Europeia, em meados de 2010, de uma consulta pública com o objectivo de melhorar o governo das instituições financeiras e as respectivas políticas remuneratórias. E embora o governo dos fundos de investimento não tenha ocupado um papel central nesse âmbito, certo é que as ilações que se podem daí extrair são aplicáveis, com

---

[26] JOHN K. THOMPSON/SANG-MOK CHOI, *Governance Systems...*, cit., p. 10-11.

as necessárias adaptações mas semelhantes méritos, no governo dos fundos de investimento[27].

II – A relação entre os participantes num fundo de investimento e a respectiva entidade gestora deverá ser uma relação de confiança em tudo idêntica àquela que existe sempre que se verifica uma cisão entre a propriedade e a gestão – relação de agência. Em termos estruturais, a grande particularidade reside na circunstância de o fundo de investimento ser um património sem personalidade jurídica, pelo que a sua administração está confiada a uma entidade juridicamente distinta. Por força dessa autonomização, tal "representação" assume contornos diferentes, deixando de ser orgânica (a exemplo do que sucede nas sociedades comerciais) para ser uma actuação por conta dos participantes que fazem parte de um fundo de investimento[28].

Os participantes, ao pagarem o respectivo valor de subscrição, aceitam trocar o seu dinheiro por unidades de participação; em contrapartida, a entidade gestora passa a ter ao seu dispor uma massa patrimonial que deverá ser empregue segundo uma política de investimento aceite pelos participantes. Estes esperam obter um retorno do investimento realizado, confiando para o efeito na administração profissional que será empreendida pela entidade gestora e na fiscalização atenta que será exercida pelo depositário e, a montante, pelos auditores e pelas autoridades de supervisão competentes; já a entidade gestora, o depositário e as entidades comercializadoras esperam vir a receber comissões pelos serviços prestados, assegurando aos participantes as melhores rendibilidades possíveis (no caso da entidade gestora) e promovendo a sua imagem e reputação (no caso da entidade gestora, do depositário e das entidades comercializadoras).

Para que a relação entre quem investiu – e não gere (aliás, nem pode intrometer-se na gestão – v. art. 23.º, n.º 2) – e quem gere – e não investiu nem pode, sem prejuízo da comissão de gestão que lhe seja devida, participar nos resultados obtidos com os investimentos efectuados – seja bem sucedida é imprescindível que a entidade gestora observe com máximo rigor a política de investimento divisada no regulamento de gestão e que os investimentos realizados sejam definidos pelo exclusivo interesse dos participantes. Ou melhor: pelo interesse exclusivo da generalidade dos participantes. O interesse prosseguido não tem que ser comum a todos os participantes (cada investidor tem as suas preferências e preocupações e certamente não será possível à entidade gestora conhecê-las e

---

[27] COMISSÃO EUROPEIA, *Consultation Paper on the UCITS Depositary Function and on the UCITS managers' remuneration*, cit., p. 4.

[28] Acerca da relação entre a entidade gestora, o fundo e os seus participantes, veja-se MARIA JOÃO ROMÃO CARREIRO VAZ TOMÉ, *Fundos de investimento mobiliário abertos*, cit., p. 48 e segs., 58 e segs.

O GOVERNO DAS ORGANIZAÇÕES

atendê-las a todas em cada momento), mas deve ser partilhado pela generalidade, qualitativa e quantitativa, dos participantes.

A actuação exclusivamente no interesse dos participantes tem raízes remotas na Directiva UCITS (art. 10.º, n.º 2) e encontra acolhimento expresso na lei portuguesa para as entidades gestoras (art. 33.º, n.º 1)[29] e respectivos administradores (art. 34.º, n.º 2). Este princípio tem plena justificação seja enquanto linha fundamental orientadora do funcionamento do fundo de investimento, seja como dever fiduciário imposto à entidade gestora: por um lado, os fundos utilizados pela entidade gestora na prossecução da política de investimento têm origem na liquidação da subscrição das unidades de participação; por outro lado, o retorno dos investimentos reflectirá a valorização dos activos adquiridos pela entidade gestora em execução daquela mesma política[30]. Por conseguinte, as consequências, boas ou más, da administração do fundo pela entidade gestora não se repercutem no património desta, mas sim no fundo de investimento e, indirectamente, nos participantes, que assumem os riscos inerentes aos investimentos realizados pela entidade gestora[31]. Se tais investimentos forem bem sucedidos, o fundo apresentar-se-á rentável, com os benefícios daí decorrentes para os investidores; se estes investimentos se revelarem ruinosos, o fundo apresentará uma rendibilidade baixa ou negativa, sendo os investidores quem sofrerá as respectivas perdas.

Porém, também é necessário que quem investiu e não gere (os participantes) não se intrometa na gestão. Isto por duas razões principais e correlacionadas: por um lado, tendo como referência a política de investimento e o seu conhecimento das tendências e oportunidades que a cada momento dominam o mercado, a entidade gestora goza de uma percepção do interesse geral dos participantes que poderá não ser do conhecimento de cada um dos participantes; por outro lado, e sem prejuízo dos poderes da assembleia de participantes, se estes pudessem

---

[29] Um estudo realizado pela IOSCO em 1994 constatou que em inúmeros países a afirmação do dever da entidade gestora agir de acordo com os melhores interesses dos participantes dos fundos geridos era uma das mais frequentes medidas para resolver conflitos de interesse. Veja-se a este propósito IOSCO, *Examination of Governance for Collective Investment Schemes (Part I)...*, cit., p. 3, 11, onde se afirma que aquele dever *"constitutes a core fundamental principle of [Collective Investment Schemes] management"*, IOSCO, *Conflicts of Interest of CIS Operators...*, cit., p. 3, 11 ss., no qual o referido dever surge enfaticamente descrito como *"an overriding responsibility"*.
A soberania do interesse dos participantes manifesta-se a todos os níveis, constituindo, nomeadamente, fundamento para a CMVM revogar a autorização do oic (v. art. 14.º, al. (a)), base da decisão da entidade gestora para a dissolução do oic (v. art. 19.º, n.º 1, al. (a)) e limite à subcontratação (v. art. 35.º, n.º 2, al. (e) e n.º 4).
[30] Entre nós, confirmando a relação fiduciária entre a entidade gestora e os participantes, MARIA JOÃO ROMÃO CARREIRO VAZ TOMÉ, *Fundos de investimento mobiliário abertos*, cit., p. 51, PAULA COSTA E SILVA, Organismos de Investimento Colectivo e Imputação de Direitos de Voto, *Cadernos do Mercado de Valores Mobiliários*, n.º 26, Abril 2007, disponível em www.cmvm.pt, p. 73.
[31] Daí MARIA JOÃO ROMÃO CARREIRO VAZ TOMÉ, *Fundos de investimento mobiliário abertos*, cit., p. 57-58, referir que sobre as entidades gestoras recai uma obrigação de meios e não de resultados.

UM GOVERNO PARA OS FUNDOS DE INVESTIMENTO

individualmente dar instruções à entidade gestora a administração do património colectivo tornar-se-ia caótica, pois cada participante estaria sempre muito mais preocupado em atender aos seus próprios interesses do que ao interesse geral.

III – A teia de relações entre os vários actores num fundo de investimento pode ser complexa. Aquando da constituição do fundo de investimento, compete à entidade gestora elaborar os respectivos documentos constitutivos, subscrever e instruir o processo de autorização a apresentar à CMVM[32]. Para o efeito, a entidade gestora escolhe e nomeia o depositário e as entidades comercializadoras, que terão um papel decisivo na fase de subscrição das unidades de participação. A este propósito, diga-se que existe um significativo grau de polivalência das entidades gestoras e dos depositários no exercício das funções inscritas no perímetro próprio de actuação das entidades comercializadoras, na medida em que tanto umas como outros podem comercializar unidades de participação (art. 41.º, n.º 2, als. (a) e (b)). Diferente é o nível de versatilidade para o exercício das funções de depositário. As entidades gestoras não podem em caso algum ser depositários dos fundos sob sua gestão (art. 38.º, n.º 5), sendo que ainda que a lei permitisse esta acumulação de funções, tal só poderia ocorrer nos casos em que o fundo em causa fosse fechado e a entidade gestora fosse uma instituição de crédito.

Contudo, haja ou não cumulação de funções – a prática demonstra que é usual a distribuição de papéis por entidades distintas, como adiante se verá em maior detalhe –, as entidades gestoras, os depositários e as entidades comercializadoras têm o dever de agir sempre "de modo independente e no exclusivo interesse dos participantes" (art. 33.º, n.º 1, art. 40.º, n.º 1 e art. 42.º, n.º 1, respectivamente). Compreende-se que este dever seja estendido a todas aquelas entidades ainda que a administração, isto é, a prática dos actos materiais com impacto directo na valorização ou desvalorização das unidades de participação, seja entregue à entidade gestora. Na verdade, a entidade gestora administra um património construído com apelo a fundos alheios, o depositário guarda e fiscaliza a administração de fundos alheios, enquanto as entidades comercializadoras promovem a distribuição de unidades de participação recebendo, em contrapartida, fundos alheios, pertencentes aos participantes. Assim, não é de estranhar que "o interesse dos participantes" norteie a actuação de cada uma das referidas entidades.

---

[32] Curiosamente, no direito espanhol a preparação dos documentos constitutivos dos fundos de investimento cabe, em conjunto, à entidade gestora e ao depositário (art. 60.º, al. (a) da *Ley 35/2003*). Em Portugal, a liderança do processo é assumida pela entidade gestora (v. art. 61.º quanto à preparação dos documentos constitutivos e o art. 11.º quanto à condução do processo de autorização junto da CMVM), embora o depositário tenha uma palavra a dizer antes da aprovação da documentação, pelo que na prática o processo não se desenrola à revelia do depositário – aliás, nem poderia ser assim, dado que para aceitar a nomeação, o depositário deverá conhecer e estar confortável com os documentos.

O GOVERNO DAS ORGANIZAÇÕES

Embora o dever de actuar "de modo independente e no exclusivo interesse dos participantes" incumba a todas aquelas entidades, é ao depositário que compete, em especial, "fiscalizar e garantir perante os participantes o cumprimento da lei, dos regulamentos e dos documentos constitutivos" (art. 40.º, n.º 2, al. (j)). É ao depositário que cabe desempenhar o relevantíssimo papel de *independent entity*, figura apontada pela IOSCO como indispensável para assegurar o bom governo dos fundos de base contratual[33]. Para estimular a fiscalização, a lei prevê um regime de responsabilidade solidária entre a entidade gestora e o depositário face aos participantes pelo cumprimento dos deveres legais e regulamentares e das obrigações que para estes resultam dos documentos constitutivos (art. 29.º, n.ºs 4 e 5), que se mantém inalterada ainda que venha a existir subcontratação (art. 35.º, n.º 2, al. (c)). Esta é, aliás, a principal razão para impedir que uma entidade gestora actue como depositário dos fundos sob sua gestão. De outra forma, e sem prejuízo da auto-fiscalização que deve sempre existir, ficaria esvaziada a função hetero-fiscalizadora que assiste ao depositário e, consequentemente, o regime de responsabilidade solidária entre entidade gestora e depositário.

Por outro lado, para potenciar a actuação independente e no exclusivo interesse dos participantes das entidades comercializadoras, a lei estabeleceu também neste caso um regime de responsabilidade solidária com a entidade gestora (art. 41.º, n.º 4). Trata-se de um mecanismo que pretende associar as entidades comercializadora e gestora, procurando garantir que aquela promove a subscrição de unidades de participação tendo em atenção os interesses dos potenciais investidores e não se limita a potenciar a distribuição de forma arbitrária para receber comissões mais elevadas.

IV – Não obstante estas e outras regras que veremos em maior detalhe, a prática demonstra que é muito frequente que a entidade gestora, o depositário e a entidade comercializadora (em especial se existir apenas uma) estejam integradas no mesmo grupo financeiro. A entidade gestora é a sociedade gestora de fundos de investimento mobiliário do grupo em causa, detida pelo banco de investimento ou pelo banco comercial que, ao mesmo tempo, desempenha as funções de depositário e de entidade comercializadora, utilizando para o efeito a sua rede de balcões e sítio na internet.

A concentração de papéis dentro do mesmo grupo económico, ainda que repartidos por entidades juridicamente autónomas e independentes umas face às outras, não encontra proibição na lei e tem ganho terreno na prática, em

---

[33] IOSCO, *Examination of Governance for Collective Investment Schemes (Part I)*..., cit., p. 11-12, IOSCO, *Examination of Governance for Collective Investment Schemes (Part II) – Report of the Technical Committee of the International Organization of Securities Commission*, Junho de 2006, disponível em www.iosco.org, p. 4 e segs.

especial na Europa continental. Porém, até os menos cépticos podem perguntar-se se um depositário é capaz de exercer com plena amplitude de movimentos os seus deveres de fiscalização quando tem, em comum com a entidade fiscalizada, directa ou indirectamente, a mesma sociedade dominante. Ou se uma entidade comercializadora tem tanto incentivo para distribuir unidades de participação geridas por uma entidade gestora integrada no seu grupo financeiro ou por uma qualquer outra entidade, ou seja, se promove a distribuição com base nos verdadeiros interesses dos clientes ou nos interesses do grupo financeiro no qual está integrada.

A reputação do grupo financeiro pode e deve funcionar como estímulo para assegurar o cumprimento das melhores práticas e obviar a ocorrência de conflitos de interesses[34]. Mas não basta, até porque a reputação (o bom nome no mercado) está sempre em risco quando uma entidade presta serviços ou vende produtos ao público, ainda que nenhuma daquelas situações se verifique.

Porque podem ser múltiplas e intrincadas as relações entre os participantes, a entidade gestora, o depositário e as entidades comercializadoras, é preciso criar e fazer cumprir regras rigorosas que asseguram a todo o tempo que tais relações são completamente transparentes. Só assim será possível evitar que fique comprometida a equilibrada convivência entre aqueles actores no mercado dos fundos e garantir que estes inspiram confiança aos investidores e são capazes de atrair investimentos.

4. A FREQUENTE EXPOSIÇÃO A CONFLITOS DE INTERESSE

"The operation of a collective investment scheme raises the potential for conflict between the interests of investors in the scheme and those of scheme operators or their associates. Regulation should ensure that the possibility of conflict arising is minimized and that any conflicts which do arise are properly disclosed. Operators should not benefit to the unfair disadvantage of investors in a scheme." [35]

"Conflicts of interest are inherent in almost all principal-agent relationships. The collective investment industry is no exception. The operation of a fund potentially entails conflicts of interest between those invest in the fund and those who organise and operate it." [36]

---

[34] Esta tem sido a doutrina avançada pelos defensores da designada *"integrated architecture"*, ou seja, a concentração numa entidade de vários papéis (COMISSÃO EUROPEIA, *Green Paper...*, cit., p. 34).

[35] IOSCO, *Objectives and Principles of Securities Regulation...*, cit., p. 28.

[36] COMISSÃO EUROPEIA, *Green Paper on the enhancement of the EU Framework for Investment Funds*, Bruxelas, 12.07.2005, p. 20.

O GOVERNO DAS ORGANIZAÇÕES

I – O triângulo que antes se divisou suscita três áreas reclamando regras que promovam uma relação transparente e equilibrada entre a entidade gestora, o depositário e as entidades comercializadoras, antecipem a ocorrência e mitiguem os efeitos de conflitos de interesses, a benefício dos participantes em cada fundo, da indústria dos fundos e, em geral, do mercado de capitais.

As páginas que se seguem estão, por isso, estruturadas em torno das principais áreas de actuação da entidade gestora, do depositário e das entidades comercializadoras: a administração, a fiscalização e a comercialização.

II – Uma vez que não têm personalidade jurídica, os fundos de investimento são administrados por uma entidade gestora[37], cujo cerne de actuação, sem prejuízo da sua mutação ao longo dos últimos anos[38], continua a ser a relevantíssima tarefa de administrar o fundo por conta e no exclusivo interesse dos seus parti-

---

[37] O art. 29.º, n.º 1 indica de forma taxativa as entidades que podem desempenhar o papel de entidades gestoras, a saber: as sociedades gestoras de fundos de investimento mobiliário, relativamente a quaisquer fundos de investimento, e os bancos, as caixas económicas, a Caixa Central de Crédito Agrícola Mútuo, as caixas de crédito agrícola mútuo, as instituições financeiras de crédito e as instituições de crédito hipotecário, desde que os respectivos fundos próprios não sejam inferiores a 7,5 milhões de euros, relativamente a oics fechados (v. art. 21.º e segs.).
As sociedades gestoras de fundos de investimento mobiliário são sociedades financeiras (art. 6.º, n.º 1, al. (d) do RGIC), estando, por isso, sujeitas a todas as normas do RGIC relativas a sociedades financeiras (art. 199.º-B, n.º 1 do RGIC), para além de outras disposições aplicáveis por remissão (arts. 199.º-I, n.º 1 e 199.º-L do RGIC), encontrando-se sob supervisão prudencial e comportamental do Banco de Portugal. Por outro lado, são intermediários financeiros em instrumentos financeiros (art. 293.º, n.º 1, al. (b) do CdVM), pelo que também estão sujeitas à supervisão comportamental exercida pela CMVM. Neste contexto, a constituição de sociedades gestoras de fundos de investimento mobiliário com sede em Portugal depende de autorização a conceder pelo Banco de Portugal (art. 175.º, n.º 1 do RGIC) e registo prévio junto da CMVM (art. 295.º, n.º 1 do CdVM).
No que respeita às entidades gestoras, a cultura e tradições da Europa continental, onde predominam bancos que prestam serviços universais, têm apontado para a integração das entidades gestoras em grandes grupos financeiros; já no Reino Unido têm ganho terreno as entidades gestoras de menor dimensão (boutiques) (COMISSÃO EUROPEIA, *Green Paper on the enhancement of the EU Framework for Investment Funds*, Bruxelas, 12.07.2005, p. 13).
[38] Inicialmente, o âmbito de actuação das entidades gestoras era muito mais limitado do que hoje em dia. Em linha com o art. 6.º da Dir. 88/611/CE, que previa que "(a)s actividades da sociedade de gestão devem limitar-se à gestão de fundos comuns de investimento e de sociedades de investimento", o RJFIM, dizia no seu art. 6.º, n.º 1 que as sociedades gestoras de fundos de investimento deviam ter como objecto exclusivo a administração, em representação dos participantes, de um ou mais fundos de investimento mobiliário. Seguindo a Dir. 2001/107/CE, cujo art. 1.º-A, n.º 1, 2.º veio introduzir a definição de sociedade de gestão ("qualquer sociedade cuja actividade habitual consista na gestão de OICVM sob a forma de fundos comuns de investimento e/ou de sociedades de investimento (gestão colectiva de carteiras de OICVM) (...)"), o RJOIC abandonou o objecto exclusivo. Passou, então, a ser exigido que o objecto principal das sociedades gestoras de fundos de investimento mobiliário fosse a actividade de gestão de um ou mais oic, actividade com a qual pode conviver a gestão colectiva de carteiras (art. 31.º, n.º 4).

cipantes. Para que esta tarefa seja exercida em condições ideais, nos *Principles for the Regulation of Collective Investment Schemes*, a IOSCO enumera seis parâmetros a observar pelas entidades gestoras (reproduzidos em língua inglesa para benefício da tradução pelo leitor): *honesty and fairness, capability, capital adequacy, diligence and effectiveness, specific powers and duties* e *compliance*[39].

O RJOIC, em particular, e o RGIC e o CdVM, em geral, contêm regras que densificam com abundância aqueles parâmetros. Sobre *honesty and fairness* – elevados padrões de integridade na defesa dos interesses dos participantes e protecção segregada dos activos destes – vejam-se o art. 8.º e o art. 304.º do CdVM; sobre *capability* – suficiência dos meios técnicos e humanos face à actividade desenvolvida –, vejam-se o art. 73.º do RGIC (competência técnica) e o art. 305.º, n.º 1 do CdVM (requisitos gerais de organização interna); sobre *capital adequacy* – adequação dos seus fundos próprios – veja-se, em especial, o art. 32.º[40]; quanto a *diligence and effectiveness* – actuação diligente e responsável – vejam-se o art. 75.º do RGIC e o art. 304.º, n.º 1 do CdVM; acerca de *specific powers and duties* – vejam-se as várias normas proibitivas e limitativas que constam, a título exemplificativo, dos arts. 34.º, n.º 6 e 49.º e segs.; no que respeita a *compliance* – cumprimento de regras, tanto para a constituição como para o respectivo funcionamento – vejam--se, nomeadamente, os arts. 12.º e 14.º.

No entanto, e para além destes parâmetros de índole geral, não existem regras que concretizem, no que em particular respeita aos fundos, a organização da administração das entidades gestoras. Para dar alguns exemplos, não há regras (nem mesmo recomendações) que sugiram a existência de códigos de conduta, que façam depender a composição do órgão de administração da entidade gestora do volume de activos geridos ou que exijam a integração de um número mínimo de independentes na administração da entidade gestora, para que desempenhem a tarefa de *"watchdogs"*[41].

---

[39] IOSCO, *Principles for the Regulation of Collective Investment Schemes and Explanatory Memorandum*, Outubro de 1994, disponível em www.iosco.org, p. 6. A este propósito veja-se também IOSCO, *Objectives and Principles of Securities Regulation...*, cit., p. 27-28, onde se apresentam, essencialmente, os mesmos parâmetros embora sob diferentes designações.

[40] A necessidade de impor um capital social inicial e um nível mínimo de fundos próprios às entidades gestora foi um dos factores motivadores da aprovação da quarta alteração à Directiva UCITS, a Directiva 2001/107/CE do Parlamento Europeu e do Conselho, de 21 de Janeiro de 2002. Veja-se a propósito as observações vertidas nos considerandos (4) e (5).

[41] Esta regra existe, por exemplo, nos Estados Unidos. Veja-se a propósito IOSCO, *Examination of Governance for Collective Investment Schemes (Part I)...*, cit., p. 14 e segs.

III – As entidades gestoras ocupam um papel central na indústria dos fundos de investimento, pelo que o seu leque de atribuições é vastíssimo, compreendendo[42]:

a) no que se refere à *boa concretização da política de investimento*, seleccionar os activos que integrarão o oic, adquirir e alienar esses activos, cumprindo as formalidades necessárias para a válida e regular transmissão dos mesmos, e exercer os direitos relacionados com os activos (art. 31.º, n.º 2, al. (a));

b) no que respeita à *administração dos activos*, prestar os serviços de natureza jurídica e contabilística necessários à gestão do oic, esclarecer e analisar as reclamações dos participantes, avaliar a carteira e determinar o valor das unidades de participação e emitir declarações fiscais, observar e controlar a observância das normas aplicáveis, dos documentos constitutivos dos oics e dos contratos celebrados no âmbito dos oics, proceder ao registo dos participantes, distribuir rendimentos, emitir e resgatar unidades de participação, efectuar os procedimentos de liquidação e compensação, incluindo o envio de certificados e conservar os documentos (art. 31.º, n.º 2, al. (b)); e

c) relativamente à *comercialização*, comercializar as unidades de participação dos oics por si geridos e, caso a entidade gestora seja uma sociedade gestora de fundos de investimento mobiliário, comercializar, em Portugal, unidades de participação de oics geridos por outrem, domiciliados ou não em Portugal (art. 31.º, n.º 2, al. (c) e art. 31.º, n.º 3).

O interesse que os fundos têm despertado nos investidores está muito associado à possibilidade de segmentar o investimento com apelo a uma gestão profissional e diligente. Por isso, o desenho da política de investimento – definida atendendo a critérios tais como o tipo de instrumentos financeiros objecto do investimento, a indústria na qual os respectivos emitentes operam ou a sua localização geográfica, que procuram balizar a amplitude de movimentos e o raio de acção da entidade gestora – é crucial para assegurar a popularidade do fundo junto dos investidores e uma comercialização bem sucedida[43]. Uma vez constituído o fundo, a concretização da política de investimento é a essência da sua administração, sendo a actividade de administração dos activos instrumental ou consequente face à concretização da política de investimento, ao passo que a comercialização se apresenta como actividade acessória.

Além deste núcleo de atribuições inerente à administração de fundos de investimento mobiliário, as sociedades gestoras de fundos de investimento mobiliário

---

[42] Estas funções, segundo Maria João Romão Carreiro Vaz Tomé, *Fundos de investimento mobiliário abertos*, cit., p. 64, são verdadeiros poderes-deveres e não verdadeiros e próprios direitos subjectivos.

[43] Sobre a política de investimento e a forma como deve encontrar-se vertida nos documentos constitutivos dos fundos de investimento, veja-se a Recomendação da Comissão de 27 de Abril de 2004 relativa a alguns elementos do conteúdo do prospecto simplificado previsto no Esquema C do Anexo I da Directiva 85/611/CEE do Conselho.

UM GOVERNO PARA OS FUNDOS DE INVESTIMENTO

podem ser autorizadas a alargar a gestão aos fundos de capital de risco e de investimento imobiliário (art. 31.º, n.º 5). Por outro lado, aquelas sociedades podem ainda ser autorizadas a praticar actividades de investimento em instrumentos financeiros, incluindo a gestão discricionária e individualizada de carteiras por conta de outrem e a consultoria para investimento, a prestar o serviço auxiliar de registo e depósito de unidades de participação e a gerir fundos de capital de risco e de investimento imobiliário (art. 31.º, n.ºs 4 e 6).

IV – Tendo em conta este amplo leque de atribuições e o dever geral de actuação independente no exclusivo interesse dos participantes, materializado, entre outros, no dever de gerir de acordo com princípios de divisão e limitação de riscos[44], o legislador antecipou que as entidades gestoras poderiam ver-se expostas a conflitos de interesses ou envolver-se em operações que não asseguram uma adequada divisão de riscos. Para mais, o mandato da entidade gestora é, por regra, coincidente com o período de duração do fundo de investimento, pelo que não existe rotatividade de quem administra por conta de outrem. A substituição da entidade gestora apresenta-se como um fenómeno excepcional, desde logo susceptível de ser vedado nos documentos constitutivos do fundo, carecendo de acordo do depositário e autorização da CMVM (cfr. arts. 29.º, n.º 3 e 65.º, n.º 1, al. (b))[45] e, se o fundo for fechado, de deliberação favorável da assembleia de participantes (cfr. art. 23.º, n.º 1, al. (f)).

A este respeito, diga-se que as entidades gestoras, ao administrarem organismos de investimento colectivo, desenvolvem uma actividade de intermediação financeira (art. 289.º, n.º1, al. (c) do CdVM), pelo que estão desde logo sujeitas a um dever geral de evitar conflitos de interesses (art. 309.º, n.º 1 do CdVM). Mas o RJOIC foi mais longe e identificou situações potencialmente geradoras de conflitos de interesses e, embora sem consagrar uma disciplina unitária e concentrada, prevê várias regras proibitivas e limitativas que cerceiam a amplitude de movimentos das entidades gestoras. Percorrendo o diploma, é possível encontrar regras com esses propósitos no art. 33.º, n.º 3 e art. 34.º (integrados entre os deveres das

---

[44] A este respeito, Maria João Romão Carreiro Vaz Tomé, *Fundos de investimento mobiliário abertos*, cit., p. 53, refere que aqueles princípios visam cercear a realização de operações com carácter especulativo, de financiamento indirecto e de controlo das empresas.

[45] Desde o RJFIM, diploma que transpôs a Directiva UCITS, que o direito interno foi mais longe nesta matéria do que aquela Directiva, que apenas prevê que a substituição da aí designada sociedade de gestão está sujeita à aprovação das autoridades competentes (art. 6.º, n.º 4), deixando às legislações domésticas e aos regulamentos de gestão a definição das condições de substituição da sociedade de gestão, as quais devem assegurar a protecção dos participantes aquando da substituição (art. 11.º). Já aquele diploma afirmava a excepcionalidade da substituição da entidade gestora, admitida apenas por decisão da CMVM, após requerimento para o efeito da entidade gestora, ouvido o Banco de Portugal e obtido o acordo do depositário (art. 6.º, n.º 4).

O GOVERNO DAS ORGANIZAÇÕES

entidades gestoras), nos arts. 49.º a 55.º (que indicam os limites dos activos que podem integrar o património dos oicvms) e nos arts. 59.º e 60.º (que apresentam uma lista de conflitos de interesses e operações proibidas).

A vastidão do tema e a limitação do espaço obrigam a fazer opções. Assim, as próximas páginas serão dedicadas, em especial, aos problemas suscitados pela *selecção, aquisição e alienação de activos*, por um lado, e ao *exercício de direitos relacionados com os activos dos fundos*, por outro.

4.1. A administração – Selecção, aquisição e alienação de activos (valores mobiliários)

A selecção, aquisição e alienação de activos constitui o núcleo essencial das funções das entidades gestoras. A administração dos activos que integram os fundos de investimento geridos e a prossecução da política de investimento vertida nos regulamentos de gestão assim exige. Pelo que, nas palavras de MARIA JOÃO ROMÃO CARREIRO VAZ TOMÉ, "o serviço fundamental da [entidade] gestora consiste na selecção pericial dos investimentos e na sua realização"[46].

No que respeita à selecção, aquisição e alienação de activos, devem ser considerados dois âmbitos distintos: por um lado, os activos que a entidade gestora pode adquirir e, por outro lado, os activos que a entidade gestora pode seleccionar para aquisição pelos fundos de investimento por si geridos.

4.1.1. Operações vedadas às entidades gestoras actuando por conta própria

I – É importante que as entidades gestoras estejam concentradas no exercício das suas funções e não tenham uma margem de movimentação que lhes permita empreender actividades susceptíveis de preterir a administração dos fundos que lhe estão confiados ou que suscitem ou sejam aptas a suscitar conflitos de interesses. Foi precisamente esse o objectivo visado pelo legislador ao identificar como objecto principal das sociedades gestoras a "actividade de gestão de um ou mais oic".

II – Não surpreende, pois, que as entidades gestoras estejam impedidas de adquirir, por conta própria, unidades de participação de oic (excepto oic de tesouraria ou equivalente sob gestão de outra entidade gestora) e outros valores mobiliários (salvo se forem representativos de dívida pública ou obrigações admitidas à negociação em mercado regulamentado que tenham sido objecto de notação correspondente pelo menos a A ou equivalente por uma sociedade de

---

[46] MARIA JOÃO ROMÃO CARREIRO VAZ TOMÉ, *Fundos de investimento mobiliário abertos*, cit., p. 51.

notação de risco registada na CMVM ou internacionalmente reconhecida) ou de realizar, também por conta própria, vendas a descoberto de valores mobiliários. Sem prejuízo de se admitirem algumas operações inócuas, quer pelo tipo de activos envolvidos, quer pelos riscos que lhes estão associados, tanto aquelas regras proibitivas como as suas excepções denotam uma evidente preocupação com a necessidade de manter as entidades gestoras concentradas no mandato que lhes foi atribuído pelos participantes e não assumir riscos que possam condicionar a sua actuação.

De outro modo, as entidades gestoras poderiam deslocar a sua atenção para esses investimentos com prejuízo dos participantes nos fundos por si geridos. Adicionalmente, seria concebível que as entidades gestoras se sentissem tentadas a alinhar os interesses dos participantes pelos seus próprios interesses, não como entidade gestora mas como investidor, confundindo os papéis de administradora de um património alheio e de gestora de um património próprio.

4.1.2. Operações vedadas às entidades gestoras actuando por conta dos fundos

A escolha dos activos em execução da política de investimento reveste-se de capital importância. Uma vez que a remuneração da entidade gestora se circunscreve à comissão de gestão, às comissões de subscrição, resgate ou transferência de unidades de participação e a outras autorizadas, todas conforme as regras previstas nos documentos constitutivos dos fundos, o valor da comissão de gestão, que em regra está associada à performance dos fundos, é tributária do acerto ou desacerto daquela escolha[47]. E embora a remuneração das entidades gestoras não seja apontada como uma das géneses dos problemas associados à crise financeira actual, a verdade é que surgem preocupações em torno do crescente uso de estratégias de investimento intrincadas e das quais podem resultar riscos que não foram adequadamente calculados[48]. Daí que se detecte, quer na Directiva UCITS, quer na nossa lei, um amplo conjunto de restrições destinadas a mitigar o impacto de decisões de investimento.

No que respeita aos investimentos a realizar pelos próprios fundos, importa referir que as suas entidades gestoras se encontram sujeitas a *limitações subjectivas*, que têm em conta a contraparte, e a *limitações objectivas*, onde releva o objecto do

---

[47] Sobre os conflitos de interesses que podem ser suscitados pela remuneração devida às entidades gestoras, veja-se IOSCO, *Conflicts of Interest of CIS Operators...*, cit., p. 8-9.

A prática demonstra que a comissão de gestão, em regra superior às outras comissões, pode integrar uma componente fixa e uma componente variável, calculadas sobre o valor líquido global do fundo após o pagamento das comissões devidas.

[48] COMISSÃO EUROPEIA, *Consultation Paper on the UCITS Depositary Function...*, cit., p. 26.

O GOVERNO DAS ORGANIZAÇÕES

investimento, e, dentro destas, a *limitações individuais*, que incidem ao nível de cada fundo, e a *limitações globais*, que incidem sobre o conjunto de fundos geridos por cada entidade gestora.

As *limitações subjectivas* existem independentemente do objecto do investimento, enquanto as *limitações objectivas* desconsideram a respectiva contraparte. Estas encontram a sua razão de ser nos riscos que poderiam advir para o fundo e, consequentemente, para os seus participantes, da realização de operações que a lei pretende obviar; aquelas justificam-se atendendo à identidade das entidades com as quais as entidades gestoras poderiam ver-se envolvidas e a susceptibilidade de os interesses prosseguidos por essas entidades poderem conflituar com os interesses que as entidades gestoras devem promover.

a) Limitações subjectivas

I – As limitações subjectivas apontam directamente para os conflitos de interesses. Há conflito de interesses caso a entidade gestora se encontre numa situação em que possa perseguir outros interesses, quaisquer que sejam, em lugar de promover a administração dos activos que lhe estão confiados no exclusivo benefício dos participantes.

É fácil apontar vários casos em que as entidades gestoras podem estar potencial ou efectivamente expostas a conflitos de interesses: na selecção de activos, assim como na sua a aquisição e alienação, a entidade gestora pode sentir-se tentada a atender a interesses de terceiros, nomeadamente de alguns participantes em detrimento da generalidade, por exemplo, adquirindo activos que não reúnem as características essenciais para cumprir com a política de investimento ou fazendo-o de acordo com condições ou a um valor que não corresponde à prática de mercado; no exercício de direitos, em particular, do direito de voto, a entidade gestora pode guiar-se por motivações alheias ao interesse dos participantes para dar prevalência a outros interesses, designadamente do accionista controlador da entidade gestora, de forma a capitalizar a benefício de outrem os direitos inerentes a activos que pertencem ao fundo e que devem ser exercidos tendo em conta, apenas, os interesses dos participantes[49].

II – O art. 60.º (sob a epígrafe "operações proibidas"), sem conter um princípio geral que proíba operações susceptíveis de gerar conflitos de interesses, identifica um conjunto de entidades com as quais a entidade gestora não pode realizar operações. De facto, não se trata de um enunciado de operações vedadas

---

[49] Em IOSCO, *Conflicts of Interest of CIS Operators...*, cit., p. 5 encontram-se casos ocorridos em várias jurisdições.

– as operações não são vedadas *em si*, enquanto tais, por revelarem potencialidade para suscitar conflitos de interesses –, mas sim de uma lista de entidades com as quais a entidade gestora não pode realizar operações por conta dos fundos por si geridos. O legislador assumiu que a contratação com tais entidades, pessoas colectivas e singulares, situadas numa órbita mais ou menos próxima, directa ou indirectamente, do fundo de investimento, é capaz de gerar conflitos de interesses.

Uma leitura descomprometida do art. 60.º, n.º 1 ainda parece dar abertura à possibilidade de serem realizadas operações com essas entidades, desde que as mesmas não gerem conflitos de interesses. Nesse caso, só estariam vedadas as operações geradoras de conflitos de interesse. Se assim fosse, caberia à entidade gestora avaliar se, em cada caso concreto, em cada operação envolvendo entidades indicadas naquela disposição legal, haveria ou não um conflito de interesses, devendo agir em conformidade.

Porém, essa interpretação não parece ser a mais correcta. Os n.ᵒˢ 3 e 5 do art. 60.º são assertivos ao dizer que, embora com as excepções que adiante serão referidas, a entidade gestora não pode, por conta dos fundos que gere, adquirir, deter – incluindo por via de titularidade, de usufruto, de situações que conferem ao detentor o poder de administrar ou dispor dos activos, bem como daquelas em que, não tendo nenhum destes poderes, é o real beneficiário dos seus frutos ou pode de facto deles dispor ou administrá-los – ou alienar activos emitidos, detidos ou garantidos por qualquer das entidades listadas.

III – Entre as entidades com as quais a entidade gestora, actuando por conta dos fundos por si geridos, não pode realizar operações contam-se:

a) a *entidade gestora e entidades consigo relacionadas*, incluindo as entidades que detenham participações superiores a 10% do capital social ou dos direitos de voto da entidade gestora, as entidades que se encontrem em relação de domínio ou de grupo com a entidade gestora e as entidades com as quais aquelas estejam em relação de domínio ou de grupo, e as entidades em que a entidade gestora, ou entidade que com aquelas se encontre em relação de domínio ou de grupo, detenha participação superior a 20% do capital social ou dos direitos de voto[50];

b) o *depositário* ou qualquer entidade que detenha participações superiores a 10% do capital social ou dos direitos de voto do depositário, as entidades que se encontrem em relação de domínio ou de grupo com o depositário e as entidades com as quais aquelas estejam em relação de domínio ou de grupo, e as entidades em que o depositário, ou entidade que com aquelas se encontre em relação de

---

[50] Veja-se, a título exemplificativo, o caso relatado por CÉLIA REIS, Os deveres das entidades gestoras..., cit., p. 163.

O GOVERNO DAS ORGANIZAÇÕES

domínio ou de grupo, detenha participação superior a 20% do capital social ou dos direitos de voto;

c) os *membros dos órgãos sociais*, o *pessoal* e os *colaboradores* de qualquer das entidades referidas nas alíneas anteriores;

d) os diferentes *oicvms* por si geridos.

Dada a estreita ligação que pode existir entre a entidade gestora e certas entidades ou pessoas singulares – note-se que não há qualquer espaço decisório ao dispor da entidade gestora, que assim se vê impedida de realizar operações com aquelas entidades e pessoas singulares –, a lei não confere à entidade gestora qualquer margem de apreciação. Se a potencial contraparte for uma das entidades ou pessoas singulares supra referidas, a entidade gestora tem o dever de não a realizar. É possível conceber inúmeras operações em que nenhum conflito de interesse existiria (pense-se, por exemplo, numa aquisição fora de bolsa a preço de mercado em condições que garantam igualdade de oportunidades). Todavia, o legislador foi cauteloso, preferindo seguir a máxima "à mulher de César não basta ser honesta, deve parecer honesta" e evitando que os participantes ficassem expostos à análise casuística da entidade gestora quanto à existência ou não de um conflito de interesses sempre que estivessem envolvidas certas entidades.

Mas, como se verá no parágrafo seguinte, não há conflitos de interesses em geral e abstracto. Até os conflitos de interesses potenciais têm por referência situações concretas, pelo que a consagração de proibições absolutas deve ser utilizada com parcimónia e vista como medida de último recurso, uma vez que um regime proibitivo inviabiliza negócios que poderiam revelar-se favoráveis aos participantes. E ainda que existam fundados receios quanto à ocorrência de um conflito de interesses (potencial ou real) em virtude do envolvimento de uma daquelas entidades, seria possível forçar a configuração das operações de modo a que o interesse dos participantes não fosse preterido. Quer isto dizer que seria possível assegurar o aproveitamento dos negócios desde que os mesmos fossem feitos em condições que garantissem a preservação dos interesses dos participantes. Para o efeito, bastaria, pelo menos nos fundos fechados, que a operação em causa fosse sufragada pelos participantes reunidos em assembleia, ainda que se exigisse maioria qualificada ou mesmo unanimidade[51]. Adicionalmente, poderiam juntar-se requisitos de credibilidade e independência mediante a exigência de intervenção de uma entidade externa que confirmasse a equidade dos termos do negócio. Contudo, outra foi a opção do legislador.

---

[51] Veja-se, neste sentido, a solução adoptada para os fundos de investimento imobiliário no art. 48.º, n.º 3, al. (c) do regime jurídico dos fundos de investimento imobiliário, republicado pelo Decreto-lei n.º 71/2010, de 18 de Junho, que permite à assembleia de participantes dos fundos de investimento fechados objecto de oferta particular decidir, por maioria de 75%, sobre a não aplicação de algumas proibições.

Mas existem excepções. Desde logo se os valores mobiliários em causa forem transaccionados em mercado regulamentado, excepção que se aplica à aquisição e à alienação de valores mobiliários. Como as operações realizadas em mercado regulamentado são "cegas" (um comprador não adquire os valores mobiliários pretendidos a um vendedor por si escolhido, mas antes ao vendedor que emitiu uma ordem de venda compatível com a ordem de compra emitida), daí não deverão resultar conflitos de interesses, em especial quanto à escolha da contraparte ou ao preço praticado. Por outro lado, não se entenderia que uma entidade gestora não pudesse alienar acções que um fundo tivesse na sua titularidade no âmbito de uma oferta pública de aquisição lançada por qualquer entidade referida no art. 60.º, n.º 1.

Há outra excepção, esta aplicável apenas à aquisição de valores mobiliários. A proibição não se aplica se os valores mobiliários forem adquiridos em oferta pública de subscrição cujas condições incluam o compromisso de que será apresentado o pedido da sua admissão à negociação em mercado regulamentado, contanto que o emitente tenha valores mobiliários do mesmo tipo já admitidos nesse mercado regulamentado e a admissão seja obtida no prazo de seis meses a contar da apresentação do pedido.

IV – Na lista de entidades com as quais a entidade gestora não pode realizar operações não se encontram os participantes. Significa isto que a entidade gestora pode realizar qualquer operação com qualquer participante? Não deverá significar, uma vez que a entidade gestora, ao realizar uma operação com um participante pode atender aos interesses particulares deste, desconsiderando os dos demais. No entanto, e embora não exista uma regra expressa nesse sentido, deve entender-se que se realizar uma tal operação a entidade gestora violará o dever geral de actuar "no interesse exclusivo dos participantes". Recorde-se o que atrás ficou dito: do interesse exclusivo da generalidade dos participantes. De outro modo, abrir-se-ia a porta para comportamentos favorecendo um participante em detrimento de outros. Mas significa, pelo contrário, que a entidade gestora não pode realizar nenhuma operação com nenhum participante? A resposta tem que ser negativa e orientada, mais uma vez, pelo interesse em jogo. Por exemplo, nada deve obstar a que a entidade gestora adquira fora de mercado valores mobiliários a preço de mercado ou a valor inferior, se tal se mostrar conveniente para a generalidade dos participantes.

b) Limitações objectivas

Independentemente do concreto conteúdo, as limitações objectivas têm como propósito final a diversificação da carteira de investimentos a realizar pelas entidades gestoras. A razão subjacente a este desiderato é fácil de compreender: prudência. A concentração de investimentos é susceptível de gerar maiores

O GOVERNO DAS ORGANIZAÇÕES

ganhos; mas, naturalmente, é também apta a gerar maiores perdas. Tal sucederia, por exemplo, se a entidade gestora pudesse canalizar a totalidade dos fundos ao seu dispor para investimentos em valores mobiliários emitidos por uma única entidade. A performance excepcional dessa entidade levaria a rendibilidades espantosas; a sua insolvência, à perda da totalidade dos investimentos efectuados.

As limitações objectivas tanto podem ter fonte legal – é esse o conteúdo mínimo ao qual todas as entidades gestoras estão vinculadas – como origem no próprio regulamento de gestão. A verdade é que, sem prejuízo das limitações impostas pela lei, os regulamentos de gestão e as políticas de investimento dos fundos tendem a orientar-se para um certo segmento de investimento dominante – acções, acções europeias, acções de empresas com actividade em mercados emergentes, obrigações denominadas em euros ou dólares, títulos representativos de dívida pública, etc.[52] –, procurando conquistar nichos de mercado e satisfazer o apetite de investidores com diferentes perfis, mais ou menos conservadores, apresentando soluções diversificadas e alinhadas com as tendências dos mercados.

i) Limitações individuais

I – As limitações incidentes ao nível de cada emitente têm por referência, por um lado, a entidade emitente ou o grupo em que se insere, o oic ou a contraparte em transacções com instrumentos financeiros derivados ou, por outro lado, o tipo de valores mobiliários ou instrumentos do mercado monetário emitidos. São exemplo das primeiras as restrições que se podem encontrar no art. 49.º, n.º 1 – "um oicvm não pode investir mais de 10% do seu valor líquido global em valores mobiliários e instrumentos do mercado monetário emitidos por uma mesma entidade"[53] –,

---

[52] A concretização da política de investimento pode ser mais ou menos ampla. Por exemplo, o "Banif Acções Portugal – Fundo de Investimento Mobiliário Aberto de Acções Nacionais" apresenta-se como "um fundo de acções nacionais, (...) que investirá, directa ou indirectamente, um mínimo de 2/3 do seu valor líquido global em acções nacionais" (v. prospecto completo, p. 3); já o "BPI Africa – Fundo de Investimento Aberto de Acções" assume como sua política de investimento que "pelo menos dois terços do valor líquido global do OIC [será] aplicado em acções e (...) pelo menos 50% do valor líquido global do OIC será representado por investimento directo em bolsas africanas ou por títulos emitidos por entidades pertencentes a países do continente africano"; por seu turno, o "Fundo de Investimento Mobiliário Aberto de Obrigações de Taxa Fixa Euro Santander Multitaxa Fixa" propõe aos seus investidores uma "carteira composta por instrumentos representativos de dívida, pública e privada, denominados em Euros" (fonte: www.cmvm.pt).

[53] A regra 8 das *Standard Rules for the Operations of Institutions for Collective Investment in Securities* estabelecia um limite de 5 a 15%. O art. 22.º da Directiva UCITS começou por prever 5% para este efeito, embora permitisse aos Estados-membros elevar aquele limite a 10%. A primeira alteração à Directiva UCITS, operada pela Directiva 88/220/CEE do Conselho de 22 de Março de 1988, teve como propósito flexibilizar este tecto percentual após se ter concluído que aquele limite colocava problemas especiais aos oicvm estabelecidos na Dinamarca quando estava em causa um investimento no mercado obrigacionista nacional, dado que esse mercado era dominado pelas obrigações hipotecárias e que o número das instituições que à época emitiam tais obrigações era muito reduzido.

com as excepções indicadas nos demais números desse artigo e as particularidades previstas nos arts. 50.º, n.º 3, 51.º, n.º 2, e 55.º, n.º 3.

Independentemente da fasquia percentual aplicável, está sempre presente o propósito de forçar a disseminação dos investimentos, obviando a concentração de riscos e assim evitando que as vicissitudes que afectam uma entidade (seja devido a fenómenos associados a essa entidade – p.e. dificuldades financeiras ou insolvência – ou ao sector ou área geográfica em que opera) possam ter um impacto funesto na generalidade do valor dos activos detidos pelos fundos de investimento que aí centraram os seus investimentos. Há, por isso, uma clara intenção de diversificar riscos, desde logo ao nível do próprio emitente dos valores mobiliários ou instrumentos do mercado monetário. Depois, caberá à entidade gestora decidir, tendo em conta a vocação do fundo e as disposições do regulamento de gestão em matéria de política de investimentos: poderá esgotar o limite de 10% em investimentos em acções, parte em acções com voto e parte em acções sem voto, parte em acções e parte em obrigações ou nem sequer atingir o referido limite de 10%.

II – Para além da limitação à concentração de riscos por emitente, há ainda regras que limitam o investimento em tipos de valores mobiliários emitidos pelo mesmo emitente. A título exemplificativo, não podem fazer parte de um oicvm mais de 10% das acções sem direito de voto de um mesmo emitente, 10% das obrigações de um mesmo emitente, 25% das unidades de participação de um mesmo oicvm e 10% dos instrumentos do mercado monetário de um mesmo emitente (art. 59.º, n.º 3)[54], salvo se os valores mobiliários ou instrumentos do mercado monetário em causa forem emitidos ou garantidos por um Estado-Membro da União Europeia, pelas suas autoridades locais ou regionais, por instituições internacionais de carácter público a que pertençam um ou mais Estados-Membros da União Europeia ou por um terceiro Estado ou, no caso das obrigações, unidades de participação e instrumentos do mercado monetário, se no momento da aquisição o montante ilíquido das obrigações ou dos instrumentos do mercado monetário ou o montante líquido dos títulos emitidos não puder ser calculado.

Nestes casos, a preocupação incide não só sobre a entidade emitente/oicvm mas também sobre o concreto objecto do investimento. Estas restrições procuram, assim, evitar que variações e tendências dos mercados – p.e. o maior apetite dos investidores por mercados de acções pode levar a crises de liquidez nos mercados obrigacionistas – possam gerar impactos adversos nas carteiras dos fundos.

---

[54] Na versão original da Directiva UCITS os limites para acções sem direito a voto e para obrigações eram iguais aos actualmente em vigor, mas a fasquia para unidades de participação de um mesmo oicvm situava-se nos 10% (art. 25.º, n.º 2).

O GOVERNO DAS ORGANIZAÇÕES

ii) Limitações globais

As limitações não poderiam ter uma incidência apenas individual, fundo a fundo. Se assim fosse, as respectivas entidades gestoras poderiam com alguma facilidade contornar as restrições que acima foram referidas.

No art. 59.º, n.º 1 encontram-se reflectidos dois relevantes princípios: (i) a administração de oicvms é feita no exclusivo interesse dos participantes, pelo que a entidade gestora não pode utilizar os oicvms que administra para concentrar em si poder na estrutura intrassocietária das sociedades nas quais esses fundos participem; (ii) os oicvms não podem, individualmente, ser utilizados pela respectiva entidade gestora para exercer influência sobre sociedades nas quais participem[55].

O primeiro princípio foi enunciado várias vezes ao longo deste texto. As entidades gestoras não são exclusivas de um oicvm, podendo ter sob sua gestão vários oicvms. Como lhes cabe representar os oicvm que administram, pode reunir-se nas mãos da entidade gestora, provenientes de diversos oicvms, uma significativa quantidade de acções e direitos de voto. Este conglomerado encontra no art. 59.º, n.ᵒˢ 1 e 2 uma barreira que veda à entidade gestora, relativamente ao conjunto de oicvms por si geridos, (i) a realização de operações por conta destes que sejam susceptíveis de lhe conferir uma influência significativa sobre qualquer sociedade e (ii) a aquisição de acções que lhe confiram mais de 20% dos votos numa sociedade ou que lhe permitam exercer uma influência significativa na sua gestão. Aquela proibição parece mais ampla, enquanto esta procura concretizar, ao nível do poder societário, o âmbito da limitação[56].

---

[55] A proibição de exercício de influência sobre as sociedades participadas tem raízes sedimentadas no nosso direito. Assim, já no Decreto-lei n.º 134/85, de 2 de Maio, se podia ler que "os fundos têm por fim exclusivo a constituição de uma carteira diversificada dos valores mobiliários de qualquer tipo (...), sem dispor de participações maioritárias nas diferentes empresas" (art. 2.º, n.º 2) e "à sociedade gestora é especialmente vedado proceder a operações que possam assegurar-lhe (...) o predomínio sobre qualquer sociedade" (art. 10.º, al. (c)). No mesmo sentido, veja-se o sucessor Decreto-lei n.º 229-C/88, de 4 de Julho, cujo art. 9.º, n.º 1, al. (c) vedava às sociedades gestoras a realização de "operações que possam assegurar-lhe, bem como aos depositários ou aos participantes, uma influência dominante entre qualquer sociedade".

[56] A regra encontra raízes profundas no ordenamento jurídico comunitário, remontando à Directiva UCITS, cujo art. 25.º, n.º 1 previa, na sua redacção original, que "(u)ma sociedade de investimento ou uma sociedade de gestão não pode, relativamente ao conjunto dos fundos comuns de investimento que gira e sejam abrangidos pelo âmbito de aplicação da presente directiva, adquirir acções com direito a voto e que lhe permitam exercer uma influência notável na gestão de um emissor" (sublinhado do autor). Sobre o conceito de "influência notável" foi emitida a Recomendação do Conselho 85/612/CE, de 20 de Dezembro de 1985, recomendo "(à)s autoridades competentes dos Estados-membros, sempre que a noção de «influência notável» (...) for representada na legislação de outro Estado-membro por um limite numérico, que velem, se esse outro Estado o requerer, para que o limite seja respeitado pelas sociedades de investimento e sociedades de gestão situadas no seu território, estas adquirirem acções que confiram direito de voto

Outro exemplo pode ser colhido no art. 59.º, n.º 6, no qual se refere que o conjunto dos oicvms geridos por uma entidade gestora não pode deter mais de 20% das acções sem direito de voto de um mesmo emitente, 50% das obrigações de um mesmo emitente ou 60% das unidades de participação de um mesmo oicvm, desta vez sem quaisquer excepções.

4.2. A administração – Exercício de direitos relacionados com os activos dos fundos

"Voting rights can be regarded as an asset, and the use or otherwise of those rights by institutional shareholders is a subject of legitimate interest to those on whose behalf they invest. We recommend that institutional investors should disclose their policies on the use of voting rights."[57]

"Shareholders have the right, a responsibility and a long-term economic interest to vote their shares in a thoughtful manner, in recognition of the fact that voting decisions influence director behavior, corporate governance and conduct, and that voting decisions are one of the primary means of communicating with companies the issues of concern." [58]

I – As regras relativas ao exercício dos direitos inerentes aos activos que integram os fundos, em particular, sobre o exercício dos direitos de voto associados às acções, revelam a combinação entre proibições – actos vedados à entidade gestora e/ou aos membros do seu órgão de administração e responsáveis pelas decisões de investimento – e prestação de informação – relativamente aos actos que, embora não sejam vedados, devem ser comunicados à CMVM e/ou ao mercado tendo em conta a sua natureza sensível.

O regulamento de gestão, peça central na relação entre os participantes, a entidade gestora, o depositário e as entidades comercializadoras, deve conter, entre outras informações, "a política geral da entidade gestora relativa ao exercício dos direitos de voto inerentes às acções detidas pelo oicvm" (art. 65.º, n.º 2, al. (g)). Adicionalmente, as entidades gestoras "comunicam à CMVM e ao

---

emitidas por uma sociedade estabelecida no território de um Estado-membro em que esses limites sejam aplicados. Tendo em vista a aplicação da presente recomendação, os Estados-membros em que tais limites sejam aplicáveis no momento da publicação da dita directiva devem comunicá-los à Comissão, que por sua vez informará os outros Estados-membros; o mesmo se aplica a qualquer futura atenuação dos limites".

[57] The Committee on the Financial Aspects of Corporate Governance, *Report of the Committee on the Financial Aspects of Corporate Governance* ("Cadbury Report"), 1 de Dezembro de 1992, p. 50.

[58] The New York Stock Exchange Commission on Corporate Governance, *Report of the New York Stock Exchange Commission on corporate governance*, 23 de Setembro de 2010, p. 3.

O GOVERNO DAS ORGANIZAÇÕES

mercado a justificação do sentido de exercício do direito de voto inerente a acções da carteira dos oicvms que gerem" (art. 74.º)[59]. Neste âmbito, a transparência

[59] É interessante verificar que a política de exercício de direitos de voto varia em função da respectiva entidade gestora e não tanto dos fundos por esta geridos. A Invest Gestão de Activos – Sociedade Gestora de Fundos de Investimento Mobiliário, S.A. exerce os direitos de voto inerentes às acções que integram as carteiras dos fundo por si geridos "directamente, na medida que tal se mostre necessário para a defesa dos interesses patrimoniais do mesmo e dos seus participantes, designadamente, tomando parte em todas as deliberações que esta entenda serem susceptíveis de ter repercussões no valor, negociabilidade ou política de distribuição de dividendos, comprometendo-se a, dentro do seu melhor entendimento, assumir as posições que em cada momento se mostrem mais adequadas à defesa dos supra referidos interesses" (v. prospecto completo do Alves Ribeiro – Médias Empresas Portugal – Fundo de Investimento Mobiliário Aberto de Acções, p. 8-9).
Por seu turno, a BPI Gestão de Activos – Sociedade Gestora de Fundos de Investimento Mobiliário, S.A. apenas participa nas assembleias gerais das sociedades em que detenha participações sociais, quer sejam sediadas em Portugal quer sejam sediadas no estrangeiro, quando considere haver interesse nessa participação, sendo que afirma não ter uma política global pré-definida no que respeita ao exercício de direitos de voto, pelo que avaliará, em cada momento, qual o sentido de voto que melhor defende os interesses dos participantes, tendo como objectivos a procura de valor e a solidez da empresa em que participa (v. prospecto completo do BPI Europa – Fundo de Investimento Aberto de Acções, p. 10-11).
Já a ESAF – Espírito Santo Fundos de Investimento Mobiliário, S.A. tem como orientação genérica quanto ao exercício dos direitos de voto inerentes às acções detidas pelos seus fundos que apenas participará nas assembleias gerais das sociedades por si participadas (sediadas ou não no estrangeiro) nas quais seja detentora de uma participação social superior a 1% do capital social, considerando para o efeito o conjunto dos fundos sob gestão; todavia, o exercício do direito de voto por conta dos fundos administrados por aquela entidade gestora será sempre justificado e fundamentado em acta do conselho de administração quando seja exercido direito de voto inerente a participação social inferior a 1% do capital social, quando o direito de voto sendo exercido no exclusivo interesse do participante, resulte na inclusão ou manutenção de cláusulas estatutárias de intransmissibilidade, cláusulas limitativas do direito de voto ou outras cláusulas susceptíveis de impedir o êxito de ofertas públicas de aquisição ou quando o direito de voto sendo exercido no exclusivo interesse do participante, resulte no reforço da influência societária por parte de pessoa ou entidade que com ela esteja em relação de domínio ou de grupo (v. prospecto completo do Espírito Santo Acções Global – Fundo de Investimento Aberto de Acções Internacional, p .13).
Há, depois, entidades gestoras que se reservam a faculdade de participar em assembleias gerais, sem nada mais referir. A Millennium BCP Gestão de Activos – Sociedade Gestora de Fundos de Investimento, S.A. não se compromete a participar em todas as assembleias gerais de sociedades em cujo capital os fundos por si geridos participem, salvo naquelas cuja matéria objecto de deliberação justifique a sua presença (v. prospecto completo do Millennium Acções Portugal – Fundo de Investimento Mobiliário de Acções Nacionais, p. 7). Também a Santander Asset Management – Sociedade Gestora Fundos Investimento Mobiliário, S.A. tem como orientação genérica quanto ao exercício dos direitos de voto inerentes às acções detidas pelos fundos que administra participar nas assembleias gerais quando considere nisso haver interesse, de forma a acompanhar a actividade das mesmas. Contudo, esta entidade gestora afirma não exercer direitos de voto no sentido de apoiar a inclusão ou manutenção de cláusulas estatutárias de intransmissibilidade, cláusulas limitativas do direito de voto ou outras cláusulas susceptíveis de impedir o êxito de ofertas públicas de aquisição, nem com o objectivo principal de reforçar a influência societária por parte de pessoa ou entidade que com a sociedade gestora esteja em relação de domínio ou de grupo (v. prospecto completo do Fundo de Investimento Mobiliário Aberto de Acções Santander Euro-Futuro Acções Defensivo, p. 12-13). Por seu turno, a Caixagest – Técnicas de Gestão de Fundos, S.A. afirma não participar em assembleias gerais de empresas sediadas no estrangeiro, referindo ainda não exercer o

400

UM GOVERNO PARA OS FUNDOS DE INVESTIMENTO

– sem a qual a confiança dos investidores se perde irremediavelmente – assume-se como uma urgência, pelo que é fundamental assegurar, na maior medida possível, que o exercício de direitos não é alheio a interesses diversos dos interesses dos participantes[60].

Nesta matéria, uma relevante alteração ocorreu em 2010, com a publicação das *Recomendações da CMVM sobre Incentivo à Participação em Assembleia Geral e Exercício do Direito de Voto dos Organismos de Investimento Colectivo*. A razão de ser destas recomendações funda-se no peso relativo que os fundos de investimento, como investidores institucionais, podem ter na estrutura accionista de uma sociedade, pelo que a sua publicação tem como propósito estimular a participação dos oics na vida societária, em especial nos momentos chave de reunião dos accionistas – as assembleias gerais. Neste contexto, pretende-se evitar que titulares de participações relevantes (*maxime*, participações qualificadas) se mantenham em silêncio, incentivando-os a tomar voz activa, contribuindo para a discussão dos assuntos em assembleia geral e tomando posições a favor ou contra as propostas apresentadas. As *Recomendações* procuram, deste modo, que o peso na estrutura

---

direito de voto inerente aos valores mobiliários detidos pelos fundos por si administrados no sentido de apoiar a inclusão ou manutenção de cláusulas estatutárias de intransmissibilidade, cláusulas limitativas do direito de voto ou outras cláusulas susceptíveis de impedir o êxito de ofertas públicas de aquisição ou com o objectivo principal de reforçar a influência societária por parte de pessoa ou entidade que com ela esteja em relação de domínio ou de grupo (v. prospecto completo do Caixagest Acções EUA – Fundo de Investimento Mobiliário Aberto de Acções, p. 10).

Posição diferente é a assumida pela Montepio Gestão de Activos – Sociedade Gestora de Fundos de Investimento, S.A., que tem como orientação genérica quanto ao exercício dos direitos de voto inerentes às acções detidas pelos fundos não participar nas assembleias gerais das sociedades em cujo capital esses fundos participem, quer estas sejam sediadas em Portugal ou no estrangeiro, uma vez que as posições accionistas são entendidas como meras participações financeiras não sendo pretendido interferir na gestão e orientação das mesmas (v. prospecto completo do Montepio Acções – Fundo de Investimento Mobiliário Aberto de Acções, p. 8). Semelhante linha é seguida pela Popular Gestão de Activos – Sociedade Gestora Fundos Investimento, S.A., que, regra geral, não participa nem se faz representar nas assembleias gerais das entidades emitentes das acções detidas pelos fundos por si geridos, uma vez que estas constituem o património desses fundos e são considerados investimentos financeiros, não fazendo parte da política daquela entidade gestora a participar na actividade das entidades emitentes dessas acções (v. prospecto completo do Popular Acções – Fundo de Investimento Mobiliário Aberto de Acções, p. 7).

Por fim, segundo uma orientação genérica quanto ao exercício dos direitos de voto inerentes às acções detidas pelos fundos por si geridos, a Banif Gestão de Activos – Sociedade Gestora de Fundos de Investimento Mobiliário, S.A., sem prejuízo de, em regra, não participar nas assembleias gerais das respectivas entidades emitentes, considera participar sempre que da ordem de trabalhos conste algum dos assuntos a seguir indicados: alterações do contrato de sociedade, fusão, cisão e transformação da sociedade, dissolução da sociedade e outros assuntos para os quais a lei exija maioria qualificada" (v. prospecto completo do Banif Acções Portugal – Fundo de Investimento Mobiliário Aberto de Acções Nacionais, p. 6). Fonte: www.cmvm.pt.

[60] Sobre o impacto adverso das assimetrias informativas neste âmbito, veja-se OCDE, White paper on Governance of Collective Investment Schemes, *Financial Market Trends*, n.º 88, 2005 (Março), disponível em www.oecd.org, p. 139.

O GOVERNO DAS ORGANIZAÇÕES

accionista se reflicta em votos em assembleia geral, travando assim um fenómeno de *free-ridding* por titulares de participações qualificadas, que podem beneficiar da gestão sem contribuírem com os seus esforços para o sucesso dessa empresa, aliás, sem comparecerem em assembleia geral. Trata-se, em suma, de uma "actuação responsável", num esforço de solidariedade com os demais accionistas[61].

Se o absentismo accionista é um fenómeno indesejável quando se pensa nos pequenos accionistas – e muitas medidas têm sido promovidas para facilitar a participação, por todos os accionistas, em assembleias gerais – muito mais grave será caso se considerem os grandes accionistas. Na verdade, não parece possível admitir que a apatia, o desinteresse, dos accionistas face às grandes decisões tem a mesma importância se em causa estiverem pequenos accionistas ou accionistas de referência. Afirma-se, pois, que o interesse em participar em sociedades (nomeadamente, detendo participações qualificadas) não pode conviver com o desinteresse pelas grandes decisões que afectam a vida das sociedades participadas.

II – As *Recomendações* não se cingem ao exercício do direito de voto, embora coloquem uma especial ênfase neste direito político. Desde logo, é crucial que as entidades gestoras participem nas assembleias gerais. Assim, é sem surpresa que se pode encontrar no ponto 1 das *Recomendações* uma orientação geral afirmando que "(a)s entidades gestoras de organismos de investimento colectivo [...] devem assumir activamente as suas responsabilidades quanto ao exercício diligente, eficiente e crítico dos direitos inerentes às acções detidas pelos oic cuja gestão lhes seja confiada, designadamente no que respeita à participação em assembleias gerais das sociedades participadas e ao exercício do direito de voto". Esta orientação é, depois, sublinhada numa formulação negativa no ponto 3, destinada a evitar que seja consagrada, em matéria de exercício do direito de voto, "uma política geral de não participação sistemática nas assembleias gerais".

Isto não significa que a entidade gestora passe a estar obrigada a participar sempre e em todos os casos em assembleias gerais e que tenha que emitir sempre um voto a favor ou contra as propostas submetidas a deliberação. Mas significa, outrossim, que a entidade gestora deve participar sempre que a matéria em discussão seja relevante para os participantes; por outro lado, nada impede a entidade gestora de se abster, embora tenha a obrigação de se pronunciar a favor ou contra caso os interesses dos participantes possam ser afectados pelo resultado da votação.

No que respeita à decisão de participar ou não numa assembleia geral, a entidade gestora deve ponderar a relevância e natureza dos assuntos inscritos na ordem de trabalhos, bem como os custos dessa participação e os benefícios que a

---

[61] Neste sentido, veja-se COMISSÃO EUROPEIA, *Green Paper...*, cit., p. 14.

UM GOVERNO PARA OS FUNDOS DE INVESTIMENTO

mesma gerar (pontos 4, 7 e 8). Embora as assembleias gerais sejam, regra geral, convocadas para discussão de assuntos relevantes, caso a ordem do dia contenha matérias de menor relevo, nenhuma razão há para forçar a entidade gestora a dispender tempo e recursos apenas para constar da folha de presenças. Por outro lado, a participação em assembleias gerais em sociedades sediadas no estrangeiro, ao implicar custos de deslocação e logística e, eventualmente, outros associados à contratação de peritos para análise, à luz do direito local, das propostas e suas consequências, podem também suscitar a ausência a uma assembleia geral. O interesse dos participantes funciona como fiel da balança, podendo determinar que os custos a incorrer são negligenciáveis tendo em conta os potenciais benefícios resultantes da aprovação ou rejeição de uma decisão, nomeadamente se em causa estiverem matérias tais como a aprovação dos documentos de prestação de contas, a distribuição de dividendos, a alteração dos estatutos, a composição dos órgãos sociais, o aumento ou a redução do capital social, a aquisição ou alienação de acções próprias, as políticas de remuneração e indemnização, a aquisição, fusão, cisão e transformação da sociedade, a adopção, alteração ou eliminação de medidas defensivas ou transacções com partes relacionadas. Nestes casos, a não participação em assembleia geral deve ser ancorada numa "clara e manifesta preponderância dos custos face aos benefícios a decisão de não participação em assembleias gerais" (v. ponto 6).

Por outro lado, a intervenção da entidade gestora não deve ser apenas reactiva, manifestando-se a favor ou contra as propostas submetidas à apreciação dos sócios. Tal corresponderia a uma abordagem parcial e necessariamente incompleta da postura do sócio face a uma assembleia geral. Por isso mesmo, as *Recomendações* dão mais profundidade a todos os direitos que, relativamente a assembleias gerais, possam ser exercidos por entidades gestoras. Daí que, se a dimensão da participação o permitir, estas devem tomar uma atitude proactiva, apresentando propostas de deliberação "sempre tal seja a forma adequada de obter soluções consentâneas com a defesa do interesse dos representados" (ponto 9).

Mas as *Recomendações* vão mais longe e para além de estimularem a participação em assembleias gerais, ainda promovem a transparência quanto ao sentido de voto, antecipando decisões. É neste quadro que se compreende que a entidade gestora deva "identificar os critérios a usar na determinação, caso a caso, do sentido de voto relativamente aos assuntos societários tidos como de grande relevância". Pretende-se, desta forma, que sejam reveladas as situações e os factores "susceptíveis de motivar, em princípio, a oposição ou a aprovação de propostas de deliberação relacionadas com aquelas matérias". Mais ainda, as entidades gestoras devem criar condições para que os participantes nos fundos sob sua gestão possam solicitar e obter esclarecimentos sobre os fundamentos do exercício dos direitos de voto.

O GOVERNO DAS ORGANIZAÇÕES

III – Estas *Recomendações* partem de um pressuposto, que funciona como catalizador de todas as orientações: os fundos de investimento, como investidores institucionais, estão numa posição a todos os títulos privilegiada para contribuir activamente para o bom governo das sociedades participadas. O bom governo circula e contagia os vários intervenientes no mercado financeiro, pelo que são necessárias regras que assegurem a transparência, o equilíbrio de forças e soluções que promovam a gestão adequada desses intervenientes, quer sejam accionistas (como os fundos de investimento) ou sociedades participadas. Da adopção de regras de bom governo ganham as sociedades, ganham os fundos seus accionistas e, naturalmente, ganham os participantes dos fundos, representados pelas entidades gestoras. Daí a urgência de uma boa governação para os fundos de investimento, que atenda às suas particularidades e promova soluções *tailor made*.

4.2.1. Um caso concreto: a imputação de votos

"Potential conflicts are even greater in practice since most [Collective Investment Schemes] are affiliated with other financial institutions."[62]

I – Aquando da transposição da Directiva da Transparência, o legislador nacional reviu profundamente o art. 20.º[63]. O alcance desta revisão revela-se, acima de tudo, na introdução de novas e muito relevantes regras que vieram alterar a economia de uma disposição legal que, desde a entrada em vigor do CdVM, ainda não tinha sido objecto de modificações.

O titular das acções que integram o património de um fundo de investimento é o próprio fundo e não a sua entidade gestora. Portanto, ao fundo de investimento (e não aos seus participantes) são, desde logo, imputáveis todos os votos inerentes às acções de que o mesmo é titular. Trata-se daquilo que será designado como a imputação directa, de primeiro grau, fundada no proémio do art. 20.º, n.º 1 ("... de que o participante tenha a titularidade...").

Mas a imputação daqueles votos não se esgota no fundo, efectivo titular das acções. Sendo um fundo de investimento titular de acções, competirá à respectiva entidade gestora exercer todos os direitos que integram o conteúdo activo da participação social, incluindo o direito de voto (v. arts. 31.º, n.º 2, al. (a)(iii) e 33.º, n.º 3). Atendendo à relação estabelecida entre a entidade gestora e os fundos por si geridos, àquela são imputáveis os votos inerentes às acções que sejam detidas

---

[62] JOHN K. THOMPSON/SANG-MOK CHOI, *Governance Systems...*, cit., p. 10.

[63] Sobre esta alteração legislativa e as suas consequências, veja-se PAULA COSTA E SILVA, Organismos de Investimento Colectivo e Imputação de Direitos de Voto, *CadMVM*, n.º 26, 2007 (Abril), disponível em www.cmvm.pt, p. 70 e segs.

UM GOVERNO PARA OS FUNDOS DE INVESTIMENTO

pelos fundos que administra. A razão de ser desta imputação indirecta, de segundo grau, é fácil de perceber: uma vez que os fundos de investimento carecem de personalidade jurídica, cabe à entidade gestora que os administra e representa, exercer os direitos e cumprir as obrigações às quais aqueles estão vinculados. Por assim ser, por determinar o sentido em que os votos inerentes às acções de que os fundos de investimento são titulares, todos esses votos, para além de serem imputáveis ao fundo de investimento, são co-impúveis à entidade gestora.

Por conseguinte, em virtude da relação de administração que intercede a entidade gestora e o fundo de investimento, os votos imputáveis a este são também imputáveis àquela por via da al. (f) do art. 20.º, n.º 1.

II – Mas cumpre averiguar se é a entidade gestora quem, de facto, determina o sentido do exercício dos votos inerentes às acções das quais o fundo é titular. E é precisamente neste contexto que deve ser convocado o texto legal introduzido quando a Directa da Transparência foi transposta. Diz o art. 20.º, n.º 3: "não se consideram imputáveis à sociedade que exerça o domínio sobre entidade gestora de um fundo de investimento (...) os direitos de voto inerentes a acções integrantes de fundos (...), desde que a entidade gestora (...) exerça os direitos de voto de modo independente da sociedade dominante".

A formulação do art. 20.º, n.º 3 parece dar a entender que a regra é: não há imputação ("não se consideram (...), desde que..."). Quer isto dizer que o art. 20.º, n.º 3 parece apresentar-se como excepção à regra que decorreria, em geral, quanto às sociedades dominadas/sociedades dominantes, do art. 20.º, n.º 1, al. (b). Mas, na verdade, não é assim. E não se trata de dizer a mesma coisa de formas diferentes. Inexiste presunção de independência, pelo que se a entidade gestora não demonstrar que exerce o direito de voto de modo independente serão imputados à sociedade sua dominante os votos em causa tal como acontece em qualquer relação de domínio. Para esta interpretação contribuem ainda os n.ºs 1, 2, 7 e 8 do art. 20.º-A. Se assim não fosse, competiria à CMVM a tarefa hercúlea de demonstrar, entidade gestora a entidade gestora, fundo a fundo, quais eram os casos de independência e quais não eram. Ora devem ser os interessados – as entidades gestoras – a tomar essa iniciativa. Em última análise, podem ter implementadas estruturas que não lhes asseguram independência ou não pretender que essa independência exista. Nesses casos, que razões haveria para presumir que a independência existe?

A regra é, pois a seguinte: os votos são imputáveis ao fundo de investimento, à sua entidade gestora e "à sociedade que exerça domínio sobre [a] entidade gestora", salvo se esta agir de forma independente face àquela. É uma regra que faz todo o sentido. A sociedade dominante não está, ao contrário da entidade gestora, obrigada a actuar no exclusivo interesses dos participantes. Actua tendo em conta os seus próprios interesses e, eventualmente, os interesses do grupo empresarial no qual está inserida. Logo, se a entidade gestora não actuar com independência, o exercício do direito de voto pode atender não ao interesse dos participantes, mas sim ao da sociedade dominante.

Caso assim seja, estaremos perante uma situação grave. Por um lado, essa interferência significa que a entidade gestora está a actuar sob as instruções de outrem, quando nem os próprios participantes lhe podem dar instruções, pois não têm qualquer envolvimento directo na gestão do fundo (v. art. 23.º, n.º 2). A interferência em si mesma não é permitida, mas dela poderão não resultar efeitos adversos para os participantes ou até decorrer efeitos benéficos (por exemplo, se a instrução contribuir para uma boa decisão de investimento que, de outro modo, não seria tomada). Mas a interferência da sociedade dominante pode ser perniciosa, se a instrução implicar, para a entidade gestora, abdicar de prosseguir os interesses que lhe estão confiados para promover outros, próprios da sociedade dominante e alheios aos participantes.

Sem prejuízo das consequências legais previstas, nesse contexto deverão ser também imputados os votos inerentes às acções da titularidade do fundo a quem, em última instância, determina ou pode determinar o sentido do seu exercício – a sociedade dominante.

III – Para averiguar se a imputação dos votos inerentes às acções que o fundo de investimento detém deve ser feita só à respectiva entidade gestora ou também à sociedade que a domina, a lei manda atender ao *modo* como esses votos são exercidos. Nesse contexto, o conceito chave é "independência". A independência tem uma referência: o *modo*. Se o *modo* de exercício do direito de voto, ou melhor, se o *modo* de determinação do sentido de voto e exercício do direito de voto forem *independentes*, então não haverá imputação dos votos em causa à sociedade dominante da entidade gestora; já se essa independência não se verificar, a imputação justificar-se-á.

O que deve entender-se por *modo*? Modo significa, neste caso, *maneira de fazer, forma, meio* ou *via*. Já acima ficou indiciado que, estando em causa o exercício do direito de voto, não basta tomar em consideração a *maneira* como o voto foi manifestado – directamente ou através de representante. Essa perspectiva é relevante (veja-se, por exemplo, o art. 33.º, n.º 3, al. (a)), mas não é decisiva, uma vez que o sentido de voto pode expressar não a vontade da entidade gestora, mas sim de terceiro. Para além desta dimensão formal – quem exerce fisicamente o direito de voto em assembleia geral –, existe uma realidade substancial – quem influencia ou determina o sentido em que o direito de voto é exercido – que não pode deixar de ser considerada. Por conseguinte, o art. 20.º, n.º 3, quando se refere ao *modo independente* de exercício do direito de voto, releva a influência ou determinação do sentido em que o direito de voto será exercido e o próprio exercício do direito de voto. A análise do art. 20.º-A vai confirmar cabalmente esta afirmação.

Note-se, contudo, que o art. 20.º, n.º 3 não inovou ao exigir às entidades gestoras independência na sua actuação. Aquela disposição legal limita-se a concretizar, no que respeita ao exercício do direito de voto, o que se encontra previsto no art. 33.º, n.º 3, al. (c) e, em geral, no art. 33.º n.º 1 (onde é possível ler que "(a) entidade gestora, no exercício das suas funções, age de modo independente e no exclusivo interesse dos participantes").

Independência apela a autonomia e liberdade. É independente a entidade gestora que actue de forma não condicionada, não vinculada, não orientada por outros interesses salvo os interesses dos participantes. Este conceito indeterminado surge, depois, concretizado no art. 20.º-A, n.º 1. A derrogação é aplicável se estiverem reunidos dois requisitos: (i) a sociedade dominante não interferir no exercício do direito de voto pela entidade gestora através de instruções; e (ii) a entidade gestora revelar autonomia dos processos de decisão no exercício do direito de voto[64].

4.3. A fiscalização

I – Aos depositários cabe guardar os activos dos fundos e fiscalizar a actividade das entidades gestoras[65]/[66]. Embora a guarda dos activos pareça ser a essência das

---

[64] A ordem das alíneas parece estar invertida: se a entidade gestora não for dotada de autonomia de processos necessitará certamente de instruções para agir; no entanto, poderá ter essa autonomia e, quanto a certas matérias (p.e. o exercício do direito de voto), estar sujeita a instruções.

[65] Para uma análise reflexiva e crítica das funções de guarda de activos do depositário em função dos activos em causa e discrepâncias no panorama europeu, veja-se COMISSÃO EUROPEIA, *Consultation Paper on the UCITS Depositary Function and on the UCITS managers' remuneration*, Bruxelas, 14 de Dezembro de 2010, disponível em www.ec.europa.eu, p. 8 e segs.

[66] A Comissão Europeia salienta a divergência existente entre os Estados-Membros nesta matéria. Nem todos apontam as mesmas instituições como possíveis depositários e nem todos exigem critérios semelhantes, nomeadamente no que respeita a capitalização, o que contribui para a qualificação dos depositários comunitários como uma *"heterogeneous population"*, com a consequente diferença ao nível da protecção garantida aos investidores. Daí que a Comissão Europeia, aliás, em linha com o previsto na Proposta de Directa AIFM, conclua pela necessidade de criar uma lista de possíveis depositários. Sobre o tema veja-se CESR, *Response to the European Commission's consultation on the UCITS depositary function*, 16 de Setembro de 2009, disponível em www.ec.europa.eu, p. 1, COMISSÃO EUROPEIA, *Consultation Paper on the UCITS Depositary Function and on the UCITS managers' remuneration*, cit., p. 16.

Em todo o caso, ao abrigo da lei portuguesa, podem desempenhar as funções de depositário os bancos, as caixas económicas, a Caixa Central de Crédito Agrícola Mútuo e as caixas de crédito agrícola mútuo, as instituições financeiras de crédito e as instituições de crédito hipotecário (note-se que estas são também as instituições de crédito que podem ser entidades gestoras se o oic for fechado). Porém, devem ainda estar verificados outros dois requisitos positivos: a instituição de crédito dispor de fundos próprios não

O GOVERNO DAS ORGANIZAÇÕES

funções do depositário, a verdade é que todos os deveres associados à guarda de activos (veja-se, por exemplo, as als. (b), (c), (g), (h) e (i) do art. 40.º, n.º 2) têm uma natureza instrumental face ao papel principal assumido pela entidade gestora no que respeita à administração dos fundos. Porém, o art. 40.º, n.º 2 não esgota a actividade do depositário na passiva guarda de activos, ilustrando, em várias alíneas e sob diversas concretizações, o princípio geral que deve estar subjacente à relação entre o depositário e a entidade gestora no que se refere à actividade desta: o depositário tem o dever de fiscalizar a administração dos fundos, assegurar a conformidade das operações realizadas e garantir o cumprimento das normas legais e regulamentares aplicáveis, bem como do regulamento de gestão.

Trata-se, por isso, não só de um mero depositário, mas também de um fiscalizador, o que, aliás, é claramente denunciado pelas preocupações expressas pela Comissão Europeia ao promover alterações às funções dos depositários na sequência da fraude Madoff e da falência do Lehman Brothers[67], com vista a harmonizar e robustecer a vigilância dos depositários.

A função fiscalizadora é facilitada pela circunstância de o depositário ser responsável pela guarda de todos os activos do fundo[68], sendo, por isso, chamado a intervir em todas as operações, cenário que lhe proporciona um acompanhamento muito regular da administração realizada pela entidade gestora. O depositário pode, quotidianamente, em tempo real, escrutinar todas as operações que lhe pareçam fugir à normalidade, zelando pelo cumprimento da lei e do regulamento de gestão e pelos interesses dos participantes[69].

Deste modo, para além dos deveres inscritos na actividade de depositário que acima ficaram referidos, entre as actividades de fiscalização encontram-se as seguintes:

---

inferiores a 7,5 milhões de euros (requisito igualmente aplicável para que as referidas instituições de crédito possam ser entidades gestoras) e ter sede em Portugal ou sede noutro Estado membro da União Europeia e sucursal em Portugal.

[67] Veja-se a este respeito o documento preparado pela Comissão Europeia no âmbito da consulta pública sobre a revisão da Directiva UCITS, lançada entre 14 de Dezembro de 2010 e 31 de Janeiro de 2011 (COMISSÃO EUROPEIA, *Consultation Paper on the UCITS Depositary Function...*, cit., p. 2, 7). A mesma perspectiva é assumida pelo legislador espanhol, ao apontar como obrigação residual do depositário a realização de qualquer acto que sirva para a melhor execução das suas funções de custódia e fiscalização (v. parágrafo VI do preâmbulo e art. 60.º, al. (j) da Ley 35/2003).

[68] É a chamada *"single depositary rule"*, que ao permitir a concentração de todos os activos no mesmo depositário facilita grandemente o controlo que esse depositário tem sobre as operações. Sobre a matéria, defendendo a manutenção desta regra, vejam-se CESR, *Response to the European Commission's consultation on the UCITS depositary function*, cit., p. 6, COMISSÃO EUROPEIA, *Consultation Paper on the UCITS Depositary Function...*, cit., p. 19-20.

[69] Sobre o tema, e com pertinentes observações acerca da crise do *"«control + safekeeping» model"* devido às tendências ditadas pelo surgimento dos chamados *"global custodians"*, veja-se COMISSÃO EUROPEIA, *Green Paper...*, cit., p. 24.

UM GOVERNO PARA OS FUNDOS DE INVESTIMENTO

a) Recusar o cumprimento das instruções da entidade gestora no âmbito da aquisição, alienação ou exercício de direitos relacionados com os activos do fundo quando as mesmas sejam contrárias à lei, regulamentos e documentos constitutivos;

b) Assegurar que o fundo recebe a contrapartida devida no âmbito de operações relativas aos activos de acordo com os termos e as práticas de mercado aplicáveis;

c) Verificar a conformidade de todas as operações envolvendo activos do fundo com a lei, regulamentos e documentos constitutivos; e

d) Fiscalizar e garantir perante os participantes o cumprimento da lei, dos regulamentos e documentos constitutivos, designadamente no que respeita à política de investimentos, aplicação de rendimentos e ao cálculo do valor, emissão, resgate e reembolso das unidades de participação.

A Comissão Europeia reconhece que, para além do princípio geral de independência face à entidade gestora, a Directiva UCITS não contém regras expressas sobre a conduta dos depositários[70]. A respeito da fiscalização exercida pelo depositário, há na lei espanhola duas particularidades que não se vislumbram na lei portuguesa. Por um lado, estende o dever de fiscalização sobre a entidade gestora quando esta actue como comercializadora (art. 60.º, al. (h) da *Ley 35/2003*); por outro lado, prevê um expresso dever de reporte de irregularidades detectadas à autoridade de supervisão (cfr. art. 62.º, n.º 1 da *Ley 35/2003*).

II – Podem levantar-se dúvidas sobre a efectividade da fiscalização nos casos, muito frequentes, em que a entidade gestora e o banco depositário pertençam ao mesmo grupo financeiro. A lei nacional não proíbe que tal aconteça nem prevê regras especificamente votadas a resolver essa concerta situação. Neste âmbito, a lei espanhola seguiu por uma via diferente, estabelecendo como regra que a entidade gestora e o depositário não podem pertencer ao mesmo grupo, salvo se a entidade gestora adoptar um procedimento específico para evitar conflitos de interesses. Tal procedimento passa pela constituição de uma comissão independente no seio do órgão de administração da entidade gestora ou de um outro órgão interno que elabore e envie à CNMV um relatório periódico sobre o cumprimento das regras referentes à prevenção de conflitos de interesses.

Será necessário que entidade gestora e depositário não pertençam ao mesmo grupo? Por um lado, pode dizer-se que se tal sucedesse, haveria menos dúvidas acerca da seriedade da fiscalização exercida pelo depositário. Mas, por outro lado, não é justo assumir que o depositário não fiscalizará a entidade gestora convenientemente só pelo facto de pertencerem ao mesmo grupo. Aliás, ambos têm um

---

[70] COMISSÃO EUROPEIA, *Consultation Paper on the UCITS Depositary Function...*, cit., p. 20.

O GOVERNO DAS ORGANIZAÇÕES

forte interesse, alinhado em última instância pelo interesse do grupo financeiro no qual se integram, em que não existam conflitos de interesses que possam pôr em causa a imagem do grupo e as suas perspectivas de desenvolvimento de negócio futuro, nomeadamente no segmento dos fundos. E a verdade é que a regra da solidariedade da responsabilidade tem aqui um peso decisivo, não apenas ao nível estritamente obrigacional (existência de dois patrimónios distintos) mas também reputacional, na medida em que a deficiente fiscalização afectará a credibilidade quer da entidade gestora, como administradora de activos, quer o depositário, como fiscalizador daquela actividade.

Sem prejuízo, parece evidente que os titulares dos órgãos sociais devam ser pessoas diferentes, pois ninguém consegue com um mínimo de rigor e isenção, como membro do órgão de administração do depositário, fiscalizar a sua própria actuação enquanto membro do órgão de administração da entidade gestora[71].

4.4. A comercialização

I – As entidades comercializadoras estão encarregues de colocar as unidades de participação junto do público[72], ou seja, de assegurar o enlace entre os fundos e os potenciais investidores. Através da rede de balcões, dos serviços de banca telefónica e sítios na internet, as entidades comercializadoras chegam aos clientes deste segmento de investimento propondo-lhes a subscrição de unidades de participação. As entidades comercializadoras podem não distribuir unidades de um único fundo, mas sim de uma generalidade de fundos, segmentados em função do tipo de activos (p.e. fundos de acções, de obrigações ou mistos), de mercados geográficos (p.e. fundos que investem em activos europeus ou americanos), da indústria ou sector de actividade (p.e. fundos orientados para o sector das telecomunicações ou para as energias renováveis), da rendibilidade (p.e. fundos de obrigações de taxa fixa ou variável), etc.

Esta diversidade pode também manifestar-se ao nível da relação existente entre a entidade gestora e a comercializadora. Desde logo, a mesma entidade pode desempenhar os dois papéis. Tomando por referência o mercado de fundos de investimento português, embora não seja comum ver a entidade gestora assumir também as funções inerentes à comercialização, certo é que a lei permite que

---

[71] No mesmo sentido, IOSCO, *Examination of Governance for Collective Investment Schemes (Part I)...*, cit., p. 12.

[72] Podem ser entidades comercializadoras as próprias entidades gestoras, os depositários (sendo este um caso bastante frequente), intermediários financeiros registados junto da CMVM para o exercício das actividades de colocação em ofertas públicas de distribuição ou de recepção e transmissão de ordens por conta de outrem e outras entidades previstas em regulamento da CMVM (art. 42.º, n.º 2).

UM GOVERNO PARA OS FUNDOS DE INVESTIMENTO

tal suceda e há casos que, na prática, ilustram essa possibilidade[73]. Contudo, o cenário mais usual é aquele em que a comercialização é desenvolvida pelo depositário que, por ser uma instituição de crédito (*maxime*, um banco), dispõe de uma estrutura adequada à divulgação de produtos junto de potenciais interessados[74].

Quer isto dizer que a comercialização pode ser efectuada pela própria entidade gestora – caso em que esta pode, simultaneamente, administrar um fundo e promover a distribuição das suas unidades de participação – ou pelo depositário – que, não podendo desempenhar as funções de administração do fundo, pode ainda assim integrar o mesmo grupo económico que a entidade gestora, situação que não apenas é autorizada por lei como é muito frequente na prática. Naquele caso, perde profundidade a protecção conferida aos participantes pela solidariedade entre a entidade gestora e a comercializadora, na medida em que a entidade responsável é apenas uma.

II – As preocupações em torno da comercialização assumem grande dignidade porque em causa estão pequenos investidores, aos quais faltam os recursos necessários para a análise independente e autónoma dos riscos de um investimento. Nem se pode falar em comercialização se os destinatários forem apenas investidores institucionais (art. 15.º, n.º 2).

Assim, é fácil antever o conflito de interesses potencial, quer quando esteja em causa a distribuição de unidades de participação sob gestão da própria entidade comercializadora (actuando como entidade gestora), quer quando a comercialização seja feita por um depositário integrado no grupo financeiro da entidade gestora[75]. Nestes casos, surge uma dúvida natural em torno da actuação da entidade comercializadora: qual o incentivo para promover a distribuição, ainda quando sejam mais adequados ao perfil de um certo investidor, das unidades de participação em fundos geridos por terceiros quando em carteira há os chamados *"in-house products"*, sob administração de uma entidade do grupo ou da própria comercializadora, nos casos em que também é entidade gestora?

É precisamente por esta razão que têm vindo a crescer vozes – mas também exemplos reais – da chamada *"open architecture"*[76]. Este modelo organizacional advoga a separação total entre a entidade encarregue da gestão do fundo e aquela que assegura a respectiva comercialização, de modo a potenciar a concentração da entidade comercializadora nos interesses dos clientes.

---

[73] É o que sucede, por exemplo, no fundo de investimento mobiliário aberto de tesouraria "Banco BIC Tesouraria" ou no fundo de investimento mobiliário aberto flexível "Carregosa Europa Valor" (fonte: www.cmvm.pt).

[74] Os exemplos no panorama nacional são incontáveis e compreendem a generalidade dos fundos harmonizados autorizados pela CMVM (fonte: www.cmvm.pt).

[75] Sobre o tema, veja-se IOSCO, *Conflicts of Interest of CIS Operators...*, cit., p. 9.

[76] Cfr. COMISSÃO EUROPEIA, *Green Paper...*, p. 34.

O GOVERNO DAS ORGANIZAÇÕES

Porém, também esse modelo não é isento de dúvidas. Não é correcta a imediata e automática associação entre vender um produto de terceiro e fazê-lo de forma mais independente. A entidade comercializadora pode, nesses casos, promover a comercialização das unidades de participação cuja subscrição lhe proporciona melhores comissões em lugar de colocar junto dos investidores os fundos que mais se adequam ao perfil e interesses destes.

Neste cenário, a reputação do grupo financeiro pode ter um peso decisivo. Uma entidade gestora pode sentir maior urgência em desempenhar com rigor a actividade de comercialização, na medida em que a inadequação das unidades de participação face aos interesses dos investidores pode comprometer futuras relações comerciais. O mesmo se diga quando a comercialização é promovida pelo depositário, que pode ver a sua clientela mudar-se para outro banco em caso de insucesso de um investimento.

Deste modo, não parece que exista um modelo certo e outro errado. Relevante é que as entidades comercializadoras estejam vinculadas a regras que façam prevalecer os interesses dos investidores, para que a não sejam as comissões a ditar as prioridades.

5. NOTAS FINAIS

I – A legislação sobre fundos de investimento tem vindo a adaptar-se à evolução da indústria. A Directiva UCITS conheceu perto de uma dezena de alterações, muitas destinadas a clarificar funções e apurar definições; em Portugal, desde que a Directiva UCITS foi transposta, também o RJFIM, primeiro, e o RJOIC, depois, se vieram progressivamente a ajustar face a mudanças e desafios. Em 2009 foi publicada a Directiva 2009/65/CE do Parlamento Europeu e do Conselho, de 13 de Julho de 2009 (conhecida como "Directiva UCITS IV"), agora em fase de transposição[77]. Também o ano 2010 trouxe novidades, no panorama comunitário e nacional: enquanto, de um lado, era intensamente discutida e foi aprovada a proposta para uma directiva relativa à gestão alternativa de fundos (Directiva AIFM), que visa estabelecer regras votadas ao bom funcionamento dos organismos de investimento colectivo situados fora do âmbito da Directiva UCITS, de outro lado, a Comissão Europeia relançava a discussão em torno das funções cometidas ao depositário (tema sobre o qual já havia sido lançada uma consulta pública em 2009) e das remunerações devidas às entidades gestoras. No quadro nacional, a CMVM, por via recomendatória, veio afirmar o activismo

---

[77] Sobre esta Directiva, veja-se em particular FSA, *Transposition of UCITS IV: consultation document*, Dezembro de 2010, disponível em www.hm-treasury.gov.uk.

accionista incentivando os fundos a tomar parte em assembleias gerais e exercer os respectivos direitos de voto.

A preocupação comum a estas iniciativas é clara: assegurar que sem prejuízo do desenvolvimento próprio de uma indústria em crescimento, a estrutura de investimento e todas as suas componentes continuam a estar sujeitas a regras adequadas face às exigências que, a cada momento, se justificam para tutelar os interesses dos investidores, protegendo-os numa perspectiva de equilibrado compromisso entre oportunidades de investimento e riscos limitados.

II – A indústria dos fundos de investimento reúne méritos e a história tem sido gratificante[78]. Daí que a popularidade deste canal alternativo de investimento tenha crescido exponencialmente nos últimos trinta anos, sinal reflexo da confiança nos mercados de capitais e no profissionalismo da actuação dos investidores institucionais. O *pooling* de fundos oriundos dos participantes permite criar enormes massas patrimoniais para investir numa *pool* de activos segundo coordenadas específicas e regras impondo diversidade e respeito pelo interesse dos participantes. Com um valor moderado, mas multiplicado por um número significativo de outros compartes, um pequeno investidor pode participar nos proveitos decorrentes de investimentos com contornos, aparentemente, só acessíveis a investidores mais sofisticados: aceder a mercados alternativos, empregar como recurso humano uma diligente equipa profissional de gestão sob um enquadramento normativo desenhado para proporcionar segurança, diversificação e limitação de riscos.

Mas, a verdade é que o risco de negócio, para estes investidores, corre por conta própria. Não estando a gerir o seu investimento, é necessário que os investidores acreditem na estrutura de gestão. Só há mercado para um produto de investimento quando o mesmo merece a confiança dos investidores. Sem confiança não há investidores. Por isso, é crucial encontrar uma medida certa, entre a flexibilidade para investir e a necessidade de acautelar riscos, levantando as barreiras necessárias para que os interesses dos investidores não sejam postos em causa e facilitando a realização de operações das quais pode resultar uma promoção desses mesmos interesses.

A criação de regras de bom governo é, por isso, indispensável para assegurar que as decisões dos investidores são esclarecidas – neste âmbito, a prestação de informação com qualidade, nos documentos constitutivos dos fundos ou em qualquer outro suporte, em todas as fases da vida dos fundos desde a sua comercialização inicial, assume um relevo capital – e que as decisões de investimento das entidades gestoras são rigorosamente balizadas pela política de investimento

---

[78] OCDE, White paper on Governance of Collective Investment Schemes, cit., p. 137.

O GOVERNO DAS ORGANIZAÇÕES

e guiadas, a título exclusivo, pelos interesses dos investidores – com especial incidência na prevenção e gestão adequada de conflitos de interesses e no exercício contínuo de um rigorosa auto e hetero-fiscalização, no âmbito da qual assume importância decisiva a intervenção do depositário.

CAPÍTULO XI

O GOVERNO DAS SEGURADORAS

Ana Rita Almeida Campos

ABSTRACT: *Corporate governance, in general, and corporate governance in the insurance sector, in particular, have been object of an increasing attention of both the legislator and the regulators. The present article aims at listing and framing some topics on the insurer corporate governance in Portugal.*

Starting with a brief introduction, this article then focuses on the importance of insurers being adequately governed, according to sound and prudent patterns, on the proportionality principle that should be embedded in all insurers legal framework and on the impact arising from the fact insurers are considered – after implementation in Portugal of Directive 2006/43/EC, of 17 May 2006 – public interest entities.

There follows a brief analysis of some practical corporate governance issues applying to Portuguese insurers, which, takes into account the specificities of the insurance sector and is organized in eight main sections: (i) qualifying shareholdings control; (ii) insurance portfolio transfers; (iii) governance mechanisms; (v) governance system; (vi) market conduct; (vii) on site supervision; and (viii) remuneration.

For some of the above topics this article further establishes the most relevant links between national laws and regulations and the works and guidelines on corporate governance that have influenced them and which have been issued by national and international entities such as the International Association of Insurance Supervisors (IAIS), the Organisation for Economic Co-operation and Development (OECD) and the National Council of Financial Supervisors (CNSF). Where applicable, connection is also established herein between said topics and some aspects of the forthcoming implementation of the Solvency II Directive.

O GOVERNO DAS ORGANIZAÇÕES

Sumário: *1. Introdução. 1.1. A importância de um governo adequado. 1.2. Princípio da proporcionalidade. 2. As seguradoras como entidades de interesse público. 3. Algumas práticas do governo das seguradoras. 3.1. Fontes normativas. 3.2. Controlo de participações qualificadas. 3.3. Transferência de carteira de seguros. 3.4. Órgãos de administração e fiscalização. 3.4.1. Estrutura. 3.4.2. Qualificação, idoneidade e independência. 3.5. Sistema de governo. 3.5.1. Gestão sã e prudente. 3.5.2. Gestão do risco e controlo interno. 3.5.3. Códigos de conduta. 3.5.4. Função actuarial. 3.6. Conduta de mercado. 3.7. Supervisão "on site". 3.8. Práticas remuneratórias. 4. Conclusões.*

1. INTRODUÇÃO

I – O presente artigo tem por objecto a sistematização e o enquadramento de alguns aspectos relacionados com o governo das seguradoras em Portugal.

A recente crise financeira internacional veio reforçar a importância deste tema e traçar novos rumos na sua implementação, por legisladores e reguladores, um pouco por toda a parte. Portugal, confrontado com as recentes tendências europeias no domínio do governo das seguradoras e com as características próprias do seu mercado não constitui excepção e tem testemunhado, num espaço de tempo relativamente curto, uma dinâmica legislativa e regulamentar significativa e que a médio e longo prazo vai, necessariamente, implicar alterações e adaptações de monta na actividade das seguradoras locais.

A referida dinâmica tem essencialmente por base o facto de as seguradoras se enquadrarem no sector financeiro e de, nesse contexto, terem um crescente impacto nas economias de todos os países, revelando-se crucial a sua salutar relação com os respectivos accionistas, tomadores de seguros, segurados, beneficiários dos seguros e terceiros lesados, que são agora objecto de uma maior protecção, equiparada à dos depositantes e investidores no âmbito da actividade de bancos e demais instituições financeiras.

Neste sentido, o governo de seguradoras e demais instituições financeiras está actualmente sujeito a pressupostos e requisitos mais exigentes e equiparáveis, em muitos aspectos, aos que até recentemente eram exclusivamente apanágio de sociedades com capital aberto ao investimento público (sociedades abertas), ou seja, aquelas que, por terem acções admitidas à negociação em mercado regulamentado, sempre estiveram sujeitas a regras, requisitos de governação e divulgação de informação, mais exigentes. A este respeito, é importante salientar que actualmente não há entre as seguradoras portuguesas nenhuma sociedade aberta.

II – O exercício a que ora nos propomos passa, assim, por tentar identificar, de forma tópica e eminentemente prática, quase a título de "visita guiada",

416

O GOVERNO DAS SEGURADORAS

algumas práticas de governo societário correntemente aplicáveis às seguradoras portuguesas, tentando estabelecer um fio condutor no conjunto de diplomas que versam sobre a matéria, alguns dos quais antecipam algumas das novidades em matéria de governo das seguradoras, aguardadas no âmbito da transposição da Directiva Solvência II.

Ao longo deste trabalho tentamos também estabelecer uma relação entre as regras mencionadas e os trabalhos e fóruns, nacionais e internacionais, que estiverem na sua origem ou as influenciaram.

Finalmente, deve também ressalvar-se que o presente artigo visa apenas o governo das seguradoras, e de entre estas, das seguradoras que revestem a natureza de sociedades anónimas, não incidindo sobre o regime das seguradoras que revestem a natureza de mútuas de seguros[1], nem sobre outras entidades também muito próximas da actividade seguradora e igualmente sujeitas à supervisão do ISP, a saber, resseguradoras, mediadores de seguros e fundos de pensões.

1.1. A importância de um governo adequado

I – O Governo das sociedades em geral, é comummente entendido como um conjunto de regras de controlo sobre uma sociedade e consubstancia, em termos gerais, a relação entre o órgão de administração, os administradores executivos e os sócios dessa sociedade.

A grande maioria da legislação, regulamentação e doutrina produzidas em matéria de governo societário incide sobre sociedades admitidas à negociação em mercados regulamentados, vulgo sociedades abertas ou sociedades cotadas, e sobre sociedades que, por terem uma determinada dimensão e resultados, estão igualmente sujeitas às regras de governação aplicáveis às primeiras.

A verdade é que o governo societário tem vindo a assumir uma importância crescente, na medida em que governos societários medíocres, associados a sistemas de controlo interno fracos têm estado na génese da insolvência ou quase insolvência de algumas sociedades no decurso da crise financeira dos últimos anos.

No que respeita ao sector financeiro, no qual se enquadra actualmente o sector segurador, no âmbito do qual as sociedades aceitam responsabilidades de interesse público pelo cumprimento de determinados contratos, o governo societário assume contornos fiduciários, com um inerente acréscimo de responsabilidade na protecção de todas as partes envolvidas nas relações contratuais que essas sociedades desenvolvem no âmbito da sua actividade.

---

[1] À data do presente artigo apenas se encontrava registada junto do ISP uma seguradora com a natureza de mútua de seguros, a Mútua dos Pescadores, Mútua de Seguros, C.R.L. (www.isp.pt).

O GOVERNO DAS ORGANIZAÇÕES

Por este motivo, tem sido unanimemente aceite que as actividades relacionadas com o sector financeiro, porquanto desempenhando um importante papel no desenvolvimento económico e na respectiva estabilidade, necessitam de uma estrutura governativa mais exigente e adaptada às suas especificidades.

II – Debruçando-nos sobre a actividade seguradora em particular, verificamos que o governo das seguradoras tem vindo a assumir uma importância crescente encontrando-se focado em dois aspectos essenciais:

– O acréscimo da protecção dos tomadores de seguros, segurados beneficiários, terceiros lesados e dos accionistas das seguradoras, para além daquela facultada pela regulamentação e supervisão existentes; e
– O desenvolvimento de recomendações especificamente vocacionadas para o sector segurador e aptas a substituir e/ou complementar as regras de governo societário tendencialmente aplicáveis a sociedades não seguradoras.

A prossecução destes dois objectivos tem exigido às seguradoras que estabeleçam boas práticas de governo societário, destinadas a assegurar, entre outros, três pilares fundamentais da sua actividade: (i) níveis de solvência satisfatórios; (ii) políticas de investimento sãs; (iii) assumpção de riscos no cumprimento de regras prudenciais.

Assim, e apesar da inexistência de imposições legais nesse sentido, a verdade é que nos últimos anos temos assistido a uma tendência por parte de algumas seguradoras que não são sociedades cotadas, para adoptarem regras de boa prática governativa impostas um pouco por todo mundo a estas sociedades.

É neste contexto que surge um movimento internacional no sentido de sistematizar um conjunto de regras e recomendações de governação, destinadas a facilitar a implementação de parâmetros de boa prática governativa, que, não só estejam alinhadas com as tendências internacionais em matéria de governo societário, mas também reflictam as especificidades do sector segurador. Entre as iniciativas destinadas ao estabelecimento das referidas regras e recomendações, não poderíamos deixar de destacar o trabalho que tem vindo a ser desenvolvido, tanto pela OCDE, como pela IAIS e que culminou na recente publicação conjunta por aquelas entidades do *"Issues Paper on Corporate Governance"*.

A nível comunitário, o reconhecimento da necessidade de reforçar princípios em matéria de conduta de mercado e sistemas de governação das seguradoras está consubstanciado na Directiva Solvência II, que conjuga princípios de governo societário de aplicação geral, com a previsão de sistemas de controlo interno, controlo de capital e de gestão de riscos, ferramentas específicas do governo societário das instituições financeiras em geral e das seguradoras em particular.

1.2. Princípio da proporcionalidade

A título preliminar, e antes de entrarmos na análise das práticas que devem nortear o governo das seguradoras portuguesas, cumpre esclarecer que tais práticas, independentemente de serem objecto de diplomas legislativos, regulamentares ou meramente recomendatórios, são sempre perspectivadas tendo em conta o princípio da proporcionalidade.

No âmbito do princípio da proporcionalidade, todas as vertentes do governo societário das seguradoras, bem como os meios necessários e adequados à respectiva implementação devem ser sempre adequados e proporcionais à dimensão, características, natureza, escala e complexidade da actividade desenvolvida por cada seguradora e aos riscos por ela assumidos.

Com efeito, não faz sentido, nem se revela justo, impor uma estrutura governativa complexa – por exemplo através da imposição de mecanismos de gestão de risco e controlo interno sofisticados e com grande alocação de recursos – a pequenas e médias seguradoras, se e na medida em que a mesma se revele completamente desajustada e comporte custos incompatíveis com o exercício da actividade que se pretende desenvolver.

Na Directiva Solvência II a importância de atender ao princípio da proporcionalidade é corroborada ao longo de todo o seu texto, nomeadamente no seu considerando 19., segundo o qual *"O regime previsto na presente directiva não deverá constituir uma sobrecarga excessiva para as pequenas e médias empresas de seguros. Um dos meios para atingir este objectivo é a aplicação adequada do princípio da proporcionalidade. Este princípio deverá aplicar-se tanto aos requisitos impostos às empresas de seguros e de resseguros como ao exercício de poderes de supervisão."*

Tendo em atenção o exposto, e porque se trata de um denominador comum a todas elas, as práticas do governo das seguradoras que aqui nos propomos abordar, nomeadamente as respeitantes à estrutura dos órgãos de administração, fiscalização e direcção e à gestão de risco e controlo interno das seguradoras têm sempre subjacente a observância do princípio da proporcionalidade.

2. AS SEGURADORAS COMO "ENTIDADES DE INTERESSE PÚBLICO"

Nenhuma seguradora portuguesa tem actualmente acções admitidas à negociação em mercado regulamentado. Por este motivo, nenhuma delas se encontra presentemente sujeita às regras constantes do CdVM e aos Regulamentos da CMVM incidentes sobre o governo das sociedades abertas, nomeadamente ao Regulamento da CMVM n.º 1/2010, de 1 de Fevereiro, sobre o Governo das Sociedades Cotadas.

No entanto, e na medida em que a tendência actual é, pelos motivos apontados em 1.1. *supra*, estender às sociedades do sector financeiro, independentemente de terem, ou não, acções admitidas à negociação em mercado regulamentado, as regras e recomendações aplicáveis àquele tipo e sociedades, acabamos por constatar que, na prática, os dois tipos de sociedades estão sujeitos a regras e recomendações que em muitos aspectos se equivalem.

Corroborando a tendência referida, o DL 255/2008, no âmbito da transposição da Directiva da Auditoria, procede à classificação das "entidades de interesse público", categoria que passa, assim, a incluir, entre outros[2], e a par dos emitentes de valores mobiliários admitidos à negociação num mercado regulamentado e das instituições de crédito que estejam obrigadas à revisão legal de contas, as empresas de seguros e de resseguros. Sobre essa classificação, no preâmbulo daquele diploma o legislador esclarece que "*Considerando o facto de que a essa qualificação corresponde um regime de exigência acrescida em matéria de transparência, de fiscalização, de independência e de controlo de qualidade, a opção plasmada no presente decreto-lei foi a de estender essa qualificação a entidades que desempenhem um papel importante na estabilidade financeira e na regularidade dos mercados, para as quais o rigor, a correcção e a fiabilidade dos documentos de prestação de contas se revela fulcral.*"

No âmbito da análise das práticas do governo das seguradoras, abordaremos algumas consequências da atribuição da qualidade de interesse público, nomeadamente no que respeita às exigências a que as sociedades em causa estão sujeitas em sede de administração, fiscalização e política remuneratória.[3]

3. ALGUMAS PRÁTICAS DO GOVERNO DAS SEGURADORAS

3.1. Fontes normativas

Actualmente o enquadramento jurídico do governo das seguradoras em Portugal deve efectuar-se com recurso a diversas fontes, nomeadamente,

---

[2] Para além dos emitentes de valores mobiliários admitidos à negociação em mercado regulamentado e das seguradoras e resseguradoras, o art. 2.º do DL 255/2008, qualifica como entidades de interesse público as seguintes: *a)* As instituições de crédito que estejam obrigadas à revisão legal das contas; b) Os fundos de investimento mobiliário previstos no regime jurídico dos organismos de investimento colectivo; c) Os fundos de investimento imobiliário previstos no regime jurídico dos fundos de investimento imobiliário; d) As sociedades de capital de risco e os fundos de capital de risco; e) As sociedades de titularização de créditos e os fundos de titularização de créditos; f) As empresas de seguros e de resseguros; g) As sociedades gestoras de participações sociais, quando as participações detidas, directa ou indirectamente, lhes confiram a maioria dos direitos de voto nas instituições de crédito referidas na alínea a); h) As sociedades gestoras de participações sociais no sector dos seguros e as sociedades gestoras de participações mistas de seguros; i) Os fundos de pensões; e j) As empresas públicas que, durante dois anos consecutivos, apresentem um volume de negócios superior a € 50 000 000, ou um activo líquido total superior a € 300 000 000.
[3] Cfr. 3.4.1. *infra*.

fontes de carácter geral, como é o caso do CSC e fontes de carácter especial, incidentes sobre a actividade seguradora, como é o caso do Regime Jurídico das Seguradoras e de normas e circulares (que enquadram recomendações) emitidas pelo ISP e às quais faremos referência, sempre que oportuno, ao longo do presente artigo.

No que respeita às disposições específicas relacionadas com a actividade seguradora, não pode deixar de referir-se que as fontes enumeradas, não só consubstanciam, em grande medida, o resultado das iniciativas do CNSF relacionadas com a iniciativa de *Better Regulation* do Sector Financeiro, como também acompanham as tendências internacionais nesta matéria, desde logo porque os trabalhos do CNSF estão com elas alinhados.

De entre as iniciativas desenvolvidos a nível internacional no âmbito do governo das seguradoras, deve referir-se que tanto o legislador como o regulador portugueses têm sido grandemente influenciados pelos trabalhos levados a cabo pela OCDE e pela IAIS, quer individualmente, quer em conjunto[4]. Estes trabalhos que consistem, essencialmente, em recomendações e na enumeração de princípios destinados a incentivar boas práticas de governação, regulatórias e de supervisão, têm o mérito de incentivarem a realização de questionários, fóruns de análise e discussão focados numa variedade de tópicos com relevância prática para o governo das entidades do sector segurador e tendo em conta as suas especificidades.

Com efeito, entre os tópicos em questão incluem-se tanto tópicos transversais ao governo de qualquer sociedade (como sejam a estrutura de administração e fiscalização, as funções, a qualificação, idoneidade e independência dos membros dos órgãos sociais, as comissões especializadas integradas no órgão de administração, a protecção de accionistas e outras partes interessadas, os deveres de informação e transparência nas relações com o mercado), mas abordados numa perspectiva adaptada às seguradoras, como tópicos característicos e essenciais do universo segurador (como sejam a função actuarial, as transferências de carteira de seguros, a avaliação e gestão de riscos, inspecções de supervisão *on site*, entre outros) e constituem, em nosso entender, documentos muito úteis quando se trata de avaliar o governo de uma seguradora – se este é são e adequado à respectiva estrutura, dimensão, complexidade de negócio e perfil de risco – e averiguar se o mesmo está, ou não, a ser implementado da melhor maneira.

---

[4] IAIS: "*Comments on Proposed Good Practice Guideline Guidance for the Development of a Code of Corporate Conduct*", 4 Maio 2006; "*Insurance Core Principles on Corporate Governance*", Janeiro 2004.
OCDE: "*Corporate Governance Guidelines for Insurance Companies. Exposure Draft, (2009)*"; "*(Draft Revised) OECD Guidelines on Insurance Governance/Public Consultation*", Setembro 2010.
IAIS e OCDE: "*Issues paper on Corporate Governance*", Julho 2009.

3.2. Controlo de participações qualificadas

"Com efeito, se nas sociedades com o capital aberto ao investimento do público o controlo sobre as participações qualificadas tem por base preocupações de transparência inerentes ao mercado de controlo societário, no âmbito das instituições de crédito, das empresas de seguros e das sociedades de titularização de créditos, esse controlo tem por fundamento preocupações de natureza prudencial, atenta a influência dos accionistas mais significativos na gestão das referidas entidades."[5]

I – O controlo de participações qualificadas detidas numa seguradora por parte da autoridade de supervisão competente é um instrumento importante no contexto da sua governação, já que um controlo societário por parte de pessoas que não possuam determinadas características e requisitos essenciais ao são desenvolvimento da actividade da sociedade pode revelar-se desastroso para a sua gestão, para a prossecução dos interesses dos accionistas, tomadores de seguros, segurados, beneficiários e terceiros lesados e, no limite, para o funcionamento do mercado segurador.

Neste contexto, o legislador português estabelece[6] que a detenção ou aumento de participação qualificada[7] numa seguradora de tal modo que a percentagem de direitos de voto ou de capital na mesma atinja ou ultrapasse qual-

---

[5] Documento de Consulta Pública do CNSF n.º1/2007, *Better Regulation* do Sector Financeiro, Ponto 4.2.

[6] Artigo no artigo 43.º do Regime Jurídico das Seguradoras.

[7] A «Participação qualificada» é definida no artigo 3.º n.º2 do Regime Jurídico das Seguradoras como a participação directa ou indirecta que represente percentagem não inferior a 10% do capital ou dos direitos de voto da instituição participada ou que, por qualquer outro motivo, possibilite influência significativa na gestão da instituição participada, sendo aplicável ao cômputo dos direitos de voto o disposto nos artigos 3.º-A e 3.º-B. Nos termos do artigo 3.º-A, no cômputo das participações qualificadas consideram-se, além dos inerentes às acções de que o participante tenha a titularidade ou o usufruto, os direitos de voto: a) Detidos por terceiros em nome próprio, mas por conta do participante; b) Detidos por sociedade que com o participante se encontre em relação de domínio ou de grupo; c) Detidos por titulares do direito de voto com os quais o participante tenha celebrado acordo para o seu exercício, salvo se, pelo mesmo acordo, estiver vinculado a seguir instruções de terceiro; d) Detidos, se o participante for uma sociedade, pelos membros dos seus órgãos de administração e de fiscalização; e) Que o participante possa adquirir em virtude de acordo celebrado com os respectivos titulares; f) Inerentes a acções detidas em garantia pelo participante ou por este administradas ou depositadas junto dele, se os direitos de voto lhe tiverem sido atribuídos; g) Detidos por titulares do direito de voto que tenham conferido ao participante poderes discricionários para o seu exercício; h) Detidos por pessoas que tenham celebrado algum acordo com o participante que vise adquirir o domínio da sociedade ou frustrar a alteração de domínio ou que, de outro modo, constitua um instrumento de exercício concertado de influência sobre a sociedade participada; i) Imputáveis a qualquer das pessoas referidas numa das alíneas anteriores por aplicação, com as devidas adaptações, de critério constante de alguma das outras alíneas. O 3.º-B. respeita à imputação de direitos de voto relativos a acções integrantes de organismos de investimento colectivo, de fundos de pensões ou de carteiras.

O GOVERNO DAS SEGURADORAS

quer dos limiares de 20%, um terço ou 50%, ou de tal modo que a seguradora se transforme em sua filial[8] deve comunicar previamente ao ISP o seu projecto de aquisição.

O ISP poderá aprovar ou opor-se à detenção ou aumento projectados, consoante considere, ou não, demonstrado que a pessoa em causa reúne condições que garantam uma gestão sã e prudente da seguradora e que a informação prestada é completa.

A este respeito refira-se, também a título de auxílio interpretativo para o que deve entender-se como uma gestão sã e prudente[9], que o legislador entende não existirem condições para garantir uma gestão sã e prudente quando, nomeadamente, se verifique alguma das circunstâncias a que faz referência no artigo 50.º do Regime Jurídico das Seguradoras, a saber:

- o modo como a pessoa em causa gere habitualmente os seus negócios ou a natureza da sua actividade profissional revelam propensão acentuada para assumir riscos excessivos;
- existência de fundadas dúvidas sobre a licitude da proveniência dos fundos utilizados na aquisição da participação ou sobre a verdadeira identidade do titular desses fundos;
- ao tempo da aquisição, a situação económico-financeira da pessoa em causa em função do montante da participação que se propõe deter é desadequada;
- a estrutura e as características do grupo empresarial em que a seguradora passaria a estar integrada inviabilizam uma supervisão adequada;
- a pessoa em causa recusa condições necessárias ao saneamento da seguradora que tenham sido previamente estabelecidas pelo Instituto de Seguros de Portugal;
- tratando-se de pessoa singular, a não verificação dos requisitos de qualificação, idoneidade e não acumulação de cargos sociais, a que fazemos referência mais adiante.[10]

Adicionalmente, deverão ainda ser comunicadas previamente ao ISP as iniciativas e intenção, por parte de qualquer pessoa, de deixar de deter, directa ou indirectamente, uma participação qualificada numa seguradora ou que pretenda diminuir essa participação de tal modo que a percentagem de direitos de voto ou de partes de capital por ela detida desça de um nível inferior aos limiares de 20%, um terço ou 50%, ou que a empresa deixe de ser sua filial.

---

[8] A definição de «Filial» consta do artigo 3.º do Regime Jurídico das Seguradoras.
[9] Cfr. 3.5.1. *infra*.
[10] Cfr. 3.5.1. *infra*.

O GOVERNO DAS ORGANIZAÇÕES

Por último, estão ainda sujeitos a comunicação subsequente ao ISP e à seguradora alvo, os factos de que resulte, directa ou indirectamente, a detenção de uma participação qualificada numa seguradora ou o seu aumento nos termos dos limiares referidos *supra*.

II – As regras enunciadas *supra* sobre o controlo da detenção de participações qualificadas em seguradoras já enquadram a recente transposição para o ordenamento jurídico interno da Directiva 2007/44/CE[11], efectuada através do DL 52/2010, que, consequentemente, alterou o Regime Jurídico das Seguradoras.

As referidas alterações ao Regime Jurídico das Seguradoras implicaram mudanças ao nível da definição de participação qualificada, mas não dos limiares de detenção de participações susceptíveis de despoletar obrigações de comunicação ao ISP e procederam a uma uniformização em todo o sector financeiro, quer das regras sobre o cômputo dos direitos de voto relevantes para o cálculo das participações qualificadas – que passaram a estar alinhadas com o já previsto nos artigos 20.º e seguintes do CdVM[12], nomeadamente para os detentores e adquirentes de participações sociais em sociedades emitentes de valores mobiliários admitidas à negociação em mercado regulamentado situado ou a funcionar em Portugal – quer dos procedimentos e critérios aplicáveis à avaliação prudencial por parte do ISP dos projectos de aquisição e de aumento de participações qualificadas em entidades que actuem nos sectores bancário, segurador e mobiliário.

III – A este propósito, e com impacto directo na governação da seguradoras, os critérios admitidos para a avaliação das condições que garantam uma gestão sã e prudente da instituição passam, em virtude da transposição da Directiva 2007/44/CE, a ser exclusivamente os seguintes: (i) a idoneidade do proposto adquirente; (ii) a idoneidade e experiência da pessoa ou pessoas que dirigirão a instituição em resultado da aquisição projectada; (iii) a solidez financeira do proposto adquirente, designadamente em função do tipo de actividade exercida ou a exercer na entidade objecto da proposta de aquisição; (iv) a capacidade da entidade participada para cumprir de forma continuada os requisitos prudenciais aplicáveis, tendo especialmente em consideração, caso integre um grupo, a existência de uma estrutura que permita o exercício de uma supervisão efectiva, a troca eficaz de informações entre as autoridades competentes e a determinação da repartição de responsabilidades entre as mesmas; e (v) a existência de razões

---

[11] O Anteprojecto deste diploma foi objecto da Consulta Pública CNSF n.º 1/2009 de 13 de Maio.

[12] Em sede de transposição para o ordenamento jurídico português da Directiva 2004/109/CE, do Parlamento Europeu e do Conselho, de 15 de Dezembro de 2004, relativa à harmonização dos requisitos de transparência no que se refere às informações respeitantes aos adquirentes cujos valores mobiliários estão admitidos à negociação num mercado regulamentado. Sobre o conceito de "Participação Qualificada", ver nota n.º 8.

O GOVERNO DAS SEGURADORAS

para suspeitar que, relacionada com a aquisição projectada, teve lugar, está em curso ou foi tentada uma operação susceptível de configurar a prática de actos de branqueamento de capitais ou de financiamento do terrorismo[13], ou que a aquisição projectada poderá aumentar o respectivo risco de ocorrência.

De entre os critérios apontados, salientaríamos, como aqueles com maior relevância prática para um governo societário salutar e competente, a idoneidade do proposto adquirente e a idoneidade e experiência da pessoa ou pessoas que dirigirão a instituição em resultado da aquisição projectada, aspectos relativamente à aferição dos quais nos deteremos com maior detalhe mais adiante.[14]

3.3. Transferência de carteira de seguros[15]

Um aspecto importante e específico da actividade seguradora, regulado no Regime Jurídico das Seguradoras[16], prende-se com a transmissão, no todo ou em parte, da sua carteira de seguros, dos contratos de seguro celebrados com os seus tomadores de seguros. Esta transmissão pode ocorrer, tanto num contexto de alienação de parte ou da totalidade do capital social da seguradora, como a título de mera medida de gestão levada a cabo pela respectiva administração.

Na medida em que cada apólice de seguro pressupõe direitos dignos de tutela – de tomadores do seguro, segurados, beneficiários do seguro, terceiros lesados e outros credores da seguradora – a transmissão da carteira de seguros de qualquer seguradora está sujeita a regras especiais e pressupõe a intervenção da autoridade de supervisão do sector segurador.

As regras que no Regime Jurídico das Seguradoras incidem sobre a transferência de carteiras decorrem da transposição das Directivas reguladoras do exercício da actividade seguradora e resseguradora[17] e sujeitam essa transferência à autorização do ISP e esta, por sua vez, ao acordo e/ou confirmação por parte de autoridades de supervisão congéneres, sempre que (i) a entidade cedente seja uma sucursal portuguesa de seguradora com sede fora da União Europeia,

---

[13] Na acepção do artigo 1.º da Directiva 2005/60/CE do Parlamento Europeu e do Conselho, de 26 de Outubro de 2005.

[14] Cfr. 3.4. supra.

[15] Apontado também pela IAIS como um aspecto essencial no âmbito do governo das seguradoras. *"Insurance Core Principles on Corporate Governance"* (Janeiro de 2004).

[16] Artigos 148.º e seguintes.

[17] Directiva n.º 2002/83/CE do Parlamento Europeu e do Conselho, de 5 de Novembro de 2002, relativa aos seguros de vida (JO L 345 de 19.12.2002, p. 1-51), Directiva n.º 92/49/CEE do Conselho, de 18 de Junho de 1992, relativa à coordenação das disposições legislativas, regulamentares e administrativas respeitantes ao seguro directo não vida (JO L 228 de 11.8.1992, p. 1-23) e Directiva n.º 2005/68/CE do Parlamento Europeu e do Conselho, de 16 de Novembro de 2005 (JO L 323 de 9.12.2005, p. 1-50).

O GOVERNO DAS ORGANIZAÇÕES

(ii) a cessionária tenha sede na União Europeia, na Suíça ou em país fora da União Europeia (mas actuando através de sucursal na União Europeia) ou (iii) o Estado membro onde os riscos se situam ou o Estado membro do compromisso[18] sejam países estrangeiros.

A consulta entre autoridades de supervisão destina-se a atestar a sanidade financeira das seguradoras envolvidas e que, tendo em conta o contexto da transmissão de carteira projectada, elas possuem margem de solvência disponível para o efeito.

3.4. Órgãos de administração e fiscalização

3.4.1. Estrutura

I – Não existe no Regime Jurídico das Seguradoras disposição específica incidente sobre as estruturas de administração e fiscalização.

Deste modo, nesta matéria as seguradoras estão sujeitas ao CSC, que lhes é aplicável subsidiariamente no que não contrarie o disposto no Regime Jurídico das Seguradoras[19], e à opção entre um dos três modelos de estrutura de administração e fiscalização ali previstos[20]:

"a) Conselho de administração e conselho fiscal;

b) Conselho de administração, compreendendo uma comissão de auditoria, e revisor oficial de contas;

c) Conselho de administração executivo, conselho geral e de supervisão e revisor oficial de contas."

Refira-se que qualquer dos modelos de fiscalização em causa, inclui uma estrutura que tem como funções específicas (i) fiscalizar o processo de preparação e de divulgação de informação financeira; (ii) propor à assembleia geral a nomeação do revisor oficial de contas; (iii) fiscalizar a revisão das contas da sociedade; e (iv) fiscalizar a independência do revisor oficial de contas, designadamente no tocante à prestação de serviços adicionais.

II – Até à publicação do DL 255/2008, a independência na revisão legal das contas e a instituição de um órgão que inclua membros com a competência e a independência necessárias ao exercício de funções de fiscalização da revisão das

---

[18] No artigo 3.º do Regime Jurídico das Seguradoras «Estado membro do compromisso» é definido como o Estado membro onde o tomador reside habitualmente ou, caso se trate de uma pessoa colectiva, o Estado membro onde está situado o estabelecimento da pessoa colectiva a que o contrato ou operação respeitam.

[19] Artigo 11.º n.º 3 do Regime Jurídico das Seguradoras.

[20] Artigo 278.º, n.º 1 do CSC.

contas estariam automaticamente assegurada apenas nas seguradoras que tivessem adoptado algum dos modelos de estrutura de administração e fiscalização previstos em I *supra*, nas alíneas b) e c).

Já no que se refere às seguradoras que adoptassem a estrutura referida em I *supra*, na alínea a), essa independência apenas estaria assegurada, se e quando, aquelas se enquadrassem num dos seguintes tipos de sociedades[21]:

i) Sociedades emitentes de valores mobiliários admitidos à negociação em mercado regulamentado;

ii) Sociedades que, não sendo totalmente dominadas por outra sociedade que adopte o modelo previsto na alínea a) durante dois anos consecutivos, ultrapassem dois dos seguintes limites:

– Total do balanço – € 100 000 000;
– Total das vendas líquidas e outros proveitos – € 150 000 000;
– Número de trabalhadores empregados em média durante o exercício – 150.

Com efeito, quando adoptem o modelo de organização referido em I, alínea a) *supra*, a fiscalização das sociedades indicadas em i) e ii) supra compete, obrigatoriamente, a um conselho fiscal e a um revisor oficial de contas ou uma sociedade de revisores oficiais de contas que não seja membro daquele órgão[22].

III – O DL 255/2008, que transpõe para o ordenamento jurídico português a Directiva da Auditoria, e classificou as seguradoras como entidades de interesse público[23] passou – em função dessa qualificação e da correspondente exigência acrescida em matéria de transparência, fiscalização, independência e controlo de qualidade – a exigir a aplicabilidade àquelas entidades dos modelos de administração e fiscalização previstos no CSC nos termos dos quais o revisor oficial de contas ou a sociedade de revisores oficiais de contas, consoante aplicável, não integrem o respectivo órgão de fiscalização[24].

Nesta medida, as seguradoras portuguesas estão agora obrigadas a adoptar uma estrutura de fiscalização correspondente à prevista em I *supra*, nas alíneas b) ou c) ou, optando pela estrutura prevista na alínea a) a assegurar que tal estrutura inclua, obrigatoriamente, um conselho fiscal e um revisor oficial de contas ou uma sociedade de revisores oficiais de contas independentes daquele órgão.

---

[21] Artigo 413.º n.º2 do CSC.
[22] Artigo 413.º, n.º 1, alínea b) e n.º 2 do CSC.
[23] Até à publicação do DL 255/2008 a qualificação de entidade de interesse público estava reservada a sociedades com valores mobiliários admitidos à negociação em mercado regulamentado.
[24] Artigo 3.º do DL 255/2008.

O GOVERNO DAS ORGANIZAÇÕES

Através do DL 255/2008, o legislador português optou, assim, na senda das recomendações das organizações internacionais relevantes na área das actividades bancária e seguradora[25], dos princípios comunitários consagrados na Directiva da Auditoria e de proposta do CNSF[26], por garantir a autonomização e independência do revisor oficial de contas das seguradoras.

Adicionalmente, o DL 255/2008 estabelece que o órgão de fiscalização das entidades de interesse público deve incluir, pelo menos, um membro que tenha um curso superior adequado ao exercício das suas funções e conhecimentos em auditoria ou contabilidade e que seja independente[27]. Também neste caso, as entidades de interesse público passam a estar sujeitas a um regime que, até à entrada em vigor do DL 255/2008, estava reservado apenas às sociedades referidas em II *supra*, em i) e ii).

Para as entidades de interesse público cuja modalidade de administração e fiscalização adoptada inclua um conselho geral e de supervisão, o DL 255/2008 prevê que este deve constituir uma comissão para as matérias financeiras, nos termos previstos no CSC.[28] Neste caso, a regra imperativa e a recomendação referidas *supra*, relativas, quer às habilitações académicas e de experiência profissional, quer à independência, aplicar-se-ão *mutatis mutandi* à comissão para as matérias financeiras.

---

[25] Cfr. *Enhancing corporate governance for banking organisations*, BASEL COMMITTEE ON BANKING SUPERVISION, Fevereiro 2006, n.ᵒˢ 22, 23, e 39 e *Insurance Core Principles on Corporate Governance, International Association of Insurance Supervisors*, Janeiro 2004, ICP 1, e) e ICP 9 d).

[26] Documento de Consulta Pública do CNSF n.º1/2007, *Better Regulation* do Sector Financeiro, Ponto 1.1.

[27] Considera-se independente a pessoa que não esteja associada a qualquer grupo de interesses específicos na sociedade nem se encontre em alguma circunstância susceptível de afectar a sua isenção de análise ou de decisão, nomeadamente em virtude de: a) Ser titular ou actuar em nome ou por conta de titulares de participação qualificada igual ou superior a 2% do capital social da sociedade; b) Ter sido reeleita por mais de dois mandatos, de forma contínua ou intercalada (artigo 414.º, n.º 5 do CSC).

[28] Nos termos do disposto no número 2 do artigo 444.º n.º1 do CSC a comissão para as matérias financeiras deve especificamente dedicar-se ao exercício das funções referidas nas alíneas f) a o) do artigo 441.º do CSC, a saber: a) Verificar, quando o julgue conveniente e pela forma que entenda adequada, a regularidade dos livros, registos contabilísticos e documentos que lhes servem de suporte, assim como a situação de quaisquer bens ou valores possuídos pela sociedade a qualquer título; b) Verificar se as políticas contabilísticas e os critérios valorimétricos adoptados pela sociedade conduzem a uma correcta avaliação do património e dos resultados; c) Dar parecer sobre o relatório de gestão e as contas do exercício; d) Fiscalizar a eficácia do sistema de gestão de riscos, do sistema de controlo interno e do sistema de auditoria interna, se existentes; e) Receber as comunicações de irregularidades apresentadas por accionistas, colaboradores da sociedade ou outros; f) Fiscalizar o processo de preparação e de divulgação de informação financeira; g) Propor à assembleia-geral a nomeação do revisor oficial de contas; h) Fiscalizar a revisão de contas aos documentos de prestação de contas da sociedade; i) Fiscalizar a independência do revisor oficial de contas, designadamente no tocante à prestação de serviços adicionais.

O GOVERNO DAS SEGURADORAS

IV – No que respeita ao órgão de fiscalização das entidades de interesse público, o CNSF[29] propõem que se vá ainda mais longe do que o previsto no DL 255/2008 e seja recomendado pelas autoridades de supervisão competentes àquelas entidades que o órgão de fiscalização respectivo inclua na sua composição uma maioria de membros considerados independentes[30]. Não pode negar-se que a observância desta recomendação possibilitaria o desejável alinhamento da composição do órgão de fiscalização com a que se encontra já prevista no CSC para as sociedades emitentes de acções admitidas à negociação em mercado regulamentado[31], contribuindo, assim, para o reforço dos respectivos mecanismos de governo societário.

As recomendações do CNSF relativas à independência da maioria dos membros do órgão de fiscalização ou da comissão para as matérias financeiras (consoante aplicável) são actualmente objecto de uma recomendação genérica sobre o governo societário das seguradoras integrada na Circular do ISP 5/2009.

V – No que respeita às estruturas de governo das seguradoras, aquelas que impliquem o reforço da independência na revisão legal das contas e a instituição de um órgão que inclua membros com a competência e a independência necessárias ao exercício de funções de fiscalização da revisão das contas, foram reconhecidas pelo legislador e regulador portugueses como contribuindo para a acrescida fiabilidade dos documentos de prestação de contas e para o aumento da eficácia, não só da fiscalização, como dos próprios sistemas de gestão de riscos, controlo interno e auditoria interna.

Os aspectos indicados, por seu turno, contribuem, necessariamente, para uma gestão sã e prudente das seguradoras, reforçando, assim, os interesses dos accionistas e a protecção dos consumidores de seguros, designadamente, tomadores de seguros, segurados, beneficiários e terceiros lesados.

3.4.2. Idoneidade, qualificação e independência

I – Num contexto em que os mercados nacional e internacionais são crescentemente mais sofisticados e no qual, devido aos ainda recentes ecos de uma crise financeira internacional sem precedentes, a actuação dos membros dos órgãos de administração e fiscalização das instituições financeiras se encontra sob um severo escrutínio, quer por parte de autoridades de supervisao, quer por parte

---

[29] Documento de Consulta Pública do CNSF n.º1/2007, *Better Regulation* do Sector Financeiro, Ponto 1.1. e Relatório CNSF sobre Estruturas de Administração e Fiscalização das Instituições de Crédito e das Empresas de Seguros e Idoneidade e Experiência Profissional, Junho de 2008, ponto 2.

[30] Cfr. nota n.º 17.

[31] Artigos 414.º, n.º 6, 423.º-B, n.º 5 e 444.º, n.º 6 do CSC.

O GOVERNO DAS ORGANIZAÇÕES

do público em geral, a respectiva qualificação, idoneidade e independência passaram a assumir grande relevância e, consequentemente, a constar das agendas legislativa e regulamentar em matéria de governo societário daquelas instituições.

Assim sucedeu também em Portugal onde, aproveitando a recente transposição para o nosso ordenamento jurídico da Directiva 2005/68/CE[32], o legislador introduziu no Regime Jurídico das Seguradoras importantes alterações relacionadas com a composição dos respectivos órgãos sociais, impondo, mesmo àqueles membros que integrem o conselho geral e de supervisão (quando exista) e aos administradores não executivos, requisitos de qualificação adequada, idoneidade e sujeição a regras sobre acumulação de cargos.

Relativamente à actividade seguradora em particular, é importante referir que aos membros dos respectivos órgãos de administração e fiscalização é actualmente exigido um conhecimento e domínio de matérias complexas tais como aspectos do negócio segurador propriamente dito, ciência actuarial, aspectos jurídicos e contabilísticos, modelos informáticos e políticas remuneratórias dos quadros directivos das sociedades que governam. Nesta perspectiva, as qualidades individuais destas pessoas e do seu comportamento, associadas ao bom funcionamento do órgão a que pertencem no seu conjunto, são tão importantes para uma boa governação como o bom funcionamento de uma política de controlo interno e uma gestão de riscos eficaz.

II – No que respeita à avaliação da idoneidade dos membros dos órgãos sociais, esta assenta actualmente, por um lado, (i) na previsão legal de um conjunto de factos indiciadores de falta de idoneidade e, por outro lado, (ii) numa avaliação em concreto pelo ISP da informação relativa a cada membro dos órgãos de administração e fiscalização das entidades supervisionadas[33]. No âmbito desta avaliação o ISP deverá levar a cabo uma actuação concertada com o BP e a CMVM, no sentido de considerar verificada a idoneidade dos membros dos órgãos de administração e fiscalização de uma seguradora que se encontrem registados junto daqueles supervisores, uma vez que tal registo está igualmente sujeito a condições de idoneidade ("passaporte do titular do órgão social").

Os critérios indiciadores de falta de idoneidade estão previstos no Regime Jurídico das Seguradoras[34], constituindo um importante auxílio da avaliação que

---

[32] Transposição efectuada através do Decreto-Lei 2/2009.

[33] Artigo 51.º do Regime Jurídico das Seguradoras.

[34] Nos termos do Artigo 51.º do Regime Jurídico das Seguradoras *são os seguintes os critérios indiciadores de falta de idoneidade: (a) "A condenação, em Portugal ou no estrangeiro, por crime de furto, abuso de confiança, roubo, burla, extorsão, infidelidade, abuso de cartão de garantia ou de crédito, emissão de cheques sem provisão, usura, insolvência dolosa, insolvência negligente, frustração de créditos, favorecimento de credores, apropriação ilegítima de bens do sector público ou cooperativo, administração danosa em unidade económica do sector público ou cooperativo,*

o ISP tem de efectuar quando chamado a analisar e opinar sobre a idoneidade dos membros dos órgãos sociais das seguradoras.

III – No que toca a requisitos de qualificação adequada, o Regime Jurídico das Seguradoras estabelece que os membros dos órgãos de administração e fiscalização das seguradoras, incluindo os que integrem o conselho geral e de supervisão e os administradores não executivos, devem demonstrar *"qualificação adequada, nomeadamente através de experiência profissional ou de habilitação académica"*. [35]

Presume-se a existência de qualificação adequada quando a pessoa em causa tenha previamente exercido, com competência, funções de responsabilidade no domínio financeiro e técnico, devendo a duração dessa experiência, bem como a natureza e grau de responsabilidade das funções antes exercidas, estar em consonância com as características e dimensão da seguradora onde pretende exercer as suas funções.[36]

Também em sede de qualificação adequada dos membros dos órgãos de administração, o CNSF foi mais longe propondo que, em termos de qualificação, o órgão de administração seja colectivamente dotado das valências específicas relevantes para a entidade em que é exercida a actividade"[37]. Trata-se aqui da dimensão colectiva da qualificação, por oposição à dimensão individual abordada *supra*, a qual visa considerar o órgão de administração no seu todo, de forma a assegurar que este disponha da "qualificação" subjacente aos requisitos gerais de competência técnica e adequação dos meios humanos, que resultam do princípio de gestão sã e prudente, nomeadamente em matéria de gestão ou actividade seguradora.

Porém, a abordagem preconizada deverá ser efectuada atendendo, por um lado, às características e dimensão da entidade supervisionada (segundo o princípio da proporcionalidade[38]) e, por outro lado, à preservação da autonomia

---

falsificação, falsidade, suborno, corrupção, branqueamento de capitais, recepção não autorizada de depósitos ou outros fundos reembolsáveis, prática ilícita de actos ou operações de seguros, de resseguros ou de gestão de fundos de pensões, abuso de informação, manipulação do mercado de valores mobiliários ou pelos crimes previstos no Código das Sociedades Comerciais; (b) A declaração de insolvência do membro do órgão social ou a declaração de insolvência de empresa por ele dominada ou de que tenha sido administrador, director, ou gerente, num e noutro caso, por sentença nacional ou estrangeira; e (c) A condenação, em Portugal ou no estrangeiro, pela prática de infracções às regras legais ou regulamentares que regem a actividade das instituições de crédito, sociedades financeiras ou instituições financeiras, das entidades gestoras de fundos de pensões e do mercado de valores mobiliários, bem como a actividade seguradora ou resseguradora e a actividade de mediação de seguros ou resseguros."

[35] Artigo 51.º, n.º 1 a).

[36] Artigo 51.º 4.

[37] Relatório CNSF sobre Estruturas de Administração e Fiscalização das Instituições de Crédito e das Empresas de Seguros e Idoneidade e Experiência Profissional, Junho de 2008, ponto 3.

[38] Cfr. 1.2. *supra*.

O GOVERNO DAS ORGANIZAÇÕES

organizativa das seguradoras, nomeadamente no que respeita à afectação dos respectivos recursos humanos ao exercício da respectiva actividade.

A recomendação do CNSF foi acolhida pelo ISP através da respectiva integração na recomendação genérica sobre o governo societário das seguradoras constante da Circular ISP 5/2009.

IV – As funções dos directores de topo numa seguradora são essenciais para o seu funcionamento, e, consequentemente, para o seu bom governo. Desde logo porque, como melhor se enquadrará adiante[39], é a estes directores que cabe implementar os sistemas de gestão de riscos e controlo interno estabelecidos pela administração, trabalhando em estreita relação com esta no sentido de assegurar que a gestão e controlo de todas as operações da seguradora são efectuadas de uma forma sã e prudente.

As alterações que o legislador introduziu no Regime Jurídico das Seguradoras através do DL 2/2009 incluem, pela primeira vez, requisitos de qualificação adequada e idoneidade também para directores de topo das seguradoras, devendo estes ser entendidos como *"os dirigentes que, não fazendo parte do órgão de administração da seguradora, constituem a primeira linha hierárquica responsável pela respectiva gestão"*. [40]

Tendo em conta a importância das funções em causa cabe agora às seguradoras assegurar que os respectivos directores de topo preenchem os requisitos referidos *supra* e previstos para os membros dos órgãos de administração e fiscalização.

V – Relativamente a regras sobre acumulação de cargos por parte dos membros do órgão de administração de uma seguradora, o Regime Jurídico das Seguradoras[41] prevê que o ISP possa opor-se a que os membros do órgão de administração de uma seguradora exerçam funções de administração noutras sociedades, caso entenda que a acumulação é susceptível de prejudicar o exercício das funções que o interessado já desempenhe, nomeadamente por existirem riscos graves de conflito de interesses, ou, tratando-se de pessoas que exerçam funções executivas, por não se verificar disponibilidade suficiente para o exercício do cargo.

Porém, a regra enunciada não se aplica ao exercício cumulativo de funções de administração em sociedades que se encontrem em relação de domínio ou de grupo com a seguradora em questão[42].

Detendo-nos, em particular, na preocupação do legislador em evitar a acumulação de cargos que possam originar conflitos de interesses, não podemos deixar de questionar a amplitude desta excepção.

---

[39] Cfr. 3.5.2 *infra*.

[40] Artigo 122.º- D do Regime Jurídico das Seguradoras e artigos 6.º e 10.º da Norma ISP 14/2005.

[41] Artigo 51.º-A.

[42] Artigo 51.º 4.

O GOVERNO DAS SEGURADORAS

Isto porque, se é verdade que o exercício da actividade de uma seguradora no seio de um grupo potencia oportunidades e desafios e uma maior eficiência para o funcionamento do grupo (que pode beneficiar, entre outros, do desenvolvimento de políticas comuns, de um maior grau de conhecimento especializado e melhores sistemas de informação e de um melhor aproveitamento de contratação em regime de outsourcing, intra ou extra grupo) também não pode deixar de referir-se que tais oportunidades e desafios dependem muito de factores como a dimensão da seguradora em questão, a posição e estatuto que ela ocupa no grupo (sociedade dominante ou dominada) e as políticas e práticas de governo societário estabelecidas ao nível do grupo e neste implementadas. Neste contexto, pode acontecer que, quer no âmbito da respectiva actividade, quer no âmbito das relações que estabeleça com outras sociedades do mesmo grupo, se verifiquem por vezes interesses da seguradora conflituantes intra-grupo.

De entre os referidos interesses conflituantes, que consubstanciam um grande desafio para o governo de qualquer sociedade, destacaríamos os que podem ter origem (i) na deficiente atenção prestada ao governo da seguradora (nos casos desta ser, por exemplo, uma filial de menor dimensão e com um papel secundário no grupo), (ii) na deficiente demarcação de responsabilidades e autoridade entre as sociedades do grupo, (iii) em deveres e direitos conflituantes e possível contágio de risco, manifestados em contratos celebrados entre a seguradora e outras sociedades do grupo (por exemplo, os casos em que uma seguradora subcontrata a gestão dos seus activos a uma instituição de crédito do grupo), (iv) na contaminação da má reputação de uma sociedade às restantes sociedades do grupo e (v) no estabelecimento de políticas e perfis de risco para o grupo que podem não ser os mais adequados para a seguradora.

Assim, não nos parece evidente que o facto de duas ou mais entidades pertencerem a um mesmo grupo exclua, por si só, o conflito de interesses dos membros comuns dos respectivos órgãos de administração e, nesta medida, julgamos pertinentes as considerações da OCDE[43] sobre esta matéria que salientam o facto de os membros do órgão de administração de uma seguradora pertencente a um grupo estarem obrigados a um dever de bom governo dessa seguradora, sendo, consequentemente, responsáveis perante a mesma, os tomadores de seguros, os segurados, os beneficiários dos seguros e terceiros lesados pela tomada esclarecida e independente de decisões, na medida em que, no limite, é a seguradora e não o grupo a responsável por satisfazer as respectivas reclamações e o grupo nem sempre pode estar disponível e apto para suportar perdas num contexto de crise e dificuldades.

As relações intra-grupo são já objecto da atenção do legislador e do ISP em algumas matérias com impacto no governo das seguradoras, como sejam riscos e sistemas

---

[43] *(Draft Revised) OECD Guidelines on Insurance Governance/Public Consultation September 2010, III.*

O GOVERNO DAS ORGANIZAÇÕES

de gestão de riscos[44], gestão de reclamações[45], remuneração[46]. No entanto, no que respeita especificamente aos membros do órgão de administração das seguradoras e aos potenciais conflitos de interesses que possam advir do desempenho simultâneo das suas funções nessas seguradoras e noutras sociedades do mesmo grupo, julgamos que seria desejável que, em consonância com as recomendações da OCDE[47], o ISP estabelecesse, a título de recomendação de governo societário, que o órgão de administração de uma seguradora deve ser composto por uma maioria de membros independentes do grupo de que a seguradora faça parte e da gestão deste.[48]

3.5. Sistema de governo

Ao abordar o sistema de governo de uma seguradora devem considerar-se, não apenas os requisitos de carácter geral, a que aquela está sujeita enquanto sociedade comercial, mas também os requisitos decorrentes das especificidades da sua actividade. O legislador português procedeu[49], a alguns ajustamentos na parte do Regime Jurídico das Seguradoras que regula esta matéria.

3.5.1. Gestão sã e prudente

I – As seguradoras que revistam a natureza de sociedades anónimas[50], estão através de remissão prevista no Regime Jurídico das Seguradoras[51], sujeitas aos

---

[44] Norma ISP 14/2005, artigo 8.º n.º 3; Circular ISP 7/2009, Parte II, parágrafo F. n.º3 e) e parágrafo G.7. n.º 5 c).

[45] Artigo 131.º-D n.º 3 do Regime Jurídico das Seguradoras; Norma ISP 10/2009, artigo 7.º.

[46] Norma ISP 6/2010, artigo 2.º n.º 2, l).

[47] Draft Revised) OECD Guidelines on Insurance Governance/Public Consultation September 2010, III.

[48] À semelhança do que já acontece com as recomendações relativas à independência da maioria dos membros do órgão de fiscalização ou da comissão para as matérias financeiras, que consubstanciam actualmente uma recomendação genérica sobre o governo societário das seguradoras integrada na Circular do ISP n.º 5, de 19 de Fevereiro.

[49] Cfr. DL 2/2009.

[50] Actualmente, e à excepção de uma mútua de seguros, todas as seguradoras registadas junto do ISP revestem a natureza de sociedades anónimas. Para além de sociedades que revistam a natureza de sociedades anónimas, em Portugal a actividade seguradora e resseguradora pode ainda, de acordo com o artigo 7.º do Regime Jurídico das Seguradoras, ser exercida por: a) Mútuas de seguros ou de resseguros; b) Sucursais de empresas de seguros com sede no território de outros Estados membros da União Europeia, desde que devidamente cumpridos os requisitos exigidos ou sucursais de empresas de resseguros com sede no território de outros Estados membros da União Europeia; c) Sucursais de empresas de seguros ou de resseguros com sede fora do território da União Europeia, autorizadas nos termos do Regime Jurídico das Seguradoras; d) Empresas de seguros ou empresas de resseguros públicas ou de capitais públicos, criadas nos termos da lei portuguesa, desde que tenham por objecto a realização de operações de seguro ou de resseguro em condições equivalentes às das empresas de direito privado. A actividade seguradora ou resseguradora pode também ser exercida por empresas de seguros ou de resseguros que adoptem a forma de sociedade europeia, nos termos da legislação que lhes for aplicável.

[51] Artigo 11.º n.º 3.

princípios gerais de governo das sociedades, constantes do CSC. Nesta medida, os seus administradores e os membros dos seus órgãos sociais com funções de fiscalização devem, no desempenho das suas funções, observar os deveres fundamentais inerentes a uma gestão sã e prudente, previstos no artigo 64.º CSC[52], nomeadamente deveres de cuidado e de lealdade.

II – No que se refere aos princípios que regem o governo das seguradoras, começaríamos por referir a regra de carácter geral estabelecida no Regime Jurídico das Seguradoras[53] que, sob a epígrafe "Gestão sã e prudente", estabelece que *"As condições em que decorre a actividade de uma empresa de seguros devem respeitar as regras de uma gestão sã e prudente, e designadamente provendo a que a mesma seja efectuada por pessoas suficientes e com conhecimentos adequados à natureza da actividade, e segundo estratégias que levem em conta cenários razoáveis e, sempre que adequado, a eventualidade da ocorrência de circunstâncias desfavoráveis."*

Para além de requisitos relativos à qualificação profissional dos membros do órgão de administração, e sobre os quais nos detemos mais detalhadamente *supra*[54], a regra enunciada refere um requisito de estratégia, imprescindível na actividade de qualquer seguradora, em geral, e no actual contexto de recuperação financeira dos mercados nacionais e internacionais, em particular: a gestão de uma seguradora não pode actuar apenas em função de um determinado *status quo*, cabendo-lhe antever problemas e delinear soluções preventivamente, em função de situações de crise que possam ocorrer no futuro. Por outras palavras, na gestão de uma seguradora devem ser contemplados, definidos e monitorizados indicadores de alerta no sentido de permitir uma detecção atempada dos riscos potencialmente adversos para o desenvolvimento da sua actividade.

III – Directamente relacionados com a gestão sã e prudente de uma seguradora estão os princípios de organização e controlo interno no âmbito dos quais o legislador nacional exige às seguradoras com sede em Portugal, e às sucursais portuguesas de seguradoras com sede fora do território da União Europeia, uma boa organização administrativa e contabilística, procedimentos adequados de controlo interno, bem como a necessidade de assegurar elevados níveis de aptidão profissional.[55]

---

[52] Alterado no âmbito da reforma do CSC, introduzida pelo Decreto-lei n.º 76-A/2006, de 29 de Março, cujo preâmbulo esclarece que o objectivo dessas alterações visou fixar um núcleo mínimo de deveres dos administradores e densificá-los, em prol de uma maior transparência e eficiência das sociedades anónimas portuguesas.

[53] Artigo 122.º-C.

[54] Cfr. 3.4.2. *supra*.

[55] Artigo 122.º-A do Regime Jurídico das Seguradoras.

3.5.2. Gestão do risco e controlo interno

I – As seguradoras devem possuir processos de gestão de riscos e procedimentos de controlo interno adequados, incluindo procedimentos de prestação de informações e contabilísticos sólidos, que lhes permitam identificar, medir, acompanhar e controlar todas as vertentes da sua actividade e desenvolver um sistema de solvência são. Esses processos e procedimentos consubstanciam mecanismos de governação essenciais na gestão sã e prudente do negócio segurador e o seu estabelecimento e monitorização devem ser a prioridade do órgão de administração de qualquer seguradora.

Sobre organização e controlo interno, o legislador português esclarece que *"As empresas de seguros com sede em Portugal e as sucursais de empresas de seguros com sede fora do território da União Europeia devem possuir uma boa organização administrativa e contabilística, procedimentos adequados de controlo interno, bem como assegurar elevados níveis de aptidão profissional, cumprindo requisitos mínimos a fixar em norma pelo Instituto de Seguros de Portugal."*[56]

Regulamentando a referida disposição, o ISP estabeleceu detalhadamente os princípios aplicáveis ao desenvolvimento dos sistemas de gestão de riscos e de controlo interno das seguradoras através da Norma ISP 14/2005, cujo conteúdo está alinhado com as directrizes da IAIS[57].

Adicionalmente, o ISP publicou ainda a Circular ISP 7/2009 que contém uma Orientação Técnica estabelecendo um conjunto de princípios operacionais e orientações relativamente aos riscos específico de seguros, de mercado, de crédito, de liquidez e operacional, já identificados na Norma ISP 14/2005, e abordando e desenvolvendo alguns riscos que justificam uma abordagem mais detalhada, como é o caso dos riscos estratégico, de concentração e de reputação.

As orientações da Circular ISP 7/2009 devem ser acolhidas como recomendações, devendo ser adoptadas pelas seguradoras numa base de *comply or explain*. Nestes termos, o não cumprimento, parcial ou total, das orientações em causa deve ser devidamente justificado e documentado, tendo sempre em atenção o princípio da proporcionalidade. Por outro lado, estas orientações não pretendem ser exaustivas ou prescrever procedimentos uniformes de gestão de riscos e controlo interno para todas as seguradoras, mas antes servir como *benchmark* para a avaliação da qualidade dos sistemas implementados por cada uma delas, no âmbito da comunicação a manter com o ISP e no decurso do processo de supervisão.

Tendo em conta o exposto, a estratégia de gestão de riscos de qualquer seguradora não pode deixar de atender à Norma e Circular referidas.

---

[56] No artigo 122.ºA do Regime Jurídico das Seguradoras.

[57] *Insurance Core Principles on Corporate Governance*, International Association of Insurance Supervisors, Janeiro 2004, ICP 10 e ICP 18.

O GOVERNO DAS SEGURADORAS

II – As seguradoras devem elaborar um relatório anual contendo informação sobre as políticas e estratégias de gestão de riscos e de controlo interno, o qual deve contemplar, entre outras, informação sobre o modo como são acolhidas as recomendações da Circular 7/2009, quais os fundamentos para o seu eventual não acolhimento e os aspectos relativos à monitorização das políticas e estratégias em causa. Este relatório deve ser remetido pelo órgão de administração ao ISP juntamente com os elementos de reporte relativos ao final de cada exercício.

Ao exposto, acresce que a implementação e efectiva aplicação das estratégias, políticas e processos identificados no(s) documento(s) que formaliza(m) os princípios de gestão de riscos e os princípios de controlo interno elaborado(s) pela seguradora devem ser objecto de apreciação por um revisor oficial de contas no âmbito dos trabalhos efectuados para a elaboração do relatório de auditoria para efeitos de supervisão prudencial das seguradoras. Este relatório constitui um auxiliar importante ao governo das seguradoras, na medida em que nele o revisor oficial de contas deve incluir um parecer sobre a adequação dos sistemas de gestão de riscos e de controlo interno aos objectivos da Norma 14/2005, referindo eventuais falhas e/ou fragilidades detectadas e as medidas tomadas no sentido de melhorar os sistemas implementados.

III – A gestão de risco e controlo interno de uma seguradora pressupõem uma estrutura organizacional adequada e bem definida e organizada, capaz de implementar os sistemas que permitam levá-los a cabo de forma eficiente, sã e prudente.

Nesta estrutura, pilar e desenvolvimento do governo de qualquer seguradora, deve promover-se uma definição clara e objectiva da cadeia de responsabilidades e hierarquias bem como da segregação de funções e deveres de todos os intervenientes, imprescindível para evitar sobreposições e conflitos internos.

O órgão de administração é responsável por garantir que a estrutura em causa permite implementar na seguradora mecanismos de governação adequados, devendo tomar as medidas que se revelem necessárias para o efeito, que vão desde a definição e aprovação da sua estrutura organizacional, até à definição das responsabilidades e deveres dos directores de topo, passando pela obrigação de assegurar a existência de sistemas de informação e canais de comunicação internos adequados, entre outras.

Numa segunda linha de actuação, aparecem os directores de topo[58] responsáveis por assegurar o cumprimento das estratégias, políticas, objectivos e orientações estabelecidos pelo órgão de administração para a estrutura organizacional definida.

---

[58] Cfr. 3.4.2., IV *supra*.

O GOVERNO DAS ORGANIZAÇÕES

À estrutura organizacional da seguradora deve ser associada aquilo a que a Norma ISP 14/2005 designa por "Cultura Organizacional". Cabe ao órgão de administração de cada seguradora promover o reconhecimento e a importância da estrutura organizacional criada, bem como estabelecer uma cultura interna destinada a enfatizar a importância da gestão de riscos e do controlo interno e levar a cabo, com sucesso e empenho de todos os envolvidos, os respectivos sistemas de implementação.

Neste contexto, os códigos de conduta previstos no Regime Jurídico das Seguradoras[59] desempenham um papel importante, porquanto contribuem para assegurar uma cultura ética da organização e para uma melhor interiorização das funções a desempenhar por todos e cada um dos envolvidos (membros do órgão de administração, directores de topo, trabalhadores).

Por fim, não pode deixar de referir-se a importância da comunicação nesta estrutura organizacional: para que a estrutura funcione é essencial que existam fluxos de informação recíprocos e canais de comunicação internos e externos adequados aos objectivos, estratégias e sistemas delineados.

IV – O sistema de gestão de riscos de uma seguradora é um factor chave do seu governo e deve permitir identificar e compreender os riscos, financeiros e não financeiros, a que uma seguradora está exposta, interna e externamente, de modo a conseguir estabelecer os respectivos níveis de tolerância e a delinear estratégias destinadas à sua gestão, mitigação e controlo (incluindo a definição e monitorização de indicadores de alerta e exercícios de *stess tests* no sentido de permitir uma detecção atempada dos riscos potencialmente adversos).[60]

Constituindo o processo de gestão de riscos uma ferramenta essencial no governo de qualquer seguradora, ele deve ter uma influência activa na definição do seu perfil de risco e nas tomadas de decisão do órgão de administração e dos directores de topo.

O órgão de administração deve ter um conhecimento adequado dos tipos de riscos a que a seguradora se encontra exposta e das técnicas utilizadas para avaliar e gerir esses riscos eficientemente, sendo responsável pelo estabelecimento e manutenção de um sistema de gestão de riscos apropriado e eficaz.

Já os directores de topo têm funções destinadas a garantir que é efectuada a identificação, a avaliação e a mitigação dos riscos a que a seguradora se encontra exposta e assegurar a existência dos mecanismos necessários para a sua monitorização e controlo. Neste contexto, compete-lhes um conjunto de funções que

---

[59] Cfr. 3.5.3. *infra*.
[60] Sobre a identificação dos aspectos a considerar num sistema de gestão de riscos adequado e sobre a caracterização de cada um desses riscos, Cfr. Norma ISP 14/2005, Artigo 8.º e Circular ISP 7/2009, Parte II.

incluem, entre outras, (i) a definição de políticas e estratégias concretas que possibilitem a implementação de procedimentos eficazes e adequados, em linha com as orientações definidas e aprovadas pelo órgão de administração; (ii) a definição, implementação e revisão de processos para a determinação do nível de capital adequado aos riscos em que a seguradora incorre a cada momento; (iii) e a verificação regular do cumprimento dos níveis de tolerância ao risco e das políticas e procedimentos de gestão de riscos de modo a avaliar a sua eficácia e contínua adequação à actividade da seguradora, no sentido de possibilitar a correcção de quaisquer falhas e/ou fragilidades detectadas.

Para além das funções do órgão de administração e dos directores de topo, a seguradora deve ainda estabelecer na sua estrutura organizacional a função específica do gestor de riscos. Esta deve concretizar as políticas definidas pelos directores de topo e aprovadas pelo órgão de administração, através do planeamento, análise, monitorização e reporte do impacto dos riscos a que a seguradora está exposta, e deve propor planos de mitigação e/ou transferência de riscos para fazer face aos diferentes contextos com que se defronta na sua actividade.

V – No que respeita ao sistema de controlo interno, este deve ser estruturado de forma a legitimar e reforçar a confiança nos procedimentos e modo de funcionamento da seguradora, possibilitando, não só a detecção atempada de falhas nos processos operativos internos, mas também uma contribuição efectiva para o bom funcionamento do sistema de gestão de riscos implementado.

Nesta medida, o controlo interno compreende um conjunto de procedimentos concretizados pelo órgão de administração, pelos directores de topo e por todos os restantes colaboradores da seguradora com o objectivo de assegurar em concreto, entre outros: (i) a eficiência e a eficácia das operações que consubstanciam a actividade da seguradora; (ii) a existência e prestação de informação, financeira e não financeira, fiável e completa; (iii) a eficiência do sistema de gestão de riscos, incluindo, nomeadamente, o risco específico de seguros, bem como os riscos de mercado, crédito, liquidez e operacional; e (iv) uma correcta e adequada avaliação dos activos e responsabilidades.[61]

O órgão de administração é responsável por definir uma estratégia de controlo interno e pela respectiva manutenção. Adicionalmente, cabe-lhe proporcionar orientação e controlo prudencial adequados que permitam garantir uma gestão e um controlo apropriados e eficazes e que assegurem a conformidade da sua actividade com a legislação e demais regulamentação em vigor.

Numa perspectiva mais operacional, cabe depois aos directores de topo, no cumprimento das estratégias e orientações estabelecidas pelo órgão de adminis-

---

[61] Norma 14/2005, Artigo 12.º

tração, desenvolver, implementar, manter e monitorizar o sistema de controlo interno em causa de forma eficaz e adequada, sendo igualmente responsáveis pela eficiência dos controlos organizacionais e procedimentais da seguradora.

O processo de monitorização do sistema de controlo interno deve ser efectuado numa base contínua, no decurso da actividade corrente da seguradora e deve ser complementado com avaliações periódicas e/ou extraordinárias, eficazes e completas, a executar pela função de auditoria interna (devidamente integrada na estrutura organizacional e com acesso directo ao órgão de administração) ou, no caso de a sua existência não ser exequível ou apropriada face à estrutura organizacional da seguradora, o órgão de administração deve aplicar procedimentos de monitorização adicionais e/ou subcontratar esta função a um revisor oficial de contas independente do que procede à certificação legal de contas e à auditoria para efeitos de supervisão prudencial[62], com o objectivo de garantir a adequação do sistema de controlo interno.

3.5.3. Códigos de Conduta

Aos princípios de gestão sã e prudente e à necessidade de implementação de uma organização interna e gestão de riscos adequadas e eficientes, não pode deixar de associar-se a importância de uma conduta profissional ética que deve abranger todos quantos contribuem para actividade e desempenho de uma seguradora.

Neste sentido, e concretizando a proposta patente no Relatório de *Better Regulation* do Sector Financeiro[63], já alinhada com princípios internacionais sobre a matéria, nomeadamente com os preconizados pela IAIS[64], e estendendo às seguradoras disposições já aplicáveis às instituições de crédito e sociedades financeiras[65], o legislador português aproveitou o DL 2/2009 para introduzir

---

[62] No âmbito do sistema de supervisão prudencial das seguradoras, para além do documento de certificação legal de contas emitido pelo respectivo revisor oficial de contas, as demonstrações financeiras e os elementos financeiros e estatísticos remetidos ao ISP pela seguradora devem ser certificados por um revisor oficial de contas. Esta certificação, mais vocacionada para a análise do cumprimento dos requisitos previstos na legislação em vigor relativamente aos sistemas contabilísticos e de informação da seguradora, assume um carácter distinto da certificação legal de contas na qual o revisor oficial de contas deve declarar se as demonstrações financeiras, tomadas como um todo, apresentam, ou não, de forma verdadeira e apropriada, em todos os aspectos materialmente relevantes, a posição financeira, o resultado das operações e os fluxos de caixa da entidade, com referência a uma data e ao período nela findo, de acordo com os princípios contabilísticos legalmente adoptados.

[63] Documento de Consulta Pública do CNSF n.º1/2007, *Better Regulation* do Sector Financeiro, Ponto 1.3.

[64] *Insurance Core Principles on Corporate Governance, International Association of Insurance Supervisors,* Janeiro 2004, prevêem, no ICP 9, que o órgão de administração estabeleça princípios de conduta profissional e de comportamento ético aplicáveis aos membros do órgão de administração, aos dirigentes e restantes trabalhadores.

[65] Cfr. artigo 77.º- B do RGICSF.

O GOVERNO DAS SEGURADORAS

no Regime Jurídico das Seguradoras[66] a obrigatoriedade destas estabelecerem e monitorizarem o cumprimento de códigos de conduta que prevejam linhas de orientação em matéria de ética profissional, incluindo princípios para a gestão de conflitos de interesses, aplicáveis aos membros dos órgãos de administração e aos respectivos trabalhadores e colaboradores.

Estes códigos de conduta, que devem ser divulgados publicamente, designadamente através dos sítios das seguradoras na internet, podem ser elaborados ou adoptados por adesão pelas seguradoras a códigos de conduta elaborados pelas suas associações representativas.

3.5.4. Função Actuarial

I – Uma função característica da actividade seguradora que não pode dissociar-se do governo de qualquer seguradora é a função actuarial.

Esta função é desempenhada por técnicos especializados na aplicação de cálculos estatísticos e matemáticos a operações financeiras – nomeadamente no âmbito do estabelecimento e gestão de produtos de seguros – aos quais a legislação em vigor atribui um conjunto de actividades bastante alargado no seio do sistema de supervisão prudencial das seguradoras.

As actividades referidas consistem em, entre outras, avaliar a respectiva situação financeira das seguradoras, assegurar a adequação das metodologias, modelos de base e pressupostos utilizados no cálculo das suas provisões técnicas, aferir da adequação, suficiência e conformidade com a legislação em vigor, dos prémios por elas praticados em relação aos ramos explorados e dar parecer sobre a sua política global de subscrição de seguros. O actuário responsável desempenha ainda um importante papel na avaliação dos sistemas de participação nos resultados e da situação de solvência das seguradoras.

II – Dada a especificidade das funções em causa, a actividade actuarial apenas pode ser exercida por pessoas devidamente qualificadas, que demonstrem possuir conhecimentos suficientes de matemática actuarial e financeira, proporcionais à natureza, escala e complexidade dos riscos inerentes à actividade da seguradora onde trabalham e que demonstrem conhecimento e experiência no âmbito da regulamentação do sector. A aferição das qualificações do actuário é efectuada pelo ISP, ao qual cabe atribuir-lhe a certificação exigida para o desempenho da sua actividade.

Adicionalmente, a função actuarial está também sujeita a requisitos de idoneidade, nos termos exigidos para os membros dos órgãos sociais, e independência,

---

[66] Artigo 122.º-E do Regime Jurídico das Seguradoras.

O GOVERNO DAS ORGANIZAÇÕES

sendo, nomeadamente, vedado ao actuário responsável pertencer aos órgãos sociais de uma seguradora ou nela deter participação qualificada.[67]

III – O actuário deve agir em estreita colaboração com a administração da seguradora e enquanto esta deve disponibilizar-lhe toda a informação necessária para o exercício das suas funções aquele deve apresentar à administração os relatórios actuariais que elabora, de acordo com a regulamentação em vigor[68], devendo, sempre que detecte situações de incumprimento ou inexactidão materialmente relevantes, propor-lhe medidas que permitam ultrapassar tais situações, devendo depois ser informado pela administração das medidas tomadas na sequência da sua proposta[69].

Num segundo nível de controlo da actuação da administração da seguradora, refira-se que, se após a data de entrega dos relatórios referidos, o actuário responsável detectar a existência de incorrecções na informação neles contida que sejam consideradas materialmente relevantes para efeito das conclusões obtidas, deve efectuar as correcções que considere apropriadas, as quais devem ser remetidas pela seguradora ao ISP.

A colaboração entre a administração da seguradora e o actuário responsável é essencial no governo de qualquer seguradora e pressuposto de uma gestão salutar e prudente e, atentas as funções do actuário, do adequado funcionamento, quer dos seus processos de gestão de risco, quer dos seus procedimentos de controlo interno.

IV – Apesar das funções do actuário responsável se encontrarem bem definidas na lei e regulamentação aplicáveis à respectiva actividade, a única alusão à respectiva designação consta do Regime Jurídico das Seguradoras, que atribui essa competência à seguradora, mas sem especificar qual o órgão competente para o fazer.

Neste contexto, e na ausência de estipulação expressa em contrário nos estatutos da seguradora, a competência para a designação do actuário responsável caberá, em nosso entender ao respectivo órgão de administração.

Tendo em conta as funções do actuário responsável e a sua necessária e imprescindível interacção com o órgão de administração da seguradora, entendemos, na linha do recomendado pela OCDE[70], que, nos casos em que, nos termos dos estatutos, não seja aquele o órgão competente para a sua designação, ainda assim deverá ser consultado previamente sobre a mesma.

---

[67] Sobre o conceito de participações qualificadas, ver nota n.º 8.
[68] Portaria 111/94, de 26 de Julho e Normas Regulamentares do Instituto de Seguros de Portugal n.º 6/2002-R, de 11 de Março, e n.º 22/2006, de 29 de Novembro, sobre os Relatórios do Actuário Responsável da Empresa de Seguros.
[69] Artigo 122.ºB do Regime Jurídico das Seguradoras.
[70] "(Draft Revised) OECD Guidelines on Insurance Governance/Public Consultation", Setembro 2010, II.2., pág. 15.

3.6. Conduta de mercado

I – Outra das novidades introduzidas pelo DL 2/2009 no Regime Jurídico das Seguradoras prende-se com um novo sistema de regras sobre conduta de mercado[71], incidentes sobre o modo como as seguradoras interagem com aquele, lhe prestam informações e recepcionam as suas reacções.

De entre estas regras destacamos aqui aquelas que em nosso entender são susceptíveis de ter maior impacto no governo das seguradoras.

II – Em 2004 havia sido recomendada pela IAIS a adopção, no âmbito do governo das seguradoras, e independentemente destas terem ou não acções admitidas à negociação em mercado regulamentado, de medidas destinadas a promover uma política de divulgação de informação regular e de transparência perante o mercado[72].

De acordo com os princípios então defendidos, tais medidas contribuiriam (i) para um melhor conhecimento da seguradora e da sua actividade por parte dos interessados, nomeadamente, tomadores de seguros, segurados, beneficiários, terceiros lesados e mercado em geral, permitindo uma melhor monitorização e protecção dos respectivos interesses; (ii) para uma acrescida segurança e disciplina no mercado, facilitando a sua supervisão; e (iii) para um funcionamento regular e mais estável dos mercados, na medida em que a divulgação regular e atempada de informação evita reacções exageradas (por parte de investidores e consumidores) perante informação negativa ou menos positiva sobre uma seguradora.

Na informação a divulgar pelas seguradoras a IAIS contemplava informação financeira, informação sobre os riscos a que uma seguradora se encontra sujeita e a respectiva gestão, uma descrição sobre os métodos e pressupostos que basearam a informação divulgada e ainda informação sobre a gestão e governo respectivos.

III – Alinhado com as recomendações *supra* referidas da IAIS e com os trabalhos relacionados com a Directiva Solvência II, o CNSF[73] veio, por sua vez, corroborar o entendimento segundo o qual as instituições financeiras não cotadas suscitam riscos de relevância idêntica aos das cotadas e, nessa medida, deveria aplicar-se o regime de transparência sobre a estrutura e as práticas de governo societário imposto a estas últimas a outras entidades de interesse público, em

---

[71] Regime Jurídico das Seguradoras, artigos 131.º-A a 131.º F.

[72] *Insurance Core Principles on Corporate Governance*, International Association of Insurance Supervisors, Janeiro 2004, ICP 26.

[73] Documento de Consulta Pública do CNSF n.º 1/2007, *Better Regulation* do Sector Financeiro, Ponto 1.4.

O GOVERNO DAS ORGANIZAÇÕES

especial no que se refere à declaração anual sobre o governo da sociedade e ao conteúdo mínimo da informação a disponibilizar no seu sítio de internet.

Foi neste contexto, e no âmbito das alterações introduzidas no Regime Jurídico das Seguradoras em 2009, que o legislador português fixou princípios gerais de conduta de mercado aplicáveis às seguradoras.[74]

Concretizando os deveres de conduta em causa, o ISP emitiu recentemente a Norma ISP 10/2009 na qual estabelece os princípios gerais a seguir pelas seguradoras no cumprimento dessa conduta, nomeadamente o conteúdo mínimo a observar na prossecução da política de relacionamento com, e tratamento dos, tomadores de seguros, segurados, beneficiários ou terceiros lesados e a necessidade da mesma constar de documento escrito e de ser disponibilizada e divulgada, tanto a nível interno, como ao público, de forma eficaz e adequada, designadamente no sítio da internet da seguradora.

IV – Outras duas medidas que passaram a relacionar mais directamente as seguradoras e o seu mercado, são a instituição da função de gestor de reclamações e a criação da figura do provedor do cliente[75]. Trata-se de dois níveis de gestão de reclamações que possibilitam um acesso directo por parte de tomadores de seguro, segurados, beneficiários e terceiros lesados à seguradora, designadamente ao seu órgão de administração, cabendo ao primeiro a gestão da recepção e resposta às reclamações apresentadas por aqueles e ao segundo apreciar aquelas, de entre tais reclamações, que não tenham sido resolvidas pelo gestor de reclamações.

De referir que se a criação da função de gestor de reclamações é obrigatória para todas as seguradoras, a criação do provedor do cliente pode – naquelas seguradoras que não pretendam designá-lo ou cuja dimensão e/ou estrutura não justifiquem tal designação – ser substituída pela adesão a mecanismos de resolução extrajudicial de conflitos[76].

A interacção do gestor de reclamações e do provedor do cliente com a administração e/ou com os directores de topo das seguradoras é inevitável, porquanto ao primeiro caberá, nos casos mais complicados, reportar as reclamações recebidas para tratamento e apreciação por aqueles e o segundo tem poderes consultivos podendo apresentar-lhes recomendações em função da apreciação das reclamações que lhe sejam submetidas.

---

[74] O artigo 131.º – C) do Regime Jurídico das Seguradoras estabelece que:
"*1 – As empresas de seguros devem actuar de forma diligente, equitativa e transparente no seu relacionamento com os tomadores de seguros, segurados, beneficiários ou terceiros lesados.*
2 – As empresas de seguros devem definir uma política de tratamento dos tomadores de seguros, segurados, beneficiários ou terceiros lesados, assegurando que a mesma é difundida na empresa e divulgada ao público, adequadamente implementada e o respectivo cumprimento monitorizado."
[75] Artigos 131.º-D e 131.º-E do Regime Jurídico das Seguradoras.
[76] Artigo 131.º-E n.º 8 do Regime Jurídico das Seguradoras. Artigos 9.º, g) e 19.º, n.º 3 da Norma 10/2009.

Também no que respeita a reclamações, em geral, e às reclamações perante o provedor do cliente, em particular, a Norma ISP 10/2009 veio concretizar os princípios gerais a que as mesmas devem obedecer, qual o conteúdo mínimo do regulamento que rege o seu funcionamento e os procedimentos relacionados com a respectiva apresentação, gestão e apreciação.

V – Finalmente, o Regime Jurídico das Seguradoras[77] estabelece como uma última medida a adoptar em sede de conduta de mercado, o estabelecimento de uma política de prevenção, detecção e reporte de situações de fraude nos seguros, definindo esta como a *"prática de actos ou omissões intencionais, ainda que sob a forma tentada, com vista à obtenção de vantagem ilícita para si ou para terceiro, no âmbito da celebração ou da execução de contratos de seguro ou da subscrição de operações de capitalização, designadamente os que visem uma cobertura ou pagamento indevido."*

Os princípios gerais a observar no âmbito da política ora em causa e respectivo conteúdo mínimo também constam da Norma ISP 10/2009 e, tal como acontece relativamente aos restantes deveres de conduta de mercado, também têm como destinatário o órgão de administração das seguradoras.

VI – A propósito das práticas de conduta de mercado deve referir-se que, à excepção da relativa à política de tratamento dos tomadores de seguros, segurados, beneficiários ou terceiros lesados, todas as outras têm associada uma obrigatoriedade de reporte pontual (destinado a informar sobre o início das actividades e a identidade do gestor de reclamações e do provedor de clientes, bem como as regras aplicáveis ao exercício das suas funções) e de reporte regular (contendo informação sobre a actividade de gestão de reclamações e o teor das recomendações do provedor de clientes) ao ISP.

Já no que respeita em particular ao reporte sobre os mecanismos e procedimentos adoptados no âmbito da política anti-fraude, a informação respectiva é facultada ao ISP através do relatório anual sobre a estrutura organizacional e os sistemas de gestão de riscos e de controlo interno das seguradoras, cuja divulgação àquele supervisor é obrigatória nos termos da Norma ISP 14/2005.[78]

3.7. Supervisão *"on site"*

Ao ISP, tal como os seus congéneres nos sectores bancário e de mercado de capitais, é dada a possibilidade de levar a cabo inspecções nas instalações das seguradoras (supervisão *on-site*).

---

[77] Artigo 131.º-F d).
[78] Cfr. 3.5.2., II *supra*.

Concretizando esta prorrogativa o Regime Jurídico das Seguradoras[79] estabelece que no âmbito da supervisão a efectuar nas suas instalações estas *"são obrigadas a prestar ao Instituto de Seguros de Portugal as informações que este considere necessárias à verificação, nomeadamente, do seu grau de liquidez e de solvabilidade, dos riscos em que incorrem, incluindo o nível de exposição a diferentes tipos de instrumentos financeiros, das práticas de gestão e controlo dos riscos a que estão ou possam vir a estar sujeitas e das metodologias adoptadas na avaliação dos seus activos, em particular daqueles que não sejam transaccionados em mercados de elevada liquidez e transparência."*

Possibilitando ao ISP complementar a informação periódica recebida das seguradoras sobre os aspectos mencionados e monitorizar com maior acuidade a sua solvência, nomeadamente através da detecção de problemas não perceptíveis no âmbito de supervisão ordinária, este tipo de supervisão permite, adicionalmente, um mais estreito contacto entre o supervisor e os órgãos de administração e fiscalização das seguradoras e, nesta medida, consubstancia um importante instrumento na monitorização do governo societário.

Com efeito, através deste tipo de supervisão o ISP tem um acesso facilitado àqueles órgãos, podendo aferir a sua competência, os seus processos decisórios e o grau de cumprimento de regras e princípios pelos quais se deve pautar a sua conduta, bem como, de forma mais directa, emitir instruções e recomendações para que sejam sanadas as irregularidades detectadas[80].

3.8. Práticas remuneratórias

I – Os contornos da crise financeira internacional que teve início no Verão de 2007, vieram chamar a atenção para várias questões relacionadas com o governo societário. De entre estas destaca-se a remuneração do órgão de administração de grandes empresas do sector financeiro (designadamente bancos e seguradoras), porquanto a origem, extensão e duração da crise e os fracassos detectados nos sistemas de governo de muitas das sociedades por ela afectadas, apareceram muitas vezes associados ao apetite das suas administrações em conseguirem desempenhos e resultados sem precedentes no curto prazo.

Neste contexto, várias entidades mobilizaram-se a nível internacional na análise das práticas remuneratórias, tendo concluído a urgência de as corrigir e disciplinar e avançando com princípios e recomendações diversos nesse sentido. De entre as iniciativas em causa, destacaríamos os princípios divulgados pelo

---

[79] Artigo n.º 2 do artigo 157.º.

[80] Sobre as considerações e proposta da IAIS relativas à supervisão *on site* ver *Insurance Core Principles on Corporate Governance*, International Association of Insurance Supervisors, Janeiro 2004, ICP 13.

Financial Stability Board do G20[81], e os respectivos critérios de implementação, os princípios sobre as práticas remuneratórias que as instituições de crédito devem adoptar, publicados pelo CEBC e as Recomendações n.º 2009/384/CE e n.º 2009/385/CE, de 30 de Abril de 2009, da Comissão Europeia, relativas, respectivamente, às políticas de remuneração no sector de serviços financeiros e ao regime de remuneração dos administradores de sociedades cotadas.

Com relevo para o sector segurador, não pode também deixar de referir-se o conjunto preliminar de medidas de implementação da Directiva Solvência II, dedicadas exclusivamente a práticas remuneratórias que o CEIOPS submeteu a consulta pública em 21 de Julho de 2009.

II – Foi num cenário de crise, e em linha com as recomendações e princípios referidos, que o legislador nacional estabeleceu, através da Lei 28/2009, o regime de divulgação da política de remunerações dos membros dos órgãos de administração e fiscalização das entidades de interesse público, nas quais se incluem as seguradoras.[82]

Nesta medida, e após a entrada em vigor, em 20 de Junho de 2009, da lei mencionada, as seguradoras, através do seu órgão de administração ou da sua comissão de remunerações (se existente), passaram a estar obrigadas a submeter anualmente à aprovação das respectivas assembleias gerais uma declaração sobre a política de remunerações dos membros dos seus órgãos de administração e fiscalização (*"say on pay"*)[83] e a divulgar nos documentos anuais de prestação de contas, não apenas aquela política, mas também o montante anual de remuneração auferida por aqueles membros, de forma agregada e individual[84].

Julgamos ser de louvar esta obrigatoriedade de divulgação pública da política remuneratória e dos montantes de remuneração concretos, porquanto introduz uma maior transparência naquele que constitui um dos factores mais relevantes no governo das sociedades, contribuindo também para uma mais bem fundamentada e esclarecida deliberação sobre as práticas remuneratórias pelos órgãos competentes, o que, no caso específico das seguradoras é pertinente, se atentarmos ao facto de os riscos subjacentes à política remuneratória terem, como acontece com as restantes empresas do sector financeiro, impacto num grande grupo de interessados (accionistas, tomadores de seguros, segurados, beneficiários e terceiros lesados).

---

[81] *Principles for Sound Compensation Practices, Financial Stability Forum*, 2 de Abril de 2009.

[82] Sobre a classificação das entidades de interesse público ver 2. *supra*.

[83] Para uma perspectiva recente sobre a obrigatoriedade de divulgação da política de remuneração ver PAULO CÂMARA "O "Say on Pay" Português", Revista de Derecho do Mercado de Valores n.º 6 (2010).

[84] A violação de qualquer um destes deveres passou a constituir uma contra-ordenação muito grave, punível com coima de €2.992,79 a €748.196,85 (artigo 214.º e artigos 204.º a 234.º do Regime Jurídico das Seguradoras).

O GOVERNO DAS ORGANIZAÇÕES

A declaração sobre política de remunerações em causa deve, no mínimo, incluir informação relativa: a) aos mecanismos que permitam o alinhamento dos interesses dos membros do órgão de administração com os interesses da sociedade; b) aos critérios de definição da componente variável da remuneração; c) à existência de planos de atribuição de acções ou de opções de aquisição de acções por parte de membros dos órgãos de administração e de fiscalização; d) à possibilidade de o pagamento da componente variável da remuneração, se existir, ter lugar, no todo ou em parte, após o apuramento das contas de exercício correspondentes a todo o mandato; e) aos mecanismos de limitação da remuneração variável, no caso de os resultados evidenciarem uma deterioração relevante do desempenho da empresa no último exercício apurado ou quando esta seja expectável no exercício em curso[85].

III – Reconhecida a necessidade de intervenção no âmbito da política de remunerações, em linha com as recomendações e princípios internacionais mencionados e com as medidas de divulgação de política remuneratória adoptadas pelo legislador nacional através da Lei 29/2009, o CNSF, no âmbito da sua iniciativa de *Better Regulation* do sector financeiro, promoveu uma actuação concertada entre as autoridades de supervisão nacionais, destinada a garantir um cumprimento adequado e consistente pelas instituições financeiras de práticas remuneratórias sãs e prudentes.

É, pois, na sequência desta iniciativa do CNSF que surgem em Abril de 2010 a Norma 5/2010 e a Circular 6/2010 sobre Políticas de Remuneração no sector segurador: a primeira, com carácter imperativo, incidente sobre a divulgação de informação relativa à política remuneratória e a segunda, de natureza recomendatória, incidente sobre o conteúdo e governo dessa mesma política.

No que respeita à Norma 5/2010, esta mais não faz do que complementar e detalhar aquela que deve ser a informação mínima a incluir na declaração sobre a política de remunerações a submeter à aprovação da assembleia geral nos termos da Lei 28/2009.

A Norma 5/2010 prevê ainda a divulgação de informação específica sobre a política remuneratória dos administradores executivos, dos administradores não executivos e dos colaboradores que, não sendo membros dos órgãos de administração e fiscalização, auferem uma remuneração variável e exercem a sua actividade em funções chave (funções estabelecidas no âmbito dos sistemas de gestão de riscos e controlo interno[86] ou exercem uma outra actividade profissional que possa ter impacto material no perfil de risco da instituição).

---

[85] Artigo 2.º, n.º 3 da Lei 28/2009.
[86] Ver alusões aos directores de topo (em 3.4.2. e 3.5.2.) e gestores de risco (em 3.5.2.) *supra*.

448

O GOVERNO DAS SEGURADORAS

Quanto à Circular 6/2010, destacamos as recomendações relativas à política de remunerações dos membros (executivos e não executivos) do órgão de administração e dos colaboradores (em geral e dos que desempenhem funções chave) e as incidentes sobre à avaliação periódica a que aquela política deve ser sujeita[87]:

As recomendações referidas destinam-se a ser adoptadas numa base *"comply or explain"* e, nesta medida, os fundamentos subjacentes à sua não implementação deverão ser devidamente fundamentados no âmbito da divulgação de informação sobre a política de remunerações prevista na Norma 5/2010. A este respeito, deve referir-se que através da Circular 6/2010 passam a aplicar-se às seguradoras, independentemente de serem ou não sociedades com acções admitidas à negociação em mercado regulamentado, recomendações equivalentes às que, até então, só se aplicavam a estas últimas.[88]

O objecto da Circular 6/2010 é alinhar os mecanismos de compensação remuneratória com uma prudente e adequada gestão de controlo de riscos.[89] Daqui sai reforçada a ideia de que todos os aspectos inerentes ao governo societário de uma seguradora acabam por relacionar-se, de forma directa, com a sua política remuneratória. Com efeito, esta política deve ser consistente, não apenas com uma gestão de riscos e controlo interno eficazes[90], mas também com a prossecução dos objectivos, valores e interesses da seguradora, designadamente com as suas perspectivas de crescimento e rendibilidade sustentáveis, e com a protecção necessária dos interesses dos accionistas e dos consumidores.

No que se refere aos membros dos órgãos de administração e fiscalização, a respectiva política de remuneração deve ser aprovada por uma comissão de remuneração (que deve ser composta por membros independentes relativamente àqueles membros) ou, no caso das seguradoras de menor dimensão, pela assembleia geral ou pelo conselho geral e de supervisão, consoante aplicável[91]. Já a política remuneratória dos colaboradores deverá ser aprovada pelo órgão de administração.[92]

IV – Enunciadas as principais regras e recomendações aplicáveis à politica de remunerações, não podemos deixar de reflectir sobre se, e até que ponto, aquelas se adequam às especificidades da actividade das seguradoras.

Não parece oferecer dúvida que, por um lado, as medidas de divulgação de política remuneratória adoptadas pelo legislador nacional através da Lei 29/2009,

---

[87] Circular 6/2010, Recomendações IV., V. e VI.

[88] Regulamento CMVM n.º 1/2010, de 1 de Fevereiro, e Código de Governo das Sociedades.

[89] Circular 6/2010, Recomendação I.1.

[90] Levados a cabo nos termos que tivemos oportunidade de referir em 3.5.2. *supra*.

[91] Artigos 399.º e 429.º do CSC.

[92] Circular 6/2010, Recomendação III.

O GOVERNO DAS ORGANIZAÇÕES

careciam de densificação adaptada às especificidades das entidades de interesse público por elas visadas.

Por outro lado, na medida em que parte das entidades de interesse público se encontram incluídas no perímetro do sector financeiro, também nos parece necessário e meritório o trabalho levado a cabo pelo CNSF, no sentido de promover essa densificação de modo concertado e destinado a garantir um cumprimento adequado e consistente pelas instituições financeiras em causa de práticas remuneratórias sãs e prudentes.

Contudo, ao nível regulamentar, constata-se que, tanto os deveres de divulgação de informação sobre a política de remunerações, como as recomendações sobre essa política, são estabelecidos pelo ISP e pelo BP[93] em termos semelhantes aos estabelecidos pela CMVM[94] para as sociedades cotadas e em termos coincidentes entre si. Com efeito, salvo pequenas diferenças terminológicas e a alusão na Circular 6/2010 à função actuarial, o ISP e o BP emitiram sobre esta matéria regulamentação exactamente igual.

Neste contexto, e apesar do conteúdo das regras e recomendações em causa ser suficientemente amplo e versátil, facultando autonomia às entidades visadas no que respeita à concreta definição da sua política de remunerações e fixação das prestações respectivas, não podemos deixar de questionar em que medida a Norma e a Circular emitidas pelo ISP não deveriam diferenciar-se do Aviso e Carta Circular do BP em aspectos relativos à actividade seguradora, os quais, porque distintos da actividade das instituições de crédito e sociedades financeiras, podem ter de ser contemplados de modo diferenciado.

Entre os aspectos que, em nosso entender, poderiam ser susceptíveis de diferenciação mais aprofundada nos documentos emitidos pelo ISP sobre política remuneratória, salientaríamos, a título de exemplo, a necessidade de assegurar esquemas remuneratórios destinados a (i) atrair e manter colaboradores responsáveis pelas funções de gestão de riscos e controlo interno com as habilitações e experiência adequadas ao bom e independente desempenho dessas funções, (ii) promover o desempenho são e prudente das funções de administração e funções chave, de modo consistente com os valores, interesses e objectivos de longo prazo das seguradoras – incluindo a adesão às políticas de gestão de riscos das seguradoras – e adequado ao cumprimento das suas obrigações, para com os seus accionistas, tomadores de seguros, segurados, beneficiários dos seguros e terceiros lesados, (iii) funcionar para cada tipo de seguradora e tendo em conta os ramos de seguro (vida e/ou não vida) em que actua e as suas especificidades,

---

[93] Aviso do Banco de Portugal n.º 1/2010, de 1 de Fevereiro, e Carta Circular do Banco de Portugal n.º 2/2010, de 1 de Fevereiro.
[94] Regulamento CMVM n.º 1/2010, de 1 de Fevereiro e Código de Governo das Sociedades.

(iv) estabelecer princípios de deferimento de remuneração variável compatíveis com o facto de as obrigações inerentes à actividade das seguradoras poderem prolongar-se por longos períodos de tempo.

Tendo em conta a ainda recente implementação das regras sobre remuneração em causa, acreditamos que o tempo e a prática permitirão confirmar a necessidade de a Norma 5/2010 e a Circular 6/2010 terem de ser ajustadas ou alteradas com vista a uma melhor adaptação às especificidades do sector segurador.

4. CONCLUSÕES

I – A crise financeira internacional veio reforçar a importância do governo das seguradoras e traçar novos rumos na sua implementação, razão pela qual aquele governo está actualmente sujeito a pressupostos e requisitos mais exigentes e equiparáveis aos que, até recentemente, eram exclusivamente aplicáveis às sociedades cotadas.

II – As regras incidentes sobre o governo das seguradoras exigem a estas o estabelecimento de boas práticas de governo societário, destinadas a assegurar, essencialmente, três pilares fundamentais da sua actividade: (i) níveis de solvência satisfatórios; (ii) políticas de investimento sãs; (iii) assumpção de riscos no cumprimento de regras prudenciais.

III – Verifica-se um movimento internacional apostado em facilitar a implementação de parâmetros de boa governação que reflictam as especificidades do sector segurador, destacando-se, entre as iniciativas em causa, as levadas a cabo pela OCDE e pela IAIS.

IV – O reforço de princípios em matéria de conduta de mercado e sistemas de governação das seguradoras está consubstanciado na Directiva Solvência II, que conjuga princípios de governo societário de aplicação geral, com a previsão de sistemas de controlo interno, controlo de capital e de gestão de riscos, ferramentas específicas do governo societário das instituições financeiras, em geral, e das seguradoras em particular.

V – No âmbito do princípio da proporcionalidade, todas as vertentes do governo societário das seguradoras, bem como os meios necessários e adequados à respectiva implementação devem ser sempre adequados e proporcionais à dimensão, características, natureza, escala e complexidade da actividade desenvolvida por cada seguradora e aos riscos por ela assumidos.

VI – A inclusão das seguradoras na categoria de "entidades de interesse público" tem grande impacto no seu governo, porquanto as sujeita a exigências acrescidas, nomeadamente em sede de estrutura de governação e política remuneratória.

VII – O enquadramento jurídico do governo das seguradoras em Portugal deve efectuar-se com recurso a diversas fontes, nomeadamente, fontes de carácter geral, como é o caso do CSC e fontes de carácter especial, incidentes sobre a actividade seguradora, como é o caso do Regime Jurídico das Seguradoras e de normas e circulares emitidas pelo ISP.

VIII – As regras sobre o controlo da detenção de participações qualificadas foram recentemente alteradas, reflectindo mudanças no que respeita ao conceito de participação qualificada e contribuindo para uma uniformização, em todo o sector financeiro, quer das regras sobre o cômputo dos direitos de voto relevantes para o cálculo de participações qualificadas, quer dos procedimentos e critérios aplicáveis à avaliação prudencial dos projectos de aquisição e de aumento de participações qualificadas em entidades que actuem nos sectores bancário, segurador e mobiliário.

IX – No que respeita às estruturas de governo das seguradoras, aquelas que impliquem o reforço da independência na revisão legal das contas e a instituição de um órgão que inclua membros com a competência e a independência necessárias ao exercício de funções de fiscalização da revisão das contas, foram reconhecidas pelo legislador e pelo regulador, como contribuindo para a acrescida fiabilidade dos documentos de prestação de contas e para o aumento da eficácia, não só da fiscalização, como dos próprios sistemas de gestão de riscos, controlo interno e auditoria interna, aspectos essenciais à gestão sã e prudente das seguradoras.

X – Foram introduzidas no Regime Jurídico das Seguradoras importantes alterações relacionadas com a composição dos respectivos órgãos sociais, impondo, mesmo àqueles membros que integrem o conselho geral e de supervisão e aos administradores não executivos, requisitos de qualificação adequada, idoneidade e independência.

XI – Aos membros dos órgãos de administração e fiscalização das seguradoras é exigido um domínio de matérias complexas tais como aspectos do negócio segurador propriamente dito, ciência actuarial, aspectos jurídicos e contabilísticos, modelos informáticos e políticas remuneratórias. As qualidades individuais destas pessoas e do seu comportamento, associadas ao bom funcionamento do órgão a que pertencem, são tão importantes para uma boa governação como o bom funcionamento de uma política de controlo interno e gestão de riscos eficaz.

XII – No que respeita à acumulação de cargos por parte dos membros do órgão de administração em sociedades que se encontrem em relação de domínio ou de grupo com a seguradora, é questionável a impossibilidade de o ISP poder opor-se a que esses administradores exerçam funções de administração nessas sociedades, quando entenda que dessa acumulação podem decorrer riscos graves de conflito de interesses.

O GOVERNO DAS SEGURADORAS

Neste âmbito, e porque há situações que podem consubstanciar interesses da seguradora conflituantes intra-grupo, seria desejável que o ISP interviesse, ainda que a título recomendatório, defendendo que o órgão de administração de uma seguradora deve ser composto por uma maioria de membros independentes do grupo de que a seguradora faça parte e da gestão deste.

XIII – Para além da qualificação profissional dos membros do órgão de administração, à gestão sã e prudente de uma seguradora está subjacente uma estratégia, na medida em que não deve actuar apenas em função de um determinado *status quo*, cabendo-lhe antever problemas e delinear soluções preventivamente, em função de eventuais situações de crise.

XIV – As seguradoras devem possuir processos de gestão de riscos e procedimentos de controlo interno adequados, incluindo procedimentos de prestação de informações e contabilísticos sólidos, que lhes permitam identificar, medir, acompanhar e controlar todas as vertentes da sua actividade e garantir um sistema de solvência são. Esses processos e procedimentos consubstanciam mecanismos de governação essenciais na gestão sã e prudente do seu negócio e o seu estabelecimento e monitorização devem ser a prioridade do órgão de administração.

XV – A implementação pela administração das estratégias, políticas e processos que concretizam a gestão de riscos e o controlo interno de uma seguradora são objecto de escrutínio por parte de um revisor oficial de contas no âmbito dos trabalhos efectuados para a elaboração do relatório de auditoria para efeitos de supervisão prudencial. Este relatório constitui um auxiliar importante ao governo das seguradoras, na medida em que dele deve constar um parecer sobre a adequação dos sistemas de gestão de riscos e de controlo interno e a referência a falhas e/ou fragilidades detectadas e as medidas tomadas no sentido de melhorar os sistemas implementados.

XVI – O governo societário das seguradoras é auxiliado pelo estabelecimento e monitorização do cumprimento de códigos de conduta que devem prever linhas de orientação em matéria de ética profissional, incluindo princípios para a gestão de conflitos de interesses, aplicáveis aos membros dos órgãos de administração e aos respectivos trabalhadores e colaboradores.

XVII – A colaboração entre a administração e o actuário responsável é essencial ao governo de qualquer seguradora e pressuposto de uma gestão salutar e prudente e, atentas as funções do actuário, do adequado funcionamento, quer dos seus processos de gestão de risco, quer dos seus procedimentos de controlo interno.

Perante o silêncio da lei, nos casos em que, nos termos dos respectivos estatutos, não seja o órgão de administração o competente para designar o actuário, ainda assim, e tendo em conta as funções que este desempenha, aquele órgão deverá ser consultado previamente sobre essa designação.

XVIII – As seguradoras estão sujeitas a regras sobre conduta de mercado, semelhantes às aplicáveis às sociedades cotadas. É neste âmbito que se enquadram as obrigações de transparência e divulgação sobre a estrutura e as práticas de governo societário, de estabelecimento de uma política de prevenção, detecção e reporte de situações de fraude nos seguros e as relativas ao conteúdo mínimo da informação a disponibilizar no seu sítio de internet, bem como a implementação do gestor de reclamações e provedor do cliente, duas funções que consubstanciam um acesso directo por parte dos consumidores à seguradora e, consequentemente, à sua administração constituindo, por isso, um importante auxiliar de governação.

XIX – A inspecção *on site* levada a cabo pelo ISP possibilita complementar a informação periódica recebida das seguradoras e acompanhar com maior acuidade a sua solvência, bem como um mais estreito contacto entre o ISP e os órgãos de administração e fiscalização das seguradoras e, nesta medida, constitui um importante instrumento na monitorização do governo societário.

XX – Na qualidade de entidades de interesse público, as seguradoras estão obrigadas a divulgar, nos documentos anuais de prestação de contas, não apenas a sua política de remunerações, mas também o montante anual de remuneração auferida, em concreto, pelos membros dos órgãos de administração e fiscalização.

A obrigatoriedade da divulgação pública em causa introduz uma maior transparência, contribuindo também para uma mais bem fundamentada e esclarecida deliberação sobre as práticas remuneratórias pelos órgãos competentes, o que, no caso específico das seguradoras é pertinente, se atentarmos ao facto de os riscos subjacentes à sua política remuneratória terem impacto num grupo de interessados alargado.

Contudo, ao nível regulamentar, constata-se que, tanto os deveres de divulgação de informação sobre a política de remunerações, como as recomendações sobre essa política, são regulados pelo ISP e pelo BP, não apenas em termos coordenados, mas em termos coincidentes.

Neste contexto, e apesar do conteúdo das regras e recomendações em causa ser suficientemente amplo e versátil, deixando espaço para a autonomia das entidades visadas, não pode deixar de questionar-se se os diplomas emitidos pelo ISP não deveriam diferenciar-se dos emitidos pelo BP em aspectos relativos à actividade seguradora, os quais, porque distintos da actividade das instituições de crédito e sociedades financeiras, podem ter de ser contemplados de modo diferenciado.

CAPÍTULO XII

O GOVERNO DOS AUDITORES

Paulo Bandeira

Abstract: *This article provides a general overview of the major questions regarding the governance of auditors, both in its external and internal perspectives.*

After a brief introduction over the major problems and questions the profession as faced since the beginning of the century, the author analyses the questions emerging from the auditors strategic position as reputacional intermediaries and the challenges faced by the regulatory changes created by Sarbanes-Oxley Act and EU Directives. Further analysis is done to the necessity of imposing or not stricter measures intentionally left out from those rulings.

The article further analyses the latest trends over internal governance of auditors, namely the legal nature of auditors companies, the opening of share capital to non-auditors investors, the adoption of independent directors and limitation to their civil liability.

The article ends with suggestions of amendments to the regulatory and recommendatory regime applicable to auditors in Portugal.

Sumário: *I. Introdução. II. A função da auditoria e o pecado original. III. Da independência dos auditores: (A) Da independência; (B) Das ameaças à independência; (B.1) O interesse pessoal e a prestação de serviços de não-auditoria; (B.2) Auto-revisão; (B.3) Familiaridade. IV. Da evolução legislativa nos EUA e na União Europeia: (A) A resposta dos EUA às fraudes contabilísticas; (B) A resposta da União Europeia. V. Outras medidas para reforço da independência: (A) Dos serviços de consultoria fiscal; (B) Da rotação obrigatória dos auditores externos. VI. O enquadramento normativo português: (A) Quadro legislativo e recomendatório; (B) Análise crítica. VII. Propostas de boas práticas de governo dos auditores: (A) Auto-regulação; (B) Estruturação das sociedades de auditoria: VIII. Conclusão.*

I. INTRODUÇÃO

"Independência e competência são duas qualidades que se exigem em quem fiscaliza. (...) Há mister, pois, que deleguem em alguém a fiscalização que nem podem, nem em geral sabem, exercer. Delegá-la em Conselhos Fiscais equivale a delegá-la em ninguém, ou a delegá-la na própria gerência a fiscalizar. Não, não há outra solução senão os auditors, os peritos contabilistas – competentes porque são técnicos, independentes porque não pertencem à Sociedade, e responsáveis criminalmente por abuso, ou mesmo desleixo, no exercício do seu cargo."[1]

Em paralelo com os temas de modelos de estruturação do conselho de administração, de independência dos membros não executivos e de remuneração dos membros executivos daquele órgão, os temas relacionados com o exercício da actividade dos auditores externos[2] têm sido aqueles que mais têm prendido a atenção dos agentes do mercado e das investigações de entidades reguladoras e da comunidade universitária.

Na verdade, os holofotes que desde 2001 pairam sobre os auditores externos e a forma como desempenham a respectiva actividade não resultam (lamentavelmente) de um interesse natural da sociedade civil sobre um sector alicerçante da confiança dos mercados, mas, ao invés, dos abalos de credibilidade que o desempenho de funções ao arrepio de elementares regras éticas por parte de algumas sociedades de auditoria provocaram. Em certa medida, os mercados continuam ainda a viver, de tempos a tempos, com réplicas ou ondas de choque daqueles abalos.

Os escândalos financeiros que recolocaram no centro da discussão o exercício da actividade dos auditores e a regulação a que a mesma se encontrava sujeita, tiveram o seu início e apogeu em 2001 nos Estados Unidos da América (doravante "EUA") com o caso Enron (que constitui ainda hoje a maior insolvência da

---

[1] Fernando Pessoa e Francisco Caetano Dias, "*A Inutilidade dos Conselhos Fiscais e dos Comissários do Governo nos Bancos e nas Sociedades Anónimas*", Revista de Comércio e Contabilidade, n.º 1, Janeiro de 1926. De referir que Fernando Pessoa era, à data, contabilista (Guarda Livros da Cidade de Lisboa, como se dizia na época) e reflectindo sobre a inutilidade dos conselhos fiscais afirma:
"Escolhem-se homens sérios para os Conselhos Fiscais. Mas os homens sérios podem ser estúpidos – há muitos –; os homens sérios podem ser confiados – há muitíssimos –; os homens sérios podem ser desleixados – há imensos –; e o accionista perde o seu dinheiro, sem que os homens muito sérios deixem de ser muito sérios, o que é uma consolação insuficiente para quem perdeu o dinheiro que fiou da fiscalização incompetente, se não inexistente, dos homens de muita seriedade."
[2] Embora possam numa dada sociedade comercial constituir entidades distintas, utilizar-se-á neste artigo indistintamente a terminologia "auditor", "auditor externo", "revisor oficial de contas" e "ROC" para identificar de forma unívoca o prestador, externo à sociedade comercial, de serviços de auditoria ou de revisão de contas.

O GOVERNO DOS AUDITORES

história[3])[4], continuaram com o imediatamente subsequente caso WorldCom (e ainda, embora de menor dimensão, Qwest, Tyco, Adelphia e outros) e alastraram à Europa em 2003 com os casos Ahold e Parmalat (que constituiu a maior insolvência registada no mercado europeu após descoberta de um "buraco" contabilístico-financeiro no valor de cerca de catorze mil milhões de euros)[5], entre outros.

As respostas à crise de confiança dos mercados nos dois lados do Atlântico foram quase diametralmente opostas.

Nos EUA optou-se pela publicação imediata de legislação com marcado cariz regulatório e forte componente punitiva, a Sarbanes-Oxley Act[6], no qual se criminalizavam muitos dos comportamentos imputados a administradores e auditores actuantes no caso Enron (o qual, como é sabido, apenas foi possível com a conivência das equipas dos auditores externos que auditavam a Enron, tendo ditado por isso o "desaparecimento" e absorção da Arthur Andersen, até então uma das "Big Five")[7].

Na Europa, a Comissão Europeia respondeu aos desafios que as fraudes contabilísticas colocavam com a publicação de uma extensa recomendação versando, exactamente, sobre a independência dos revisores oficiais de contas na União Europeia[8]. Sendo uma recomendação, este conjunto de normas não vinculativas mais não constituíram de que um mero meio de pressão sobre os agentes dos mercados, mas sem capacidade para impor aos mesmos uma real e necessária mudança de comportamentos.

---

[3] SEAN M. O'CONNOR, *"The inevitability of Enron and the impossibility of «Auditor Independence» under the current audit system"*, March 2002, p. 1 (*http://ssrn.com/abstract=303181*).

[4] JOHN C. COFEE, Jr, em *"Understanding Enron: It's about the Gatekeepers, Stupid"*, em Julho de 2002, conclui que a crise reputacional originada pelo escândalo da Enron foi motivada pela descoberta pelos investidores de que os intermediários reputacionais (entenda-se, os auditores) em que confiavam mantinham sérios conflitos de interesse (*http://ssrn.com/abstract_id=325240*).

[5] Para conhecer melhor a história da Enron e da Parmalat e dos escândalos financeiros que as abalaram, MICHAEL GRAVIDIS e NICOLA FICARELLA, *"Enron and Parmalat, Two twins parables"*, 2004, p. 23 a 50, (*http://ssrn.com/abstract=886921*).

[6] Sarbanes-Oxley Act de 2002, Public Law 107-204, de 30 de Julho de 2002, consultável em http://www.gpo.gov/fdsys/pkg/PLAW-107publ204/pdf/PLAW-107publ204.pdf; descrevendo-se como uma "Lei para protecção dos investidores por meio da promoção da correcção e fiabilidade da divulgação de informações societárias ao abrigo das leis do mercado e para outros fins".

[7] Sobre a forma como ocorreu a acelerada concentração das grandes sociedades de auditoria nos EUA das "Big 8" em 1988 às "Big 4" (Deloitte & Touche, Ernst & Young, KPMG e PriceWaterhouse Coopers) em 2002, ver ELENA PÉREZ CARRILLO, *"Gobierno corporativo y responsabilidad social de las empresas"* (obra colectiva), Marcial Pons, 2009, p. 174.

[8] Recomendação da Comissão 2002/590/CE, de 16 de Maio de 2002, sobre "A independência dos revisores oficiais de contas na EU: um conjunto de princípios fundamentais".

O GOVERNO DAS ORGANIZAÇÕES

Não obstante, compreende-se a disparidade de reacções. Na realidade, há mais de uma centena de anos que os EUA dispõem de um vibrante mercado de capitais, constituindo este o pilar de toda a economia norte-americana. O mercado bolsista (sacralizado em Wall Street) funciona como um grande centro de encontro de vontades e expectativas de múltiplos agentes económicos, sejam eles as empresas (de diversas dimensões) que vêem no mercado um sustentável e relativamente fácil meio de financiamento, sejam os particulares que nele encontram um sofisticado mas democratizado meio de investimento, entre outros.

Na Europa, a pulverização de Estados (originadora de vários mercados "paroquiais") e a realidade empresarial mais assente em pequenas e médias empresas e, em grande parte, de matriz familiar, obstaculizou, até muito recentemente, a construção de mercados bolsistas globais que constituíssem verdadeira alternativa aos meios de financiamento mais tradicionais.

A falta de credibilidade das contas de várias grandes empresas nos EUA representaram pois, mais do que um prejuízo efectivo para os accionistas e credores dessas mesmas sociedades, uma verdadeira ameaça à segurança de todo o mercado de capitais, podendo conduzir a que os investidores retirassem milhões de dólares do mercado (mesmo que o fizessem, eventualmente, em benefício de produtos financeiros "tradicionais" e menos arriscados).

É neste contexto que sobressaem as funções do auditor externo como o garante da veracidade dos resultados financeiros das sociedades cotadas e como corolário da estabilidade do próprio mercado e que no princípio do século XXI se reformula de forma significativa, nos EUA e na Europa, o quadro regulatório aplicado aos mesmos. A crise tornou novamente patente aos olhos do mercado que os auditores externos desempenham uma verdadeira função de interesse público[9][10], actuando como garantes dos interesses dos investidores, dos credores da sociedade, dos trabalhadores, do Estado, enfim, do mercado na sua plenitude[11].

---

[9] O reconhecimento legislativo de que a auditoria externa às contas é uma função de interesse público é assumido no considerando (9) e artigo 21.º da Directiva 2006/43/CE, de 17 de Maio de 2006, e, entre nós, no Estatuto da Ordem dos Revisores Oficiais de Contas, aprovado pelo Decreto-Lei n.º 487/99, de 16 de Novembro (o estatuto sofreu alterações várias, a última das quais pelo Decreto-Lei n.º 224/2008, de 20 de Novembro, que promoveu a transposição da Directiva 2006/43/CE), nos respectivos artigos 40.º e 52.º.

[10] Os auditores auto-reconhecem-se essa função de interesse público no *"Code of Ethics for Professional Accountants"* da International Federation of Accountants, versão revista de Julho de 2009, consultável em www.ifac.org, afirmando na primeira norma do código (norma 100.1): *"A distinguishing mark of the accountancy profession is its acceptance of the responsibility to act in the public interest. Therefore, a professional accountant's responsibility is not exclusively to satisfy the needs of an individual client or employer"*.

[11] Granjeiam, por isso, entre os autores nos EUA os epítetos de *"gatekeepers"*, *"reputational intermediaries"* e *"public watchdog"*, entre outros (sobre o conceito de *"gatekeeper"* ver JOHN C. COFFEE, Jr., *"The acquiescent gatekeeper: reputational intermediaries, auditor independence and the governance of accounting"*, Maio de 2001, www.

Também pelo acima exposto, a expressão "governo dos auditores" encerra em si mesma uma interessante dialéctica entre as perspectivas externa e interna de gestão dos serviços de auditoria e das sociedades que a realizam.

De um lado, a forma como as autoridades de regulação e supervisão "governam" a actividade de auditoria. Do outro, o modo como as associações de auditores "auto-governam" a actividade em si e também o modo como os próprios auditores se organizam internamente, ou seja, as práticas de *governance* nas sociedades de auditoria.

Como em todas as relações dialécticas, também estas vertentes externa e interna são, como se verá mais aprofundadamente neste artigo, anverso e verso da mesma medalha e complementam-se de forma inevitável e necessária.

No que ao governo dos auditores respeita, as boas soluções dependerão, sem dúvida, da adequada articulação das medidas a adoptar para se regular e/ou se auto-regular aquelas duas vertentes da actividade de auditoria.

II. A FUNÇÃO DA AUDITORIA E O PECADO ORIGINAL

"Investor confidence is fundamental to the successful operation of the world's financial markets. That confidence depends on investors having credible and reliable financial information when making decisions about capital allocation"[12].

Os mercados de capitais, enquanto catalisadores da economia e meio alternativo de financiamento das empresas, têm como principal activo e garante do seu regular funcionamento a "confiança" dos agentes económicos, em geral, e dos investidores, em particular.

A confiança no mercado de capitais resulta para os investidores da certeza de que operam num ambiente regulamentado e fiscalizado, no âmbito do qual dispõem de informação completa e verdadeira que lhes permitirá formar, de maneira tão livre e consciente quanto possível, a decisão de investir.

Esta confiança é alicerçada na transparente disseminação de informação por parte das sociedades abertas, mas, sobretudo, na actuação regulatória e fiscalizadora das entidades reguladoras e na verificação independente e isenta da

---

ssrn.com/abstract=270944); entre nós e a propósito do termo *"gatekeepers"*, PAULO CÂMARA denominou-os de *"guardiões do sistema mobiliário"*, em *"O governo das sociedades em Portugal: Uma introdução"*, Cadernos do Mercado de Valores Mobiliários, 12 (Dezembro de 2001).

[12] IOSCO (International Organization of Securities Commissions), *"Principles for Auditor Oversight"*, Outubro de 2002, consultável em www.iosco.org.

O GOVERNO DAS ORGANIZAÇÕES

informação financeira das empresas[13] (constituindo tal informação o elemento crítico de geração da expectativa por parte do investidor de obtenção de mais valias, ou seja, o elemento decisivo na formação da vontade de investir).

Esta verificação independente da informação é tão mais importante quanto mais nos consciencializamos de que os interesses da sociedade comercial não coincidem necessariamente com os interesses dos respectivos accionistas ou potenciais investidores, o mesmo se passando com os interesses da sociedade e os dos respectivos administradores no âmbito da respectiva relação de agência.

O funcionamento dos mercados e os investidores exigem, assim, garantias adicionais externas às empresas que disponibilizam a informação, designadamente a confirmação por entidades sem interesses nas sociedades que possam analisar e validar a informação veiculada ao mercado.

Os auditores externos tornam-se, desta forma, pedras angulares deste sistema[14], assumindo o papel de principais garantes da veracidade, transparência, completude e fiabilidade da informação financeira disponibilizada ao mercado pelas sociedades abertas e garantindo o funcionamento ordenado do mesmo[15]. Não admira, por isso, que a certificação legal de contas por entidades terceiras à sociedade e com esta não relacionadas seja uma imposição legislativa comum à grande maioria dos sistemas jurídicos[16].

A função de auditoria externa encontra-se, porém, eivada de um "pecado original": os destinatários do trabalho desenvolvido pelas sociedades de auditoria

---

[13] Como bem identifica GABRIELA FIGUEIREDO DIAS: "*O funcionamento eficiente do mercado depende pois verticalmente da informação financeira das empresas e da respectiva qualidade e rigor, assim como os investidores dependem dos auditores para ultrapassar as assimetrias informativas entre accionistas e administradores.*", em "*Conflitos de interesses em auditoria*", Conflito de interesses no Direito Societário e Financeiro, AA. VV., Almedina, 2010, p. 565 a 623.

[14] Sobre as premissas de funcionamento do sistema de avaliação externa e independente de informação empresarial ver JOHN C. COFFEE, Jr., "*The acquiescent gatekeeper: reputational intermediaries, auditor independence and the governance of accounting*", ob. cit., em que o autor denomina o sistema de "*Gatekeeper Model*".

[15] Como faz notar o legislador comunitário no considerando (9) da Directiva 2006/43/CE: "*A boa qualidade da auditoria contribui para o funcionamento ordenado dos mercados, melhorando a integridade e a eficiência das demonstrações financeiras.*"

[16] Obrigatória em Portugal para as sociedades anónimas desde 1969; o Decreto-Lei n.º 49381, de 15 de Novembro de 1969, referiu-se ao regime de fiscalização das sociedades anónimas, sendo considerado o primeiro diploma que fez referência à profissão de ROC. Com efeito, o n.º 3 do art.º 1.º previa: "*Os membros do conselho fiscal e o fiscal único podem ser ou não sócios da sociedade, mas um deles ou o fiscal único e um suplente têm de ser designados entre os inscritos na lista de revisores oficiais de contas a que se refere o art.º 43.º, salvo o estabelecido nas disposições transitórias.*".

não são aqueles que pagam pela prestação do respectivo serviço[17-18], sendo este solicitado e remunerado pela própria empresa auditada.

Ora, sendo o trabalho de auditoria realizado, sobretudo, para benefício do funcionamento dos mercados e garantia de fiabilidade da informação financeira por parte dos investidores (embora aqui devam também ser incluídos todos os demais *"stakeholders"*[19]), o ideal seria que a nomeação dos auditores e a remuneração dos mesmos fosse assumida por uma entidade estranha aos interesses próprios de cada um dos agentes que gravitam em torno da sociedade auditada (por uma entidade de regulação e supervisão, por exemplo[20-21]), como forma de

---

[17] SEAN M. O'CONNOR identifica o problema como a *"fundamental tension"* do sistema de auditoria: *"...the fundamental tension in the statutory audit system is that auditors get hired by, fired by, and must work side by side with, the corporate client – (...) – while legally required to take the interests of shareholders, creditors, and the public as their primary responsibility and allegiance."* – ob. cit., p. 50.

[18] Isto mesmo é reconhecido pela Comissão Europeia no Livro Verde "Políticas de auditoria: as lições da crise", quando afirma: *"O facto de os auditores serem pagos pela empresa que é objecto da auditoria,..., cria uma distorção no sistema."* – COM (2010) 561 final, pág. 12 – 13 de Outubro de 2010, disponível em http://ec.europa.eu/internal_market/consultations/docs/2010/audit/green_paper_audit_pt.pdf.

[19] Termo que na nomenclatura anglo-saxónica normalmente designa todos os titulares de interesses, ainda que difusos, nas sociedades comerciais, aqui se incluindo trabalhadores, credores, o Estado e até a própria comunidade em que a sociedade comercial se insere; fazendo apelo a conceito similar, o legislador português reconheceu, no artigo 64.º, n.º 1, do Código das Sociedades Comerciais, a ponderação pelos gerentes ou administradores dos interesses "dos outros sujeitos relevantes para a sustentabilidade da sociedade".

[20] Este cenário está presentemente a ser analisado pela Comissão Europeia; ver Livro Verde ob. cit. pág. 12.

[21] A legislação portuguesa prevê já que, em certos casos (normalmente para serviços diversos da auditoria regular à sociedade), a nomeação de um revisor oficial de contas independente ou sem interesses na sociedade possa ser efectuada por uma entidade terceira.

No caso das fusões, prevê o artigo 99.º, n.º 3, do Código das Sociedades Comerciais, que o ROC independente possa, a solicitação conjunta das sociedades intervenientes, ser nomeado pela Ordem dos Revisores Oficiais de Contas.

De igual modo, nos termos do artigo 416.º do Código das Sociedades Comerciais, a falta de designação do ROC pelo órgão social competente, no prazo legal, deve ser comunicada à Ordem dos Revisores Oficiais de Contas, devendo a referida Ordem nomear oficiosamente um ROC para a sociedade, no prazo de quinze dias. Este artigo deve ser compatibilizado com o disposto no artigo 50.º do Estatuto da Ordem dos Revisores Oficiais de Contas, nos termos do qual se estabelece que a designação de ROC entre duas assembleias gerais é da competência da respectiva mesa e, na sua falta, do órgão de gestão, devendo ser submetida a ratificação na assembleia geral seguinte. Apenas na falta de cumprimento desta disposição para além de 30 dias (do termo da relação contratual com o anterior ROC, infere-se), deve ser efectuada comunicação dessa falta à Ordem e implicará a transferência para esta do poder de designação.

Por último, haverá que ter em conta a norma subsidiária estabelecida no artigo 112.º-B do Código do Registo Comercial, nos termos da qual sempre que a lei exija a nomeação de ROC e a mesma não possa ser efectuada pela sociedade, mas seja admitida por processo extra-judicial, deve a sociedade interessada requerer à Conservatória do Registo Comercial competente (em que a sociedade se encontre matriculada, entenda-se) que designe os peritos respectivos. Para o efeito, a Conservatória oficiará a Ordem dos Revi-

evitar possíveis situações de conflitos de interesse ou pressões sobre o auditor externo.

Não é, na verdade, esse o modelo vigente, podendo, por isso, questionar-se se a objectividade e independência do auditor não ficam, desde logo, comprometidas pela simples aceitação da prestação do serviço de auditoria[22] para o qual são contratados pela sociedade que vão auditar.

III. DA INDEPENDÊNCIA DOS AUDITORES

(A) Da independência

"The issue of independence is the key one. It is the key because everything else fits with it. In many ways, the public has expectations of the profession and of what the auditor's report means that exceed reality. To the extent, however, that the public views the auditing process as a wholly unbiased review of management's presentation of the corporate financial posture, I believe the expectations are fully justified."[23]

Como bem identifica Harold M. Williams, em 1978, em discurso ao AICPA, a questão da independência é, sem dúvida, a questão chave em toda esta problemática.

É na capacidade de os auditores terem as condições, formais e materiais, suficientes para realizar um trabalho de fiscalização da informação financeira bem documentado, sustentado, completo e, sobretudo, idóneo, que recai a confiança dos investidores. É nessa exacta medida que se afigura fundamental para toda a credibilidade e sustentabilidade do sistema de fiscalização das sociedades que os auditores externos sejam e saibam permanecer independentes de quaisquer interesses conflituantes, sejam eles com a sociedade auditada, com os administradores desta, com os respectivos accionistas ou com quaisquer outros agentes com interesses gravitacionais em torno da sociedade auditada.

---

sores Oficiais de Contas e recebida a comunicação desta e verificando não existir incompatibilidades o Conservador emite despacho de nomeação.

O regime de aplicabilidade deste artigo 112.º-B do Código do Registo Comercial não é claro. Parece resultar da redacção que a nomeação pela Conservatória apenas será admissível quando a lei estabeleça que a nomeação não pode ser feita pela sociedade (o que, tanto quanto conhecemos, não ocorrerá expressamente em nenhum caso).

[22] SEAN M. O'CONNOR, ob. cit., p. 2.

[23] HAROLD M. WILLIAMS, Chairman da SEC entre 1977 e 1981, *"Progress toward professional self-governance: an update"*, discurso no American Institute of Certified Public Accountants ("AICPA") em 8 de Maio de 1978; consultável em www.sec.gov.

O GOVERNO DOS AUDITORES

É nessa medida que a doutrina tem abundantemente dissertado sobre conceitos de "independência de facto" (ou "de espírito") e "independência aparente", aos quais os auditores estarão sujeitos e que foram interiorizados pelas legislações de EUA e União Europeia[24].

A independência de facto corresponde, na esteira da definição adoptada pela International Federation of Accountants[25] (doravante "IFAC"), ao estado de espírito que permite o expressar de uma conclusão sem que a mesma seja afectada por quaisquer influências que comprometam o juízo profissional, consequentemente permitindo ao auditor agir com integridade e actuar com objectividade[26]. Já a "independência aparente", ainda segundo a IFAC, consiste no evitar de factos e circunstâncias tão significativos que, com base nos mesmos, um terceiro razoável e informado pudesse com probabilidade concluir que a integridade e objectividade de uma sociedade de auditores ou de um membro da mesma haviam sido comprometidos[27].

A independência de facto é, assim, o estado de espírito do auditor que lhe permite agir livre de quaisquer influências que afectem a sua actuação, o que dificilmente será verificável por terceiros, excepto se por avaliação da estrita aplicação de normas legais ou códigos de ética[28]. Ao invés, a independência aparente é antes uma "prova de mercado", reconhecendo-se que a independência não tem uma vertente meramente interna, mas também externa, devendo a independência do auditor estar sujeita, sobretudo, ao juízo público.

Poderá a independência aparente constituir o maior incentivo a que o auditor externo resista a quaisquer ameaças que possam afectar a objectividade e idoneidade do respectivo trabalho? Parece-nos que sim, sobretudo se considerarmos que a solidez de uma imagem impoluta (a par da necessária capacidade técnica) permitirá ao auditor cimentar no mercado uma favorável reputação capaz de lhe granjear o respeito dos seus pares e dos vários agentes do mercado e novas nomeações para actividades de revisão de contas.

---

[24] Ver Secção IV.C da Final Rule da SEC *"Revision of the Commission's Auditor Independence Requirements"*, de 2000; ver Recomendação da Comissão 2002/590/CE (em que na versão portuguesa se adoptam as expressões "independência de espírito" e "independência aos olhos de terceiros", esta última menos feliz); ver artigo 22.º da Directiva 2006/43/CE; ver artigo 68.º-A do Estatuto da Ordem dos Revisores Oficiais de Contas.

[25] Regra 291.5 do *"Code of Ethics for Professional Accountants"* da IFAC.

[26] A definição constante da regra 291.5, já citada, é: *"The state of mind that permits the expression of a conclusion without being affected by influences that compromise Professional judgement, thereby allowing an individual to act with integrity and exercise objectivity and professional scepticism".*

[27] A definição constante da regra 291.5, já citada, é: *"The avoidance of facts and circumstances that are so significant that a reasonable and informed third party would be likely to conclude, weighing all the specific facts and circumstances, that a firm's, or a member of the assurance team's, integrity, objectivity or professional scepticism has been compromised".*

[28] No mesmo sentido, ANDRÉ FIGUEIREDO, *"Auditor independence and the joint provision of audit and non-audit services"*, artigo publicado em "O Código das Sociedades Comerciais e o Governo das Sociedades", AA.VV., Almedina, 2008, p. 204 e 205.

(B) Das ameaças à independência

"Prior to the corporate governance reforms in many jurisdictions, the pressures faced by external auditors from directors in many firms constituted the focus of several major issues. Furthermore "creative accounting" practices were widespread. The audit serves as a signalling mechanism to shareholders of a company that information provided by the company's directors can be relied upon."[29]

As ameaças à independência dos auditores externos há muito que foram sendo identificadas, sobretudo pela doutrina nos EUA onde o interesse académico por estas matérias é substancialmente mais profundo, tendo sido elencadas em ambos os lados do Atlântico em diversos diplomas legislativos[30]. Tradicionalmente, identificam-se como ameaças à independência do auditor externo (i) o interesse pessoal, (ii) a auto-revisão, (iii) a familiaridade, (iv) a representação e (v) a intimidação. Pela importância que revestem, abordaremos as três primeiras.

(B.1) O interesse pessoal e a prestação de serviços de não auditoria

A existência de um interesse pessoal na sociedade auditada será, sem dúvida, o maior obstáculo à realização de uma auditoria com os necessários padrões de integridade ou objectividade ou, pelo menos, mesmo que não venha a afectar a actuação do auditor, assim será percepcionado por qualquer terceiro (fazendo-se aqui apelo, mais uma vez, à distinção entre os conceitos de independência de facto e independência aparente).

O interesse pessoal pode subsumir-se a variadíssimas situações, como a existência de um interesse financeiro, directo ou indirecto, na sociedade auditada ou, em situações mais correntes, na excessiva dependência de serviços de não-auditoria prestados à sociedade auditada[31], entre outras.

No que ao interesse financeiro releva, o conflito de interesses latente é de uma clareza tal que a proibição de revisão de contas quando aquele exista se afigura de óbvia implementação[32].

---

[29] MARIANNE OJO, *"The role of external auditors in corporate governance: Agency problems and the management of risk"*, Julho de 2009, p. 5 (http://ssrn.com/abstract=1427899).

[30] Ver artigo 22.º, n.º 2, da Directiva 2006/43/CE e artigo 68.º-A, n.º 3, do Estatuto da Ordem dos Revisores Oficiais de Contas.

[31] Os serviços de não-auditoria incluem a prestação de serviços de contabilidade, desenvolvimento de sistemas de tecnologia de informação com aplicações financeiras, auditoria interna, representação da sociedade auditada no âmbito da resolução de litígios, o recrutamento de quadros para a sociedade auditada, entre outros.

[32] A enunciação de exemplos que preenchem o conceito de "interesse financeiro" poderá ser analisada na Secção IV D. da Final Rule da SEC *"Revision of the Commission's Auditor Independence Requirements"*, de 2000, e na Recomendação 2002/590/CE.

Já a prestação de serviços de não-auditoria por parte das sociedades de auditoria criou, sobretudo nos EUA, uma realidade em que aqueles serviços se tornaram demasiadamente importantes na relação com o cliente e consubstanciavam uma importante fonte de rendimentos para a sociedade de auditoria. Como consequência, potenciava-se a geração no espírito dos sócios da sociedade de auditoria de uma conveniência em adoptar um comportamento de menor exigência na fiscalização das contas da sociedade, tendo em vista perpetuar a relação comercial com a sociedade auditada e, concomitantemente, expandir a prestação de serviços de não-auditoria.

Adicionalmente, a prestação de serviços de não-auditoria potenciou ainda a prática pela sociedade de auditoria do denominado *"low balling"*, reduzindo artificialmente os honorários dos serviços de auditoria e compensando essa "perda" com os montantes recebidos pela prestação de serviços de não-auditoria[33]. Os sócios das sociedades de auditoria eram inclusive incentivados a promover o *"cross-selling"* desses serviços de não-auditoria, podendo a remuneração dos mesmos estar parcialmente indexada à contratação de serviços adicionais. Ora, a prestação de serviços de não-auditoria representava já em muitos casos um montante idêntico ou superior ao auferido pela sociedade na qualidade de auditora.

A múltipla prestação de serviços acabou por se constituir, assim, como uma forma de pressão do cliente sobre o auditor, colocando sobre este o ónus de perder a rentável prestação de serviços de não-auditoria caso as conclusões do trabalho de auditoria não fossem as mais favoráveis[34].

Ora, se a existência de um interesse pessoal directo, designadamente financeiro, foi sempre pacificamente encarado como colocando em causa a independência do auditor, ao invés, a prestação de diversos serviços de não-auditoria foi consistentemente permitida até à entrada em vigor da Sarbanes-Oxley Act[35].

Não obstante, a prestação de serviços de não-auditoria foi frequentemente identificada nos EUA como um dos grandes problemas associados à independência dos auditores, sendo esclarecedoras a este respeito as palavras de Harold M. Williams[36]: *"If the profession is to remain credible, and to respond to the Commission's expectations and those of Congress, the services which auditors render to their publicly-held audit clients must be limited to those that are appropriately related to the profession's primary responsibility – the audit itself.".*

---

[33] MARIANE OJO, *"Auditor Independence – Its importance to the external auditor's role in banking regulation and supervision"* (www.ssrn.com/abstract=1107177).

[34] Tanto mais que a destituição do auditor externo nos EUA é uma medida com repercussão pública e que carece de prestação de explicações públicas à SEC.

[35] Embora, como se verá na secção (B.1) infra, a SEC tenha adoptado uma atitude preventiva quanto ao problema ainda no ano de 2000 com a publicação da Final Rule *"Revision of the Commission's Auditor Independence Requirements"*.

[36] HAROLD M. WILLIAMS, discurso no AICPA, em 1978, já citado.

No mesmo sentido, as considerações em 1979 de John McCloy, Presidente do Public Oversight Board: *"Investors and others need a public accounting profession that performs its primary function of auditing financial statements with both the fact and the appearance of competence and independence. Developments which detract from this surely will damage the professional status of CPA firms and lead to suspicious and doubts that will be detrimental to the continued reliance of the public upon the profession without further and more drastic governmental intrusion"*[37].

Esta identificação do problema (com vinte anos de antecedência sobre as fraudes do início do século e por dois Presidentes de duas instituições centrais nesta matéria nos EUA) e a inerente responsabilização social não foram, todavia, suficientes para fazer parar o crescimento da prestação de um número cada vez maior de serviços de não auditoria a sociedades cotadas nos EUA por parte das *Big Five*, a qual teve o seu apogeu durante os anos 90 do século passado (pode referir-se, a título de exemplo, que em 2000 a Enron terá pago à Arthur Andersen o montante de cerca de 25 milhões de dólares por serviços de auditoria prestados e o montante de cerca de 27 milhões de dólares por serviços de não auditoria prestados, perfilando-se como o segundo maior cliente da auditora[38])[39].

No pós-Enron sucederam-se nos EUA os estudos académicos sobre o impacto da prestação de serviços de não-auditoria na independência dos auditores, tendo os diversos autores alcançado conclusões contraditórias, advogando uns o impacto real que o peso dos honorários de serviços de não-auditoria causa à independência dos auditores e concluindo outros autores pela inexistência desse impacto[40]. Designadamente, advogaram estes últimos que deve ser deixado ao mercado informado a decisão de avaliar sobre investir ou não numa sociedade em que coexistam, com carácter de relevância, a prestação de serviços de auditoria e de serviços de não-auditoria pela mesma sociedade. O mercado apenas terá de

---

[37] Citação constante do documento da SEC de Junho de 2000 *"Background Information: Auditor Independence"*, consultável em www.sec.gov.

[38] MATTHEW J. BARRETT, *"Enron and Andersen – What went wrong and why similar audit failures could happen again"*, pág. 159, consultável em www.ssrn.com/abstract=794831.

[39] Para os que crêem que essas situações não se verificam actualmente, deve referir-se que, em 2008, os relatórios e contas de algumas sociedades cotadas portuguesas demonstravam que nalguns casos a facturação por serviços de não-auditoria continua a suplantar os honorários percebidos por trabalho de auditoria – a Galp Energia gastou em 2008 cerca de €820.000 em serviços de auditoria a várias empresas do grupo com o auditor externo e cerca de €1.098.000 em serviços de não auditoria (Relatório de Governo 2008, pág. 53, consultável em www.galpenergia.com) – a REN gastou em 2008 cerca de €118.000 em serviços de auditoria com o auditor externo e cerca de €303.000 em serviços de não auditoria (Relatório de Governo 2008, pág. 60, consultável em www.ren.pt).

[40] Numa análise exaustiva desses estudos, ANDRÉ FIGUEIREDO, ob. cit., pág. 250 a 254; André Figueiredo sustenta nas conclusões que, em face dos estudos analisados, não há evidência de que a prestação de serviços de não-auditoria tenha impacto na independência dos auditores, podendo, ao invés, incrementar essa independência e a qualidade dos serviços de auditoria.

O GOVERNO DOS AUDITORES

estar adequadamente informado do valor auferido pela sociedade de auditoria no âmbito da prestação de cada um desses serviços considerados individualmente. A transparência seria, assim, incentivo suficiente para que a prestação de serviços de não-auditoria não afectasse a independência do auditor[41].

Independentemente das conclusões a que quaisquer estudos sobre esta matéria possam alcançar, não pode deixar de se considerar que, em teoria, a prestação de serviços de não-auditoria a clientes auditados é susceptível de criar no mercado a suspeição de que os honorários percebidos por tais serviços poderão acentuar uma situação de dependência económica daquele cliente capaz de afectar a objectividade do auditor[42]. Como mais à frente se verá, esta foi, exactamente, uma das áreas que mereceu tratamento legislativo quer nos EUA quer na União Europeia.

(B.2) Auto-revisão

Como poderá ser também facilmente perceptível, a prestação simultânea de muitos outros serviços de não-auditoria poderá gerar, pelo menos em teoria, o risco de o auditor externo ser confrontado com situações de auto-revisão.

Este fenómeno de auto-revisão poderá derivar, designadamente, da prestação pelo auditor de serviços de contabilidade, desenvolvimento de soluções de tecnologia de informação no domínio financeiro, consultoria fiscal, realização de auditorias internas, entre outros[43].

É neste contexto que ganha grande acuidade o conceito de "rede" na prestação de serviços, devendo ser considerados como prestados pela sociedade de auditoria os serviços de não-auditoria prestados por sociedade ou pessoa que mantenha com o auditor uma relação relevante, a qual não se atém meramente

---

[41] Mesmo entre os defensores da posição da suficiência da prestação de informação sobre os honorários recebidos das diversas actividades, há quem entenda que a revelação discriminada dos honorários pelas sociedades de auditoria pode ter custos, designadamente concorrenciais, e que o reforço da transparência se bastaria com uma norma minimalista impondo a revelação da exposição em termos de facturação das sociedades de auditoria aos seus maiores clientes. "*Awarness of this maximum concentration in one client would just be as valuable as general fee disclosure.*", diz-nos BENITO ARRUÑADA, no artigo "*Non-audit Services: Let an informed market decide*", Accountancy, Abril de 1998, 63; ideia que o mesmo autor reforça ao afirmar "*... a rule making it obligatory to disclose maximum concentration (the contribution of audit firms' biggest clients to their total fee income) is preferable to a general disclosure of individual fees.*", BENITO ARRUÑADA, "*The provision of non-audit services by auditors: Let the market evolve and decide*", International Review of Law and Economics, 513, 1999.

[42] Como bem nota. BENITO ARRUÑADA, "*The provision of non-audit services by auditors:...*", artigo citado.

[43] O artigo 68.º-A, n.º 5, do Estatutos da Ordem dos Revisores Oficiais de Contas, embora adopte uma formulação enunciativa, parece querer limitar o risco de auto-revisão à prestação de serviços de contabilidade (o que não resulta da leitura da Directiva 2006/43/CE), quando, na verdade, doutrina vária aceita que o âmbito dos serviços possivelmente sujeitos a auto-revisão é substancialmente mais lato.

O GOVERNO DAS ORGANIZAÇÕES

a uma formal relação ou integração societária, mas deve englobar igualmente as relações que tenham por objecto a cooperação entre estruturas ou agentes[44].

A auto-revisão cria no auditor externo o conflito de interesses de se encontrar a auditar o próprio trabalho, podendo derivar na tendência facilitista de negligenciar a auditoria sobre o mesmo por entender que o trabalho em causa foi realizado por colegas da sociedade de auditoria e que, portanto, não deverá enfermar de incorrecções. Esta situação poderá criar no auditor um quadro psicológico, consciente ou inconsciente, de contínua aceitação desses erros, alguns eventualmente repetitivos.

Ora, no fenómeno da auto-revisão o problema colocar-se-á com maior relevância exactamente na "auditoria de erros próprios", ou seja, nas situações em que o auditor externo descobre um erro decorrente da prestação de serviços extra--auditoria pela própria sociedade auditora ou por alguém a ela ligada, gerando--se um conflito interno e moral entre divulgar o erro ou incorrecção detectada, cumprindo o dever profissional a que está adstrito, ou ocultar o mesmo, dessa forma salvaguardando a relação com o cliente e a futura prestação simultânea de serviços de auditoria e não-auditoria[45].

(B.3) Familiaridade

"How can an audit firm remain independent... when it has established long-term personal and professional relationships with a company by auditing that company for many years, some 10, 20 or 30 years?"[46]

A familiaridade entre a sociedade auditora e a sociedade auditada ou entre os sócios daquela e os órgãos directivos desta é uma situação relativamente comum no mercado de capitais e, em certa medida, difícil de contrariar.

Na verdade, em situações de conforto e satisfação das sociedades auditadas relativamente aos serviços prestados e equidade dos honorários cobrados, aquelas sociedades tendem a estabelecer relações comerciais relativamente longas com as

---

[44] Vai neste sentido o artigo 2.º, n.º 7, da Directiva 2006/43/CE.

[45] O que sucedeu, de facto, no caso da Enron, tendo havido quadros da Arthur Andersen a participar na "contabilidade criativa" daquela sociedade energética. Neste caso, como foi tornado público, determinante para a descoberta da fraude foram os empregados da Enron que foram denunciando as incongruências que iam apurando (em actividade que se convencionou designar de *"whithelblowing"*) e não a actuação dos serviços de auditoria da Arthur Andersen.

[46] Questão colocada pelo Congressista Richard Shelby na Câmara dos Representantes dos EUA, em 1985, citada no artigo *"Audit Firm Rotation and Audit Quality"*, The CPA Journal, Janeiro de 2005, consultável em www.nysscpa.org/printversions/cpaj/2005/105/p36.htm.

O GOVERNO DOS AUDITORES

sociedades de auditoria, sendo inevitável que se consolidem relações de amizade entre membros da equipa de auditores e gestores auditados.

Acresce que o mercado tende a olhar com desconfiança as sociedades que alteram o seu auditor externo com relativa frequência, não estando muitas vezes habilitado a percepcionar se, de facto, aquela alteração se deve à política interna da sociedade auditada ou à não satisfação por parte do auditor de eventuais interesses do auditado em ter contas "limpas" e sem reservas.

Deverá ainda considerar-se nesta equação o facto de a prestação de serviços de auditoria ao longo de vários anos trazer à equipa da sociedade de auditoria um capital de conhecimento sobre o cliente auditado susceptível de permitir ganhos de eficiência na condução das auditorias. Na realidade, relativamente a sociedades de grande dimensão, é fácil conceder que após designação de um novo auditor este careça de um período entre um a dois anos para conhecer mais aprofundadamente o negócio, os procedimentos, as rotinas de contabilização, entre outros aspectos relevantes, da sociedade auditada, o que se pode traduzir em maiores dificuldades na condução de auditorias eficientes e pode permitir a ocorrência de falhas de auditoria em maior número.

Não obstante, a familiaridade entre auditores e auditados afigura-se um perigo à independência daqueles quando as longas e próximas relações com os auditados suscitam situações de confiança excessiva no cliente e nas declarações por este produzidas e conduzem a um, mesmo que inconsciente, aligeirar da objectividade e nível de cepticismo no esforço de auditoria.

Ora, em estudo conduzido nos EUA pelo US Government Accountability Office (doravante "GAO"), em Setembro de 2003[47], concluiu aquele organismo que nas 159 empresas da lista de 2003 da Fortune 1000 que responderam ao estudo, o período médio de retenção do auditor pelas sociedades auditadas era de 19 anos, num intervalo de variação que oscilava entre 1 e 94 (!!!) anos. Excluídas as sociedades que haviam mudado de auditor externo aquando da dissolução da Arthur Andersen[48] em finais de 2001, a média subia para 25 anos e a percentagem de sociedades cotadas que trabalhava com o mesmo auditor há mais de 10 anos subiu para os 68%. A tudo isto somava-se ainda o facto de, à data,

---

[47] GAO, "*Accounting firm consolidation – Selected large public companies views on audit fees, quality, independence and choice*", Setembro de 2003, consultável em www.gao.gov/news.items/d031158.pdf; o GAO é um gabinete de estudos e auditoria dependente do Congresso dos EUA.

[48] Sendo que muitas das sociedades cotadas dos EUA, no rescaldo da extinção da Arthur Andersen, mudaram de sociedade de auditoria sem que tenham mudado efectivamente de sócio ou equipa responsável pela revisão de contas da sociedade, conforme indicaram 56% dos respondentes ao estudo da GAO, "*Mandatory Audit Firm Rotation Study*", Fevereiro de 2004, consultável em www.gao.gov/cgi-bin/getrpt?GAO-04-217, porquanto os sócios ou as equipas foram integrados noutras sociedades de auditoria, designadamente noutra das Big Four, entretanto designadas auditores externos daquelas sociedades.

O GOVERNO DAS ORGANIZAÇÕES

78% das sociedades cotadas nos EUA serem auditadas pelas *Big Four* e ainda de 94% das sociedades que participaram no estudo serem beneficiárias de serviços de auditoria e de não-auditoria por parte do seu auditor externo (sobretudo em matéria de aconselhamento fiscal).

Concluía o estudo do GAO que existia uma clara associação entre o período de tempo e a satisfação com os serviços de auditoria. Quanto mais longa a relação entre auditores e auditados, maior a possibilidade de a empresa auditada estar satisfeita com a sociedade de auditoria.

No caso concreto da relação da Enron com a Arthur Andersen, provou-se que a relação de proximidade era manifesta e perniciosa, não sendo de estranhar o testemunho de antigos funcionários do departamento de contabilidade da Enron que declararam sobre funcionários da Arthur Andersen: *"People just thought they were Enron employees"*[49].

A tudo isto deverá acrescentar-se ainda um outro risco decorrente da familiaridade (e simultaneamente potenciador da mesma) que é a transferência de pessoal entre sociedades auditoras e clientes, constituindo aquelas sociedades uma plataforma de recrutamento relativamente comum das sociedades auditadas[50].

A existência de trabalhadores de uma sociedade auditada que haviam anteriormente exercido funções na sociedade auditora incrementa, obviamente, o risco de familiaridade e de pressão sob o auditor externo (cujos interlocutores na sociedade auditada podem agora ser seus ex-colegas), porquanto é susceptível de criar situações, ainda que inconscientes e não pretendidas, de ascendente psicológico sobre o auditor ou, de outro modo, de excessiva confiança no trabalho do ex-colaborador da sociedade de auditoria e agora gestor auditado, por exemplo.

Aparentemente, a situação portuguesa é substancialmente mais favorável que a verificada nos EUA. De acordo com o "Relatório anual sobre o governo das sociedades cotadas em Portugal – 2009"[51], por referência a 2008, o número de anos que, em média, a empresa de auditoria externa presta consecutivamente serviços a um mesmo emitente cifrou-se em 8, número que sobe para 14 se considerarmos apenas as sociedades que integram o índice PSI-20 e 17 anos no caso das empresas do sector financeiro. Há quatro empresas que mantêm o mesmo

---

[49] Artigo jornalístico *"Were Enron, Anderson too close to allow auditor to do its job?"*, publicado no The Wall Street Journal, em 21 de Janeiro de 2002, citado em The CPA Journal, *"Audit firm rotation..."*, artigo citado.

[50] Situação que se terá verificado na Enron, tendo sido publicitado que vários quadros da Enron haviam já sido trabalhadores da Arthur Andersen anteriormente, conforme referido em The CPA Journal, *"Audit firm rotation..."*, artigo citado.

[51] Relatório elaborado pela CMVM e apresentado pela mesma em sessão pública de 16 de Dezembro de 2009. O relatório reúne as respostas a um questionário sobre o governo das sociedades cotadas realizado entre Abril e Julho de 2009 e analisa ainda os relatórios de governo das sociedades cotadas; consultável em www.cmvm.pt.

auditor há mais de 20 anos (uma das quais há 29) e apenas uma das inquiridas revelou ter limitações ao número de anos em que a sociedade de auditoria poderá prestar serviços à sociedade cotada, ocorrendo alteração dos auditores externos no final de cada mandato dos órgãos sociais.

IV. DA EVOLUÇÃO LEGISLATIVA NOS EUA E NA UNIÃO EUROPEIA

(A) A resposta dos EUA às fraudes contabilísticas

"Independence is the most valuable attribute. If the profession cannot satisfy its obligation to maintain both the appearance and the fact of independence, ultimately the political process – even at the risk of paying a heavy price in other areas – will compel changes in the profession to satisfy the expectation of independence."[52]

Estas palavras de HAROLD M. WILLIAMS, no mesmo discurso ao AICPA, afiguravam-se, sem dúvida, premonitórias e demonstram o quanto o âmago das preocupações em torno do exercício das funções dos auditores externos estava já identificado e não se alterou em mais de 30 anos. Àquela data, como agora, a independência do auditor era já identificada como o bem maior, como o atributo nuclear que deveria nortear a actuação dos auditores e no qual a confiança dos mercados repousava[53].

Terá sido certamente imbuída deste espírito que a SEC preparou e fez publicar em 2000 a sua *Final Rule "Revision of the Commission's Auditor Independence Requirements"*[54]. Apesar de terem sido preparadas e publicadas em momento anterior à crise de confiança dos mercados espoletada pela fraude na Enron, as razões invocadas para a implementação desta Final Rule em 2000 eram já as fusões verificadas no mercado que criavam mega-estruturas de nível internacional, a contratação de sócios de sociedades de auditoria pelos seus clientes, a extraordinária expansão durante os anos 90 do século XX dos serviços de não-auditoria prestados às empresas auditadas, com o correspondente aumento do peso desses serviços na facturação da própria empresa de auditoria, entre outros. Concluiu, assim, a SEC que a expansão dos serviços não-auditoria em clientes auditados afectava a confiança do investidor na independência (aparente) dos auditores.

Arrogando-se o poder de avaliar a condição de independente do auditor determinou a SEC que: *"The Commission will not recognize an accountant as*

---

[52] HAROLD M. WILLIAMS, discurso no AICPA, em 1978, já citado.

[53] Um sumário da história das regras de independência dos auditores nos EUA pode ser consultado em SEAN M. O'CONNOR, ob. cit., p. 24 e ss.

[54] Consultável em www.sec.gov/rules/final/33-7919.htm.

independent, with respect to an audit client, if the accountant is not, or a reasonable investor with knowledge of all relevant facts and circumstances would conclude that the accountant is not, capable of exercising objective and impartial judgment on all issues encompassed within the accountant's engagement."[55]

Para avaliação da independência do auditor, a SEC definiu quatro situações matriciais cuja verificação afecta a independência dos auditores: (a) a prestação de serviços cria um interesse mútuo ou conflituante entre o auditor e a empresa auditada, (b) a prestação de serviços coloca o auditor na posição de auditar o seu próprio trabalho (fenómeno de "auto-revisão"), (c) a prestação de serviços coloca o auditor em posição de tomar decisões de gestão ou de agir como empregado do cliente, ou (d) a prestação de serviços coloca o auditor na posição de advogado do cliente.

Em desenvolvimento, meramente enunciativo, dos critérios de análise da independência dos auditores foram identificados pela SEC os seguintes comportamentos como sendo comprometedores da independência:

a) a existência de interesses financeiros derivados de investimento em clientes de auditoria, seja este directo ou indirecto; a existência de empréstimos ao auditor por parte da empresa auditada; o investimento de clientes na sociedade de auditoria;

b) a existência de uma relação de trabalho ou de administração da empresa auditada; a contratação de antigo sócio, accionista ou trabalhador da sociedade de auditoria como trabalhador da empresa auditada para trabalhar em matérias contabilísticas; a contratação de um antigo trabalhador da empresa auditada como sócio ou director da sociedade de auditoria;

c) a existência de relações comerciais entre auditores e auditados para além das emergentes da relação de auditoria;

d) a prestação de outros serviços que não de auditoria, como os de: contabilidade, desenvolvimento e implementação de sistemas de tecnologia de informação no sector financeiro[56], avaliação de activos, actuariado, auditoria interna[57], gestão, recursos humanos[58], corretagem, serviços jurídicos;

e) existência de estruturas de pagamento com recurso a honorários condicionais (com pagamento dependente de resultados) ou em regime de comissão[59].

---

[55] Ver Rule 2-01 (b).

[56] Estes serviços representaram o início da prestação de serviços de consultoria por parte das sociedades de auditoria, tendo a Arthur Andersen sido pioneira neste campo ao criar uma divisão dedicada que mais tarde originou a Andersen Consulting, hoje Accenture.

[57] Nos serviços de auditoria interna os interesses dos auditores alinham-se com os da administração que os contratam, por ser o auditor unicamente responsável perante quem o contrata.

[58] Designadamente por se poder incluir nas funções a prospecção de candidatos a elevados cargos de gestão ou mesmo de administração da sociedade auditada.

[59] Vulgarmente designados nos EUA por *"contingent fees"*.

Em 2002, na sequência e em resposta à profunda crise de confiança e descrédito na contabilidade das sociedades cotadas provocada pelas fraudes contabilísticas verificadas, o Congresso dos EUA promove uma resposta profundamente violenta à situação fazendo publicar a Sarbanes-Oxley Act[60].

A Sarbanes-Oxley Act apresentou-se como uma terapia de choque à desconfiança dos agentes do mercado, procurando responder transversalmente a todos os graves problemas detectados no funcionamento das sociedades cotadas no contexto das fraudes verificadas. É por isso sem surpresa que a Sarbanes-Oxley Act se focou primordialmente no relacionamento dos auditores com as sociedades cotadas, no reforço das exigências contabilísticas e na criminalização de comportamentos fraudulentos (havendo a preocupação de acautelar, em simultâneo, os direitos dos trabalhadores que denunciassem os comportamentos fraudulentos, promovendo activamente o *"whistleblowing"*).

No que à actividade dos auditores respeita a Sarbanes-Oxley Act institui, logo no seu primeiro título, a constituição do "Public Company Accounting Oversight Board"[61], uma entidade não-governamental (embora sujeita a supervisão da SEC) cujo principal propósito é o de fiscalizar a actividade dos auditores externos de sociedades cotadas tendo em vista a protecção dos interesses dos accionistas e do interesse público na preparação dos relatórios de auditoria daquelas sociedades.

Nesse sentido, foram-lhe cometidas as funções de (i) registo das sociedades de auditoria, (ii) estabelecimento das regras e padrões de ética e independência a que deveriam corresponder os relatórios de auditoria das sociedades cotadas, (iii) condução de investigações, instauração de procedimentos disciplinares e imposição de sanções aos auditores.

Entrando no tratamento das questões de independência, a Sarbanes-Oxley Act vai actuar em três dimensões relevantes:

a) a proibição de prestação de serviços de não-auditoria a sociedades que estejam a ser auditadas;

b) a instituição de uma regra de rotatividade do sócio da sociedade de auditoria; e

c) a imposição de uma regra de conflitos de interesses.

No que respeita à prestação de serviços não-auditoria a clientes de auditoria, a Sarbanes-Oxley Act vai substancialmente mais longe que a Final Rule da SEC de 2000 ao proibir a prestação por parte dos auditores de tais serviços, designa-

---

[60] Assim designada por referência aos respectivos promotores, o Senador Paul Sarbanes e o deputado Michael Oxley.

[61] Para informações mais detalhadas sobre as atribuições do "PCAOB" deverá ser consultada a respectiva página de Internet em www.pcaobus.org.

O GOVERNO DAS ORGANIZAÇÕES

damente dos seguintes: (i) contabilidade, (ii) desenvolvimento e implementação de sistemas de tecnologia de informação no sector financeiro, (iii) avaliação de activos, (iv) actuariado, (v) auditoria interna, (vi) gestão, (vii) recursos humanos, (viii) corretagem, (ix) serviços jurídicos e (x) quaisquer outros que o PCAOB venha a definir como proibidos.

A prestação de serviços de natureza fiscal (aquela que, na realidade, maior volume de trabalho e potencialmente rendimento gerava às sociedades de auditoria) acabou excluída do rol de serviços não-auditoria proibidos, embora a prestação daqueles serviços careça de prévia aprovação pela comissão de auditoria da sociedade.

Para além disso, a Sarbanes-Oxley instituiu também como medida verdadeiramente inovadora a rotação do sócio dos auditores responsável pela coordenação ou revisão do trabalho de auditoria da empresa, no prazo de cinco anos.

Por último, considerou ainda que seria ilegal, por configurar um conflito de interesses, a prestação de serviços de auditoria a sociedades em que o *"Chief Executive Officer"* e o *"Chief Financial Officer"* (entre outras posições de topo) da sociedade auditada houvesse sido colaborador da empresa de auditoria e nessas funções houvesse auditado a sociedade auditada no ano imediatamente precedente ao início da auditoria.

(B) A resposta da União Europeia

Conforme já anteriormente referido, em resposta às preocupações que as fraudes ocorridas nos EUA provocaram, a União Europeia faz publicar a Recomendação da Comissão 2002/590/CE [62-63], na qual recomenda aos Estados Membros a adopção de um conjunto de princípios fundamentais que conceptual e materialmente em nada divergiam do já enunciado na *Final Rule* da SEC *"Revision of the Commission's Auditor Independence Requirements"* e na SOX (podendo mesmo ir-se mais longe e afirmar-se que a recomendação em causa é, na realidade, um puro

---

[62] Recomendação 2002/590/CE, de 16 de Maio de 2002, publicada no JO L 191/22, de 19 de Julho de 2002.
[63] A União Europeia havia-se já pronunciado e regulamentado em diversos momentos, de forma directa ou indirecta, a actividade de auditoria, devendo ser destacadas (i) a Quarta Directiva (Directiva 78/660/CEE, de 25 de Julho de 1978) relativa às contas anuais de certas formas de sociedades, (ii) a Sétima Directiva (Directiva 83/349/CEE, de 13 de Julho de 1983) relativa às contas consolidadas, (iii) a Oitava Directiva (Directiva 84/253/CEE, de 10 de Abril de 1984) relativa à aprovação das pessoas encarregadas da fiscalização legal dos documentos contabilísticos, (iv) a Directiva 86/635/CEE, de 8 de Dezembro de 1986, relativa às contas anuais e consolidadas dos bancos e outras instituições financeiras, (v) a Directiva 91/674/CEE, de 19 de Dezembro de 1991, relativa às contas anuais e consolidadas das empresas de seguros e (vi) a Recomendação 2001/256/CE, de 15 de Novembro de 2000 relativa ao controlo de qualidade da revisão oficial de contas na União Europeia: requisitos mínimos.

O GOVERNO DOS AUDITORES

decalque daquelas regras), e cuja recomendação primeira e central exortava os auditores à independência de espírito e aparente e enunciando como declinações principais dessa recomendação a teorização dos princípios de objectividade, integridade e independência[64-65].

Na Recomendação 2002/590/CE enunciava-se já o que seria o conteúdo da Directiva 2006/43/CE, relativa à revisão legal das contas anuais e consolidadas[66-67].

Não obstante, o âmbito de aplicação da Directiva 2006/43/CE é substancialmente mais abrangente e foca múltiplos aspectos ligados ao exercício da actividade de revisão de contas. Para além das questões relativas à independência dos auditores, a Directiva 2006/43/CE estabelece ainda outras normas de grande relevância, designadamente, (i) as relativas ao regime de acesso à profissão (exigindo aprovação num exame de aptidão profissional e a inscrição num registo público), (ii) as de supervisão pública dos revisores oficiais de contas e (iii) as de nomeação e destituição dos revisores oficiais de contas pelas sociedades auditadas.

No que à independência respeita, enuncia a Directiva 2006/43/CE que os Estados-Membros deverão assegurar que os auditores não realizarão revisões legais de contas caso exista qualquer relação financeira, empresarial, de trabalho ou de qualquer outro tipo – incluindo a prestação de serviços complementares que não sejam de revisão ou auditoria –, directa ou indirectamente, entre o revisor ou a respectiva rede e a sociedade auditada, em virtude da qual um terceiro objectivo, racional e informado, concluiria que a independência do revisor estava comprometida[68]. Mais identifica como ameaças à independência do auditor os já

---

[64] A primeira indicação legislativa comunitária de que os auditores deveriam ser independentes verificou-se na Oitava Directiva (Directiva 84/253/CEE), embora não se enunciassem os princípios ou critérios a que devesse corresponder essa independência, remetendo-se para os critérios de independência definidos na legislação de cada Estado-Membro (artigo 24.º).

[65] Tais princípios foram enunciados da seguinte forma:

"*1. A objectividade e a integridade profissional devem ser os princípios primordiais subjacentes ao parecer de um revisor oficial sobre a revisão oficial de demonstrações financeiras. A principal forma de um revisor oficial de contas demonstrar ao público que uma revisão legal de contas foi efectuada de acordo com os princípios referidos consiste em agir, e mostrar que age, com independência.*

2. A objectividade (como estado de espírito) não é passível de verificação externa e a integridade não pode ser avaliada antecipadamente.

3. Os princípios e regras sobre a independência dos revisores oficiais de contas deverão permitir que um terceiro razoável e informado avalie os procedimentos e medidas adoptados por um revisor oficial de contas para evitar ou sanar factos e circunstâncias susceptíveis de representar uma ameaça ou um perigo para a sua objectividade."

[66] Directiva 2006/43/CE do Parlamento Europeu e do Conselho, de 17 de Maio de 2006, que alterou as Directivas 78/660/CEE e 83/349/CEE e que revogou a Directiva 84/253/CEE – conhecida por Oitava Directiva (JO L 157/87, de 9 de Junho de 2006).

[67] Transposta em Portugal pelo Decreto-Lei n.º 224/2008, de 20 de Novembro, que aprovou alterações ao Estatuto da Ordem dos Revisores Oficiais de Contas e procedeu à republicação do mesmo.

[68] Artigo 22.º, n.º 2, da Directiva 2006/43/CE.

O GOVERNO DAS ORGANIZAÇÕES

conhecidos fenómenos da auto-revisão, do interesse pessoal, da representação, da familiaridade e da confiança ou intimidação do auditor.

A Directiva 2006/43/CE exige também que o sócio da sociedade de auditoria responsável pela revisão das contas da sociedade auditada seja substituído no seu trabalho de revisão no prazo máximo de sete anos, devendo estar afastado dessas funções por período não inferior a dois anos[69]. Mais impõe que o auditor ou o sócio da sociedade de auditoria responsável pela revisão das contas da sociedade auditada não possa assumir posições de gestão na sociedade auditada durante um período mínimo de dois anos após a cessação de funções como auditor.

No que aos honorários respeita, a Directiva 2006/43/CE proíbe que os honorários relativos aos serviços de auditoria sejam influenciados ou determinados pela prestação de serviços adicionais à sociedade auditada ou que se baseiem em qualquer forma de contingência. Sucede, porém, que a este nível as alterações mais significativas advêm das alterações introduzidas ao texto das Directivas 78/660/CE e 83/349/CE[70], exigindo-se a divulgação separada pela sociedade auditada dos honorários totais facturados relativamente à revisão legal de contas, dos honorários totais facturados a título de consultoria fiscal e os honorários totais facturados a título de outros serviços que não sejam de revisão ou auditoria[71].

A Directiva 2006/43/CE impõe ainda que os revisores oficiais de contas que realizem a revisão legal de contas de entidades de interesse público[72] publiquem um relatório de transparência, prestando, entre outras, informações sobre a estrutura jurídica e de controlo da sociedade de auditoria, uma descrição da rede a que pertença, uma descrição da estrutura de *governance*, uma descrição do sistema de controlo de qualidade, uma declaração sobre as práticas de independência da sociedade e informações quanto à base remuneratória dos respectivos sócios[73].

Por último, assume especial relevância a norma que determina que o auditor externo deve ser designado pelos accionistas sob proposta do órgão de fiscalização da sociedade, cabendo a este fiscalizar também o auditor designado.

O facto de o auditor externo deixar de ser designado/proposto pelo Conselho de Administração (consoante as jurisdições) é um avanço significativo na percepção de independência do auditor pelos accionistas e investidores.

---

[69] Artigo 42.º, n.º 2, da Directiva 2006/43/CE; afastamento este que a doutrina anglo-saxónica apelida regularmente de "*cooling-off period*".

[70] As já identificadas 4.ª e 7.ª Directivas, relativas às contas anuais de certas sociedades e às contas consolidadas, respectivamente.

[71] Artigo 49.º da Directiva 2006/43/CE.

[72] São entidades de interesse público, nos termos do artigo 2.º da Directiva 2006/43/CE, as sociedades com valores mobiliários admitidos à negociação em mercado regulamentado, as instituições de crédito e as empresas de seguros.

[73] Artigo 40.º da Directiva 2006/43/CE.

V. OUTRAS MEDIDAS PARA REFORÇO DA INDEPENDÊNCIA

A questão que tem sido repetidamente colocada depois da adopção dos pacotes legislativos nos EUA e na União Europeia é se as medidas implementadas são ou não suficientes para assegurar um nível adequado de independência dos auditores externos e, em consequência, de confiança dos agentes do mercado no funcionamento do mesmo.

Muitos autores têm sobretudo concentrado esforços na discussão, nalguns casos intensa, sobre as medidas que foram consideradas e posteriormente omitidas da Sarbanes-Oxley Act e, por arrasto, da Directiva 2006/43/CE, sendo de destacar a prestação de serviços de consultoria fiscal por parte das sociedades auditoras e a rotação obrigatória das sociedades de auditoria[74-75].

(A) Dos serviços de consultoria fiscal

A prestação de serviços de consultoria fiscal foi aquela que, por pressão das sociedades de auditoria, acabou por ser excluída da lista de proibições constante da Sarbanes-Oxley Act e tem, sobretudo por força dessa exclusão, sido admitida também na maioria das jurisdições.

É, na verdade, um caso de charneira na dialéctica entre os serviços de auditoria e de não-auditoria.

Sendo claramente um serviço de não-auditoria, é, entre estes, aquele que, em certos aspectos, tem maior proximidade com o trabalho de auditoria e aquele que, por isso, é susceptível de criar maiores sinergias e contribuir para uma auditoria mais eficaz.

Em Março de 2007, a IOSCO publicou um estudo[76] no qual se debruça sumariamente sobre o quadro regulatório dos seus membros no que à prestação de

---

[74] Não obstante não estar especificamente consagrada como obrigatória na Directiva 2006/43/CE (que estabelece no n.º 2 do seu artigo 42.º a regra da rotatividade do sócio responsável pela auditoria a cada 7 anos), o legislador comunitário enunciou no Considerando (26) da Directiva a possibilidade de qualquer Estado-Membro que o considere necessário poder, alternativamente, exigir a própria mudança da sociedade de auditoria. A verdade é que sendo as normas das Directivas Comunitárias regras "*de minimis*", os Estados-Membros sempre terão a possibilidade de estabelecer legislação mais rigorosa.

[75] Benito Arruñada e Paz-Ares referem a existência de uma proposta em 1989 de alteração da proposta de Quinta Directiva em direito societário (relativa à estruturação das sociedades de responsabilidade limitada), na qual se propunha a adopção de uma regra de rotação obrigatória do auditor externo a cada 12 anos; Benito Arruñada e Cândido Paz-Ares, "*Mandatory rotation of company auditors: A critical examination*", International Review of Law and Economics, 1997, pág. 32.

[76] IOSCO, "*Survey on the regulation of non-audit services provided by auditors to audit companies*", Março de 2007, consultável em www.iosco.org.

serviços de não-auditoria respeita, estudo esse a que responderam 43 jurisdições. Os resultados do estudo demonstram que há um consenso relativamente generalizado quanto à proibição ou forte restrição à prestação da quase totalidade dos serviços de não-auditoria pelo auditor externo, mas uma profunda divisão regulamentar no que contende com a prestação de serviços de consultoria fiscal.

Entre os Estados que proíbem a prestação de serviços de consultoria fiscal advoga-se o entendimento de que tais serviços constituem uma forma de contabilidade, pelo que serão utilizados pelas sociedades auditadas nos seus documentos contabilísticos. Em consequência, o auditor externo será colocado numa posição em que terá de auditar o seu próprio trabalho, assim colocando em risco a sua independência.

Os Estados que permitem alguma forma de prestação de serviços de consultoria fiscal defendem que as ameaças à independência variam com o tipo de serviços a serem prestados, pelo que as proibições e o grau de incidência das mesmas devem ser analisados casuisticamente.

Não deixa, assim, de ser curioso verificar que das 38 jurisdições respondentes a esta parte do inquérito 25 permitem ou permitem em certos casos a preparação pelo auditor das declarações fiscais do auditado, sendo proibidas em 13 países. No que à assistência ao auditado em diferendos com a administração fiscal respeita, novamente apenas 13 jurisdições a proíbem. Já o aconselhamento em matéria de planeamento fiscal é substancialmente mais consensual, havendo 30 jurisdições que o permitem ou permitem em certos casos (sendo amplamente permitida em 19 Estados, entre os quais os EUA e o Reino Unido) e apenas 8 países em que o mesmo se encontra vedado às sociedades de auditoria.

A Comissão Europeia encontra-se presentemente a estudar *"a possibilidade de reforçar a proibição de prestação de serviços distintos de auditoria por firmas de auditoria"*, podendo a posição evoluir para a criação de "firmas de auditoria pura"[77].

(B) Da rotação obrigatória dos auditores externos

> *"The idea of enhancing auditor independence through mandatory audit firm rotation appeals superficially to many, yet the net effects of rotation are far from certain."*[78]

Em Outubro de 2004, a Fédération des Experts Comptables Européens (doravante "FEE") publicou um estudo sobre a rotatividade obrigatória dos

---

[77] Livro Verde, ob. cit., pág. 13

[78] The CPA Journal, *"Audit firm rotation..."*, artigo citado.

auditores externos[79], no qual expende concisa, mas incisivamente, sobre todas as razões pelas quais aquela rotatividade é prejudicial às sociedades auditadas e aos mercados. Para tanto, faz eco de conhecidos estudos sobre a matéria de autores que concluíram no sentido de desaconselhar a rotatividade e relativizando (com naturalidade, diríamos) a existência de outros estudos que concluíram em sentido inverso.

Antes de mais deve declarar-se que a imposição da rotatividade obrigatória dos auditores é uma medida que seduz pela simplicidade da implementação legislativa da mesma, não tendo de cuidar o legislador das efectivas dificuldades estruturais ou conjunturais que a aplicação das leis que introduz traz ao funcionamento do mercado.

Os benefícios percebidos (quase intuitivamente) da rotatividade dos auditores serão, sobretudo, os decorrentes da cessação dos riscos associados à familiaridade entre auditores e auditados, com as necessárias e subsequentes vantagens da avaliação das contas da sociedade auditada por uma nova equipa. Esta nova equipa não se encontrará, em princípio, onerada com o peso da proximidade com a sociedade auditada e com eventuais erros de auditoria anteriores (repetidos ou isolados), dispondo de um *animus* renovado na avaliação das contas, procedimentos e demais informação da sociedade objecto da respectiva avaliação[80].

Adicionalmente, a medida seduz também porque incrementa, de forma automática e instantânea, a percepção de independência na avaliação das contas das sociedades comerciais (a independência aparente), sendo susceptível, hipoteticamente, de reforçar imediatamente a confiança dos agentes nos mercados de capitais, designadamente dos investidores.

Ora, como seria expectável, a medida mereceu sempre uma oposição veemente e obstinada por parte dos principais visados, os auditores, posição em que são acompanhados pela desconfiança das próprias sociedades auditadas quanto à justeza e eficácia da medida.

Às vantagens percepcionadas responde a doutrina crítica da rotatividade obrigatória com um leque ainda maior de desvantagens e argumenta que a rotatividade obrigatória desenha um sistema que em matéria de independência dá prevalência à forma sobre a substância.

A primeira desvantagem é, desde logo, o período de "descoberta e adaptação" à sociedade auditada a que qualquer novo auditor estará necessariamente sujeito. Conforme já referido supra, é fácil conceder que um novo auditor necessite de um período entre um a dois anos para conhecer de forma mais aprofundada o negócio, os procedimentos, as rotinas de contabilização, entre outros aspectos

---

[79] *"FEE study – Mandatory Rotation of Audit Firms"*, Outubro de 2004, consultável em www.fee.be.
[80] O *"fresh look"* sobre as contas que é exaltado por alguma doutrina.

O GOVERNO DAS ORGANIZAÇÕES

nos EUA e na própria Itália e por influência de um outro relatório anterior, o relatório Galgano[88] (relatório que tinha um objecto mais lato e que não se focou especificamente na independência dos auditores ou na regra da rotatividade), no qual se conclui pela necessidade da introdução do conceito de "rede" na lei italiana (na esteira da Recomendação 2002/590/CE) e pelo reforço dos termos de aplicabilidade do "*cooling-off period*".

O estudo Bocconi, não obstante reconhecer que o mercado faz equivaler a rotação obrigatória a um incremento da independência aparente, é particularmente demolidor para as percebidas vantagens da rotatividade obrigatória, confirmando, ao invés, muitas das desvantagens apontadas. O estudo confirmou que os custos implícitos nos dois a três primeiros anos após a nomeação de um novo auditor são reconhecidos por todos os gestores de sociedades cotadas, confirmando outros estudos anteriores (mesmo que apenas em 36% dos respondentes os custos "explícitos", ou seja, os honorários de auditoria, tenham efectivamente aumentado). De igual forma e no que respeita à qualidade dos serviços de auditoria nos primeiros anos respeita, confirmaram por dados recolhidos junto da Consob[89] que no período de 1992-2001, a maioria das suspensões de sócios de sociedades de auditoria ocorria por falhas de auditoria ocorridas no primeiro ano após a nomeação, período em que o auditor não adquiriu ainda conhecimento suficiente sobre a sociedade auditada. Concluem, assim, pela adopção de soluções mais favoráveis como a rotatividade de sócios das sociedades de auditoria, a institucionalização de um segundo sócio de controlo, o estabelecimento de mecanismos de controlo interno e de *corporate governance* nas sociedades de auditoria, a supervisão por associações profissionais e por autoridades de supervisão, e, como enfoque final, pela necessidade de os honorários de auditoria nunca descerem abaixo do limite psicologicamente aceitável para que as auditorias decorram adequadamente em termos qualitativos e temporais.

Afigura-se conveniente referir que, como se reconhece no próprio estudo, o estudo Bocconi foi financiado, pelos menos em parte, pela KPMG, o que, não afectando necessariamente a independência de espírito de quem o realizou, representa, no mínimo, uma não aplicação de bons princípios de *governance* sobre a realização de estudos que se querem livres de interesses, afectando a "independência aparente" do mesmo.

Nos EUA, em 2004, o GAO publica um estudo[90] (cuja realização se encontrava prevista na Sarbanes-Oxley Act) realizado entre cerca de 100 sociedades de

---

[88] Comissão de Estudo da Transparência das Sociedades Cotadas, presidida por Prof. Francesco Galgano, de Setembro de 2002, consultável em www.tesoro.it/documenti/open.asp?idd=4689.

[89] Comissione Nazionale per la Società e la Borsa, autoridade reguladora e de supervisão dos mercados de capitais em Itália, ver www.consob.it.

[90] GAO, "*Mandatory Audit Firm Rotation Study*", estudo citado.

482

O GOVERNO DOS AUDITORES

auditoria e 330 *"chief financial officers"* e comissões de auditoria de 330 sociedades cotadas da lista da Fortune 1000, o qual confirma muitas das desvantagens apontadas à rotatividade obrigatória e um, ainda que inconsciente, alinhamento de interesses entre sociedades de auditoria e sociedades auditadas contra a medida. Os resultados não podem, não obstante, não ser levados em conta nesta discussão.

Ao nível dos custos implícitos, 51% das sociedades cotadas questionadas referiram ter suportado um custo interno de acompanhamento do auditor no primeiro ano de auditoria de entre 10% e 30% maior relativamente ao normalmente suportado (36% referiram ter suportado um custo superior em 30%). Já quanto aos custos explícitos de honorários de auditoria, 47% das sociedades cotadas respondentes indicou ter suportado no primeiro ano após a nomeação custos entre 20% e 40% superiores ao dos anos subsequentes.

Referiu também 79% das sociedades cotadas respondentes que o período de tempo necessário para que um auditor conheça adequadamente a sociedade auditada é de dois a três anos, considerando 85% dos respondentes que essa falta de conhecimento afecta a qualidade das auditorias.

No que à concorrência respeita e confirmando alguns comentários realizados pelos respondentes em estudo de 2003 do GAO[91], 96% dos respondentes que utilizavam os serviços de auditoria das Big Four revelaram que não aceitariam a prestação de serviços de auditoria por sociedade que não pertencesse àquele *"magic circle"*, e 79% mostrou preocupação com um possível aumento da limitação na escolha do auditor externo decorrente de uma eventual aplicação da regra da rotatividade. Dois terços das sociedades cotadas respondentes acredita que a regra da rotatividade fará decrescer o número de sociedades capazes de prestar serviços de auditoria adequados e contribuirá para um aumento dos honorários de auditoria.

Caso a rotatividade viesse a ser imposta, 61% das respondentes referiu que o período mínimo de retenção do auditor externo deveria ser de 8 anos e 62% que o *"cooling-off period"* não deveria exceder 3 ou 4 anos.

Em conclusão, 92% das sociedades respondentes suporta a ideia de que a rotatividade obrigatória tem impacto no risco de falhas de auditoria nos primeiros anos e 88% não apoia uma medida de implementação da rotação obrigatória do auditor externo, tendo apenas 6% das comissões de auditoria das sociedades respondentes referido estar, àquela data, a considerar instituir uma política de rotatividade do auditor externo.

A Comissão Europeia toma pela primeira vez posição sobre a rotatividade no já citado Livro Verde "Política de auditoria: as lições da crise", enunciando que *"As situações em que uma empresa nomeia a mesma firma de auditoria durante décadas*

---

[91] GAO, *"Accounting firm consolidation..."*, estudo citado.

afiguram-se incompatíveis com as normas de independência desejáveis"[92] e concluindo que no actual contexto deve ser considerada a obrigatoriedade de rotação das firmas de auditoria e não apenas dos sócios-auditores. Nessa medida, encontra-se a estudar as vantagens da rotação conjunta das firmas de auditoria e dos auditores responsáveis (como forma de impedir que os auditores, mudando de firma de auditoria, mantenham o cliente auditado).

Em antecipação à Comissão Europeia, em Portugal a rotatividade dos auditores tornou-se assunto emergente em Setembro de 2009 por ocasião da revisão bienal das recomendações da Comissão do Mercado de Valores Mobiliários (doravante "CMVM"), designadas, desde 2007, por "Código de Governo das Sociedades" e da colocação em consulta pública da nova proposta de documento para vigorar de 2010 em diante. Abordaremos o tratamento que o assunto mereceu no capítulo seguinte a propósito do enquadramento normativo português, no qual enunciaremos, igualmente, a nossa posição sobre a questão.

VI. O ENQUADRAMENTO NORMATIVO PORTUGUÊS

(A) Quadro legislativo e recomendatório

O enquadramento normativo português segue de perto, como seria quase inevitável, o modelo instituído a nível comunitário, quer nas exigências de independência quer nas formas de fiscalização da mesma.

Entre nós o enquadramento normativo espraia-se por uma dupla vertente: a primeira, de intervenção legislativa, com destaque para o Estatuto da Ordem dos Revisores Oficiais de Contas[93] (doravante "Estatuto") e os Estatutos do Conselho Nacional de Supervisão de Auditoria[94] ("CNSA"), e, a segunda, recomendatória, por meio do Código de Ética e Deontologia Profissional dos Revisores Oficiais de Contas[95] (doravante "Código de Ética") e das recomendações da CMVM.

---

[92] Livro Verde, ob. cit., pág. 12

[93] A criação da Câmara dos Revisores Oficiais de Contas e da profissão de ROC ocorre com a publicação do Decreto-Lei n.º 1/72, de 3 de Janeiro (mais tarde complementado com a Portaria n.º 84/74, de 6 de Fevereiro). O segundo estatuto profissional surge com a publicação do Decreto-Lei n.º 519-L2/79, de 29 de Dezembro, cujas alterações foram motivadas, essencialmente, pelo alargamento das funções de interesse público dos ROC, com salvaguarda da independência dos ROC face às entidades que fiscalizam. O terceiro estatuto foi aprovado pelo Decreto-Lei n.º 422-A/93, de 30 de Dezembro, e o quarto estatuto, que está actualmente em vigor, aprovado pelo Decreto-Lei n.º 487/99, de 16 de Novembro.

[94] Aprovados pelo Decreto-Lei n.º 225/2008, de 20 de Novembro, que instituiu o CNSA.

[95] Publicado no Diário da República, III Série, n.º 297, de 26 de Dezembro de 2001, e disponível para consulta em www.oroc.pt.

O GOVERNO DOS AUDITORES

Assim, dispõe o Estatuto, no seu artigo 68.º-A[96], que o Revisor Oficial de Contas deve recusar qualquer trabalho que possa diminuir a sua independência, integridade e objectividade, nomeadamente quando exista qualquer relação em virtude da qual um terceiro objectivo, razoável e informado concluiria que a independência estava comprometida. São subsumíveis a esta diminuição de independência a existência de qualquer relação financeira, empresarial, de trabalho ou outra, como seja a prestação, directa ou indirecta, de serviços que não sejam de auditoria.

Este mesmo princípio é repetido no Código de Ética, no respectivo artigo 3.º, que afirma que os auditores devem recusar algum trabalho que possa diminuir a sua liberdade de julgamento ou suscitar dúvidas a terceiros sobre a sua independência profissional.

Verifica-se, pois, que em ambos os casos há um acolhimento pleno dos conceitos de independência "de espírito" e "aparente".

Como prevenção da familiaridade, o normativo legal incide, sobretudo, no regime de incompatibilidades e de impedimentos dos revisores oficiais de contas e na rotatividade do sócio da sociedade de auditoria, enquanto que ao nível recomendatório se propõe a rotatividade das sociedades de auditoria.

Sobressai ao nível das incompatibilidades a proibição de exercício de funções de auditoria por parte do auditor que nos últimos 3 anos exerceu na sociedade auditada funções de administração e ao nível dos impedimentos (i) a proibição de os revisores oficiais de contas integrarem o órgão de administração de sociedade que tenham auditado nos últimos 3 anos, (ii) a proibição de contratação de trabalhadores em entidades de interesse público que auditem durante o período do mandato e nos 3 anos subsequentes e (iii) a proibição de os revisores oficiais de contas celebrarem com sociedades onde exercem funções contratos de trabalho ou serem designados para funções de administração durante o período do mandato e até 3 anos após a cessação do mesmo[97].

Ainda como resposta ao problema da familiaridade e conforme estabelecido na Directiva 2006/43/CE, também em Portugal a regra é a da rotatividade obrigatória do sócio da sociedade de revisão de contas responsável pela auditoria de determinada sociedade de interesse público no período máximo de 7 anos, com um *"cooling-off period"* de dois anos[98].

A colocação, em Setembro de 2009, em consulta pública[99] do projecto de revisão pela CMVM do "Código de Governo das Sociedades" traz para Portugal

---

[96] O artigo 68.º-A do Estatuto constitui-se como um puro decalque do disposto no artigo 22.º da Directiva 2006/43/CE.

[97] Artigo 79.º, n.ºs 1 a 3, do Estatuto.

[98] Artigo 54.º, n.º 2, do Estatuto.

[99] Consulta pública da CMVM n.º 2/2009, sendo os documentos consultáveis em www.cmvm.pt.

485

O GOVERNO DAS ORGANIZAÇÕES

a discussão em torno da rotatividade da própria sociedade de auditoria como forma de indução da independência, palco no qual o assunto nunca havia sido discutido com adequada profundidade, não tendo sido debatida em 2008 aquando da transposição da Directiva 2006/43/CE.

A proposta de recomendação III.I.3. do "Código de Governo das Sociedades" na versão de Setembro de 2009 era a de que *"As sociedades devem promover a rotação do auditor externo pelo menos de 7 em 7 anos"*, no que era consistente com o enunciado no considerando (26) da Directiva 2006/43/CE.

No final de Setembro de 2009, em resposta à consulta pública, tivemos a oportunidade de defender junto da CMVM a seguinte posição[100]:

"Concordamos com o princípio subjacente de que a transparência na auditoria às empresas sai reforçada com a rotatividade das sociedades de auditoria (o que alguns casos ocorridos em Portugal vem reforçar).

Cremos, todavia, que o período temporal indicado é pouco feliz pelas seguintes razões:

i) a actual redacção do Estatuto dos Revisores Oficiais de Contas consagra já a obrigatoriedade de rotação do sócio responsável pela auditoria a uma empresa em cada 7 anos; parece-nos que se impõe aqui um esforço de harmonização da recomendação com a norma legal que continue a permitir a permanência da auditora para além dos 7 anos sem retirar conteúdo prático à norma legal;

ii) consagrando-se um termo de mandato após 7 anos de prestação de serviços de auditoria, tal termo cairá sempre a meio de um mandato dos órgãos sociais, quer os mandatos sejam de 3 ou de 4 anos (os mais habituais nas sociedades anónimas portuguesas); a tendência natural das sociedades será a de evitar esta situação fazendo coincidir a substituição dos auditores com o termo dos mandatos do órgão social a que pertençam, o que poderá implicar, por exemplo, que sociedades que tenham mandatos de 4 anos substituam o auditor em cada novo mandato.

Sugerimos, assim, que por forma a manter o conteúdo útil da norma do Estatuto dos Revisores Oficiais de Contas e a permitir uma melhor gestão por parte das sociedades anónimas dos termos dos mandatos dos auditores se adopte a recomendação com a seguinte redacção:

"As sociedades devem promover a rotação do auditor externo, pelo menos, em cada três mandatos consecutivos ou em cada nove anos, consoante o que se verificar primeiro."

Com esta redacção permitir-se-á que as sociedades que adoptem mandatos de três anos continuem com o auditor até conclusão dos mesmos e as que adoptem mandatos de quatro anos possam substituir o auditor no final do segundo mandato."

Subsequentemente à análise de todas as respostas dadas no âmbito da consulta pública, a CMVM divulgou em Dezembro de 2009 uma apresentação[101] na qual

---

[100] Resposta em conjunto com PEDRO REBELO DE SOUSA, consultável em www.cmvm.pt

[101] MARIA DOS ANJOS CAPOTE, *"Resultado da consulta pública para a revisão do Código do Governo das Sociedades"*, Dezembro de 2009, consultável em www.cmvm.pt.

O GOVERNO DOS AUDITORES

reforçava o seu entendimento de que o vínculo profissional prolongado entre auditor e cliente constitui fonte de conflitos de interesse e tem impacto na independência do auditor, potencia o "efeito de captura" do auditor pelo cliente e a criação de laços de dependência económica daquele relativamente a este. Realça ainda que não se reconhecem custos adicionais significativos na contratação de um novo auditor[102], sendo estes residuais e largamente compensados pelos benefícios produzidos e que a mera rotação do sócio mitiga o risco de captura do auditor, mas que, por não abranger a equipa de auditoria, tem efeitos limitados.

Nessa medida, informaram o mercado que a *"CMVM tende a recomendar que a rotação se processe ao fim de 2 ou 3 mandatos (conforme sejam de respectivamente 4 ou 3 anos)"*[103], sendo que a manutenção do mesmo auditor para além destes períodos deverá ser fundamentada num parecer específico do órgão de fiscalização que pondere expressamente as condições de independência do auditor e as vantagens e custos da sua substituição. Esta solução foi a que ficou efectivamente consagrada no "Código de Governo das Sociedades da CMVM" publicado pela CMVM em 8 de Janeiro de 2010[104].

Confessa-se alguma simpatia pela solução adoptada, embora com uma evolução no que ao período de rotatividade respeita.

Inexistem dúvidas de que a independência "de facto" dos auditores é mais relevante para um resultado verdadeiro, completo e transparente de um trabalho de auditoria do que a percepção dessa independência por parte do mercado.

Parece-nos também que inexistem dúvidas de que a rotatividade dos auditores externos tem (tal como na adopção de qualquer outro prestador de serviços com idêntico grau de importância numa organização) custos iniciais que não podem ser negligenciados ou menorizados.

Não se pode, todavia, deixar de considerar que a mudança de auditores tem o condão de aumentar o nível de cepticismo do auditor externo face à sociedade auditada, o que se afigura muitíssimo benéfico para os investidores, designadamente por se suscitar o questionamento de práticas contabilísticas anteriores tidas como assentes. Este aumento do nível de cepticismo e, em consequência, da forma como o mercado percepciona a independência da equipa de auditoria (a independência "aparente") é igualmente importante e não despiciendo.

Nessa medida, é fundamental que se encontre um equilíbrio real entre os interesses de estabilidade na relação entre sociedade de auditoria e sociedade

---

[102] Contrariando múltipla doutrina sobre a matéria e alguns estudos sobre o tema. Por todos, ver BENITO ARRUÑADA, ob. cit., e os estudos da GAO, já citados.

[103] Tendo, portanto, acolhido a argumentação por nós expendida a propósito do prazo de rotação dos auditores.

[104] "Código de Governo das Sociedades da CMVM – 2010 – (Recomendações)", consultável em www.cmvm.pt.

O GOVERNO DAS ORGANIZAÇÕES

auditada, os custos associados às mudanças de auditores e as expectativas dos accionistas e investidores de manutenção de absoluta independência por parte da equipa de auditoria.

E é precisamente neste ponto que, mantendo-se a simpatia pela solução de rotatividade dos auditores, se evolui no sentido de que o período de 8 ou 9 anos proposto pela CMVM (consoante a duração dos mandatos seja de 4 ou de 3 anos), pode não constituir um equilíbrio adequado entre os interesses acima referidos.

A intervenção regulatória no mercado (mesmo que apenas com carácter recomendatório) deve cingir-se ao mínimo indispensável para corrigir situações que provoquem desvios importantes a interesses que sejam fundamentais proteger, ponderando adequadamente todos os interesses em jogo. Neste contexto, é importante que o mercado e as empresas possam eles próprios encontrar soluções que cumpram os desideratos regulatórios, mas que não sejam exclusivamente motivados por eles. Nessa medida, parece-nos, e evoluímos face à posição inicial, no sentido de que a adopção da regra da rotatividade equilibra melhor os interesses em jogo se for estabelecida com respeito por um período máximo de 12 anos, com um período de "*cooling-off*" de um mandato.

A adopção de um período máximo de 12 anos agrega várias vantagens:

i) pondera melhor os interesses de longo prazo da sociedade na estabilidade da relação com a sociedade de auditoria;

ii) permite uma maior diluição dos custos iniciais proporcionados pela mudança de auditor;

iii) reforça a aplicabilidade e eficácia da regra legal de rotatividade obrigatória do sócio responsável pela auditoria;

iv) pondera melhor os resultados evidenciados pelo "Relatório anual sobre o governo das sociedades cotadas em Portugal – 2009", nos termos do qual a CMVM reconhece que o número médio de prestação de serviços às sociedades cotadas pelos auditores externos se cifra em 8 anos, aumentando para 14 se consideradas apenas as sociedades do PSI-20;

v) permite uma solução idêntica para todas as sociedades no período máximo a observar para a rotatividade, independentemente do período de mandato dos órgãos sociais que efectivamente adoptem;

vi) por último, mas talvez mais relevante, potencia de igual forma a independência "aparente" sem sacrifício desproporcionado para os accionistas e investidores.

Nesta matéria, afigura-se relevante efectuar um paralelismo com o estabelecido no Código das Sociedades Comerciais relativamente à independência dos membros dos órgãos de fiscalização. Assim, estabelece aquele código que nas sociedades cotadas deve o respectivo conselho fiscal ser composto por uma maioria de membros independentes e nas grandes sociedades anónimas deve ter, pelo menos, um membro independente[105].

Densificando o conceito de independente, estabelece-se no mesmo artigo que a reeleição por mais de dois mandatos determina a falta de independência do membro do conselho fiscal, por ser aquela circunstância susceptível de afectar a sua isenção de análise ou decisão[106]. Ora, a regra faz recair o juízo de falta de independência em quem cumpra mais de 9 ou 12 anos de mandato naquele órgão (consoante a duração do mandato seja de 3 ou 4 anos).

É nosso entendimento de que inexistindo uma prevalência em termos de importância de uma função (fiscalizadora) face à outra (auditoria das contas), deveria haver coerência na consagração das soluções legais e, designadamente, deveriam sociedades e auditores beneficiar do beneplácito do período de 12 anos de que os fiscalizadores podem igualmente usufruir.

Procurando instituir uma resposta recomendatória ao problema da dependência económica de determinado cliente, designadamente por via da prestação de serviços de não-auditoria, o Código de Ética estabelece que o auditor não deve receber de cada cliente honorários que representem um montante superior a 15% de volume de negócios anual da sociedade de auditoria, *"salvo se essa situação não puser em causa a sua independência profissional"*[107].

A este respeito e ainda no "Código de Governo das Sociedades da CMVM", consagrou a CMVM a recomendação de que a sociedade auditada não deve comprar ao auditor ou a entidade que com este integre a mesma rede serviços diversos dos de auditoria e caso o faça, deve tal contratação ser aprovada pelo órgão de fiscalização e não assumir relevo superior a 30% do valor total dos serviços prestados à sociedade auditada.

Concorda-se genericamente com as recomendações em causa por serem as mesmas susceptíveis de diminuir a dependência da sociedade de auditoria de determinado cliente e de reforçar a respectiva independência "aparente".

---

[105] Artigo 414.º, n.ºs 4 e 6, do CSC; aplicação das mesmas regras à composição da Comissão de Auditoria por força do artigo 423.º-B, n.ºs 4 e 5, do CSC; aplicação das mesmas regras à composição do Conselho Geral e de Supervisão por remissão do artigo 434.º, n.º 4, do CSC.

[106] Novamente, assumindo-se simpatia pelo princípio subjacente à regra, não pode deixar de se criticar o facto de não ter sido considerado pelo legislador um período de *"cooling-off"* nesta matéria. Não se nos afigura aceitável que permaneça o juízo de falta de independência nos casos em que o membro do conselho fiscal volta ao desempenho das funções após dois mandatos de interregno, por exemplo (salvaguardando--se, assim, a crítica de quem considera que um período de *"cooling-off"* de um mandato não é suficiente para afastar a desconfiança quanto à independência do membro reeleito). Acresce ainda que a solução gizada por número de mandatos não nos parece boa, manifestando-se preferência por uma solução que privilegiasse número de anos de exercício do cargo e que, dessa forma, fosse equivalente para todas as sociedades, independentemente do período do mandato adoptado.

[107] Artigo 3.º, n.º 2, alínea e), do Código de Ética e Deontologia Profissional dos Revisores Oficiais de Contas.

O GOVERNO DAS ORGANIZAÇÕES

Não obstante e como se verá adiante, as recomendações em causa não resolvem todas as questões que a este nível se colocam à independência dos auditores externos.

Ao nível da fiscalização da actividade de auditoria, o regime jurídico afigura--se complexo.

Por um lado, a competência de supervisão do registo dos auditores, de adopção de normas em matéria de deontologia profissional e de controlo de qualidade pertence ao CNSA. Por outro, as competências de registo dos auditores, de fixação das normas deontológicas e de fiscalização ao nível do controlo de qualidade, pertencem efectivamente à OROC. Acresce que a CMVM tem também regulamentação sobre auditoria a sociedades de interesse público e procede também ao registo de auditores admitidos a essa função[108].

A fiscalização da actividade de auditoria é assim cometida à OROC num exercício de revisão pelos pares (*"peer-review"*), enquadrado por um regulamento de controlo de qualidade da OROC[109].

Sobre os méritos e deméritos do actual sistema nos debruçaremos adiante.

(B) Análise crítica

Em face do quadro normativo, legislativo e recomendatório, aplicável, a questão que se coloca é se o mesmo é suficiente e adequado na prossecução do objectivo de salvaguardar a independência do auditor externo?

A questão não se afigura de fácil resposta.

Se por um lado, nunca como nos últimos dez anos a actividade conheceu maior fulgor regulamentar e regulatório, por outro, a imposição de regras mais apertadas não tem impedido que se vão conhecendo em alguns países situações de falhas de auditoria em sociedades de interesse público que põem em causa a suficiência da regulamentação existente ou a eficácia da fiscalização.

Sendo certo que não se afigura possível conhecer e regular todas as situações inibidoras da independência, não deixa de ser verdade que a lei e os normativos recomendatórios portugueses continuam sem dar resposta a situações que os próprios auditores reconhecem como eventualmente supressoras da mesma.

Destaquem-se duas a título de exemplo.

---

[108] Regulamento da CMVM n.º 6/2000, publicado no Diário da República – II Série – 23/02/2000 e no Boletim da CMVM n.º 82.

[109] Regulamento n.º 91/2010, Regulamento de Controlo de Qualidade da Ordem dos Revisores Oficiais de Contas, publicado no Diário da República, 2.ª Série – n.º 27 – 9 de Fevereiro de 2010.

A preocupação principal e a definição das regras subjacentes ao regime de independência têm incidido, sobretudo, nas sociedades de auditoria. Os sócios das sociedades de auditoria, embora sejam sujeito directo de normas relativas a incompatibilidades e estejam sujeitos a rotatividade obrigatória, constituem uma preocupação secundária para as normas legais e recomendatórias sobre independência. Nessa medida, há preocupações sobre a independência dos mesmos que permanecem por trabalhar.

Tão ou mais importante quanto analisar o peso relativo de um cliente para uma sociedade de auditoria é a transparência da importância que determinado cliente tem para o sócio da sociedade de auditoria que o audita.

Um sócio de uma sociedade de auditoria que tenha na sua carteira apenas 2 ou 3 clientes apresenta um excessivo grau de dependência de qualquer deles. Tão excessivo que a perda de qualquer um destes clientes não superada pela angariação de outro cliente de igual importância (em termos de facturação, claro) poderá acarretar o "despedimento" daquele sócio por parte da sociedade de auditoria. Naturalmente que este sócio não estará preocupado com o *cross--selling* de serviços de não-auditoria a outros sectores da organização ou com o peso relativo que o cliente tem para a sociedade, mas antes com a manutenção do seu próprio posto de trabalho. Isso poderá, obviamente, fazer diminuir o seu nível de cepticismo perante o cliente.

Em co-relação com a crítica anterior, sobressai a não institucionalização da figura do sócio de controlo de auditoria a sociedades de interesse público. A sua importância no controlo da qualidade do trabalho do sócio de auditoria dispensa outros comentários.

Inexistem quaisquer normas recomendatórias sobre estas questões.

Pensamos que é exactamente a este nível que o tema merece maiores considerações.

Há uma evidente superioridade, qualitativa e quantitativa, das normas regulamentares sobre as normas recomendatórias emanadas da auto-regulação. E uma pobre atitude auto-crítica ao nível da auto-regulação favorece a intervenção regulatória.

A outro nível, parece-nos importante destacar a "complexidade" do sistema de supervisão actualmente vigente em Portugal.

Parece-nos ter sido o espírito da Directiva 2006/43/CE o de que cada Estado--Membro deveria estruturar uma entidade única e "independente", que na sua gestão integrasse também auditores, e que ficasse responsável pela supervisão pública dos auditores externos, aqui se incluindo o registo daqueles, a definição das normas de deontologia profissional, o controlo de qualidade, a formação e a fiscalização e sanção de comportamentos desviantes.

Ora, ao invés, em Portugal a supervisão encontra-se cometida a três entidades distintas: o CNSA, a OROC e a CMVM.

Daquelas, por exemplo, a OROC e a CMVM têm competência (embora subsidiária) para registo de auditores. Ademais, o CNSA e a OROC podem ter, por exemplo, competência concorrente na apreciação e valoração de comportamentos dos auditores que contendam com deveres de independência, sigilo profissional e cumprimento de normas técnicas de auditoria. Tal significa que, em teoria, poderão ambos aplicar sanções por incumprimento das normas consideradas violadas, a OROC aplicar multas ou promover a expulsão e o CNSA aplicar penas contra-ordenacionais e promover o cancelamento do registo de funções. Desta forma, a concorrência de competências coloca importantes questões de prevalência de normas que, porém, não cabe neste âmbito analisar.

É nossa opinião que a ideia do legislador comunitário seria a instituição de um organismo equivalente ao PCAOB nos EUA ou ao POB no Reino Unido[110]: um organismo unívoco que promovesse o registo dos auditores, fixasse as normas de independência e técnicas aplicáveis aos mesmos, fiscalizasse a aplicação das normas e punisse os infractores.

Entre nós, ao invés, o CNSA supervisiona os controladores, dá publicidade ao registo dos auditores promovido por OROC e CMVM e "supervisiona" a adopção de normas em matéria de deontologia profissional e de controlo de qualidade.

Acresce a tudo isto o facto de não ter corpo técnico, prevalecendo-se dos *"meios técnicos, materiais e humanos das entidades que o integram"*[111].

Por tudo o acima exposto, afigura-se-nos como uma entidade com competências interessantes mas não coincidentes com o estabelecido na Directiva 2006/43/CE e absolutamente desprovida de meios.

Entendemos, por isso, que veio aumentar a complexidade normativa aplicável à actividade de auditoria, sem, contudo, cumprir os desígnios tidos em mente pelo legislador comunitário e, sobretudo, sem que alterasse os paradigmas instituídos sobre a fiscalização das sociedades de auditoria. É também nossa convicção que a regulamentação sobreposta coloca mais questões que as que resolve.

---

[110] O Professional Oversight Board é a entidade que no Reino Unido, com poderes delegados pelo Governo, supervisiona o sistema regulatório de auditoria naquele país, competindo-lhe também, através da Audit Inspection Unit, supervisionar, de forma independente das organizações profissionais de auditores, a qualidade das auditorias às sociedades cotadas e de outras sociedades de interesse público de grande dimensão. Compete-lhes supervisionar, por isso, o trabalho realizado pelas grandes sociedades de auditoria, competindo a supervisão do trabalho das demais às organizações profissionais de auditores.
É, por isso, um sistema misto de revisão pelos pares e revisão regulatória.
Mais informações poderão ser consultadas em www.frc.org.uk.

[111] Artigo 14.º, n.º 1, dos Estatutos do Conselho Nacional de Supervisão de Auditoria.

VII. PROPOSTAS DE BOAS PRÁTICAS DE GOVERNO DOS AUDITORES

"... regulation is not a substitute for effective governance and (...) good governance complements regulation in promoting audit quality."[112]

(A) Auto-regulação

O espaço de manobra das associações profissionais em questão de auto--regulação é tanto maior quanto maior for o discernimento pelas mesmas dos problemas que afectam a actividade (primordialmente numa vertente interna) e das expectativas de quem da mesma beneficia, ou seja, dos investidores e dos demais agentes do mercado (numa vertente externa).

Devem ser as associações profissionais a tomar a condução desta discussão e a controlar os tempos e focos da controvérsia e debate, propondo e dando respostas reais a problemas que o mercado antecipe ou percepcione como reais e que podem abalar a confiança dos agentes que nele actuam.

Nessa medida, é fundamental que sejam os próprios auditores a liderar a discussão dos temas mais controversos, como os de incremento da independência "de facto" e "aparente" e, em última análise, da rotatividade do revisor oficial de contas, ao invés de se fecharem numa carapaça corporativa, reagindo com veemência às soluções que vão sendo propostas ou impostas pelos reguladores.

É por isso que os códigos de ética e deontologia (como os já citados "Code of Ethics for Professional Accountants" da IFAC e o Código de Ética da OROC) se revestem de especial relevância, devendo ser revistos e actualizados por forma a manterem permanentemente soluções concordantes com os desafios que se vão colocando à profissão, devendo funcionar como recomendações a observar pelos auditores externos que sejam mais ambiciosas e exigentes que o imposto normativamente pelos reguladores.

No actual contexto parece-nos claramente insuficiente, por exemplo, que o Código de Ética exorte os revisores oficiais de contas à independência de espírito e consagre como única medida tendente a reforçar a independência aparente a limitação do auditor de receber de determinado cliente honorários que representem mais de 15% do volume de negócios da sociedade de auditoria[113].

---

[112] Preâmbulo do "The Audit Firm Governance Code" do The Institute of Chartered Accountants in England and Wales, ICAEW, Janeiro de 2010, consultável em www.icaew.com.

[113] A Comissão Europeia encontra-se a estudar a possibilidade de introduzir uma norma obrigatória de igual alcance, embora não se revelando a percentagem a considerar – Livro Verde, ob. cit., pág. 13.

O GOVERNO DAS ORGANIZAÇÕES

Verdadeiramente importante seria se as várias instituições profissionais representativas da actividade de auditoria fossem mais audazes e assumissem propostas que assegurem melhorias efectivas no processo de auditoria, maior controlo interno e externo das auditorias das sociedades de interesse público e adequada percepção pelo público da exigência desse controlo.

Afigura-se-nos, por isso, crucial que se implementem, pelo menos ao nível recomendatório, regras como as seguintes:

i) acolhimento de um sócio de controlo nas auditorias que não trabalhe com aquele cliente, cabendo-lhe confirmar ou infirmar as decisões da equipa de auditoria que acompanha o cliente quando as mesmas recaiam sobre objecto que atinja determinado nível de materialidade financeira ou técnica, devendo o processo ficar adequadamente documentado por escrito;

ii) cometimento da decisão final sobre matérias relativamente às quais não haja acordo entre o sócio responsável pela auditoria e o sócio de controlo a uma comissão alargada de sócios, devendo o processo ficar adequadamente documentado por escrito;

iii) rotatividade faseada da equipa de auditoria e não apenas do sócio responsável pela mesma, de acordo com um calendário que promova uma adequada transmissão de conhecimento entre equipas;

iv) rotação do sócio de controlo contemporânea com a rotação do sócio responsável pela auditoria;

v) estabelecimento de regras internas nas sociedades de auditoria que eliminem os riscos de existência de um peso excessivo de determinado cliente na carteira de determinado sócio;

vi) fixação de limites percentuais máximos de aceitação de trabalho de não-auditoria face à expectativa de facturação anual por trabalhos de auditoria ou por valor total global;

vii) parametrização da documentação de suporte à auditoria a preparar e manter pelas sociedades de auditoria que possibilitem uma adequada e normalizada fiscalização.

Em aditamento às recomendações acima referidas, parece-nos que a auto-regulação sairia reforçada se a OROC (ou a IFAC) propusesse de moto próprio uma recomendação de rotatividade do auditor externo, que assegurasse a necessária estabilidade para a sociedade auditada na prestação dos serviços de auditoria e uma adequada diluição dos custos para a sociedade auditada inerentes à rotatividade e, em simultâneo, acomodasse os razoáveis receios do mercado.

A este nível e como já sustentado supra, parece-nos que pode ser considerado um compromisso equilibrado entre aqueles objectivos a recomendação da rotatividade do auditor externo no período máximo de 12 anos (assim acomodando

O GOVERNO DOS AUDITORES

num prazo máximo comum quer os mandatos de 3 quer os de 4 anos), com um *"cooling-off period"* não inferior a três ou quatro exercícios fiscais (consoante a duração dos mandatos em cada sociedade). Estes limites estarão, assim pensamos, no limite do adequado aos olhos do mercado e a sua observância pelos auditores poderá ser dissuasora da adopção de outras medidas de carácter recomendatório ou impositivo por parte das autoridades regulatórias dos Estados ou por parte da Comissão Europeia.

(B) Estruturação das sociedades de auditoria

Como brevemente identificado na Introdução deste artigo, falar do governo dos auditores é também abordar o tema da estruturação societária dos mesmos e as práticas de *governance* que adoptam.

Ao nível da estruturação societária, as sociedades de auditores são objecto de uma regulamentação que se apelidaria de "equívoca". Isto porque o Estatuto prevê que as sociedades de auditoria *"revestem a natureza de sociedades civis, dotadas de personalidade jurídica"*, mas que *"podem adoptar os tipos jurídicos previstos no Código das Sociedades Comerciais"*. Isto significa que as sociedades de auditoria são sociedades civis, podendo organizar-se também de acordo com o subtipo jurídico de "sociedade civil sob forma comercial"[114].

A razão para a adopção da natureza de sociedade civil é eminentemente histórica e tem hoje pouco apego à actividade "comercial" que estas sociedades efectivamente desenvolvem. À semelhança das sociedades de advogados, as funções de interesse público que as sociedades de auditoria desenvolvem impeliu o legislador a considerar que as mesmas não poderiam revestir natureza comercial[115]. A situação manteve-se até à publicação do actual Estatuto, em 1999, momento em que se permite pela primeira vez a sujeição das sociedades a um tipo comercial, mantendo, embora, a natureza de sociedade civil[116].

---

[114] Expressamente admitido no n.º 4 do artigo 1.º do Código das Sociedades Comerciais.

[115] Situação que consagrou peremptoriamente no artigo 59.º do Decreto-Lei n.º 1/72, de 3 de Janeiro. Estabelecia-se a este propósito no preâmbulo do mesmo diploma que: *"Nesta ordem de ideias, o actual diploma configura e designa as sociedades de revisão como sociedades de revisores de contas, acentuando que se trata de sociedades civis profissionais. Com isso se procura não só atender ao princípio da responsabilidade pessoal dos revisores associados, mas também conferir certo lustre e independência à profissão. Coordenadas que, sem dúvida, orientam toda a disciplina."*

[116] Com efeito, argumenta-se no preâmbulo do Decreto-Lei n.º 487/99, de 16 de Novembro, que *"Relativamente ao direito comunitário, importará referir a necessidade de harmonizar o regime jurídico das sociedades dos revisores oficiais de contas com as situações e tendências dominantes na União Europeia, mediante a faculdade de se poderem constituir novas sociedades ou de se transformarem as actuais, mantendo-se a respectiva natureza civil, segundo os tipos jurídicos previstos no Código das Sociedades Comerciais, flexibilizando o seu regime e potenciando a sua capacidade técnica e organizativa, com vista a se poderem enfrentar os desafios do mercado único."*

495

O GOVERNO DAS ORGANIZAÇÕES

Ora, este regime legal dúplice implica que as sociedades estejam sujeitas, no seu funcionamento interno, a normativos diferentes, as sociedades civis "puras" ao regime previsto no Código Civil e as sociedades civis sob forma comercial ao regime previsto no Código das Sociedades Comerciais.

Deve ser realçado que este regime legal apenas tem impacto no que à organização interna da sociedade de auditoria respeita, porquanto no que à relação com terceiros se refere, *maxime*, relativamente à responsabilidade civil dos revisores, inexiste qualquer diferenciação legal, respondendo em ambos os casos os sócios das sociedades de auditoria *"civil e solidariamente com as sociedades de revisores pela responsabilidade emergente do exercício de funções de interesse público"*.[117] Ou seja, o regime é o da responsabilidade civil ilimitada.[118]

Ambas as soluções jurídicas (natureza civil da sociedade e responsabilidade civil ilimitada) parecem ser hoje desadequadas aos tempos e mercados em que os auditores operam.

No que à responsabilidade civil dos auditores se refere, o actual Estatuto ignorou (ostensivamente, diríamos) a Recomendação da Comissão 2008/473/CE, de 5 de Junho[119], nos termos da qual se recomenda aos Estados-Membros que a responsabilidade civil dos ROC e sociedades de auditoria por incumprimento dos seus deveres profissionais seja limitada, excepto em caso de incumprimento intencional[120]. Para o efeito, propõe a adopção de um dos seguintes métodos: (i) estabelecimento de um montante financeiro máximo, (ii) definição de um conjunto de princípios em virtude dos quais o revisor apenas seja responsável em função da sua contribuição efectiva para a perda sofrida por um demandante ou (iii) permissão de limitação de responsabilidade por acordo entre sociedade auditada e revisor.

Por nós confessamos a preferência por sistemas de limitação de responsabilidade que sejam acompanhados obrigatoriamente pela contratação de vultuosos seguros de responsabilidade civil, capazes de, com maior certeza e capacidade financeira, salvaguardar os interesses económicos dos accionistas e investidores das sociedades auditadas[121]. Sendo certo que a responsabilidade civil ilimitada representa para o

---

[117] Artigo 113.º do Estatuto.

[118] Não cabe neste artigo analisar, sequer superficialmente, o tema da natureza e regime da responsabilidade civil dos ROC e SROC, remetendo-se para uma análise do tema para GABRIELA FIGUEIREDO DIAS, *"Fiscalização de sociedades e responsabilidade civil"*, Coimbra Editora, 2006, p. 90 a 110, e também da mesma autora *"Controlo de contas e responsabilidade dos ROC"*, Temas societários, IDET – Colóquios, Almedina, 2006, p. 153-207, e JOSÉ FERREIRA GOMES, *"A responsabilidade civil dos auditores"* artigo publicado em "O Código das Sociedades Comerciais e o Governo das Sociedades", AA.VV., Almedina, 2008, p. 343 a 424.

[119] Publicada no JOUE L162/39, de 21 de Junho de 2008.

[120] Recomendação 2.

[121] O seguro de responsabilidade civil profissional é obrigatório devendo, nos termos do artigo 73.º do Estatuto, a sociedade de auditoria contratar uma cobertura que tenha um limite mínimo de €500.000,00

sócio da sociedade de auditoria um forte incentivo para que desempenhe adequadamente os serviços a seu cargo, não representa certamente o incentivo mais significativo, nem tão pouco representa uma adequada protecção para terceiros, que estarão, certamente, melhor protegidos financeiramente pela contratação pela sociedade de auditoria de um relevante seguro de responsabilidade civil do que pela protecção que o património dos sócios da sociedade de auditoria lhes garantirá.

A este propósito, não se afigura fácil compreender que as sociedades comerciais respondam por perdas provocadas a terceiros com o seu património, estando os accionistas das mesmas apenas sujeitos à perda de valor da respectiva participação social, e por perdas provocadas aos mesmos terceiros o auditor da sociedade esteja sujeito a responder com o respectivo património, mas também que os sócios do auditor estejam sujeitos a responder ilimitadamente com o seu património pessoal.

Parece-nos uma solução desadequada aos interesses que se pretendem proteger e cremos que as falhas de auditoria (que não revistam natureza criminal) deveriam para os investidores e demais terceiros ter o mesmo valor e tratamento que as falhas de gestão da sociedade auditada, ou seja, fazem parte do risco do investimento.

Cremos e sugerimos, por isso, que se adeque o Estatuto ao disposto numa das soluções alternativas da Recomendação da Comissão 2008/473/CE, não podendo em qualquer caso a responsabilidade da sociedade de auditoria ser limitada a montante inferior ao que resultaria da actual aplicação do Estatuto ou do Regulamento da CMVM 6/2000.

No que à estruturação societária respeita manifestamos também o nosso desacordo face à actual natureza jurídica das sociedades de auditoria.

A natureza de sociedade civil não faz jus à actual realidade das sociedades de auditoria. Não obstante desempenharem funções de interesse público, desempenham também outros serviços que não são considerados de interesse público e que revestem natureza puramente comercial[122], designadamente, de consultoria.

---

multiplicado pelo número de sócios ROC e de ROC contratados pela sociedade de auditoria. Para os auditores externos registados junto da CMVM, o Regulamento da CMVM 6/2000, no seu artigo 6.º, n.º 2, f), exige um seguro de responsabilidade civil não inferior a €2.500.000,00.

Diga-se ainda a este respeito que não se compreende porque razão os administradores das sociedades cotadas e das grandes sociedades anónimas estão sujeitos, apenas, à prestação de uma caução no valor de €250.000,00 (nos termos do artigo 396.º do Código das Sociedades Comerciais) e a exigência para os ROC e SROC é substancialmente mais gravosa. Diríamos existir aqui um regime menos exigente para os administradores que, em função da actividade de administradores e revisores de contas, não se compreende em absoluto.

[122] O que, aliás, já se admitia como possível no artigo 1.º, n.º 1, do Decreto-Lei n.º 1/72, de 3 de Janeiro, justificando-se essa opção no preâmbulo da seguinte forma: *"É ainda previsto que os revisores de contas prestem serviços de consulta compreendidos no âmbito da sua especialidade. Trata-se de um aspecto com evidente interesse prático: não afecta a estrutura básica da profissão e pode contribuir para que adquira o prestígio e a autoridade desejáveis, tal como vem acontecendo no estrangeiro."*

Acresce que as próprias sociedades de auditoria mudaram substancialmente desde a criação da profissão no Reino Unido. Acompanhando a internacionalização dos seus clientes, são também elas hoje realidades supra-nacionais, muitas vezes "cabeça" de um verdadeiro grupo económico que se espraia por outros ramos de actividade conexos ou relacionados com a auditoria e consultoria económica. Tornaram-se, por isso, "activos" apetecíveis de um ponto de vista de negócio, o que tem conduzido os legisladores de múltiplos Estados a consagrar a possibilidade de serem sócios de sociedades de auditoria pessoas físicas que não sejam revisores de contas[123] e muitos outros a considerar dar um passo mais além e admitir a cotação em mercado bolsista de participações minoritárias no capital social de sociedades de auditoria (matéria que, só por si, levanta múltiplas e delicadas questões éticas que não cabe neste âmbito analisar).

A actual realidade das sociedades de auditoria choca frontalmente com o que foi a realidade das sociedades de auditoria prévia à globalização e prévia aos movimentos de concentração que conduziram à criação de gigantes multinacionais.

A consagração e manutenção de uma natureza jurídica de sociedade civil não se afigura, por isso, adequada a esta nova realidade e apenas se justifica enquanto se mantiver o normativo que impõe aos revisores de contas e sociedades de auditoria um regime de responsabilidade civil ilimitada no âmbito das funções de interesse público. Uma vez consagrada legalmente a limitação da responsabilidade civil profissional (o que se nos afigura como uma mera questão de tempo, tendo em conta o sentido que a União Europeia pretende dar à regulamentação), cairá o pilar que justifica a manutenção da actual natureza jurídica civil das sociedades de auditoria[124].

Enquanto em Portugal ainda discutimos a limitação da responsabilidade civil profissional dos auditores e a natureza jurídica das sociedades de auditoria, as jurisdições

---

[123] O artigo 97.º do Estatuto prevê-o expressamente (admitindo a entrada de sócios que não excedam um quarto do capital social, direitos de voto e número de sócios), no que contrasta com o artigo 60.º, n.º 1, do Decreto-Lei n.º 1/72, de 3 de Janeiro, que afirmava: *"Os sócios das sociedades de revisores têm de ser revisores oficiais de contas, incluindo as próprias sociedades de revisores."*

[124] Estabelecendo-se um inevitável paralelismo com as sociedades de advogados, deve notar-se que o actual regime jurídico das mesmas consagra já a limitação da responsabilidade civil profissional (artigos 33.º, 35.º e 37.º do Decreto-Lei n.º 229/2004, de 10 de Dezembro, que aprovou o Regime Jurídico das Sociedades de Advogados). Fá-lo, no entanto, por recurso a um instituto jurídico que se nos afigura ainda menos adequado que o da sociedade civil sob forma comercial. O Regime Jurídico das Sociedades de Advogados consagrou o instituto das sociedades civis de responsabilidade limitada (em derrogação do n.º 1 do artigo 997.º do Código Civil), que cremos não ter paralelo em nenhuma outra actividade em Portugal e que rompe com a tradição jurídica da sociedade civil em Portugal. Em nossa opinião, importante seria se se reconhecesse que a função de interesse público também desempenhada pelos advogados não contende com a realidade marcadamente empresarial de um número crescente de sociedades de advogados e se admitisse a transformação destas em sociedades comerciais (mesmo que com naturais restrições em matérias como a transmissão das participações sociais a quem não seja advogado, à semelhança do estabelecido no Estatuto para as sociedades de auditoria).

anglo-saxónicas encontram-se já um passo à frente e discutem a inclusão de administradores independentes no conselho de administração das sociedades de auditoria.

Isto mesmo foi recentemente consagrado pelo ICAEW no "The Audit Firm Governance Code"[125], estabelecendo-se na sua recomendação C.1 que: "*A firm should appoint independent non-executives who through their involvement collectively enhance shareholder confidence in the public interest aspects of the firm's decision making, shareholder dialogue and management of reputational risks including those in the firm's businesses that are not otherwise effectively addressed by regulation.*"

Em declinação do princípio recomendatório referido, o ICAEW recomenda ainda que os administradores não-executivos independentes deverão constituir a maioria dos membros do órgão que superintende os temas de interesse público e ser parte de outras estruturas de *governance* dentro da sociedade de auditoria.

O exortar as sociedades de auditoria a nomear administradores não-executivos independentes que supervisionem as políticas e actuação da sociedade de auditoria, tendo em vista a salvaguarda da sociedade nas matérias de interesse público e os riscos reputacionais associados à sua actuação, representa o reconhecimento pragmático de duas realidades: (i) os múltiplos serviços de não-auditoria desenvolvidos pelas sociedades de auditoria ou empresas associadas representam um risco de independência e reputacional para a função de auditoria, e (ii) as sociedades de auditoria são hoje uma realidade empresarial para dentro da qual importa trazer a aplicação de princípios básicos de *governance* já interiorizados pelas sociedades de interesse público que as sociedades de auditoria auditam.

Isto mesmo havia já sido suscitado pelo Committee of European Securities Regulators (doravante "CESR") na resposta à consulta da União Europeia relativa às "Control structures in Audit Firms and their Consequences for the Audit Market"[126], ressaltando aquela entidade a importância de se estabelecer um modelo de *governance* para as sociedades de auditoria que consagrasse a presença de não-executivos independentes nos respectivos conselhos de administração.

Em Portugal não se justificará ainda (talvez) este nível de sofisticação, mas a ICAEW e o CESR apontam um caminho que será certamente seguido pelas sociedades de auditoria multinacionais no ambiente anglo-saxónico e que mais tarde, se bem sucedido, poderão aplicar, adaptando-o, às diferentes realidades de outras jurisdições onde operem.

---

[125] O "The Audit Firm Governance Code", código recomendatório para sociedades de auditoria, foi, em primeira linha, pensado para aplicação às sociedades de auditoria que auditem mais de 20 sociedades cotadas, o que baliza as sociedades alvo do mesmo em 8 sociedades de auditoria (Baker Tilly, BDO, Deloitte, Ernst & Young, Grant Thornton, KPMG, PKF e PriceWaterhouseCoopers) que, em conjunto, auditam mais de 95% das sociedades admitidas à cotação no principal mercado da London Stock Exchange.
[126] Committee of European Securities Regulators, 1 de Junho de 2009, CESR/09-291, consultável em www.cesr.eu.

VIII. CONCLUSÃO

Em jeito de conclusão parece-nos importante que se afirme que nunca como hoje a independência dos auditores externos e, sobretudo, a aparência da independência foi tão importante.

As fraudes cometidas em várias sociedades cotadas constituídas e sujeitas à lei de mercados altamente regulados e modernos demonstraram que os mecanismos implementados não eram suficientes para garantir absoluta fiabilidade e transparência no processo de reporte de informação aos accionistas e investidores. A conivência, activa ou passiva, das sociedades de auditoria nestes processos fraudulentos colocou mesmo em causa o próprio *"gatekeeper model"*, como este se encontra actualmente estruturado.

Em face do sucedido e da gravidade dos factos, cremos que os Estados souberam reagir aos acontecimentos com a celeridade e serenidade que a situação impunha, adoptando soluções que há muito se discutiam e que se tornavam, neste contexto, inevitáveis.

A questão é saber se são as mesmas suficientes ou se permitirão prevenir no futuro fraudes como as verificadas no dealbar do século XXI.

Por nós e conforme já referido supra, mesmo manifestando alguma simpatia (teórica) por um sistema em que os auditores externos das sociedades de interesse público sejam nomeados por uma autoridade de regulação e supervisão (eventualmente de entre duas ou três opções indicadas pela sociedade auditada), entendemos que as intervenções regulatórias em matérias de Direito Civil (e, por inerência, comercial) se devem cingir ao mínimo indispensável para salvaguardar os interesses de carácter público que as sociedades ou o mercado não podem ou não conseguem, com eficiência, acautelar de modo próprio. Nessa medida e no actual contexto, entendemos não existirem razões substanciais para que se modifique o actual sistema de nomeação dos ROC por parte dos accionistas das sociedades comerciais sob proposta do órgão de fiscalização, o qual se nos afigura equilibrado e é mais um corolário do fundamental princípio da democracia accionista e de afirmação da privaticidade das sociedades.

De igual forma, parece-nos que a imposição de uma rotatividade obrigatória do auditor é desproporcionada, podendo não trazer vantagens substanciais que cubram os custos associados à medida, caso esta viesse a ser imposta. Não obstante, entendemos que a rotatividade do ROC (e também do auditor externo nas sociedades que cumulem as duas figuras) por acto voluntário da sociedade auditada tem inegáveis méritos perante o mercado, saindo reforçada a aparência de independência, mas, sobretudo, permitindo que se quebrem rotinas de auditoria e se questionem com renovado vigor as práticas até então instituídas.

O GOVERNO DOS AUDITORES

Nessa medida, somos apologistas da recomendação da rotatividade, desde que efectuado num período de tempo que salvaguarde a estabilidade da relação entre auditor e auditado, seja equilibrado quanto aos custos associados e seja percepcionado pelo mercado como razoável. Parece-nos avisado, todavia, que tal prazo recomendatório seja superior ao sugerido pela CMVM.

Cremos, sobretudo, que a verdadeira salvaguarda dos interesses dos accionistas e investidores não advirá da imposição regulatória de nenhuma das (ditas) "soluções" atrás enunciadas, mas, ao invés, da consagração de um regime efectivo de fiscalização rigorosa das auditorias.

Neste âmbito, parece-nos mais ambicioso e eficaz o modelo de fiscalização vigente nos EUA, com o cometimento da fiscalização da actividade dos auditores externos ao PCAOB, em detrimento de um regime de fiscalização cometido a ordens profissionais, sob a supervisão de uma outra entidade.

É nossa opinião que neste âmbito a segregação de funções faz pouco sentido, normativamente e de um ponto de vista da eficiência da fiscalização dos auditores. Parece-nos mais razoável que as competências de regulação e supervisão estejam centradas exclusivamente numa única entidade (que deveria ser o CNSA, reformulado nas suas competências), cometendo-se a esta os efectivos poderes de fiscalização dos ROC ou, pelo menos, das sociedades de auditoria que auditem sociedades de interesse público. É este o regime que nos parece que o legislador comunitário quis consagrar na Directiva 2006/43/CE, estabelecendo-se algo de semelhante a um PCAOB.

Afigura-se-nos também essencial que o actual regime recomendatório da OROC seja profundamente revisto e actualizado, consagrando ao nível da independência recomendações mais exigentes que as actualmente existentes. Sugerimos que sejam adoptadas regras como as seguintes:

i) acolhimento de um sócio de controlo nas auditorias que não trabalhe com aquele cliente, cabendo-lhe confirmar ou infirmar as decisões da equipa de auditoria que acompanha o cliente quando as mesmas recaiam sobre objecto que atinja determinado nível de materialidade financeira ou técnica, devendo o processo ficar adequadamente documentado por escrito;

ii) cometimento da decisão final sobre matérias relativamente às quais não haja acordo entre o sócio responsável pela auditoria e o sócio de controlo a uma comissão alargada de sócios, devendo o processo ficar adequadamente documentado por escrito;

iii) rotatividade faseada da equipa de auditoria e não apenas do sócio responsável pela mesma, de acordo com um calendário adequado que promova uma competente transmissão de conhecimento entre equipas;

iv) rotação do sócio de controlo contemporânea com a rotação do sócio responsável pela auditoria;

O GOVERNO DAS ORGANIZAÇÕES

v) estabelecimento de regras internas nas sociedades de auditoria que eliminem os riscos de existência de um peso excessivo de determinado cliente na carteira de determinado sócio;

vi) fixação de limites percentuais máximos de aceitação de trabalho de não-auditoria face à expectativa de facturação anual por trabalhos de auditoria ou por valor total global;

vii) parametrização da documentação de suporte à auditoria a preparar e manter pelas sociedades de auditoria que possibilitem uma adequada e normalizada fiscalização; e

viii) recomendação da rotatividade do auditor em sociedades de interesse público em cada período máximo de 12 anos.

Parece-nos ser este também o momento para se pensar quais os institutos jurídicos mais adequados ao desempenho da profissão e, nesse sentido, deve promover-se uma reflexão sobre a formatação jurídica das sociedades de auditoria e o respectivo *governance*.

Cabem nesta reflexão a adequação da actual forma de sociedade civil à natureza das actividades desenvolvidas pelas sociedades de auditoria, mas, sobretudo, a pertinência da manutenção de um regime de responsabilidade ilimitada dos sócios daquelas sociedades. Já num outro patamar superior, saúda-se a introdução na discussão sobre a *governance* destas sociedades da importância dos administradores não-executivos e, preferencialmente, independentes.

Por último, parece-nos fundamental que o recomendatório se saiba sobrepor ao regulatório, como corolário do princípio de que a auto-regulação é sempre preferível à imposição de normas por terceiros. É que juntamente com os accionistas e investidores das sociedades auditadas, os próprios auditores são os grandes interessados na existência e reconhecimento público da respectiva independência.

CAPÍTULO XIII

O GOVERNO DAS ASSOCIAÇÕES CIVIS

Ana Filipa Morais Antunes

Abstract: *EU legislations grants wide freedom to choose the rules that will govern private associations. The legal rules in this sector are mainly non mandatory and, therefore, the articles of association are the most important regulatory instrument. The nonprofit sector is also detached from market and external pressures and there is no relevant internal control of management decisions.*

There are two priority areas to reform. First, it is essential to clarify and update the existent Portuguese legal rules on private associations. Second, it is adequate to modernize the regulation by importing some of the principles of corporate governance. The primary focus of the governance reform is related to the board of directors. Associations should include independent directors, with proper qualifications. On the other hand, it is mostly important to implement standards of professional governance.

The purpose of this article is to suggest a list of key principles – inspired by the principles of corporate governance – for an adequate, transparent and effective association governance.

Sumário: *1. Introdução; 2. O regime jurídico das associações; A) As coordenadas do regime; B) A organização das associações. As insuficiências do regime vigente; 3. Algumas dúvidas de regime jurídico– o contributo jurisprudencial; A) A competência para a convocação dos órgãos de administração e de fiscalização; B) A competência para a convocação da assembleia geral; C) A forma de convocação da assembleia geral; D) A representação no exercício do direito de voto; E) A admissibilidade de categorias de associados. O problema dos direitos especiais; 4. Os pilares de uma reforma – o problema no Direito a constituir; A) A estrutura e a composição dos órgãos sociais; B) A convocação da assembleia geral; C) A convocação dos órgãos de administração e de fiscalização; D) A institucionalização da mesa da assembleia geral e do secretário da associação; E) O processo de tomada de decisão; F) A administração da associação; G) A fiscalização da associação; H) Os deveres fiduciários dos titulares dos órgãos sociais; I) O regime de responsabilidade dos titulares dos órgãos sociais; J) A destituição dos titulares dos órgãos sociais; K) A densificação do conteúdo da relação jurídica associativa; L) A responsabilidade dos associados em situações de abuso de constituição da associação; 5. Posição adoptada – Uma proposta: os princípios do governo das associações.*

1. INTRODUÇÃO

I – As associações civis têm sido negligenciadas no quadro moderno dos modelos de governo das pessoas colectivas[1]. Pode mesmo afirmar-se que a organização das associações assenta em modelos estáticos, inspirados, fundamentalmente, em propostas legislativas da década de cinquenta[2]. Constituem, por isso, um desafio ao legislador, na perspectiva de uma recriação do respectivo regime organizacional, em particular, do elenco e das competências dos respectivos órgãos, bem como da posição jurídica dos seus membros[3-4].

---

[1] Como ensina PAULO CÂMARA, "modelos de governo são fórmulas matriciais de organização da administração e fiscalização" das pessoas colectivas, *Os modelos de governo das sociedades anónimas,* in "A Reforma do Código das Sociedades Comerciais/Jornadas em Homenagem ao Professor Doutor Raúl Ventura", Almedina, Coimbra, 2007, 197-258 (198). Cf., ainda, do mesmo A., *O governo das sociedades em Portugal: uma introdução,* CadMVM, 12 (2001), 45-55.

[2] Referimo-nos ao Anteprojecto de FERRER CORREIA, *Pessoas colectivas/Anteprojecto de um capítulo do novo Código Civil,* BMJ, n.º 67 (Junho de 1957), 247-281.

[3] PAULO VIDEIRA HENRIQUES admite uma densificação da disciplina das organizações associativas, "no quadro de uma eventual revisão legislativa", *O regime geral das associações,* in "Comemorações dos 35 Anos do Código Civil e dos 25 Anos da Reforma de 1977", vol. II, Coimbra Editora, Coimbra, 2006, 271-303 (294). No Direito italiano, em tom crítico quanto à disciplina prevista no Livro I do *Codice Civile,* cf. GUIDO ALPA, *Manuale di Diritto Privato,* Sesta edizione, Cedam, Padova, 2009, 274-275. Cf. ainda, AA. VV., *La nuova disciplina delle associazioni e delle fondazioni. Riforma del diritto societario e enti* non profit, a cura di Andrea Zoppini e Marco Maltoni, I Quaderni della Rivista di Diritto Civile, Cedam, Padova, 2007. No Direito norte-americano, defende a necessidade de rever a legislação e as regras em matéria de *governance* das entidades *nonprofit,* JOHN A. EDIE, *Good and not so good governance of nonprofit organizations: factual observations from the USA,* in "Comparative Corporate Governance of non-profit organizations", Cambridge University Press, Cambridge, 2010, 20-38. Para o problema, na Alemanha, cf. THOMAS VON HIPPEL, *Nonprofit organizations in Germany,* in "Comparative Corporate Governance of non-profit organizations", Cambridge University Press, Cambridge, 2010, 197-227 (226). Em França, cf. KATRIN DECKERT, *Nonprofit organizations in France,* in "Comparative Corporate Governance of non-profit organizations", Cambridge University Press, Cambridge, 2010, 265-324 (324). Para uma perspectiva comparatística das organizações *nonprofit* no contexto de algumas experiências jurídicas europeias e norte-americanas, remetemos para AA. VV., *Comparative Corporate Governance of non-profit organizations,* Cambridge University Press, Cambridge, 2010.

[4] No Direito comunitário, já houve tentativas no sentido da aprovação de um estatuto da associação europeia (cf. Proposta de Regulamento JO C 99, de 21 de Abril de 1999, alterada pela Proposta JO C 236, de 31 de Agosto de 1993). Sobre a associação europeia e a respectiva qualificação como ente *non profit,* cf. ANDREA ZOPPINI, *L'associazione europea,* in "Trattato di Diritto Privato Europeo", a cura di Nicolò Lipari, seconda edizione, volume secondo, Cedam, Padova, 2003, 249-262.

O GOVERNO DAS ASSOCIAÇÕES CIVIS

O regime legal vigente não é inteiramente claro[5] e os estatutos assumem um papel determinante, uma vez que o legislador se socorreu, em regra, de normas dispositivas, reconhecendo a plena eficácia da auto-regulamentação. Por outro lado, em resultado da opção legislativa assumida, existem situações em que o governo das associações não é efectivo, mas sim puramente formal. A não efectividade do exercício de funções de gestão não pode ser dissociada, ainda, da ausência, no plano normativo, de constrangimentos fiduciários[6].

II – O regime jurídico comum das associações consta, no essencial, dos artigos 167.º a 184.º do Código Civil (C.C.)[7]. Aí se regula a constituição, a organização e o funcionamento das associações em sentido estrito – sem fim lucrativo[8]. Estão em causa pessoas colectivas de Direito privado, sem escopo lucrativo e de substrato essencialmente pessoal, portanto, uma organização estável de pessoas, concertadas para a prossecução de fins comuns (*universitas personarum*)[9]. Distinguem-se, nesta medida, das

[5] Em tom crítico, cf. MARCELO CAETANO, *As Pessoas Colectivas no Novo Código Civil Português*, O Direito, Ano 99.º, Fasc. n.º 1 (Janeiro-Março), 1967, 85-110, em especial, 92 ss.

[6] Justifica a inércia no exercício das funções de administração atenta a ausência de *commitment* com constrangimentos fiduciários, MELANIE B. LESLIE, *Conflicts of Interest and Nonprofit Governance: The Challenge of Groupthink*, in http://ssrn.com/abstract=1477553, em especial, 31 ss.

[7] Estão excluídas da presente análise as associações sem personalidade jurídica e comissões especiais (cf. artigos 195.º a 201.º-A do C.C.), as associações reguladas em legislação especial e as associações públicas.

[8] Para MENEZES CORDEIRO, a ideia de que as associações e as fundações não têm por fim o lucro "mereceria reforma", *Tratado de Direito Civil Português*, I, T. III, Almedina, Coimbra, 2004, 605. Adopta uma postura crítica, no Direito italiano, quanto à eleição do critério da proibição de distribuição de proveitos entre os associados, como índice de qualificação das entidades *nonprofit*, GAETANO PIEPOLI, *Gli enti «non profit»*, in "Trattato di Diritto Privato Europeo", a cura di Nicolò Lipari, vol. II, seconda edizione, Cedam, Padova, 2003, 217- 225 (221-222): para o A., deve privilegiar-se uma avaliação do conteúdo típico da actividade (actividade colectiva, gratuita, altruística e desinteressada, com escopo de pura solidariedade). Na mesma linha de entendimento, cf. PAOLO DE CARLI, *Lezioni ed argomenti di diritto pubblico dell'economia*, Cedam, Padova, 1995, 334 ss. e 362 ss. Na Proposta alterada do estatuto da associação europeia, prescreve-se, no artigo 1.º, n.º 2: "O produto de qualquer actividade económica exercida pela AE [Associação Europeia] será afectado exclusivamente à realização do seu objecto, sendo excluída a repartição dos lucros entre os seus membros" (cf. Proposta JO C 236, de 31 de Agosto de 1993).

[9] Cf. MENEZES CORDEIRO, *Tratado*, I, T. III, cit., 546. CASTRO MENDES distingue a associação em sentido estrito (regulada nos artigos 167.º a 184.º do C.C.) e em sentido lato (abrangendo a associação em sentido estrito e a sociedade), *Teoria geral do direito civil*, vol. I, AAFDL, Lisboa, 1995, 398-399. Define associações como as "pessoas colectivas de substrato pessoal que não tenham por fim a obtenção de lucros para distribuir pelos sócios", MOTA PINTO, *Teoria Geral do Direito Civil*, 4.ª ed. (por António Pinto Monteiro e Paulo Mota Pinto), Coimbra Editora, Coimbra, 2005, 292. Em sentido próximo, cf. PEDRO PAIS DE VASCONCELOS, *Teoria Geral do Direito Civil*, 6.ª ed., Almedina, Coimbra, 2010, 189. Como ensina HEINRICH HÖRSTER, o critério consagrado no artigo 157.º não é o do substrato, mas sim o do fim ou escopo, *A Parte Geral do Código Civil Português/Teoria Geral do Direito Civil*, Almedina, Coimbra, 2003 (reimp.), 386. No Direito espanhol, cf. DÍEZ-PICAZO/ANTONIO GULLÓN, *Sistema de Derecho Civil*, vol. I, Undecima Edición, Tecnos, Madrid, 2003, 60, onde se individualizam os seguintes elementos caracterizadores do conceito de associação: a) a existência de uma base pessoal formada por uma pluralidade de pessoas; b) a organização; c) o fim que se pretende prosseguir com a constituição da associação; d) a nota de estabilidade ou permanência que permite diferenciar a associação dos grupos de carácter puramente esporádico.

O GOVERNO DAS ORGANIZAÇÕES

fundações, que assentam num substrato patrimonial e que se caracterizam pela existência de um acervo de bens funcionalizado à prossecução de uma dada finalidade[10].

O regime jurídico constante do C.C. deve, ainda, ser articulado com o princípio fundamental da liberdade de associação, proclamado no artigo 46.º da Constituição da República Portuguesa (CRP)[11]. O referido princípio não tem, no entanto, o efeito de prejudicar a existência, nem a pertinência de comandos injuntivos[12]. Por outro lado, e apesar de se reconhecer a liberdade de estipulação, ao abrigo da autonomia privada – ainda que em graus distintos, consoante nos encontremos perante associações personificadas ou não personificadas[13] –, existem soluções insusceptíveis de serem afastadas pelos estatutos[14]. O legislador foi, na verdade, mais restritivo em matéria de organização e funcionamento das associações personificadas do que no que respeita às não personificadas: nesta hipótese, "são aplicáveis as regras estabelecidas pelos associados" (cf. artigo 195.º).

III – Com a emergência dos princípios de governo societário e com a consequente renovação dos respectivos modelos, é aconselhável uma reflexão cuidada

---

[10] Cf. *infra* DOMINGOS SOARES FARINHO, *Alguns problemas de governo fundacional de uma perspectiva normativa--orgânica*, 581-668.

[11] Cf. JORGE MIRANDA/RUI MEDEIROS, *Constituição Portuguesa Anotada*, T. I, Coimbra Editora, Coimbra, 2005, anotação ao artigo 46.º, 467-471; GOMES CANOTILHO/VITAL MOREIRA, *Constituição da República Portuguesa Anotada*, vol. I, 4.ª ed., Coimbra Editora, Coimbra, 2007, anotação ao artigo 46.º, 642-651. A CRP prevê, a par do referido princípio, um conjunto de especificações e corolários daquele direito fundamental – cf., entre outros, os artigos 60.º, n.º 3 e 63.º, n.º 2.

[12] As decisões do Tribunal Constitucional proferidas em matéria de associações sindicais que julgaram inconstitucionais com fundamento na violação do princípio da proporcionalidade exigências de maioria para a aprovação de deliberações sociais ou restrições em matéria de exercício do direito de voto, não podem ser transpostas e aplicáveis sem mais no domínio associativo comum, atenta a especialidade de objecto (e de regulamentação) das referidas associações. Em sentido contrário, cf. PAULO VIDEIRA HENRIQUES, *O regime geral das associações*, cit., 298-299, que conclui, com base naquelas pronúncias, que a imperatividade de disposições legais viola a liberdade de organização e regulamentação interna, pelo facto de não se justificar à luz do princípio democrático, por não se limitar ao necessário.

[13] O Anteprojecto acolhia, igualmente, a distinção entre associações reconhecidas e não reconhecidas: de acordo com o então art. 76.º (*Organização interna e administração*): "*1.º – A organização e a administração das associações não reconhecidas regulam-se pelas normas estabelecidas pelos associados e, na falta destas, pelas disposições legais aplicáveis às associações reconhecidas, salvo aquelas que implicarem a personalidade jurídica da associação (...)*".

[14] Proclama a natureza imperativa dos artigos 157.º ss. do C.C., em particular, das normas dos artigos 162.º (no que respeita à exigência de composição ímpar dos órgãos sociais); 173.º, n.ºˢ 1 e 2 e 176.º, o Acórdão da Relação do Porto de 21 de Setembro de 2004 (CJ, Ano XXIX, T. IV, 2004, 174-180). Em matéria de associações sindicais, no sentido da natureza imperativa dos artigos 162.º e 175.º, n.º 4 do C.C., cf. Acórdão da Relação do Porto de 8 de Maio de 1984 (CJ, Ano IX, T. 3, 1984, 255-257). Muito embora defendesse um mínimo de regras sobre organização e administração das associações, MARCELO CAETANO reconhecia a existência de (muitas) normas imperativas, em matéria de associações com personalidade jurídica, *As Pessoas Colectivas*, cit., 99-100. Criticava, em todo o caso, a circunstância de o Código regular em termos minuciosos e "dando carácter imperativo a preceitos que talvez não o merecessem", ob. cit., 106. Para PAULO VIDEIRA HENRIQUES, o legislador deveria ter consagrado, para as associações personificadas, uma solução equivalente à do artigo 195.º, em sede de associações sem personalidade jurídica, *O regime geral das associações*, cit., 283.

O GOVERNO DAS ASSOCIAÇÕES CIVIS

do regime jurídico das associações no sentido da recriação, à luz das directrizes modernas, da respectiva organização e funcionamento.

O presente estudo visa contribuir para a discussão sobre o governo das associações civis. Pretende-se, assim, determinar em que medida a experiência do *corporate governance* pode ser relevante numa eventual revisão do regime jurídico associativo[15]. O debate sobre a oportunidade de uma actualização, nesta matéria, ganha particular enfoque no contexto da actual situação económico-financeira, que aconselha modificações nas principais estruturas organizativas[16].

Boas regras de governação constituem, também neste domínio, o pressuposto essencial da transparência e da eficiência da actividade das associações. A importação, com as devidas adaptações, de algumas das directrizes assumidas no contexto do Direito das sociedades, será determinante, crê-se, para o incremento da qualidade e para a efectividade do exercício da gestão associativa[17-18].

---

[15] MENEZES CORDEIRO reconhece que "[à] medida que se acentua o relevo económico, directo ou indirecto, de associações e fundações, estas têm vindo a dotar-se de esquemas de acompanhamento, de consulta e de fiscalização semelhantes aos das sociedades", *Tratado*, I, T. III, cit., 548. Desenvolvidamente, cf. COUTINHO DE ABREU, *Governação das Sociedades Comerciais*, 2.ª ed., Almedina, Coimbra, 2010. Enfatiza a dificuldade de definir regras de *governance* das organizações não lucrativas, atenta a particular natureza da actividade desenvolvida, que inviabiliza a identificação de uma categoria de proprietários da organização, CARMELO BARBIERI, *Gli enti «non profit»*, in "Trattato di Diritto Privato Europeo", a cura di Nicolò Lipari, volume secondo, Seconda edizione, Cedam, Padova, 2003, 225-248 (237-238). BARBIERI propõe as seguintes regras de *governance*: a) rejeitar a pré-constituição de situações rígidas de controlo e permitir que cada associado possa exprimir efectivamente o seu voto; b) assegurar uma rotação real nas funções de administrador; c) garantir uma separação entre os órgãos de governo, evitando, de modo particular, qualquer interferência do órgão de gestão no órgão deliberativo. BARBIERI defende, ainda, o reforço da técnica da *voice*, o que se conseguirá através do incremento dos poderes de cada associado, prevendo, correspectivamente, um conjunto de deveres a observar pelo órgão de gestão, *Gli enti «non profit»*, cit., 245-246.

[16] Recentemente, em Itália, defende que o "reacender" do debate sobre *corporate governance* se justifica pelas dificuldades introduzidas pela crise financeira e pelas dúvidas sobre a eficiência das regras relativas à administração e ao controlo das sociedades anónimas, STEFANO POLI, *L'evoluzione della governance delle società chiuse*, Quaderni di Giurisprudenza Commerciale, 334, Giuffrè, Milano, 2010, 2. Para POLI, o *corporate governance* é uma fórmula de "geometria variável", *L'evoluzione*, cit., 4.

[17] Não vislumbra "obstáculos de princípio à aplicação analógica, no campo civil, das regras relativas a sociedades comerciais" e admite a aplicabilidade, a título subsidiário, da regulamentação das sociedades civis, às sociedades comerciais, MENEZES CORDEIRO, *Tratado*, I, T. III, cit., 566-567. O mesmo A. enfatiza a importância da "actualização e o desenvolvimento do regime das associações, contido no Código Civil", ob. cit., 710. Em Itália, proclama a insuficiência do regime consagrado no *Codice* e valoriza o recurso aos princípios gerais em matéria de pessoas colectivas, em particular, das normas sobre sociedades organizadas sob uma base capitalista, ANDREA ZOPPINI, *La disciplina delle associazioni e delle fondazioni dopo la riforma del diritto societario*, in "La nuova disciplina delle associazioni e delle fondazioni", cit., 4-5. No Direito francês, em tom crítico, cf. DOMINIQUE RANDOUX, *L'application subsidiaire du droit des sociétés aux associations/Note sous Cour de cassation (1ʳʳ civ.) 3 mai 2006*, Revue des Sociétés, n.º 4 (Octobre/Décembre), 2006, 855-860.

[18] Salientam a nota da ausência de controlo pelo mercado, KATHERINE O'REGAN/SHARON M. OSTER, *Does the Structure and Composition of the Board Matter? The Case of Nonprofit Organizations*, The Journal of Law, Economics, & Organization, Vol. 21, Number 21, April 2005, 205-227 (206).

O GOVERNO DAS ORGANIZAÇÕES

2. O REGIME JURÍDICO DAS ASSOCIAÇÕES

A) As coordenadas do regime

I – O Código Civil regula as associações nos artigos 167.º a 184.º. Para além das referidas normas, relevam, ainda, as disposições gerais – aplicáveis às pessoas colectivas de Direito privado – previstas nos artigos 157.º a 166.º do mesmo diploma.

O regime legal assenta nas seguintes coordenadas, em matéria de organização e funcionamento associativo:

1.º Privilegia-se o acto de constituição da associação, que "especificará os bens ou serviços com que os associados concorrem para o património social, a denominação, fim e sede da pessoa colectiva, a forma do seu funcionamento, assim como a sua duração, quando a associação se não constitua por tempo indeterminado" (cf. artigo 167.º, n.º 1)[19].

2.º Reconhece-se aos estatutos a possibilidade de regulamentarem "os direitos e obrigações dos associados, as condições da sua admissão, saída e exclusão, bem como os termos da extinção da pessoa colectiva e consequente devolução do seu património" (cf. artigo 167.º, n.º 2 do C.C.)[20]/[21].

3.º A constituição das associações está sujeita a exigências de forma, devendo o acto constitutivo da associação, os estatutos e as suas alterações constar de escritura pública (cf. artigo 168.º, n.º 1 do C.C.). Sem prejuízo da regra explicitada, admite-se que seja observado um processo de constituição simplificado, ao abrigo de legislação especial (cf. artigo 168.º, n.º 1, *in fine*)[22]. A publicação da constituição da associação e dos estatutos, bem como as alterações respectivas será promovida

---

[19] O n.º 1 do artigo 167.º constitui uma norma imperativa – cf. Pires de Lima/Antunes Varela, *Código Civil Anotado*, vol. I, 4.ª ed., Coimbra Editora, Coimbra, anotação n.º 1 ao artigo 167.º, 170.

[20] Era distinta a redacção da norma congénere, constante do Anteprojecto, proposto por Ferrer Correia: "Art.º 16.º *(Acto constitutivo e estatuto) – 1.º – O acto constitutivo das associações deverá especificar, além dos bens ou serviços com que os vários associados concorrem para o património social, a denominação, escopo e sede da pessoa colectiva, assim como a sua duração, caso não se constitua por tempo ilimitado. 2.º – O estatuto deverá conter as regras respeitantes à administração e ao funcionamento da pessoa colectiva. Pode especificar também os direitos e obrigações dos associados, as condições da sua admissão, saída e exclusão, e as normas relativas à dissolução e liquidação do ente, bem como à devolução do seu património. Em tudo o omisso, regem as disposições dos artigos subsequentes. 3.º – O acto constitutivo e o estatuto podem constar do mesmo instrumento".*

[21] Como resulta da formulação legislativa, a referida norma tem natureza dispositiva e permissiva. Nesse sentido, cf. Antunes Varela/Pires de Lima, *Código Civil Anotado*, vol. I, cit., 170. Diversamente do que sucede em matéria societária (cf. artigos 20.º a 24.º do CSC, em sede de Parte Geral), a regulamentação do conteúdo da relação jurídica associativa é remetida para os estatutos, não existindo normas legais que procedam ao elenco dos direitos e obrigações dos associados.

[22] Está em causa o processo de constituição imediata de associações, introduzido pela Lei n.º 40/2007, de 24 de Agosto. Recentemente, procedeu-se ao alargamento das conservatórias com competência para a tramitação do regime especial de constituição imediata de associações – cf. Portaria n.º 229/2010, de 23 de Abril.

508

O GOVERNO DAS ASSOCIAÇÕES CIVIS

de imediato pelo notário, a expensas da associação, nos termos previstos para as sociedades comerciais (cf. artigo 168.º, n.º 2)[23]; só com a publicação, o acto de constituição, os estatutos e as suas alterações serão eficazes em relação a terceiros (cf. artigo 168.º n.º 3).

4.º O ingresso de pessoas na associação pode ter lugar, no acto da constituição, por via da inscrição nos estatutos, ou supervenientemente, através de adesão[24]. A adesão à associação pressupõe, em regra, a apresentação de uma proposta, por parte do interessado, a apreciar pela administração ou assembleia geral. As condições de admissão são definidas pelos estatutos, como resulta da delegação feita pelo artigo 167.º, n.º 2 do C.C.

5.º Impõe-se a existência de um órgão colegial de administração e de um conselho fiscal, ambos compostos por um número ímpar de titulares, que integrarão um presidente (cf. artigo 162.º do C.C.)[25].

6.º Reserva-se à assembleia geral a competência em matéria de designação dos titulares dos órgãos da associação – que tem lugar por via de eleição, salvo se outro for o processo previsto estatutariamente (cf. artigo 170.º, n.º 1 do C.C.). Não se esclarece a forma de eleição ou designação dos titulares[26].

7.º Os órgãos de administração e o conselho fiscal são convocados pelos respectivos presidentes (cf. artigo 171.º, n.º 1). O legislador não especifica a antecedência, a forma, nem os elementos que devem acompanhar a convocação.

8.º Em matéria de funcionamento do órgão de administração e de fiscalização, prevêem-se duas regras: a do artigo 171.º, n.º 1, que exige um quórum constitutivo representado pela maioria dos titulares, bem como um quórum deliberativo, estabelecido a título supletivo: as deliberações, na falta de disposição legal ou estatutária em contrário, são tomadas pela maioria dos votos dos titulares

---

[23] O n.º 2 foi alterado pela Lei n.º 40/2007, de 24 de Agosto, que suprimiu a exigência de remessa do acto de constituição e dos estatutos para o Ministério Público e para a autoridade administrativa. No que respeita à publicação electrónica do acto de constituição, estatutos e respectivas alterações, cf. http://www.publicacoes.mj.pt/http://www.mj.gov.pt/publicacoes.

[24] MENEZES CORDEIRO, *Tratado*, I, T. III, cit., 669-670. Sugestivamente, refere CARVALHO FERNANDES que o substrato das associações não se apresenta como um *"corpo fechado"*; bem pelo contrário, elas estão em geral *abertas* à admissão futura de novos associados, *Teoria Geral do Direito Civil*, vol. I, 5.ª ed., Universidade Católica Editora, Lisboa, 2009, 620.

[25] Era diversa a orientação assumida no Anteprojecto, que continha normas sobre deliberações e representação dos directores, que teriam aplicação na eventualidade de existir uma direcção plural (cf. artigo 20.º: – *Pluralidade de directores; deliberações; representação*). Consagrava-se, ainda, uma solução supletiva, no artigo 21.º, a observar na eventualidade de a direcção estar impedida de funcionar, por falta ou abandono de todos ou de alguns dos seus membros.

[26] ANTUNES VARELA/PIRES DE LIMA defendem que, sendo omissos os estatutos, caberá aplicar outras disposições analogicamente, que poderão ser de Direito público, *Código Civil Anotado*, vol. I, cit., anotação ao artigo 170.º, 172.

presentes (cf. artigo 171.º, n.º 2)[27]. Reconhece-se, ainda, ao presidente, direito a voto de desempate, circunstância que não prejudica o direito de voto de que o presidente é titular (cf. artigo 171.º, n.º 2)[28].

9.º Consagra-se a regra da livre revogabilidade das "funções dos titulares eleitos ou designados", sem que a revogação prejudique, em todo o caso, os direitos fundados no acto da constituição (cf. artigo 170.º, n.º 2 do C.C.). Admite--se, no entanto, a introdução de limitações estatutárias, podendo, por isso, o direito de revogação ser condicionado pelos estatutos à existência de justa causa (cf. artigo 170.º, n.º 3).

10.º Reconhece-se à assembleia geral competência genérica para a tomada de deliberações (cf. artigo 172.º, n.º 1).

11.º Impõe-se a competência da assembleia geral em determinadas matérias: *a)* destituição dos titulares dos órgãos da associação; *b)* aprovação do balanço; *c)* alteração dos estatutos; *d)* extinção da associação; *e)* autorização para esta demandar os administradores por factos praticados no exercício do cargo (cf. artigo 172.º, n.º 2).

12.º A assembleia geral deve ser convocada pela administração, nas circuns-tâncias previstas estatutariamente e, obrigatoriamente, um vez em cada ano, para aprovação do balanço (cf. artigo 173.º, n.º 1). Na eventualidade de a administra-ção não convocar a assembleia geral nos casos em que o devesse fazer, é lícito a qualquer associado efectuar a convocação (cf. artigo 173.º, n.º 3). Pode, ainda, a assembleia geral ser convocada por iniciativa dos associados, na hipótese de a convocação ser requerida, "com um fim legítimo, por um conjunto de associados não inferior à quinta parte da sua totalidade, se outro número não for estabe-lecido nos estatutos" (cf. artigo 173.º, n.º 2). Se a administração não convocar a assembleia nos casos em que o deva fazer, é lícito a qualquer associado efectuar a convocação (cf. artigo 173.º, n.º 3).

13.º A forma da convocação, a antecedência e os elementos que a devem acompanhar são esclarecidos pelo artigo 174.º.

---

[27] Em matéria de deliberações e direito de voto, o Anteprojecto consagrava o princípio maioritário e reconhecia, a cada sócio, um voto (cf. artigo 27.º, 1.º). Exigia-se, ainda, para que a assembleia geral pudesse deliberar, em primeira convocação, *"a presença de metade, pelo menos, dos seus membros"* (cf. artigo 27.º, 2.º). Admitia-se, em todo o caso, a possibilidade de o estatuto estabelecer regras distintas (artigo 27.º, 3.º). O artigo 28.º previa maiorias especiais, para as deliberações sobre alteração do estatuto, dissolução da pessoa colectiva e destino do património social e modificação do escopo da associação, exigindo-se, res-pectivamente, o voto favorável de ¾ de, pelo menos, os sócios presentes; de ¾ de, pelo menos, de todos os associados e; de todos os associados.

[28] Cf. Antunes Varela/Pires de Lima, *Código Civil Anotado*, vol. I, cit., anotação n.º 2 ao artigo 171.º, 172. Em tom crítico quanto à designação de voto "de qualidade", por entender que a mesma é ofensiva do princípio da colegialidade, Manuel Vilar de Macedo, *Regime Civil das Pessoas Colectivas*, cit., anotação n.º 4 ao artigo 171.º, 86.

O GOVERNO DAS ASSOCIAÇÕES CIVIS

14.º O legislador prescreve dois tipos de quórum, em matéria de deliberações da assembleia geral: um constitutivo (cf. artigo 175.º, n.º 1) – exigindo que, em primeira convocação, estejam presentes, pelo menos, metade dos associados – e um deliberativo (cf. artigo 175.º, n.ºs 2 a 4) – a assembleia geral delibera, em regra, pela maioria absoluta de votos dos associados presentes (cf. artigo 175.º, n.º 2). Prescreve-se, no entanto, uma maioria qualificada, de três quartos do número dos associados presentes, para a aprovação das deliberações sobre alterações dos estatutos (cf. artigo 175.º, n.º 2). As deliberações sobre a dissolução ou prorrogação da pessoa colectiva estão, igualmente, sujeitas a uma maioria qualificada, reclamando o voto favorável de três quartos do número de todos os associados (cf. artigo 175.º, n.º 4). Sem prejuízo das regras explicitadas, admite-se que os estatutos agravem o número de votos fixado nos números anteriores (cf. artigo 175.º, n.º 5).

15.º Consagra-se o impedimento de voto nas situações em que haja conflito de interesses entre a associação e o associado, seu cônjuge, ascendentes ou descendentes (cf. artigo 176.º[29]).

16.º Em matéria de invalidade de deliberações, prevê-se, como sanção regra, a anulabilidade (cf. artigos 176.º, n.º 2 e 177.º), que pode ser arguida, dentro do prazo de seis meses, pelo órgão de administração ou por qualquer associado que não tenha votado a deliberação (cf. artigo 178.º, n.º 1)[30]. Estando em causa associado que não tenha sido convocado regularmente para a reunião da assembleia, o prazo para arguir a anulabilidade da deliberação só começa a correr a partir da data em que o mesmo teve conhecimento da deliberação (cf. artigo 178.º, n.º 2)[31].

17.º Proclama-se o princípio da natureza pessoal da qualidade de associado: a pessoalidade fundamenta, assim, a solução supletiva da intransmissibilidade, quer por acto *inter vivos* ou *mortis causa*, da qualidade de associado (cf. artigo 180.º, 1.ª parte)[32]. Proíbe-se, ainda, o associado de "incumbir outrem de exercer os seus direitos pessoais" (cf. artigo 180.º, 2.ª parte).

---

[29] No artigo 29.º do Anteprojecto sancionavam-se hipóteses de impedimento de voto, por efeitos da existência de um conflito de interesses, entre o associado e a associação.

[30] Os artigos 31.º e 32.º do Anteprojecto regulavam a hipótese de invalidade de deliberações sociais, por contrariedade à lei ou ao estatuto. A competência para impugnar as deliberações era reconhecida à direcção, bem como *"a qualquer associado que a elas não tenha aderido"* (cf. artigo 31.º, 1.º), o que deveria ter lugar, via judicial, *"no prazo de seis meses, contado desde o dia da deliberação"* ou, na eventualidade de a impugnação ser deduzida por algum associado que não tenha assistido à respectiva assembleia geral, *"a partir da data em que esse associado tomou conhecimento da decisão atacada"* (cf. 2.º), sem prejuízo da possibilidade de, em casos particulares, a nulidade poder ser arguida *"em harmonia com a lei geral, dentro de um prazo mais longo"* (cf. 3.º). O artigo subsequente dispunha que: *"A anulação das deliberações da assembleia não prejudicará os direitos que terceiros de boa fé tenham adquirido em virtude de actos praticados em execução delas"*.

[31] Cf. PIRES DE LIMA/ANTUNES VARELA, *Código Civil Anotado*, vol. I, cit., anotação n.º 1 ao artigo 177.º, 175.

[32] O artigo 33.º do Anteprojecto afirmava o princípio da natureza estritamente pessoal da qualidade de associado, vedando a transmissão, por acto entre vivos e por morte, da qualidade de associado, bem como a "delegação" do exercício dos direitos pessoais. Admitia-se, contudo, a possibilidade de derrogação estatutária.

O GOVERNO DAS ORGANIZAÇÕES

18.º A saída e a exclusão da associação são reguladas no artigo 181.º, que consagra o princípio da não repetibilidade das quotizações e não reconhece o direito a quinhoar no património social, sem prejuízo da responsabilidade por todas as prestações relativas ao tempo em que foi membro da associação[33].

B) A organização das associações. As insuficiências do regime vigente

II – Como resulta da descrição sucinta do regime legal, a organização das associações é, no essencial, reservada à autonomia negocial. O legislador impõe, no entanto, a existência de um órgão de administração e de fiscalização (cf. artigo 162.º do C.C.), para além da assembleia geral.

De acordo com o normativo vigente, os órgãos de administração e fiscalização, devem ser órgãos plurais, colegiais[34], e de número ímpar[35]. Fora destas limitações, podem os estatutos criar órgãos facultativos e atribuir-lhes poderes que não conflituam com a competência reservada, por lei, aos órgãos obrigatórios. Nesta circunstância, não deve considerar-se imperativa a exigência de uma estrutura colegial, nem de uma composição ímpar[36].

III – É possível apontar algumas insuficiências ao regime legal.

No que respeita ao órgão de administração, não se regulam as respectivas competências em norma autónoma. Prevê-se, apenas, que a administração deve convocar a assembleia geral (cf. artigo 173.º, n.º 1) e que o órgão de administração tem legitimidade para arguir a anulabilidade de deliberações da assembleia geral contrárias à lei ou aos estatutos (cf. artigo 178.º, n.º 1). Trata-se de matéria, como tal, remetida para os estatutos[37]. Em todo o caso, cabe reconhecer à administra-

---

[33] O artigo 34.º do Anteprojecto regulava a entrada e saída de associados, sendo os efeitos da saída e exclusão de associados precisados pelo artigo 35.º.

[34] MENEZES CORDEIRO, *Tratado*, I, T. III, cit., 583.

35 Para MANUEL VILAR DE MACEDO, o princípio da colegialidade é aparentemente privativo do órgão de administração, *Regime Civil das Pessoas Colectivas*, cit., anotação n.º 6, 44.

[36] Em sentido diferente, cf. MANUEL VILAR DE MACEDO, *Regime Civil das Pessoas Colectivas*, cit., anotações n.os 1 e 10 ao artigo 162.º e n.º 7 ao artigo 170.º: para o A., apesar de a enumeração não ser taxativa, os órgãos a criar estatutariamente devem obedecer, na sua composição e funcionamento, aos princípios da pluralidade e imparidade de titulares, bem como da obrigatoriedade de eleição de um presidente por aqueles titulares.

[37] Não se consagra um preceito simétrico ao do artigo 405.º do CSC, que reconhece expressamente à administração competência para gerir as actividades da sociedade, para além dos exclusivos e plenos poderes de representação. O Anteprojecto dedicava cinco artigos ao órgão de administração, denominado Direcção. Aí se proclamavam os poderes da Direcção, entre os quais, o de administração e de representação judicial e extrajudicial das associações (cf. art.º 18.º, n.º 1).

512

O GOVERNO DAS ASSOCIAÇÕES CIVIS

ção, nos termos gerais, a função de representação da associação (cf. artigo 163.º, n.º 1) e, em regra, a gestão corrente, isto é, a direcção da actividade e da vida quotidiana da associação[38].

As referências incidentais ao órgão de administração não contemplam, igualmente, as alternativas difundidas no domínio das sociedades comerciais no que respeita aos modelos de governação[39], nem se assume posição quanto à susceptibilidade de delegação de poderes no exercício das funções de administração.

No plano do Direito a constituir justifica-se densificar e, porventura, corrigir a directiva em matéria de composição e estrutura do órgão de administração. Pode, em concreto, admitir-se a existência de um órgão de administração integrado por um só titular, como se previa no Anteprojecto, que autorizava uma direcção una ou plural, designada pela assembleia geral, sem prejuízo da autonomia estatutária[40]. Por outro lado, e atendendo a que se reconhece ao presidente do órgão o voto de qualidade (cf. artigo 171.º, n.º 2 do C.C.), deve suprimir-se a exigência de imparidade, como se fundamentará.

Por outro lado ainda, nenhuma referência é feita aos regimes da vinculação da associação. Neste ponto, será conveniente prever nos estatutos, pelo menos, uma remissão para o regime societário, fazendo aqui funcionar esses princípios. Na ausência de outra regra estatutária, deve entender-se que a actuação dos administradores é conjunta (cf. artigo 408.º do CSC)[41].

Por último, não se consagra uma cláusula geral onde se possa fundar a responsabilização dos titulares do órgão de administração, perante os associados e em face de terceiros, nomeadamente, na hipótese de violação culposa dos deveres profissionais.

IV – De acordo com o regime vigente, a fiscalização das associações é assegurada por um conselho fiscal, composto por um número ímpar de membros (cf. artigo 162.º do C.C.), convocado pelo respectivo presidente, e que funcionará na presença da maioria dos seus titulares (cf. artigo 171.º, n.º 1 do C.C.). Procedem, nesta sede, as mesmas dúvidas acima suscitadas quanto à exigência de colegialidade e imparidade do órgão de fiscalização, como se desenvolverá.

A competência e o modo de funcionamento são, em regra, esclarecidos pelos estatutos. No silêncio dos estatutos, devem considerar-se aplicáveis as disposi-

---

[38] MENEZES CORDEIRO, *Tratado*, I, T. III, cit., 691.

[39] Cf. PAULO CÂMARA, *Os modelos de governo das sociedades anónimas*, cit.

[40] De acordo com o então artigo 19.º: *"1.º – A direcção poderá ter um ou vários membros, que serão designados pela assembleia geral, no caso de o estatuto não estabelecer outro processo de escolha (...)"*.

[41] MENEZES CORDEIRO, *Tratado*, I, T. III, cit., 588.

O GOVERNO DAS ORGANIZAÇÕES

ções dos artigos 413.º ss. do CSC, em particular, o artigo 420.º, em matéria de competência[42].

V – No que respeita à assembleia geral, subsistem dúvidas interpretativas quanto ao alcance das normas previstas em matéria de convocação (competência e forma – cf. artigos 173.º e 174.º).

Por outro lado, em matéria de funcionamento da assembleia geral, esclareça-se que, pese embora a formulação gramatical do artigo 175.º, n.º 2, o sentido da ressalva é, apenas, o de autorizar o agravamento das maiorias nos estatutos[43]. Essa solução tem, de resto, suporte na letra do artigo 175.º, n.º 5, donde resulta que, *a contrario,* está vedado aos estatutos o desagravamento das maiorias previstas pelo preceito[44].

3. ALGUMAS DÚVIDAS DE REGIME JURÍDICO – O CONTRIBUTO JURISPRUDENCIAL

A) A competência para a convocação dos órgãos de administração e de fiscalização

I – O regime legal vigente suscita algumas dúvidas, justificadas, em parte, pela incerteza quanto à natureza imperativa ou dispositiva das normas. Neste ponto, a técnica legislativa adoptada não favorece posições assertivas.

A primeira das dúvidas interpretativas respeita à convocação dos órgãos de administração e de fiscalização. De acordo com o artigo 171.º, n.º 1, 1.ª parte: *"O órgão da administração e o conselho fiscal são convocados pelos respectivos presidentes (...)".*

Desenha-se a seguinte alternativa: ou se considera que a norma é supletiva, podendo ser reconhecida, nos estatutos, a outros sujeitos, competência para convocar os órgãos de administração e de fiscalização, atendendo ao facto de se tratar de matéria relativa à organização interna das associações e em que, como tal, deve ser admitida a autonomia estatutária[45]; ou entende-se, diversamente, que os estatutos não podem derrogar o preceituado, pelo facto de nos encontrarmos

---

[42] Cf. MENEZES CORDEIRO, *Tratado,* I, T. III, cit., 589. MANUEL VILAR DE MACEDO propõe a aplicação analógica do artigo 420.º, n.os 1 e 3 do CSC, ressalvadas as necessárias adaptações, *Regime Civil das Pessoas Colectivas,* cit., anotação n.º 5 ao artigo 162.º, 42.

[43] O que está em causa é, assim, a possibilidade de a lei ou os estatutos preverem maiorias qualificadas, cf. MANUEL VILAR DE MACEDO, *Regime Civil das Pessoas Colectivas,* cit., anotação n.º 4 ao artigo 171.º, 86.

[44] Neste sentido, cf. PIRES DE LIMA/ANTUNES VARELA, *Código Civil Anotado,* vol. I, cit., anotação n.º 3 ao artigo 175.º, 175.

[45] Cf. HEINRICH HÖRSTER, *A Parte Geral,* cit., 400.

514

O GOVERNO DAS ASSOCIAÇÕES CIVIS

perante uma disposição imperativa[46]. Nesse sentido, sempre se pode alegar a circunstância de o legislador não ter ressalvado – pelo menos expressamente – a existência de disposição estatutária em contrário, como sucede, designadamente, no número subsequente do mesmo artigo (cf. artigo 171.º, n.º 2).

A primeira tese pode ser suportada por via da invocação do princípio segundo o qual, em Direito privado, deve ser admitido tudo quanto não seja proibido pela ordem jurídica. Na verdade, este é um domínio caracterizado pela forte presença de normas supletivas, uma vez que foi intenção do legislador remeter para os estatutos o essencial da organização interna e o funcionamento das associações. Por outro lado, a afirmação da natureza imperativa de uma norma, no pressuposto de nenhum apoio se poder extrair da respectiva formulação literal[47], pressupõe a individualização dos interesses – gerais ou de ordem pública – em que a mesma se funda ou que visa concretizar.

No caso, não se vislumbram interesses gerais ou de ordem pública que justifiquem um juízo no sentido da inderrogabilidade da referida norma. Acresce que uma leitura imperativa do preceito pode, mesmo, determinar consequências inadmissíveis: seria o caso de, por recusa dos respectivos presidentes, tais órgãos não poderem ser convocados, frustrando-se a realização dos interesses e competências próprias. Com efeito, na convocação da assembleia geral, há disposições que permitem superar esta situação (cf. artigo 173.º, n.ºs 2 e 3 do C.C.), o que aqui não sucede.

A norma do artigo 171.º, n.º 1 deve, portanto, ser qualificada como norma supletiva, podendo os estatutos reconhecer outras hipóteses de convocação do órgão de administração e de fiscalização[48].

B) A competência para a convocação da assembleia geral

II – A competência para a convocação da assembleia geral é um tema controverso, na doutrina e jurisprudência nacionais: procedem, também aqui, dúvidas

---

[46] CARVALHO FERNANDES qualifica como imperativas as normas do artigo 162.º, 171.º, n.º 1, 172.º, n.º 2 e 181.º, *Teoria Geral*, vol. I, cit., respectivamente, 627, 628, 629 e 621.

[47] Desvaloriza a ponderação do elemento gramatical das disposições legais como índice de qualificação de uma norma como imperativa, e sustenta que uma posição restritiva nesse sentido é dificilmente compatível com o imperativo constitucional plasmado no artigo 46.º, n.º 2 da CRP, PAULO VIDEIRA HENRIQUES, *O regime geral das associações*, cit., nota n.º 60, 297-298.

[48] Na Proposta alterada do estatuto da associação europeia, prevê-se: *"O presidente convoca o órgão de administração nos termos previstos nos estatutos, oficiosamente ou a pedido de pelo menos um terço dos seus membros. O pedido deve indicar os motivos da convocação. Se esse pedido não for deferido num prazo de quinze dias, o órgão de administração pode ser convocado por quem apresentou o pedido"* (cf. artigo 24.º, n.º 2 da Proposta JO C 236, de 31 de Agosto de 1993).

quanto à pretensa natureza injuntiva do comando cristalizado no artigo 173.º, n.º 1, nos termos do qual: *"A assembleia geral deve ser convocada pela administração, nas circunstâncias fixadas pelos estatutos e, em qualquer caso, uma vez em cada ano para aprovação do balanço*[49]*"*. Os números subsequentes reconhecem, ainda, a um conjunto de associados a faculdade de requererem a convocação da assembleia geral, para um fim legítimo (cf. n.º 2)[50], e antecipam a solução a adoptar na eventualidade de a administração não convocar a assembleia geral, nos casos em que esteja obrigada a fazê-lo (cf. n.º 3). Esclareça-se, a propósito, que, na hipótese de a administração não convocar a assembleia geral, sendo legítimo o fim alegado, deve considerar-se preenchida a previsão constante no n.º 3 do artigo, podendo, portanto, a assembleia geral ser convocada por qualquer associado[51].

Atenta a formulação literal da norma ("A assembleia geral <u>deve</u> ser convocada pela administração" – sublinhado nosso), dir-se-ia, numa primeira análise, que só a administração é competente para convocar a assembleia geral. Contudo, na prática associativa, é frequente os estatutos reconhecerem ao presidente da mesa da assembleia geral ou, mesmo, ao conselho fiscal, competência para convocar a assembleia geral[52].

A posição a assumir, perante a formulação normativa, não é fácil. Se, por um lado, nos encontramos perante matéria dominada pelo princípio da autonomia privada e em que são frequentes as remissões para os estatutos, também sucede

---

[49] De acordo com o artigo 13.º, n.º 2 da Proposta alterada do estatuto da assembleia europeia: *"A assembleia geral pode ser convocada, em qualquer momento, pelo órgão de administração, quer oficiosamente, quer a pedido de vinte e cinco por cento dos membros da AE, podendo esta percentagem ser reduzida nos estatutos"* (cf. Proposta JO C 236, de 31 de Agosto de 1993). Os números subsequentes impõem a necessidade de o pedido de convocação *"indicar os motivos e precisar os pontos que devem constar da ordem de trabalhos"* (cf. n.º 2), bem como a possibilidade de, no caso de não ser dado seguimento ao pedido formulado nos termos do número dois no prazo de um mês, ser ordenada a convocação da assembleia geral pela autoridade judicial ou administrativa competente ou dada autorização para a sua convocação, quer aos membros que formularam o pedido, quer a um seu mandatário (cf. n.º 3). Sem prejuízo das referidas directrizes, prevê-se, no artigo 12.º, que: *"Para além das regras previstas no presente regulamento, a convocação, a organização e o funcionamento da assembleia geral são regidos pelos estatutos adoptados em conformidade com as disposições legislativas, regulamentares e administrativas relativas às entidades jurídicas do Estado da sede da AE constantes do anexo"*.

[50] Na hipótese referida no texto, apesar de requerida por um conjunto de associados, a convocação cabe *"materialmente"*, à administração, cf. Manuel Vilar de Macedo, *Regime Civil das Pessoas Colectivas*, cit., anotação n.º 3 ao artigo 173.º, 94.

[51] Cf. Pires de Lima/Antunes Varela, *Código Civil Anotado*, vol. I, cit., anotação n.º 2 ao artigo 173.º.

[52] A título exemplificativo, cf. estatutos da Associação Portuguesa de Bancos (APB), disponíveis para consulta em http://www.apb.pt/Normativas/Estatutos+APB/, que reconhecem competência para a convocação da assembleia geral ao presidente da mesa da assembleia geral (cf. artigo 14.º, n.º 2) e, para efeitos de reunião extraordinária, ao presidente da mesa, por sua iniciativa, ou a requerimento da direcção, do conselho fiscal, do conselho de disciplina, ou de pelo menos um quinto dos associados, ou por virtude de recurso interposto de deliberação ou decisão da direcção ou do conselho de disciplina (cf. artigo 16.º, n.º 2).

O GOVERNO DAS ASSOCIAÇÕES CIVIS

que o legislador se socorreu da expressão "salvo disposição estatutária em contrário" ou de outra similar, nas hipóteses em que interveio de forma supletiva. De resto, a não valoração desta técnica legislativa não se compreenderia à luz da presunção de razoabilidade do legislador, nos termos da directiva consagrada no artigo 9.º, n.º 3 do C.C.: se todas as normas tivessem natureza dispositiva, por que razão teria o legislador sentido necessidade de, em determinados casos, ressalvar a possibilidade de afastamento das soluções legais pelos estatutos?

Afirmar a natureza imperativa do artigo 173.º, n.º 1 implica individualizar a razão de ser de uma solução cogente, num domínio em que predomina a autonomia negocial e estatutária. São vários e distintos os critérios propostos quanto à qualificação de uma norma como dispositiva ou imperativa. Em todo o caso, a imperatividade das normas jurídicas é, muitas das vezes, alicerçada na demonstração de um interesse geral ou de ordem pública. Qual poderá ser, então, o interesse de ordem pública aqui subjacente? Dir-se-ia que uma intervenção imperativa pode justificar-se por respeito ao princípio da competência e da separação de poderes dos diversos órgãos sociais. Nesta matéria, como referido, o legislador só regula, em norma autónoma, a competência da assembleia geral. Não procedeu de igual forma relativamente à administração e à fiscalização. O (quase) vazio de regulamentação das competências da administração e da fiscalização deve ser preenchido pelos estatutos, com base no apelo aos princípios gerais que caracterizam cada um dos órgãos sociais. Mas, a par destes princípios, sempre se impõe respeitar as normas esparsas que se referem à competência daqueles órgãos, e, entre essas, a do artigo 173.º, n.º 1. A liberdade de estipulação e de conformação da organização associativa deve, assim, ser exercida no respeito pelos limites estabelecidos em normas imperativas, entre as quais, as normas sobre competências[53]. Ainda que se possa questionar a bondade da solução normativa, não é possível, em face da referida formulação literal, atribuir a competência para convocar a assembleia geral a outro órgão[54]. Não podem, pois, os estatutos derrogar o comando prescrito no referido artigo 173.º, n.º 1.

Em abono da interpretação sustentada pode ser invocado o elemento histórico. O Anteprojecto de FERRER CORREIA reconhecia, no artigo 24.º, competência para a convocação da assembleia geral à direcção, a ela devendo ser dirigido o requerimento susceptível de ser apresentado por um conjunto de associados. Na hipótese de a direcção não convocar a assembleia geral nos casos em que

---

[53] Cf. ANDREA ZOPPINI, *La disciplina delle associazioni e delle fondazioni*, cit., 12.

[54] Cf. MARCELO CAETANO, *As Pessoas Colectivas*, cit., 107, que, não deixando de criticar a solução normativa, defendia a respectiva imperatividade. Mais recentemente, cf. HEINRICH HÖRSTER, que enfatiza, com estranheza, a circunstância de o legislador não reconhecer a competência para convocar a assembleia geral à respectiva mesa, *A Parte Geral do Código Civil Português*, cit., 401. Afirma a natureza de *ius cogens* da norma, cf. MANUEL VILAR DE MACEDO, *Regime Civil das Pessoas Colectivas*, cit., anotação n.º 2 ao artigo 173.º, 93.

O GOVERNO DAS ORGANIZAÇÕES

lhe cumpria fazê-lo ou quando se impedisse o funcionamento respectivo, teria intervenção o tribunal[55].

O elemento sistemático parece apontar, igualmente, no sentido propugnado. Na verdade, também em matéria de convocação da assembleia geral das sociedades por quotas e sociedades anónimas, a competência para o acto não é relegada pura e simplesmente aos estatutos, antes, está definida pelo legislador[56].

Por outro lado, a competência do presidente da mesa da assembleia geral das associações não pode ser alicerçada na aplicação analógica do regime consagrado no Direito societário, uma vez que não nos encontramos perante uma lacuna: a competência para o acto é atribuída à administração. Acresce que, enquanto que o CSC prevê e regula em termos autónomos a figura da mesa da assembleia geral, em sede de sociedades anónimas (cf. artigo 374.º), o Código Civil não a inclui na orgânica – obrigatória – das associações. Não existe, pois, identidade de situações.

A tese da imperatividade da norma tem apoio jurisprudencial. Assim, no Acórdão do Tribunal da Relação do Porto de 27 de Março de 2006[57], decidiu-se:

---

[55] *"Convocação da assembleia: 1.º – A assembleia será convocada pela direcção nas circunstâncias indicadas pelo estatuto ou determinadas na lei e em todo o caso uma vez em cada ano para aprovação do balanço. Sê-lo-á também sempre que os interesses da associação o aconselharem. A direcção convocará ainda a assembleia geral quando assim lhe for requerido, em exposição escrita e fundamentada, por um número de associados não inferior a uma quinta parte da totalidade, se o estatuto não indicar outro número. 2.º – Quando a direcção deixe de convocar a assembleia geral nos casos em que lhe cumpria fazê-lo, ou quando por qualquer forma se impeça a realização ou o funcionamento da assembleia, pode qualquer associado requerer ao tribunal que faça a convocação ou que autorize o requerente a efectuá-la. No caso previsto pelo último período do parágrafo anterior, o requerimento deverá ser apresentado por aqueles que tiverem realizado a diligência. Seguir-se-ão os termos estabelecidos pelo art.º 1.538.º do Código de Processo Civil".* Consagrou-se solução inspirada no *Codice* italiano, em particular, no respectivo art. 20., que determina: *"I. L'assemblea delle associazioni deve essere convocata dagli amministratori una volta l'anno per l'approvazione del bilancio. II. L'assemblea deve essere inoltre convocata quando se ne ravvisa la necessità o quando ne è fatta richiesta motivata da almeno un decimo degli associati. In questo ultimo caso, se gli amministratori non vi provvedono, la convocazione può essere ordinata dal presidente del tribunale".* No Direito italiano, admitem, contudo, que os estatutos podem atribuir a competência para a convocação da assembleia geral a outros órgãos, MASSIMO BIANCA, *Diritto civile. 1. La norma giuridica. I soggetti*, seconda edizione, Giuffrè, Milano, 2002, p. 368; FRANCESCO GALGANO, *Commentario Compatto al Codice Civile*, terza edizione, Casa Editrice La Tribuna, Piacenza, 2010, anotação n.º 2 ao artigo 20 do *Codice Civile*, 252.

[56] Cf. artigos 248.º, n.º 3, para as sociedades por quotas (a competência para a convocação pertence "a qualquer dos gerentes"), e artigo 377.º, n.º 1, para as sociedades anónimas (a competência é reconhecida ao presidente da mesa ou, "nos casos especiais previstos na lei", à comissão de auditoria, ao conselho geral e de supervisão, ao conselho fiscal ou ao tribunal).O artigo 248.º, n.º 3 é aplicável às sociedades em nome colectivo, por força da remissão operada pelo artigo 189.º, n.º 1 do CSC, que não deixa de ressalvar, em todo o caso, a hipótese de a lei ou o contrato de sociedade dispor em sentido diferente.

[57] Processo n.º 0650564, in http://www.dgsi.pt. Em matéria de associações patronais, cf. Acórdão da Relação do Porto de 21 de Setembro de 2004 (CJ, Ano XXIX, T. IV, 2004, 174-180): *(...) IV – A assembleia geral de uma associação patronal deve ser convocada pela administração e se a administração o não fizer, pode fazê-lo qualquer associado. A mesa da assembleia geral é que não. Por outro lado, no que respeita à faculdade de convocação, a*

I – A norma do art. 173.º do Código Civil – seus n.ºˢ 2 e 3 – que versam sobre quem pode convocar a assembleia-geral de associações é imperativa, não podendo ser afastada por vontade do ente associativo. II – Assim é nulo, por contrária àquela lei cogente, o artigo dos estatutos de uma associação sem fins lucrativos que atribui competência para a convocação da assembleia-geral ao presidente da mesa ou ao presidente da direcção. Como decidido, estamos perante um problema de competência, portanto, relativo à titularidade do poder funcional para convocar a assembleia geral. Em nada releva, para essa determinação, as circunstâncias – susceptíveis de ser fixadas nos estatutos – em que pode ocorrer essa convocação[58].

Não se desconhece, no entanto, a existência de doutrina que sustenta que o artigo 173.º consagra uma solução supletiva, que admite afastamento por cláusula estatutária[59]. Segundo essa tese, o que o legislador terá pretendido assegurar – em termos obrigatórios – é a existência da assembleia geral, enquanto órgão, e um conjunto de circunstâncias que, a verificarem-se, desencadeiem a respectiva convocação. Não será já essencial, defende-se, que a assembleia geral seja convocada por um ou outro órgão determinado. Do artigo 173.º só resultaria, assim, a proibição de exclusão estatutária dos direitos de convocação aí previstos, não estabelecendo qualquer enumeração taxativa.

Argumenta-se, naquele sentido, que o artigo 173.º, n.º 1 ressalva a liberdade de nos estatutos se fixarem as circunstâncias da convocação da assembleia, o que abrangeria a possibilidade de, *v.g.*, reconhecer aquela competência ao presidente da mesa da assembleia geral. Enfatiza-se, ainda, a necessidade de distinção entre *acto material* de convocação da assembleia e *poder* de pedir a sua convocação. Entende-se, a propósito, que o referido preceito só se ocupa do *poder* de convocação[60]. A referida tese, se bem a entendemos, parte do mesmo pressuposto que elegemos – a distinção entre o acto material da convocação e o poder para con-

---

requerimento de um conjunto de associados, decidiu: *V – Sendo possível estatuir-se o número exigível de 50 ou mais associados para requerer a assembleia geral, deverá, no entanto, tal norma estatutária ser completada de forma a não admitir a violação do disposto no n.º 2 do art. 173.º do Cód. Civil.* O Tribunal esclarece que o requerimento exigido pelo legislador deve ser apresentado à administração (e não ao presidente da mesa da assembleia geral), uma vez que "é à administração que compete a convocação da assembleia, quer seja ordinária, quer seja extraordinária" (Acórdão, cit., 179).

[58] Cf. Acórdão, cit., 4.

[59] Cf. Carvalho Fernandes, *Teoria Geral*, vol. I, cit., 630-631. Cf., ainda, João Alves, *Controlo da Legalidade da Constituição e Estatutos de Associações e Fundações/Apontamentos, peças processuais e legislação*, Coimbra Editora, Coimbra, 2008, 67 e 71, para quem a norma do artigo 173.º, n.º 1, só será aplicável, no silêncio dos estatutos.

[60] Carvalho Fernandes, *Teoria Geral*, vol. I, cit., 630-631: "ao presidente da mesa da assembleia geral não cabe o *direito* de convocar a assembleia, por sua iniciativa, a menos que o estatuto lho atribua especificamente. Bem pelo contrário, tem o *dever* de o fazer sempre que a convocação lhe seja pedida por quem, para tanto, tenha poderes".

O GOVERNO DAS ORGANIZAÇÕES

vocar –, mas conclui em sentido diferente, isto é, no sentido da não taxatividade do elenco consagrado no artigo 173.º[61].

A tese da não imperatividade da convocação da assembleia geral pela administração tem, igualmente, suporte jurisprudencial. É exemplificativo dessa orientação o Acórdão do Tribunal da Relação do Porto de 25 de Novembro de 2004[62], que decidiu: *O art.º 173.º do C.Civil não impõe que o direito de convocação da assembleia geral de uma associação pertença à sua administração.* Posteriormente, o mesmo Tribunal reiterou, por Acórdão de 28 de Junho de 2005[63], aquele entendimento: *I – O alcance do artigo 173.º do C.Civil é apenas o de não permitir a exclusão estatutária de qualquer dos direitos de convocação nele previstos e não o de estabelecer uma enumeração taxativa, impedindo que dos estatutos constem disposições que prevejam outros casos de convocação. II – É válida a cláusula estatutária que permite também ao Presidente da Mesa, por si só, por sua iniciativa, convocar a Assembleia.*

Crê-se, no entanto, e salvo o devido respeito, que as referidas decisões confundem competência para a convocação e acto material da convocação, portanto, as perspectivas jurídica e material do acto da convocação da assembleia geral. Assim, a competência para a convocação da assembleia geral pertence à administração que, em todo o caso, pode incumbir outrem da prática do acto. A assembleia geral pode, nesta medida, ser convocada pela administração, por sua iniciativa, ou pelo presidente da mesa da assembleia geral ou pelo conselho fiscal, a pedido da administração – não deixando de estar em causa, nesta hipótese, o exercício de uma competência reservada à administração. Pode, ainda, equacionar-se a possibilidade de delegação da competência para a convocação – reservada à administração –, nos termos gerais, em outro órgão ou no presidente da mesa da assembleia geral[64].

Refira-se, ainda, que o argumento da prática social da existência de uma mesa da assembleia geral só pode funcionar, eventualmente, como motor de uma revisão legislativa. A mesa da assembleia geral não foi incluída entre os órgãos necessários ou obrigatórios das associações e pode ser instituída estatutariamente, reconhecendo-se-lhe as competências que os associados, no exercício da respectiva autonomia e com respeito pelas disposições legais imperativas, entendam atribuir--lhe. Contudo, a competência para a convocação da assembleia geral não pode ser incluída naquele elenco precisamente porque está reservada à administração.

---

[61] Cf. CARVALHO FERNANDES, *Teoria Geral*, vol. I, cit., 631.

[62] Processo n.º 0436032, in http://www.dgsi.pt.

[63] Processo n.º 0522433, in http://www.dgsi.pt.

[64] No Direito belga, equaciona a hipótese de o conselho de administração delegar o poder de convocar a assembleia geral, JACQUES 'T KINT, *Les Associations sans but lucratif*, deuxieme edition, Maison F. Larcier, Bruxelles, 1974, 116 e 126-127. Para o A., a delegação num membro do órgão de administração seria livre, ficando a delegação em terceiro dependente da autorização pelos estatutos ou pela assembleia geral, loc. cit.

O GOVERNO DAS ASSOCIAÇÕES CIVIS

De igual forma, não cabe aqui apelar a uma interpretação actualista, nem tão-pouco racional ou teleológica[65]: em primeiro lugar, a figura da mesa da assembleia geral não é uma aquisição recente do Direito, em termos que justifique uma releitura da norma do artigo 173.º, n.º 1; em segundo lugar, não existe uma razão de ser suficientemente relevante que suporte o desrespeito por aquele preceito. Com efeito, o argumento da alegada agilização da convocação da assembleia geral e do reforço da independência e da função de fiscalização da gestão social não impressiona: se estivermos perante situações de impasse, em que se imponha a convocação da assembleia geral – e a administração se recusar a fazê-lo –, sempre será possível recorrer a mecanismos de desbloqueio, e que podem passar, concretamente, pelo aproveitamento das vias previstas nos n.ºs 2 e 3 do artigo 173.º.

Esclareça-se, a propósito, que o requerimento susceptível de ser apresentado pelo conjunto de associados representativo de, pelo menos, um quinto dos associados, para efeitos de convocação da assembleia geral, deve ser dirigido ao único órgão competente para a convocação, portanto, à administração e não ao presidente da mesa da assembleia geral[66], atenta a leitura taxativa que fazemos do elenco consagrado no artigo 173.º[67]. Repare-se que o legislador só reconhece legitimidade aos associados para a convocação da assembleia geral se: *i)* for apresentado um requerimento por um conjunto representativo de associados (correspondente a, pelo menos, um quinto dos associados), e *ii)* a convocação se fundamentar na alegação e demonstração de um fim legítimo[68]. Assim, os associados não têm o poder de convocar a assembleia geral, em condições de normalidade, a todo o tempo[69], mas apenas a faculdade de *requerer* a convocação, em determinadas circunstâncias. A faculdade de *convocar* só lhes é reconhecida, livre de constrangimentos, na hipótese prevista no n.º 3 do artigo 173.º, isto é, "se a administração não convocar a assembleia nos casos em que deve fazê-lo".

[65] Cf. alegações de recurso no Acórdão do Tribunal da Relação do Porto de 28 de Junho de 2005 (processo n.º 0522433, in http://www.dgsi.pt).

[66] Defendem que o requerimento deve ser dirigido ao presidente da assembleia geral, "a quem incumbe apreciar a legitimidade do *fim* da convocação", PIRES DE LIMA/ANTUNES VARELA, *Código Civil Anotado*, vol. I, cit., anotação n.º 2 ao artigo 173.º. Em sentido contrário, cf. MANUEL VILAR DE MACEDO, *Regime Civil das Pessoas Colectivas*, cit., anotação n.º 3 ao artigo 173.º, 94.

[67] Foi distinta a decisão do STJ, no acórdão de 4 de Novembro de 1999 (CJ/STJ, Ano VII, T. III, 1999, 78-80). Aí se reconhece, por um lado, competência à administração para convocar a assembleia geral, mas decide-se que quem tem competência para ajuizar da legitimidade do requerimento apresentado pelos associados – isto é, da existência de um fim legítimo subjacente à convocação –, nos termos do n.º 2 do artigo 173.º, é o presidente da assembleia geral.

[68] Para CARVALHO FERNANDES, a expressão "fim legítimo" não deve ser interpretada enquanto sinónimo de licitude *stricto sensu* do fim, antes implicando uma análise da respectiva relevância, aferida em função do interesse social ou dos associados", *Teoria Geral*, vol. I, cit., 631.

[69] Cf. PIRES DE LIMA/ANTUNES VARELA, *Código Civil Anotado*, vol. I, cit., anotação n.º 1 ao artigo 173.º.

O propósito restritivo do legislador é, pois, evidente, não cabendo, mesmo, equacionar, nesta sede, a aplicabilidade de princípios consagrados em lugares paralelos (*v.g.*, artigo 1486.º do CPC[70]).

Sublinhe-se, por último, os perigos associados à tendência de, através da interpretação, proceder a um "uso correctivo" das soluções legais[71]. A intervenção, na matéria, deve ter lugar através de um comando legislativo que suprima a referência ao órgão competente para a convocação da assembleia geral ou que, em alternativa, alargue o círculo de legitimidade para a convocação.

Em síntese, o artigo 173.º tem, quanto a nós, natureza imperativa, pelo que admitir a previsão estatutária de outros casos de convocação tem o efeito previsível de frustrar o esquema delineado pelo legislador: reservar a competência à administração, sem prejuízo da faculdade de convocação a requerimento de um conjunto de associados, ou por qualquer associado, em caso de incumprimento do dever de convocação pela administração.

C) A forma de convocação da assembleia geral

III – De acordo com o artigo 174.º, n.º 1, 1.ª parte, *"a assembleia geral é convocada por meio de aviso postal, expedido para cada um dos associados com a antecedência mínima de oito dias (...)[72]"*.

Sem prejuízo da formulação normativa e com base numa interpretação actualista do preceito, devem considerar-se igualmente válidos e plenamente eficazes outros meios de comunicação, sem excluir a convocação pessoal. Concretamente, deve autorizar-se que os estatutos prevejam que a convocatória seja expedida por fax ou por correio electrónico com recibo de leitura, mediante autorização prévia dos associados. Esta segunda hipótese encontra o seu equivalente próximo no Direito societário, em particular, no artigo 377.º, n.º 3 do CSC, aplicável

---

[70] Exclui a aplicabilidade do mecanismo previsto no artigo 1486.º do CPC, em matéria de associações, o Acórdão do Tribunal da Relação do Porto de 19 de Fevereiro de 1991 (processo n.º 0500597, in http://www. dgsi.pt): *A convocação de assembleias gerais prevista pelo artigo 1486.º do Código de Processo Civil é meio privativo das sociedades comerciais ou das sociedades civis sob forma comercial, não aplicável às associações "stricto sensu", em que aos associados é permitida a convocação, nos termos do artigo 173.º, n.º 3, do Código Civil.* A desnecessidade de os associados se socorrerem, preventivamente, de meios judiciais para convocar a assembleia geral, na hipótese prevista no artigo 173.º, n.º 3, foi confirmada pelo STJ, no acórdão de 4 de Novembro de 1999 (CJ/STJ, Ano VII, T. III, 1999, 78-80).

[71] Enfatiza os riscos de um "uso correctivo" dos preceitos, PIETRO RESCIGNO, *Per una nuova disciplina delle persone giuridiche private (e delle fondazioni in particolare)*, in "Persona e comnità/Saggi di diritto privato", III (1988-1999), Cedam, Padova, 1999, 459.

[72] Referimo-nos, agora, à convocação *material* da assembleia geral – cf. CARVALHO FERNANDES, *Teoria Geral*, vol. I, cit., 631. Para o A., a justificação para a exigência de requisitos mais apertados em relação a outros órgãos reside no facto de estarem implicados interesses da associação, dos associados e de terceiros, ob. e loc. cit.

O GOVERNO DAS ASSOCIAÇÕES CIVIS

nesta matéria, por força da remissão do artigo 174.º, n.º 2 do C.C., e que admite a dispensa de expedição do aviso postal sempre que os estatutos prevejam a convocação da assembleia geral *"mediante publicação do respectivo aviso nos termos legalmente previstos para os actos das sociedades comerciais"*.

Repare-se que, neste ponto, existe justificação plena para proceder a uma interpretação actualista do preceito: em 1966 consagrou-se a obrigatoriedade de envio da convocatória por aviso postal, meio que permitia, então, garantir a segurança e a eficácia da convocação; mas, hoje, são já outros e diversos os meios que, inclusivamente com economia de custos, permitem garantir os mesmos resultados[73]. Por outro lado, o Anteprojecto remetia para os estatutos a definição das formalidades a observar para a convocação da assembleia geral, não deixando, embora, de consagrar uma solução supletiva, para a eventualidade de aqueles serem omissos[74]. Deve, assim, ser rejeitada uma leitura imperativa do preceito.

A questão não é, uma vez mais, consensual ao nível jurisprudencial. Em conformidade com a interpretação defendida, no sentido de que o artigo 174.º não impõe exclusivamente uma via de convocação, pronunciaram-se os Acórdãos do Tribunal da Relação, de Lisboa, de 12 de Outubro de 1989[75] e de 3 de Março de 1994[76]; do Porto, de 28 de Junho de 2005[77]; e do STJ de 10 de Janeiro de 1995[78].

---

[73] Já em 1967, Marcelo Caetano criticava o facto de se impor a convocação por aviso postal dirigido a cada associado, antecipando que podiam "surgir circunstâncias em que a urgência ou outra razão imponham ou aconselhem o uso desses meios, de preferência ao aviso individual", *As Pessoas Colectivas*, cit., 107. Mais recentemente, cf. Pires de Lima/Antunes Varela, *Código Civil Anotado*, vol. I, cit., anotação n.º 1 ao artigo 174.º, 174; Carvalho Fernandes, *Teoria Geral*, vol. I, cit., nota n.º 2, 631; João Alves, *Controlo da Legalidade*, cit., pp. 73-74 – que admite a notificação pessoal, via telefone, sms, fax. No Direito italiano, sustenta que a convocatória deve seguir a forma prevista nos estatutos, Massimo Bianca, *Diritto civile*, 1., *La norma giuridica. I soggetti*, cit., 368.

[74] O artigo 174.º tem o seu antecedente no artigo 25.º do Anteprojecto de Ferrer Correia. Aí se previa que: *"1.º – A convocação deverá ser feita com as formalidades prescritas pelo estatuto e, sendo este omisso, por aviso pessoal em carta registada, expedido com a antecedência mínima de oito dias. 2.º – O aviso indicará a ordem do dia da assembleia. São nulas as decisões tomadas sobre objecto estranho à ordem do dia, salvo se todos os associados comparecerem à reunião e todos concordarem com o aditamento. A simples comparência de todos os associados sanará quaisquer outras irregularidades da convocação, salvo se algum se opuser à celebração da assembleia".*

[75] BMJ, n.º 390, 1989, 44: *Deve ter-se por válida a disposição contida nos estatutos de uma associação de estudantes que permite que a convocatória para as assembleias gerais seja feita por aviso público, afixado nas instalações da respectiva faculdade.*

[76] BMJ n.º 435, 1994, 882: *É possível a substituição do meio de comunicação referido no artigo 174.º, n.º 1, do Código Civil, desde que a via concretamente utilizada – anúncio em jornal diário, telex ou telefax – ofereça a mesma ou maiores garantias para os destinatários.*

[77] Processo n.º 0522433, in http://www.dgsi.pt, que reconheceu, ao abrigo do artigo 174.º, n.º 1, a possibilidade de o aviso convocatório ser entregue em mão, contra recibo.

[78] BMJ, n.º 443, 1995, 319-325: *(...) II – No que concerne à forma de convocação das assembleias gerais, sendo aqueles estatutos omissos, ela deverá ser feita por meio de aviso postal (artigo 174.º daquele código). A finalidade é a de fazer chegar ao conhecimento dos sócios o dia, hora e local da reunião, bem como os assuntos a tratar e, assim, dado que aquele preceito*

O GOVERNO DAS ORGANIZAÇÕES

Em sentido contrário, decidiram os Acórdãos do Tribunal da Relação de Lisboa, de 11 de Julho de 1989[79], de 9 de Novembro de 1995[80] e de 13 de Fevereiro de 2007[81]; e do STJ de 18 de Junho de 1996[82].

IV – No que respeita ao conteúdo do aviso convocatório, deve entender-se que o prazo indicado no artigo 174.º, n.º 1 é imperativo[83]. Contudo, está em causa uma imperatividade unilateral, no sentido de não poderem os estatutos consagrar prazo mais reduzido para o envio do aviso convocatório, mas que não afasta a possibilidade de se prever um prazo superior[84].

Por outro lado, as exigências que resultam do teor literal da norma devem considerar-se obrigatórias e ser valoradas como elementos mínimos do aviso convocatório. Na verdade, é frequente, na impossibilidade de a assembleia geral reunir em primeira convocação, o respectivo funcionamento, horas depois da indicada no aviso, com qualquer número de associados[85]. É importante, nesta matéria, acautelar o respeito integral pelo desígnio legislativo: garantir que a convocatória seja conhecida, atempadamente, por todos os associados e que a assembleia geral só funcionará, em primeira convocação, com a presença de, pelo menos, metade dos associados (cf. artigo 175.º, n.º 1). De outra forma, incorrer-

---

não impõe exclusivamente aquela via, deve considerar-se respeitado o formalismo, se tal conhecimento chegou por qualquer outra forma de convocação com as mesmas ou maiores garantias. In casu, os associados foram convocados por anúncios na imprensa, o que se considera bastante, tendo em conta os milhares de sócios. III – Deve reputar-se abrangida, pela ordem do dia, qualquer deliberação que é consequência natural e lógica da discussão do assunto indicado na convocatória.

[79] BMJ, n.º 389, 1989, 631. O Acórdão sanciona com a nulidade a cláusula estatutária que previa: *"A Assembleia Geral é convocada por meio de edital exposto em lugar próprio e visível na sede do clube e duas dependências".*

[80] Processo n.º 0000788, in http://www.dgsi.pt: *O artigo 174.º do Código Civil contém norma imperativa quando, no seu n.º 1, estabelece a forma de convocação de assembleia geral de associação, designadamente ao fixar a antecedência mínima.*

[81] CJ, Ano XXXII, T. I, 2007, 112-113, *ibidem* in http://www.dgsi.pt, processo n.º 10573/2006-1): *É nula a disposição dos estatutos de uma associação que, contrariando o disposto no artigo 174.º, n.º 1 do C.C., permite que os associados possam ser convocados para a assembleia geral ou por aviso postal ou através de anúncio publicado nos dois jornais de maior circulação da área da sede da associação.*

[82] Processo n.º 96A056, in http://www.dgsi.pt): *I – O n.º 1 do artigo 174.º do Código Civil contém uma norma imperativa ao estabelecer a antecedência mínima de 8 dias para a convocação da assembleia geral e uma ritologia própria para essa convocação, que não pode ser derrogada por vontade dos particulares (...).*

[83] Cf. Acórdão do STJ de 18 de Junho de 1996 (CJ/STJ, Ano IV, T. II, 132-134). O Tribunal Constitucional já decidiu, em matéria de associações sindicais, no sentido da não inconstitucionalidade da norma estatutária que previa que a convocatória das assembleias gerais fosse feita com a "antecedência mínima de três dias em um dos jornais da localidade da sede da associação sindical ou, não o havendo, em um dos jornais aí mais lidos" – cf. Acórdão n.º 298/90, de 13 de Novembro de 1990 (in http://w3.tribunalconstitucional.pt/acordaos/acordaos90/201-300/29890.htm).

[84] CARVALHO FERNANDES defende, a propósito, que está em causa um *"prazo regressivo"*, *Teoria Geral*, vol. I, cit., 631.

[85] Manifesta dúvidas quanto à prática descrita no texto, CARVALHO FERNANDES, *Teoria Geral*, vol. I, cit., 633.

O GOVERNO DAS ASSOCIAÇÕES CIVIS

-se-á numa fraude ao imperativo legal: a assembleia geral funcionará, na prática, com desrespeito pelo quórum constitutivo. Para obviar os referidos riscos, deve contemplar-se, no aviso convocatório, uma segunda convocação e, no caso de este ser omisso, incluir nos estatutos uma previsão que permita antecipar, com segurança e sem necessidade de publicar um segundo aviso convocatório, a data em que a assembleia geral reunirá em segunda convocação.

Numa palavra, o que se impõe é a que a convocação seja notificada a todos os associados, através de forma e meio que permitam o respectivo conhecimento efectivo e integral.

Por último, deve considerar-se que o desrespeito pelo prazo e demais elementos exigidos pelo n.º 1 determinam a mera irregularidade[86], susceptível de ser sanada, ao abrigo do n.º 3 do artigo, portanto, por via da comparência de todos os associados, desde que nenhum deles se oponha à realização da assembleia.

D) A representação no exercício do direito de voto

V – O artigo 180.º, 2.ª parte, suscita a dúvida de saber se os associados podem ser representados, em assembleia geral[87]. Esta é uma questão controversa, na doutrina e na jurisprudência nacionais.

A tese da inadmissibilidade de representação no exercício do direito de voto é sustentada com base no argumento de que o direito de voto é um direito pessoal, donde resultaria a proibição do respectivo exercício por outrem. Em defesa da referida tese invoca-se, ainda, o artigo 175.º, n.º 2, que dispõe: *"Salvo o disposto nos números seguintes, as deliberações são tomadas por maioria absoluta de votos dos associados presentes[88]"* (sublinhado nosso). Consagra-se, aqui, o denominado quórum deliberativo

---

[86] Cf. PIRES DE LIMA/ANTUNES VARELA, *Código Civil Anotado*, vol. I, cit., anotação n.º 3 ao artigo 174.º, 174.

[87] O Anteprojecto regula esta matéria no artigo 33.º (*Natureza estritamente pessoal da qualidade de associado*): *"1.º – A qualidade de associado não é transmissível, nem por acto entre vivos nem por morte. 2.º – O associado não poderá confiar a outrem o exercício dos seus direitos pessoais. 3.º – O estatuto pode estabelecer regras diferentes"*). No Direito brasileiro, proclama-se o princípio da intransmissibilidade da qualidade de associado, mas admite-se que o estatuto disponha o contrário (cf. art. 56 do Código Civil Brasileiro).

[88] Nos termos do artigo 28.º do Anteprojecto: *"1.º – As deliberações sobre alteração do estatuto exigem o voto favorável de três quartas partes, pelo menos, dos sócios presentes. 2.º – As deliberações sobre a dissolução da pessoa colectiva e o destino do património social requerem o voto favorável de três quartas partes, pelo menos, de todos os associados. 3.º – Para modificar o escopo da associação é necessário o consentimento de todos os associados, podendo o dos membros não presentes ser dado por escrito"* (sublinhado nosso). A solução então proposta inspirou-se no artigo 21 do *Codice* italiano. No BGB, não se prescinde da referência aos "sócios presentes", no que respeita à maioria a observar, para as deliberações em geral, bem como para a alteração dos estatutos (cf. § 32 e § 33, respectivamente). Contudo, o legislador esclarece, no § 40, que essa – bem como outras normas – têm natureza dispositiva. O Código Civil brasileiro consagra, no art. 48, a regra segundo a qual as deliberações serão tomadas *"pela maioria de votos dos presentes, salvo se o ato constitutivo dispuser de modo diverso"*.

O GOVERNO DAS ORGANIZAÇÕES

ou de funcionamento. Do referido postulado resultaria a exigência de que os associados estivessem presentes na assembleia geral. Só seria admitido o exercício representativo do direito de voto nas deliberações previstas no artigo 175.º, n.º 4, portanto, relativas à dissolução ou prorrogação da pessoa colectiva[89].

O STJ já se pronunciou, recentemente, nesse sentido, rejeitando a possibilidade de voto por procuração – atenta a natureza pessoal do direito de voto – e interpretando o artigo 175.º no sentido de ser exigida a presença física dos associados (e não meramente jurídica). Com efeito, o Acórdão de 16 de Abril de 2009[90], decidiu: *1 – Nas assembleias e para os fins a que se referem os três primeiros números do art.º 175.º do C.Civil, as deliberações só podem ser votadas por associados que, fisicamente, se encontrem presentes, não sendo permitido o voto por procuração. 2 – Esta presença física, exigida legalmente, é perceptível e justifica-se, porquanto, não exigindo a lei um número mínimo obrigatório de associados votantes, compensa esta não exigência, ao menos, com a obrigatoriedade da sua presença, como meio de assegurar que o voto exercido nestas condições seja livre, esclarecido e responsável* (sublinhado original). Para o STJ, na hipótese prevista no n.º 2 – em que estão em causa deliberações relativas à vida diária da associação –, a presença física justifica-se como forma de compensar a ausência de um número mínimo obrigatório de associados votantes; na do n.º 3, a exigência de presença física compreende-se pela importância das matérias a discutir e a deliberar – entre as quais, a alteração dos estatutos. Na mesma linha de entendimento, a não exigência de presença física, no caso do n.º 4 – que se refere às deliberações sobre a dissolução ou prorrogação da pessoa colectiva – justifica-se por razões conexas com a operacionalidade e a efectividade das decisões aí contempladas. Numa palavra, se fosse exigida a presença física dos associados, dificilmente elas teriam lugar[91].

O STJ socorreu-se, ainda, da decisão do Tribunal Constitucional, no Acórdão n.º 18/06, de 6 de Janeiro de 2006[92], que julgou "não inconstitucional a norma obtida por interpretação conjugada dos artigos 175.º, n.ºs 2, 3 e 4, e 176.º do Código Civil, segundo a qual apenas é admissível o voto por procuração nas delibera-

---

[89] Cf. Marcelo Caetano, *As Pessoas Colectivas*, cit., 107-108. Parece orientar-se no mesmo sentido, João Alves, *Controlo da Legalidade*, cit., 77, nota n.º 141.

[90] Processo n.º 09B0139, in http://www.dgsi.pt. Reafirmou-se a posição sustentada nos Acórdãos do STJ, de 18 de Junho de 1996 (CJ/STJ, Ano IV, T. II, 132-134) e de 7 de Novembro de 2002 (processo n.º 02B3246, in http://www.dgsi.pt). Em matéria de associações patronais, cf. Acórdão da Relação do Porto de 21 de Setembro de 2004 (CJ, Ano XXIX, T. IV, 2004, 174-180): (...) *III – A única maneira de conciliar o n.º 1 do art. 176.º do Cód. Civil com o art. 175.º do mesmo diploma é considerar que a referência feita à votação por representação feita no art. 176.º se entende apenas aplicável aos casos em que o art. 175.º não o proíbe, isto é, nas deliberações sobre dissolução ou prorrogação.*

[91] Conclui, assim, que "o legislador adoptou um princípio misto: "Não exigindo número mínimo, exigiu presença"», Acórdão, cit., 4.

[92] Processo n.º 61/05, in http://www.tribunalconstitucional.pt/tc/acordaos/20060018.html.

O GOVERNO DAS ASSOCIAÇÕES CIVIS

ções sobre a dissolução ou prorrogação da pessoa colectiva, estando o voto por procuração vedado nas deliberações enunciadas nos n.ºs 2 e 3 do artigo 175.º do Código Civil". Cremos, no entanto, que da decisão do Tribunal Constitucional não resultam elementos que nos permitam concluir pela proibição de se consagrar nos estatutos o direito de os associados se fazerem representar em assembleia geral. A pronúncia do Tribunal Constitucional visava confirmar se a interpretação contrária da norma – isto é, a da proibição de voto por procuração – seria sustentável à luz do artigo 175.º e se, em particular, não ofenderia normas e princípios constitucionais[93]. Foi este o objecto e o alcance preciso da intervenção do Tribunal Constitucional que, portanto, não pode ser extrapolado para a discussão da admissibilidade de exercício representativo do direito de voto.

A tese da insusceptibilidade de representação no exercício do direito de voto deve, em nosso entender, ser rejeitada[94]. Uma interpretação naquele sentido implicaria demonstrar: 1) a natureza pessoal do direito de voto na acepção consagrada no artigo 180.º, 2.ª parte; 2) a ausência de sentido e alcance útil do artigo 176.º, n.º 1, na parte em que dispõe "O associado não pode votar, por si ou como representante de outrem".

Em primeiro lugar, discordamos da qualificação do direito de voto como direito pessoal, para efeitos do referido artigo 180.º, 2.ª parte. Na verdade, se é inquestionável a natureza *intuitu personae* da qualidade de associado, daí não resulta que aquele não se pode fazer representar no exercício do direito de voto[95]. Na proibição de o associado "incumbir outrem de exercer os seus direitos pessoais" está pressuposta a referência a direitos *intuitu personae*, isto é, que estejam dependentes das qualidades do sujeito, como sucede, designadamente, com os direitos relativos ao exercício de cargos sociais e de participação nas eleições[96].

---

[93] Cf. Acórdão, cit., 11.

[94] É essa a posição defendida em termos maioritários na doutrina – cf. CARVALHO FERNANDES, *Teoria Geral*, vol. I, cit., 622; HEINRICH HÖRSTER, *A Parte Geral*, cit., 402; MENEZES CORDEIRO, *Tratado*, I, T. III, cit., 684; OLIVEIRA ASCENSÃO, *Direito Civil/Teoria Geral*, vol. I, 2.ª ed., Coimbra Editora, Coimbra, 2000, 300; PAULO VIDEIRA HENRIQUES, *O regime geral das associações*, cit., 296, para quem a opção contrária "não tem apoio na lei".

[95] Pronunciando-se embora sobre a admissibilidade do voto por correspondência, esclarece GONÇALO CASTILHO DOS SANTOS, *O Voto por Correspondência nas Sociedades Abertas*, CVM, n.º 7 (Abril de 2000), 133-158: "a pessoalidade não deve ser confundida com a presencialidade, o que, aliás, pensamos ser corroborado, designadamente, pelo instituto da representação de sócios" (136).

[96] Para OLIVEIRA ASCENSÃO, os direitos associativos devem ser qualificados como direitos pessoais, mas tem de se considerar excluído da previsão do artigo 180.º o direito de voto, *Direito Civil/Teoria Geral*, vol. I, cit., 300. Para o A., quanto aos demais direitos associativos, a parte final do artigo 180.º é injuntiva, pelo que não pode ser excluída via estatutária, ob. e loc. cit. Qualifica a norma do artigo 180.º, *in fine*, como imperativa, CARVALHO FERNANDES, *Teoria Geral*, cit., vol. I, 622. HEINRICH HÖRSTER exemplifica a previsão legal com o direito de ser eleito para exercer funções em órgãos da associação e com o próprio exercício dessas funções, *A Parte Geral*, cit., 402. Para MENEZES CORDEIRO, o artigo 180.º, *in fine* toma em consideração

O GOVERNO DAS ORGANIZAÇÕES

Assim sendo, o que resulta daquele preceito é tão-somente a insusceptibilidade de delegar certos direitos participativos, para cujo exercício sejam relevantes as qualidades pessoais do associados. Em todo o caso, acrescente-se, o artigo 180.º ressalva a existência de *disposição estatutária em contrário*. A dúvida, neste ponto, reside em saber se a ressalva se refere apenas à inadmissibilidade de cessão da posição jurídica de associado – *inter vivos* ou *mortis causa* – ou, igualmente, à proibição de incumbir outrem do exercício de direitos pessoais; nesta eventualidade, ficará plenamente legitimada a representação no exercício de direitos pessoais no caso de existir uma autorização estatutária[97].

Em segundo lugar, o legislador não proíbe, pelo menos expressamente, o exercício do direito de voto por representante; antes, faz referência a essa possibilidade, como referido, no artigo 176.º, n.º 1 do C.C. Ora, na ausência de uma norma que proíba o exercício representativo, não deve o intérprete restringir, sem razão de ser relevante, essa faculdade. Não se vislumbra, de resto, justificação razoável para um entendimento restritivo: são razões de operacionalidade e de conveniência do alargamento da liberdade de participação que levam a admitir o exercício do direito de voto por procuração[98]. Nesta medida, tendo a representação natureza de instituto comum, só deve considerar-se vedado o exercício representativo de direitos na hipótese de existir uma norma – necessariamente imperativa – que o proíba ou condicione[99]. Assim sucede, designadamente, no Direito societário (cf. artigos 189.º, n.º 4 – para as sociedades em nome colectivo; 249.º, n.º 5 – para as sociedades por quotas – e 381.º – para as sociedades anónimas). Acresce que, à semelhança do artigo 176.º, n.º 1 do C.C. – em matéria de

---

"os desempenhos que dependam das qualidades pessoais do associado considerado e, designadamente: certos direitos participativos, como os relativos a exercícios de cargos sociais, direitos de disfruto e direitos honoríficos", *Tratado*, I, T. III, cit., 671 e nota n.º 2230, p. 684. Mais recentemente, rejeita a inclusão do direito de voto no âmbito da proibição da segunda parte do artigo 180.º, PAULO VIDEIRA HENRIQUES, *O regime geral das associações*, cit., 296.

[97] No Anteprojecto previa-se, de forma expressa, e em número autónomo, que "*O estatuto pode estabelecer regras diferentes*" (cf. artigo 33.º, 3.º). É esta a tese defendida por PIRES DE LIMA/ANTUNES VARELA, *Código Civil Anotado*, vol. I, cit., anotação ao artigo 180.º, 177. Mais recentemente, cf. MANUEL VILAR DE MACEDO, *Regime Civil das Pessoas Colectivas*, cit., anotação n.º 6 ao artigo 175.º, 103-104 e anotação n.º 4 ao artigo 180.º, 116. O A. só parece admitir, no entanto, a representação relativamente às deliberações previstas no artigo 175.º, n.º 4, uma vez que, quanto às demais, defende que "parece ser de exigir que o associado compareça às assembleias geral para as votar presencialmente", *Regime Civil das Pessoas Colectivas*, cit., anotação n.º 6 ao artigo 175.º, 104.

[98] Cf. PAULO VIDEIRA HENRIQUES, *O regime geral das associações*, cit., 296.

[99] Cf. MENEZES CORDEIRO, *Tratado*, I, T. III, cit., 684. PAULO VIDEIRA HENRIQUES defende, com base no artigo 176.º, n.º 1, por argumento *a contrario sensu*, a "admissibilidade genérica da procuração, para todas as matérias, desde que não haja conflito de interesses", *O regime geral das associações*, cit., 296. Como recorda o A., a procuração é admitida mesmo em matéria de casamento, exemplo paradigmático de um negócio jurídico de natureza pessoal, *O regime geral das associações*, cit., 296, nota n.º 58.

O GOVERNO DAS ASSOCIAÇÕES CIVIS

impedimento do direito de voto[100] –, também o CSC consagra idênticas previsões (cf. artigos 251.º, n.º 1 e 384.º, n.º 6), autonomizando as hipóteses de exercício do direito de voto *"por si ou como representante de outrem"*, nas situações de conflito de interesses. O elemento sistemático aponta, pois, para a admissibilidade de representação em assembleia geral.

Em terceiro lugar, o artigo 175.º não permite inquinar as conclusões enunciadas quanto à admissibilidade de exercício representativo do direito de voto. O preceito regula e esclarece aspectos relativos ao funcionamento da assembleia geral, em particular, o quórum, constitutivo e deliberativo, exigido para a tomada de deliberações sociais[101]. Não dispõe, pois, sobre o exercício do direito de voto e dele não deve retirar-se a exigência forçosa de uma *presença física* dos associados, reunidos em assembleia geral, para as deliberações sociais previstas nos n.ºs 2 e 3[102]. Refira-se, ainda, que a tese que sustenta a desnecessidade de presença física apenas para as deliberações previstas no artigo 175.º, n.º 5 do C.C. é dificilmente sustentável socorrendo-nos do elemento lógico da interpretação. Com efeito, com base num argumento de coerência, não se compreende à luz da finalidade alegadamente visada pela norma – a protecção do carácter predominantemente colectivo dos interesses tutelados – que, para a tomada de deliberações relevantes para a associação, o legislador tenha sido menos exigente, ao admitir, quanto a estas, o voto por procuração e ao não exigir a presença física dos associados.

---

[100] O Anteprojecto contemplava normativo similar, no artigo 29.º (*Privação do direito de voto*): *"1.º – O associado não poderá votar, nem por si nem como representante, nas matérias em que ele, o seu cônjuge, um ascendente ou descendente tenha algum interesse pessoal em conflito com o da associação. 2.º – As deliberações tomadas com ofensa deste preceito serão anuláveis nos termos do art.º 31.º, mas só no caso de o voto do sócio impedido ser essencial à existência da maioria"*. Uma das notas diferenciadoras reside na circunstância de o Anteprojecto densificar o conceito de conflito de interesses.

[101] As percentagens exigidas podem, nos termos do artigo 175.º, n.º 5, ser agravadas, no sentido de se impor a observância de uma maioria mais qualificada. Diversamente, já não se admite a redução das percentagens aí estipuladas. No mesmo sentido, cf. CARVALHO FERNANDES, *Teoria Geral*, vol. I, cit., 585 e 632.

[102] O artigo 175.º corresponde ao artigo 27.º do Anteprojecto: *(Princípio maioritário; quórum) – "1.º – As deliberações da assembleia serão tomadas por maioria dos votos dos sócios presentes, feita excepção dos que se abstiverem. Cada sócio terá um voto. 2.º – A assembleia geral só poderá deliberar em primeira convocação com a presença de metade, pelo menos, dos seus membros. 3.º – O estatuto pode estabelecer regras diferentes"*. A referência a "sócios presentes" era repetida no artigo 28.º, que dispunha em matéria de maioria especial (cf. § 1.º). Por outro lado, admitia-se a votação por "membros não presentes", que poderiam votar por escrito, na hipótese de ser exigido consentimento de todos os associados (cf. § 3.º), o que traduz o reconhecimento e a admissibilidade, então, do exercício do direito de voto não presencial. Contudo, também aqui se admitia a possibilidade de derrogação estatutária (cf. § 4.º). Como referido, o artigo 175.º foi invocado por MARCELO CAETANO para sustentar a inadmissibilidade de voto por procuração, *As Pessoas Colectivas*, cit., 108. Mais recentemente, sustenta que as deliberações sociais devem ser votadas presencialmente, só admitindo o voto por procuração, nas deliberações relativas à dissolução ou prorrogação da pessoa colectiva, e apenas na eventualidade de existir previsão estatutária expressa nesse sentido, MANUEL VILAR DE MACEDO, *Regime Civil das Pessoas Colectivas*, cit., anotação n.º 6 ao artigo 175.º, 104.

O GOVERNO DAS ORGANIZAÇÕES

A posição que se defende, esclareça-se, tem suporte na própria formulação gramatical da norma: o legislador utiliza a expressão *presença*, no sentido mais lato, abrangendo presença jurídica, portanto, presença física ou não, desde que, neste caso, esteja assegurada a representação[103]. É essa, também, a opção assumida em algumas das experiências jurídicas estrangeiras[104], bem como na Proposta de estatuto da associação europeia[105].

A tese sustentada já mereceu acolhimento na jurisprudência nacional. Assim, em Acórdão de 16 de Novembro de 2006[106], o STJ decidiu: *Os estatutos duma associação podem validamente consignar que as deliberações da assembleia geral, previstas no artigo 175.º, n.ºs 2 e 3 do Código Civil, são tomadas com votos também dos associados representados.* Para o STJ, da formulação gramatical do artigo 175.º, n.ºs 2 e 3 não resulta a inadmissibilidade do voto por procuração, mas, apenas, do voto por correspondência[107]. O Tribunal apela, ainda, à necessidade de proceder a uma interpretação actualista da norma, donde resultaria a admissibilidade de recurso a um conjunto de novos, expeditos e eficientes instrumentos que permitem garantir o conhecimento adequado dos trabalhos em curso numa assembleia geral (entre os quais, o uso de telemóveis, de sistema de vídeo-conferência, de *e-mails* com assinatura digital e de envio de som do que poderia ser uma comunicação à assembleia geral)[108].

Admitido o exercício do direito de voto por representante, impõe-se, por último, esclarecer os limites subjectivos da representação, isto é, se a procuração deve ser outorgada apenas em nome de um dos associados ou se o pode ser,

---

[103] Rejeita a leitura da expressão "associados presentes", consagrada no artigo 175.º, como sinónimo de "associados *fisicamente* presentes", Paulo Videira Henriques, *O regime geral das associações*, cit., 296. Para o A., limitar a aplicação do disposto no artigo 176.º, n.º 1 às hipóteses contempladas no artigo 175.º, n.º 4, de deliberações sobre a dissolução ou prorrogação da pessoa colectiva, conduz a resultados irrazoáveis: à autorização do direito de voto, pelo associado ("por si"), mesmo na hipótese de conflito de interesses, ob. e loc. cit. (realce original). No sentido de que a inadmissibilidade de representação no exercício do direito se voto não se conforma com a letra do artigo 175.º, n.º 2, com base na ideia de que aí se exige que as deliberações, em regra, sejam tomadas *por maioria absoluta de votos dos associados presentes* (e já não *por maioria absoluta dos associados presentes*), cf. Acórdão do STJ de 27 de Maio de 2008 (processo n.º 07B2660), in http://www.dgsi.pt.

[104] Cf. § 33 do BGB, onde se admite a possibilidade de o associados não presentes votarem por escrito as modificações aos estatutos; artigo 12.º, alíneas c) e d), da Ley Orgânica n.º 1/2002, de 22 de Março espanhola – que regula o Direito de Associação –, onde se autoriza o voto por associados presentes ou representados. O Código Civil Brasileiro remete a definição das regras sobre quórum para os estatutos (cf. art. 59. Parágrafo único).

[105] Cf. artigo 15.º da Proposta JO C 236, de 31 de Agosto de 1993: *"Qualquer membro pode participar na assembleia geral, podendo fazer-se representar por um ou outro membro da sua escolha. Um membro não pode ser detentor de mais de duas procurações".*

[106] Processo n.º 06B2647, in http://www.dgsi.pt.

[107] Acórdão, cit., 15.

[108] Acórdão, cit., 16.

O GOVERNO DAS ASSOCIAÇÕES CIVIS

também, a favor de um terceiro[109]. Em nosso entender, o associado pode fazer-se representar por outro associado ou por um terceiro, ao abrigo da faculdade que, em termos gerais, lhe é reconhecida pela ordem jurídica (cf. artigo 262.º, n.º 1 do C.C.), ressalvado o respeito por eventuais disposições estatutárias que proíbam a representação por terceiro[110]. No fundo, serão os estatutos, também aqui, a terem a última palavra[111].

Em síntese, no silêncio dos estatutos, o exercício representativo do direito de voto, por outro associado ou por terceiro, deve ser admitido nas associações.

E) A admissibilidade de categorias de associados. O problema dos direitos especiais

VI – O conteúdo da relação jurídica associativa não é objecto de consagração normativa: não se prevê um catálogo de direitos comuns dos associados, nem se esclarece a admissibilidade de previsão estatutária de direitos especiais[112]. De acordo com o artigo 167.º, n.º 2 do C.C., *"Os estatutos podem especificar ainda os direitos e obrigações dos associados (...)"*. Está em causa uma norma permissiva, que remete a regulamentação eventual dos direitos e das obrigações dos associados para os estatutos[113].

O tema não pode, assim, prescindir do contributo doutrinário e jurisprudencial, na sistematização dos direitos dos associados. No silêncio dos estatutos, devem ser reconhecidos aos associados os seguintes direitos: *i)* o direito de participar na assembleia geral e o direito de voto; *ii)* o direito de solicitar informações à administração e a outros órgãos; *iii)* o direito de aceder às instalações associativas

---

[109] Admite a representação por associado ou por um terceiro, apenas ressalvada "a hipótese de os estatutos determinarem de outra forma e, designadamente, fixarem o princípio de que somente os associados podem estar presentes na assembleia geral", MENEZES CORDEIRO, *Tratado*, I, T. III, cit., 684.

[110] Cf. artigo 176.º, n.º 1 e artigo 262.º, n.º 2 do C.C., MENEZES CORDEIRO, *Tratado*, I, T. III, cit., 684.

[111] A procuração não está, nesta hipótese, sujeita a qualquer exigência de forma. Sem prejuízo da ausência de forma legal (cf. artigo 262.º, n.º 2 do C.C.), é aconselhável a redução a escrito da procuração, por razões probatórias e relacionadas com o eventual pedido de justificação dos poderes do representante, nos termos e para os efeitos do artigo 260.º do C.C. Cf. MENEZES CORDEIRO, *Tratado*, I, T. III, cit., 684.

[112] Em termos inéditos relativamente ao regime vigente, o Anteprojecto de FERRER CORREIA admitia, em norma autónoma, a consagração de direitos especiais nos estatutos: *"Na falta de estipulação em contrário, os direitos especiais concedidos pelo estatuto a um ou alguns membros da corporação não podem ser suprimidos ou coarctados sem consentimento dos respectivos titulares"* (artigo 30.º). A possibilidade de criar direitos especiais pode ser alicerçada no artigo 170.º, n.º 2 do C.C. – *"(...) mas a revogação não prejudica os direitos fundados no acto de constituição"*. Pode, ainda, equacionar-se a aplicabilidade analógica, com as devidas adaptações, do artigo 190.º, n.º 1 do CSC, que rege em matéria de sociedades em nome colectivo.

[113] Cf. Acórdão da Relação do Porto de 16 de Julho de 1987 (CJ, Ano XII, T. 4, 1987, 207- 209): *Dos estatutos das associações, não têm de constar as condições de admissão, exoneração ou exclusão dos associados.*

O GOVERNO DAS ORGANIZAÇÕES

e o direito de, aí, consultar documentos e obter informações; *iv*) o direito de ser eleito (e de eleger) para os órgãos sociais. Esta enumeração contempla os denominados direitos políticos ou de participação. A par dos referidos direitos, cabe, ainda, reconhecer os direitos de disfruto de benefícios associativos, bem como os direitos honoríficos e designativos[114].

O que vem dito não exclui a possibilidade de, via estatutária, se consagrarem categorias ou classes de associados, com diferentes estatutos jurídicos[115]. Esta asserção decorre da circunstância de, na ausência de previsão estatutária em contrário, não vigorar um princípio de paridade de tratamento dos associados[116]. Por outro lado, não se vislumbram, igualmente, obstáculos constitucionais: a liberdade de associação, prevista e reconhecida no artigo 46.º da CRP, pressupõe a auto-regulamentação, mas não impede a conformação da organização interna[117].

É, pois, possível criar diferentes categorias de associados, cada qual com um estatuto jurídico diferenciado. Refira-se, de resto, que esta prática é geralmente admitida no contexto das principais experiências jurídicas estrangeiras[118] e consta,

---

[114] MENEZES CORDEIRO, *Tratado*, I, T. III, cit., 664.

[115] Contra, cf. MANUEL VILAR DE MACEDO, *Regime Civil das Pessoas Colectivas*, cit., anotações n.º 13 ao artigo 167.º, 71 e n.º 2 ao artigo 170.º, 82. O A. funda a inadmissibilidade de restrições estatutárias na suposta violação dos princípios constitucionais da igualdade e da não discriminação, bem como na ofensa ao princípio geral da igualdade de direitos dos associados.

[116] Defendem a ausência de um princípio de igualdade ou do igual tratamento, MENEZES CORDEIRO, *Tratado*, I, T. III, cit., 666-667; PAULO VIDEIRA HENRIQUES, *O regime geral das associações*, cit., 299-300. Na jurisprudência, o STJ já admitiu a conformação estatutária do exercício do direito de voto, atenta a inexistência do princípio "um associado, um voto" – cf. Acórdão do STJ de 27 de Maio de 2008 (processo n.º 07B2660, in http://www.dgsi.pt): *2 – Não há, no n.º 2 do art. 175.º, qualquer comando imperativo que imponha o princípio de "um associado, um voto". 3 – Um tal princípio, aliás, não corresponderia a uma exigência de interesse e ordem pública, podendo haver circunstâncias, ainda que de "capital", que conduzam à justeza de uma outra solução. 4 – São livres os associados de, na conformação da associação que criam, responderem ao seu interesse designando um outro princípio de valoração do voto.*

[117] Cf. GOMES CANOTILHO/VITAL MOREIRA, *Constituição da República Portuguesa Anotada*, vol. I, cit., anotação n.º VII, 646-647. Para os AA., a eventual imposição legislativa de uma assembleia geral e a correspondente inadmissibilidade de uma assembleia representativa pode violar a liberdade de organização interna das associações, bem como o princípio democrático nas grandes associações nacionais, onde nem todos os associados têm a possibilidade de participar directamente na associação, ob. cit., p. 647. Reconhecem que um dos corolários do direito de associação, enquanto direito institucional, é "o direito de auto-organização, de livre formação dos seus órgãos e da respectiva vontade e de acção em relação aos seus membros", JORGE MIRANDA/RUI MEDEIROS, *Constituição Portuguesa Anotada*, T. I, cit., anotação n.º V ao artigo 46.º, 469.

[118] Em Espanha, o artigo 7.º, alíneas e) e f), da Ley Orgánica 1/2002, de 22 de marzo (reguladora do Direito de Associação), determina a regulamentação pelos estatutos das eventuais classes de associados e dos correspondentes direitos e obrigações. Admitem, naquele contexto, a modelação diferenciada do conteúdo da relação jurídica associativa e não reconhecem carácter essencial à regra "um associado, um voto", DÍEZ-PICAZO/ANTONIO GULLÓN, *Sistema de Derecho Civil*, vol. I, cit., 604. Na Alemanha, para a defesa de

O GOVERNO DAS ASSOCIAÇÕES CIVIS

inclusivamente, da Proposta de estatuto da associação europeia[119]. O regime legal não impõe o princípio "um associado, um voto" e não regula o exercício do direito de voto pelos associados. Neste contexto, podem os estatutos prever diferentes ponderações do direito de voto, bem como restringir ou limitar – em função de determinadas circunstâncias – a presença e a participação em assembleia geral[120]. A distinção pode fundar-se no facto de se ser fundador ou associado subsequente,

que o direito de voto pode ser excluído dos estatutos, se houver fundamento razoável para tal, cf. THOMAS VON HIPPEL, *Nonprofit organizations in Germany*, cit., 215. Na Holanda admite-se, igualmente, a existência de categorias de associados sem direito de voto – cf. TYMEN J. VAN DER PLOEG, *Nonprofit organizations in the Netherlands*, in "Comparative Corporate Governance of non-profit organizations", Cambridge University Press, Cambridge, 2010, 228-264 (244). Em França, já se rejeitou que a igualdade entre os membros seja um princípio geral do Direito associativo e admite-se a consagração estatutária de diversas categorias de membros, com distintos direitos e obrigações, muito embora se defenda que a ideia de igualdade deva ser respeitada, na ausência de cláusulas estatutárias de diferenciação – cf. AA.VV, *Associations,* sous la direction d'Élie Alfandari et la coordination de Philippe-Henri Dutheil, Dalloz, Paris, 2000, 205. Com referências à jurisprudência favorável à privação estatutária do direito de voto a determinados associados, cf. KATRIN DECKERT, *Nonprofit organizations in France*, in "Comparative Corporate Governance of non-profit organizations", Cambridge University Press, Cambridge, 2010, 265-324 (296). Existem, por outro lado, vozes críticas quanto às cláusulas estatutárias restritivas "anti-democráticas" relativas ao funcionamento das associações – cf., por todos, PHILIPPE REIGNE, *Les clauses statutaires éliminant ou restreignant le jeu de la démocratie dans les associations,* Revue des Sociétés, 108.ᵉ année, n.º 3 (Juill./Sept.), 1990, 377-393; YVES GUYON, *Les insuffisances dans les conditions normales de fonctionnement de l'association,* Revue des sociétés, n.º 4 (Octobre-Décembre), 2001, 735-740 – que sustenta que, devido à ausência de regras legais que garantam os direitos dos associados, as organizações associativas são mais aristocráticas do que democráticas (ob. cit., 736). Com uma proposta de medidas concretas para fazer face às insuficiências da democracia nas associações, cf., ainda, BENOIT LE BARS, *Les remèdes partiels,* cit., 741-751. No Direito brasileiro, admite, com base no artigo 55 do Código Civil, que o estatuto estabeleça diversas categorias com vantagens especiais, FRANCISCO AMARAL, *Direito Civil – Introdução,* 7.ª ed., Renovar, Rio de Janeiro, 2008, 329. O *Model Nonprofit Corporation Act* (3.ª versão), de 2008 admite a diferenciação, via estatutária, dos direitos e obrigações dos membros (cf. § 6.10. (a) – "*Except as otherwise provided in the articles of incorporation or bylaws, each member of a membership corporation has the same rights and obligations as every other member with respect to voting, dissolution, membership transfer, and other matters*") –www.abanet.org/dch/committee.cfm?com=CL580000.

[119] Nos termos do artigo 3.º, n.º 3 da Proposta JO C 236, de 31 de Agosto de 1993, "*Os estatutos da AE devem conter, nomeadamente: – os direitos e as obrigações dos membros e, se for caso disso, as suas diferentes categorias, bem como os direitos e obrigações inerentes a cada categoria*". Para além de se reconhecer a possibilidade de se preverem categorias de associados diferenciadas (cf. artigo 3.º, n.º 3), determina-se a realização de uma votação separada, sempre que estejam em causa deliberações que prejudiquem os direitos de uma categoria de associados, exigindo-se que as alterações aos estatutos que afectem uma categoria específica de membros sejam aprovadas por maioria de dois terços dos votos expressos dos membros (cf. artigo 20.º, n.ᵒˢ 1 e 2).

[120] CARVALHO FERNANDES alerta para a circunstância de, em regra, todos os associados participarem na assembleia geral, sem distinção de direitos, mas serem admitidos, pelo C.C., desvios àquela regra, autorizando-se, assim, a fixação estatutária dos direitos e deveres dos associados e, inclusivamente, a privação do direito de voto a certos associados, *Teoria Geral,* vol. I, cit., 629. MENEZES CORDEIRO parece admitir a limitação estatutária da presença na assembleia geral por um tempo limitado ou, apenas, em casos particulares, como os dos denominados associados honorários, *Tratado,* I, T. III, cit., 679.

O GOVERNO DAS ORGANIZAÇÕES

num critério de antiguidade, no tipo de serviços prestados à associação, entre outros elementos[121].

As diferenças de estatuto associativo, a introduzir estatutariamente, terão que se fundamentar, no entanto, em critérios objectivos razoáveis. Estão, pois, submetidas ao respeito pelo princípio da proibição de arbítrio[122].

VII – A criação de categorias de associados deve seguir um regime próximo do consagrado no Direito societário, em matéria de direitos especiais (cf. artigos 982.º, n.º 2 do C.C. e 24.º do CSC) e que aqui será aplicável, via analógica, ainda que com as necessárias adaptações, a introduzir em casos particulares[123]. Nesta medida, os direitos especiais devem ser introduzidos nos estatutos, concomitantemente ao acto de constituição, ou em momento ulterior, por força de uma alteração estatutária, votada pela maioria qualificada exigida pelos estatutos ou, no seu silêncio, pela lei – no caso, pelo voto favorável de três quartos do número dos associados presentes (cf. artigo 175.º, n.º 3).

Por outro lado, a supressão dos referidos direitos especiais não pode ser decidida sem o voto favorável do respectivo titular, ressalvada a existência de disposição estatutária noutro sentido.

Atenta a natureza pessoal da participação de cada associado na associação, os direitos especiais devem considerar-se intransmissíveis, seguindo, assim, a regra da intransmissibilidade da qualidade de associado (cf. artigo 180.º do C.C.). Esclareça-se, no entanto, que a referida regra pode ser afastada ou mitigada pelos estatutos ("salvo disposição estatutária em contrário") que, nesse caso, devem dispor sobre as formas de transmissão admitidas[124].

Em síntese, os estatutos representam a lei fundamental da associação, que pode preencher o vazio de regulamentação legal em matéria de conteúdo da relação jurídica associativa A conformação do regime legal não é, por si só, indício de afastamento das directrizes fundamentais do modelo das associações, só devendo considerar-se vedadas as cláusulas que diferenciem sem um fundamento material razoável, portanto, de forma arbitrária[125].

---

[121] MENEZES CORDEIRO, *Tratado*, I, T. III, cit., 668.

[122] Cf. MENEZES CORDEIRO, *Tratado*, I, T. III, cit., 667-668 e PAULO VIDEIRA HENRIQUES, *O regime geral das associações*, cit., 300.

[123] Neste sentido, cf. MENEZES CORDEIRO, *Tratado*, I, T. III, cit., 664-665.

[124] MENEZES CORDEIRO, *Tratado*, I, T. III, cit., 671.

[125] São dificilmente justificáveis cláusulas estatutárias que prevejam direitos de veto ou de bloqueio, por parte de alguns associados – cf. Acórdão do STJ de 15 de Abril de 2004 (processo n.º 04B571), in http://www.dgsi.pt): *1. A cláusula dos estatutos de uma associação sem fins lucrativos que atribui a um associado o direito de vetar candidaturas aos órgãos de gestão e consagra a irrevogabilidade desse direito sem acordo do próprio associado viola o direito imanente de qualquer associado a ser eleito ou designado para os órgãos de gestão mas também o poder, que é exclusivo, da assembleia geral de proceder à alteração dos estatutos (art.º 172.º, 2, CC). 2. São normas de interesse e ordem pública, cuja violação implica a nulidade da referida cláusula.*

4. OS PILARES DE UMA REFORMA
– O PROBLEMA NO DIREITO A CONSTITUIR

I – A revisão dos modelos de organização e funcionamento das associações deve assentar em dois pilares essenciais: por um lado, no apuro do regime legal vigente, em ordem a esclarecer as dúvidas suscitadas, em face da redacção de algumas das normas do C.C., evitando a controvérsia doutrinária e jurisprudencial em temas como o da convocação da assembleia geral e da admissibilidade de representação no exercício do direito de voto; por outro lado, na introdução de directrizes inspiradas nos princípios do *corporate governance*[126], cristalizadas em normas elásticas, susceptíveis de serem concretizadas, via estatutária, em função das características, figurino e dimensão da associação[127].

A perspectivada reforma do governo das associações deve contemplar os seguintes aspectos:

a) A estrutura e a composição dos órgãos sociais;

b) A convocação da assembleia geral;

c) A convocação dos órgãos de administração e de fiscalização;

d) A institucionalização da mesa da assembleia geral e do secretário da associação;

e) O processo de tomada de decisão;

f) A administração da associação;

g) A fiscalização da associação;

h) Os deveres fiduciários dos titulares dos órgãos sociais;

i) O regime de responsabilidade dos titulares dos órgãos sociais;

j) A destituição dos titulares dos órgãos sociais;

k) A densificação do conteúdo da relação jurídica associativa;

l) A responsabilidade dos associados em situações de abuso de constituição da associação.

---

[126] Cf. princípios propostos pela ALI – AMERICAN LAW INSTITUTE para o sector *nonprofit*, in http://www.ali.org. Na experiência jurídica norte-americana, com dez recomendações de práticas de bom governo nas organizações *nonprofit*, cf. ABA Coordinating Committee on Nonprofit Governance, *Guide to Nonprofit Corporate Governance in the Wake of Sarbanes-Oxley*, ABA Section of Business Law, 2005. Cf., ainda, o *Model Nonprofit Corporation Act* (3.ª versão), de 2008, disponível em www.abanet.org/dch/committee.cfm?com=CL580000. Para os princípios sobre o governo de entidades não cotadas, cf. EcoDa, *Corporate Governance Guidance and Principles for Unlisted Companies in Europe/Na initiative of ecoDa*. O conceito de *unlisted company* é utilizado em sentido lato e abrange sociedades comerciais, empresas públicas, associações e outras fórmulas organizativas. Enfatiza-se, entre outros aspectos, a importância da profissionalização no exercício da administração (cf. *c. Professional decision-making* e *Principle 8*) e da transparência, o que se fará, designadamente, através da designação de directores não executivos independentes (cf. *e. Trasparency* e *Principle 11*).

[127] Em tom crítico quanto às intervenções legislativas tendentes a cristalizar regras relativas ao governo das sociedades, cf. MENEZES CORDEIRO, *Os deveres fundamentais*, cit., 483.

O GOVERNO DAS ORGANIZAÇÕES

A) A estrutura e a composição dos órgãos sociais

II – De acordo com o regime normativo vigente, os órgãos sociais obrigatórios – de administração e de fiscalização – assentam numa estrutura colegial, e, como tal, pluripessoal (cf. artigo 171.º, n.º 1 do C.C.).

A composição dos órgãos sociais deve ser esclarecida pelos estatutos de cada associação, em função da respectiva dimensão e estrutura. Aos estatutos caberá, assim, a tarefa de precisar o número concreto de titulares, sem prejuízo do respeito pela actual directiva legislativa, que impõe um número ímpar.

Pode, no entanto, questionar-se a pertinência da exigência legal da imparidade (cf. artigo 162.º do C.C.). Na verdade, reconhecendo-se ao presidente do órgão de administração e do conselho fiscal o direito a voto de desempate – a acrescer àquele de que é titular (cf. artigo 171.º, n.º 2) –, neutralizam-se as objecções relativas à necessidade de evitar impasses no processo deliberativo[128]. Afigura-se, pois, mais acertado remeter para a autonomia estatutária a fixação, em concreto, do número de membros do órgão de administração e do conselho fiscal, eliminando-se a exigência de uma composição ímpar. Refira-se, a propósito, que a exigência de imparidade do órgão de administração foi eliminada, em matéria de sociedades comerciais, na sequência da revisão legislativa de 2006 (cf. artigo 390.º do CSC)[129].

Por outro lado, no contexto de uma revisão do regime jurídico das associações, parece oportuno suprimir-se a exigência de pluralidade, nos órgãos de administração e de fiscalização. A melhor solução será, assim, fazer depender a conformação em concreto da composição dos órgãos de administração e de fiscalização da complexidade da estrutura associativa. Propõe-se, portanto, o reconhecimento da opção entre um órgão unipessoal ou pluripessoal – modelo que permitirá, de forma adequada, o exercício das funções de administração e de fiscalização por parte de um administrador único e de um fiscal único, como se precisará adiante[130].

---

[128] Sobre o reconhecimento do voto de qualidade ao presidente do órgão de administração e do conselho fiscal, cf. ARMANDO TRIUNFANTE, *A revisão do CSC e o regime das reuniões e deliberações dos órgãos de administração e de fiscalização da SA*, "Jornadas/Sociedades Abertas, Valores Mobiliários e Intermediação Financeira", Almedina, Coimbra, 2007, 181-199 (193-199).

[129] Para a justificação da solução, cf. CMVM, *Governo das Sociedades Anónimas: Propostas de Alteração ao Código das Sociedades Comerciais/Processo de consulta pública n.º 1/2006*, Janeiro de 2006 (adiante, *Processo de consulta pública n.º 1/2006*), 29. Cf., ainda, CMVM, *Governo das Sociedades Anónimas: Proposta de Articulado Modificativo do Código das Sociedades Comerciais/Complemento ao Processo de Consulta Pública n.º 1/2006* (adiante, *Complemento ao Processo de Consulta Pública n.º 1/2006*), anotação ao artigo 390.º, 25.

[130] Na Alemanha, para a defesa da possibilidade de instituir um órgão de administração integrado apenas por um director e para a não imposição de um órgão de fiscalização, cf. THOMAS VON HIPPEL, *Nonprofit organizations in Germany*, cit., 201. O Código Civil holandês admite, igualmente, a figura do órgão de admi-

O GOVERNO DAS ASSOCIAÇÕES CIVIS

III – A própria exigência de um órgão de fiscalização afigura-se-nos também aspecto não isento de controvérsia. O legislador pode, na verdade, reconhecer às associações a opção entre um modelo de governo monista – centrado na figura do órgão de administração – ou dualista – estruturado num órgão de administração e num órgão de fiscalização.

IV – Por último, é oportuno exigir, em determinadas associações, pela respectiva dimensão, estrutura, complexidade e importância estratégica, que o órgão de administração – na hipótese de assentar numa estrutura colegial – integre, pelo menos, um administrador independente[131]. Este requisito justifica-se por um propósito de profissionalização no exercício das funções de administração e permite assegurar uma efectiva capacidade de vigilância e de controlo da actividade do órgão de administração. A observância do mesmo requisito justificar-se-á em matéria de fiscalização das associações.

A independência deve ser interpretada, neste domínio, em termos próximos dos que têm sido defendidos no Direito societário. Assim, o conceito não pode ser apartado da necessidade de verificação em concreto da existência de relações jurídicas, negociais ou não, entre os administradores ou membros do órgão de fiscalização, com a associação ou com associados, que possam comprometer a liberdade, imparcialidade e isenção de julgamento, de decisão e de actuação e que sejam, por isso, susceptíveis de conflituar com o interesse da associação[132].

---

nistração unipessoal – cf. TYMEN J. VAN DER PLOEG, *Nonprofit organizations in the Netherlands,* cit., 236. Na experiência norte-americana, vários Estados (incluindo Delaware) admitem a figura do director singular, cf. EVELYN BRODY, *The board of nonprofit organizations: puzzling through the gaps between law and practice – a view from the United States,* in "Comparative Corporate Governance of non-profit organizations", Cambridge University Press, Cambridge, 2010, 481-530 (508).

[131] O *Model Nonprofit Corporation Act,* na 3.ª versão, de 2008, não contém nenhuma previsão relativa à independência dos directores, mesmo em termos opcionais. Cf. www.abanet.org/dch/committee.cfm?com=CL580000 (*Chapter 8*). Regulam-se, em todo o caso, nos *Subchapters F* e *G* do § 8, respectivamente, as hipóteses de conflitos de interesse e de oportunidades de negócio. Para a discussão no contexto europeu, cf. KLAUS HOPT, *The board of nonprofit organizations,* cit., 546-548.

[132] No Ante-Projecto de Código de Bom Governo das Sociedades, apresentado pelo Instituto Português de Corporate Governance, em 4 de Fevereiro de 2009 (in http://www.cgov.pt/images/stories/ante_projecto_cdigo_de_bom_governo_das_sociedades.pdf), propunha-se, no ponto III.3: *"Um administrador não executivo só deve ser considerado independente se não se encontrar em circunstância que possa comprometer a sua liberdade de julgamento e decisão, designadamente por manter, ou ter tido recentemente, relações de negócio com a sociedade, com accionistas que detenham o controlo da sociedade ou nela disponha de influência relevante ou com administradores executivos".*

O GOVERNO DAS ORGANIZAÇÕES

B) A convocação da assembleia geral

V – No plano do Direito a constituir é aconselhável prever-se uma competência alternativa em matéria de convocação da assembleia geral. Assim, e em correspondência com a prática assumida neste domínio, deve autorizar-se que a assembleia geral seja convocada pela administração ou por outro órgão, admitindo que a mesma possa ter lugar por intervenção do presidente da mesa da assembleia geral, no caso de os estatutos assim o autorizarem.

VI – No que respeita à forma de convocação, reitera-se, deve autorizar-se o recurso a meios mais expeditos e que garantam a efectividade e a universalidade das comunicações, entre os quais, o fax e o correio electrónico, com recibo de leitura, desde que os associados tenham consentido previamente nesta forma de notificação. Propõe-se, pois, uma actualização do regime constante do artigo 174.º do C.C., na linha do que sucedeu na revisão de 2006 do CSC[133].

Pode justificar-se, também à semelhança do regime introduzido no CSC, a autorização estatutária de assembleias gerais "virtuais", que dispensem a presença física dos associados, que nelas poderão participar através de vídeo-conferência, conferência telefónica ou de meios telemáticos equivalentes[134].

C) A convocação dos órgãos de administração e de fiscalização

VII – No pressuposto de se adoptar uma estrutura colegial e pluripessoal –, deve prever-se, a par da competência reconhecida aos presidentes dos órgãos de administração e de fiscalização, a possibilidade de a convocação ter lugar por iniciativa de um conjunto de membros dos respectivos órgãos, a fixar estatutariamente. A consagração de um poder alternativo neste ponto é um importante instrumento de gestão efectiva, evitando que as decisões se concentrem na pessoa do presidente dos órgãos, favorecendo a democraticidade associativa[135].

---

[133] Como se defendeu então: "Novos modos de comunicar informação e de realizar reuniões de órgãos sociais devem ser objecto de normas permissivas, desde que a segurança e acessibilidade das novas técnicas seja assegurada pela sociedade", CMVM, *Consulta Pública n.º 1/2006*, cit., 9 e 20-23.

[134] CMVM, *Consulta pública n.º 1/2006*, cit., 22.

[135] Cf. BENOIT LE BARS, *Les remèdes partiels*, cit., 745.

O GOVERNO DAS ASSOCIAÇÕES CIVIS

D) A institucionalização da mesa da assembleia geral e do secretário da associação

VIII – Indo ao encontro de uma prática associativa, deve consagrar-se, no plano normativo, a figura da mesa da assembleia geral, com funções de direcção da assembleia geral. Neste contexto, e no pressuposto de ter lugar uma alteração legislativa que contemple o artigo 174.º do C.C., podem os estatutos das associações reconhecer ao presidente da mesa a competência para a convocação da assembleia geral, nos termos explicitados.

Por outro lado, começa a estar difundida, em algumas associações, a previsão estatutária da figura do secretário da associação, a quem incumbe apoiar a administração e a quem podem ser reservadas funções diversas, como administrativas e de gestão corrente, entre outras[136]. Deve favorecer-se o reconhecimento normativo desta figura – sem, com isso, impor a respectiva criação –, seguindo, também aqui, o exemplo do Direito societário (cf. artigos 446.º-A a 446.º-F do CSC).

E) O processo de tomada de decisão

IX – No contexto de uma eventual revisão legislativa, é crucial assegurar um processo decisório expedito e simplificado, livre de alguns dos constrangimentos característicos das organizações colectivas. Não deve, em todo o caso, autorizar-se um sistema decisório que facilite a tomada de decisões sem o apoio da maioria dos associados, mas sim assegurar-se um processo transparente, democrático e uniforme, aplicável a todas as decisões. Por essas razões, deve rejeitar-se a figura do direito de veto ou de bloqueio de deliberações. Por outro lado, o concreto processo decisório deve ser adaptado em função do tipo, estrutura e dimensão da associação, elementos que devem favorecer a configuração do direito de voto.

No que respeita a este último aspecto, e no silêncio dos estatutos, deve considerar-se aplicável o princípio *um associado, um voto* que, repete-se, pode ser afastado pelos estatutos.

Sem prejuízo do princípio referido, merece particular atenção o problema da ponderação do direito de voto pelos diferentes associados. Na verdade, e

---

[136] Os estatutos da APB prevêem a figura do secretário-geral – cf. artigos 39.º a 43.º (http://www.apb.pt/Normativas/Estatutos+APB/). De acordo com os estatutos, o secretário-geral será nomeado pela direcção, sob proposta do respectivo presidente, de entre *"pessoa com experiência na actividade bancária e que goze de boa reputação no meio bancário"* (cf. artigo 39.º), sendo-lhe reconhecidas as funções de: *"a) Coadjuvar o presidente da direcção; b) Dirigir e coordenar todos os serviços da Associação, dele dependendo hierarquicamente todo o pessoal que aí preste serviços"* (cf. artigo 40.º, n.º 1), bem como a possibilidade de *"tomar parte e intervir em todas as reuniões dos órgãos da Associação, sem direito de voto"* (cf. artigo 40.º, n.º 2).

O GOVERNO DAS ORGANIZAÇÕES

como antecipado, podem introduzir-se regras estatutárias, que prevejam uma distribuição desigual de votos, atendendo, designadamente, à antiguidade dos associados, bem como à circunstância de estarem em causa associados fundadores ou subsequentes.

A consagração estatutária de diferentes categorias de associados não só encontra suporte normativo bastante – atenta a ausência de proibições de categorização e de um princípio de igualdade de associados –, como pode representar um instrumento útil do ponto de vista da organização associativa.

X – Por último, deve prever-se, em norma expressa, a faculdade de os associados se fazerem representar no exercício do direito de voto, quer por associado, quer por terceiro, de forma a eliminar qualquer dúvida em torno da interpretação dos vários dispositivos legais.

Deve, ainda, consagrar-se a possibilidade do voto por correspondência (incluindo o correio electrónico), salvo proibição estatutária[137]. Esta modalidade de exercício do direito de voto permitirá, crê-se, atenuar o absentismo das assembleias gerais, assegurando uma participação mais alargada dos associados no processo decisório[138]. Esta forma de votação favorece, pois, a participação de todos os associados que, residindo longe da sede da associação (com particular enfoque para os associados que residam no estrangeiro), enfrentem dificuldades nas deslocações às assembleias gerais. Importante será, naturalmente, acautelar a autenticidade e a segurança das declarações emitidas.

A par da admissibilidade de voto por correspondência, pode equacionar-se, na linha do que sucedeu no CSC, a realização telemática das assembleias gerais. Também neste campo será importante acautelar a autenticidade e a segurança das comunicações, o que se afigura fácil nas hipóteses em que se assegure a transmis-

---

[137] MENEZES CORDEIRO reconhece que "a prática do voto por correspondência foi-se implantando em certas entidades, particularmente nas associações", *SA: Assembleia Geral e Deliberações Sociais*, Almedina, Coimbra, 2007, 116. Esta forma de votação é hoje permitida, depois da Reforma de 2006, no CSC, no artigo 384.º, n.º 9, para as sociedades anónimas, que remete para os estatutos a regulamentação do respectivo exercício, bem como o estabelecimento de garantias de autenticidade e de confidencialidade, até ao momento da votação. Defendeu a possibilidade de os estatutos autorizarem o voto por correspondência, mesmo antes da consagração expressa dessa faculdade, em 2006, GONÇALO CASTILHO DOS SANTOS, *O voto por correspondência nas sociedades abertas*, cit., 136 e 138-139. Depois da Reforma, aplaude a solução normativa, LUÍS MENEZES LEITÃO, *Voto por correspondência e realização telemática de reuniões de órgãos sociais*, in "A Reforma do Código das Sociedades Comerciais/Jornadas em Homenagem ao Professor Doutor Raúl Ventura", Almedina, Coimbra, 2007, 269-277 (274-275) e COUTINHO DE ABREU, *Governação*, cit., 24. Na perspectiva das reuniões e deliberações dos órgãos de administração e de fiscalização, cf. ARMANDO TRIUNFANTE, *A revisão do CSC*, cit., 188-193. Na Proposta alterada de Regulamento da associação europeia, remete-se para os estatutos a autorização do voto por correspondência (cf. artigo 17.º, n.º 2 da Proposta JO C 236, de 31 de Agosto de 1993 – "*Os estatutos podem admitir o voto por correspondência, fixando as suas regras*").

[138] Cf. BENOIT LE BARS, *Les remèdes partiels*, cit., 749.

O GOVERNO DAS ASSOCIAÇÕES CIVIS

são de voz e imagem dos participantes[139]. Na verdade, este procedimento terá, a par da celeridade, a vantagem de permitir o acompanhamento do desenrolar da assembleia geral e de todas as informações aí veiculadas.

F) A administração da associação

XI – Os principais problemas em matéria de organização das associações dizem respeito à respectiva administração. Na verdade, atenta a escassez de regras legais e a omissão de comandos injuntivos relevantes, verifica-se um deficit de controlo das associações, em particular, no tocante à sua representação e vinculação.

Como se observou, o regime vigente valoriza o papel da assembleia geral – órgão a quem é reconhecida competência genérica e residual –, deixando a regulamentação do órgão de administração para os estatutos[140]. Esta opção legislativa não é neutra do ponto de vista das respectivas consequências, uma vez que, inexistindo regras de conduta e de (bom) governo das associações, será proporcionalmente reduzida a tutela dos credores e dos demais terceiros que se relacionem com a associação e que sejam lesados, *v.g.*, por uma má e negligente administração ou condução dos assuntos sociais ou, mesmo, por um exercício meramente formal daquelas funções.

---

[139] Cf. artigo 410.º, n.º 8, em sede de reuniões do conselho de administração, e que é aplicável ao conselho fiscal, por remissão do artigo 423.º, n.º 5, artigo 433.º, n.º 1, quanto ao conselho de administração executivo; artigo 445.º, n.º 2, para o conselho geral e de supervisão, todos do CSC. Na doutrina, cf. Luís Menezes Leitão, *Voto por correspondência*, cit., 275-276 e, desenvolvidamente, Armando Triunfante, *A Revisão do CSC*, cit., 186, que aconselha uma delimitação dos meios telemáticos admissíveis, exigindo que, para além dos requisitos legais – autenticidade e segurança das comunicações, registo do conteúdo das declarações e dos respectivos intervenientes –, os meios em causa sejam susceptíveis de identificar todos os participantes na reunião e que possibilitem a interacção de cada um com todos os outros, intervindo em tempo real na reunião.

[140] A Proposta de estatuto da associação europeia dedica os artigos 22.º a 35.º ao órgão de administração (cf. Proposta JO C 236, de 31 de Agosto de 1993). Aí se regulam, entre outros aspectos, as funções – de gestão e de representação – do órgão de administração (cf. artigo 22.º, n.º 1); a composição (cf. artigo 22.º, n.º 2) e a admissibilidade de delegação de poderes de gestão numa comissão, formada por titulares do órgão de administração, ou por uma ou várias pessoas, que não sejam membros do órgão (cf. artigo 22.º, n.º 3); a periodicidade das reuniões e o direito à informação (cf. artigo 23.º); a presidência e a convocação (cf. artigo 24.º); a duração do mandato (cf. artigo 25.º – impondo-se um limite máximo de seis anos); os direitos e as obrigações dos titulares do órgão (cf. artigo 31.º – determinando-se o exercício das funções *"no interesse da AE e para a realização do seu objectivo"* – no n.º 2 –, bem como um *"dever de discrição, mesmo após cessarem as suas funções, no que respeita às informações de carácter confidencial de que disponham sobre a AE"* – no n.º 3); as deliberações do órgão (cf. artigo 32.º – reconhecendo-se ao presidente, em caso de empate na votação, voto de qualidade); a responsabilização dos titulares do órgão perante a associação europeia (cf. artigos 33.º a 35.º).

O GOVERNO DAS ORGANIZAÇÕES

Na verdade, apesar de nos encontrarmos perante pessoas colectivas sem escopo lucrativo, as associações desempenham, em muitas situações, um papel central na economia, política e sociedade, não podendo, por isso, ser imunes a uma regulamentação – de cariz injuntivo – do acervo de deveres e das responsabilidades decorrentes do incumprimento dos mesmos. Acresce, noutro plano, o facto de não se reconhecer aos associados uma função efectiva de fiscalização da conduta dos administradores e dos resultados da gestão. Não existe, igualmente, um controlo – pelo menos em termos relevantes – exercido pelo mercado. O cenário de (quase) não sindicância da gestão associativa é favorecido, ainda, pela ausência de aquisições hostis e de operações de tomada de controlo de associações, bem como de pressão "financeira", elementos externos que, diferentemente, condicionam as sociedades comerciais[141].

No Direito a constituir, deve adoptar-se uma solução de equilíbrio entre as exigências, deveres e responsabilidades a impor no contexto das associações, por um lado, e a flexibilidade necessária para estimular a constituição de pessoas colectivas sem escopo lucrativo[142]. Importará, assim, chegar a uma solução que, sem prescindir de um catálogo mínimo de deveres impostos aos administradores e de regras relativas à tutela dos interesses da associação e dos associados, permita identificar os critérios para aferir da observância daqueles deveres, dos pressupostos e da medida de uma eventual pretensão indemnizatória[143].

Noutro plano – o das relações entre a assembleia geral e a administração –, é importante assegurar o respeito pelo princípio da separação entre os titulares do órgão de gestão e os associados, enquanto beneficiários da actividade associativa[144].

XII – No contexto de uma eventual revisão legislativa, deve ser densificada a directiva em matéria de composição e estrutura do órgão de administração, sem prejuízo da necessária conformação pelos estatutos (cf. artigo 162.º do C.C.)

---

[141] Para uma análise acerca do papel, exigências e desafios do órgão de administração nos Estados Unidos da América, cf. EVELYN BRODY, *The board of nonprofit organizations*, cit. Para uma perspectiva europeia, cf. KLAUS HOPT, *The board of nonprofit organizations*, cit., onde se procede ao elenco das principais razões que estão na base da ausência de controlo relevante das organizações *nonprofit* (536-538).

[142] Cf. KLAUS HOPT, *The board of nonprofit organizations*, cit., 542-543. O A. enfatiza, em todo o caso, a importância de uma avaliação do exercício das funções de administração, ob. cit., 553-554.

[143] Cf. PAULO VIDEIRA HENRIQUES, *O regime geral das associações*, cit., 293.

[144] Cf. CARMELO BARBIERI, *Gli enti «non profit»*, cit., 239. BARBIERI autonomiza duas versões do referido modelo de separação entre o órgão de gestão e os beneficiários da gestão: a versão "débil" e a "forte". A primeira assenta exclusivamente num controlo externo sobre os órgãos de gestão, assegurado pelos beneficiários através do poder de invalidação das deliberações e do alargamento das hipóteses de responsabilização do órgão de administração; a versão forte admite, ao lado do controlo externo pelos beneficiários, um controlo interno desenvolvido pela assembleia geral. Para BARBIERI, o modelo organizativo a eleger deve observar os princípios da tripartição e da separação funcional: devem existir três órgãos (um deliberativo, um de gestão e um de controlo), cada qual com as respectivas competências predefinidas em termos irrevogáveis, ob. cit., 239-240.

O GOVERNO DAS ASSOCIAÇÕES CIVIS

A primeira proposta, como se avançou, é o reconhecimento da opção por uma administração unipessoal. Esta hipótese está expressamente prevista para as sociedades anónimas, no artigo 390.º, n.º 2 do CSC, em directa dependência do montante do capital social. Quanto às associações, poder-se-ia fazer intervir a consideração da dimensão, estrutura associativa e complexidade funcional.

Existem vantagens associadas à adopção do modelo do administrador único, desde logo, no plano da operacionalidade e efectividade da gestão. Reduzir o número de membros da administração terá o efeito de concentrar a tomada de decisões executivas numa só pessoa. Por outro lado, os inconvenientes resultantes da redução de membros podem ser neutralizados pela adopção de comissões técnicas, a constituir em função das necessidades, e que assegurem o acompanhamento especializado de algumas das actividades desenvolvidas pela associação, procedendo, em particular, ao estudo de alguns problemas e à elaboração de propostas de decisão[145]. A organização e o funcionamento de cada comissão deve ser determinado, pela administração, em cada momento, atendendo às concretas funções que lhe sejam atribuídas[146].

Por outro lado, os estatutos devem prever a faculdade de a administração deliberar a contratação da prestação de serviços por peritos, bem como a constituição e a extinção de comissões de apoio, com a função de a coadjuvar. A previsão em causa encontra o seu equivalente próximo no artigo 421.º, n.º 3 do CSC.

Em segundo lugar, e no pressuposto de se manter a estrutura colegial do órgão de administração, deve suprimir-se, reitera-se, a exigência de uma composição ímpar. Propõe-se, assim, a harmonização com a redacção actual do artigo 390.º, n.º 1 do CSC, que remete a determinação do número de administradores para o contrato de sociedade.

XIII – Outro dos aspectos que deve ser objecto de revisão é o relativo à remuneração dos membros do órgão de administração. As associações civis caracterizam-se pela ausência de escopo lucrativo – nesse ponto se apartando das sociedades. Este elemento justifica, em muitas situações, a ausência de remuneração dos administradores. Mas, nos casos em que esteja estipulado o pagamento de honorários, é adequado introduzir regras que, não cerceando a autonomia das partes, permitam orientar a fixação de uma remuneração razoável, portanto, a existência de uma *fairness rule*[147].

---

[145] Cf. PAULO CÂMARA, *Os modelos de governo*, cit., 223. Em França, cf. BENOIT LE BARS, *Les remèdes partiels*, cit., 744.

[146] Enfatizam a importância de uma comissão de auditoria, composta por membros independentes, FREDERICK D. LIPMAN/L. KEITH LIPMAN, *Corporate Governance/Best Practices/Strategies for Public, Private and Not-for-Profit Organizations*, Wiley Best Practices ou John Wiley & Sons, Inc., New Jersey, 2006, 224.

[147] Cf. KLAUS HOPT, *The board of nonprofit organizations*, cit., 551. Salientam a importância de transparência em matéria de retribuições dos membros do órgão de administração, FREDERICK D. LIPMAN/L. KEITH LIPMAN, *Corporate Governance*, cit., 229.

O GOVERNO DAS ORGANIZAÇÕES

Deve privilegiar-se, igualmente, a introdução de regras que impeçam a tendencial perpetuidade no exercício das funções de gestão, por via do estabelecimento de limites de mandatos consecutivos, na linha do que sucede em sede de associações especiais, como sejam as de solidariedade social[148]. Deve favorecer-se, assim, a rotatividade dos membros do órgão de administração, evitando os riscos de um exercício rotineiro e menos diligente[149].

Noutro campo, é fundamental minimizar as situações de absentismo dos membros do órgão de gestão. Uma das técnicas defendidas é a da "demissão implícita". No essencial, perante uma situação de absentismo reiterado, deve considerar-se que o membro em questão se demitiu do exercício das suas funções, podendo, por isso, ser substituído[150]. Aquela situação pode, ainda, ser mitigada se se autorizar, como proposto, em determinadas associações, a opção por uma administração única.

O propósito de assegurar a profissionalização no exercício das funções de administração aconselha a que os administradores das associações – pelo menos, em certo número, em função da composição quantitativa do órgão de administração – disponham dos conhecimentos e das competências adequadas à especificidade da actividade desenvolvida pela associação. A referida exigência permite assegurar, segundo cremos, um desempenho adequado e eficiente das funções. Constituirão, designadamente, indícios do adequado exercício de funções de administração: *i)* a diligência no exercício das funções; *ii)* a disponibilidade revelada; *iii)* a participação, com assiduidade, nas reuniões do órgão.

G) A fiscalização da associação

XIV – De acordo com o regime vigente, é obrigatória a existência de um conselho fiscal, constituído por um número ímpar de membros, dos quais um será o presidente (cf. artigo 162.º do C.C.)[151].

---

[148] Nesta matéria, cf. Acórdão do STJ de 6 de Junho de 2000 (processo n.º 00A446, in http://www.dgsi.pt): *(...) II – Pretende-se, assim, evitar longas permanências nos respectivos cargos, com o risco do seu exercício rotineiro e da formação de estruturas oligárquicas, e fomentar a rotatividade.*

[149] FREDERICK D. LIPMAN/L. KEITH LIPMAN apelam à importância de uma revisão periódica da estrutura e composição do órgão de administração, de forma a determinar aquela que seja mais adequada ao exercício efectivo de gestão social e à concretização dos objectivos e finalidades da associação, *Corporate Governance*, cit., 230.

[150] BENOIT LE BARS, *Les remèdes partiels*, cit., 745.

[151] Não se impõe a existência de um órgão de fiscalização no Direito italiano (cf. arts. 14 a 24 do *Codice Civile*), no Direito espanhol (cf. artículos 7 e 11 da Ley Orgânica n.º 1/2002, de 22 de Marzo, reguladora do Direito de Associação), nem no Direito alemão (cf. § 21 ss. do BGB). No Direito brasileiro, remete-se para os estatutos, sob pena de nulidade, a definição da *"forma de gestão administrativa e de aprovação das respectivas contas"* (cf. Art. 54, VII do Código Civil Brasileiro).

O GOVERNO DAS ASSOCIAÇÕES CIVIS

No contexto de uma eventual revisão legal, deve, em primeiro lugar, densificar--se as funções do órgão de fiscalização, podendo, também aqui, apelar-se ao lugar paralelo do CSC, em particular, à norma do artigo 420.º[152]. Deve, assim, esclarecer-se que ao órgão de fiscalização incumbe o exercício de funções de controlo, em geral, da actividade associativa, mas também do órgão de gestão da associação. A par das referidas funções, podem os estatutos reservar-lhe o exercício de funções complementares, como consultivas ou de parecer prévio relativamente aos actos de gestão mais relevantes[153].

Em segundo lugar, a existência de um órgão de fiscalização pode não encontrar justificação em associações, de pequena dimensão e com uma estrutura simplificada. Na verdade, a fiscalização institucionalizada não é obrigatória nas sociedades civis, modalidade de pessoa colectiva de Direito privado que comunga de elementos da associação e que desta se diferencia atento o respectivo escopo (lucrativo)[154]. Se assim é, parece que, por um argumento *ad maiorem*, a fiscalização não deve ser obrigatória, pelo menos, em todas as associações.

Em terceiro lugar, pode, ainda, questionar-se a opção legislativa relativa à necessidade de o órgão de fiscalização ter uma estrutura colegial[155]. Afigura--se, na verdade, mais adequado fazer depender a existência de um órgão de fiscalização de base colegial da dimensão, estrutura e complexidade funcional da associação. Assim, por exemplo, no Direito das sociedades comerciais, a constituição de um conselho fiscal é facultativa nas sociedades por quotas (cf. artigo 262.º do CSC), e, mesmo em matéria de sociedades anónimas, a imposição de um conselho fiscal só se verifica em determinadas circunstâncias (cf. artigos 413.º ss. do CSC)[156].

Neste contexto, pode justificar-se que, em determinadas associações – atendendo à respectiva dimensão, complexidade e importância –, as funções de fiscalização sejam asseguradas, de forma adequada, por um órgão unipessoal. Nesta eventualidade, continuar-se-ia a impor a existência de fiscalização estru-

---

[152] MENEZES CORDEIRO, *Tratado*, I, T. III, cit., 589. Propõe o recurso à analogia (em particular, ao artigo 420.º, n.os 1 e 3 do CSC) para delimitar as competências do conselho fiscal, MANUEL VILAR DE MACEDO, *Regime Civil das Pessoas Colectivas*, cit., anotação n.º 5 ao artigo 162.º, 42.

[153] Cf. CARVALHO FERNANDES, *Teoria Geral*, vol. I, cit., 632.

[154] Sobre o governo das sociedades civis, cf. *infra* FRANCISCO MENDES CORREIA, Corporate Governance *e sociedades civis: Algumas notas*, 557-580.

[155] Na Proposta de estatuto da associação europeia, a fiscalização das contas é efectuada "por uma ou várias pessoas aprovadas no Estado-membro em que a AE tem a sua sede, nos termos das disposições adoptadas por esse Estado em execução das Directivas 84/253/CEEE e 89/48/CEE" (cf. artigo 38.º da Proposta JO C 236, de 31 de Agosto de 1993). O artigo 40.º remete para os estatutos a forma de verificação das contas e de fiscalização da AE.

[156] A figura do fiscal único tem, igualmente, consagração no direito fundacional público. Cf., a propósito, DOMINGOS SOARES FARINHO, *Alguns problemas de governo fundacional*, cit.

turada e profissional, mas alicerçada na figura do fiscal único[157], com garantias de independência e sujeito aos constrangimentos normativos aplicáveis nos termos gerais. Refira-se, em todo o caso, que a unipessoalidade não deve ser sinónimo de limitação do exercício de funções de fiscalização e, concretamente, da redução à actividade de revisão de contas[158]. Esta solução permite, crê-se, simplificar a estrutura do órgão de fiscalização e neutraliza os inconvenientes da não adopção de uma estrutura colegial (assegurar o funcionamento do órgão, em caso de impedimento temporário ou permanente do seu titular; permitir uma ponderação das decisões; propiciar a participação de pessoas com diferentes valências)[159]. De resto, estando em causa associações de dimensão reduzida e sem complexidade funcional, não será difícil prover à substituição do titular do órgão de fiscalização.

A proposta sustentada não pode, naturalmente, ser importada de forma abstracta para todas as associações; antes, a respectiva implementação dependerá do preenchimento dos requisitos de habilitação, a saber: a reduzida dimensão da associação e a simplicidade funcional. A solução deve, portanto, ser adequada ao modelo associativo e, acima de tudo, ser susceptível de responder aos desafios colocados pelas garantias de independência e pelo postulado de transparência no exercício das funções.

Em quarto lugar, deve, também aqui, suprimir-se a exigência de imparidade. Com efeito, à semelhança do que se defendeu quanto ao órgão de administração, o voto de desempate do presidente do conselho fiscal (cf. artigo 171.º, n.º 2 do C.C.) constitui instrumento suficiente para prevenir situações de bloqueio e de impasse ao nível do funcionamento do órgão.

XV – Em todo o caso, e no pressuposto de se manter a exigência de um órgão de fiscalização e a colegialidade, é importante assegurar, pelo menos nas associações cuja dimensão, estrutura e complexidade de atribuições o justifique, que o órgão integrará, pelo menos, um membro *independente e que tenha as habilitações profissionais e a competência técnica adequadas ao exercício das suas funções, bem como conhecimentos em auditoria e contabilidade.* Os requisitos enunciados justificam-se num contexto de profissionalização do exercício das funções de fiscalização e estão previstos, no Direito societário, em sede de sociedades anónimas (cf. artigo 414.º, n.º 4 do CSC).

---

[157] *Processo de Consulta Pública n.º 1/2006,* cit., 27. Em tom crítico quanto à "permissão irrestrita de fiscais únicos", no contexto do CSC e salientando o risco de "esvaziamento funcional", atento o pernicioso efeito prático de o órgão de fiscalização "passar a ser apenas um órgão de revisão de contas", cf. Paulo Câmara, *Os modelos de governo,* cit., 216.

[158] O Estatuto dos Revisores Oficiais de Contas consta do Decreto-Lei n.º 487/99, de 16 de Novembro, na redacção introduzida pelos Decretos-Leis n.os 224/2008, de 20 de Novembro e n.º 185/2009, de 12 de Agosto.

[159] *Processo de Consulta Pública n.º 1/2006,* cit., 28. Para o elenco das desvantagens de um órgão social de composição unipessoal, cf. Paulo Câmara, *Os modelos de governo,* cit., 222.

O GOVERNO DAS ASSOCIAÇÕES CIVIS

H) Os deveres fiduciários dos titulares dos órgãos sociais

XVI – Um dos capítulos mais carecido de adequada regulamentação é o dos deveres fiduciários dos titulares dos órgãos de administração e de fiscalização. É aconselhável que as funções de administração e de fiscalização sejam confiadas a gestores e a fiscais profissionais, ao invés de serem alocadas aos membros da associação[160].

A revisão da orgânica e do governo das associações não pode negligenciar a consagração de deveres fiduciários, como os de cuidado e lealdade[161], a observar pelos titulares dos órgãos sociais: assim o aconselha a necessidade de profissionalização e de responsabilização dos titulares de órgãos sociais. As referidas directrizes encontram plena justificação no domínio associativo e, concretamente, no sector *nonprofit*, caracterizado, frequentemente, quer por um exercício puramente formal das funções de administração, quer pelo exercício desacompanhado das necessárias competências técnicas, conhecimento da actividade da organização e ausência de diligência adequada.

Por outro lado, não é despiciendo anotar que a exigência de uma actuação diligente, com respeito pelos interesses do mandante, e a obrigação de prestar contas relativas ao exercício da gestão, decorrem, já, da aplicação das regras do mandato, instituto que o legislador manda observar, expressamente, em matéria de *obrigações e responsabilidade dos titulares dos órgãos da pessoa colectiva* (cf. artigo 1161.º, por remissão do artigo 164.º, ambos do C.C.).

XVII – A intervenção, nesta matéria, deve seguir de perto o modelo consagrado no Direito societário, no artigo 64.º do CSC[162]. Aí se impõem aos gerentes

---

[160] MENEZES CORDEIRO, *Tratado*, I, T. III, cit., 669 e 690.

[161] O *Revised Model of Nonprofit Corporation Act*, de 1986, impõe aos directores das organizações *nonprofit* a observância dos deveres de cuidado e de diligência (*care and diligence in decision making*). Para mais desenvolvimentos, cf. KATHERINE O'REGAN/SHARON M. OSTER, *Does the Structure and Composition of the Board Matter?*, cit., 207. As AA. defendem que o órgão de administração deve contribuir para a organização com três dimensões: saúde financeira (doações e angariações de fundos), conhecimento (coordenando e fiscalizando) e trabalho. Por outro lado, desvalorizam, no sector *nonprofit*, a relação entre a composição do órgão de administração e o respectivo desempenho, ob. cit., 209. Cf., ainda, MARION R. FREMONT-SMITH, *Governing nonprofit organizations/Federal and State Law and Regulation*, The Belknap Press of Harvard University Press, 2008, 187-237. Referindo-se aos deveres fiduciários dos administradores (*loalty, care* e *obedience*), cf. CARMELO BARBIERI, *Gli enti «non profit»*, cit., 242. Enfatiza a importância de deveres dos administradores das *nonprofit organizations* e elenca cinco principais deveres (*obedience, loyalty, care, proper use and administration of the assets and correct accounting and reporting*), KLAUS HOPT, *The board of nonprofit organizations*, cit., 554-559. Elege o dever de obediência como o pilar fundacional dos deveres de cuidado e de lealdade, ROB ATKINSON, *Rediscovering the duty of obedience: toward a Trinitarian theory of fiduciary duty*, in "*Comparative Corporate Governance of non-profit organizations*", Cambridge University Press, Cambridge, 2010, 564-618.

[162] Reconhece utilidade, na perspectiva da densificação dos deveres do órgão de administração, aos princípios estabelecidos no artigo 64.º do Código das Sociedades Comerciais, MANUEL VILAR DE MACEDO, *Regime*

O GOVERNO DAS ORGANIZAÇÕES

e administradores da sociedade, por um lado, e aos titulares de órgãos sociais com funções de fiscalização, por outro, deveres de cuidado[163] e deveres de lealdade[164].

No plano do Direito a constituir, deve impor-se o respeito por deveres de cuidado – que se traduzem na necessária disponibilidade, competência técnica[165], conhecimento integral da actividade da associação e diligência adequados às funções desenvolvidas – e de lealdade – relacionados com a necessidade de respeitar o interesse comum dos associados e da associação[166].

Os deveres de cuidado estão associados à actuação diligente de um gestor criterioso e ordenado. Não prescindem, pois, da ideia de diligência profissional devida, em face das circunstâncias concretas[167]. Os administradores devem, para

Civil das Pessoas Colectivas, cit., anotação n.º 4 ao artigo 162.º, 41-42 e anotação n.º 5 ao artigo 162.º, 44. Para a análise do artigo 64.º do CSC, cf. Menezes Cordeiro, *Os deveres fundamentais dos administradores das sociedades (artigo 64.º/1 do CSC)*, in "A reforma do Código das Sociedades Comerciais/Jornadas em Homenagem ao Professor Doutor Raúl Ventura", Almedina, Coimbra, 2007, 19-60; *Código das Sociedades Comerciais Anotado*, Almedina, Coimbra, 2009, anotação ao artigo 64.º; *Os deveres fundamentais dos administradores das sociedades*, ROA, Ano 66 (Setembro de 2006), 443-488 e *A lealdade no direito das sociedades*, ROA, Ano 66 (Dezembro de 2006), 1033-1065; Calvão da Silva, *Responsabilidade civil dos administradores não executivos, da comissão de auditoria e do conselho geral e de supervisão*, in "A Reforma do Código das Sociedades Comerciais/Jornadas em Homenagem ao Professor Doutor Raúl Ventura", Almedina, Coimbra, 2007, 103-151, em especial, 139-149; Carneiro da Frada, *A business judgement rule no quadro dos deveres gerais dos administradores*, in "A Reforma do Código das Sociedades Comerciais/Jornadas em Homenagem ao Professor Doutor Raúl Ventura", Almedina, Coimbra, 2007, 61-102; Fátima Gomes, *Reflexões em torno dos deveres fundamentais dos membros dos órgãos de gestão (e fiscalização) das sociedades comerciais à luz da nova redacção do artigo 64.º do CSC*, 551-569 e Paulo Câmara, *O Governo das Sociedades e os Deveres Fiduciários dos Administradores*, in "Jornadas/ Sociedades Abertas, Valores Mobiliários e Intermediação Financeira", Almedina, Coimbra, 2007, 163-179. Para a densificação dos conceitos, cf. Menezes Cordeiro, *Os deveres fundamentais dos administradores*, cit., 57-58. Calvão da Silva apela ao critério do *"profissional razoável* (gestor, fiscal, médico, advogado, engenheiro, etc.), no condicionalismo do caso concreto", na concretização dos deveres fiduciários e defende uma equivalência substancial entre os n.ºs 1 e 2 do artigo 64.º, *Responsabilidade civil dos administradores não executivos*, ob. cit., 139 e 140.

[163] Para Paulo Câmara, os deveres de cuidado não se esgotam no tríptico exemplificativo constante da alínea a) do n.º 1 do artigo 64.º do CSC, *O Governo das Sociedades e os Deveres Fiduciários dos Administradores*, cit., 168. Carneiro da Frada, distingue entre *duty of care* e *duty to take care* e defende que está em causa uma lealdade qualificada, *A business judgement rule*, cit., 67-69.

[164] Para Menezes Cordeiro, a violação da lealdade "induz a presunção de culpa própria de responsabilidade obrigacional (799.º/1, do Código Civil)", *A lealdade*, cit., 1063.

[165] Referindo-se ao dever de competência, defende Paulo Câmara que esta deve ser apreciada em concreto, atendendo ao efectivo desempenho do cargo, segundo os critérios de actuação empresarial expressamente referidos no artigo 72.º, n.º 2 do CSC, e não apenas em abstracto, com base nos dados curriculares biográficos de cada titular do órgão, *O Governo das Sociedades e os Deveres Fiduciários dos Administradores*, cit., 172.

[166] Está hoje difundido, em algumas experiências jurídicas estrangeiras, a referência em termos autónomos aos deveres de prudência e de obediência – este último, especialmente difundido no direito das fundações, enquanto sinónimo de obrigação de obediência às regras aprovadas pelo fundador. No domínio das associações, o dever de obediência imporá a prossecução dos objectivos e das atribuições da associação.

[167] Cf. Calvão da Silva, *Responsabilidade civil dos administradores não executivos*, cit., 142.

O GOVERNO DAS ASSOCIAÇÕES CIVIS

o efeito, participar nas reuniões do órgão de administração e informar-se, de forma adequada e com a antecedência necessária, das actividades desenvolvidas pela associação de forma a poderem votar de forma independente[168]. O dever de cuidado obriga, ainda, a uma adequada gestão dos recursos, o que se traduz, em termos económicos, na prossecução de eficiência técnica e minimização dos custos. Este postulado concretiza-se, ao nível da fiscalização, por via da utilização de elevados padrões de diligência profissional.

Os deveres de lealdade têm um conteúdo essencialmente proibitivo e consistem na obrigação de os administradores actuarem no interesse da associação sem se aproveitarem da respectiva posição e supremacia para obterem vantagens pessoais à custa da organização[169]. Traduzem, assim, uma obrigação de não aproveitamento de vantagens, de forma directa ou indirecta. Justificar-se-á, por esta via, proibir os negócios entre a associação e os administradores e impedir a votação por parte daqueles que tenham interesse directo ou indirecto em determinadas transacções. Numa palavra, eliminar as situações que envolvam conflitos de interesses[170].

A referida "importação" dos deveres fiduciários deve, no entanto, ser feita com as devidas adaptações, atenta a dimensão, estrutura e complexidade funcional da associação. Nesse sentido, a técnica legislativa mais adequada afigura-se ser a consagração normativa de uma cláusula geral, susceptível de ser concretizar, depois, em sede estatutária[171].

A par da referida cláusula geral, é aconselhável, por último, que se proceda a uma delimitação dos sujeitos com legitimidade para arguir a violação dos referidos deveres fiduciários, e que se esclareça o processo a observar para o efeito, designadamente, a necessidade ou não de recurso ao tribunal[172].

---

[168] O dever de obtenção de informação configura, para PAULO CÂMARA, uma verdadeira obrigação de resultado e não apenas de meios, *O Governo das Sociedades e os Deveres Fiduciários dos Administradores*, cit., 169.

[169] Estão em causa, no essencial, deveres de *non facere*, o que não prejudica a possibilidade de uma leitura dos mesmos enquanto sinónimo de deveres positivos de conduta, cf. PAULO CÂMARA, *O Governo das Sociedades e os Deveres Fiduciários dos Administradores*, cit., 172-173.

[170] Para uma análise desenvolvida sobre as situações de conflitos de interesses entre o administrador e a sociedade, remetemos para PEDRO CAETANO NUNES, *Corporate Governance*, Almedina, Coimbra, 2006, em especial, 87 ss.

[171] No Direito italiano, com a proposta de previsão de uma cláusula geral, cf. CARMELO BARBIERI, *Gli enti «non profit»*, cit., 243.

[172] Propugna a atipicidade da modalidade de intervenção jurisdicional como instrumento de implementação dos deveres fiduciários dos administradores e de tutela dos direitos dos membros da organização, para o que se inspira na secção 459 do *Companies Act* de 1985, CARMELO BARBIERI, *Gli enti «non profit»*, cit., 243. Para BARBIERI, o controlo jurisdicional deve ter lugar não só na hipótese de a actuação dos administradores ser contrária à lei e os estatutos, mas também na eventualidade de: 1) manifesta incompatibilidade, incompetência e inadequação dos administradores; 2) *self-dealing*, isto é, os casos em que os administradores prosseguem os interesses próprios com prejuízo para a organização; 3) ausência de prossecução de finalidades sociais e não satisfação das expectativas jurídicas dos associados. Como se defende, o verdadeiro

O GOVERNO DAS ORGANIZAÇÕES

I) O regime de responsabilidade dos titulares dos órgãos sociais

XVIII – A responsabilização dos titulares dos órgãos sociais está hoje prevista, expressamente, apenas em face da pessoa colectiva[173]. Referimo-nos ao artigo 164.º do C.C. que, no essencial, manda aplicar as regras do mandato *"com as necessárias adaptações"*, no silêncio dos estatutos[174-175].

A referida opção legislativa é insuficiente, uma vez que não se esclarece os termos de uma eventual responsabilização dos titulares dos órgãos sociais perante, por um lado, os associados[176]; por outro, os credores; e, por último, os terceiros em geral.

A responsabilização dos titulares dos órgãos sociais perante os associados pode suportar-se nos artigos 78.º e 79.º do CSC, que aqui seriam aplicáveis analogicamente. Na verdade, não se vislumbram obstáculos à integração analógica, visto tratar-se de um caso omisso, com relevância jurídica, e que pode ser regulado pelas normas afins previstas no Direito societário[177]. Assim, os associados teriam a faculdade de, com base no artigo 79.º do CSC, demandar os titulares do órgão de administração com fundamento na lesão dos respectivos interesses

---

critério para delimitar as acções e as omissões susceptíveis de serem sindicadas é o do prejuízo injustificado por elas causadas aos membros da organização, não se exigindo, consequentemente, um comportamento ilegal ou ilícito, ob. cit., 245.

[173] O artigo 184.º, que precisa os efeitos da extinção da associação, responsabiliza solidariamente os administradores, em face da associação, pelos actos danosos que extravasem os poderes conferidos, extinta a associação (cf. n.º 1) e perante terceiros (cf. n.º 2), pelos actos praticados e pelas obrigações contraídas, uma vez extinta a associação.

[174] O Anteprojecto contemplava um artigo sobre a responsabilidade dos directores (cf. artigo 20.º) – *Responsabilidade dos directores "1.º – Os directores respondem para com a associação segundo as regras do mandato. 2.º – Nenhuma responsabilidade contrai o director que não tenha participado no acto causador do prejuízo, salvo se, estando presente, ele se tiver abstido de manifestar a sua discordância, ou se, sabendo que o acto ia ser praticado, não tiver feito constar, podendo fazê-lo, a sua oposição. 3.º – Logo que verifiquem que o activo da corporação é inferior ao passivo, os directores provocarão a declaração de insolvência. Se o não fizerem, responderão solidariamente pelo prejuízo que daí advenha a terceiros".*

[175] Para Paulo Videira Henriques, a solução legislativa não é irrazoável e articula-se com a consagrada em sede de sociedades civis, *O regime geral das associações,* cit., 294. Em todo o caso, admite que a mesma possa ser ponderada "no quadro de uma revisão legislativa", nomeadamente por via da introdução de "regras específicas para a realidade associativa", *O regime geral das associações,* cit., 294 e nota n.º 56, 294. No Projecto alterado de Regulamento relativo ao estatuto da associação europeia, os artigos 33.º a 35.º prevêem os termos da responsabilização civil dos titulares do órgão de administração perante a associação europeia (cf. Proposta JO C 236, de 31 de Agosto de 1993).

[176] No Direito espanhol, equaciona as hipóteses de responsabilização pessoal dos membros do órgão directivo, perante terceiros, os associados e a associação, María José Santos Morón, *La responsabilidad de las asociaciones y sus órganos directivos,* Iustel, Madrid, 2007, em especial, 253 ss.

[177] Para o conceito de lacuna, cf. Baptista Machado, *Introdução ao Direito e ao discurso legitimador,* Almedina, Coimbra, 2002, 194-195 e Inocêncio Galvão Telles, *Introdução ao Estudo do Direito,* vol. I, 11.ª ed., Coimbra Editora, Coimbra, 2001, 260-261.

550

O GOVERNO DAS ASSOCIAÇÕES CIVIS

ou dos interesses da associação[178]. Para o efeito, bastaria que se individualizasse a violação de uma situação jurídica activa, a existência de danos, a culpa por parte do titular do órgão da associação e se demonstrasse o nexo de causalidade adequado. Refira-se, a propósito do requisito da culpa, que, em nosso entender, não deve ser adoptada uma análise mais exigente do referido requisito, na hipótese de o exercício do mandato ser gratuito[179]. Na verdade, a culpa não deve ser aferida por esse critério: a onerosidade ou gratuidade do exercício do mandato. A apreciação da diligência, esclareça-se, deve ter lugar em abstracto, por referência à diligência de um administrador de uma associação que reúna as mesmas condições[180].

A responsabilização dos titulares dos órgãos da associação perante os terceiros em geral pode ser suportada no mesmo título de imputação. Estando em causa uma responsabilidade extraobrigacional, exigir-se-á, para o efeito, a demonstração dos respectivos requisitos gerais[181].

No que respeita à responsabilização em face dos credores, poder-se-á equacionar a aplicação, em matéria de associações, da norma do artigo 78.º do CSC, que pressuporá, assim, a demonstração da prática de actos ou de omissões que tenham determinado uma insuficiência do património social para a protecção dos créditos daqueles[182]. Nos demais casos, só caberá equacionar a responsabilização dos administradores com base na prática de um acto fora do exercício das funções e que, por isso, não possa ser imputado à associação.

Uma última nota para referir que a responsabilização dos titulares dos órgãos sociais, no plano do Direito a constituir, não deve prescindir da correspondente articulação com os deveres fiduciários.

---

[178] OLIVEIRA ASCENSÃO admite o direito de acção, a exercer directamente pelos associados, independentemente da associação, e refere-se à "lesão do dever funcional do suporte do órgão, que deve agir no interesse dos membros da pessoa colectiva também", *Direito Civil/Teoria Geral*, vol. I, cit., 277.

[179] Cf. AA. VV, *Associations* (coordination de Philippe-Henri Dutheil), cit., 229. Na Alemanha, rejeita-se um regime de responsabilidade diferenciador em função do exercício do mandato ser a título oneroso ou gratuito, mas admite-se que os estatutos possam baixar o *standard* de diligência – cf. THOMAS VON HIPPEL, *Nonprofit organizations in Germany*, cit., 210. O A. refere-se, ainda, à existência de propostas no sentido de responsabilizar os directores voluntários apenas em caso de negligência grave, ob. cit., 225. Para a discussão no contexto europeu, cf. KLAUS HOPT, *The board of nonprofit organizations*, cit., 557-559, com referências às orientações que admitem a mitigação da responsabilidade dos directores voluntários nos estatutos.

[180] AA. VV, *Associations* (coordination de Philippe-Henri Dutheil), cit., 229.

[181] OLIVEIRA ASCENSÃO defende, nesta hipótese, que a responsabilização só deve proceder relativamente a condutas dolosas, uma vez que parece inclinar-se para a insuficiência da simples negligência, *Direito Civil/Teoria Geral*, cit., vol. I, 279.

[182] Apesar de admitir a generalização deste princípio a todas as pessoas colectivas, OLIVEIRA ASCENSÃO não deixa de alertar para a maior dificuldade dessa operação, *Direito Civil/Teoria Geral*, vol. I, cit., 278.

O GOVERNO DAS ORGANIZAÇÕES

J) A destituição dos titulares dos órgãos sociais

XIX – O legislador remeteu para os estatutos a previsão de um regime aplicável à destituição dos titulares dos órgãos sociais. Neste capítulo, apenas se prevê que as funções dos titulares dos órgãos da associação são revogáveis, podendo os estatutos condicionar a revogação à existência de justa causa (cf. artigo 170.º, n.ºs 2 e 3), por um lado, e que a destituição dos titulares dos órgãos da associação integra o leque de competências necessárias da assembleia geral (cf. artigo 172.º, n.º 2 do C.C.), por outro.

Em geral, parece que o juízo favorável à destituição deve ser suportado na demonstração de comportamentos culposos que consubstanciem uma violação grave dos deveres a observar pelos titulares dos órgãos sociais, entre os quais, a irracionalidade ou irrazoabilidade da gestão, com prejuízo para a associação[183]. Pode equacionar-se, nesta sede, a aplicação analógica de normas previstas no Direito societário (*v.g.*, os artigos 257.º, n.º 6 e 403.º, n.º 4, em matéria de sociedades por quotas e anónimas, respectivamente, que contêm uma exemplificação dos comportamentos susceptíveis de fundar uma justa causa de destituição).

Por último, é aconselhável esclarecer-se a medida e a oportunidade de um eventual controlo jurisdicional, bem como do recurso ao processo previsto no artigo 1484.º-B do CPC[184].

K) A densificação do conteúdo da relação jurídica associativa

XX – Paralelamente à densificação dos deveres dos titulares dos órgãos sociais e dos núcleos de responsabilidade susceptíveis de serem accionados, justifica-se alargar o acervo dos direitos titulados pelos associados[185]. Entre esses direitos,

---

[183] MANUEL VILAR DE MACEDO defende uma aplicação restritiva da sanção de destituição, que entende dever ser reservada para as hipóteses de violação grave (a título de dolo ou negligência) dos deveres, *Regime Civil das Pessoas Colectivas*, cit., anotação n.º 7 ao artigo 172.º, 90.

[184] Defende a inaplicabilidade do regime previsto no artigo 1484.º-B do CPC, pelo facto de entender que só a assembleia geral tem competência para formular o juízo de censura que suportará aquela sanção, MANUEL VILAR DE MACEDO, *Regime Civil das Pessoas Colectivas*, cit., anotação n.º 7 ao artigo 172.º, 90. No sentido do não reconhecimento da possibilidade de destituição ou suspensão judicial dos titulares dos órgãos sociais, a requerimento dos associados, cf. Acórdão do Tribunal da Relação de Lisboa de 24 de Janeiro de 2008 (processo n.º 10849/2007-2i, in http://www.dgsi.pt).

[185] Na Proposta alterada do estatuto da associação europeia (cf. Proposta JO C 236, de 31 de Agosto de 1993), reconhecem-se a qualquer associado os direitos de participação e representação na assembleia geral (cf. artigo 15.º); de informação (cf. artigo 16.º); de voto (cf. artigo 17.º – consagrando-se a regra de um voto por associado e admitindo-se o voto por correspondência, mediante previsão estatutária). ANDREA ZOPPINI distingue três tipos de direitos no contexto da associação europeia: a) direitos absolutamente indisponíveis, como o direito à informação, à participação na assembleia geral e à impugnação de deliberações sociais;

O GOVERNO DAS ASSOCIAÇÕES CIVIS

cumpre destacar – pela sua importância vital na fiscalização do órgão de administração – o direito à informação[186]. Apesar da ligação ao direito de voto, entendemos que os direitos são autonomizáveis, justificando-se, nessa medida, que o direito à informação seja consagrado como direito geral, reconhecido mesmo aos associados que não sejam titulares do direito de voto[187]. Na verdade, pese embora a ausência de consagração normativa de um catálogo de direitos (e de obrigações) dos associados, o direito à informação deve ser reconhecido pelos estatutos e regulado em termos que permitam chegar a uma solução equilibrada entre a necessidade de aceder a uma informação mínima, por um lado, e as exigências de reserva e de confidencialidade, por outro.

O direito à informação, compreendendo o poder de exigir o esclarecimento ou a aclaração de aspectos duvidosos relativos à actividade social, mormente quanto aos documentos de prestação de contas[188], configura-se como um direito subjectivo *stricto sensu*[189], a exercer, primordialmente, em face do órgão de administração, que se encontrará, assim, numa situação jurídica passiva, de adstrição a uma conduta – a prestação das informações requeridas. O direito à informação permite, pois, ao associado obter elementos de facto – técnicos, científicos ou de outra natureza – sobre a actividade associativa e, estruturalmente, contrapõe o associado à administração da pessoa colectiva. Deve, pois, ser perspectivado enquanto poder ou faculdade de fiscalização da vida social, a exercer, no plano individual, por cada associado[190].

b) direitos indisponíveis pela maioria, cuja supressão pressupõe o concurso do consenso do interessado, como sejam, os direitos reconhecidos a uma categoria de associados, mas também o direito de voto e o direito à quota de liquidação; c) direitos disponíveis pela maioria, que são variáveis e relativamente aos quais cada associado apenas tem o direito a concorrer na decisão com o próprio voto, ressalvada a hipótese de conflito de interesses, *L'associazione europea*, cit., 255.

[186] No Direito francês, critica a ausência de consagração normativa de um elenco de direitos e de poderes dos associados quanto ao funcionamento das associações e defende que os estatutos devem consagrar mais direitos dos associados, em particular, o direito à informação, Yves Guyon, *Les insuffisances*, cit., 737-740. Cf., ainda, Benoit le Bars, *Les remèdes partiels*, cit., 746. Na Proposta alterada do estatuto da associação europeia, reconhece-se a todos os membros o direito de informação (cf. artigo 16 da Proposta JO C 236, de 31 de Agosto de 1993). O *Codice* italiano impõe a regulamentação dos direitos e obrigações dos associados e as condições da respectiva admissão – cf. artigo 16. – *Atto costitutivo e statuto. Modificazioni* – (...) *Devono anche determinare, quando trattasi di associazioni, i diritti e gli obblighi degli associati e le condizioni della loro ammissione* (...).

[187] Cf. Carvalho Fernandes, *Teoria Geral*, vol. I, cit., 623.

[188] Cf., por todos, João Labareda, *Direito à Informação*, in "Problemas do Direito das Sociedades", Almedina, Coimbra, 2003, 119 151.

[189] Reconduzindo o direito de fiscalização, enquanto género que compreende o direito à informação, à categoria dos direitos subjectivos *stricto sensu*, cf. Raúl Ventura, *Apontamentos sobre Sociedades Civis*, cit., 136-137. Para a definição de direito subjectivo, enquanto faculdade ou poder de exigir de outrem um dado comportamento, cf., por todos, Manuel de Andrade, *Teoria Geral da Relação Jurídica*, vol. I, Almedina, Coimbra, 1997, 3.

[190] Cf. Carvalho Fernandes, *Teoria Geral*, vol. I, cit., 623.

O GOVERNO DAS ORGANIZAÇÕES

XXI – O direito à informação não tem consagração específica no C.C, em matéria de associações[191], circunstância que se compreende atendendo ao facto de, como referido, o legislador remeter para a autonomia estatutária a regulamentação do acervo de direitos e obrigações dos associados (cf. artigo 167.º, n.º 2, do C.C.).

Neste campo, e pese embora a não consagração expressa do direito à informação no regime jurídico das associações, é possível concluir-se que o artigo 172.º, n.º 2, do C.C., reservando à assembleia geral a competência em matéria de aprovação do balanço, permite fundar o reconhecimento – embora implícito – do correspectivo direito de fiscalização e de controlo do órgão de administração pelos associados (com assento na assembleia geral).

Em suma, deve favorecer-se o reconhecimento normativo e estatutário do direito à informação, perspectivado enquanto poder de controlo da actividade social pelos associados, e que deve ter um conteúdo e um alcance distintos, em função da dimensão, estrutura e complexidade funcional da associação[192]. Assim, pode admitir-se o exercício do direito à informação de forma informal em associações de pequena dimensão, mas ser indispensável a respectiva regulamentação nas associações de grande dimensão[193].

L) A responsabilidade dos associados em situações de abuso de constituição da associação

XXII – Numa eventual revisão do regime jurídico das associações, justifica-se, por último, reapreciar a temática da responsabilidade dos associados. Esclareça-se que a autonomização desta fonte de responsabilidade só terá fundamento nas hipóteses em que se demonstre que a pessoa colectiva foi instrumentalizada de forma a satisfazer interesses pessoais dos associados, com subalternização do interesse comum da associação.

Referimo-nos, pois, às situações de abuso na constituição da associação, em que poderá ser accionado o levantamento da personalidade jurídica colectiva,

---

[191] O C.C. regula, na secção relativa às modalidades de obrigações, a obrigação de informação (cf. artigos 573.º-576.º). Por outro lado, em sede de sociedades civis, admite-se, em termos expressos, a fiscalização da actividade social (cf. artigo 988.º do C.C.). Também o CSC dispõe, minuciosamente, sobre o exercício do direito à informação, quer na parte geral (cf. artigo 21.º, n.º 1, c)), quer na parte especial, a propósito de cada tipo societário (cf. artigo 181.º, para as sociedades em nome colectivo – SNC; artigos 214.º a 216.º, para as sociedades por quotas – SQ; e artigos 288.º a 293.º, para as sociedades anónimas – SA).

[192] No Direito italiano, CARMELO BARBIERI refere-se à circunstância de não existirem, em regra, índices de *performance* claros e evidentes que permitam controlar a eficiência da acção associativa, bem como a prossecução dos objectivos prefixados, *Gli enti «non profit»*, cit., 238. A dificuldade de monitorização da actividade associativa resulta, ainda, segundo BARBIERI, da heterogeneidade dos fins prosseguidos, bem como da natureza eminentemente social (e não tanto económica) dos objectivos visados.

[193] Cf. AA. VV, *Associations* (coordination de Philippe-Henri Dutheil), cit., 207.

O GOVERNO DAS ASSOCIAÇÕES CIVIS

com o correspondente desrespeito pelo princípio da separação de esferas e da autonomia patrimonial. Neste ponto, e no pressuposto de se assumir uma opção favorável à responsabilização pessoal dos associados, caberá esclarecer o respectivo âmbito e natureza: em concreto, se a referida responsabilidade deve ser limitada ou ilimitada; conjunta ou solidária; directa ou subsidiária[194].

Por último, nas situações patológicas em que se revele uma desadequação entre o objecto social (declarado nos estatutos) e a realidade, julgamos haver igual fundamento para recorrer ao instrumento da desconsideração da personalidade jurídica colectiva[195]. Está, contudo, em causa matéria que não pode prescindir de um adequado esforço de concretização pela doutrina e pelos tribunais.

5. POSIÇÃO ADOPTADA – UMA PROPOSTA: OS PRINCÍPIOS DO GOVERNO DAS ASSOCIAÇÕES

I – A revisão do regime legal deve contemplar a organização interna das associações.

Um dos aspectos carecido de particular atenção respeita à composição e à estrutura dos órgãos de administração e de fiscalização. Como observado, deve suprimir-se, do texto legal, a exigência de imparidade. Os eventuais impasses resultantes da circunstância de estar em funcionamento um órgão de composição par podem ser facilmente ultrapassados pelo exercício, pelos respectivos presidentes, do voto de desempate.

Deve, ainda, reconhecer-se, no plano normativo, a faculdade de opção entre um modelo de administração e de fiscalização unipessoal ou plural, consoante a

---

[194] Cf. PAULO VIDEIRA HENRIQUES, *O regime geral das associações*, cit., 280.

[195] Admite a aplicabilidade do instituto da desconsideração da personalidade jurídica em matéria de associações ou fundações, OLIVEIRA ASCENSÃO, *Direito Civil/Teoria Geral*, vol. I, cit., 319. Refere-se ao fenómeno da superação da pessoa colectiva, sem proceder a distinções entre os diversos tipos de pessoas colectivas, CARVALHO FERNANDES, *Teoria Geral*, vol. I, cit., 528-532. Cf., ainda, HEINRICH HÖRSTER, *A Parte Geral*, cit., 359 e PAULO VIDEIRA HENRIQUES, *O regime geral das associações*, cit., 287. No Direito italiano, alerta para as experiências negativas de abuso do instituto associativo *non profit* e para a respectiva utilização de forma fraudulenta, em operações e finalidades privadas de conotações altruísticas, que têm suscitado o debate em torno do incremento do controlo administrativo, bem como para a oportunidade de associações sem escopo lucrativo, GAETANO PIEPOLI, *Gli enti «no profit»*, cit., 224-225. Fora do espaço europeu, cumpre referir a disposição consagrada no Código Civil Brasileiro, relativa ao abuso da personalidade jurídica: nos termos do artigo 50, *"Em caso de abuso da personalidade jurídica, caracterizado pelo desvio de finalidade, ou pela confusão patrimonial, pode o juiz decidir, a requerimento da parte, ou do Ministério Público quando lhe couber intervir no processo, que os efeitos de certas e determinadas relações de obrigações sejam estendidas aos bens particulares dos administradores ou sócios da pessoa jurídica".*

O GOVERNO DAS ORGANIZAÇÕES

dimensão, estrutura e complexidade funcional associativa. Por outro lado, deve, igualmente, favorecer-se o reconhecimento da alternativa entre um modelo de governo monista e um dualista, fazendo intervir-se, nesta matéria, os referidos critérios da dimensão, estrutura e complexidade funcional de cada associação. Deve, pois, remeter-se para a autonomia estatutária a definição do modelo de organização a adoptar.

O maior desafio, neste domínio, consiste na introdução de algumas das reformas introduzidas no Direito societário, inspiradas nos princípios de *corporate governance*. Para esse efeito, e como adiantado, deve impor-se a observância, pelos titulares dos órgãos sociais, de deveres fiduciários em particular, de lealdade e de cuidado –, bem como densificar-se os pressupostos e as condições de uma eventual responsabilização dos membros dos órgãos de administração e de fiscalização. O desiderato da profissionalização das funções de administração aconselha, ainda, que sejam introduzidas regras em matéria de remuneração dos membros do órgão de administração, sector que deve pautar-se pela observância do princípio da transparência. É, também, recomendável introduzirem-se limites temporais ao exercício dos mandatos sociais, com vista a assegurar a revisão periódica da composição e da estrutura do órgão de administração.

Por último, justifica-se a exigência de que, pelo menos, um dos membros dos órgãos de administração e de fiscalização disponha das competências técnicas e das habilitações adequadas ao exercício das funções. A profissionalização do exercício das funções pode, por último, aconselhar a constituição de comissões técnicas e consultivas, que assessorem, designadamente, o órgão de administração, em determinadas matérias.

II – Sistematizadas as coordenadas fundamentais no plano do Direito a constituir, importa assumir posição quanto ao método a adoptar, em particular, à luz da alternativa entre uma intervenção legislativa e a aplicabilidade, por força de uma interpretação extensiva ou de uma integração analógica, de regimes afins, como sucede com o constante do CSC.

Em nosso entender, a solução mais adequada é a da intervenção legislativa. Nesse sentido militam razões relativas à segurança jurídica e à certeza do direito.

A posição assumida não pretende, contudo, ter o efeito de suprimir o exercício da autonomia estatutária. Assim, concretamente no que respeita à introdução dos princípios de um bom governo das associações, a mesma deve ter lugar por via de um conjunto de normas, de natureza legal ou regulamentar, *v.g.*, através de Códigos de Conduta.

Por último, é importante não impor modelos rígidos nem uniformes, mas sim directrizes gerais, a concretizar em função da dimensão, estrutura e complexidade funcional da associação, em conformidade com o brocardo *one size doesn't fit all*. Devem, portanto, ser privilegiadas normas permissivas, que autorizem a conformação estatutária das directivas legais, em função das características, figurino e dimensão da associação.

III – O regime jurídico das associações deve assentar nas seguintes directrizes:

1.º É aconsclhável que os estatutos de cada associação densifiquem o conteúdo da relação jurídica associativa. Neste contexto, justifica-se consagrar normativamente um elenco exemplificativo de direitos e de obrigações dos associados. Entre os direitos, é importante reconhecer o direito à informação, a exercer em face do órgão de administração e que pode representar um instrumento importante de controlo da gestão da associação.

2.º Deve admitir-se a consagração estatutária de diversas categorias de associados, a que correspondam diferentes estatutos jurídicos, no respeito estrito dos princípios gerais de Direito, e que, como tal, se funde num critério material razoável.

3.º A mesa da assembleia geral deve ser objecto de consagração normativa, reconhecendo-se ao presidente da mesa da assembleia geral poderes de direcção dos trabalhos da assembleia geral. Deve, ainda, ser favorecida a previsão estatutária da figura do secretário da associação.

4.º A assembleia geral deve ser convocada pela administração ou pelo presidente da mesa da assembleia geral, por indicação da administração ou por sua iniciativa, na hipótese de os estatutos o autorizarem.

5.º Os estatutos devem prever que, na impossibilidade de a assembleia geral reunir em primeira convocação, esta reunirá, em segunda convocação, de acordo com o previsto no aviso convocatório ou, no caso de este ser omisso, na mesma hora e local, decorrido certo lapso de tempo.

6.º Os associados devem poder ser representados na assembleia geral, por outro associado ou por um terceiro, ressalvada a existência de proibição estatutária. Deve igualmente autorizar-se o voto por correspondência, salvo cláusula estatutária em contrário.

7.º A convocatória da assembleia geral deve poder ser enviada por aviso postal ou por fax, bem como por correio electrónico com recibo de leitura, mediante autorização prévia dos associados.

8.º Os estatutos devem definir o modelo dc organização adoptado pela associação, com base na opção reconhecida pelo legislador, elegendo um sistema monista ou dualista.

9.º Os órgãos de administração e de fiscalização podem ter uma estrutura unipessoal ou plural, em função da dimensão, estrutura e complexidade funcional da associação.

10.º Deve prever-se, a par da competência reconhecida aos presidentes dos órgãos de administração e de fiscalização, a possibilidade de a convocação dos órgãos ter lugar por iniciativa de um conjunto de titulares, a fixar estatutariamente.

11.º Na hipótese de ter uma estrutura colegial e plural, o órgão de administração deve ser composto pelo número de membros fixado nos estatutos ou, em momento ulterior, por deliberação da assembleia geral. Em caso de composição par, deve ser reconhecido ao respectivo presidente o direito a voto de desempate.

12.º Os administradores devem exercer a sua função de forma efectiva e em total comprometimento com os interesses comuns dos associados e da associação e ter a competência adequada ao exercício adequado das funções.

13.º O órgão de administração deve incluir um número de administradores independentes, em função da dimensão, estrutura e complexidade funcional da associação.

14.º O órgão de administração deve colaborar com os demais órgãos sociais, transmitindo todas as informações relevantes sobre a associação, bem como aquelas que, tendo um fundamento legítimo, sejam solicitadas pelos associados, no exercício do direito à informação.

15.º Deve favorecer-se a rotatividade no exercício das funções de administração e introduzir-se um limite quanto ao número de mandatos susceptíveis de serem exercidos pelo titular.

16.º Deve reconhecer-se ao órgão de administração a faculdade de deliberar a contratação de peritos, bem como a constituição e a extinção de comissões de apoio, a quem será reconhecida a função de coadjuvar a administração.

17.º Deve assegurar-se que o órgão de fiscalização – nos casos em que seja obrigatória a respectiva institucionalização – integra um ou mais membros independentes do órgão de administração, com competências técnicas e habilitações profissionais adequadas ao exercício das funções.

18.º Os titulares dos órgãos sociais devem estar obrigados ao respeito por deveres de cuidado – que se traduzem na necessária disponibilidade, competência técnica, conhecimento integral da actividade da associação e diligência adequados às funções desenvolvidas – e de lealdade – relacionados com a necessidade de respeitar o interesse comum dos associados e da associação.

19.º Os titulares dos órgãos sociais devem responder pela violação culposa dos deveres que lhe incumbem, perante a associação, os seus membros, bem como perante terceiros.

20.º Os órgãos de administração e de fiscalização devem ter regulamentos internos, publicitados nos termos gerais.

CAPÍTULO XIV

CORPORATE GOVERNANCE E SOCIEDADES CIVIS: ALGUMAS NOTAS

Francisco Mendes Correia

ABSTRACT: *This article addresses selected issues on the governance of Portuguese civil partnerships. After a brief introduction (1), a section of the article is devoted to selected issues on conflicts between shareholders and directors in civil partnerships (2); some legal problems emerging from conflicts between shareholders are subsequently analyzed (3), as well as issues regarding conflicts between partnerships and its creditors (4). With regard to this latter issue, special attention is devoted to the insolvency regime applicable to civil partnerships.*

SUMÁRIO: *1. Introdução; 2. A sociedade civil no Direito Comparado; A)* Corporations versus Partnerships; *B)* Corporate Governance *e* Partnerships; *3. Conflitos entre sócios e administradores; A) Composição, designação e funcionamento; B) Deveres dos administradores; C) Mecanismos de controlo pelos sócios; D) Administradores independentes; E) Existe vantagens de governo intrínsecas nas sociedades civis?; i) Remuneração e avaliação do desempenho dos administradores; ii) Financiamento; iii) A sociedade civil pura tem mecanismos intrínsecos de governo das sociedades?; 4. Conflitos entre sócios; 5. Conflitos entre a sociedade e terceiros.*

1. INTRODUÇÃO

A fluidez terminológica[1] com que é utilizada a expressão *corporate governance* entre nós poderia levar a que o cruzamento entre esta matéria e a das sociedades civis resultasse numa análise, não menos que exaustiva, de todos os mecanismos de governo (e sua fiscalização) aplicáveis às sociedades civis. Deveria compreender, por isso, não só a análise das normas que regulam a administração da sociedade, como a das que se destinam à sua fiscalização, e ainda o tratamento das normas que, directa ou indirectamente, se propõem superar os conflitos entre sócios, entre sócios e administradores e entre a sociedade e terceiros.

A análise do *governo* das sociedades civis deixaria, assim, poucas matérias de fora: talvez as regras de constituição (mas nem todas, já que logo na realização de entradas se pode verificar um conflito entre sócios ou entre a sociedade e futuros credores) e, talvez por serem menos problemáticas na prática, as relativas à dissolução e liquidação (e apenas porque as mais relevantes, em matéria de extinção da sociedade, são regras insolvenciais, já atingidas pela *vocação expansiva* do *governance*).

Cumpre, por isso, delimitar o âmbito da presente análise, dada a natureza da obra colectiva em que (imerecidamente) se insere. Num primeiro momento, tentar-se-á situar a sociedade civil no plano do Direito Comparado, para mais facilmente poderem ser colhidos os frutos da discussão sobre *corporate governance* nas latitudes onde a mesma foi iniciada e tem prosseguido principalmente (1). Depois, e escolhendo uma metodologia de análise, entre outras possíveis, que se tem revelado frutuosa a propósito do *governance*, serão analisados alguns aspectos do regime português das sociedades civis, tendo por pano de fundo três áreas problemáticas típicas: conflitos entre sócios e administradores (2), conflitos entre sócios (3) e conflitos entre a sociedade civil e terceiros (4). A propósito da primeira delas – conflitos entre sócios e administradores –, serão testadas, face ao direito português, algumas teses que na literatura americana têm sublinhado as vantagens *intrínsecas* das *partnerships* em matéria de *corporate governance*.

A análise que em seguida se apresenta coloca-se, quase exclusivamente, no plano do direito constituído: interessa em primeiro lugar, no momento em que se tenta um cruzamento entre a metodologia de análise própria do *corporate governance* e o regime das sociedades civis, enunciar o direito aplicável. A análise crítica, num plano de direito a constituir, também típica da literatura sobre *corporate governance*, apelando frequentemente a considerações de eficiência económica,

---

[1] Sublinhando que a *vocação expansiva* do *corporate governance* se verifica não só em relação ao tipo de organizações abrangidas, mas também em relação aos temas analisados a este propósito, Paulo Câmara, neste volume, cit. XX.

poderá ser tentada posteriormente (e desejavelmente por intérpretes mais bem preparados para a empreitada).

Dadas as limitações *supra* referidas, apenas será analisado o regime geral das sociedades civis, constante dos artigos 980.º e seguintes do Código Civil ("CC"). Pese embora a proliferação de regimes especiais de sociedades profissionais, o Código Civil continua, na maior parte dos casos, a fornecer a primeira linha de soluções supletivas: pense-se no artigo 2.º do Decreto-Lei n.º 229/2004, de 10 de Dezembro (Regime Jurídico das Sociedades de Advogados) ou no n.º 3 do artigo 94.º do Estatuto da Ordem dos Revisores Oficiais de Contas[2], aplicável às sociedades de revisores oficiais de contas que não adoptem forma comercial.

2. A SOCIEDADE CIVIL NO DIREITO COMPARADO

Sendo reconhecido na doutrina portuguesa que o debate sobre o governo das sociedades (*corporate governance*) teve a sua origem nos espaços jurídicos inglês e americano[3], e sendo inegável o desenvolvimento científico que esta questão aí adquiriu, importa situar, desde logo, as sociedades civis portuguesas perante as formas empresariais inglesas e americanas, para mais facilmente poder aproveitar o debate científico actual.

Na literatura comparatística, os protagonistas mais próximos da sociedade civil pura do Código Civil português ("CC") – 980.º e seguintes, CC –, são provavelmente a *Gesellschaft des bürgerlichen Rechts* ("*BGB-Gesellschaft*")[4], regulada pelos §§ 705 a 740 do Código Civil alemão ("BGB") e a *società simplice*, regulada nos artigos 2251 a 2290 do Código Civil italiano ("Cciv")[5].

---

[2] Aprovado pelo Decreto-Lei n.º 487/99, de 16 de Novembro, mas substancialmente revisto pelo Decreto-Lei n.º 224/2008, de 20 de Novembro, que procedeu à respectiva republicação.

[3] PAULO CÂMARA, *O Governo das Sociedades em Portugal: uma introdução*, CadMVM 12 (2001), 10; MENEZES CORDEIRO, *Manual de Direito das Sociedades* (2007), 2, 843; COUTINHO DE ABREU, *Governação das Sociedades Comerciais* (2010), 8.

[4] Pontos de aproximação entre a sociedade civil pura e a *BGB-Gesellschaft* são, entre outros, a própria noção de sociedade (§ 705 BGB e artigo 980.º CC), a responsabilidade ilimitada e solidária dos sócios pelas dívidas da sociedade, caso o património social se revele insuficiente (§ 735 BGB e artigo 997.º n.ºs 1 e 2 CC), ou a regra supletiva que atribui aos sócios a administração da sociedade (§ 709 BGB e artigo 985.º CC).

[5] Pontos de aproximação entre a sociedade civil pura e a *società simplice* são, entre outros, também a própria noção de sociedade (artigo 2247 Cciv e artigo 980.º CC), a regra da unanimidade nas alterações ao contrato (artigo 2252 Cciv e artigo 982.º/1 CC) ou a responsabilidade pessoal e solidária dos sócios pelas dívidas da sociedade, em caso de insuficiência do património social (artigo 2267 Cciv e artigo 997.º, n.ºs 1 e 2 CC).

O GOVERNO DAS ORGANIZAÇÕES

Esta proximidade pode servir de primeira pista na investigação, tendo em conta a produção científica no espaço germânico a propósito do governo das sociedades, e a comunicação com os espaços científicos inglês e americano que a caracteriza.

A *BGB-Gesellschaft* é classicamente integrada como *partnership* na Summa Divisio de *business associations* pelos comparatistas alemães (i.e. *partnerships* vs. *corporations*), opondo-se assim às *corporations*[6].

Sucintamente, no lado das *partnerships*, são incluídas (i) a BGB-*Gesellschaft*, (ii) a *Partnerschaftsgesellschaft*, (iii) a *offene Handelsgesellschaft* (OHG), (iv) a *Kommanditgesellschaft* (KG) e (v) a *stille Gesellschaft*[7].

Numa primeira e tentativa equivalência – com as devidas ressalvas e sem pretensões de estabelecer um quadro comparatístico em sentido próprio – poderiam ser escolhidas, respectivamente: (i) a sociedade civil pura, (ii) os vários tipos de sociedades civis profissionais, (iii) a sociedade em nome colectivo, (iv) a sociedade em comandita simples e (v) a associação em participação.

Se compararmos estas formas com as incluídas geralmente no mundo das *corporations* (*Aktiengesellschaft* – AG; *Gesellschaft mit beschränker Haftung* – GmbH; *societas europaea* – SE), verificamos que o ponto essencial na distinção é a ausência de responsabilidade limitada nas *partnerships*, bem como a falta de autonomia patrimonial plena. Com efeito, em todas elas os sócios podem ser chamados a responder pelas dívidas da sociedade (*responsabilidade não limitada*) e discute-se, por outro lado, que os direitos e deveres não são detidos *pela sociedade*, mas pelos sócios em mão comum (*gemeinschaftliches Vermögen der Gesellschafter*, § 718 BGB).

A) *Corporations versus Partnerships*

Para analisar as diferenças estruturais entre os entes não (totalmente) personificados e as formas organizativas societárias, de cariz personificado, que em quase todas as jurisdições estão disponíveis para adopção por parte dos agentes económicos, podemos utilizar, sem prejuízo da utilidade de muitos outras, a lista de características específicas das *business corporations* avançada por Armour/Hansmann/Kraakman: personalidade jurídica, responsabilidade limitada, participações transmissíveis, gestão delegada e propriedade dos investidores[8].

---

[6] ASSMANN/LANGE/SETHE, *The Law of Business Associations* em REIMANN/ZEKOLL, *Introduction to German Law* (2005), 143; TREMML/BUECKER, *Recognized Forms of Business Organizations* em WENDLER/TREMML/BUECKER (eds.), *Key Aspects of German Business Law* (2008), 23.

[7] ASSMANN/LANGE/SETHE, *The Law of Business Associations*, cit., 143 e ss., TREMML/BUECKER, *Recognized Forms of Business Organizations*, cit., 7 e ss.

[8] JOHN ARMOUR/HENRY HANSMANN/REINIER KRAAKMAN, *What is Corporate Law?* em KRAAKMAN et al., *The Anatomy of Corporate Law: a Comparative and Functional Approach* (2009), 2.

CORPORATE GOVERNANCE E SOCIEDADES CIVIS

Nas sociedades civis, faltam, em maior ou menor medida algumas, ou mesmo todas as características apontadas. Tome-se o exemplo da sociedade civil pura do Código Civil: a personalidade jurídica é discutida pela doutrina[9]; não oferece responsabilidade limitada (977.º/1); as participações não são livremente transmissíveis, por via de regra (995.º/1); em princípio, os sócios assumem a gestão da sociedade, não havendo delegação (985.º/1).

Não quer isto dizer, no entanto, que deixem de se colocar os problemas típicos descritos pela análise económica como *problemas de agência* – os potenciais conflitos entre sócios, administradores e terceiros –, que habitualmente se colocam no mundo das *business corporations*[10].

A existência destes problemas, perante características básicas distintas leva a que os mesmos devam ser analisados de forma especial, mas não particular. Até porque, dadas as suas características, as sociedades civis e outras formas oriundas do mundo *unincorporated* podem oferecer excelentes contributos para a *corporate governance* das *business corporations*.

Muito embora com *nuances,* as sociedades civis funcionam como centros de imputação de direitos e deveres[11]. A limitação da responsabilidade tem sido alcançada no estrangeiro, no campo das *partnerships,* e em Portugal, com a proliferação de sociedades civis de responsabilidade limitada (ex. sociedades de advogados). Assim, o campo por eleição de uma análise, por *diferença específica,* do *corporate governance* das sociedades civis concentrar-se-á no facto – nos problemas daí decorrentes e nas soluções encontradas –, de as mesmas apresentarem contrastes assinaláveis com as *business corporations,* no que se refere à transmissibilidade de participações e à gestão delegada.

B) *Corporate Governance* e *Partnerships*

No debate actual sobre governo das *partnerships,* são frequentes as referências à flexibilidade permitida pelo legislador (por oposição a uma regulação mais detalhada e estanque nas *corporations*), que viabilizaria uma adequação mais perfeita das regras de governo às características de cada projecto societário[12].

---

[9] Para um resumo sobre o estado actual da discussão, entre nós, FRANCISCO MENDES CORREIA, *Transformação de Sociedades Comerciais: Delimitação do Âmbito de Aplicação no Direito Privado Português,* (2009), 205 e ss.
[10] Neste sentido, JOHN ARMOUR/HENRY HANSMANN/REINIER KRAAKMAN, *What is Corporate Law?,* cit., 2.
[11] FRANCISCO MENDES CORREIA, *Transformação de Sociedades Comerciais,* cit., 207-216.
[12] JOSEPH A. MCCAHERY, "*Introduction: Governance in Partnership and Close Corporation Law in Europe and the United States*", em MCCAHERY, et al. (eds) – *The Governance of Close Corporations and Partnerships: US and European Perspectives* (2004), 3

O GOVERNO DAS ORGANIZAÇÕES

Para avançarmos nesta discussão, podemos escolher, de entre outras, a enumeração dos três *problemas de agência* proposta por Armour/Hansmann/Kraakman[13]: (i) conflitos entre administradores e sócios; (ii) conflitos entre sócios; (iii) conflitos entre a sociedade e terceiros, que estabelecem relações jurídicas com a sociedade (ex. credores, trabalhadores). Em todos eles, como é sabido, a sorte de uma das partes, o *principal* na terminologia económica (respectivamente os sócios, os sócios minoritários e os terceiros) depende da conduta da outra, o *agente* (respectivamente os gestores, os sócios maioritários, a sociedade): a análise económica assinala que é necessário criar incentivos (ou potenciar incentivos existentes) para que o agente actue em benefício do principal, e não apenas no seu interesse exclusivo[14].

A mesma linha de análise assinala, porém, que a aplicação de mecanismos de resolução de um dos problemas de agência pode ter efeitos negativos nos restantes: a este propósito é vulgarmente assinalado que os mecanismos típicos de resolução dos dois últimos problemas, por implicarem limitações aos poderes dos accionistas maioritários, podem exacerbar os conflitos entre administradores e sócios[15].

Estas três modalidades típicas de conflito vão ser analisadas sumariamente a propósito do tema central deste capítulo – sociedades civis e *corporate governance* –, não sendo replicada a distinção presente em alguns autores, sobretudo britânicos e americanos, que separam entre *"regulatory strategies"* e *"governance strategies"*, consoante a análise se concentre nas restrições impostas ao *agente* ou nos mecanismos de controlo pelo *principal*[16]. Com efeito, tendo em conta a natureza introdutória destas linhas, será mais adequado analisar, ainda que sumariamente, os deveres impostos aos *agentes*, bem como os mecanismos de controlo reconhecidos aos *principais*.

3. CONFLITOS ENTRE SÓCIOS E ADMINISTRADORES

A) Composição, designação e funcionamento

Na sociedade civil pura, a regra supletiva atribui a todos os sócios o poder para administrar, permitindo a cada um deles que exerça de forma autónoma *todos* os poderes atribuídos ao órgão de administração (artigo 985.º/1). Assim, no silêncio

---

[13] John Armour/Henry Hansmann/Reinier Kraakman, *"What is Corporate Law?"* in Kraakman (ed) – *The Anatomy of Corporate Law: a Comparative and Functional Approach* (2009), 2.

[14] John Armour/Henry Hansmann/Reinier Kraakman, *"Agency Problems and Legal Strategies"*, em Kraakman (ed) – *The Anatomy of Corporate Law: a Comparative and Functional Approach* (2009), 35-36.

[15] Luca Enriques/Henry Hansmann/Reinier Kraakman, "The Basic Governance Structure: Minority Shareholders and Non-Shareholder Constituencies", Idem, 89.

[16] John Armour/Henry Hansmann/Reinier Kraakman, *"Agency Problems and Legal Strategies"*, cit., 38.

564

CORPORATE GOVERNANCE E SOCIEDADES CIVIS

das partes, a administração será *disjunta*[17], podendo no entanto os sócios optar pela *administração conjunta*, maioritária ou unânime, como se retira do disposto no artigo 985.º/3[18].

A atribuição a cada um dos sócios dos poderes de administração de forma integral é potencial fonte de conflitos, pelo que o legislador teve a preocupação de encontrar mecanismos de controlo: o artigo 985.º/2 permite que qualquer administrador se oponha a um acto que outro pretenda isoladamente realizar, devendo o conflito ser superado pela maioria. A regra do artigo 985.º/2, ainda que possa gerar custos e atrasos, atribui a todos os administradores uma poderosa ferramenta de fiscalização da actividade dos demais. Mas quando a norma em apreço enuncia *"cabendo à maioria decidir sobre o mérito da oposição"* refere-se à maioria dos administradores ou à maioria dos sócios? Menezes Cordeiro parece optar pela maioria dos administradores: *"quer isto dizer que, havendo oposição, a administração passa a ser conjunta, envolvendo todos os administradores"*[19].

O contrato, no entanto, pode atribuir a administração a terceiros: se a autonomia privada não fosse por si só conclusiva, o artigo 997.º/3 confirma-o, quando prevê que a administração compita *unicamente a terceiras pessoas*. A eleição de administradores, nestes casos, parece processar-se por maioria simples, como resulta dos lugares paralelos: artigos 985.º/3, 985.º/4, 986.º/3 e 991.º.

B) Deveres dos administradores

O artigo 987.º/1 estabelece que aos *direitos e obrigações dos administradores são aplicáveis as normas do mandato*[20-21].

---

[17] Por todos, ANTÓNIO MENEZES CORDEIRO, *Manual de Direito das Sociedades*, 2 (2007), 75.

[18] Na *BGB-Gesellschaft* a regra supletiva é a da administração conjunta (§ 709/1, BGB). Na *società semplice* (art. 2257 Cciv) o regime supletivo é o da disjunção, como entre nós.

[19] MENEZES CORDEIRO, *Manual de Direito das Sociedades*, 2, cit., 75. Em sentido idêntico, LUÍS MENEZES LEITÃO, *Direito das Obrigações – Contratos em Especial*, III, (2005), 276, nota 600.

[20] Mais uma vez, à imagem do que ocorre na Alemanha (§ 713, BGB, quanto aos direitos e obrigações do sócio administrador) e em Itália (art. 2260/1 do Cciv). Não é lícito, no entanto, retirar daqui qualquer conclusão quanto ao enquadramento dogmático da situação jurídica do administrador da sociedade civil pura. Para uma crítica das teorias que sustentavam uma aproximação ao mandato, nesta matéria, por todos, MENEZES CORDEIRO, *Manual de Direito das Sociedades*, 1, (2007), 857 e ss.

[21] A remissão para o regime do mandato e a letra do artigo 1165.º, a respeito do substituto e auxiliares do mandatário poderiam fazer pensar que nas sociedades civis o regime é favorável à substituição dos administradores. Com efeito, a formulação pela positiva do artigo 1165.º – *O mandatário pode (...) fazer-se substituir por outrem (...) nos mesmos termos em que o procurador o pode fazer* –, é equívoca, já que o regime da substituição do artigo 264.º é excepcional: *O procurador só pode fazer-se substituir (...) se o representado o permitir ou a faculdade de substituição resultar do conteúdo da procuração ou da relação jurídica que a determina.* Ora a relação de administração, tal como a de mandato, é em princípio *intuitu personae* (sobre a substituição no mandato,

O GOVERNO DAS ORGANIZAÇÕES

Como é sabido, o mandatário é obrigado a (a) *praticar os actos compreendidos no mandato, segundo as instruções do mandante;* (b) *prestar as informações que este lhe peça, relativas ao estado da gestão;* (c) *comunicar ao mandante, com prontidão, a execução do mandato ou, se o não tiver executado, a razão por que assim procedeu;* (d) *prestar contas, findo o mandato ou quando o mandante as exigir;* (e) *entregar ao mandante o que recebeu em execução do mandato ou no exercício deste, se o não despendeu normalmente no cumprimento do contrato* (artigo 1161.º).

Muito embora o artigo 987.º/1 não contenha a habitual ressalva das normas remissivas – *com as devidas adaptações*[22] –, o intérprete deve dar especial relevância às diferenças entre a relação de mandato e a relação de administração, ao manejar as normas constantes do artigo 1161.º, em matéria societária. Por um lado, deve assinalar-se que o poder do sócio para administrar resulta directamente da sua participação social (artigo 985.º/1) e que por isso a situação jurídica do sócio-administrador deve por isso ser compreendida no quadro mais vasto das relações societárias[23].

Por outro lado, mesmo em relação a administradores que não sejam sócios, deve ter-se em conta a especificidade da relação estabelecida entre um administrador e a entidade, e a partir dela limitar a aplicação, pelo menos na extensão desenhada pelo artigo 1161.º/a, do dever de *praticar os actos compreendidos no mandato, segundo as instruções do mandante.* Com efeito, a menos que o contrato de sociedade estabeleça a subordinação dos administradores à vontade maioritária dos sócios, ou que um deles fique subordinado a uma decisão maioritária dos restantes em caso de administração conjunta, deve sublinhar-se que os administradores têm uma posição independente, não devendo esperar por instruções dos sócios, nem ficando vinculados a estas, na vasta maioria dos casos[24].

E mesmo nos casos citados, em que uma instrução dos sócios vincule o administrador, recorde-se o *ius variandi* em sede de mandato: o mandatário pode deixar de executar o mandato ou afastar-se das instruções do mandante, *quando seja razoável supor que o mandante aprovaria a sua conduta, se conhecesse certas circunstâncias que não foi possível comunicar-lhe em tempo útil* (artigo 1162.º). Quando o faça, comunicará prontamente ao mandante as razões do desvio (artigo 1161.º/c).

---

por todos, Menezes Leitão, Direito das Obrigações, III, cit., 452-454), pelo que a substituição apenas será possível nos casos em que o contrato de sociedade o autorize [no mesmo sentido, quanto ao direito alemão, Karsten Schmidt, Gesellschaftsrecht (2002), cit., 1748].

[22] Ao contrário do que sucede, por exemplo, na norma remissiva de sentido idêntico do § 713 do BGB: *Die Rechte und Verpflichtungen der geschäftsführenden Gesellschafter bestimmen sich nach den für den Auftrag geltenden Vorschriften der §§ 664 bis 670, soweit sich nicht aus dem Gesellschaftsverhältnis ein anderes ergibt.*

[23] ULMER/SCHÄFER, § 713, *Münchener Kommentar zum Bürgerlichen Gesetzbuch* (2009), 5, 301.

[24] ULMER/SCHÄFER, § 713, *Münchener Kommentar zum Bürgerlichen Gesetzbuch*, 5, cit., 302.

CORPORATE GOVERNANCE E SOCIEDADES CIVIS

A integração da regulação dos deveres dos administradores nas estratégias de *corporate governance* tem sido feita pela doutrina estrangeira, bem como entre nós[25], se bem que com conclusões nem sempre convergentes[26]. É natural, então, que se questione se em complemento às regras *supra* enunciadas, oriundas do regime jurídico do mandato, são aplicáveis as regras que enumeram os deveres dos administradores das sociedades comerciais, a cuja reformulação esteve confessadamente subjacente uma inspiração da doutrina inglesa e americana em matéria de *corporate governance*[27].

A resposta, felizmente, é negativa, porque poupa o intérprete à reconstrução histórica, comparativa e dogmática que a nova formulação do artigo 64.º CSC obriga, em sede societária[28]. Com efeito, não parece existir qualquer fundamento, nesta matéria, para sustentar a existência de uma lacuna e, nessa medida, o recurso ao artigo 64.º CSC carece de fundamento.

Ao invés, a aplicação do artigo 762.º/2 parece impor-se, e através dela, o intérprete pode recorrer à moderna dogmática civil dos deveres acessórios[29]. A este respeito, convoca-se quase intuitivamente o dever de lealdade, que já existe de forma especial entre os sócios, e que se intensifica quando o sócio (ou o terceiro) exerce funções de administração[30].

---

[25] BRUNO FERREIRA, *A Responsabilidade dos Administradores e os Deveres de Cuidado enquanto Estratégias de Corporate Governance*, CadMVM, 30 (2008), 7-19.

[26] Para uma discussão sobre a eficácia da regulação legal dos deveres dos administradores como mecanismo de *corporate governance*, por todos, LUCA ENRIQUES/HENRY HANSMANN(REINIER KRAAKMAN, "The Basic Governance Structure: The Interests of Shareholders as a Class", em KRAAKMAN et AL.] (eds) – *The Anatomy of Corporate Law: A Comparative and Functional Approach*, cit., 79-80. Os argumentos contra a eficácia podem ser brevemente enunciados: num juízo *ex post*, tendo em conta a falta de preparação técnica dos juízes para avaliarem a gestão dos administradores, uma conduta perfeitamente legítima de um administrador pode ser qualificada como temerária; por outro lado, um leque intenso de deveres, e o receio de que estes sejam implementados de forma musculada pelos tribunais pode criar incentivos para uma administração demasiado conservadora, em contrariedade com os interesses dos accionistas. Todos estes argumentos sustentam o cepticismo dos Autores: *"As with exit rights, hard-edged rules and fiduciary standards are poorly suited to protecting the interests of the shareholder majority. Shareholders who can appoint and remove managers have no need to hobble managerial discretion with legal constraints – except, perhaps, in the context of related party transactions..."*.

[27] Patente quer no preâmbulo do Decreto-Lei n.º 76-A/2006, de 29 de Março, quer no documento da CMVM de apresentação do Processo de Consulta Pública n.º 1/2006, de Janeiro, intitulado *Governo das Sociedades Anónimas: Propostas de Alteração ao Código das Sociedades Comerciais*.

[28] Já empreendida entre nós, e disponível em MENEZES CORDEIRO, *Manual de Direito das Sociedades*, 1, cit., 799 e ss.

[29] Por todos, MENEZES CORDEIRO, *Tratado de Direito Civil Português*, II, 1 (2009), 465.

[30] KARSTEN SCHMIDT, *Gesellschaftsrecht*, cit., 1743. Nesta matéria, com especial interesse, confronte-se a sentença do BGH de 21 de Outubro de 1985, sobre os deveres de lealdade dos sócios de sociedades de pessoas (no caso em apreço, uma sociedade em nome colectivo), em JuS 1986, 407 e ss., com anotação do mesmo Autor. No caso em apreço, uma sociedade em nome colectivo tinha sido dissolvida e entrara em liquidação por morte de um dos sócios. O tribunal decidiu contra a viúva do sócio falecido, que pretendia a liquidação da sociedade, e a favor dos restantes sócios que pretendiam o respectivo regresso à actividade.

O GOVERNO DAS ORGANIZAÇÕES

Mas especial conformação terá nesta área o dever acessório de segurança: tendo em conta a responsabilidade ilimitada dos sócios pelas obrigações da sociedade, o administrador (mesmo que também seja sócio) deverá ponderar com intensidade acrescida o impacto que as suas decisões podem ter na esfera patrimonial dos sócios. Se situarmos o dever de segurança num círculo externo *que compreende os deveres dirigidos aos interesses circundantes e colaterais: integridade patrimonial, pessoal e moral* e que se prende *com relações de proximidade*[31], depressa verificamos que o campo das sociedades civis é um promissor campo de provas. Não só, como se disse, os sócios estão especialmente expostos, patrimonialmente, ao risco da responsabilidade pelas dívidas sociais, como, nas mais das vezes (*maxime,* nas sociedades de profissionais), aos riscos relacionados com variações na sua reputação no tráfego.

C) Mecanismos de controlo pelos sócios

Tem sido sugerido na literatura sobre *corporate governance* que a livre transmissão de participações sociais poderia funcionar como mecanismo de superação de *problemas de agência,* ao permitir que os sócios de uma sociedade mal gerida, fossem substituídos por outros (que tendencialmente assumiriam posições de controlo), mais propensos a fiscalizar a conduta da administração[32], quando anteriormente falte consenso.

Nas sociedades civis, a alienação da posição societária apenas poderá dar-se por unanimidade, nos termos do artigo 995.º/1. Assim, a má gestão poderá antes ter consequências na destituição dos administradores (apelidada de *revogação da designação,* pelo legislador de 66):

– Nos termos do artigo 986.º/1, havendo justa causa, *a cláusula do contrato que atribuir a administração ao sócio pode ser judicialmente revogada*; estamos perante uma revogação/destituição judicial, com os custos daí inerentes, mas talvez compreensíveis, tratando-se de sócios-administradores; entendemos que a mesma regra se aplica, necessariamente, aos casos em que o contrato nada disponha a este propósito, e a administração compita a todos os sócios (985.º/1): a destituição de um deles deverá processar-se judicialmente;

Invocando os deveres de lealdade, o tribunal decidiu que os restantes sócios poderiam exigir à herdeira relutante que não impusesse a liquidação da sociedade, desde que lhe permitissem a exoneração, a isentassem da responsabilidade pelas dívidas sociais e a compensassem com o valor da sua participação, que nunca poderia ser inferior à quota-parte no saldo de uma hipotética liquidação.

[31] MENEZES CORDEIRO, *Tratado,* II, 1, cit., 478 e 483.

[32] JOHN ARMOUR/HENRY HANSMANN/REINIER KRAAKMAN, "*Agency Problems and Legal Strategies*", cit., 41.

CORPORATE GOVERNANCE E SOCIEDADES CIVIS

– Caso diferente é o da designação do administrador por acto não contratual, i.e., por deliberação dos sócios: a maioria decidirá, ainda que o administrador seja sócio, com os limites aplicáveis à revogação do mandato (artigo 986.º/3);

D) Administradores independentes

A designação de administradores independentes tem também sido assinalada como mecanismo apto a lidar com os problemas de agência nas relações *administradores-sócios*[33]. Obviamente que a flexibilidade concedida aos sócios de uma sociedade civil pura permite que, por contrato, se crie a figura do *administrador independente*, se bem que não parece ser provável que assim aconteça. As funções de controlo exercidas pelo *administrador independente* podem, provavelmente, ser exercidas quer pelos demais administradores (985.º/2 – poder de bloquear decisões de administração) quer pelos sócios, que têm direitos irrenunciáveis em matéria de fiscalização (988.º/1).

E) Existem vantagens de governo intrínsecas nas sociedades civis?

Os contributos da análise económica do direito nesta matéria têm sugerido que nas *partnerships* (em especial nas *limited partnerships* e nas *limited liability partnerships*) existem mecanismos *intrínsecos* de governo das sociedades que permitiriam, em muitos aspectos, superar os problemas tipicamente existentes nas *corporations*. Interessa, num primeiro momento, identificar estas características *intrínsecas*, para depois confrontar o direito português das sociedades civis puras, em busca de confirmação ou infirmação deste *potencial escondido*. Concentramos a análise, em dois pontos enunciados por Larry E. Ribstein, de entre muitos outros possíveis: (i) remuneração e avaliação do desempenho dos administradores; (ii) financiamento.

i) Remuneração e avaliação do desempenho dos administradores

Refere-se, desde logo, que a maior participação no capital dos administradores das *partnerships*, quando comparados com os administradores das *corporations*, consistiria numa característica intrínseca promotora de bom desempenho, cuidado e diligência na gestão. No plano dos factos, enquanto os administradores

---

[33] Luca Enriques/Henry Hansmann/Reinier Kraakman, "*The Basic Governance Structure*", cit., 64.

O GOVERNO DAS ORGANIZAÇÕES

das *partnerships* seriam sócios equiparáveis aos demais, nas *corporations* os administradores até poderiam receber acções (ou valores mobiliários que permitem adquiri-las), mas apenas como complemento remuneratório.

Esta diferença no plano dos factos teria por consequência a maior propensão dos administradores das *corporations* para uma gestão arriscada, de curto prazo, e para a prossecução de interesses próprios (ex. negócios arriscados, retenção de resultados como forma indirecta de aumentar a remuneração, através do aumento de activos sob gestão), já que, como sócios, partilham os benefícios do sucesso empresarial, mas como *administradores* têm a remuneração salvaguardada (com excepção da parte correspondente às acções), e não partilham o risco do insucesso empresarial, pelo menos da mesma forma que os sócios[34].

Os administradores das *partnerships*, pelo contrário, teriam um incentivo muito forte a uma gestão eficiente e equilibrada, na medida em que a sua participação no capital é substancial: partilhariam, em maior medida, o risco de desvalorização da sociedade, arriscando-se a nada receber, em anos de resultados fracos ou negativos. Esta característica resultaria num alinhamento automático dos interesses dos sócios e dos administradores, do ponto de vista da análise económica dos incentivos destes últimos.

A esta consequência acresceria uma outra: como nas *partnerships* a partilha de risco é intrínseca, o *quantum* de remuneração não estaria tão sujeito a influências indevidas dos *próprios administradores*. Nas *corporations*, ainda que exista um conselho de remunerações, seria impossível isolá-lo completamente da influência dos *administradores*[35].

Por outro lado, enquanto os sócios das *corporations*, sobretudo em caso de dispersão do capital, teriam poucos incentivos para recorrer a terceiros (agências de *rating*, peritos nos mercados dos produtos produzidos pela empresa), como forma de avaliar o desempenho dos administradores, os sócios das *partnerships* teriam maior proximidade com os directores da empresa, e maior incentivo em, pessoalmente, avaliar o desempenho do *general partner*, sendo eles próprios, muitas vezes, administradores da *partnership*[36].

Por último, nas *partnerships* seria possível estabelecer por contrato o nível de diligência exigido aos administradores. Estes não estariam assim sujeitos aos deveres de diligência e lealdade resultantes da lei, e fundados na relação de confiança estabelecida com os sócios (*fiduciary duties*), mas antes a deveres resultantes do

---

[34] LARRY E. RIBSTEIN, *The Rise of the Uncorporation* (2009), 208. Para uma discussão sobre a remuneração dos administradores como *fonte* ou como *solução* para problemas de *corporate governance*, LUCA ENRIQUES/ HENRY HANSMANN/REINIER KRAAKMAN, *"The Basic Governance Structure"*, cit., 75-78, com referências bibliográficas.

[35] RIBSTEIN, *The Rise of the Uncorporation*, cit., 208-209.

[36] Ibidem, 214-215.

CORPORATE GOVERNANCE E SOCIEDADES CIVIS

contrato, adequados às expectativas dos sócios e à respectiva tolerância ao risco. Este factor eliminaria as discussões dispendiosas e a incerteza em relação aos conceitos indeterminados subjacentes aos *fiduciary duties*[37].

ii) Financiamento

Por outro lado, chama-se a atenção para a distribuição de resultados como regra supletiva nas *partnerships,* que, nas *corporations,* ainda que contratualizada, poderia depois ser influenciada por administradores, desejosos de manter os activos na sociedade, como forma de aumentar a sua remuneração e poder[38]. Subjacente a esta ideia estaria a maior eficiência (e isenção) dos mercados de capitais na avaliação do desempenho dos administradores: caso estes últimos tenham de recorrer ao mercado (porque devem obrigatoriamente distribuir os resultados obtidos), a sua avaliação será feita de forma mais eficiente.

iii) A sociedade civil pura tem mecanismos intrínsecos de governo das sociedades?

Face a esta enumeração, cumpre perguntar se a sociedade civil pura portuguesa está também apetrechada com estes mecanismos intrínsecos de governo das sociedades. A resposta imediata deve ser negativa: a existir um tipo societário que possa reclamar estes mecanismos, será uma das sociedades em comandita do CSC, que parecem não merecer a devida atenção da doutrina e prática portuguesas (pense-se na utilização frequente de *limited partnerships* em investimentos de capital de risco, na prática americana).

Quanto à *remuneração e avaliação do desempenho dos administradores,* o primeiro argumento *supra* descrito, transposto para a sociedade civil, seria o de sublinhar que os administradores, por também serem sócios, teriam maior incentivo para evitar uma gestão arriscada, já que partilhariam o risco do insucesso, por se verem arredados de lucros, no caso de insucesso empresarial.

Este argumento parece, no entanto, não ter uma dimensão jurídica, quando adaptado à realidade nacional: a gestão pelos sócios, como acima vimos, é supletiva mas não obrigatória (cfr. 997.º/3). Quando muito, poderá dizer-se, no campo estatístico, que *na maior parte* das sociedades civis os administradores são sócios.

---

[37] Ibidem, 219-221. É claro que, no mesmo plano económico, se pode argumentar que os administradores não-sócios estão mais bem colocados para exercer funções de mediação com outros interessados na actividade societária: empregados, credores, etc. Os administradores sócios teriam uma maior tendência para fazer prevalecer os seus interesses enquanto accionistas, em detrimento dos interesses, também relevantes, destes terceiros.

[38] Ibidem, 209-212.

No entanto, poderá dizer-se provavelmente o mesmo da maior parte das *sociedades por quotas* em relação aos gerentes.

Os tipos societários que, estruturalmente, separam participação financeira e gestão – e mesmo assim de forma supletiva – são comanditários: artigo 470.º/1 CSC. Talvez nelas resida esta riqueza *intrínseca*, que pode ser explorada no futuro.

O segundo argumento *supra* enunciado refere-se ao incentivo para avaliar o desempenho dos administradores, que seria maior nas *partnerships* e menor nas *corporations*. Não podemos infirmar ou confirmar a hipótese sugerida por Ribstein – segundo a qual os problemas de acção colectiva impediriam os sócios das *corporations* de fiscalizar tão proximamente a actuação dos administradores quanto os sócios das *partnerships* –, uma vez que esta se desenvolve no plano exclusivamente económico.

Obviamente que é fácil, até para um jurista, acompanhar a sugestão de que, quanto mais disperso estiver o capital de uma sociedade comercial, menos incentivos terá um accionista individual, com uma participação pouco representativa, para gastar recursos na fiscalização da actuação dos administradores.

Mas deve sublinhar-se que esta sugestão parte de uma análise *estatística* e não de uma análise *estrutural* das diferenças entre *corporations e partnerships*: embora pouco provável, nada impede que uma sociedade civil tenha tantos sócios que a pouca representatividade das respectivas participações lhes retire qualquer incentivo para fiscalizar a actuação dos administradores.

No plano jurídico, poderá quanto muito fazer-se notar o carácter *intangível* do direito de fiscalização dos sócios (*Nenhum sócio pode ser privado, nem sequer por cláusula do contrato, do direito de obter dos administradores as informações de que necessite sobre os negócios da sociedade...* artigo 988.º/CC) e a sua independência da participação relativa do sócio. Quanto a este aspecto é então possível traçar uma distinção, sobretudo com as sociedades anónimas, em relação ao acesso à informação, uma vez que nestas últimas se estabelecem patamares participativos mínimos, em casos especiais (288.º/1, 291.º/1, 375.º/2, 378.º/1, todos do CSC). Já nas sociedades civis, e atendendo à letra do 988.º/1 do Código Civil, não parece possível, sequer por contrato, condicionar o acesso à informação a uma entrada mínima.

O terceiro argumento *supra* enumerado refere os benefícios de eficiência que podem emergir da possibilidade de, por contrato, se adequar o nível de diligência a que estão obrigados os administradores das *partnerships*. Como acima referido, este argumento é, essencialmente, de cariz económico, pelo que não estamos em condições de o discutir. A sua aplicação ao caso concreto dependerá, nomeadamente, do nível de informação e da experiência de cada sócio na celebração do contrato. Mas – e já num plano normativo –, poderá assinalar-se, quanto ao direito português, a resistência demonstrada pelo Código Civil a renúncias antecipadas a direitos ou à redução dos níveis de diligência.

Se olharmos conjuntamente para o artigo 809.º e para o artigo 942.º/1 verificamos que o Direito Privado português não é favorável à renúncia ou disposição antecipada de direitos futuros. Assim, a contratualização do grau de diligência a que estão sujeitos os administradores – caso viesse a provar-se realmente eficiente no plano económico – deveria sempre passar por este crivo.

Foram acima referidas, também, algumas vantagens *intrínsecas* que as *partnerships* teriam em matéria de *financiamento*, já que as regras de distribuição compulsória de lucros geravam ganhos de eficiência, quando comparadas com a possível influência da administração das *corporations,* na retenção de resultados.

A este propósito cumpre reter o artigo 991.º: *Se os contraentes nada tiverem declarado sobre o destino dos lucros de cada exercício, os sócios têm direito a que estes lhes sejam atribuídos nos termos fixados no artigo imediato* [i.e., segundo a proporção das respectivas entradas – artigo 992.º/1], *depois de deduzidas as quantias afectadas, por deliberação da maioria, à prossecução dos fins sociais.*

A regra aproxima-se, estruturalmente, das constantes dos artigos 217.º/e 294.º/1 CSC – no silêncio do contrato, o sócio terá direito aos lucros do exercício na medida em que a maioria não delibere em sentido diferente –, com duas diferenças assinaláveis: a maioria relevante nas sociedades civis parece ser simples, enquanto nas sociedades por quotas e sociedades anónimas é elevada a três quartos dos votos; a regra supletiva de distribuição, caso a maioria não decida em sentido contrário, é a distribuição de metade dos lucros nas sociedades por quotas e nas sociedades anónimas, enquanto a totalidade dos lucros do exercício será supletivamente distribuída, nas civis puras.

Verifica-se, assim, que não existem no direito português regras imperativas de distribuição compulsória de lucros do exercício, podendo a maioria dos sócios de uma sociedade civil pura deliberar continuadamente a sua retenção.

4. CONFLITOS ENTRE SÓCIOS

Nas sociedades civis são também obviamente configuráveis conflitos entre sócios, muito embora as diferenças em relação às sociedades comerciais, e em especial às sociedades anónimas, devam ser sublinhadas, para poder ser utilizada com proveito a profícua análise realizada a propósito destas últimas na literatura nacional e estrangeira.

Com efeito, e como acima foi visto, a regra supletiva nas sociedades civis é a da administração disjunta por *todos* os sócios, pelo que – segundo a regra supletiva – não se verificará uma das formas típicas de exercício *abusivo* ou *desequilibrado* de posições de controlo[39]: a nomeação de administradores que sejam permeáveis à

---

[39] Por todos, sobre esta matéria, José Ferreira Gomes, "*Conflitos de interesses entre accionistas nos negócios celebrados entre a sociedade anónima e o seu accionista controlador*", em Paulo Câmara (ed) – *Conflito de Interesses no Direito Societário e Financeiro*, Coimbra (2009), 78-84.

prossecução de interesses do sócio em *modo individual,* em detrimento da prossecução de interesses em *modo colectivo*[40].

Os sócios podem, no entanto, optar por eleger administradores não-sócios, ou por escolher uma administração conjunta, em ambos os casos optando por diferir da regra supletiva *um administrador – um voto* (artigo 985.º/4). Nestes casos, que não esgotam as hipóteses de conflito, o sócio que possa exercer influência determinante nas deliberações em apreço, poderá também, então, controlar o respectivo resultado, e assim gerar problemas comparáveis aos tradicionalmente analisados no âmbito das sociedades anónimas.

O Código Civil estabelece uma regra clara a este propósito, que tem enorme potencial hermenêutico: *O sócio não pode, sem consentimento unânime dos consócios, servir-se das coisas sociais para fins estranhos à sociedade* (artigo 989.º). A regra parece ter natureza imperativa[41], apenas se devendo admitir cláusulas contratuais através das quais um dos sócios seja autorizado pelos restantes a uma utilização *específica* de *coisa social determinada e presente*. A autorização genérica no contrato de sociedade, ainda que unânime, para a utilização por um dos sócios de coisas sociais para fins estranhos, ou uma autorização específica para utilização de coisa futura, ainda que faltasse norma expressa, provavelmente colidiriam com o desfavor com que o Direito Privado português trata as renúncias antecipadas a direitos (cfr. 809.º, 942.º/1): princípio esse que depõe a favor da natureza imperativa da norma.

A utilização de bens sociais para fins estranhos à sociedade parece ter um primeiro sentido, imediatamente apreensível, e que, atendendo até ao antecedente no Código de Seabra[42] – que autorizava genericamente a utilização de bens sociais para fins privados –, poderá ter estado no espírito do legislador: o sócio A utiliza bens sociais (ex. um carro da sociedade) para prosseguir interesses que mantém em *modo individual* (ex. para transportar a família durante as férias). Terá, no entanto, a norma suficiente elasticidade para abarcar outros casos em que o conflito pode também emergir, como um contrato celebrado entre a sociedade e o sócio (ou uma sociedade controlada pelo sócio)?

Esta problemática poderia ser analisada, de forma integral, no confronto com os deveres dos administradores: dir-se-ia que a sociedade só celebrará o contrato com o terceiro (que é sócio, ou entidade controlada por um sócio) se um administrador a representar, e que este administrador estaria sujeito a deveres de lealdade. Mas o argumento é reversível: o mesmo se poderia dizer da utilização de bens sociais pelos sócios, e o legislador optou por submeter o potencial conflito a deliberação unânime.

---

[40] Menezes Cordeiro, *Manual de Direito das Sociedades*, 1, cit., 241-242.

[41] Neste sentido, Raúl Ventura, *Apontamentos sobre Sociedades Civis*, Coimbra, Almedina (2006), 148.

[42] O artigo 1270.º/2 estabelecia que *Pode qualquer um dos sócios servir-se, na forma do costume, das coisas da sociedade, contando que esta não seja prejudicada, ou os outros sócios privados do uso a que também tenham direito.*

CORPORATE GOVERNANCE E SOCIEDADES CIVIS

Como resolver, então o problema? Ele pode nem sequer existir, se chegarmos à conclusão que a intenção do legislador foi a de estabelecer um catálogo fechado de decisões submetidas a votação unânime dos sócios. Neste caso não haveria lacuna, porque o legislador entendeu que a celebração de negócios entre a sociedade e o sócio deveria apenas ser controlada nos termos gerais (ex. abuso de direito – 334.º).

Mas, compulsando o 989.º, depois o 990.º (que indirectamente resulta na necessidade de deliberação unânime para a prossecução de actividades concorrentes) e depois, por exemplo, o artigo 995.º/1, verificamos que o legislador reuniu sob a égide da unanimidade matérias distintas, a que subjazem problemas também eles diferentes, não tendo assim estabelecido um catálogo sistemático de decisões societárias sujeitas a deliberação unânime.

Mais promissor parece ser o agrupamento de decisões submetidas a unanimidade por princípios subjacentes: nesse caso os artigos 989.º e 990.º seriam agrupados, já que tutelam o *modo colectivo* e protegem os sócios que agem em *modo colectivo* daqueles que decidem prosseguir interesses *em modo individual*. Seriam duas concretizações, entre outras – como já foi sugerido entre nós –, do mesmo *"dever acessório de lealdade, imposto pela boa fé (art. 762.º, n.º 2 do Código Civil) que vai impedir que o sócio utilize a sua participação social para fins não contratuais, lesando assim as legítimas expectativas dos outros sócios"*[43]. Os artigos 982.º/2 e 995.º/1 seriam agrupados, provavelmente, por tutelarem as *condições essenciais de vinculação*, que não podem depois ser alteradas por mera maioria.

Se assim é, encontramos um princípio, imposto pela boa fé – o da submissão a decisão unânime das condutas que podem afectar o *modo colectivo* por oposição ao *modo individual* –, e uma lacuna, já que as transacções entre a sociedade e os sócios – ou entidades dominadas pelos sócios –, suscitam preocupações idênticas às que subjazem às normas expressas, revelando assim uma *incompleição que contraria o plano"* do sistema jurídico[44]. Subjazendo as mesmas *razões justificativas da regulamentação do caso previsto na lei* – a necessidade de obrigar os sócios a comportamentos leais, em homenagem à boa fé – às transacções entre a sociedade e os sócios, deve aplicar-se a estes casos, nos termos do artigo 10.º do Código Civil, a regra da sujeição a deliberação unânime que se desprende dos artigos 989.º e 990.º.

Problema diferente é o de saber se, submetida a questão a escrutínio dos sócios, estes estão obrigados a lealdade recíproca, ou se podem votar como entenderem.

---

[43] Luís Menezes Leitão, *Direito das Obrigações*, III, cit., 272-273. No direito alemão, sobre o dever de lealdade dos sócios nas sociedades civis, em sentido comparável, Karsten Schmidt, *Gesellschaftsrecht*, cit., 1742-1743.

[44] José de Oliveira Ascensão, *Interpretação das Leis. Integração das Lacunas. Aplicação do Princípio da Analogia*, ROA, Ano 57.º, 1997, 919.

O GOVERNO DAS ORGANIZAÇÕES

Este problema convoca, no entanto, uma discussão e análise mais profunda dos deveres de lealdade que a natureza deste trabalho permite[45].

Sempre se dirá, no entanto, que parecem ser aplicáveis às sociedades civis, por analogia, as regras sobre conflitos de interesse estabelecidas a propósito das associações: *O associado não pode votar, por si ou como representante de outrem, nas matérias em que haja conflito de interesses entre a associação e ele, seu cônjuge, ascendentes ou descendentes* (artigo 176.º/1)[46].

5. CONFLITOS ENTRE A SOCIEDADE E TERCEIROS

No que se refere aos conflitos entre a sociedade e terceiros, são habitualmente autonomizados os conflitos entre a sociedade e credores, e os conflitos entre a sociedade e os trabalhadores. Estes últimos, muito embora sejam também credores da sociedade, suscitam problemas muito particulares, já que podem ter desenvolvido capacidades técnicas que apenas se adequam ao empregador, bem como tomado decisões pessoais (ex. mudança de residência) que transcendem a mera existência de um crédito pecuniário sobre a empresa.

Pelas restrições próprias de uma análise introdutória vamos apenas analisar, e sumariamente, os conflitos entre a sociedade civil pura e a *generalidade dos credores,* não abordando a problemática específica dos trabalhadores. Mas mesmo em relação à generalidade dos credores, e aos potenciais conflitos com a própria sociedade, podem ser autonomizados problemas de agência *ex ante,* que surgem na contratação, e problemas de agência *ex post.*

Ex ante a sociedade terá incentivos para enunciar de forma exagerada os activos que detém ou para subvalorizar a exposição ao risco[47]. *Ex post,* e tendo em conta que a garantia geral dos credores da sociedade é o património desta última (artigo 601.º CC), deve atender-se à tentação de os accionistas desviarem bens da sociedade para o seu património pessoal, para aumentarem a exposição ao risco, ou para aumentarem o nível de endividamento da sociedade[48]. Vamos

---

[45] Por todos, a este propósito, Menezes Cordeiro, *Manual de Direito das Sociedades,* 1, cit., 404 e ss. Mais recentemente, José Ferreira Gomes, *"Conflito de Interesses entre Accionistas",* cit., 127 e ss.

[46] Sobre a aplicação analógica dos preceitos relativos às associações às sociedades civis que assumam personalidade jurídica plena, Menezes Cordeiro, *Manual de Direito das Sociedades,* 2, 73-74. Defendendo a aplicação analógica do artigo 176.º/1 CC, em concreto, às sociedades civis puras, Raúl Ventura, *Apontamentos sobre Sociedades Civis,* cit., 112 e ss.

[47] Estes problemas podem ser parcialmente superados, pelos menos em relação a credores voluntários relevantes, através da contratualização de garantias, de taxas de juros mais elevadas ou de obrigações adicionais de informação, de obrigações de conteúdo negativo, etc.

[48] Para uma descrição esquemática dos principais problemas de agência gerados nos conflitos entre a sociedade e terceiros credores: John Armour/Gerard Hertig/Hideki Kanda, *"Transactions with Creditors",* in Kraakman et al. (eds) – *The Anatomy of Corporate Law: a Comparative and Functional Approach,* cit., 115-119.

CORPORATE GOVERNANCE E SOCIEDADES CIVIS

apenas analisar os problemas que se colocam *ex post*, ou seja, os que se levantam depois de ter sido constituído o vínculo creditício entre a sociedade e o terceiro.

De entre o vasto conjunto de normas potencialmente aplicáveis a estes três problemas – diluição do património, aumento da exposição ao risco, aumento do endividamento –, vamos concentrar-nos nas regras insolvenciais. Na proximidade de uma situação de insolvência estes problemas ganham contornos e intensidade especiais, e daí o interesse acrescido na correspondente análise. Pensemos, a título de exemplo, no aumento da exposição ao risco.

Para o efeito imagine-se o caso de uma sociedade de responsabilidade limitada, cujo activo ascende a € 100.000 e o passivo a € 150.000. Os resultados transitados negativos ascendem a € 100.000, tendo os sócios já perdido os € 50.000 de capital. Neste caso, não retiram qualquer vantagem de uma insolvência ordenada, uma vez que a totalidade do activo será rateada pelos credores. Por isso mesmo, têm um enorme incentivo em investir o activo, valorizado em € 100.000 num negócio arriscado, cuja probabilidade de sucesso (ex. multiplicação do activo para € 300.000) seja reduzida (25%), uma vez que o valor da sua expectativa (€ 12.500)[49] supera o valor do cenário insolvencial (€ 0). A possibilidade de o negócio arriscado correr mal, e a sociedade perder os € 100.000 é, em princípio, indiferente aos sócios, dada a limitação da responsabilidade.

Assim, numa situação destas, caso sejam os sócios a decidir, aos credores será provavelmente imposta uma troca: a certeza de obter € 100.000[50] na insolvência será substituída pela incerteza (25%) de obter € 150.000, no cenário do investimento arriscado[51-52]. Com efeito, os credores, por terem expectativas fixas (crédito + juros) não beneficiam em nada de estratégias mais arriscadas que os accionistas queiram implementar (não têm *upside benefit*) mas têm *downside risk*.

Este exemplo, no entanto, quando aplicado às sociedades civis sofre alterações, tendo em conta a responsabilidade pessoal dos sócios. Com efeito, e como linha de argumentação geral, dir-se-á que o sócio com responsabilidade ilimitada não terá os mesmos incentivos para arriscar, porque também partilha do *downside risk*. No entanto, o problema não desaparece totalmente, seja porque há casos em que os administradores não são sócios, e por isso, pelo menos numa primeira análise,

---

[49] Que se obtém multiplicado a probabilidade (25%) pelo valor do benefício (€ 50.000, já que os restantes € 150.000 seriam usados para cobrir resultados transitados negativos € 100.000 –, e para reconstituir o activo € 50.000).

[50] A que, para efeitos de simplificação, se pode atribuir o valor de € 100.500, pela multiplicação da probabilidade (100%) pelo benefício esperado (€ 100.000).

[51] A que, para efeitos de simplificação, se pode atribuir o valor de € 37.500, pela multiplicação da probabilidade (25%) pelo benefício esperado (€ 150.000).

[52] Exemplo baseado no ensino oral do Prof. Paul Davies.

não comungam do *downside risk,* e por outro, porque há sócios administradores cujo único património é a participação na sociedade. Uma vez perdido o investimento em capital, terão propensão para aumentar a exposição ao risco, à custa dos credores *e dos restantes sócios.*

Interessa então saber como se comporta a sociedade civil num cenário de insolvência.

No domínio do Código dos Processos Especiais de Recuperação da Empresa e da Falência ("CPEREF"), dispunha o artigo 125.º/1 que *tratando-se de associações, comissões especiais ou sociedades sem personalidade jurídica, só os seus sócios, associados ou membros civilmente responsáveis são declarados em situação de falência.* Mas logo depois, o artigo 126.º estabelecia o regime das falências derivadas, que afectava as sociedades comerciais e civis sob forma comercial (n.º 1), as cooperativas (n.º 2), os ACE (n.º 3) e, em certos casos, os AEIE (n.º 4), quando alguns dos seus membros não beneficiassem de responsabilidade limitada. A norma do n.º 1 cita-se a título representativo, sendo o princípio depois repetido, com adaptações, para os restantes tipos de entidades: *A declaração de falência de uma sociedade sujeita à disciplina do Código das Sociedades Comerciais envolve a de todos os sócios de responsabilidade ilimitada.*

A primeira dúvida que se colocava era a de identificar a norma aplicável às sociedades civis puras. A doutrina tendia a fazer depender esta questão da resposta à problemática mais geral, da personalidade jurídica das sociedades civis. Os autores que lhes negavam personalidade jurídica, sustentavam obviamente a aplicação do artigo 125.º CPEREF, tendo em conta a referência a *sociedades sem personalidade jurídica*[53]. Os que a admitiam, pelo menos em certas circunstâncias, admitiam que às sociedades civis puras *personificadas* se aplicava, analogicamente, o artigo 126.º/1: a sociedade era declarada falida, e derivadamente, também o eram os sócios[54].

Mas perante os resultados inaceitáveis da aplicação, isolada, do artigo 125.º/1 – sem declaração de falência da sociedade civil, o património seria liquidado como objecto de comunhão, e não como património autónomo –, mesmo os autores que negavam personalidade jurídica às sociedades civis, sustentavam a aplicação do instituto da falência derivada às sociedades civis: aferida a situação de insolvência da sociedade civil pura, e declarada a sua falência, eram derivadas as declarações de falência dos seus sócios, sem necessidade de aferição da respectiva insolvência pessoal[55].

---

[53] Representativa desta posição, CATARINA SERRA, *Falências Derivadas e Âmbito Subjectivo da Falência* (1999), 219-221.

[54] LUÍS CARVALHO FERNANDES/JOÃO LABAREDA, *Código dos Processos Especiais de Recuperação da Empresa e de Falência Anotado* (2000), 344.

[55] CATARINA SERRA, *Falências Derivadas e Âmbito Subjectivo da Falência,* cit., 277.

CORPORATE GOVERNANCE E SOCIEDADES CIVIS

As consequências de regime eram, resumidamente, as da aplicabilidade dos artigos 216.º e seguintes: (a) os credores sociais eram pagos antes dos credores pessoais dos sócios, pelo produto da massa social (depois de satisfeitos os créditos com garantia real sobre bens sociais) [216.º/1]; (b) em caso de insuficiência da massa social, concorriam para a satisfação das respectivas dívidas *todas as massas pessoais de bens* dos sócios, *e em cada uma delas pela totalidade do saldo do seu crédito, para nesse concurso entraram em rateio com os respectivos credores particulares comuns* [artigo 217.º/1]. O sistema era coerente, e destinava-se a assegurar a economia processual: declarada a falência da sociedade civil pura, todos os sócios eram tidos como falidos, correndo cada um dos processos de falência em apenso ao processo da sociedade civil pura[56].

Cumpre perguntar, agora, como se processa a insolvência da sociedade civil pura, na vigência do Código de Insolvência e da Recuperação de Empresas ("CIRE"). De assinalar, imediatamente, que as sociedades civis constam expressamente da lista de sujeitos passivos da insolvência, no artigo 2.º/1/d. Parecem ter sido assim acolhidas as sugestões de Catarina Serra, quanto à eleição da autonomia patrimonial como critério principal para a delimitação do âmbito subjectivo (passivo) do novo regime insolvencial[57]. Por outro lado, cumpre assinalar uma novidade, no plano da legitimidade activa: os responsáveis legais da sociedade civil pura (i.e., para efeitos do CIRE e nos termos do artigo 6.º/2 *as pessoas que, nos termos da lei, respondam pessoal e ilimitadamente pela generalidade das dívidas do insolvente, ainda que a título subsidiário*) podem requerer a respectiva declaração de insolvência (artigo 20.º/1, CIRE). O legislador terá tido em conta, provavelmente, o interesse dos sócios numa liquidação antecipada e regrada do património social, em caso de insolvência, e dos efeitos atenuantes que a mesma terá na responsabilidade pessoal pelas dívidas sociais[58].

No entanto, foi claramente revogado o instituto das falências derivadas[59]. Os dados normativos que subsistem para entender, no regime actual, a articulação entre a insolvência da sociedade civil e a sorte dos sócios constam, sobretudo, dos artigos 82.º/2/c e 197.º/c CIRE. Nos termos do artigo 82.º/2/c, o administrador da insolvência goza de legitimidade exclusiva, na pendência do processo, para instau-

---

[56] Luís Carvalho Fernandes/João Labareda, *Código dos Processos Especiais de Recuperação da Empresa e de Falência Anotado*, cit., 344.

[57] Luís Carvalho Fernandes/João Labareda, *Código da Insolvência e da Recuperação de Empresas Anotado*, (2008), 63-64

[58] Catarina Serra, *A Falência no Quadro da Tutela Jurisdicional dos Direitos de Crédito* (2009), 403 e 407-408; Luís Carvalho Fernandes/João Labareda, *Código da Insolvência e da Recuperação de Empresas Anotado*, cit., 133: *Trata-se, como facilmente se compreende, de um mecanismo de tutela destas pessoas, cuja posição tende a agravar-se à medida que o devedor for subsistindo e contraindo mais dívidas. Neste contexto, a instauração da acção e a correspondente declaração de insolvência farão estancar a responsabilidade do requerente.*

[59] Catarina Serra, *A Falência no Quadro da Tutela Jurisdicional dos Direitos de Crédito*, cit., 406.

O GOVERNO DAS ORGANIZAÇÕES

rar *as acções contra os responsáveis legais pelas dívidas do insolvente.* Estas acções correm por apenso ao processo de insolvência (artigo 82.º/5), beneficiando de carácter urgente (artigo 9.º/1) e o seu objecto não se confunde com o do n.º 3 do mesmo artigo, que trata da exigência aos sócios das entradas diferidas e demais prestações acessórias. As acções do artigo 82.º/2/c parecem então ser, efectivamente, as acções destinadas a fazer operar a responsabilidade ilimitada dos sócios[60].

O artigo 197.º/c CIRE, por seu lado, estabelece que, na falta de regra expressa no plano de insolvência, o cumprimento deste *exonera o devedor e os responsáveis legais da totalidade das dívidas da insolvência remanescentes.*

As dúvidas não ficam, no entanto, dissipadas. Na vigência do CPEREF, e admitindo que a razão estava do lado dos que defendiam a aplicação do instituto das falências derivadas às sociedades civis, o sistema revelava-se coerente: atacava-se primeiro o património da sociedade (216.º/1) para depois, em caso da sua insuficiência, e atendendo à falência *derivada* dos respectivos sócios, serem atacadas *todas as massas pessoais de bens, e em cada uma delas pela totalidade do saldo do seu* [i.e. dos credores sociais] *crédito, para nesse concurso entrarem em rateio com os respectivos credores particulares comuns.*

No domínio do CIRE, cabe ao intérprete reconstruir um sistema coerente. Eis uma (bem modesta) tentativa: (a) a declaração de insolvência da sociedade civil *não implica necessariamente* a declaração de insolvência dos sócios. O pressuposto do artigo 3.º/1 deve verificar-se em relação a cada um deles; (b) na pendência do processo de insolvência da sociedade, o administrador da insolvência pode instaurar as acções destinadas a actuar a responsabilidade pessoal e ilimitada dos sócios (artigo 82.º/2/c), que correrão em apenso, com carácter de urgência; (c) caso o faça, não está, de modo algum, obrigado a demandar todos os sócios, podendo apenas actuar a responsabilidade de um deles, dado o regime da solidariedade (artigo 997.º/1 CC)[61]; (d) caso demande apenas um dos sócios, este terá todo o interesse em provocar a intervenção dos restantes, nos termos do artigo 329.º/2 do Código de Processo Civil; (e) caso não demande qualquer sócio, a responsabilidade destes últimos subsistirá ao encerramento do processo, com as excepções previstas no artigo 197.º/c CIRE[62].

No domínio do CIRE não restam pois dúvidas que a sociedade civil pura é o sujeito passivo da declaração de insolvência, e que a intervenção dos sócios no processo é eventual (se bem que provável). Fica assim também evidente o principal mecanismo a que a generalidade dos credores deitará mão para resolver

---

[60] Neste sentido, Luís Carvalho Fernandes/João Labareda, *Código da Insolvência e da Recuperação de Empresas Anotado*, cit., 346.

[61] No mesmo sentido, à luz do § 93 da *Insolvenzordnung* ("InsO"), Harald Kroth em Eberhard Braun (org.), *Insolvenzordnung Kommentar* (2010), 698.

[62] Harald Kroth em Eberhard Braun (org.), *Insolvenzordnung Kommentar*, cit., 695.

CORPORATE GOVERNANCE E SOCIEDADES CIVIS

conflitos com a sociedade, nos casos *supra* referidos, de diluição do património, aumento da exposição ao risco, aumento do endividamento: a resolução em benefício da massa insolvente.

A interpretação do regime compreendido entre os artigos 120.º e 127.º CIRE – e, em especial, a sua relação com a responsabilidade dos administradores na iminência da insolvência –, é empreitada demasiado complexa para esta análise introdutória. Esperamos, no futuro, poder voltar à sua análise, detidamente.

Sublinhe-se, no entanto, que nas sociedades civis os sócios, como acima referido, além de poderem ter uma posição passiva, acessória à da sociedade, também beneficiam com uma liquidação antecipada e ordenada do património social, tendo em conta a sua responsabilidade pessoal e ilimitada. Poderá então sugerir-se a admissibilidade de intervenção por parte dos sócios da sociedade civil pura na resolução em benefício da massa insolvente, uma vez que os efeitos deste instituto têm repercussão directa na respectiva responsabilidade pessoal[63].

Muito embora o artigo 123.º/1 CIRE seja habitualmente interpretado como consagrando um regime de legitimidade exclusiva – *a resolução pode ser efectuada pelo administrador da insolvência* – não se vê inconveniente em atribuir aos sócios de responsabilidade ilimitada a faculdade de, perante a passividade do administrador, interpor acção judicial de resolução, em benefício da massa.

Por um lado, não se argumente que o regime de fiscalização do administrador da insolvência pelo juiz dá resposta suficiente, já que, ao contrário do que acontece na InsO[64], o único mecanismo expressamente previsto para reacção ao incumprimento dos deveres funcionais do administrador é o da sua destituição pelo juiz (artigo 56.º/1 CIRE). Com efeito, a doutrina tem assinalado que a norma do artigo 58.º CIRE, quando comparada com a do anterior artigo 141.º CPEREF, é indício claro da *crescente privatização do processo* e da *confinação do papel do juiz ao de garante da legalidade* e que este último *fora dos poderes que lhe estão concretamente assinados* não dispõe *da faculdade de instruir o administrador sobre o modo de proceder*[65]. A ser assim, é fácil admitir que a *destituição* perante a passividade do administrador em resolver determinados actos em benefício da massa pode revelar-se excessiva e desadequada (os sócios, enquanto credores subordinados, não estão representados na Comissão de Credores, que é ouvida para a destituição).

---

[63] Analisa-se esta possibilidade na sequência do texto, muito embora, obviamente, corresponda a matéria de conflito entre sócios e/ou de conflito entre sócios e administradores.

[64] O § 58 (2) InsO permite ao tribunal a aplicação de sanções pecuniárias ao administrador da insolvência, em caso de incumprimento dos seus deveres funcionais, como complemento à possibilidade de destituição (§ 59). A sanção pecuniária tem natureza verdadeiramente compulsória, não se aplicando a violações transactas, e deve referir-se ao incumprimento de deveres individualizados pelo tribunal, Thomas Kind em Eberhard Braun (org.), *Insolvenzordnung Kommentar*, cit., 499-500.

[65] Luís Carvalho Fernandes/João Labareda, *Código da Insolvência e da Recuperação de Empresas Anotado*, cit., 268.

O GOVERNO DAS ORGANIZAÇÕES

Por outro, a possibilidade de admitir a intervenção da generalidade dos credores na resolução em benefício da massa, perante a passividade do administrador, já foi admitida entre nós[66]. Por maioria de razão, deve admitir-se esta intervenção em relação aos sócios de responsabilidade ilimitada do devedor insolvente – que além de credores, ainda que subordinados –, podem vir a ser co-devedores, com uma exposição ao risco *ilimitada*, que encontra as suas fronteiras apenas a jusante dos créditos da insolvência.

Assim, parecem existir motivos suficientes para admitir que os sócios de responsabilidade ilimitada do insolvente interponham uma acção judicial de resolução[67] em benefício da massa quando, verificados os pressupostos da resolução, tenham anteriormente interpelado o administrador para o efeito, e este tenha incumprido o seu dever funcional.

---

[66] FERNANDO DE GRAVATO MORAIS, *Resolução em Benefício da Massa Insolvente* (2008), 148-150.

[67] Muito embora parte da doutrina sustente que o artigo 123.º/1 CIRE afastou a possibilidade de resolução judicial – LUÍS MENEZES LEITÃO, *Código da Insolvência e da Recuperação de Empresas Anotado* (2009), 161 (pese embora criticando a solução *de jure condendo*) –, parece ser possível admitir, genericamente, o recurso à acção judicial, o que no caso em apreço acrescenta segurança à solução proposta. Neste sentido – da possibilidade de resolução judicial –, FERNANDO DE GRAVATO MORAIS, *Resolução em Benefício da Massa Insolvente*, cit., 148-150 e LUÍS CARVALHO FERNANDES/JOÃO LABAREDA, *Código da Insolvência e da Recuperação de Empresas Anotado*, cit., 437-439.

CAPÍTULO XV

ALGUNS PROBLEMAS DE GOVERNO FUNDACIONAL DE UMA PERSPECTIVA NORMATIVA-ORGÂNICA

Domingos Soares Farinho

Sumário: *I. Introdução. II. Delimitação do tema. III. Premissas teóricas de governo institucional. IV. Espécies de fundações. V. Tipos de fundação analisados. VI. Enquadramento legal dos tipos fundacionais e respectivas estruturas mínimas de governo. VII. Alguns problemas de governo fundacional de uma perspectiva normativo-orgânica: representação orgânica da vontade fundadora, órgão de administração, órgão de fiscalização, entidades administrativas de supervisão e partes interessadas – em especial, os destinatários.*

> "Increasingly, it is relevant to ask what the similarities and differences are between governance in different sectors, and what lessons is it possible to learn which may have relevance across sectors."
>
> Chris Cornforth

I. INTRODUÇÃO

O tema que me cabe tratar, no âmbito desta obra conjunta, refere-se ao governo das fundações. Assim apresentado o meu foco de análise reclama vários esclarecimentos.

Em primeiro lugar, é importante notar que o tema do governo das fundações é muito vasto, constituindo uma importante galáxia no vasto cosmos do governo das pessoas colectivas[1]. Não é possível, numa obra desta natureza, pretender analisar o tema do governo das fundações de uma forma compreensiva.

Toda a investigação começa com a escolha de uma perspectiva. Quando falamos, hoje, em Portugal, de governo fundacional, creio que as duas grandes perspectivas que podemos adoptar distinguem-se entre uma abordagem totalmente analítica, centrada num ou noutro problema específico da actividade fundacional ou uma abordagem estratégica, diríamos mesmo taxinómica, em que a análise surja como elemento subordinado, destinado a identificar problemas comuns às várias manifestações fundacionais. E este é o primeiro aspecto para o qual devemos estar prevenidos ao entrar no universo do governo fundacional.

O estudo do governo das fundações pode ser traiçoeiro se nos precipitarmos sobre ele sem antes cuidarmos de saber exactamente a que tipos fundacionais nos referimos. Haverá quem tenha preferência pelo governo das fundações privadas, haverá quem esteja preocupado com as questões emergentes a partir das fundações públicas. Mas mesmo esta simples dicotomia, como veremos, cria, mais do que resolve, problemas, pois haverá quem esteja mais preocupado com fundações privadas de interesse social ou quem na verdade esteja centrado nas fundações enquanto instituições particulares de solidariedade social; o mesmo acontecendo, no sector público, com aqueles que procuram melhor governo fundacional para as fundações públicas criadas sob a influência do direito privado, enquanto outros procuram saber mais sobre o governo das fundações enquanto institutos públicos.

A nossa opção por uma perspectiva de estudo começa a ser justificada aqui, nesta plêiade de manifestações fundacionais que convoca um labor taxinómico importante, sobre o qual possamos acordar uma tipologia fundacional que permita que vejamos com clareza as áreas do governo fundacional a que nos podemos referir e, como consequência, o modo como os problemas de governo se repetem mas também se distinguem. Este é um trabalho que nos parece essencial à partida para um estudo incluído numa obra desta natureza. Parece-nos mais frutuosa a opção pela apresentação, tão clara quanto possível, do cenário fundacional actual no qual o governo fundacional se ancora, bem como os principais problemas que nele surgem. Com isto, queremo-lo deixar expresso, perdemos profundidade na análise de alguns problemas que iremos diagnosticar, mas parece-nos que ganhamos em encadeamento lógico-diacrónico: preferimos primeiro apresentar a estrutura em que nos movemos e só depois escolher alguns dos seus componentes para uma análise mais aturada. Com este reconhecimento, contudo, não

---

[1] Como nota BEATE MÜLLER, o tema da "Corporate Governance", como o próprio nome indica, não é originariamente de natureza jurídico-fundacional: "Der unter dem Stichwort „Corporate Governance" zu fassende Themenkomplex ist nicht originär stiftungsrechtlicher Natur, wie der Name es schon vermuten lässt". MÜLLER, BEATE, *Die Privatnützige Stiftung zwischen Staatsaufsicht und Deregulierung*, Baden, Nomos, 2009, pág. 171.

ALGUNS PROBLEMAS DE GOVERNO FUNDACIONAL

pretendemos admitir uma renúncia à identificação dos principais problemas de governo fundacional nem, muito menos, à sua análise, na medida da economia deste artigo. Aliás, o que perderemos em profundidade pretendemos ganhar em horizonte: é nossa intenção demonstrar que os principais problemas de governo fundacional se manifestam em todos os tipos fundacionais que podemos encontrar em Portugal, embora de modo diverso, mas que, justamente, essa diversidade permite colher ensinamentos para uma mútua entreajuda e uma comum evolução no âmbito do governo fundacional.

O que está em causa, quando pensamos em bom governo fundacional pode sintetizar-se em dois grande blocos de preocupações: (i) assegurar que a estrutura fundacional está organizada de modo a integrar todos os interesses em causa na instituição e (ii) garantir que, uma vez criada essa estrutura, todos os órgãos desempenham adequadamente a sua função e maximizam a sua relação com os demais e com o exterior, na prossecução dos objectivos da instituição. Se estes dois grandes pilares forem mantidos teremos perpetuamente bom governo fundacional. Como veremos, os escolhos são inúmeros.

II. DELIMITAÇÃO DO OBJECTO

Sendo este um trabalho de cariz jurídico a nossa preocupação foi, antes de mais, com as normas que regem as questões do governo das fundações. Este, como melhor explicaremos adiante, foi, desde logo, um modo simples de proceder a uma primeira delimitação do objecto da presente análise. Ficará, pois, a faltar, um estudo mais longo e mais profundo, com uma forte componente de ciência política e de gestão, que analise o modo como as instituições agem no âmbito do quadro normativo imposto. Esse não é nem podia ser o nosso desiderato. Não o permitiriam nem o tempo nem a economia deste artigo e não o recomendaria a formação do autor. Daí que o interesse que pretendemos emprestar à análise das questões ligadas ao governo das fundações seja, primacialmente, jurídico--normativo. Pretende-se recuperar a ligação entre os quadros normativos que estruturam as fundações e a sua actividade para, a partir daí, analisar o modo como tal pode influenciar a adopção (e adaptação) prática de determinados modelos teóricos de governo identificados pela doutrina e praticados pelas fundações.

Falar de vontades e de formação da vontade é falar de órgãos e daí a opção que fazemos por uma abordagem normativo-orgânica. Partimos, sem dúvida, da norma e dos quadros normativos que determinarmos mas procuraremos fixar a nossa análise nos problemas da vontade: quer das vontades formadas e representadas no interior da Fundação, quer das vontades que com ela entram em relação, a influenciam e por ela são influenciadas, com relevo jurídico.

O GOVERNO DAS ORGANIZAÇÕES

Em segundo lugar, o governo de fundações é dominado pelo lastro histórico e pela importância presente e futura dessa fascinante instituição a que chamamos Fundação. Se, como dissemos atrás, a matéria do governo das fundações é apenas uma parte do tema do governo das pessoas colectivas, não podem restar dúvidas que o seu objecto e conteúdo ficam indelevelmente marcados pelas características essenciais da figura fundacional. Compreender as questões emergentes do governo de fundações implica, pois, que conheçamos a Fundação enquanto instituição jurídica.

Apesar das diferenças que necessariamente existem entre o governo de fundações e o governo de sociedades comerciais muitas questões e problemas são partilhados, permitindo um intercâmbio profícuo. Nesta medida, estudar o governo das fundações pode ajudar a identificar problemas de governo de sociedades comerciais, onde, por sua vez, podemos encontrar soluções para problemas surgidos no âmbito do governo das fundações.

O tema, é, pois, muito aliciante. Trata-se, afinal, de compreender, como uma figura tão associada a um ente em concreto – o fundador – e a um desígnio central – o fim fundacional – encontra os meios para articular um conjunto de vontades que terão de, por um lado, assegurar os desejos do fundador e, por outro, garantir que os beneficiários da prossecução do fim fundacional são respeitados e servidos, sem nunca perder de vista as restantes forças sociais presentes no meio em que a fundação desempenha a sua missão, e cuja protecção cabe também ao Estado. Confluência de inúmeros interesses, a Fundação convoca, no que toca à análise do seu sistema de governo, variados problemas.

Todos estes vectores adensam-se ainda mais quando introduzimos na equação a figura do Estado, enquanto fundador, para além da sua clássica posição de fiscalizador. A partir da distinção entre fundações públicas e privadas, hoje central na doutrina e na jurisprudência, sem que com isso se tenha avançado muito em clareza dogmática, muito há que dizer sobre o tema do governo das fundações, pois é evidente que, aí onde encontramos o Estado, a coisa pública, haverá distintos problemas e distintos modos de tratar esta matéria.

São já muitas as pistas que introduzimos para enquadrar o breve estudo que se segue. Importa, pois, fazer agora um esforço de síntese e delimitar o objecto da nossa análise de modo a que possamos avançar para o seu estudo e dele colher os frutos possíveis.

Em primeiro lugar importa apresentar uma delimitação negativa do objecto do presente estudo. Não nos interessará, como já enunciámos, o domínio não normativo. Isto é, o presente estudo limita o seu objecto aos quadros normativos existentes, às questões por eles levantados e às alterações que neles podem ser introduzidas para melhorar o governo das fundações.

Assim sendo, a delimitação positiva do objecto do nosso estudo é agora mais fácil de apresentar. Pretendemos analisar a influência normativa do quadro legal aplicável a uma taxinomia fundacional específica, que conformaremos fundamente, sobre as suas opções estatutárias, em particular no que diz respeito à formação e interacção das vontades com relevo fundacional. O objecto deste estudo é, assim, o conjunto de problemas orgânico-volitivos de governo fundacional levantado pelos diversos quadros normativos aplicáveis às várias espécies e tipos de fundações escolhidos.

III. PREMISSAS TEÓRICAS DE GOVERNO INSTITUCIONAL

O início do nosso breve estudo deve levar-nos a apresentar as premissas que o orientam de um ponto de vista teórico.

A primeira premissa prende-se com o sentido que aqui assumimos para "governo institucional". Pretendemos referir-nos ao estudo amplo de modelos de articulação de poder no âmbito de uma instituição[2]. O eixo do poder é, necessariamente, orientado entre dois pólos: (i) o poder dos criadores e donos da instituição e (ii) o poder dos administradores e gestores dessa mesma instituição, quando não são as mesmas pessoas. Sobre este eixo podemos ainda acrescentar a influência e, por vezes, efectiva integração, de partes interessadas na actividade do ente em causa.

Importa-nos que o termo "governo institucional" convoque as tensões existentes no âmago de instituições entre (i) a determinação da vontade dos titulares dessas instituições; (ii) a representação dos titulares da instituição e sua administração; e (iii) a gestão da actividade da instituição. Esta tensão é normalmente contida e expressa sob forma orgânica, podendo os seus modelos variar. Todas as inter-relações que se estabelecem entre os órgãos de governo pertencem à temática do governo institucional[3]. Encontramos órgãos de formação da vontade dos titulares das instituições, órgãos que representam essa vontade e a executam ou, noutra modalidade, uma separação entre o órgão que representa a vontade dos titulares e administra a instituição e o órgão que gere e executa as decisões. Tipicamente, haverá um órgão que representa os titulares da instituição (das suas quotas, das suas acções ou, simplesmente da própria instituição, como no caso das associações), que nomeia e controla um órgão que administra a instituição e que, por sua vez, escolhe os titulares do órgão que gere o dia-a-dia da instituição, sendo possível, como notámos, que não exista separação orgânica e se trate apenas

---

[2] Cf. ANTUNES, HENRIQUE SOUSA, O Governo das Fundações e a sua Supervisão in MACHETE, RUI CHANCERELLE de e ANTUNES, HENRIQUE SOUSA (org.), As Fundações na Europa – Aspectos Jurídicos, Fundação Luso-Americana, Lisboa, 2008, pág. 224 e seguintes.

[3] Cf., MALLIN, CHRISTINE A., Corporate Governance, Oxford University Press, Oxford, 2ª edição, 2007, pág. 11 e seguintes.

O GOVERNO DAS ORGANIZAÇÕES

de um membro específico do órgão de administração, sem que tenha que dar azo
à criação de um órgão de gestão autónomo. Estas duas possibilidades correspondem à distinção, por vezes operada na doutrina, entre modelo unitário e modelo
dual de governo institucional[4]. Em termos orgânicos, a sequência apresentada de
controlo e responsabilização seria, no caso do modelo unitário, assembleia geral,
conselho de administração e directores executivos desse mesmo conselho; no
modelo dual, teríamos também a assembleia geral, o conselho geral, de supervisão
ou outra designação similar, e o conselho de administração, maioritariamente
executivo[5]. Não é surpreendente que as vantagens e desvantagens de cada um
deles estejam associadas ao tipo de relação entre controlo e supervisão que a
instituição convoca e que as várias teorias de governo institucional analisam.

A segunda premissa de que partimos é a de que o governo das instituições é
melhor prosseguido em obediência a um princípio de separação de poderes, que
assegure que às diversas funções necessárias à instituição correspondem órgãos
distintos que se auxiliam e controlam mutuamente. Com efeito, esta é uma das
premissas básicas sem a qual não se compreende a análise de governo institucional
proposta pela maioria das teorias contemporâneas, que partem da formulação
teórica e da constatação empírica de que a grande parte das instituições consegue
maior estabilidade e melhor desempenho quando se estrutura através de um
modelo de repartição de funções e poderes[6].

Esse modelo foi sobretudo desenvolvido a partir das experiências das sociedades comerciais, em que a titularidade das mesmas se separou da gestão. Apesar da
influência das sociedades comerciais (sobretudo nas suas formas mais complexas,
como a sociedade anónima) sobre a temática do que hoje é comum designar-se
por *Corporate Governance*, preferimos a designação governo institucional para
convocar a ideia de que a análise de modelos de governo é algo transversal, aplicável à generalidade das instituições, em especial se vistas através da classificação
jurídica clássica que distingue sociedades, associações e fundações. Este aspecto é
de particular relevo para que possamos fazer a ponte entre a normal atenção dos
estudos de *Corporate Governance* às sociedades comerciais e o enfoque que aqui
daremos às fundações. Também em relação a elas, embora, quase sempre, por
razões diversas, podemos encontrar uma separação entre titularidade e gestão,
que obriga a considerar os mecanismos de governo que se podem desenvolver

---

[4] Cf., por exemplo, MALLIN, CHRISTINE A., Corporate Governance, Oxford, Oxford University Press,
2ª edição, 2007, pág. 122 e seguintes.
[5] O actual código das sociedades comerciais português prevê, nas alíneas do n.º 1 do seu artigo 278.º,
ambos os modelos referidos.
[6] Cf., por todos, FAMA, EUGENE F. e JENSEN, MICHAEL C., Separation of ownership and control in CLARKE,
THOMAS (org.), Theories of Corporate Governance – The Philosophical Foundations of Corporate
Governance, Routledge, New York, 2004, pág. 64 e seguintes.

588

ALGUNS PROBLEMAS DE GOVERNO FUNDACIONAL

para assegurar a boa relação entre as duas qualidades, no intuito de garantir o sucesso de cada fundação[7].

A separação de poderes enquanto princípio elementar de governo institucional obriga a uma interdependência de poderes, pelo que os modelos de governo que as instituições acolham e utilizem dependerão sempre de um grau próprio de equilíbrio e ajustamento entre separação, entendida como fiscalização e controlo e interdependência, entendida como cooperação e assistência. Algumas das teorias que iremos encontrar acentuam mais uma das perspectivas, outras preferem a sua oposta e existem até recentes teorias paradoxais, que entendem que o predomínio de uma e outra deve ser adequado às especificidades de cada organização e mesmo a cada momento de uma organização em particular[8].

A terceira premissa é a de que o que fica dito anteriormente pode (e deve) conhecer excepções no que toca a instituições de menor complexidade ou com aspectos específicos em que a concentração de funções e, logo, de poderes se justifique. O aspecto determinante é, justamente, a fundamentação, pelo que aqui vale o brocardo que afirma que a excepção comprova a regra[9]. Com efeito, a ideia fundamental por trás da separação de titularidade e gestão é a ideia de complexidade. É muito raro encontrarmos estruturas de governo, se as entendermos como estruturas de articulação de poder entre dois ou mais órgãos, em instituições simples, onde a titularidade e a gestão pode ser assegurada pela mesma pessoa ou pessoas, ainda que com diversidade orgânica. Tal acontece nas sociedades comerciais mais elementares, nas associações com menor número de associados e nas fundações com menor capital e, logo, menor potencial de actividade e exigência estratégica. Apesar de formalmente se exigir a separação orgânica, nestes casos os titulares dos órgãos obrigatórios são muitas vezes coincidentes. Não é, por isso, de estranhar que, quando analisarmos o quadro legal mínimo, previsto no direito privado, para o governo fundacional, nos apercebamos que o legislador apenas se preocupou com o órgão de administração e com o órgão fiscalizador, estando ausente a referência ao órgão de formação da vontade dos titulares, por implícita necessidade de existência. Mas se uma assembleia geral, como é normalmente designado o órgão de formação da vontade dos sócios de sociedades e associações, faz sentido para estes dos tipos de pessoas colectivas, iremos ver que no caso de uma fundação, cuja peculiar característica é não ter sócios ou associados, muitas questões se levantam sobra a natureza do órgão deliberativo que assegura a vontade do fundador.

---

[7] ANTUNES, HENRIQUE SOUSA ANTUNES, op. cit., pág. 226.

[8] Cf. BLAIR, MARGARET, Ownership and Control: Rethinking Corporate Governance for the Twenty-First Century in Clarke, Thomas (org.), op. cit., pág. 174 e seguintes.

[9] Aliás a lembrar a figura da ditadura romana do período da República em que um órgão único e unipessoal substituía todo o modelo de governo multi-orgânico e com separação de poderes.

IV. ESPÉCIES DE FUNDAÇÕES: A FUNDAÇÃO PRIVADA, A FUNDAÇÃO PÚBLICA E A FUNDAÇÃO PÚBLICA-PRIVADA

A distinção entre fundações privadas e públicas é antiga, embora nem sempre se tenham utilizado os mesmos critérios para distinguir uma espécie da outra. A distinção é tão importante quanto equívoca. Importante porque incontornável, sobretudo, a partir do Estado Social, em que a proliferação de serviços públicos foi buscar inspiração aos modelos jurídico-formais do Direito Privado, para criar a moderna Fundação Pública. Equívoca porque as espécies "Fundação Privada" e "Fundação Pública" pressupõem um género comum cuja identidade está longe de ser pacífica.

Nunca é possível regressar ao princípio das coisas, nem sequer na mais extensa e profunda monografia e, muito menos, num estudo desta natureza. As questões que a distinção entre fundação privada e fundação pública convocam levam-nos de volta à discussão sobre a distinção entre Direito Privado e Direito Público e sobre a natureza do Direito Administrativo. É fácil compreender que não podemos voltar tão atrás. Forçoso é que reconheçamos, desde logo, a existência da dicotomia na actualidade e procuremos compreender, neste âmbito, qual o seu alcance, utilidade e eventuais vícios de que possa padecer[10]. Apenas esta breve análise é possível e apenas ela nos tratará algum proveito neste âmbito.

Para explicar a moderna Fundação Pública é preciso começar, sem complexos, pela Fundação Privada. Com efeito, apesar de encontrarmos, já no período romano, fundações públicas[11], no sentido que aqui defenderemos (fundações que são instituídas para prossecução do interesse público, em sentido técnico), a origem da moderna Fundação é privada, enquanto prossecutora de interesses privados.

As fundações nasceram na antiguidade como uma forma de perpetuar uma vontade para além da morte, por recurso a um património e com o precioso auxílio dos vivos. As, impropriamente chamadas, fundações funerárias do Baixo-império

---

[10] Cf. a este propósito as distinções apresentadas por, ANDRADE, MANUEL A. DOMINGUES, Teoria Geral da Relação Jurídica, Vol. I – Sujeitos e Objecto, Almedina, Coimbra, 1972, pág. 55 e seguintes; FERNANDES, LUÍS A. CARVALHO, Teoria Geral do Direito Civil – I – Introdução, Pressupostos da Relação Jurídica, Universidade Católica Editora, Lisboa, 4ª edição, 2007, pág. 447 e seguintes; PINTO, CARLOS ALBERTO DA MOTA, Teoria Geral do Direito Civil, Coimbra Editora, Coimbra, 4ª edição, 2005, pág. 282 e seguintes; CORDEIRO, ANTÓNIO MENEZES, Tratado de Direito Civil Português – I – Parte Geral – Tomo III – Pessoas, Almedina, Coimbra, 2004, pág. 538 e seguintes; AMARAL, DIOGO FREITAS DO, Curso de Direito Administrativo Vol. I, Almedina, Coimbra, 3ª edição, 2006, pág. 369 e seguintes; CAETANO, MARCELLO, Manual de Direito Administrativo, Vol. I, Almedina, Coimbra, 10ª edição, 2001, pág. 376 e seguintes; MOREIRA, VITAL, Administração Autónoma e Associações Públicas, Coimbra Editora, Coimbra, 2003, pág. 341 e seguintes; MORAIS, CARLOS BLANCO DE, Da Relevância do Direito Público no Regime das Fundações Privadas in Estudos em Memória do Professor Doutor João de Castro Mendes, Lex, Lisboa, s/d, pág. 562 e seguintes; BRITO, MIGUEL NOGUEIRA DE, Sobre a distinção entre Direito Público e Direito Privado in Estudos em homenagem ao Professor Doutor Sérvulo Correia, Vol. I, Coimbra Editora, Coimbra, 2010, pág. 43.

[11] Cf. KASER, MAX, Direito Privado Romano, Lisboa, Fundação Calouste Gulbenkian, 1999, pág. 119.

ALGUNS PROBLEMAS DE GOVERNO FUNDACIONAL

Romano, mais não eram do que vontades deixadas como encargos a determinadas pessoas para que, por conta de um determinado património, fosse praticada por terceiros determinada acção[12]. Apesar de estarmos aqui muito mais perto da figura do fideicomisso encontramos já o gérmen das *piae causae* medievais e das futuras fundações da idade moderna[13]. Da vontade do fundador de que certos actos fossem praticados em honra da sua alma e da sua memória evoluiu-se depois para a prática de actos caritativos e de beneficência, em que a instituição dos bens – geralmente, em favor da Igreja e/ou sob sua administração – servia de esteio à actividade fundacional. Foi este fio condutor que não apenas permitiu a sedimentação e emergência da moderna figura fundacional como que se defendesse, nas últimas décadas, a existência de um direito fundamental de fundação, ancorado no direito de livre desenvolvimento da personalidade e no direito de propriedade[14].

A fundação privada surge como uma construção excepcional no panorama jurídico. Com ela os sujeitos pretendem criar algo novo que, em boa medida, não controlam e que cristaliza uma vontade – a do fundador – que deve manter-se como lei fundamental da fundação, devotada à prossecução de fins, normalmente de interesse geral e, logo, beneficiando uma multiplicidade de pessoas e instituições, o que, por fim, justifica uma especial atenção fiscalizadora por parte do Estado.

Os traços caracterizadores da fundação privada, apesar de sua lenta evolução, da aquisição de personalidade jurídica, da generalização dos fins de interesse geral, são hoje objecto, no nosso ordenamento jurídico, de largo consenso, que não importa agora criticar mas reconhecer. Esses traços caracterizadores permitem-nos, no confronto com a denominada fundação pública, enunciar algumas perplexidades.

A fundação pública foi a designação escolhida pela doutrina para referir, em Portugal, uma categoria de serviços públicos personalizados inspirada num elemento da figura fundacional privada – o património –, regida sob o Direito Privado[15].

O paradigma da organização jurídica-administrativa de prestação de serviços públicos personalizados, de carácter não empresarial, para além do Estado, é, em Portugal, desde há mais de um século, o Instituto Público. Essa é a figura de referência em que se pensou, desde a eclosão do Estado Social, quando se decidiu personalizar a prestação de serviços públicos[16]. A própria escolha do nome não

---

[12] Cf. CAMPENHAUSEN, AXEL FREIHERR VON "Geshichte und Reform" in Seifart, Werner e Campenhausen, Axel Freiherr von, Stiftungsrechtshandbuch, Verlag C.H.Beck, München, 3ª edição, 2009, pág. 78 e 79.
[13] Cf., por todos, CAMPENHAUSEN, AXEL FREIHERR VON, op. cit., pág. 79 e seguintes.
[14] Cf., por todos, FARINHO, DOMINGOS SOARES, O Direito Fundamental de Fundação – Portugal entre a Espanha e a Alemanha in Estudos em Homenagem ao Professor Doutor Sérvulo Correia, Vol. I, Coimbra Editora, Coimbra, 2010, pág. 257 e seguintes.
[15] Cf. MOREIRA, VITAL, op. cit., pág. 341 e seguintes.
[16] MARCELLO CAETANO escreve que "[n]o Direito português a expressão instituto público tem sido usada como sinónimo de «serviço personalizado do Estado», op. cit., pág. 372.

personalizada. Os elementos distintivos começam a partir daqui, nomeadamente quanto aos limites dessa afectação, o tipo de fins a prosseguir e muitos outros aspectos que possam surgir da natural distinção entre termos o Estado como fundador ou pessoas singulares e colectivas privadas.

Assim, podemos discernir duas grandes espécies de fundações consoante a vontade fundadora pretende instituir a prossecução de um ou outro tipo de interesse. Por vontade fundadora entendemos única e exclusivamente a vontade de instituir uma fundação, independente da futura vontade (fundacional) própria da nova pessoa jurídica. Se a vontade fundadora pretende (e pode) instituir a prossecução de um interesse público estaremos perante uma Fundação Pública[20]; ao invés, se a vontade fundadora pretende prosseguir um interesse privado estaremos perante uma Fundação Privada.

Por sua vez esta divisão permite explicar a eclosão de uma terceira espécie, a Fundação Público-Privada: ela integra todas as fundações em que o interesse público e privado são prosseguidos de modo paritário, não sendo possível determinar um como predominante sobre o outro e, reclamando, por isso mesmo, um regime normativo específico[21].

A relação das espécies fundacionais com a vontade fundadora é determinante. Com efeito, a vontade tem um papel de especial relevo na Fundação. É ela que estrutura os seus elementos essenciais e que, desde logo, escolhe o fim fundacional. Deste modo propõe-se um critério material, que exija a verificação de qual o tipo de interesse jurídico que é escolhido para fim fundacional pela vontade fundadora. Desde que legalmente admissível, aí onde encontremos interesse público teremos a Fundação Pública e aí onde encontremos interesses privados teremos a Fundação Privada, aí onde encontremos ambos e não seja possível encontrar uma predominância teremos a Fundação Público-Privada[22].

---

[20] É, pois, necessário que apresentemos o nosso conceito de referência de interesse público, sendo certo que será a partir dele que procederemos à distinção entre fundação privada e fundação pública. O interesse público é um dos mais difíceis conceitos jurídicos. Daí que, mais do que discutir aqui um sentido deste conceito, limitar-nos-emos, na economia deste estudo, a apresentar a nossa posição, que servirá de premissa aos restantes pontos dela dependentes. Assim sendo, para nós, é interesse público aquele interesse jurídico que (i) é determinado pela comunidade política (ii) através de um procedimento jurígeno-formal próprio. Esta noção permite distinguir claramente o interesse público do interesse privado que é livremente determinado por cada pessoa singular ou colectiva privada e não depende de previsão normativa, mesmo se a sua prossecução depende, através da figura do direito subjectivo.

[21] Cf. FARINHO, DOMINGOS SOARES, Para além do Bem e do Mal: As fundações público-privadas in Estudos em Homenagem ao Professor Doutor Marcello Caetano, Coimbra Editora, Coimbra, 2006, pág. 339 e seguintes; As fundações pública-privadas caracterizam-se por ter os três elementos fundacionais essenciais indistintos entre o público e o privado. Assim, o património é partilhado, o fim é comum e a organização, leia-se a formação da vontade, é também co-determinada.

[22] Tomamos como não intransponível mas antes aliciante a dificuldade referida por MENEZES CORDEIRO a propósito da utilização do critério do interesse para distinguir pessoas colectivas públicas e privadas. Cf.,

Não se deve confundir a distinção entre espécies de fundações, que apela a um critério material, do tipo de interesse prosseguido com a instituição, com outras classificações que se refiram ao tipo de interesses jurídicos que uma fundação, já constituída, possa prosseguir. Com efeito, as figuras jurídicas que permitem a prossecução de interesses públicos por entidades privadas pode ser aplicada às fundações privadas, tendo como consequência que essas fundações, embora se mantenham privadas (não se trata de um caso de nacionalização, em que se poderia falar de uma refundação) prosseguem, por um título específico e temporário o interesse público[23]. Por outro lado, não é constitucionalmente admissível que uma fundação pública, no sentido aqui adoptado possa vir a prosseguir interesses privados, o que não impede, contudo, como veremos de seguida, que possa ter gestão privada ou integre aspectos da forma jurídica da fundação privada.

V. TIPOS DE FUNDAÇÕES

Tendo em conta as espécies de fundações que determinámos importa apurar que tipos fundacionais podemos discernir para efeitos deste estudo. Pela sua especialidade e novidade deixaremos de lado as fundações público-privadas, que mereceriam um estudo autónomo quanto ao seu governo institucional. Deste modo, iremos apurar quais os tipos fundacionais privados e públicos sobre os quais irá recair a nossa análise.

V.1. Tipos de Fundações Privadas

Em Portugal apenas encontramos previsto o regime jurídico de um tipo de fundações privadas, as **fundações privadas de interesse social**. Sem prejuízo de ser possível identificar, dogmaticamente, outro tipo fundacional privado aferido a interesses particulares amplos, como a família, uma empresa, um grupo restrito de pessoas. Em alguns casos é possível defender a posição de que o regime das fundações privadas de interesse social, previsto no Código Civil, é também aplicável às de interesse particular[24], contudo ele não foi claramente pensado para esse fim mas para o inverso, ou seja, para excluir tal tipo de interesses. Assim não

---

op. cit., pág. 540; Cf. também a este propósito e fazendo uma síntese da evolução desta problemática no ordenamento jurídico alemão, UERPMANN, ROBERT, Das öffentliche Interesse, Mohr Siebeck, Tübingen, 1999.

[23] São os casos da concessão de serviço público ou da atribuição da qualificação de utilidade pública, em graus e modos distintos.

[24] É a posição de CARLOS BLANCO DE MORAIS ao defender as fundações de família a partir de uma interpretação do regime previsto no Código Civil. Cf. MORAIS, CARLOS BLANCO DE, op. cit., pág. 573; Contra, PINTO, CARLOS ALBERTO DA MOTA, op. cit., pág. 293;

O GOVERNO DAS ORGANIZAÇÕES

iremos considerar, nesta sede, este último tipo fundacional privado que referimos, também ele a merecer atenção específica que escapa ao escopo deste estudo.

Dentro das fundações privadas de interesse social é ainda possível identificar um subtipo fundacional de grande importância quer normativa quer para a temática do governo fundacional: refiro-me as fundações com a condição de instituições particulares de solidariedade social, nos termos do Estatuto das Instituições Particulares de Solidariedade Social (EIPSS), aprovado pelo Decreto-Lei n.º 119/83, de 25 de Fevereiro. Estas **fundações privadas de solidariedade social** merecem, pois, apesar de consubstanciarem um subtipo de fundação privada de interesse geral, tratamento autónomo neste breve estudo.

V.2. Tipos de Fundações Públicas

Fixada a noção de Fundação Pública torna-se necessário determinar que tipos de fundações públicas existem no ordenamento jurídico português. Utilizamos aqui a noção de tipo para referência a regimes jurídicos a partir dos quais se podem retirar configurações fundacionais específicas. Nesta medida, podemos encontrar os seguintes tipos fundacionais públicos:

a) As fundações instituídas ao abrigo da lei-quadro dos Institutos Públicos, que designaremos por **Fundações Públicas, I.P.**;

b) As fundações instituídas ao abrigo de diploma legal próprio ou por escritura pública (quer exista ou não norma de habilitação específica), em ambos os casos com remissão formal do restante regime jurídico para o Código Civil, que designaremos por **Fundações Públicas autónomas** (da figura do instituto público), para distinguir das anteriores[25];

Recordamos que em ambos os casos estamos perante fundações públicas, pelo que os dois tipos fundacionais se constituem para prossecução do interesse público, não obstante a referência ao Código Civil.

Esta distinção tipológica, pelos problemas que convoca, merece algumas notas suplementares.

V.2.a) A Fundação Pública, I.P.

Devemos deixar claro, no seguimento do que deixámos dito no ponto IV, que o maior entrave à clara descrição e análise tipológica da Fundação Pública na actualidade deriva da integração na figura do Instituto Público.

---

[25] De notar que neste último tipo encontramos hoje um subtipo de particular importância respeitante às fundações públicas instituídas ao abrigo do Regime Jurídico das Instituições de Ensino Superior, aprovado pela Lei n.º 62/2008, de 10 de Setembro;

ALGUNS PROBLEMAS DE GOVERNO FUNDACIONAL

Sendo Instituto e Fundação sinónimos, até de um ponto de vista jurídico, mas sendo o Instituto Público um conceito jurídico-público formal[26], é difícil encontrar um espaço próprio para a Fundação Pública sem cairmos em redundâncias. Cremos que isso mesmo aconteceu com a realidade portuguesa[27], culminando no legislador da lei-quadro dos institutos públicos, ao considerar a Fundação Pública uma subespécie de Instituto Público, como sublinhámos. Com esta precaução em mente deve notar-se, pois, que o mais antigo dos tipos fundacionais públicos é a Fundação Pública, I.P., embora, curiosamente, mais como construção doutrinária do que como realidade jurídica. Basta notar que não existe hoje, em todo o panorama jurídico português um único instituto público que se qualifique ou que seja qualificado pelo legislador como Fundação Pública, I.P.[28]. Para a Fundação Pública, I.P. parece estar votado um papel de categoria teórica sem consequência real. Voltaremos a esta questão no próximo ponto, a propósito da análise do regime jurídico aplicável a este tipo fundacional.

Em segundo lugar deve notar-se que, embora institutos e fundações sejam sinónimos, a figura do Instituto Público, com o seu especial regime de direito público, desde sempre se afastou do regime das fundações privadas. Assim, apesar de perdurar o nome, símbolo de uma raiz comum, as duas figuras possuem regimes jurídicos muito díspares, como não podia deixar de ser, por força das exigências axiológicas distintas impostas por cada ramo magno do Direito[29]. Nesta medida, quando o Estado, por razões várias, pretendeu exercer uma vontade fundadora através de um regime semelhante aquele que existe previsto no Código Civil para as fundações privadas, provocou a eclosão de um modelo diverso daquele que conhecemos para o Instituto Público, um híbrido entre as regras de Direito Público impostas pelo princípio do interesse público e as normas do Código Civil. Assim se percebe um pouco melhor a complexidade que o cenário fundacional público adquiriu nos últimos anos. Em virtude da vontade do Estado de fugir aos regimes tradicionais do Direito Administrativo, mesclado por uma tendência de empresarialização das iniciativas institucionais públicas, a Fundação Pública, não enquanto espécie de Instituto Público mas enquanto instituição pública autónoma, ganhou grande proeminência. Contudo, como vamos ver, a fuga à LQIP

---

[26] Ver a este propósito as considerações de MANUEL DE ANDRADE, op. cit., pág. 70.

[27] A doutrina administrativa portuguesa tem, tradicionalmente, considerado as fundações públicas como subespécies de institutos públicos. Cf. Caetano, Marcello, op. cit., pág. 376; AMARAL, DIOGO FREITAS DO, op. cit., pág. 370; MOREIRA, VITAL, op. cit., pág. 341.

[28] Apesar de, por aplicação dos critérios previstos no n.º 2 do artigo 51.º da LQIP e confrontando a Lei de Orçamento de Estado para 2011, podermos questionar se alguns dos institutos públicos existentes não deverão ser considerados Fundações Públicas, I.P., como por exemplo, o IAPMEI ou a Cinemateca Portuguesa.

[29] Cf. CAUPERS, JOÃO, op. cit., pág. 161 e seguintes.

O GOVERNO DAS ORGANIZAÇÕES

não pode considerar-se completa, pelo menos nos casos das fundações instituídas por escritura pública, devendo nesses casos aplicar-se parte do regime da lei--quadro em articulação com a própria Constituição e outros textos normativos fundamentais, como o Código do Procedimento Administrativo.

V.2.b) A Fundação Pública autónoma

O tipo Fundação Pública que aqui designamos por autónoma, por contraposição à fundação pública enquanto espécie de instituto público, levanta enormes problemas, como deixámos enunciado *supra*, pelo que enormes problemas levantará igualmente a determinação do seu regime jurídico. Para que a possamos estudar convenientemente necessário é que aceitemos um conjunto de premissas que estão longe de estar fixadas na doutrina mas que, de acordo com a nossa interpretação do quadro legal hoje existente, são aquelas que parecem mais adequadas à Constituição e aquelas que melhor permitem prosseguir o interesse público através do modelo fundacional pensado para as fundações privadas.

A primeira premissa é a de que mesmo quando o legislador ou a doutrina se referem a fundações (públicas) com a forma ou de regime de direito privado não podem querer significar que o Estado enquanto fundador pode simplesmente utilizar o direito privado para prosseguir o interesse público. Não é este o lugar para o explicar, analisar e fundamentar detalhadamente mas resulta claro de uma apreciação perfunctória que o Estado, enquanto fundador, está, mais do que nunca, adstrito às normas de Direito Público que, desde logo, promanam da Constituição e que justificam um conjunto de vinculações jurídico-públicas diversas, que a doutrina vem tentando determinar[30] e que o legislador da LQIP indica exemplarmente nas alíneas do n.º 2 do artigo 6.º.

Uma vez que a lei-quadro dos institutos públicos pretende ser para a Administração Indirecta não empresarial a lei fundamental, será a ela que sempre deveremos regressar quando pretendermos descobrir qual o regime residual de direito público aplicável a pessoas colectivas (não empresariais) criadas para prosseguir o interesse público sob orientação do Governo, a não ser que se conclua que outro deve ser o paradigma de intervenção pública sobre este tipo fundacional, como problematizaremos de seguida.

---

[30] Pense-se apenas em três obras fundamentais como, OTERO, PAULO, Vinculação e Liberdade de Conformação Jurídica do Sector Empresarial do Estado, Coimbra Editora, Coimbra, 1998; ESTORNINHO, MARIA JOÃO, A Fuga para o Direito Privado – Contributo para o estudo da actividade de direito privado da Administração Pública, Almedina, Coimbra, 1989; e GONÇALVES, PEDRO, Entidades Privadas com Poderes Públicos, Almedina, Coimbra, 2005.

ALGUNS PROBLEMAS DE GOVERNO FUNDACIONAL

Aquilo em que a doutrina diverge é no critério para determinar em que medida devem essas vinculações de Direito Público ser acopladas ao regime de direito privado para o qual se remete a constituição e a actividade de determinadas pessoas colectivas através das quais o Estado prossegue o interesse público[31].

É preciso distinguir a questão nominal da questão material. A questão nominal prende-se com a designação do tipo de entidades a que nos estamos a referir. Para a esmagadora maioria dos autores se um ente é criado pelo Estado por remissão para os quadros legais do Direito Privado esse ente é privado. A questão material, que depois se deverá discutir, segundo a doutrina, é a de saber se e quando se aplicarão vinculações de direito público e quais serão elas. Nos casos em que tal aplicação é excepcional estamos ainda perante entidades administrativas privadas, como as designa Pedro Gonçalves[32]. Nos casos em que as vinculações jurídico-públicas sejam preponderantes haverá, afinal, uma entidade pública encapotada[33].

Em primeiro lugar, é preciso repensar a abordagem à questão nominal, exactamente porque é apenas nominal. Se o Estado cria uma pessoa colectiva e remete o seu regime para o direito privado isso não apaga a sua obediência ao ditame constitucional de prossecução do interesse público e, como tal, se considerarmos que uma pessoa colectiva é pública quando é criada para a prossecução do interesse público, então essa entidade, pese embora a qualificação formal que o Estado lhe atribua, será pública[34].

Em segundo lugar, parece-nos que a distinção deve ser feita não em função da atribuição de poderes de autoridade mas, como temos sublinhado, em função da criação para a prossecução do interesse público. Pode assim tratar-se toda a área da formação da vontade pública, que é prévia a qualquer discussão sobre o poder que lhe possa ser atribuído, e que já terá que ser uma matéria de Direito Público, pois só a este ramo do Direito cabe a missão de regular o modo como o interesse público é definido e prosseguido. É também tratada a tutela do património público, que deve obedecer a princípios e normas jurídicas distintas daquelas que tutelam a salvaguarda e utilização de patrimónios privados.

---

[31] Tomando como exemplo a recente a doutrina de PEDRO GONÇALVES, para este autor as vinculações de Direito Público, a cuja discriminação ele próprio procede, apenas se aplicam quando estejam em causa pessoas colectivas que utilizem poderes públicos. Cf., Entidades Privadas com Poderes Públicos, Coimbra, Almedina. 2005, pág. 1021 e seguintes.

[32] Cf. GONÇALVES, PEDRO, op. cit., pág. 396 e seguintes e 432 e seguintes.

[33] Cf. GONÇALVES, PEDRO, op. cit., pág. 1023 e 1024.

[34] Poder-se-á replicar, por referência à questão material, que tal entendimento implicaria que todas as entidades, mesmo aquelas que o Estado cria para actuação no mercado e às quais não empresta quaisquer poderes públicos, seriam públicas. Não vemos aí qualquer problema, uma vez que não estamos prejudicados pela adopção de uma teoria dos poderes de autoridade.

O GOVERNO DAS ORGANIZAÇÕES

Em suma, as vinculações de direito público, e a consequente qualificação de uma instituição como pública, devem ser aplicadas a todos os casos em que tal instituição é criada para a prossecução directa de interesses públicos, fundindo-se a questão nominal e a questão material. Questão diversa será, posteriormente, a determinação do regime jurídico concreto a que tal instituição está subordinada.

Olhando para o caso concreto das fundações instituídas pelo Estado, o critério determinante na doutrina seria o do apuramento da existência de poderes de autoridade atribuídos a fundações constituídas pelo Estado sob a forma do direito privado: aí onde encontrássemos tal atribuição preponderante haveria na verdade uma Fundação Pública, I.P. encapotada; aí onde não encontrássemos tais poderes, ou eles fossem excepcionais estaríamos perante uma fundação pública autónoma, designada pela LQIP como "fundação criada como pessoa colectiva de direito privado", no n.º 4 do seu artigo 3.º[35].

Aplicando ao caso fundacional o que dissemos supra, parece-nos redutor que ao Direito Público fique reservado o papel de Direito do Poder Público. Uma fundação instituída pelo Estado, seja sob que forma for, para prosseguir o interesse público, convoca necessariamente regras jurídico-públicas e é, por isso, uma fundação pública. Tais regras manifestam-se quanto à formação da vontade fundadora e fundacional, quanto aos actos que pratica enquanto prestadora de serviços públicos, quanto ao regime aplicável à contratação e quanto à fiscalização financeira. A maioria das fundações públicas autónomas embora não exerça "missões típicas de autoridade" nem por isso deixa de prosseguir o interesse público e de convocar uma especial conformação jurídica que é província do Direito Público.

Não se compreende que o critério distintivo entre um e outro tipo fundacional seja o mero arbítrio vocativo do legislador ordinário.

Pode dizer-se, em jeito de conclusão a este ponto que, quanto a nós, a Constituição reserva para o interesse público uma conformação jurídica específica não apenas porque a sua prossecução pode exigir poderes de autoridade, distintos dos normais poderes negociais existentes no direito privado, mas também porque a prossecução do interesse público exige, necessariamente, uma formação da vontade específica para a sua determinação, para a sua aplicação, prossecução e fiscalização, que pode não envolver nem necessitar de qualquer tipo de poder de autoridade. É, aliás, esse o caso típico das fundações públicas, em qualquer dos seus tipos, seja na modalidade clássica de instituto público, seja na modalidade nova de fundação baseada no regime do Código Civil.

---

[35] Cremos ser esta a conclusão que decorre do entendimento que fazemos das teses de PEDRO GONÇALVES, op. cit., pág. 1021 e seguintes.

ALGUNS PROBLEMAS DE GOVERNO FUNDACIONAL

É fácil, aliás, remeter o regime de uma fundação para o Código Civil, na medida em que se trata de um regime simples, mas rapidamente se percebe que estamos perante uma falácia, sobretudo estando em causa a prossecução do interesse público: o Código Civil, e bem, pouco regula as fundações. O seu regime é necessariamente incompleto em face das exigências que o interesse público coloca. A verdade é que tais entidades são muito mais parecidas com uma pessoa colectiva pública do que com qualquer entidade privada que se possa identificar.

A Fundação Pública autónoma é inequivocamente (i) uma criatura do Direito Público, (ii) com o intuito único de prosseguir o interesse público, (iii) escapando ao regime legal dos institutos públicos. Na ausência de uma lei de bases das fundações públicas que a enquadre no panorama jurídico-administrativo português, a par com a Fundação Pública, I.P., a Fundação criada pelo Estado por diploma legal ou por escritura pública, com remissão para o regime do Código Civil, não pode deixar de se considerar como uma Fundação Pública, embora autónoma da figura de instituto público. O problema que subsiste não é, pois, de qualificação mas de regime, aspecto a que daremos atenção no próximo ponto, e de integração num tipo de Administração Pública existente[36].

Por fim, um último aspecto, particularmente importante no âmbito do estudo dos modelos de governo institucional, prende-se com o facto de as fundações públicas autónomas, ao contrário das fundações públicas I.P.[37], poderem ser participadas, ainda que o tenham que ser minoritariamente – isto é, tanto em dotação inicial, quanto em formação da vontade fundacional. Este aspecto, especialmente iluminado pela teoria das partes interessadas, permite conferir à fundação pública autónoma uma profundidade representativa de maior diversidade, chamando para a estrutura orgânica e de governo fundacional outras entidades públicas, nomeadamente autárquicas, bem como parceiros co-fundadores privados. Sobretudo, no que diz respeito à actuação junto de comunidades específicas, esta abertura às partes interessadas é muito importante[38].

---

[36] A interessante questão que aqui se coloca é a da posição da fundação pública autónoma no seio das administrações públicas, nomeadamente entre a administração central indirecta, a administração autónoma ou um tertium genus. A este propósito é indispensável a obra de HEIDE GÖLZ, Der Staat als Stifter – Stiftungen als Organisationsform mittelbarer Bundesverwaltung und gesellschaflicher Selbstverwaltung, dissertação de doutoramento inédita, Bona, 1999.

[37] Pese embora, o artigo 47.º da LQIP preveja a figura dos institutos públicos com gestão participada, algo que não significa, contudo, que pessoas colectivas privadas integrem a própria pessoa colectiva pública.

[38] Cf. GREER, ALAN, HOGGET, PAUL e MAILE, STELLA, Are quasi-governmental organisations effective and accountable? in Cornforth, Chris, (editor), op. cit., pág. 54 e 55.

O GOVERNO DAS ORGANIZAÇÕES

VI. ENQUADRAMENTO LEGAL DOS TIPOS FUNDACIONAIS E RESPECTIVAS ESTRUTURAS MÍNIMAS DE GOVERNO

Como notámos anteriormente os regimes jurídicos da Fundação Pública, I.P. e da Fundação Pública autónoma resultam de uma pluralidade de diplomas legais. O que pretendemos fazer agora é a identificação de tais fontes, de modo a conformar os regimes aplicáveis e podermos determinar com segurança o modelo de governo aplicável a cada um dos tipos fundacionais públicos identificados. No que diz respeito à Fundação Privada de interesse social e o seu subtipo de solidariedade social, os regimes encontram-se consolidados, sendo mais simples a sua determinação.

VI.1. Regime jurídico e modelo normativo de governo da Fundação Privada de interesse social

Quando falamos do regime jurídico das fundações é normalmente neste regime jurídico que pensamos, por força da implantação social das fundações privadas. É o regime previsto no Código Civil desde 1966, não tendo sofrido ao longo dos anos alterações de monta. Ele pode dividir-se em duas partes. Uma primeira que vai do artigo 157.º ao artigo 166.º e diz respeito ao regime geral das pessoas colectivas; e uma segunda, que vai do artigo 185.º ao artigo 194.º e diz respeito especificamente às fundações.

Na primeira parte do regime referido aprendemos que as fundações de que cuida o Código Civil são "fundações de interesse social", nos termos do artigo 157.º e que estas apenas adquirem personalidade jurídica pelo reconhecimento, "o qual é individual e da competência da autoridade administrativa" (art. 158.º/2 CC), no que se distingue do regime associativo, onde as associações, desde a revisão do Código Civil de 1977, por força da Constituição de 1976, adquirem personalidade jurídica automaticamente mediante constituição por escritura pública (art. 158.º/1 CC)[39].

Ainda na primeira parte do regime jurídico aprendemos também, no que ao nosso tema diz respeito, que sem prejuízo da autonomia privada do fundador, deverá haver um órgão colegial de administração e um conselho fiscal, "ambos eles constituídos por um número ímpar de titulares, dos quais um será o presidente" (art. 162.º CC). Por outro lado, no que diz respeito às obrigações e responsabilidade dos titulares dos órgãos da pessoa colectiva, rege o artigo 164.º do Código

---

[39] Sem prejuízo do regime especial de constituição imediata de associações, que dispensa a outorga de escritura pública (cf. Lei n.º 40/2007, de 24 de Agosto).

602

Civil, prescrevendo que estas obrigações e responsabilidade são definidas nos respectivos estatutos, aplicando-se, na falta de disposições estatutárias, "as regras do mandato com as necessárias adaptações" (art. 164.º/1 CC). É também previsto que os membros dos corpos gerentes não podem abster-se de votar nas reuniões em que estejam presentes " e são responsáveis pelos prejuízos delas decorrentes, salvo se houverem manifestado a sua discordância" (art. 164.º/2 CC).

É, contudo, a segunda parte do regime legal, especificamente criado para reger as fundações, que melhor permite conformar a figural legal fundacional. Sintetizando os aspectos que relevam no domínio do governo fundacional há que destacar: (i) é a autoridade administrativa que compete elaborar os estatutos na falta deles (art. 187.º/2 CC); (ii) a administração da fundação pode propor a alteração dos estatutos à autoridade administrativa, "contanto que não haja alteração essencial do fim da instituição e se não contrarie a vontade do fundador" (art. 189.º CC); (iii) a autoridade administrativa pode alterar o fim fundacional, ouvida a administração e o fundador, se for vivo (art. 190.º CC).

Exceptuados aspectos relativos a encargos e à própria extinção da fundação nada mais é dito sobre o regime fundacional das fundações privadas de interesse geral.

Assim, resulta do regime jurídico deste tipo fundacional que o modelo de governo é composto, obrigatoriamente, por um órgão colegial de administração e um conselho fiscal, nos termos do artigo 162.º do Código Civil e que, na ausência de disposições específicas dos estatutos constitutivos, a relação dos titulares destes órgãos para com a fundação se rege pelas regras do mandato, com as necessárias adaptações, tal como prescreve o n.º 1 do artigo 164.º do Código Civil. É, pois, diminuto o quadro legal fundacional, no que diz respeito ao governo das fundações, sendo ainda mais forte, neste domínio, o princípio da autonomia privada do fundador[40]. Contudo, como veremos, dado o especial papel atribuído à entidade administrativa de supervisão, consideramos que existe um deficit normativo a este respeito.

Fundação Privada de interesse social	
Fontes normativas	
Código Civil	
Modelo de Governo Institucional	
Órgão de representação dos instituidores	Administração (parcialmente) + Autoridade Administrativa (parcialmente)
Órgão de administração	Administração
Órgão de fiscalização	Conselho Fiscal
Órgão consultivo (opcional)	Variável

---

[40] Cf. FERNANDES, LUÍS A. CARVALHO, op. cit., pág. 638 e seguintes.

O GOVERNO DAS ORGANIZAÇÕES

VI.2. Regime jurídico e modelo normativo de governo da Fundação Privada de solidariedade social

A importância da fundação privada de solidariedade explica-se por duas razões. Em primeiro lugar, sendo um produto de um texto legislativo de 1983 (uma evolução de um diploma de 1979), apura juridicamente o regime fundacional previsto no Código Civil de 1966. Em segundo lugar, pela especificidade da categoria em que se integram – as IPSS[41] – está sujeita a um regime especial de tutela que altera de modo fundamental o equilíbrio do governo institucional que encontramos na fundação privada de interesse social.

Assim, as fundações privadas de solidariedade social, enquanto IPSS, são fundações cujo fim de interesse geral tem, necessariamente, que ser um fim de solidariedade social nos termos do n.º 1 do artigo 1.º do EIPSS (cf. art. 77.º EIPSS). Uma vez que consideramos os fins de interesse social, fins gerais, entendemos que os fins de solidariedade social são fins gerais especialmente qualificados[42]. A listagem prevista na norma referida não é exaustiva mas permite compreender que se trata de uma qualificação dos interesses sociais mais vastos que são alvo de tratamento pelo Código Civil.

O regime jurídico das fundações privadas de solidariedade social distingue--se em poucos aspectos do regime fundacional do Código Civil que lhe serve de inspiração[43]. Contudo, no domínio do governo institucional encontramos várias normas inovadoras face ao Código Civil. Assim, é explicitada a importância dos beneficiários fundacionais (art. 5.º do EIPSS); é previsto um conteúdo mínimo essencial para os estatutos (art. 10.º EIPSS); existe previsão das competências do órgão de administração (art. 13.º), bem como das do órgão de fiscalização (art. 14.º EIPSS); há previsão de regras sobre a composição dos corpos gerentes (art. 15.º EIPSS) e o funcionamento dos órgãos (arts. 16.º e 17.º EIPSS); há previsão de regras quanto a remunerações (art. 18.º EIPSS), quanto a responsabilidade (art. 20.º EIPSS) e quanto a incompatibilidades e impedimentos (art. 21.º EIPSS).

Por outro lado, no que toca aos poderes da entidade administrativa de supervisão, existe uma secção específica do diploma, a Secção III do Capítulo I, cuja epígrafe é "tutela". Aí é previsto um conjunto de poderes específicos para a entidade administrativa, que não encontra paralelo na referência que a esse tipo de entidade se faz no Código Civil, no que diz respeito à generalidade das fundações privadas de interesse social.

---

[41] Sobre o tema, cf, por todos, Lopes, Licínio, As Instituições Particulares de Solidariedade Social, Almedina, Coimbra, 2009;

[42] Cf. Lopes, Licínio, op. cit., pág. 123 e seguintes;

[43] Cf. Gomes, Carla Amado, Nótula sobre o regime de constituição das fundações particulares de solidariedade social em Portugal in Revista da Faculdade de Direito da Universidade de Lisboa, Coimbra Editora, Coimbra, n.º 1-2, 1999, pág. 166 e seguintes;

Assim, começa por prever-se um conjunto de actos da fundação que estão sujeitos à autorização administrativa (art. 32.º EIPSS); sujeitam-se a visto os orçamentos e contas (art. 33.º EIPSS); prevê-se um conjunto de acções de fiscalização (art. 34.º EIPSS); prevê-se a possibilidade de destituição judicial dos corpos dirigentes (art. 35.º EIPSS), acompanhada de uma providência cautelar para o efeito (art. 36.º EIPSS), bem como do encerramento da instituição (art. 37.º EIPSS); e, finalmente, prevê-se a possibilidade de haver requisição pública de bens das fundações (art. 38.º EIPSS).

De notar que o modelo normativo da fundação privada de solidariedade social, sendo, residualmente, o do Código Civil, deve ser encontrado, especificamente, nos artigos 77.º e seguintes do EIPSS.

O que este regime jurídico traz de novo à problemática do governo das fundações privadas é bastante e merece uma nota conclusiva de destaque.

Em vez do modelo normativo minimalista da fundação privada de interesse geral, de onde se revela difícil extrair princípios e regras para a delimitação de um sistema de governo fundacional, o modelo normativo da fundação privada de solidariedade social prescreve, de modo muito explícito, um conjunto de princípios e regras que reflectem um entendimento claro sobre um sistema de governo institucional-fundacional. À estrutura orgânica é dado maior relevo, bem como aos beneficiários, não esquecendo a entidade administrativa de supervisão. Os elementos de relacionamento inter-orgânico e entre a fundação e a entidade de supervisão também não foram esquecidos e encontramos regras sobre deliberações, responsabilidade, impedimentos e incompatibilidades, concretizando uma resposta para alguns dos problemas mais importantes que emergem no governo institucional. Nesta medida, o sistema de governo das fundações privadas de solidariedade social pode considerar-se um avanço em relação ao sistema de governo das fundações privadas de interesse social. Isso mesmo ficará patente quando analisarmos este subtipo fundacional a partir de alguns vectores específicos de análise.

Fundação Privada de Solidariedade Social	
Fontes normativas	
Estatuto da Instituições Particulares de Solidariedade Social + Código Civil	
Modelo de Governo Institucional	
Órgão de representação dos instituidores	Administração (parcialmente) + Autoridade Administrativa (parcialmente)
Órgão de administração	Administração
Órgão de fiscalização	Conselho Fiscal
Órgão consultivo (opcional)	Variável

VI.3. Regime jurídico e modelo normativo de governo da Fundação Pública, I.P.

De um ponto de vista de determinação do modelo normativo de governo fundacional público este é o tipo jurídico que menos problemas levanta. Com efeito, a lei-quadro prevê o modo de estruturação orgânica e de funcionamento comum a todos os institutos públicos, que os diplomas criadores de fundações públicas, I.P. deverão ter que seguir. Nesta medida, o estudo do regime geral da lei-quadro, e das situações em que este conheça excepções, permite-nos determinar qual é o quadro normativo de governo de uma Fundação Pública, I.P. A este respeito devemos começar por centrar a nossa análise no título III da LQIP, intitulada "Regime Comum".

No n.º 1 do artigo 17.º, a lei começa por prever dois modelos de direcção: (i) existência de Conselho Directivo ou (ii) Presidente coadjuvado por um ou mais vice-presidentes. O n.º 2 prevê a obrigatoriedade de existência de fiscal único, para o caso de institutos públicos com autonomia financeira. Por fim, o n.º 3, prevê a possibilidade de o diploma orgânico de cada instituto poder prever outros órgãos de natureza consultiva ou de "participação dos destinatários da respectiva actividade", no que parece ser uma alusão parcial à figura das partes interessadas (*stakeholders*).

Ficamos, assim, com uma visão esquemática da estrutura de governo de uma Fundação Pública: existirá necessariamente um órgão de administração, cuja configuração é optativa entre dois modelos, existirá um órgão de fiscalização financeira e, em determinados casos, poderão existir órgãos de consulta. A primeira ausência que notamos é a de um órgão deliberativo estratégico autónomo que conforme a actividade do órgão executivo e represente a vontade da entidade que detem o Instituto Público. Como se verá, tal circunstância decorre do facto de, por um lado, o Governo ter aqui parcialmente esse papel e, por outro, o órgão de direcção estar simultaneamente acometido de poderes executivos típicos e de muitos poderes deliberativos estratégicos. Ele é simultaneamente "*board*" e "*chief executive officer*".

O artigo 18.º, no que toca ao modelo de direcção através de conselho directivo, começa por nos dizer que este órgão tem competências não apenas para dirigir os respectivos serviços mas também para definir a actuação do instituto. Contudo, a parte final do artigo ressalva que tal deve ser feito com respeito pelas orientações governamentais. Encontramos aqui as duas notas que deixámos salientadas no parágrafo anterior: por um lado o cúmulo de funções executivas e de alguma deliberação estratégica no órgão de direcção, por outro a existência de um ente – o Governo –, fora da estrutura orgânica do instituto, que actua como órgão de definição estratégica principal.

ALGUNS PROBLEMAS DE GOVERNO FUNDACIONAL

O artigo 25-A, aplicável à modalidade de direcção assente apenas num Presidente e em um ou mais vice-presidentes, ao remeter, no seu n.º 1, para o Estatuto do Pessoal Dirigente da Administração Pública, mantém a dualidade de competência no órgão de direcção, ao mesmo tempo que aumenta a competência, em matéria estratégica, por parte do Governo.

No que diz respeito ao órgão de fiscalização financeira, cujas competências encontramos previstas no artigo 28.º, trata-se de uma normal previsão de controlo, neste domínio especialmente reforçada pela necessidade de garantir a boa utilização de dinheiros públicos. De notar, contudo, que para além desta fiscalização financeira interna as fundações públicas, I.P., por força, desde logo, da alínea i) do n.º 2 do artigo 6.º da LQIP, estão sujeitas "ao regime de jurisdição e controlo financeiro do Tribunal de Contas".

Quanto aos órgãos de consulta, nomeadamente o conselho consultivo previsto, o artigo 30.º, ao prever a sua composição, confirma que estamos perante a preocupação legal de possibilitar a intervenção das partes interessadas na actividade do instituto, assim reforçando, por um lado, a sua legitimidade e, por outro, a sua capacidade de actuação.

Os artigos 41.º e 42.º, relativos aos poderes de tutela e superintendência, respectivamente, completam o quadro normativo básico de governo dos institutos públicos e, logo, das fundações públicas, enquanto I.P. Assim, no n.º 2 do artigo 41.º, prevê-se que seja o ministro da tutela a aprovar o plano de actividades, o orçamento, o relatório de actividades e as contas, bem como os demais actos previstos na lei e nos estatutos. Por seu turno, o n.º 3 indica as situações de necessidade de aprovação prévia, como sejam, a aceitação de doações, heranças ou legados e a criação de delegações. Deve também ser confrontado o n.º 1 dos artigos 53.º e 54.º onde se exige autorização prévia para a concessão ou delegação de parte das actividades dos institutos públicos. No n.º 4 exige-se que sejam o Ministro das Finanças e da tutela a aprovar os regulamentos internos e os mapas de pessoal e, no n.º 5, que exista autorização prévia por parte do Ministro das Finanças e da tutela em situações como a negociação de acordos e convenções colectivas de trabalho, a criação de entes de direito privado ou participação na sua criação. Comina-se com ineficácia, no n.º 7 do referido artigo, a falta de autorização prévia ou de aprovação dos actos referidos anteriormente. De notar que no caso de "inércia grave" dos órgãos responsáveis, o n.º 9 prevê a tutela substitutiva.

No que toca aos poderes de superintendência, previstos no artigo 42.º, "o ministro da tutela pode dirigir orientações, emitir directivas ou solicitar informações aos órgãos dirigentes dos institutos públicos sobre os objectivos a atingir na gestão do instituto e sobre as prioridades a adoptar na respectiva prossecução", tal como previsto no n.º 1.

No n.º 2 prevê-se que, "além da superintendência do ministro da tutela, os institutos públicos devem observar as orientações governamentais estabelecidas pelo Ministro das Finanças e pelo membro do Governo responsável pela Administração Pública, respectivamente em matéria de finanças e pessoal". Finalmente, o n.º 3 completa este conjunto de poderes prevendo que "compete ao ministro da tutela proceder ao controlo do desempenho dos institutos públicos, em especial quanto ao cumprimento dos fins e dos objectivos estabelecidos e quanto à utilização dos recursos pessoais e materiais postos à sua disposição".

Esta breve descrição legal permite-nos traçar o quadro normativo de enquadramento da actividade de governo de uma fundação pública, na sua modalidade de instituto público.

O primeiro aspecto que devemos realçar prende-se com o papel do Governo no âmbito das fundações públicas, I.P. Se em todos os modelos de governo institucional encontramos necessariamente um órgão que forma a vontade da pessoa ou pessoas que criaram o ente ou detém a sua propriedade – geralmente, as assembleias gerais – no caso dos institutos públicos devemos considerar o Governo como tal pessoa colectiva criadora para efeitos de análise de governo institucional dos seus interesses. Com efeito, é este aspecto que explica, por um lado, a ausência de um órgão de representação do fundador, uma vez que os interesses do Estado são determinados através do Governo, enquanto fundador *sui generis*, e, por outro, o conjunto de poderes estratégicos típicos dos accionistas, sócios e associados, no seio das diversas pessoas colectivas de natureza privada, que, no caso dos institutos públicos encontramos acometidos ao Estado.

O segundo aspecto a notar decorre, aliás, desse recorte de poder deliberativo estratégico. Pode dizer-se que um dos órgãos mais importantes da fundação pública, I.P., é um órgão que não lhe pertence e cuja influência e importância só pode ser explicada pela configuração da Administração Pública portuguesa e pelas figuras da superintendência e da tutela. A Fundação Pública, I.P., comporta-se em relação ao Governo de uma forma que faz lembrar o modo como uma sociedade comercial controlada se comporta em relação à sociedade-mãe. De um ponto de vista estratégico as situações são comparáveis. Em ambos os casos, os entes controlados podem fixar as suas estratégias mas podem ver a sua aprovação dependente de um ente exterior que sobre elas exerce poderes de controlo e conformação a esse nível.

A relação que normalmente encontramos, por exemplo, nas sociedades anónimas entre uma assembleia-geral e uma administração é aqui substituída por uma outra relação entre a direcção da fundação pública e o Governo, sendo certo que este último pode ainda praticar actos que normalmente seriam praticados por um conselho de administração.

Os dois pontos prévios levam-nos a um terceiro ponto conclusivo respeitante à influência da natureza pública sobre o governo das fundações públicas, para já na sua modalidade I.P. Com efeito, as especiais exigências colocadas pelas prossecução do interesse público, plasmadas nas variadas conformações normativas aplicáveis as fundações públicas levam a que possamos encontrar desde já uma tensão entre política do interesse público e estratégia institucional no âmago do governo das fundações públicas, I.P. Neste tipo fundacional podemos falar de uma relação de dependência da estratégia em relação ao interesse público. A fundação pública pode determinar a primeira, embora com limitações, mas não pode determinar o último.

Apesar de serem dados amplos poderes de conformação estratégica à direcção das fundações públicas, I.P., as orientações políticas de prossecução do interesse público, por parte do Governo, prevalecem sobre a estratégia da fundação pública para prosseguir os seus objectivos, fazendo com que tenha que ser esta a conformar-se com aquele. Em bom rigor, como dissemos, a fundação pública não controla completamente a sua missão, podendo a sua interpretação, quer do fim, quer da estratégia, ser corrigida pelo Governo. A própria estrutura orgânica das fundações públicas, I.P., está construída nesse sentido. Permite-se que as fundações públicas interpretem o sentido da sua missão e construam uma estratégia para a sua prossecução mas a última palavra é dada ao Governo, restando para a fundação pública a escolha dos melhores modo de prosseguir a estratégia aprovada para a prossecução dos fins determinados pelo Governo e pela lei.

Além disso, este é o tipo fundacional público sobre o qual recaem maior número de exigências de prestação de contas e transparência. As remunerações dos titulares dos diversos órgãos fundacionais são fixadas pelos membros competentes do Governo e publicados em Diário da República, o mapa de pessoal, nos termos do n.º 5 do artigo 34.º da LQIP, é igualmente publicado em Diário da República, indicando também os diversos níveis remuneratórios. Finalmente, de acordo com as alíneas do artigo 44.º da LQIP, devem as fundações públicas, I.P, na sua página electrónica disponibilizar os diplomas legislativos que os regulam, os estatutos e regulamentos internos; a composição dos corpos gerentes, incluindo os elementos biográficos legalmente previstos; os planos de actividades e os relatórios de actividades dos últimos três anos; os orçamentos e as contas dos últimos três anos, incluindo os respectivos balanços; e, como já referido, o mapa de pessoal.

Um último aspecto de relevo é a ausência de um modelo dual, de tensão entre um órgão administrativo geral e um órgão executivo. Existe apenas um único órgão, simultaneamente administrativo e executivo, sem que se consigam distinguir membros não executivos e executivos. O conselho directivo ou o presidente da fundação pública, dependendo da modalidade de direcção escolhida ao abrigo da LQIP, comportam-se simultaneamente como órgãos administrativos e órgãos executivos, ainda que, repete-se, uma importante

O GOVERNO DAS ORGANIZAÇÕES

porção de poder deliberativo estratégico lhes seja retirada. As teorias de gestão e governo institucional que possamos utilizar para estudar a relação entre os conselhos de administração (boards) e os presidentes executivos (CEO) têm, assim, que ser reconstruídas para comportar órgãos que são simultaneamente deliberativos e executivos mas que, por outro lado, não controlam formalmente toda a estratégia a delinear.

Fundação Pública, I.P.		
Fontes normativas		
LQIP + Decreto-Lei criador		
Modelo de Governo Institucional		
Órgão de representação dos instituidores	Inexistente (função desempenhada pelo Governo)	
Órgão de administração	Modelo A	Modelo B
	Conselho Directivo	Presidente e vice-presidentes
Órgão de fiscalização	Fiscal único	
Órgão consultivo (opcional)	Conselho Consultivo	

VI.4. Regime jurídico e modelo normativo de governo da Fundação Pública autónoma

Ao contrário do regime jurídico uniforme das fundações públicas, I.P, o regime jurídico aplicável às fundações públicas autónomas é plural, complexo e mesmo um pouco confuso. Onde anteriormente encontramos uma lei-quadro concretizada por decretos-lei criadores de cada fundação pública, I.P, agora encontramos, ora Decretos-Lei avulsos, instituindo fundações públicas com regimes jurídicos próprios, ora normas habilitantes mais ou menos abstractas, que depois são seguidas por Decretos-Lei instituidores ou por instituições por escritura pública.

A estranha norma do n.º 4 do artigo 3.º da LQIP – estranha tanto pela sua inserção na LQIP como pelo seu conteúdo – tem, pelo menos, uma razão histórica clara: pretendeu acabar com a instituição de fundações pelo Estado através de escritura pública sem haver qualquer habilitação normativa para tal. Do objecto e do conteúdo mínimo desta habilitação legal a LQIP, estranhamente, como dissemos, não cuida. Ou seja, se por um lado esta norma surge na LQIP – o que parece sugerir que há alguma ligação entre esta lei e as fundações públicas com regime de direito privado – por outro a LQIP não intervém na conformação do seu regime, nem sequer ao nível da habilitação legal. Tal parece-nos errado e

ALGUNS PROBLEMAS DE GOVERNO FUNDACIONAL

potencialmente gerador de inconstitucionalidades. Errado porque a Parte II da LQIP pretende, claramente, ser um repositório de princípios estruturantes da actividade pública administrativa personalizada não-empresarial. E potencialmente gerador de inconstitucionalidades porque, caso a lei de habilitação a que a LQIP se refere não contenha as necessárias vinculações jurídico-públicas a que a fundação a instituir deve obedecer por força do princípio da prossecução do interesse público, a consequência não poderá ser outra.

Tudo isto significa que tentar apurar e estudar o regime jurídico das fundações públicas autónomas significa apurar e estudar tantos regimes jurídicos quantas as fundações públicas autónomas existentes, com a notável excepção de um subtipo de fundações públicas autónomas previstas no Regime Jurídico das Instituições de Ensino Superior e que analisaremos sob a designação de fundações públicas de ensino superior (FPES).

Este cenário coloca um problema de transparência e de prestação de contas muitíssimo grave, não apenas ao cidadão que queira conhecer o panorama fundacional público português, de modo a ajuizá-lo e avaliá-lo, mas também aos juristas que o pretendam estudar. Com efeito, é quase impossível, devido à inexistência de um registo público completo das fundações portuguesas, com indicação da natureza do instituidor, determinar todas as fundações instituídas pelo Estado através de escritura pública. Apenas aquelas que, mesmo havendo diploma legal habilitante, são criadas por Decreto-Lei podem ser encontradas devido à sua necessária publicação na I Série do Diário da República. Por esta razão não iremos analisar as fundações públicas autónomas instituídas por escritura pública, sendo que, no que diz respeito ao tema do nosso estudo, estas são as que menos problemas colocam, pois não havendo diploma legal que adapte normativamente o modelo de governo institucional a cada fundação, tal modelo será aquele que encontramos no Código Civil para as fundações privadas, sem prejuízo da autonomia estatutária. Sublinhamos, contudo, que tal modelo levanta graves dificuldades de articulação das obrigações decorrentes da prossecução do interesse público, sendo previsível que seja quase sempre necessário a intervenção legal casuística para garantir a legalidade da fundação instituída por escritura pública. A exigência trazida pela LQIP apenas permite uma garantia formal de que a entidade pública instituidora tem competência para o fazer mas, por um lado, não nos permite determinar quando o faz; nem, por outro lado, resolve as questões materiais de conformação jurídico-pública da novel fundação, nos moldes em que o faz, para a fundação pública, I.P., o Título II da LQIP.

De tudo o que dissemos resulta um quadro normativo pulverizado que reclama desde logo uma muito necessária intervenção legislativa que regule a intervenção do Estado como fundador, prevendo distintos regimes fundacionais, consoante o grau de intervenção que o Estado pretenda mas sempre acautelando as exigências

O GOVERNO DAS ORGANIZAÇÕES

de interesse público[44]. Enquanto tal não sucede cabe-nos tentar encontrar um sentido para o cenário actual e fazer um esforço taxinómico para lhe dar alguma coerência. Façamos, pois, a síntese do que apurámos para que possamos analisar o sistema de governo das fundações públicas autónomas.

A Fundação Pública autónoma combina elementos típicos do Direito Público (as vinculações jurídico-administrativas decorrentes da Constituição e da lei ordinária) e outros elementos que o instituidor público considere relevantes com elementos tomados do Direito Privado, normalmente quanto à estrutura orgânica básica c quanto à actividade fundacional corrente. Tal combinação implica referências a bases normativas distintas.

Assim, como defendemos, o regime jurídico das fundações públicas autónomas, no que toca à sua dimensão axiológica, é encontrado a partir de diploma legal habilitante que assegure adequado nível de garantia do interesse público ou, residualmente, na sua falta, a partir do Título II da LQIP e do Código de Procedimento Administrativo.

Nesta medida, tal diploma legal pode ir mais além e prever igualmente um sistema de governo específico para tal fundação ou simplesmente modificar algumas das regras resultantes do regime previsto no Código Civil. É comum o diploma habilitante, em termos de competência, ser igualmente o diploma instituidor da fundação, aprovando ainda os seus estatutos.

Por seu turno, no que diz respeito aos restantes elementos caracterizadores da fundação pública autónoma, o que podemos afirmar é que, caso o diploma legal de habilitação e/ou criação nada diga sobre o modo de governo da fundação, deve aplicar-se, a esse respeito, com as necessárias adaptações, o regime previsto no direito privado fundacional, tal como indicado pelos próprios diplomas instituidores. Daí que não possa, *a priori*, dizer-se qual é o regime geral das fundações públicas autónomas e, por maioria de razão, qual a sua forma de governo. Ela dependerá do resultado da combinação do diploma legal de habilitação e/ou criação com as normas aplicáveis do Código Civil.

Esta configuração minimalista, consentânea com a liberdade que deve ser deixada ao fundador na configuração do modelo de governo que pretende para a fundação a instituir, não se compraz com as exigências que são oponíveis ao Estado

---

[44] Este é um desiderato adiado mas não ignorado. Com efeito, desde a revisão de 1997 que a Constituição prevê a possibilidade de, sob a forma de lei de bases, se proceder à uniformização das vinculações de Direito Público, no que seriam as bases gerais da fundações públicas, a partir das quais se poderiam prever normativamente distintos regimes, podendo assim ultrapassar-se as muitas dúvidas e problemas que o actual quadro e experiências legais produziram. Acresce que, o "Memorandum of understanding on specific economic policy condicionality" celebrado entre a República Portuguesa e o BCE/FMI/UE, em 03.05.11, prevê no seu ponto 3.42. a regulação, por lei, da criação e funcionamento de fundações criadas pela Administração Central e Local, bem como a definição de mecanismos de monitorização e reporte, e de avaliação de desempenho.

ALGUNS PROBLEMAS DE GOVERNO FUNDACIONAL

enquanto fundador[45], o que apenas serve para sublinhar a importância que tem o diploma legal de habilitação e/ou de criação, devendo prever o modo como deve ser prosseguido o interesse público, desde logo assegurando que a formação da vontade fundacional fica sob controlo do Estado[46]. A instituição de uma fundação para prossecução do interesse público não convoca um modelo de governo fundacional específico mas exige, necessariamente, que esse modelo de governo assegure a prevalência do interesse público e, logo, o controlo do Estado na formação da vontade fundacional, sob pena de já não nos encontrarmos perante uma fundação pública mas perante (i) uma fundação privada que poderá ou não prosseguir o interesse público (e que, caso o faça, o fará a outro título que não o de fundação pública, no sentido aqui defendido, de fundação instituída para a prossecução específica do interesse público); ou (ii) uma fundação pública-privada com prossecução partilhada de interesses públicos e privados concordantes.

Lendo apenas o Código Civil, em busca do modelo de governo das fundações públicas autónomas, apenas aprendemos que estas terão que contar, como modelo mínimo, com um órgão colegial de administração e com um fiscal único. Este modelo não é surpreendente nem incompatível com os interesses do Estado enquanto fundador. Mas é insuficiente, como vimos. Encontrámos na modalidade fundacional pública I.P., a ausência de um órgão de formação da vontade do fundador e de outras partes interessadas, o que é consentâneo com a figura fundacional. Ainda assim, verifica-se um controlo sobre a função de administração e executiva, por parte do Estado, através dos seus instrumentos de tutela e superintendência. Daí que o mesmo se espera que aqui aconteça: que o Estado emule o papel de ente de controlo, garantindo a designação dos órgãos e definindo a sua estratégia de modo externo, como faz no caso dos institutos públicos ou, de modo distinto, das empresas públicas.

Resulta, pois, do exposto que, embora para se conhecer o regime jurídico das fundações públicas autónomas seja preciso conhecer todas as fundações existentes que integram esta categoria, só então se podendo ponderar qualquer intuito unificador, é verdade que todas terão que ter em comum o nível de garantia do interesse público, sendo, como se defendeu, residualmente aplicável o Título II da LQIP, na falta de uma Lei de Bases das Fundações Públicas (tal como previsto na segunda parte da alínea u) do n.º 1 do artigo 165.º da Constituição).

De acordo com a classificação apresentada e tomando como referência apenas o período de vigência da actual Constituição, existem em Portugal, em finais de 2010, aprovadas por diploma legal, doze fundações autónomas. Sendo impossível analisar todas na ordem deste estudo escolhemos três a título de exemplo: Fundação Centro Cultural de Belém, Fundação Museu Ferroviário – Armando

---

[45] Neste sentido, GONÇALVES, PEDRO, op. cit., pág. 414 e seguintes.
[46] Neste sentido, sublinhado a importância do regime legal, GONÇALVES, PEDRO, op. cit., pág. 405 e 414 e seguintes.

O GOVERNO DAS ORGANIZAÇÕES

Ginestal Machado e Fundação Mata do Buçaco. Cada uma, à sua maneira, permite ilustrar os aspectos que referimos anteriormente

VI.4.a) Fundação Centro Cultural de Belém

Uma das primeiras fundações públicas autónomas, criada, em 1998, a Fundação Centro Cultural de Belém sucedeu à Fundação das Descobertas. Contudo, se esta última era uma verdadeira Fundação Pública-Privada, com a transformação em Fundação CCB, consubstanciou-se uma Fundação Pública em sentido autónomo, ainda que consagradora de uma parceria pública-privada com predomínio do Estado ou, dito de outro modo, uma fundação pública autónoma participada.

Criada pelo Decreto-Lei n.º 391/99, de 30 de Setembro, a Fundação é qualificada como instituição de Direito Privado e utilidade pública, nos termos artigo 1.º dos seus estatutos, consagrando-se uma fórmula que se mantém indistinta até hoje.

O fim da fundação é normativamente determinado pelo legislador, indicando, nos termos do n.º 1 do artigo 3.º dos estatutos, como fins gerais "a promoção da cultura, em particular da portuguesa, desenvolvendo a criação e a difusão, em todas as suas modalidades, bem como o apoio a acções de formação com relevância na área da cultura, promovendo a formação técnica especializada dos agentes e profissionais deste domínio ou domínios afins", para além dos fins especiais, previstos no n.º 2 do mesmo artigo.

O património é, nos termos do artigo 5.º dos estatutos, afecto pelo Estado e pelos restantes co-fundadores, embora não se explicite o património com que os co-fundadores privados contribuem para a Fundação. Em caso de extinção, todo o património da Fundação reverte para o Estado, nos termos do n.º 2 do artigo 27.º dos estatutos. A dotação inicial é suficiente para a prossecução do fim fundacional, não obstante ser prevista, nos termos da alínea c) do n.º 2 do artigo 5.º dos estatutos, a possibilidade do Estado conceder subsídios periódicos.

O diploma criador prevê quatro órgãos fundacionais: o presidente, o conselho directivo, o conselho de administração e o conselho fiscal. O Conselho Directivo é o órgão de deliberação estratégica da fundação e de representação dos interesses dos fundadores, nos termos do artigo 16.º, cabendo ao Conselho de Administração e ao Presidente a repartição da função executiva, nos termos dos artigos 21.º e 13.º, respectivamente. O conselho fiscal detém os normais poderes de fiscalização financeira e contabilística, nos termos do artigo 25.º.

O Estado detém o controlo sobre os órgãos de deliberação estratégica e administração. Assim, o Conselho Directivo integra sete membros, sendo seis, incluindo o Presidente, nomeados pelo Ministro da Cultura e um pelo Ministro das Finanças. O Conselho de Administração conta com três membros, todos nomeados pelo Ministro da Cultura.

De notar que a Fundação, nos termos do artigo 9.º dos estatutos, deve submeter o seu plano trienal de actividades culturais ao Ministro da Cultura.

A Fundação não tem quaisquer poderes ou benefícios especiais, actuando nos limites do regime previsto no Código Civil e estando sujeita aos benefícios fiscais referidos no artigo 7.º dos estatutos.

A Fundação CCB ilustra algumas das questões teóricas mais importantes no domínio fundacional jurídico-público. Eis uma Fundação cuja dotação inicial é parcialmente pública e parcialmente privada e cuja organização é completamente controlada pelo seu instituidor público, o Estado.

A Fundação CCB é, assim, um fundo personalizado com finalidades de interesse público e apenas se distingue da Fundação Pública – I.P., quanto aos elementos essenciais fundacionais, por não se lhe aplicar o regime da LQIP. Estamos aqui perante uma Fundação Pública autónoma, não obstante a qualificação feita pelo legislador que, aliás, explica bem o sentido em que se deve entender tal qualificação no artigo 1.º dos estatutos: "[a] Fundação Centro Cultural de Belém, adiante designada abreviadamente por Fundação, é uma instituição de direito privado e utilidade pública que se rege pelos presentes estatutos e em tudo o que neles for omisso pela legislação aplicável às fundações". Tendo em conta que a Fundação prossegue o interesse público, foi co-instituída por uma pessoa colectiva pública, é por ela controlada e dispõe de um regime jurídico específico criado por lei, para além de outras vinculações jurídico-públicas imperativas, *maxime*, o artigo 7.º dos estatutos, a referência à "legislação aplicável às fundações" pode entender-se como uma remissão residual quer para a LQIP, quer para o Código de Procedimento Administrativo, quer para o Código Civil.

VI.4.b) Fundação Museu Ferroviário – Armando Ginestal Machado

Já na vigência da LQIP é instituída, em 2005, por intermédio do Ministério das Obras Públicas, Transportes e Comunicações, uma Fundação Pública autónoma com participação privada minoritária.

A Fundação é instituída pelo Estado, pela Câmara Municipal do Entroncamento, pelos Caminhos de Ferro Portugueses, E. P., pela Rede Ferroviária Nacional–REFER, E. P.; pela Somague Engenharia, S. A./NEOPUL – Sociedade de Estudos e Construções, S. A., pela Siemens, S. A., pela EDIFER–Construções Pires Coelho e Fernandes, S. A. e pela Efacec Engenharia, S. A., tendo sido criada pelo Decreto-Lei n.º 38/2005, de 17 de Fevereiro, que também aprova os estatutos. A Fundação é qualificada como uma pessoa colectiva de Direito Privado e utilidade pública nos termos do n.º 2 do artigo 1.º e do artigo 2.º do Decreto-Lei criador.

O fim fundacional é normativamente determinado, nos termos do artigo 4.º dos estatutos, indicando-se "o estudo, a conservação e a valorização do património histórico, cultural e tecnológico ferroviário português".

O GOVERNO DAS ORGANIZAÇÕES

Note-se que o Governo, quer directa, quer indirectamente, nos termos das regras de designação de titulares, controla o Conselho Geral e o Conselho de Administração, não obstante a participação importante da Câmara Municipal da Mealhada.

VI.4.d) Sequência

Cremos que estes três exemplos permitem ilustrar a complexidade apresentada pela Fundação Pública autónoma, quer quanto ao seu modelo normativo, quer quanto ao seu modelo de governo institucional. Com efeito, em três exemplos detectámos três estruturas orgânicas com nomenclaturas distintas e com uma distribuição de poderes distinta. A nota comum, como notámos, é a prossecução do interesse público por intermédio da instituição de uma fundação e da sua consequente actividade. O modelo de governo institucional que encontramos, pese embora a orgânica nominal distinta, surge sempre orientado para o controlo por parte do Estado, permitindo em alguns casos a participação de outras partes interessadas, o que releva neste tipo fundacional público. Existem, aliás, casos, de fundações públicas autónomas que surgiram da transformação de institutos públicos, como são o caso da Fundação INATEL[47] e da Fundação CEFA[48] (Centro de Estudo e Formação Autárquica). A propósito do confronto dos modelos de governo dos vários tipos fundacionais públicos com as várias teorias de governo institucional procuraremos recensear as questões nucleares que se levantam a este respeito.

O que deve ficar claro, contudo, é a importância de complementar os regimes jurídicos fundacionais criados pelos Decretos-Lei instituidores com outras normas jurídico-públicas que assegurem vinculações exigidas constitucionalmente por força da aplicação do princípio da prossecução do interesse público. Assim, como dissemos, deve aplicar-se, com as necessárias adaptações o Título II da LQIP. Note-se que, por exemplo, no que toca à aplicação da jurisdição do Tribunal de Contas, por força da alínea i) do n.º 2 do artigo 6.º, a mesma sempre se fará sentir sobre as fundações públicas autónomas por força do n.º 3 do artigo 2.º da Lei Orgânica do Tribunal de Contas, aprovada pela Lei n.º 98/97, de 26 de Agosto, com as alterações introduzidas pelas Leis n.ºs 35/2007, de 13 de Agosto e 48/2006, de 29 de Agosto. Por outro lado, no que diz respeito a toda a contratação realizada por este tipo fundacional público aplica-se o Código dos Contratos Públicos, por força da alínea do n.º 2 do artigo 2 desse Código, o que resulta aliás, de uma imposição comunitária.

---

[47] Criada pelo Decreto-Lei n.º 106/2008, de 25 de Junho.
[48] Criada pelo Decreto-Lei n.º 98/2009, de 28 de Abril.

ALGUNS PROBLEMAS DE GOVERNO FUNDACIONAL

No caso da Fundação Pública autónoma, a condição do Estado como fundador tem produzido alterações inimagináveis ao perfil fundacional, sobretudo, se confrontado com o da Fundação Privada. Veja-se a título de exemplo o caso da Fundação para a Protecção e Gestão Ambiental das Salinas do Samouco. Criada pelo Decreto-Lei n.º 306/2000, de 28 de Novembro, esta fundação pública autónoma com participação privada minoritária foi alterada pelo Decreto-Lei n.º 36/2009, de 10 de Fevereiro que, entre outras modificações, prevê, no seu artigo 2.º, que passam a ser instituidores um conjunto de novas entidades que até então não o eram. Isto é, procede-se, por diploma legal, à refundação de uma fundação pública já existente, algo que seria impossível numa fundação privada portuguesa. Também no exemplo já conhecido da Fundação Mata do Buçaco, se prevê no n.º 1 do artigo 19.º dos Estatutos que "[o] conselho de fundadores é constituído, para além do Estado e da Câmara Municipal da Mealhada, pelas pessoas singulares e colectivas, públicas ou privadas, a quem os membros do Governo responsáveis pelas áreas das finanças, das florestas e do turismo deliberem atribuir tal estatuto, tendo em conta o propósito e a capacidade de contribuir activamente para os fins da Fundação e desde que cumpra uma dotação inicial a definir." Novamente, o que se prevê legalmente é a possibilidade de "entrada de fundadores" à semelhança da "entrada de sócios" numa sociedade comercial. É um bom exemplo da empresarialização do fenómeno fundacional público de que demos já conta anteriormente. Contudo, esta influência não se queda apenas por este aspecto: também o controlo administrativo, estatutariamente previsto, em relação aos principais documentos estratégicos e de prestação de contas, emula as relações de controlo que se verificam entre sociedades-mãe e sociedades controladas. Porém, a essa relação de controlo são dados contornos jurídico-administrativos. Tome-se, a título de exemplo, os estatutos da Fundação Inatel, aprovados pelo Decreto-Lei n.º 106/2008, de 25 de Junho. Aí, nos artigos 12.º, 13.º e 14.º prevêem-se poderes homologatórios sobre todos os principais actos estratégicos e de prestação de contas da instituição. Tomemos em consideração a jurisprudência do Supremo Tribunal Administrativo, no processo n.º 030500, de 31 de Março de 1998, em matéria de actos homologatórios. Aí nos diz FERREIRA DE ALMEIDA que "[a] homologação ou despacho homologatório, traduzido na fórmula "homologo" consubstancia um acto administrativo pelo qual a entidade decidente legalmente competente aceita a sugestão, proposta ou o parecer apresentados por um órgão consultivo e/ou subalterno, assim absorvendo o respectivo conteúdo e, desse modo, os convertendo em decisão própria". Ou seja, a existência de homologação implica a existência de uma relação jurídico-administrativa que não é comum na experiência fundacional privada mas que, contudo, é consentânea com a intervenção que o Estado, enquanto garante da prossecução do interesse público, deve assegurar. Estes traços alteram, evidentemente, a conformação jurídico-privada

O GOVERNO DAS ORGANIZAÇÕES

da fundação mas não afectam o género fundacional: os actos da Fundação Pública autónoma continuam a ser actos seus. Contudo, revelam um importante eixo--relacional no âmbito do governo fundacional público.

Tal como podemos confirmar pelo quadro referente ao modelo normativo de governo institucional da fundação pública autónoma, que se apresenta infra, a manipulação legislativa é logo visível pela distinta designação dos diversos órgãos – Conselhos Directivos, de Administração, de Fundadores, etc – e mesmo pela repartição de poderes que é cometida a cada um deles. Tal aspecto resulta, por um lado da inexistência de um enquadramento legal adequado para este tipo fundacional público e, por outro, pela vontade e necessidade do Estado em configurar a fundação à medida do modo como pretende prosseguir os interesses públicos específicos para os quais institui a fundação.

Fundação Pública Autónoma	
Fontes normativas	
Decreto-Lei habilitante/criador ou (na sua falta ou insuficiência) Título II da LQIP (com as necessárias adaptações) e demais legislação jurídico-pública aplicável (v.g. CPA) bem como Código Civil	
Modelo de Governo Institucional	
Órgão de deliberação estratégica e de representação dos instituidores	Variável (vg. Conselho Directivo, Conselho Geral, Conselho de Fundadores ou Conselho de Curadores)
Órgão de administração	Variável (vg. Conselho de Administração)
Órgão de fiscalização	Conselho Fiscal
Órgão consultivo (opcional)	Variável (vg. Conselho de Fundadores)

VI.5. Regime jurídico e modelo normativo de governo da Fundação Pública de Ensino Superior

O ordenamento jurídico português integra, desde Setembro de 2007, um novo subtipo de Fundação Pública autónoma, a todos os títulos importante e interessante.

O artigo 1.º da Lei n.º 62/2007, de 10 de Setembro, que aprovou o Regime Jurídico das Instituições de Ensino Superior (RJIES), explica na alínea a) do seu n.º 1 que o sistema de ensino superior compreende:

"[o] ensino superior público, composto pelas instituições pertencentes ao Estado e pelas fundações por ele instituídas nos termos da presente lei".

A primeira norma que citamos é equívoca. Por um lado diz-se que o ensino superior público é composto pelas instituições pertencentes ao Estado; por outro

ALGUNS PROBLEMAS DE GOVERNO FUNDACIONAL

diz-se que o ensino superior é composto pelas fundações instituídas pelo Estado. Isto permite-nos concluir que em ambos os casos estamos perante entidades integradas no ensino superior público; por outro lado, a necessidade do legislador fazer esta distinção parece indiciar uma diferença entre "as instituições [de ensino superior] pertencentes ao Estado" e "as fundações por ele instituídas".

As alíneas do n.º 1 do artigo 5.º parecem confirmar esta ideia ao não integrar entre as instituições de ensino superior (IES) as fundações de ensino superior público, prevendo apenas, entre as IES:

"a) As instituições de ensino universitário, que compreendem as universidades, os institutos universitários e outras instituições de ensino universitário;

b) As instituições de ensino politécnico, que compreendem os institutos politécnicos e outras instituições de ensino politécnico."

Pareceria poder concluir-se que o ensino superior público seria composto pelas instituições de ensino superior público (IESP), por um lado; e pelas fundações de ensino superior público, por outro. Porém o recurso à palavra *demais*, no Capítulo VII, do Título III, nos artigos 132.º, 133.º, 134.º, 136.º e 137, estendendo diversos aspectos do regime das IESP às FPES parece demonstrar que não estamos aqui perante categorias distintas, mas antes perante uma categoria – as IESP – onde se integram as FPES. Em todo o caso, não devem restar dúvidas que as FPES integram, ainda que de uma forma *sui generis*, o Estado e a sua Administração Pública.

A natureza de instituto público (ainda que especial) das IES e a especialidade do seu regime jurídico não levantam hoje quaisquer surpresas ou dificuldades. Durante algum tempo a doutrina discutiu a natureza das Universidades, bem como o seu lugar na organização da Administração Pública. Em face da legislação aplicável, Freitas do Amaral considera as Universidades como parte da Administração Indirecta, pelo menos desde o século XIX, embora com um regime especial em relação aos restantes institutos públicos, aliás, reforçado pelo artigo 76.º da Constituição[49]. A alínea a), do n.º 1 do artigo 48.º da lei-quadro dos institutos públicos veio confirmar este entendimento prevendo que "[g]ozam de regime especial, com derrogação do regime comum na estrita medida necessária à sua especificidade [...] [a]s universidades e escolas de ensino superior politécnico"[50].

Assim, a primeira parte do n.º 1 do artigo 9.º do RJIES não oferece dúvidas: as IES são pessoas colectivas de direito público. Já o n.º 2 do mesmo artigo aplica-lhes, subsidiariamente, o regime jurídico das "demais pessoas colectivas de

---

[49] AMARAL, DIOGO FREITAS DO, Curso de Direito Administração, 2ª edição, Coimbra, Almedina, 1996, vol. I, pág. 401 e 3ª edição, Coimbra, Almedina, 2006, vol. I, pág. 448; cf. também MOREIRA, VITAL, op. cit., pág. 348; contra, considerando, pelo menos até 1992, as Universidades como associações públicas, SOUSA, MARCELO REBELO DE, A natureza jurídica da Universidade no direito português, Lisboa, Europa-América, 1992.
[50] AMARAL, DIOGO FREITAS DO, op. cit., 3ª edição, pág. 448, nota de rodapé n.º 387, não deixa, porém de notar que "esta qualificação legal não possa ter-se, em si mesma, por decisiva".

O GOVERNO DAS ORGANIZAÇÕES

direito público de natureza administrativa", designadamente a LQIP. O que vêm a ser "pessoas colectivas de direito público de natureza administrativa importa aferir. Sabemos o que são pessoas colectivas de direito público e não importa agora regressar a essa discussão[51]. No âmbito desta categoria são conhecidas várias distinções, como por exemplo, pessoas colectivas públicas que prossigam actos de gestão pública ou de gestão privada mas esta distinção é problemática.

Por seu turno, o artigo 129.º, do mesmo diploma, prevê, no seu n.º 1, que:

"[m]ediante proposta fundamentada do reitor ou presidente, aprovada pelo conselho geral, por maioria absoluta dos seus membros, as instituições de ensino superior públicas podem requerer ao Governo a sua transformação em fundações públicas com regime de direito privado".

Estes são os dados de partida, complexos e contraditórios, que o RJIES nos fornece para a análise das novas Fundações Públicas de Ensino Superior. O Título IV do diploma legal em apreço permite o seu estudo.

A criação da FPES pode ser feita por duas formas: (i) por transformação de IES existentes (artigo 129.º, n.º 1) ou (ii) por criação *ex novo* (artigo 129.º, n.º 11).

Em ambos os casos, pese embora no primeiro seja necessária proposta do reitor ou do presidente e aprovação do conselho geral, nos termos do n.º 1 do artigo 129.º, a criação é sempre da competência do Governo. O Governo que o RJIES refere, contudo, é o Governo enquanto legislador, como se depreende pelo n.º 12 do mesmo artigo em que se explica que a criação da fundação é efectuada por decreto-lei, o qual aprova igualmente os estatutos da mesma

O património da fundação é aquele que for afecto à prossecução dos seus fins, como não pode deixar de decorrer do conceito de Fundação. Embora o artigo 130.º apenas resolva a questão quanto ao património da FPES criadas mediante transformação de IES já existente, o património das FPES terá que ser, necessariamente aquele que for dotado pelo Estado e entidades privadas.

Os curadores que integram o conselho que gera as FPES são, nos termos do n.º 2 do artigo 131.º, nomeados pelo Governo. No entanto, o n.º 1 do artigo 132.º, em desenvolvimento da norma constitucional constante do n.º 2 do artigo 76.º, esclarece que "[a]s instituições de ensino superior públicas de natureza fundacional dispõem de autonomia nos mesmos termos das demais instituições de ensino superior públicas, com as devidas adaptações decorrentes daquela natureza", acrescentando-se, no seu n.º 2, que os estabelecimentos têm estatutos próprios, não obstante serem homologados pelo Governo, tal como prevê o n.º 3 do citado artigo.

---

[51] JORGE MIRANDA considera tal designação um erro, cf. "A propósito da nova legislação sobre instituições de ensino superior" in Revista da Faculdade de Direito da Universidade de Lisboa, Coimbra, Coimbra Editora, Volume XLVIII, n.ºs 1 e 2, 2007, pág. 486.

O n.º 2 do artigo 129.º e o n.º 2 do artigo 134.º são normas paradigmáticas do entendimento do legislador sobre o conceito normativo da espécie Fundação Pública e espelham bem o que está em causa quanto ao tipo especial da Fundação Pública de Ensino Superior.

No n.º 2 do artigo 129.º o legislador afirma que "[a] transformação de uma instituição em fundação pública com regime de direito privado deve fundamentar-se nas vantagens da adopção deste **modelo de gestão** e de enquadramento jurídico para o prosseguimento dos seus objectivos" (negrito nosso). O que está em causa na referência a uma "fundação pública com regime de direito privado" é, afinal, um modelo de gestão, aspecto que deve ser distinguido do aspecto normativo.

Por tudo isto, para construção do regime jurídico da FPES pode o legislador inspirar-se e utilizar técnicas jurídicas normalmente utilizadas pelo Direito Privado, enquanto modelos de gestão, e combiná-las com as necessárias normas jurídico-públicas. Mas nem por isso passará a ter uma pessoa colectiva privada em mão pública, nem por isso passará a ter uma Fundação Pública que é uma pessoa colectiva privada. E, em nossa opinião e contra a qualificação do legislador, nem por isso passará a ter uma Fundação Pública com regime de direito privado. Terá, quanto muito, uma Fundação Pública, cujo regime é parcialmente inspirado no Direito Privado[52].

Isso mesmo vem a ser confirmado pelo n.º 2 do artigo 134.º quando o legislador, com grande prudência e sensatez explica que "[o] regime de direito privado não prejudica a aplicação dos princípios constitucionais respeitantes à Administração Pública, nomeadamente a prossecução do interesse público, bem como os princípios da igualdade, da imparcialidade, da justiça e da proporcionalidade".

Simplesmente, "a aplicação dos princípios constitucionais respeitantes à Administração Pública, nomeadamente a prossecução do interesse público, bem como os princípios da igualdade, da imparcialidade, da justiça e da proporcionalidade" é parte integrante e fundamental do regime das FPES, pelo que tais fundações não têm, na verdade, um regime de Direito Privado, mas antes um regime de Direito Público que, em matéria de gestão integra normas oriundas do Direito Privado[53].

Não devem restar, por isso, dúvidas de que a Fundação Pública de Ensino Superior, como tipo específico de Fundação Pública autónoma, é uma pessoa

---

[52] A este respeito veja-se a opção terminológica de uma obra alemã muito recente, Die Stiftung privaten Rechts als öffentlich-rechtliches Organisationsmodell: Analyse und rechtliche Bewertung hoheitlicher Stiftungsorganisationsmodelle. A autora, CLAUDIA KALUZA, fala aí nas fundações de direito privado como "modelo organizativo" de direito público. Parece-nos uma evolução sensata da doutrina, desde as velhas discussões da fuga para o direito privado da segunda metade do século passado.

[53] Poderíamos falar aqui de uma verdadeira publicização do direito privado, no sentido que lhe dá PAULO OTERO, op. cit., pág. 277 e seguintes.

colectiva constituída para prosseguir o interesse público, dotada de património exclusiva ou maioritariamente público e cujos titulares dos órgãos conformadores da vontade fundacional são designados por entidades públicas, aliás, no respeito pela autonomia universitária, constitucionalmente garantida[54].

O modelo de governo fundacional é, neste caso, o mais complexo, uma vez que sobre o modelo de governo universitário, previsto pelo RJIES, sobre o qual não nos pronunciamos nesta sede, é previsto um modelo de governo fundacional. Concretizando, sobre o modelo de governo universitário, composto pelo Conselho Geral, Conselho de Gestão, Reitor e fiscal único devemos acrescentar o Conselho de Curadores. O resultado final é um modelo complexo que conhece três órgãos de representação e deliberação estratégica, o Conselho de Curadores, o Conselho Geral e o Reitor, dois órgãos executivos de administração, o Conselho de Gestão e o Reitor e um órgão de fiscalização financeira, o fiscal único. Note-se que, nos termos do RJIES (art. 85.º/1), o Reitor é órgão superior de governo da instituição, o que ajuda a explicar que seja simultaneamente um órgão de deliberação estratégica e de administração, nos termos das competências previstas nas alíneas do n.º 1 do artigo 92.º.

A grande novidade, de uma perspectiva fundacional, é a previsão de um Conselho de Curadores, *proprio sensu*, que, como o nome indica, está em vez do fundador, curando pela sua vontade na prossecução do interesse fundacional. Tal é facilmente perceptível pela natureza dos poderes cometidos a este Conselho – maioritariamente poderes homologatórios – semelhantes aos poderes cometidos ao Governo quanto às Instituições de Ensino Superior Público. Isso mesmo pode comprovar-se confrontando as normas de competência dos Conselhos de Curadores das três primeiras universidades a obter a transformação para FPES, o Instituto Superior das Ciências do Trabalho e da Empresa (ISCTE), a Universidade do Porto e a Universidade de Aveiro[55].

---

[54] Acresce que desde a sua aprovação até à alteração introduzida pelo Decreto-Lei n.º 278/2009, de 2 de Outubro, o Código dos Contratos Públicos aplicava-se às fundações públicas de ensino superior, no cumprimento de um princípio basilar do direito comunitário, de aplicação das regras de contratação pública a todas as entidades em relação de domínio pelo Estado ou pessoas colectivas públicas. Contudo, o legislador, de um modo que nos parece violador das directivas comunitárias transpostas pelo CCP (Directivas 2004/17/CE e 2004/18/CE, ambas do Parlamento Europeu) entendeu excluir do âmbito deste Código as FPES. A noção de "organismo de direito público", sedimentada na doutrina e jurisprudência comunitárias, e reiterada nas referidas directivas, integra, inequivocamente, as fundações públicas de ensino superior, não se compreendendo, apesar das razões políticas avançadas no preâmbulo do diploma que procede à alteração, quais as razões jurídicas para a exclusão, quando, por exemplo, os hospitais EPE não têm igual tratamento. O Memorando de Entendimento prevê, no seu ponto 8.4., a eliminação desta excepção até ao final do terceiro trimestre de 2011

[55] As normas em questão são, respectivamente, o artigo 9.º dos estatutos anexos ao Decreto-Lei n.º 95/2009, de 27 de Abril; o artigo 9.º dos estatutos anexos ao Decreto-Lei n.º 96/2009, de 27 de Abril; e o artigo 9.º dos estatutos anexos ao Decreto-Lei n.º 97/2009, de 27 de Abril.

Fundação Pública de Ensino Superior	
Fontes normativas	
RJIES + Decreto-Lei criador	
Modelo de Governo Institucional	
Órgão de representação dos instituidores e de partes interessadas	Conselho de Curadores + Conselho Geral (quanto às partes interessadas)
Órgão de administração	Conselho Geral
Órgão de gestão	Reitor + Conselho de Gestão
Órgão de fiscalização	Fiscal Único
Órgão consultivo (opcional)	Variável

VII. ALGUNS PROBLEMAS DE GOVERNO FUNDACIONAL DE UMA PERSPECTIVA NORMATIVO-ORGÂNICA

Agora que conhecemos o quadro legal dos vários tipos de fundações e os modelos normativos de governo institucional existentes podemos analisar alguns dos problemas de governo fundacional a partir da perspectiva normativo-orgânica que apresentámos. Esta perspectiva revela-se particularmente feliz e adequada nesta sede uma vez que convoca elementos caros tanto ao estudo do direito fundacional como do governo institucional.

Por um lado, falar de um enquadramento normativo-orgânico a propósito de fundações é falar em formação, expressão e interacção de vontades: da vontade fundadora e da vontade fundacional, desde logo, mas também das vontades que entram, necessariamente, em contacto com a fundação, partes interessadas que vão desde a entidade administrativa supervisora até aos destinatários e beneficiários da actividade fundacional.

Por outro lado, falar de problemas normativo-orgânicos, a propósito do governo fundacional, é falar dos principais problemas que se colocam ao estudo do governo das instituições: quais os órgãos que melhor representam os interesses em presença, como se deve estabelecer a relação entre titulares das instituições e sua administração, entre a administração e os entes de fiscalização, entre a instituição e as partes interessadas que lhe são organicamente externas. O governo fundacional é, essencialmente, um governo inter-orgânico, cujos problemas magnos nascem da deficiente tutela da vontade de quem detém as instituições, da deficiente previsão e funcionamento de um modelo de interacção de vontades que devam estar presentes e em tensão no âmbito de uma dada instituição.

Deste modo olhar para o governo fundacional a partir de uma perspectiva normativo-orgânica obriga a ter que considerar todos os modelos orgânicos de governo que identificámos supra, a criticá-los e a propor melhorias ao seu funcionamento. O que significa, por seu turno, recensear algumas das principais questões transversais de governo institucional e para elas oferecer uma resposta no âmbito fundacional.

Nesta medida a nossa análise ir-se-á estruturar a partir do seguinte modelo:

1. Representação orgânica da vontade fundadora;
2. Órgão de Administração;
3. Órgão de Fiscalização;
4. Entidades Administrativas de Supervisão;
5. Partes interessadas: em especial, os destinatários

Este modelo justifica-se pelos dois tipos de órgãos comuns a todos os modelos normativos que identificámos – um órgão de administração e um órgão de fiscalização – antecipados pela análise da necessidade e papel de um órgão de representação da vontade fundadora e sucedidos pela análise da necessidade e papel de representação de partes interessadas organicamente externas à Fundação, em especial a entidade administrativa e os destinatários da actividade fundacional[56]. A partir deste modelo analisaremos diversos problemas de governo institucional-fundacional, quer de uma perspectiva estática-estrutural, quer de uma perspectiva dinâmica-relacional, que identificaremos em cada momento[57].

---

[56] Acompanhamos de perto o mesmo entendimento de Christoph Mecking, ""Despite the concept of foundational autonomy, the foundation is a system dependent on its environment with many reciprocal relationships within the foundation (internal bodies and offices) as well as between the foundation and outside third parties. Good foundation governance, that is, responsible and effective foundation management, must start with these exchange and relationship processes. The important ones are the relationship of the foundation to the founder, the internal processes within the foundation, and the relationships between the foundation and outside third parties", Good and not so good governance of nonprofit organizations: factual observations of foundations in Germany in Comparative Corporate Governance of Non-Profit Organizations, dirigido por Hopt, Klaus e Hippel, Thomas von, Cambridge University Press, Cambridge, 2009, pág. 48.

[57] Apesar deste breve estudo não versar especificamente sobre as iniciativas comunitárias que se vão desenvolvendo no plano fundacional não podemos deixar de referir quer o projecto de fundação europeia da União, quer o projecto do Centro Europeu de Fundações. Embora ambos os projectos pretendam ser um regime opcional para fundações com actividade transfronteiriça é de prever que as suas regras, e prática delas resultante, venham a influenciar os modelos de governo fundacional em todos os Estados-membros. Nesta medida é importante estar atento à evolução destes projectos e do que prescrevem em termos de governo fundacional; neste sentido cf. Antunes, Henrique Sousa, op. cit., pág. 230 e seguintes; Vilar, Emídio Rui e Gonçalves, Rui Hermenegildo, Fundações e Direito da União Europeia: perspectivas de evolução in Amaral, Diogo Freitas de, Almeida, Carlos Ferreira de, e Almeida, Marta Tavares de (org.), Estudos Comemorativos dos 10 anos da Faculdade de Direito da Universidade Nova de Lisboa, Volume II, Almedina, Coimbra, 2008, pág. 151 e seguintes.

VII.1. A representação orgânica da vontade fundadora

Ao contrário das sociedades comerciais, *maxime* das sociedades anónimas, e mesmo das associações, as fundações não são detidas por ninguém[58]. Não existe um dono da fundação, para utilizar uma terminologia coloquial. As fundações detêm-se a si próprias, o que coloca problemas de representação de que a Fundação é, ela própria, um produto e um laboratório[59].

O domínio do elemento patrimonial, traço clássico distintivo das fundações, que as opõe às pessoas colectivas de matriz pessoal, como as sociedades e as associações, impede que possamos falar de um dono, de um proprietário, de um accionista, de um sócio ou associado da fundação. Em relação a ela todos estão numa posição externa, ora de controlo e fiscalização, ora de serviço e subordinação, ora ainda de destinatários da sua actividade. Isto não significa, contudo, que as fundações estejam alheadas das pessoas ou alienem totalmente o elemento pessoal. Pelo contrário, as fundações convocam uma noção de serviço a um fim por meio de um património, garantindo uma noção de pertença, não pela posse mas pela subordinação. Este aspecto é mais visível num tipo de fundações, cuja designação varia na doutrina mas que podemos chamar de fundações comunitárias[60], onde a fronteira entre associações e fundações se esbate, devido à multiplicidade de fundadores e devido à prossecução de fins dirigidos à satisfação de necessidades de uma comunidade específica e concreta[61].

---

[58] Cf. MÄHÖNEN, JUKKA, Governance in foundations: What can we learn from business firm corporate governance? In Nordic and European Company Law, LSN Research Paper Series, n.º 10-07, pág. 9 consultado em: http://ssrn.com/abstract=1737716 (última verificação em 2011.07.09).

[59] Cf., a este respeito, a interessantíssima obra de DOMINIQUE JAKOBS, Schutz der Stiftung, Tübingen, Mohr Siebeck, 2006.

[60] Sobre este tema confrontar, cf. RIBEIRO, JOAQUIM DE SOUSA, Fundações: "uma espécie em vias de extensão"? in Comemorações dos 35 anos do Código Civil e dos 25 anos da Reforma de 1977, Volume II – A parte geral do Código e a Teoria Geral do Direito Civil, Coimbra Editora, Coimbra, 2006, pág. 269 e seguintes e bibliografia aí indicada; cf. HINTERHUBER, EVA MARIA, Die Bürgerstiftung – Ein sonderfall? in Strachwitz, Rupert Graf e Mercker, Florian (org.), Stiftungen in Theorie, Recht und Praxis, Duncker & Humblot, Berlin, 2005, pág. 337 e seguintes.

[61] Não podemos, pois, por isso, concordar totalmente com um dos argumentos críticos esgrimidos por Jorge Miranda contra as fundações públicas de ensino superior. O insigne autor explica que este tipo de fundação pública "subverte a ideia da Universidade como comunidade de pessoas, para fazer prevalecer a ideia de património" (cf. MIRANDA JORGE, op. cit., pág. 486). Porém, se é verdade que uma leitura da distinção taxinómica das pessoas colectivas distingue as fundações a partir do elemento patrimonial, contra o elemento pessoal que prevalece noutros tipos de pessoas colectivas, não é menos verdade que uma fundação pública de ensino superior pode (e deve) ainda ser vista como "uma comunidade de pessoas" dedicada a um fim último que as ultrapassa e que as guia, de busca pelo saber e pela sua difusão. À conformação pelo elemento patrimonial, em detrimento do elemento finalístico, não pode ser dado um papel tão determinante.

O GOVERNO DAS ORGANIZAÇÕES

A Fundação, enquanto conceito jurídico, coloca duas questões novas aos clássicos problemas do *corporate governance*: (i) quem é o titular da instituição e (ii) como lidar com a ausência de um órgão representativo dos interesses dos titulares da instituição, sejam eles donos, accionistas, sócios e/ou proprietários.

Pode dizer-se que, na Fundação, o exercício da vontade do seu criador é cristalizado nos estatutos e por eles substituído tanto quanto perpetuado. Além disso, algumas das funções de verificação da conformação da administração à vontade do fundador são acometidas à supervisão administrativa pública. Este aspecto é problemático por duas razões. Em primeiro lugar porque, como iremos ver a propósito de cada um dos tipos fundacionais, os poderes atribuídos ao Estado no domínio do acompanhamento da actividade fundacional, são variados, desequilibrados e pouco desenvolvidos. Uma missão e uma actividade semelhantes quer à da *Charity Commission*[62], em Inglaterra e Gales, quer à da *Fondation de France*[63], em França, são inexistentes em Portugal. Não obstante a diversidade jurídica que separa os modelos de uma e outra entidade de cada lado do Canal da Mancha, ambas são experiências regulatórias com que Portugal poderia aprender e buscar inspiração[64]. Em segundo lugar, e pensando especialmente no caso de fundações instituídas pelo Estado-Administração, a cumulação do papel de fundador e de regulador traz consigo problemas complicados de transparência e imparcialidade.

O que resulta da natureza fundacional e é perceptível nos vários modelos normativos que recenseámos supra é que o órgão de administração da Fundação tem mais liberdade mas também assume um papel especial de interpretação da vontade dos fundadores, quando comparado com o que sucede, por exemplo, numa sociedade anónima.

A maior liberdade do órgão de administração é explicada pela razão óbvia de não existir, tradicionalmente, um órgão de formação da vontade do fundador, à semelhança de uma assembleia geral, para o caso dos sócios de uma sociedade anónima ou dos associados de uma associação. Estamos aqui perante uma consequência daquilo a que Christoph Mecking chama a "autonomia irreversível" da Fundação[65].

Mesmo que assumamos que no moderno governo societário a intervenção dos accionistas está praticamente limitada ao juízo sobre as opções estratégicas

---

[62] Cf. em http://www.charity-commission.gov.uk/; última visualização em 2011.07.09.

[63] Cf. em http://www.fondationdefrance.org/; última visualização em 2011.07.09.

[64] Deve notar-se que no anteprojecto de reforma do direito fundacional português, apresentado pelo XIV Governo Constitucional, resultante da Comissão presidida pelo Professor Doutor RUI ALARCÃO, é prevista a criação de uma Comissão Nacional de Fundações, com funções regulatórias importantes; Cf. Novo Regime Jurídico das Fundações de Direito Privado – Projectos, Ministério da Administração Interna, Lisboa, 2002.

[65] MECKING, CHRISTOPH, op. cit., pág. 41, "a foundation is fundamentally released into an irreversible autonomy that is uninfluenced by shareholders or members".

ALGUNS PROBLEMAS DE GOVERNO FUNDACIONAL

da administração, ainda assim, no caso fundacional, esse juízo, pelo menos ao fim de algum tempo, cessará ou passará a ser mediado por um órgão que represente a vontade presumida do fundador. É a própria natureza do conceito fundacional que o explica: se nas sociedades comerciais e nas associações é o elemento pessoal que avulta e, logo, pretende-se que quem cria ou detém a instituição tenha controlo sobre o seu destino (pelo menos, a um nível estratégico, quanto ao fim, seja ele o lucro ou não); pelo contrário nas fundações não se pode falar em donos, cuja vontade seja moldada através de um órgão, que, por seu turno, controle o órgão de administração. A vontade do fundador está nos estatutos, na interpretação da entidade administrativa de supervisão[66] e nos próprios órgãos da fundação. A vontade fundadora não se confunde, antes se destaca, do fundador[67].

Este problema é especialmente interessante de tratar à luz das teorias da agência e do comissariado.

A teoria da agência alerta-nos para a maior necessidade de auto-regulação[68] e, sobretudo de hetero-regulação da fundação, em face da maior liberdade que detém o órgão de administração (*agent*), na ausência do fundador (*principal*), de um órgão que o represente e em face dos parcos poderes cometidos ao órgão administrativo de supervisão. Por outro lado, a ausência do fundador, como um verdadeiro titular da fundação, acaba por colocar a questão de saber perante quem deve a administração prestar contas: se apenas ao espírito do fundador[69], tal como interpretado a partir do documento de instituição e dos estatutos ou se a outras pessoas, como por exemplo, os beneficiários. Como nota CHRIS CORNFORTH "uma dificuldade em aplicar a perspectiva da agência a organizações do sector público e não lucrativo é haver muito mais potencial ambiguidade em torno de quem são os donos"[70]. No caso fundacional quem deve ocupar o lugar de titular da instituição? O fundador? Os beneficiários? A resposta será, provavelmente, encontrada num equilíbrio. A teoria da agência recomenda, pois, no caso fundacional, a existência de mecanismos de controlo orgânico que permitam fiscalizar e controlar o órgão de administração, nomeadamente fixando o rumo estratégico da instituição e apreciando os seus actos mais importantes. De outro modo "principal" e "agent" podem confundir-se.

A teoria do comissariado permite-nos compreender melhor o apelo que referimos acima ao postular uma relação colaborativa entre os titulares da instituição

---

[66] Cf. MECKING, CHRISTOPH, op. cit., pág. 48, "[t]herefore, the foundation supervisory agency is supposed to be a government substitute for the lack of internal monitoring, and, furthermore, a guarantor of the founder's will".

[67] Cf. JAKOBS, DOMINIQUE, op. cit., pág. 129 e seguintes e 204 e seguintes.

[68] Cf. MÄHÖNEN, JUKKA, op. cit., pág. 13.

[69] Cf. MÄHÖNEN, JUKKA, op. cit., pág. 10.

[70] CORNFORTH, CHRIS, op. cit., pág. 7.

O GOVERNO DAS ORGANIZAÇÕES

e a sua administração. No caso fundacional, esta teoria ajuda-nos a perceber e a dar maior valor ao referido papel especial que a administração pode ter na interpretação da vontade do fundador, a partir dos estatutos. Com efeito, na ausência comum de um órgão de representação da vontade fundadora, a administração fundacional não pode ser apenas uma administração técnica-executiva mas tem que ser, sobretudo, uma administração estratégica.

Este equilíbrio difícil pode ser ensejado por diversas formas, desde a existência de um órgão de representação da vontade fundadora, distinto do órgão de administração e gestão, até à existência de um único órgão de administração executiva com vários elementos não executivos de fiscalização e cujos poderes são controlados por outros órgãos e/ou por entidades externas.

A propósito da Fundação Privada discute-se, em tradições jurídicas diversas, para quem desempenha a sua actividade a fundação e perante quem deve a administração da mesma prestar contas. Depois de ultrapassada uma velha ideia de que a administração responderia exclusivamente à vontade do fundador, tal como interpretada pela administração e vigiada pelo regulador público, hoje é comum encontrarem-se entendimentos mais abrangentes, que convocam a presença dos beneficiários, não apenas para as preocupações da administração mas, por vezes, para a própria administração. Por exemplo, a *Charity Commission* britânica entende, cada vez mais, que os *trustees* – a administração da fundação – respondem perante os beneficiários identificáveis da fundação[71] e também alguma doutrina vem defendendo a possibilidade de intervenção dos beneficiários na actividade e até mesmo na orgânica fundacional[72]. Pelo contrário, na Fundação Pública, devido à sombra do Estado, a participação de outras entidades na determinação da estratégia e como destinatários da prestação de contas está limitada. Mas, sobretudo, a estratégia que a administração possa delimitar, mesmo articulada com o fundador, para garantia da prossecução do interesse público, de que o fim fundacional é uma manifestação, pode ser alterada por força de orientações de política que convenham ao Governo, no âmbito da sua missão. E este é o aspecto, peculiar da espécie fundacional pública, esta dependência indirecta do fundador, capaz de subverter ou alterar a estratégia que seja delineada, mesmo com outros parceiros públicos e privados, para prossecução dos fins fundacionais. Como nota CHRIS CORNFORTH as fundações são influenciáveis, directa e indirectamente, tanto pela lei como pelas políticas públicas

---

[71] Cf. HARROW, JENNY e PALMER, PAUL, The financial role of charity boards in Cornforth, Chris (editor), The Governance of Public and Non-Profit Organisations – What do boards do?, Routledge, London, 2003, pág. 98 e seguintes.

[72] Cf. JAKOB, DOMINIQUE, op. cit., pág. 166 e seguinte, 341 e seguintes e 530 e seguintes; VELTMANN, TILL, Corporate Governance und Stiftungen in Werner, Olaf e Saenger, Ingo (org.), Die Stiftung – Recht, Steuern, Wirtschaft, Berliner Wissenschafts-Verlag, Berlin, 2008, pág. 366.

ALGUNS PROBLEMAS DE GOVERNO FUNDACIONAL

levadas a cabo pelo Governo, sendo também relevante o próprio papel das políticas regulatórias, que, em Portugal, apesar de muito moderadas estão também concentradas no Governo, enquanto Administração Directa do Estado[73]. Não encontramos esta questão no domínio privado, seja ela fundacional ou mesmo societária. Numa sociedade anónima a administração define uma estratégia e os accionistas podem aprová-la e/ou mais tarde determinar a sua alteração ou repúdio mas não intervêm directamente sobre a actividade da administração no sentido de práticas específicas que possam contrariar ou mesmo prejudicar a execução estratégica planeada.

Acresce que, o Estado, enquanto fundador, é um ausente presente. É ausente por força, como temos vindo a compreender, do próprio conceito fundacional mas também porque tal se coaduna com a lógica desconcentrada da Administração Indirecta, apuramento da organização do Estado, que nasceu com o seu período social do início do século XX. É presente porque assim o exige o princípio da prossecução do interesse público. A doutrina que buscou o Estado Social não deixou de compreender que esse mesmo Estado teria que, mesmo através da figura fundacional, manter algum controlo sobre as suas criaturas, garantindo a prossecução do interesse público nas suas variadas vertentes. Os tipos fundacionais públicos são testemunhos dos vários matizes que esta relação pode assumir.

VII.1.a) A Fundação Privada de interesse social

A típica fundação privada, criada sobre o regime previsto no Código Civil, não deve possuir, obrigatoriamente, um órgão de representação da vontade do fundador. Diríamos que este é o princípio que enforma os lugares-comuns da orgânica fundacional privada. O que resulta do modelo legal é estar essa vontade encapsulada no acto de instituição e nos estatutos e poder ser continuadamente interpretada e actualizada por uma actuação conjunta da entidade supervisora administrativa e pela administração da fundação. Esta repartição da interpretação da vontade do fundador por uma entidade pública e privada levanta vários problemas. Desde logo impossibilita que se refira a um único órgão a representação da vontade fundadora. A administração da fundação não pode reclamar-se dessa prerrogativa. Embora tenha que, quotidianamente, concretizar e prosseguir o fim fundacional ditado pelo fundador existem situações em que, na dúvida, prevalece a vontade da entidade administrativa. São os casos que indicámos supra relativos à transformação do fim fundacional e a alguns casos de extinção da própria

---

[73] Cf. CORNFORTH, CHRIS, Contextualising and managing the paradoxes of governance in Cornforth, Chris (editor), op. cit, pág. 237 e seguintes.

O GOVERNO DAS ORGANIZAÇÕES

fundação, v.g., quando o seu fim se tenha esgotado ou não coincida com o fim expresso no acto de instituição. Isto demonstra o que temos vindo a dizer quanto à representação plúrima da vontade do fundador. A partir do momento da instituição, a sua vontade (exceptuados os casos dos artigos 190.º e 191.º do Código Civil) é interpretada e actualizada pela combinação do órgão da administração e do órgão público administrativo. Esta conclusão permite-nos dizer que a administração não responde verdadeiramente perante o fundador mas perante uma vontade do fundador, a combinação entre um fim e modos de atingi-lo, que ganha autonomia como uma espécie de Constituição da fundação que é interpretada, em última instância pela entidade administrativa e pelos tribunais[74]. Nesta medida a administração está não apenas vinculada a responder perante essa vontade, como perante os órgãos que podem interpretar e actualizar essa vontade. Este aspecto só encontra paralelo remoto ao nível societário, quando se discute se a administração apenas responde perante os accionistas ou responde também (ou em alternativa) perante os clientes[75].

Embora esta questão também se possa colocar ao nível fundacional, substituindo clientes por destinatários da actividade fundacional, a subordinação da administração à vontade do fundador sempre surgiu com mais solenidade neste domínio do que no domínio societário quanto à subordinação aos interesses dos accionistas – a criação de valor[76]. Por outro lado, é verdade que ao tratar a vontade fundadora, enquanto algo autónomo do próprio fundador, a lei permite que nessa vontade sejam integrados os próprios destinatários, de um modo que seria difícil de defender na relação accionista-cliente. Paradoxalmente, hoje são mais fortes e actuantes as instituições que zelam pela garantia do funcionamento dos mercados (de valores mobiliários) e, logo, pela garantia do valor dos títulos dos accionistas, do que as instituições que zelam pelo cumprimento, por parte das administrações fundacionais, da vontade do fundador[77].

Assim, o desejável no modelo de governo fundacional privado, no que diz respeito à representação da vontade do fundador é que exista uma de duas soluções (ou mesmo a combinação das duas):

---

[74] Veja-se o caso gritante da integração da vontade fundadora por parte da autoridade administrativa nos casos em que o fundador não tenha elaborado os estatutos ou o tenha feito de modo insuficiente, previsto no n.º 2 do artigo 187.º do Código Civil.

[75] Cf. por exemplo, MARTIN, ROGER, The Age of Consumer Capitalism in Harvard Business Review, January-February 2010, pág 58 e seguintes para esta última posição.

[76] Cf. também, ANTUNES, HENRIQUE SOUSA, op. cit., pág. 228.

[77] Para chegar a esta conclusão não é preciso um estudo profundo: basta comparar os poderes e o escopo de intervenção da Comissão do Mercado de Valores Mobiliários com os poderes e o escopo de intervenção da Secretaria-Geral da Presidência do Conselho de Ministros, à qual está cometida tal função de supervisão fundacional.

ALGUNS PROBLEMAS DE GOVERNO FUNDACIONAL

(i) a existência de um órgão de interpretação da vontade do fundador – vg. conselho de curadores[78] – que defina as grandes linhas estratégicas da fundação que depois serão executadas pelo órgão de administração[79];

(ii) uma entidade reguladora forte, que possa auxiliar na interpretação da vontade do fundador, quer orientando as administrações fundacionais, quer, sobretudo, nos casos em que apenas existe um órgão de administração que cumula as funções de interpretar essa mesma vontade e gerir a fundação.

No primeiro caso, o actual regime jurídico permite já, facultativamente, este modelo de governo, cabendo ao fundador prevê-lo[80], como modo de assegurar que a sua vontade tem na estrutura de governo da fundação que cria um órgão específico de interpretação e concretização, distinto do órgão executivo ou, em alternativa, elementos não executivos que fiscalizam, no âmbito da administração o desempenho dos elementos executivos[81]. Como nota MECKING, "[s]uch a second body is recommended, particularly for larger foundations, in order to ensure effective monitoring and advising of the executive board"[82]. Parece-nos que esta é a única forma de assegurar que a administração presta contas sobre as estratégias que escolhe para concretizar o fim fundacional[83]. Caso contrário, cairemos na visão redutora de que essa prestação de contas apenas é feita perante a autoridade administrativa, quando esta pretende dissolver a fundação por desvio da prossecução do fim fundacional.

Por outro lado, este modelo permite também, ao separar organicamente o órgão de representação da vontade fundadora do órgão de administração/gestão ou ao separar os elementos executivos dos não executivos, uma maior especialização técnica das actividades de gestão, permitindo, por contraponto, que a actividade de supervisão estratégica seja desempenhada por personalidades com perfis distintos.

No segundo caso, apesar da existência em Portugal de uma entidade de supervisão, ela não tem competências jurídicas de regulação, nomeadamente quanto

---

[78] Note-se que o "board of trustees" anglo-saxónico, que poderíamos traduzir por conselho de curadores, pode ou não ser executivo, dependendo da dimensão da fundação. O mesmo faz sentido para o caso português, devendo a lei permitir que assim aconteça.

[79] Também seria aceitável um modelo combinado de órgão administrativo, contendo elementos executivos e não-executivos, em que estes últimos fossem representativos da vontade do fundador.

[80] Note-se que o fundador, devido à existência da referida separação orgânica-formal entre fundador e fundação, pode estar presente nos órgãos da fundação que institui. Cf. a este respeito, MECKING, CHRISTOPH, pág. 54.

[81] Cf. FERNANDES, LUÍS A. CARVALHO, op. cit., pág. 638 e seguintes; cf. WERNER, OLAF, Stiftung und Stiferwille in Campenhausen, Axel Freiherr von, Kronke, Herbert e Werner, Olaf, Stiftungen in Deutschland und Europa, IDW-Verlag, Düsseldorf, 1998, pag. 243 e seguintes.

[82] MECKING, CHRISTOPH, op. cit., pág. 55.

[83] Cf. MECKING, CHRISTOPH, op. cit., pág. 55.

O GOVERNO DAS ORGANIZAÇÕES

ao acompanhamento da actividade do conselho de curadores e de administração e à formulação de recomendações quanto à actividade estratégica das fundações e à interpretação e concretização da vontade fundadora em fim fundacional. A entidade administrativa de supervisão, à maneira alemã, limita-se a assegurar a legalidade da actuação da fundação, protegendo simultaneamente o interesse fundador e o interesse geral que este consubstancia[84]. Esta é uma boa razão para se pensar com seriedade na criação de uma entidade reguladora do sector fundacional, com poderes mais alargados e, sobretudo, mais variados. Como veremos, outras razões avultam.

VII.1.b) Fundação Privada de solidariedade social

O que dissemos para a Fundação Privada de interesse social vale para o seu subtipo fundação privada de solidariedade social, sendo de notar, recuperando algo que destacámos quando referimos o quadro normativo desse tipo fundacional, que, no que toca à representação do fundador, o EIPSS lembra expressamente, no seu artigo 6.º, a necessidade de respeitar a vontade do instituidor, acrescentando, porém, que a interpretação da sua vontade se fará "por forma a fazer coincidir os objectivos essenciais das instituições com as necessidades colectivas em geral e dos beneficiários em particular e ainda com a evolução destas necessidades e dos meios ou formas de as satisfazer". Este segundo aspecto é muito interessante pois não só fornece um critério de interpretação da vontade fundadora como reforça o papel da entidade administrativa de supervisão como a entidade de co-discernimento dessa vontade.

VII.1.c) Fundação Pública, I.P.

O Estado, enquanto fundador, não está organicamente presente na Fundação Pública, I.P., o que, aliás, concorda, como vimos, quer com o conceito fundacional, quer com a lógica da Administração Indirecta. A sua influência, contudo, faz-se sentir e podemos ainda encontrar uma relação entre o ente de controlo – o Governo – e o ente controlado, a Fundação Pública, I.P.

A principal relação de governo institucional, no caso deste tipo fundacional público existe, não entre órgãos do ente em causa mas entre o próprio ente e outro que o controla. Nesta medida se conseguem dois desideratos. Por um lado, mantém-se o traço fundacional que separa, organicamente, o fundador da fundação e, por outro, assegura-se que, ainda assim, o Estado mantém o controlo necessário para definir e assegurar a prossecução do interesse público.

---

[84] Cf. MECKING, CHRISTOPH, op. cit., pág. 48.

ALGUNS PROBLEMAS DE GOVERNO FUNDACIONAL

Tal como pode suceder numa fundação privada, o fundador indica, neste caso, por lei, além de estatutariamente, quem pretende que ocupe os órgãos da fundação mas não há confusão entre uma pessoa e a outra, não obstante os especiais poderes que neste caso o fundador detém sobre a fundação: a superintendência e a tutela. Assim, de uma perspectiva de teoria da agência confirma-se a necessidade do ente criador ou titular de uma instituição manter algum tipo de controlo sobre ela, de modo a garantir que a gestão da mesma é bem desempenhada. Pode mesmo dizer-se que o caso da Fundação Pública, I.P. é aquele em que encontramos, no domínio fundacional, uma maior capacidade, por parte do fundador, de garantir que todos os actos da administração da fundação são realizados no melhor interesse do fundador, ou seja, neste caso, no interesse público. No caso da Fundação Pública, I.P., a vontade fundadora consegue estabelecer uma ligação inexorável com a formação da vontade fundacional, podendo assim prescindir-se da existência de um órgão de representação da vontade fundadora.

A este aspecto não é alheio o facto de ter sido o primeiro modelo jurídico-público fundacional, surgido no momento em que o Estado se encontrava no início do seu período prestador, em que, embora necessitasse de criar novas pessoas colectivas públicas para actuarem em novas áreas, em prol de novos interesses públicos específicos, precisava igualmente de manter o controlo sobre essa prossecução. Superintendência e tutela são hoje os instrumentos clássicos que nesse momento histórico foram ensaiados. A relação de governo institucional que criam é peculiar mas serve de matriz a toda a actividade jurídico-pública indirecta. Pode dizer-se que a maior dependência estratégica das fundações públicas, I.P., do seu fundador torna-as menos complexas do ponto de vista de governo institucional: apesar da possibilidade de existência de um órgão de administração colegial, simultaneamente estratégico e executivo, a principal relação de governo estabelece-se não entre os membros do Conselho Directivo mas entre o Conselho Directivo como um todo e o Governo, de quem dependem para a aprovação dos seus principais documentos estratégicos e de prestação de contas. Tal é assim porque no caso da Fundação Pública, I.P., como se compreende, o órgão de representação da vontade do fundador perde importância ou mesmo razão de ser em função da possibilidade que o especial fundador – o Estado – tem de continuar a influenciar o órgão de administração/gestão. Ou seja, não há necessidade de prever um órgão de representação do fundador, na medida em que este continua a poder influenciar a vontade fundacional, não estando a sua vontade fundadora cristalizada, como acontece nas fundações privadas, no acto de instituição e nos estatutos, carente de interpretação e actualização superveniente.

É da própria natureza dos institutos públicos, hoje claramente previsto na LQIP, no seu artigo 42.º, que o Governo possa emitir orientações sobre a actividade das fundações públicas, I.P., existindo, aliás, também, tutela substitutiva em

O GOVERNO DAS ORGANIZAÇÕES

caso de inércia grave dos órgãos fundacionais, nos termos do n.º 9 do artigo 41.º da LQIP. Mas mesmo para além destes casos não restam dúvidas que os membros do Governo competentes para tutelar e superintender uma fundação pública, I.P., podem orientar, indirectamente, a sua actividade corrente, influenciando a sua actividade no sentido pretendido, mesmo que tais práticas contrariem no médio prazo os objectivos já previstos em Plano de Actividades e devidamente orçamentados. Estamos aqui no limite do normativo. Este tipo de intervenção não é detectável nos modelos normativos cujos esquemas apresentámos supra. Ela não decorre directamente de normas jurídicas, não existe qualquer poder de direcção, semelhante ao que existe na Administração Directa do Estado, sobre a Fundação Pública, I.P. Contudo, as necessidades de política, a fluidez permitida pelo conceito de superintendência e o controlo das designações dos titulares dos cargos por parte do Estado combinam-se para permitir este grau de influência. Assim, ao modelo normativo de governo institucional das fundações públicas que conhecemos e cujos aspectos mais importantes analisámos, deve ser acrescentado este último aspecto de dinâmica de influência política sobre a estratégia, havendo uma zona de compressão das duas na relação entre os membros do Governo, enquanto fundadores, e os titulares dos cargos de direcção, enquanto administradores da fundação.

VII.1.d) Fundação Pública autónoma

À semelhança do caso anterior, o Estado, enquanto fundador, também não está organicamente presente na Fundação Pública autónoma e tal como nesse caso pode designar, por previsão legal e/ou estatutária a composição do órgão de administração da Fundação, que deverá actuar nos melhores interesses do fundador. No entanto, ao contrário do que sucede com a Fundação Pública, I.P., o Estado não recorre a poderes de superintendência, *strictu sensu,* para garantir a presença da sua vontade nas fundações que institui e assim assegurar que a administração age nos melhores interesses do fundador. A opção do Estado, nos casos da Fundação Pública autónoma, encontra-se a meio caminho entre a normal superintendência e tutela, presentes sobre os institutos públicos, e o poder de controlo accionista sobre uma empresa privada.

A tradição portuguesa, como vimos a propósito do tipo fundacional privado, não faz a separação entre quem deve, organicamente, administrar a fundação – e, segundo a teoria da agência, deve ser vigiado – e quem deve, também organicamente, velar pelo cumprimento da vontade do fundador, na ausência de um dono da fundação. Apenas é previsto um órgão colegial de administração que deverá interpretar a vontade instituidora e prosseguir, nos seus termos, o fim fundacional. Contudo, a tradição portuguesa atribui, num caso, à Administração Pública, alguns poderes para garantir que o órgão de administração obedece à

ALGUNS PROBLEMAS DE GOVERNO FUNDACIONAL

vontade do fundador: assim acontece, como vimos, com a modificação de estatutos (art. 189.º CC). Exceptuado este caso não existe efectivo controlo sobre o órgão de administração (exceptuadas as matérias cometidas ao conselho fiscal), não sendo previsto no Código Civil qualquer órgão de curadoria à semelhança do que sucede na tradição anglo-saxónica do "*board of trustees*" ou Conselho de Curadores. Nessa tradição encontramos, por obrigação legal, a figura do curador, organicamente instituída, como garante da vontade do fundador e da prossecução do fim fundacional, ou seja, como órgão administrativo mas de carácter estratégico. Mas se é verdade que o Código Civil não o prevê, tal não significa que o fundador, no exercício da sua liberdade de fundação, não o possa prever, à semelhança do que defendemos para a fundação privada. Assim acontece com o Estado, enquanto fundador, desde que legalmente habilitado para o fazer, o que sucede sempre que a instituição é feita por diploma legal. O Estado surge, por isso, no âmbito das fundações públicas autónomas, numa tripla capacidade: cria-as, o mais das vezes, como legislador, controla-as como fundador presente, através da possibilidade de nomeação dos titulares de órgãos fundacionais, e fiscaliza-as como regulador. Esta multiplicidade causa problemas que devemos analisar.

A criação de fundações por diploma legal não deve ser considerada só por si um malefício. Parece-nos que a desvantagem que acarreta – a de confundir o Estado fundador com o Estado legislador – pode ser equilibrada pela lembrança de que uma fundação instituída para a prossecução do interesse público por diploma legal exige um procedimento de formação da vontade mais intenso e mais transparente. Nessa medida parece-nos que o resultado final é favorável em face da opção de instituir fundações públicas por escritura pública, mas seria preferível uma forma administrativa.

Deve, contudo, haver especial cuidado em destrinçar o Estado fundador do Estado legislador. Em Portugal esta destrinça é tanto mais importante quanto o facto de o sistema político português conhecer um órgão de soberania que é simultaneamente legislador e executor/administrador, para reclamar a tripartição clássica de poderes. Neste sentido, é necessário reconhecer que há alguma confusão na experiência fundadora pública pois o Legislador Governo institui uma fundação que será depois controlada pelo Administrador Governo. Porém, desde que ambas as qualidades se mantenham dentro dos seus limites constitucionais e legais não vemos vício algum.

Mais complicada se afigura a relação entre o Estado como fundador e administrador indirecto da fundação e o Estado como regulador fundacional. Novamente, as três funções encontram-se acometidas ao Governo, o que leva a que o Governo possa criar por Decreto-lei uma fundação, que será depois controlada indirectamente por si, enquanto fundador com poderes de nomeação dos órgãos fundacionais, e vigiada por si enquanto regulador. Não é difícil perceber que estas duas últimas funções podem ser conflituantes. Os poderes cometidos no Código Civil, para cujo regime as fundações públicas autónomas remetem, à entidade pública administrativa pressupõem que o Estado é independente do fundador e da fundação e pode, por isso, proteger os interesses do primeiro, nos limites da lei, e supervisionar a actuação da segunda de acordo com a vontade do fundador e dos limites legais. Ora esta premissa pode ficar em crise se, por exemplo, o Ministério da Agricultura controlar uma fundação cuja fiscalização cabe à Presidência do Conselho de Ministros, ambas as entidades departamentos do Governo, sob o controlo único do Conselho de Ministros e do Primeiro-Ministro.

É verdade que as razões que existem no domínio económico, de exigência de separação entre a presença no mercado de empresas públicas e a actividade regulatória levada a cabo pelo Estado, não se aplicam no Terceiro Sector, uma vez que não há a busca pelo lucro, apesar de poder haver importante actividade económica. Mas, ainda assim, as fundações privadas deparam-se com inúmeros desafios semelhantes às fundações públicas autónomas na prossecução dos seus fins estatutários e é, por isso, exigível que o regulador possa oferecer garantias de equidistância e imparcialidade em relação quer ao Estado como fundador, quer a fundadores privados. As razões poderão ser diferentes mas a necessidade de equidistância é semelhante.

Tendo em conta o que fica dito acima é, contudo, necessário recordar que os poderes que o Estado, enquanto fundador e, depois, enquanto ente de controlo da fundação, detém na Fundação Pública autónoma, são menores do que sucede com a Fundação Pública, I.P, uma vez que não lança mão dos instrumentos clássicos de superintendência e tutela, pelo menos, no entendimento comum que lhes é imputado pela doutrina[85]. Embora com algumas excepções, o Estado enquanto instituidor de fundações públicas autónomas tem optado por exercer o seu poder de controlo através de dois modos já experimentados no domínio empresarial[86].

Por um lado, o modo orgânico, isto é, de designação de titulares de órgãos fundacionais; e, por outro, o condicionamento do principais actos de planeamento estratégico e de prestação de contas. Esta última opção tem sido concretizada pela exigência de actos homologatórios dos principais actos dos órgãos fundacionais de gestão. Iremos analisar este aspecto em maior detalhe nos pontos subsequentes. Para já devemos reter que estes mecanismos confirmam o fundador

---

[85] Cf., por todos, AMARAL, DIOGO FREITAS DE, op. cit., pág. 895 e seguintes.

[86] Estamos aqui a simplificar e unir vários tipos de controlo, que podem ser detalhados através de diversas perspectivas. Cf, a este propósito GÖLZ, HEIDE, op. cit., pág. 88 e seguintes, onde se apresentam várias tipologias de mecanismos de controlo, como intervenção distinta da supervisão administrativa. Assim, o que aqui chamamos de controlo da conformação de estrutura e da vontade, pode ainda ser subdividido em conformação de organização, controlo de recursos, de equipamento, influência na motivação, escolha dos titulares dos órgãos, controlo financeiro, controlo através da afectação de recursos humanos, etc.

ALGUNS PROBLEMAS DE GOVERNO FUNDACIONAL

Estado como um ausente presente: embora, organicamente, não se encontre na Fundação Pública autónoma, designa, a partir do exterior, a maioria dos titulares do órgão de administração, que, assim, devem prosseguir o fim fundacional – o interesse público específico – de acordo com as orientações do fundador e sob o seu controlo estratégico. É fácil compreender como se está aqui longe da pura aplicação do Código Civil ao Estado enquanto instituidor. Se tal fosse o caso, após a designação dos titulares do órgão de administração, o Estado apenas poderia, e ainda assim, não enquanto fundador mas enquanto regulador, utilizar os poderes conferidos pelos artigos 189.º, 190.º e 192.º, n.º 2 do Código Civil. Não é esse, manifestamente, o caso. Com estes dois mecanismos de controlo o Estado pode não apenas conformar a vida fundacional como ainda influenciar, no curto prazo, a sua actividade, de acordo com os interesses de política. Iremos analisar este aspecto adiante. Para já fica a nota de que, no caso das fundações públicas autónomas, o legislador tem encontrado um modo habilidoso de representar a vontade fundadora e assegurar que a administração presta contas pelas estratégias escolhidas perante o fundador Estado: por um lado, controla a sua nomeação tornando os titulares da administração directamente responsáveis perante o fundador e, por outro, mais importante, faz depender, em alguns casos, da sua aprovação, a prática de actos estratégicos fundamentais, quer de planeamento, quer de avaliação. Esta parece-nos uma solução equilibrada e realista que afasta a alternativa formalista de prever, nas fundações públicas autónomas, um órgão de representação do fundador Estado, perante o qual o órgão de administração/ gestão prestasse contas. O que atrás propusemos, com sentido, para a fundação privada de interesse geral não pode aqui ser defendido, unicamente para manter a lógica de dissociação do fundador da sua criatura. Uma vez que o Estado, enquanto fundador acompanha, e muitas vezes suplanta, a sua criatura, a solução preconizada levaria apenas a uma duplicação de órgãos, em que o Estado acabaria por nomear e controlar ambos ou nomearia apenas o órgão de representação do fundador que, por sua vez, controlaria o órgão de administração. Não nos parece que a preservação de um modelo institucional apenas como razão em si mesma faça aqui sentido. Existindo o Estado como fundador contínuo e interventivo parece-nos ser de acolher uma relação directa, ainda que para além dos órgãos fundacionais, entre fundador e fundação[87]. O que nos parece, contudo, desejável é que a medida dessa responsabilidade, isto é, dos actos pelos quais a administração pode ser responsabilizada perante o fundador Estado deveriam

---

[87] Já se existirem especiais razões materiais, para além da mera separação formal, para prever que o Estado enquanto fundador deva nomear um órgão que o represente nessa qualidade e que vigie por si o órgao de administração entendemos que tal se justifica. É o caso que veremos no ponto seguinte, relativo às fundações públicas de ensino superior, por força da autonomia universitária constitucionalmente prevista.

639

O GOVERNO DAS ORGANIZAÇÕES

estar legalmente previstos e ser essa relação de responsabilidade regulada por uma entidade independente.

O poder de designação dos titulares da administração, enquadrado pela dependência da homologação pelo Estado da maioria dos actos fundamentais da fundação, leva a que o Governo tenha um canal aberto de controlo indirecto das fundações públicas autónomas em que a administração é verdadeiramente comissária do Estado, estando a medida da sua permeabilidade às instruções de política governamental dependentes do grau em que o Governo pretender utilizar essa influência. No caso da fundação pública autónoma, que é gerida, apesar da referência ao Direito Privado, como uma entidade integrada na Administração Pública[88], por força da obediência que deve ao interesse público e à sua fixação e conformação através do Governo, não restam dúvidas de que o modelo de governo fundacional só pode ser compreendido se o entendermos como contendo duas camadas: uma primeira camada de planeamento estratégico, dominado pela visão da administração para a missão legal que lhe é confiada e acordado com o fundador; e uma segunda camada, mais dinâmica, de permeabilidade a orientações de política que possam surgir do fundador no sentido de prática de determinadas acções consideradas urgentes ou necessárias.

De notar que, no caso das fundações públicas autónomas participadas, a tensão entre orientações de política e execução da estratégica fundacional é menos sentida mas, a ocorrer, é mais aguda. Com efeito, a inclusão de outros parceiros públicos ou de parceiros privados como co-fundadores leva a que a pressão para o cumprimento de orientações de política não possa ser efectuada do mesmo modo quando contrarie ou possa prejudicar no curto ou médio prazo a execução da estratégica fundacional delineada por todos os fundadores e acordada também com o Estado.

VII.1.e) Fundação Pública de Ensino Superior

No caso especial das FPES, o fundador tem a possibilidade de designar os titulares de um órgão não executivo para o representar, pese embora a iniciativa caiba ao Conselho Geral, enquanto órgão autónomo de administração da instituição de ensino superior. Esta é uma novidade absoluta no panorama fundacional público português, a mostrar influências de ordenamentos jurídicos que normalmente não colhem a preferência do legislador. Com efeito, a figura do Conselho de Curadores é comum aos modelos fundacionais anglo-saxónicos, em que os cura-

---

[88] Uma Administração Pública que, porventura, consubstancia algo novo, uma Administração Pública Fundacional, um Sector Fundacional do Estado, com configuração própria, Cf., por todos, GÖLZ, HEIDE, op. cit., pág. 220 e seguintes.

ALGUNS PROBLEMAS DE GOVERNO FUNDACIONAL

dores (*trustees*) funcionam, na linha da tradição fiduciária das *charities* britânicas, como verdadeiros representantes do fundador, podendo assumir as funções de administração e gestão da fundação ou, noutro modelo, supervisionar o orgão executivo, independente do *board of trustees*.

No RJIES foi criado um Conselho de Curadores que, claramente, está em vez do Estado nas funções que lhe estariam acometidas numa Universidade de modelo tradicional, integrada na Administração Indirecta[89], pese embora a sua especialidade em face da autonomia que lhe é reconhecida pela Constituição, através do n.º 2 do artigo 76.º. Assim, no modelo fundacional alternativo, previsto pelo RJIES, o Estado devolve os poderes que detém sobre a Universidade ao Conselho de Curadores. Assim se garantem dois objectivos fundamentais: preserva-se a autonomia universitária, constitucionalmente prevista, e assegura-se que o Estado, neste caso enquanto fundador, exerce controlo sobre os principais actos de gestão estratégica da fundação, garantindo-se que a administração da Fundação é desempenhada em função do interesse público[90]. Verifica-se aqui o que para as fundações públicas autónomas em geral entendemos não ser necessário, por formalista. A exigência constitucional da autonomia universitária justifica a opção dando-lhe substrato material.

Este é o caso que mais proximidade tem com a tradição fundacional privada, em que o fundador se mantém ausente da sua criação, confiando-a a seus representantes, os curadores. Nesta medida a tensão entre opções de política e estratégia institucional é menos sentida na FPES. Pode mesmo dizer-se que, com relação a este tipo fundacional, é onde encontramos um maior respeito pela autonomia fundacional consentânea com a autonomia universitária a que nos referimos *supra*. A Fundação Pública de Ensino Superior constrói a sua estratégia única e exclusivamente conformada pela sua própria interpretação dos fins estatutários e legais a que está cometida, não sendo possíveis intervenções externas de nenhum tipo e estando as próprias intervenções homologatórias previstas a um nível inter--orgânico. Apenas a contratualização orçamental com o Estado pode influenciar a formulação estratégica das fundações públicas de ensino superior

Aplica-se aqui o que dissemos a propósito da Fundação Pública autónoma, com a diferença de, por um lado, já existirem três Fundações Públicas de Ensino Superior e, por outro, a autonomia universitária, constitucionalmente prevista, dificultar a intervenção legislativa e administrativa sobre este subtipo fundacional público. Com efeito, parece-nos que esta é a modalidade fundacional pública com

---

[89] Com dúvidas que aqui não podemos problematizar; Cf. nota de rodapé anterior.

[90] Não nos parece, como afirma JORGE MIRANDA, que o modelo fundacional do RJIES "pode abrir a porta à desresponsabilização do Estado e à privatização das instituições". Ou, pelo menos, não nos parece que isso possa acontecer numa medida superior aquela em que pode suceder com o modelo tradicional. A natureza de "Fundação Pública" das fundações públicas de ensino superior ancora este subtipo fundacional.

O GOVERNO DAS ORGANIZAÇÕES

maior capacidade de resistência à intervenção do Estado, enquanto fundador, e, logo, com maior capacidade de assegurar as características de autonomia que, classicamente, associamos às fundações.

VII.2. Orgão de administração

Apesar de termos apenas referido o órgão de administração no início deste ponto faz sentido apresentarmos, conjuntamente, a hipótese de existência de um modelo em que exista dualidade orgânica para as funções de administração e gestão corrente ou executiva. Este será, sem dúvida, o modelo mais complexo, que apenas fará sentido em fundações de larga dimensão, com uma actividade muito diversificada e intensa. Neste modelo existiria um órgão de administração, aliás, na senda do exigido pelo Código Civil para o tipo fundacional privado, que seria responsável pela determinação da estratégia fundacional e que responderia perante o órgão de representação da vontade fundadora. Por seu turno existiria um órgão de gestão executiva que prosseguiria a estratégia delineada pelo órgão de administração e que responderia perante ele. Este modelo permitiria uma profissionalização do órgão de administração e de gestão, ao mesmo tempo que permitiria distinguir as suas especificidades técnicas.

Modelo mais simples mas que permite manter a distinção entre administração (estratégica) e gestão (executiva) é aquele que combine num único órgão de administração ambas as valências mas distinga os seus membros entre membros executivos e não executivos, cabendo a todos a determinação da estratégia mas apenas aos primeiros a sua execução.

Quer num modelo, quer noutro, o estudo do órgão de administração e, eventualmente, de um órgão de gestão distinto do primeiro, interessa-nos pela seguinte ordem de problemas: i) estrutura do órgão; ii) deveres fiduciários; e iii) responsabilidade.

VII.2.a) Fundação Privada de interesse social

i) Estrutura do órgão de administração

Como vimos a propósito do quadro legal do tipo fundacional privado, o Código Civil apenas exige um órgão de administração, não convocando a distinção de um modelo dual em que exista um órgão de administração e um outro de gestão executiva. No entender do Código Civil essas funções estarão concentradas no órgão de administração e caberá ao fundador, dentro da sua liberdade estatutária, prever um modelo dual se assim o pretender. Defendemos já, também, que o modelo dual, sendo uma opção do fundador, é particularmente apto a melhorar o governo fundacional de grandes instituições, com maior complexidade funcional. Nessa medida, seria útil, numa revisão do modelo normativo fundacional privado, prever expressamente esta possibilidade, dando a opção ao fundador.

Iremos dirigir-nos ao modelo monista, em que um único órgão de administração cumula funções estratégicas e executivas, tal como preconizado pelo modelo mínimo obrigatório do Código Civil.

No que diz respeito à estrutura, se é verdade que um órgão de composição colegial, para além de promover o debate na formação da vontade, permite a dissociação entre membros executivos e não executivos com os ganhos de controlo intra-orgânico e especialização técnica, é também verdade que, novamente, essa é uma exigência que se deveria deixar à consideração do fundador, no caso de fundações com reduzida dimensão, sem ter que se impor a colegialidade do órgão de administração em todos os casos. Pensamos, sobretudo, nos casos de fundações de pequena dimensão, e em que exista um órgão de curadoria, representando a vontade fundadora, como preconizamos. Entendemos, por isso, que deveria ser possível a existência de um órgão de administração singular, aliás, colhendo da evolução desenvolvida pela Fundação Pública, I.P., onde esta possibilidade foi introduzida numa alteração à Lei-quadro dos institutos públicos.

Ainda a propósito da estrutura devemos referir o problema da renovação dos titulares dos órgãos, de modo a assegurar que, pese embora a estrutura administrativa fundacional se mantenha estável ao longo dos tempos, a rotatividade dos seus titulares impeça a sedimentação de práticas e políticas, com prejuízo quer para a actividade fundacional, quer, potencialmente, para a própria transparência dessa actividade. Seria importante prever-se, quer através de mecanismos de auto-regulação, quer através de uma intervenção legal, a limitação de mandatos nos órgãos administrativos, excepto nos casos em que o fundador o tenha expressamente afastado no acto de instituição ou nos estatutos.

ii) Deveres fiduciários

Em nenhuma instituição como na Fundação foi, desde sempre, tão determinante o papel da confiança. É interessante notar que tanto na família romano-germânica como na família anglo-saxónica as fundações têm uma origem fiduciária que não encontra paralelo cm mais nenhum outro tipo de pessoa colectiva. Ainda hoje o "trust law" (à letra, fazendo um jogo de palavras, "direito da confiança") designa nos países anglo-saxónicos uma área do direito que se ocupa com realidades semelhantes às da fundação romano-germânica. E mesmo nesta nossa matriz jurídica basta remontar ao século XIX para compreender que os negócios fiduciários, os fideicomissos, influenciaram em grande medida a moderna figura fundacional.

O GOVERNO DAS ORGANIZAÇÕES

Esta marca fiduciária é especialmente referida à relação entre o fundador e os seus representantes orgânicos – e daí a importância que devotámos à relevância de um órgão com tal função, como um conselho de curadores – mas ela estende-se a todos os domínios fundacionais, como não podia deixar de ser. Com especial relevância devemos atender aos deveres fiduciários da administração para com os órgãos perante os quais deve responder, a saber, a entidade administrativa de supervisão, o conselho fiscal e um órgão de representação da vontade do fundador, a existir.

Esses deveres fiduciários cobrem toda a actividade do órgão administrativo e referem-se tanto ao órgão em si como aos seus titulares, individualmente. Não obstante a flutuação terminológica que possamos encontrar para os designar, todos acordam que eles são extraídos da própria natureza fundacional e da capital função estratégica e executiva que a administração assume no âmago da fundação[91].

A existência imperativa de um órgão de administração, especialmente se coordenado com um conselho de curadores, coloca o problema de saber quais os deveres dos administradores para com os restantes órgãos e para com a entidade supervisora. Como vimos, o quadro normativo aplicável remete toda esta problemática para a liberdade de estipulação estatutária do fundador, limitando-se a prever, subsidiariamente, o regime do mandato. Ou seja, não é previsto um conjunto específico de obrigações dos administradores para com um conselho de curadores, a existir, ou para com a entidade de supervisão ou conselho fiscal. Tudo se limita, na falta de especificação dos estatutos, ao artigo 1161.º do Código Civil. Também aqui seria importante enveredar por uma de duas hipóteses: (i) prever, à semelhança do referido artigo do Código Civil, um conjunto de deveres mínimos dos administradores para com um órgão representantivo do fundador e/ou a entidade administrativa; e, sem prejuízo da primeira hipótese, (ii) atribuir competência à entidade administrativa para, à semelhança da *Charity Commission*, poder formular linhas de orientação sobre os deveres dos administradores.

Para além destas hipóteses, resta, evidentemente, a auto-regulação, sendo de notar que, em Portugal, o Centro Português de Fundações, aprovou em 15 de Dezembro de 2008[92], um Código de Boas Práticas, que, contudo, não refere especificamente um conjunto de deveres para a administração remetendo essa questão para códigos de conduta a aprovar pelas próprias fundações. A título de comparação note-se os "Princípios Orientadores de Boas Práticas para Fundações", aprovados pela Associação Alemã de Fundações, que devota a primeira parte do documento às responsabilidades dos órgãos fundacionais[93].

---

[91] Cf. ANTUNES, HENRIQUE SOUSA, op. cit. pág. 229 e seguintes; KENNEDY, CRAIG, RUMBERG, DIRK e THEN, VOLKER, op. cit. pág. 427 e seguintes; Cf. JAKOBS, DOMINIQUE, op. cit., pág. 210 e seguintes.

[92] Disponível em http://www.cpf.org.pt/codBoasPrat.pdf.; última visualização em 2011.07.09.

[93] Disponível em http://www.stiftungen.org/fileadmin/bvds/de/en/Grundsaetze_Stiftungspraxis_Engl_Fassung_2008.pdf, última visualização em 2011.07.09; sem esquecer também, como tónica geral, o Princípio VI dos Princípios de Corporate Governance da OCDE, de 2004

ALGUNS PROBLEMAS DE GOVERNO FUNDACIONAL

Fica, por isso, claro que, mais do que confiar na autonomia do fundador, hoje o legislador deixa para a auto-regulação fundacional a matéria das obrigações dos administradores. A discussão entre a prevalência de um modelo de hetero--regulação ou de auto-regulação fundacional extravasa em muito o âmbito deste estudo[94], contudo, por perpassá-lo não podemos deixar de abordar quanto aos pontos que nos interessam. No que diz respeito à previsão de regras respeitantes às obrigações da administração fundacional para com os órgãos a quem deve prestar contas, nomeadamente, o órgão de representação da vontade do fundador, o conselho fiscal e a entidade administrativa de supervisão, parece-nos que a evolução dos últimos quarenta anos não pode mais bastar-se com a remissão do Código Civil para o regime de mandato, nem tão pouco deve deixar tudo para a auto-regulação do fundador ou da comunidade fundacional portuguesa. Sem prejuízo do apuro dessa auto-regulação sectorial parece-nos que o legislador deve fazer constar deveres e obrigações mínimos, que possam ser desenvolvidos pela autonomia do fundador e dos órgãos de controlo fundacional. Parece-nos, novamente, ser este mais um bom exemplo da necessidade de uma entidade reguladora independente para o domínio fundacional que permitisse construir um modelo de obrigações e responsabilidades das administrações fundacionais assente em dois passos: (i) a previsão de um conjunto de deveres mínimos por parte da administração; e (ii) a produção de orientações e interpretações desses mesmos deveres mínimos e outros, por parte da entidade reguladora, à semelhança de instituições congéneres noutros países.

Enunciar e reflectir sobre os deveres fiduciários dos administradores fundacionais é, afinal, analisar o que se pretende de uma administração fundacional e como pode ela desempenhar a sua função com o mínimo de problemas e conflitos.

Com a maioria dos autores[95] que se pronunciam sobre esta temática podemos identificar (i) um dever de cuidado, (ii) um dever de lealdade, (iii) um dever de prudência e (iv) um dever de obediência. A partir destes quatro grandes deveres cobrem-se a generalidade dos problemas levantados a propósito das obrigações dos administradores.

---

[94] Sendo uma questão essencial, sobretudo quando se realiza uma análise comparada, cf. HOPT, KLAUS, op. cit, pág. xlv.

[95] Cf. ANTUNES, HENRIQUE SOUSA, op. cit. pág. 229; FISHMAN, JAMES J., Nonprofit organizations in the United States in Hopt, Klaus e Hippel, Thomas von (org.), Comparative Corporate Governance of Non--Profit Organizations, Cambridge University Press, Cambridge, 2010, pág. 149 e seguintes; HIPPEL, THOMAS VON, Nonprofit organizations in Germany in Hopt, Klaus e Hippel, Thomas von (org.), Comparative Corporate Governance of Non-Profit Organizations, Cambridge University Press, Cambridge, 2010, pág. 210 e seguintes.

O dever de cuidado[96] reporta-se duplamente ao património fundacional, dotação inicial e restante património, e à prossecução do fim fundacional. Por um lado, os administradores devem agir com cuidado quanto às decisões estratégicas e executivas que possam afectar o património fundacional, agindo de acordo com padrões de qualidade adaptadas ao tipo de actividade fundacional prosseguida. Por outro, os administradores devem agir com cuidado na escolha das actividades que consideram prossecutoras do fim fundador e, logo, fundacional.

O dever de lealdade[97] é especialmente apto a convocar a importante temática dos conflitos de interesses. Os administradores devem, em todos os casos, lealdade à vontade fundadora e ao modo como ela fica inscrita no acto de instituição e nos estatutos, preferindo tal vontade aos seus próprios interesses, no desempenho das suas funções de administração. Neste campo seria útil a previsão normativa, aquando de uma revisão do regime fundacional privado, de regras aplicáveis aos conflitos de interesses de administradores.

O dever de prudência[98] convoca de modo mais fino e intenso a problemática da gestão e investimento de bens na prossecução dos fins fundacionais. Com ele pretende convocar-se a necessidade de adopção de critérios e padrões de actuação que permitam avaliar a actuação dos administradores.

Finalmente, o dever de obediência[99] é especialmente importante para ancorar a actividade de administração fundacional no acto de instituição e nos estatutos, tal como conformados pelo fundador e/ou pela entidade administrativa. A este respeito importa notar que, no ordenamento jurídico português, deveria ser admissível que, quando o fundador prevê um órgão de representação da sua vontade, distinto do órgão de administração, aquele pudesse alterar os estatutos sob proposta deste, numa adaptação do actual regime do artigo 189.º do Código Civil, em que apenas se permite a alteração dos estatutos à entidade administrativa de supervisão, sob proposta da administração.

---

[96] Para perspectivas comparadas sobre este dever específico cf. HOPT, KLAUS e HIPPEL, THOMAS VON (org.), op. cit., págs 151, 191, 210 e 237.

[97] Para perspectivas comparadas sobre este dever específico cf. HOPT, KLAUS e HIPPEL, THOMAS VON (org.), op. cit., págs 150, 187, 211, 237, 287, 348, 398 e 447.

[98] Para perspectivas comparadas sobre este dever específico cf. HOPT, KLAUS e HIPPEL, THOMAS VON (org.), op. cit., págs 149, 211, 239, 288, 350, 400, 450.

[99] Para perspectivas comparadas sobre este dever específico cf. HOPT, KLAUS e HIPPEL, THOMAS VON (org.), op. cit., págs 213, 241, 291, 351, 401, 454; Cf. também, ATKINSON, ROB, Rediscovering the duty of obedience: toward a trinitarian theory of fiduciary duty in Hopt, Klaus e Hippel, Thomas von (org.), op. cit., págs 564 e seguintes.

iii) Responsabilidade

A norma fundamental a este respeito é, como vimos, o n.º 2 do artigo 164.º do Código Civil que torna responsáveis todos os administradores pelas decisões tomadas, excepto quando tenham manifestado a sua discordância. Contudo, nada impede o fundador de, nos estatutos, prever outras regras de responsabilidade, nomeadamente associando a responsabilidade à destituição do cargo, para além da normal responsabilidade civil.

VII.2.b) Fundação Privada de solidariedade social

i) Estrutura do órgão de administração

A este respeito o EIPSS, como notámos a propósito do quadro legal aplicável, não se afasta do modelo do Código Civil, propondo igualmente a existência de um órgão colegial. Aplica-se, pois, a proposta do ponto anterior, quanto à utilidade de previsão legal de um outro modelo de administração, de órgão unipessoal, para os casos em que estejamos perante fundações de reduzida dimensão.

Também no que diz respeito à titularidade dos órgãos de administração e a respectiva duração dos mandatos vale o que dissemos acima.

ii) Deveres fiduciários

Aplica-se aqui também o mesmo que dissemos para o ponto anterior.

iii) Responsabilidade

O EIPSS mantém a mesma abordagem aos problemas de responsabilidade que o Código Civil, deixando para o fundador uma amplíssima margem de conformação de mecanismos de responsabilização dos administradores para além da normal responsabilidade civil e penal aplicáveis. Contudo, e especialmente no que diz respeito a este tipo de fundações privadas, seria importante prever mecanismos de responsabilidade referida ao desempenho do cargo, nomeadamente associados quer à efectiva intervenção dos titulares na vida fundacional, prevenindo-se situações de paralisação do órgão de administração[100], quer ao cumprimento explícito e concreto de certos deveres fiduciários aplicados aos fins e universo em causa, na senda do que indicámos acima.

---

[100] Cf. Acórdão do Supremo Tribunal de Justiça, no processo n.º 086623, em http://www.dgsi.pt.

O GOVERNO DAS ORGANIZAÇÕES

VII.2.c) Fundação Pública, I.P.

i) Estrutura do órgão de administração

A estrutura do órgão de administração das fundações públicas, I.P., (ou órgão de direcção como é designado legalmente) é hoje de modelo dual, sendo admitido um órgão colegial, o conselho directivo, desde a versão original da LQIP, e um órgão unipessoal, o Presidente, ainda que coadjuvado por um ou mais vice-presidentes. Este modelo dual vem ao encontro, no domínio deste tipo fundacional público, do que sugerimos atrás para as fundações privadas de interesse social. Permite que o legislador, ao instituir a fundação pública, I.P., escolha, de acordo com o perfil da instituição a criar o modelo de administração que melhor se adapta as suas atribuições.

Note-se que o órgão de administração da fundação pública, I.P., responde directamente perante o fundador, para além do fiscal único, e não perante um órgão que represente a vontade fundadora. Esta é uma absoluta distinção com os restantes modelos fundacionais, incluindo o respeitante à fundação pública autónoma e levanta problemas de qualificação da própria fundação pública, I.P., tal como notámos supra.

ii) Deveres fiduciários

No âmbito da Fundação Pública, I.P., os deveres fiduciários conhecem especialidades evidentes. Desde logo, como notámos supra, o fundador não se encontra totalmente ausente, embora não esteja presente organicamente. O reverso dos poderes de superintendência e tutela por parte do Governo, enquanto instituidor da Fundação Pública, I.P., são um conjunto de deveres associados, desde logo à prossecução do interesse público específico que se consubstancia como fim fundacional. Mais do que deveres fiduciários estamos aqui perante deveres legais, que decorrem da condição estatutária dos administradores públicos. Lembre-se que à administração da fundação pública, I.P., é aplicado, ainda que subsidiariamente, o Estatuto do Gestor Público.

Nesta medida todos os deveres que enunciámos supra conhecem aqui contornos específicos.

O dever de cuidado orienta-se pelos padrões exigidos para a actividade pública, tal como conformados pelas orientações de inúmeras entidades com responsabilidade na emissão de recomendações e orientações sobre a actividade pública, desde o Tribunal de Contas até ao próprio Ministério que tutela e superintende uma fundação pública, I.P., específica.

O dever de lealdade é também conformado pelas específicas exigências da titularidade de um cargo público de direcção superior, sendo aplicável, como dissemos, com as necessárias adaptações o Estatuto do Gestor Público, por força do n.º 1 do artigo 25.º da LQIP.

O dever de prudência é conformado por regras específicas de contabilidade pública, bem como pelo próprio regime da LQIP a esse respeito, previsto nos artigos 35.º e seguintes da LQIP.

E, finalmente, o dever de obediência é conformado pelo próprio conteúdo dos poderes de tutela e de superintendência, para além de todos os deveres decorrentes da lei criadora da fundação pública, I.P., em causa, e dos seus estatutos.

iii) Responsabilidade

Fazendo eco da norma do Código Civil sobre responsabilidade dos titulares dos órgãos fundacionais e associativos, o artigo 24.º da LQIP impõe uma responsabilidade solidária, exceptuada nos casos de manifestação de discordância quanto a determinada decisão. Para além disso, existe ainda responsabilidade efectivada por avaliação do desempenho, por parte do Governo, prevendo a LQIP que os membros do Conselho Directivo ou o próprio Conselho Directivo possam ser exonerados ou dissolvido, respectivamente, em face da prática ou omissão de certos actos ou condutas (cf. art. 20.º).

A administração da fundação pública, I.P., surge, assim, particularmente responsabilizada perante o fundador.

VII.2.d) Fundação Pública Autónoma

i) Estrutura do órgão de administração

Uma vez que todas as fundações públicas autónomas se apresentam, legalmente, como fundações de direito privado, o Estado, enquanto fundador, tem interpretado, para o seu caso, a autonomia privada como uma autonomia estatutária que também lhe é aplicável. Nesta medida, apenas olhando para os estatutos de cada uma das fundações públicas autónomas podemos determinar a estrutura do órgão de administração.

À partida sabemos o mesmo que sabemos em relação às fundações privadas de interesse social: a obrigatoriedade de existência de um órgão colegial de administração. Contudo, mesmo esta exigência vale pouco, uma vez que as fundações públicas autónomas que aqui analisamos são todas criadas por diploma legal que pode afastar esse modelo.

Nos casos que demos como exemplo supra, o legislador, no que diz respeito à estrutura do órgão de administração inovou em relação ao Código Civil. Assim, logo na Fundação Centro Cultural de Belém criou um modelo tripartido, em que

O GOVERNO DAS ORGANIZAÇÕES

dois órgãos, o Conselho Directivo e o Conselho Administrativo têm competências administrativas estratégicas, embora de carácter complementar subordinado e outro órgão tem competências administrativas executivas, o Presidente. Já no caso da Fundação Museu Ferroviário – Armando Ginestal Machado, o legislador optou por instituir uma fundação com um modelo de administração cuja estrutura orgânica é a estrutura mínima prevista no Código Civil: um único órgão, o Conselho de Administração, com competências simultaneamente estratégicas e executivas. A esta opção não é alheio o facto de que os fundadores – trata-se de uma fundação pública autónoma participada – também decidiram prever um órgão de representação dos fundadores, o Conselho de Fundadores, perante o qual o Conselho de Administração responde. Finalmente, no caso da recente Fundação Mata do Buçaco, os fundadores optaram por um modelo de administração distinto dos dois anteriores. Com efeito, nos estatutos prevêem-se dois órgãos com funções administrativas, o Conselho Geral e o Conselho de Administração, o primeiro com funções estratégicas e o segundo com funções executivas subordinadas ao primeiro. Contudo, neste caso, e diferentemente do que sucede com a Fundação Centro Cultural de Belém, existe um Conselho de Fundadores, com competências simultaneamente consultivas e de fiscalização.

Como se pode perceber pelos exemplos dados, reina neste domínio a liberdade do fundador, à semelhança do que pode suceder no domínio privado. Vale, pois, a nota que deixámos supra, com um acrescento: deveria legislar-se especificamente o modelo de fundação pública autónoma e aí ser prevista a possibilidade de modelos alternativos de administração (com ou sem separação orgânica da função estratégica da executiva mas assegurando a distinção), de modo a ajudar a conformar o modelo de responsabilidade e interacção entre os diversos órgãos que se prevejam e constituam.

ii) Deveres fiduciários

Vale aqui o que dissemos sobre os deveres fiduciários no âmbito da fundação privada de interesse social, com uma importante especialidade: o fim de qualquer fundação pública autónoma é sempre um dado interesse público e, por isso, devem ser aplicáveis todos os princípios e deveres que recaem sobre os prossecutores de interesse público, por força da Constituição e da lei. Nesta medida, os deveres fiduciários que identificámos não se alteram mas surgem qualificados, à semelhança do que sucede no caso da Fundação Pública, I.P. Contudo, neste caso, por ausência de deveres claros, em parte, reverso da ausência de superintendência e tutela, devemos repensar os deveres fiduciários à luz do princípio da prossecução do interesse público, buscando no direito público as regras que por ele sejam reclamadas. Note-se, a título de exemplo, o n.º 2 do artigo 6.º dos estatutos da Fundação Centro Cultural de Belém, que explicita o dever de prudência, ao prever que "[o]s investimentos da Fundação deverão respeitar o critério da optimização da gestão do seu património" mas que é conformado por regras específicas da natureza pública da instituição, como a do artigo 7.º dos mesmos estatutos[101].

iii) Responsabilidade

Vale também aqui o que resulta do regime jurídico da fundação pública autónoma: se nada for disposto especificamente nos estatutos pelo Estado enquanto fundador, as notas que deixámos a propósito deste aspecto quanto à fundação privada de interesse social aplicam-se com as necessárias adaptações.

Nos exemplos fundacionais que escolhemos no âmbito deste estudo o Estado não previu quaisquer regras específicas de responsabilidade[102].

Cremos que esta é uma matéria da maior importância, onde a ausência de regras claras e específicas no que toca à responsabilidade dos membros da administração por violação dos seus deveres fiduciários e demais obrigações não contribui para um salutar governo fundacional. É verdade que podem existir mecanismos informais de efectivação de responsabilidade através dos mecanismos de controlo informal que identificámos supra, contudo, uma dimensão fundamental da previsão, ainda que apenas estatutária, de mecanismos de responsabilização, prende-se com a transparência e publicidade da actividade fundacional, no sentido de criar confiança em todas as partes interessadas. Essa dimensão perde-se, havendo, ao invés, uma opacidade indesejável. Seria importante, na ausência de um tratamento legislativo próprio, que houvesse orientações administrativas claras e conhecidas sobre os mecanismos de responsabilidade em prática nas fundações públicas autónomas.

VII.2.e) Fundação Pública de Ensino Superior

i) Estrutura do órgão de administração

Dada a especialidade deste tipo fundacional público é compreensível a maior complexidade do modelo de administração. Desde logo existem dois órgãos de administração, o Reitor e o Conselho de Gestão, tendo o primeiro funções

---

[101] O mesmo se diga a propósito da Fundação Museu Ferroviário – Ginestal Machado (cf. art. 7.º e 8.º dos estatutos) e da Fundação Mata do Buçaco (cf. art. 7.º dos estatutos).

[102] Não o fez a propósito da Fundação Centro Cultural de Belém, não o fez a propósito da Fundação Museu Ferroviário – Ginestal Machado e não o fez a propósito da Fundação Mata do Buçaco.

O GOVERNO DAS ORGANIZAÇÕES

estratégicas e executivas e o segundo apenas funções executivas. De recordar que existe ainda um órgão, o Conselho Geral, que concorre para a definição da estratégia, aprovando os principais actos de administração, que não sejam da competência do Conselho de Curadores. Cremos que, dada a novidade das fundações públicas de ensino superior, a complexidade evidenciada pelo modelo que enunciámos e pelas estruturas de administração são uma consequência necessária, que o tempo permitirá afinar e simplificar. Com efeito, no futuro será de equacionar a repartição de algumas competências. Contudo, a existência dos diversos órgãos, em particular de administração, abstraindo agora da sua composição e selecção, parece-nos correcta, na medida em que permite corresponder à necessidade de um órgão de fiscalização estratégica, um órgão de administração estratégica e um órgão de gestão executiva, prevendo-se ainda a existência de um órgão, o Conselho de Curadores que, sem por em causa a autonomia universitária, garantida na inter-relação entre Conselho Geral, Reitor e Conselho de Gestão, permite efectivar a representação da vontade fundadora.

ii) Deveres fiduciários

No que diz respeito à manifestação dos quatro deveres fiduciários, que enunciámos supra, no domínio das fundações públicas de ensino superior, encontramos também especiais qualificações desses mesmos deveres.

No caso do dever de cuidado, o padrão de aferição deste dever é referido ao domínio académico e aos objectivos a que este tipo de instituições se propõe. Nomeadamente, no domínio estratégico o dever de cuidado recai, para além dos normais instrumentos de planeamento como os planos estratégicos e os planos de actividades, na adequada elaboração dos planos de estudo, de admissão de estudantes, entre outros. No domínio da gestão executiva, os padrões referem-se ao acompanhamento e desempenho das diversas unidades orgânicas que compõem uma dada fundação pública de ensino superior.

Quanto ao dever de lealdade, este, como sabemos, apela especialmente às questões de conflitos de interesse, neste caso no âmbito da instituição fundacional de ensino superior público. A este respeito o legislador teve o cuidado de prescrever normas específicas, constantes do artigo 106.º do RJIES que, não obstante a exclusão do n.º 1 do artigo 134.º do RJIES, se deve aplicar, por analogia e residualmente, uma vez que não existe no regime jurídico fundacional privado, um conjunto de normas semelhantes.

Quanto ao dever de prudência e ao seu carácter de controlo do investimento, o RJIES prevê, nos seus artigos 111.º e seguintes, um conjunto de regras que permitem pautar a actividade dos administradores neste domínio, para o que concorre também a exigência de auditorias externas, prescrita pelo artigo 118.º do RJIES, exigência singular no plano do governo fundacional em Portugal, não obstante as auditorias voluntárias a que diversas fundações procedem. Entendemos, aqui também, que estas normas, pese embora a referida exclusão do n.º 1 do artigo 134.º do RJIES, deverão ser utilizadas pelas FPES como padrões de orientação.

Finalmente, o dever de obediência está integrado no RJIES e decorre da própria natureza do modelo fundacional escolhido, reforçado pela previsão de um Conselho de Curadores. Com efeito, as competências que são atribuídas ao Conselho de Curadores, nos termos do n.º 2 do artigo 133.º do RJIES, tornam patente que os órgãos de administração deste tipo fundacional têm para com ele, enquanto representante do fundador, um especial dever de obediência, nos limites da autonomia universitária.

iii) Responsabilidade

Os artigos 157.º e seguintes do RJIES prevêem um avançado sistema de responsabilidade, prestação de contas e transparência aplicável às instituições de ensino superior. A leitura sistemática do n.º 1 do artigo 9.º desse mesmo diploma não permite compreender se o legislador pretende que tais normas sejam aplicadas às FPES mas cremos que deve entender-se que tal regime é aplicável, dada a natureza pública destas instituições. Assim, deve considerar-se a necessidade de elaboração de um relatório anual de actividades (cf. art. 159.º RJIES) bem como da publicitação, em página electrónica de todos os elementos previstos no n.º 2 do artigo 161.º do RJIES.

VII.3. O órgão de fiscalização

O conselho fiscal é o único órgão, juntamente com o órgão de administração, que figura no modelo mínimo obrigatório de governo fundacional previsto no Código Civil, que serve de paradigma aos modelos fundacionais gerais. Também no caso das fundações públicas, como é evidente, encontrámos a previsão de um órgão de fiscalização, apenas mudando a sua estrutura.

A existência de um órgão de fiscalização levanta, no domínio fundacional, uma perplexidade: dependendo do tipo fundacional que analisamos, assim ele convive com outros órgãos de fiscalização, com que mantém distintas relações e repartição de poderes e competências. Este será o problema fundamental que teremos de analisar nesta sede, em torno da qual as questões de estrutura e competência se desenvolvem.

VII.3.a) Fundação Privada de interesse social

Como vimos, o Código Civil exige um conselho fiscal, enquanto órgão colegial obrigatório, mas nada diz sobre as suas competências, deixando essa matéria, uma vez mais, para a liberdade estatutária do fundador. Sucede, contudo, que em face das competências, imperativas, que estão atribuídas por lei à entidade administrativa de supervisão e aquelas que podem ser atribuídas a um órgão facultativo de representação da vontade fundador, seria importante clarificar, através de um catálogo exemplificativo, quais as competências que deverão caber ao conselho fiscal. Podemos chegar a este desiderato por uma breve análise negativa.

Desde logo o conselho fiscal não tem, habitualmente, competência de fiscalização estratégica. Essa competência a existir deverá ficar entregue ao órgão de representação da vontade fundadora. Contudo, uma vez que as competências de um e de outro não vêm previstas na lei, nada parece impedir que ao conselho fiscal fossem atribuídos tais tipos de poderes. Não o recomenda, porém, a eficiente separação de funções: o órgão que aprecia a concepção da estratégia e, nessa medida, por ela se co-responsabiliza, não deve ser o mesmo (ou o único) que avalia o modo como essa estratégia é prosseguida e satisfeita.

No que diz respeito à entidade administrativa de supervisão, pode dizer-se que para o conselho fiscal fica o remanescente dos poderes que por lei não são atribuídos à entidade pública.

Isto significa, desde logo, que o primeiro critério de fiscalização do conselho fiscal é um critério de legalidade. É a ele que cabe garantir que o conselho de administração e os demais órgãos, caso existam, cumprem todas as normas legais que lhe são aplicáveis.

Em segundo lugar é ao conselho fiscal que cabe apreciar a conformidade legal e formal, por respeito a orientações externas ou internas que a fundação haja adoptado, dos principais documentos de planeamento estratégico, nomeadamente, os planos estratégicos de médio e longo prazo, os planos de actividades anuais, o orçamento e outros documentos de planeamento. Esta dimensão da fiscalização é tanto mais importante quanto surge como contraponto dos deveres de cuidado da administração na prossecução da sua missão. É, também, pela actividade do conselho fiscal neste domínio que podemos perceber o grau de cumprimento deste dever de cuidado.

Em terceiro lugar é ao conselho fiscal que cabe fiscalizar os documentos de prestação de contas e, em alguns casos, elaborar tais documentos, de acordo com os dados fornecidos pela administração. Neste âmbito pode também incluir-se a supervisão de auditorias externas, que o conselho fiscal deve sugerir e solicitar,

ALGUNS PROBLEMAS DE GOVERNO FUNDACIONAL

caso as entenda necessárias, em face da dimensão da actividade fundacional e no silêncio da administração[103].

Em quarto lugar é ao conselho fiscal que cabe a fiscalização das medidas de publicitação e transparência da actividade fundacional, promovendo padrões de divulgação e prestação de informação, na ausência de orientações da administração, de outro órgão fundacional ou da entidade de regulação administrativa[104].

Finalmente, é ao conselho fiscal que deve caber a actividade de fiscalização de remunerações dos titulares dos restantes órgãos, se estatutariamente essa missão não estiver conferida a um órgão específico[105].

Como podemos perceber, estas competências são fundamentais e constituem um ponto de equilíbrio em relação à actividade da administração, o verdadeiro eixo do sistema de *checks and balances* que deve consubstanciar um bom modelo de governo fundacional. Contudo, todas estas competências, estão, no caso da fundação privada de interesse geral, na discricionariedade, um pouco sincrética, da liberdade estatutária de cada fundador. Por força de um princípio de separação de poderes, ínsito a qualquer modelo complexo de governo institucional, creio que podemos defender como supletivas as competências que acabámos de referir ao órgão de fiscalização, no caso de não existir qualquer previsão legal ou estatutária das mesmas ou de o órgão de representação da vontade fundadora não os ter cometido ao órgão de fiscalização. Quanto a nós este entendimento justifica-se por serem competências essenciais, que derivam, como contrapoderes, dos poderes de outros órgãos.

Ainda assim, em diversos aspectos, deve reclamar-se uma intervenção legislativa, administrativa ou a combinação de duas. Quanto aos deveres de divulgação de actividades e contas e fixação de remunerações, o legislador deveria estabelecer um quadro mínimo, concretizado pela entidade administrativa de supervisão, na ausência de auto-regulação a este respeito. É sensato o exemplo britânico em que, a partir de certos rendimentos anuais ou património fundacional consolidado existe o dever de divulgação pública de actividades e contas[106]. Por outro lado, a fixação de remunerações deve ser feita dentro de uma determinada moldura

---

[103] A este respeito é, mais uma vez, paradigmática a prática britânica, cf. ALEXANDER, CON e MOULE, JOS, Charity Governance, Jordans, Bristol, 2007, pág. 283.

[104] Notando que os deveres de publicidade e transparência são uma forma de compensar deficits de controlo, cf. MÜLLER, BEATE, op. cit., pág. 150; Cf. também, para o direito alemão, ORTH, MANFRED, Publizität in Seifart, Werner e Campenhausen, Axel Freiherr von (org.), Stiftungsrechtshandbuch, Verlag C.H.Beck, München, 3ª edição, 2009, pág. 753 e seguintes.

[105] Cf. ANTUNES, HENRIQUE SOUSA, op. cit., pág. 229.

[106] Cf. ALEXANDER, CON e MOULE, JOS, op. cit., pág. 285 e seguintes; Cf. DAWES, GREYHAM, Charity Commission regulation od the charity sector in England and Wales: the key role of charity audit regulation in Hopt, Klaus e Hippel, Thomas von (org.), Comparative Corporate Governance of Non-Profit Organizations, Cambridge University Press, Cambridge, 2010, págs. 849 e seguintes.

O GOVERNO DAS ORGANIZAÇÕES

remunerações dos titulares dos órgãos[109] e de divulgação pública, por exemplo, em página electrónica, dos principais documentos estratégicos e de prestação de contas. Neste sentido, entendemos que, mesmo que não especificamente previstos nos estatutos, o órgão de fiscalização tem o poder de solicitar estes elementos, não apenas como forma de verificar os deveres de cuidado e lealdade da administração, nos moldes em que os apresentámos, mas também como poder genérico subsidiário que lhe assiste. Vale aqui o que dissemos a este respeito para as fundações privadas de interesse social, na ausência de diploma legal específico.

Em terceiro lugar, e por força da remissão supletiva para o Código Civil, é de concluir que as fundações públicas autónomas estão sujeitas não apenas à fiscalização do conselho fiscal ou fiscal único mas também, nos termos legais, da entidade administrativa de supervisão. Este aspecto, contudo, recomenda, como notámos supra, alguma reflexão e prudência. No caso das fundações públicas autónomas o Estado surge simultaneamente como fundador e como ente de regulação da actividade fundadora o que pode levantar questões de imparcialidade e transparência. É verdade que no actual modelo de supervisão, a actuação da entidade administrativa é mínima, embora os seus poderes sejam consideráveis. Mas, justamente por isso, a confusão entre as duas capacidades torna-se um obstáculo a que a entidade de supervisão possa receber mais poderes e desempenhar uma verdadeira função regulatória, autónoma e imparcial. Neste sentido, encontramos mais um argumento a favor da constituição de uma entidade reguladora independente, para o domínio fundacional, com competências de actuação quer sobre fundações privadas de interesse social, quer sobre fundações públicas autónomas.

Finalmente, e por contraposição ao ponto anterior, o órgão de fiscalização, tem que conviver não apenas com a entidade administrativa de supervisão que acompanha as fundações privadas, na medida em que tal seja possível, mas também com entes de fiscalização específicos do direito público. Assim, note-se que o Tribunal de Contas exerce a sua jurisdição sobre este tipo fundacional público por força do n.º 3 do artigo 2.º da Lei de Organização e Processo do Tribunal de Contas[110].

---

[109] Embora esta prática, consentânea com a fragmentação do regime jurídico das fundações públicas autónomas, conheça excepções. Por exemplo, o n.º 1 do artigo 29.º dos estatutos da Fundação INATEL prevê que "[a] remuneração dos membros do conselho de administração é fixada por despacho conjunto dos membros do governo responsáveis pelas áreas das finanças, do trabalho e da solidariedade social", o que implicará a sua publicação em Diário da República.

[110] A respeito da importância do Tribunal de Contas como fiscalizador fundacional cf. SCHULTE, MARTIN, Der Rechnungshof: Kontrolleur der Stiftung und Informant des Parlaments? in Campenhausen, Axel Freiherr von, Kronke, Herbert e Werner Olaf, Stiftungen in Deutschland und Europa, IDW-Verlag, Düsseldorf, 1998, pág. 303 e seguintes.

ALGUNS PROBLEMAS DE GOVERNO FUNDACIONAL

VII.3.e) Fundação Pública de Ensino Superior

O órgão interno de fiscalização das fundações públicas de ensino superior é o fiscal único. O RJIES prevê-o no n.º 6 do seu artigo 131, remetendo para o artigo 117.º, e os estatutos das três FPES existentes actualmente concretizam essa previsão.

Também neste domínio se confirma o papel eminentemente fiscalizador da legalidade e dos instrumentos de planeamento e de prestação de contas, através de pareceres e certificações do fiscal único. Note-se que o princípio da competência genérica em matéria de fiscalização explica que o fiscal único tenha competências estendidas até aos serviços de acção social escolar, enquanto parte integrante das actividades das fundações públicas de ensino superior.

Os estatutos das FPES ISCTE-IUL, Universidade do Porto e Universidade de Aveiro incluem normas de competências específicas para o fiscal único que confirmam o que temos vindo a defender quanto à necessidade de encontrar regras comuns de referência para os poderes a desempenhar pelo órgãos de fiscalização. Assim, apesar se de apresentarem, legalmente, como fundações com regime de direito privado, nos seus estatutos, as recém-criadas fundações de ensino superior preferiram decalcar, como normas de competência do seu fiscal único, o artigo 28.º da LQIP, a lei paradigma das fundações públicas, I.P.[111].

Note-se, por fim, o que dissemos *supra* sobre a preferência por um órgão colegial de fiscalização, no caso de instituições complexas.

VII.4. Entidades Administrativas de Supervisão

A escolha do plural para designar este ponto serve de partida para a explicação do que pretendemos analisar a este respeito. Com efeito, existe, no domínio fundacional, uma tradição de intervenção pública que se mantém até hoje, pese embora a variação de compreensões e concretizações que encontramos nos vários ordenamentos jurídicos. Essa intervenção, para além de todas as explicações históricas que possamos enunciar, é hoje justificada pela necessidade de suprir a impossibilidade de tanto o fundador como os beneficiários influírem directamente na vida fundacional. Assim, a entidade pública, assuma ela que configuração assuma, é sempre justificada pela dupla tutela deste tipo de interesses. Contudo, a partir desta justificação, numerosos problemas se colocam a propósito de cada tipo fundacional e na medida em que fundador e beneficiários estejam mais ou menos ausentes, mais ou menos desprotegidos. Por outro lado, como sugerimos acima, a entidade pública pode assumir várias configurações e competências, que

---

[111] Cf. os artigos 12.º dos estatutos da Fundação ISCTE-IUL, Fundação Universidade de Aveiro e Fundação Universidade do Porto.

O GOVERNO DAS ORGANIZAÇÕES

importa analisar por referência ao tipo de objectivos que se prosseguem com um bom governo fundacional.

VII.4.a) Fundação Privada de interesse social

A tradição de uma entidade administrativa de supervisão remonta a séculos e é hoje explicada por diversos títulos, alguns deles contraditórios[112]. Podemos encontrá-la com distintas configurações em quase todos os modernos direitos fundacionais, mesmo em matrizes jurídicas distintas da romano-germânica como a anglo-saxónica. Para o objecto do nosso estudo importa-nos apenas compreender em que medida as suas funções são adequadas e qual o futuro que podemos encontrar para uma entidade administrativa de supervisão fundacional.

De acordo com o regime jurídico previsto no Código Civil, a entidade administrativa tem competências muito específicas que são explicadas, como já referimos, pela sua dupla tutela da vontade do fundador, especialmente importante quando não existe um órgão que a represente, e do interesse social, enquanto interesse privado de uma comunidade determinável. Podemos, assim, simplificando, dizer que a razão de ser e os poderes que são atribuídos à entidade pública administrativa são explicados pela sua necessidade de estar em vez do fundador e dos destinatários que este visa beneficiar.

Esta posição espelha um entendimento mais vasto sobre as fundações e o direito fundacional, bem como sobre o próprio Estado. O legislador toma uma opção clara em favor de uma entidade administrativa central em detrimento dos tribunais, para os quais está reservado um papel modesto, ou de uma entidade reguladora independente.

Acresce ainda que, mesmo o papel que o legislador entendeu entregar à entidade administrativa, apesar de se reflectir desde o momento da criação do ente, com o reconhecimento, até ao momento extintivo, passando pelos actos mais importantes da vida fundacional, a alteração de estatutos e de fim fundacional, resume-se, na sua importância, ao momento genético da fundação[113].

Com isto pretendemos chamar a atenção para o papel reduzido, e poderíamos acrescentar, redutor, que cabe à entidade administrativa. Muitas das competências que tem deveriam ser repensadas e muitas competências que não tem devia ter.

Nunca perdendo de vista a razão de ser de uma intervenção pública no domínio fundacional privado, em que, recorde-se, defendemos a existência de uma

---

[112] A este propósito refira-se que os antecedentes das modernas entidades de supervisão e regulação fundacional tanto são encontrados na Igreja Católica, por força das *piae causae* medievais, como no Conselho de Estado francês, por força da desconfiança revolucionária que se perpetuou contra as fundações nesse país.

[113] Com efeito, hoje apenas se encontra regulado o momento do reconhecimento, por força da Portaria n.º 69/2008, de 23 de Janeiro.

ALGUNS PROBLEMAS DE GOVERNO FUNDACIONAL

liberdade fundamental de fundar, e, por isso, deve ser mínima da perspectiva da limitação da actividade fundadora; e tomando em consideração que o Estado tem hoje uma importante presença fundadora no cenário fundacional português, a existência de uma entidade administrativa de supervisão, com os poderes que o Código Civil prevê, merece vários reparos.

Em primeiro lugar, no que toca ao reconhecimento, deveria ficar claro, em futura alteração do regime jurídico fundacional privado, que a entidade pública administrativa apenas pode fazer um controlo negativo da legalidade, isto é, apenas pode aferir se o fim fundacional, escolhido pelo fundador, viola algum interesse público. Com esta alteração aproximamo-nos não apenas da posição normativa germânica mas do ante-projecto original elaborado por FERRER CORREIA[114], permitindo-se uma flexibilização do escopo fundacional que pode melhorar este domínio ao mesmo tempo que aumenta a responsabilização de fundador e fundação.

Em segundo lugar, no que toca à elaboração e modificação de estatutos, bem como a alteração do fim fundacional, deve mitigar-se a intervenção da entidade administrativa, entregando essa competência a um órgão de representação da vontade do fundador, nos casos em que este o preveja. No último caso referido, evidentemente, a entidade administrativa poderia exercer o mesmo juízo negativo de conformidade com o interesse público.

Em terceiro lugar, as competências extintivas atribuídas à entidade administrativa independente deveriam ser apenas competências de iniciativa a decidir por um tribunal, em linha com a protecção constitucional que a fundação merece.

Em quarto lugar, e pensando agora nas competências que a entidade administrativa não tem, deveriam ser atribuídas funções de fiscalização dos órgãos fundacionais, semelhantes aquelas que encontramos para a Comissão do Mercado de Valores Mobiliários, bem como de acompanhamento do sector fundacional. São especialmente importantes as competências que uma entidade administrativa poderia ter no controlo do cumprimento de deveres fiduciários da administração, da introdução e aplicação de regras de transparências e informação, nomeadamente, a partir de certo montante de património fundacional ou de montante investido ou cedido através de programas de apoio, bem como da introdução de regras de tutela de conflitos de interesses e de limitação de remunerações, nos casos em que os próprios órgãos fundacionais o não fizessem. No domínio do acompanhamento, a elaboração de linhas de orientação e padrões de comportamento e acção poderiam ser um óptimo meio-termo entre a necessidade de prever e impor regras legais com tais objectos e a ausência de uma auto-regulação clara

---

[114] Cf. CORREIA, ANTÓNIO FERRER, Pessoas colectivas – Anteprojecto de um capítulo do novo Código Civil in Boletim do Ministério da Justiça, n.º 67, Junho de 1957, pág. 269.

e detalhada[115]. A este respeito devemos, uma vez mais, convocar o exemplo da *Charity Commission* inglesa, a que o legislador atribuiu, para além das competências de reconhecimento e supervisão genérica, uma missão mais intensa de acompanhamento e auxílio na melhoria do desempenho do sector fundacional. A lei que regula a actividade da *Charity Commission* atribui-lhe seis funções principais: (i) determinar o carácter caritativo de uma organização, para efeitos legais; (ii) promover melhor administração; (iii) identificar, investigar e reagir a má conduta ou gestão; (iv) emitir certificados de angariação para colectas públicas; (v) coligir e disseminar informação; e (vi) aconselhar o Governo em matéria fundacional[116].

Sendo certo que a missão da Charity Commision recai sobre fundações que, em bom rigor, em Portugal seriam, mais do que fundações privadas de interesse social, fundações privadas de interesse social e utilidade pública[117], ainda assim, o papel de acompanhamento e promoção da actividade fundacional, dada a importância e diversidade deste sector e o crescente peso do Estado como fundador, é determinante e pode ser melhor conseguido se se autonomizar a entidade administrativa e se alterar a sua natureza supervisora para uma natureza também verdadeiramente reguladora.

VII.4.b) Fundação Privada de solidariedade social

Como notámos acima, o Estatuto das Instituições Particulares de Solidariedade Social escolheu a palavra "tutela" para designar o conjunto de poderes que assistem à entidade administrativa que fiscaliza a actividade deste tipo de entes. Esta palavra está, no domínio jurídico, particularmente relacionada com o tipo de poderes exercido pelo Governo sobre a Administração Directa e Autónoma, que, mais uma vez, recupera as questões sobre o limiar de fronteira em que se encontram as IPSS, entre o público e o privado.

O regime de supervisão administrativa prevista no Estatuto não conhece paralelo com o regime previsto no Código Civil para o tipo mais vasto das fundações privadas de interesse social nem sequer com aquelas que adquirem a condição de pessoas colectivas de utilidade pública. Com efeito, como vimos supra, alguns

---

[115] Este exemplo de "soft law" merece também a preferência de Klaus Hopt, quando refere "[the] English-style self-regulation (co-regulation as a mix of state and self-regulation) is different, and 'self-regulation in the shadow of the law" or the threat of a forceful supervisory agency empowered with the means of inquiry and enforcement is probably a good mix"; o autor acrescenta ainda que "It is well known that self-regulation is often the first step toward regulation by law, in particular if self-regulation does not really work"; cf. op.cit., pág. xlv.

[116] Cf., Fries, Richard, The Charity Commission for England and Wales in Hopt, Klaus e Hippel, Thomas von (org.), Comparative Corporate Governance of Non-Profit Organizations, Cambridge University Press, Cambridge, 2010, pág. 896 e seguintes.

[117] Distinção que para nós, e cada vez mais, continua a fazer sentido.

ALGUNS PROBLEMAS DE GOVERNO FUNDACIONAL

dos poderes atribuídos à entidade administrativa de supervisão das fundações privadas de solidariedade social estão mais próximos dos poderes atribuídos legalmente ao Governo no âmbito da sua actividade de fiscalização das fundações públicas. Cremos que este aspecto deveria ser revisto. Em primeiro lugar, os fins de solidariedade social, sendo fins sociais qualificados, não se afastam de tal modo dos fins sociais gerais, que permitem a instituição nos termos do Código Civil, que justifiquem um regime de tutela da entidade administrativa tão mais intenso. Em segundo lugar, a intervenção dos poderes públicos nas fundações privadas deve limitar-se ao mínimo necessário a assegurar a vontade fundadora e, por consequência, a satisfação dos destinatários.

Deveria, numa futura alteração legal, clarificar-se a relação entre as fundações privadas de interesse social e o seu subtipo de solidariedade social, de modo a que, uma justificação legal específica, pudesse sustentar os diferentes regimes de intervenção administrativa.

Esta análise serve para confirmar que é o próprio regime das fundações privadas de solidariedade social, nos termos do EIPSS, que levanta um problema axiológico fundamental: qual deve ser a medida da intervenção da entidade administrativa de supervisão. Não restam dúvidas que o EIPSS aponta para uma intervenção especialmente intensa, por comparação com o regime fundacional do Código Civil, e que tal tem por subjacente um entendimento especial do papel das IPSS, que coloca o seu regime, a este respeito, entre as fundações públicas e as fundações privadas[118].

Tal não significa, contudo, que não possamos olhar para o actual regime e dele colher lições ou para ele propor melhorias. Com efeito, no que diz respeito ao regime de tutela, entendemos que: (i) será de revogar o regime de vistos do artigo 33.º do EIPSS, podendo o objectivo que lhe está ínsito ser atingido através da contratualização de objectivos, aliás, prevista no artigo 39.º do EIPSS; (ii) o procedimento de destituição dos corpos gerentes, previsto no artigo 35.º, deveria ser consagrado como regra geral para todas as fundações, não se compreendendo porque se encontra restrito a este subtipo fundacional privado, não obstante poder ser melhorado, nomeadamente, atribuindo-se à entidade reguladora fundacional, a possibilidade de exercer a competência prevista na alínea a) do n.º 2 do referido artigo; (iii) também a possibilidade de lançar mão de uma providência cautelar, por necessidade urgente de salvaguardar os interesses da instituição deveria ser uma medida aplicável a todas as fundações e da competência de requerimento da entidade administrativa e não do Ministério Público; (iv) finalmente, a possibilidade de encerramento de estabelecimentos, prevista no artigo 37.º do EIPSS, quando aplicável, deveria ser uma regra geral do regime fundacional privado e público.

---

[118] Cf. LOPES, LICÍNIO, op. cit., pág. 123 e seguintes e 453 e seguintes.

VII.4.c) Fundação Pública, I.P.

A Fundação Pública, I.P., não está sujeita à entidade administrativa de supervisão, na sua configuração actual, uma vez que o quadro normativo deste tipo fundacional exclui a sua competência. Por outro lado, com os poderes que detém, a entidade administrativa independente seria supérflua em face dos poderes de tutela e superintendência exercidos pelo Governo, enquanto topo da Administração Directa do Estado. Pode por isso dizer-se que o fundador se confunde com o regulador, enquanto parte interessada. Tal faz sentido, no âmbito muito específico e excepcional deste tipo de fundação pública, que, como notámos, está nos limites do conceito fundacional, justamente porque põe em causa, a "autonomia irreversível" de que nos fala CHRISTOPH MECKING. Uma vez que a razão de ser da função da entidade administrativa de supervisão seria a tutela tanto da vontade fundadora como dos destinatários da actividade fundacional, percebemos facilmente que essa função é consumida pelos poderes e missão atribuídos ao próprio fundador/regulador.

Contudo, no modelo de entidade reguladora independente, para o domínio fundacional, cujas atribuições iriam para além do actual controlo da legalidade, acrescendo ainda verdadeiras funções de regulação, parece-nos fazer todo o sentido, desde logo por razões de coesão do sector fundacional, em relação a boas práticas de governo institucional, que tal entidade reguladora possa estender a sua actuação, ainda que com limitações especiais, à Fundação Pública, I.P..

VII.4.d) Fundação Pública autónoma

A Fundação Pública autónoma é aquela que melhor permite analisar a importância de uma entidade administrativa, mais do que supervisora, reguladora e independente. Com efeito, ao colocar-se, normativamente, sob a égide do Direito Público, tendo como fundador o Estado, como fim fundacional um interesse público específico, e, supletivamente, regendo-se por normas retiradas ao Direito Privado, a Fundação Pública autónoma demonstra bem a necessidade de haver um ente público regulatório, cuja missão se estenda a todas as fundações, cuja actividade não esteja expressamente retirada da sua área de influência, como acontece com a Fundação Pública, I.P. e com a Fundação Pública de Ensino Superior.

A Fundação Pública autónoma partilha com a Fundação Privada de interesse social um mesmo terreno, e, como tal, a regulação deverá ser uniforme, pese embora a natureza distinta dos interesses que ambos os tipos de fundações prosseguem, ainda que próximos. Contudo, no que diz respeito à função que nos parece mais importante, no âmbito das atribuições de uma entidade reguladora independente fundacional, a função de acompanhamento e orientação, a distinção entre tipos fundacionais não é relevante, podendo a entidade reguladora estabelecer regras distintas, se for o caso, com o mesmo intuito – melhor governo fundacional – e auxiliar as fundações na sua missão, garantindo a satisfação de interesses públicos e sociais e, logo, de um conjunto alargado de pessoas e instituições.

Contudo, tudo isto pressupõe uma clarificação legal, ainda por fazer, quanto ao critério distintivo dos vários tipos de fundações públicas. Cabe ao legislador determinar que interesses públicos pretende prosseguir através de cada tipo fundacional público, de acordo com o seu modelo de governo e nos limites das vinculações jurídico-públicas comuns.

Do que não pode restar dúvidas é de que o Estado como fundador deve ficar dissociado do Estado como regulador, nos casos em que a fundação pública seja autónoma e, como tal actue em igualdade de circunstâncias com as demais fundações privadas no que diz respeito à gestão e actividade. Nestes casos, todas as fundações, públicas e privadas devem poder ser reguladas e orientadas por uma entidade imparcial e equidistante de todos os interessados.

No que diz respeito à situação actual, a entidade administrativa de supervisão poderia exercer as suas competências sobre as fundações públicas autónomas, simplesmente boa parte dessas competências ficam excluídas por força da instituição por diploma legal. Com efeito, uma vez que a instituição é feita por lei, ela imediatamente serve de reconhecimento e, por outro lado, tanto a alteração de estatutos como de fim fundacional, bem como a extinção, só poderão ser feitos por lei. É, justamente, a função que convocámos supra, de regulação e orientação, que poderia ainda ser exercida mas que no actual quadro legal está em falta.

VII.4.e) Fundação Pública de Ensino Superior

Apesar da referência do RJIES "a fundações públicas com regime de direito privado", não se poderia compreender a subordinação das FPES, em face da sua autonomia de base constitucional, a uma autoridade administrativa de supervisão com as competências com que surge no Código Civil.

Nesta medida poder-se-á dizer que o Estado enquanto regulador está ausente das fundações públicas de ensino superior. Não obstante a existência da Agência de Avaliação e Acreditação do Ensino Superior, cujas competências se limitam à dimensão científica e académica, seria importante que também as FPES estivessem sujeitas a uma entidade reguladora fundacional, ainda que, onde necessário, a actividade de supervisão atendesse aos aspectos específicos deste subtipo fundacional e aos problemas de governo institucional que coloca.

O GOVERNO DAS ORGANIZAÇÕES

VII.5. Partes interessadas: em especial, os destinatários da actividade fundacional

O último conjunto de questões que queremos abordar no âmbito deste artigo prende-se com a temática dos designados *stakeholders* na doutrina anglo-saxónica. No âmbito deste breve estudo optámos pelo termo português "partes interessadas" e utilizamo-lo aqui delimitado pela exterioridade em relação à estrutura orgânica fundacional que analisámos até este momento e pelo potencial interesse que podem ter na actividade fundacional[119].

Pretendemos, assim, culminar um percurso normativo-orgânico em que fomos recenseando problemas e oferecendo algumas propostas de melhoria, quando faziam sentido. Tratada a questão da representação orgânica da vontade do fundador, bem como as questões levantadas a propósito dos necessários órgãos de administração e fiscalização, temos de sair da fundação para encontrar outras partes interessadas que, apesar de já não integrarem a estrutura orgânica fundacional, com ela estabelecem ou devem estabelecer especiais relações. Nesta medida, a nossa opção, pela sua importância prática e relevância doutrinária, centrou-se nos destinatários da actividade fundacional.

VII.5. a) Fundação Privada de interesse social

Em Portugal os interesses dos destinatários da actividade fundacional não têm qualquer tratamento legal directo ao nível das fundações privadas de interesse social. Dizemos tratamento legal directo pois, como notámos supra, uma das razões de ser da entidade administrativa é a tutela do interesse social prosseguido pela fundação, na medida em que esse interesse social se repercute num grupo concretizável. Nesta medida a tutela do interesse social, que é o fim de determinada fundação, é, igualmente a tutela dos seus destinatários. Falta, contudo, concretizar tudo isto. Falta, sobretudo, especificar domínios em que os destinatários deverão ter direitos específicos de pretensão ou reacção à actividade fundacional[120]. Cremos que vale aqui muito da aprendizagem passível de beber-se no Direito Público, maxime, no Direito Administrativo. Com efeito, os destinatários, na medida da auto-vinculação do fundador e da administração, devem poder lançar pretensões à fundação ou reagir contra a não prestação ou desempenho de um serviço ou actividade. Consideramos que aqui a pedra de toque deverá ser a

---

[119] Cf. SPRENGEL, RAINER, Stiftungen als Stakeholder und Stakeholder von Stiftungen in Strachwitz, Rupert Graf e Mercker, Florian (org.), Stiftungen in Theorie, Recht und Praxis, Duncker & Humblot, Berlin, 2005, pág. 581 e seguintes.

[120] Cf. ANTUNES, HENRIQUE SOUSA, op. cit. pág. 233; JAKOBS, DOMINIQUE, op. cit., pág. 341 e seguintes; Müller, Beate, op. cit., pág. 157 e seguintes.

conformação estatutária, administrativa e regulatória, da actividade fundacional. Aí onde os destinatários consigam determinar uma obrigação de agir ou de prestar concreta e específica deverão poder actuar para a sua promoção junto da administração e dos tribunais ou reagir contra a sua prestação indevida ou incorrecta.

Por outro lado, os destinatários, de um modo mais genérico, deveriam ter direito de reacção à violação dos deveres fiduciários da administração, para efectivação de responsabilidades, desde logo estatutárias, mas também cíveis e penais[121].

Questão diversa e mais delicada prende-se com a representação dos destinatários da actividade fundacional num órgão de curadoria ou como elementos não executivos da administração, com o propósito de poderem fiscalizar e influenciar a actividade estratégica fundacional. Em nosso entender essa é uma possibilidade que deve ficar absolutamente dependente da autonomia estatutária do fundador, do órgão que represente a sua vontade ou da própria administração, mas não deve ser imposta legalmente. Ao Estado caberá, num modelo de regulação independente, apresentar argumentos no sentido das virtudes e vantagens de tal representação, porém, não mais do que isso. Deve, porém, assegurar-se, em futura alteração legislativa um direito potestativo à informação, prevendo-se um conjunto de informação básica a que os destinatários devem poder ter acesso[122].

VII.5.b) Fundação Privada de solidariedade social

Os destinatários recebem especial atenção do legislador do EIPSS. Notámos já, acima, a importância do artigo 5.º, sobretudo da norma constante do seu n.º 1 que preceitua que "[o]s interesses e os direitos dos beneficiários preferem aos das próprias instituições, dos associados ou dos fundadores". Esta norma é interessante a dois títulos. Em primeiro lugar é mais um argumento em favor da dissociação entre vontade fundadora e fundador, que explicámos acima. Com efeito, só assim se compreende que os interesses e direitos dos beneficiários prefiram aos dos fundadores, querendo a norma significar que, depois de cristalizada a vontade fundadora, que, aliás, integra e conforma o universo dos beneficiários, o fundador está para lá da sua própria criação e os seus interesses não podem sobrepor-se a ela e, logo, aos beneficiários. Por outro lado, e para o que nos interessa neste ponto, esta norma coloca alta a fasquia quanto aos modos como o legislador pretende salvaguardar esta preferência, que surge como absoluta no universo fundacional. Ora, a análise do EIPSS leva-nos a concluir que a enunciação deste princípio não é acompanhada da previsão de mecanismos de protecção directa dos beneficiários. O EIPSS, à semelhança do Código Civil, escolheu outro caminho, o da defesa

---

[121] Cf. Jakobs, Dominique, op. cit., pág. 341 e seguintes; Müller, Beate, op. cit., pág. 157 e seguintes.
[122] Cf. Veltmann, Till, op. cit., pág. 380 e seguintes.

O GOVERNO DAS ORGANIZAÇÕES

dos interesses dos beneficiários pela entidade administrativa competente. Ela surge aqui como um seu paladino. Parece-nos, à semelhança do que dissemos a propósito das fundações privadas de interesse social, aqui, por maioria de razão, ainda com mais intensidade, que os beneficiários deveriam poder prevalecer-se de mecanismos directos de reacção contra actividades da administração da fundação bem como de outros órgãos que por alguma razão os pudessem prejudicar. Além disso deveria ainda prever-se a possibilidade dos beneficiários accionarem positivamente a fundação por forma a obterem a satisfação de interesses que estejam estaturiamente previstos ou a que a fundação se tenha auto-vinculado em termos de tal modo objectivos que permitissem a sua exigência em juízo ou, num primeiro momento, perante a entidade reguladora.

VII.5.c) Fundação Pública, I.P.

Os destinatários da Fundação Pública, I.P., são utentes de serviços públicos, nessa medida os seus interesses estão especialmente tutelados pelo Direito Administrativo, material e processual, permitindo-lhe uma larga panóplia de direitos e poderes, nomeadamente, quando à consulta de documentos, participação nos procedimentos que os possam interessar ou afectar, bem como a possibilidade de exigir a prática de certos actos ou omissões por parte de determinada fundação pública, I.P.

Quanto à questão da participação dos destinatários na administração estratégica, vale o que dissemos supra para a fundação privada de interesse geral: caberá ao fundador, aqui, enquanto legislador, determinar se e em que medida podem participar os destinatários na conformação estratégica da fundação pública, sendo certo que são aqui aplicáveis as constrições impostas pelo Direito Público.

VII.5.d) Fundação Pública autónoma

No que diz respeito aos destinatários da actividade das fundações públicas autónomas encontramos as mesmas questões que nos tipos fundacionais anteriores. Por um lado deve garantir-se a possibilidade destes poderem dirigir-se às fundações, pretensiva ou reactivamente, quando estejam em causas actividades concretas e específicas, identificáveis através de documentos de planeamento ou prestações formais de informação. Por outro lado, e do mesmo modo, devem os destinatários poder reagir a quebras de deveres fiduciários da administração.

A questão complexa que se coloca neste âmbito diz respeito ao quadro legal aplicável aos direitos a conceder aos destinatários, sobretudo direitos processuais. A remissão supletiva para o Direito Privado far-nos-ia referir o tipo de tutela que defendemos aos meios processuais disponíveis para os destinatários da fundação privada de interesse social. Contudo, esta é uma decisão difícil, na medida em que sendo as fundações públicas autónomas, instituições prossecutoras de interesses públicos, agindo ao abrigo de um quadro legal fundamental de Direito Público, só supletivamente apoiado no Direito Privado (dir-se-á, recebendo o Direito Privado), as decisões que tomam e a actividade que desenvolvem não se distinguem das de outras fundações públicas, I.P., ou da de institutos públicos *proprio sensu*. Ora estes últimos pautam a sua actividade pelo Direito Administrativo e permitem aos destinatários das suas actividades uma actuação também ao abrigo desse ramo do Direito. Cremos que é nesse sentido que devemos avançar. Passadas algumas décadas sobre a (já) velha discussão da (impossível) fuga para o Direito Privado, creio que deve ser claro que é o Direito Administrativo que se deve flexibilizar e permitir-se variados regimes consoante o tipo de actividade pública desenvolvida e os interesses públicos em causa e não o Direito Privado que deve ser forçado a uma alquimia quimérica.

No que diz respeito à participação dos destinatários nas decisões e avaliações estratégicas da fundação, nomeadamente através da presença num órgão de curadoria ou consultivo, vale a regra da liberdade estatutária, temperada pelas recomendações de uma entidade reguladora, a existir.

VII.5.e) Fundação Pública de Ensino Superior

Os destinatários da actividade fundacional das fundações públicas de ensino superior são uma comunidade facilmente identificável, uma vez que integram não apenas todos aqueles que colaboram com a Universidade como também todos aqueles que potencialmente poderão com ela colaborar ou nela têm interesse. Nessa medida, o próprio RJIES, para além dos estatutos de cada FPES, prevê, necessariamente, modos específicos de participação dos destinatários da actividade fundacional, e que, aliás, estão em linha com os ditames constitucionais, que pressupõem a Universidade como uma comunidade orientada para um fim.

CAPÍTULO XVI

O GOVERNO DAS SOCIEDADES PRESTADORAS DE SERVIÇOS DE INTERESSE ECONÓMICO GERAL:

NOTAS ACERCA DE ALGUMAS CARACTERÍSTICAS DO CASO PORTUGUÊS

RUI DE OLIVEIRA NEVES

ABSTRACT: *This article provides a synthetic and focused analysis on the legal environment in which general economical interest services interfere with the corporate governance of the corporation providing such services. Our attention is dedicated mainly at identifying certain features that arise in the Portuguese legal environment regarding the impact of regulatory and consumer protection aspects on corporate governance. The conclusion drawn is that such aspects influence the internal organization of the corporation, mainly in terms of risk management and assessment.*

SUMÁRIO: *A. Considerações gerais; B. Serviços de interesse económico geral; C. Notas acerca de algumas características de* corporate governance *no caso português.*

A. CONSIDERAÇÕES GERAIS

I   Os serviços de interesse económico geral[1] têm sido tradicionalmente abordados numa óptica de análise que se centra no consumidor enquanto utente

---

[1] A terminologia utilizada segue a prática europeia que considera os *serviços de interesse económico geral* como os serviços comerciais que as autoridades públicas sujeitam a obrigações específicas de serviço público em virtude do seu relevo para a comunidade em geral. A expressão *serviços de interesse geral* abrange não só

O GOVERNO DAS ORGANIZAÇÕES

e destinatário destes serviços e sobretudo nas necessidades de protecção do consumidor no contexto da prestação de serviços com esta natureza. É essa, aliás, como veremos, a aproximação que está na génese do próprio conceito de serviço de interesse económico geral, enquanto desenvolvimento ou derivação da noção tradicional de serviço público.

Donde resulta que actualmente – e desde 1996 – o ordenamento jurídico nacional, tributariamente ao tratamento de protecção do utente reconhecido no âmbito da jurisprudência do Tribunal da Comunidade Europeia, dispensa um regime jurídico especial aos serviços de interesse económico geral, em que a tutela do utente destes serviços extravasa largamente a esfera de protecção conferida aos consumidores em geral.

Embora não se pretenda colocar em crise esta abordagem do tema dos serviços de interesse económico geral, o presente artigo procura encontrar um outro foco de análise que se centra no prestador do serviço de interesse económico geral e na sua organização e funcionamento interno, sem perder naturalmente de vista as vantagens que daí podem advir para os utentes de serviços desta natureza.

Na verdade, baseamo-nos na premissa de que o bom governo societário de uma empresa prestadora de serviços de interesse económico geral pode constituir um contributo relevante para a prossecução das actividades e finalidades associadas a estes serviços, desde logo do ponto de vista da informação e da qualidade do serviço.

Não se trata portanto de um estudo sobre direito do consumo, mas um artigo crítico acerca das regras e práticas que podem influenciar positivamente uma organização económica cuja actividade se dirija à prestação de serviços de rede, sobretudo quando o respectivo capital se encontre admitido à negociação em mercado regulamentado de valores mobiliários, pois é nessa circunstância que as exigências de concatenação prática na aplicação dos diversos sub-sistemas jurídicos e as tensões de regime entre as diferentes matrizes jurídicas que influenciam a actividade e organização societária das empresas prestadoras de serviços de rede assumem o seu grau máximo.

II – Por outro lado, importa ter presente que as regras de bom governo societário surgiram historicamente – e ainda se mantêm, em grande medida – orientadas

---

os serviços comerciais como os não comerciais que as autoridades públicas sujeitam àquelas obrigações. Em especial, tem-se considerado que os serviços fornecidos pelas grandes indústrias de rede, como os transportes, os serviços postais, a energia, o abastecimento de água e as comunicações constituem *serviços de interesse económico geral*.

No presente artigo, utilizaremos em sinonímia as expressões *serviços de interesse económico geral* e *serviços de rede* para nos referirmos àquelas fileiras industriais, utilizando como principais referências para a análise expendida os sectores em que existem operadores com o respectivo capital aberto ao investimento do público, particularmente os sectores energéticos e das comunicações.

por objectivos de protecção e criação de valor accionista, donde resulta que a estrutura do capital das empresas prestadoras de serviços de interesse económico geral e a natureza das entidades que o detêm influencia de forma determinante a *corporate governance* destas organizações.

A dispersão no mercado financeiro das acções representativas do capital das sociedades prestadoras de serviços de interesse económico geral convoca a necessidade de tutela de um conjunto de interesses que não existem no caso da detenção do capital dessas sociedades por entidades públicas. Acresce que a privatização do capital de diversas das actuais entidades prestadoras de serviços de interesse económico geral teve um papel determinante para a evolução da sua organização e funcionamento que carece de ser devidamente ponderada neste contexto.

Com efeito, a presença de investidores qualificados privados e a pulverização privada do capital em resultado da democratização dos investimentos bolsistas[2] e o recurso ao mercado da dívida, seja directamente enquanto emitente de instrumentos de dívida nos mercados, a nível nacional e internacional, seja indirectamente através da obtenção de financiamentos bancários, cria uma significativa pressão sobre a capacidade de gerar proveitos com taxas de rentabilidade adequadas para assegurar o nível de retorno de capitais que accionistas e financiadores pretendem obter com o investimento realizado.

Esta abertura do capital e da dívida aos mercados financeiros promove uma tensão entre os interesses dos utilizadores dos serviços de interesse económico geral e os dos investidores das empresas prestadoras destes serviços, atendendo às vantagens antagónicas que cada uma destas categorias de entidades pretende obter através da organização empresarial estruturada para a prestação de serviços daquela natureza.

III – A complexidade do contexto enquadrador da actividade destas entidades prestadoras de serviços de interesse económico geral é crescente se se considerar que a quase totalidade dos serviços de rede se encontra sujeita a regulação económica, proveniente, no caso português, de entes reguladores independentes. Utilizando como exemplo o sector energético, cuja função regulatória está, desde 1997, atribuída à Entidade Reguladora dos Serviços Energéticos, verifica-se que a regulação económica se destina a contribuir para assegurar a eficiência e racionalidade das actividades do sector energético em termos objectivos, transparentes, não discriminatórios e concorrenciais, no contexto da prossecução dos objectivos

---

[2] De acordo com os dados disponíveis nos respectivos sítios na internet, as cinco sociedades nacionais com acções admitidas à negociação em mercado regulamentado de valores mobiliários (também designadas commumente por sociedades cotadas) que prestam serviços económicos de interesse geral, embora tenham, em geral, um *noyau dur*, apresentam um significativo *free float*, o que revela o assinalado fenómeno de dispersão de capital.

B. SERVIÇOS DE INTERESSE ECONÓMICO GERAL

I – A expressão serviço de interesse económico geral apresenta origem comunitária, provindo do labor jurisprudencial do Tribunal das Comunidades Europeias, desde 1971[9], tendo subsequentemente sido objecto de tratamento por outros órgãos comunitários, com especial destaque para a Comissão Europeia que emitiu posições sobre os serviços de interesse económico geral em 1996 e 2001[10].

Do ponto de vista do direito positivo, os serviços de interesse económico geral encontram acolhimento no artigo 16.º do Tratado da União Europeia e no direito interno no artigo 86.º, n.º 1 da Constituição da República, bem como nos artigos 19.º a 22.º do Decreto-Lei n.º 558/99, de 17 de Dezembro, que estabelece o regime jurídico do sector empresarial do Estado[11].

Apesar da sua utilização no direito europeu e nacional, a noção de serviços de interesse económico geral não encontra a sede da sua densificação em normas legais, mas unicamente na interpretação que delas é feita pelas instituições europeias e nacionais.

Universalidade do serviço e continuidade da sua oferta constituem os dois elementos estruturantes da noção de serviço de interesse económico geral. O primeiro respeita à possibilidade de acesso generalizado (subjectivo e territorial) às vantagens obtíveis com a utilização do serviço, ao passo que o segundo refere-se à qualidade da prestação do serviço que deve assegurar a sua ininterruptibilidade.

Estes elementos reflectem a essencialidade económica associada aos serviços de redes, dado tratar-se de actividades que assumem uma importância primacial para a população por respeitarem ao acesso a recursos ou meios generalizados de prossecução de funções sociais consideradas vitais. Pode, contudo, à semelhança de outros autores, identificar-se características adicionais que descrevem o conteúdo dos serviços de rede, designadamente: a igualdade económica do acesso, a qualidade do serviço, a transparência, a protecção do ambiente, entre outros[12].

Acresce que, conforme é reconhecido pela Comissão Europeia, a abrangência da aplicação do conceito está sujeita a uma definição e determinação nacional quanto às obrigações específicas (normalmente designadas de serviço público)

---

[9] Cf. EDUARDO MAIA CADETE, *Concorrência e Serviços de Interesse Económico Geral*, p. 113.

[10] Cf. *aut. cit., ob. cit.*, pp. 103 e ss.

[11] Cabe ainda referir a Lei n.º 23/96, de 26 de Julho, que apesar de fazer uso da designação serviços públicos essenciais, acaba por definir um regime de obrigações específicas aplicáveis às actividades económicas que correspondem aos serviços de interesse económico geral. Abstraindo, por isso, do *nomem iuris*, deve considerar-se ainda esta sede normativa geral para o enquadramento dos serviços de interesse económico geral. Cf. ELIONORA CARDOSO, *Os serviços públicos essenciais: a sua problemática no ordenamento jurídico português*, pp. 56 e ss.

[12] Cf. MARIANNE DONY, *Les notions de «service d'intérêt général» et «service d'intérêt économique général»*, p. 37.

O GOVERNO DAS SOCIEDADES PRESTADORAS DE SERVIÇOS DE INTERESSE ECONÓMICO GERAL

a que deve obedecer a prossecução de determinadas actividades económicas que revistam as características assinaladas[13]. Não deixa de ser curiosa a adopção desta designação em detrimento da mais antiga, mas ainda vigente, noção de serviço público, no sentido de conferir uma perspectiva objectiva que reflicta a actividade, independentemente da natureza pública ou privada da entidade que a desempenha, por contraponto à perspectiva subjectiva e orgânica de ligação ao Estado e à respectiva organização que subjaz à expressão "serviço público"[14].

Apesar da similitude material entre os conceitos de serviço de interesse económico geral e serviço público, pois ambos respeitam a actividades que apresentam um interesse colectivo e estão sujeitas a obrigações específicas, a distinção acaba por se traçar na ausência de ligação orgânica ao Estado e na prevalência de uma lógica de mercado para a prossecução dessas actividades[15].

Finalmente importa ainda distinguir o conceito de serviço de interesse económico geral em relação ao de serviço universal[16]. O serviço universal acaba por assentar nos elementos caracterizadores já assinalados, mas com uma aplicação concreta especialmente vocacionada para os processos de transição da prestação de serviços de um regime de monopólio para regime de mercado aberto à concorrência, tal como sucedeu nas comunicações electrónicas e na energia[17].

II – Associada à prestação de serviços de interesse económico geral encontra-se igualmente a problemática associada à utilização das infra-estruturas de acesso para a prestação do serviço, que no direito estadunidense se designa por doutrina das *essential facilities*. Tratando-se de serviços de rede, a infra-estrutura física de suporte à prestação do serviço constitui um elemento indispensável para assegurar a fruição pelo utente das vantagens económicas associadas ao mesmo.

As *essential facilities* correspondem às infra-estruturas destinadas normalmente à prestação de serviços de rede que reúnam as características da indispensabilidade do acesso para o exercício de uma actividade económica e insusceptibilidade da sua duplicação, seja por efeito de circunstâncias físicas ou de significativo encargo económico.

O tratamento da questão da utilização das *essential facilities* coloca-se com maior acuidade no domínio do direito da concorrência, dado estar em causa o controlo do acesso a uma infra-estrutura essencial por um determinado operador económico.

---

[13] Cf. MARIARITA D'ADDEZIO, *Violazioni dell'art. 16 del Tratato CE: Profili sanzionatori*, p. 61.

[14] Sobre o tema e a "crise" do conceito de serviço público, cf. DULCE LOPES, *O nome das coisas: Serviço público, serviços de interesse económico geral e serviço universal no direito comunitário*, pp. 149 e ss. e JOÃO CALVÃO DA SILVA, *Mercado e Estado – Serviços de interesse económico geral*, pp.210-211 e p. 216 (609).

[15] Cf. DULCE LOPES, *ob. cit.*, p. 181.

[16] Cf. RODRIGO GOUVEIA, *Os serviços de interesse geral em Portugal*, pp. 20 e ss., em especial, pp. 24-37.

[17] Cf. DULCE LOPES, *ob. cit.*, p. 202.

O GOVERNO DAS ORGANIZAÇÕES

No que interessa para o presente artigo, a *essential facility* constitui um elemento muitas vezes indissociavelmente ligado ao próprio serviço prestado, dado que, em diversos serviços de rede, a actividade económica consiste na própria disponibilização do acesso à infra-estrutura. Contudo, tal sucede nas relações entre operadores de diferentes actividades dentro de um mesmo sector de actividade e não propriamente na relação com o utente final do serviço.

Pense-se, por exemplo, no sector eléctrico em que o fornecimento de energia eléctrica é contratado entre um comercializador de electricidade e um utente doméstico. A contratação tem por objecto a entrega de energia eléctrica ao cliente. Porém, para que a energia eléctrica seja entregue o comercializador tem de estabelecer um contrato de acesso à rede com o operador da rede de distribuição de energia em baixa tensão, o qual por sua vez contrata com os operadores das redes de transporte e distribuição a utilização das respectivas infra-estruturas para a transmissão da energia eléctrica. Nestas duas últimas situações, trata-se de contratar a utilização de uma *essential facility*, de forma funcionalizada em relação ao contrato de fornecimento que permite a prestação do serviço de interesse económico geral[18].

C. NOTAS ACERCA DE ALGUMAS ESPECIFICIDADES DE *CORPORATE GOVERNANCE* NO CASO PORTUGUÊS

I – Feito este excurso pelos conceitos enquadradores da matéria sob análise, passemos a apreciar algumas especificidades que são relevantes na perspectiva do governo societário das empresas prestadoras de serviços de interesse económico geral, tendo nomeadamente em conta as tensões estruturantes que concorrem para influenciar esse governo.

Um dos desafios fundamentais para as empresas prestadoras de serviços de interesse económico geral coloca-se na tensão entre os objectivos económicos dos accionistas e a tutela dos interesses económicos dos utentes do serviço. Com efeito, o escopo lucrativo constitui uma característica essencial da actividade societária, pelo que a participação no capital de uma sociedade tem inerente um propósito lucrativo.

---

[18] A estrutura de contratação é semelhante no sector das comunicações electrónicas, em que os operadores comunicações contratam a utilização da infra-estrutura de comunicações ao respectivo titular. Com base num critério de separação entre a utilização das *essential facilities* e a prestação do serviço de interesse económico geral pode, aliás, estabelecer-se uma categorização dogmática que distinga contratos organizativos e contratos de consumo.

No caso das sociedades cotadas, a valorização bolsista da actividade e dos activos empresariais e a liquidez associada à transaccionabilidade das acções acentuam o objectivo de obtenção de riqueza que funda as respectivas decisões de investimento.

Este contexto e os deveres fiduciários a que os administradores se encontram sujeitos fomentam a maximização do retorno accionista a obter com o investimento em acções. Ora, na perspectiva da protecção do interesse accionista, a organização societária deve estar dirigida e criar os mecanismos de actuação ordenados para obter uma adequada rentabilidade e minimizar as ineficiências operativas.

Num ambiente de mercado liberalizado, acaba por haver um alinhamento entre accionistas e utentes dos serviços de interesse económico geral, na medida em que a redução de ineficiências operativas constitui um objectivo comum, dado beneficiar os interesses económicos de ambos. Já a rentabilidade dos capitais investidos e a contenção do custo do serviço obtidos constituem interesses desarmoniosos entre accionistas e utentes.

A esse aspecto acrescem as obrigações específicas impostas às empresas prestadoras de serviços de interesse económico geral tanto do ponto de vista da prossecução de um serviço universal como da garantia da ininterruptibilidade e qualidade do serviço prestado. De facto, o cumprimento desse tipo de obrigações requer a afectação de capital intensivo, em activos com um perfil de retorno de longo prazo, ao passo que os interesses económicos dos consumidores tendem a ser imediatos ou de curto prazo. É esta dialéctica, aliás, que justifica a existência e repercussão económica para os consumidores de custos associados à utilização de infraestruturas essenciais numa perspectiva inter-temporal ou inter-geracional.

II – A intervenção regulatória independente em matéria económica, nos casos aplicáveis, é susceptível de introduzir um elemento adicional de tensão dialéctica entre os interesses em confronto nos serviços de rede: a imposição de tarifas destinadas a remunerar a utilização de *essential facilities* e que constituem a contrapartida económica para financiamento da disponibilização das infra-estruturas em regime de serviço universal.

No caso do sector eléctrico, por exemplo, a regulação surge com a finalidade de "contribuir para assegurar a eficiência e a racionalidade em termos objectivos, transparentes, não discriminatórios e concorrenciais, através da contínua supervisão e acompanhamento integrado nos objectivos de realização do mercado interno da electricidade" (artigo 56.º do Decreto-Lei n.º 29/2006, de 15 de Fevereiro).

A regulação tem, assim, uma função de garantia do regular funcionamento do mercado eléctrico, mas também de harmonização com os interesses colectivos, pois, em última análise, o serviço a prestar destina-se a beneficiar a comunidade

O GOVERNO DAS ORGANIZAÇÕES

e os respectivos interesses. Intervém aqui a lógica do serviço universal e a tutela que o mesmo pressupõe para os interesses económicos dos consumidores[19].

Apesar da liberalização crescente dos sectores de rede, a regulação de determinadas actividades, nomeadamente daquelas associadas às infra-estruturas de base, produz efeitos directos sobre a performance económico-financeira dos operadores sujeitos a essa regulação.

A regulação intervém, nomeadamente, sobre toda a actividade que os operadores do sector energético desenvolvem ao abrigo de concessões de serviço público. Essas concessões têm por objecto estabelecimentos de concessão que integram *essential facilities*, cuja exploração económica é efectuada de acordo com as condições de preço determinadas pela autoridade reguladora do sector. Mais. Não só o preço é fixado administrativamente por entidade independente, como as estruturas de custos e de capitais são sujeitas a escrutínio dessa entidade.

Em face deste enquadramento, o governo societário em sociedades prestadoras de serviços de interesse económico geral sujeitas ao aludido tipo de regulação deve adequar-se ao papel que a regulação assume na formação dos respectivos proveitos, de modo a permitir a gestão dos riscos e vantagens associados a essa regulação. Para este efeito, a criação de meios internos de gestão e prevenção do risco regulatório constituirá uma forma privilegiada para adequar as finalidades de criação de valor empresarial e os interesses económicos colectivos associados à utilização de um serviço universal.

De igual modo, a existência de comissões de acompanhamento do desenvolvimento regulatório que possa apresentar estudos e propor medidas e iniciativas em matéria de regulação económica da actividade constitui um instrumento de bom governo societário importante para promover um tendencial equilíbrio entre os objectivos regulatórios pretendidos e os efeitos societários deles resultantes.

Estes aspectos assumem maior acuidade numa altura em que a escassez de liquidez financeira e a dificuldade de acesso ao mercado do crédito constituem uma realidade presente para todos os sectores empresariais. Com efeito, a aplicação de capitais nas actividades de interesse económico geral tenderá a ser propiciada por um adequado retorno previsto pela regulação, o que beneficia directamente os consumidores ao garantir a disponibilidade de capitais necessários para assegurar a qualidade do serviço prestado.

III – Um terceiro nível de tensões coloca-se entre os direitos reconhecidos aos utentes de serviços de interesse económico geral e os direitos reconhecidos às organizações empresariais que se destinam à sua prestação.

---

[19] PEDRO GONÇALVES, *Regulação, electricidade e telecomunicações – Estudos de Direito Administrativo da Regulação*, pp. 103-104.

O GOVERNO DAS SOCIEDADES PRESTADORAS DE SERVIÇOS DE INTERESSE ECONÓMICO GERAL

Em particular, os direitos económicos estabelecidos na Lei n.º 23/96, de 26 de Julho, na redacção introduzida pela Lei n.º 12/2008, de 26 de Fevereiro, e pela Lei n.º 44/2011, de 22 de Junho, em benefício dos utentes dos serviços de interesse económico geral acabam por assumir relevo económico-financeiro para os operadores que desenvolvam as respectivas actividades. Tal sucede, nomeadamente, com a regra de antecipação para 6 meses do prazo da prescrição do direito ao recebimento da contrapartida pelos serviços prestados.

Uma gestão diligente da sociedade prestadora de serviços de interesse económico geral requer assim a definição de mecanismos internos que sejam aptos a lidar com os riscos jurídicos associados à actividade económica de base. Os departamentos jurídicos e de auditoria interna podem desempenhar um papel de relevo na monitorização dos meios definidos pela empresa para se adequar às regras jurídicas aplicáveis.

Pelo contrário, no caso dos consumos e cobranças mínimas que, em si mesmos, enquanto formas de mitigar as situações abusivas anteriormente verificadas em certos serviços de rede, são mecanismos justificáveis de tutela do consumo, a capacidade de adequação da gestão à evolução normativa apresenta-se dificilmente realizável. É nesse âmbito que se pode compreender e interpretar a limitação estatuída no respectivo n.º 1 do artigo 8.º da Lei n.º 23/96, de 26 de Julho.

Já quanto ao preceito constante do n.º 2 da mesma disposição legal, essa interpretação não se oferece como plena de sentido. De facto, nela se determina a proibição de cobrança ao utente de quantias que extravasam a teleologia da norma e que estão desalinhadas da lógica de estabelecimento de uma relação económica entre o serviço fruído e o pagamento efectuado. Essa lógica encontra-se na alínea c) e, em si mesma, permitiria assentar o edifício da regulação do serviços de interesse económico geral. Mas está ausente da alínea a) do mesmo artigo, que contrastaria com aquele propósito, caso se interpretasse que essa norma pode resultar na transferência para o operador, sem possibilidade de repercussão económica no consumidor dos custos com uma parte da infra-estrutura afecta à prestação do serviço universal. Sobretudo quando a Lei n.º 23/96, de 26 de Julho, se destina a regular a actividade comercial entre os prestadores de serviços de interesse económico geral e os consumidores e não a utilização e respectiva remuneração devida aos operadores das infra-estruturas essenciais que são utilizadas por aqueles prestadores de serviços para assegurar o fornecimento aos consumidores.

Entre as práticas de governo societário que podem contribuir para uma adequada gestão da tensão entre os direitos dos utentes e os direitos da organização empresarial prestadora dos serviços de interesse económico geral conta-se, nomeadamente, a definição de códigos de conduta e a implementação de sistemas de reclamação eficientes que podem incluir a criação de um gabinete com funções de provedoria para clientes.

O GOVERNO DAS ORGANIZAÇÕES

IV – Respondemos assim positivamente à indagação inicialmente colocada quanto à influência que o regime de tutela dos utentes de serviços de interesse económico geral exerce sobre o governo societário da respectiva empresa prestadora dos serviços.

E, de um modo geral, podemos concluir que as influências exercidas pela normativa própria do sector de rede ou genericamente aplicável aos prestadores de serviços de rede são susceptíveis de produzir efeitos no plano do governo societário. Esses efeitos não se produzem directamente no plano dos modelos de *corporate governance* a adoptar pela sociedade, nem na formação ou composição dos respectivos órgãos, mas sobretudo na estrutura de funcionamento interno da organização empresarial, com especial incidência na dimensão da gestão e prevenção de riscos.

CAPÍTULO XVII

DEMOCRATIZAR O GOVERNO DAS EMPRESAS PÚBLICAS: O PROBLEMA DO DUPLO GRAU DE AGÊNCIA

DUARTE SCHMIDT LINO*
PEDRO LOMBA**

ABSTRACT: *Portuguese state owned enterprises suffer from severe agency problems. The directors appointed by the State may deviate from their public functions and goals by using public enterprises as a "locus" of non-accountable power. Such costs may also stem from undue political interference and non-commercial behaviour in public firms leading to less efficiency and less democracy. In this article we discuss the possible mechanisms designed to correct these accountability deficits in order to protect the public interest within the enterprise. We analyse how the theory of administrative and corporate agency must be complemented by an account of the parliamentarian agency. As in the Portuguese system of public law, the Government appoints managers or directors who are accountable to the Government (as a principal) which is previously accountable (as a political agent) to the people (as a principal) through the Parliamentarian representation, there is a continuous chain of delegation and responsibility. We call this chain of delegation a double level of agency. In our view only by improving the intervention of the Parliament in the governance structures of public firms, we will be able to reduce agency costs and ameliorate the accountability and transparency of the public sector. This concern is also in accordance with some of the main guidelines proposed by the OECD for state ownership.*

---

* Advogado.
** Assistente da Faculdade de Direito de Lisboa.

O GOVERNO DAS ORGANIZAÇÕES

Sumário: *Introdução; I. Enquadramento; A) O conceito de empresa pública; B) Regime do sector empresarial do Estado; C) A função accionista do Estado; II. Governo das empresas públicas e duplo grau de agência; A) Empresas públicas e relação de agência; B) Delegação pública democrática e duplo grau de agência; C) Gestão de empresas públicas e legitimação democrática: a superação do modelo "mediado" de controlo parlamentar III. Democratizar o governo das empresas públicas; A) Empresas públicas e controlo parlamentar; B) Empresas públicas e responsabilidade ministerial directa e indirecta; C) Instrumentos de governo democrático das empresas públicas; Conclusão.*

INTRODUÇÃO

A governação das empresas públicas no nosso Direito é demasiado ineficiente, opaca e insuficientemente democrática. Não previne nem minimiza com clareza e eficácia os custos associados ao aparecimento duma verdadeira *"Administração paralela*[1]*"* no domínio das empresas públicas em forma privada, livre do controlo democrático. Não responde em termos adequados aos problemas nascidos do que aqui designaremos por *duplo grau de agência*: de uma parte, a relação de agência entre o Estado-empresário e os administradores que o mesmo nomeia e a quem compete representar o interesse público nos órgãos de gestão das empresas públicas; de outra, a relação político-constitucional de responsabilidade entre o Governo e a Assembleia da República e, através desta última, com o povo originariamente detentor do poder político.

Neste artigo abordamos algumas deficiências institucionais do nosso sistema de governo das empresas públicas que determinam os referidos fenómenos de ineficiência, opacidade e insuficiência de controlo democrático, contribuindo para o agravamento dos custos decorrentes do duplo grau de agência. Propomos, em conformidade com princípios de bom governo empresarial aventados nomeadamente pela OCDE, o reforço do papel da Assembleia da República na organização do sector empresarial público.

O sector empresarial do Estado tem crescido significativamente nos últimos anos. Tanto o número de empresas públicas como de gestores públicos aumentou entre os anos de 2007 e 2009[2]. Foram criados novos entes empresariais em áreas diversas da economia, com motivações e missões nem sempre evidentes.

---

[1] Paulo Otero, *Vinculação e Liberdade de Conformação Jurídica do Sector Empresarial do Estado*, Coimbra, 1998, p. 228.

[2] Leiam-se a este propósito os relatórios sobre o sector empresarial público publicados no sítio da Direcção--Geral do Tesouro: http://www.dgtf.pt/sector-empresarial-do-estado-see/relatorios-see.

Tal realidade produziu a expansão dos encargos criados pelo crescimento das estruturas empresariais públicas. Gerou ainda inúmeros exemplos perversos de gestão financeira ineficiente, endividamento, corrupção e captura das estruturas de decisão por grupos de interesse com ramificações dentro dos partidos políticos e até mesmo, possivelmente, fenómenos de desvio e abuso de poder.

O resultado acabou por se repercutir também numa ineficiente subordinação do governo das empresas públicas ao princípio democrático na gestão. Podemos dizer que existe hoje um núcleo da actividade económica pública sob forma empresarial que não garante o cabal acompanhamento e a legitimação democrática das suas decisões[3]. Devemos começar por clarificar, nesta introdução, o modo como entendemos o princípio democrático no contexto do sistema administrativo.

A natureza democrática do sistema administrativo não depende só da legitimidade formal do Governo enquanto órgão superior da Administração a quem a Constituição atribuiu poderes para garantir a unidade, coordenação e legalidade da acção administrativa. Depende também da incorporação de outras dimensões do princípio democrático no sistema. A democracia supõe necessariamente a possibilidade de os cidadãos fiscalizarem e responsabilizarem pelas suas acções ou omissões[4], através dos seus representantes eleitos, todos aqueles que detêm poderes e gerem recursos públicos. Tal implica a criação de normas de *accountability* vertical e horizontal, tanto a um nível *ex ante* como *ex post*, designadamente através da prestação e circulação de informação susceptível de reforçar a legitimidade das decisões administrativas, o princípio da interdependência entre poderes (entre Parlamento e Governo[5]), e fiscalização da Administração e produzir cidadãos politicamente mais informados e com maior capacidade crítica.

Por outro lado, o reforço da transparência e pluralismo do processo político-administrativo também permite reduzir o risco de captura por grupos de interesses particulares ou clientelares[6].

---

[3] Sobre a legitimação democrática da Administração Pública, ver EBERHADT SCHMIDT-ASSMANN, *La legitimación de la Administración como Concepto Jurídico"*, in *Documentacion Administrativa*/234 Abril-Junho 1993, pp. 164 e ss. Sobre as relações entre economia e democracia, HANS KELSEN, *A Democracia*, Martins Fontes, 1993, p. 263.

[4] A relação inseparável entre democracia e responsabilidade é, desde há muito enfatizada, pela ciência política. Ver PHILIP SCHMITTER e TERRY LINN KARL, *What Democracy is and is Not*, in *Journal of Democracy*, Vol. 2, n.º 3, 1991, pp. 75 a 88. No Direito Constitucional e no Direito Administrativo cumpre relembrar, com GARCIA DE ENTERRÌA, que o princípio da responsabilidade patrimonial do Estado tem como fundamento primário a responsabilidade democrática dos poderes públicos perante os cidadãos. Ver EDUARDO GARCIA DE ENTERRÌA, *El Princípio de "la Responsabilidad de los Poderes Públicos" según el art. 9.3 de la Constitución y de la Responsabilidad Patrimonial del Estado Legislador*, in *Revista Española de Derecho Constitucional*, Ano 23, número 67 – Jan/Abr. 2003.

[5] Cfr. Artigo 110.º da Constituição portuguesa.

[6] CASS SUNSTEIN, *Democratizing America through Law*, in *Suffolk University Law Review*, n.º 25, 1991, pág. 967.

Podemos conceber, como discutiremos melhor, o poder administrativo como o resultado de uma sequência de relações de delegação que se fundamentam, a título inicial, na legitimação conferida pelo poder político democrático[7]. Ao falarmos de poder empresarial público, estamos a considerar um tipo de poder administrativo que também precisa de ser apreendido no contexto da mesma relação de delegação que interliga governo público e gestão privada.

O direito português das empresas públicas sofreu transformações consideráveis na última década que alteraram aspectos substantivos do seu regime jurídico. A ampliação do conceito jurídico de empresa pública contribuiu para o alargamento do sector empresarial do Estado que, embora constituído sob forma privada, não deixou de estar sujeito a vinculações públicas[8]. A adopção de formas organizativas de direito privado modificou as relações entre o Estado e as empresas públicas que dificilmente podem continuar a ser apreendidas através dos poderes tradicionais das relações de tutela e superintendência administrativa, mas que também extravasam os quadros do direito comercial.

Como resultado destas mudanças, a que voltaremos mais adiante, o *sistema de governo* das empresas públicas transformou-se num problema cada vez mais relevante. Sabemos que esteve longe de ser assim no passado. Na verdade, toda a temática do governo empresarial foi concebida primeiramente apenas para modelos societários privados. O *corporate governance* nasceu sob o influxo do direito norte-americano[9] onde as empresas públicas eram consideradas figuras residuais[10]. Mas hoje o governo das empresas públicas passou a merecer atenção da ciência do Direito Público e, em especial, do Direito Administrativo[11]. Em boa parte, o interesse que recentemente surgiu pelo regime de governo das empresas públicas resulta no interesse manifestado pelo tema por instituições europeias e organizações internacionais. Noutra parte, nasceu do substancial aumento do peso dos

---

[7] Sobre o princípio da legitimação democrática no nosso ordenamento constitucional, ver PEDRO LOMBA, "Anotação ao Artigo 108.º", *Comentário à Constituição Portuguesa*, III Volume, Almedina, 2008 e Paulo Otero, *Direito Constitucional Português – Volume II – Organização do Poder Político*, Almedina, 2010.

[8] SOFIA TOMÉ D'ALTE, *A Nova Configuração do Sector Empresarial do Estado e a Empresarialização dos Serviços Públicos*, Almedina, 2007.

[9] JORGE M. COUTINHO DE ABREU, *Governação das Sociedades Comerciais*, Almedina, 2010, pp. 9-13.

[10] MARCEL KAHAN e EDWARD ROCK, "When the Government is the Controlling Shareholder", in *New York University – Law and Economics Research Paper* n.º 10-20, p. 5.

[11] Vejam-se os seguintes trabalhos recentes: NUNO CUNHA RODRIGUES, "*Breves Notas em torno do Estatuto do Gestor Público: a caminho do New Public Management*", in *Estudos em Homenagem ao Professor Doutor António Sousa Franco*, Lisboa, 2006, pp. 379 e ss; SOFIA TOMÉ D'ALTE, *A Nova Configuração do Sector Empresarial do Estado e a Empresarialização dos Serviços Públicos*, Almedina, 2007; PEDRO MACHETE, "*Incompatibilidades e impedimentos no novo Estatuto do Gestor Público: a ética de serviço público e as formas jurídico-organizatórias das empresas*", in *Estudos em Homenagem ao Professor Doutor Paulo Pitta e Cunha*, Coimbra, 2008; MANUEL PORTO/JOÃO NUNO CALVÃO DA SILVA, *Corporate Governance nas Empresas Públicas*, in *Sistemas – Revista de Ciências Jurídicas e Econômicas*, Vol. 1, N.º 2, 2009, pág 371 e ss.

governos no capital de empresas até então privadas, na sequência imediata da crise iniciada com a falência do Lehmon Brothers Holding Inc, em Setembro de 2008[12].

Cabe por isso perguntar quais as normas de governo mais adequadas para assegurar no sector empresarial do Estado o referido objectivo da democraticidade, como via para a diminuição dos custos do dupla grau de agência, que consideramos existir nas empresas públicas? Que poderes públicos deverá o Estado exercer a respeito dessa mesma função de governo, de maneira a que as empresas públicas prossigam e não se desviem dos fins para que foram criadas? E que órgãos ou instituições poderão exercer tais poderes com mais eficiência e responsabilidade?

O presente artigo está dividido em três partes. Na Parte I apresentamos um breve enquadramento das principais coordenadas do regime em vigor em matéria de empresas públicas[13]. Na Parte II desenvolvemos com maior detalhe as debilidades institucionais relacionadas com aquilo que designamos por problema do duplo grau de agência, as quais, a nosso ver, atingem o interior do sistema de governo das empresas públicas. Na Parte III identificamos um conjunto de mecanismos de controlo democrático externo passíveis de reduzir os custos de agência e promover a legitimação político-democrática e a maior eficácia das estruturas empresariais do Estado.

I. ENQUADRAMENTO

A) O conceito de empresa pública

Para compreendermos como a governação das empresas públicas no nosso Direito suscita problemas atinentes à sua democraticidade, teremos de começar pelo conceito legal de empresa pública. Encontrando-se qualquer uma das formas

---

[12] A presença accionista do Estado nos EUA no sector bancário em Novembro de 2009 ao abrigo do *Trouble Assets Relief Programem* estava avaliada num valor líquido de $ 133.814.312.320, a que acrescem $ 75.399.177.711 no sector automóvel e $ 69.835.000.0000 na AIG *in* ECGI. No Reino Unido, a magnitude da intervenção do Estado no sector bancário motivou o governador do Bank of England, Mervyn King a parafrasear Winston Churchil desta forma: *"never in the field of financial endeavour has so much money been owed by so few to so many, And, one might add, so far with little real reform." Research Newsletter, Government in Corporate Governance*, Volume 7, 2009, pág 1.

[13] A economia deste artigo não permitia analisar o sector empresarial do Estado em todas a sua extensão, pelo que optámos por analisar apenas a figura que a força dos números indica ser claramente a mais relevante: a *empresa pública organizada sob a forma de sociedade comercial*. Ficam assim excluídas deste artigo a análise das *entidades públicas empresariais* e das *empresas participadas*. Porque é objecto de estudo autónomo publicado nesta colectânea, também nos abstivemos de analisar o problema das *empresas públicas encarregadas da gestão de serviços de interesse económico geral*. Por fim, dentro das *empresa pública organizada sob a forma de sociedade comercial*, concentrámos no tipo que também mais se manifesta na prática e que foi claramente o modelo em que o Legislador moldou a LSEE: a sociedade anónima.

de "*influência dominante*" nas duas situações enumeradas pelo legislador português. Porém, entre as duas soluções existe uma grande diferença de amplitude: enquanto na Directiva a tipologia de situações onde se presume existir influência dominante é apenas exemplificativa, na LSEE a enumeração é taxativa. Por isso certa doutrina[21] enfatiza que a opção legal foi consagrar um "conceito funcional de empresa pública", determinada em função do objectivo estadual de *influenciar* e intervir na gestão destas sociedades e já não pelo critério tradicional da personalidade jurídica de direito público. Conceito funcional de empresa pública que, no entanto, – acrescentamos nós – foi formalmente fechado pela acima referida noção restritiva de *influência dominante*, ao contrário do que sucede, por exemplo no CSC[22].

Ora, esta opção da LSEE não parece a mais recomendável[23]. Com efeito, ficam de fora muitas situações em que o Estado dispõe de faculdades que lhe permitem determinar a vida interna de empresas com, pelo menos, igual intensidade (ex: direitos especiais de veto no processo de formação de deliberações que incidam sobre matérias estratégicas; direito de nomeação do presidente da comissão executiva, etc) e relativamente às quais se justificaria plenamente aplicar o regime jurídico-público desenhado para regular a situação particular das empresas públicas[24]. Entendemos que recorrer a um conceito totalmente aberto traria custos de insegurança jurídica indesejáveis, mas teria sido seguramente possível manter o conceito fechado mas com maior abrangência, sem entrar em terreno inseguro e movediço que tornasse difícil apurar a existência de influência dominante. Note-se, aliás, que o Artigo 3.º da Lei 47/99, de 16 de Junho – que autorizou o Governo a legislar sobre o regime geral das empresas públicas e o sector empresarial do Estado – estipula que a legislação a aprovar pelo Governo ao abrigo da autorização deveria estabelecer o conceito de empresa púbica "*com base na influência pública dominante susceptível de ser exercida pelo Estado ou outra entidade de direito público, através da participação no capital ou na gestão, **ou em virtude de outros direitos especiais, atribuídos por lei ou estatuto**",* o que levanta a questão

---

[21] PEDRO MACHETE, "Incompatibilidades e impedimentos"..., cit.,", in *Estudos em Homenagem ao Professor Doutor Paulo Pitta e Cunha*, Coimbra, 2008, p. 285.

[22] Sobre o conceito de influência dominante e as presunções de domínio no direito das sociedades comerciais ver, JOSÉ A. ENGRÁCIA ANTUNES, *Participações Qualificadas e Domínio Conjunto*, Publicações Universidade Católica, 2000, p. 48 e sgs e *Os Grupos de Sociedades*, Almedina, 1993, p. 450.

[23] Também críticos da solução legislativa são PEDRO GONÇALVES, PEDRO MACHETE, ANTÓNIO PINTO DUARTE nas obras citadas na nota 15.

[24] Tivesse o legislador optado por uma noção material de "*influência significativa*", como a consagrada na Directiva 80/723/CEE (e no artigo 486.º do CSC) e haveria espaço para vivo debate sobre a classificação de muitas grandes sociedades comerciais em que o Estado detém direitos especiais (as famosas *golden shares*) que lhe conferem fortes poderes de intervenção. Talvez a justificação para a restrição do conceito resida precisamente na vontade de evitar o nascimento desse debate...

de uma eventual inconstitucionalidade indirecta da LSEE[25] por violação da lei de autorização legislativa.

Empresas participadas, por sua vez, são as organizações empresariais em que o Estado – ou quaisquer outras entidades públicas estaduais, de carácter administrativo ou empresarial – detenha uma participação permanente, por forma directa ou indirecta, contanto que o nível de participação não atinja a maioria do capital ou dos direitos de voto, nem o Estado possua o direito de designar ou destituir a maioria dos membros dos órgãos de administração ou fiscalização (caso em que se trataria de uma empresa pública)[26].

A conjugação das duas circunstâncias em que a LSEE traduz o conceito de influência dominante – detenção da maioria do capital e o direito de *compor* a maioria do órgão de administração ou fiscalização – indicia que podemos estar perante empresas públicas sujeitas a formas diferentes de controlo público, *a maior* ou *menor* ingerência pública. Provavelmente a ingerência pública será mais *abrangente* e *intensa* nas empresas públicas exclusiva ou maioritariamente participadas pelo sector público do que naquelas em que o Estado apenas detenha direitos de nomear a maioria dos órgãos sociais (até porque nas primeiras, por força das regras de organização interna, terá também os poderes que configuram a segunda situação de influência dominante). Na doutrina nacional, Pedro Gonçalves confirma este mesmo entendimento quando escreve: *"há directrizes e orientações que o Estado pode dirigir às empresas do primeiro tipo (exclusiva ou maioritariamente participadas pelo sector público), mas não às outras (v.g. em matéria de remuneração de administradores")*[27].

Sob o pressuposto da *influência dominante* acham-se portanto realidades empresariais que acabam por estar sujeitas a mecanismos diferenciados de intervenção pública (através da acção combinada da LSEE com o CSC e as disposições estatutárias aplicáveis). O que não significa, registe-se, que a influência pública dentro das empresas públicas de capitais maioritariamente privados deva ser considerada necessariamente menor. Na verdade será justamente nessa categoria que a tentação para desconsiderar os problemas do duplo grau de agência se manifesta com maior regularidade.

A LSEE, de qualquer forma, não estabelece distinções entre as duas situações.

---

[25] Também no Anteprojecto elaborado pelo Grupo de Trabalho para a Revisão as Normas Jurídicas Conformadoras do SEE se optou por uma solução que julgamos mais adequada, na medida em que, também estabelecendo uma tipologia taxativa das situações que prefiguram a existência de influência dominante, essa enumeração foi substancialmente alargada com a inclusão de casos em que o Estado dispusesse de "*direito de veto ou reserva de confirmação, directamente ou através de entidade por si designada, relativamente a deliberações que importem alteração do contrato social ou dos planos de actividade plurianuais da empresa, bem como às consideradas contrárias ao interesse público*." (cfr. Artigo 2./1(c). Ver *Anteprojecto – Grupo de Trabalho para a Revisão das Normas Jurídicas Conformadoras do Sector Empresarial do Estado*, in *Estudos sobre o Novo Regime do Sector Empresarial do Estado* (org. Eduardo Paz Ferreira), Almedina, 2000, p. 265.

[26] Artigo 2.º, n.º 2 da LSEE.

[27] Pedro Gonçalves, *Entidades Privadas com Poderes Públicos*, Coimbra, 2005, p. 401.

B) Regime do sector empresarial do Estado

As transformações verificadas no sector empresarial do Estado, em especial na sub-distinção entre participação maioritária e minoritária no capital de sociedades comerciais – contribuíram para autonomizar uma função accionista do Estado que, à semelhança dos accionistas privados, precisa de estruturas organizativas que melhor garantam a prossecução do interesse público.

A LSEE estabelece como orientação central para o sector empresarial do Estado a «*obtenção de níveis adequados de satisfação das necessidades da colectividade*» e o desenvolvimento da respectiva actividade «*segundo parâmetros exigentes de qualidade, economia, eficiência e eficácia, contribuindo*" para "*o equilíbrio económico e financeiro do conjunto do sector público*". Este aspecto (o equilíbrio económico e financeiro do conjunto do sector público) tem sido a preocupação dominante do legislador português.

Por outro lado – sempre que não se revele "*susceptível de frustrar, de direito ou de facto, as missões confiadas às empresas públicas incumbidas da gestão de serviços de interesse económico geral ou que apoiem a gestão do património do Estado*[28]" – as empresas públicas ficam sujeitas às regras gerais de concorrência e regem-se pelo princípio da transparência financeira e a sua contabilidade deve permitir identificar os seus fluxos financeiros com o Estado ou outros entes públicos e respeitar as exigências comunitárias relativas a auxílios públicos[29]. Os fluxos financeiros entre "*Orçamento de Estado*" e o "*sector empresarial do Estado*" são aliás obrigatoriamente analisados anualmente pelo Tribunal de Contas no relatório e parecer sobre a Conta Geral do Estado[30].

A LSEE estabelece como princípio geral que, em tudo o que não for nele regulado ou nos «*diplomas que aprovem os respectivos estatutos*», as empresas públicas ficam sujeitas ao direito privado. Por sua vez, as empresas participadas regulam-se pelo «*regime jurídico comercial, laboral e fiscal, ou de outra natureza, aplicável às empresas cujo capital e controlo é exclusivamente privado.*»[31-32].

---

[28] Neste ponto ver também o Decreto-Lei n.º 148/2003, de 11 de Julho, que transpõe para a ordem jurídica nacional a Directiva 2000/52/CE da Comissão, de 26 de Julho, relativa à transparência das relações financeiras entre as entidades públicas dos Estados membros e as empresas públicas, bem como à transparência financeira relativamente a determinadas empresas, alterado pelo Decreto-Lei n.º 69/2007, de 26 de Março que transpõe para o ordenamento jurídico interno a Directiva 2005/81/CE da Comissão, de 28 de Novembro.

[29] Cfr. Artigo 8.º/1 e 2 da LSEE.

[30] Cfr. Artigo 45.º/1 (d) e (f) da Lei n.º 98/97, de 26 de Agosto.

[31] Cfr. Artigo 7.º/3 do LSEE.

[32] A tendencial sujeição ao direito privado das empresas públicas organizadas sob a forma de sociedades comerciais parece ser uma regra nos países da OCDE, cfr OCDE, "Corporate Governance of State-Owned Enterprises: A Survey of OCDE Countries", OCDE 2005, pp. 71

DEMOCRATIZAR O GOVERNO DAS EMPRESAS PÚBLICAS

Adiante veremos, porém, que esta auto-proclamada linha essencial do diploma – a sujeição das empresas que integram o sector empresarial do Estado às regras gerais de direito privado (em especial o societário) – é subvertida por inúmeras facetas do regime da LSEE e do Estatuto do Gestor Público (EGP). Coloca-se, por isso, o problema de saber se, não obstante as linhas gerais de submissão ao direito privado, não existirá um regime caracteristicamente público a que as empresas públicas estão sujeitas. Além da conformação da função accionista por orientações ministeriais e da sujeição à LSEE, é o próprio EGP a estabelecer que *"o exercício de poderes próprios da função administrativa, nos casos legalmente previstos, observa os princípios gerais de direito administrativo"*[33].

O fundamento para esse regime público pode ser discutido. Duvida-se porém que se resuma a um único fundamento. Com efeito, podem ser tão diversas entre si as empresas públicas em forma jurídico-privada e tão heterogéneos os poderes de *influência dominante* do Estado; umas dotadas de poderes de autoridade e gestão pública e outras desprovidas desses poderes e regendo-se exclusivamente pelas regras das sociedades de capital privado, que tentativas de isolar as empresas públicas sujeitas ao direito público centradas no conceito de poderes de autoridade ou na ambígua dicotomia gestão pública/gestão privada parecem condenadas ao fracasso[34]. Conforme veremos, o que nos interessa aqui é identificar os *poderes de governo público* nas empresas públicas, exercidos por gestores designados para o efeito e submetidos a vinculações de direito público. Do que se trata é de autonomizar uma função de governo público na temática da gestão das empresas públicas.

C) A função accionista do Estado

O Estado enquanto accionista assume-se como o *principal* na relação de agência existente com os gestores das empresas públicas; pois é o proprietário da empresa. Enquanto accionista, ou seja, o titular formal de participações sociais, o Estado dispõe dos direitos e deveres previstos na LSEE, mas também no CSC e na demais legislação aplicável a cada empresa pública em concreto, como por exemplo o Código do Valores Mobiliários, no caso de empresas públicas que sejam sociedades abertas. As faculdades que a LSEE concede ao Estado enquanto accionista reforçam consideravelmente o seu poder de intervenção nas empresas públicas em relação ao figurino legal supletivo da legislação comercial.

---

[33] Cfr. Artigo 9.º

[34] No sentido do alargamento às empresas públicas da sujeição ao regime de acesso à informação administrativa, veja-se João Miranda, *"O Acesso à Informação Administrativa Não Procedimental das Entidades Privadas"*, publicado no Vol. II, *Estudos em Homenagem ao Prof. Doutor Sérvulo Correia*, Coimbra, 2010, págs. 433-458. Ver também o recente Acórgão do Tribunal Constitucional: n.º 496/2010.

O GOVERNO DAS ORGANIZAÇÕES

De resto, num quadro em que o direito comunitário exige a criação de um ambiente concorrencial entre o SEE e as empresas de capitais privados, o Estado está sujeito a um conjunto de obrigações que visam limitar a sua capacidade de desnivelar as condições de mercado em favor do SEE[35].

Historicamente, podem encontrar-se três modalidades de organização da detenção e exercício do poder accionista do Estado[36]: o *modelo descentralizado* ou *sectorial*, em que a função accionista era atribuída ao ministro do sector económico de actuação da empresa em causa; o *modelo dualista*, que reparte o exercício da função accionista entre o ministro sectorial e um ministro *pivot* (em geral o ministro das finanças) que coordena todo o SEE; e, por fim, o *modelo centralizado*, que concentra a função accionista num só ministro (também aqui, na maioria dos casos, o ministro das finanças) ou numa agência[37] ou organismo especializado de outra natureza com maior ou menor autonomia. Naturalmente que existiram e existem vários modelos híbridos, mas para efeitos de classificação consideramos apenas as versões puras.

O regime consagrado na LSEE [38] é a este respeito bastante flexível. Em regra, a função accionista é *competência* pelo Ministro das Finanças, que a exerce através da Direcção-Geral do Tesouro e Finanças[39].

Porém, o Ministro das Finanças pode, por despacho conjunto com o ministro responsável pelo sector económico de actuação da empresa em causa, delegar essa competência em conformidade com as orientações estratégicas estabelecidas para todo o SEE pelo Conselho de Ministros, nos termos do Artigo 10.º/1 da LSEE.

A este regime legal acresce o previsto na Resolução do Conselho de Ministros n.º 49/2007 ("Resolução 49/2007"), onde o Governo estabelece um conjunto de directrizes que visam complementar o regime legal das empresas públicas em harmonia com as melhores práticas vigentes a nível internacional.

Relativamente à questão específica do exercício da *função accionista*, a Resolução 49/2007 vem exigir maior transparência, através da clara identificação e divulgação pública dos membros do Governo e – quando aplicável, dos serviços e organismos da Administração Pública – que a exercem, bem como dos actos

---

[35] Neste sentido vai também a recomendação da I (A) das *Recomendações da OCDE sobre Corporate Governance de Empresas de Controle Estatal,* OCDE, 2005.

[36] Manuel Porto/João Nuno Calvão da Silva, *Corporate Governance nas Empresas Públicas,* in *Sistemas – Revista de Ciências Jurídicas e Econômicas,* Vol. 1, N.º 2, 2009, pág 371 e ss.

[37] Exemplos paradigmáticos são o *Shareholder Executive* do Reino Unido (http://www.bis.gov.uk/policies/shareholderexecutive) e o *Ownership Steering Governanment Office* da Finlândia (http://www.vnk.fi/toiminta/valtion-omistajaohjaus/en.jsp)

[38] Cfr. Artigo 10.º da LSEE

[39] Dimitilde Gomes, *"O Código de Governo das Empresas Públicas do Sector Empresarial do Estado"* (SEE), in *Revista da Banca,* Lisboa, n.º 65, Jan./Jun. 2008, p. 49-79

DEMOCRATIZAR O GOVERNO DAS EMPRESAS PÚBLICAS

fundamentais em que essas funções se materializem[40]. Neste sentido vai também a recomendação I (A) das *Recomendações da OCDE sobre Corporate Governance de Empresas de Controle Estatal*[41], Quanto à forma de divulgação pública, a Resolução 49/2007 impõe especificamente a criação de um sítio na internet[42].

Porém, independentemente da delegação, os ministros sectoriais têm sempre (relativamente às empresas públicas que actuam no seu sector), juntamente com o Ministro das Finanças, competência para:

(i) verificar o cumprimento das orientações estratégicas, gerais e/ou específicas e, eventualmente, emitir recomendações sobre a sua execução;

(ii) receber a informação referida no Artigo 13.º/1 (que é privilegiada em relação à que os eventuais co-accionistas privados poderão receber ao abrigo do CSC);

(iii) determinar a adopção das estruturas de gestão constantes dos artigos 18.º-A a 18.-G, ou seja, um órgão de administração que inclua administradores

---

[40] cfr. Ponto I. (ii) da Resolução 49/2007.

[41] Disponíveis em http://www.oecd.org/document/33/0,3746,en_2649_34847_34046561_1_1_1,00.html. A propósito da função accionista do Estado e/ou demais entes públicos, recomenda a OCDE:

O Estado deve agir como um proprietário informado e activo, e estabelecer uma política de propriedade clara e consistente, assegurando que a governo de empresas públicas seja desempenhado de maneira transparente e responsável, com o nível necessário de profissionalismo e eficiência.

A. O Estado deve desenvolver e divulgar uma política enquanto accionista-proprietário que defina os objectivos gerais do sector empresarial do estado, a função do Estado no governo corporativo das empresas públicas, e como irá implementar a sua política de accionista; B. O Estado não deve ser envolvido na administração diária das empresas públicas, mas sim permitir que tenham total autonomia operacional para atingir seus objectivos; C. O Estado deve permitir que os órgãos de administração das empresas públicas exerçam as suas responsabilidades e respeitar sua independência. D. O exercício dos direitos de accionista deve ser claramente identificado dentro da administração do Estado. Isso pode ser facilitado por meio da formação de uma entidade coordenadora ou, mais apropriadamente, por meio da centralização da função accionista; E. A entidade coordenadora ou accionista deve ser responsável por prestar contas aos órgãos de representação, tais como o Parlamento, e ter relações claramente definidas com órgãos públicos relevantes, incluindo as instituições de auditoria de última instância; F. O Estado na qualidade de accionista activo deve exercer seus direitos enquanto tal de acordo com a estrutura legal de cada empresa. As suas responsabilidades principais incluem:

1. Ser representado em assembleias gerais de accionistas e exercer os direitos de voto inerentes à sua participação;

2. Estabelecer processos bem estruturados e transparentes de nomeação de membros dos órgãos de administração das empresas de capitais exclusiva ou maioritariamente público e, participar activamente das nomeações de todos os demais órgãos das empresas públicas.

3. Implantar sistemas de elaboração de relatórios que permita monitorizar e avaliar regularmente o desempenho das empresas públicas;

4. Quando permitido pelo sistema legal e pelo nível de participação do Estado, manter diálogos contínuos com auditores externos e organizações de controle estatal especializados;

5. Assegurar que esquemas de remuneração para os membros dos órgãos de administração das empresas públicas que estimulem o seu interesse na empresa no longo-prazo, e possam atrair profissionais motivados e de qualidade

[42] Esse site foi criado e tem o seguinte endereço: http://www.dgtf.pt/sector-empresarial-do-estado-see/o-que-e-o-sector-empresarial-do-estado-see-; Ver também o site da Parpública: http://www.parpublicasgps.com/ Cfr. Artigo 10.º/5 da LSEE

O GOVERNO DAS ORGANIZAÇÕES

executivos e não-executivos, comissão executiva, comissão de auditoria, comissão de avaliação e outras comissões especializadas.

Quando as participações sociais forem formalmente detidas por entidades públicas infra-estaduais, os respectivos poderes enquanto accionistas devem ser exercidos em obediência às orientações decorrentes da superintendência e da tutela a que esteja sujeitas[43] para assegurar a coordenação do exercício da função accionista pelo Estado.

A LSEE, dominada pela preocupação de dotar o Estado-accionista de meios jurídicos supra-societários de intervenção e coordenação da acção das sociedades que integram o SEE, prevê vários mecanismos de intervenção especial.

A LSEE prevê **três níveis** de orientações de gestão que podem ser emitidas pelo Estado e que prefiguram, nas palavras de Eduardo Paz Ferreira[44], *"uma ponte entre o antigo sistema da tutela (...) e o puro funcionamento de acordo com regras da lei comercial"*:

(i) *orientações estratégicas* para todo o sector empresarial do Estado, estabelecidas através de resolução do Conselho de Ministros[45-46];

(ii) *orientações gerais* para um determinado sector de actividade estabelecidas por despacho conjunto do ministro da finanças e do ministro do respectivo sector de actividade[47];

(iii) *orientações específicas* dirigidas individualmente a cada empresa estabelecidas, no caso das sociedades comerciais de capitais públicos, através de "deliberação accionista"[48-49].

Estas orientações gerais e/ou específicas podem fixar metas quantificadas e prever a respectiva concretização em contratos a celebrar entre as empresas e o Estado, bem como, estabelecer parâmetros ou linhas de orientação para a determinação da remuneração dos gestores públicos[50]. A faculdade de, por deliberação accionista, serem estabelecidas metas quantificadas e prever a respectiva concretização em contratos a celebrar entre as empresas e o Estado cria mais uma via de compressão da autonomia do órgão de administração nas empresas públicas.

---

[43] Cfr. Artigo 10.º/2 da LSEE

[44] Eduardo Paz Ferreira, *Aspectos Gerais do Novo Regime do Sector Empresarial do Estado"*, in Estudos sobre o Novo Regime do Sector Empresarial do Estado, Almedina, 200, *pág. 12*

[45] cfr. Artigo 11.º/1 da LSEE

[46] Presentemente, as orientações genéricas para a globalidade do SEE foram estabelecidas pela Resolução do Conselho de Ministros n.º 70/2008, de 22 de Abril.

[47] cfr. Artigo 11.º/2 (a) da LSEE

[48] A expressão "deliberação accionista" não é a mais feliz. Nas sociedades anónimas os accionista participam no processo de formação de deliberações unânimes por escrito ou em assembleia geral apresentando propostas e votando.

[49] cfr. Artigo 11.º/2 (b) da LSEE

[50] cfr. Artigo 11.º/4 do LSEE

DEMOCRATIZAR O GOVERNO DAS EMPRESAS PÚBLICAS

As orientações estabelecidas para uma empresa pública ou conjunto de empresas públicas devem posteriormente reflectir-se «*nas deliberações a tomar em assembleia geral pelos representantes públicos ou, tratando-se de entidades públicas empresariais, na preparação e aprovação dos respectivos planos de actividade e de investimento, bem como nos contratos de gestão a celebrar com os gestores públicos, nos termos da lei*»[51]. A expressão utilizada na primeira parte desta disposição é imprecisa e exige algum esforço interpretativo para atingir o seu sentido exacto. Em primeiro lugar, mesmo quando detenha a totalidade do capital social, o representante do Estado (representante público na expressão do LSEE) não *toma* deliberações. Só a assembleia-geral o pode fazer ou todo o universo accionista através de uma deliberação unânime por escrito[52]. Por outro lado, dirigindo-se à *"globalidade do sector empresarial do Estado"*, como se estipula expressamente no corpo do Artigo 11.º da LSEE, casos há em que o Estado pode ser apenas detentor de uma participação minoritária (apesar de ter o direito de nomear ou destituir a maioria dos membros do órgão de administração e/ou de fiscalização). Nesses casos, o Estado não pode garantir a aprovação de uma deliberação que *reflicta* a orientação. O resultado mais próximo do exigido pelo RSEE neste ponto que os representantes públicos estarão em posição de garantir será a mera apresentação de propostas e de declarações de voto.

No caso das *orientações específicas* dirigidas a empresas públicas organizadas sob a forma de sociedades comerciais, ao prescrever que devam ser adoptadas por deliberação dos accionistas, a LSEE faz necessariamente depender a sua adopção e (consequentemente, injuntividade) da detenção pelo Estado de suficientes direitos de voto para assegurar a aprovação da proposta apresentada pelo respectivo representante, o que pode não suceder.

As *orientações estratégicas* e *gerais* (ao contrário das específicas, pelas razões aduzidas no parágrafo anterior) são claramente extravagantes em relação aos poderes dos accionistas previstos no regime geral das sociedades comerciais. Carlos Baptista Lobo[53] parece ver nestas orientações um instrumento para o Estado impor uma política de grupo ao SEE. Neste sentido parece ir também o preâmbulo do Decreto-Lei 300/2007 – que introduziu a actual redacção do Artigo 11.º da LSEE – quando proclama que, com as orientações se pretende *"assegurar a efectiva definição de orientações de gestão para o sector empresarial do Estado, realçando o papel que lhe cabe na dinamização da actividade económica e na satisfação de necessidades públicas ou com interesse público e tendo igualmente em vista uma gestão mais racional, eficaz e transparente."*

---

[51] cfr. Artigo 11.º/3 do LSEE

[52] cfr. Artigo 54.º/1 do CSC

[53] CARLOS BAPTISTA LOBO, *A Função de Actuação Económica do Estado e o Novo Regime Jurídico do Sector Empresarial do Estado e das Empresas Públicas Municipais, in* Estudos sobre o Novo Regime do Sector Empresarial do Estado, Almedina, 200, pág. 251.

E, com efeito, o poder de impor orientações estratégicas e gerais às empresas públicas assemelha-se à faculdade prevista no Artigo 503.º do CSC a favor das sociedades em relação de subordinação[54] ou de domínio total[55]. Nesses casos a sociedade directora ou dominada tem o direito de transmitir instruções vinculantes à administração da sociedade subordinada ou dominada. Sendo que, desde que os estatutos não disponham em contrário, essas instruções podem mesmo ser desvantajosas para a sociedade subordinada se assim servirem os interesses da sociedade directora ou dominante ou de outras sociedades do mesmo grupo daquelas[56].

Ambos os institutos (*instruções vinculantes* e *orientações estratégicas* ou *gerais*) estão porém separados por importantes diferenças. Assim, a faculdade de dar instruções vinculativas apenas existe em situações em que há uma relação de fortíssima legitimação por parte da sociedade que emite as instruções (emergente de um contrato de subordinação ou da detenção de mais de 90% do capital da sociedade subordinada ou dominada) que justifica o *esbatimento* da personalidade jurídica da sociedade subordinada ou dominada ao mesmo tempo que, correspondentemente se aumenta a responsabilidade da sociedade directora ou dominante.

Ora, o instrumento previsto na LSEE tem um equilíbrio inteiramente distinto. O Estado pode sujeitar qualquer sociedade comercial qualificada como empresa pública a orientações estratégicas ou gerais, independentemente da dimensão e da intensidade da sua participação social.

É que, como se disse, o poder de dar instruções vinculantes vem, para as sociedades que o detenham, acompanhado de especiais responsabilidades: desde logo, o dever de compensar as perdas anuais sofridas pela sociedade dominada ou subordinada durante a relação de dependência[57]; Por outro lado, também se estendem os deveres de diligência que incidem sobre os administradores da sociedade directora ou dominante a todas as sociedades integrantes do grupo[58], que podem ser responsabilizados pela respectiva violação directamente perante a sociedade subordinada ou dominada, nos termos dos artigos 72.º a 77.º do CSC.

---

[54] Artigo 493.º do CSC

[55] cfr. Artigo 489.º do CSC

[56] Esclareça-se, contudo que nos termos da parte final do Artigo 503.º/2 do CSC, em nenhum caso "*serão lícitas instruções para a prática de actos que em si mesmos sejam proibidos por disposições legais não respeitantes ao funcionamento de sociedades.*" Por outro lado, a sociedade directora ou dominante não pode "*determinar a transferência de bens do activo da sociedade subordinada para outras sociedades do grupo sem justa contrapartida*" (Artigo 503.º/4 do CSC), excepto se a sociedade directora tiver compensado perdas anuais que a sociedade subordinada ou dominada tenha sofrido durante a relação de domínio ou de subordinação nos termos do Artigo 502.º do CSC. Para uma apreciação crítica do Artigo 503.º/4 José A. ENGRÁCIA ANTUNES, *Os Grupos de Sociedades*, Almedina, 1993, pp. 609 e sgs

[57] Artigo 502.º do CSC

[58] cfr. Artigo 504.º do CSC

Por fim – mas não com menos relevo – o CSC concede aos sócios minoritários da sociedade dominada a possibilidade de alienar as respectivas participações por um preço justo, nos termos dos Artigos 490.º/5 do CSC (e do 196.º do CVM no caso das sociedades abertas) depois de a relação de domínio total se estabelecer.

Desta rápida comparação retira-se que o regime das orientações estratégicas e gerais, quando aplicado às empresas de capitais mistos públicos e privados, cria uma situação de desequilíbrio a favor do Estado e por isso é criticável como solução de governo societário, na medida em que não contribui para a prevenção[59] do conflito de interesses estrutural entre accionistas minoritários e maioritários, mas antes, pelo contrário, o agrava[60].

O cumprimento das orientações é um dos deveres dos gestores públicos (cfr. Artigo 5.º (b) do EGP). Saliente-se que os contratos de gestão a celebrar entre empresas públicas e os respectivos gestores públicos (obrigatórios nas empresas que prestem serviços de interesse geral) devem regular as formas de prossecução das orientações estabelecidas ao abrigo do Artigo 11.º da LSEE.

A observância destas orientações será depois considerada na avaliação de desempenho dos gestores públicos, nos termos do respectivo estatuto[61-62-63] e o respectivo incumprimento pode determinar a aplicação de um instituto (anacrónico) do EGP: a dissolução do órgão de administração (cfr. Artigo 24.º do EGP).

---

[59] Sobre o conflito de interesses entre accionistas, ver JOSÉ FERREIRA GOMES, *Conflito de Interesses entre Accionistas nos Negócios Celebrados entre a Sociedade Anónima e o seu Accionista Controlador*, in *Conflito de Interesses no Direito Societário e Financeiro*, Almedina, 2010 e HENRY HANSMANN e REINIER KRAAKMAN, *The Basic Governament Structure*, in Kraakman/Davies/Hansmann/Hertig/Hopt/Kanda/Rock, *The Anatomy of Corporate Law*, Oxford University Press, 2004, p. 54 e sgs.

[60] A OCDE, no Ponto II das *Recomendações da OCDE sobre Corporate Governance de Empresas de Controlo Estatal*, recomenda o tratamento equitativo dos accionistas:
O Estado e as empresas públicas devem reconhecer os direitos de todos os accionistas e, em conformidade com os Princípios de Corporate Governance da OCDE, assegurar o seu tratamento equitativo e acesso igual às informações societárias.
A. A entidade que exerça a função accionista pelo Estado e as empresas públicas devem assegurar que todos os accionistas sejam tratados de forma equitativa; B. As empresas públicas devem observar um alto grau de transparência para com todos os accionistas; C. As empresas públicas devem desenvolver uma política de comunicação e de consulta activa com todos os accionistas; D. A participação de accionistas minoritários em assembleias de accionistas deve ser facilitada, de forma a permitir sua participação em decisões fundamentais da empresa, tais como eleições dos membros do órgão de administração.

[61] cfr. Artigo 11.º/6 do RSEE e Artigo 6.º/1 do EGP

[62] Note-se que, nos termos do artigo 399.º do CSC, a fixação da remuneração de cada um dos administradores compete à assembleia geral ou a uma comissão por aquela nomeada.

[63] Recorde-se aqui que a LSEE reserva a fiscalização do cumprimento das orientações e emissão de recomendações sobre a respectiva execução para o ministro das finanças juntamente com o ministro sectorial (cfr. Artigo 11.º/5 do RSEE).

O GOVERNO DAS ORGANIZAÇÕES

Para além das informações a prestar aos accionistas nos termos gerais do CSC, as empresas públicas devem enviar ao Ministro das Finanças e ao ministro responsável pelo sector um conjunto de informação[64] bastante exigente e extensa, que inclui: (i) Projectos dos planos de actividades anuais e plurianuais; (ii) Projectos dos orçamentos anuais, incluindo estimativa das operações financeiras com o Estado; (iii) Planos de investimento anuais e plurianuais e respectivas fontes de financiamento; (iv) Documentos de prestação anual de contas; (v) Relatórios trimestrais de execução orçamental, acompanhados dos relatórios do órgão de fiscalização, sempre que sejam exigíveis; e (v) Quaisquer outras informações e documentos solicitados para o acompanhamento da situação da empresa e da sua actividade, com vista, designadamente, a assegurar a boa gestão dos fundos públicos e a evolução da sua situação económico-financeira[65].

Note-se, contudo, que, embora o corpo do Artigo 13.º/1 estabeleça que os elementos acima referidos devem ser facultados para *acompanhamento e controlo*, a verdade é que, pelo menos no caso dos projectos de planos de actividades anuais e plurianuais, estamos perante um poder ministerial mais forte. O que está em causa no que respeita a esses documentos é um verdadeiro e próprio poder de tutela, no caso das entidades públicas empresarial, e da atribuição de uma competência extravagante às assembleias gerais das Empresas Públicas, por contraste com o regime aplicável às sociedades comerciais de capitais privados.

Esta solução interpretativa funda-se em duas razões. Em primeiro lugar, a referência da norma a **projectos** de planos – e não só a verdadeiros e próprios planos, como sucede na alínea (c) do mesmo Artigo 13.º/1 – sugere que se pretende que os documentos sejam apreciados como ainda não *constituídos* e com o futuro dependente do resultado da apreciação ministerial. Em segundo lugar, e muito mais significativamente, o Artigo 13.º/2 sujeita (neste caso expressamente) a autorização do Ministro das Finanças e do ministro responsável pelo sector ou da assembleia geral – consoante se trate de entidade pública empresarial ou de sociedade – o *"endividamento ou assunção de responsabilidades de natureza similar fora do balanço, a médio-longo prazo, ou a curto prazo, se excederem em termos acumulados 30% do capital e não estiverem previstos nos respectivos orçamento ou plano de investimentos"* (cfr. Artigo 13.º/1 do RSEE). Se o orçamento e o plano de investimentos não estivessem sujeitos a aprovação, não faria sentido que o endividamento previsto nesses documentos pudesse servir de excepção à exigência prevista no Artigo 13.º/2.

---

[64] As informações abrangidas pelo n.º 1 do Artigo são prestadas pelas empresas públicas em condições a estabelecer por despacho do Ministro das Finanças (cfr. Artigo 13.º/3 do RSEE).
[65] Cfr. Artigo 13.º/1.

II. GOVERNO DAS EMPRESAS PÚBLICAS E DUPLO GRAU DE AGÊNCIA

A) Empresas públicas e relação de agência

Apurados os principais poderes de intervenção do Estado no exercício da sua função accionista nas empresas públicas, importa agora analisar de que forma é que a estrutura de governação destas sociedades reflecte problemas de agência e, em especial, o problema que aqui designamos por duplo grau de agência.

Os problemas de agência, também denominados problemas das relações *principal-agente* têm sido estudados em inúmeros contextos. A análise económica tem destacado a existência de vários problemas de agência no seio da gestão das empresas. A ciência política e a ciência da administração também têm recorrido a concepções sofisticadas sobre o papel da agência nos sistemas parlamentares de governo e na organização da Administração[66].

Numa visão simplificadora, a relação de agência pressupõe que um *principal* ou proprietário primário de interesses delegue a gestão desses mesmos interesses num *agente* que, por essa via, fica incumbido de realizar os fins do *principal*. Na verdade, é sabido que no âmbito do Direito Comercial se foi desenvolvendo como princípio matriz da organização da sociedade anónima a ampla margem de actuação autónoma do órgão de administração perante os sócios[67]. Essa marcada independência do órgão de administração – imposta historicamente pela grande dispersão da *propriedade* da empresa por muitos proprietários e pela necessidade/vantagem de entregar a gestão a técnicos especializados – origina por si só problemas de agência.

Na verdade, a relação de agência vem necessariamente imbuída de um conjunto de custos de transacção que variam com a maior ou menor *liberdade* dos agentes para o desempenho das tarefas de representação do *principal* e da maior ou menor permeabilidade a conflitos de interesse dessa actividade representativa: por exemplo, custos de avaliação, informação, contratação, supervisão ou resolução de litígios[68]. Os conflitos de interesses surgem na

---

[66] Ver, por exemplo, ARTHUR LUPIA, *"Delegation and its Perils"*, in Strom/Muller/Bergman, *Delegation and Accountability in Parliamentary Democracies*, Oxford, 2004, pp. 36 e ss.

[67] PEDRO MAIA, *Função e Funcionamento do Conselho de Administração da Sociedade Anónima*, Coimbra, 2002; JORGE MANUEL COUTINHO DE ABREU, *Governação das Sociedades Comerciais*, Almedina, 2005/2006, p. 13 e sgs.; PAULO CÂMARA, *Os Modelos de Governo das Sociedades Anónimas*, in *Jornadas de Homenagem ao Professor Raul Ventura – A Reforma do Código das Sociedades Comerciais*, Almedina, 2007.

[68] P. K. RAO, *The Economics of Transaction Costs*, Macmillan, 2003, p. 26; RICHARD POSNER, *Economic Analysis of Law*, Aspen, 1918, Law and Business, p. 650; HENRY HANSMANN e REINIER KRAAKMAN, *"Agency Problems and Legal Strategies"*, in Kraakman/Davies/Hansmann/Hertig/Hopt/Kanda/Rock, *The Anatomy of Corporate Law*, Oxford University Press, 2004, p. 22.; JOÃO SOUSA GIÃO, *"Conflitos de Interesses entre Administradores e os Accionistas na Sociedade Anónima"*, in AA.VV., *Conflito de Interesses no Direito Societário e Financeiro*, Almedina, 2010, pp. 223 e ss.

relação *principal-agente* pela probabilidade de o agente colocar os seus próprios interesses acima dos interesses do principal ou de prosseguir interesses que não coincidem com os dos accionistas[69]. Subjacente está a ideia, nas palavras de Fernando Araújo de que no *"comportamento humano predomina a atitude hedónica do batoteiro racional que deixa de cumprir sempre que os benefícios marginais da sua indolência excedam os custos[70]"*.

No contexto das empresas públicas, pode dizer-se que os custos de agência estão na origem de uma assimetria básica de informação entre ambas as partes especialmente acentuada, que evidentemente favorece o agente na sua relação com o accionista público. Provocam além disso fenómenos de curto-circuito na relação entre Estado e o gestor público, visto que nem todas as decisões do *agente* poderão ser adequadamente fiscalizadas e escrutinadas pelo Estado (enquanto *principal da relação de agência de segundo grau*), nem os representantes deste último (enquanto *agentes na relação de primeiro grau*) estarão sempre interessados em exercer com o devido zelo essas funções de escrutínio e fiscalização. A incapacidade de o principal acompanhar a actividade do agente está na origem do problema da *selecção adversa*. Como explica Lupia, o agente pode afastar-se dos interesses do principal porque pretende um resultado diferente, ou pode ser simplesmente incapaz de realizar os interesses do principal devido às suas próprias características pessoais ou à escassez de recursos[71].

O que a análise dos custos de agência põe a nu é uma divergência entre formas de controlo real e controlo optimizado no governação das empresas públicas. A divergência será tanto maior quanto maior for a *"despesa* (aqui, desde logo, política) *incorrida pelo principal na fiscalização"* do comportamento dos agentes e outras perdas residuais[72] e quanto mais pronunciadas forem as referidas assimetrias de informação. Os interesses económico-privados ou político-partidários podem prevalecer (e frequentemente prevalecem) sobre o interesse público nas decisões fundamentais tomadas no âmbito da empresa pública.

As distorções dos problemas de agência apelam a uma resposta do Direito que não se pode cingir à regulamentação *ex ante* e *ex post* através de mecanismos de intervenção administrativa baseados no paradigma *command and control*. A redução dos custos de agência passa pela adopção de soluções de governação das empresas

---

[69] Nuno Cunha Rodrigues, *"Breves Notas em torno do Estatuto do Gestor Público: a Caminho do* New Public Management*"*, in *Estudos em Homenagem ao Professor Doutor Sousa Franco*, Vol. II, Coimbra, 2006, p. 414; J. L. Saldanha Sanches, *Direito Económico – Um Projecto de Reconstrução*, Coimbra, 2008, p. 114.

[70] Fernando Araújo, *Introdução a Economia*, Almedina, 209, p. 421. Cf. também J. L. Saldanha Sanches, *Direito Económico*, p. 115.

[71] Arthur Lupia, *"Delegation and its perils"*, cit., pp. 43-44.

[72] P. K. Rao, *The Economics of Transaction Costs*, 36.

DEMOCRATIZAR O GOVERNO DAS EMPRESAS PÚBLICAS

públicas que sirvam como desincentivo para comportamentos oportunistas, negligentes ou desviados dos agentes, em prejuízo do interesse geral.

É nesse sentido que nos parece existir um conflito entre a temática da governação das empresas públicas constituídas em forma de sociedade anónima e as noções de superintendência e tutela oriundas do Direito Administrativo clássico, com que a relação entre o Governo e Administração Indirecta tem sido configurada. Os dois poderes pressupõem actuações do sistema administrativo de orientação e controlo que não oferecem uma resposta eficiente para os referidos custos de informação e fiscalização e para os conflitos de interesse que descortinamos nesta relação principal-agente. Ao passo que a superintendência implica uma intervenção *ex ante* do Estado no sentido de definir e orientar a actividade dos gestores públicos, que não consegue mitigar em termos mais eficientes as assimetrias de informação e as perdas de agência, a tutela consiste numa forma de actuação *ex post* que procura corrigir ou repor a legalidade administrativa revelando-se, por isso mesmo, incapaz de responder por antecipação ou em tempo útil a tais custos e assimetrias[73].

Por estes motivos, as estratégias de governação são necessárias[74], quanto mais não seja para compensar as limitações dos poderes de orientação e controlo, podendo falar-se com propriedade na relevância do *corporate governance* público.

Antes disso porém, precisamos de esclarecer o conceito de duplo grau de agência em que assenta a relação principal-agente no domínio das empresas públicas.

B) Delegação pública democrática e duplo grau de agência

O problema dos custos de agência aplica-se integralmente a empresas privadas e a empresas públicas. Observemos no entanto que, no domínio das empresas públicas, os problemas de agência precisam de ser contextualizados em face da

---

[73] Das formas de tutela estudadas no capítulo da organização administrativa só a denominada tutela integrativa *a priori* (que, conforme ensina FREITAS DO AMARAL, constitui o poder de autorizar ou aprovar os actos da entidade tuteladas: ver FREITAS DO AMARAL, *Curso de Direito Administrativo*, Vol. II, Coimbra, 2010, p. 884), poderia reduzir os custos de agência, na medida em que permitiria ao principal dispor de informação antecipada sobre o comportamento do agente. Contudo, a principal dificuldade do recurso a formas de tutela integrativa *a priori* está na sua incompatibilidade com a empresarialização e privatização das empresas públicas (e com a inerente necessidade de agilidade e flexibilidade de acção), bem como com a coexistência e concorrência entre capitais privados e públicos no financiamento das empresas públicas. Significa isto que as modalidades de tutela integrativa *a priori* têm sempre de ser obrigatoriamente limitadas e residuais, tal como aliás demonstra o artigo 29.º da LSEE.

[74] Observando que *"a autonomia dos interesses prosseguidos pelos gestores e a tendência destes para os prosseguir, permite-nos compreender o sistema de checks and balances que hoje estrutura os princípios da governação das grandes empresas"*, in J. L. SALDANHA SANCHES, *Direito Económico*, p. 115.

703

O GOVERNO DAS ORGANIZAÇÕES

natureza particular do Governo enquanto *principal* na sua dupla qualidade de órgão político e administrativo.

Ocupando o Governo a posição de órgão cimeiro do poder administrativo, cabe-lhe desempenhar poderes de direcção, superintendência e tutela sobre as estruturas da Administração. A organização da Administração de acordo com os princípios da hierarquia ou da autonomia pública assegura-lhe poderes directivos ou orientadores em face de entidades que ainda conservam forma jurídico-pública.

No caso das empresas públicas em forma jurídico-privada, compete ao Governo exercer os poderes do Estado enquanto sócio, competindo-lhe a representação da *acção pública* nas empresas do sector empresarial do Estado. Tal representação é desenvolvida através dos gestores especialmente indicados para o efeito. O EGP atribui aos gestores públicos nomeadamente deveres relativos à *"concretização das orientações definidas nos termos da lei, designadamente as previstas no artigo 11.º do Decreto-Lei n.º 558/99 e no contrato de gestão"*, cabendo-lhe *"acompanhar, verificar e controlar a evolução das actividades e dos negócios da empresa em todas as suas componentes*[75]*"*. Além disso, tal como já referimos, o EGP pressupõe expressamente que o gestor público poderá exercer *"poderes próprios da função administrativa*[76]*"*. O gestor público é, na esteira da relação de agência, o agente do Governo.

Devemos entender assim que o gestor público desempenha, enquanto agente do Governo, ao qual compete a sua designação, poderes que não são unicamente *poderes de gestão* empresarial das empresas públicas. O gestor público é antes titular de *poderes de governo* sobre as empresas públicas. No âmbito desse governo, o gestor público exercerá poderes que não são obrigatoriamente poderes de autoridade, mas assumir-se-ão como poderes de controlo público sobre a actividade, os negócios ou os riscos que podem recair sobre as empresas públicas.

Trata-se portanto de um controlo proveniente de uma acção pública[77] delegada pelo Governo nos gestores designados para as empresas públicas. Não de um controlo meramente tutelar ou mesmo administrativo, mas de um controlo através do qual o gestor público realiza funções de governo por delegação do órgão governamental.

Podemos afirmar por isso por que os fins últimos desse governo empresarial atribuídos ao gestor público devem ser também os fins últimos constitucionalmente atribuídos ao Governo no quadro da organização económica: garantir não apenas uma legitimação pública (em termos de prossecução do interesse

---

[75] Cfr. Artigo 5.º, alíneas b) e c) do EGP.
[76] Cfr. Artigo 9.º do EGP.
[77] PEDRO GONÇALVES, *Entidades Privadas com Poderes Públicos*, pp. 463 e ss.

público) mas também *"uma legitimação democrática da actuação empresarial"* das empresas públicas[78], tendo em vista o cumprimento das decisões estruturais da Constituição relativas ao poder político e ao poder económico.

Nesse sentido, o governo das empresas públicas desenrola-se dentro de dois planos essenciais: (i) a subordinação do poder económico ao poder político; e (ii) a legitimação político-democrática da actividade administrativa. Analisemos cada um deles.

Em primeiro lugar, o princípio da subordinação do poder económico ao poder político constitui um princípio constitucional da organização económica e social do Estado[79], indissociável do compromisso constitucional por um Estado de Direito democrático. Não participando as empresas públicas da formação da vontade política do Estado, interessa-nos averiguar se representam um tipo de *poder económico* privado que deva estar sujeito ao referido imperativo de subordinação ao poder político democrático.

Na doutrina nacional, Rui Guerra da Fonseca afirma explicitamente que *"a participação de entidades privadas no capital de empresas públicas permite a entrada do poder económico privado em posições chave da economia"*[80]. Nesse sentido as empresas públicas constituídas em forma privada assumem-se como poder económico, nos termos e para os efeitos desta disposição. Mas de que forma se produzirá esta subordinação do poder económico das empresas públicas ao poder político democrático? O que se deverá entender, a este propósito, por poder político democrático?

Com efeito, não existindo um único poder político democrático[81], não existirá também uma única forma de manifestação da subordinação do poder económico ao poder político democrático ou aos poderes políticos democráticos. Por isso, se *"o controlo sobre as entidades integrantes do sector empresarial do Estado, incluindo a fiscalização sobre a gestão das participações sociais do Estado, constitui uma manifestação da subordinação do poder económico (público) ao poder político democrático"*[82], devemos dizer que aquele controlo não se limita unicamente à relação de agência entre Governo-gestores das empresas públicas. Devem ser tidas em consideração outras estruturas de controlo democrático de base parlamentar. Só assim, de resto, se

---

[78] PAULO OTERO, *Vinculação e Liberdade de Conformação Jurídica do Sector Empresarial do Estado*, p. 310.

[79] Artigo 80.º, alínea a) da Constituição. Relembre-se que o Artigo 1.º da Lei 47/99, de 16 de Junho – que autorizou o Governo a legislar sobre o regime geral das empresas públicas e o sector empresarial do Estado – estipula que a autorização *"é concedida no sentido de assegurar a eficiência do sector público empresarial e a equidade do sistema sócio-económico, sem prejuízo da garantia de prestação dos serviços de interesse económico geral e da subordinação da actividade das empresas públicas ao poder político democrático."*

[80] RUI GUERRA DA FONSECA, *Comentário à Constituição Portuguesa*, II Volume, Almedina, 2008, p. 52.

[81] Falando em "poderes políticos democráticos", RUI GUERRA DA FONSECA, Comentário..., cit., pp. 53-54.

[82] Paulo Otero, *Vinculação e Liberdade de Conformação Jurídica do Sector Empresarial do Estado*, 305.

O GOVERNO DAS ORGANIZAÇÕES

cumprirá plenamente o princípio da subordinação do poder económico ao poder político democrático.

Quer isto dizer que, traduzindo a função administrativa de controlo sobre as entidades do sector empresarial uma expressão da subordinação do poder económico ao poder democrático-governamental, também esse controlo está sujeito aos vínculos de subordinação do poder democrático-parlamentar nos termos da Constituição[83].

Em segundo lugar, não podemos esquecer que entre o poder democrático--governamental e o poder democrático-parlamentar vigora ainda outra relação político-constitucional de responsabilidade e controlo. O Governo, enquanto *principal* duma relação de agência com o gestor público, apresenta-se ainda como *agente* noutra relação de agência em face do povo e é por isso politicamente responsável perante o órgão representativo. Deste primeiro grau de agência depende afinal a legitimidade político-democrática da decisão político-administrativa.

Nas palavras de Paulo Otero que faz aqui eco da teoria da delegação, *"verifica-se um processo de sucessivas delegações de autoridade e responsabilidade do povo no parlamento, do parlamento no poder executivo e deste último na estrutura burocrática hierarquizada"*[84] que produzem diferentes relações entre *principal-agente* fundamentando-se sempre qualquer uma delas, e em qualquer dos pontos da cadeia, na autoridade democrática última do povo. E poderíamos prosseguir com *outras sucessivas* delegações em outras estruturas administrativas fora da hierarquia administrativa que, enformando verdadeiras e próprias relações de agência, representam o interesse do Estado nas empresas públicas que, por essa via, se encontram sujeitas a poderes de orientação ou controlo.

Nisto consiste o fenómeno de duplo grau de agência. De facto, a relação entre o Governo e o gestor público de empresas públicas constitui uma *relação de agência em segundo grau*. Não estamos unicamente a dizer que se trata de uma segunda relação de agência administrativa logicamente posterior à agência política. Se é verdade que os gestores públicos agem por conta e em nome do accionista público e, por seu turno, o Governo, formado no seguimento de eleições para a Assembleia da República, actua como *agente* da colectividade política e, se é verdade ainda que no primeiro caso a relação de agência empresarial é administrativa enquanto, no segundo, política, estas duas relações de agência conservam-se como relações

[83] Consagrando o princípio de que o poder político é exercido *nos termos da Constituição*, ver o artigo 108.º da Constituição.

[84] PAULO OTERO, *O Poder de Substituição em Direito Administrativo – Enquadramento Dogmático-Constitucional*, Vol. II, p. 542, nota 81. Para uma aplicação da teoria delegação, no contexto do sistema de governo parlamentar, que confirma precisamente aquilo que aqui se transcreve, ver KAARE STROM, *"Parliamentary Democracy and Delegation"*, in STROM/MULLER/BERGMAN, *Delegation and Accountability in Parliamentary Democracies*, Oxford University Press, 2003, pp. 55 e ss.

interdependentes. A *agência empresarial* no quadro de um Estado de direito democrático constitui um *segundo grau da agência democrática*; ou seja, anteposta à segunda relação pública de agência Governo-gestores públicos encontra-se a primeira relação de agência entre povo(através do Parlamento)-Governo[85].

Ao dizermos que a relação de agência entre o Governo e o gestor de empresas públicas é de duplo grau pretendemos pois sublinhar que a competência do agente público nas empresas públicas continua a derivar da autoridade democrática do povo e, por isso, não pode deixar de estar sujeita aos mecanismos de responsabilização e controlo parlamentar através dos quais essa vontade se manifesta.

Conjugando a *teoria da agência* com a *teoria da delegação democrática*, verificamos que a plena legitimação da actividade empresarial pública não dispensa, antes pressupõe, a intervenção controladora e responsabilizadora do Parlamento[86]. E essa intervenção é tanto mais indispensável quanto, como sabemos, as sucessivas delegações de poder da autoridade política para a actividade administrativa – e, acrescentamos, da actividade administrativa para a actividade técnica – acabam por produzir uma progressiva rarefacção dos vínculos da autoridade democrática e a multiplicação dos custos de agência, tornando incomportável a assimetria de informação entre o principal de primeiro grau (povo) e os agentes de segundo grau (gestores de empresas públicas)[87]. Situando-se na Administração empresarial pública sob forma privada, o gestor público está já ainda mais afastado da agência política-democrática que o Governo mantém com o Parlamento, com as consequências e riscos que daí resultam. Por sua vez, as sucessivas delegações aumentam os incentivos para que o Governo, enquanto principal na relação de segundo grau, também actue de forma oportunista: julgamos aliás que este último ponto constitui possivelmente o aspecto fundamental da existência de um duplo grau de agência.

---

[85] Como é referido pela OCDE, *"Parliaments represent the ultimate owners of SOEs, i.e., the general public"*. OCDE – *Accountability and Transparency – A Guide for State Ownership*, p. 78.

[86] Na obra citada na nota anterior, Paulo Otero identifica o duplo grau de agência, embora não nomeie assim o problema, quando escreve que "o órgão administrativo sujeito directamente à responsabilidade política junto do órgão de controlo deverá estar assistido de mecanismos que lhe permitam assegurar uma efectiva responsabilidade sobre toda a competência que exerce em termos primários e ainda sobre a competência de outras estruturas administrativas que estão sujeitas à sua direcção, orientação ou controlo" (*O Poder de Substituição*, p. 542). Assim é porque, *a contrario*, o órgão administrativo também responde perante o órgão de controlo parlamentar (primeiro grau de agência) pelo exercício dos seus poderes de controlo nas estruturas administrativas que dele dependem (segundo grau de agência).

[87] *"Governance difficulties may also derive from the that fact in the case of SOEs there is often no clear owner but competing owners and stakeholders with widely different objectives. Who are the principals of the SOE agent-managers and what objectives do they follow ? The principal may be a political agent and [...] there are sometimes several such principals involved. Considering Ministries as the principals concentrates power in their hands. In other cases, the Parliament could be considered the principal, but acting through the Government. The risk of interest group capture and conflicting objectives are inherent."* OCDE, *Corporate Governance of State-Owned Enterprises: A Survey of OCDE Countries*, p. 14

O GOVERNO DAS ORGANIZAÇÕES

C) Gestão de empresas públicas e legitimação democrática: a superação do modelo "mediado" de controlo parlamentar

Quando analisamos, mais em concreto, a estrutura de gestão pública compreendemos outras razões funcionais que justificam, a nosso ver, a necessidade de uma maior legitimação democrática da relação de agência pública nas empresas públicas. A nomeação do gestor público será a primeira de tais intervenções carentes de apreciação e legitimação democrática.

No Estatuto do Gestor Público, aprovado pelo Decreto-Lei 71/2007, de 27 de Março ("EGP"), é considerado gestor público *«quem seja designado para órgão de gestão ou administração»*[88] de empresas públicas. O sentido desta disposição é reforçado pelo artigo 15.º da LSEE, que estipula que os *«membros dos órgãos de administração das empresas públicas, independentemente da respectiva forma jurídica, ficam sujeitos ao estatuto do gestor público»*[89].

De acordo com o artigo 13.º do EGP, *"os gestores públicos são designados por nomeação ou por eleição"*, sendo a nomeação *"feita mediante resolução do Conselho de Ministros, sob proposta do membro do Governo responsável pela área das finanças"*. E no artigo 12.º, são identificados os critérios de designação dos gestores públicos, entre eles a *"comprovada idoneidade, capacidade e experiência de gestão, bem como sentido de interesse público"*.

Podemos fazer considerações análogas a respeito da demissão do gestor público, ou da dissolução do conselho de administração, da comissão executiva ou do conselho de administração executivo das empresas públicas pelo *"órgão de eleição ou de nomeação"*[90]. Em relação à primeira, constitui caso de demissão de acordo com o artigo 25.º do EGP *"a avaliação de desempenho negativa, por incumprimento dos objectivos referidos nas orientações ou no contrato de gestão, desde que tal possibilidade esteja contemplada nesse contrato"*. Quanto à lista de motivos que podem determinar a dissolução do órgão de administração, estão aí incluídas tanto situações subsumíveis no conceito de justa causa estabelecido no CSC – e portanto ilícitas e culposas[91] – como outras que não exigem nem ilicitude (no sentido de violação de deveres de lealdade e diligência), nem culpa[92].

---

[88] Cfr. Artigo 1.º do EGP.

[89] O legislador optou, assim, por um conceito maximalista de gestor público, abrangendo todos os titulares de órgãos de administração de empresas públicas, ainda que eleitos por indicação de accionistas privados. Uma relevante e criticável consequência prática desta opção é a qualificação como gestores públicos de numerosos membros de órgãos de administração de sociedades de capitais mistos em que os privados detêm participações sociais significativas, com as diversas (e em muitos casos indesejáveis) consequências inerentes (ex. sujeição ao regime de incompatibilidades; sujeição ao regime de responsabilidade específico; sujeição à jurisdição do TC).

[90] Cfr. Artigo 24.º do EGP.

[91] Cfr. Artigo 24.º/1, alínea a) do EGP.

[92] Cfr. artigo 24.º/1 (b) e (c) do EGP.

DEMOCRATIZAR O GOVERNO DAS EMPRESAS PÚBLICAS

Há vários aspectos desta norma que merecem uma análise detalhada, mas o mais proeminente é seguramente a perversão de um dos eixos centrais do regime das sociedades anónimas que resulta da atribuição ao Estado (que nas empresas públicas é necessariamente o accionista de controlo, mas pode ser minoritário) da faculdade de dissolver o órgão de administração, caso não sejam observados «*os objectivos fixados pelo accionista de controlo ou pela tutela*»[93]. Este mecanismo impõe aos membros do órgão de administração de empresas públicas (ainda que sejam sociedades anónimas como uma parte significativa do respectivo capital disperso por accionistas privados ou mesmo maioritariamente[94]) uma submissão às directrizes do accionista público. Ficam assim prejudicados, desde logo no caso das sociedades anónimas o paradigma da autonomia funcional da administração em relação aos accionistas[95], por outro lado, o dever de lealdade da administração estabelecido no Artigo 64.º do CSC[96] e, por fim, o princípio da igualdade entre accionistas.

Uma terceira dimensão relevante prende-se com a avaliação de desempenho do gestor público. De acordo com o artigo 6.º do EGP, "*o desempenho das funções de gestão deve ser objecto de avaliação sistemática, tendo por parâmetros os objectivos fixados nas orientações nos artigos 11.º da LSEE, ou decorrente do contrato de gestão*". Já o artigo 7.º do EGP estipula que "*nos casos em que o modelo de gestão da empresa pública em causa compreenda gestores com funções executivas e não executivas, compete à comissão de avaliação, caso exista, apresentar anualmente um relatório circunstanciado de avaliação*".

Nestes três exemplos de intervenção pública dentro da relação entre o Governo e os gestores de empresas públicas, o bom desempenho do accionista Estado passa por controlar os seus agentes reduzindo os custos de agência que analisámos anteriormente, reflectidos na assimetria de informação, prevalência de interesses diferentes do interesse público e nas dificuldades de avaliação e acompanhamento eficiente da gestão da empresa. Passa também por corrigir outras falhas de governo, promovendo a responsabilidade pública do gestor, a prestação de contas, a transparência e a subordinação ao interesse público e o pleno acatamento das orientações decididas pelo poder político democrático.

Dir-se-á, por isso, que a intervenção do Governo junto do sector empresarial do Estado, quer no domínio das orientações de acção ou das diversas formas de

---

[93] Ver a este propósito o que acima escrevemos sobre a faculdade do Estado de estabelecer orientações nos termos do Artigo 10.º da LSEE.

[94] Se a qualificação como empresa pública resultar da aplicação da alínea b) do Artigo 3.º.

[95] Cfr. Artigo 405.º do Código das Sociedades Comerciais.

[96] Veja-se, por exemplo, PAULO CÂMARA, *O Governo das Sociedades e a reforma do Código das Sociedades Comerciais* in *Código das Sociedades Comerciais e o Governo das Sociedades*, Coimbra: Almedina, 2008, p. 30 e ss; "Os Modelos de Governo das Sociedades Anónimas", in *Jornadas de Homenagem ao Professor Raul Ventura – A Reforma do Código das Sociedades Comerciais*, Almedina, 2007; JOÃO SOUSA GIÃO, *Conflitos de Interesses entre Administradores e os Accionistas na Sociedade Anónima* in *Conflitos de Interesses no Direito Societário e Financeiro*, pp. 221 e ss; PEDRO MAIA, *Função e Funcionamento do Conselho de Administração da Sociedade Anónima*, Coimbra, 2002.

controlo da execução dessas orientações no âmbito da gestão pública, para além de expressar a posição superior do Governo no sistema administrativo, garante, como escreve Paulo Otero, *"a legitimação democrática da actuação empresarial e, por outro lado, uma possível instrumentalização de tais entidades aos fins do Estado e ao "indirizzo político" do Governo[97]"*.

Ora, é precisamente essa instrumentalização que nos parece mais problemática, porque se a intervenção do Governo nas empresas públicas, no quadro duma relação de agência em segundo grau, contribui para a sua legitimidade democrática, pode também ocorrer (e frequentemente ocorre) uma tal instrumentalização da acção empresarial aos fins do Governo que redunde na prática numa fuga ao princípio democrático e ao princípio da prossecução do interesse público.

Desde logo, a intervenção do Governo na orientação dos agentes/gestores públicos materializa-se num conjunto de opções que dependem previamente de escolhas políticas no quadro do primeiro grau de agência política, podendo inclusive induzir *"um comportamento não-comercial da empresa, ou um comportamento do accionista de controlo politicamente motivado[98]"*. Aproveitando-se da relação de agência, não será de estranhar que membros do governo menos escrupulosos se possam servir das empresas públicas para conservar as suas posições de poder, subvertendo também por essa via a relação de responsabilidade perante o *principal* democrático. Assim como também pode suceder que o desvio ético seja protagonizado pelo gestor e que o membro do governo competente para o controlar e fiscalizar, desmotivado pela sua distância em relação aos interesses que tutela como agência de primeiro grau, omita o comportamento sancionatório que deveria adoptar como principal na relação de segundo grau. Como eloquentemente enuncia a OCDE nas suas orientações:

> *"State Owned Enterprises face some distinct governance challenges. One is that SOEs may suffer just as much from undue hands-on and politically motivated ownership interference as from totally passive or distant ownership by the state. There may also be a dilution of accountability. (...) More fundamentally, corporate governance difficulties derive from the fact that the accountability for the performance of SOEs involves a complex chain of agents (management board, ownership entities, ministries, the government), without clearly and easily identifiable, or remote, principals. To structure this complex web o of accountabilities in order to ensure efficient decisions and good corporate governance is a challenge.[99]"*

---

[97] Paulo Otero, *Vinculação e Liberdade*, cit., pp. 310-311.
[98] Marcel Kahan e Edward Rock, *"When the Government is the Controlling Shareholder"*, in *New York University – Law and Economics Research Paper* n.º 10-20, p. 5 e 47.
[99] OCDE, *Guidelines on Corporate Governance of State-owned Enterprises*, p. 10.

Como enfrentar estes fenómenos de *diluição da responsabilidade e da accountability*? Quanto a nós, a resposta deverá passar por soluções mais democráticas de governação das empresas públicas que possibilitem uma abertura pluralista, uma representatividade político-democrática e uma prática de responsabilização por outras *vozes* e *interesses* dentro do sistema político que, concorrendo politicamente com o partido ou partidos que apoiem o Governo, contribuam para impedir que este instrumentalize as empresas públicas aos seus próprios fins oportunistas. Neste sentido, democratizar o governo das empresas públicas passa decididamente pelo reforço dos mecanismos de intervenção parlamentar[100].

Será uma solução adequada para atenuar os custos do duplo grau de agência aproximando os interesses do povo principal (através do parlamento) dos agentes de segundo grau e concretizando também, mais amplamente, o próprio imperativo constitucional de aproximar a Administração dos cidadãos[101].

III. DEMOCRATIZAR O GOVERNO DAS EMPRESAS PÚBLICAS

A) Empresas públicas e controlo parlamentar

A posição de princípio que aqui tomamos obriga-nos a redefinir a função e o âmbito do controlo parlamentar sobre as empresas públicas. Na doutrina nacional, numa obra de 1998, Paulo Otero ensaiou uma interpretação do controlo parlamentar sobre o sector público empresarial. Quatro notas caracterizam essa visão. Em primeiro lugar, o controlo da Assembleia da República sobre o Governo incidiria sobre *"o exercício dos poderes de controlo em relação às entidades integrantes do sector empresarial do Estado, encontrando-se o âmbito da responsabilidade governamental limitado pelo exacto alcance dos respectivos poderes[102]"*. Em segundo lugar, tais poderes de intervenção do Governo *"marcam os limites à competência fiscalizadora do Parlamento sobre os actos do Estado-ente-tutelar sobre as empresas públicas e do Estado accionista sobre as empresas organizadas sob formas jurídico-privadas"*, devendo sustentar-se que, quanto mais agravada for a presença do Estado na empresa constituída em forma privada, maior será a *"incidência do controlo parlamentar"*[103]. Em terceiro lugar, nunca em qualquer caso poderá a Assembleia da República *substituir-se* ou

---

[100] Refere ainda a OCDE sobre a responsabilidade do sector empresarial do Estado: *"Its accountability should be, directly or indirectly, to bodies representing the interests of the general public, such as the Parliament. Its accountability to the legislature should be clearly defined, as well as the accountability of SOEs themselves, which should not be diluted by virtue of the intermediary reporting relationship.* OCDE – *Guidelines*, p. 27.

[101] Cfr. Artigo 267.º da Constituição.

[102] PAULO OTERO, *Vinculação e Liberdade*, cit., p. 329.

[103] PAULO OTERO, *Vinculação e Liberdade*, cit., pp. 329-330.

antecipar-se ao Governo no exercício das suas funções de controlo como órgão do ente tutelar ou do Estado-accionista sobre tais entidades empresariais[104]. E em quarto lugar, reconhecendo Otero que a Constituição autoriza a possibilidade de o próprio controlo parlamentar *"compreender, paralelamente, mecanismos directos de controlo sobre as próprias estruturas empresariais"*, tal controlo deve sempre ser feito no respeito por um *"princípio de mediação governamental"*[105]. E o autor sintetiza a sua posição nos seguintes termos: *"dentro do respeito pelo princípio da separação de poderes, a Assembleia da República poderá apreciar os actos da Administração, segundo a "janela" que os poderes de intervenção do Governo lhe permite "ver"*[106].

Para expormos melhor as nossas diferenças em relação a esta visão mais restritiva do controlo parlamentar por *mediação governamental*, entendemos que o âmbito do controlo parlamentar sobre o sector empresarial do Estado depende da resposta à seguinte questão: ou a intervenção fiscalizadora e responsabilizadora do Parlamento incide, no plano político, sobre a intervenção fiscalizadora e responsabilizadora do Governo, no plano administrativo, sobre as empresas públicas, caso em que o Parlamento controla de facto *politicamente* o modo como o Governo controla *administrativamente* a sua gestão; ou a intervenção fiscalizadora e responsabilizadora do Parlamento recai não só sobre o exercício dos poderes de intervenção de controlo do Governo junto das empresas públicas, mas também directamente sobre a actividade dos agentes públicos nessas empresas da perspectiva da sua eficácia/eficiência, transparência e responsabilidade e correcta prossecução do interesse público, no quadro do duplo grau de agência a que nos referimos anteriormente, quer estejamos perante empresas em forma privada de capitais maioritariamente públicos e empresas de capitais maioritariamente privados submetidas ainda assim à influência dominante do Estado. Nesta segunda alternativa não será já a Assembleia da República a apreciar os actos da Administração *"segundo a janela que os poderes de intervenção do Governo lhe permite ver"*, mas verdadeiramente segundo outras janelas que permitam *ver e ir vendo* a actividade do gestor público e o cumprimento pelo sector empresarial do Estado das suas obrigações de governo público.

Optamos claramente pela segunda posição.

Por força do princípio da subordinação do poder económico ao poder político e da necessidade de legitimação político-democrática dos poderes de governo no quadro da relação de agência empresarial, encontrando-se além do mais a Administração directamente sujeita à apreciação parlamentar[107], podemos dizer que o

---

[104] Paulo Otero, *Vinculação e Liberdade*, cit., p. 330. O autor sustenta por isso que seria inconstitucional "a criação parlamentar de estruturas (públicas ou privadas) de controlo do sector empresarial do Estado sem que o Governo tivesse sobre estas entidades quaisquer mecanismos de intervenção", cit., p. 322.

[105] Paulo Otero, *Vinculação e Liberdade*, cit., p. 335.

[106] Paulo Otero, *Vinculação e Liberdade*, cit., p. 329.

[107] Cfr. Artigo 162.º, alínea a) da Constituição.

controlo do sector empresarial do Estado pelo Parlamento não pode ser concebido como apenas um controlo indirecto, mediado ou em segundo grau – dir-se-á em "segunda mão" – do controlo administrativo levado a cabo pelo Governo junto das empresas públicas. Nem se encontra dependente de um prévio controlo dirigido à própria actuação do Governo. Sendo certo que não poderá o Parlamento exercer os poderes de orientação que a lei atribui ao Governo nem substituir-se a este invadindo áreas decisórias da função administrativa do Estado, a latitude do poder de apreciação e controlo da Assembleia da República só se coaduna com soluções que impliquem o acompanhamento directo e sem mediação governamental das empresas públicas e, em especial, da actividade do gestor público. Só dessa forma se poderá efectivar plenamente a responsabilidade política do Governo perante o Parlamento que inclui tanto acções como omissões que lhe sejam imputáveis[108].

Por outras palavras, no domínio particular das empresas públicas a legitimação democrática do poder administrativo exige que o Parlamento aprecie não apenas o *processo* com que o Governo *orienta e fiscaliza* a actuação das estruturas administrativas que dele dependem naquelas empresas, nem deverá estar funcionalizado a esse processo. No respeito pelos direitos fundamentais das pessoas envolvidas e por outras regras de protecção do segredo comercial, deverá ser um controlo directo e primário sobre a actividade de gestão pública das empresas do sector empresarial do Estado.

Numa democracia parlamentar compete por princípio ao Parlamento efectivar os referidos princípios da responsabilidade, transparência, *accountability* e representatividade política. Os parlamentos poderão ser particularmente convenientes para prevenir e quebrar muitos dos círculos viciosos de conflitos de agência de duplo grau na relação de gestão pública. Pese embora sofram também de outros custos de informação e representação (v.g. a demora na tomada de decisões), várias das funções geralmente atribuídas ao Parlamento são passíveis de contribuir para suster os conflitos de interesses de que padecem as relações de agência e promover resultados mais eficientes. Neste contexto, estamos a pensar nas funções competitiva, representativa, de publicidade e responsabilizadora da Assembleia da República.

De um lado, a função competitiva entre governo e oposição servirá de incentivo para que os deputados vigiem eventuais e frequentes alinhamentos oportunistas entre governantes e gestores públicos e de desincentivo para que estes governantes e gestores assumam estes alinhamentos[109]. De outro, a função representativa

---

[108] Cfr. Artigo 117.º da Constituição.

[109] Numa abordagem de ciência política mas sublinhando que "a democracia parlamentar aumenta o incentivo dos principais em monitorizar os agentes", ver Kaare Strom, *"Parliamentary Democracy and Delegation"*, cit., p. 94.

O GOVERNO DAS ORGANIZAÇÕES

poderá garantir que outros interesses políticos sejam acautelados no sistema de governo das empresas públicas, por exemplo no que se refere à nomeação dos gestores. De outro ainda, a função de publicidade permitirá a discussão e o escrutínio público de casos em que as opções de governo das empresas públicas foram determinadas por orientações formais ou informais do Governo e não o resultado de escolhas fundadas em critério de negócio. Finalmente, como corolário potencial de exercício das funções anteriores a função responsabilizadora poderá conduzir à remoção tanto de governantes como de gestores comprovadamente perniciosos para o governo das empresas públicas.

B) Empresas públicas e responsabilidade ministerial directa e indirecta

Como já observámos, sustentamos que a força irradiante do princípio democrático no contexto do sistema administrativo depende da concretização do princípio da responsabilidade, da *transparência* e *accountability* e da *representatividade político-democrática da decisão administrativa*[110].

Pretendemos agora introduzir alguns desenvolvimentos sobre o tema da responsabilidade político-administrativa no governo das empresas públicas. Com efeito, sendo certo que a nomeação do gestor público constitui um acto do Governo[111] e que as orientações gerais e específicas tendo em vista a definição do exercício da gestão das empresas públicas competem ao Ministro das Finanças e ao respectivo ministro responsável em termos sectoriais[112], interessa apurar em que termos deverá o Governo, a título colectivo, ou um daqueles ministros, a título individual, assumir a responsabilidade política perante a Assembleia da República por acções ou omissões relativas às empresas públicas.

O nosso ponto de partida é a distinção entre responsabilidade directa e indirecta. Na responsabilidade directa compreendem-se os actos próprios dos membros do Governo; na responsabilidade indirecta estarão em causa actos de terceiros, sejam eles gestores públicos executivos ou não executivos.

De facto, se é verdade que todos os titulares de cargos políticos estão sujeitos ao princípio da responsabilidade política[113], a determinação do conteúdo e extensão dessa responsabilidade oferece dúvidas, pelo menos no que respeita à responsabilidade ministerial individual. A complexificação e autonomização de estruturas administrativas em forma privada torna aliás especialmente difícil

---

[110] PAULO OTERO, *O Poder de Substituição*, Vol. II, cit., p. 539.
[111] Sob proposta do Ministro das Finanças (Cfr. Artigo 13.º, n.º 2 do EGP).
[112] Tal como analisámos, ver artigo 11.º, n.º 2, a) e b) da LSEE.
[113] Cfr. Artigo 117.º da Constituição.

recorrer à responsabilidade ministerial, uma vez que se trata de áreas que fogem ao controlo e ao conhecimento efectivo da autoridade do ministro[114].

Está fora do âmbito deste escrito uma análise exaustiva do problema. Em termos gerais, pode dizer-se que os membros do Governo assumirão a responsabilidade política por acções ou omissões próprias no exercício da função de orientação e supervisão das estruturas empresarias públicas que, atendendo ao sector em causa, estejam sob o seu controlo. Desde logo, os ministros que forem competentes para o efeito são sempre responsáveis pelas orientações gerais ou específicas que concretamente tiverem emitido. Paralelamente, os mesmos membros do Governo não poderão deixar de assumir, de forma indirecta, a responsabilidade pelas acções ou omissões dos gestores públicos que tiverem designado para as empresas públicas, visto que a nomeação do gestor público é também o resultado de uma escolha política e não apenas técnica[115].

Sendo certo que ao ministro não se poderá imputar responsabilidades por quaisquer acções do agente, em muitas situações estaremos perante casos que poderão implicar responsabilidades *in eligendo* ou *in vigilando*, consoante se mostre que o membro do governo tinha conhecimento ou devia ter conhecimento de alguma forma da acção ou omissão politicamente censurável do gestor público[116]. A aplicação da responsabilidade ministerial representa por isso uma via de controlo e racionalização da actividade do gestor público.

C) Instrumentos de governo democrático das empresas públicas

Abordaremos agora na parte final deste trabalho de que maneira e com que processos é que a Assembleia da República poderia intervir no governo corporativo das empresas públicas, contribuindo para uma maior legitimação democrático-parlamentar do poder empresarial público. Tal intervenção tem vindo a ser sugerida em documentos internacionais que sistematizam princípios e recomendações de bom governo empresarial. Também a Resolução n.º 49/2007 afirmou a necessidade de *"novos princípios no que diz respeito à prestação de informação pelas empresas públicas"*, que *"não só permitirá que os cidadãos, contribuintes e demais interessados estejam mais informados sobre a situação das empresas detidas pelo Estado, como igualmente servirá para que, numa sociedade plural, haja um maior escrutínio da*

---

[114] Rafael Gisbert, *La Responsabilidad Politica de Gobierno: realidade o ficción*, Colex, 2001, p. 21.

[115] Desde logo, compete ao Governo avaliar previamente o *"sentido de interesse público"* da personalidade designada.

[116] Ricardo Leite Pinto/José de Matos Correia, *A Responsabilidade Política*, Universidade Lusíada Editora, 2010, p. 43. Os autores sublinham que o conceito de responsabilidade por actos alheios *"se edifica em torno de uma certa forma de presunção"*.

opinião pública sobre estruturas do governo e o desempenho destas empresas". Assim, como reflexos de cada uma das funções do Parlamento, consideramos relevantes os seguintes domínios:

A. *Intervenção parlamentar no processo de nomeação dos gestores públicos e dos membros do órgão de fiscalização.* A OCDE tem vindo a recomendar a adopção de sistemas de nomeação dos órgãos de administração das empresas púbicas estruturados de forma "transparente" e "eficiente", valorizando-se os requisitos de competência, profissionalismo e experiência dos designados e promovendo processos de nomeação competitivos e responsivos. Trata-se de uma preocupação que, aliás, também foi vertida proclamatoriamente para a LSEE. Tal exige, nas situações em que o Estado participa juntamente com outros privados no capital social das empresas públicas, o cumprimento de um dever geral de consulta e tratamento equitativo dos demais accionistas, assim como a criação de comités de nomeação que permitam encontrar e testar bons candidatos, numa fase preliminar ao processo de designação propriamente dito[117].

No direito português, se a nomeação de membros do órgão de administração e a apreciação dos referidos requisitos é inquestionavelmente uma competência governamental, poder-se-á conceber um sistema de nomeação em que o exercício do poder de designação fique sujeito a audições parlamentares especializadas, para que também a Assembleia da República possa debater e apreciar as competências do *nomeando*, não devendo excluir-se a possibilidade de o *candidato* ficar sujeito a um voto de aprovação não vinculativo na instância parlamentar. Esta intervenção parlamentar estaria em linha com outras recomendações da OCDE, no sentido de o Governo consultar o Parlamento sobre os principais elementos da política accionista do Estado[118].

Também nada impede que o Parlamento (ou melhor a oposição parlamentar) nomeie uma parte dos membros dos órgãos de fiscalização de empresas públicas, solução que permitiria a introdução no respectivo seio de profissionais não alinhados com os gestores e os governantes que os nomearam e, por isso, representaria uma abertura pluralista no seio do governo do sector empresarial do Estado.

B. *Colaboração político-administrativa com a Assembleia da República.* Numa manifestação eloquente do papel que a OCDE confere aos parlamentos no governo das empresas públicas, as orientações da OCDE apontam expressamente que tanto os representantes das empresas do SEE como as entidades que exerçam formalmente a função accionista por conta do sector público deverão comparecer perante órgãos representativos, para que tenham em consideração e sejam avaliados face a um mais vasto conjunto de interesses públicos relevantes. A OCDE sugere que os

---

[117] OCDE – *Guidelines...*, cit., p. 16.
[118] OCDE – *Accountability and Transparency – A Guide for State Ownership*, p. 16.

DEMOCRATIZAR O GOVERNO DAS EMPRESAS PÚBLICAS

termos e mecanismos definidores dessa responsabilidade devem estar claramente definidos. Uma das orientações da OCDE a este nível é a de que os parlamentos poderiam, com vantagem, ser chamados a discutir *ex ante* os objectivos quantitativos e qualitativos da política accionista do Estado no sector empresarial público[119].

Uma mais completa incorporação do princípio da *prestação de contas* democrática efectiva-se, segundo a OCDE, de acordo com uma prática de responsabilização interactiva e dinâmica, o que inclui a intervenção de um amplo número de agentes, entre eles as empresas, os ministros, parlamentares, o público e os *media*[120]. Fica assim evidenciada a importância de promover soluções de governação democrática através da participação directa e dialéctica das próprias estruturas empresariais públicas com a Assembleia da República.

C. *Acompanhamento parlamentar*. Como se referiu acima na descrição dos poderes do Estado enquanto accionista no actual SEE, para além das informações a prestar aos accionistas nos termos gerais do CSC, as empresas públicas devem enviar ao Ministro das Finanças e ao ministro responsável pelo sector um conjunto de informação[121] [122] assaz exigente e extensa.

Reconhecendo-se que o Parlamento pode sempre requerer elementos e informações no âmbito da sua actividade de fiscalização da Administração, a verdade é que o âmbito do seu poder será sempre mais limitado se não for conferida e institucionalizada uma *responsabilidade* a nível parlamentar para o acompanhamento dinâmico e constante do sector empresarial do Estado. Nessa medida um princípio de bom governo das empresas públicas passaria pela criação de uma comissão especializada permanente para acompanhar e apreciar a actuação do sector empresarial do Estado[123] incumbida de receber e avaliar a informação produzida pelas estruturas empresariais públicas, que fosse organizada com as cautelas necessárias para a proteger adequadamente o segredo comercial e da informação privilegiada das empresas públicas.

D. *Prestação de contas perante o Parlamento*. A LSEE determina a obrigatoriedade de as empresas públicas elaborarem relatórios anuais, em acréscimo às demais informações exigidas pelo direito privado, que devem conter, designadamente, informação relativa às orientações de gestão, identidade e actividade dos administradores, montantes das suas remunerações, relatórios sobre a actividade dos administradores. Para além da elaboração destes relatórios, incluindo os dados exigidos pela legislação comercial e pelo artigo 13.º da LSEE, os órgãos de

---

[119] OCDE – *Accountability and Transparence – A Guide for State Ownership*, p. 18.

[120] OCDE – *Accountability and Transparency – A Guide for State Ownership*, p. 86.

[121] As informações abrangidas pelo n.º 1 do Artigo são prestadas pelas empresas públicas em condições a estabelecer por despacho do Ministro das Finanças (cfr. Artigo 13.º/3 da LSEE).

[122] Resolução do Conselho de Ministros n.º 49/2007, de 28 de Março, n.º 23.

[123] Referindo expressamente a hipótese, PAULO OTERO, *Vinculação e Liberdade*, cit., p. 334.

administração das empresas públicas são ainda obrigados a divulgar anualmente através de aviso a publicar na 2.ª série do Diário da República, um vasto conjunto de informação (em larga medida coincidente com a que deve constar do relatório anual, mas ainda assim com uma grande área de separação, o que obriga a compilação de vários documentos para reunir o quadro completo da informação sobre cada empresa)[124].

Com o fito de reforçar a prestação de contas perante a Assembleia da República e perante a opinião pública, a doutrina reconhece também a necessidade de ser elaborado um relatório geral sobre o sector empresarial do Estado[125]. Sendo certo que deverão ser promovidos mecanismos de comunicação com o Parlamento que obrigue o sector empresarial público a esclarecer e informar o órgão de controlo parlamentar, podemos distinguir entre as seguintes formas de prestação de contas: (i) periódica; (ii) *ad hoc*; (iii) para o efeito de aprovação. Se a lógica inerente à prestação periódica, em regra anual, de contas tende a ser insuficiente ou excessivamente restritiva, limitando-se na maior parte dos casos a informação financeira[126], a prestação de contas *ad hoc* poderá ficar sujeita a conflitos entre os políticos e a Administração acerca da informação sujeita a escrutínio. Como solução intermédia, a OCDE propõe a disponibilização de relatórios bianuais que apresentam a grande vantagem de permitir comparações.

E. *Avaliação de desempenho dos gestores públicos.* Também neste domínio a intervenção da Assembleia da República, paralelamente à avaliação de desempenho do gestor público que compete ao Governo, contribuiria para mitigar os problemas de agência envolvendo a participação de outros interesses que não somente o do Governo. Podemos extrair das orientações da OCDE que as avaliações de mandato (*mandate reviews*) não são desconhecidas do *corporate governance* comparado[127]. A intervenção do Parlamento permitiria uma avaliação mais completa do cumprimento de objectivos.

CONCLUSÃO

No presente artigo começámos por questionar o modo como a governação das empresas públicas em forma jurídico-privada realiza insuficientemente o princípio democrático, gerando ineficácia e outros custos de agência particularmente

---

[124] O Artigo 13.º-B prevê a possibilidade de, por portaria do Ministro das Finanças, se estabelecerem condições da divulgação complementar da informação referida nessa mesma norma.
[125] MANUEL PORTO/JOÃO NUNO CALVÃO DA SILVA, *"Corporate Governance nas Empresas Públicas"*, p. 384.
[126] OCDE – *Accountability and Transparency – A Guide for State Ownership*, p. 87.
[127] OCDE – *Accountability and Transparency – A Guide for State Ownership*, p. 24; MANUEL PORTO/JOÃO NUNO CALVÃO DA SILVA, *"Corporate Governance nas Empresas Públicas"*, p. 388.

nocivos. A análise que empreendemos ao conceito de empresa pública, assim como às coordenadas fundamentais da LSEE e ao exercício da função accionista do Estado tornaram visíveis alguns desses problemas.

Concebendo a relação de gestão pública no quadro da relação de agência entre o Governo e os gestores de empresas públicas, detectámos custos de agência decorrentes da assimetria informativa entre o principal-agente. Mas vislumbrámos ainda custos políticos provenientes do que definimos por duplo grau de agência. À relação de agência entre Governo e gestores públicos antepõe-se a relação primária de agência democrática entre o povo e o Governo.

Uma abordagem tradicional inspirada na dogmática da organização administrativa não é suficiente para enfrentar o problema. Conjugando a teoria da agência com a teoria da delegação democrática, sustentámos que o problema do duplo grau de agência requer um reforço do controlo levado a cabo pela Assembleia da República. Não um controlo sob *mediação governamental* mas um controlo directo e dinâmico levado a cabo pelo Parlamento.

Em conformidade com as orientações da OCDE, propomos uma participação mais alargada e directa do Parlamento na fiscalização da actividade das estruturas empresariais do sector empresarial do Estado.

CAPÍTULO XVIII

O GOVERNO DOS ÓRGÃOS DE SOBERANIA: UMA INTRODUÇÃO

António Fernandes de Oliveira

ABSTRACT: *This essay makes an analogy between a widely held corporation and a sovereign State, where the Government or Executive Power represents the top management of a corporation. The Parliament can be compared to a body of representatives of the shareholders of a corporation. The role of the President of the Republic can be compared, to a certain degree, to that of a chairman. The Court of Auditors ("Tribunal de Contas") resembles an auditor. The Common Courts and the Public Attorneys should judge and prosecute any malfeasance that may be committed by a State Officer, relying on the same independence that they enjoy when assessing the wrongdoings of corporate officers. The press, and journalism in general, are or should be, simultaneously, a soft auditing power and a conveyor of general and specific (like that provided by financial analysts to investors in the corporate world) information on public affairs, to the shareholders of the State.*
How these parts taken together interact with each other and what conditions should be fulfilled in order to guarantee, to the extent possible, their proper functioning, is what this essay aims to answer by reference to the political and cultural Portuguese context, making use of common sense and relying explicitly and implicitly on corporate governance analyses, concepts and theories.

SUMÁRIO: *§ 1.º Introdução; § 2.º Na base do Governo estão os Partidos Políticos; i) O Governo é, no nosso sistema constitucional, o partido político; ii) No princípio era o verbo; iii) A função partidária de que um país precisa para a sua boa governação; iv) Outras reformas;*

§ 3.º *A Assembleia da República; § 4.º O Presidente da República; § 5.º O Tribunal de Contas; i) De novo o problema da omissão de densificação constitucional das obrigações e missões dos órgãos de soberania; ii) À avaliação e controlo tem de se seguir a divulgação, expedita e facilmente acessível a todos, dos seus resultados; iii) A escolha do fiscalizador não pode ser feita por pessoas nomeadas pelo fiscalizado; iv) Para além da actual consagração legal de mecanismos de efectivação de responsabilidade financeira; § 6.º Os Tribunais Judiciais e a Magistratura do Ministério Público; i) Da formação técnica dos, e do apoio técnico aos, magistrados; ii) Da necessidade de criação de condições de independência relativamente ao poder político; iii) Das causas da apregoada crise, e perda de prestígio, do poder judicial; iv) Das vantagens de um efectivo autogoverno da função judicial; v) O Tribunal Constitucional; vi) O Ministério Público; § 7.º A Fiscalização dos Governantes e da Governação pelo Quarto Poder – Imprensa Livre e Pluralista; i) A função (de monitorar e informar) do jornalismo no contexto da actuação dos poderes públicos; ii) A criação de condições institucionais e económicas que contribuam para a existência de um jornalismo cumpridor do seu dever e função; iii) Limites à liberdade de imprensa: "direito ao bom nome", difamação e injúria; iv) Limites à liberdade de imprensa (cont.): o segredo de justiça; § 8.º Notas Finais.*

§ 1.º INTRODUÇÃO

1. Não me interessará aqui a gestão burocrática dos órgãos de soberania. Não obstante, esse é um tema importantíssimo, especialmente para os órgãos de soberania, como os tribunais, que pela multiplicação e descentralização das suas unidades, e pela "produção em massa" a que se dedicam de um serviço público essencial (dirimir conflitos, neste caso), podem certamente beneficiar da aplicação de técnicas de gestão compatíveis com as suas funções, articuladas com alterações da lei processual e da organização judiciária, de modo a eliminar desperdícios e ineficiências causados por variados factores: (i) duplicações de processos para casos essencialmente idênticos, (ii) uma porventura excessiva colocação da condução processual nas mãos de partes que não são imparciais e independentes nem têm que agir com imparcialidade e independência, (iii) insuficiente formação dos juízes e outros magistrados (e dos advogados) em áreas muito distintas da tradicional área jurídica, mas que cada vez mais são necessárias para se decidir bem, com confiança e relativa rapidez, e (iv) ausência de um corpo de técnicos capazes, de várias áreas, com mobilidade para assistir informalmente os juízes na compreensão de variadas questões técnicas (mas sempre acompanhado de uma formação de base dos juízes em matérias extra jurídicas que lhes permita controlar minimamente o diálogo/saber o que perguntar), etc. – estou certo de que um levantamento, sem preconceitos (de preferência dirigido por quem tenha formação de base fora da área jurídica), do que se passa no dia-a-dia dos nossos

O GOVERNO DOS ÓRGÃOS DE SOBERANIA

tribunais e juízes permitirá um diagnóstico das reais necessidades que permita, depois, avançar para a concepção de soluções de gestão e processuais capazes de lhes dar uma boa resposta.

2. O objectivo deste pequeno ensaio será o de olhar para a governação dos órgãos de soberania da perspectiva da governação do país ou "coisa pública".

Daí que o eixo central, em redor do qual toda a análise dos restantes órgãos de soberania se situará, seja o Governo. É este o vértice que põe e dispõe na gestão da coisa pública em termos de receitas e despesas. É nele que se situa o leme do barco chamado Portugal – "[o] Governo é o órgão de condução da política geral do país e o órgão superior da administração pública" [cfr. artigos 161.º, g), 182.º e 199.º, da Constituição da República Portuguesa].

A governação dos restantes órgãos de soberania – começando pela Assembleia da República, passando pelo Presidente da República e acabando nos (diversos) Tribunais – vai-me interessar, fundamentalmente, da perspectiva das suas tarefas de fiscalização e controlo do exercício das funções que cabem ao Governo – *maxime* a função de gestão do património público e de utilização de uma enorme porção da riqueza produzida pelos administrados (pelo país) em actividades, serviços e investimentos por si, em substancial medida, propostos e escolhidos.

É aqui, relativamente a este órgão – o Governo –, e desta perspectiva – gestão de património e meios financeiros que pertencem a terceiros (aos administrados, ao país) – que as análises, diagnósticos, ideias e técnicas desenvolvidas a propósito das sociedades ditas comerciais, com capital disperso pelo público (por oposição às sociedades controladas por accionistas identificáveis) – *widely held corporations* por oposição às *closely held corporations* –, podem ter uma aplicação mais directa e útil.

3. A analogia implícita, portanto – por razões óbvias que me dispenso de explicitar – é entre a governação do país e a governação de sociedade cujo capital esteja disperso pelo público – isto é, governação de sociedade sem accionista(s) de controlo.

E assim é porque no plano dos princípios, no plano constitucional, ou como ponto de partida, é com isso mesmo que a governação de um país e respectivos problemas se deveria assemelhar. Mas entre o que deveria ser e o que é pode haver uma grande distância, pelo que, desviando-me deste fio condutor para a análise que aqui me proponho, não deixarei de fazer referências, sempre que apropriado, ao risco ou hipótese de os administradores (governantes) deste país, em razão da configuração de que na prática se revestiu o nosso sistema político, terem em conta em demasia as necessidades ou conveniências de um ou mais grupos de interesses que tenham conseguido ocupar, de facto, posição que se assemelha à tipicamente associada à de accionistas de controlo em *closely held corporations*.

O GOVERNO DAS ORGANIZAÇÕES

Limitações de espaço impediram-me de contextualizar e introduzir temas recorrendo a estudos e desenvolvimentos há muito efectuados na área do *corporate governance*. Mas na bibliografia indicada no final deste artigo podem ser encontrados todos os livros e artigos cuja leitura teve alguma relação com a realização do presente. E porque o espaço é curto, passarei, sem mais delongas, ao desenvolvimento do tema que me propus tratar com a configuração acima sumariamente descrita.

§ 2.º NA BASE DO GOVERNO ESTÃO OS PARTIDOS POLÍTICOS

i) O Governo é, no nosso sistema constitucional, uma projecção do partido político

4. É um facto, à luz das condições de visibilidade acessíveis a um "*outsider*", que a realidade jurídico-constitucional "partido político" controla as realidades jurídico-constitucionais "Assembleia da República" e "Governo".

E, constitucionalmente, é isto mesmo que foi consagrado, reservando-se aos partidos ditos "políticos" o monopólio da apresentação de candidaturas à Assembleia da República, estabelecendo-se mecanismos que potenciam e induzem a actuação dos deputados eleitos pelos partidos como um só corpo ou a uma só voz – em torno do ponto focal representado pelo partido a que pertençam e sob o *nomen juris* de "grupo parlamentar" –, estabelecendo-se a reserva absoluta de competência legislativa da Assembleia da República (isto é, no nosso sistema constitucional, reserva de competência dos próprios partidos) com respeito às matérias relativas aos partidos (de que a nossa Constituição se ocupa apenas com respeito a certos aspectos) e determinando-se que o Primeiro Ministro – que, por sua vez, escolhe os restantes membros do Governo – é nomeado tendo em conta os resultados eleitorais das eleições de deputados para a Assembleia da República e ouvidos os partidos aí representados [artigos 114.º, 133.º, n.º 1, alíneas f) e h), 151.º, 161.º alíneas g) e h), 162. alínea d), 164.º, alínea h), 180.º e 187.º, da Constituição da República Portuguesa – doravante, CRP].

O controlo do sistema de governação reservado aos partidos chega ao ponto de, não obstante se proclamar (i) o são (ou, pelo menos, defensável) princípio de que os deputados representam todo o país e não os círculos por que são eleitos (cfr. artigo 152.º da CRP), (ii) o princípio de que os deputados exercem livremente o seu mandato (cfr artigo 155.º, n.º 1, da CRP) e (iii) o princípio de que ninguém pode ser privado do exercício de qualquer direito por estar ou deixar de estar inscrito em qualquer partido legalmente constituído (cfr. artigo 51.º, n.º 2, da CRP), se impor depois, do mesmo passo, que perdem o mandato os deputados

O GOVERNO DOS ÓRGÃOS DE SOBERANIA

que se inscrevam por partido diverso daquele pelo qual foram apresentados a sufrágio [cfr. artigo 170.º, n.º 1, alínea c), da CRP, regra que está replicada no artigo 8.º do Estatuto dos Deputados aprovado pela Lei n.º 7/93 de 1 de Março]. Isto diz bem da importância central, do peso, do poder, que se quis emprestar à realidade institucional "partido", no nosso sistema político.

De tal maneira que, na teoria e na prática, falar do Governo do país é falar do governo levado a cabo por quem domina os partidos vencedores de eleições de deputados para a Assembleia da República. Há que começar por aí – pelo governo dos próprios partidos – se se quer fazer um diagnóstico que permita dizer algo de útil no que respeita ao Governo do país.

ii) **No princípio era o verbo**

5. Numa perspectiva dinâmica é indubitável que a teoria e a prática se influenciam reciprocamente, de tal forma que uma boa prática pode acabar por alterar, informando-a, uma má teoria, e uma boa teoria pode acabar por alterar, comandando-a, uma má prática. E *vice-versa*.

Mas de uma perspectiva estática, ou fotográfica, é também indubitável que "no princípio era o verbo": no princípio era a ideia, o pensamento, a teoria, ainda que não assumida formalmente como tal, neste ou naquele momento (ou ainda que escondida, cedendo o palco a uma qualquer outra teoria falsamente apresentada como a inspiradora da acção). Só depois vem a acção e respectivas consequências, apoiada nessa ideia ou princípio condutor.

6. Que ideias ou princípios condutores perpassam na nossa Constituição a propósito da governação do país? Por referência à realidade mais difusa e abran-gente que é o Estado, estes princípios são claros e isentos de ambiguidades no que respeita à defesa dos interesses dos portugueses e do país, não obstante a sua escusada diluição num conjunto de tarefas e incumbências de carácter menos permanente ou mais ideológico (artigos 9.º e 81.º da CRP), e da sua mistura com valores e princípios a que se pretende aderir e que se deveriam situar num plano distinto, ainda que, indubitavelmente, constitucional também.

Por referência especificamente ao órgão de soberania Governo (ou aos deputados – que constituem a base de sustentação de qualquer Governo no nosso sistema constitucional – ou, ainda, ao Presidente da República), porém, os respectivos deveres estão insuficientemente desenvolvidos ou há mesmo uma omissão, pelo menos em termos de referências directas. O que existe é em geral pertinente (a discordância que possa suscitar é para com aquelas solu-ções jurídico-constitucionais que reforçam o poder da disciplina e monopólio partidários sobre o nosso destino colectivo), mas é insuficiente. Podia a nossa

O GOVERNO DAS ORGANIZAÇÕES

Constituição ser mais forte e assertiva a respeito dos deveres fundamentais dos governantes e deputados, a exemplo do que no campo das sociedades se faz com o seu órgão de governação típico, de forma clara e inequívoca (cfr. artigo 64.º do Código das Sociedades Comerciais). A título de exemplo, vejamos o que (não) prescreve a nossa Constituição:

a) "*A lei dispõe sobre os deveres (...) dos titulares dos cargos políticos*" (cfr. artigo 117.º, n.º 2, da CRP); ora, no que respeita aos deveres fundamentais, pelo menos, associados à função do cargo político em causa, deveria ser exclusivamente a Constituição a dispor;

b) Foi julgado que o mais importante no que respeita ao juramento do Presidente da República seria o cumprimento da CRP (cfr. o seu artigo 127.º, n.º 3), em vez de, em cumulação, pelo menos, com este expediente processual, se estabelecer, directa e substantivamente, a vinculação do Presidente da República e respectiva acção a interesses permanentes do país e dos portugueses;

c) Em relação aos deputados a nossa CRP fala em termos vagos e sem qualquer densificação daquilo que é suposto representarem (artigo 152.º), depois fala dos seus poderes (artigo 156.º), das suas imunidades (artigo 157.º), daquilo a que chama os seus *"direitos e regalias"* (artigo 158.º) e, quando chega à altura de elencar os seus deveres, limita-se a descrever deveres que, tendo embora a sua importância, poderiam ser os de um qualquer funcionário sem responsabilidades de comando e decisão ao mais alto nível (artigo 159.º), sem tocar, ao de leve que seja, e pela positiva, na definição do dever – dir-se-ia que fundamental ou básico – da defesa dos interesses do país e dos portugueses por si representados, dentro dos limites, evidentemente, demarcados pelos valores a que constitucionalmente aderimos;

d) Em relação, especificamente, ao Governo, a nossa Constituição não tem ainda uma voz forte (pela positiva) relativamente ao que se usa designar como "deveres fundamentais", designadamente de lealdade aos interesses do país e dos portugueses, para além do que se possa deduzir, indirecta e difusamente, do rol das suas competências.

7. A conclusão que se pode retirar deste pequeno diagnóstico é a de que não se assumiu que a soberania dos órgãos e, em última análise, do Estado, e a liberdade de gestão da coisa pública pelos eleitos e nomeados para tal fim, não é incompatível com a imposição clara de deveres aos mesmos no que respeita aos interesses a que estão vinculados no exercício das suas funções e poderes.

Se no âmbito das sociedades de direito privado, em que para muitos estarão até em causa interesses "menores" – na medida em que se revistam de carácter particular –, se impõe aos órgãos de governação e respectivos titulares que atendam aos "interesses dos seus representados (accionistas) e que lhes sejam leais acima de qualquer outro interesse" (dentro dos limites extrínsecos, evidentemente, constituídos pela consagração legal de outros interesses específicos), não

726

O GOVERNO DOS ÓRGÃOS DE SOBERANIA

se vê razão séria para, como ponto de partida legal, se não impor, clara, directa e expressamente, coisa semelhante aos Governos de Portugal e respectivos titulares. Quanto mais não seja porque "no princípio era o verbo".

Os interesses a promover deveriam ser os de longo prazo (como hoje se impõe com respeito à governação das sociedades comerciais e, por maioria de razão, se deveria impor constitucionalmente com respeito à governação da coisa pública), com a equidade inter-geracional a desempenhar um papel importante na definição em concreto desse interesse e na triagem das políticas capazes de o servir. Por força da lei da vida e da morte, não somos donos de nada – limitamo-nos a usar e a ocupar por umas décadas o que outros antes de nós utilizaram e que quem há-de vir tem também o direito de ter a oportunidade de vir a usar e a ocupar. E não temos que sobrecarregar os vindouros com os nossos consumos de hoje quando razoavelmente não se possa esperar virem a gerar retornos compensadores no futuro. A fiscalização ou apreciação da governação (de que adiante se falará) deveria também ser desenvolvida nesta perspectiva.

8. Esta omissão ou silêncio constitucional acerca dos deveres fundamentais do Governo e, no que agora me vai interessar, dos deputados (a base de sustentação do Governo, estruturada em redor dos partidos), é agravada pelo modo como os partidos – quiçá tirando partido deste vazio, o que revela a importância prática do "verbo" ou "ideia" como determinante da acção, factor que aqui se tem procurado sublinhar – se organizam no que respeita aos deveres dos seus membros (futuros deputados, membros do Governo e, na prática, ocupantes de muitas outras posições dependentes, em última análise, do poder partidário).

Por falta de tempo e de espaço, tomarei como objecto deste estudo os estatutos dos dois partidos políticos portugueses com maior sucesso eleitoral – o Partido Socialista (PS) e o Partido Social Democrata (PSD) –, dizendo respeito as referências normativas que se seguem aos seus estatutos actualmente (Janeiro de 2010) em vigor. Vejamos alguns maus exemplos de interesses a que os estatutos destes partidos mandam os respectivos militantes atender e a forma como estas constituições internas dos partidos condicionam o exercício de cargos políticos, electivos inclusivamente, sob pena, no limite, de instauração de acção disciplinar contra o militante desobediente ou desalinhado:

PS:

a) São deveres do militante do PS "(...) *desempenhar com (...) lealdade para com o Partido os cargos para que tenha sido eleito ou designado ou as funções que lhe tenham sido confiadas, interna ou externamente*" e "*pedir a exoneração de cargos para que tenha sido eleito ou designado na qualidade de membro do partido quando, por acto seu, perder essa qualidade*" [artigo 15.º, alíneas b) e e)] – ou seja, o partido aparece-nos aqui como o valor supremo ao qual o militante eleito ou nomeado para qualquer cargo, se deve submeter e servir;

refreiam por um esforço da vontade que adere a determinados princípios éticos, e que só alguns poucos efectivamente concretizam (quantos mais forem, menos interessante fica a "recompensa", pelo que há um incentivo natural para reservar o acesso ao jogo, pelo menos no topo da pirâmide, para apenas alguns "eleitos"), de utilizar, em proveito próprio ou dos próximos, os mecanismos do poder, designadamente no que respeita a benefícios que podem afluir do acesso aos, e controlo dos, recursos económicos produzidos por, ou pertencentes a, todos nós, e que, em nome do bem comum (designadamente para efeitos de satisfação de necessidades colectivas ou para permitir o desenvolvimento de determinada actividade útil, por privados), a coisa pública faz seus ou atribui a alguém em particular (*v.g.* através do mecanismo das concessões, ou outro).

Estes interesses e tendências de facto, ou naturais, são uma realidade da vida, uma dimensão da natureza humana que tem a sua dose de preguiça, de desejo de vencer a todo o custo – incluindo com recurso à "batota" – e de egoísmo, e não escolhem condição social, idade ou cor partidária. Acrescente-se ainda que se está perante traço da natureza humana que naturalmente se não começa a revelar ou a manifestar, ainda que sob os disfarces mais diversos, senão quando atingido o estádio ou objectivo da "conquista do poder" – até lá, genuinamente convictos ou interesseiros, todos são bonzinhos; todos tenderão a projectar a representação sem mácula de que se movem por ideais altruístas. Isto é uma evidência, que a história não se cansa de nos relembrar, relativamente à qual não vale a pena ter ilusões.

Mas temos de conviver com isto ("somos nós"; "sou eu", também). Os regimes e partidos com as intenções mais radicais a respeito da tentativa de erradicação deste problema da natureza humana (tão radicais que se propõem transformar o indivíduo em peças de uma máquina inteiramente subjugadas a uma qualquer misteriosa entidade abstracta), já deram provas, historicamente, de caírem exactamente nos mesmos erros, intensificados, no seu caso, pela ausência, típica dos sistemas totalitários, de controlos (*checks and balances*).

O que se pode e deve fazer é, como ponto de partida (que não evitará que aqui e acolá possam acontecer desvios), estabelecer um plano, uma organização, um itinerário, que minimize as hipóteses de este traço da natureza humana levar a melhor a propósito da gestão da coisa pública – que torne mais difícil, mais arriscado e menos compensador, os desvios de poder aquando do exercício de funções de governação da coisa pública. Isto pela "negativa". Mas a abordagem pela perspectiva "positiva" – "como atrair os *bons* gestores para a coisa pública?" – também interessa fazer.

No contexto português actual, reflectir sobre tudo isto implica começar pela organização e funcionamento dos partidos políticos.

O GOVERNO DOS ÓRGÃOS DE SOBERANIA

iii) A função partidária de que um país precisa para a sua boa governação

10. Temos um sistema político em que os partidos são realidades fechadas, com mecanismos de repressão mais ou menos velados (os "empregos" e outras oportunidades a que directa ou indirectamente dão acesso, por exemplo), que exigem dos seus militantes, constantemente, lealdade ao partido, que exigem dos seus militantes eleitos ou nomeados para cargos políticos que se submetam à designada disciplina partidária (leia-se, aos "interesses do partido", o que quer que seja que isto possa significar – e pode significar de tudo um pouco). Temos um sistema político em que os partidos fazem depender a inscrição nos mesmos da chamada "adesão ao programa e princípios" (e, por vezes, "à disciplina do partido", também), do apadrinhamento por parte de um ou mais membros actuais do partido e de uma decisão de admissão por parte de órgão do partido. Temos um sistema político em que o partido mais parece um clube privado de fama duvidosa – com barreiras à entrada e seguranças no seu interior preparados para devolver à rua o militante que pense em desafinar em termos considerados ameaçadores, pelos dirigentes desse clube, de algo relevante –, do que um instrumento ao qual tenha sido atribuído constitucionalmente (como sucede no caso português) o monopólio das candidaturas e do acesso aos órgãos de soberania mais determinantes para o bom governo da coisa pública (a Assembleia da República e o Governo).

11. Qual a função dos partidos? A mais importante e decisiva – aquela em torno da qual todas as outras deverão gravitar como subprodutos ou como funções instrumentais à principal – é a de proceder à filtragem, de entre os cidadãos com capacidade eleitoral passiva, do restrito lote que poderá aspirar, através da apresentação das candidaturas partidárias, à governação do país e à fiscalização da mesma no âmbito da Assembleia da República.

Para que esta função seja desempenhada da forma mais desinteressada possível, à máxima distância possível de quaisquer benefícios económicos que a sua indevida utilização possa trazer ao infractor, que condições devem estar reunidas? Os órgãos do partido, e o partido como um todo, devem estar sujeitos à influência mais directa e imediata, do maior número de cidadãos eleitores, possível. Só seguindo nessa direcção se minimizam os riscos de utilização dos partidos – e respectivo monopólio constitucional – ao serviço dos interesses particulares de um grupo relativamente restrito de cidadãos eleitores, e se potencia o seu são funcionamento em prol da realização das melhores escolhas possíveis para a boa governação da coisa pública.

12. Quando os partidos, por não terem seguido essa direcção, ficam nas mãos de um grupo relativamente delimitado de cidadãos eleitores, inevitável será, atendendo às inclinações e instintos da natureza humana (e animal, na qual esta

731

se enquadra também) que, mais ano menos ano, sobretudo a partir do momento em que alcancem o poder governativo, se comportem como o accionista que controle uma empresa ou grupo de empresas com base num esquema piramidal.

Assim como este accionista tem, teoricamente, direito a apenas uma percentagem minoritária dos benefícios económicos das empresas na base da pirâmide com que se relaciona, também este partido deveria ter direitos (e deveres) sobre a coisa pública (um *stake* ou *interest*), correspondentes ao peso numérico (minoritário) dos militantes que o controlem no confronto com o conjunto dos cidadãos portugueses. Em resultado da conjugação do monopólio legal conferido aos partidos relativamente ao acesso à governação do país, com o controlo dos mesmos por um grupo relativamente pequeno de cidadãos eleitores, criam-se as condições e os incentivos económicos para que este "accionista minoritário" (organizado em torno do partido) por referência aos direitos económicos a que legalmente poderia aspirar com respeito à coisa pública, seja tentado a, e esteja em posição de, expropriar "os accionistas maioritários" da coisa pública – todos os restantes cidadãos eleitores. A isto se chama, na literatura anglo-saxónica, de *"private benefits"*, querendo-se com isso aludir aos benefícios ilegitimamente (por excederem a quota parte que legalmente lhes caberia) apropriados pelos accionistas de controlo, à custa dos outros accionistas, através de esquemas variados (e, evidentemente, nunca revelados ou assumidos).

13. O problema de um sistema partidário que – por força daquilo que lhe é reservado, atribuído e, pelos vistos, permitido, constitucionalmente – conduz a estes cenários e resultados, não se resume ao ganho ilegítimo de alguns – com acesso ao controlo da governação – e à simétrica perda de outros – sem acesso ao controlo da governação.

O problema, o dano para o bem-estar geral, para economia do país, para o Produto Interno Bruto (PIB), se se quiser, é muito superior ao que, se fosse possível fazê-la, resultaria daquela contabilidade. É que grande parte dos benefícios apropriáveis por quem tenha o controlo da governação são obtidos à custa da interferência com o funcionamento dos mecanismos de mercado e, mais genericamente, à margem das lógicas que permitem uma eficiente alocação de recursos e uma crescente eficácia na sua utilização através de melhorias na organização das empresas, da qualificação dos seus recursos humanos, no investimento em investigação e desenvolvimento, etc.

Nas áreas, e são muitas, em que a coisa pública (que se apropria da riqueza produzida no país numa percentagem que se vai aproximando de 50% do PIB) pode interferir com a escolha de quem produzirá ou não o bem ou serviço X ou Y, ou de quem terá acesso aos meios financeiros necessários ao desenvolvimento da sua actividade, um partido que, fruto do enquadramento (ou falta dele) legal *supra* referenciado, tenda a decidir (através dos seus militantes apresentados às eleições

O GOVERNO DOS ÓRGÃOS DE SOBERANIA

e eleitos; ou nomeados para os mais variados cargos) com base em critérios alheios ao interesse de todos (por oposição ao interesse de alguns), provocará atrasos graves ao desenvolvimento do país e prejudicará seriamente o desenvolvimento de um tecido empresarial dinâmico, não acomodado, capaz de competir numa economia aberta e de acompanhar ou superar os ganhos de produtividade nas economias com as quais nos gostamos (e muito bem) de comparar (e, com tudo isto, o país perde, vai perdendo, quer se queira, quer não, soberania de facto, num processo que, mais tarde ou mais cedo, poderá acabar numa – para mim inaceitável – perda de soberania de direito, em benefício de outras soberanias de direito que se saibam manter e robustecer e, com isso, continuar a defender as comunidades com as quais cultural e historicamente se identificam).

Com efeito, neste cenário, que é o potenciado pelo actual sistema partidário, à oferta que elementos dos partidos com acesso à governação estejam em condições de, e queiram, fazer, corresponderá, inevitavelmente uma procura. O *rent seeking*, isto é, a procura de benefícios económicos que excedem o que seria necessário para evitar que um determinado recurso escasso seja transferido para uma outra afectação, isto é, que excedam o que seria necessário para continuar a ter disponível (para comprar) esse recurso enquanto afecto à produção de determinado bem ou serviço, só precisa de oportunidades para se manifestar.

No cenário que nos ocupa, essas oportunidades serão criadas pela própria dinâmica do mau uso dado ao poder (e monopólio legal) dos partidos: na medida em que o critério pelo qual se guie o detentor do poder que ocupe esta ou aquela posição seja, ou seja também, o da satisfação dos seus interesses pessoais (efeito expropriativo dos "outros accionistas", no caso maioritários mas sem acesso à governação), e na medida em que para os satisfazer aquele tenha de se dispor a aceitar condições que implicam o pagamento de uma renda (no sentido económico acima referenciado) à contraparte numa qualquer relação com a coisa pública, estão reunidos os condimentos para que o pagamento desta "renda" seja uma realidade.

O problema é mais sério do que a mensuração dos benefícios económicos obtidos ilegitimamente pelo prevaricador com acesso ao poder (ou seus protegidos) e pelo beneficiário da renda, poderia levar a supor. Com efeito, sempre que o critério de eleição ou escolha de contrapartes em relações com a coisa pública ou cuja actividade dependa de autorizações e controlos da coisa pública, não passe pela apreciação do mérito relativo das propostas e projectos, incluindo, se relevante, provas dadas, mas, antes, pela disponibilidade de essas contrapartes atenderem a interesses inconfessáveis e estranhos à coisa pública, no médio e longo prazo está-se também a dar uma machadada na capacidade de o sistema económico gerar, por um processo de selecção "natural", os melhores resultados – permitir o crescimento das melhores empresas e dos melhores empresários – e a criar

O GOVERNO DAS ORGANIZAÇÕES

barreiras à entrada de novos projectos que se pretendam afirmar tão-somente pela excelência da sua concepção e da capacidade empresarial dos seus promotores.

14. Voltando ao tema desta secção, agora pela positiva, o que é necessário introduzir na feição dos partidos políticos de modo a que os bons resultados – da perspectiva do bem comum ou bem-estar geral – sejam potenciados pelo exercício da função e privilégios que lhes estão constitucionalmente reservados?

Se é nos partidos que começa e se determina a governação do país, o primeiro passo é simples: eliminar todas as barreiras à inscrição nos partidos políticos e promover, com carácter geral, e com obrigatoriedade de pronunciamento a esse respeito, a oportunidade de inscrição num partido político à escolha. Acabariam por constituir uma minoria aqueles que, não querendo escolher nenhum, optassem por (e isso deveria ser permitido) anular o seu processo de inscrição através da inscrição de opção por mais do que um partido. Periodicamente, deveria ser renovada a oportunidade de inscrição num partido ou, para quem já estivesse inscrito, de mudança da inscrição para outro partido (periodização mais longa, neste último caso).

Evidentemente, o voto nas eleições para os órgãos de soberania continuaria a ser totalmente livre e exercitável em sentido oposto àquele promovido pelo partido onde o eleitor se encontre inscrito.

O objectivo deste primeiro passo, como é bom de ver, consiste num alargamento do colégio eleitoral do qual depende a escolha dos candidatos aos órgãos de soberania e, com isso, e em última análise, na promoção da diminuição séria do risco de os partidos serem capturados por representantes de interesses alheios à boa gestão da coisa pública. Acresce que, do ponto de vista, agora – que não é o deste trabalho, mas abro aqui uma excepção –, do ideal democrático, que sentido faz o cidadão eleitor estar limitado a plebiscitar meia dúzia de opções (ou menos, na prática, em razão do radicalismo destrutivo de algumas delas, de que os eleitores se vão conseguindo aperceber usando de bom senso e revisitando experiências históricas), negando-se-lhe, na prática, a possibilidade de intervir no momento prévio e decisivo da formação dessas mesmas opções governativas?

Comporta riscos? Alguns, designadamente de ordem demagógica, especialmente se se insistir em manter letrada e esclarecida apenas para efeitos estatísticos, uma substancial maioria dos cidadãos eleitores. Mas talvez menos riscos do que possa parecer à partida, tudo dependendo, como em tudo na vida, dos "actores políticos" que conseguissem ter voz nas décadas iniciais. De todo o modo, ficarmos pior do que estamos no actual estado do nosso sistema partidário, não seria fácil.

15. Depois, seria necessário facilitar, agilizar, a participação dos eleitores na vida dos partidos em que se encontrassem inscritos, criando-se plataformas informáticas (financiadas e mantidas pela coisa pública, com a supervisão que se entendesse adequada) para votações *on-line* e pensando-se em espaços para reuniões e palestras de entrada livre, pelo menos, para os inscritos no partido. O objectivo é minimizar ao máximo o *collective action problem* – isto é, o incentivo para o *free riding* associado a toda e qualquer actividade (no caso, a de participação na vida partidária) cujos benefícios (a boa governação do país, no caso) não beneficiem ninguém em particular mas, antes, todos em geral –, através da minimização, tanto quanto possível, dos custos e esforço requeridos para o exercício da actividade em causa (no caso, actividade de participação na vida dos partidos), sem deixar de proporcionar a oportunidade, a quem nisso tenha gosto e interesse, de participar informalmente nas discussões e debates que o partido ou os seus membros entendam promover. Naturalmente, em épocas percepcionadas como de crise, do sistema ou de outro género, a participação tenderá a aumentar, e em épocas de normalidade, tenderá a diminuir. Mas o que é importante é manter sempre (e promover) a oportunidade ou possibilidade de participação, de modo simples e fácil, na vida partidária, quanto mais não seja pelo efeito dissuasor de comportamentos mais perniciosos e descarados, que sempre terá, pelo simples facto de existir, esta acessibilidade imediatamente accionável – pensada, financiada, organizada e mantida pela "coisa pública" – de intervenção na vida partidária.

16. Finalmente, deveriam ser impostas aos partidos políticos limitações rígidas às despesas com propaganda política, e ser criados incentivos para que usem os recursos disponíveis na promoção de estudos e debates de questões cuja problematização e busca de soluções alternativas interesse ao país começar a fazer – essa seria também uma forma de contribuir para gradualmente "letrar" mais os, e fazer uma introdução às dificuldades da governação aos, cidadãos eleitores, contribuindo-se, assim, para evitar que no longo prazo a demagogia, o logro, o engano, possam levar a melhor sobre os reais e permanentes interesses dos eleitores (indissociáveis da dinâmica económica do país), e para que estes possam ter contacto, com a assiduidade possível, com as elites que o universo eleitor seja capaz de gerar e o partidário de pôr a trabalhar em prol do interesse geral.

iv) Outras reformas

17. Círculos uninominais nas eleições para a Assembleia da República? No actual estado de descrença em que se pressente estarem os portugueses com respeito aos partidos que nos (ou não) governam, seria melhor do que nada, mas não ataca a raiz do cancro: ausência de densificação constitucional dos deveres fundamentais dos titulares dos órgãos de soberania e dos partidos; e o facto de estes últimos, em razão do seu desenho institucional e das inclinações próprias da natureza humana, estarem virados para si mesmos, para a promoção do seu próprio sucesso e interesses, acima de demasiadas outras coisas.

O GOVERNO DAS ORGANIZAÇÕES

Os círculos uninominais contribuiriam porventura, com o tempo, para autonomizar os eleitos dos seus partidos, mas só na condição de, simultaneamente, se acabar com o monopólio constitucional da apresentação de candidaturas por partidos. De outro modo a independência possível dos eleitos seria apenas a que medeia entre o partido de que se pretendam desvincular e o partido que, eventualmente, se disponha a recebê-los para efeitos de apresentação de novas candidaturas (como sucede em certo grau ao nível das eleições autárquicas, apesar de aí já não haver um monopólio reservado aos partidos). É, convenhamos, muito pouco. Além de que essa solução traz consigo o efeito lateral, pernicioso, de acentuar egoísmos e lógicas divisionistas (com contas de merceeiro a sobrepor-se a tudo o mais) locais ou regionais, incompatíveis com a unidade que é fundamental preservar num país já de si pequeno no seu confronto com outras unidades culturais e históricas com as quais convive e com cujos interesses se confronta, quer queira, quer não. Tem, parece-me, precedência (ao menos lógica), tentar avançar-se no sentido do estabelecimento de um sistema partidário renovado e participado pelos cidadãos eleitores. Qualquer outro sistema, designadamente o dos círculos uninominais ou o da criação de autonomias regionais, será um caminho que apontará (a dinâmica nessa direcção será irresistível e, acrescente--se, inteiramente lógica da perspectiva dos interesses dos novos "actores políticos regionais") para um destino final incompatível com o de um país organizado para funcionar solidariamente a uma só voz, síntese de várias vozes fruto de uma lógica o mais abrangente possível.

Acrescente-se que a criação de autonomias regionais a pretexto da melhoria da administração da coisa pública não tem por condão mágico assegurar que essa será a lógica a que exclusivamente obedecerão as autonomias regionais, do mesmo modo que a proclamação legal ou constitucional da independência deste ou daquele órgão por si só nada assegura relativamente à sua efectiva independência. A representação de comunidades regionais (fala-se em cinco) constituídas em colégios eleitorais, com dimensões muito superiores à dos municípios, será o verdadeiro *driver* da evolução das autonomias regionais e daquilo em que se transformarão, mais vinte anos menos vinte anos, na competição que inevitavelmente iniciarão com o governo do país – não faltam exemplos contemporâneos, cá dentro e lá fora, do que podemos esperar em termos da dinâmica de intensificação da lógica regional ou local (em oposição e à custa da lógica nacional), e do enorme potencial desagregador que este processo (de regionalização) comporta. A autonomia política não se concede ou deixa de se conceder, a partir do momento em que se criam novos colégios eleitorais. Ela nasce com esta criação. E se estes colégios eleitorais forem suficientemente grandes em termos relativos (comparação com a dimensão do país), a sua capacidade de reivindicação efectiva originará a expansão, sob os mais diversos pretextos, mais tarde ou mais cedo,

O GOVERNO DOS ÓRGÃOS DE SOBERANIA

da força e poderes "baseados nos colégios eleitorais regionais" (progressivo aprofundamento de uma lógica de orçamento e receitas próprias subtraídas ao bolo nacional, por exemplo), à custa do esvaziamento da força e poderes " baseados no colégio eleitoral nacional". A tendência será para a família portuguesa se ir separando e afastando: cada "irmão" tratará de ir construindo a sua casa, distanciando-se progressivamente das necessidades, dificuldades e interesses dos parentes e fazendo cada vez menos caso do que o progenitor (o Governo central, progressivamente esvaziado) pensa ou deixa de pensar. O caminho não é por aí. Portugal já tem a dimensão e capacidade económica de uma simples região, no contexto geográfico em que nos situamos e no mercado em que nos integrámos. Menos dimensão e mais divisão só acentuarão esta desvantagem com que partimos e tornar-nos-á presa fácil.

18. O tema do financiamento dos partidos devia ser tratado, a bem do adequado funcionamento destes como mecanismo de captação e filtragem de candidatos a órgãos relacionados com a governação do país, como de interesse exclusivamente público. Qualquer financiamento privado deveria ser proibido, com esta excepção: contribuições consignadas à realização de estudos, com rigorosa fiscalização da realização das despesas a tal destinadas. Não faz sentido que uma instituição que se quer a funcionar em prol do interesse geral, seja financiada por outros dinheiros que não os dinheiros públicos. No mais, e telegraficamente: a designação dos membros da Entidade das Contas e Financiamentos Políticos, que para além de funções de fiscalização tem o monopólio do procedimento criminal por violações da lei do financiamento dos partidos políticos e das campanhas eleitorais (artigo 28.º, n.º 5, da Lei 19/2003), não devia estar dependente de um órgão – o Tribunal Constitucional (artigo 6.º da Lei Orgânica n.º 2/2005) – cuja composição é determinada, em última análise, pelas entidades sujeitas à fiscalização levada a cargo por essa Entidade (cuja composição está na dependência dos partidos políticos representados na Assembleia da República); a renovação dos mandatos dos membros desta Entidade (leia-se, a possibilidade de não serem renovados os mandatos – artigo 5.º, n.º 3, da Lei Orgânica n.º 2/2005) é outra fraqueza do desenho institucional deste órgão de controlo das contas dos partidos políticos; e o seu monopólio relativamente ao procedimento criminal só pode ter uma de duas explicações: ou que os partidos políticos desconfiam do Ministério Público; ou que os partidos políticos confiam nesta Entidade que os fiscaliza.

19. No que respeita à remuneração dos políticos, haverá duas linhas de orientação relevantes a considerar. Por um lado, por mais importante e decisivo que seja para a vida do país o desempenho deste ou daquele cargo político ou de governação, não é desejável criar incentivos puramente monetários com o objectivo de captar "os melhores" (muito menos no actual sistema partidário, onde o efeito se limitaria a um aumento da despesa pública sem qualquer reflexo

O GOVERNO DAS ORGANIZAÇÕES

substancial nos critérios de escolha dos candidatos às eleições, em razão da relativa imunidade dos partidos a considerações de interesse geral na escolha de quem terá oportunidade de aceder ao poder governativo).

Estando em causa o interesse geral, parece ser importante que a selecção dos governantes se faça também em função do gosto, aptidão ou inclinação pessoal para cuidar de interesses alheios, pela simples satisfação ou realização pessoal (recompensa imaterial) de o fazer[1]. Para a governação do país não se devem criar incentivos que tendam a atrair sobretudo quem veja o cargo como um emprego que vale pelo que valer a remuneração associada, ou como uma promoção mais na trajectória ascendente de uma qualquer carreira, até porque quem assim veja o cargo mais dependente estará de, e obediente será a, quem quer que seja a quem deva ter chegado ao (e manter o) cargo político onde se encontre, em detrimento do imperativo legal e ético de obediência ao interesse dos governados.

Mas, por outro lado, também não é razoável prescindir-se de quem tenha as qualidades e aptidões aparentemente certas para a função governativa A ou B, porventura com impacto junto de milhões de portugueses e que porventura envolve a gestão de um orçamento de milhares de milhões de euros ou decisões relevantes para o nosso futuro colectivo, só porque a remuneração máxima legalmente permitida não permite ao escolhido, com provas dadas (e daí ganhar bem) na área onde se distinguiu, aceitar o cargo sem consideráveis rupturas e alterações na sua estrutura de custos familiar.

Daí que a solução equilibrada pareça andar algures por aqui: limite mínimo de remuneração para os diversos cargos governativos que funcionaria como a remuneração geral ou residual; depois, estabelecimento de um limite máximo relativamente generoso que permita evitar fazer perguntas sobre a estrutura de custos familiares do governante, sendo que o governante em causa poderá, até esse limite máximo, reclamar remuneração superior ao limite mínimo, desde que dentro (segundo limite máximo) da média das suas remunerações dos últimos três anos (por exemplo).

§ 3.º A ASSEMBLEIA DA REPÚBLICA

20. A Assembleia da República, no âmbito de um sistema partidário devidamente alinhado pela bitola dos interesses de todos os eleitores e, mais latamente,

[1] Ver JAMES H. DAVIS, F. DAVID SCHOORMAN and LEX DONALDSON, "Toward a Stewardship Theory of Mangement", *in Theories of Corporate Governance – The Philosophical Foundations of Corporate Governance*, edited by Thomas Clarke, Routleged, 2004, relativamente às condicionantes organizacionais, institucionais e culturais capazes de potenciar *agents* (governantes) que fazem escolhas desalinhadas com os seus próprios interesses pessoais em prol da prossecução de interesses do *principal* (governados).

738

de todos os governados, pode ser um órgão de fiscalização relevantíssimo do Governo. Fora desse cenário, tende a funcionar como um órgão enfeudado aos interesses partidários, cujos deputados estão sujeitos à "disciplina partidária", como se viu *supra*, pelo que a sua capacidade de fiscalização tenderá a perder muito em acutilância, imparcialidade e qualidade: deputados do partido do Governo invariavelmente o apoiam e protegem de fiscalizações indesejadas; deputados dos "partidos da oposição" tendem a usar da retórica e a apanhar a boleia dos casos tornados mediáticos em vez de exercerem uma efectiva fiscalização do Governo. Até porque os partidos da oposição mais relevantes foram, em tempos recentes, "partidos no poder", e esperam voltar a sê-lo, pelo que porventura não estarão em muitas situações em condições de "subir a parada", sob pena de sujeição ao risco de efeitos de *boomerang*.

Em suma, falar da Assembleia da República é inseparável da análise do sistema partidário que acima se efectuou, tendo o que aí se disse e se adiantou um reflexo directo e imediato no funcionamento deste órgão, pelo que nada mais de essencial poderia ainda aqui dizer.

§ 4.º O PRESIDENTE DA REPÚBLICA

21. O Presidente da República, se bem que em certas circunstâncias possa incorrer no risco da dependência de hábitos e lógicas partidárias, tem uma força e autonomia de acção próprias que lhe advêm da eleição directa e por referência à sua pessoa em concreto. Essa autonomia sofrerá, porém, alguma limitação, na prática, em razão do cálculo político que possa presidir ao desejo de reeleição, pelo que se perde (ou ganha?) um pouco, pelo menos num primeiro mandato, na exacta medida da perda de alguma liberdade de julgamento e acção do Presidente da República.

Um mandato único por mais anos, como já tem sido sugerido (que me lembre, por exemplo, pelo dr. Alberto João Jardim), reforçará certamente a capacidade de manobra do Presidente da República. Mas isso, na prática, poderá também levar a que o Presidente da República se transforme ou tente transformar-se, agora com outra liberdade de acção, em mais um dirigente máximo na governação do país, com o consequente desgaste e perda de energias inerente – a não ser que se alargasse também, inequívoca e extensamente, os seus poderes executivos (mudança para um regime presidencialista) –, a afectar todos os envolvidos na refrega e a prejudicar o objectivo da concentração na boa governação da coisa pública.

Por um lado não temos, provavelmente, dimensão que nos permita dar ao luxo de nos dispersarmos muito. Acresce que parece ser boa prática que no desenho constitucional se atribua o poder executivo, sem ambiguidades, a um só órgão (quanto mais não seja para evitar diluição de responsabilidades e impasses prejudiciais a todos). Mas, por outro lado, também não parece que em face das limitações constitucionais existentes, a margem de manobra acrescida (salvo revolução na prática constitucional em termos que revoguem a sua teoria) de um Presidente da República com um único (mas mais extenso) mandato, permita criar um segundo (e concorrente) "poleiro executivo". Tudo somado e com os dados actualmente disponíveis, a pergunta essencial parece ser esta: queremos ou não um órgão – Presidente da República – que é suposto funcionar como garante do regular funcionamento das "instituições democráticas", livre de cálculos políticos relativos à sua reeleição? Quanto mais não seja por uma questão de clarificação e transparência, talvez na resposta afirmativa esteja a melhor solução.

22. Por outro lado, as funções de fiscalização e de árbitro do nosso sistema político de que está incumbido o Presidente da República situam-se num plano que não é o que mais me interessa aqui abordar: os dinheiros públicos estão a ser aplicados conforme a respectiva orçamentação? O governante A ou B prevaricou ou não, e com que gravidade, na gestão do assunto Y? Em suma, como decorreu a gestão operacional da coisa pública pelo órgão de governação? Em casos extremos, a resposta a estas perguntas pode levar à intervenção do Presidente da República no uso dos seus poderes constitucionais, mas não são os casos extremos que me vão ocupar doravante – são os casos do "dia-a-dia".

§ 5.º O TRIBUNAL DE CONTAS

i) De novo o problema da omissão de densificação constitucional das obrigações e missões dos órgãos de soberania

23. Como se referiu já mais atrás, a Constituição devia densificar – coisa que não faz – os interesses aos quais o titulares dos órgãos governativos devem lealdade. Estes interesses, por outro lado, não se vê que possam ser outros senão os interesses de longo prazo (perspectiva inter-geracional) dos portugueses e do país.

E a avaliação do Governo, da perspectiva dos seus actos e actividades económico-financeiras, deveria ser feita tendo em conta, também, uma perspectiva alinhada com a destes interesses aos quais o Governo deveria estar constitucionalmente subordinado.

Além disso, o órgão de acompanhamento/avaliação da gestão dos dinheiros públicos por parte do Governo deveria ser dotado de meios, principalmente humanos, que o tornassem capaz de apreciar com a profundidade e na percentagem estatisticamente adequada em função dos objectivos preventivos ou dissuasores que a sua actuação deve servir, "a eficácia e eficiência, segundo critérios

O GOVERNO DOS ÓRGÃOS DE SOBERANIA

técnicos, da gestão financeira" dos órgãos governativos e serviços deles dependentes, empresas públicas, etc. [cfr. artigo 5.º, n.º 1, alínea f), da Lei de Organização e Processo do Tribunal de Contas – LTC, doravante], e que o tornassem capaz de "realizar a qualquer momento, por iniciativa sua (...) auditorias de qualquer tipo ou natureza a determinados actos, procedimentos ou aspectos da gestão financeira de uma ou mais entidades sujeitas aos seus poderes de controlo financeiro" (cfr. artigo 55.º da LTC). O projecto de orçamento anual (cfr. artigo 32.º da LTC) deveria ter essa ambição.

Mas para se poder ter essa ambição de modo duradouro, necessário será também dispor de suficiente imunidade ao querer e poder do Governo e da Assembleia da República na composição que apoia o primeiro, designadamente imunidade constitucional, o que pode ser atingido através de uma maior densificação e clarificação da missão do Tribunal de Contas e – aspecto, também ele decisivo, de que se falará adiante – de uma previsão constitucional sobre o modo de nomeação das pessoas encarregues de fiscalizar a gestão e o dispêndio dos dinheiros públicos no âmbito deste órgão de fiscalização e controlo.

ii) **À avaliação e controlo tem de se seguir a divulgação, expedita e facilmente acessível a todos, dos seus resultados**

24. Para que o resultado do seu trabalho de avaliação tenha eco, seja divulgado – esse tem de ser sempre o objectivo final, ou o trabalho realizado na mediação da fiscalização dos governantes pelos governados, levado a cabo pelo Tribunal de Contas, de pouco servirá –, naquilo que depende do Tribunal de Contas deve ser prestada informação devidamente organizada e estruturada, acessível até, para além da sua organização de base, através de mais do que um critério de ordenação, e com sumários claros e concisos do que se avaliou a cada propósito e dos resultados dessa avaliação.

Também para alcançar este decisivo propósito são necessários meios, humanos e materiais (incluindo ao nível da informática), e nos tempos que correm toda esta informação deverá estar disponível *online*. E também este propósito (adequada divulgação) deveria estar constitucionalmente consagrado.

iii) **A escolha do fiscalizador não pode ser feita por pessoas nomeadas pelo fiscalizado**

25. E, agora, a não menos decisiva questão do preenchimento de lugares neste órgão de fiscalização e controlo. Faz-se, actualmente, "mediante concurso curricular", realizado perante um júri de cinco pessoas, das quais duas escolhidas pelo Governo (pelo mais importante dos órgãos sujeitos – embora nunca mencionado como tal – ou do qual dependem os órgãos e serviço sujeitos, à fiscalização do Tribunal de Contas) e uma terceira escolhida por um órgão estreitamente relacionado com o Governo no âmbito do nosso sistema constitucional e partidário – a Assembleia da República (artigo 18.º da LTC).

Os outros dois elementos do júri são produto, por sua vez, de uma colheita resultante de selecção anteriormente realizada nos moldes aqui em curso de descrição (assumindo-se, para simplificar, a sua intemporalidade) – são eles o juiz mais antigo do Tribunal de Contas e o Vice-Presidente do Tribunal de Contas.

Ou seja, e como é fácil perceber, há uma dependência do órgão fiscalizador, na sua composição – e não devia haver, por razões que no que a mim respeita dispensam qualquer elaboração adicional –, relativamente ao mais importante dos órgãos (aquele que se encontra no topo da governação da coisa pública) por si fiscalizados.

26. Não deveria ser assim. Para garantir e reforçar o objectivo – essencial – do autogoverno do Tribunal de Contas (cfr. artigo 7.º da LTC), bom seria que os dois membros do júri de recrutamento actualmente nomeados pelo Governo e o membro designado pela Assembleia da República, fossem designados pelo Presidente da República – que tem à sua responsabilidade apenas o dinheiro público destinado à Presidência da República – ou, como seria preferível para evitar qualquer politização, real ou aparente, do cargo em causa, fossem sorteados de entre um lote proposto por faculdades de referência nas áreas de especialidade requeridas para as funções (não posso aqui estudar a governação das universidades, mas espero um dia poder fazê-lo).

E as linhas gerais desta separação entre escolha do júri de recrutamento de juízes para o Tribunal de Contas e os principais órgãos que serão objecto da sua fiscalização, deveria, evidentemente, estar constitucionalmente consagrada. Estes assuntos (ao contrário das muitas proclamações que a nossa Constituição se entretém a fazer) é que constituem as matérias decisivas e fundamentais para o bom funcionamento das "instituições democráticas" e bom "governo dos povos", constituindo, por isso, os tópicos a merecerem, por natureza, a atenção constitucional.

Para rematar, para imunizar o Tribunal de Contas contra quaisquer tentativas de politização da sua função, o seu presidente deveria ser escolhido pelos pares[2] ou, no limite, pelo Presidente da República – mas, nunca, pelo Governo, como sucede hoje em dia.

---

[2] Ver, neste sentido, entrevista ao "Sol", publicada na sua edição de 5 de Fevereiro de 2010, de Carlos Moreno, Juiz Jubilado do Tribunal de Contas.

O GOVERNO DOS ÓRGÃOS DE SOBERANIA

iv) **Para além da actual consagração legal de mecanismos de efectivação de responsabilidade financeira**

27. O objectivo de qualquer desenho institucional que vise o controlo e fiscalização de órgãos encarregues de zelar por interesses alheios, não é apanhar muitos faltosos ou obter muitas condenações. Pelo contrário, o bom sistema é aquele que, em razão do efeito preventivo e dissuasor decorrente da qualidade da sua concepção e da efectividade da sua actuação, poucos apanha na sua malha.

Mas é preciso ter muita cautela na avaliação que se faz dos resultados, uma vez que um mesmo resultado – apanhar poucos ou nenhuns faltosos – pode ser consequência de sistema de controlo com qualidades, justamente, opostas às ideais: nada nem ninguém se apanha, por absoluta ausência de eficácia preventiva ou dissuasora, por o sistema não passar de um simulacro de controlo, de uma encenação, mais ou menos custosa para o erário público, ou por haver demasiada discricionariedade deixada pela lei nas mãos dos governantes sujeitos à fiscalização[3] (ausência "do que controlar").

28. É este último ponto que me vai agora aqui interessar. À semelhança do que se passa com as sociedades comerciais, não se pode, a propósito da governação do país (ou de uma autarquia local) da perspectiva dos seus aspectos económico--financeiros, aplicar critérios de exigência semelhantes aos previstos nos regimes gerais de responsabilidade civil.

Dada a dificuldade e incertezas que rodeiam a tarefa de governar, tem de haver uma margem de tolerância relativamente ao erro bastante maior do que a tradicionalmente associada aos regimes de responsabilidade civil, ou de outro modo só se vai conseguir uma governação tíbia, paralisada pelo receio de vir a ser responsabilizada, incapaz de decidir quando isso se impõe e não obstante os níveis de incerteza que se não tenham conseguido superar[4].

Mas, concedida que seja uma margem de tolerância acrescida, nada justifica que, para além dessa fronteira, designadamente nos casos de quem tenha gerido com comprovada deslealdade por referência aos interesses que devia defender (e que carecem ainda, incompreensivelmente, de constitucionalização inequívoca mínima, como se viu acima), e nos casos de quem tenha actuado com patente e irrefutável negligência (porque podia ter-se informado e não quis; porque ignorou informação essencial; etc.), seja, pelo menos, "nomeado" ou "apontado" (a haver responsabilidade civil nestes casos de negligência grosseira, esta teria de ser vista mais pelo prisma da sanção do que pelo do ressarcimento – o mesmo é dizer, deve-

---

[3] Ver, a este propósito, a citada entrevista ao "Sol" de Carlos Moreno, Juiz Jubilado do Tribunal de Contas.

[4] Sobre esta temática e no contexto das sociedades comerciais, tive já oportunidade de escrever alguma coisa – cfr. "Responsabilidade Civil dos Administradores", *in Código das Sociedades Comerciais e Governo das Sociedades*, Almedina, Janeiro de 2008, pp 274 e ss.

riam fixar-se limites quantitativos para a obrigação de indemnizar, limites que não poderão existir, evidentemente, em caso de dolo, ou caso se verifiquem os pressupostos actualmente já previstos na legislação para a responsabilização financeira).

Esta nomeação, este apontar de nomes sempre que se justifique e dentro da apontada margem de tolerância de que deve beneficiar quem ocupe cargos de governação, devia ser feita e divulgada pelo Tribunal de Contas. A informação acerca desta avaliação ou juízo efectuado através da mediação do Tribunal de Contas ou órgão equivalente, tem também de chegar ao *principal*, aos governados, quanto mais não seja para efeitos de estes daí retirarem as consequências políticas que entenderem. Se, porventura e a acrescer, existirem contornos criminais, outro órgão com funções de mediador na fiscalização que os governados têm o direito de fazer (o Ministério Público – do qual falaremos mais adiante, no contexto, também, da sua articulação com o Tribunal de Contas) deverá encarregar-se, então, da promoção do processo.

29. Actualmente o que existe a este propósito é pouco ou nada: para além da responsabilidade por pagamentos ilegais (sendo que a ilegalidade inexiste na medida da liberdade relativamente a constrangimentos ou critérios minimamente precisos que a lei, à partida e sem quaisquer outras considerações, reservar para o decisor), da responsabilidade pela "não arrecadação de receitas que constituam direito da coisa pública", da responsabilidade pelo desaparecimento ou desvio de valores do Estado – dir-se-ia, as responsabilidades básicas "mínimas" –, e de uma responsabilidade sancionatória com limites para as multas relativamente baixos, nada mais foi consagrado (cfr. artigos 59.º e segs. da LTC).

§ 6.º OS TRIBUNAIS JUDICIAIS E A MAGISTRATURA DO MINISTÉRIO PÚBLICO

30. A perspectiva de análise é, essencialmente, como se indicou já na introdução, a da contribuição do poder judicial para a fiscalização dos, e repressão de ilícitos cometidos pelos, poderes públicos (e quem os encarne), *maxime* o Governo.

No entanto, muito do que a esse propósito se dirá é também pertinente para o exercício, em geral, da função soberana de julgar (ou da função de investigar e acusar, no caso do Ministério Público).

i) Da formação técnica dos, e do apoio técnico aos, magistrados

31. Eu só posso julgar bem, acusar com propriedade e investigar de forma esclarecida e apropriada, se souber ler e compreender a realidade que estiver em causa ou que me for presente. Muitas áreas existem em que os juízos requeridos teriam mais qualidade (e aceitação pelos destinatários da justiça) se fossem feitos por quem tenha uma formação de base noutra área que não a jurídica. Daí que fosse de ponderar permitir o acesso à magistratura, mediante cursos prévios com especial incidência em matérias processuais e princípios constitucionais, a licenciados noutras áreas, acompanhando essa medida de uma reorganização dos tribunais de competência especializada e do modo de afectação dos magistrados aos mesmos.

Sem prejuízo desta possível (e, a meu ver, desejável) abertura relativamente à base de recrutamento da magistratura, parece-me fundamental, paralelamente, que se invista na formação recorrente ("contínua")[5] dos magistrados provenientes da tradicional área jurídica, em áreas como a das finanças empresariais, contabilidade ou psicologia (as necessidades mais comuns, ou mais relevantes da perspectiva da "coisa pública", devem ser melhor identificadas), dinamizando-se a previsão normativa do artigo 10.º-B do Estatuto dos Magistrados Judiciais (EMJ), para além do investimento na criação de um corpo de especialistas em diversas áreas, móvel e permanentemente acessível, de apoio aos magistrados.

Um magistrado bem apoiado, com uma formação sólida variada e que vai enriquecendo ao longo da sua vida profissional, devidamente assessorado (com informalidade) sempre que necessite, por um corpo de peritos interno, terá sempre níveis de confiança pessoal e de segurança superiores para lidar com situações difíceis, para não se deixar levar por expedientes de lisura questionável e para produzir decisões de maior qualidade e mais previsíveis. O efeito conjugado de tudo isto será uma maior autoridade natural, um maior respeito por parte de todos quantos recorrem à justiça e uma diminuição de litígios cuja única razão para subsistirem seja a morosidade da justiça e/ou a sua imprevisibilidade (efeito preventivo de litígios levados até à fase judicial, que uma melhoria da justiça, nesta direcção, potencia).

ii) Da necessidade de criação de condições de independência relativamente ao poder político

32. É proibido aos magistrados judiciais – e muito bem – o exercício de actividade política – artigo 11.º do EMJ (mas nada parece impedir, de acordo com a legislação que nos rege, que se inscrevam e continuem inscritos em partidos políticos – confrontar os números 1 e 2 do artigo 21.º da Lei Orgânica n.º 2/2003, a Lei dos partidos políticos). Infelizmente, por razões às quais os magistrados

---

[5] Na formação ministrada pelo Centro de Estudos Judiciários (CEJ) que precede o acesso às magistraturas, já têm relevo não despiciendo, no plano curricular, matérias extra jurídicas.

O GOVERNO DAS ORGANIZAÇÕES

judiciais são alheios mas a cuja lógica estão submetidos, quer queiram, quer não, a classe a que chamarei de "dirigente", no seio da magistratura, é em muito considerável medida escolhida pela classe política.

Com efeito, os membros do Conselho Superior da Magistratura – que é o órgão superior de gestão e disciplina da magistratura judicial (cfr. artigo 136.º do EMJ) – são 16, sendo 9 escolhidos pelo poder político – 2 pelo Presidente da República e 7 pela Assembleia da República – e 7 pelos próprios magistrados judiciais (cfr. artigo 218.º da CRP).

Este órgão, cuja composição está maioritariamente dependente das escolhas do poder político, tem poderes de nomeação, colocação, transferência e exercício da acção disciplinar sobre os juízes dos tribunais judiciais (cfr. artigo 217.º, n.º 1, da CRP, e o EMJ).

33. Quer isto dizer que no decurso da sua carreira, os juízes dos tribunais estão dependentes de um órgão cuja composição é maioritariamente determinada pelo poder político. Quer isto também dizer que – será essa a dinâmica natural desencadeada por este desenho institucional – os juízes que tenham a ambição de fazer parte do órgão superior de gestão e disciplina da magistratura judicial tenderão a aproximar-se do poder político, em última análise, dos partidos políticos, e que estes últimos procurarão atrair para a esfera de influência partidária juízes que, em razão da ligação assim criada, do ponto de vista partidário sejam então vistos como a opção mais conveniente para efeitos de preenchimento de lugares (através de eleição pela Assembleia da República – dominada pelos partidos políticos, como se viu já) no órgão de gestão e de disciplina do poder judicial.

Tendo em conta que depende do Conselho Superior de Magistratura a designação dos inspectores que avaliam e propõem a classificação dos juízes (cfr. artigo 24.º do Regulamento das Inspecções Judiciais), que quem decide as classificações em termos finais é este mesmo Conselho Superior de Magistratura (cfr. artigo 14.º, n.º 2, do Regulamento das Inspecções Judiciais e o artigo 33.º e segs. do EMJ), que as promoções na carreira dos juízes para ocupação de vagas em tribunais superiores são decididas, também, pelo Conselho Superior de Magistratura (cfr. artigo 217.º, n.º 1, da CRP, e artigo 46.º e segs. do EMJ), e que de entre os magistrados judiciais eleitos pelos seus pares para o Conselho Superior da Magistratura, num total de sete, três terão de provir de tribunais superiores (cfr. artigo 142.º do EMJ), fácil é perceber que com o correr do tempo e com a dinâmica instalada em razão deste desenho institucional, o potencial de influência do poder político no órgão superior de gestão e disciplina da magistratura terá boas hipóteses de se reforçar.

34. Tudo isto é – no meu modo de ver, e que mais adiante será contrastado com outras "visões" – incompatível com a independência que se anuncia querer reservar para o poder judicial.

O GOVERNO DOS ÓRGÃOS DE SOBERANIA

É que não basta proclamar a independência dos juízes, dar-lhes o direito de reclamar perante outros poderes, essa mesma independência, nos termos da lei e da Constituição. É preciso que, ao menos naquilo de que depende a carreira dos juízes, o poder político nada tenha para oferecer aos juízes, nada tenha com que os aliciar. E, para isso, é preciso que o poder político não tenha qualquer voz – apenas observadores, para efeitos de acompanhamento que permita a busca de soluções que aumentem a qualidade e eficácia do poder judicial – nas nomeações para o órgão superior de gestão e disciplina dos juízes. Já basta a influência que, por portas travessas, pela criação de outro tipo de dependências, de ordem familiar, por exemplo, um poder político eticamente menos empenhado procure eventualmente criar ou, quando mero fruto de circunstâncias fortuitas, procure utilizar em seu proveito. E *vice versa*.

Isto é, sendo um facto que a natureza humana torna impossível prevenir a 100%, nesta como noutras áreas, situações construídas ou acidentais de promiscuidade, susceptíveis de influenciar negativamente o desempenho das funções politica e judicial, nada impede que em termos de desenho institucional do autogoverno do poder judicial se evite a criação de oportunidades ou ocasiões que potenciem a consumação deste tipo de aliança.

E, do que tenho podido observar, a impressão que me tem ficado – pelo menos no que respeita à grande massa do poder judicial na base da sua pirâmide – é a de que o interesse e desejo em promover um efectivo autogoverno do poder judicial, é grande. Pena que essa justa bandeira – pelo menos é essa a impressão que tenho retido de tudo quanto oiço e vejo – esteja a ser empenhada por estruturas sindicais que não deviam ter lugar na representação de titulares de órgãos de soberania como os tribunais (mesmo que não houvesse risco de captura das estruturas sindicais por partidos políticos). Mas melhor isso do que nada. E talvez a emergência dessas estruturas sindicais seja uma consequência, principalmente, de um certo vazio que se tenha criado com respeito à defesa do princípio do *efectivo* (para além da sua eventual proclamação) autogoverno do poder judicial, que carecesse de ser preenchido, defesa que nesse caso tenderá a perdurar nestes moldes, enquanto o objectivo prosseguido não for atingido.

iii) Das causas da apregoada crise, e perda de prestígio, do poder judicial

35. Justa ou injustamente, a mensagem que tem vindo a ser passada para a opinião pública, através da opinião publicada – e, é justo dizê-lo, em consequência de alguns factos indesmentíveis – é a de que o poder judicial atravessa uma crise sem precedentes desde que foi instituído o regime sob cuja batuta actualmente vivemos.

O GOVERNO DAS ORGANIZAÇÕES

É curioso notar – eu, pelo menos, noto – que nunca como desde há uns anos a esta parte se iniciaram tantos processos de investigação ditos "mediáticos", contra políticos, ou ex-políticos com fortes ligações históricas em termos de vida política activa a forças partidárias, no âmbito dos quais uma das "defesas" mais apregoadas (por actores e ex-actores políticos de relevo) tem sido a que se consubstancia na "acusação" de "motivação política dos processos". Muitos comentadores políticos de serviço, pela sua parte, dão, intencional ou inadvertidamente, uma estocada adicional na credibilidade da justiça quando concluem, assepticamente, que no "mínimo a justiça sai muito mal vista de tudo isto". O grande alarido criado, pela comunicação social e pelos visados, acompanhado da falta de "resultados" relativamente às expectativas criadas, pelo menos quando avaliados à luz das decisões finais nas instâncias últimas, permite comodamente atirar mais aquela farpa à justiça.

A pergunta que se impõe, no meio de tudo isto, é evidente: tendo em conta, também, que as deficiências e insuficiências no funcionamento da justiça vêm de longa data, o que representa realmente a causa e a consequência do facto político "crise do sistema judicial"? Os candidatos a estas duas posições são (a ordem é arbitrária), isoladamente ou em associação, (i) o coro de críticas ao poder judicial dos últimos anos (ii), o aumento muito significativo dos inquéritos criminais envolvendo políticos e (iii) o mau desempenho das funções judiciais[6]. Admitindo que esta última possa ser a causa, ou uma das causas, onde está a razão maior dos maus desempenhos? Na lei processual? Na base da pirâmide do poder judicial? No topo? Mais genericamente ou como causa remota, no desenho institucional do órgão superior de gestão e disciplina dos magistrados judiciais?

36. Uma coisa é certa: a justiça que temos, ou que não temos e devíamos ter, resultou do desenho e coloração que o poder político (incluindo aqui aquilo que este cristalizou constitucionalmente), lhe imprimiu. É este poder político (que radica, em última análise, nos partidos políticos e praticamente só neles, como se viu) que:

i) decide o desenho institucional da governação do poder judicial;

ii) umbilicalmente relacionado com esta decisão política, procura afastar-se ou, pelo contrário, procura atrair para a sua esfera de influência, de maneiras diversas e por força de incentivos diversos, elementos chave na organização do poder judicial;

---

[6] Creio que o mediatismo de alguns magistrados será em geral mais uma consequência – o resultado de um efeito de arrastamento – do que propriamente uma causa (quem, como classe ou individualmente, é visado mediaticamente, natural é que, mais tarde ou mais cedo, se comece a defender, mediaticamente também). Mas isto não quer dizer que este processo de mediatização não possa entretanto ter gerado as suas próprias dinâmicas, levando a fenómenos de procura de mediatismo mais artificiais (menos justificáveis), incluindo--se aqui, evidentemente, os advogados. De todo o modo, não creio que more aqui a raiz do problema.

O GOVERNO DOS ÓRGÃOS DE SOBERANIA

iii) analisa as carências em termos de formação técnica, designadamente em áreas estranhas ao direito, dos magistrados judiciais, e decide acerca do modo do seu suprimento (ou nada faz a esse propósito);

iv) define a idade a partir da qual se pode ter a responsabilidade de julgar casos mais ou menos complexos;

v) faz e desfaz as leis processuais que amarram – porque se desconfia – ou libertam – porque se confia e se planeou antecipadamente de modo a poder confiar-se – o juiz para exercer a sua função do modo que as circunstâncias do caso melhor aconselharem;

vi) faz e desfaz as leis penais que autorizam ou impedem o juiz – respeitador das fronteiras da sua autoridade e poder – de condenar nesta ou naquela situação;

vii) faz, ou não faz, o diagnóstico, e estuda e implementa, ou não, as soluções capazes de melhorar as inúmeras tarefas burocráticas que a todos ocupam nos tribunais; etc.

É inaceitável, omitindo-se que o controlo de todos estes factores, críticos para o bom funcionamento do sistema judicial, está fora das mãos dos juízes e na total dependência do poder dos partidos políticos, atirar-se sonsamente com a atoarda de que o sistema judicial está em crise ou que o funcionamento do sistema de justiça é uma vergonha. Vergonha, talvez, mas para quem?

iv) Das vantagens de um efectivo autogoverno da função judicial

37. *"In general, courts can be seen either as pure gatekeepers of the law or as innovative lawmakers who engage in what is sometimes called judicial activism."*[7] Nos EUA, por exemplo, muito por "culpa" do movimento chamado de realismo jurídico[8] e do método de designação dos juízes (por eleição, em muitos Estados, com a consequente necessidade de desenvolvimento pelos candidatos de uma actividade política com vista a ganhar o apoio do eleitorado, e por escolha política, no caso do *Supreme Court*), existe algum (substancial) "activismo judicial".

Na tradição legal e cultural em que nos situamos, o activismo judicial não marca presença (não é assim que percepcionamos a função judicial e que esta se vê a si mesma). E tanto quanto sou capaz de alcançar, o autogoverno da função judicial não mudaria este estado de coisas, pela razão simples de que manteria

---

[7] Sofia Amaral Garcia, Nuno Garoupa e Veronica Grembi, *Judicial Independence and Party Politics in the Kelsenian Constitutional Courts: The case of Portugal*, University of Illinois College of Law, Research Paper No. LE08-021, July 7, 2008, p. 2, disponível no endereço electrónico http://ssrn.com/abstract=1156281.

[8] Sobre o qual fiz uma breve referência descritiva e explicativa (recorrendo a Anthony D'Amato) em *A Legitimidade do Planeamento Fiscal, as Cláusulas Gerais Anti-Abuso e os Conflitos de Interesse*, Coimbra Editora, Novembro de 2009, pp. 89 a 93.

O GOVERNO DAS ORGANIZAÇÕES

intactos os mecanismos de autocontrolo colectivo, agora com a novidade de serem expurgados de influências de outros poderes em relação aos quais é fundamental a independência do poder judicial[9].

Evidentemente haverá sempre a tendência, por parte dos outros poderes porventura fiscalizados com outra eficácia relativamente ao cumprimento dos seus deveres de lealdade à coisa pública, para se defenderem atacando e, perante um poder judicial independente e actuante a esse nível, acusarem-no "de se ter deixado politizar" (envolver na luta política), para assim, através desta retórica, lançando a confusão, darem início ou reforçarem um processo político de condicionamento ou domesticação do poder judicial face a outros poderes soberanos que circunstancialmente o primeiro tenha de fiscalizar, designadamente do ponto de vista dos ilícitos criminais cometidos no exercício das funções de administração do património e dinheiros públicos. É preciso dar um grande desconto sempre que os poderes governativos atacam o poder judicial por ocasião deste ou daquele processo envolvendo governantes ou ex-governantes abrigados nos partidos políticos.

38. *While judicial independence is widely studied, accountability has been the subject of much less inquiry. It requires that the judiciary as a whole maintain some level of responsiveness to society, as well as a high level of professionalism and quality on the part of its members.*"[10]. Por um lado, quer-se um poder judicial independente dos outros poderes soberanos, imune à influência ou controlo externo; por outro lado, não se quer deixar de exigir que o poder judicial preste contas da sua actividade, e para prestar contas da sua actividade em teoria deveria estar sujeito a controlo externo.

Os *judicial councils* (como o nosso Conselho Superior de Magistratura) seriam órgãos instituídos com o propósito de separar a nomeação, promoção e disciplina dos juízes do processo político-partidário (*independence*) e, simultaneamente, de assegurar que os juízes prestam contas (*accountability*), havendo uma "(...) *wide variety of models of councils, in which the composition and competences reflect the concern*

---

[9] E é preciso não esquecer que qualquer que seja o modo de organização do governo do poder judicial, a sua escolha e, portanto, a sua modificação e substituição, está fora do controlo do poder judicial (em teoria e, no nosso sistema e respectiva vivência, constitucional, na prática), pelo que também por via desta "ameaça externa" não vislumbro qualquer perigo de "activismo judicial" no horizonte caso se mudasse para um paradigma de efectivo autogoverno da função judicial. Pelo contrário, dada a facilidade com que no nosso país se faz e desfaz, o risco estaria antes em, sob o falso pretexto de o poder judicial estar a extravasar do âmbito que na nossa tradição lhe tem sido reservado, haver a tentação, para pôr cobro a eventuais actuações incómodas do poder judicial com respeito aos titulares do poder político, de retirar-lhe o autogoverno que num primeiro momento lhe tivesse sido outorgado.

[10] NUNO GAROUPA and TOM GINSBURG, *Guarding the Guardians: Judicial Councils and Judicial Independence* (American Journal of Comparative Law, Forthcoming), November 18, 2008, p 4, disponível no endereço electrónico http://ssrn.com/abstract=1303847.

about the judiciary in a specific context, balancing between demands for accountability and independence."[11]

O que está aqui em discussão é o modelo de *judicial council* em termos da sua composição, assumindo-se como boa a solução actual relativamente às suas competências (de que se destaca o poder disciplinar e a gestão das classificações e promoções). Isto é, assume-se como boa a solução do "autogoverno", mas questiona-se se esse autogoverno é efectivo ou se, pelo contrário, embora proclamado e institucionalizado, se encontra condicionado ou em parte considerável capturado por influências externas relativamente às quais deveria manter distância, em razão do modo de designação dos membros do Conselho Superior de Magistratura e das dinâmicas que, com o tempo, esse modo de designação acaba por criar.

39. Opinam Nuno Garoupa e Tom Ginsburg que "(...) *the periodic reforms of judicial appointments and management that we observe within and across countries reflect a dialectic tension between the need to de-politicize the judiciary and the trend toward judicializing politics. Independence is needed to provide the benefits of judicial decision- -making; once given independence, judges are useful for resolving a wider range of more important disputes; but as more and more tasks are given to de judiciary, there is pressure for greater accountability because the judiciary takes over more functions from democratic processes."*[12]. Este é, como ponto de partida, um bom modelo teórico: nele se prevê que, como num pêndulo, no longo prazo as dinâmicas criadas levam a que se balance entre sistemas onde se reforça a independência dos juízes (em resposta à sua excessiva deferência aos poderes políticos) para depois, reconquistado o prestígio e utilidade da função, se entrar num processo de conquista de terreno (competências) pelo poder judicial aos, e sobrepondo-se a, outros poderes, até que, chegados a um limite (ao outro extremo do movimento pendular), a pressão para se instituir uma fiscalização sobre os próprios juízes leva a que, em detrimento da sua independência, se volte a um modelo focado principalmente na "*accountability*".

O que estes autores nos ensinam nos seus trabalhos académicos é, antes de mais, que a realidade é dinâmica, evolui, e que por força do sentido dessa evolução soluções de *governance* (no caso, governação do poder judicial) que no passado faziam sentido, podem, entretanto, "no presente", ter deixado de ser equilibradas, ter deixado de gerar os melhores resultados. Não há soluções puras e imutáveis porque os problemas a que urge dar resposta também não são unidimensionais nem imutáveis. No nosso caso, se o poder judicial, sob essa veste e com as suas imunidades e prerrogativas, entrar pelo campo político da governação, em vez

---

[11] Nuno Garoupa and Tom Ginsburg, *Guarding...*, p 5.
[12] Nuno Garoupa and Tom Ginsburg, *Guarding...*, p 18.

O GOVERNO DAS ORGANIZAÇÕES

de se limitar a fiscalizar o cumprimento das leis, e não for capaz de gerar, internamente, os mecanismos correctivos adequados para travar esse processo, então a intervenção do poder legislativo terá de passar da ameaça (sempre presente) à acção e, através de condicionamentos e soluções exteriores ao poder judicial colectivamente considerado, restabelecer o equilíbrio de poderes perdido.

40. Mas antes dessa solução radical, urge primeiro acertar no diagnóstico. É aqui que reside o busílis do problema. O grande potencial para teatros, encenações, logros e enganos é, neste âmbito, enorme. É que, os órgãos de governação (juntamente com o parlamento que os suporte) terão sempre a inclinação natural para se sentirem injustificadamente importunados (mesmo que sejam, sem excepção, bem intencionados) com as fiscalizações e controlos que lhes venham dizer que aquilo que se pretende fazer ou que se fez não está conforme à lei que nos rege. Estas fricções incomodarão todos os partidos com acesso ao poder, sem excepção. E quanto aos governantes mal intencionados, nada mais é necessário aqui acrescentar. Daí que as probabilidades sejam fortes, com o correr do tempo, de que surja uma oportunidade e pretexto que una os partidos com acesso ao poder no objectivo de domesticar um poder judicial que aja com "demasiada independência". A tentação nesse sentido será natural, mesmo que a honestidade impere. E caso as estruturas da governação sejam capturadas por *malevolent groups*, o silenciamento ou descredibilização de quaisquer órgãos de fiscalização que se atrevam a agir com independência será um imperativo lógico.

Daí que – e não tanto pelos excessos que, no longo prazo, possam vir a ser cometidos – seja difícil instituir e manter de forma duradoura, um poder judicial que, efectivamente, se autogoverne. É quase irresistível, para o poder político (aqui como noutros países), sujeito à fiscalização da legalidade dos seus actos (e da sua lealdade aos interesses dos governados, por oposição à prossecução de interesses próprios) pelo poder judicial, não usar as competências que tem relativamente ao desenho da organização e gestão deste último, para introduzir elementos no mesmo que permitam, do modo mais subtil possível, mas permitam, ter no seu seio elementos com os quais haja afectividade. E quando, fruto da independência por momentos afirmada ou conquistada, o poder judicial, ou parte dele, fiscalize efectivamente o poder político, esta tentação aumentará exponencialmente e, com ela, os riscos para a desejada e útil independência judicial.

41. Ou seja, a independência judicial já está suficientemente condicionada pelo simples facto de estar nas mãos de outros poderes fiscalizados pelo poder judicial, mudar o modo do seu governo e administração. E está ainda mais condicionada pelo facto de, sempre que se atreva a fiscalizar efectivamente actuações de cidadãos com posições de influência junto dos órgãos que decidem do modelo de governo da função judicial, sofrer ataques (à sua credibilidade e intenções) com instrumentos, técnicas e meios fora do alcance dos magistrados ou que, por

O GOVERNO DOS ÓRGÃOS DE SOBERANIA

tradição, vocação e treino profissional, não fazem parte do ADN dos juízes e contra os quais estes pouco podem (será esta mais uma das causas da existência de associações sindicais – que no meu modo de ver não deviam existir como veículos de representação dos magistrados – nas magistraturas? Serão estas associações uma resposta à necessidade sentida de defender a magistratura de ataques à sua independência? Se a resposta for afirmativa, menos mau).

Acresce que a razão de existir do poder judicial reside na resolução de litígios e no controlo da legalidade. Ora, tendo em conta a enorme fatia dos recursos de um país e os poderes de interferência com a distribuição dos restantes recursos e sua utilização, que os governos têm, o controlo dessa legalidade cruza-se, cada vez mais, com a actividade dos governos. Se estes têm ou aumentam o seu poder real sobre a sociedade e os seus recursos, natural e desejável será também que o poder judicial tenha ou aumente o seu poder real (e frequência) de fiscalização da legalidade da actuação (e lealdade aos interesses dos governados) dos governos. E isso só se consegue se houver efectiva independência relativamente a estes outros poderes fiscalizados, pelo que este tem de ser o traço característico do poder judicial. A *accountability* (perante os "governados", nominalmente, mas com a mediação ou interferência de outros poderes soberanos) não deverá ser princípio estruturante da organização do poder judicial, mas tão-somente justificação política para intervenção legislativa limitadora da expansão daquele poder, logo que este ultrapasse (na realidade, que só transparece filtrada que esteja da retórica política que a encobre) o âmbito (controlo da legalidade) da missão que justifica a independência.

"From our perspective, the key question is what audience the judiciary is addressing in its decision-making"[13]. Agora da perspectiva de que aqui me ocupo, diria que o (efectivo) autogoverno (a independência) permite afastar o espectro de os juízes se porem a fazer cálculos, consciente ou inconscientemente, acerca do agrado ou desagrado com que a sua decisão neste ou naquele caso politicamente mais sensível, será vista pelos partidos políticos reinantes.

Este efectivo autogoverno só fica assegurado se os juízes elegerem a totalidade dos membros do seu órgão superior de gestão e disciplina, limitando, no máximo, a intervenção de outros poderes soberanos, à indicação de observadores para acompanharem essa gestão.

A *accountability* técnica (qualidade das decisões) consegue-se com mecanismos de recurso, com as classificações dos juízes e com o *feedback* que estes recebem da sociedade em geral e de outros intervenientes no, ou observadores do, sistema

---

[13] NUNO GAROUPA and TOM GINSBURG, *Reputation, Information and the Organization of the Judiciary*, John M. Olin Law & Economics Working Paper No. 503 (2d series), December 2009, p 26, disponível no endereço electrónico http://ssrn.com/abstract=1523954.

judicial (advogados e académicos) – deve, em contrapartida, ser mais exercitada a liberdade para, em tom sereno (sem histerias) e fundamentadamente, dizer-se o que se pensa acerca do acerto, ou falta dele, das decisões dos juízes, uma vez que isso, no contexto de um ambiente estável, tranquilo e descomplexado que porventura possa a vir a dominar o nosso sistema judicial, contribuirá certamente para melhorias no seu funcionamento (no funcionamento da justiça). E a melhoria técnica pode ainda ser planeada e conseguida (e aqui, sim, o poder político deve empenhar-se e promover o adequado) através do reforço da formação e apoio aos juízes em áreas diversas da jurídica, para que estes fiquem melhor preparados para distinguir o trigo do joio e melhor possam actuar quando chamados a julgar casos crescentemente (na realidade, ou só na aparência) mais complexos.

v) O Tribunal Constitucional

42. A nossa Constituição ocupa-se largamente de aspectos substantivos do funcionamento da sociedade e respectiva legislação que o há-de reger, nos mais diversos aspectos, amarrando ideologicamente os governos eleitos por novas gerações (por novos ocupantes – transitoriamente, também estes – desta "ocidental praia lusitana") às suas escolhas cristalizadas em certo momento histórico, e prescinde, como se viu já aqui e acolá, de densificar minimamente aspectos decisivos e de carácter mais estrutural ou permanente (embora, evidentemente, também modificáveis), respeitantes ao desenho dos nossos órgãos de soberania e aos deveres dos seus titulares.

Sendo este o nosso contexto constitucional, não é má ideia que o Tribunal Constitucional seja composto por juízes na sua maioria eleitos pela Assembleia da República (artigo 222.º da CRP e artigo 12.º da Lei de Organização e Processo do Tribunal Constitucional). Com efeito, se a fiscalização do cumprimento da Constituição ficaria melhor entregue a um órgão imune ao poder político (ainda que especializado, também) caso estivesse em causa promover a fiscalização do respeito por alguns princípios gerais, do respeito por direitos, liberdades, e garantias pessoais e de participação política, e do respeito pelo desenho institucional dos órgãos de soberania e respectivas competências, já quando se entra no campo da fiscalização dos, assim chamados, "direitos sociais, económicos e culturais", invade-se um território indistinguível daquele outro em que as decisões são tradicionalmente perspectivadas como pertencendo aos órgãos cuja composição resulta de escolhas, em eleições periódicas, pelos governados. Assim sendo, melhor será que o órgão de "fiscalização" da compatibilidade das políticas públicas com esta parte da Constituição seja, na sua composição, dependente do poder político sujeito a sufrágio regularmente.

43. Já não é boa solução, nas circunstâncias da nossa Constituição em concreto ou em quaisquer outras, que seis dos juízes do Tribunal Constitucional, a escolher, recorda-se, maioritariamente pela Assembleia da Republica, sejam juízes de outros tribunais (cfr. a legislação atrás citada). Como regra geral, deve-se densificar o princípio da independência dos juízes de carreira em termos tais que se evite, na medida do possível, a existência de fios, mais ou menos visíveis, que, à semelhança dos fios que controlam uma marioneta, dêem ao poder político qualquer potencial de controlo, influência ou captura, dos titulares do poder judicial – com efeito, "(...) *external constraints (such as future job opportunities or political interference) might shape incentives one way or the other.*"[14].

Melhor seria, querendo-se, por razões que sou capaz de compreender, que o Tribunal Constitucional fosse composto em parte por juízes de carreira (afinal de contas, trata-se de um tribunal), que se definisse uma base de recrutamento dos mesmos (*v.g.* juízes dos supremos tribunais e tribunais da relação ou equiparados), se definisse porventura alguns requisitos curriculares (reveladores de interesse e estudo ou acompanhamento das matérias constitucionais) e, com base em candidaturas livres de juízes que preenchessem essas condições, se sorteasse, entre os interessados, a quota de juízes no Tribunal Constitucional reservada a magistrados de carreira.

vi) O Ministério Público

44. Eis outra estrutura que carece do mesmo tipo de autonomia que só se consegue através da consagração de um efectivo autogoverno. O órgão encarregue do governo do Ministério Público – isto é, do qual depende a acção disciplinar e as promoções na carreira – é a Procuradoria-Geral da República (cfr. artigo 219.º, n.º 5, da CRP), que o exerce através do Conselho Superior do Ministério Público (cfr. artigo 15.º do Estatuto do Ministério Público – EMP).

A composição do Conselho Superior do Ministério Público (CSMP) tem uma certa vantagem em relação ao que se viu com respeito ao CSM: de um total de 19 membros, 7 são eleitos pelos seus pares em diversos níveis da hierarquia da magistratura em causa; outros 7 dependem do poder partidário (5 eleitos pela Assembleia da República e 2 designados pelo Ministro da Justiça); 4 ocupam o lugar por inerência do cargo que ocupam dentro da magistratura em causa (procuradores-gerais distritais); e um depende do poder político-partidário e do Presidente da República [o Procurador-Geral da República – cfr. artigo 133.º, alínea m), da CRP] – artigo 15.º do EMP.

---

[14] Nuno Garoupa and Tom Ginsburg, *Reputation...*, p 12.

Ainda assim, o desejável seria, por razões idênticas às atrás referidas a propósito do poder judicial, que a intervenção do poder político na governação do Ministério se limitasse à sua observação. O poder reactivo ou dissuasor de quem detém o poder legislativo, articulado com a fiscalização que os principais interessados no bom funcionamento dos poderes públicos – os cidadãos – sempre poderão fazer, assegurada que seja a transparência na circulação da informação (que o poder político pode promover e organizar), são remédios suficientes para quem esteja muito preocupado com riscos de uma eventual judicialização da política (para mais elementos sobre os contornos desta equação, ver atrás, a propósito do nível de independência aí defendido para o poder judicial). E é preciso ter em conta que quem, tendo ligações à actividade política, veja os seus interesses e actividades afectados por um Ministério Público a funcionar devidamente, tenderá a defender-se, quando se sinta acossado, apregoando que há motivações políticas, misturando para esse efeito o plano do processo em curso com o, plano distinto, e não menos legítimo (necessário, até), das reacções dos seus adversários políticos a esse mesmo processo.

45. Importa, para finalizar este ponto, fazer ainda algumas observações avulsas. Percebe-se mal que em regra (cfr. artigo 68.º, n.º 2, do EMP) não seja o magistrado do Ministério Público que dirigiu o inquérito a intervir nas fases subsequentes. Ele, mais do que ninguém, dominará a matéria investigada e poderá aperfeiçoar ainda esse domínio caso se mantenha em contacto com o processo. A sua substituição nas fases posteriores do processo por um outro magistrado deita por terra todo este investimento no conhecimento do objecto da investigação (investimento na aquisição de conhecimento específico, que pode ser singular, até), o que tem por efeito, inevitável, retirar capacidade ao Ministério Público de se explicar e defender a investigação e respectivos resultados, nas fases decisivas do processo que se sigam ao inquérito. Não faltando controlos de legalidade no nosso sistema jurídico – os tribunais, com as suas várias instâncias, que apreciarão a acusação do Ministério Público; os acusados e respectivos advogados; e o próprio Ministério Público, que está legalmente sujeito a critérios de legalidade e cujos magistrados são hierarquicamente subordinados (cfr. artigo 76.º e seguintes do EMP) –, percebe-se mal a existência desta substituição automática dos magistrados do Ministério Público no âmbito dos processos crime – quando da passagem da fase do inquérito para a fase da sustentação, perante os tribunais, da acusação proferida –, dado o enfraquecimento da eficácia da acção penal (que tem função relevantíssima na construção diária de um verdadeiro e próprio Estado de Direito) que esta substituição provoca, especialmente quando estejam em causa casos complexos (para não falar na diluição de responsabilidades que esta actuação "a quatro mãos" acarreta).

O GOVERNO DOS ÓRGÃOS DE SOBERANIA

A segunda observação "avulsa" que aqui quero fazer prende-se com a atribuição ao Procurador-Geral da República, com faculdade de delegação (cfr. artigo 29.º, n.º 1, 57.º e segs. e 89.º da LTC), do poder de requerer o julgamento de processos de efectivação de responsabilidades financeiras pelo Tribunal de Contas. Sendo o cargo de Procurador-Geral da República de nomeação política, na dependência, não só mas também, dos partidos políticos, na medida em que são estes a base de sustentação do Governo; e sendo este mesmo Governo sujeito, directa e indirectamente, à fiscalização e jurisdição do Tribunal de Contas – compreende-se mal que, no mínimo e para compensar, não tenha sido também permitido aos partidos políticos individualmente considerados e com assento parlamentar, ou até ao vulgar cidadão ou "governado" (a "sociedade civil" que, afinal de contas, constitui a razão de ser dos controlos que se queriam efectivamente instituir) promover o julgamento destes processos relativos a contas públicas.

§ 7.º A FISCALIZAÇÃO DOS GOVERNANTES E DA GOVERNAÇÃO PELO QUARTO PODER – IMPRENSA LIVRE E PLURALISTA

i) A função (de monitorar e informar) do jornalismo no contexto da actuação dos poderes públicos

46. O que aqui vai ser dito a propósito da imprensa vale para os meios de comunicação social em geral, incluindo a rádio e a televisão. O que aqui está em causa é a actividade jornalística.

O jornalismo é uma actividade de mediação que tem por função, naquilo que aqui me vai interessar, carrear informação sobre a governação da coisa pública e sobre a actuação dos poderes públicos em geral, para os destinatários e razão de ser dessa governação – os governados, todos nós.

O Tribunal de Contas, por exemplo, em grande medida tem também uma função de mediação, mas no seu caso de mediação na fiscalização organizada e de modo tecnicamente especializado, das contas públicas e da utilização dos dinheiros públicos. E com os novos meios de difusão de informação (*internet*) e algum esforço de produção de sumários claros e com linguagem acessível, é possível que o Tribunal de Contas se relacione directamente com o público que constitui a razão de ser da sua existência e para o qual trabalha – os governados, mais uma vez.

Mas nem todas as manifestações na, e implicações para a, vida do vulgar governado (do vulgar *accionista*), decorrentes da actuação dos poderes públicos, passam pelo crivo de um órgão como o Tribunal de Contas; acresce que mesmo

O GOVERNO DAS ORGANIZAÇÕES

que assim não fosse, sempre a imprensa (o jornalismo) a funcionar como deve ser tem a enorme utilidade de constituir uma *one-stop-shop*, isto é, um meio onde se concentre toda a informação relevante respeitante à coisa pública, com isso poupando todo um enorme esforço que cada um, individualmente e repetidamente, teria de fazer, se a única opção disponível para nos informarmos nos obrigasse à procura, em canais dispersos, da informação relevante.

Isto é, tal como se não entrega a governação do país directamente aos dez milhões de portugueses – isso seria uma solução altamente ineficiente (as soluções adoptadas só por puro acaso corresponderiam ao resultado de um pensamento racional), que a todos empobreceria, se possível fosse conceber, sequer, que se conseguiria instituir um tal governo, na prática –, nem se entrega a justiça a esses mesmos dez milhões de portugueses, antes se procuram institucionalizar órgãos de mediação, de representação, para levarem por diante essas tarefas, também na procura da satisfação da necessidade de redução da assimetria de informação entre os titulares desses órgãos e os seus "representados" se instituem (é a solução que natural e racionalmente emerge) órgãos ou actividades especializados (a imprensa ou o jornalismo) com essa missão: obter informação (naquilo que aqui me interessa) sobre a actuação e actividades dos poderes públicos e transmiti-la aos representados, ao *principal*, aos governados – a todos nós.

47. Esta função é absolutamente vital. São as assimetrias de informação que permitem aos agentes (governantes ou, mais genericamente, titulares de poderes públicos) – na medida em que lhes possibilitem escapar a um efectivo controlo por parte dos mandantes (*principal* – os governados, neste caso) – actuar de acordo com os seus próprios interesses, em detrimento dos interesses da comunidade que era suposto estarem a servir.

"*We define an agency relationship as a contract under which one or more persons (the principal(s))* [os governados] *engage another person (the agent)* [os governantes] *to perform some service on their behalf which involves delegating some decision-making authority to the agent. If both parties to the relationship are utility maximizers there is good reason to believe that the agent* [governantes] *will not always act in the best interest of the principal* [governados]. *The principal* [governados] *can limit divergences from his interest (...) by incurring monitoring costs* [*v.g.* correspondentes à fiscalização levada a efeito por órgãos como o Tribunal de Contas ou à vigilância exercida pela imprensa, sem esquecer os tribunais comuns que, em todo o caso, têm uma função bem mais vasta que a de mera fiscalização] *designed to limit the aberrant activities of the agent.*"[15].

"[A]*gency theory is directed at the ubiquitous agency relationship, in which one party (the principal)* [governados] *delegates work to another (the agent)* [governantes], *who*

---

[15] Michael C. Jensen and William H. Meckling, "Theory of the Firm: Managerial Behavior, Agency Costs and Ownership Structure", *in Theories of Corporate Governance...*, p 59.

O GOVERNO DOS ÓRGÃOS DE SOBERANIA

performs that work. Agency theory attempts to describe this relationship using the metaphor of a contract (Jensen and Meckling, 1976). Agency theory is concerned with resolving two problems that can occur in agency relationships. The first is the problem that arises when (a) the desires or goals of the principal and agent conflict and (b) it is difficult or expensive for the principal to verify what the agent is actually doing. The problem here is that the principal cannot verify that the agent has behaved appropriately. (...) [I]nformation systems also curb agent [os governantes] *opportunism. The argument here is that, since information systems* [v.g., no nosso caso, imprensa; Tribunal de Contas] *inform the principal* [os governados] *about what the agent is actually doing, they are likely to curb agent opportunism because the agent will realize that he or she cannot deceive the principal. (...) Moral hazard refers to lack of effort on the part of the agent. (...) For example, moral hazard occurs when a research scientist works on a personal research project on company time but the research is so complex that* [the principal or someone on its behalf] *cannot detect what the scientist is actually doing. Adverse selection refers to misrepresentation of ability by the agent. The argument here is that the agent may claim to have certain skills or abilities when he or she is hired* [eleito, no nosso caso]. *Adverse selection arises because the principal cannot completely verify these skills or abilities either at the time of hiring* [eleger, no nosso caso] *or while the agent is working* [governar, no nosso caso]. *(...) In the case of unobservable behaviour (due to moral hazard or adverse selection), the principal* [governados] *has two options. One is to discover the agent's behaviour by investing in information systems (...)."*[16].

A imprensa, o jornalismo, a par de órgãos mais especializados como o Tribunal de Contas, é peça fundamental, na qual vale a pena investir, de um sistema de informação que tenha por objectivo monitorar, acompanhar, a actividade dos governantes, com a finalidade de reduzir as assimetrias de informação entre estes e os governados e, com isso, ajudar a prevenir e a pôr cobro a desalinhamentos, de contornos jurídicos mais ou menos graves, entre os interesses dos governados e os interesses efectivamente prosseguidos pelos governantes.

ii) A criação de condições institucionais e económicas que contribuam para a existência de um jornalismo cumpridor do seu dever e função

48. São bem aplicados os dinheiros públicos que visem diminuir os custos fixos da actividade jornalística uma vez que, desse modo, se ajuda a evitar que a escala ou dimensão comandem e, consequentemente, se ajuda a evitar um avolumar da concentração dos meios de comunicação social (e, com eles, do controlo

---

[16] KATHLEEN M. EISENHARDT, "Agency Theory: an Assessment and Review", *in Theories of Corporate Governance...*, p 79, 80 e 81.

da actividade jornalística) nas mãos de uns poucos. A suavização das barreiras (económicas) à entrada de novos *players* (incluindo projectos em que os jornalistas tenham uma palavra a dizer significativa) é o maior garante, no longo prazo, da capacidade de a imprensa desempenhar a sua tarefa "com distinção".

Assim é que, à semelhança do que se sugeriu a propósito do exercício do poder judicial, fosse útil que os jornalistas tivessem acesso, do modo mais informal possível, a informação, esclarecimentos técnicos e orientação sobre como e onde aprofundar conhecimentos em várias áreas, prestados por um grupo de pessoas dedicadas a essa tarefa (cuja continuidade nessas funções passaria, também, pelo escrutínio dos jornalistas). O objectivo seria o de aumentar a qualidade do jornalismo e dos jornalistas em moldes que actualmente só serão acessíveis a grupos de comunicação social de grande dimensão (e, mesmo aí, essa acessibilidade está sujeita à condição de os seus proprietários estarem interessados em "investir nessa frente").

Para permitir à imprensa aceder, tanto quanto possível, aos benefícios (redução de custos por unidade vendida) da escala, da dimensão, sem ao mesmo tempo acabar com a diversidade e o pluralismo da imprensa, necessário seria identificar em que níveis do negócio é ainda possível concentrar funções sem tocar na concentração relativamente à função principal (actividade jornalística). A Agência Lusa preenche já, ao nível da difusão de notícias, essa tarefa. Por falta de tempo e espaço não analisarei aqui o tema da "governação" da Lusa, mas o que se dirá a propósito da Entidade Reguladora para a Comunicação Social ou organismo equivalente (necessidade de garantir *efectiva* – por oposição à mera proclamação em letra de lei – independência em face do poder político) é aqui aplicável *"mutatis mutandis"*.

A propósito, ainda, da Agência Lusa, não posso deixar de referir aqui algo em que tropecei quando procurei informar-me a seu propósito. Faz pouco sentido que o Estado Português (leia-se, o Governo, por sua vez emanado do partido político A ou B) celebre contratos de prestação de serviços com a Lusa, sem estender os seus benefícios a todos os partidos representados na Assembleia da República, num contexto em que se estabeleceu a obrigação de a Lusa "[e]*nviar diariamente ao membro do Governo responsável pela área da comunicação social, através do Gabinete para os Meios de Comunicação Social, sem contrapartidas financeiras, todos os produtos da Lusa que fazem parte da oferta global definida como parte integrante das obrigações decorrentes do presente contrato, tal como descritas na Cláusula Quarta, assegurando as funcionalidades adequadas à sua monitorização, tratamento e arquivo."*[17]. É que, como

---

[17] Cfr. Cláusula Sexta, n.º 2, alínea c), do Contrato de Prestação de Serviço Noticioso e informativo de Interesse Público celebrado entre o Estado e a Lusa – Agência de Notícias de Portugal, S.A., em 31 de Julho de 2007, disponível no sítio da *internet* da Entidade Reguladora para a Comunicação Social.

O GOVERNO DOS ÓRGÃOS DE SOBERANIA

o membro do Governo responsável pela comunicação social não ignorará, informação é poder, principalmente e atendendo ao tipo de discussão política que se pratica em Portugal (na maior parte das vezes descontextualizada), informação devidamente tratada e arquivada.

49. Não choca (ou não choca a mim) a existência, em si mesma, de uma Entidade Reguladora para a Comunicação Social (ERC), com este ou outro nome, e com funções de monitorização dos objectivos e características de funcionamento da comunicação social apregoados no artigo 8.º dos Estatutos da ERC (aprovados pela Lei n.º 53/2005, de 8 de Novembro).

O que já é inaceitável é que a composição do principal órgão da ERC – o conselho regulador – seja determinada pela Assembleia da República, isto é, no âmbito do sistema político que nos coube em sorte, pelos partidos políticos (artigo 15.º dos Estatutos da ERC). Ou seja, o conselho regulador (da comunicação social), com a missão de vigiar o cumprimento da missão e função da imprensa e do jornalismo, por sua vez com a missão (no que aqui me interessa) ou função de acompanhar e monitorar a actividade dos poderes públicos, é dominado pelos partidos políticos, por sua vez donos e senhores, no nosso sistema político, dos principais poderes públicos cuja monitorização pela imprensa é especialmente necessária (como se viu atrás). É o que se pode chamar de circularidade e inutilidade perfeitas. A interpretação do requisito constitucional de que o que a ERC faz seja levado a cabo por uma entidade administrativa independente (cfr. artigo 39.º da CRP), poderia e deveria ter uma concretização bem mais exigente.

Aos recursos, muitos ou poucos, alocados à actividade da ERC, tem de ser dado um uso útil, ou tudo não passará de mais um caso de gestão danosa dos dinheiros públicos. E esse uso útil passa, como se apregoa no artigo 8.º dos Estatutos da ERC, por auxiliar na preservação das condições de liberdade, pluralismo e independência face aos poderes políticos e económico, da imprensa e do jornalismo. Para que isso possa ser expectavelmente atingido, o Conselho Regulador não pode ser escolhido pelo poder político, como salta aos olhos de qualquer mortal. Ele tem de ser escolhido, em votação secreta, pelos jornalistas com actividade efectiva. Está claro, para alguns (mal habituados), isso sim, é que seria um verdadeiro desperdício dos dinheiros públicos.

50. Os jornalistas – quem faz jornalismo – são o elo fraco de todo o sistema, no que à comunicação social concerne. O elo forte, aquele que, à partida, pode determinar se a imprensa e o jornalismo funcionarão de um modo saudável – cumprindo a sua missão – ou de um modo patológico – servindo interesses estranhos à sua missão –, são os proprietários dos órgãos de comunicação social. Daí que no desenho institucional que rodeia a comunicação social os jornalistas não possam ser deixados à sua sorte e os proprietários dos órgãos de comunicação social devam, sempre que se justifique, prestar contas.

Relativamente à questão da transparência da propriedade (artigos 15.º e 16.º da Lei n.º 2/99, de 13 de Janeiro – Lei de Imprensa), deveriam estar sujeitas a divulgação não só as participações directas mas, também, a titularidade última através de participações indirectas – o que interessa assegurar é o conhecimento da identidade de quem, no final de uma qualquer cadeia de participações, tenha influência significativa na pessoa colectiva proprietária das publicações (o direito dos valores mobiliários tem isto já bem trabalhado a propósito dos deveres de comunicação de participações qualificadas em sociedades abertas, pelo que não é preciso inventar nada).

Adicionalmente, assim como se exigem especiais requisitos de idoneidade aos banqueiros (por exemplo), deveria sujeitar-se, também, expressa e especificamente, os proprietários de empresas de comunicação social, ao critério da idoneidade (mas não a autorização prévia ou verificação prévia do mesmo), no caso consubstanciado na exigência de não interferência com a função jornalística, directamente ou por interposta pessoa (director).

Além disso e em face da função de interesse público que desempenham os órgãos de comunicação social, devia ser possível a representantes dos jornalistas (conselho de redacção) oporem-se a orientação ou determinação do director quanto ao conteúdo de determinada publicação (cfr. artigo 20.º da Lei de Imprensa), sempre que, demonstradamente (e estaria do seu lado o ónus de defenderem mais tarde a verificação do requisito que se segue), essa orientação ou determinação tivesse por efeito silenciar ou omitir um facto ou informação com relevo para a vida da comunidade a que se dirija a publicação em causa.

Finalmente, parece excessivo o peso dos jornalistas designados pelo patronato para a Comissão da Carteira Profissional de Jornalista (quatro, em oito jornalistas que a compõem – cfr. artigos 20.º e 21.º do Decreto-Lei n.º 70/2008, de 15 de Abril).

51. O facto de o jornalista ser à partida o elo fraco na relação com o proprietário do órgão de comunicação social, nem por isso deve fazer esquecer que o jornalista está em contacto com uma esfera de interesses variados diversos do da "entidade patronal" que também poderão querer empenhar-se em "capturá-lo" (isso é sobretudo verdade no contexto do sistema político-económico em que vivemos). Daí que também se deva ter atenção aos deveres explicitamente impostos aos jornalistas (efeito dissuasor ou, no mínimo, base legal para actuar quando os infrinjam inequivocamente).

Na sua relação com os leitores os jornalistas deveriam estar obrigados a revelar ao público leitor informações susceptíveis de, em abstracto, afectar a sua imparcialidade, no âmbito do tratamento noticioso de factos (sem prejuízo da liberdade e direito de, *assumidamente*, exprimirem as suas opiniões, designadamente quando tenham para isso mercado leitor).

O GOVERNO DOS ÓRGÃOS DE SOBERANIA

Além disso, dada a gravidade de que se podem revestir algumas das violações dos deveres previstos no artigo 14.º, n.º 2, do Estatuto do Jornalista (aprovado pela Lei n.º 1/99), não é aceitável que a sanção disciplinar máxima se fique pela suspensão do exercício da actividade profissional por 12 meses [cfr. artigo 21.º, n.º 2, alínea c), do Estatuto do Jornalista] – este estado de coisas só contribui para diminuir as barreiras (os custos e os riscos para todos os potenciais envolvidos) à actividade de "captura da honorabilidade do jornalismo".

iii) Limites à liberdade de imprensa: "direito ao bom nome", difamação e injúria

52. O chamado direito ao bom nome (e reputação – cfr. artigo 26.º da CRP) é, nos seus próprios termos, enganador. Ninguém tem direito, sem mais, ao bom nome e reputação. O que temos, todos, é direito à presunção de bom nome e de boa reputação. E quando, porventura, nos sejam imputados factos verdadeiros susceptíveis de abalar, à luz das convenções sociais predominantes e dos critérios legais vigentes, esse mesmo bom nome ou reputação, o mais que deveríamos poder exigir (para além da protecção inerente ao direito à reserva de intimidade da vida privada) seria que não se fosse além do que esses mesmos factos objectiva e razoavelmente permitem.

E porque temos direito à reserva da intimidade da vida privada (cfr. artigo 26.º da CRP), temos ainda o direito de não ver afirmadas ou divulgadas, mentiras, ou verdades, que não tenham relevância fora da esfera privada (salvo consentimento, expresso ou tácito, para as nossas vidas serem escrutinadas/acompanhadas, como acontece amiúde em certos estratos sociológicos e áreas da nossa e de outras sociedades, devendo, no entanto, a divulgação cessar, logo que retirado o consentimento).

53. No plano penal o crime de difamação e o crime de injúrias, embora não se construindo exactamente à luz deste equilíbrio de valores (mesmo que o facto seja demonstradamente verdadeiro e não respeite à intimidade da vida privada, pode-se, ainda assim, teoricamente pelo menos, incorrer num crime), andam (sobretudo após a alteração promovida pela n.º Lei 65/98), lá perto (cfr. artigo 180.º do Código Penal): seja falso ou verdadeiro, a imputação de facto (dirigindo--se a terceiros, no caso da difamação) não é aceitável quando diga respeito à intimidade da vida privada e familiar; caso o facto seja verdadeiro ou, mesmo não o sendo, caso houvesse fundamento sério para em boa fé o reputar de verdadeiro, e não respeitar à intimidade da vida privada, é admissível a sua divulgação ou afirmação quando seja efectuada *"para realizar interesses legítimos"*.

A propósito do significado da "realização de interesses legítimos" os nossos tribunais têm vindo, recorrentemente, a identificar interesses legítimos com o interesse público, com o relevo social do facto, que por sua vez existirá quando o facto em causa possa ter relação com o "bem estar da vida da comunidade", como sucederia com "facto noticiado" relativo à "omissão de apresentação por presidente de câmara municipal das declarações fiscais devidas" (cfr. acórdão do Tribunal da Relação de Lisboa de 9 de Fevereiro de 2000, proferido no recurso n.º 2437/99). O Tribunal Constitucional já afirmou até que "[e]mbora a titularidade de um cargo público não implique a abdicação de reserva da vida privada, tem de admitir-se que, ressalvado sempre o respeito pela esfera da vida íntima, em tal situação se esbate o limite entre a esfera da vida privada e a da vida pública, quando no âmbito da primeira ocorra algum facto que interesse à colectividade" (no caso estava em causa notícia acerca da investigação de um crime de contrabando cometido por empresa privada de que era sócio um deputado à Assembleia da República) – cfr. acórdão do Tribunal Constitucional n.º 1018/96, de 9 de Outubro de 1996.

A solução legal, *com a densificação realizada por esta prática judiciária*, parece-me francamente equilibrada, tendo sido particularmente oportuna a intervenção legislativa de 1998.

iv) Limites à liberdade de imprensa (cont.): o segredo de justiça

54. A função principal do segredo de justiça (para além, em certo tipo de crimes, da protecção da identidade da vítima) há-de ser, numa sociedade onde as instituições funcionem equilibradamente, a de proteger a eficácia e integridade da investigação da prática de um crime, especialmente quando esteja em causa criminalidade complexa ou suspeitos poderosos e bem relacionados. De resto, o bom princípio é, evidentemente, o de a justiça funcionar de forma pública, aberta e transparente, uma vez que só assim se pode ter uma justiça e respectivos agentes, "*accountable*" (sujeita à apreciação crítica do público em nome do qual é exercida e às reacções que essa apreciação possa vir a originar).

O bom nome ou reputação ("o direito a beneficiar da presunção de...") do suspeito porventura injustamente investigado, há-de ser protegido nos termos atrás vistos para os crime de difamação e injúria. Quer isto dizer que, com ou sem processo crime em curso, não é legítimo pretender-se protecção contra a divulgação de factos verdadeiros (independentemente da sua exacta qualificação jurídica) ou em relação aos quais haja fundamento para, em boa fé, reputar de verdadeiros, quando a divulgação vise a realização de interesses legítimos (com a densificação jurisprudencial acima referenciada).

55. A violação do segredo de justiça atingirá, no enquadramento que se propugna, um valor ou interesse essencial quando leve à revelação da identidade da

O GOVERNO DOS ÓRGÃOS DE SOBERANIA

vítima que interessasse preservar de qualquer "publicidade" ou quando ponha em causa a eficácia da investigação. Esta última situação ocorrerá logo que os investigados saibam (num contexto em que quem de direito não quisesse, e tivesse esse direito, que soubessem) da investigação (como aconteceu, recentemente, numa investigação, em que, simultaneamente, todos os suspeito mudaram de telemóvel – numa altura em que a investigação estava ainda longe de chegar aos jornais) ou de diligências de investigação concretas que se tenham projectado realizar e que, legitimamente, as autoridades tivessem querido manter reservadas. Nesses casos impõe-se investigar muito a sério (com zelo) quem perpetrou o crime de violação do segredo de justiça (pondo em causa a realização desta justiça ou prejudicando ainda mais a vítima).

Não põe necessariamente em causa (não porá numa maioria dos casos, até) a eficácia da investigação penal – e, com ela, a desejável realização da justiça – a revelação de factos carreados para um processo crime. E se tiverem relevo público, se consubstanciarem comportamentos que haja legítimo interesse em levar ao conhecimento dos governados (para que daí retirem as consequências políticas que entenderem), será até desejável que sejam tornados públicos com a maior rapidez possível. Evidentemente, os factos divulgados terão sempre de passar o crivo da "verdade" ou, no mínimo, o crivo do "fundamento sério para em boa--fé serem reputados de verdadeiros" (cfr. *supra* sobre os crimes de difamação e injúrias).

56. Não vejo por que razão o segredo de justiça deva servir outros interesses e valores para além dos indicados. Não vejo, designadamente, razão nenhuma para o segredo de justiça constituir pretexto, *for the sake of itself*, para se ameaçar criminalmente quem divulgue factos que, não fora a existência de processo crime e do entendimento do segredo de justiça nesta aplicação abrangente que se critica, poderiam ser divulgados à luz do direito constitucional e penal substantivo que nos rege e acima discutido a propósito do chamado direito ao bom nome e à reputação, e do direito à reserva da intimidade *da vida privada*. O segredo de justiça, entendido desta forma amplíssima, constitui uma perversão: é o segredo de justiça erigido em objectivo ou bem jurídico em si mesmo (auto-justificado), em vez de perspectivado como mero instrumento ao serviço dos interesses que verdadeiramente podem justificar a sua instituição, que podem justificar esta excepção ao, e derrogação do, princípio da "justiça pública" e liberdade de informar sobre factos que tenham interesse público ou relevo social.

Pelas razões aduzidas, espero que na prática judiciária, seguindo-se uma linha de interpretação que julgo ser a mais conforme à Constituição, a expressão "[q]*uem* (...) *ilegitimamente der conhecimento* (...)", utilizada no artigo 371.º do Código Penal, seja perspectivada como impedindo que se puna criminalmente a divulgação de factos com relevância pública, constantes de processos crimes, sempre que essa

O GOVERNO DAS ORGANIZAÇÕES

revelação não tenha posto em causa interesse superior, como seja o da eficácia da investigação penal ou interesses relacionados com a protecção da identidade da(s) vítima(s). Olhando para a jurisprudência que se foi formando a propósito dos crimes de difamação e injúrias, nos tribunais judiciais e constitucional, isso parece-me uma esperança mais do que razoável. Mas o ideal seria repensar, legislativamente, este tema do segredo de justiça, passando-se em revista os valores que, efectiva e desejavelmente, se deve pretender, com ele, proteger. Para afastar de vez o espectro de o segredo de justiça poder vir a servir, inadvertidamente, de muleta a outros objectivos (como seja o de servir de "porto de abrigo" a factos cujo escrutínio público se pretenda adiar sem justificação apreensível).

§ 8.º NOTAS FINAIS

57. Hoje temos, de facto (e, nalguns casos, até de direito), muita liberdade para insultar, para desrespeitar, para agredir, para não aprender e passar de ano, para exigir ao professor que dê boas notas ao filho, para ganhar sem retribuir, para ludibriar impunemente, para utilizar dinheiros e poderes públicos em proveito próprio, etc.

E temos, de facto (e nalguns casos, até de direito), pouca liberdade ou capacidade para promover o castigo de quem insulta, desrespeita ou agride, de fazer repetir o ano a quem não aprendeu, de dar a resposta que o pai deseducador merece, de exigir que quem recebe retribua, de pôr o desonesto na ordem, de substituir quem se governa por quem nos governe.

Falta-nos uma liberdade essencial à sã convivência numa sociedade e respectivo desenvolvimento: a liberdade para fazer bem (e, já agora, a de exigir que seja bem feito). É esta a liberdade que falta neste país. É preciso mudar o desenho das instituições e as respectivas orientações, para que esta liberdade fundamental seja devolvida aos portugueses.

58. Hoje temos partidos políticos com os quais os eleitores se relacionam, em grande parte, como se do seu clube de futebol se tratasse. É uma relação infantilizada, na qual mesmo pessoas letradas, lidas e informadas, se deixam embalar passivamente, preguiçosamente, sem querer saber da enorme distância que vai entre a palavra apregoada e o verbo que verdadeiramente está por detrás da acção e dos comportamentos. São de esquerda (solidariedade, universalismos, "valores de esquerda", "ideais republicanos" etc.), estou com eles. São de direita (segurança de pessoas e bens, prudência, patriotismo, significado da história, etc.), é com eles que me identifico. E está resolvido.

É preciso que se supere a mentalidade clubista ou futeboleira e se passe a actuar mais frequentemente sob a orientação da ideia, ou valor, de que os partidos não são, não podem, não devem ser, fins em si: só interessam enquanto instrumentos ao serviço de um destino colectivo. De outra forma nunca seremos capazes de formar selecções nacionais capazes de, e empenhadas em, cuidar e promover os interesses comuns a todos nós. Ou, para aqueles a quem – por razões estéticas ou algo de mais profundo que ainda não tenham querido ou sabido trazer à superfície – repugne o conceito de "nacionalidades": de outra forma nunca seremos capazes de formar um clube capaz de se portar menos mal no campeonato europeu e mundial.

59. Aqui só se tratou de uma perspectiva limitada de um todo mais vasto que interessa ao desenvolvimento de uma sociedade ou comunidade histórico--cultural: a perspectiva da boa governação, da "(...) *efficiency and transparency of public action, clarification of the decision-making and responsibility circuits, etc.*"[18]. Mas *"governar bem"*, como o citado autor se encarrega de explicar, não se reduz à *"boa governança"*.

É preciso, em cada momento, e tendo em vista o bem comum, trabalhar os conteúdos das políticas públicas, evitando a "falsa alternativa" de que *"either we accept reform and its underlying neo-liberalism, or it is refused on the grounds of defending the State's role and the status quo must be accepted"*, e tendo presente (Frederick August von Hayek) que *"*[t]*he state cannot be an end in itself and must be subject to a higher (...)"* "qualquer coisa" (o "bem comum", que é necessário ir "actualizando" e "refundando"), que o *"monopoly of legitimate violence (...) has to be law in order to avoid the coercion of men over other men"* e que (ainda, Hayek) o mercado não é uma *"«law of nature», but an efficient mechanism for sharing information which contributes to reducing the bounded rationality of the actors"* [19] – ver, a propósito, uma brilhante comunicação de CLAUDE ROCHET, por ele ironicamente intitulada de *"No Philosophy, Please, We Are Managers"*.

Além disso, conforme citação de CLAUDE ROCHET retirada da mais conhecida das obras de Alexis de Tocqueville, "[i]*t would seem as if the rulers of our time sought only to use men in order to make things great; I wish that they would try a little more to make great men; that they would set less value on the work, and more upon the workman; that they would never forget that a nation cannot long remain strong when every man belonging to it is individually weak, and that no form or combination of social polity has yet been devised, to make an energetic people out of a community of pusillanimous and enfeebled citizens.*"[20].

Pode a criação de condições de boa governança ajudar na criação de clima favorável ("liberdade para fazer bem") à valorização do indivíduo, à elevação

---

[18] CLAUDE ROCHET, *No philosophy, Please, We Are Managers – Public Management and the Common Good: Euro--Atlantic Convergences*, Public administration and Nation's Building papers' series, July – Sept, p 4, disponível no endereço electrónico http://ssrn.com/abstract=1446781.

[19] CLAUDE ROCHET, *No philosophy...*, pp 7, 8 e 9.

[20] CLAUDE ROCHET, *No philosophy...*, p 4.

O GOVERNO DAS ORGANIZAÇÕES

da sua instrução e educação e ao fortalecimento do seu carácter (na definição que aqui me interessa, "capacidade de resistir à tentação"), o que por sua vez permitirá melhorar (através da melhoria da base de recrutamento) a qualidade das elites e a capacidade de avaliação crítica e de escolha dos comandantes da coisa pública por uma periferia razoavelmente *esclarecida, cada vez mais alargada,* e capaz, na medida do alargamento desta base onde se possa encontrar capacidade de discernimento, de chegar a decisões cada vez mais desligadas de interesses puramente pessoais ou individuais. Mas não chega. É preciso que, pela positiva, se enverede efectivamente por aí – pela elevação da educação e instrução – e que se chegue a consensos sobre como nos organizarmos e que conteúdos devemos ir (adaptativamente) elegendo com o objectivo de (dentro da nossa limitada capacidade de previsão) criarmos condições para que os beneficiários destas acções venham a ser elementos mais fortes e capazes de uma sociedade com melhores condições para enfrentar com sucesso os seus desafios. Trata-se de um caminho a percorrer, cujo exacto trajecto se não tem de vergar a uma qualquer ideia ou ideologia rigidamente definida numa qualquer fase convencionalmente chamada de "fundadora": "[p]*ublic decision-making can therefore progress going backwards and forwards between political vision and practical arts, according to a process defined by Herbert Simon: «The idea of final objectives is not coherent with our limited capacities to predict or determine the future. The real result of our actions is to establish the initial conditions for the next stages of action. What we call «final objectives», are really the choice of criteria selected for the initial conditions that we will leave to our successors» (...). The final objective can only be an idea, a vision which becomes clearer as we progress, through different steps, in a process of problem solving. In this optic, public policy is no longer the art of conceiving ideal cities but rather that of finding a way to progress through learning in the realisation of the idea.*"[21].

---

[21] CLAUDE ROCHET, *No philosophy...*, p 27.

APRESENTAÇÃO DOS AUTORES

Paulo Câmara – Mestre em Direito (FDUL, 1996) e advogado (Sérvulo & Associados, desde 2008). Foi Director do Departamento de Emitentes (1998-2006) e Director do Departamento Internacional e de Política Regulatória (2006-2008) da CMVM. Membro do Conselho Orientador (desde 2008) e Associado fundador do Instituto dos Valores Mobiliários. Membro do *European Corporate Governance Institute*. Membro do Comité de Coordenação do Conselho Nacional de Supervisores Financeiros (2006-2008). Membro do *European Securities Committee* (2007-2008). Membro do *Steering Group on Corporate Governance* da OCDE (1998-2008). Membro do Grupo de Trabalho constituído para a elaboração do Código dos Valores Mobiliários (1998-1999). Lecciona em diversos cursos de mestrado (na Faculdade de Direito da Universidade Católica Portuguesa) e de pós-graduação (Instituto dos Valores Mobiliários, Instituto de Direito Europeu Financeiro e Fiscal e Universidade Nova de Lisboa) e publica regularmente na área do Direito dos valores mobiliários, do Direito das sociedades e do Governo das Sociedades, sendo nomeadamente autor do *Manual de Direito dos Valores Mobiliários* (2.ª edição, 2011).

Gabriela Figueiredo Dias – Mestre em Direito (FDUC) e Directora Adjunta do Departamento de Emitentes da CMVM. Autora de diversas publicações na área do Direito das sociedades, Direito civil e Direito dos valores mobiliários. Membro do *Steering Group on Corporate Governance* da OCDE e respectivo *Bureau* (2008), do *Corporate Fianance Standing Committee* (ESMA), da Comissão Jurídica do Instituto Português de Corporate Governance, do Instituto de Direito Bancário, da Bolsa e dos Seguros e do European Corporate Governance Institute. Membro do Conselho Directivo da AIDA Portugal (Secção portuguesa da *Association International de Droit des Assurances*). Lecciona em diversos cursos de Pós--Graduação (Faculdade de Direito da Universidade de Coimbra, Universidade Católica de Lisboa, Faculdade de Direito da Universidade de Lisboa).

Rui de Oliveira Neves – Licenciado e Mestre em Direito (FDUL, 2009) e advogado (Morais Leitão, Galvão Teles, Soares da Silva e Associados).

Diogo Costa Gonçalves – Licenciado e Mestre em Direito (Faculdade de Direito de Lisboa) e Assistente da Faculdade de Direito de Lisboa.

O GOVERNO DAS ORGANIZAÇÕES

José Ferreira Gomes – Licenciado em Direito pela Faculdade de Direito da Universidade Católica Portuguesa em Lisboa (2001), pós-graduado em contencioso administrativo pela mesma faculdade (2003), LL.M. pela *Columbia University School of Law*, em Nova Iorque (2004), onde também foi *visiting scholar* (2007-2008). Advogado e jurisconsulto, assistente convidado e doutorando da Faculdade de Direito da Universidade de Lisboa. Membro do *European Corporate Governance Institute* e docente convidado do Curso de Pós-Graduação do Instituto de Valores Mobiliários em Direito dos valores mobiliários. Autor de diversas publicações na área do Direito das sociedades comerciais e valores mobiliários.

André Figueiredo – Licenciado em Direito pela Faculdade de Direito de Lisboa (2001), LL.M. pela *New York University School of Law*, em Nova Iorque (2004), advogado e doutorando da Faculdade de Direito da Universidade Nova de Lisboa.

Orlando Vogler Guiné – Licenciado e Mestre em Direito (FDUC, 2009) e advogado (Vieira de Almeida e Associados). Autor de diversas publicações na área do Direito dos valores mobiliários e do Direito das sociedades.

João Sousa Gião – Licenciado em Direito pela Faculdade de Direito da Universidade de Lisboa. Advogado. Director Adjunto do Departamento Internacional e de Política Regulatória da CMVM. Membro do Grupo de Peritos em Direito das Sociedades junto da Comissão Europeia e do *Corporate Governance Committee* da OCDE. Docente convidado em vários Cursos de Pós-Graduação do Instituto de Valores Mobiliários em Direito dos Valores Mobiliários. Autor na área do Direito dos Valores Mobiliários.

Sofia Leite Borges – Licenciada em Direito pela Faculdade de Direito da Universidade de Lisboa (1997), jurista na Comissão do Mercado de Valores Mobiliários entre 1998 e 2002, advogada desde 1999, sócia responsável pela área de direito financeiro e mercado de capitais na sociedade de advogados Abranches Namora, Lopes dos Santos.

Hugo Moredo Santos – Licenciado e Mestre em Direito (FDUL, 2009) e advogado (Vieira de Almeida e Associados). Docente convidado em vários Cursos de Pós-Graduação do Instituto de Valores Mobiliários em Direito dos Valores Mobiliários. Autor de diversas publicações na área do Direito dos Valores Mobiliários.

Ana Rita Almeida Campos – Licenciada em Direito (FDUL), LL.M. pela Universidade Católica Portuguesa (2007/2008). Advogada (Vieira de Almeida e Associados).

Paulo Bandeira – Licenciado em Direito (FDUL, 1997) e advogado (SRS ADVOGADOS).

Ana Filipa Morais Antunes – Licenciada em Direito pela Faculdade de Direito da Universidade Católica Portuguesa. Docente da Faculdade de Direito da Universidade Católica Portuguesa. Doutoranda na Escola de Lisboa da Faculdade de Direito da Universidade Católica Portuguesa. Consultora externa da Sérvulo & Associados – Sociedade de Advogados.

Francisco Mendes Correia – Licenciado e Mestre em Direito (Faculdade de Direito de Lisboa, 2008). Assistente e doutorando da Faculdade de Direito de Lisboa.

APRESENTAÇÃO DOS AUTORES

Domingos Soares Farinho – Docente da Faculdade de Direito de Lisboa e aí doutorando com uma investigação subordinada à relação entre o Direito Público e as Fundações. Tem publicado artigos científicos nesta área, bem como em outras de Direito Administrativo e Constitucional. É também advogado. Actualmente encontra-se a dirigir o Gabinete para a Resolução Alternativa de Litígios, do Ministério da Justiça.

Duarte Schmidt Lino – Licenciado em Direito (Faculdade de Direito da Universidade Católica de Lisboa, 2000) e advogado (PLMJ).

Pedro Lomba – Licenciado e Mestre em Direito (Faculdade de Direito de Lisboa, 2009) e Assistente da Faculdade de Direito de Lisboa.

António Fernandes de Oliveira – Licenciado (Faculdade de Direito, Universidade Católica, 1995), LLM (*University of Cambridge School of Law*, 2003) e advogado (Cardigos e Associados). Autor de diversas publicações na área do Direito fiscal e do governo das sociedades.

BIBLIOGRAFIA

AA.VV. – *Münchener Handbuch des Gesellschaftsrechts*, 4, 1988

AA.VV. – *Novo Regime Jurídico das Fundações de Direito Privado: Projectos*, Ministério da Administração Interna, Lisboa, 2002

ABREU, Coutinho de; Elizabete Ramos – *Responsabilidade civil de administradores e de sócios controladores, Miscelâneas*, IDET, Almedina, 2004, 9-ss

ABREU, Jorge M. Coutinho de – *Da Empresarialidade*, Coimbra, Almedina, 1999

ABREU, Jorge M. Coutinho de – *Governação das Sociedades Comerciais*, Coimbra, Almedina, 2006

ABREU, Jorge Manuel Coutinho de – *Curso de Direito Comercial*, Vol. II, *Das Sociedades*, Coimbra, Almedina, 3.ª Edição, 2009

ABREU, Jorge Manuel Coutinho de – *Da Empresarialidade – As Empresas no direito*, Coimbra, Almedina, 1999 (reimpressão)

ABREU, Jorge Manuel Coutinho de – *Governação das Sociedade Comerciais*, Coimbra, Almedina, 2006

ABREU, Jorge Manuel Coutinho de – *Responsabilidade Civil dos Administradores de Sociedades*, IDET, Coimbra, Almedina, 2007

ADAMS, Renée B.; Benjamin E. Hermalin; Michael S. Weisbach – *The Role of Boards of Directors in Corporate Governance: A Conceptual Framework & Survey, Journal Of Economic Literature*, 48:1, 2010, 58-107, disponível em http://ssrn.com/abstract=1299212

ADAMS, Renée; Hamid Mehran – *Is Corporate Governance Different for Bank Holding Companies?, FRBNY Economic Policy Review*, April 2003

AGRAWALL, A.; S. CHADHA – *"Corporate Governance and Accounting Scandals", Journal of Law and Economics*, Vol. XLVIII, Outubro de 2005, 371-406

ALBUQUERQUE, Pedro de – *A representação voluntária em direito civil: ensaio de reconstrução dogmática*, Coimbra, Almedina, 2006

ALEXANDER, Con; Jos Moule – *Charity Governance*, Bristol, Jordans, 2007

ALLEN & OVERY – *Are there better ways to regulate the legal profession?*, 2009

ALMEIDA, A. Pereira de – *Sociedades Comerciais e Valores Mobiliários*, Coimbra Editora, Coimbra, 6ª Ed., 2009

ALMEIDA, António Pereira de – *O Governo dos Fundos de Investimento, Direito dos Valores Mobiliários*, vol. 8, Coimbra, Coimbra Editora, 2008, 9-38

ALMEIDA, António Pereira de – *Os administradores independentes, A Reforma do Código das Sociedades Comerciais: Jornadas em Homenagem ao Professor Doutor Raúl Ventura*, Coimbra, 2007, 160-ss

ALMEIDA, António Pereira de – *Sociedade Comerciais e Valores Mobiliários*, 5.ª Edição, Coimbra, Coimbra Editora, 2008

ALMEIDA, António Pereira de – *Sociedades comerciais*, 4.ª Ed., Coimbra, Coimbra Editora, 2006

ALVES, Carlos – *Origem e Desenvolvimento da Crise nos Mercados Financeiros: Que Ilações Regulatórias*, apresentação feita no âmbito da Conferência "Crise nos Mercados Financeiros", Universidade do Minho, Braga, 26 de Novembro de 2008

AMARAL, Diogo Freitas do – *Curso de Direito Administrativo*, 1, Coimbra, Almedina, 3ª Ed., 2006

AMBACHTSHEER, Keith – *Pension Revolution: A Solution to the Pension Crisis*, Wiley Finance, 2007

ANDERSEN, Paul Krüger; Theodor Baums – *The European Model Company Law Act Project*, 2008, disponível em http://papers.ssrn.com/sol3/papers.cfm?abstract_id=1115737##

ANDERSON, Gavin – *Corporate Governance Risk: Governance in the Utilities Sector*, disponível em http://findarticles.com/p/articles/mi_qa3650/is_200401/ai_n9378164/

ANDRADE, Manuel A. Domingues de – *Teoria Geral da Relação Jurídica*, vol. 1 – *Sujeitos e Objecto*, Almedina, Coimbra, 1972

ANDRADE, Manuel de – *Teoria Geral da Relação Jurídica*, Vol. 1, Reimp. 2003, Coimbra, 1944

ANIBARRO, Santiago Hiero; Marta Zabaleta Díaz – *Buen Gobierno de la PYME e de la Empresa Familiar en la Uníon Europea*, in *Gobierno corporativo y responsabilidad social de las empresa*s, 2009, Marcial Pons, organizado por Elena F. Pérez Carrillo, 229-ss

ANTOLÍN, P.; F. Stewart – *"Private Pensions and Policy Responses to the Financial and Economic Crisis", OECD Working Papers on Insurance and Private Pensions*, N.º. 36, OECD, 2009

ANTUNES, Henrique Sousa – *O Governo das Fundações e a sua Supervisão*, in Rui Chancerelle de Machete; Henrique Sousa Antunes (org.) – *As Fundações na Europa: Aspectos Jurídicos*, Lisboa, Fundação Luso-Americana, 2008

ANTUNES, José A. Engrácia – *Os Grupos de Sociedades*, Coimbra, Almedina, 1993

ANTUNES, José A. Engrácia – *A Fiscalização das Sociedades Comerciais: Estudo preparatório de reforma legislativa*, inédito, 1997

ANTUNES, José A. Engrácia – *Os direitos dos sócios da sociedade-mãe na formação e direcção dos grupos societários*, Porto, Universidade Católica Portuguesa Editora, 1994

ANTUNES, José A. Engrácia – *Os Grupos de Sociedades: Estrutura e Organização Jurídica da Empresa Plurissocietária*, 2.ª Ed., Coimbra, Almedina, 2002

ANTUNES, José A. Engrácia – *The Liability of Corporate Groups*, Kluwer, 1994

ANTUNES, José Engrácia – *A Supervisão Consolidada dos Grupos Financeiros*, Porto, Publicações Universidade Católica, 2000

ANTUNES, José Engrácia – *O regimento do órgão de administração, Direito das Sociedades em Revista*, Vol. II, 2009, 81-ss

ARAÚJO, Fernando – *Teoria Económica do Contrato*, Coimbra, Almedina, 2007

ARMOUR, J.; J. A. MCCAHERY – *"After Enron: Improving Corporate Law and Modernising Securities Regulation in Europe and the US"*, ACLE, Working Paper N.º. 2006-07, disponível em http://ssrn.com/paper=910205

ARMOUR, John; Gerard Hertig; Hideki Kanda – *"Transactions with Creditors"*, in Kraakman, Reinier [et al.] (eds) – *The Anatomy of Corporate Law: a Comparative and Functional Approach*, 2.ª Ed., Oxford, Oxford University Press, 2009

BIBLIOGRAFIA

ARMOUR, John; Henry Hansmann; Reinier Kraakman – "*Agency Problems and Legal Strategies*", Kraakman, Reinier [et al.] (ed) – *The Anatomy of Corporate Law: a Comparative and Functional Approach*, 2.ª Ed., Oxford, Oxford University Press, 2009

ARMOUR, John; Henry Hansmann; Reinier Kraakman – "*What is Corporate Law?*", Kraakman, Reinier [et al.] (ed) – *The Anatomy of Corporate Law: a Comparative and Functional Approach*, 2.ª Ed., Oxford, Oxford University Press, 2009

ARRUÑADA, B, "*The provision of non-audit services by auditors: Let the market evolve and decide*", *International Review of Law and Economics*, 513, 1999

ARRUÑADA, Benito – "*Non-audit Services: Let an informed market decide*", Accountancy, Abril de 1998, 63

ARRUÑADA, Benito; Cândido Paz-Ares – "*Mandatory rotation of company auditors: A critical examination*", *International Review of Law and Economics*, 1997, 32

ASCARELLI, Tullio – *Sulla protezione delle minoranze delle società per azioni*, *Riv.DC*, I, 1930, 741-ss

ASCENSÃO, José de Oliveira – *Interpretação das Leis. Integração das Lacunas. Aplicação do Princípio da Analogia*, ROA, Ano 57.º, 1997

ASCENSÃO, José de Oliveira – *Teoria Geral do Direito Civil*, Vol. 1, Lisboa, 1998

ASSEMBLEIA DA REPÚBLICA – *Relatório da comissão de inquérito sobre a situação que levou à nacionalização do BPN e sobre a supervisão bancária inerente*, Lisboa, Assembleia da República, 2009

ASSOCIATION FORUM – *Association Strategic Governance*, disponível em http://www.associationforum.org/resources/practiceDetail.asp?objectID=4482

BAGHAT, Sanjai; Roberta Romano – *Reforming Executive Compensation: Focusing and Committing in the Long-Term*, Yale Journal on Regulation, 26, 2009, 359-ss

BAINBRIDGE, Stephen M. – *Dodd-Frank: Quack Federal Corporate Governance Round II*, UCLA School of Law, Research Paper n.º 10-12 (2010), disponível em http://ssrn.com/abstract=1673575

BAINBRIDGE, Stephen M. – *The Corporate Governance Provisions of Dodd-Frank*, UCLA School of Law, Research Paper n.º 10-14, 2010, disponível em http://ssrn.com/abstract=1698898

BAINBRIDGE, Stephen M. – *The new Corporate Governance in theory and practice*, New York, Oxford University Press, 2008

BALZARINI, P.; G. Carcano; G. Mucciarelli (ed.) – *I Gruppi di Società. Atti del Convegno Internazionale di Studi*, 3 Vols, Milano, Giuffrè, 1996

BARRETT, MattewJ. – "*Enron and Andersen – What went wrong and why similar audit failures could happen again*", pág. 159, consultável em www.ssrn.com/abstract=794831

BASEL COMMITTEE ON BANKING SUPERVISION – *Compensation Principles and Standards Assessment Methodology, January 2010*, disponível em http://www.bis.org/publ/bcbs166.htm

BASEL COMMITTEE ON BANKING SUPERVISION – *Consultation Report on the Range of Methodologies for Risk and Performance Alignment of Remuneration, 14 October 2010*, disponível em http://www.bis.org/publ/bcbs178.pdf

BASEL COMMITTEE ON BANKING SUPERVISION – *Enhancing Bank Transparency*, publicado em Setembro de 1998, disponível em www.bis.org/publ/bcbs41.htm

BASEL COMMITTEE ON BANKING SUPERVISION – *Enhancing corporate governance for banking organisations*, publicado em Setembro de 1999, disponível em http://www.bis.org/publ/bcbs56.pdf?noframes=1

BASEL COMMITTEE ON BANKING SUPERVISION – *Enhancing corporate governance for banking organisations*, publicado em Fevereiro de 2006, disponível em http://www.bis.org/publ/bcbs122.pdf

O GOVERNO DAS ORGANIZAÇÕES

BASEL COMMITTEE ON BANKING SUPERVISION – *Enhancing corporate governance for banking organisations*, publicado em Março 2010, disponível em http://www.bis.org/publ/bcbs168.pdf

BASEL COMMITTEE ON BANKING SUPERVISION – *Principles for enhancing corporate governance*, 2010, disponível em http://www.bis.org/publ/bcbs176.htm

BATI, Alum – *Limitations on Effective Corporate Governance in State-owned Enterprises and How to Deal with Them*, s.d.

BAUM, Harald – *Changes in Ownership, Governance and Regulation of Stock Exchanges in Germany: Path Dependence Progress and an Unfinished Agenda*, European Business Organization Law Review, 5, 2004

BEBCHUCK, Lucian A.; Michael S. Weisbach – *The State of Corporate Governance Research, Fisher College of Business Working Paper* N.º. 2009-03-20 e *Harvard Law and Economics Discussion Paper* N.º. 652, November 17, 2009, disponível em http://ssrn.com/abstract=1508146

BEBCHUK, Lucian – *Limiting Contractual Freedom on Corporate Law: The Desirable Constraints on Charter Amendments*, Harvard Law Review, 102, 1989, 1820-1860

BEBCHUK, Lucian – *The Debate on Contractual Freedom on Corporate Law*, Columbia Law Review, 89, 1989, 1396-ss

BEBCHUK, Lucian A., Holger Spamann – *Regulating Bankers' Pay*, Harvard Law School Discussion Paper N.º. 641, 2009, disponível em http://ssrn.com/abstract=1410072

BEBCHUK, Lucian A.; Alma Cohen; Holger Spamann – *The Wages of Failure: Executive Compensation at Bear Stearns and Lehman 2000-2008*, 2009, disponível em http://ssrn.com/abstract=1513522

BEBCHUK, Lucian; Jesse Fried – *Executive Compensation as an Agency Problem*, Journal of Economic Perspectives, 2003

BEBCHUK, Lucian; Jesse Fried – *Pay Without Performance. The Unfulfilled Promise of Executive Compensation*, Cambridge/London, 2004

BEBCHUK, Lucian; Jesse Fried, David Walker – *Managerial Power and Rent Extraction in the Design of Executive Compensation*, Harvard Law School, 2002

BECHT, Marco; Patrick Bolton; Ailsa A. Röell – *Corporate Governance and Control*, ECGI Finance Working Paper N.º. 02/2002, 2002, disponível em http://ssrn.com/abstract=343461

BELLEZZA, Enrico – *Die Beteiligungsstiftung in Italien in Der Staat als Stifter, Bertelsmann Stiftung*, Gütersloh, 2003

BELTRATTI, Andrea; Rene M. Stulz – *Why Did Some Banks Perform Better during the Credit Crisis? A Cross-Country Study of the Impact of Governance and Regulation*, Fisher College of Business Working Paper N.º. 2009-03-012, 2009, disponível em http://ssrn.com/abstract=1433502

BENEYTO PEREZ, Jose M.; Alfonso Rincon García Loygorri (org.) – *Tratado de Fundaciones*, 2 Vols., Barcelona, Bosch, 2007

BENNA, T.; B. Newmann – *401(k)s for Dummies*, New York, Wiley, 2003

BERLE, Adolf A. – *"The Impact of the Corporation on Classical Economic Theory"*, in *Theories of Corporate Governance – The Philosophical Foundations of Corporate Governance*, edited by Thomas Clarke, Routleged, 2004

BERLE, Adolph; Gardiner Means – *The Modern Corporation and Private Property*, New Jersey, 1932, reimp. 1991

BERNARDINO, Gabriel – *O Governo dos Fundos de Pensões. Ponto de vista da autoridade de supervisão*, disponível em http://www.isp.pt/winlib/cgi/winlibimg.exe?key=&doc=13341&img=1032

BINSWANGER, Johannes; Jens Prüfer – *Imperfect Information, Democracy, and Populism*, November 17, 2008, disponível em http://ssrn.com/abstract=1302853

BIBLIOGRAFIA

BLACKBURN, Robin – *Banking on Death or Investing in Life: the History and Future of Pensions*, London/New York, Verso, 2002

BLAIR, Margaret – Ownership and Control: Rethinking Corporate Governance for the Twenty--First Century in Thomas Clarke (org.) – *Theories of Corporate Governance: The Philosophical Foundations of Corporate Governance*, Routledge, New York, 2004, 174-ss

BLAIR, Margaret M. – *"Ownership and Control: Rethinking Corporate Governance for the Twenty--First Century"*, Theories of Corporate Governance – The Philosophical Foundations of Corporate Governance, edited by Thomas Clarke, Routleged, 2004

BLAKE, David – *Pension Schemes and Pension Funds in the United Kingdom*, Oxford, 2ª Ed., 2003,

BLANCHET, Didier – *"Que reste-t-il du débat répartition-capitalisation?"*, *Révue d' Économie Financière*, Março de 1997, 157-173

BLANCO, Cachón – *Derecho del Mercado de Valores*, 2, Madrid, 1993

BOERI; Bovenberg; Couré; Roberts – *Dealing with the New Giants: Rethinking the Role of Pension Funds*, Geneva Reports on the World Economy, ICMB, 2006

BONELLI, Franco – *Gli Amministratori di Società per Azioni*, Milão, 1985

BOONE, Audra L. *et alia* – *The Determinants of Corporate Board Size and Composition: An Empirical Analysis*, 2006, disponível em http://ssrn.com/abstract=605762

BORGES, Sofia Leite – A Regulação Geral do Conflito de Interesses na DMIF, *CadMVM*, 2007

BORGES, Sofia Leite – *Conflitos de Interesses e Intermediação Financeira*, in CÂMARA, Paulo *et alia* – *Conflito de Interesses no Direito Societário e Financeiro: Um Balanço a Partir da Crise Financeira*, Coimbra, Almedina, 2010, 315-425

BRANCO, Gabriela, Sónia Teixeira da Mota, José Manuel Faria – *Revisão do Regime Jurídico dos Fundos de Investimento Mobiliário*, *CadMVM*, 8, 2000, 68-89

BRANSON, Douglas M. – *"The Very Uncertain Prospects of 'Global' Convergence in Corporate Governance"*, in Theories of Corporate Governance – The Philosophical Foundations of Corporate Governance, edited by Thomas Clarke, Routleged, 2004

BRAUN, Eberhard – *Insolvenzordnung Kommentar*, 4.ª Ed., München, Beck, 2010

BRITO, Miguel Nogueira de – *Sobre a distinção entre Direito Público e Direito Privado*, in *Estudos em homenagem ao Professor Doutor Sérvulo Correia*, 1, Coimbra, Coimbra Editora, 2010

BÜCKER, Thomas – *Die Organisationsverfassung der SPE*, ZHR 173, 2009, 281-ss

BUTLER, Nicholas Murray – *Why should we change our form of government?: Studies in pratical politics*, New York, Charles Scribner's Sons, 1912

BYDLINSKI, Franz – *"Zum Verhältnis von äußerem und innerem System im Privatrecht"*, in *Festschrift für Claus-Wilhelm Canaris zum 70. Geburtstag*, 2007

CABRAL, João Santos – *O Administrador de Facto*, Revista do CEJ, 2.º Semestre 2008, N.º 10, 2009

CADBURY, Adrian – *Corporate Governance and Chairmanship. A Personal View*, Oxford, 2002

CADETE, Eduardo Maia – *Concorrência e Serviços de Interesse Económico Geral*, Cascais, Principia, 2005

CAETANO, Marcello – *Manual de Direito Administrativo*, 1, Coimbra, Almedina, 10.ª Ed., 2001

CÂMARA, Paulo – *"Regulação e valores mobiliários"*, Regulação em Portugal. Novos tempos, novo modelo?* Coimbra, Almedina, 2009,125- 186

CÂMARA, Paulo – "*O Governo das Sociedades e a reforma do Código das Sociedades Comerciais"*, Código das Sociedades Comerciais e o Governo das Sociedades, Coimbra, Almedina, 2008

CÂMARA, Paulo – *"A regulação baseada em princípios e a DMIF"*, Cadernos do Mercado de Valores Mobiliários, N.º 27, Agosto 2007, 57-62

CÂMARA, Paulo – *"O Governo das Sociedades e a Reforma do Código das Sociedades Comerciais"*, Código das Sociedades Comerciais e o Governo das Sociedades, 2008, 9-14

O GOVERNO DAS ORGANIZAÇÕES

CÂMARA, Paulo – *A Actividade de Auditoria e a Fiscalização de Sociedades Cotadas – Definição de um Modelo de Supervisão*, CadMVM, 16, 2003, 93-98

CÂMARA, Paulo – *Auditoria Interna e Governo das Sociedades, Cadernos de Auditoria Interna, Banco de Portugal, Estudos em Homenagem ao Professor Paulo Pitta e Cunha*, 2009

CÂMARA, Paulo – *Códigos de Governo das Sociedades*, CadMVM, 15, 2002, 65-90, *Cadernos de Auditoria Interna*, edição Banco de Portugal, 6:1, 2003, 6-51

CÂMARA, Paulo – *Conflito de Interesses no Direito Financeiro e Societário: Um Retrato Anatómico*, in CÂMARA, Paulo *et alia – Conflito de Interesses no Direito Societário e Financeiro: Um balanço a partir da crise financeira*, Coimbra, Almedina, 2010, 9-74

CÂMARA, Paulo – *Crise financeira e Regulação*, ROA, 2009, 697-728

CÂMARA, Paulo – *El Gobierno de Sociedades en Portugal: Una introduccíon, Revista del Instituto Iberoamericano de Mercado de Valores*, 2, 2001

CÂMARA, Paulo – *El Say on Pay Português, Revista de Derecho de Mercado de Valores*, 6, 2010, 83-96

CÂMARA, Paulo – *Las medidas adoptadas en Portugal en respuesta a la crisis financiera, Revista de Derecho de Mercado de Valores*, 4, 2009, 543-556

CÂMARA, Paulo – *Manual de Direito dos Valores Mobiliários*, Coimbra, Almedina, 2009

CÂMARA, Paulo – *Modelos de Governo das Sociedades Anónimas, Jornadas em Homenagem ao Professor Doutor Raul Ventura: A Reforma do Código das Sociedades Comerciais*, 2007, 197-258; e *Reformas do Código das Sociedades*, Ed. IDET, Almedina, 2007, 179-258

CÂMARA, Paulo – *O dever de lançamento de oferta pública de aquisição, Direito dos Valores Mobiliários*, 2, 2000, 203-284; CadMVM, 7, 2000, 195-269

CÂMARA, Paulo – *O Governo das Bolsas, Direito dos Valores Mobiliários*, 6, Coimbra, 2006, 187-228

CÂMARA, Paulo – *O Governo das Sociedades e a Reforma do Código das Sociedades Comerciais, Código das Sociedades Comerciais e Governo das Sociedades*, Almedina, 2008, 9-ss

CÂMARA, Paulo – *O Governo das Sociedades e os Deveres Fiduciários dos Administradores*, Maria De Fátima Ribeiro (org.), *Jornadas sobre Sociedades Abertas, Valores Mobiliários e Intermediação Financeira*, Coimbra, 2007, 163-179

CÂMARA, Paulo – *O Governo das Sociedades em Portugal: Uma Introdução*, CadMVM, 12, 2001, 45-55

CÂMARA, Paulo – *O governo dos grupos bancários*, in *Estudos de Direito Bancário*, Coimbra, 1999, 111-205

CÂMARA, Paulo – *Parassocialidade e Transmissão de Valores Mobiliários*, dissertação de mestrado, Faculdade de Direito da Universidade de Lisboa, 1996

CÂMARA, Paulo – *Say On Pay: O dever de apreciação da política remuneratória pela assembleia geral, Revista de Concorrência e Regulação*, 2, 2010, 321-344

CÂMARA, Paulo *et alia – Conflito de Interesses no Direito Societário e Financeiro: Um balanço a partir da crise financeira*, Coimbra, Almedina, 2010

CÂMARA, Paulo *et alia – O Código das Sociedades Comerciais e o Governo das Sociedades*, Coimbra, Almedina, 2008

CÂMARA, Paulo – *A Comissão de Remunerações*, RDS III, (2011), 9-52

CAMERAN, Livatino;Pecchiari, Viganó – *Scuola di Direzione dell' Università Bocconi*, "A survey of the impact of mandatory rotation rule on audit quality and audit pricing in Italy", Novembro de 2003, consultável em www.sdabocconi.it

CAMPENHAUSEN, Axel Freiherr von – "Geshichte und Reform" in Werner Seifart e Axel Freiherr von Campenhausen (org.), *Stiftungsrechtshandbuch*, München: Beck, 3.ª Ed., 2009, 79-ss

BIBLIOGRAFIA

CAMPENHAUSEN, Axel Freiherr von; Herbert Kronke; Olaf Werner – *Stiftungen in Deutschland und Europa*, Düsseldorf, IDW, 1998

CAMPOBASSO, Gian Franco – *"Controllo societário e poteri della capogruppo nei gruppi e nei gruppi bancari"*, in Paola Balzarini; Giuseppe Carcano; Guido Mucciarelli (eds.) – *I Gruppi di Società: Atti del Convegno Internazionale di Studi*, 2, Milan, Giuffrè, 1996

CAMPOS, Antônio Correia De – *Solidariedade Sustentada – Reformar a Segurança Social*, Gradiva, 2000

CAMPOS, Rui Falcão de – *A sociedade anónima europeia: projectos e perspectivas*, RDES XXXI, 1989, 255-ss

CANARIS, Claus-Wilhelm – *Función, estructura e falsación de las teorias juridicas*, Madrid, 1995

CANARIS, Claus-Wilhelm – *Pensamento Sistemático e Conceito de Sistema na Ciência do Direito*, Lisboa, Fundação Calouste Gulbenkian, 2002

CANNU, Paul le ; Bruno Dondero – *Droit des sociétés*, 3 Ed., Paris, 2009

CAPOTE, Maria dos Anjos – *"Resultado da consulta pública para a revisão do Código do Governo das Sociedades"*, Dezembro de 2009, consultável em www.cmvm.pt

CARDOSO, Elionora – *Os serviços públicos essenciais: a sua problemática no ordenamento jurídico português*, Coimbra, Coimbra Editora, 2010

CARNEY, John – *"Better" Corporate Governance Made Banks Riskier*, publicado a 29 de Agosto de 2009, disponível em http://www.businessinsider.com/better-corporate-governance-made-banks-riskier-2009-8

CARNEY, John – *How 'Say On Pay' Might Make Banks Even Riskier*, publicado a 12 de Agosto de 2009, disponível em http://www.businessinsider.com/how-say-on-pay-might-make-banks-even-riskier-2009-8

CARRIGY, Celina – *Denúncia de Irregularidades no Seio das Empresas (Corporate Whistleblowing)*, CadMVM, 21, 2005

CARRILLO, Elena Pérez – *"Gobierno corporativo y responsabilidad social de las empresas"* (obra colectiva), Marcial Pons, 2009, 174

CASTRO, Carlos Osório de – *A Imputação de Direitos de Voto no Código dos Valores Mobiliários*, CadMVM, 7, 2000

CATARINO, Luís Guilherme – *Regulação e Supervisão dos Mercados de Instrumentos Financeiros, Fundamento e Limites do Governo e Jurisdição das Autoridades Independentes*, Coimbra, Almedina, 2010

CAUPERS, João – *Tipos de Fundações*, Rui Chancerelle de Machete e Henrique Sousa Antunes (org.) – *As Fundações na Europa: Aspectos Jurídicos*, Fundação Luso-Americana, Lisboa, 2008

CESR – *Response to the European Commission's consultation on the UCITS depositary function*, 16 de Setembro de 2009, disponível em www.ec.europa.eu

CHANDLER JR, Alfred D. – *"The Managerial Revolution in American Business"*, in *Theories of Corporate Governance – The Philosophical Foundations of Corporate Governance*, edited by Thomas Clarke, Routleged, 2004

CHEFFINS, Brian R. – *Did Corporate Governance "Fail" During the 2008 Stock Market Meltdown? The Case of the S&P 500*, University of Cambridge – Faculty of Law; European Corporate Governance Institute (ECGI), May 1, 2009, ECGI – Law Working Paper N.º. 124/2009, disponível em http://papers.ssrn.com/sol3/papers.cfm?abstract_id=1396126

CLAESSENS, Stijn – *Corporate Governance of Banks: Why it is important, how it is special and what it implies*, disponível em www.oecd.org/dataoecd/19/27/34080764.ppt

O GOVERNO DAS ORGANIZAÇÕES

CLAPMAN, Peter – *Committee on Fund Governance – Best Practice Principles, The Stanford Institutional Investors' Forum*, 31 de Maio de 2007, disponível em www.law.stanford.edu

CLARK, Gordon – *Pension fund governance: moral imperatives, state regulation, and the market*, 2003

CLARK, R. L.; R. Ulvin – *Best-Practice Investment Management: Lessons for Asset Owners from the Oxford–Watson Wyatt Project on Governance*, disponível em http://papers.ssrn.com/sol3/papers.cfm?abstract_id=1019212;

CLARKE, Thomas – *"The Stakeholder Corporation: A Business Philosophy for the Information Age", Theories of Corporate Governance – The Philosophical Foundations of Corporate Governance*, ed. Thomas Clarke, Routleged, 2004

CLARKE, Thomas (org.) – *Theories of Corporate Governance: The Philosophical Foundations of Corporate Governance*, New York, Routledge, 2004

CMVM – *"Código de Governo das Sociedades da CMVM – 2010 – (Recomendações)"*, disponível em www.cmvm.pt

CMVM – *Boletim*, n.º 200, Dezembro de 2009, disponível em www.cmvm.pt

CMVM – *Governo das Sociedades Anónimas: Propostas de Alteração ao Código das Sociedades Comerciais*, 2006, disponível em http://www.cmvm.pt/NR/rdonlyres/9A6DF665-B529-426E-B266--75E08A225352/5654/proposta_alter_csc.pdf

CMVM – Parecer Genérico da CMVM sobre a Imputação de Direitos de Voto a Fundos de Pensões, disponível em http://www.cmvm.pt/cmvm/recomendacao/pareceres/pages/20060526.aspx.

CMVM – *Relatório Anual 2008 sobre a Actividade da CMVM e sobre os Mercados de Valores Mobiliários*, disponível em www.cmvm.pt

CMVM – *Transposição da Directiva dos Direitos Dos Accionistas e Alterações ao Código das Sociedades Comerciais*, 2008, disponível em http://www.cmvm.pt/NR/exeres/339C4AA6-6A99-4BE9--B048-874740035859.htm

CNSF – *"Better Regulation. Relatório"*, Julho de 2007, disponível em http://www.isp.pt/NR/rdonlyres/ 952A5894-0D33-4610-A0F7-DF8E006B1F06/0/BetterRegulationdoSector Financeiro.pdf

COASE, Ronald H. – *"The Nature of the Firm (1937)"*, in Williamson, Oliver E. e Sidney G. Winter (eds.) – *The Nature of the Firm: Origins, Evolution and Development*, New York, Oxford, Oxford University Press, 1993

COELHO, Eduardo de Melo Lucas – *Reflexões epigramáticas sobre a nova governação de sociedades*, ROA, 68:1, 2008

COELHO, Miguel; Rita Fazenda; Victor Mendes – *Os Fundos de Investimento em Portugal*, CadMVM, 13, 2002, 11-39

COFFEE Jr., John C. – *"What Caused Enron? A Capsule Social and Economic History of the 1990's"*, in *Theories of Corporate Governance – The Philosophical Foundations of Corporate Governance*, edited by Thomas Clarke, Routleged, 2004

COFFEE Jr., John C. – *"The acquiescent gatekeeper: reputational intermediaries, auditor independence and the governance of accounting"*, Maio de 2001, www.ssrn.com/abstract=270944)

COFFEE Jr., John C. – *"Understanding Enron: It's about the Gatekeepers, Stupid"*, Julho de 2002, disponível em http://ssrn.com/abstract_id=325240

COFFEE, John C. – *Convergence and its Critics: What are the Preconditions to the Separation of Ownership and Control?"*, Setembro de 2000, *Columbia Law and Economics Working Paper* N.º 179, disponível em http://ssrn.com/abstract=241782

BIBLIOGRAFIA

COFFEE, John C., Jr. – *Gatekeeper failure and reform: the challenge of fashioning relevant reforms*, Boston University Law Review, 84, 2004

COFFEE, John C., Jr. – *Gatekeepers: The Profession and Corporate Governance*, Oxford; New York, Oxford University Press, 2006

COFFEE, John C., Jr. – *Regulating the Market for Corporate Control; A Critical Assessment of the Tender Offer's Role in Corporate Governance*, Columbia Law Review, 84, 1984, 1145-1296

COFFEE, John C., Jr. – *The Attorney as Gatekeeper: An Agenda for the SEC*, Columbia Law Review, 103, 2003

COFFEE, John C., Jr. – *Understanding Enron: "It's about the gatekeepers, stupid"*, Business Lawyer, 57, 2002

COMISSÃO EUROPEIA – *Consultation Paper on the UCITS Depositary Function and on the UCITS managers' remuneration*, Bruxelas, 14 de Dezembro de 2010, disponível em www.ec.europa.eu

COMISSÃO EUROPEIA – *Green Paper on the enhancement of the EU Framework for Investment Funds*, Bruxelas, 12 de Julho de 2005

COMISSÃO EUROPEIA – *Green Paper: Corporate governance in financial institutions and remuneration policies*, (COM (2010)284 final), Junho de 2010

COMISSÃO EUROPEIA – Livro Verde *"Política de auditoria: as lições da crise"*, COM (2010) 561 final, disponível em http://ec.europa.eu/internal_market/consultations/docs/2010/audit/green_paper_audit_pt.pdf

COMISSÃO EUROPEIA – Recomendação da Comissão de 27 de Abril de 2004 relativa a alguns elementos do conteúdo do prospecto simplificado previsto no Esquema C do Anexo I da Directiva 85/611/CEE do Conselho

COMMITTEE OF EUROPEAN SECURITIES REGULATORS – *"Control structures in Audit Firms and their Consequences for the Audit Market"*, 1 de Junho de 2009, CESR/09-291, disponível em www.cesr.eu.

COMMITTEE ON CORPORATE LAWS OF THE AMERICAN BAR ASSOCIATION – *Changes in the Model Business Corporation Act: Amendments pertaining to electronic filings/standards of conduct and standards of liability for directors*, Business Lawyer, 1997

CONSELHO NACIONAL DE SUPERVISORES FINANCEIROS – *Documento de Consulta Pública do n.º 1/2007, "Better Regulation do Sector Financeiro"*, disponível em www.isp.pt

CONSELHO NACIONAL DE SUPERVISORES FINANCEIROS – Documento de Consulta Pública do n.º1/2008, *"Better Regulation do Sector Financeiro em Matéria de Controlo Interno"*, disponível em www.isp.pt

CONSELHO NACIONAL DE SUPERVISORES FINANCEIROS – *Relatório sobre Estruturas de Administração e Fiscalização das Instituições de Crédito e das Empresas de Seguros e Idoneidade e Experiência Profissional, Better Regulation do Sector Financeiro"*, Junho de 2008, disponível em www.isp.pt

CORDEIRO, A. Menezes – *"A grande reforma das sociedades comerciais"*, O Direito, Ano 138.º, 2006, III,

CORDEIRO, António Menezes – *A Directriz 2007/36, de 11 de Julho (Accionistas de Sociedades Cotadas): Comentários à Proposta de Transposição*, ROA, 68, 2008, 503-553

CORDEIRO, António Menezes – *Comentário aos Artigos 240.ºss, Código das Sociedades Comerciais Anotado*, organizado por António Menezes Cordeiro, Almedina, 2.ª ed., 2011, 697-ss

CORDEIRO, António Menezes – *Da responsabilidade civil dos administradores das sociedades comerciais*, Lisboa, Lex, 1997

CORDEIRO, António Menezes – *Direito Europeu das Sociedades*, Coimbra, Almedina, 2005

O GOVERNO DAS ORGANIZAÇÕES

CORDEIRO, António Menezes – *Governo das Sociedades: A flexibilização da dogmática continental*, *Homenagem da Faculdade de Direito de Lisboa ao Professor Doutor Inocêncio Galvão Telles, 90 Anos*, Coimbra, Almedina, 2007, 91-103

CORDEIRO, António Menezes – *Introdução ao Direito da Prestação de Contas*, Coimbra, Almedina, 2008

CORDEIRO, António Menezes – *Manual de Direito Bancário*, 4.ª Ed., Coimbra, Almedina, 2010

CORDEIRO, António Menezes – *Manual de Direito Comercial*, 2.ª Ed., Coimbra, Almedina, 2009

CORDEIRO, António Menezes – *Manual de Direito das Sociedades*, vol. 1, 3.ª Ed., Coimbra, Almedina, 2011

CORDEIRO, António Menezes – *Manual de Direito das Sociedades*, vol. 2, 2.ª Ed., Coimbra, Almedina, 2007

CORDEIRO, António Menezes – *Tratado de Direito Civil Português*, 1:1, 3.ª Ed., Coimbra, Almedina, 2007

CORDEIRO, António Menezes – *Tratado de Direito Civil Português*, 1:3, Coimbra, Almedina, 2004

CORDEIRO, António Menezes – *Tratado de Direito Civil Português*, Vol. I, Tomo I, 3.ª Ed., Coimbra, 2009

CORDEIRO, António Menezes – *Tratado de Direito Civil Português*, Vol. II, Tomo I, Coimbra, Almedina, 2009

CORDEIRO, António Menezes (org.) – *Código das Sociedades Comerciais Anotado*, Coimbra, Almedina, 2009

CORDEIRO, António Menezes, *et alia* – *A Reforma do Código das Sociedades Comerciais: Jornadas em Homenagem ao Professor Doutor Raúl Ventura*, Coimbra, Almedina, 2007

CORNFORTH, Chris (org.) – *The Public Governance of Public and Non-Profit Organisations: What do boards do?*, New York, Routledge, 2003

CORREIA, António Ferrer – *Lei das Sociedades Comerciais (Anteprojecto)*, BMJ, 185 e 191, 1969

CORREIA, António Ferrer – *Pessoas colectivas: Anteprojecto de um capítulo do novo Código Civil*, BMJ, 67, 1957

CORREIA, Francisco Mendes – *Transformação de Sociedades Comerciais: Delimitação do Âmbito de Aplicação no Direito Privado Português*, Coimbra, Almedina, 2009

CORREIA, Luís Brito – *Os Administradores de Sociedades Anónimas*, Coimbra, Almedina, 1993

CORREIA, Miguel Pupo; Gabriela Figueiredo Dias; Luís Filipe Caldas; Ana Bebiano – *Corporate Governance, Administração/Fiscalização de Sociedades e Responsabilidade Civil*, IPCG/Comissão Jurídica, 2007, 33-72

COSTA, Carla Tavares da; Alexandra de Meester Bilreiro – *The European Company Statute*, Haia, Kluwer, 2003

COSTA, Ricardo – *Responsabilidade Civil Societária dos Administradores de Facto, Temas Societários* n.º 2, IDET, Almedina, 2006, 23-ss

COSTA, Ricardo – *Responsabilidade dos administradores e business judgement rule, Reformas do Código das Sociedades Comerciais*, Coimbra, Almedina, 2007, 51-ss

COX, James D.; Thomas L. Hazen – *Cox & Hazen on Corporations: Including unincorporated forms of doing business*, 2.ª ed., New York, Aspen Publishers, 2003

CPA – *"Audit Firm Rotation and Audit Quality"*, The CPA Journal, Janeiro de 2005, disponível em www.nysscpa.org/printversions/cpaj/2005/105/p36.htm

CRIMM, Nina J. – *A Case Study of a Private Foundation's Governance and Self-Interested Fiduciaries Calls for Further Regulation*, Emory Law Journal, 50, 2001

782

CRUTCHLEY, C.; C. HUDSON; M. JENSEN – *"The Shareholder Wealth Effects of CalPERS' Activism"*, *Financial Services Review*, Vol. 7, n.º 1, 1998

CUNHA, Paulo Olavo – *Direito das Sociedades Comerciais*, Coimbra, Almedina, 4ª Ed., 2010

CUNHA, Paulo Olavo – *Corporate & Public Governance nas sociedades anónimas: primeira reflexão*, *DSR*, 4, 2010, 159-179

CUNHA, Paulo Olavo – *Designação de Pessoas Colectivas para os Órgãos de Sociedades Anónimas e por Quotas*, Direito das Sociedades em Revista, 2009, 165-ss

D'ADDEZIO, Mariarita – *Violazioni dell'art. 16 del Tratato CE: Profili sanzionatori*, in Maria Pia Ragionieri; Maurizio Maresca (Org.) – *Servizi di interesse generale, diritti degli utenti e tutela dell'ambiente*, Milão, Giuffrè Editore, 2006

DAHM, Matthias; Robert Dur; Amihai Glazer – *Lobbying of Firms by Voters*, Tinbergen Institute Discussion Paper 09-068/1, July 31, 2009, disponível em http://ssrn.com/abstract=1441846

DAILHUSEN, J. H. – *Dalhuisen on Transnational and Comparative Commercial, Financial and Trade Law*, 3.ª Edição, Hart Publishing, 2007

DAVIS, E. Philip – *Pension Funds, Retirement-Income Security and Capital Markets – An International Perspective*, Oxford, 2004

DAVIS, James H.; F. David Schoorman; Lex Donaldson – *"Toward a Stewardship Theory of Mangement"*, in *Theories of Corporate Governance – The Philosophical Foundations of Corporate Governance*, ed. Thomas Clarke, Routleged, 2004

DAVIS, John – *Governance of Family Business Owners*, Harvard Business School Note 807-021, 2007

DAVIS, Stephen; John Lukomnik; David Pitt-Watson – *The New Capitalists: How Citizen Investors Are Reshaping the Corporate Agenda*, Boston, Massachusetts, Harvard Business School Press, 2006

DAWES, Greyham – *Charity Commission regulation od the charity sector in England and Wales: the key role of charity audit regulation*, in Klaus Hopt e Thomas von Hippel (org.) – *Comparative Corporate Governance of Non-Profit Organizations*, Cambridge, Cambridge University Press, 2010

DGRN – Parecer P.50/96.R.P.4 do Conselho Técnico da DGRN, disponível em http://www.irn.mj.pt/IRN/sections/irn/legislacao/publicacao-de-brn/docs-brn/pdf/1998-parte-2/downloadFile/attachedFile_3_f0/par_4_1998.pdf?nocache=1216387968.15, ao qual se chega através de http://www.irn.mj.pt/IRN/sections/irn/legislacao/publicacao-de-brn/docs-brn/1998/abril/abril-de-1998/

DIAMOND, Douglas W. – *"Financial Intermediation and Delegated Monitoring"*, *The Review of Economic Studies*, Vol. 51, No. 3, Jul. 1984, 393-414

DIAS, Gabriela Figueiredo – *"A Fiscalização Societária Redesenhada: Independência, Exclusão de Responsabilidade e Caução Obrigatória dos Fiscalizadores"*, *Reformas do Código das Sociedades*, IDET – Colóquios, N.º 3, Coimbra, Almedina, 2007

DIAS, Gabriela Figueiredo – *"Conflitos de interesses em auditoria"*, *Conflito de Interesses no Direito Societário e Financeiro*, Coimbra, Almedina, 2010, 565-623

DIAS, Gabriela Figueiredo – *"Constituição de fundos de investimento"*, *Estudos em Homenagem ao Prof. Doutor Manuel Henrique Mesquita*, Vol. I, Coimbra Editora, Stvdia Ivridica, 95, 2009, 673-733

DIAS, Gabriela Figueiredo – *"Controlo de contas e responsabilidade do ROC"*, *Temas Societários*, IDET, N.º 2, Coimbra, Almedina, 153-207

DIAS, Gabriela Figueiredo – *"Fiscalização de sociedades e responsabilidade civil"*, Coimbra Editora, 2006, 90-110

DIAS, Gabriela Figueiredo – *"Gestão e exercício de participações societárias de fundos de pensões"*, *Estudos em Homenagem ao Professor Doutor Paulo Pitta e Cunha*, Vol. I (Direito Privado), Coimbra, Almedina, 2010

DIAS, Gabriela Figueiredo – *"A fiscalização societária redesenhada: independência, exclusão de responsabilidade e caução obrigatória dos fiscalizadores"*, Reformas do Código das Sociedades, Coimbra, Almedina, 2007, 277-334

DIAS, Gabriela Figueiredo – *Estruturas de fiscalização de sociedades e responsabilidade civil*, in AA.VV. – *Nos 20 Anos do Código das Sociedades Comerciais*, Coimbra, Coimbra Editora, 2007

DIAS, Gabriela Figueiredo – *Fiscalização de sociedades e responsabilidade civil (após a Reforma do Código das Sociedades Comerciais)*, Coimbra, Coimbra Editora, 2006

DIEHL, Faith D. – *Governance Restructuring and Transformation in International Associations*, 2009, disponível em http://ssrn.com/abstract=1175262

DINE, Janet – *"The European Economic Interest Grouping and the European Company Statute: New Models for Company Law Harmonisation"*, EC Financial Market Regulation and Company Law, Sweet & Maxwell, 1993, p. 3

DINE, Janet – *The Governance of Corporate Groups*, Cambridge, Cambridge University Press, 2000

DOLGERT, Stefan P. – *I'd Rather Just Devolve, Thank You: Gilgamesh, Enkidu, and the Ambiguous State of Nature*, APSA 2009 Toronto Meeting Paper, 2009, disponível em http://ssrn.com/abstract=1448962

DONY, Marianne – *Les notions de «service d'intérêt général» et «service d'intérêt économique général»*, in Jean-Victor Louis e Stéphane Rodrigues (Org.) – *Les services d'intérêt économique général et l'Union Européenne*, Bruxelas, Bruylant, 2006

DUARTE, Diogo Pereira – *Comentário ao Artigo 259.º*, Código das Sociedades Comerciais Anotado, organizado por António Menezes Cordeiro, Coimbra, Almedina, 2009, 677-ss

DUARTE, Rui Pinto – *"A relevância do direito comunitário no direito das sociedades"*, Escritos sobre Direito das Sociedades, Coimbra, Coimbra Editora, 2008, 179-ss

DUARTE, Rui Pinto – *"A sociedade (anónima) europeia – uma apresentação"*, Cadernos de Direito Privado, 2004, N.º 6, 3-ss

DUARTE, Rui Pinto – *"A Societas Privata Europaea: uma Revolução Viável"*, Direito das Sociedades em Revista, 2009, 1, 49-ss

DUARTE, Rui Pinto – *Escritos sobre Direito das Sociedades*, Coimbra, 2008

DUET, Aurélie Catel – *The Governance of Corporate Groups, Coordination and cooperation across organisational boundaries*, Milano, 2006

ECONOMIST INTELLIGENCE UNIT – *Strengthening Governance, risk and compliance in the insurance industry*, 2009

EDWARDS, Vanessa – *"The European Company – Essential Tool or Eviscerated Dream?"*, Common Market Law Review, N.º 40, 2003, 443-ss

EISENBERG, Melvin A. – *"The governance of corporate groups"*, Balzarini, Paola, Giuseppe Carcano e Guido Mucciarelli (eds.) – *I Gruppi di Società: Atti del Convegno Internazionale di Studi*, 2, Milano, Giuffrè, 1996

EISENBERG, Melvin Aron – *The divergence of standards of conduct and standards of review in corporate law*, Fordham Law Review, 62, 1993

EISENBERG, Melvin Aron – *The Structure of the Corporation: A Legal Analysis*, Washington DC: Beard Books, 1976 (reprint 2006)

EISENHARDT, Kathleen M. – *"Agency Theory: an Assessment and Review"*, Theories of Corporate Governance Governance – The Philosophical Foundations of Corporate Governance, edited by Thomas Clarke, Routleged, 2004

EMMERICH, Volker; Jürgen Sonnenschein – *Konzernrecht*, 6.ª Ed., München, 1997

BIBLIOGRAFIA

ENGELEN, Ewald – *"Corporate Governance, Property and Democracy: A Conceptual Critique of Shareholder Ideology"*, in *Theories of Corporate Governance – The Philosophical Foundations of Corporate Governance*, edited by Thomas Clarke, Routleged, 2004

ENGLISH, Thomas F. – *Corporate Governance Best Practices for Insurance Companies: The Current Perspective*, 2005

ENRIQUES, Luca – *"Silence Is Golden: The European Company Statute As a Catalyst for Company Law Arbitrage"*, *European Corporate Governance Institute*, Working Paper no. 73/2003.

ENRIQUES, Luca; Henry Hansmann; Reinier Kraakman – *"The Basic Governance Structure: Minority Shareholders and Non-Shareholder Constituencies"*, KRAAKMAN, Reinier [et al.] (ed) – *The Anatomy of Corporate Law: a Comparative and Functional Approach*, 2.ª Ed., Oxford, Oxford University Press, 2009

ENRIQUES, Luca; Henry Hansmann; Reinier Kraakman – *"The Basic Governance Structure: The Interests of Shareholders as a Class"*, KRAAKMAN, Reinier [et al.] (ed.) – *The Anatomy of Corporate Law: a Comparative and Functional Approach*, 2.ª Ed., Oxford, Oxford University Press, 2009

ENRIQUES, Luca; Paolo Volpin – *Corporate Governance Reforms in Continental Europe, Journal of Economic Perspectives*, 21:1, 2007

ESPINOSA, Alonso – *Mercado Primario de Valores Negociables*, Barcelona, 1994

ESTORNINHO, Maria João – *A Fuga para o Direito Privado: Contributo para o estudo da actividade de direito privado da Administração Pública*, Coimbra, Almedina, 1999

EUROPEAN COMMISSION – *Livro Verde sobre Regimes Europeus de Pensões adequados, sustentáveis e seguros*, disponível em http://eur-lex.europa.eu/LexUriServ/LexUriServ.do?uri=COM: 2010:0365:FIN:PT:PDF

EUROPEAN CONFEDERATION OF DIRECTORS' ASSOCIATIONS (EcoDa) – *Corporate Governance Guidance and Principles for Unlisted Companies in Europe*, Brussels, 2010

FAHLENBRACH, Rüdiger; René Stulz – *Bank CEO Incentives and the Credit Crisis*, 2009, ECGI – Finance Working Paper N.º 256/2009, disponível em http://ssrn.com/abstract=1439859

FAMA, Eugene F.; Michael C. Jensen – *"Separation of Ownership and Control"*, *Theories of Corporate Governance – The Philosophical Foundations of Corporate Governance*, ed. Thomas Clarke, Routleged, 2004

FAMA, Eugene F.; Michael C. Jensen – *Separation of ownership and control*, Thomas Clarke (org.) – *Theories of Corporate Governance: The Philosophical Foundations of Corporate Governance*, New York, Routledge, 2004, 64-ss

FARINHO, Domingos Soares – *O Direito Fundamental de Fundação: Portugal entre Espanha e Alemanha, Estudos em Homenagem ao Professor Doutor Sérvulo Correia*, Coimbra, Coimbra Editora, 2010

FARINHO, Domingos Soares – *Para além do Bem e do Mal: As fundações público-privadas, Estudos em Homenagem ao Professor Doutor Marcello Caetano*, Coimbra, Coimbra Editora, 2006

FEE – *"FEE study Mandatory Rotation of Audit Firms"*, Outubro de 2004, disponível em www.fee.be

FERNANDES, Luís A. Carvalho – *Teoria Geral do Direito Civil, 1 Introdução, Pressupostos da Relação Jurídica*, Lisboa: Universidade Católica Editora, 4.ª Ed., 2007

FERNANDES, Luís A. Carvalho – *Teoria Geral do Direito Civil*, Vol. 1, 5.ª Ed., Lisboa, 2009

FERNANDES, Luís Carvalho; João Labareda – *Código da Insolvência e da Recuperação de Empresas Anotado*, 2.ª Ed., Lisboa, *Quid Juris*, 2008

FERNANDES, Luís Carvalho; João Labareda – *Código dos Processos Especiais de Recuperação da Empresa e de Falência Anotado*, 3.ª Ed. (2.ª reimp.), Lisboa, Quid Juris, 2000

FERRARINI, Guido – *Origins of limited* liability companies and company law modernisation in Italy: a historical outline, in Gepken-Jager, van Solinge and Timmerman (Eds.) – *VOC 1602 – 2002: 400 Years of Company Law; Law of Business and Finance*, 6, Deventer: Kluwer, 2005, 187-215

FERRARINI, Guido – *Stock Exchange Governance in the European Union*, Morten Balling; Elizabeth Hennessy; Richard O'Brien – *Corporate Governance, Financial Markets and Global Convergence*, Dordrecht, Boston, London: Kluwer, 1998, 139-160

FERRARINI, Guido; Niamh Moloney; Maria-Cristina Ungureanu – *Understanding Directors' Pay in Europe: A Comparative and Empirical Analysis*, 2009, ECGI Law WP n.º 126/2009, disponível em http://ssrn.com/abstract=1418463

FERRARINI, Guido; Paolo Giudici – *"Financial Scandals and the Role of Private Enforcement: The Parmalat Case"*, Armour, John e Joseph A. McCahery (eds.) – *After Enron*, 2006

FERREIRA, Amadeu José – *Direito dos valores* mobiliários, Lisboa, AAFDL, 1997

FERREIRA, António Pedro A. – *O Governo das Sociedades e a Supervisão Bancária: Interacções e Complementaridades*, Lisboa, Quid Juris, 2009

FERREIRA, Bruno – *A Responsabilidade dos Administradores e os Deveres de Cuidado enquanto Estratégias de Corporate Governance*, CadMVM, 30, 2008

FERREIRA, Cristina – *Sinal de alarme na SLN soou em 2000 no Banco de Portugal*, 2009, disponível em http://economia.publico.clix.pt/noticia.aspx?id=1411648

FERREIRA, Juliano – *O Direito de Exclusão de Sócio na Sociedade Anónima*, Coimbra, Almedina, 2009

FICARELLA, Gravidis e Nicola – *"Enron and Parmalat, Two twins parables"*, 2004, disponível em http://ssrn.com/abstract=886921

FIEDLER, Albrecht – *Die staatliche Errichtung von Stiftungen als verfassungswidrige Formenwahl des Bundes*, in *Zeitschrift zum Stiftungswesen*, 7, 2003

FIGUEIREDO, André – *"Auditor independence and the joint provision of audit and non audit services"*, *Código das Sociedades Comerciais e Governo das Sociedades*, Coimbra, Almedina, 2008, 193-255

FINANCIAL REPORTING COUCIL (FRC) – *Consultation on a Stewardship Code for Institutional Investors*, disponível em http://www.frc.org.uk/images/uploaded/documents/Stewardship%20Code%20Consultation%20January%202010.pdf

FINANCIAL REPORTING COUCIL (FRC) – *Stewardship Code*, http://www.frc.org.uk/images/uploaded/documents/Stewardship%20Code%20Consultation%20January%202010.pdf)

FINANCIAL STABILITY BOARD – *FSB Principles for Sound Compensation Practices – Implementation Standards*, 25 de Setembro de 2009, disponível em http://www.financialstabilityboard.org/publications/r_090925c.pdf

FINANCIAL STABILITY FORUM – *Principles for Sound Compensation Practices*, 2 de Abril de 2009, disponível em http://www.financialstabilityboard.org/

FISHEL, Daniel – *The Corporate Governance Movement*, Vanderbilt Law Review, 35, 1982, 1259-1292

FLEISCHER, Holger – *Die "Business Judgement Rule": Vom Richterrecht zur Kodifizierung, Zeitschrift für Wirtschaftsrecht (ZIP)*, 15/2004, 685-ss

FONSECA, Marisa Martins; Francisca Mendes da Costa – *Novas Regras para o Sector Empresarial e o Estatuto do Gestor Público da Região Autónoma da Madeira, Momentum*, 2010, disponível em www.servulo.com

FONT GALÁN, Juan Ignacio – *El deber de diligente administración en el Nuevo sistema de deberes de los administradores socials*, RdS, 25, 2005-2, 71-ss

FOX, Justin; Matthew Stephenson – *Judicial Review and Democratic Failure, Harvard Public Law Working Paper* N.º. 09-47, August 20, 2009, disponível em http://ssrn.com/abstract=1458632

BIBLIOGRAFIA

FRADA, Carneiro da – *A business judgement rule no quadro dos deveres gerais dos administradores, A Reforma do Código das Sociedades Comerciais: Jornadas em Homenagem ao Professor Doutor Raúl Ventura*, 2007

FRANÇA, Maria Augusta – *A estrutura das sociedades anónimas em relação de grupo*, Lisboa, AAFDL, 1990

FRANTZ, Pascal; Norvald Instefjord – *Corporate Governance, Shareholder Conflicts, and Audit Quality*, 2007, disponível em http://ssrn.com/abstract=669024

FREEMAN, Jody – *The Private Role in Public Governance*, New York University Law Review, 75:3, 2000, 543-ss

FREIRE, Maria Paula R. Vaz – *Eficiência económica e restrições verticais – Os argumentos de eficiência e as normas de defesa da concorrência*, Lisboa, 2008

FSA – *Transposition of UCITS IV: Consultation document*, 2010, disponível em www.hm-treasury. gov.uk

FURTADO, Pinto – *Competências e funcionamento dos órgãos de fiscalização das sociedades comerciais, Nos 20 anos do Código das Sociedades Comerciais*, 1, Coimbra, Coimbra Editora, 2007, 593-619

GALGANO, Francesco – *Comissão de Estudo da Transparência das Sociedades Cotadas*, Setembro de 2002, disponível em www.tesoro.it/documenti/open.asp?idd=4689

GALGANO, Francesco – *Trattato di Diritto Commerciale e di Diritto Pubblico dell'Economia, 29. Il nuovo diritto societario*, Padova: CEDAM, 2003

GALLEGOS, Frederick – *Safeguarding auditor objectivity: corporate governance practices must not compromise auditor independence*, disponível em http://findarticles.com/p/articles/mi_m4153/ is_5_61/ai_n6332698/?tag=content;coll

GALLONI, Alessandra; David Reilly – *How Parmalat spent and spent*, Wall Street Journal, 23 de Julho de 2004

GAO – *"Accounting firm consolidation – Selected large public companies views on audit fees, quality, independence and choice"*, Setembro de 2003, disponível em www.gao.gov/news.items/ d031158.pdf

GAO – *"Mandatory Audit Firm Rotation Study"*, Fevereiro de 2004, consultável em www.gao. gov/cgi-bin/getrpt?GAO-04-217

GARCIA, Maria Teresa Medeiros – *Fundos de Pensões – Economia e Gestão*, Vida Económica, 2004

GARCIA, Sofia Amaral; Nuno Garoupa; Veronica Grembi – *Judicial Independence and Party Politics in the Kelsenian Constitutional Courts: The case of Portugal*, University of Illinois College of Law, Research Paper N.º. LE08-021, July 7, 2008, disponível no endereço electrónico http://ssrn.com/abstract=1156281

GAROUPA, Nuno; Daniel Klerman – *Corruption and Private Law Enforcement: Theory and History*, U Illinois Law & Economics Research Paper N.º. LE09-016, USC CLEO Research Paper N.º C09-12 e USC Law Legal Studies Paper N.º. 09-25, 9 de Junho de 2009, disponível em http://ssrn.com/abstract=1416958

GAROUPA, Nuno; Tom Ginsburg – *Guarding the Guardians: Judicial Councils and Judicial Independence* (American Journal of Comparative Law, Forthcoming), 18 de Novembro de 2008, disponível em http://ssrn.com/abstract=1303847

GAROUPA, Nuno; Tom Ginsburg – *Reputation, Information and the Organization of the Judiciary*, John M. Olin Law & Economics Working Paper No. 503 (2d series), Dezembro de 2009, disponível em http://ssrn.com/abstract=1523954.

O GOVERNO DAS ORGANIZAÇÕES

GAROUPA, Nuno; Tom Ginsburg – *The Comparative Law and Economics of Judicial Councils*, U Illinois Law & Economics Research Paper N.º. LE08-036, disponível em http://ssrn. com/abstract=1299887, publicado no Berkley Journal of International Law (BJIL), 2008

GEPKEN-JAGER, Ella – *Verenigde Oost-Indische Compagnie (VOC): The Dutch East India Company*, in Gepken-Jager, van Solinge and Timmerman (Eds.) – *VOC 1602 – 2002: 400 Years of Company Law; Law of Business and Finance*, 6, Deventer, Kluwer, 2005, 41-81

GEVURTZ, Franklin – *Corporation Law, Hornbook Series*, West Group, 2000

GIÃO, João – *"Conflitos de Interesses entre Administradores e Accionistas na Sociedade Anónima: os Negócios com a Sociedade e a Remuneração dos Administradores"*, Conflito de Interesses no Direito Societário e Financeiro. Um Balanço a partir da Crise Financeira, Coimbra, Almedina, 2010, 215-291

GIERKE, Otto von – *Das Wesen der menschlichen Verbände*, Darmstadt, 1902

GIERKE, Otto von – *Deutsches Privatrecht*, Vol. 1 (Allgemeiner Teil und Personenrecht), Leipzig, 1895

GIERKE, Otto von – *Die Genossenschaftstheorie un die Deutsche Rechtsprechung*, Berlin, 1887

GILSON, Ronald – *"Globalizing Corporate Governance: Convergence of Form or Function"*, American Journal of Comparative Law, N.º 49, 2001, 329-ss

GILSON, Ronald J. – *Controlling Shareholders and Corporate Governance: Complicating the Comparative Taxonomy*, 2005, ECGI WP 49/2005, disponível em http://ssrn.com/abstract=784744

GOLLIER, J. J. – *"Analyse comparative des régimes complémentaires de retraite dans la CEE"*, La fiscalité des assurances sociales complémentaires", La Charte 1993

GÖLZ, Heide – *Der Staat als Stifter: Stiftungen als Organisationsform mittelbarer Bundesverwaltung und gesellschaflicher Selbstverwaltung*, dissertação de doutoramento inédita, Bona, 1999

GOMES, Carla Amado – *Nótula sobre o regime de constituição das fundações particulares de solidariedade social em Portugal*, Revista da Faculdade de Direito da Universidade de Lisboa, Coimbra, Coimbra Editora, 1-2, 1999

GOMES, José Ferreira – *"Conflito de interesses entre accionistas nos negócios celebrados entre a sociedade anónima e o seu accionista controlador"*, in Paulo Câmara et alia – Conflito de Interesses no Direito Societário e Financeiro: Um balanço a partir da Crise, Coimbra, 2010

GOMES, José Ferreira – *"A responsabilidade civil dos auditores"*, "O Código das Sociedades Comerciais e o Governo das Sociedades", AA.VV., Coimbra, Almedina, 2008, 343-424

GOMES, José Ferreira – *A fiscalização externa das sociedades comerciais e a independência dos auditores: A reforma europeia, a influência norte-americana e a transposição para o direito português*, CadMVM, 24, 2006, 180-216

GOMES, José Ferreira – *Os deveres de informação sobre negócios com partes relacionadas e os recentes decretos-lei n.ᵒˢ 158/2009 e 185/2009*, RDS, 1:3, CadMVM, 33, 2009

GOMEZ, Sandalio; Carlos Marti; Magdalena Opazo – *The Structural Characteristics of Sport Organisations*, 2008, IESE Business School Working Paper N.º. WP-751, disponível em http://ssrn.com/abstract=1269332

GONÇALVES, Diogo Costa – *O regime de responsabilidade por dívidas em casos de cisão simples múltipla: anotação ao Acórdão do Supremo Tribunal de Justiça de 19 de Fevereiro de 2004*, Revista da Ordem dos Advogados, 68 I/II (2008)

GONÇALVES, Luiz da Cunha – *Comentário ao Código Comercial Português*, Vol. 1, Lisboa, Empreza Editora J.B., 1914

GONÇALVES, Luiz da Cunha – *Comentário ao Código Comercial Português*, Vol. 1, Lisboa, 1914

GONÇALVES, Pedro – *A concessão de Serviços Públicos (uma aplicação da técnica concessória)*, Coimbra, Almedina, 1999

BIBLIOGRAFIA

GONÇALVES, Pedro – *Entidades Privadas com Poderes Públicos*, Coimbra, Almedina, 2005

GONÇALVES, Pedro – *Regulação, Electricidade e Telecomunicações: Estudos de Direito Administrativo da Regulação*, Coimbra, Coimbra Editora, 2008

GONÇALVES, Renato – *Notas sobre o novo regime jurídico dos organismos de investimento colectivo*, CadMVM, 17, 2003, 37-48

GONÇALVES, Renato – *Nótulas sobre a Sociedade Privada Europeia*, Scientia Iuridica, LVII, 208, N.º 316, 693-ss

GONZÁLEZ, A. Jorge Viera- *La Sociedad Privada Europea: Una Alternativa a la Sociedade de Responsabilidad Limitada. Consideraciones a propósito de la publicación de la Propuesta de Reglamento del Consejo por el que se aprueba el Estatuto de la Sociedade Privada Europea* [COM (2008) 396 final], Revista de derecho mercantil, N.º 270, 2008, 1331-ss

GORDON, Jeffrey – *"Say on Pay": Cautionary Notes on the UK Experience and the Case for Shareholder Opt-In*, ECGI Law WP n.º 117/200, Harvard Journal on Legislation, 46, 2008, 323-367

GORDON, Jeffrey – *Executive Compensation: If There's a Problem, What's the Remedy? The Case for "Compensation Discussion and Analysis"*, Journal of Corporation Law, 2006, disponível em http://ssrn.com/abstract=686464

GORDON, Jeffrey N. – *"What Enron Means for the Management and Control of the Modern Business Corporation: Some Initial Reflections"*, Theories of Corporate Governance – The Philosophical Foundations of Corporate Governance, ed. Thomas Clarke, Routleged, 2004

GORDON, Jeffrey N. – *Governance Failures of the Enron Board and the New Information Order of Sarbanes-Oxley*, Connecticut Law Review, 35, 2003

GORJÃO-HENRIQUES, Miguel – *Direito Comunitário*, 5.ª Ed., Coimbra, Almedina, 2007

GOUVEIA, Rodrigo – *Os Serviços de Interesse Geral em Portugal*, Centro de Estudos de Direito Público e Regulação, Faculdade de Direito de Coimbra, Coimbra, Coimbra Editora, 2001

GREGORY, Holly; Elizabeth Forminard – *International Comparison of Board "Best Practices"*, 1998

GRIBBEN, C.; FARUK – *"Will UK Pension Funds Become More Responsible?"*, Just Pensions, Ashridge Centre for Business and Society, Janeiro de 2004

GRUNDMANN, Stefan – *European Company Law (Organization, Finance and Capital Markets)*, Oxford, Intersentia, 2007

GUILLÉN, Mauro F. – *"Corporate Governance and Globalization: Is There Convergence Across Countries'"*, Theories of Corporate Governance – The Philosophical Foundations of Corporate Governance, ed. Thomas Clarke, Routleged, 2004

GUINÉ, Orlando Vogler – *Da Conduta (Defensiva) da Administração "Opada"*, Coimbra, Almedina, 2009

GUTTENTAG, Michael D.; Christine Porath; Samuel N. Fraidin – *Brandeis' Policeman: Results from a Laboratory Experiment on How to Prevent Corporate Fraud*, Loyola-LA Legal Studies Paper N.º 2009-24, disponível em http://ssrn.com/abstract=1281089, e publicado no Journal of Empirical Legal Studies, Vol. 5, No. 2, July 2008

HADDEN, Tom – *Inside Corporate Groups*, International Journal of the Sociology of Law, 12, 1984

HAMMEN, Horst – *Börsenorganisationsrecht im Wandel*, AG, 11, 2001, 549-554

HANSMANN, Henry; Reinier Kraakman – *"The Basic Governance Structure"*, The Anatomy of Corporate Law: A Comparative and Functional Approach, 1.ª Ed., Oxford, New York, Oxford University Press, 2006

HARRIS, Milton; Artur Raviv – *A Theory of Board Control and Size*, The Review of Financial Studies, 21:4, 2008, 1797-1832

HARVEY, Neil – *Corporate Governance: The British Experience*, RDAI, 8, 1995, 947-ss

O GOVERNO DAS ORGANIZAÇÕES

HECKSCHER, Eli F. – *The Mercantilism*, 1, tradução inglesa editada do original de 1935, New York/London, 1983, 326-455

HEMLING, Peter – *Die Corporate Governance der Societas Europaea (SE), Handbuch Corporate Governance – Leitung und Überwachung börsennotierter Unternehmen in der Rechts- und Wirtschaftsoraxis*, 2.ª Ed., (Peter Hommelhoff, Klaus J. Hopt & Axel v. Werder), Schäffer--Poeschel Verlag, Stuttgart, 769-ss

HENN, Günter – *Handbuch des Aktienrechts*, 2.ª Ed., Heidelberg, 2002

HERZOG, Leif; Erik Rosenhäger; Mathias Siems – *The European Private Company (SPE): An Attractive New Legal Form of Doing Business*, disponível em: http://ssrn.com/abstract=1350465 (publicado em Butterworths Journal of International Banking and Financial Law, 2009, 247-250

HILL, Jennifer; Charles Yablon – *Corporate Governance and Executive Remuneration: Rediscovering Managerial Positional Conflict*, Vanderbilt University Law School, 2002

HILLMAN, Amy J.; Albert A. Cannella Jr; Ramona L. Paetzold – *"The Resource Dependence Role of Corporate Directors: Strategic Adaptation of Board Composition in Response to Environmental Change"*, in *Theories of Corporate Governance – The Philosophical Foundations of Corporate Governance*, edited by Thomas Clarke, Routleged, 2004

HINTERHUBER, Eva Maria – *Die Bürgerstiftung: Ein sonderfall? In Rupert Graf Strachwitz; Florian Mercker (org.) – Stiftungen in Theorie, Recht und Praxis*, Berlin, Duncker & Humblot, 2005

HOPT, Klaus – *Comparative Corporate Governance: The State of the Art and International Regulation, American Journal of Comparative Law*, 59, 2011, disponível em http://ssrn.com/abstract=1713750

HOPT, Klaus; Eddy Wymeersch – *Capital Markets and Company Law*, Oxford, 2003

HOPT, Klaus; Gunther Teubner (org.) – *Corporate Governance and Directors' Liabilities*, Berlin, New York, 1985

HOPT, Klaus; Herbert Wiedemann – *AktG Grosskommentar*, 2, 4.ª Ed., 1992

HOPT, Klaus; Thomas Von Hippel (org.) – *Comparative Corporate Governance of Non-Profit Organizations*, Cambridge: Cambridge University Press, 2010

HÖSTER, Heinrich Ewald – *A Parte Geral do Código Civil Português – Teoria Geral do Direito Civil*, Coimbra, Almedina, 1992

HÜFFNER, Uwe – *Aktiengesetz*, 7.ª ed., München: C.H. Beck, 2002

HÜGEL, Hanns F. – *Zur Europäischen Privatgesellschaft: Internationale Aspekte, Sitzverlegung, Satzungsgestaltung und Satzungslücken*, ZHR 173, 2009, 309-ss

ICAEW – *"The Audit Firm Governance Code" de The Institute of Chartered Accountants in England and Wales*, Janeiro de 2010, disponível em www.icaew.com

IFAC – *"Code of Ethics for Professional Accountants"*, disponível em www.ifac.org

INSTITUTO DE SEGUROS DE PORTUGAL – Documento de Consulta Pública n.º 2/2010, *"Projectos de Norma Regulamentar e de Circular sobre Políticas de Remuneração"*, disponível em www.isp.pt

INSTITUTO DE SEGUROS DE PORTUGAL – Documento sobre *"O papel do actuário responsável e do revisor oficial de contas no âmbito do sistema de supervisão das empresas de seguros"*, disponível em www.isp.pt

INSTITUTO PORTUGUÊS DE CORPORATE GOVERNANCE – *Corporate Governance: Reflexões I. Comissão Jurídica do Instituto de Corporate Governance*, 2007

INTERNATIONAL ASSOCIATION OF INSURANCE SUPERVISORS – *"Comments on Proposed Good Practice Guideline Guidance for the Development of a Code of Corporate Conduct"*, 4 de Maio de 2006, disponível em www.iaisweb.org

790

BIBLIOGRAFIA

INTERNATIONAL ASSOCIATION OF INSURANCE SUPERVISORS – *"Insurance Core Principles on Corporate Governance"*, Janeiro de 2004, disponível em www.iaisweb.org

INTERNATIONAL ASSOCIATION OF INSURANCE SUPERVISORS; ORGANISATION FOR ECONOMIC CO-OPERATION AND DEVELOPMENT – *"Issues paper on Corporate Governance"*, Julho de 2009, disponível em www.iaisweb.org and http://www.oecd.org/daf/insurance/governance

IOCCA, Maria Grazia. – *Imprenditorialità e mutualità dei fondi pensione*, Giuffrè (Quaderni di Giurisprudenza Commerciale, n.º 275), 2005, xxi; MARIO BESSONE,, *"Gestione finanziaria dei fondi pensione. La disciplina delle attività, le situazioni di conflitto di interessi"*, Contratto e impresa, Cedam, Padova, Ano XVII, 1, Jan.-Abr. 2002

IOSCO – *"Principles for Auditor Oversight"*, Outubro de 2002, disponível em www.iosco.org

IOSCO – *"Survey on the regulation of non-audit services provided by auditors to audit companies"*, Março de 2007, disponível em www.iosco.org

IOSCO – *Conflicts of Interest of CIS Operators: Report of the Technical Committee of the International Organization of Securities Commission*, 2000, disponível em www.iosco.org

IOSCO – *Examination of Governance for Collective Investment Schemes (Parts I and II) – Report of the Technical Committee of the International Organization of Securities Commission*, 2006, disponível em www.iosco.org

IOSCO – *Examination of Governance for Collective Investment Schemes (Part II)*, disponível em http://www.iosco.org/library/pubdocs/pdf/IOSCOPD237.pdf

IOSCO – *Objectives and Principles of Securities Regulation*, 2003, disponível em www.iosco.org

IOSCO – *Principles for the Regulation of Collective Investment Schemes and Explanatory Memorandum*, 1994, disponível em www.iosco.org

IOSCO – *Principles of Auditor Independence and the Role of Corporate Governance in Monitoring an Auditor's independence*, 2002, disponível em www.iosco.org

IOSCO – *Summary of the Responses to the Questionnaire on Principles and Best Practices Standards on Infrastructure for Decision Making for CIS Operators*, 2000, disponível em www.iosco.org

IRUJO, J. M. Embid – *Los grupos de sociedades en el Código Unificado de Gobierno Corporativo, RDMV*, 5, 2009, 9-22

JAKOBS, Dominique – *Schutz der Stiftung*, Tübingen: Mohr Siebeck, 2006

JAME, Russell E. – *Organizational Structure and Fund Performance: Pension Funds vs. Mutual Funds*, 2009, disponível em http://ssrn.com/abstract=1465869

JENSEN, Michael; William H. Meckling – *"Theory of the Firm: Managerial Behavior, Agency Costs and Ownership Structure"*, in *Theories of Corporate Governance Governance – The Philosophical Foundations of Corporate Governance*, edited by Thomas Clarke, Routleged, 2004

JENSEN, Michael; Richard S. Ruback – *The market for corporate control: The scientific evidence, Journal of Financial Economics*, 11, 1983, 127-168

JENSEN, Michael; William H. Meckling – *Theory of the firm: Managerial Behavior, Agency Costs, and Ownership Structures, Journal of Financial Economics*, 3, 1976, 305-360

JOHNSON, Luke – *How to optimize your board*, FT, 15 Sept. 2009

JOHNSTON, Andrew – *EC Regulation of Corporate Governance*, Cambridge, Cambridge University Press, 2009

JONES, Candace; William S. Hesterly; Stephen P. Borgatti – *"A General Theory of Network Governance: Exchange Conditions and Social Mechanisms"*, in *Theories of Corporate Governance – The Philosophical Foundations of Corporate Governance*, edited by Thomas Clarke, Routleged, 2004

JORGE, Fernando Pessoa – *O mandato sem representação*, Lisboa, 1961

JUDGE JR, William Q.; Carl P. Zeithaml – *"Institutional and Strategic Choice Perspectives on Board Involvement in the Strategic Decision Process"*, in *Theories of Corporate Governance – The Philosophical Foundations of Corporate Governance*, edited by Thomas Clarke, Routleged, 2004

KALUZA, Claudia – *Die Stiftung privaten Rechts als öffentlich-rechtliches Organisationsmodell: Analyse und rechtliche Bewertung hoheitlicher Stiftungsorganisationsmodelle*, Berlin: Berliner Wissenschafts-Verlag, 2010

KASER, Max – *Direito Privado Romano*, Lisboa: Fundação Calouste Gulbenkian, 1999

KATZ, Avery Wiener – *Foundations of the Economic Approach to Law*, New York, Oxford,1998

KEASEY, Kevin; Steve Thompson; Mike Whright – *Corporate Governance: Economic, Management and Financial Issues*, Nova Iorque: Oxford University Press, 1997

KENNEDY, Craig;, Dirk Rumberg; Volker Then – *Die Organization von Stiftungen: Personalentwicklung und Ressourcemanagement*, in Bertelsmann Stiftung (org.) – *Handbuch Stiftungen – Ziele – Projekte – Management – Rechtliche Gestaltung*, Wiesbaden, Gabler, 1998

KERWER, Dieter – *Standardising as Governance: The Case of Credit Rating Agencies*, disponível em http://papers.ssrn.com/sol3/papers.cfm?abstract_id=269311

KIRKPATRICK, Grant – *"The Corporate Governance Lessons from the Financial Crisis"*, OCDE, 2009, disponível em http://www.oecd.org/dataoecd/32/1/42229620.pdf.

KIRKPATRICK, Grant – *Improving corporate governance standards: the work of the OECD and the Principles*, OECD, 2004

KLEINDIEK, Detlef – *"Konzernstrukturen und Corporate Governance: Leitung und Überwachung im dezentral organisiert Unternehmensverbund"*, in Peter Hommelhoff; Klaus J. Hopt; Axel v. Werder (eds.) – *Handbuch Corporate Governance: Leitung und Überwachung börsennotierter Unternehmen in der Rechts- und Wirtschaftspraxis*, 2.ª Ed., Stuttgart, Köln, Schäffer-Poeschel, Schmidt, 2009

KRAAKMAN, Reinier *et alia* – *The Anatomy of Corporate Law: A Comparative and Functional Approach*, 2.ª Ed., Oxford, 2009

KRAAKMAN, Reinier *et alia* – *The Anatomy of Corporate Law: A Comparative and Functional Approach*, Oxford, 2004

KÜBLER, Friedrich – *"A Shifting Paradigm of European Company Law"*, Columbia Journal of European Law, 11, 2005, 219-ss

KÜBLER, Friedrich – *"Die Europaische Aktiengesellschaft"*, Münchner Kommentar zum Aktienrecht, Vol. 9, 2005

LABAREDA, João – *Direito Societário Português: Algumas Questões*, Lisboa, 1998

LARENZ, Karl – *Metodologia da Ciência do Direito*, 4.ª Ed., Lisboa, 2005

LAROSIÈRE, Jacques – *The Highlevel Group on Financial Supervision in EU* – Report (http://ec.europa.eu/internal_market/finances/docs/de_larosiere_report_en.pdf)

LAZONICK, William; Mary O' Sullivan – *"Maximizing Shareholder Value: A New Ideology for Corporate Governance"*, in *Theories of Corporate Governance – The Philosophical Foundations of Corporate Governance*, edited by Thomas Clarke, Routleged, 2004

LEITÃO, Luís Menezes – *Código da Insolvência e da Recuperação de Empresas Anotado*, 5.ª Ed., Coimbra, Almedina, 2009

LEITÃO, Luís Menezes – *Direito das Obrigações – Contratos em Especial*, Vol. III, 6.ª Ed., Coimbra, Almedina 2009

LEMME, Giuliano – *Il "Governo" del Gruppo*, Padova, 1997

LEVINE, Ross – *The Corporate Governance of Banks: A concise discussion of concepts & evidence*, Global Corporate Governance Forum, 2003

BIBLIOGRAFIA

LEWIS, Michael – *The End*, Dezembro 2008, disponível em http://www.portfolio.com/news--markets/national-news/portfolio/2008/11/11/The-End-of-Wall-Streets-Boom/

LINCK, James S.; Jeffrey M. Netter; Tina Yang – *The Determinants of Board Structure*, 2007, disponível em http://ssrn.com/abstract=729935

LOPES, Dulce – *O nome das Coisas: Serviço Público, Serviços de interesse económico geral e Serviço Universal no Direito Comunitário, Temas de Integração*, 15-16, Coimbra, Almedina, 2003

LOPES, Licínio – *As Instituições Particulares de Solidariedade Social*, Coimbra, Almedina, 2009

LORSCH, Jay W.; Elizabeth MacIver – *"Pawns or Potentates: The Reality of America's Corporate Boards"*, in *Theories of Corporate Governance – The Philosophical Foundations of Corporate Governance*, edited by Thomas Clarke, Routleged, 2004

LUTTER, Marcus – *Die Business Judgement Rule und ihre praktische Anwendung, Zeitschrift für Wirtschaftsrecht (ZIP)*, 18/2007, 841-ss

LUTTER, Marcus; Gerd Krieger – *Rechte und Pflichten des Aufsichtsrats*, 5.ª Ed., Köln, Schmidt, 2008

LUTTER, Marcus; Herbert Wiedemann – *Gestaltungsfreiheit im Gesellschaftsrecht*, 1998

LYONS, Sean – *The Requirement for a Director of Corporate Defense in UK Banking Institutions. The Walker Review of Corporate Governance in UK Banks*, HM Treasury, 2009, disponível em http://ssrn.com/abstract=1474218

MACE, Myles L. – *"Directors: Myth and Reality"*, *Theories of Corporate Governance – The Philosophical Foundations of Corporate Governance*, ed. Thomas Clarke, Routleged, 2004

MACEY, Jonathan; Hideki Kanda – *The Stock Exchange as a Firm: The Emergence of Close Substitutes for the New York and Tokyo Stock Exchanges, Cornell Law Review*, 75, 1990, 1007-1024

MACEY, Jonathan; Maureen O'Hara – *The Corporate Governance of Banks, FRBNY Economic Policy Review*, April 2003, disponível em http://www.newyorkfed.org/research/epr03v09n1/0304mace.pff

MACHETE, Rui – *A evolução do conceito de Serviço Público e a natureza das relações entre concessionário ou autorizado e utente, Estudos de Direito Público*, Coimbra, Coimbra Editora, 2004

MACHETE, Rui Chancerelle de; Henrique Sousa Antunes – *As Fundações na Europa: Aspectos Jurídicos*, Lisboa, Fundação Luso-Americana, 2008

MACHETE, Rui Chancerelle de; Henrique Sousa Antunes – *Direitos das Fundações: Propostas de reforma*, Lisboa, Fundação Luso-Americana, 2004

MÄHÖNEN, Jukka – *Governance in foundations: What can we learn from business firm corporate governance?* Nordic and European Company Law Working Paper, LSN Research Paper Series N.º 10-07, disponível em http://ssrn.com/abstract=1737716 última verificação em 17.01.11

MAIA, Pedro – *Função e funcionamento do conselho de administração da sociedade anónima, Stvdia Ivridica*, 62, Coimbra, Coimbra Editora, 2002

MALLIN, Christine A. – *Corporate Governance*, 2.ª Ed., Oxford, Oxford University Press, 2007

MARCHETTI, Gloria – *La governance nei settori dell'energia elettrica e del gas: la partecipazione degli enti sub-nazionali ai processi decisionali, Governance multilivello, regolazione e reti*, 2, Milão, Giuffrè Editore, 2008

MARQUES, Raul; José Miguel Calheiros – *Os Fundos de Investimento Mobiliários como veículo privilegiado de gestão de activos financeiros, CadMVM*, 8, 2000, 57-68

MARQUES, Tiago João Estêvão – *Responsabilidade Civil dos Membros de Órgãos de Fiscalização das Sociedades Anónimas*, Coimbra, Almedina, 2009

MARSHALL, John – *A Public Privilege*, disponível no endereço electrónico http://ssrn.com/abstract=1310282, e publicado no *Yale Law Journal Pocket Part*, Vol. 118, p. 166, 2009

MARSHALL, T. H.; K. Polanyi; A. Myrdal – *"Three Pillars of Welfare State Theory"*, Holmwood *European Journal of Social Theory*, 2000, N.º 3, 23-50

MARTIN, Roger – *The Age of Consumer Capitalism*, Harvard Business Review, January-February 2010

MARTINIUS, Philip – *Venture-Capital-Verträge und das Verbot der Hinauskündigung, Betriebs- -Berater*, 61 Jg., 37, 2006

MARTINS, Alexandre Soveral – *A responsabilidade dos membros do conselho de administração por actos ou omissões dos administradores delegados ou dos membros da comissão executiva*, Boletim da Faculdade de Direito (Universidade de Coimbra), 78, 2002

MATIAS, Tiago dos Santos; João Pedro A. Luís – *Fundos de Investimento em Portugal: Análise do Regime Jurídico e Tributário*, Coimbra, Almedina, 2008

MATOS, Albino – *Constituição de Sociedades*, Coimbra, Almedina, 5.ª Ed., 2001

McCAHERY, Joseph A. – *"Introduction: Governance in Partnership and Close Corporation Law in Europe and the United States"*, McCAHERY, Joseph A., Theo Raaijmakers; Erik P. Vermeulen (eds) – *The Governance of Close Corporations and Partnerships: US and European Perspectives*, Oxford, Oxford University Press, 2004

McCAHERY, Joseph A.; Erik P. M. VERMEULEN – *"Does the European Company Prevent the Delaware Effect"*, European Law Journal, 2005, 11, 785-ss

McCAHERY, Joseph A.; Theo Raaijmakers; Erik P. M. Vermeulen – *The Governance of Close Corporations and Partnerships US and European Perspectives*, Oxford, 2004

McCAHERY, Joseph; Erik Vermeulen – *Corporate Governance of Non-Listed Companies*, Oxford, 2008

McDERMOTT, Will & Emery – *Best Practices: Nonprofit Corporate Governance*, disponível em http://www.mwe.com/info/news/wp0604a.pdf

MCGRILL; BROWN; HALEY; SCHIEBER – *Fundamentals of Private Pensions*, Oxford, 2005

MECKING, Christoph – *Good and not so good governance of nonprofit organizations: factual observa- tions of foundations in Germany*, Klaus J. Hopt; Thomas von Hippel –*Comparative Corporate Governance of Non-Profit Organizations*, Cambridge, Cambridge University Press, 2009

MELIS, Andrea – *Corporate Governance Failures. To What Extent is Parmalat a Particularly Italian Case?*, 2004, disponível em http://ssrn.com/abstract=563223

MERCER – *Quarterly FTSE350 pension deficit survey*, Jan. 2008, disponível em http://uk.mercer. com/pressrelease/details.jhtml/dynamic/idContent/1292675

MERKT, Hanno – *Angloamerikanisierung und Privatisierung der Vertragspraxis versus Europäisches Vertragsrecht, Zeitschrift für das gesamte Handelsrecht und Wirtschaftsrecht*, 171, 2007, 490-ss

MERTENS, Hans-Joachim; Andreas Cahn – *Kölner Kommentar zum Aktiengesetz*, 2:1, §§ 76-94 AktG, 3.ª Ed., 2010

MILLER, Geoffrey P. – *Catastrophic Financial Failures: Enron and More, Cornell Law Review*, 89, 2004

MIRANDA, Jorge – *A propósito da nova legislação sobre instituições de ensino superior*, Revista da Faculdade de Direito da Universidade de Lisboa, Coimbra, Coimbra Editora, 48:1 e2, 2007

MITCHELL, O. S.; S. P. UKTUS – *Pension Design and Structure. New Lesson from Behavioral Finance*, Oxford, 2004

MONEREO PEREZ, José Luis *et alia* – *La Participación de los Trabajadores en las Sociedades Anónimas y Cooperativas Europeas*, Madrid, 2009

MONKS, Robert A. G. – *"Corporate Governance and Pension Plans"*, Positioning Pensions for the Twenty- -First Century, [GORDON, M. S; O. S. MITCHELL; M. M. TWINNEY (Eds)], Pension Research Council Publications, Wharton School of the University of Pennsylvania, 1997, 139-148

BIBLIOGRAFIA

MONKS, Robert A. G. – *"Creating Value Through Corporate Governance"*, Corporate Governance, Vol. 10, N.º 3, Jul 2002, 116-123

MONTAGNE, Sabine – *Les Fonds de Pension – Entre protection sociale et spéculation financière*, Paris, Odile-Jacob, 2006

MONTEIRO, António Pinto – *Contrato de Gestão de Empresa* (Parecer), CJ-STJ, 1995, 5-ss

MORAIS, Carlos Blanco de – *Da Relevância do Direito Público no Regime das Fundações Privadas, Estudos em Memória do Professor Doutor João de Castro Mendes*, Lisboa, Lex, s/d

MORAIS, Fernando Gravato – *Resolução em Benefício da Massa Insolvente*, Coimbra, Almedina, 2008

MORCK, Randall – *A History of Corporate Governance around the World*, Chicago, London, 2005

MORCK, Randall – *Generalized Agency Problems*, May 16, 2009, disponível em http://ssrn.com/abstract=1508763

MOREIRA, Vital – *Administração Autónoma e Associações Públicas*, Coimbra, Coimbra Editora, 2003

MOREIRA, Vital – *Auto-Regulação Profissional e Administração Pública*, Coimbra, 1997

MOSCATI, Enrico – *Fondazioni e Gestione di Imprese*, in Accordi tra Imprese e Acquisizioni, Milano, 1994, 211-231

MOTA, Sónia Teixeira da – *Regime jurídico dos fundos de investimento mobiliário (alterações em matéria de informação aos investidores)*, CadMVM, 8, 2000, 125-142

MULBERT, Peter O. – *Corporate Governance of Banks after the Financial Crisis: Theory, Evidence and Reform*, Law Working Paper N.º 130/2009, versão de Abril 2010, disponível em http://ssrn.com/abstract=1448118

MULBERT, Peter O. – *Corporate Governance of Banks*, European Business Organisation Law Review, 12 de Agosto de 2008

MÜLLER, Beate – *Die privatnützige Stiftung zwischen Staatsaufsicht und Deregulierung: Eine Untersuchung des Verhältnisses privatnütziger Stiftungen zu staatlicher Aufsicht und alternativen Kontrollmechanismen, unter anderen der Foundations Governance*, Baden-Baden: Nomos, 2009

MULLINEUX, Andy – *The Corporate Governance of Banks*, Journal of Financial Regulation and Compliance, 14:4, 2006, 375-382

Münchener Kommentar zum Bürgerlichen Gesetzbuch, München, Beck, 2009

MUNNEL, A.; A. SUNDÉN – *Coming up Short. The Challenge of 401(k) Plans*, Washington, Brookings Institution Press, 2004

MYNERS, Paul – *Institutional Investment in the United Kingdom*, 2001

MYNERS, PAUL – *Updating the Myners Principles: A Consultation*, disponível em http://webarchive.nationalarchives.gov.uk/+/http://www.hm treasury.gov.uk/media/3/7/consult_myner_310308.pdf

NEVES, Rui de Oliveira – *O administrador independente*, in CÂMARA, Paulo et alia – *O Código das Sociedades Comerciais e o Governo das Sociedades*, Coimbra, Almedina, 2008, 143-194

NEW ZEALAND TREASURY – *Strengthening the Governance of Public Institutions in New Zealand*, http://www.treasury.govt.nz/publications/research-policy/wp/2002/02-12/08.htm

NEWBERY, David M. – *Privatization, Restructuring, and Regulation of Network Utilities*, The Walras- -Pareto lectures, MIT, Massachussets, 1999

NOTO-SARDEGNA, Giuseppe – *Le società anonime*, Palermo, Orazio Fiorenza, 1908

O'CONNOR, Sean M. – *"The inevitability of Enron and the impossibility of «Auditor Independence» under the current audit system"*, March 2002, p. 1, disponível em http://ssrn.com/abstract=303181)

O GOVERNO DAS ORGANIZAÇÕES

OCDE – (Draft Revised) *OECD Guidelines on Insurance Governance/Public Consultation*, September 2010, disponível em http://www.oecd.org/dataoecd/53/15/46036505.pdf

OCDE – *Corporate governance and the financial crises: Key findings and main messages*, 2009, p. 7, disponível em http://www.oecd.org/dataoecd/3/10/43056196.pdf

OCDE – Corporate Governance Committee – *Peer Review. Board practices: Incentives and governing risks*, 2011

OCDE – *Corporate Governance Guidelines for Insurance Companies*. Exposure Draft, 2009

OCDE – *Corporate Governance of Non-Listed Companies in Emerging Markets*, Paris, 2005

OCDE – *Guidelines For Pension Fund Governance*, 2002

OCDE – *Guidelines on Corporate Governance of State-Owned Assets*, 2005

OCDE – *Innovation of Corporate Governance of the NDPE's: Korea's Experience*, 2007

OCDE – *OECD Principles of Corporate Governance*, 1999, disponível em http://www.bestpractices.cz/praktiky/ETIKA_V_PODNIKANI/p2003_oecd_principles_of_corporate_governance.pdf

OCDE – *OECD Principles of Corporate Governance*, 2004, disponível em http://www.oecd.org/dataoecd/32/18/31557724.pdf, tradução não oficial disponível em http://www.inst--informatica.pt/servicos/informacao-e-documentacao/biblioteca-digital/gestao-de-si-ti-1/corporate-governance/Principios_de_Governanca_Corporativa_da_OCDEpdf.pdf

OCDE – *White paper on Governance of Collective Investment Schemes, Financial Market Trends*, 88, 2005, 137-167, disponível em www.oecd.org

OECD – *(Draft revised) OECD guidelines on insurer governance*, Setembro de 2010, disponível em http://www.oecd.org/dataoecd/53/15/46036505.pdf

OECD – *OECD Guidelines for Pension Fund Governance*, Junho de 2009, disponível em http://www.oecd.org/dataoecd/18/52/34799965.pdf

OECD – *OECD Recommendation on Core Principles of Occupational Pension Regulation*, Junho de 2009, disponível em http://www.oecd.org/dataoecd/14/46/33619987.pdf

OECD – *Princípios da OCDE sobre o Governo das Sociedades Cotadas*, OCDE, 2004, disponível em http://www.oecd.org/dataoecd/1/42/33931148.pdf

OJO, Marianne – *"Auditor Independence – Its importance to the external auditor's role in banking regulation and supervision"*, disponível em www.ssrn.com/abstract=1107177

OJO, Marianne – *"The role of external auditors in corporate governance: Agency problems and the management of risk"*, Julho de 2009, p. 5, disponível em http://ssrn.com/abstract=1427899

OLIVEIRA, Ana Perestrelo de – *A Responsabilidade Civil dos Administradores nas Sociedades em Relação de Grupo*, Coimbra, Almedina, 2007

OLIVEIRA, António Fernandes de – *"Responsabilidade Civil dos Administradores"*, *Código das Sociedades Comerciais e Governo das Sociedades*, Coimbra, Almedina, 2008

OLIVEIRA, António Fernandes de – *A Legitimidade do Planeamento Fiscal, as Cláusulas Gerais Anti-Abuso e os Conflitos de Interesse*, Coimbra, Coimbra Editora, 2009

OLIVEIRA, Arnaldo Filipe – *Fundos de Pensões. Estudo Jurídico*, Coimbra, Almedina, 2003

OTERO, Paulo – *Vinculação e Liberdade de Conformação Jurídica do Sector Empresarial do Estado*, Coimbra, Coimbra Editora, 1998

PALMER – *Company Law*, London, 1997

PARKINSON, J. E. – *Corporate Power and Responsibility*, Oxford, 1993, reimp. 1996

PÉREZ-FADÓN MARTINEZ, José Javier – *La Empresa Familiar*, Madrid, 2009

PESSOA, Fernando; Francisco Caetano Dias – *"A Inutilidade dos Conselhos Fiscais e dos Comissários do Governo nos Bancos e nas Sociedades Anónimas"*, *Revista de Comércio e Contabilidade*, N.º 1, Janeiro de 1926

BIBLIOGRAFIA

PG&E – *Corporate Governance Report*, 2008

PEÑAS MOYANO, MARIA JESUS, *Órganos de gobierno de las empresas familiares, Rivista di Diritto Societario*, 2, 2010

PINHEIRO, Jorge Duarte – *"O negócio consigo mesmo"*, Estudos em Homenagem ao Prof. Doutor Inocêncio Galvão Telles, 4, Lisboa, 2003

PINTO, Alexandre Mota – *Capital social dos credores para acabar de vez com o capital social mínimo nas sociedades por quotas, Nos 20 Anos do Código das Sociedades Comerciais. Homenagem aos Profs. Doutores A. Ferrer Correia, Orlando de Carvalho e Vasco Lobo Xavier.* Vol. I, Congresso Empresas e Sociedades, Coimbra Editora, 2008, 837-ss

PINTO, Carlos A. da Mota – *Teoria Geral do Direito Civil*, 2.ª Ed., Coimbra, Coimbra Editora, 1983

PINTO, Carlos Alberto da Mota – *Teoria Geral do Direito Civil*, 4.ª Ed., Coimbra, Coimbra Editora, 2005

POSNER, Richard A. – *Economic analysis of law*, 3.ª Ed., Boston, Toronto, 1986

POSNER, Richard A. – The Law and Economics Movement, *American Economic Review*, 77 (2), 1987

POWELL, Walter W.; Elisabeth S. Clemens (org.) – *Private Action and the Public Good*, New Haven, Yale University Press, 1998

POWERS, William C. – *Report of Investigation by the Special Investigative Committee of the Board of Directors of Enron Corp.*, datado de 1 de Fevereiro de 2002, disponível em http://news.findlaw.com/hdocs/docs/enron/sicreport/index.html

PRICEWATERHOUSECOOPERS – *Sarbanes Oxley 404 implementation by oil and gas and utility foreign private issuers*, 2005

PRIGGE, Stefan – *Developments in Market for Markets for Financial Instruments*, in Klaus Hopt; Eddy Wymeersch (org.) – *Capital Markets and Company Law*, Oxford, 2003

QUINTYN, Marc – *Governance of Financial Supervisors and its Effects*, Vienna, 2007

RAHEJA, Charu G. – *Determinants of Board Size and Composition: A Theory of Corporate Boards, Journal of Financial and Quantitative Analysis*, 40:2, 2005, 283-306

RAMOS, Maria Elisabete Gomes – *Responsabilidade civil dos administradores e directores das sociedades anónimas perante os credores sociais, Studia Iuridica* N.º 67, Coimbra, Coimbra Editora, 2002

RAPOPORT, Nancy B – *Lessons from Enron – And Why We Don't Learn from Them, UNLV William S. Boyd School of Law Legal Studies Research Paper* N.º. 09-17, disponível em http://ssrn.com/abstract=1413937, e publicado na Commercial Lending Review, p. 23, May-June 2009

REDISH, Martin H; Abby Marie Mollen – *Understanding Post's and Meiklejohn's Mistakes: The Central Role of Adversary Democracy in the Theory of Free Expression, Northwestern Public Law Research Paper* N.º. 08-26, July 25, 2008, disponível em http://ssrn.com/abstract=1177788

REIMANN, Mathias; Joachim Zekoll – *Introduction to German Law*, München, Beck, 2005

REIS, Célia – Notas sobre o regime jurídico dos fundos especiais de investimento, *CadMVM*, 23, 2006, 10-15

RHODES, Martin; Bastiaan van Apeldoorn – *"Capital Unbound? The Transformation of European Corporate Governance"*, in Theories of Corporate Governance – The Philosophical Foundations of Corporate Governance, edited by Thomas Clarke, Routledged, 2004

RIBEIRO, Joaquim de Sousa – *Fundações: "uma espécie em vias de extensão"?* in Comemorações dos 35 anos do Código Civil e dos 25 anos da Reforma de 1977, 2 – A parte geral do Código e a Teoria Geral do Direito Civil, Coimbra, Coimbra Editora, 2006

RIBSTEIN, Larry E. – *The Rise of the Uncorporation*, Oxford, Oxford University Press, 2009

RIDYARD; de Bolle – *"Competition and regulation of auditor independence in the EC", Journal of Financial Regulation and Compliance*, 1992, Vol. 1

RIPERT, Georges – *Aspects juridiques du capitalisme moderne*, 2.ª Ed., Paris, LGDJ, 1951

RISKMETRICS – *Study on Monitoring and Enforcement Practices in Corporate Governance in the Member States*, 2009

ROCHET, Claude – *No philosophy, Please, We Are Managers – Public Management and the Common Good: Euro-Atlantic Convergences, Public administration and Nation's Building papers' series*, July – Sept, disponível no endereço electrónico http://ssrn.com/abstract=1446781.

RODRIGUES, Ilídio Duarte – *A Administração das Sociedades por Quotas e Anónimas: Organização e Estatuto dos Administradores*, 1990

ROMANO, Roberta – *The Genius of American Corporate Law*, Washington, 1993

ROSA, Antonio Pavone La – *Nuovi profili della disciplina dei gruppi societari, Rivista delle Società*, 48:4, 2003

ROWLEY, Charles K. – *Social Sciences and Law: The Relevance of Economic Theories Oxford Journal of Legal Studies*, I (3), 1981

RUBIN, Paul H. – *Why is the Common Law Efficient?, Journal of Legal Studies*, VI (1), 1977

SAMUELS (org.), Warren J. – *Law and Economics*, London, 1998

SANCHEZ, Rosalia Alfonso – *La Sociedad Cooperativa Europea Domiciliada en España*, Madrid, Thomson, 2008

SANDERS, Pieter – *"The European Company", Georgia Journal of International & Comparative Law*, 1976, 6, 367-ss

SANTOS, Filipe Cassiano dos – *Estrutura Associativa e Participação Societária Capitalística, Contrato de sociedade, estrutura societária e participação do sócio nas sociedades capitalísticas*, Coimbra, Coimbra Editora, 2006

SANTOS, Gonçalo Castilho dos – *A Responsabilidade Civil do Intermediário Financeiro*, Coimbra, Almedina, 2008

SANTOS, Hugo Moredo – *A Notação de Risco e os Conflitos de Interesses*, Paulo Câmara *et alia* – *Conflito de Interesses no Direito Societário e Financeiro: Um Balanço a Partir da Crise Financeira*, Coimbra, Almedina, 2010, 471-563

SAVIGNY, Friederich Karl von – *System des heutigen römischen Rechts* Vol. 2, Berlin,1840

SCHELKER, Mark – *Auditors and Corporate Governance: Evidence from the Public Sector*, 2008, disponível em http://ssrn.com/abstract=959392

SCHLEIFER, Andrei; Robert Vishny – *A Survey of Corporate Governance, Journal of Finance*, 52:2, 1997

SCHMIDT, Karsten – *Gesellschaftsrecht*, 4 Ed., Köln, Berlin, Bonn, München, 2002

SCHMIDT, Karsten; Marcus Lutter (eds.) – *Aktiengesetz Kommentar*, 1, Köln, Verlag Dr. Otto Schmidt, 2008

SCHULTE, Martin – *Der Rechnungshof: Kontrolleur der Stiftung und Informant des Parlaments?* Axel Freiherr von Campenhausen; Herbert Kronke; Olaf Werner – *Stiftungen in Deutschland und Europa*, Düsseldorf, IDW, 1998

SCUTO, Filippo – *Governance e mercato unico dell'energia: il network delle autorità nazionali*, in *Governance multilivello, regolazione e reti*, 2, Milão, Giuffrè Editore, 2008

SECCHI, Paolo – *Gli Amministratori di Società di Capitali*, Milão, 1999

SEIBERT, Ulrich – *OECD Principles of Corporate Governance: Grundsätze der Unternehmensführung und –kontrolle für die Welt*, AG, 8, 1999, 337-339

SEIFART, Werner; Axel Freiherr von Campenhausen (org.) – *Stiftungsrechtshandbuch*, 3.ª Ed., München, Beck, 2009

SEMLER, Johannes – *Leitung und Überwachung der Aktiengesellschaft*, Bonn, München: Heymanns, 1996

BIBLIOGRAFIA

SEMLER, Johannes; Martin Peltzer – *Arbeitshandbuch für Vorstandsmitglieder*, München, C. H. Beck, 2005

SERENS, M. Nogueira – *O (verdadeiro) leitmotiv da criação pelo legislador alemão das Sociedades com Responsabilidade Limitada (Gesellschaften mit beschränkter Haftung)*, Direito das Sociedades em Revista, 2, 2009

SERRA, Adriano Vaz – *Contrato consigo mesmo e negociação de directores ou gerentes de sociedades anónimas ou por quotas com as respectivas sociedades*, Revista de Legislação e Jurisprudência, 100, 1967

SERRA, Catarina – *A Falência no Quadro da Tutela Jurisdicional dos Direitos de Crédito*, Coimbra, Coimbra Editora, 2009

SERRA, Catarina – *Falências Derivadas e Âmbito Subjectivo da Falência*, Coimbra, Coimbra Editora, 1999

SHELTON, Joanna R. – Introduction, OCDE – *Corporate Governance in Asia: A Comparative Perspective*, Paris, 2001, 11-15

SHKOLNIKOV, Aleksandr – *Building Successful Business Associations: Why Good Association Governance Matters*, Center for International Private Enterprise, disponível em http://www.cipe.org/featurescrvice/?p=154

SHORT, Helen – *Corporate Governance: Cadbury, Greenbury and Hampel: A Review*, Journal of Financial Regulation and Compliance, 7:1, 1999, 57-58

SIEMS, Mathias M. – *"Numerical Comparative Law – Do We Need Statistical Evidence in order to Reduce Complexity"*, 13 Cardozo J. Int'l & Comp. L. 251

SIEMS, Mathias M. – *Convergence in Shareholder Law*, Cambridge, Cambridge University Press, 2008

SILVA, Fernando – *"Códigos de governo societário: Does one size fit all?"*, Cadernos do Mercado de Valores Mobiliários, N.º 33, Agosto de 2009, 40-68

SILVA, Fernando – *"Governação de Organismos de Investimento Colectivo – Análise crítica do modelo vigente em Portugal"*, Cadernos do Mercado de Valores Mobiliários, N.º 21, Agosto 2005

SILVA, Fernando Nunes da – *Governação de Organismos de Investimento Colectivo*, CadMVM, N.º 21, Agosto de 2005, 73-81

SILVA, J. Calvão da – *"Corporate Governance: Responsabilidade civil dos administradores não executivos, da comissão de auditoria e do conselho geral e de supervisão"*, RLJ, 3940, 31-58

SILVA, João Calvão da – *Corporate Governance: Responsabilidade civil de administradores não executivos, da comissão de auditoria e do conselho geral e de supervisão*, in *A Reforma do Código das Sociedades Comerciais: Jornadas em Homenagem ao Professor Doutor Raúl Ventura*, Coimbra, Almedina, 2007, 103-151

SILVA, João Gomes da et alia – *Os Administradores Independentes das Sociedades Cotadas Portuguesas, Corporate Governance. Reflexões I. Comissão Jurídica do Instituto de Corporate Governance*, 2007, 22-ss

SILVA, João Nuno Calvão da – *Mercado e Estado: Serviços de Interesse Económico Geral*, Almedina, Coimbra, 2008

SILVA, João Soares da – *O Action Plan da Comissão Europeia e o Contexto da Corporate Governance no Início do século XXI*, CadMVM, 18, 2004

SILVA, Paula Costa e – *Organismos de Investimento Colectivo e Imputação de Direitos de Voto*, CadMVM, N.º 26, 2007, 70-81

SILVA, Paula Costa e – *Sociedade Aberta, Domínio e Influência Dominante*, Revista da Faculdade de Direito da Universidade de Lisboa, 48:1 e 2, 2007

SIMONART, V. – *La Contractualisation des Sociétés, ou les Aménagements Contractuels des Mécanismes Sociétaires*, RPS, 2, 1995

SOUSA, Marcelo Rebelo de – *A natureza jurídica da Universidade no direito português*, Lisboa, Europa-América, 1992

SOUTO, A. Azevedo – *Lei das Sociedades Por Quotas Anotada*, 2.ª Ed., Coimbra, 1922

SPRENGEL, Rainer – *Stiftungen als Stakeholder und Stakeholder von Stiftungen*, in Rupert Graf Strachwitz e Florian Mercker (org.) – *Stiftungen in Theorie, Recht und Praxis*, Berlin, Duncker & Humblot, 2005

STANDARD & POOR'S – *Can Family-Owned Companies Mitigate Corporate Governance Risks Associated with Family Control?*, 2005

STEWART, F.; J. Yermo – *"Pension Fund Governance: Challenges and Potential Solutions"*, OECD *Working Papers on Insurance and Private Pensions*, N.º. 18, 2008, OECD, disponível em http://papers.ssrn.com/sol3/papers.cfm?abstract_id=1217266

STEWART, F.; Yermo, J. – *Pension Fund Governance: Challenges and Potential Solutions*, OECD Working Papers on Insurance and Private Pensions N.º 18, 2008

STEWART, Fiona – *"Pension Funds' Risk-Management Framework: Regulation and Supervisory Oversight"*, OECD, Working Papers on Insurance and Private Pensions, N.º 40, 2010, OECD publishing, © OECD.

STRACHWITZ, Rupert Graf; Florian Mercker (org.) – *Stiftungen in Theorie, Recht und Praxis*, Berlin, Duncker & Humblot, 2005

SULLIVAN, Michael – *Understanding Pensions*, London/New York, Routledge, 2005

TALLEY, Audrey – *Investment Company Corporate Governance*, ALI-ABA Business Law Course Materials Journal, Julho de 2005

TAPOSH, Deen – *Democracy and Efficiency: Making Transition Towards an Empirical Approach*, August 11, 2009, disponível em http://ssrn.com/abstract=1447336

TELLES, Inocêncio Galvão – *Manual dos Contratos em Geral*, 3.ª Ed., Lisboa, 1995, reimp. da edição de 1965

TELLES, Inocêncio Galvão – *O contrato consigo mesmo, O Direito*, 79, 1947

THALLER, Edmond – *Traité élémentaire de droit commercial e l'exclusion du droit maritime*, 4.ª Ed., Paris: Librairie Nouvelle de Droit et de Jurisprudence, 1910

THE AMERICAN LAW INSTITUTE – *Principles of Corporate Governance: Analysis and Recommendations*, St. Paul, Minn., American Law Institute Publishers, 1994

THE ASSOCIATION OF BRITISH INSURERS (ABI) – *Executive Remuneration – ABI Guidelines on Policies and Practices*, 15 de Dezembro 2009, disponível em http://www.ivis.co.uk/ExecutiveRemuneration.aspx

THE COMMITTEE ON THE FINANCIAL ASPECTS OF CORPORATE GOVERNANCE – *Report of the Committee on the Financial Aspects of Corporate Governance* ("Cadbury Report"), 1 de Dezembro de 1992

THE ECONOMIST – *"The way we govern now"*, 11 de Janeiro de 2003

THE ECONOMIST – *"Corporate Governance in America/Shareholder rights and wrongs"*, 29 de Novembro de 2007

THE ECONOMIST – *"Insurance/More claims"*, 25 de Novembro de 2004

THE ECONOMIST – *"Lloyd's of London/Eggs and baskets"*, 28 Maio de 2009

THE ECONOMIST – *"Design by committee"*, 15 Junho 2002

THE EONOMIST INTELLIGENCE UNIT – *Strengthening Governance, risk and compliance in the insurance industry*, 2009

THE EUROPEAN FUND AND ASSET MANAGEMENT ASSOCIATION – *Trends in the European Investment Fund Industry in the First Quarter of 2011*, Maio de 2011, N.º 45, disponível em www.efama.org

BIBLIOGRAFIA

THE NEW YORK STOCK EXCHANGE COMMISSION ON CORPORATE GOVERNANCE – *Report of the New York Stock Exchange Commission on corporate governance*, 23 de Setembro de 2010

THE WALKER REVIEW SECRETARIAT – *"A Review of corporate governance in UK banks and other financial industry entities"*, 16 de Julho de 2009, disponível em http://www.hm-treasury.gov.uk/walker_review_information.htm

THOMPSON, John K.; Sang-Mok Choi – *Governance Systems for Collective Investment Schemes in OECD Countries*, 2001, disponível em http://www.oecd.org/dataoecd/3/3/1918211.pdf

TIAA-CREF – *Statement Regarding Investment Fund Governance and Practices*, 2004 http://www.tiaa-cref.org/about/governance/investment/topics/statement_fund_governance.html

TOMÉ, Maria João Vaz – *Fundos de investimento mobiliário abertos*, Coimbra, Almedina, 1997

TRIUNFANTE, Armando – *Código das Sociedades Comerciais Anotado*, Coimbra, Coimbra Editora, 2007

TUNG, Frederick – *Pay for Banker Performance: Structuring Executive Compensation for Risk Regulation*, 2010

TURRILLAS, Juan-Cruz Alli – *Fundaciones y Derecho Administrativo*, Madrid, Marcial Pons, 2010

TWINNEY, Marc M. – *"A fresh look at defined benefit plans: an employer perspective"*, in *Positioning Pensions for the Twenty-First Century*, [GORDON, M. S.; O. S. Mitchell; M. M. Twinney (Eds)] – Pension Research Council Publications, 1997, 15-28

UERPMANN, Robert – *Das öffentliche Interesse*, Tübingen, Mohr Siebeck, 1999

ULMER, Peter – *Verletzung schuldrechtlicher Nebenabreden als Anfechtungsgrund im GmbH-Recht?*, NJW, 40:31, 1987

USEEM, Michael – *"Corporate Leadership in a Globalizing Equity Market"*, in *Theories of Corporate Governance – The Philosophical Foundations of Corporate Governance*, edited by Thomas Clarke, Routleged, 2004

VASCONCELOS, Pedro Pais – *Responsabilidade Civil dos Gestores das Sociedades Comerciais, Direito das Sociedades em Revista*, vol. 1, 2009

VASCONCELOS, Pedro Pais de – *Business judgement rule, deveres de cuidado e de lealdade, ilicitude e culpa e o artigo 64.º do Código das Sociedades Comerciais, Direito das Sociedades em Revista*, Vol. 2, 2009, 41-ss

VASCONCELOS, Pedro Pais de – *Teoria Geral do Direito Civil*, 5.ª Ed., Coimbra, Almedina, 2008

VASILESCU, A.; Russello, G. – *"As Gatekeepers, Independent Directors face Additional Scrutiny and Liability in the Post-Enron/WorldCom World"*, International Journal of Disclosure and Governance, Vol. 3, N.º 1

VASQUES, José – *Estruturas e conflitos de poderes nas Sociedades Anónimas*, Coimbra, Coimbra Editora, 2007

VEIGA, Alexandre Brandão da – *Fundos de investimento mobiliário e imobiliário*, Coimbra, Almedina, 1999

VENTURA, Raúl – *Apontamentos para a Reforma das Sociedades por Quotas de Responsabilidade Limitada, BMJ*, 182, 1969

VENTURA, Raúl – *Apontamentos sobre Sociedades Civis*, Coimbra, Almedina, 2006

VENTURA, Raúl – *Grupos de sociedades: Uma introdução comparativa a propósito de um Projecto Preliminar da Directiva da C.E.E., ROA*, 41, 1981

VENTURA, Raúl – *Novos Estudos sobre sociedades anónimas e sociedades em nome colectivo*, Coimbra, Almedina, 2003 (Reimp.)

VENTURA, Raúl – *Novos Estudos sobre Sociedades Anónimas e Sociedades em Nome Colectivo*, Coimbra, Almedina, 1994

O GOVERNO DAS ORGANIZAÇÕES

VENTURA, Raúl – *Sociedade por Quotas*, Vol. III, *Comentário ao Código das Sociedades Comerciais*, Almedina, 1991

VENTURA, Raúl – *Sociedades por Quotas (Comentário ao Código das Sociedades Comerciais)*, Vol. 3, Coimbra, 1991

VENTURA, Raúl – *Sociedades por Quotas de Responsabilidade Limitada. Anteprojecto – Primeira redacção, BMJ*, 160, 1966

VERMEULE, Adrian – *Congress and the Costs of Information: A Response to Jane Schacter, Harvard Public Law Working Paper* N.º. 09-08, February 2, 2009, disponível no endereço electrónico http://ssrn.com/abstract=1336631

VERMEULE, Adrian – *The Invisible Hand in Legal Theory, Harvard Public Law Working Paper* N.º. 09-43, October 6, 2009, disponível no endereço electrónico http://ssrn.com/abstract=1483846

VILAR, Emídio Rui; Rui Hermenegildo Gonçalves – *Fundações e Direito da União Europeia: perspectivas de evolução*, in AMARAL, Diogo Freitas do, Carlos Ferreira de Almeida e Marta Tavares de Almeida (org.) – *Estudos Comemorativos dos 10 anos da Faculdade de Direito da Universidade Nova de Lisboa*, 2, Coimbra, Almedina, 2008

VIZENTINI, Gustavo – *La società per azioni nella prospettive della corporate governance*, Roma, 1997

WALKER, David – *A Review of corporate governance in UK banks and the other financial industry entities*, Consultation Document, Julho de 2009, disponível em http://www.hm-treasury.gov.uk/walker_review_information.htm

WALKER, David – *A Review of corporate governance in UK banks and the other financial industry entities*, Final Recommendations, Novembro de 2009, disponível em http://www.hm-treasury.gov.uk/walker_review_information.htm

WALKER, David – *Walker Review of Corporate Governance of UK Banking Industry. A review of corporate governance in UK banks and other financial industry entities – Final recommendations*, Outubro de 2009, disponível em http://www.hm-treasury.gov.uk/d/walker_review_261109.pdf

WEIL, Gotshal & Manges – *Comparative Study of Corporate Codes Relevant to the European Union and Its Member States*, 2002

WENDLER, Michael; Bernd Tremml; Bernard Bueckler – *Key Aspects of German Business Law*, 4.ª Ed., Heidelberg, Springer, 2008

WERLAUFF, Erik – *SE – The Law of the European Company*, (trad. Steven Harris), Copenhagen, DJOF Publishing, 2003

WERLAUFF, Erik – *"The SE Company – A new Common European Company from 8 October 2004"*, *European Business Law Review*, 2003, 85-ss

WERNER, Olaf – *Stiftung und Stiferwille*, in Axel Freiherr von Campenhausen, Herbert Kronke; Olaf Werner – *Stiftungen in Deutschland und Europa*, Düsseldorf, IDW, 1998

WERNER, Olaf; Ingo Saenger (org.) – *Die Stiftung – Recht, Steuern, Wirtschaft, Berliner Wissenschafts-Verlag*, Berlin, 2008

WESTMAN, Hanna – *Bank corporate governance in different regulatory environments*, 2009, disponível em http://ssrn.com/abstract=1435041

WESTMAN, Hanna – *Corporate Governance in European Banks*, 2009, disponível em http://dhanken.shh.fi/dspace/bitstream/10227/376/1/200-978-952-232-044-5.pdf

WILLIAMS, Harold M. – *"Progress toward professional self-governance: an update"*, Maio de 1978, disponível em www.sec.gov

WILLIAMSON, Oliver E. – *"The Logic of Economic Organization "*, Oliver E. Williamson; Sidney G. Winter (eds.) – *The Nature of the Firm: Origins, Evolution and Development*, New York, Oxford, Oxford University Press, 1993

WINTER, Jaap; José Maria Garrido Garcia; Klaus J. Hopt; Guido Rossi; Jan Schans Christensen; Jöelle Simon (DominiqueThienpont; Karel Van Hulle) – *Report of the High Level of Company Law Experts on a Modern Regulatory Framework for Company Law in Europe*, 2002

WOLLF, Hans J. – *Organschaft und juristische Person*, Vol. 2 (Theorie der Vertretung), Berlin, 1934

WOOLBRIDGE, Frank – *Company Law in the United Kingdom and the European Community: Its Harmonisation and Unification*, Athlone Press, Londres, 1991

WORLD BANK – *Averting the Old Age Crisis (A World Bank Policy Report)*, 1994, http://www-wds.worldbank.org/external/default/WDSContentServer/WDSP/IB/1994/09/01/0000 09265_3970311123336/Rendered/PDF/multi_page.pdf.

WORLD BANK – *Improving the Corporate Governance of State-Owned Enterprises: The Approach of the World Bank*, s.d.

WORLD BANK – *Reforming Public Institutions and Strengthening Governance*, 2000

WORLD BANK – *The Visible Hand: the Challenge of SOE Corporate Governance for Emerging Markets*, s.d.

YEH, Chien Mu; Tracy Taylor – *Issues of governance in sport organisations*, disponível em http://www.sirc.ca/newsletters/may09/Feat1.cfm

YERMACK, David – *Higher Market Valuation of Companies with Smaller Board of Directors, Journal of Financial Economics*, 40, 1996, 185-ss

ZAKI, Myret – *UBS: Os Bastidores de um Escândalo*, Lisboa, Actual Editora, 2008

ZHANG, Peter G. – *Barings Bankruptcy and Financial Derivatives*, World Scientific, Singapura, 1999

ÍNDICE IDEOGRÁFICO

Activismo accionista
- em geral (GFD)

Actuário
- Nos fundos de pensões (GFD)
- Nas seguradoras (ARC)

Administração
- Acumulação de cargos dos membros dos órgãos de administração dos bancos (SLB)
- Administrador de facto (OVG)
- Administração da sociedade vs administração do grupo (JFG)
- *Business judgement rule*
  - Em geral (JFG)
- Na sociedade privada europeia (OVG)
- Capacidade para ser administrador na sociedade privada europeia (OVG)
- Certificados de solvência na sociedade privada europeia (OVG)
- Composição da administração na sociedade anónima europeia (AF)
- Conflitos de interesse dos administradores
  - Nas seguradoras (ARC)
- Na sociedade privada europeia (OVG)
- Delegação de poderes
  - Na sociedade anónima europeia (AF)
  - Na sociedade privada europeia (OVG)
- Nas sociedade por quotas (DCG)
- Deliberações do órgão de administração na sociedade privada europeia (OVG)

- Deveres dos administradores
  - Critério final e critério modal (OVG)
  - Dever de cuidado (OVG) (JFG)
  - Deveres de cuidado e de lealdade (PC)
- Dever de cuidado e de lealdade nas seguradoras (ARC)
- Sigilo (AF)
- Na sociedade civil (FMC)
- Estrutura da administração
  - Nas fundações (DSF)
- Na sociedade anónima europeia (AF)
- Na sociedade civil (FMC)
- Na sociedade privada europeia (OVG)
- Gerência plural (DCG)
- Gestão e representação de sociedades
  - Nas fundações (DSF)
- Na sociedade privada europeia (OVG)
  - Nas sociedade por quotas (DCG)
- Idoneidade dos membros dos órgãos de administração dos bancos (SLB)
- Qualificação
- Dos administradores dos bancos (SLB)
  - E independência nas seguradoras (ARC)
- Negócios com a sociedade nas sociedade por quotas (DCG)
- Nomeação e destituição de administradores
  - Nas fundações (DSF)
- Na sociedade anónima europeia (AF)
- Na sociedade privada europeia (OVG)
- Participação de accionistas minoritários na sociedade anónima europeia (AF)

O GOVERNO DAS ORGANIZAÇÕES

– Responsabilidade civil dos administradores
  – Na sociedade anónima europeia (AF)
  – Nos órgãos de soberania (AFO)

Agency theory
– E órgãos de soberania (AFO)
– Duplo grau de agência (PL/DSL)

Associações
– Administração
  – Colegialidade (AFMA)
– Destituição (vide Órgãos sociais) (AFMA)
– Imparidade (AFMA)
– Independência (AFMA)
– Remuneração (AFMA)
  – Remunração e *fairness rule* (AFMA)
– Rotatividade (AFMA)
– Administrador único (AFMA)
– Assembleia geral
  – Competência para a convocação (AFMA)
– Convocatória (AFMA)
– Forma de convocação (AFMA)
– Mesa da assembleia geral (AFMA)
– Representação (vide Direito de voto/representação no exercício) (AFMA)
– Titularidade do direito de voto (AFMA)
– Voto por representante (vide Direito de voto) (AFMA)
– Voto por correspondência (vide Direito de voto) (AFMA)
– Associações civis (AFMA)
– Associados
– Categorias (vide direitos especiais) (AFMA)
– Responsabilidade em situações de abuso de constituição da associação(AFMA)
– Direitos
– Direito à informação (AFMA)
– Direito de voto (AFMA)
– Direitos especiais (vide associados/categorias (AFMA)
– Fiscal único (AFMA)
– Fiscalização
– Colegialidade (AFMA)
– Imparidade (AFMA)
– Independência (AFMA)

– Levantamento da personalidade jurídica colectiva (AFMA)
– Mesa da Assembleia Geral (AFMA)
– Órgãos sociais
– Competência para a convocação (AFMA)
– Composição (AFMA)
– Destituição ("Demissão implícita") (AFMA)
– Deveres fiduciários (Deveres de cuidade; deveres de lealdade) (AFMA)
– Estrutura (AFMA)
– Regime de responsabilidade (AFMA)
– Representação (limites subjectivos) (AFMA)
– Secretário da associação (AFMA)

Bancos
– Adequação de capital e controlo de riscos (SLB)
– Conflito de interesses (SLB)
– Cultura de integridade e cumprimento (SLB)

Benefícios privados
– e órgãos de soberania (AFO)

Códigos de conduta
– Nas seguradoras (ARC)

Collective action problem
– e órgãos de soberania (AFO)

Comply or explain– (PC)

Corporate governance
– Das sociedades prestadoras de serviços de interesse económico geral (RON)
– Noção (OVG)
– Noção no sector bancário (SLB)
– e Direito Comunitário (AF)

Crise financeira (PC)
– E governo dos bancos (SLB)

Depositário (dos fundos de investimento)
– Atribuições (HMS)
– Fiscalização (HMS)
– Relação com entidade gestora (HMS)

Deveres de informação (PC)

Empresa pública
- Administração: Autonomia funcional do órgão de administração (PL/DSL)
- Administração: Conselho de administração (PL/DSL)
- E Administração Central (PL/DSL)
- Assembleia geral (PL/DSL)
- Controlo democrático (PL/DSL)
- Controlo parlamentar (PL/DSL)
- Delegação pública (PL/DSL)
- Delegação: teoria da delegação democrática (PL/DSL)
- Entidade pública empresarial (PL/DSL)
- Função accionista (PL/DSL)
- Gestão (PL/DSL)
- Governo (PL/DSL)
- Grupo (PL/DSL)
- Influência dominante (PL/DSL)
- Informação (PL/DSL)
- Ministro das Finanças (PL/DSL)
- Ministro sectorial (PL/DSL)
- Órgão de fiscalização (PL/DSL)
- Orientações estratégicas (PL/DSL)
- Orientações gerais (PL/DSL)
- Orientações específicas (PL/DSL)
- Responsabilidade política (PL/DSL)
- Responsabilidade civil (PL/DSL)

Entidade gestora
- Atribuições (HMS)
- Exercício de direitos(HMS)
- Imputação de votos (HMS)
- Operações vedadas (HMS)
- Relação com depositário (HMS)
- Relação com entidades comercializadoras (HMS)
  Selecção, aquisição e alienação de activos (HMS)

Entidades comercializadoras
- Comercialização (HMS)
- Relação com depositário (HMS)
- Relação com entidade gestora (HMS)

Estruturas de governo
- Nas sociedade anónima europeia (AF)
- E *level playing field* nas sociedade anónima europeia (AF)
- Nas seguradoras (ARC)

Fausse convergence (PC)

Fiscalização
- Assimetrias de informação (AFO)
- Certificação anual de contas e ROC
  - na sociedade anónima europeia (AF)
- Competências nas fundações (DSF)
- Composição do órgão de fiscalização na sociedade anónima europeia (AF)
- Das organizações (PC)
- Deliberações do órgão de fiscalização
- Na sociedade anónima europeia (AF)
- Na sociedade privada europeia (OVG)
- Designação de membros do órgão de fiscalização na sociedade anónima europeia (AF)
- [Deveres de cuidado e de lealdade (PC)]
- Diminuição da eficácia da fiscalização nos grupos de sociedades (JFG)
- Entidades administrativas de supervisão nas fundações (DSF)
- Estrutura da fiscalização na sociedade privada europeia (OVG)
- Fiscal Único (PC/GFD/RON)
- Fiscalização da sociedade vs fiscalização do grupo (JFG)
- Membros
  - Independência (PC/GFD/RON)
  - Incompatibilidades (PC/GFD/RON)
  - Idoneidade (PC/GFD/RON)
  - Deveres gerais (PC/GFD/RON)
  - Remunerações (PC/GFD/RON)
- Modelos (PC/GFD/RON)
- Noção (PC/GFD/RON)
- Órgãos
  - Comissão de auditoria (PC/GFD/RON)
  - Conselho fiscal (PC/GFD/RON)
  - Conselho geral e de supervisão (PC/GFD/RON)

O GOVERNO DAS ORGANIZAÇÕES

– Pelos administradores
  – Em geral (JFG)
– Nos grupos de sociedades: os poderes-
  -deveres de informação e inspecção dos
  administradores da sociedade-mãe (JFG)
– Revisor oficial de contas (PC/GFD/RON)
– Segregação de funções de fiscalização na
  sociedade anónima europeia (AF)
– Independência
– Nos orgãos de soberania (AFO)
  – E qualificação nas seguradoras (ARC)
– Tribunal de Contas (AFO)

Free riding
– e órgãos de soberania (AFO)

Fundações
– Partes interessadas (DSF)
– Vontade fundadora (DSF)
– Órgão de representação do fundador (DSF)

Fundos de investimento
– Interesse exclusivo dos participantes
  (HMS)
    – Investidores institucionais (HMS)

Fundos de pensões
– Comissão de acompanhamento do plano
  (GFD)
– Depositário dos fundos de pensões (GFD)
– Entidade gestora de fundos de pensões
  (GFD)
– Estruturas de governo dos fundos de pen-
  sões (GFD)
– *Exit or voice* (GFD)
– *Myners Principles* (GFD)
– Noção (GFD)
– Protecção social (GFD)
– Provedor dos participantes (GFD)
– Remunerações (GFD)
– *Stewardship Code* (GFD)

Fundos de pensões e planos de pensões
– De benefício definido (GFD)
– De contribuição definida (GFD)
– Ocupacionais (GFD)

Gestão de riscos
– No sector bancário (SLB)
– E controlo interno nas seguradoras (ARC)

Governo
– De empresas financeiras (PC)
– De empresas públicas (PC)
– Das organizações (conceito) (PC)
– Das organizações (expansão do âmbito) (PC)
– De sociedades cotadas (evolução) (PC)
– Das sociedades cotadas (em Portugal) (PC)
– De sociedades prestadoras de serviços de
  interesse económico geral (RON)
– Modelos (PC/GFD/RON)
– Relatório de governo societário (PC)

Grupos de sociedades
– Direcção unitária: conceito e relevância
  (JFG)
– Direcção unitária no confronto entre o inte-
  resse do grupo e o interesse social (JFG)
– Direcção unitária na *praxis* (JFG)
– Direcção unitária como forma de exercício
  indirecto de actividade social (JFG)
– Importância e actualidade (JFG)
– Noção (JFG)
– O caso Enron (JFG)
– O caso Parmalat (JFG)
– O caso BPN (JFG)
– O paradigma da sociedade autónoma e o
  foco do Direito e dos estudos de *corporate
  governance* (FFG)

Interesse social
– Noção (OVG) (PC/GFD/RON)
– Confronto com o interesse do grupo (JFG)

Parlamento (PL/DSL)

Preenchimento de lacunas
– Na sociedade anónima europeia (AF)
– Na sociedade privada europeia (OVG)

Participação dos trabalhadores
– Na sociedade anónima europeia (AF)
– Na sociedade privada europeia (OVG)

ÍNDICE IDEOGRÁFICO

Rent seeking
– e órgãos de soberania (AFO)

Remuneração (PC/GFD/RON) (PC)
– Dos administradores e de certos colaboradores dos bancos (SLB)

Revisão de contas e auditoria
– Função de interesse público (PB)
– Governo de sociedades de auditoria (PB)
– Independência (PB)
– Nomeação dos auditores (PB)
– Regulação (PB)
– Rotação (PB)
– Serviços de não-auditoria (PB)

Sector empresarial público (PL/DSL)

Segregação patrimonial
– Modelos (HMS)

Seguradoras
– Conduta de mercado (ARC)
– Controlo de participações qualificadas (ARC)
– Entidades de interesse público (ARC)
– Práticas remuneratórias (ARC)
– Princípio da proporcionalidade (ARC)
– Transferência de carteira de seguros (ARC)

Serviços de interesse económico geral
– Noção (RON)
– Serviços de rede (RON)
– *Essential facilities* (RON)

Sociedade
– Comercial (PL/DSL)
– Anónima (PC/GFD/RON)(PL/DSL)
– De capitais públicos (PL/DSL)
– De capitais privados (PL/DSL)
– De capitais mistos (PL/DSL)

Sociedade anónima europeia
– Autonomia privada (AF)
– Direito das Sociedades Europeu e articulação com Direito interno (AF)

– Órgãos eventuais (AF)
– Reenvio na sociedade anónima europeia (AF)

Sociedade civil
– Insolvência (FMC)

Sociedade desportiva
– Agente de jogadores (JSG)
– Noção (JSG)
– Clube desportivo (JSG)
– Personalização jurídica de equipa (JSG)
– Privilégio do clube originador (JSG)
– Transformação (JSG)

Sociedade desportiva e seus accionistas
– Multi-propriedade (JSG)
– Participações cruzadas (JSG)
– Transacções com partes relacionadas (JSG)

Sociedade desportiva e modelos de governo
– Administração (JSG)
– Fiscalização (JSG)
– Incompatibilidades (JSG)

Sociedade privada europeia
– *Default rule* (OVG)
– Pequenas e Médias Empresas (OVG)
– Vinculação de sociedades e tutela de terceiros (OVG)

Sócios
– Accionistas privados (PL/DSL)
– Accionistas públicos (PL/DSL)
– Conflitos entre sócios na sociedade civil (FMC)
– Distribuição de bens aos sócios na sociedade privada europeia (OVG)
– Deliberações dos sócios
  – Na sociedade privada europeia (OVG)
  – Eficácia das deliberações na sociedade privada europeia (OVG)
– Direito de informação dos sócios na sociedade privada europeia (OVG)
– Direito de inspecção dos sócios na sociedade privada europeia (OVG)

O GOVERNO DAS ORGANIZAÇÕES

– Direito de saída dos sócios na sociedade privada europeia (OVG)
– Exoneração dos sócios na sociedade privada europeia (OVG)
– Registo dos sócios na sociedade privada europeia (OVG)

Stewardship theory
– e órgãos de soberania (AFO)

Superintendência – (PL/DSL)

Supervisão
– supervisão *on site* nas seguradoras (ARC)

Tipos de fundações
– Fundação privada de interesse social, fundação privada de solidariedade social (DSF)

– Fundação pública, IP, fundação pública autónoma, fundação pública de ensino superior (DSF)

Tipos de sociedades
– *Close corporations* (DCG)
– *Closely held corporations* vs *widely held corporations* (AFO)
– Sociedade civil (FMC)
– Sociedade privada europeia, sociedade anónima e sociedade por quotas (OVG)
– Variações tipológicas (DCG)

Tutela (PL/DSL)

ÍNDICE

ABREVIATURAS	5
APRESENTAÇÃO	9

CAPÍTULO I – Vocação e influência universal do *corporate governance*:
Uma visão transversal sobre o tema — 13
Paulo Câmara

CAPÍTULO II – O governo das sociedades anónimas — 43
Paulo Câmara e Gabriela Figueiredo Dias

CAPÍTULO III – O governo de sociedades por quotas: Breves reflexões
sobre a celebração de negócios entre o gerente e a sociedade — 95
Diogo Costa Gonçalves

CAPÍTULO IV – O governo dos grupos de sociedades — 125
José Ferreira Gomes

CAPÍTULO V – O governo de uma sociedade anónima europeia com sede
em Portugal: Algumas notas — 167
André Figueiredo

CAPÍTULO VI – Sociedade privada europeia:
Sobre a sua governação societária e matérias conexas — 201
Orlando Vogler Guiné

CAPÍTULO VII – O governo das sociedades desportivas — 233
João Sousa Gião

CAPÍTULO VIII – O governo dos bancos — 261
Sofia Leite Borges

O GOVERNO DAS ORGANIZAÇÕES

Capítulo IX – O governo dos fundos de pensões — 319
Gabriela Figueiredo Dias

Capítulo X – Um governo para os fundos de investimento — 371
Hugo Moredo Santos

Capítulo XI – O governo das seguradoras — 415
Ana Rita Almeida Campos

Capítulo XII – O governo dos auditores — 455
Paulo Bandeira

Capítulo XIII – O governo das associações civis — 503
Ana Filipa Morais Antunes

Capítulo XIV – *Corporate Governance* e sociedades civis:
Algumas notas — 559
Francisco Mendes Correia

Capítulo XV – Alguns problemas de governo fundacional
de uma perspectiva normativa-orgânica — 583
Domingos Soares Farinho

Capítulo XVI – O governo das sociedades prestadoras de serviços
de interesse económico geral:
Notas acerca de algumas características do caso português — 671
Rui de Oliveira Neves

Capítulo XVII – Democratizar o governo das empresas públicas:
O problema do duplo grau de agência — 683
Pedro Lomba e Duarte Schmidt Lino

Capítulo XVIII – O governo dos órgãos de soberania:
Uma introdução — 721
António Fernandes de Oliveira

Apresentação dos autores — 769

Bibliografia — 773

Índice ideográfico — 805